Código do Imposto sobre o Rendimento das Pessoas Singulares – IRS

Regulamentação e Tabelas de retenção na fonte do IRS

Código do Imposto sobre o Rendimento das Pessoas Colectivas – IRC

Estatuto dos Benefícios Fiscais – EBF

- Doutrina Administrativa
- Estatuto do Mecenato Científico
- Informação Empresarial Simplificada (IES)
- Regime das Depreciações e Amortizações
- Regulamento da Cobrança e do Reembolso
- SIFIDE – Sistema de Incentivos Fiscais em Investigação e Desenvolvimento Empresarial
- Tabelas de Retenção na Fonte
- Código Fiscal do Investimento

Código do Imposto sobre o Rendimento das Pessoas Singulares – IRS

Regulamentação e Tabelas de retenção na fonte do IRS

Código do Imposto sobre o Rendimento das Pessoas Colectivas – IRC

Estatuto dos Benefícios Fiscais – EBF

- Doutrina Administrativa
- Estatuto do Mecenato Científico
- Informação Empresarial Simplificada (IES)
- Regime das Depreciações e Amortizações
- Regulamento da Cobrança e do Reembolso

- SIFIDE – Sistema de Incentivos Fiscais em Investigação e Desenvolvimento Empresarial
- Tabelas de Retenção na Fonte
- Código Fiscal do Investimento

13.ª Edição compilada por:

JAIME DEVESA
DIRECTOR DE FINANÇAS – LIC. EM DIREITO
PÓS-GRADUADO EM DIREITO PENAL ECONÓMICO E EUROPEU – CURSO DE ESTUDOS EUROPEUS

MANUEL JOAQUIM MARCELINO
GESTOR TRIBUTÁRIO

ALMEDINA

CÓDIGO DO IMPOSTO SOBRE O RENDIMENTO
DAS PESSOAS SINGULARES
CÓDIGO DO IMPOSTO SOBRE O RENDIMENTO
DAS PESSOAS COLECTIVAS
ESTATUTO DOS BENEFÍCIOS FISCAIS

COMPILADA POR
JAIME DEVESA
MANUEL JOAQUIM MARCELINO

EDITOR
EDIÇÕES ALMEDINA, SA
Av. Fernão Magalhães, n.º 584, 5.º Andar
3000-174 Coimbra
Tel.: 239 851 904
Fax: 239 851 901
www.almedina.net
editora@almedina.net

PRÉ-IMPRESSÃO | IMPRESSÃO | ACABAMENTO
G.C. – GRÁFICA DE COIMBRA, LDA.
Palheira – Assafarge
3001-453 Coimbra
producao@graficadecoimbra.pt

Maio, 2010

DEPÓSITO LEGAL
310375/10

Os dados e as opiniões inseridos na presente publicação
são da exclusiva responsabilidade do(s) seu(s) autor(es).

Toda a reprodução desta obra, por fotocópia ou outro qualquer
processo, sem prévia autorização escrita do Editor, é ilícita
e passível de procedimento judicial contra o infractor.

Biblioteca Nacional de Portugal – Catalogação na Publicação

PORTUGAL. Leis, decretos, etc.

Código do imposto sobre o rendimento das pessoas singulares – IRS ;
Código do imposto sobre o rendimento das pessoas colectivas – IRC ;
Estatuto dos benefícios fiscais – EBF / compil. Jaime Devesa, Manuel
Joaquim Marcelino. – 13ª ed. - (Códigos simples)
ISBN 978-972-40-4141-4

I – DEVESA, Jaime
II – MARCELINO, Manuel Joaquim

CDU   336

NNOTA PRÉVIA À 13.ª EDIÇÃO

A 13.ª edição, que agora vem a público, foi objecto de pequenos reajustamentos na sua estrutura, de forma a tornar a obra mais facilmente consultável, o que levou a que alguns diplomas viessem a ser retirados, continuando no entanto, a privilegiar a divulgação de legislação conexa com os impostos sobre o rendimento, bem como a doutrina administrativa relacionada com os mesmos, emanada da Direcção-Geral dos Impostos através de circulares ou de ofícios circulados.

Foi recentemente publicada a Lei n.º 3-B/2010, de 28 de Abril – Orçamento de Estado para 2010, que introduziu significativas alterações nos Códigos do IRS, IRC e do EBF, sendo de realçar também a publicação em Setembro de 2009, dos seguintes diplomas:

Decreto-Lei n.º 249/2009, que aprovou o Código Fiscal do Investimento;

Decreto-Lei n.º 250/2009, que regulamentou os Benefícios Fiscais Contratuais;

Decreto Regulamentar n.º 25/2009, que aprovou o novo Regime das Depreciações e Amortizações, na sequência da adaptação ao IRC do novo Sistema de Normalização Contabilística, que também já originara a alteração e republicação do código IRC, pelo Decreto-Lei n.º 159/2009, de 13 de Julho.

Tornava-se assim imperioso, oferecer ao público a obra devidamente actualizada.

Continuamos a optar por indicar, nas remissões que fazemos, a página em que vem transcrita a legislação complementar ou doutrina administrativa respectiva. Trata-se de um pequeno pormenor que torna mais rápida a consulta, dado que estando o leitor a consultar determinado normativo de um código, se verificar que existe uma circular ou ofício--circulado sobre o assunto, facilmente encontrará a página onde aquelas instruções administrativas se encontram, o mesmo acontecendo com os diplomas legais relacionados com as disposições dos códigos.

A colectânea continua dividida em seis PARTES.

Na primeira, dedicada às pessoas singulares, inserimos o Código do IRS, o Regulamento e as Tabelas de Retenção na Fonte, bem como Portarias relacionadas com o IRS, nomeadamente a Portaria n.° 1404/2009, de 10 de Dezembro, relativa à obrigatoriedade de entrega via INTERNET da declaração mod. 3 para sujeitos passivos da categoria B com rendimentos superiores a € 10 000.

A parte segunda, dedicada às pessoas colectivas, inclui o Código do IRC, o Regime das Depreciações e Amortizações, o lançamento de derramas, e a regulamentação dos Preços de Transferência.

A parte terceira integra a legislação relacionada com Benefícios Fiscais, desde o EBF, aos demais diplomas que reconhecem benefícios, mas que normalmente se encontram dispersos e nem sempre de fácil acesso, nomeadamente, o Estatuto do Mecenato Científico, o SIFIDE – Sistema de Incentivos Fiscais em Investigação e Desenvolvimento Empresarial, o Código Fiscal do Investimento e a Regulamentação dos Benefícios Fiscais Contratuais.

A parte quarta está relacionada com a cobrança e reembolso dos impostos sobre o rendimento, pelo que inclui o respectivo Regulamento.

Na parte quinta, está inserida legislação complementar dispersa, que não se enquadra em qualquer dos temas referidos nas partes anteriormente enunciadas, mas com todos directamente relacionada, como por exemplo a Lista dos países territórios e regiões com regimes de tributação privilegiada, claramente mais favoráveis, aprovada pela Portaria n.° 150/2004, de 13 de Fevereiro, bem como o DL n.° 8/2007, de 17 de Janeiro que cria a Informação Empresarial Simplificada (IES).

Na parte sexta, vai a doutrina emanada pela Administração Fiscal: – Circulares, Ofícios-Circulares e Ofícios circulados, que considerámos mais pertinentes.

A obra termina com o índice alfabético e remissivo, organizado dentro do que entendemos adequado para a tornar mais acessível e de mais fácil consulta.

Cada diploma tem um número, identificado com um parênteses recto [ ], que corresponde à ordem de inserção e que se repete em todas as páginas correspondentes ao seu texto. Esse número é igualmente indicado quando se faz qualquer remissão para o diploma em causa. A numeração dos diplomas é seguida dentro de cada parte da colectânea.

Ainda no que respeita à parte sexta – Doutrina Administrativa – o número referido no parágrafo anterior é dado a cada tipo de instruções *administrativas, ou seja, as circulares têm um número, os ofícios-circulares outro e os ofícios circulados ainda outro número.*

Oxalá tenhamos conseguido, com as alterações agora introduzidas, o objectivo a que nos propusemos.

Coimbra, Maio de 2010

Os autores

ÍNDICE ANALÍTICO

PARTE PRIMEIRA
PESSOAS SINGULARES

[1] Imposto sobre o rendimento das pessoas singulares
– Decreto-Lei n.º 442-A/88, de 30 de Novembro 3

Artigo 1.º	– Aprovação do Código	3
Artigo 2.º	– Entrada em vigor	3
Artigo 3.º	– Impostos abolidos	3
Artigo 3.º-A	– Regime transitório de enquadramento dos agentes desportivos	4
Artigo 4.º	– Regime transitório da categoria B	5
Artigo 5.º	– Regime transitório da categoria G	6
Artigo 6.º	– Reporte de rendimentos	6
Artigo 7.º	– Obrigação de contabilidade organizada	6
Artigo 8.º	– Modelos de impressos	7
Artigo 9.º	– Recibos e livros	7
Artigo 10.º	– Regime transitório aplicável a Macau	7
Artigo 11.º	– Sociedades de simples administração de bens e de profissionais	7
Artigo 12.º	– Pagamento de impostos	8
Artigo 13.º	– Pagamentos por conta	8
Artigo 14.º	– Declaração de inscrição no registo	9
Artigo 15.º	– Regulamentação da cobrança e reembolsos	9
Artigo 16.º	– As modificações do Código	9

CÓDIGO DO IMPOSTO SOBRE O RENDIMENTO
DAS PESSOAS SINGULARES

Preâmbulo do código 11

CAPÍTULO I – Incidência

SECÇÃO I – Incidência real

Artigo 1.º	– Base do imposto	27
Artigo 2.º	– Rendimentos da categoria A	28
Artigo 3.º	– Rendimentos da categoria B	35
Artigo 4.º	– Actividades comerciais e industriais, agrícolas, silvícolas e pecuárias	37

Artigo 5.º	–	Rendimentos da categoria E	39
Artigo 6.º	–	Presunções relativas a rendimentos da categoria E	43
Artigo 7.º	–	Momento a partir do qual ficam sujeitos a tributação os rendimentos da categoria E..	44
Artigo 8.º	–	Rendimentos da categoria F	46
Artigo 9.º	–	Rendimentos da categoria G	47
Artigo 10.º	–	Mais-valias	48
Artigo 11.º	–	Rendimentos da Categoria H	53
Artigo 12.º	–	Delimitação negativa de incidência	54

SECÇÃO II – Incidência pessoal

Artigo 13.º	–	Sujeito passivo	56
Artigo 14.º	–	Uniões de facto	58
Artigo 15.º	–	Âmbito da sujeição	59
Artigo 16.º	–	Residência	59
Artigo 17.º	–	Residência em Região Autónoma	61
Artigo 17.º-A	–	Regime opcional para os residentes noutro Estado membro da União Europeia ou do espaço económico europeu	62
Artigo 18.º	–	Rendimentos obtidos em território português	64
Artigo 19.º	–	Contitularidade de rendimentos	67
Artigo 20.º	–	Imputação especial	67
Artigo 21.º	–	Substituição tributária	68

CAPÍTULO II – Determinação do rendimento colectável

SECÇÃO I – Regras gerais

Artigo 22.º	–	Englobamento	69
Artigo 23.º	–	Valores fixados em moeda sem curso legal em Portugal	71
Artigo 24.º	–	Rendimentos em espécie	71

SECÇÃO II – Rendimentos do trabalho

Artigo 25.º	–	Rendimentos do trabalho dependente: deduções	74
Artigo 26.º	–	Contribuições para regimes complementares de segurança social	76
Artigo 27.º	–	Profissões de desgaste rápido: deduções	77

SECÇÃO III – Rendimentos empresariais e profissionais

Artigo 28.º	–	Formas de determinação dos rendimentos empresariais e profissionais	77
Artigo 29.º	–	Imputação	81
Artigo 30.º	–	Actos isolados	81
Artigo 31.º	–	Regime simplificado	82
Artigo 31.º-A	–	Valor definitivo considerado para efeitos de liquidação de imposto municipal sobre as transmissões onerosas de imóveis	84

Artigo 32.º	– Remissão	85
Artigo 33.º	– Encargos não dedutíveis para efeitos fiscais	85
Artigo 34.º	– Custos das explorações plurianuais	87
Artigo 35.º	– Critérios valorimétricos	87
Artigo 36.º	– Subsídios à agricultura e pesca	87
Artigo 36.º-A	– Subsídios não destinados à exploração	87
Artigo 36.º-B	– Mudança de regime de determinação do rendimento	88
Artigo 37.º	– Dedução de prejuízos fiscais	88
Artigo 38.º	– Entrada de património para realização do capital de sociedade	88
Artigo 39.º	– Aplicação de métodos indirectos	90

SECÇÃO IV – Rendimentos de capitais

Artigo 40.º	– Presunções e juros contáveis	90
Artigo 40.º-A	– Dupla tributação económica	91

SECÇÃO V – Rendimentos prediais

Artigo 41.º	– Deduções	92

SECÇÃO VI – Incrementos patrimoniais

Artigo 42.º	– Deduções	92
Artigo 43.º	– Mais-valias	93
Artigo 44.º	– Valor de realização	94
Artigo 45.º	– Valor de aquisição a título gratuito	95
Artigo 46.º	– Valor de aquisição a título oneroso de bens imóveis	95
Artigo 47.º	– Equiparação ao valor da aquisição	96
Artigo 48.º	– Valor de aquisição a título oneroso de partes sociais e de outros valores mobiliários	96
Artigo 49.º	– Valor de aquisição a título oneroso de outros bens e direitos	97
Artigo 50.º	– Correcção monetária	97
Artigo 51.º	– Despesas e encargos	97
Artigo 52.º	– Divergência de valores	98

SECÇÃO VII – Pensões

Artigo 53.º	– Pensões	98
Artigo 54.º	– Distinção entre capital e renda	100

SECÇÃO VIII – Dedução de perdas

Artigo 55.º	– Dedução de perdas	101

SECÇÃO IX – Abatimentos

Artigo 56.º	– (Revogado)	102

SECÇÃO X – Processo de determinação do rendimento colectável

Artigo 57.º	– Declaração de rendimentos	103
Artigo 58.º	– Dispensa de apresentação de declaração	105
Artigo 59.º	– Contribuintes casados	105
Artigo 60.º	– Prazo de entrega da declaração	106
Artigo 61.º	– Local de entrega das declarações	108
Artigo 62.º	– Rendimentos litigiosos	108
Artigo 63.º	– Sociedade conjugal	108
Artigo 64.º	– Falecimento de titular de rendimentos	109
Artigo 65.º	– Bases para o apuramento, fixação ou alteração dos rendimentos	110
Artigo 66.º	– Notificação e fundamentação dos actos	110
Artigo 67.º	– Revisão dos actos de fixação	111

CAPÍTULO III – Taxas

Artigo 68.º	– Taxas gerais	113
Artigo 69.º	– Quociente conjugal	114
Artigo 70.º	– Mínimo de existência	114
Artigo 71.º	– Taxas liberatórias	115
Artigo 72.º	– Taxas especiais	118
Artigo 73.º	– Taxas de tributação autónoma	120
Artigo 74.º	– Rendimentos produzidos em anos anteriores	122

CAPÍTULO IV – Liquidação

Artigo 75.º	– Competência para a liquidação	123
Artigo 76.º	– Procedimentos e formas de liquidação	123
Artigo 77.º	– Prazo para liquidação	124
Artigo 78.º	– Deduções à colecta	125
Artigo 79.º	– Deduções dos sujeitos passivos, descendentes e ascendentes	126
Artigo 80.º	– (Revogado)	127
Artigo 81.º	– Eliminação da dupla tributação internacional	127
Artigo 82.º	– Despesas de saúde	130
Artigo 83.º	– Despesas de educação e formação	131
Artigo 83.º-A	– Importâncias respeitantes a pensões de alimentos	133
Artigo 84.º	– Encargos com lares	133
Artigo 85.º	– Encargos com imóveis	133
Artigo 85.º-A	– Deduções ambientais	136
Artigo 86.º	– Prémios de seguros	137
Artigo 87.º	– Dedução relativa às pessoas com deficiência	138
Artigo 88.º	– Benefícios fiscais	140
Artigo 89.º	– Liquidação adicional	140
Artigo 90.º	– Reforma de liquidação	141
Artigo 91.º	– Juros compensatórios	141
Artigo 92.º	– Prazo de caducidade	142
Artigo 93.º	– Revisão oficiosa	143

Índice Analítico XV

Artigo 94.º	– Juros indemnizatórios	143
Artigo 95.º	– Limites mínimos	144
Artigo 96.º	– Restituição oficiosa do imposto	144

CAPÍTULO V – Pagamento

Artigo 97.º	– Pagamento do imposto	145
Artigo 98.º	– Retenção na fonte – regras gerais	146
Artigo 99.º	– Retenção sobre rendimentos das categorias A e H	146
Artigo 100.º	– Retenção na fonte – remunerações não fixas	148
Artigo 101.º	– Retenção sobre rendimentos de outras categorias	149
Artigo 102.º	– Pagamentos por conta	151
Artigo 103.º	– Responsabilidade em caso de substituição	152
Artigo 104.º	– Pagamento fora do prazo normal	153
Artigo 105.º	– Local de pagamento	153
Artigo 106.º	– Como deve ser feito o pagamento	154
Artigo 107.º	– Impressos de pagamento	154
Artigo 108.º	– Cobrança coerciva	154
Artigo 109.º	– *(Revogado)*	155
Artigo 110.º	– Juros de mora	155
Artigo 111.º	– Privilégios creditórios	155

CAPÍTULO VI – Obrigações acessórias

Artigo 112.º	– Declaração de início de actividade, de alterações e de cessação	157
Artigo 113.º	– Declaração anual de informação contabilística e fiscal	158
Artigo 114.º	– Cessação de actividade	159
Artigo 115.º	– Emissão de recibos e facturas	160
Artigo 116.º	– Livros de registo	161
Artigo 117.º	– Obrigações contabilísticas	162
Artigo 118.º	– Centralização, arquivo e escrituração de livros	162
Artigo 119.º	– Comunicação de rendimentos e retenções	163
Artigo 120.º	– Entidades eminentes de valores mobiliários	166
Artigo 121.º	– *(Revogado)*	167
Artigo 122.º	– *(Revogado)*	167
Artigo 123.º	– Notários, conservadores, oficiais de justiça e entidades e profissionais com competência para autenticar documentos particulares	168
Artigo 124.º	– Operações com instrumentos financeiros	168
Artigo 125.º	– Registo ou depósito de valores mobiliários	169
Artigo 126.º	– Entidades emitentes e utilizadoras dos vales de refeição	169
Artigo 127.º	– Comunicação de encargos	170
Artigo 128.º	– Obrigação de comprovar os elementos das declarações	171
Artigo 129.º	– Processo de documentação fiscal	172
Artigo 130.º	– Representantes	172
Artigo 131.º	– Pluralidade de obrigados	173

CAPÍTULO VII – Fiscalização

Artigo 132.º	– Entidades fiscalizadoras..	175
Artigo 133.º	– Dever de colaboração	175
Artigo 134.º	– Dever de fiscalização em especial................................	175
Artigo 135.º	– *(Revogado)*...	176
Artigo 136.º	– *(Revogado)*...	176
Artigo 137.º	– Garantia de observância de obrigações fiscais.............	176
Artigo 138.º	– Aquisição e alienação de acções e outros valores mobiliários.....	176
Artigo 139.º	– Pagamento de rendimentos a sujeitos passivos não residentes.....	177

CAPÍTULO VIII – Garantias

Artigo 140.º	– Reclamações e impugnações	179
Artigo 141.º	– *(Revogado)*...	180
Artigo 142.º	– Competência territorial	180

CAPÍTULO IX – Disposições diversas

Artigo 143.º	– Ano fiscal...	181
Artigo 144.º	– Modelos oficiais...	181
Artigo 145.º	– Declarações e outros documentos................................	181
Artigo 146.º	– Assinatura das declarações	181
Artigo 147.º	– Recibo de documento	182
Artigo 148.º	– Prazo para envio pelo correio	182
Artigo 149.º	– Notificações	183
Artigo 150.º	– Registo dos sujeitos passivos.......................................	183
Artigo 151.º	– Classificação das actividades.......................................	184

Tabela de actividades do artigo 151.º do CIRS – Portaria n.º 1 011/2001, de 21 de Agosto 184

Tabela de actividades de elevado valor acrescentado para efeitos do disposto no n.º 6 do artigo 72.º e no n.º 4 do artigo 81.º do Código do IRS – Portaria n.º 12/2010, de 7 de Janeiro.. 189

[2] Retenção na fonte – regulamentação
– Decreto-Lei n.º 42/91, de 22 de Janeiro................................ 191

[3] Tabelas de retenção na fonte para o continente 203

[4] Tabela a que se refere o art. 25.º-A *(actual 26.º)* do Código do IRS
– Portaria n.º 543/2000, de 4 de Agosto.................................. 214

[5] **Valor do mercado para efeitos do disposto no n.º 7 do art. 24.º do Código do IRS**
– Portaria n.º 383/2003, de 14 de Maio 215

[6] **Aprova os novos modelos de impressos a que se refere o n.º 1 do artigo 57.º do Código do IRS – Decl. mod. 3, anexo e instruções**
– Portaria n.º 1404/2009, de 10 de Dezembro 217

PARTE SEGUNDA

PESSOAS COLECTIVAS

[11] Código do Imposto sobre o rendimento das pessoas colectivas
– Decreto-Lei n.º 442-B/88, de 30 de Novembro 221

Artigo 1.º	– Aprovação do Código do IRC	221
Artigo 2.º	– Entrada em vigor..	221
Artigo 3.º	– Impostos abolidos	221
Artigo 4.º	– Imposto sobre o rendimento do petróleo	222
Artigo 5.º	– Regime transitório aplicável a Macau	222
Artigo 6.º	– Sociedades de simples administração de bens	222
Artigo 7.º	– Agrupamentos complementares de empresas	223
Artigo 8.º	– Período de tributação	223
Artigo 9.º	– Obras de carácter plurianual	223
Artigo 10.º	– Mudança de critério valorimétrico	224
Artigo 11.º	– Reintegrações resultantes de reavaliações	224
Artigo 12.º	– Encargos com férias	224
Artigo 13.º	– Provisões	224
Artigo 14.º	– Reporte de prejuízos	225
Artigo 15.º	– Deduções por reinvestimento ou investimento	225
Artigo 16.º	– Tributação pelo lucro consolidado	226
Artigo 17.º	– Liquidação de sociedades e outras entidades	226
Artigo 18.º	– Tributação de rendimentos agrícolas	226
Artigo 18.º-A	– Regime transitório das mais-valias e das menos-valias	227
Artigo 19.º	– Crédito fiscal por investimento	228
Artigo 20.º	– Pagamento de impostos	228
Artigo 21.º	– Pagamentos por conta	229
Artigo 22.º	– Declaração de inscrição no registo	229
Artigo 23.º	– Regulamentação da cobrança e dos reembolsos do imposto.....	229
Artigo 24.º	– Modificações do Código do IRC	230

Decreto-Lei n.º 159/2009, de 13 de Julho 231
Anexo I – Tabela de correspondência 238
Anexo II – Preâmbulo do Código 245

CAPÍTULO I – Incidência

Artigo 1.º	–	Pressuposto do imposto	253
Artigo 2.º	–	Sujeitos passivos	253
Artigo 3.º	–	Base do imposto	254
Artigo 4.º	–	Extensão da obrigação de imposto	255
Artigo 5.º	–	Estabelecimento estável	258
Artigo 6.º	–	Transparência fiscal	260
Artigo 7.º	–	Rendimentos não sujeitos	261
Artigo 8.º	–	Período de tributação	261

CAPÍTULO II – Isenções

Artigo 9.º	–	Estado, Regiões Autónomas, autarquias locais, suas associações de direito público e federações e instituições de segurança social	265
Artigo 10.º	–	Pessoas colectivas de utilidade pública e de solidariedade social	266
Artigo 11.º	–	Actividades culturais, recreativas e desportivas	268
Artigo 12.º	–	Sociedades e outras entidades abrangidas pelo regime de transparência fiscal	268
Artigo 13.º	–	Isenção de pessoas colectivas e outras entidades de navegação marítima ou aérea	269
Artigo 14.º	–	Outras isenções	269

CAPÍTULO III – Determinação da matéria colectável

SECÇÃO I – Disposições gerais

Artigo 15.º	–	Definição da matéria colectável	272
Artigo 16.º	–	Métodos e competência para a determinação da matéria colectável	274

SECÇÃO II – Pessoas colectivas e outras entidades residentes que exerçam, a título principal, actividade comercial, industrial ou agrícola

SUBSECÇÃO I – Regras gerais

Artigo 17.º	–	Determinação do lucro tributável	274
Artigo 18.º	–	Periodização do lucro tributável	275
Artigo 19.º	–	Contratos de construção	278
Artigo 20.º	–	Rendimentos	278
Artigo 21.º	–	Variações patrimoniais positivas	279
Artigo 22.º	–	Subsídios relacionados com activos não correntes	280
Artigo 23.º	–	Gastos	281
Artigo 24.º	–	Variações patrimoniais negativas	283
Artigo 25.º	–	Relocação financeira e venda com locação de retoma	284

SUBSECÇÃO II – Inventários

Artigo	26.º	– Inventários	285
Artigo	27.º	– Mudança de método de valorimetria	286
Artigo	28.º	– Ajustamentos em inventários	286

SUBSECÇÃO III – Depreciações e amortizações

Artigo	29.º	– Elementos depreciáveis ou amortizáveis	287
Artigo	30.º	– Métodos de cálculo das depreciações e amortizações	288
Artigo	31.º	– Quotas de depreciação ou amortização	289
Artigo	32.º	– Projectos de desenvolvimento	290
Artigo	33.º	– Elementos de reduzido valor	291
Artigo	34.º	– Gastos não dedutíveis para efeitos fiscais	291

SUBSECÇÃO IV – Imparidades e provisões

Artigo	35.º	– Perdas por imparidade fiscalmente dedutíveis	292
Artigo	36.º	– Perdas por imparidade em créditos	293
Artigo	37.º	– Empresas do sector bancário	294
Artigo	38.º	– Desvalorizações excepcionais	295
Artigo	39.º	– Provisões fiscalmente dedutíveis	296
Artigo	40.º	– Provisão para a reparação de danos de carácter ambiental	298

SUBSECÇÃO V – Regime de outros encargos

Artigo	41.º	– Créditos incobráveis	299
Artigo	42.º	– Reconstituição de jazidas	300
Artigo	43.º	– Realizações de utilidade social	300
Artigo	44.º	– Quotizações a favor de associações empresariais	305
Artigo	45.º	– Encargos não dedutíveis para efeitos fiscais	305

SUBSECÇÃO VI – Regime das mais-valias e menos-valias realizadas

Artigo	46.º	– Conceito de mais-valias e de menos-valias	308
Artigo	47.º	– Correcção monetária das mais-valias e das menos-valias	309
Artigo	48.º	– Reinvestimento dos valores de realização	310

SUBSECÇÃO VII – Instrumentos financeiros derivados

Artigo	49.º	– Instrumentos financeiros derivados	312

SUBSECÇÃO VIII – Empresas de seguros

Artigo	50.º	– Empresas de seguros	314

SUBSECÇÃO IX – Dedução de lucros anteriormente tributados

Artigo	51.º	– Eliminação da dupla tributação económica de lucros distribuídos	315

SUBSECÇÃO X – Dedução de prejuízos

Artigo 52.º – Dedução de prejuízos fiscais 318

*SECÇÃO III – Pessoas colectivas e outras entidades residentes
que não exerçam, a título principal, actividade comercial, industrial ou agrícola*

Artigo 53.º – Determinação do rendimento global 320
Artigo 54.º – Gastos comuns e outros 321

SECÇÃO IV – Entidades não residentes

Artigo 55.º – Lucro tributável de estabelecimento estável 322
Artigo 56.º – Rendimentos não imputáveis a estabelecimento estável 323

SECÇÃO V – Determinação do lucro tributável por métodos indirectos

Artigo 57.º – Aplicação de métodos indirectos 324
Artigo 58.º – (Revogado pela Lei n.º 3-B/2010, de 28 de Abril, OE/2010) ... 324
Artigo 59.º – Métodos indirectos 327
Artigo 60.º – Notificação do sujeito passivo 328
Artigo 61.º – Pedido de revisão do lucro tributável 328
Artigo 62.º – Revisão excepcional do lucro tributável 328

SECÇÃO VI – Disposições comuns e diversas

SUBSECÇÃO I – Correcções para efeitos da determinação da matéria colectável

Artigo 63.º – Preços de transferência 329
Artigo 64.º – Correcções ao valor de transmissão de direitos reais sobre bens imóveis 333
Artigo 65.º – Pagamentos a entidades não residentes sujeitas a um regime fiscal privilegiado 334
Artigo 66.º – Imputação de lucros de sociedades não residentes sujeitas a um regime fiscal privilegiado 335
Artigo 67.º – Subcapitalização 337
Artigo 68.º – Correcções nos casos de crédito de imposto e retenção na fonte 339

*SUBSECÇÃO II – Regime especial de tributação
dos grupos de sociedades*

Artigo 69.º – Âmbito e condições de aplicação 339
Artigo 70.º – Determinação do lucro tributável do grupo 343
Artigo 71.º – Regime específico de dedução de prejuízos fiscais 343

SUBSECÇÃO III – Transformação de sociedades

Artigo	72.º	– Regime aplicável...	344

*SUBSECÇÃO IV – Regime especial aplicável às fusões, cisões,
entradas de activos e permutas de partes sociais*

Artigo	73.º	– Definições e âmbito de aplicação...	345
Artigo	74.º	– Regime especial aplicável às fusões, cisões e entradas de activos	348
Artigo	75.º	– Transmissibilidade dos prejuízos fiscais	351
Artigo	76.º	– Regime aplicável aos sócios das sociedades fundidas ou cindidas	352
Artigo	77.º	– Regime especial aplicável à permuta de partes sociais	353
Artigo	78.º	– Obrigações acessórias	354

SUBSECÇÃO V – Liquidação de sociedades e outras entidades

Artigo	79.º	– Sociedades em liquidação..	356
Artigo	80.º	– Resultado de liquidação	357
Artigo	81.º	– Resultado da partilha	357
Artigo	82.º	– Liquidação de pessoas colectivas que não sejam sociedades....	358

*SUBSECÇÃO VI – Transferência de residência para o estrangeiro
e cessação de actividade de entidades não residentes*

Artigo	83.º	– Transferência de residência	359
Artigo	84.º	– Cessação da actividade de estabelecimento estável	359
Artigo	85.º	– Regime aplicável aos sócios	360

*SUBSECÇÃO VII – Realização de capital de sociedades por entrada
de património de pessoa singular*

Artigo	86.º	– Regime especial de neutralidade fiscal....................................	360

CAPÍTULO IV – Taxas

Artigo	87.º	– Taxas	362
Artigo	88.º	– Taxas de tributação autónoma	365

CAPÍTULO V – Liquidação

Artigo	89.º	– Competência para a liquidação..	368
Artigo	90.º	– Procedimento e forma de liquidação	368
Artigo	91.º	– Crédito de imposto por dupla tributação internacional	370
Artigo	92.º	– Resultado da liquidação	371
Artigo	93.º	– Pagamento especial por conta...	371
Artigo	94.º	– Retenção na fonte	373
Artigo	95.º	– Retenção na fonte – Direito comunitário	374

Artigo	96.º	– Retenção na fonte – Directiva n.º 2003/49/CE, do Conselho, de 3 de Junho	375
Artigo	97.º	– Dispensa de retenção na fonte sobre rendimentos auferidos por residentes	378
Artigo	98.º	– Dispensa total ou parcial de retenção na fonte sobre rendimentos auferidos por entidades não residentes	380
Artigo	99.º	– Liquidação adicional	383
Artigo	100.º	– Liquidações correctivas no regime de transparência fiscal	383
Artigo	101.º	– Caducidade do direito à liquidação	383
Artigo	102.º	– Juros compensatórios	384
Artigo	103.º	– Anulações	385

CAPÍTULO VI – Pagamento

SECÇÃO I – Entidades que exerçam, a título principal, actividade comercial, industrial ou agrícola

Artigo	104.º	– Regras de pagamento	386
Artigo	105.º	– Cálculo dos pagamentos por conta	387
Artigo	106.º	– Pagamento especial por conta	389
Artigo	107.º	– Limitações aos pagamentos por conta	391

SECÇÃO II – Entidades que não exerçam, a título principal, actividade comercial, industrial ou agrícola

Artigo	108.º	– Pagamento do imposto	392

SECÇÃO III – Disposições comuns

Artigo	109.º	– Falta de pagamento de imposto autoliquidado	393
Artigo	110.º	– Pagamento do imposto liquidado pelos serviços	393
Artigo	111.º	– Limite mínimo	393
Artigo	112.º	– Modalidades de pagamento	394
Artigo	113.º	– Local de pagamento	394
Artigo	114.º	– Juros e responsabilidade pelo pagamento nos casos de retenção na fonte	394
Artigo	115.º	– Responsabilidade pelo pagamento no regime especial de tributação dos grupos de sociedades	396
Artigo	116.º	– Privilégios creditórios	396

CAPÍTULO VII – Obrigações acessórias e fiscalização

SECÇÃO I – Obrigações acessórias dos sujeitos passivos

Artigo	117.º	– Obrigações declarativas	397

Artigo	118.º	– Declaração de inscrição, de alterações ou de cessação	399
Artigo	119.º	– Declaração verbal de inscrição, de alterações ou de cessação ..	400
Artigo	120.º	– Declaração periódica de rendimentos	401
Artigo	121.º	– Declaração anual de informação contabilística e fiscal	403
Artigo	122.º	– Declaração de substituição	404
Artigo	123.º	– Obrigações contabilísticas das empresas	405
Artigo	124.º	– Regime simplificado de escrituração	406
Artigo	125.º	– Centralização da contabilidade ou da escrituração	407
Artigo	126.º	– Representação de entidades não residentes	408

SECÇÃO II – Outras obrigações acessórias de entidades públicas e privadas

Artigo	127.º	– Deveres de cooperação dos organismos oficiais e de outras entidades	409
Artigo	128.º	– Obrigações das entidades que devam efectuar retenções na fonte	409
Artigo	129.º	– Obrigações acessórias relativas a valores mobiliários	409
Artigo	130.º	– Processo de documentação fiscal	410
Artigo	131.º	– Garantia de observância de obrigações fiscais	410
Artigo	132.º	– Pagamento de rendimentos a entidades não residentes	411

SECÇÃO III – Fiscalização

Artigo	133.º	– Dever de fiscalização em geral	411
Artigo	134.º	– Dever de fiscalização em especial	411
Artigo	135.º	– Registo de sujeitos passivos	412
Artigo	136.º	– Processo individual	412

CAPÍTULO VIII – Garantias dos contribuintes

Artigo	137.º	– Reclamações e impugnações	413
Artigo	138.º	– Acordos prévios sobre preços de transferência	414
Artigo	139.º	– Prova do preço efectivo na transmissão de imóveis	416

CAPÍTULO IX – Disposições finais

Artigo	140.º	– Recibo de documentos	418
Artigo	141.º	– Envio de documentos	418
Artigo	142.º	– Classificação das actividades	419

[12] Lançamento de Derramas
 – Lei n.º 2/2007, de 15 de Janeiro – art. 14.º 421

[13] **Regime das Depreciações e Amortizações**
– Decreto Regulamentar n.º 25/2009 423
– Portaria n.º 772/2009, de 21 de Julho 444

[14] **Reintegração de Viaturas Ligeiras de Passageiros ou Mistas**
– Portaria n.º 1041/2001, de 28 de Agosto 445

[15] **Preços de Transferência**
– Portaria n.º 1446-C/2001, de 21 de Dezembro 447

[16] **Acordos prévios sobre os preços de transferência (APPT)**
– Portaria n.º 620-A/2008, de 16 de Julho 463

PARTE TERCEIRA
BENEFÍCIOS FISCAIS

[21] **Estatuto dos benefícios fiscais**
– Decreto-Lei n.º 215/89, de 1 de Julho 477

Artigo 1.º	– Aprovação e entrada em vigor	481
Artigo 2.º	– Regime transitório geral	481
Artigo 3.º	– Procedimentos no regime transitório	482
Artigo 4.º	– Obrigações emitidas em 1989	482
Artigo 5.º	– *(Revogado)*	482
Artigo 6.º	– Crédito fiscal por investimento nos casos de falta ou insuficiência de colecta	483
Artigo 7.º	– Crédito fiscal por investimento – investimento concluído em 1988 ou iniciado até 31 de Dezembro de 1988 e concluído em 1989	483
Artigo 8.º	– Crédito fiscal por investimento – investimento iniciado até 31 de Dezembro de 1988 e em curso em 31 de Dezembro de 1989	483
Artigo 9.º	– *(Revogado)*	484
Artigo 10.º	– *(Revogado)*	484
Artigo 11.º	– Alterações ao Código do IRS	484
Artigo 12.º	– Alterações ao Código do IRC	484
Artigo 13.º	– Regulamentação do Estatuto	484

ESTATUTO DOS BENEFÍCIOS FISCAIS

PARTE I
PRINCÍPIOS GERAIS

Artigo 1.º – Âmbito de aplicação 485

Artigo 2.º	– Conceito de benefício fiscal e de despesa fiscal e respectivo controlo	485
Artigo 3.º	– Caducidade dos benefícios fiscais	486
Artigo 4.º	– Desagravamentos fiscais que não são benefícios fiscais	486
Artigo 5.º	– Benefícios fiscais automáticos e dependentes de reconhecimento	486
Artigo 6.º	– Carácter genérico dos benefícios fiscais; respeito pela livre concorrência	487
Artigo 7.º	– Fiscalização	487
Artigo 8.º	– Medidas impeditivas, suspensivas ou extintivas de benefícios fiscais	487
Artigo 9.º	– Declaração pelos interessados da cessação dos pressupostos dos benefícios fiscais	488
Artigo 10.º	– Interpretação e integração das lacunas da lei	488
Artigo 11.º	– Aplicação no tempo das normas sobre benefícios fiscais	488
Artigo 12.º	– Constituição do direito aos benefícios fiscais	488
Artigo 13.º	– Impedimento de reconhecimento do direito a benefícios fiscais ..	489
Artigo 14.º	– Extinção dos benefícios fiscais	489
Artigo 15.º	– Transmissão dos benefícios fiscais	490

PARTE II
BENEFÍCIOS FISCAIS COM CARÁCTER ESTRUTURAL

CAPÍTULO I – Benefícios de natureza social

Artigo 16.º	– Fundos de pensões e equiparáveis	491
Artigo 17.º	– Regime público de capitalização	492
Artigo 18.º	– Contribuições das entidades patronais para regimes de segurança social	492
Artigo 19.º	– Criação de emprego	493

CAPÍTULO II – Benefícios à poupança

Artigo 20.º	– Conta poupança-reformados	495
Artigo 21.º	– Fundos de poupança-reforma e planos poupança-reforma	495

CAPÍTULO III – Benefícios ao sistema financeiro e mercado de capitais

Artigo 22.º	– Fundos de investimento	497
Artigo 23.º	– Fundos de capital de risco	501
Artigo 24.º	– Fundos de investimento imobiliário em recursos florestais	502
Artigo 25.º	– Aplicações a prazo	504
Artigo 26.º	– Planos de poupança em acções	505
Artigo 27.º	– Mais-valias realizadas por não residentes	505

Artigo 28.º	– Empréstimos externos e rendas de locação de equipamentos importados...	506
Artigo 29.º	– Serviços financeiros de entidades públicas	507
Artigo 30.º	– *Swaps* e empréstimos de instituições financeiras não residentes	507
Artigo 31.º	– Depósitos de instituições de crédito não residentes	508
Artigo 32.º	– Sociedades gestoras de participações sociais (SGPS) sociedades de capital de risco (SCR) e investidores de capital de risco (ICR)	508

CAPÍTULO IV – Benefícios fiscais às zonas francas

Artigo 33.º	– Zona Franca da Madeira e Zona Franca da ilha de Santa Maria	511
Artigo 34.º	– Lucro tributável das operações realizadas no âmbito das Zonas Francas da Madeira e da Ilha de Santa Maria	519
Artigo 35.º	– Regime especial aplicável às entidades licenciadas na zona franca da Madeira a partir de 1 de Janeiro de 2003	520
Artigo 36.º	– Regime especial aplicável às entidades licenciadas na Zona Franca da Madeira a partir de 1 de Janeiro de 2007	522

CAPÍTULO V – Benefícios fiscais em razão de relações internacionais

Artigo 37.º	– Isenção do pessoal das missões diplomáticas e consulares e das organizações estrangeiras ou internacionais.............................	525
Artigo 38.º	– Isenção do pessoal em missões de salvaguarda de paz............	526
Artigo 39.º	– Acordos e relações de cooperação..	526
Artigo 40.º	– Empreiteiros e arrematantes de obras e trabalhos das infra-estruturas comuns NATO	527

CAPÍTULO VI – Benefícios fiscais ao investimento produtivo

Artigo 41.º	– Benefícios fiscais ao investimento de natureza contratual........	528
Artigo 42.º	– Eliminação da dupla tributação económica dos lucros distribuídos por sociedades residentes nos países africanos de língua oficial portuguesa e na República Democrática de Timor-Leste...	530
Artigo 43.º	– Benefícios relativos à interioridade...	531

CAPÍTULO VII – Benefícios fiscais relativos a imóveis

Artigo 44.º	– Isenções...	534
Artigo 45.º	– Prédios urbanos objecto de reabilitação	537
Artigo 46.º	– Prédios urbanos construídos, ampliados, melhorados ou adquiridos a título oneroso destinados a habitação	538
Artigo 47.º	– Prédios integrados em empreendimentos a que tenha sido atribuída a utilidade turística...	540

Artigo 48.º	– Prédios de reduzido valor patrimonial de sujeitos passivos de baixos rendimentos	541
Artigo 49.º	– Fundos de investimento imobiliário, fundos de pensões e equiparáveis e fundos de poupança-reforma	541
Artigo 50.º	– Parques de estacionamento subterrâneos	542

CAPÍTULO VIII – Outros benefícios

Artigo 51.º	– Empresas armadoras da marinha mercante nacional	543
Artigo 52.º	– Comissões vitivinícolas regionais	543
Artigo 53.º	– Entidades gestoras de sistemas integrados de gestão de fluxos específicos de resíduos	543
Artigo 54.º	– Colectividades desportivas, de cultura e recreio	544
Artigo 55.º	– Associações e confederações	544
Artigo 56.º	– Estabelecimentos de ensino particular	545
Artigo 57.º	– Sociedades ou associações científicas internacionais	545
Artigo 58.º	– Propriedade intelectual	545
Artigo 59.º	– Baldios e comunidades locais	546

CAPÍTULO IX – Benefícios à reestruturação empresarial

Artigo 60.º	– Reorganização de empresas em resultado de actos de concentração ou de acordos de cooperação	547

CAPÍTULO X – Benefícios relativos ao mecenato

Artigo 61.º	– Noção de donativo	551
Artigo 62.º	– Dedução para efeitos da determinação do lucro tributável das empresas	551
Artigo 63.º	– Deduções à colecta do imposto sobre o rendimento das pessoas singulares	555
Artigo 64.º	– IVA – Transmissão de bens e prestação de serviços a título gratuito	556
Artigo 65.º	– Mecenato para a sociedade de informação	556
Artigo 66.º	– Obrigações acessórias das entidades beneficiárias	557

PARTE III
BENEFÍCIOS FISCAIS COM CARÁCTER TEMPORÁRIO

Artigo 67.º	– Acções adquiridas no âmbito das privatizações	558
Artigo 68.º	– Aquisição de computadores	558
Artigo 69.º	– Prédios situados nas áreas de localização empresarial (ALE)	559

Artigo 70.º – Medidas de apoio ao transporte rodoviário de passageiros e de mercadorias	560
Artigo 71.º – Incentivos à reabilitação urbana	561

[22] Formas de energia renováveis
– Portaria n.º 725/91, de 29 de Julho 567

[23] Lei da liberdade religiosa
– Lei n.º 16/2001, de 22 de Junho 569
– Portaria n.º 80/2003, de 22 de Janeiro 572
– Portaria n.º 362/2004, de 8 de Abril 574

[24] Estatuto do Mecenato Científico
– Lei n.º 26/2004, de 8 de Julho 576

[25] SIFIDE, Sistema de Incentivos Fiscais em Investigação e Desenvolvimento Empresarial
– Lei n.º 40/2005, de 3 de Agosto 584

[26] Código Fiscal do Investimento
– Decreto-Lei n.º 249/2009, de 23 de Setembro 588

[27] Regulamentação dos Benefícios Fiscais Contratuais
– Decreto-Lei n.º 250/2009, de 23 de Setembro 608

[28] Regime Fiscal do Fundo Imobiliário Especial de Apoio às Empresas (FIEAE)
– Lei n.º 3-B/2010, de 28 de Abril 614

PARTE QUARTA
COBRANÇA E REEMBOLSO

[31] Regulamentação da cobrança e dos reembolsos
– Decreto-Lei n.º 492/88, de 30 de Dezembro 619

PARTE QUINTA
LEGISLAÇÃO COMPLEMENTAR

[41] Lista dos países, territórios e regiões com regimes de tributação privilegiada, claramente mais favoráveis
– Portaria n.º 150/2004, de 13 de Fevereiro 637

[42] **Informação Empresarial Simplificada (IES)**
– Decreto-Lei n.º 8/2007, de 17 de Janeiro 640

[43] **Aprova os novos modelos de impressos da informação empresarial simplificada (IES)**
– Portaria n.º 8/2008, de 3 de Janeiro 647

PARTE SEXTA
DOUTRINA ADMINISTRATIVA

[50] **CIRCULARES DA DGCI**

– Obras de carácter plurianual
Circular n.º 5/90 651

– Regime de transparência fiscal aplicável às sociedades de profissionais
Circular n.º 8/90 654

– Eliminação da dupla tributação económica dos lucros distribuídos
Circular n.º 4/91 655

– Tratamento fiscal dos subsídios do F.S.E.
Circular n.º 6/91 655

– Regime das rendas devidas pelo aluguer sem condutor de viaturas ligeiras de passageiros ou mistas
Circular n.º 24/91 656

– Despesas de saúde – conceito
Circular n.º 26/91 660

– Indemnizações – Juros de Mora
Circular n.º 11/92 662

– Deficientes – prova de deficiência para efeitos de obtenção de benefícios fiscais
Circular n.º 15/92 663

– Venda de terrenos inserida em operações de loteamento
Circular n.º 16/92 664

– Estabelecimento individual de Responsabilidade limitada
Circular n.º 19/92 665

– Mais-Valias: Bens adquiridos em acto de divisão ou partilha
Circular n.º 21/92 665

- Atribuições a título de pré-reforma, pré-aposentação e abonos relativos à situação de reserva. Gratificações auferidas pela prestação ou em razão da prestação de trabalho, quando não atribuídas pela respectiva entidade patronal
  Circular n.º 25/92 666

- Responsabilidade pelo pagamento do imposto
  Circular n.º 6/93 668

- Representação fiscal dos sujeitos passivos não residentes, sem estabelecimento estável em território português
  Circular n.º 14/93 668

- Regime jurídico fiscal dos rendimentos auferido pelos militares junto da NATO e junto das Embaixadas de Portugal no estrangeiro
  Circular n.º 24/93 669

- Opção pela retenção na fonte segundo a taxa correspondente à situação de "casado único titular"
  Circular n.º 11/94 670

- Contas de depósitos de deficientes reformados
  Circular n.º 16/94 670

- Cumprimento dos prazos legais de apresentação das declarações periódicas de rendimentos
  Circular n.º 17/94 671

- Despesas com educação – conceito e requisitos dos documentos comprovativos
  Circular n.º 22/94 671

- Operações sobre valores monetários
  Circular n.º 11/95 672

- Âmbito de aplicação temporal da nova redacção do art. 9.º do CIRC
  Circular n.º 12/95 673

- Tabela Geral do Imposto do Selo. Legalização dos livros dos comerciantes
  Circular n.º 13/95 674

- Derrama – Encargo não dedutível para efeitos fiscais
  Circular n.º 14/95 675

- Donativos
  Circular n.º 20/95 675

- Avaliação de incapacidades resultantes de hipovisão
  Circular n.º 1/96 676

TABELA IX – RENDIMENTOS DE PENSÕES TITULARES DEFICIENTES DAS FORÇAS ARMADAS

Remuneração Mensal Euros		Casado dois titulares / Não casado	Casado único titular
Até	1.693,00	0,0%	0,0%
Até	1.734,00	1,0%	0,0%
Até	1.940,00	2,5%	0,0%
Até	2.013,00	4,0%	1,0%
Até	2.116,00	5,0%	1,0%
Até	2.220,00	6,0%	2,5%
Até	2.374,00	7,0%	3,5%
Até	2.478,00	8,0%	5,0%
Até	2.580,00	9,0%	5,5%
Até	2.621,00	10,5%	6,0%
Até	2.822,00	11,5%	6,5%
Até	2.923,00	12,5%	7,5%
Até	3.024,00	13,5%	8,5%
Até	3.125,00	14,5%	9,0%
Até	3.226,00	15,5%	10,0%
Até	3.326,00	16,5%	11,0%
Até	3.427,00	17,5%	12,5%
Até	3.629,00	18,5%	14,0%
Até	3.830,00	19,5%	15,0%
Até	4.234,00	20,5%	16,0%
Até	4.536,00	21,5%	17,0%
Superior a	4.536,00	22,5%	18,0%

TABELA VIII – RENDIMENTOS DE PENSÕES TITULARES DEFICIENTES

Remuneração Mensal Euros		Casado dois titulares / Não casado	Casado único titular
Até	1.693,00	0,0%	0,0%
Até	1.734,00	1,0%	0,0%
Até	1.940,00	2,5%	1,0%
Até	2.013,00	4,5%	1,0%
Até	2.116,00	5,5%	2,0%
Até	2.220,00	6,5%	3,0%
Até	2.374,00	7,5%	4,5%
Até	2.478,00	8,5%	5,5%
Até	2.580,00	9,5%	6,0%
Até	2.621,00	11,0%	6,5%
Até	2.822,00	12,0%	7,0%
Até	2.923,00	13,0%	8,0%
Até	3.024,00	14,0%	9,0%
Até	3.125,00	15,0%	9,5%
Até	3.226,00	16,0%	10,5%
Até	3.326,00	17,0%	11,5%
Até	3.427,00	18,0%	13,0%
Até	3.629,00	19,0%	14,5%
Até	3.830,00	20,0%	15,5%
Até	4.032,00	21,0%	16,5%
Até	4.234,00	22,0%	17,5%
Superior a	4.234,00	23,0%	18,5%

TABELA VII – PENSÕES

Remuneração Mensal Euros		Casado dois titulares / Não casado	Casado único titular
Até	675,00	0,0%	0,0%
Até	696,00	1,0%	0,0%
Até	764,00	2,0%	0,0%
Até	847,00	3,0%	1,0%
Até	939,00	4,0%	2,0%
Até	1.012,00	5,0%	2,0%
Até	1.094,00	6,0%	3,0%
Até	1.125,00	7,0%	3,0%
Até	1.208,00	8,0%	4,0%
Até	1.280,00	9,0%	4,0%
Até	1.383,00	10,0%	5,0%
Até	1.487,00	11,0%	6,0%
Até	1.621,00	12,0%	7,0%
Até	1.755,00	13,0%	8,5%
Até	1.838,00	13,5%	9,5%
Até	1.940,00	14,5%	10,5%
Até	2.044,00	15,5%	10,5%
Até	2.167,00	16,5%	11,5%
Até	2.302,00	17,5%	12,5%
Até	2.456,00	18,5%	12,5%
Até	2.591,00	19,5%	13,5%
Até	2.671,00	20,5%	14,5%
Até	2.822,00	21,5%	15,5%
Até	2.994,00	22,5%	15,5%
Até	3.195,00	23,5%	17,5%
Até	3.377,00	24,5%	18,5%
Até	3.588,00	25,5%	19,5%
Até	3.830,00	26,5%	21,5%
Até	4.103,00	27,5%	22,5%
Até	4.385,00	28,5%	23,5%
Até	4.647,00	30,5%	24,5%
Até	4.909,00	31,5%	25,5%
Até	5.211,00	32,5%	26,5%
Até	5.645,00	33,5%	27,5%
Até	7.661,00	34,5%	28,5%
Superior a	7.661,00	35,5%	29,5%

TABELA VI – TRABALHO DEPENDENTE
CASADO, DOIS TITULARES – DEFICIENTE

Remuneração Mensal Euros		0	1	2	3	4	5 ou mais
		\multicolumn{6}{c|}{Número de dependentes}						
Até	1.391,00	0,0%	0,0%	0,0%	0,0%	0,0%	0,0%
Até	1.431,00	0,0%	1,0%	0,0%	0,0%	0,0%	0,0%
Até	1.613,00	0,0%	1,0%	1,0%	1,0%	1,0%	0,0%
Até	1.925,00	2,0%	2,0%	1,0%	1,0%	1,0%	0,0%
Até	2.046,00	3,5%	3,5%	2,5%	2,5%	2,5%	1,5%
Até	2.177,00	4,5%	4,5%	3,5%	3,5%	3,5%	3,5%
Até	2.278,00	6,5%	5,5%	5,5%	5,5%	5,5%	4,5%
Até	2.439,00	8,5%	7,5%	6,5%	6,5%	6,5%	6,5%
Até	2.520,00	10,5%	9,5%	8,5%	8,5%	7,5%	7,5%
Até	2.621,00	11,5%	10,5%	10,5%	10,5%	9,5%	9,5%
Até	2.883,00	12,5%	11,5%	11,5%	12,5%	10,5%	10,5%
Até	3.195,00	13,5%	12,5%	12,5%	12,5%	11,5%	11,5%
Até	3.528,00	14,5%	13,5%	13,5%	13,5%	12,5%	12,5%
Até	3.659,00	15,5%	14,5%	14,5%	14,5%	14,5%	13,5%
Até	3.871,00	16,5%	15,5%	15,5%	15,5%	15,5%	14,5%
Até	4.284,00	17,5%	16,5%	16,5%	16,5%	16,5%	15,5%
Até	4.546,00	18,5%	17,5%	17,5%	17,5%	17,5%	16,5%
Até	4.838,00	19,5%	18,5%	18,5%	18,5%	18,5%	18,5%
Até	5.121,00	20,5%	19,5%	19,5%	19,5%	19,5%	19,5%
Até	5.544,00	21,5%	20,5%	20,5%	20,5%	20,5%	20,5%
Até	5.967,00	22,5%	21,5%	21,5%	21,5%	21,5%	21,5%
Até	6.693,00	23,5%	22,5%	22,5%	22,5%	22,5%	22,5%
Até	7.157,00	24,5%	23,5%	23,5%	23,5%	23,5%	23,5%
Até	7.731,00	25,5%	24,5%	24,5%	24,5%	24,5%	24,5%
Até	8.407,00	26,5%	25,5%	25,5%	25,5%	25,5%	25,5%
Até	9.183,00	27,5%	26,5%	26,5%	26,5%	26,5%	26,5%
Até	9.909,00	28,5%	27,5%	27,5%	27,5%	27,5%	27,5%
Até	12.398,00	29,5%	28,5%	28,5%	28,5%	28,5%	28,5%
Até	12.398,00	30,5%	29,5%	29,5%	29,5%	29,5%	29,5%
Superior a	12.398,00	31,5%	30,5%	30,5%	30,5%	30,5%	30,5%

TABELA V - TRABALHO DEPENDENTE
CASADO, ÚNICO TITULAR – DEFICIENTE

Remuneração Mensal Euros		Número de dependentes					
		0	1	2	3	4	5 ou mais
Até	1.724,00	0,0%	0,0%	0,0%	0,0%	0,0%	0,0%
Até	1.875,00	0,0%	1,0%	0,0%	0,0%	0,0%	0,0%
Até	1.940,00	2,0%	1,0%	1,0%	0,0%	0,0%	0,0%
Até	2.303,00	3,0%	3,0%	2,0%	2,0%	1,0%	1,0%
Até	2.480,00	4,0%	4,0%	3,0%	3,0%	2,0%	2,0%
Até	2.722,00	6,0%	6,0%	5,0%	5,0%	5,0%	4,0%
Até	2.923,00	7,0%	7,0%	6,0%	6,0%	6,0%	5,0%
Até	3.135,00	8,5%	8,5%	7,5%	7,5%	7,5%	6,5%
Até	3.301,00	9,5%	9,5%	8,5%	8,5%	8,5%	8,5%
Até	3.457,00	10,5%	10,5%	9,5%	9,5%	9,5%	9,5%
Até	3.558,00	11,5%	11,5%	11,5%	10,5%	10,5%	10,5%
Até	3.765,00	12,5%	12,5%	12,5%	11,5%	11,5%	11,5%
Até	3.871,00	13,5%	13,5%	13,5%	13,5%	12,5%	12,5%
Até	4.183,00	14,5%	14,5%	14,5%	13,5%	13,5%	13,5%
Até	4.385,00	15,5%	15,5%	15,5%	14,5%	14,5%	14,5%
Até	4.813,00	16,5%	16,5%	15,5%	15,5%	15,5%	15,5%
Até	5.232,00	17,5%	17,5%	17,5%	16,5%	16,5%	16,5%
Até	5.438,00	18,5%	18,5%	18,5%	18,5%	17,5%	17,5%
Até	5.867,00	19,5%	19,5%	19,5%	19,5%	18,5%	18,5%
Até	6.174,00	20,5%	20,5%	20,5%	20,5%	19,5%	19,5%
Até	6.749,00	21,5%	21,5%	21,5%	21,5%	20,5%	20,5%
Até	7.268,00	22,5%	22,5%	22,5%	22,5%	22,5%	21,5%
Até	8.094,00	23,5%	23,5%	23,5%	23,5%	23,5%	22,5%
Até	9.032,00	24,5%	24,5%	24,5%	24,5%	24,5%	23,5%
Até	10.070,00	25,5%	25,5%	25,5%	25,5%	25,5%	25,5%
Até	11.108,00	26,5%	26,5%	26,5%	26,5%	26,5%	25,5%
Até	12.802,00	27,5%	27,5%	27,5%	27,5%	27,5%	26,5%
Superior a	12.802,00	28,5%	28,5%	28,5%	28,5%	28,5%	27,5%

TABELA IV – TRABALHO DEPENDENTE
NÃO CASADO - DEFICIENTE

Remuneração Mensal Euros	Número de dependentes					
	0	1	2	3	4	5 ou mais
Até 1.391,00	0,0%	0,0%	0,0%	0,0%	0,0%	0,0%
Até 1.431,00	1,0%	0,0%	0,0%	0,0%	0,0%	0,0%
Até 1.613,00	2,0%	1,0%	0,0%	0,0%	0,0%	0,0%
Até 1.925,00	3,5%	2,5%	2,5%	1,0%	1,0%	0,0%
Até 2.046,00	4,5%	3,5%	3,5%	2,5%	2,5%	1,5%
Até 2.177,00	6,5%	4,5%	4,5%	4,5%	3,5%	3,5%
Até 2.278,00	8,5%	6,5%	5,5%	5,5%	4,5%	4,5%
Até 2.439,00	10,5%	8,5%	7,5%	7,5%	6,5%	5,5%
Até 2.520,00	11,5%	10,5%	9,5%	9,5%	7,5%	7,5%
Até 2.621,00	12,5%	11,5%	10,5%	10,5%	9,5%	9,5%
Até 2.883,00	13,5%	12,5%	11,5%	11,5%	11,5%	11,5%
Até 3.195,00	14,5%	13,5%	12,5%	12,5%	12,5%	12,5%
Até 3.528,00	15,5%	14,5%	13,5%	13,5%	13,5%	13,5%
Até 3.659,00	16,5%	15,5%	14,5%	14,5%	14,5%	14,5%
Até 3.871,00	17,5%	16,5%	16,5%	15,5%	15,5%	15,5%
Até 4.284,00	18,5%	17,5%	17,5%	16,5%	16,5%	16,5%
Até 4.546,00	19,5%	18,5%	18,5%	17,5%	17,5%	17,5%
Até 4.838,00	20,5%	19,5%	19,5%	18,5%	18,5%	18,5%
Até 5.121,00	21,5%	20,5%	20,5%	19,5%	19,5%	19,5%
Até 5.544,00	22,5%	21,5%	21,5%	21,5%	20,5%	20,5%
Até 5.967,00	23,5%	22,5%	22,5%	22,5%	21,5%	21,5%
Até 6.693,00	24,5%	23,5%	23,5%	23,5%	22,5%	22,5%
Até 7.157,00	25,5%	24,5%	24,5%	24,5%	23,5%	23,5%
Até 7.731,00	26,5%	25,5%	25,5%	25,5%	25,5%	24,5%
Até 8.407,00	27,5%	26,5%	26,5%	26,5%	26,5%	25,5%
Até 9.183,00	28,5%	27,5%	27,5%	27,5%	26,5%	26,5%
Até 9.909,00	29,5%	28,5%	28,5%	28,5%	28,5%	27,5%
Até 12.398,00	30,5%	29,5%	29,5%	29,5%	29,5%	28,5%
Superior a 12.398,00	31,5%	30,5%	30,5%	30,5%	30,5%	29,5%

TABELA III – TRABALHO DEPENDENTE
CASADO, DOIS TITULARES

Remuneração Mensal		Número de dependentes					
Euros		0	1	2	3	4	5 ou mais
Até	575,00	0,0%	0,0%	0,0%	0,0%	0,0%	0,0%
Até	580,00	1,0%	0,0%	0,0%	0,0%	0,0%	0,0%
Até	587,00	2,0%	1,0%	0,0%	0,0%	0,0%	0,0%
Até	633,00	3,0%	2,0%	1,0%	0,0%	0,0%	0,0%
Até	675,00	4,0%	3,0%	2,0%	1,0%	0,0%	0,0%
Até	726,00	5,0%	4,0%	3,0%	2,0%	1,0%	0,0%
Até	801,00	6,0%	5,0%	4,0%	4,0%	3,0%	2,0%
Até	907,00	7,0%	6,0%	6,0%	5,0%	4,0%	3,0%
Até	988,00	8,0%	7,0%	7,0%	6,0%	5,0%	5,0%
Até	1.048,00	9,0%	8,0%	8,0%	7,0%	7,0%	6,0%
Até	1.124,00	10,0%	9,0%	9,0%	8,0%	8,0%	7,0%
Até	1.205,00	11,0%	10,0%	10,0%	9,0%	9,0%	8,0%
Até	1.300,00	12,0%	12,0%	11,0%	11,0%	10,0%	10,0%
Até	1.401,00	13,0%	13,0%	12,0%	12,0%	11,0%	11,0%
Até	1.537,00	14,0%	14,0%	13,0%	13,0%	12,0%	12,0%
Até	1.689,00	15,5%	15,5%	14,5%	14,5%	14,5%	13,5%
Até	1.840,00	16,5%	16,5%	15,5%	15,5%	15,5%	14,5%
Até	1.945,00	17,5%	17,5%	16,5%	16,5%	15,5%	15,5%
Até	2.055,00	18,5%	18,5%	17,5%	17,5%	17,5%	17,5%
Até	2.182,00	19,5%	19,5%	18,5%	18,5%	18,5%	18,5%
Até	2.328,00	20,5%	20,5%	20,5%	19,5%	19,5%	19,5%
Até	2.495,00	21,5%	21,5%	21,5%	20,5%	20,5%	20,5%
Até	2.722,00	22,5%	22,5%	22,5%	21,5%	21,5%	21,5%
Até	3.054,00	23,5%	23,5%	23,5%	22,5%	22,5%	22,5%
Até	3.478,00	24,5%	24,5%	24,5%	23,5%	23,5%	23,5%
Até	4.052,00	25,5%	25,5%	25,5%	25,5%	24,5%	24,5%
Até	4.576,00	26,5%	26,5%	26,5%	26,5%	25,5%	25,5%
Até	5.111,00	27,5%	27,5%	27,5%	27,5%	27,5%	26,5%
Até	5.786,00	28,5%	28,5%	28,5%	28,5%	28,5%	27,5%
Até	6.653,00	29,5%	29,5%	29,5%	29,5%	29,5%	29,5%
Até	7.852,00	30,5%	30,5%	30,5%	30,5%	30,5%	30,5%
Até	9.455,00	32,0%	32,0%	32,0%	32,0%	32,0%	32,0%
Até	11.159,00	33,0%	33,0%	33,0%	33,0%	33,0%	33,0%
Até	18.648,00	34,0%	34,0%	34,0%	34,0%	34,0%	34,0%
Superior a	18.648,00	35,0%	35,0%	35,0%	35,0%	35,0%	35,0%

TABELA II - TRABALHO DEPENDENTE
CASADO, ÚNICO TITULAR

Remuneração Mensal		Número de dependentes					
	Euros	0	1	2	3	4	5 ou mais
Até	675,00	0,0%	0,0%	0,0%	0,0%	0,0%	0,0%
Até	696,00	1,0%	0,0%	0,0%	0,0%	0,0%	0,0%
Até	741,00	2,0%	1,0%	0,0%	0,0%	0,0%	0,0%
Até	781,00	3,0%	2,0%	1,0%	0,0%	0,0%	0,0%
Até	822,00	4,0%	2,0%	1,0%	0,0%	0,0%	0,0%
Até	872,00	5,0%	4,0%	2,0%	1,0%	0,0%	0,0%
Até	958,00	6,0%	5,0%	4,0%	2,0%	1,0%	0,0%
Até	1.063,00	7,0%	6,0%	5,0%	4,0%	2,0%	1,0%
Até	1.205,00	8,0%	7,0%	6,0%	5,0%	4,0%	3,0%
Até	1.381,00	9,0%	8,0%	7,0%	6,0%	5,0%	5,0%
Até	1.603,00	10,0%	9,0%	8,0%	8,0%	7,0%	6,0%
Até	1.704,00	11,0%	10,0%	10,0%	9,0%	8,0%	8,0%
Até	1.819,00	12,0%	11,0%	11,0%	10,0%	9,0%	9,0%
Até	1.966,00	13,0%	12,0%	12,0%	11,0%	11,0%	10,0%
Até	2.122,00	14,0%	13,0%	13,0%	12,0%	12,0%	11,0%
Até	2.308,00	15,0%	15,0%	14,0%	13,0%	13,0%	12,0%
Até	2.525,00	16,0%	16,0%	15,0%	15,0%	14,0%	14,0%
Até	2.888,00	17,0%	17,0%	16,0%	16,0%	15,0%	15,0%
Até	3.301,00	18,5%	18,5%	17,5%	17,5%	16,5%	16,5%
Até	3.553,00	19,5%	19,5%	18,5%	18,5%	18,5%	17,5%
Até	3.820,00	20,5%	20,5%	19,5%	19,5%	19,5%	18,5%
Até	4.143,00	21,5%	21,5%	20,5%	20,5%	20,5%	20,5%
Até	4.531,00	22,5%	21,5%	21,5%	21,5%	21,5%	21,5%
Até	4.995,00	23,5%	23,5%	23,5%	22,5%	22,5%	22,5%
Até	5.564,00	24,5%	24,5%	24,5%	23,5%	23,5%	23,5%
Até	6.280,00	25,5%	25,5%	25,5%	24,5%	24,5%	24,5%
Até	7.207,00	26,5%	26,5%	26,5%	25,5%	25,5%	25,5%
Até	8.306,00	27,5%	27,5%	27,5%	27,5%	26,5%	26,5%
Até	9.188,00	28,5%	28,5%	28,5%	28,5%	27,5%	27,5%
Até	10.282,00	29,5%	29,5%	29,5%	29,5%	29,5%	28,5%
Até	13.860,00	30,5%	30,5%	30,5%	30,5%	30,5%	29,5%
Até	19.898,00	31,5%	31,5%	31,5%	31,5%	31,5%	30,5%
Superior a	19.898,00	32,5%	32,5%	32,5%	32,5%	32,5%	31,5%

TABELA I – TRABALHO DEPENDENTE NÃO CASADO

Remuneração Mensal Euros		Número de dependentes					
		0	1	2	3	4	5 ou mais
Até	575,00	0,0%	0,0%	0,0%	0,0%	0,0%	0,0%
Até	580,00	1,0%	0,0%	0,0%	0,0%	0,0%	0,0%
Até	587,00	2,0%	0,0%	0,0%	0,0%	0,0%	0,0%
Até	633,00	3,0%	1,0%	0,0%	0,0%	0,0%	0,0%
Até	675,00	4,0%	2,0%	1,0%	0,0%	0,0%	0,0%
Até	726,00	5,0%	3,0%	2,0%	1,0%	0,0%	0,0%
Até	801,00	6,0%	5,0%	3,0%	2,0%	1,0%	0,0%
Até	907,00	7,0%	6,0%	4,0%	3,0%	2,0%	1,0%
Até	988,00	8,0%	7,0%	6,0%	4,0%	3,0%	2,0%
Até	1.048,00	9,0%	8,0%	7,0%	6,0%	4,0%	3,0%
Até	1.124,00	10,0%	9,0%	8,0%	7,0%	6,0%	5,0%
Até	1.205,00	11,0%	10,0%	9,0%	8,0%	7,0%	6,0%
Até	1.300,00	12,0%	11,0%	10,0%	9,0%	8,0%	7,0%
Até	1.401,00	13,0%	12,0%	11,0%	10,0%	10,0%	9,0%
Até	1.537,00	14,0%	13,0%	12,0%	12,0%	11,0%	10,0%
Até	1.683,00	15,5%	14,5%	14,5%	13,5%	12,5%	11,5%
Até	1.840,00	16,5%	15,5%	15,5%	14,5%	13,5%	13,5%
Até	1.945,00	17,5%	16,5%	16,5%	15,5%	15,5%	14,5%
Até	2.056,00	18,5%	17,5%	17,5%	16,5%	16,5%	15,5%
Até	2.182,00	19,5%	18,5%	18,5%	17,5%	17,5%	16,5%
Até	2.328,00	20,5%	19,5%	19,5%	18,5%	18,5%	17,5%
Até	2.495,00	21,5%	21,5%	20,5%	20,5%	19,5%	19,5%
Até	2.722,00	22,5%	22,5%	21,5%	21,5%	20,5%	20,5%
Até	3.054,00	23,5%	23,5%	22,5%	22,5%	21,5%	21,5%
Até	3.478,00	24,5%	24,5%	23,5%	23,5%	23,5%	22,5%
Até	4.052,00	25,5%	25,5%	24,5%	24,5%	24,5%	24,5%
Até	4.576,00	26,5%	26,5%	25,5%	25,5%	25,5%	25,5%
Até	5.111,00	27,5%	27,5%	27,5%	26,5%	26,5%	26,5%
Até	5.786,00	28,5%	28,5%	28,5%	27,5%	27,5%	27,5%
Até	6.653,00	29,5%	29,5%	29,5%	28,5%	28,5%	28,5%
Até	7.852,00	30,5%	30,5%	30,5%	30,5%	29,5%	29,5%
Até	9.455,00	32,0%	32,0%	32,0%	32,0%	32,0%	31,0%
Até	11.159,00	33,0%	33,0%	33,0%	33,0%	33,0%	32,0%
Até	18.648,00	34,0%	34,0%	34,0%	34,0%	34,0%	33,0%
Superior a	18.648,00	35,0%	35,0%	35,0%	35,0%	35,0%	34,0%

d) Tabela de retenção VIII sobre pensões, com excepção das pensões de alimentos, auferidas por titulares deficientes, a aplicar de harmonia com o disposto no artigo 5.º do Decreto-Lei n.º 42/91, de 22 de Janeiro;

e) Tabela de retenção IX sobre pensões, com excepção das pensões de alimentos, auferidas por titulares deficientes das Forças Armadas abrangidas pelos Decretos-Leis n.ºˢ 43/76, de 20 de Janeiro, e 314/90, de 13 de Outubro.

2 — As tabelas de retenção, a que se refere o número anterior, aplicam-se aos rendimentos a que se reportam, pagos ou colocados à disposição de titulares residentes em território português, com excepção das Regiões Autónomas dos Açores e da Madeira, devendo ainda observar-se o seguinte:

a) Cada dependente com grau de incapacidade permanente igual ou superior a 60% equivalerá, para efeitos de retenção na fonte, a quatro dependentes não deficientes;

b) Na situação de «casado, único titular», o cônjuge que, não auferindo rendimentos das categorias A ou H, seja portador de deficiência que lhe confira um grau de incapacidade permanente igual ou superior a 60% equivalerá, para efeitos de retenção na fonte sobre rendimentos de trabalho dependente auferidos pelo outro cônjuge, a cinco dependentes não deficientes;

c) Na situação de «casado, único titular», sendo o cônjuge, que não aufere rendimentos das categorias A ou H, portador de deficiência que lhe confira um grau de incapacidade permanente igual ou superior a 60%, a taxa de retenção na fonte a aplicar aos rendimentos de pensões auferidos pelo outro cônjuge deverá ser reduzida em um ponto percentual.

3 — As tabelas de retenção respeitantes aos sujeitos passivos casados aplicam-se igualmente às pessoas que, vivendo em união de facto, tenham exercido a opção pelo regime de tributação dos sujeitos passivos casados e não separados judicialmente de pessoas e bens, ao abrigo do disposto no n.º 1 do artigo 14.º do Código do IRS.

4 — A taxa de retenção a aplicar é a que corresponder:

a) Nas tabelas de retenção sobre rendimentos do trabalho dependente, à intersecção da linha em que se situar a remuneração com a coluna correspondente ao número de dependentes a cargo;

b) Nas tabelas de retenção sobre pensões, à intersecção da linha em que se situar o montante da pensão com a coluna correspondente à situação pessoal.

5 — É fixada, para 2010, em 0,99% a taxa prevista no artigo 14.º do Decreto-Lei n.º 42/91, de 22 de Janeiro, sendo a do artigo 16.º do mesmo diploma equivalente à taxa dos juros legais fixadas nos termos do n.º 1 do artigo 559.º do Código Civil, por força do artigo 43.º da lei geral tributária.

6 — O presente despacho produz efeitos no dia seguinte ao da sua publicação, devendo aplicar-se ao apuramento do IRS a reter sobre rendimentos que venham a ser pagos ou colocados à disposição dos respectivos titulares a partir de 1 de Junho de 2010.

(Redacção dada pelo Despacho n.º 8843-A/2010, de 21-05)

20 de Maio de 2010. — O Ministro de Estado e das Finanças, *Fernando Teixeira dos Santos*.

ADENDA

Pelo Despacho n.º 8603-A/2010, de 20-05, publicado no Diário da República n.º 98 Série II, Parte C, Suplemento 1, da mesma data, foram publicadas as Tabelas de Retenção na Fonte para o Continente – Ano 2010.
São essas Tabelas que se transcrevem na presente Adenda.

TABELAS DE RETENÇÃO NA FONTE PARA O CONTINENTE
ANO 2010

DESPACHO N.º 8603-A/2010,
PUBLICADO NO DIÁRIO DA REPÚBLICA,
– 2.ª SÉRIE, N.º 98, 20 DE MAIO DE 2010

Em execução do disposto no Decreto-Lei n.º 42/91, de 22 de Janeiro, diploma quadro do regime de retenção na fonte em sede de IRS, são aprovadas as tabelas de retenção, bem como as taxas de juro de que se referem os artigos 14.º e 16.º daquele diploma legal.

Assim:

Ao abrigo do disposto no n.º 5 do artigo 2.º do Decreto-Lei n.º 42/91, de 22 de Janeiro, o Ministro de Estado e das Finanças determina o seguinte:

1 – São aprovadas as seguintes tabelas de retenção na fonte:

a) Tabelas de retenção I (não casado), II (casado, único titular) e III (casado, dois titulares), sobre rendimentos do trabalho dependente, auferidos por titulares não deficientes e em cuja aplicação deve observar-se o disposto nos artigos 2.º, 2.º-A e 3.º do Decreto-Lei n.º 42/91, de 22 de Janeiro.

b) Tabelas de retenção IV (não casado), V (casado, único titular) e VI (casado, dois titulares) sobre rendimentos do trabalho dependente, auferidos por titulares deficientes a aplicar de harmonia com o disposto no n.º 2 do artigo 4.º do Decreto-Lei n.º 42/91, de 22 de Janeiro, tomando-se igualmente em consideração os artigos 2.º, 2.º-A e 3.º do mesmo diploma;

c) Tabela de retenção VII sobre pensões, com excepção das pensões de alimentos, auferidas por titulares não deficientes, a aplicar de harmonia com o disposto no artigo 5.º do Decreto-Lei n.º 42/91, de 22 de Janeiro;

CÓDIGO DO IMPOSTO SOBRE O RENDIMENTO
DAS PESSOAS SINGULARES
CÓDIGO DO IMPOSTO SOBRE O RENDIMENTO
DAS PESSOAS COLECTIVAS
ESTATUTO DOS BENEFÍCIOS FISCAIS

AUTORES
JAIME DEVESA
MANUEL JOAQUIM MARCELINO

EDITOR
EDIÇÕES ALMEDINA, SA
Av. Fernão Magalhães, n.º 584, 5.º Andar
3000-174 Coimbra
Tel.: 239 851 904
Fax: 239 851 901
www.almedina.net
editora@almedina.net

Maio, 2010

ISBN ORIGINAL
9789724041414

PÁGINA INTERNET DO LIVRO
http://www.almedina.net/catalog/product_info.php?products_id=3632

JAIME DEVESA – MANUEL JOAQUIM MARCELINO

IRS IRC EBF

(13.ª Edição)

ADENDA

- Créditos incobráveis – art. 37.º do CIRC e n.º 3 do art. 119.º do C.P.E.R.E.F.
  Circular n.º 12/96 677
- Período de Tributação diferente ao ano civil
  Circular n.º 12/97 677
- Convenções de dupla tributação
  Circular n.º 1/98 678
- Obrigatoriedade de Assinatura das Declarações pelos TOC
  Circular n.º 9/98 679
- Instrumentos Financeiros derivados
  Circular n.º 13/98 681
- Despesas com a educação
  Circular n.º 2/99 682
- Despesas de saúde
  Circular n.º 3/99 682
- Identificação do Técnico Oficial de Contas nas declarações fiscais
  Circular n.º 7/99 684
- Despesas de representação abonadas ao abrigo da Lei n.º 49/99, de 22 de Junho
  Circular n.º 16/99 685
- Trabalho a tempo parcial e semana de quatro dias
  Circular n.º 19/99 685
- Subsídios que têm associada uma componente relativa à criação de postos de trabalho
  Circular n.º 6/2000 686
- IRC – Créditos fiscais: obrigações acessórias
  Circular n.º 7/2000 687
- IRC – Gratificações a membros do órgão de administração
  Circular n.º 8/2000 689
- Livros de registo – art. 50.º CIVA. Admissibilidade da sua substituição em sede de IRS
  Circular n.º 9/2000 690
- Tributação dos dividendos de acções admitidas à negociação no mercado da Bolsa de Valores Mobiliários
  Circular n.º 10/2000 691

- Isenções – Pessoas colectivas de utilidade pública
  Circular n.º 14/2000 692

- Não residentes – Directiva 90/435/CEE, de 23 de Julho
  Circular n.º 16/2000 693

- IRS e IRC – Regime simplificado de determinação do rendimento tributável
  Circular n.º 3/2001 694

- IRC – Declaração de opção pelo regime especial de tributação dos grupos de sociedades
  Circular n.º 4/2001, de 14/02/2001 701

- IRS– Categoria B – Prestações de serviços
  Circular n.º 5/2001 702

- Categoria B do IRS – Rendimentos acessórios
  Circular n.º 7/2001 705

- IRS – Pré-Reforma
  Circular n.º 8/2001 706

- Estatuto dos Benefícios Fiscais
  Circular n.º 10/2001 707

- Isenções das pessoas colectivas de utilidade pública e de solidariedade social
  Circular n.º 13/2001 708

- IRS – Despesas realizadas no estrangeiro – Autenticação dos documentos
  Circular n.º 14/2001 709

- IRS e IRC – Tributação de dividendos
  Circular n.º 4/2002 710

- IRC – Regime transitório relativo aos grupos de sociedades
  Circular n.º 5/2002 712

- IRC – Regime transitório das mais-valias e menos-valias realizadas
  Circular n.º 7/2002 714

- Tratamento fiscal dos donativos. Estatuto do Mecenato
  Circular n.º 12/2002 720

- IRS – Pensões de preço de sangue
  Circular n.º 13/2002 723

- IRC – Aplicação das taxas regionais
  Circular n.º 14/2002 724

- Registo individualizado dos valores mobiliários
  Circular n.º 16/2002 727
- Subsídio de compensação atribuído a Magistrados Judiciais
  Circular n.º 18/2002 728
- Regime especial de tributação dos grupos de sociedades – Declaração de alterações
  Circular n.º 19/2002 729
- Tributação do pessoal das Missões Diplomáticas e Postos Consulares acreditados em Portugal
  Circular n.º 22/2002 730
- Pagamentos de juros de obrigações emitidas por instituições de crédito ou sociedades financeiras instaladas nas zonas francas – Estatuto dos Benefícios Fiscais
  Circular n.º 24/2002 732
- Interpretação da Portaria n.º 555/2002, de 4 de Julho
  Circular n.º 3/2003 733
- Retenção sobre rendimentos de valores mobiliários emitidos por entidades não residentes em território português
  Circular n.º 5/2003 735
- Alterações ao CIRS introduzidas pela Lei do Orçamento para 2003
  Circular n.º 6/2003 736
- Consequências fiscais da aplicação da Directriz Contabilística n.º 25 – Locações
  Circular n.º 7/2003 739
- Convenções para evitar a dupla tributação
  Circular n.º 12/2003 741
- Aquisição do direito aos benefícios fiscais no âmbito do Estatuto do Mecenato
  Circular n.º 13/2003 742
- Tributação do pessoal das Missões Diplomáticas e Postos Consulares em Portugal
  Circular n.º 1/2004 743
- Tratamento fiscal de donativos
  Circular n.º 2/2004 744
- Regime fiscal das sociedades gestoras de participações sociais e sociedades de capital de risco
  Circular n.º 7/2004 749

- Contagem dos prazos de detenção das participações – Regime de Neutralidade
  Circular n.º 8/2004 751

- Reserva fiscal para investimento
  Circular n.º 11/2004 752

- Prazo de caducidade – Retenções na fonte a título definitivo
  Circular n.º 12/2004 759

- Pensões pagas a funcionários das Comunidades Europeias
  Circular n.º 13/2004 759

- Lei n.º 16/2001, de 22 de Junho (Lei da Liberdade Religiosa) – Art. 32.º. Consignação da quota de 0,5% do IRS liquidado. Donativos com fins religiosos
  Circular n.º 16/2004 760

- Concordata 2004
  Circular n.º 6/2005 761

- Transmissibilidade de prejuízos fiscais em casos de fusão, cisão e entrada de activos
  Circular n.º 7/2005 762

- Estatuto do Mecenato / obrigações do mecenas
  Circular n.º 9/2005 763

- Concordata celebrada entre o Estado Português e a Igreja Católica. Art. 26.º Isenções em sede de IRC, IMT e IMI
  Circular n.º 10/2005 764

- Período especial de tributação. Período de tributação diferente do ano civil. Declarações de inscrição no registo e de alterações
  Circular n.º 4/2006 766

- IRC – Dividendos, Juros e *Royalties*. Acordo entre a Comunidade Europeia e a Confederação Suíça que prevê medidas equivalentes às estabelecidas na Directiva 2003/48/CE
  Circular n.º 6/2006 768

- Categoria B – Regime Simplificado Alterações introduzidas pela Lei n.º 53--A/2006, de 29 de Dezembro (Orçamento de Estado de 2007) Código do IRS – Art. 28.º
  Circular n.º 05/2007, de 13 de Março 770

- Regime Especial de Tributação dos Grupos de Sociedades (RETGS), Obrigações Declarativas, Arts. 63.º e 110.º do Código do IRC
  Circular n.º 06/2007, de 13 de Março 771

– Reposição de remunerações indevidamente pagas a funcionários ou agentes da Administração Pública, Código do IRS, Artigos 60.º e 119.º
Circular n.º 3/2008, de 6 de Fevereiro 772

– Código do IRC – Artigo 90.º-A, n.º 2, a) e n.º 7, Decreto-Lei n.º 42/91, de 22 de Janeiro – Artigo 18.º, n.ºs 2 e 7
Circular n.º 5/2008, de 7 de Março 774

– Indemnizações: Prestações devidas em consequência de lesão corporal, doença ou morte, CIRS – artigos 12.º e 99.º
Circular n.º 13/2008, de 26 de Maio 776

– Restituição do IVA – 8.ª Directiva. Custos ou perdas, CIRC – artigo 23.º
Circular n.º 14/2008, de 11 de Julho 776

– Rendimentos das partes comuns da propriedade horizontal, CIRS – artigo 119.º n.º 1 alínea c)
Circular n.º 15/2008, de 7 de Outubro 777

– Directiva n.º 2003/49/CE, do Conselho, de 03 de Junho (Directiva Juros e Royalties)
Circular n.º 5/2009, de 1 de Abril 777

– Possibilidade de os "Fundos" e *Trusts* beneficiarem do regime previsto nas convenções destinadas a evitar a dupla tributação
Circular n.º 6/2009, de 6 de Abril 780

– **Despesas de saúde. Produtos sem glúten**
Circular n.º 17/2009, de 17 de Junho 781

– Imposto sobre o Rendimento das Pessoas Colectivas. Imposto sobre Valor Acrescentado
Circular n.º 20/2009, de 28 de Julho 2009 781

– **Despesas de saúde. Apoio psico-pedagógico**
Circular n.º 24/2009, de 18 de Novembro 785

– **Obrigações Fiscais em Caso de Insolvência**
Circular n.º 1/2010, de 2 de Fevereiro 2010 785

[51] OFÍCIOS-CIRCULARES DA DGCI

– Regime fiscal aplicável a remunerações auferidas por pessoal ao serviço da CEE
Ofício-circular n.º X-2/90 791

– Expropriação de terrenos para construção por utilidade pública
Ofício-circular n.º X-4/90 791

- Abatimento dos donativos de interesse público
  Ofício-circular n.º X-5/91 792

- Rendimentos emergentes de contrato de hospedagem
  Ofício-circular n.º X-6/91 793

[52] OFÍCIOS-CIRCULADOS DA DGCI

- Indemnizações pagas pela cessação do contrato individual de trabalho
  Ofício-circulado n.º 11/89 795

- Tratamento em imposto sobre o rendimento das heranças indivisas
  Ofício-circulado n.º 16/89 796

- Acções de formação na Administração Pública – enquadramento fiscal
  Ofício-circulado n.º 18/89 797

- Rendas resultantes das cedências do uso de partes comuns de prédios em regime de propriedade horizontal
  Ofício-circulado n.º 12/90 798

- Despesas de saúde com filhos maiores toxicómanos
  Ofício-circulado n.º 24/90 799

- Centralização da contabilidade ou da escrituração
  Ofício-circulado n.º 2/91 800

- Afectação de bens de equipamento a actividades independentes (categorias B ou C) exercidas sem recurso a instalação própria
  Ofício-circulado n.º 22/91 800

- Donativos a clubes desportivos e federações
  Ofício-circulado n.º 10/92 801

- Descontos obrigatórios para os regimes de protecção social
  Ofício-circulado n.º 11/92 801

- Vinculação de todos os funcionários da administração fiscal às regras de liquidação de IRS superiormente sancionadas
  Ofício-circulado n.º 19/92 802

- Reinvestimento de valores de realização de imóveis destinados a habitação do sujeito passivo
  Ofício-circulado n.º 9/93 802

- Custos e proveitos de exercícios anteriores
  Ofício-circulado n.º 14/93 803

- IRS – Duplicação de colecta – revogação oficiosa de liquidação por duplicação de colecta
  Ofício-circulado n.º 6/94 804

- Termos de abertura e encerramento dos livros de escrituração
  Ofício-circulado n.º 6/95 806

- Contratos de arrendamento habitacionais – apresentação nas Repartições de Finanças
  Ofício-circulado n.º 11/95 806

- Ajudas de Custo. Isenção e incidência do Imposto
  Ofício-circulado n.º 34 931/95 807

- Missões diplomáticas e consulares – organizações estrangeiras – isenções
  Ofício-circulado n.º 5/97 808

- Certificado da qualidade de residente em Portugal
  Ofício-circulado n.º 7/97 808

- Uniformização de procedimentos em sede de processo de Contra-ordenação fiscal
  Ofício-circulado n.º 7 808/97 809

- Hierarquia de dedução de prejuízos e benefícios fiscais
  Ofício-circulado n.º 9/97 810

- Convenções Internacionais para evitar a dupla tributação – procedimentos a adoptar na informação dos processos de reembolso
  Ofício-circulado n.º 10/97 810

- Regime Tributário do pessoal das Missões Diplomáticas
  Ofício-circulado n.º 12/97 812

- Retroactivos de Contribuições pagas à Segurança Social
  Ofício-circulado n.º 2 275/98 814

- Exercício das opções previstas no Código do IRS
  Ofício-circulado n.º 2 785/98 814

- Despesas com a Educação – frequência de cursos de mestrado e doutoramento
  Ofício-circulado n.º 8 039/98 815

- Aquisições por dependentes, de acções em Ofertas Públicas de Venda realizadas pelo Estado
  Ofício-circulado n.º 15 152/98 815

- IRC – Pagamento especial por conta
  Ofício-circulado n.º 82/98 816

- Crédito de Imposto por dupla tributação internacional
  Ofício-circulado n.º 31 051, de 98.05.28 819

- Certificação de Imposto pago em Portugal
  Ofício-circulado n.º 31 010, de 98.05.28 820

- Certificação da qualidade de residente em Portugal
  Ofício-circulado n.º 39 574, de 98.07.10 821

- Pedido de certidão de situação contributiva
  Ofício n.º 10 197, de 24/11/98 822

- Conceito de dependente
  Ofício-circulado n.º 20 001/99, de 29/01/99 822

- Taxas aplicáveis na liquidação dos juros compensatórios e dos juros de mora
  Ofício-circulado n.º 60 005/99, de 25/02/99 da DSJT 822

- Donativos concedidos à União Portuguesa dos Adventistas do Sétimo Dia
  Ofício-circulado n.º 10 717, de 18/02/2000 823

- O novo sistema de obrigações declarativas de IR e de IVA
  Ofício-circulado n.º 10 008/00, de 27/03 824

- Procedimentos relativos às novas obrigações declarativas de IR e IVA
  Ofício-circulado n.º 10 009, de 31/03/00 827

- Estatuto do Mecenato – donativos para apoio à transição de Timor-Leste
  Ofício-circulado n.º 20 020, de 00/05/16 830

- Donativos concedidos a igrejas e outras instituições religiosas
  Ofício-circulado n.º 20 021, de 00/05/17 831

- Declaração Periódica de Rendimentos mod. 22. Declaração Anual de informação contabilística e fiscal
  Ofício-circulado n.º 10 012, de 18/05/2000 831

- Dupla tributação internacional – dedução do imposto e dos encargos suportados no estrangeiro
  Ofício-circulado n.º 20 022, de 19/05/2000 834

- IRS – Mais-Valias nas categorias C e D – não reinvestimento dos valores de realização
  Ofício-circulado n.º 20 025, de 29/06/2000 836

- Dupla tributação internacional – crédito de imposto – documento comprovativo do montante suportado no estrangeiro
  Ofício-circulado n.º 20 030, de 18/127/2000 837

- **Dupla tributação internacional – Art. 15.º da CDT Alemanha**
  Ofício-circulado n.º 20 032, de 31/01/2001 837

- **Preenchimento dos Formulários EU/EEE**
  Ofício-circulado n.º 20 036, de 05/03/2001 838

- **IRS – Importâncias não atribuídas pela entidade profissional**
  Ofício-circulado n.º 20 037, de 07/03/2001 839

- **IRS – Estatuto do Mecenato – Reconhecimento prévio de donativos**
  Ofício-circulado n.º 20 039, de 13/03/2001 839

- **IRC – Prazo para a apresentação da declaração de inscrição no registo a que se refere a alínea *a*) do n.º 1 do art.º 94.º do CIRC**
  Ofício-circulado n.º 20 040, de 14/03/2001 840

- **Recepção das declarações mod. 3 de IRS quando haja lugar a pedido de crédito de imposto por dupla tributação internacional**
  Ofício-circulado n.º 20 045, de 04/04/2001 840

- **Categoria B – regras a aplicar aos «rendimentos acessórios»**
  Ofício-circulado n.º 20 052, de 17/09/2001 844

- **Reinvestimento de Mais-Valias, nos termos do n.º 5 do art. 10.º do CIRS**
  Ofício-circulado n.º 20 054, de 11/10/2001 845

- **IRS – Dedução das despesas de saúde não compartipadas pela ADSE, cujos documentos de suporte foram objecto de devolução**
  Ofício-circulado n.º 20 055, de 08/11/2001 845

- **IRS – Declaração de cessação**
  Ofício-circulado n.º 20 056, de 26/11/2001 846

- **IRS – Pensões de alimentos pagas por sujeitos passivos a dependentes que integram o seu agregado familiar, por mútuo acordo e com homologação judicial – despesas de educação**
  Ofício-circulado n.º 20 058, de 05/02/2002 846

- **Ilisão de presunção legal**
  Ofício-circulado n.º 20 061, de 18/02/2002 847

- **IRC – Cessação de actividade**
  Ofício-circulado n.º 20 063, de 05/03/2002 848

- **Energias renováveis – Deduções à colecta**
  Ofício-circulado n.º 20 064, de 12/03/2002 848

– Dedução de contribuições obrigatórias para a segurança social relativas a
anos anteriores
Ofício-circulado n.º 20 065, de 12/03/2002 849

– IRS – Tributação de prémios atribuídos em sorteios ou concursos
Ofício-circulado n.º 20 067, de 09/04/2002 849

– Declarações de substituição
Ofício-circulado n.º 20 072, de 08/07/2002 850

– Regime tributário do pessoal local das missões diplomáticas e consulares
Ofício-circulado n.º 20 075, de 03/10/2002 851

– Procedimentos relativos à aplicação da limitação de imposto por força de
uma converção para evitar a dupla tributação
Ofício-circulado n.º 20 076, de 31/10/2002 852

– Procedimento de correcção de liquidações de IRC – mod. 22
Ofício-circulado n.º 20 077, de 05/11/2002 853

– Opção de regime de tributação
Ofício-circulado n.º 20 081, de 26/02/2003 854

– Procedimentos a adoptar em caso de pagamentos a não residentes que não
sejam aceites como custo da entidade pagadora
Ofício-circulado n.º 20 087, de 15/09/2003 855

– Fiscalização de IRS, entrega de declarações modelo 3 de substituição
Ofício-circulado n.º 20 089, de 10/12/2003 856

– Formulários para limitação do imposto por aplicação de uma convenção
para evitar a dupla tributação internacional quando o beneficiário dos rendimentos seja residente em Espanha
Ofício-circulado n.º 20 090, de 18/12/2003 857

– Donativos à Cruz Vermelha Portuguesa – Mecenato – Documento compro-
vativo do donativo. Estatuto do Mecenato – Donativos à Cruz Vermelha
Portuguesa para apoio às vítimas dos incêndios ocorridos em Portugal
Ofício-circulado n.º 20 093, de 8/04/2004 858

– Procedimentos relativos aos pedidos de reembolso de imposto ao abrigo da
Directiva n.º 90/435/CEE
Ofício-circulado n.º 20 095, de 04/08/2004 859

– Recepção da Dedclaração mod. 3 de IRS
Ofício-circulado n.º 20 102, de 14/03/2005 860

- **Reembolso de IRS no caso de retenção na fonte a taxa superior à prevista no artigo 71.º do CIRS**
  Ofício-circulado n.º 20 103, de 14/03/2005 861

- **Árbitros de futebol – cumprimento das obrigações inerentes à obtenção de rendimentos da categoria B de IRS**
  Ofício-circulado n.º 19 091, de 8 de Julho de 2005 861

- **Declaração de inscrição, de alterações ou de cessação**
  Ofício-circulado n.º 90 001, de 12 de Julho de 2005 862

- **Heranças Indivisas – cônjuge sobrevivo com rendimentos comerciais. Atribuição de NIF / declarações de actividade**
  Ofício-circulado n.º 90 003, de 28 de Julho de 2005 863

- **Gestão de TOC'S VIA INTERNET**
  Ofício-circulado n.º 90 004, de 28 de Julho de 2005 863

- **Fundos de Investimento e Fundos de Pensões – Registo e enquadramento, contas correntes de IVA e retenções na fonte de impostos sobre o rendimento**
  Ofício-circulado n.º 90 005, de 28 de Julho de 2005 864

- **Acordos e relações de Cooperação – Art. 37.º do Estatuto dos Benefícios Fiscais**
  Ofício-circulado n.º 20 107, de 30 de Agosto de 2005 868

- **IRS – Regime simplificado de determinação do rendimento tributável**
  Ofício-circulado n.º 20 112, de 30 de Dezembro de 2005 869

- **IRS – Procedimentos de certificação da recepção das Mod. 3 entregues em suporte papel**
  Ofício-circulado n.º 20 114, de 30 de Janeiro de 2006 869

- **IRS – Anexo G1 da declaração de rendimentos Modelo 3**
  Ofício-circulado n.º 20 115, de 14 de Fevereiro de 2006 871

- **IRS – Prémios de seguros de vida – N.º 1 do Art. 86.º do CIRS e n.º 2 do Art. 16.º do EBF**
  Ofício-circulado n.º 20 117, de 8 de Agosto de 2006 872

- **Prazo de apresentação da Declaração modelo 3, nos termos do n.º 2 do artigo 82.º do Código do IRS**
  Ofício-circulado n.º 20 118, de 9 de Agosto de 2006 873

- **Declaração de limitação de pagamentos por conta IRC**
  Ofício-circulado n.º 20 119, de 22 de Setembro de 2006 873

- **Desmaterialização das declarações de alterações de actividade e de cessação de actividade para contribuintes colectivos**
  Ofício-circulado n.º 90 007, de 4 de Janeiro de 2007 874

- **Mecenato Científico – Artigo 11.º-A da Lei n.º 26/2004, de 8 de Julho Obrigações Acessórias das Entidades Beneficiárias**
  Ofício-circulado n.º 20 125, de 8 de Janeiro de 2008 875

- **Subsídios à exploração, Regimes Simplificados de Tributação**
  Ofício-circulado n.º 20 126, de 31 de Janeiro de 2008 875

- **Convenções para evitar a Dupla Tributação Internacional**
  Ofício-circulado n.º 20 137, de 13 de Março de 2009 881

- **IRC – Liquidação de derrama – regimes especiais de tributação**
  Ofício-circulado n.º 20 132, de 14 de Abril de 2008 887

- **Transmissão Onerosa de Bens Imóveis – Artigos 58.º-A e 129.º do Código do IRC**
  Ofício-circulado n.º 20 136, de 11 de Março de 2009 888

- **Instrução dos Pedidos de Isenção do IRC requeridos nos termos da alínea c) do n.º 1 do Artigo 10.º do CIRC**
  Ofício-circulado n.º 20 140, de 4 de Agosto de 2009 891

- **Inexistência de Responsabilidade Contra-ordenacional dos Sujeitos Passivos abrangidos pelo Artigo 58.º do Código do I.R.S.**
  Ofício-circulado n.º 60 071, de 02 de Setembro de 2009 893

- **IRS — Liquidações aos Contribuintes Faltosos. Reclamações Graciosas. Procedimentos.**
  Ofício-circulado n.º 20 142, de 3 de Dezembro de 2009 894

PARTE PRIMEIRA

PESSOAS SINGULARES

	Págs.
[1] Código do Imposto Sobre o Rendimento das Pessoas Singulares **(CIRS)**	3
[2] Retenção na Fonte – Regulamentação **(D.L. n.º 42/91)**	191
[3] Tabelas de Retenção de IRS para o ano de 2010	203
[4] Tabela a que se refere o artigo 26.º do CIRS **(Portaria n.º 543/2000, de 4 de Agosto)**	214
[5] Valor de mercado dos veículos, para efeitos do n.º 7 do artigo 24.º do CIRS **(Portaria n.º 383/2003, de 14 de Maio)**	215
[6] Aprova os novos modelos de impressos a que se refere o n.º 1 do artigo 57.º do Código do IRS – Decl. mod. 3, anexos e instruções **(Portaria n.º 1404/2009, de 10 de Dezembro)**	217

CÓDIGO DO IMPOSTO SOBRE O RENDIMENTO DAS PESSOAS SINGULARES (IRS) [1]

DECRETO-LEI N.º 442-A/88, DE 30 DE NOVEMBRO

No uso da autorização legislativa concedida pela Lei n.º 106/88, de 17 de Setembro, e nos termos das alíneas *a*) e *b*) do n.º 1 do artigo 201.º da Constituição, o Governo decreta o seguinte:

ARTIGO 1.º
Aprovação do Código

É aprovado o Código do Imposto sobre o Rendimento das Pessoas Singulares (IRS), que faz parte integrante deste decreto-lei.

ARTIGO 2.º
Entrada em vigor

O Código do IRS entra em vigor em 1 de Janeiro de 1989.

ARTIGO 3.º
Impostos abolidos

1 – Na data da entrada em vigor do Código são abolidos, relativamente aos sujeitos passivos deste imposto, o imposto profissional, o imposto de capitais, a contribuição industrial, a contribuição predial, o imposto sobre a indústria agrícola, o imposto complementar, o imposto de mais-valias e o imposto do selo constante da verba 134 da Tabela Geral do Imposto do Selo, sem prejuízo de continuar a aplicar-se o correspondente regime aos rendimentos auferidos até àquela data e às respectivas infracções.

2 – Mantêm-se em vigor as disposições que actualmente regulam o registo e o depósito de títulos ao portador.

ARTIGO 3.º-A
Regime transitório de enquadramento dos agentes desportivos
(Aditado pelo Decreto-Lei n.º 95/90, de 20 de Março)

1 – Os agentes desportivos que aufiram rendimentos provenientes da sua actividade desportiva, em virtude de contratos que tenham por objecto a sua prática, poderão optar, relativamente aos rendimentos auferidos em 2003, por um dos seguintes regimes:([1])

   a) Englobamento dos rendimentos auferidos exclusivamente na sua actividade desportiva, profissional ou amadora; *(Redacção da Lei n.º 2/92, de 9 de Março)*

   b) Tributação autónoma dos rendimentos ilíquidos auferidos exclusivamente na sua actividade desportiva mediante aplicação da taxa e parcela a abater correspondentes a 60% das taxas aplicáveis nos termos do artigo 68.º do Código do IRS.([1])([2])

2 – Não beneficiam do disposto no número anterior, nomeadamente, os rendimentos provenientes de publicidade nem os auferidos pelo cônjuge que não seja agente desportivo.

3 – Somente é permitida a aplicação do regime instituído no Código do IRS para a dedução dos prémios de seguro no caso de ser feita a opção prevista na alínea a) do n.º 1.

4 – A retenção sobre rendimentos da Categoria A será efectuada: *(Redacção da Lei n.º 2/92, de 9 de Março)*

   a) Mediante a aplicação das tabelas de retenção previstas no Decreto-Lei n.º 42/91, de 22 de Janeiro, se for feita a opção prevista na alínea a) do n.º 1; *(Aditada pela Lei n.º 2/92, de 9 de Março)*

   b) Mediante a aplicação de uma taxa de 22%, se for feita a opção prevista na alínea b) do n.º 1.([1])

5 – Quando seja feita a opção prevista na alínea b) do n.º 1, observar-se-á o seguinte:

   a) Ao imposto devido, calculado nos termos gerais, quando exista, adicionar-se-á o imposto calculado nos termos nela previstos;

   b) Ao imposto determinado nos termos da parte final da alínea anterior apenas serão deduzidos os pagamentos por conta e as importâncias retidas na fonte que tenham aquela natureza, respeitantes ao mesmo período de tributação.

6 – Para os efeitos do disposto neste artigo, consideram-se agentes desportivos os praticantes e os árbitros que aufiram rendimentos directamente derivados de uma actividade desportiva, por força de contrato de trabalho, ou em regime de trabalho independente. *(Redacção da Lei n.º 127-B/97, de 20 de Dezembro)*

7 – A percentagem a que se refere a alínea b) do n.º 1 será incrementada anualmente em 10 pontos percentuais até se atingir o regime de tributação normal.
(Aditado pelo art. 26.º, n.º 1 da Lei n.º 32-B/2002, de 30 de Dezembro)

(^{1}) Redacção dada pelo art. 26.º n.º 1 da Lei n.º 32-B/2002, de 30 de Dezembro.
Redacção anterior:
1 – Os agentes desportivos que aufiram rendimentos provenientes da sua actividade desportiva, em virtude de contratos que tenham por objecto a sua prática, poderão optar, relativamente aos rendimentos auferidos em 1998, por um dos seguintes regimes: *(Redacção da Lei n.º 127-B/97, de 20 de Dezembro)*
a) ...
b) Tributação autónoma dos rendimentos ilíquidos auferidos exclusivamente na sua actividade desportiva mediante aplicação da taxa e parcela a abater correspondentes a 50% das taxas aplicáveis nos termos do artigo 71.º do Código do IRS. *(Redacção da Lei n.º 75/93, de 20 de Dezembro)*
...
4 – ...
b) Mediante a aplicação de uma taxa de 18%, se for feita a opção prevista na alínea b) do n.º 1. *(Redacção da Lei n.º 75/93, de 20 de Dezembro)*
...
(^{2}) O n.º 7 do art. 3.º-A, é uma norma programática, pelo que, a percentagem a que se refere a alínea b) do n.º 1 será de 60% em 2003, 70% em 2004, 80% em 2005, 90% em 2006 e 100% em 2007 e seguintes.

ARTIGO 4.º
Regime transitório da categoria B
(Redacção dada pela Lei n.º 30-G/00, de 29 de Dezembro)

1 – É aplicável ao IRS, com as necessárias adaptações, o disposto nos artigos 9.º a 15.º do Decreto-Lei n.º 442-B/88, desta data (decreto-lei que aprovou o Código do IRC).

2 – Os rendimentos da categoria C dos sujeitos passivos que exerçam predominantemente actividade pecuária intensiva serão considerados em 1989 apenas por 40%, em 1990 por 60% e em 1991 por 80% do seu valor. *(Redacção do Decreto-Lei n.º 95/90, de 20 de Março)*

3 – Os rendimentos da categoria B, decorrentes de actividades agrícolas, silvícolas ou pecuárias, não excluídos de tributação, serão considerados, para efeitos de IRS, apenas por 60%, 70%, 80% e 90% do seu valor, respectivamente nos períodos de tributação que se iniciem em 2001, 2002, 2003 e 2004. *(Redacção dada pela Lei n.º 30-G/00, de 29 de Dezembro)*

4 – Não são considerados para efeitos de tributação os ganhos ou as perdas derivados da alienação onerosa de prédios rústicos afectos a uma actividade agrícola, silvícola ou pecuária, ou da sua transferência para o património particular do empresário, desde que os mesmos tenham sido adquiridos antes da entrada em vigor deste Código e aquela afectação tenha ocorrido antes de 1 de Janeiro de 2001.(^{1})

5 – *(Revogado pela Lei n.º 30-G/00, de 29 de Dezembro)*

(¹) Redacção dada pelo n.º 3 do art. 30.º da Lei n.º 109-B/2001, de 27 de Dezembro.

ARTIGO 5.º
Regime transitório da categoria G

1 – Os ganhos que não eram sujeitos ao imposto de mais-valias, criado pelo código aprovado pelo Decreto-Lei n.º 46.373, de 9 de Junho de 1965, bem como os derivados da alienação a título oneroso de prédios rústicos afectos ao exercício de uma actividade agrícola ou da afectação destes a uma actividade comercial ou industrial, exercida pelo respectivo proprietário, só ficam sujeitos ao IRS se a aquisição dos bens ou direitos a que respeitam tiver sido efectuada depois da entrada em vigor deste Código. *(Redacção do Decreto-Lei n.º 141/92, de 17 de Julho)*

2 – Cabe ao contribuinte a prova de que os bens ou valores foram adquiridos em data anterior à entrada em vigor deste Código, devendo a mesma ser efectuada, quanto aos valores mobiliários, mediante registo nos termos legalmente previstos, depósito em instituição financeira ou outra prova documental adequada e através de qualquer meio de prova legalmente aceite nos restantes casos.

3 – Quando, nos termos dos n.ºs 8 e 10 do artigo 10.º do Código do IRS, haja lugar à valorização das participações sociais recebidas pelo mesmo valor das antigas, considera-se, para efeitos do disposto no n.º 1, data de aquisição das primeiras a que corresponder à das últimas. *(Aditado pelo Decreto-Lei n.º 6/93, de 9 de Janeiro)*

Doutrina Administrativa:
– *Mais-Valias: Bens adquiridos em acto de divisão ou partilha* (ver Circular n.º 21//92) **[50]** – pág. 665.

ARTIGO 6.º
Reporte de rendimentos

O reporte de rendimentos, quando permitido nos termos do presente Código, só é susceptível de ser exercido relativamente aos anos de vigência do IRS.

ARTIGO 7.º
Obrigação de contabilidade organizada

Para aplicação do disposto nas alíneas *a)* e *b)* do artigo 109.º do presente Código, são considerados, para efeitos da respectiva média, os rendimentos ilíquidos anuais ou os volumes de negócios que, nos anos imediatamente anteriores ao da sua vigência, tenham sido determinados aos sujeitos passivos no imposto profissional e na contribuição industrial ou no imposto sobre a indústria agrícola, consoante os casos.

ARTIGO 8.º
Modelos de impressos

Os modelos de impressos exigidos para dar cumprimento às obrigações impostas pelo Código serão aprovados por portaria do Ministro das Finanças.

ARTIGO 9.º
Recibos e livros

Os recibos modelo n.º 2 a que se refere a alínea *a*) do artigo 8.º do Código do Imposto Profissional, bem como os livros de registo exigidos para as actividades sujeitas a imposto profissional, a contribuição industrial e a imposto sobre a indústria agrícola, substituem até final, quando devidamente adaptados, os referidos, respectivamente, nos artigos 107.º, 111.º e 112.º do presente Código.

ARTIGO 10.º
Regime transitório aplicável a Macau

Aos lucros obtidos por pessoas singulares residentes em território português imputáveis a estabelecimento estável situado em Macau é aplicável o regime geral previsto no n.º 1 do artigo 15.º do Código do IRS, havendo lugar, sendo caso disso, a crédito de imposto nos termos estabelecidos no n.º 2 do artigo 5.º do Decreto-Lei n.º 442-B/88, de 30 de Novembro. *(Redacção da Lei n.º 39-B/94, de 27 de Dezembro)*

ARTIGO 11.º
Sociedades de simples administração de bens
e de profissionais

1 – Não obstante o regime de transparência fiscal estabelecido na alínea *c*) do n.º 1 do artigo 5.º do Código do IRC, os lucros das sociedades de simples administração de bens, nas condições aí mencionadas, obtidos anteriormente à data da entrada em vigor do mesmo Código, que venham a ser posteriormente a esta colocados à disposição dos respectivos sócios serão considerados, para efeitos de tributação em IRS, rendimentos da categoria E.

2 – O disposto no número anterior é aplicável às sociedades de profissionais cujos sócios estiverem sujeitos à tributação prevista no n.º 1 do artigo 6.º do Código do Imposto de Capitais.

ARTIGO 12.º
Pagamento de impostos

1 – A contribuição industrial e o imposto sobre a indústria agrícola relativos ao exercício de 1988, de quantitativo igual ou superior a 30.000$, devidos por sujeitos passivos de IRS serão pagos em três prestações iguais:

a) Tratando-se de contribuintes do grupo A daqueles impostos, com vencimento nos meses de Junho de 1989 e de Maio de 1990 e de 1991;
b) Tratando-se de contribuintes do grupo B daqueles impostos, com vencimento nos meses de Outubro de 1989 e de Setembro de 1990 e de 1991;
c) Tratando-se de contribuintes do grupo C da contribuição industrial, com vencimento nos meses de Agosto de 1989 e de Julho de 1990 e de 1991.

2 – Para efeitos do disposto na alínea a) do número anterior, o pagamento da primeira prestação deverá ser efectuado no dia da apresentação da declaração modelo n.º 2, mediante conhecimento modelo n.º 10, processado em triplicado.

3 – As prestações não referidas no número precedente serão debitadas, para cobrança, ao tesoureiro, até ao dia 15 do mês anterior ao do vencimento da primeira das prestações em dívida.

4 – Aos contribuintes que não efectuem o pagamento referido no n.º 2 ou que não apresentem a declaração é aplicável o disposto no artigo 85.º do Código da Contribuição Industrial.

5 – Não sendo paga qualquer das prestações ou a totalidade da contribuição ou imposto no mês do vencimento, começarão a correr juros de mora.

6 – Passados sessenta dias sobre o vencimento de qualquer prestação sem que se mostre efectuado o respectivo pagamento, haverá lugar a procedimento executivo para arrecadação da totalidade da contribuição ou imposto em dívida, considerando-se, para o efeito, vencidas as prestações ainda não pagas.

7 – Os contribuintes poderão, porém, pagar integralmente a contribuição industrial ou o imposto sobre a indústria agrícola na data do vencimento da primeira prestação, beneficiando neste caso de um desconto de 20%, a que acresce o previsto na alínea a) do artigo 101.º do Código da Contribuição Industrial, nos casos por ele abrangidos.

ARTIGO 13.º
Pagamentos por conta

1 – Durante o ano de 1989, sem prejuízo do disposto nos números seguintes, os pagamentos por conta referidos no artigo 95.º do Código do IRS serão cal-

culados com base na contribuição industrial e ou no imposto sobre a indústria agrícola que foram ou deveriam ter sido autoliquidados com referência ao exercício de 1988, sem a dedução do imposto de capitais – secção 13, que tiver sido efectuada nos termos do artigo 89.º do Código da Contribuição Industrial, por força do disposto no seu parágrafo 1.º, e, bem assim, a do crédito fiscal por investimento estabelecido pelos Decretos-Lei n.ºs 197-C/86, de 18 de Julho, e 161/86, de 6 de Abril.

2 – Os sujeitos passivos que eram tributados pelos grupos B e C da contribuição industrial e B do imposto sobre a indústria agrícola entregarão por conta a importância correspondente a 50% dos impostos referidos no número anterior, em duas prestações iguais, com vencimento nos meses de Outubro e Dezembro.

3 – Os sujeitos passivos de IRS referidos no artigo 95.º do Código que em 1988 apenas tenham auferido rendimentos sujeitos a imposto profissional não efectuarão em 1989 qualquer pagamento por conta.

ARTIGO 14.º
Declaração de inscrição no registo

1 – Os sujeitos passivos de IRS titulares de rendimentos das categorias B, C ou D que, à data da entrada em vigor do presente Código, já constem dos registos da Direcção-Geral das Contribuições e Impostos, por terem apresentado declarações de início de actividade para efeitos de tributação, são dispensados da apresentação da declaração de inscrição a que se refere o artigo 105.º daquele Código.

2 – Os sujeitos passivos de IRS que, sendo titulares de rendimentos das categorias B, C ou D, não se encontrem nas condições previstas no número anterior deverão apresentar a declaração de inscrição aí referida até 31 de Março de 1989.

ARTIGO 15.º
Regulamentação da cobrança e reembolsos

O Governo aprovará a legislação complementar necessária à regulamentação da cobrança e dos reembolsos do IRS.

Ver:
– D.L. n.º 492/88, de 30/12. Regulamentação da cobrança e dos reembolsos **[61]** – pág. 619.

ARTIGO 16.º
As modificações do Código

As modificações que de futuro se fizerem sobre matéria contida no Código serão consideradas como fazendo parte dele e inseridas no lugar próprio, devendo essas modificações ser sempre efectuadas por meio de substituição dos artigos alterados, supressão dos artigos inúteis ou aditamento dos que forem necessários.

Visto e aprovado em Conselho de Ministros de 20 de Outubro de 1988.
– O Primeiro-Ministro, *Aníbal António Cavaco Silva*. – O Ministro das Finanças, *Miguel José Ribeiro Cadilhe*.

Promulgado em 30 de Novembro de 1988.

Publique-se.

O Presidente da República, MÁRIO SOARES.

Referendado em 30 de Novembro de 1988.

O Primeiro-Ministro, *Aníbal António Cavaco Silva*.

Preâmbulo

1 – Objecto da última reestruturação global no início dos anos 60 – já lá vai o espaço de uma geração –, o nosso sistema de tributação do rendimento mostra-se manifestamente desajustado da realidade económico-social do País, tendo, desde, aquela época, evoluído por forma desordenada, com a acentuação de características como a complexidade excessiva, a desigualdade de tratamento entre contribuintes com níveis comparáveis de rendimento, o estreitamento das bases de tributação, o agravamento crescente – só contrariado nos últimos anos – das taxas nominais, com efeitos de desencorajamento do esforço de poupança e da aplicação ao trabalho e de incentivo à evasão, a instabilidade e a falta de coerência interna do regime das diferentes categorias fiscais e a deficiente articulação entre umas e outras.

É a reforma da tributação do rendimento, que há muito se sabe constituir uma das traves mestras da indispensável modernização do país, que agora se empreende, pondo-se termo a uma série de iniciativas sem continuidade que, em certos períodos, chegaram a suscitar descrença quanto à capacidade de reestruturar esta matéria fundamental da organização económica do País, reforma que visa objectivos de eficiência económica e de realização da justiça social e que foi elaborada na perspectiva da simplificação no cumprimento dos deveres tributários.

2 – Em Portugal, a tributação do rendimento, com carácter de generalidade, teve o seu início com a décima militar, criada em 1641 para fazer face às despesas da guerra da Restauração, cujo regime básico foi consolidado no Regimento de 1654.

Abrangendo, à taxa uniforme de 10%, os rendimentos de prédios, capitais, ofícios e rendas, a décima era dividida em categorias, nas quais se encontram as raízes de quase todos os impostos directos periódicos portugueses. Sem embargo das suas óbvias limitações, vistas à luz das exigências de uma fiscalidade moderna, a décima constituiu, pela sua globalidade, um antecedente histórico do imposto único que agora se institui.

Na evolução do sistema fiscal ao longo do século XIX assistiu-se à decomposição do regime da décima e ao aparecimento dos principais impostos cedulares e reais que sobreviveram até aos nossos dias: as contribuições predial e industrial e a décima de juros, que, depois de reestruturada e ampliada na base da sua incidência, veio a dar o imposto de capitais.

Soçobraram, entretanto, as tentativas de criação de impostos visando realizar a tributação global do rendimento, designadamente as empreendidas em 1845 e 1880.

Foi a reforma fiscal de 1922 que, assente na preocupação de atingir rendimentos reais, criou o nosso primeiro imposto global verdadeiramente pessoal. Mas a categoria fiscal então instituída deparou com dificuldades intransponíveis de aplicação, suscitando-se uma situação geral de incumprimento que apressou a sua substituição pelo imposto complementar – substituição concretizada antes mesmo de introduzida a reforma tributária de 1929, orientada para a tributação de rendimentos normais. O imposto complementar, articulado com o novo quadro de impostos parcelares – incluindo o então criado imposto profissional –, passou a funcionar em relação a estes como tributo de sobreposição.

A reforma da tributação do rendimento realizada entre 1962 e 1965, cujas linhas gerais, ainda que muito adulteradas, foram mantidas até ao presente, não alterou a estrutura dualista do sistema: impostos cedulares ou de produto incidentes sobre as diferentes fontes de rendimento e prescindindo das circunstâncias pessoais dos contribuintes; imposto complementar sobrepondo-se ao conjunto global dos rendimentos já submetidos aos impostos reais e tendo em conta a situação pessoal dos contribuintes. Os esforços do reformador fiscal concentraram-se na tributação dos rendimentos reais e efectivos, especialmente na contribuição industrial e na predial urbana, autonomizando-se da contribuição predial rústica os lucros das explorações agrícolas, objecto do novo imposto sobre a indústria agrícola, o qual veio, no entanto, a manter-se quase sempre suspenso.

3 – A presente remodelação do regime da tributação do rendimento, que se segue à já concretizada substituição do imposto de transacções pelo imposto sobre o valor acrescentado no plano da fiscalidade indirecta, decorre, em primeira linha, da necessidade de ajustar tal regime ao preceituado nesta matéria na lei fundamental, a qual refere o carácter único e progressivo do imposto sobre o rendimento pessoal e impõe a consideração das necessidades e rendimentos do agregado familiar, além de determinar que a tributação das empresas se deve basear no seu rendimento real.

Dentro do quadro assim definido, são agora criados, em substituição do imposto profissional, da contribuição predial, da contribuição industrial, do imposto sobre a indústria agrícola, do imposto de capitais, do imposto complementar e do imposto de mais-valias, o imposto sobre o rendimento das pessoas singulares (IRS) e o imposto sobre o rendimento das pessoas colectivas (IRC).

A inovação básica reside na substituição do actual sistema misto, com preponderância dos elementos cedulares, pela fórmula da tributação unitária, atingindo globalmente os rendimentos individuais, enformadora do modelo ora adoptado para a tributação das pessoas singulares.

À luz das modernas exigências de equidade, a solução unitária é inequivocamente superior quer ao puro sistema cedular, consistindo este em impostos separados e entre si não articulados, incidentes sobre as diferentes fontes de rendimento, quer ao próprio sistema compósito, resultante, em regra, de evolução operada a partir de uma estrutura originariamente cedular, em que a um esquema de impostos parcelares se sobrepõe uma tributação de segundo grau com carácter global.

Na verdade, só a perspectiva unitária permite a distribuição da carga fiscal segundo um esquema racional de progressividade, em consonância com a capacidade contributiva.

Tal esquema de progressividade tem sido justificado em nome da necessidade de, por via do sistema fiscal, se corrigir a distribuição primária do rendimento que decorre do processo produtivo, de modo a operar uma redistribuição secundária que concorra para definir um padrão de distribuição tido como social e politicamente mais aceitável. Serve, ao mesmo tempo, de factor compensador de aspectos de regressividade contidos em outras áreas do sistema fiscal.

Se é certo que a tomada de consciência dos efeitos de desincentivo das elevadas cargas fiscais associadas aos esquemas de tributação progressiva tem suscitado em numerosos países um movimento no sentido das inflexão da curva ascensional das taxas e da redução do nível da taxa marginal mais alta, não é menos certo que o princípio da tributação com intensidade crescente à medida que o rendimento se eleva continua a constituir o critério geralmente aceite de ajustamento da carga fiscal à capacidade contributiva.

A introdução da progressividade em estruturas cedulares representa uma tentativa de pessoalização que acarreta inevitáveis e sérias distorções.

Materializada apenas em uma das cédulas, suscita cargas fiscais diferentes para contribuintes com rendimento idêntico, consoante a respectiva fonte se concentre nessa cédula ou se localize em qualquer das demais; operada uma correcção por via da generalização de tabelas de taxas progressivas às diferentes cédulas (a admitir que tal fosse tecnicamente possível), ainda assim subsistiria uma injustificável diferença de tratamento entre os contribuintes cujo rendimento provém de uma só fonte e os titulares de rendimentos de origem múltipla.

Assim, a introdução de uma escala progressiva no imposto profissional, modificando a sua estrutura originária, pode ser apresentada como exemplo do efeito distorcivo referido em primeiro lugar. A verdade é que aos impostos cedulares, por sua natureza, devem corresponder taxas proporcionais, sem embargo de permitirem, pela adopção de taxas diferentes consoante as fontes de rendimento atingidas, uma clara discriminação qualitativa dos rendimentos.

As deduções personalizantes, que os modernos sistemas fiscais consagram em medida mais ou menos ampla, desde a dedução pessoal correspondente à porção do rendimento que se presume destinar-se a satisfazer as necessidades básicas da vida à dedução dos dependentes e às deduções por despesas pessoais especificadas, também não podem ser inseridas em impostos cedulares sem suscitarem graves distorções. Na verdade, só fazem sentido quando referidas ao rendimento total do contribuinte, porque constituem elemento inseparável da caracterização da sua situação global.

Mesmo nos sistemas de tributação global do rendimento persiste o tratamento diferenciado dos diferentes tipos de rendimento pessoal. Não pode, na verdade, dispensar-se, como operação prévia, a análise ou identificação dos rendimentos segundo as suas diferentes origens; só depois se procede à síntese dos rendimentos das várias categorias, sujeitando o seu valor agregado a uma única tabela de taxas.

O imposto global «único» comporta, assim, em maior ou menor medida, elementos analíticos que, na perspectiva da passagem dos sistemas cedulares para o do imposto «único», constituem reminiscência do tratamento separado, que no anterior sistema se fazia em cédulas diferenciadas até final.

Torna-se, assim, possível, sem prejuízo do carácter globalizante da tributação, manter acentuadas características analíticas, que vão desde a discriminação qualitativa dos rendimentos por intermédio de deduções específicas em determinada categoria até à consagração da retenção na fonte apenas nas categorias em que este método se mostra tecnicamente possível.

4 – Na realização de reformas fiscais em geral, e de reformas de tributação do rendimento em particular, é usual recomendar-se uma orientação gradualista, invocando-se para tal factores como a grande complexidade dos sistemas, os constrangimentos orçamentais e o peso da possível reacção de grupos de contribuintes mais directamente afectados com as modificações previstas.

A presente reforma não deixa de atender, em numerosos pontos, àquela preocupação de gradualismo, mas rejeita-se sem hesitação que a mesma deva estender-se à implantação da própria morfologia básica do sistema.

Teria talvez sido lógico que à reforma do início dos anos 60, a qual manteve o sistema cedular misto e inovou sobretudo nos métodos de apuramento do rendimento colectável, se houvesse seguido, o mais tardar na década imediata, a passagem a um estádio intermédio, em que o imposto complementar assumisse já a posição de «imposto principal», gravitando, no entanto, ainda à sua volta os impostos parcelares, como formas de tributação «por conta» e operando por dedução colecta a colecta – porventura comportando-se inicialmente como tributações definitivas, mais adiante tornadas passíveis de restituição caso ultrapassassem a quota resultante da incidência global. O sistema cedular misto passaria, nesta perspectiva, de uma fase com nítido ascendente do elemento cedular para uma outra em que o predomínio da tributação pessoalizante estaria consagrado, faltando, então, dar o último passo pelo apagamento, como categorias fiscais autónomas, dos tributos parcelares.

Não foi esta, porém, a linha de desenvolvimento da nossa estrutura fiscal. Observou-se, ao invés, um retrocesso no sentido da preponderância dos elementos cedulares, marcada pela introdução da progressividade no âmago das próprias cédulas, num arremedo de pessoalização que, pela forma descoordenada como foi executado, levou inclusivamente à anomalia de inverter a discriminação qualitativa dos rendimentos, visando na origem a protecção da fonte trabalho. E, enquanto os impostos cedulares eram desgarradamente promovidos a factores centrais de tributação, o imposto complementar afundava-se na zona das categorias mais débeis da tabela das receitas fiscais.

A involução para o protótipo cedular, a circunstância de Portugal, em plena fase de integração nas Comunidades Europeias, ser o único país da OCDE a manter a «compartimentação» como característica dominante do seu esquema de tributação do rendimento e as possibilidades que a difusão das modernas tecnologias vieram proporcionar quanto ao tratamento informático das operações e de administração de um sistema mais exigente aconselham a que se proceda, sem mais delongas, à instituição do sistema de tributação global, o qual é, aliás, o consagrado na Constituição de 1976.

Salta-se assim sobre o estádio intermédio do sistema misto com simples reforço da tributação pessoalizante e manutenção dos impostos parcelares «por conta» do principal, assumindo-se frontalmente a tributação unitária do rendimento.

O sistema unificado permite obviar a uma das injustiças mais gritantes a que conduz a fórmula dualista até aqui vigente em Portugal: a concentração nas camadas superiores de estrutura dos rendimentos (as atingidas pelo imposto complementar) de deduções pessoais que só fazem verdadeiramente sentido quando referidas ao rendimento global e da própria dedução especificamente destinada a assegurar o tratamento diferencial dos rendimentos do trabalho.

5 – Na construção do conceito de rendimento tributável, contrapõe-se a concepção da fonte, que leva a tributar o fluxo regular de rendimentos ligados às categorias tradicionais da distribuição funcional (rendimento-produto) à concepção do acréscimo patrimonial, que alarga a base da incidência a todo o aumento do poder aquisitivo, incluindo nela as mais-valias e, de um modo geral, as receitas irregulares e ganhos fortuitos (rendimento-acréscimo).

Em termos práticos, a principal diferença entre as duas concepções reside precisamente no tratamento fiscal das mais-valias, que, não sendo ganhos decorrentes da participação na actividade produtiva, são pela primeira excluídas da incidência do imposto. Ora, razões de justiça recomendam a tributação das mais-valias, que constituem acréscimos de poderes aquisitivos obtidos sem esforço ou pelo acaso da sorte e que, aliás, tendem a concentrar-se nos escalões elevados de rendimento.

À luz dos modernos princípios fiscais, e em particular do princípio da capacidade contributiva, a concepção do acréscimo patrimonial, que conduz a uma definição compreensiva do rendimento tributável, mostra-se superior à visão mais restritiva baseada na fonte do rendimento. E, embora o conceito extensivo de rendimento não seja uma componente essencial do modelo unitário, o certo é que este apela para uma concepção de rendimento tão ampla quanto possível.

Acolheu-se, assim, com maior nitidez do que na anterior reforma (na qual as mais-valias, objecto de uma categoria fiscal autónoma, eram excluídas do âmbito da incidência do imposto complementar) uma concepção tendencialmente ampla de rendimento, incluindo, à semelhança do que sucede na maioria dos países da CEE, os aumentos inesperados no valor dos bens no quadro das categorias de rendimentos abrangidas pelo imposto único – sem embargo de se lhes conferir um tratamento específico e particularmente benévolo, em atenção à sua não recorrência e à circunstância de constituir novidade a sua inclusão na globalização.

Ainda que tenham sido atentamente examinadas propostas teóricas no sentido de substituir os impostos sobre o rendimento por um imposto sobre a despesa pessoal, cuja base seria o rendimento diminuído da poupança total (base mais restrita do que a admitida da perspectiva do rendimento-acréscimo), julgou-se de excluir tal posição, que não teve até hoje praticamente acolhimento nas legislações fiscais, suscitando, aliás, consideráveis dificuldades no quadro da administração e da coordenação internacional das fiscalidades, para além da sua discutível compatibilidade com o princípio constitucional português da tributação do rendimento e dos problemas de transição a partir de um sistema baseado na concepção tradicional de rendimento.

6 – O imposto sobre o rendimento das pessoas singulares (IRS) comporta nove categorias de rendimentos: as seis primeiras correspondem a diferentes fontes ou origens do rendimento-produto, a sétima enquadra as mais-valias e as duas últimas são de natureza residual.

Esta divisão em categorias, aconselhada pela diversidade dos regimes de tributação, especialmente no campo da determinação do rendimento e dos métodos de percepção do imposto, não prejudica o tratamento unitário da matéria colectável, reflectido basicamente na aplicação de uma única tabela de taxas progressivas.

Assim se procura harmonizar a concepção da tributação pessoal, própria do sistema unitário, com a atenção que não pode deixar de prestar-se às particularidades relevantes das diferentes categorias de rendimentos. Por exemplo, nem os rendimentos do trabalho deverão ser tratados como os rendimentos de capitais nem os rendimentos da actividade comercial e industrial obedecem a regras idênticas às aplicáveis aos rendimentos prediais. Daí que seja inevitável, independentemente da unicidade tributária que ora se visa, a persistência de várias categorias de rendimentos.

7 – As categorias A e B respeitam aos rendimentos do trabalho. Optou-se pela criação de duas categorias distintas para o trabalho dependente e independente, respectivamente, com regras próprias em matéria de incidência, determinação da matéria colectável e liquidação, prevendo-se uma dedução especial para os rendimentos da primeira destas categorias.

No que respeita à incidência, manteve-se a amplitude do conceito de rendimento do trabalho dependente, tal como resulta da legislação agora substituída.

Procedeu-se a uma formulação conceptual mais rigorosa do trabalho independente, em face da dificuldade da delimitação de fronteira dessa categoria de rendimentos, tendo-se elaborado uma lista de actividades susceptíveis de serem exercidas por conta própria, embora diferente da tabela anexa ao Código do Imposto Profissional.

Tributam-se como rendimentos imputáveis ao trabalho independente os direitos de autor sobre obras intelectuais e os rendimentos resultantes da concessão ou cedência temporária de patentes de invenção, licenças de exploração, modelos, marcas, etc., bem como os percebidos pela transferência de *Know-how*, uns e outros quando auferidos pelos titulares originários.

Inevitavelmente ficará sempre uma margem de indefinição no que concerne à delimitação dos rendimentos do trabalho com os auferidos pelos empresários, e daí que se incluam em sede de rendimentos comerciais e industriais (categoria C) os obtidos em certas actividades situadas em zonas de confluência.

8 – A ideia de que os rendimentos do trabalho deverão ser tributados menos pesadamente do que os provenientes do capital está na base da hierarquização das taxas aplicáveis aos diferentes impostos em sistemas cedulares.

O tradicional argumento em favor da discriminação qualitativa é o da necessidade de o trabalhador constituir um fundo de reserva a partir do seu rendimento corrente, por forma a prolongar, para além da sua vida activa, a duração do rendimento do trabalho.

O argumento perde força à medida que se instituem esquemas compreensivos de segurança social, já que os rendimentos do trabalho se tornam assim, até certo ponto, fundados; por outro lado, o avolumar da instabilidade e da incerteza das aplicações financeiras instila um factor de precariedade nos correspondentes rendimentos. Esbatem-se, pois, as diferenças entre rendimentos fundados e não fundados.

E não se julgam geralmente atendíveis, no plano analítico, para fundamentar a discriminação qualitativa, outras considerações, como sejam o contraste entre o esforço de ganhar a vida inerente ao trabalho e a «passividade» na obtenção dos rendimentos de capital, a perduração das reservas de valor que estão na base dos rendimentos fundados e a própria circunstância de os rendimentos do capital tenderem a concentrar-se nas camadas superiores da pirâmide dos rendimentos.

Apesar de todas estas dúvidas, crê-se, todavia, que não deve renunciar-se ao propósito, que, tudo indica, a Constituição consagra, de introduzir uma discriminação em proveito dos rendimentos do trabalho. Para isso, porém, não se torna necessário adoptar escalas específicas de taxas, em perspectiva cedular. A discriminação qualitativa é praticável no quadro de um sistema global por via da outorga de uma dedução especial, constituindo, aliás, uma forma sucedânea de um imposto sobre a riqueza (o qual visaria directamente a capacidade contributiva incorporada na riqueza), que, em muitos casos, não é politicamente realizável nem susceptível de ser aplicado com um mínimo de eficácia.

À semelhança do que sucede em numerosos sistemas fiscais estrangeiros, e na esteira da solução consagrada no actual imposto complementar, criou-se uma específica dedução no plano da categoria de rendimentos do trabalho dependente, fixada em termos percentuais, havendo uma limitação para o seu montante máximo – limitação que não atinge, porém, as contribuições obrigatórias para a Segurança Social, cuja dedução integral é permitida.

Análogas razões militam a favor da consagração de um tratamento mais favorável para as pensões, que no sistema fiscal ora substituído se encontravam isentas de impostos parcelares, sofrendo unicamente a tributação global por via do imposto complementar – secção A.

9 – A categoria C engloba os rendimentos das actividades de natureza comercial e industrial – naturalmente quando auferidos por pessoas singulares.

As regras de determinação da matéria colectável nesta categoria seguirão, no essencial, a regulamentação estabelecida no Código do Imposto sobre o Rendimento das Pessoas Colectivas para o apuramento do lucro tributável.

Os rendimentos agrícolas integram a categoria D, considerando-se como tais os respeitantes ao exercício de actividades agrícolas, silvícolas ou pecuárias.

A autonomia dessa categoria de rendimento deve-se à necessidade de regras próprias para a determinação da matéria colectável.

Assim, o cálculo dos resultados das explorações silvícolas, embora também feito, em princípio, de acordo com as regras que são aplicáveis à determinação dos resultados das empresas comerciais ou industriais, deverá, em alguns aspectos, obedecer a regras específicas, como é o caso dos rendimentos de carácter plurianual, que se revelam muitas vezes de forma irregular.

Deve referir-se ainda que, com vista a permitir uma aplicação gradual do novo sistema fiscal aos rendimentos das actividades agrícolas, se excluíram da tributação tais rendimentos quando auferidos por pequenos agricultores nos cinco primeiros anos de vigência do Código e se previu, quanto aos restantes, que sejam englobados, durante o mesmo período, apenas em 40% do seu valor.

10 – Na tributação dos rendimentos de capitais (categoria E) têm particular relevância os juros e os lucros derivados de participações de capital. Mas a par desses rendimentos são incluídas nessa categoria as royalties derivadas da propriedade intelectual ou industrial e do *Know-how*, desde que não sejam auferidas pelo titular originário, bem como os rendimentos da prestação de assistência técnica e da cedência do uso do equipamento agrícola, comercial, industrial e científico.

Tal consideração resultou não apenas da natureza dos rendimentos, mas também de exigências de ordem pragmática, associadas ao sentido predominante dos respectivos fluxos no domínio internacional.

Nesta categoria deixa de relevar a distinção baseada na aplicação ou não do regime de retenção na fonte, da qual decorria a existência de duas secções do imposto de capitais.

Ainda uma referência à orientação adoptada no que respeita aos rendimentos de títulos ao portador e aos juros de depósitos bancários, em face do regime de anonimato existente. Considerou-se conveniente prever, nestes casos, a aplicação de taxas liberatórias, com a possibilidade de opção pela globalização, caso o contribuinte se disponha a revelar os rendimentos auferidos.

A tributação processa-se por retenção na fonte, liberando da obrigação de imposto, à taxa de 20% para os juros de depósitos e à taxa de 25% para os rendimentos de títulos – solução que se uniformizou para os títulos ao portador e títulos nominativos.

11 – No domínio dos rendimentos prediais (categoria F), incluem-se na base de incidência apenas os rendimentos efectivamente percebidos dos prédios arrendados, tanto urbanos como rústicos, e não já, como acontecia no sistema da contribuição predial, o valor locativo ou a renda fundiária dos prédios não arrendados, pois se visa tributar apenas os rendimentos realmente auferidos.

Tributam-se ainda os rendimentos decorrentes da cessão de exploração de estabelecimentos comerciais ou industriais.

Concomitantemente, é criada uma contribuição autárquica sobre o valor patrimonial dos prédios rústicos e urbanos, devida pelos seus proprietários, sendo a colecta desta deduzida à colecta do IRS, na parte proporcional aos rendimentos englobados dos prédios e até ao montante desta.

Para além desta dedução, também se prevê nesta categoria de rendimentos a dedução de todas as despesas referentes aos prédios e não apenas os encargos presumidos previstos no actual regime da contribuição predial.

12 – Outra categoria – a categoria G – é constituída pelas mais-valias.

Houve que optar entre um enunciado taxativo das mais-valias tributáveis e uma definição genérica de ganhos de capital. A primeira solução, permitindo evitar dificuldades de aplicação e rupturas com o sistema actual, em que o imposto de mais-valias incide em situações tipificadas, foi considerada preferível, sem embargo de se inovar quanto ao âmbito de incidência.

Tratando-se de rendimentos excepcionais, foi ponderado o regime tributário adequado em face da excessiva gravosidade que a tributação englobada poderia gerar, prevendo-se para esta categoria, um específico regime de tributação, envolvendo uma substancial dedução à matéria colectável.

Alarga-se a tributação a ganhos não sujeitos ao actual imposto de mais--valias, tais como os gerados pela transmissão onerosa de qualquer forma de propriedade imóvel.

Também se consagra a tributação dos ganhos pela transmissão onerosa de partes sociais e outros valores mobiliários – solução que foi, no entanto, ajustada em função do objectivo da política de desenvolvimento do mercado financeiro, fixando-se, para este caso, uma taxa liberatória de 10%, mas com a possibilidade de o sujeito passivo optar pelo englobamento.

Mantém-se a tributação da cessão do arrendamento de locais afectos ao exercício de actividades profissionais independentes, mas alarga-se o seu âmbito tributando as mais-valias resultantes da cessão de bens afectos de forma duradoura àquele exercício.

Contrariamente, deixam de se enquadrar nesta categoria as mais-valias resultantes da alienação de bens do activo imobilizado das empresas, por se afigurar tecnicamente mais correcto tratá-las, para efeitos tributários, como rendimentos comerciais, industriais ou agrícolas.

13 – A categoria H diz respeito às pensões e a categoria I a «outros rendimentos», integrando-se nesta os ganhos de jogo, lotarias e apostas mútuas, com a correspondente abolição da tributação em imposto do selo. Em ambas as categorias, embora por razões e em termos distintos, é consagrado um regime de tributação especial.

14 – Foi ponderado o regime da comunicabilidade entre as categorias, no tocante às perdas eventualmente suportadas em cada uma delas.
A lógica pura do imposto único implicaria o apuramento da situação global do contribuinte, por soma algébrica dos rendimentos líquidos obtidos nas diferentes categorias, influindo neste apuramento as perdas eventualmente verificadas numa ou em várias.
Todavia, a comunicabilidade sem restrições entre as várias categorias poderia acarretar significativa baixa de receita.
Entendeu-se, por isso, prudente excluir a comunicabilidade das perdas suportadas nas categorias dos rendimentos do trabalho independente, dos comerciais, industriais e agrícolas e das mais-valias.
Tal incomunicabilidade não obsta, todavia, a que se haja previsto, naquelas categorias, o reporte das perdas a anos futuros.

15 – Não deixou de ser considerado, em articulação com o regime do imposto sobre o rendimento das pessoas colectivas, o problema da «dupla tributação económica» dos lucros colocados à disposição dos sócios, adoptando-se uma orientação de atenuação daquela dupla tributação, em atenção à necessidade de desenvolvimento do mercado financeiro e de tornar mais eficiente a afectação dos recursos. Consagrou-se, assim, um sistema de integração parcial, sob a forma de um «crédito de imposto» atribuído aos titulares dos lucros distribuídos por pessoas colectivas, de valor igual a 20% do IRC correspondente.

16 – Sem embargo de se reconhecer a necessidade de se atenuarem as distorções do sistema fiscal decorrentes da inflação, não se consagra o recurso, em geral, a esquemas de indexação automática, porquanto poderia suscitar acrescidas expectativas inflacionistas, particularmente indesejáveis no actual contexto de moderação do ritmo ascensional dos preços.
Não estando, naturalmente, excluída a prática de ajustamentos ocasionais, cabe ao legislador julgar em cada momento da oportunidade da introdução de tais

ajustamentos. No respeitante às mais e menos-valias, porém, observados certos requisitos relativos ao período de detenção dos bens, a correcção monetária foi assegurada, aliás na linha de orientação que já vinha sendo seguida.

17 – Sem embargo da observância dos preceitos constitucionais relativos ao sistema fiscal, e em particular do imperativo de equidade deles decorrente, a reestruturação da tributação do rendimento tem de nortear-se por preocupações de eficiência, de simplicidade e de estabilidade das categorias fiscais a instituir, preocupações que constituem, aliás, uma nota convergente dos esforços reformistas nesta matéria, a que tão grande importância se vem dando nas democracias industriais do nosso tempo.

A moderação das taxas conjugada com o alargamento das bases de tributação – já concretizado em parte através da generalização aos servidores do Estado da situação de contribuintes comuns e da reposição em vigor da tributação dos lucros da exploração agrícola – constituem elementos centrais da reforma da tributação do rendimento.

Anote-se que a tendência para o abrandamento da progressividade das escalas de taxas nominais do imposto sobre o rendimento é hoje mundial.

Dos meados dos anos 70 para cá a taxa marginal mais elevada desta categoria fiscal foi reduzida em grande número de países, num movimento que, nos últimos anos, tem vindo a generalizar-se e a sofrer visível aceleração.

A adopção de uma escala de taxas do imposto sobre o rendimento das pessoas singulares caracterizada por uma progressividade branda – a taxa marginal mais elevada é de 40%, precisamente metade da marca atingida há alguns anos atrás no plano do imposto complementar – vai ao encontro da preocupação de contrariar, quanto possível, o efeito negativo do imposto sobre o esforço de trabalho e a formação de capital e a incitação ao desenvolvimento da economia subterrânea.

A solução adoptada não é alheia, porém, à finalidade redistributiva do sistema de tributação do rendimento: o quadro de taxas assegura com nitidez o critério da tributação progressiva, tornado ainda mais saliente mercê da consagração de abatimentos e deduções à colecta, que claramente beneficiam os titulares de baixos níveis de rendimentos.

A exigência de maior equidade inerente à natureza da própria tributação global, em um só grau, do rendimento individual implica que deixem de ser tributados alguns dos estratos de rendimentos mais baixos, até aqui isoladamente apurados nos impostos parcelares.

Por outro lado, o objectivo de simplificação tornou recomendável a adopção de um número reduzido de escalões no sistema do IRS: aos onze escalões do imposto complementar, secção A, desdobrados por duas tabelas distintas e já de si sobrepostos a um número variável de escalões dos impostos parcelares – por coincidência também onze, no caso do imposto profissional – sucede, assim, um sistema unitário comportando apenas cinco escalões.

18 – A presente reforma é também inovadora no que respeita à tributação do agregado familiar.

A conjugação da progressividade das taxas com o apuramento do imposto em função do somatório dos rendimentos dos cônjuges origina uma situação discriminatória em relação à dos rendimentos separadamente imputados a cada contribuinte individual, suscitando a necessidade de introdução de dispositivos neutralizadores desse efeito, desde o estabelecimento de tabelas distintas de taxas para os contribuintes casados e para os contribuintes não casados, até aos métodos de fraccionamento ou divisão dos rendimentos («quociente conjugal» ou *splitting* e «quociente familiar») ou ao recurso a deduções ampliadas com vista a compensar o excesso de tributação.

No regime do imposto complementar, a penalização do agregado familiar assente no casamento, resultante do englobamento dos rendimentos auferidos pelos respectivos membros, foi atenuada (mas não eliminada), mercê da aplicação de uma tabela de taxas com progressividade menos acentuada do que a estabelecida para os contribuintes não casados.

Não se afigurou de admitir, em face do imperativo de simplificação já mencionado, a introdução no imposto único sobre o rendimento da dupla escala de taxas (para contribuintes casados e não separados e para contribuintes solteiros ou separados), sistema que, aliás, na prática, não proporciona solução adequada ao problema da discriminação contra a família e complicaria o funcionamento do regime de retenção na fonte, aplicado a amplas categorias de rendimentos.

Também o método de compensação por via da ampliação das deduções consentidas, pelas desigualdades que em certos casos pode produzir, não se apresenta como a melhor solução.

Há, assim, que pôr termo, de outro modo, à sobretributação do agregado familiar, que em tempos se aceitava com base em invocadas mas não quantificadas economias de escala, alinhando o sistema português pela tendência observada mundialmente, que aponta para regimes de tributação separada dos membros do agregado familiar ou para o englobamento com divisão.

A tributação conjunta foi posta de lado pela Dinamarca em 1970, pela Suécia em 1971, pela Áustria e pela Holanda em 1973, pela Itália e pela Finlândia em 1976. Em certos países proporcionaram-se regimes de opção pela tributação separada (casos do Reino Unido em 1972, da Bélgica em 1975 e da Irlanda em 1980), ou adoptou-se como sistema comum o da divisão do rendimento (tradicionalmente praticado na República Federal da Alemanha e nos Estados Unidos e, sob forma do «quociente familiar», em França e no Luxemburgo).

Embora possa admitir-se que a referência constitucional à consideração dos rendimentos do agregado familiar não é impeditiva da consagração da fórmula da tributação separada, reconhece-se existirem algumas dúvidas quanto à bondade da solução, a qual representaria, nas presentes circunstâncias, uma mudança demasiado radical, e suscitaria dificuldades em face de regimes matrimoniais resultantes de situações de comunhão de bens.

Sem se ignorar a importância da corrente, que se observa no plano mundial, no sentido da tributação separada, e a força do argumento da intimidade de cada um dos cônjuges nos seus assuntos fiscais, considerou-se conveniente manter a orientação, que mais de perto se afigura corresponder à caracterização do imposto único na lei fundamental, de tomar como critério de base a tributação do agregado familiar. Mas o reconhecimento de que, aplicado sem ajustamentos, este sistema conduziria à penalização da família – estrutura social que se pretende, ao invés, acalentar, como decorre do próprio imperativo constitucional – levou à consagração de um dos métodos de correcção atrás considerados: o sistema de englobamento com divisão, não segundo a técnica do quociente familiar (que beneficia as famílias mais numerosas, em aplicação de critérios discutíveis sob o ponto de vista da justiça fiscal), mas segundo a técnica do quociente conjugal ou *splitting* (que restringe a divisão do total dos rendimentos familiares aos dois membros a quem incumbe a direcção do agregado).

Embora se reconheça que nenhuma das soluções possíveis é isenta de aspectos negativos, optou-se pelo sistema de *splitting*, por considerações de justiça fiscal (atenuação da progressividade resultante do englobamento dos rendimentos), de respeito por uma posição de igualdade dos cônjuges (que contribuem, qualquer que seja o regime matrimonial de bens, para a conservação e valorização do património familiar) e de aproximação no tratamento dos agregados familiares assentes no casamento e de uniões de facto, em que a tributação será naturalmente separada.

No caso especial de a totalidade ou quase totalidade do rendimento englobado ser auferido por um dos cônjuges, em lugar da divisão por 2, inerente à forma pura de *splitting*, foi fixado um factor ligeiramente inferior.

Atende-se ao número de componentes da família através do regime, já consagrado entre nós, das deduções correspondentes a cada membro do agregado familiar.

19 – Como já foi referido, o aspecto central da reforma é a simplificação da tributação do rendimento, avultando aqui a preocupação de assegurar maior comodidade dos contribuintes no cumprimento das suas obrigações.

Só por si, a unicidade do imposto torna possível a cada contribuinte englobar numa única declaração anual os rendimentos de todas as categorias.

E, para além dos pontos ligados à vertente administrativa da reforma, como é o caso da utilização dos meios informáticos destinados a facilitar a liquidação e pagamento, prevê o Código dispositivos que vêm ao encontro da necessidade de reduzir ao mínimo os contactos pessoais, não raro desgastantes, entre o contribuinte e a Administração, designadamente pela colaboração dos correios e do sistema bancário, quer na fase da entrega das declarações, quer na do pagamento do imposto.

Também é consagrada a ampliação do sistema de retenção na fonte, correntemente praticado entre nós para rendimentos do trabalho dependente e da aplicação de capitais.

Previu-se ainda a adopção de um esquema de pagamentos por conta com base em liquidações provisórias, permitindo uma maior aproximação com o momento da percepção dos rendimentos e consequente obtenção regular das receitas fiscais, e facilitando o desdobramento do pagamento em parcelas escalonadas no tempo.

Ainda no sentido de tomar mais fácil e cómodo o cumprimento das obrigações fiscais dos contribuintes, instituiu-se a autoliquidação do imposto.

20 – Tendo sido legalmente definido o princípio de que os benefícios fiscais, por representarem excepções às regras de equidade e suscitarem a erosão das bases de incidência, deverão ser outorgados apenas em casos excepcionais e rigorosamente justificados, afigurou-se conveniente consagrar a esta matéria um diploma independente, em que se contenham os princípios gerais a que deve obedecer a criação de benefícios e se definam as regras da sua atribuição e reconhecimento administrativo. O sistema do Código não comporta, assim, o capítulo tradicionalmente epigrafado «Isenções», compreendendo um capítulo inicial em que se contém a matéria de incidência, sete capítulos consagrados respectivamente à determinação do rendimento colectável, taxas, liquidação, pagamento, obrigações acessórias, fiscalização, garantias e um último contendo disposições diversas.

Também não se integrou no Código a matéria habitualmente tratada em capítulo próprio epigrafado «Penalidades», já que se afigurou conveniente consagrar um diploma autónomo à tipificação e sancionamento das infracções às normas reguladoras dos novos impostos sobre o rendimento, com extensão às outras categorias fiscais já existentes, feitas as necessárias adaptações.

21 – No que respeita às garantias dos contribuintes, o Código representa um considerável alargamento das até agora existentes, pois, para além de, na decorrência do princípio expresso no n.º 2 do artigo 268.º da Constituição, assegurar que, sempre que a administração fiscal altere os rendimentos declarados ou, na falta de declaração, proceda à respectiva fixação, serão os interessados notificados dessa decisão, com indicação dos seus fundamentos, a fim de poderem requerer a revisão administrativa ou a impugnação judicial dessa mesma decisão, nos termos do Código de Processo das Contribuições e Impostos, que estabelece diversas outras regras fundamentais.

Assim, não só se limitou significativamente o recurso a presunções e se eliminou a possibilidade de a administração fiscal se servir de critérios de razoabilidade para definir o limite de deduções ou encargos, como se estabeleceu que a base da determinação do rendimento colectável é a declaração do contribuinte, só podendo proceder-se à fixação administrativa desse rendimento na falta de tal declaração, quando os rendimentos declarados não correspondam aos reais ou se afastem dos presumidos na lei ou haja necessidade de utilizar métodos indiciários.

Garantia de especial relevância é ainda a que decorre do alargamento de âmbito do recurso contencioso que agora se consagra, ao admitir-se expressamente que nele passe a poder ser invocada qualquer ilegalidade praticada na determinação do rendimento colectável, bem como a errónea quantificação deste.

22 – Espera-se que o alargamento das bases de incidência, designadamente pela redução do campo dos incentivos fiscais, o melhor cumprimento dos deveres fiscais e sobretudo a aceleração da expansão económica, para que contribuirá a existência de um sistema fiscal dotado de coerência e credibilidade, proporcionem uma perspectiva de estabilidade do nível de receitas.

Não constitui, na verdade, específico objectivo da reforma da tributação do rendimento o aumento do nível da fiscalidade, medido em termos de relação entre as receitas dos impostos e o produto interno – nível que já atinge expressão apreciável em atenção ao grau de desenvolvimento económico do País.

Mas, se outras razões não existissem, designadamente a necessidade de salvaguardar a posição do erário, a própria desproporção existente entre o peso dos impostos indirectos e o dos impostos directos, com a imagem de regressividade do sistema que dela se extrai, desaconselharia a que, no âmbito da reforma, se visasse o decrescimento do nível da fiscalidade directa.

23 – A publicação dos diplomas reguladores das novas categorias no domínio da tributação do rendimento e legislação complementar, incluindo a relativa à revisão do quadro das finanças locais, fica, sem dúvida, a marcar o ponto central da profunda remodelação da fiscalidade portuguesa empreendida na segunda metade da década de 80, num período em que, a par da abertura de novas perspectivas de desenvolvimento e de acesso da população a melhores condições de vida, se enfrenta o desafio da internacionalização da economia e, em particular, da participação no mercado interno para que aceleradamente, caminha a Europa comunitária.

Está, assim, dado um passo importantíssimo na linha da modernização das nossas estruturas fiscais. Mas para além da fase da concepção dos novos modelos e da elaboração normativa, a prosseguir muito em breve com o ajustamento do regime dos impostos sobre transmissões patrimoniais, torna-se indispensável corresponder aos imperativos de aperfeiçoamento da administração e da justiça fiscais, de renovação das mentalidades quanto ao cumprimento dos deveres tributários e de melhoria do relacionamento entre o Estado e os contribuintes; e é da conjugação de todos estes factores que dependerá, em última análise, o êxito da reforma agora finalmente lançada.

CÓDIGO DO IMPOSTO SOBRE O RENDIMENTO DAS PESSOAS SINGULARES

CAPÍTULO I
Incidência

SECÇÃO I
Incidência real

ARTIGO 1.º
Base do imposto

1 – O imposto sobre o rendimento das pessoas singulares (IRS) incide sobre o valor anual dos rendimentos das categorias seguintes, mesmo quando provenientes de actos ilícitos, depois de efectuadas as correspondentes deduções e abatimentos:

Categoria A – Rendimentos do trabalho dependente;
Categoria B – Rendimentos empresariais e profissionais;
Categoria E – Rendimentos de capitais;
Categoria F – Rendimentos prediais;
Categoria G – Incrementos patrimoniais;
Categoria H – Pensões.

2 – Os rendimentos, quer em dinheiro quer em espécie, ficam sujeitos a tributação, seja qual for o local onde se obtenham, a moeda e a forma por que sejam auferidos.

Ver os artigos:
2.º – Rendimentos da categoria A; **3.º** – Rendimentos da categoria B; **4.º** – Actividades comerciais e industriais, agrícolas, silvícolas e pecuárias; **5.º, 6.º e 7.º** – Rendimentos da categoria E; **8.º** – Rendimentos da categoria F; **9.º e 10.º** – Rendimentos da categoria G; **11.º** – Rendimentos da categoria H; **12.º** – Delimitação negativa de incidência;

23.º – Valores fixados em moeda sem curso legal em Portugal; **24.º** – Rendimentos em espécie; **55.º** – Dedução de perdas; **56.º** – Abatimentos ao rendimento líquido total; **143.º** – Ano fiscal.

Legislação Complementar:
– Lei Geral Tributária, art. 10.º – Tributação de rendimentos ilícitos.

ARTIGO 2.º
Rendimentos da categoria A

1 – Consideram-se rendimentos do trabalho dependente todas as remunerações pagas ou postas à disposição do seu titular provenientes de:

a) Trabalho por conta de outrem prestado ao abrigo de contrato individual de trabalho ou de outro a ele legalmente equiparado;

b) Trabalho prestado ao abrigo de contrato de aquisição de serviços ou outro de idêntica natureza, sob a autoridade e a direcção da pessoa ou entidade que ocupa a posição de sujeito activo na relação jurídica dele resultante;

c) Exercício de função, serviço ou cargo públicos;

d) Situações de pré-reforma, pré-aposentação ou reserva, com ou sem prestação de trabalho, bem como de prestações atribuídas, não importa a que título, antes de verificados os requisitos exigidos nos regimes obrigatórios de segurança social aplicáveis para a passagem à situação de reforma, ou, mesmo que não subsista o contrato de trabalho, se mostrem subordinadas à condição de serem devidas até que tais requisitos se verifiquem, ainda que, em qualquer dos casos anteriormente previstos, sejam devidas por fundos de pensões ou outras entidades, que se substituam à entidade originariamente devedora.

2 – As remunerações referidas no número anterior compreendem, designadamente, ordenados, salários, vencimentos, gratificações, percentagens, comissões, participações, subsídios ou prémios, senhas de presença, emolumentos, participações em coimas ou multas e outras remunerações acessórias, ainda que periódicas, fixas ou variáveis, de natureza contratual ou não.

3 – Consideram-se ainda rendimentos do trabalho dependente:

a) As remunerações dos membros dos órgãos estatutários das pessoas colectivas e entidades equiparadas, com excepção dos que neles participem como revisores oficiais de contas;

b) As remunerações acessórias, nelas se compreendendo todos os direitos, benefícios ou regalias não incluídos na remuneração principal que sejam auferidos devido à prestação de trabalho ou em conexão com esta e constituam para o respectivo beneficiário uma vantagem económica, designadamente:
  1) Os abonos de família e respectivas prestações complementares, excepto na parte em que não excedam os limites legais estabelecidos;
  2) O subsídio de refeição na parte em que exceder em 50% o limite legal estabelecido, ou em 70% sempre que o respectivo subsídio seja atribuído através de vales de refeição;
  3) As importâncias despendidas, obrigatória ou facultativamente, pela entidade patronal com seguros e operações do ramo «Vida», contribuições para fundos de pensões, fundos de poupança-reforma ou quaisquer regimes complementares de segurança social, desde que constituam direitos adquiridos e individualizados dos respectivos beneficiários, bem como as que, não constituindo direitos adquiridos e individualizados dos respectivos beneficiários, sejam por estes objecto de resgate, adiantamento, remição ou qualquer outra forma de antecipação da correspondente disponibilidade, ou, em qualquer caso, de recebimento em capital, mesmo que estejam reunidos os requisitos exigidos pelos sistemas de segurança social obrigatórios aplicáveis para a passagem à situação de reforma ou esta se tiver verificado;
  4) Os subsídios de residência ou equivalentes ou a utilização de casa de habitação fornecida pela entidade patronal;
  5) Os resultantes de empréstimos sem juros ou a taxa de juro inferior à de referência para o tipo de operação em causa, concedidos ou suportados pela entidade patronal, com excepção dos que se destinem à aquisição de habitação própria permanente, de valor não superior a 27 000 000$00 (€ 134 675,43) e cuja taxa não seja inferior a 65% da prevista no n.º 2 do artigo 10.º do Decreto-Lei n.º 138/98, de 16 de Maio;
  6) As importâncias despendidas pela entidade patronal com viagens e estadas, de turismo e similares, não conexas com as funções exercidas pelo trabalhador ao serviço da mesma entidade;
  7) Os ganhos derivados de planos de opções, de subscrição, de atribuição ou outros de efeito equivalente, sobre valores mobi-

liários ou direitos equiparados, ainda que de natureza ideal, criados em benefício de trabalhadores ou membros de órgãos sociais, incluindo os resultantes da alienação ou liquidação financeira das opções ou direitos ou de renúncia onerosa ao seu exercício, a favor da entidade patronal ou de terceiros, e, bem assim, os resultantes da recompra por essa entidade, mas, em qualquer caso, apenas na parte em que a mesma se revista de carácter remuneratório, dos valores mobiliários ou direitos equiparados, mesmo que os ganhos apenas se materializem após a cessação da relação de trabalho ou de mandato social;([1])

8) Os rendimentos, em dinheiro ou em espécie, pagos ou colocados à disposição a título de direito a rendimento inerente a valores mobiliários ou direitos equiparados, ainda que estes se revistam de natureza ideal, e, bem assim, a título de valorização patrimonial daqueles valores ou direitos, independentemente do índice utilizado para a respectiva determinação, derivados de planos de subscrição, de atribuição ou outros de efeito equivalente, criados em benefício de trabalhadores ou membros de órgãos sociais, mesmo que o pagamento ou colocação à disposição ocorra apenas após a cessação da relação de trabalho ou de mandato social;([1])

9) Os resultantes da utilização pessoal pelo trabalhador ou membro de órgão social de viatura automóvel que gere encargos para a entidade patronal, quando exista acordo escrito entre o trabalhador ou membro do órgão social e a entidade patronal sobre a imputação àquele da referida viatura automóvel;([2])

10) A aquisição pelo trabalhador ou membro de órgão social, por preço inferior ao valor de mercado, de qualquer viatura que tenha originado encargos para a entidade patronal;([2])

c) Os abonos para falhas devidos a quem, no seu trabalho, tenha de movimentar numerário, na parte em que excedam 5% da remuneração mensal fixa;

d) As ajudas de custo e as importâncias auferidas pela utilização de automóvel próprio em serviço da entidade patronal, na parte em que ambas excedam os limites legais ou quando não sejam observados os pressupostos da sua atribuição aos servidores do Estado e as verbas para despesas de deslocação, viagens ou representação de que não tenham sido prestadas contas até ao termo do exercício;

e) Quaisquer indemnizações resultantes da constituição, extinção ou modificação de relação jurídica que origine rendimentos do trabalho dependente, incluindo as que respeitem ao incumprimento das condições contratuais ou sejam devidas pela mudança de local de trabalho, sem prejuízo do disposto no n.º 4;

f) A quota-parte, acrescida dos descontos para a segurança social que constituam encargos do beneficiário, devida a título de participação nas companhas de pesca aos pescadores que limitem a sua actuação à prestação de trabalho;

g) As gratificações auferidas pela prestação ou em razão da prestação do trabalho, quando não atribuídas pela respectiva entidade patronal.

4 – Quando, por qualquer forma, cessem os contratos subjacentes às situações referidas nas alíneas *a)*, *b)* e *c)* do n.º 1, mas sem prejuízo do disposto na alínea d) do mesmo número, quanto às prestações que continuem a ser devidas mesmo que o contrato de trabalho não subsista, ou se verifique a cessação das funções de gestor, administrador ou gerente de pessoa colectiva, as importâncias auferidas, a qualquer título, ficam sempre sujeitas a tributação:([3])

a) Pela sua totalidade, tratando-se de gestor, administrador ou gerente de pessoa colectiva;

b) Na parte que exceda o valor correspondente a uma vez e meia o valor médio das remunerações regulares com carácter de retribuição sujeitas a imposto, auferidas nos últimos 12 meses, multiplicado pelo número de anos ou fracção de antiguidade ou de exercício de funções na entidade devedora, nos demais casos, salvo quando nos 24 meses seguintes seja criado novo vínculo profissional ou empresarial, independentemente da sua natureza, com a mesma entidade, caso em que as importâncias serão tributadas pela totalidade.

5 – Para efeitos do referido no número anterior, considera-se também criado um novo vínculo empresarial quando sejam estabelecidas com a entidade com a qual cessaram as relações laborais, comerciais ou de prestação de serviços, por sociedade ou outra entidade em que, pelo menos, 50% do seu capital seja detido, isoladamente ou em conjunto com algum dos elementos do respectivo agregado familiar, pelo beneficiário ou por uma pluralidade de beneficiários das importâncias recebidas, excepto se as referidas relações laborais, comerciais ou de prestação de serviços repre-

sentarem menos de 50% das vendas ou prestações de serviços efectuadas no exercício.(³)

6 – O regime previsto no n.º 4 não é aplicável às importâncias relativas aos direitos vencidos durante os referidos contratos ou situações, designadamente remunerações por trabalho prestado, férias, subsídios de férias e de Natal.

7 – As importâncias referidas no n.º 4 serão também tributadas pela totalidade quando o sujeito passivo tenha beneficiado, nos últimos cinco anos, da não tributação total ou parcial nele prevista.

8 – Não constituem rendimento tributável:

  a) As prestações efectuadas pelas entidades patronais para regimes obrigatórios de segurança social, ainda que de natureza privada, que visem assegurar exclusivamente benefícios em caso de reforma, invalidez ou sobrevivência;
  b) Os benefícios imputáveis à utilização e fruição de realizações de utilidade social e de lazer mantidas pela entidade patronal ou previstos no Decreto-Lei n.º 26/99, de 28 de Janeiro, desde que observados os critérios estabelecidos no artigo 40.º do Código do IRC;
  c) As prestações relacionadas exclusivamente com acções de formação profissional dos trabalhadores, quer estas sejam ministradas pela entidade patronal quer por organismo de direito público ou entidade reconhecida como tendo competência nos domínios da formação e reabilitação profissionais pelos ministérios competentes;
  d) As importâncias suportadas pelas entidades patronais com a aquisição de passes sociais a favor dos seus trabalhadores desde que a atribuição dos mesmos tenha carácter geral.(⁴)

9 – Para efeitos do disposto no n.º 3) da alínea b) do n.º 3, consideram-se direitos adquiridos aqueles cujo exercício não depende da manutenção do vínculo laboral, ou como tal considerado para efeitos fiscais, do beneficiário com a respectiva entidade patronal.

10 – Para efeitos deste imposto, considera-se entidade patronal toda aquela que pague ou coloque à disposição remunerações que, nos termos deste artigo, constituam rendimentos de trabalho dependente, sendo a ela equiparada qualquer outra entidade que com ela esteja em relação de domínio ou de grupo, independentemente da respectiva localização geográfica.

11 – Para efeitos da alínea *b*) do n.º 3, consideram-se rendimentos do trabalhador os benefícios ou regalias atribuídos pela entidade patronal a qualquer pessoa do seu agregado familiar ou que a ele esteja ligada por vínculo de parentesco ou afinidade.

12 – Não constituem rendimentos do trabalho dependente os auferidos após a extinção do contrato individual de trabalho, sempre que o titular seja colocado numa situação equivalente à de reforma, segundo o regime de segurança social que lhe seja aplicável.

13 – Para efeitos do n.º 10 da alínea *b*) do n.º 3, presume-se que a viatura foi adquirida pelo trabalhador ou membro do órgão social, quando seja registada no seu nome, no de qualquer pessoa que integre o seu agregado familiar ou no de outrem por si indicada, no prazo de dois anos a contar do exercício em que a viatura deixou de originar encargos para a entidade patronal.

14 – Os limites legais previstos neste artigo serão os anualmente fixados para os servidores do Estado.

Ver os artigos:
3.º-A do D.L. n.º 442-A/88, de 30/11 – Regime transitório dos agentes desportivos; **24.º n.º 2** – Rendimentos em espécie – subsídio de residência; **24.º n.º 4** – Ganhos derivados de planos de opções; **24.º n.º 5** – Atribuição do uso de viatura pela entidade patronal; **24.º n.º 6** – Aquisição pelo trabalhador ou membro de órgão social, de viatura que tenha originado encargos para a entidade patronal; **25.º** – Trabalho dependente – deduções; **26.º** – Trabalho dependente sem discriminação das contribuições para a Segurança Social efectuadas pela entidade patronal; **27.º** – Profissões de desgaste rápido: deduções; **28.º n.º 8** – Rendimentos profissionais – opção pela categoria A, tratando-se de serviços prestados a uma única entidade; **54.º n.º 4** – Prémios e contribuições constitutivos de direitos adquiridos – considera-se não terem sido objecto de tributação no respectivo beneficiário; **71.º** – Taxas liberatórias; **72.º n.º 3** – Tributação de gratificações à taxa de 10%; **99.º**– Retenção na fonte; **119.º** – Comunicação de rendimentos e retenções; **126.º** – Entidades emitentes e utilizadoras dos vales de refeição.

Legislação Complementar:
– D.L. n.º 42/91, de 22 de Janeiro – art. 3.º– Retenção na fonte do IRS **[2]** – pág. 191;
– E.B.F. – art. 18.º – Contribuições das entidades patronais para regimes de segurança social **[21]** – pág. 492.
– E.B.F. – art. 37.º – Isenção do pessoal das missões diplomáticas **[21]** – pág. 525;
– E.B.F. – art. 38.º – Isenção do pessoal em missões de salvaguarda de paz **[21]** – pág. 526;
– E.B.F. – art. 39.º – Acordos e relações de cooperação **[21]** – pág. 526;
– Código Civil – art. 1152.º: "**Contrato de trabalho** é aquele pelo qual uma pessoa se obriga, mediante retribuição, a prestar a sua actividade intelectual ou manual a outra pessoa, sob a autoridade e direcção desta".

– Lei n.º 109-B/2001, de 27 de Dezembro – Art. 30.º n.º 2: Para efeitos da alínea *h*) do n.º 1 do artigo 17.º da Lei n.º 21/85, de 30 de Julho, não constitui rendimento tributável a quantia despendida com a valorização profissional até ao montante anual de € 249,40 desde que devidamente documentada (**Estatuto dos Magistrados Judiciais**), aplicável aos **Magistrados do Ministério Público,** nos termos do art. 4.º da Lei n.º 143/ /99, de 31 de Agosto.
– Lei n.º 11/96, de 18 de Abril, com a redacção dada pela Lei n.º 36/2004, de 13 de Agosto – art. 7.º – **Abonos aos titulares das juntas de freguesia** – n.º 3 – A compensação mensal para encargos tem a natureza de ajuda de custo para todos os efeitos legais.

Doutrina Administrativa:
– **Indemnizações** pagas pela cessação do contrato individual de trabalho (Ofício- -circulado n.º 11/89, de 89/08/01) **[52]** – pág. 795;
– **Ajudas de custo** – Isenção e incidência do Imposto (Ofício-circulado n.º 34931/ /95) **[52]** – pág. 807;
– Atribuições a título de **pré-reforma**, pré-aposentação e abonos relativos à situação de **reserva** (Circular n.º 25/92) **[50]** – pág. 666;
– **Gratificações** auferidas pela prestação ou em razão da prestação de trabalho, quando não atribuídas pela respectiva entidade patronal (Circular n.º 25/92) **[50]** – pág. 666;
– Regime Jurídico Fiscal dos Rendimentos auferidos pelos **militares junto da Nato** e junto das **Embaixadas de Portugal no estrangeiro** (Circular n.º 24/93) **[50]** – pág. 669;
– Trabalho a tempo parcial e **semana de 4 dias** (Circular n.º 19/99, de 16 de Novembro) **[50]** – pág. 685;
– Despesas de representação abonadas ao abrigo da Lei n.º 49/99, de 22 de Junho (Circular n.º 16/99, de 17 de Setembro) **[50]** – pág. 685;
– Pré-Reforma (Circular n.º 8/2001, de 9 de Abril) **[50]** – pág. 706;
– Subsídio de compensação atribuído a Magistrados Judiciais (Circular n.º 18/2002, de 19 de Junho) **[50]** – pág. 728;
– Concordata de 2004 (Circular n.º 6/2005, de 28 de Abril) **[50]** – pág. 761.

Não são tributáveis no âmbito da categoria A, os rendimentos provenientes de:
a) Prestação de Serviço Militar obrigatório (Ofício de 27/7/89 do Grupo de Trabalho para a Tributação da Função Pública);
b) Subsídio de Desemprego (Inf. n.º 103/89 – Desp. de 28/01/89 de DG);
c) Bolsas de Estudo não pagas pela entidade patronal (Inf. n.º 147/89 – Desp. de 02/03/89 de SBDG);
d) Subsídio de doença desde que pago por Instituição de Segurança Social (Inf. n.º 103/89 – Desp. de 28/1/89 de DG).

([1]) Redacção dada pelo n.º 4 do art. 30.º da Lei n.º 109-B/2001, de 27 de Dezembro. Esta redacção tem natureza interpretativa, de acordo com o n.º 5 do art. 30.º daquela Lei.
([2]) O n.º 9 era o anterior n.º 8 e o n.º 10 era o anterior n.º 9. Alterações introduzidas pelo n.º 4 do art. 30.º da Lei n.º 109-B/2001, de 27 de Dezembro.
([3]) Redacção dada pelo art. 1.º da Lei n.º 100/2009, de 7 de Setembro.
Redacção anterior:
...

4 – Quando, por qualquer forma, cessem os contratos subjacentes às situações previstas nas alíneas *a*), *b*) e *c*) do n.º 1, mas sem prejuízo do disposto na alínea *d*) do mesmo número, quanto às prestações que continuem a ser devidas mesmo que o contrato de trabalho não subsista, ou se verifique a cessação das funções de gestor, administrador ou gerente de pessoa colectiva, as importâncias auferidas, a qualquer título, ficam sempre sujeitas a tributação na parte que exceda o valor correspondente a uma vez e meia o valor médio das remunerações regulares com carácter de retribuição sujeitas a imposto, auferidas nos últimos 12 meses, multiplicado pelo número de anos ou fracção de antiguidade ou de exercício de funções na entidade devedora, salvo quando nos 24 meses seguintes seja criado novo vínculo profissional ou empresarial, independentemente da sua natureza, com a mesma entidade, caso em que as importâncias serão tributadas pela totalidade.

5 – Para efeitos do número anterior, considera-se também criado um novo vínculo empresarial quando sejam estabelecidas com a entidade patronal relações comerciais ou de prestação de serviços por sociedade ou outra entidade em que, pelo menos, 50% do seu capital seja detido, isoladamente ou em conjunto com algum dos elementos do respectivo agregado familiar, pelo beneficiário ou por uma pluralidade de beneficiários das importâncias recebidas, excepto se as referidas relações comerciais ou de prestação de serviços representarem menos de 50% das vendas ou prestações de serviços efectuadas no exercício.

...

([4]) Aditada pelo art. 66.º da Lei n.º 64-A/2008, de 31 de Dezembro.

ARTIGO 3.º
Rendimentos da categoria B

1 – Consideram-se rendimentos empresariais e profissionais:

a) Os decorrentes do exercício de qualquer actividade comercial, industrial, agrícola, silvícola ou pecuária;

b) Os auferidos no exercício, por conta própria, de qualquer actividade de prestação de serviços, incluindo as de carácter científico, artístico ou técnico, qualquer que seja a sua natureza, ainda que conexa com actividades mencionadas na alínea anterior;

c) Os provenientes da propriedade intelectual ou industrial ou da prestação de informações respeitantes a uma experiência adquirida no sector industrial, comercial ou científico, quando auferidos pelo seu titular originário.

2 – Consideram-se ainda rendimentos desta categoria:

a) Os rendimentos prediais imputáveis a actividades geradoras de rendimentos empresariais e profissionais;

b) Os rendimentos de capitais imputáveis a actividades geradoras de rendimentos empresariais e profissionais;

c) As mais-valias apuradas no âmbito das actividades geradoras de rendimentos empresariais e profissionais, definidas nos termos do artigo 43.º do Código do IRC, designadamente as resultantes da

transferência para o património particular dos empresários de quaisquer bens afectos ao activo da empresa e, bem assim, os outros ganhos ou perdas que, não se encontrando nessas condições, decorram das operações referidas no n.º 1 do artigo 10.º, quando imputáveis a actividades geradoras de rendimentos empresariais e profissionais;
d) As importâncias auferidas, a título de indemnização, conexas com a actividade exercida, nomeadamente a sua redução, suspensão e cessação, assim como pela mudança do local do respectivo exercício;
e) As importâncias relativas à cessão temporária de exploração de estabelecimento;
f) Os subsídios ou subvenções no âmbito do exercício de actividade abrangida na alínea a) do n.º 1;
g) Os subsídios ou subvenções no âmbito do exercício de actividade abrangida na alínea b) do n.º 1;
h) Os provenientes da prática de actos isolados referentes a actividade abrangida na alínea a) do n.º 1;
i) Os provenientes da prática de actos isolados referentes a actividade abrangida na alínea b) do n.º 1.

3 – Para efeitos do disposto nas alíneas h) e i) do número anterior, consideram-se rendimentos provenientes de actos isolados os que não resultem de uma prática previsível ou reiterada.([1])

4 – São excluídos de tributação os rendimentos resultantes de actividades agrícolas, silvícolas e pecuárias, quando o valor dos proveitos ou das receitas, isoladamente, ou em cumulação com o valor dos rendimentos ilíquidos sujeitos, ainda que isentos, desta ou doutras categorias que devam ser ou tenham sido englobados, não exceda por agregado familiar cinco vezes o valor anual do salário mínimo nacional mais elevado.

5 – Para efeitos deste imposto, consideram-se como provenientes da propriedade intelectual os direitos de autor e direitos conexos.

6 – Os rendimentos referidos neste artigo ficam sujeitos a tributação desde o momento em que para efeitos de IVA seja obrigatória a emissão de factura ou documento equivalente ou, não sendo obrigatória a sua emissão, desde o momento do pagamento ou colocação à disposição dos respectivos titulares, sem prejuízo da aplicação do disposto no artigo 18.º do Código do IRC, sempre que o rendimento seja determinado com base na contabilidade.

Ver os artigos:
18.º n.º 1, m) – Actos isolados praticados em território português; **20.º** – Imputação especial de rendimentos, aos sócios das sociedades de transparência fiscal; **28.º n.º 8** –

Rendimentos profissionais – opção pela categoria A, tratando-se de serviços prestados a uma única entidade; **25.º a 39.º** – Determinação do rendimento colectável; **30.º** – Actos isolados; **57.º, n.º 2** – Contitularidade – rendimentos da Categoria B; **101.º** – Retenção na fonte; **102.º** – Pagamento por conta; **112.º** – Declaração de início de actividade; **115.º** – Emissão de recibos e facturas; **116.º** – Livros de registo; **117.º** – Obrigações contabilísticas; **6.º** do CIRC – Transparência fiscal.

Legislação Complementar:
– E.B.F. – art. 39.º n.º 5 **[21]** – Isenção de pessoas deslocadas no estrangeiro ao abrigo de acordos de cooperação – pág. 526;
– E.B.F. – art. 58.º **[21]** – Propriedade intelectual – pág. 545;
– D.L. n.º 42/91, de 22 de Janeiro **[2]**: – art. 8.º – retenção na fonte; art. 9.º – dispensa de retenção; art. 10.º – sujeição parcial a retenção sobre rendimentos da categoria B – pág. 191 e ss.;
– D.L. n.º 5/2010, de 15 de Janeiro, **retribuição mínima mensal garantida** para **2010 – € 475**.

Doutrina Administrativa:
– Estabelecimento individual de responsabilidade limitada (Circular n.º 19/92, de 19/10) **[50]** – pág. 665;
– Prestação de serviços (Circular n.º 5/2001, de 12 de Março) **[50]** – pág. 702;
– Importâncias não atribuídas pela entidade patronal – pagamento a trabalhadores de outra entidade (Ofício-circulado n.º 20 037, de 7/3/2001) **[52]** – pág. 839;
– Rendimentos acessórios (Ofício-circulado n.º 20 052, de 17/9/2001) **[52]** – pág. 844;
– Árbitros de futebol – categoria B do IRS (Ofício-circulado n.º 19 091, de 8/07/2005) **[52]** – pág. 861.

(^{1}) Redacção dada pela Lei n.º 3-B/2010, de 28/04 (OE/2010).
Redacção anterior:
...
3 – Para efeitos do disposto nas alíneas *h*) e *i*) do número anterior, consideram-se rendimentos provenientes de actos isolados os que, não representando mais de 50% dos restantes rendimentos do sujeito passivo, quando os houver, não resultem de uma prática previsível ou reiterada.
...

ARTIGO 4.º
Actividades comerciais e industriais, agrícolas, silvícolas e pecuárias

1 – Consideram-se actividades comerciais e industriais, designadamente, as seguintes:

a) Compra e venda;
b) Fabricação;
c) Pesca;

d) Explorações mineiras e outras indústrias extractivas;
 e) Transportes;
 f) Construção civil;
 g) Urbanísticas e exploração de loteamentos;
 h) Actividades hoteleiras e similares, restauração e bebidas, bem como a venda ou exploração do direito real de habitação periódica;
 i) Agências de viagens e de turismo;
 j) Artesanato;
 l) Actividades agrícolas e pecuárias não conexas com a exploração da terra ou em que esta tenha carácter manifestamente acessório;
 m) Actividades agrícolas, silvícolas e pecuárias integradas noutras de natureza comercial ou industrial.

2 – Considera-se que a exploração da terra tem carácter manifestamente acessório quando os respectivos custos directos sejam inferiores a 25% dos custos directos totais do conjunto da actividade exercida.

3 – Para efeitos do disposto na alínea m) do n.º 1, consideram-se integradas em actividades de natureza comercial ou industrial as agrícolas, silvícolas e pecuárias cujos produtos se destinem a ser utilizados ou consumidos em mais de 60% do seu valor naquelas actividades.

4 – Consideram-se actividades agrícolas, silvícolas ou pecuárias, designadamente, as seguintes:

 a) As comerciais ou industriais, meramente acessórias ou complementares daquelas, que utilizem, de forma exclusiva, os produtos das próprias explorações agrícolas, silvícolas ou pecuárias;
 b) Caça e a exploração de pastos naturais, água e outros produtos espontâneos, explorados directamente ou por terceiros;
 c) Explorações de marinhas de sal;
 d) Explorações apícolas;
 e) Investigação e obtenção de novas variedades animais e vegetais, dependentes daquelas actividades.

Ver os artigos:
18.º n.º 2 – Estabelecimento estável; **19.º** – Contitularidade de rendimentos.

Doutrina Administrativa:
– Venda de terrenos, precedida de uma operação de loteamento – (ver Circular n.º 16/92) **[50]** – pág. 664;
– Prestação de serviços (Circular n.º 5/2001, de 12 de Março) **[50]** – pág. 702;
– Contratos de hospedagem. – (Ver Of.-Cir. n.º X-6/91, de 91/10/30) **[51]** – pág. 793.

Jurisprudência:
"I. Consubstancia o contrato de hospedagem o fornecimento com a habitação de serviços necessários para assegurar o uso das casas de banho, das cozinhas, das demais partes do imóvel de uso comum, de água e de electricidade.
II. Tal contrato integra a categoria C* do IRS". *(Acórdão de 23/11/2004 do STA, Rec. 807/04)*
   * Actualmente categoria B do IRS.

ARTIGO 5.º
Rendimentos da categoria E

1 – Consideram-se rendimentos de capitais os frutos e demais vantagens económicas, qualquer que seja a sua natureza ou denominação, sejam pecuniários ou em espécie, procedentes, directa ou indirectamente, de elementos patrimoniais, bens, direitos ou situações jurídicas, de natureza mobiliária, bem como da respectiva modificação, transmissão ou cessação, com excepção dos ganhos e outros rendimentos tributados noutras categorias.

2 – Os frutos e vantagens económicas referidas no número anterior compreendem, designadamente:([1])

   a) Os juros e outras formas de remuneração decorrentes de contratos de mútuo, abertura de crédito, reporte e outros que proporcionem, a título oneroso, a disponibilidade temporária de dinheiro ou outras coisas fungíveis;
   b) Os juros e outras formas de remuneração derivadas de depósitos à ordem ou a prazo em instituições financeiras, bem como de certificados de depósitos;
   c) Os juros, os prémios de amortização ou de reembolso e as outras formas de remuneração de títulos da dívida pública, obrigações, títulos de participação, certificados de consignação, obrigações de caixa ou outros títulos análogos, emitidos por entidades públicas ou privadas, e demais instrumentos de aplicação financeira, designadamente letras, livranças e outros títulos de crédito negociáveis, enquanto utilizados como tais;
   d) Os juros e outras formas de remuneração de suprimentos, abonos ou adiantamentos de capital feitos pelos sócios à sociedade;
   e) Os juros e outras formas de remuneração devidos pelo facto de os sócios não levantarem os lucros ou remunerações colocados à sua disposição;
   f) O saldo dos juros apurado em contrato de conta corrente;

g) Os juros ou quaisquer acréscimos de crédito pecuniário resultantes da dilação do respectivo vencimento ou de mora no seu pagamento, sejam legais sejam contratuais, com excepção dos juros devidos ao Estado ou a outros entes públicos por atraso na liquidação ou mora no pagamento de quaisquer contribuições, impostos ou taxas e dos juros atribuídos no âmbito de uma indemnização não sujeita a tributação nos termos do n.º 1 do artigo 12.º;([1])

h) Os lucros das entidades sujeitas a IRC colocados à disposição dos respectivos associados ou titulares, incluindo adiantamentos por conta de lucros, com exclusão daqueles a que se refere o artigo 20.º;

i) O valor atribuído aos associados em resultado da partilha que, nos termos do artigo 75.º do Código do IRC, seja considerado rendimento de aplicação de capitais, bem como o valor atribuído aos associados na amortização de partes sociais sem redução de capital;

j) Os rendimentos das unidades de participação em fundos de investimento;

l) Os rendimentos auferidos pelo associado na associação em participação e na associação à quota, bem como, nesta última, os rendimentos referidos nas alíneas *h*) e *i*) auferidos pelo associante depois de descontada a prestação por si devida ao associado;

m) Os rendimentos provenientes de contratos que tenham por objecto a cessão ou utilização temporária de direitos da propriedade intelectual ou industrial ou a prestação de informações respeitantes a uma experiência adquirida no sector industrial, comercial ou científico, quando não auferidos pelo respectivo autor ou titular originário, bem como os derivados de assistência técnica;

n) Os rendimentos decorrentes do uso ou da concessão do uso de equipamento agrícola e industrial, comercial ou científico, quando não constituam rendimentos prediais, bem como os provenientes da cedência, esporádica ou continuada, de equipamentos e redes informáticas, incluindo transmissão de dados ou disponibilização de capacidade informática instalada em qualquer das suas formas possíveis;

o) Os juros que não se incluam em outras alíneas deste artigo lançados em quaisquer contas correntes;

p) Quaisquer outros rendimentos derivados da simples aplicação de capitais;

q) O ganho decorrente de operações de *swaps* cambiais, *swaps* de taxa de juro, *swaps* de taxa de juro e divisas e de operações cambiais a prazo.([2])

r) A remuneração decorrente de certificados que garantam ao titular o direito a receber um valor mínimo superior ao valor de subscrição.

3 – Consideram-se ainda rendimentos de capitais a diferença positiva entre os montantes pagos a título de resgate, adiantamento ou vencimento de seguros e operações do ramo 'Vida' e os respectivos prémios pagos ou importâncias investidas, bem como a diferença positiva entre os montantes pagos a título de resgate, remição ou outra forma de antecipação de disponibilidade por fundos de pensões ou no âmbito de outros regimes complementares de segurança social, incluindo os disponibilizados por associações mutualistas, e as respectivas contribuições pagas, sem prejuízo do disposto nas alíneas seguintes, quando o montante dos prémios, importâncias ou contribuições pagos na primeira metade da vigência dos contratos representar pelo menos 35 % da totalidade daqueles:(^{2})

a) São excluídos da tributação um quinto do rendimento, se o resgate, adiantamento, remição ou outra forma de antecipação de disponibilidade, bem como o vencimento, ocorrerem após cinco e antes de oito anos de vigência do contrato;

b) São excluídos da tributação três quintos do rendimento, se o resgate, adiantamento, remição ou outra forma de antecipação de disponibilidade, bem como o vencimento, ocorrerem depois dos primeiros oito anos de vigência do contrato.

4 – Para efeitos da alínea *b)* do n.º 2, consideram-se remunerações derivadas de depósitos à ordem ou a prazo os ganhos, seja qual for a designação que as partes lhe atribuam, resultantes de contratos celebrados por instituições de crédito que titulam um depósito em numerário, a sua absoluta ou relativa indisponibilidade durante o prazo contratual e a garantia de rentabilidade assegurada, independentemente de esta se reportar ao câmbio da moeda.

5 – Para efeitos da alínea *c)* do n.º 2, compreendem-se nos rendimentos de capitais o quantitativo dos juros contáveis desde a data do último vencimento ou da emissão, primeira colocação ou endosso, se ainda não houver ocorrido qualquer vencimento, até à data em que ocorra alguma transmissão dos respectivos títulos, bem como a diferença, pela parte correspondente àqueles períodos, entre o valor de reembolso e o preço de emissão, no caso de títulos cuja remuneração seja constituída, total ou parcialmente, por essa diferença.

6 – Sem prejuízo do disposto no número seguinte, nos casos previstos na alínea q) do n.º 2, o ganho sujeito a imposto é constituído:

a) Tratando-se de *swaps* cambiais ou de operações cambiais a prazo, pela diferença positiva entre a taxa de câmbio acordada para a venda ou compra na data futura e a taxa de câmbio à vista verificada no dia da celebração do contrato para o mesmo par de moedas;

b) Tratando-se de *swaps* de taxa de juro ou de taxa de juro e divisas, pela diferença positiva entre os juros e, bem assim, no segundo caso, pelos ganhos cambiais respeitantes aos capitais trocados.

7 – Havendo lugar à cessão ou anulação de um *swap* ou de uma operação cambial a prazo, com pagamento e recebimento de valores de regularização, os ganhos respectivos constituem rendimento para efeitos da alínea q) do n.º 2, aplicando-se, com as necessárias adaptações, o disposto no artigo 79.º do Código do IRC.

8 – Estando em causa instrumentos financeiros derivados, o disposto no n.º 11 do artigo 78.º do Código do IRC é aplicável, com as necessárias adaptações, para efeitos de IRS.

9 – No caso de cessões de crédito previstas na alínea a) do n.º 2, o rendimento sujeito a imposto é constituído pela diferença positiva entre o valor da cessão e o valor nominal do crédito.

10 – *Revogado*([3]).

Ver os artigos:
6.º – Presunções; **7.º** – Momento a partir do qual ficam sujeitos a tributação os rendimentos de capitais; **40.º** – Determinação do rendimento colectável – presunções e juros contáveis; **71.º** – Taxas liberatórias; **101.º** – Retenção na fonte; **79.º** do **CIRC** – *Swaps* [11]; **30.º** do **EBF** – *Swaps* e empréstimos de instituições financeiras não residentes [21].

Legislação Complementar:
– Art. **1142.º** do Código Civil – Contratos de mútuo; art. **477.º** do Código Comercial – Reporte; arts. **1185.º** do Código Civil e **407.º** do Código Comercial – Depósito; arts. **344.º, 346.º, 348.º** e **350.º** do Código Comercial – Conta corrente; art. **348.º** do Código das Sociedades Comerciais – Obrigações; art. **243.º** do Código das Sociedades Comerciais – Suprimentos; D.L. n.º **321/85**, de 5/8, alterado pelo D.L. n.º **229-A/88**, de 4/7 – Títulos de participação; D.L. n.º **427/86**, de 29/12 – Certificados de consignação; D.L. n.º **74/87**, de 13/2 – Certificados de Depósito; D.L. n.º **117/83**, de 25/2 – Obrigações de Caixa; D.L. n.º **143-A/89**, de 3/5 – Rendimentos da dívida pública interna.

Doutrina Administrativa:
– Operações sobre valores monetários para aplicação de divisas (Circular n.º 11/95, de 1995/04/03) **[50]** – pág. 672;

– Os juros incidentes sobre indemnizações estão sempre sujeitos a tributação (Circular n.º 11/92) **[50]** – pág. 662;
– Limitação da taxa de imposto nos termos das Convenções para evitar a dupla tributação (Circular n.º 1/98) **[50]** – pág. 678.

---

* *Swap* **de taxa de juro** é um contrato que consiste numa troca de fluxos de tesouraria correspondentes aos juros de dois empréstimos, podendo haver ou não uma troca do capital no início e no fim da vigência do *swap*;
Swap **de divisas,** é, da mesma forma, um contrato em que se acordam trocar fluxos de tesouraria entre duas partes durante determinado tempo. Contudo, neste caso, os fluxos de tesouraria são realizados em moedas distintas, havendo troca do capital no início e no fim da vigência do *swap*.

(¹) Redacção dada pelo art. 43.º da Lei n.º 67-A/2007, de 31 de Dezembro, que aditou o n.º 10.
Redacção anterior:
...
2 – Os frutos e vantagens económicas referidas no número anterior compreendem, designadamente:
...
g) Os juros ou quaisquer acréscimos de crédito pecuniário resultantes da dilação do respectivo vencimento ou de mora no seu pagamento, sejam legais sejam contratuais, com excepção dos juros devidos ao Estado ou a outros entes públicos por atraso na liquidação ou mora no pagamento de quaisquer contribuições, impostos ou taxas;

(²) Redacção dada pelo art. 2.º do D.L. n.º 292/2009, de 13 de Outubro.
Redacção anterior:
...
3 – Consideram-se ainda rendimentos de capitais a diferença positiva entre os montantes pagos a título de resgate, adiantamento ou vencimento de seguros e operações do ramo «Vida» e os respectivos prémios pagos ou importâncias investidas, bem como a diferença positiva entre os montantes pagos a título de resgate, remição ou outra forma de antecipação de disponibilidade por fundos de pensões ou no âmbito de outros regimes complementares de segurança social e as respectivas contribuições pagas, sem prejuízo do disposto nas alíneas seguintes, quando o montante dos prémios, importâncias ou contribuições pagos na primeira metade da vigência dos contratos representar pelo menos 35% da totalidade daqueles:
...
(³) Revogado pelo art. 68.º da Lei n.º 64-A/2008, de 31 de Dezembro.
Tinha a seguinte redacção:
...
10 – Os rendimentos a que se refere a alínea *q*) do n.º 2 são, para todos os efeitos, assimilados a juros.

ARTIGO 6.º
Presunções relativas a rendimentos da categoria E

1 – Presume-se que as letras e livranças resultam de contratos de mútuo quando não provenham de transacções comerciais, entendendo-se que assim sucede quando o credor originário não for comerciante.

2 – Presume-se que os mútuos e as aberturas de crédito referidos na alínea *a*) do n.º 2 do artigo anterior são remunerados, entendendo-se que

o juro começa a vencer-se nos mútuos a partir da data do contrato e nas aberturas de crédito desde a data da sua utilização.

3 – Até prova em contrário, presumem-se mutuados os capitais entregues em depósito não incluídos na alínea b) do n.º 2 do artigo anterior e cuja restituição seja garantida por qualquer forma.

4 – Os lançamentos em quaisquer contas correntes dos sócios, escrituradas nas sociedades comerciais ou civis sob forma comercial, quando não resultem de mútuos, da prestação de trabalho ou do exercício de cargos sociais, presumem-se feitos a título de lucros ou adiantamento dos lucros.

5 – As presunções estabelecidas no presente artigo podem ser ilididas com base em decisão judicial, acto administrativo, declaração do Banco de Portugal ou reconhecimento pela Direcção-Geral dos Impostos.

Ver os artigos:
7.º – Momento da sujeição a imposto; **40.º** – Determinação do rendimento colectável – presunções.

Legislação Complementar:
– LGT – art. 73.º – Presunções e CPPT – art. 64.º – Presunções (ilisão).
– C. Civil – arts. 349.º e 351.º – Presunção (Conceito).

Doutrina Administrativa:
– Ilisão de presunção legal – Abertura de procedimento contraditório próprio (Ofício-circulado n.º 20061, de 18/02/2002) **[52]** – pág. 847.

ARTIGO 7.º
Momento a partir do qual ficam sujeitos a tributação os rendimentos da categoria E

1 – Os rendimentos referidos no artigo 5.º ficam sujeitos a tributação desde o momento em que se vencem, se presume o vencimento, são colocados à disposição do seu titular, são liquidados ou desde a data do apuramento do respectivo quantitativo, conforme os casos.

2 – Tratando-se de mútuos, de depósitos e de aberturas de crédito, considera-se que os juros, incluindo os parcialmente presumidos, se vencem na data estipulada, ou, na sua ausência, na data do reembolso do capital, salvo quanto aos juros totalmente presumidos, cujo vencimento se considera ter lugar em 31 de Dezembro de cada ano ou na data do reembolso, se anterior.

3 – Para efeitos do disposto no n.º 1, atende-se:

a) Quanto ao n.º 2 do artigo 5.º:
  1) Ao vencimento, para os rendimentos referidos na alínea *a)*, com excepção do reporte, na alínea *b)*, com excepção dos reembolsos antecipados dos depósitos ou de certificados de depósitos, na alínea *c)*, com excepção dos certificados de consignação, e nas alíneas *d)*, *e)*, *g)* e *q)*, neste último caso relativamente a juros vencidos durante o decurso da operação;
  2) A colocação à disposição, para os rendimentos referidos nas alíneas *h)*, *i)*, *j)*, *l)* e *r)*, assim como dos certificados de consignação;
  3) Ao apuramento do respectivo quantitativo, para os rendimentos do contrato de reporte, dos juros, no caso de reembolso antecipado dos depósitos ou de certificados de depósitos, e dos referidos nas alíneas *f)*, *m)*, *n)*, *o)* e *p)*;
  4) Sem prejuízo do disposto no n.º 1) da presente alínea, ao momento da liquidação da operação para os rendimentos previstos na alínea *q)*;

b) Quanto ao n.º 3 do artigo 5.º, à colocação dos rendimentos à disposição dos seus titulares ou ao apuramento do respectivo quantitativo quando o titular do direito aos rendimentos opte por recebê-los sob a forma de renda;

c) Quanto ao n.º 5 do artigo 5.º, à data da transmissão, excepto quando esta se realizar entre sujeitos passivos de IRS e não seja imputável ao exercício de uma actividade empresarial e profissional;

d) Quanto ao n.º 7 do artigo 5.º, ao apuramento do respectivo quantitativo.

4 – As aberturas de crédito consideram-se utilizadas na totalidade sempre que, segundo as cláusulas do contrato, os levantamentos possam fazer-se independentemente de escritura ou instrumento notarial.

5 – Os juros são contados dia a dia.

Legislação Complementar:
– D.L. n.º 42/91, de 22 de Janeiro – Retenção na fonte – arts. 8.º e 12.º-A **[2]** – pág. 191 e ss.

Doutrina Administrativa:
– Por momento da colocação à disposição deve entender-se o momento a partir do qual o sócio tem o poder de facto de receber os lucros que lhe hajam sido atribuídos (Circular n.º 1/93, de 28 de Janeiro).

ARTIGO 8.º
Rendimentos da categoria F

1 – Consideram-se rendimentos prediais as rendas dos prédios rústicos, urbanos e mistos pagas ou colocadas à disposição dos respectivos titulares.

2 – São havidas como rendas:

a) As importâncias relativas à cedência do uso do prédio ou de parte dele e aos serviços relacionados com aquela cedência;

b) As importâncias relativas ao aluguer de maquinismos e mobiliários instalados no imóvel locado;

c) A diferença, auferida pelo sublocador, entre a renda recebida do subarrendatário e a paga ao senhorio;

d) As importâncias relativas à cedência do uso, total ou parcial, de bens imóveis, para quaisquer fins especiais, designadamente publicidade;

e) As importâncias relativas à cedência do uso de partes comuns de prédios em regime de propriedade horizontal;

f) As importâncias relativas à constituição, a título oneroso, de direitos reais de gozo temporários, ainda que vitalícios, sobre prédios rústicos, urbanos ou mistos.

3 – Para efeitos de IRS, considera-se prédio rústico uma parte delimitada do solo e as construções nele existentes que não tenham autonomia económica, prédio urbano qualquer edifício incorporado no solo e os terrenos que lhe sirvam de logradouro e prédio misto o que comporte parte rústica e parte urbana.

4 – Para efeitos do número anterior, considera-se ainda construção todo o bem móvel assente no mesmo local por um período superior a 12 meses.

Ver os artigos:
19.º – Contitularidade de rendimentos; **41.º** – Deduções de despesas; **55.º** – Dedução de perdas; **62.º** – Rendimentos litigiosos; **101.º** – Retenção na fonte.

Doutrina Administrativa:
– Contratos de hospedagem (ver Of.-cir. N.º X-6/91, de 91/10/30) **[51]** – pág. 793;
– Contratos de arrendamento habitacionais – apresentação nas Repartições de Finanças (ver Ofício-circulado n.º 11/95) **[52]** – pág. 806;
– Rendas resultantes das cedências do uso de partes comuns de prédios em regime de propriedade horizontal (ver Ofício-circulado n.º 12/90) **[52]** – pág. 798.

– Rendimentos das partes comuns da propriedade horizontal (Circular n.º 15/2008, de 7/10) **[50]** – pág. 777.

Jurisprudência:
"I. Consubstancia o contrato de hospedagem o fornecimento com a habitação de serviços necessários para assegurar o uso das casas de banho, das cozinhas, das demais partes do imóvel de uso comum, de água e de electricidade.

II. Tal contrato integra a categoria C* do IRS". *(Acórdão de 23/11/2004 do STA, Rec. 807/04)*
  * Actualmente categoria B do IRS.

ARTIGO 9.º
Rendimentos da categoria G

1 – Constituem incrementos patrimoniais, desde que não considerados rendimentos de outras categorias:

a) As mais-valias, tal como definidas no artigo seguinte;
b) As indemnizações que visem a reparação de danos não patrimoniais, exceptuadas as fixadas por decisão judicial ou arbitral ou resultantes de acordo homologado judicialmente, de danos emergentes não comprovados e de lucros cessantes, considerando-se neste último caso como tais apenas as que se destinem a ressarcir os benefícios líquidos deixados de obter em consequência da lesão;([1])
c) Importâncias auferidas em virtude da assunção de obrigações de não concorrência, independentemente da respectiva fonte ou título;
d) Acréscimos patrimoniais não justificados, determinados nos termos dos artigos 87.º, 88.º ou 89.º-A da lei geral tributária.

2 – *(Revogado)*.([2])

3 – São igualmente considerados incrementos patrimoniais aqueles a que se refere o n.º 5 do artigo 89.º-A da lei geral tributária.([3])

4 – Os incrementos patrimoniais referidos nas alíneas b) e c) do n.º 1 do presente artigo constituem rendimento do ano em que são pagos ou colocados à disposição.([4])

Ver os artigos:
42.º – Incrementos patrimoniais – deduções; **71.º** – Taxas liberatórias; **72.º** – Taxas especiais.

Doutrina Administrativa:
– Tributação em IRS de prémios atribuídos em sorteios ou concursos (Ofício-circulado n.º 20 067, de 02/04/09) **[52]** – pág. 849.

([1]) Redacção dada pelo art. 43.º da Lei n.º 67-A/2007, de 31 de Dezembro.
Redacção anterior:
...
b) As indemnizações que visem a reparação de danos não patrimoniais, exceptuadas as fixadas por decisão judicial ou arbitral ou resultantes de transacção, de danos emergentes não comprovados e de lucros cessantes, considerando-se neste último caso como tais apenas as que se destinem a ressarcir os benefícios líquidos deixados de obter em consequência da lesão;
...
([2]) Revogado pela Lei n.º 3-B/2010, de 28/04 (OE/2010).
Tinha a seguinte redacção, dada pelo art. 2.º do D.L. n.º 175/2009, de 4 de Agosto, com entrada em vigor em 1 de Setembro de 2009:
...
2 – São também considerados incrementos patrimoniais os prémios de quaisquer rifas, jogo do loto e bingo, bem como as importâncias ou prémios atribuídos em quaisquer sorteios ou concursos, efectivamente pagos ou postos à disposição, com excepção dos prémios provenientes dos jogos sociais organizados por Estados membros da União Europeia ou do Espaço Económico Europeu desde que, neste caso, exista intercâmbio de informações.
...
([3]) Aditado pelo art. 27.º da Lei n.º 55-B/2004, de 30 Dezembro.
([4]) Aditado pela Lei n.º 60-A/2005, de 30 de Dezembro, que tem natureza interpretativa nos termos do n.º 2 do art. 43.º da mesma Lei.

ARTIGO 10.º
Mais-valias

1 – Constituem mais-valias os ganhos obtidos que, não sendo considerados rendimentos empresariais e profissionais, de capitais ou prediais, resultem de:

a) Alienação onerosa de direitos reais sobre bens imóveis e afectação de quaisquer bens do património particular a actividade empresarial e profissional exercida em nome individual pelo seu proprietário;

b) Alienação onerosa de partes sociais, incluindo a sua remição e amortização com redução de capital, e de outros valores mobiliários e, bem assim, o valor atribuído aos associados em resultado da partilha que, nos termos do artigo 75.º do Código do IRC, seja considerado como mais-valia;

c) Alienação onerosa da propriedade intelectual ou industrial ou de experiência adquirida no sector comercial, industrial ou científico, quando o transmitente não seja o seu titular originário;

d) Cessão onerosa de posições contratuais ou outros direitos inerentes a contratos relativos a bens imóveis;
e) Operações relativas a instrumentos financeiros derivados, com excepção dos ganhos previstos na alínea *q)* do n.º 2 do artigo 5.º;
f) Operações relativas a *warrants* autónomos, quer o *warrant* seja objecto de negócio de disposição anteriormente ao exercício ou quer seja exercido, neste último caso independentemente da forma de liquidação;
g) Operações relativas a certificados que atribuam ao titular o direito a receber um valor de determinado activo subjacente, com excepção das remunerações previstas na alínea *r)* do n.º 2 do artigo 5.º

2 – Excluem-se do disposto no número anterior as mais-valias provenientes da alienação de:

a) Acções detidas pelo seu titular durante mais de 12 meses;
b) Obrigações e outros títulos de dívida.

3 – Os ganhos consideram-se obtidos no momento da prática dos actos previstos no n.º 1, sem prejuízo do disposto nas alíneas seguintes:

a) Nos casos de promessa de compra e venda ou de troca, presume-se que o ganho é obtido logo que verificada a tradição ou posse dos bens ou direitos objecto do contrato;
b) Nos casos de afectação de quaisquer bens do património particular a actividade empresarial e profissional exercida pelo seu proprietário, o ganho só se considera obtido no momento da ulterior alienação onerosa dos bens em causa ou da ocorrência de outro facto que determine o apuramento de resultados em condições análogas.

4 – O ganho sujeito a IRS é constituído:

a) Pela diferença entre o valor de realização e o valor de aquisição, líquidos da parte qualificada como rendimento de capitais, sendo caso disso, nos casos previstos nas alíneas *a)*, *b)* e *c)* do n.º 1;
b) Pela importância recebida pelo cedente, deduzida do preço por que eventualmente tenha obtido os direitos e bens objecto de cessão, no caso previsto na alínea *d)* do n.º 1;
c) Pelos rendimentos líquidos, apurados em cada ano, provenientes das operações referidas nas alíneas *e)* e *g)* do n.º 1;
d) Pelos rendimentos líquidos, apurados em cada ano, provenientes das operações referidas na alínea *f)* do n.º 1, os quais correspon-

dem, no momento do exercício, à diferença positiva entre o preço de mercado do activo subjacente e o preço de exercício acrescido do prémio do *warrant* autónomo ou à diferença positiva entre o preço de exercício deduzido do prémio do *warrant* autónomo e o preço de mercado do activo subjacente, consoante se trate de *warrant* de compra ou *warrant* de venda.

5 – São excluídos da tributação os ganhos provenientes da transmissão onerosa de imóveis destinados a habitação própria e permanente do sujeito passivo ou do seu agregado familiar, nas seguintes condições:

a) Se, no prazo de 36 meses contados da data de realização, o valor da realização, deduzido da amortização de eventual empréstimo contraído para a aquisição do imóvel, for reinvestido na aquisição da propriedade de outro imóvel, de terreno para a construção de imóvel, ou na construção, ampliação ou melhoramento de outro imóvel exclusivamente com o mesmo destino situado em território português ou no território de outro Estado membro da União Europeia ou do espaço económico europeu, desde que, neste último caso, exista intercâmbio de informações em matéria fiscal;([1])

b) Se o valor da realização, deduzido da amortização de eventual empréstimo contraído para a aquisição do imóvel, for utilizado no pagamento da aquisição a que se refere a alínea anterior desde que efectuada nos 24 meses anteriores;([1])

c) Para os efeitos do disposto na alínea a), o sujeito passivo deverá manifestar a intenção de proceder ao reinvestimento, ainda que parcial, mencionando, na declaração de rendimentos respeitante ao ano da alienação, o valor que tenciona reinvestir;

d) *(Revogada)*([2]).

6 – Não haverá lugar ao benefício referido no número anterior quando:

a) Tratando-se de reinvestimento na aquisição de outro imóvel, o adquirente o não afecte à sua habitação ou do seu agregado familiar até decorridos seis meses após o termo do prazo em que o reinvestimento deva ser efectuado;

b) Tratando-se de reinvestimento na aquisição de terreno para construção, o adquirente não inicie, excepto por motivo imputável a entidades públicas, a construção até decorridos seis meses após o termo do prazo em que o reinvestimento deva ser efectuado ou não requeira a inscrição do imóvel na matriz até decorridos 24 meses sobre a data de início das obras, devendo, em qualquer caso, afectar o imóvel à sua habitação ou do seu agregado familiar até ao fim do quinto ano seguinte ao da realização;

c) Tratando-se de reinvestimento na construção, ampliação ou melhoramento de imóvel, não sejam iniciadas as obras até decorridos seis meses após o termo do prazo em que o reinvestimento deva ser efectuado ou não seja requerida a inscrição do imóvel ou das alterações na matriz até decorridos 24 meses sobre a data do início das obras, devendo, em qualquer caso, afectar o imóvel à sua habitação ou do seu agregado familiar até ao fim do quinto ano seguinte ao da realização.

7 – No caso de reinvestimento parcial do valor de realização e verificadas as condições estabelecidas no número anterior, o benefício a que se refere o n.º 5 respeitará apenas à parte proporcional dos ganhos correspondente ao valor reinvestido.

8 – No caso de se verificar uma permuta de partes sociais nas condições mencionadas no n.º 5 do artigo 67.º e n.º 2 do artigo 71.º do Código do IRC, a atribuição, em resultado dessa permuta, dos títulos representativos do capital social da sociedade adquirente aos sócios da sociedade adquirida não dá lugar a qualquer tributação destes últimos se os mesmos continuarem a valorizar, para efeitos fiscais, as novas partes sociais pelo valor das antigas, determinado de acordo com o estabelecido neste Código, sem prejuízo da tributação relativa às importâncias em dinheiro que lhes sejam eventualmente atribuídas.

9 – No caso referido no número anterior, observa-se o seguinte:

a) Perdendo o sócio a qualidade de residente em território português, há lugar à consideração na categoria de mais-valias, para efeitos da tributação respeitante ao ano em que se verificar aquela perda da qualidade de residente, do valor que, por virtude do disposto no n.º 8, não foi tributado aquando da permuta de acções, o qual corresponde à diferença entre o valor real das acções recebidas e o valor de aquisição das antigas, determinado de acordo com o estabelecido neste Código;

b) É aplicável, com as necessárias adaptações, o disposto no n.º 10 do artigo 67.º do Código do IRC.

10 – O estabelecido nos n.ºs 8 e 9 é também aplicável, com as necessárias adaptações, relativamente à atribuição de partes, quotas ou acções, nos casos de fusão ou cisão a que seja aplicável o artigo 68.º do Código do IRC.

11 – Sem prejuízo do disposto no n.º 2, os sujeitos passivos devem declarar a alienação onerosa das acções, ainda que detidas durante mais de 12 meses, bem como a data da respectiva aquisição.

12 – A exclusão estabelecida no n.º 2 não abrange as mais-valias provenientes de acções de sociedades cujo activo seja constituído, directa ou indirectamente, em mais de 50%, por bens imóveis ou direitos reais sobre bens imóveis situados em território português.

Ver os artigos:
43.º a 52.º – Determinação do rendimento; **57.º n.º 3** – Declaração de rendimentos – menção da intenção de efectuar o reinvestimento; **72.º** – Taxa especial; **92.º** – Prazo de caducidade.

Doutrina Administrativa:
– Expropriação de terrenos para construção por utilidade pública (ver Of.-Circ. n.º X-4/90, de 90/11/22) **[51]** – pág. 791;
– Reinvestimento de valores de realização de imóveis destinados a habitação do sujeito passivo (ver Ofício-circulado n.º 9/93, de 12 de Julho) **[52]** – pág. 802;
– Mais-Valias: Bens adquiridos em acto de divisão ou partilha (ver Circular n.º 21/92) **[50]** – pág. 665;
– Reinvestimento (Ofício-circulado n.º 20 054, de 11/10/2001) **[52]** – pág. 845.

Jurisprudência:
"I – Os ganhos provenientes do loteamento de um terreno, que veio ao património do impugnante por herança, antes da concretização desse loteamento, são rendimentos comerciais (rendimentos da categoria C do CIRS) e não mais-valias (rendimentos da categoria G do CIRS).

II – Isto mesmo que esse loteamento tenha resultado de uma actividade ocasional do loteador (impugnante), que exerce profissão diversa". *(Acórdão do STA de 18/06/2003. Proc. 0624/03)*

([1]) Redacção dada pelo art. 66.º da Lei n.º 64-A/2008, de 31 de Dezembro, **aplicável às situações em que o período de 24 ou 12 meses ainda está vigente ou se extingue no ano de 2009,** de acordo com o estipulado no n.º 3 do art. 69.º da mesma Lei.
Redacção anterior:
5. ...
a) Se, no prazo de 24 meses contados da data de realização, o valor da realização, deduzido da amortização de eventual empréstimo contraído para a aquisição do imóvel, for reinvestido na aquisição da propriedade de outro imóvel, de terreno para a construção de imóvel, ou na construção, ampliação ou melhoramento de outro imóvel exclusivamente com o mesmo destino situado em território português ou no território de outro Estado membro da União Europeia ou do espaço económico europeu, desde que, neste último caso, exista intercâmbio de informações em matéria fiscal;
b) Se o valor da realização, deduzido da amortização de eventual empréstimo contraído para a aquisição do imóvel, for utilizado no pagamento da aquisição a que se refere a alínea anterior, desde que efectuada nos doze meses anteriores;
...
([2]) Revogada pelo D.L. n.º 211/2005, de 7 de Dezembro.

ARTIGO 11.º
Rendimentos da Categoria H

1 – Consideram-se pensões:

a) As prestações devidas a título de pensões de aposentação ou de reforma, velhice, invalidez ou sobrevivência, bem como outras de idêntica natureza, incluindo os rendimentos referidos no n.º 12 do artigo 2.º, e ainda as pensões de alimentos;
b) As prestações a cargo de companhias de seguros, fundos de pensões, ou quaisquer outras entidades, devidas no âmbito de regimes complementares de segurança social em razão de contribuições da entidade patronal, e que não sejam consideradas rendimentos do trabalho dependente;
c) As pensões e subvenções não compreendidas nas alíneas anteriores;
d) As rendas temporárias ou vitalícias.

2 – A remição ou qualquer outra forma de antecipação de disponibilidade dos rendimentos previstos no número anterior não lhes modifica a natureza de pensões.

3 – Os rendimentos referidos neste artigo ficam sujeitos a tributação desde que pagos ou colocados à disposição dos respectivos titulares.

Ver os artigos:
53.º e **54.º** – Determinação do rendimento; **71.º** – Taxas liberatórias; **99.º** – Retenção sobre rendimentos das categorias A e H.

Legislação Complementar:
– D.L. n.º 42/91, de 22 de Janeiro – Retenção na fonte – art. 5.º **[2]** – pág. 191 e ss.

Doutrina Administrativa:
1. Pré-reforma (Circular n.º 8/2001, de 9 de Abril) **[50]** – pág. 706.
2. Pensões de preço de sangue (Circular n.º 13/2002, de 9 de Maio) **[50]** – pág. 723.
3. Pensões pagas a funcionários das Comunidades Europeias (Circular n.º 13/2004, de 24 de Junho) **[50]** – pág. 759.

ARTIGO 12.º
Delimitação negativa de incidência

1 – O IRS não incide, salvo quanto às prestações previstas no regime jurídico dos acidentes em serviço e das doenças profissionais estabelecido pelo Decreto-Lei n.º 503/99, de 20 de Novembro, na sua redacção actual, sobre as indemnizações devidas em consequência de lesão corporal, doença ou morte, pagas ou atribuídas, nelas se incluindo as pensões e indemnizações auferidas em resultado do cumprimento do serviço militar:([1])

 a) Pelo Estado, Regiões Autónomas ou Autarquias Locais, bem como qualquer dos seus serviços, estabelecimentos ou organismos, ainda que personalizados, incluindo os institutos públicos e os fundos públicos; ou([2])
 b) Ao abrigo de contrato de seguro, decisão judicial ou acordo homologado judicialmente;([2])
 c) *(Revogada)*([2]);
 d) *(Revogada)*([2]);
 e) Pelas associações mutualistas.([3])

2 – Excluem-se deste imposto os prémios literários, artísticos ou científicos, quando não envolvam a cedência, temporária ou definitiva, dos respectivos direitos de autor, desde que atribuídos em concurso, mediante anúncio público em que se definam as respectivas condições de atribuição, não podendo a participação no mesmo sofrer restrições que não se conexionem com a natureza do prémio.

3 – O IRS não incide sobre os rendimentos provenientes do exercício da actividade de profissionais de espectáculos ou desportistas quando esses rendimentos sejam tributados em IRC nos termos da alínea d) do n.º 3 do artigo 4.º do Código do IRC.

4 – O IRS não incide sobre os montantes respeitantes a subsídios para manutenção, nem sobre os montantes necessários à cobertura de despesas extraordinárias relativas à saúde e educação, pagos ou atribuídos pelos centros regionais de segurança social e pela Santa Casa da Misericórdia de Lisboa ou pelas instituições particulares de solidariedade social em articulação com aqueles, no âmbito da prestação de acção social de acolhimento familiar e de apoio a idosos, pessoas com deficiências, crianças e jovens, não sendo os correspondentes encargos considerados como custos para efeitos da categoria B.

5 – O IRS não incide sobre:([2])

a) As bolsas atribuídas aos praticantes de alto rendimento desportivo pelo Comité Olímpico de Portugal ou pelo Comité Paralímpico de Portugal, no âmbito do contrato-programa de preparação para os Jogos Olímpicos ou Paralímpicos e pela respectiva federação titular do estatuto de utilidade pública desportiva, nos termos do artigo 30.º do Decreto-Lei n.º 125/95, de 31 de Maio, na redacção que lhe foi dada pelo Decreto-Lei n.º 123/96, de 10 de Agosto;

b) As bolsas de formação desportiva, como tal reconhecidas por despacho do Ministro das Finanças e do membro do Governo que tutela o desporto, atribuídas pela respectiva federação titular do estatuto de utilidade pública desportiva aos agentes desportivos não profissionais, nomeadamente praticantes, juízes e árbitros, até ao montante máximo anual correspondente a cinco vezes o valor da retribuição mínima mensal garantida;

c) Os prémios atribuídos aos praticantes de alto rendimento desportivo, bem como aos respectivos treinadores, por classificações relevantes obtidas em provas desportivas de elevado prestígio e nível competitivo, como tal reconhecidas por despacho do Ministro das Finanças e do membro do Governo que tutela o desporto, nomeadamente Jogos Olímpicos e Paralímpicos, campeonatos do mundo ou campeonatos da Europa, nos termos do Decreto-Lei n.º 125/95, de 31 de Maio, da Portaria n.º 393/97, de 17 de Junho, e da Portaria n.º 211/98, de 3 de Abril.

6 – O IRS não incide sobre os incrementos patrimoniais provenientes de transmissões gratuitas sujeitas ao imposto do selo, nem sobre os que se encontrem expressamente previstos em norma de delimitação negativa de incidência deste imposto.([2])

Doutrina administrativa:
– Indemnizações: Prestações devidas em consequência de lesão corporal, doença ou morte (Circular n.º 13/2008, de 26 de Maio) **[50]** – pág. 776.

Legislação Complementar:
– D.L. n.º 5/2010, de 15 de Janeiro, **retribuição mínima mensal garantida** para **2010 – € 475**.

([1]) Redacção dada pelo art. 66.º da Lei n.º 64-A/2008, de 31 de Dezembro.
Redacção anterior:
1 – O IRS não incide, salvo quanto às prestações previstas no regime jurídico dos acidentes em serviço e das doenças profissionais estabelecido pelo Decreto-Lei n.º 503/99, de 20 de Novembro, na

sua redacção actual, sobre as indemnizações devidas em consequência de lesão corporal, doença ou morte, pagas ou atribuídas:

...

(²) Redacção dada pelo art. 43.º da Lei n.º 67-A/2007, de 31 de Dezembro. O art. 44.º, n.º 1, desta Lei, revogou as alíneas c) e d) do n.º 1.

Redacção anterior:
1 – O IRS não incide sobre as indemnizações recebidas ao abrigo de contrato de seguro ou devidas a outro título, salvo quando:

a) As indemnizações devam ser consideradas como proveitos para efeitos de determinação dos rendimentos empresariais e profissionais;
b) Se trate das indemnizações referidas na alínea b) do n.º 1 do artigo 9.º;
c) Se trate das indemnizações relativas a bens sinistrados, de harmonia com o artigo 43.º do Código do IRC;
d) Neste Código se disponha diferentemente.

...

5 – O IRS não incide sobre os prémios atribuídos aos praticantes de alta competição, bem como aos respectivos treinadores, por classificações relevantes obtidas em provas desportivas de elevado prestígio e nível competitivo, como tal reconhecidas pelo Ministro das Finanças e pelo membro do Governo que tutela o desporto, nomeadamente jogos olímpicos, campeonatos do mundo ou campeonatos da Europa, nos termos do Decreto-Lei n.º 125/95, de 31 de Maio, e da Portaria n.º 953/95, de 4 de Agosto.

6 – O IRS não incide sobre os incrementos patrimoniais sujeitos a imposto sobre as sucessões e doações, nem sobre os que se encontrem expressamente previstos em norma de delimitação negativa de incidência deste imposto.

(³) Aditada pelo art. 2.º do D.L. n.º 292/2009, de 13 de Outubro.

SECÇÃO II
Incidência pessoal

ARTIGO 13.º
Sujeito passivo

1 – Ficam sujeitas a IRS as pessoas singulares que residam em território português e as que, nele não residindo, aqui obtenham rendimentos.

2 – Existindo agregado familiar, o imposto é devido pelo conjunto dos rendimentos das pessoas que o constituem, considerando-se como sujeitos passivos aquelas a quem incumbe a sua direcção.

3 – O agregado familiar é constituído por:

a) Os cônjuges não separados judicialmente de pessoas e bens e os seus dependentes;
b) Cada um dos cônjuges ou ex-cônjuges, respectivamente, nos casos de separação judicial de pessoas e bens ou de declaração de nulidade, anulação ou dissolução do casamento, e os dependentes a seu cargo;

c) O pai ou a mãe solteiros e os dependentes a seu cargo;
d) O adoptante solteiro e os dependentes a seu cargo.

4 – Para efeitos do disposto no número anterior, consideram-se dependentes:

a) Os filhos, adoptados e enteados, menores não emancipados, bem como os menores sob tutela;([1])
b) Os filhos, adoptados e enteados, maiores, bem como aqueles que até à maioridade estiveram sujeitos à tutela de qualquer dos sujeitos a quem incumbe a direcção do agregado familiar, que, não tendo mais de 25 anos nem auferindo anualmente rendimentos superiores ao salário mínimo nacional mais elevado, tenham frequentado no ano a que o imposto respeita o 11.º ou 12.º anos de escolaridade, estabelecimento de ensino médio ou superior ou cumprido serviço militar obrigatório ou serviço cívico;([1])
c) Os filhos, adoptados, enteados e os sujeitos a tutela, maiores, inaptos para o trabalho e para angariar meios de subsistência, quando não aufiram rendimentos superiores ao salário mínimo nacional mais elevado;([1])
d) *(Eliminada.)*([1])

5 – O disposto no número anterior não prejudica a tributação autónoma das pessoas nele referidas, excepto se, tratando-se de filhos, adoptados e enteados, menores não emancipados, bem como de menores sob tutela, a administração dos rendimentos por eles auferidos não lhes pertencer na totalidade.([1])

6 – As pessoas referidas nos números anteriores não podem, simultaneamente, fazer parte de mais de um agregado familiar nem, integrando um agregado familiar, ser consideradas sujeitos passivos autónomos.

7 – A situação pessoal e familiar dos sujeitos passivos relevante para efeitos de tributação é aquela que se verificar no último dia do ano a que o imposto respeite.

Ver o art. 59.º, n.º 2 – Separação de facto – possibilidade de apresentação de declarações de rendimentos em separado.

Legislação Complementar:
– C. Civil – art. 127.º – n.º 1-*a*) – Administração ou disposição de bens que o menor de 16 anos haja adquirido por seu trabalho.
– C. Civil – art. 1671.º – n.º 2 – Direcção do agregado familiar.
– D.L. n.º 5/2010, de 15 de Janeiro, **retribuição mínima mensal garantida** para **2010 – € 475**.

Nota:
Deixam de integrar o agregado familiar como dependentes, os menores que contraiam casamento, já que se tornam emancipados (art. 132.º do C. Civil).

Doutrina Administrativa:
1. Na vigência da sociedade conjugal, independentemente do regime de bens do casamento, com ressalva da situação de separado de facto em que seja exercida a opção pela apresentação da declaração de rendimentos separada, nos termos do art. 59.º n.º 2, ambos os cônjuges são solidariamente responsáveis pelo pagamento da dívida do imposto que é incindível (Circ. n.º 6/93) [50] – pág. 668;
2. Regime Jurídico Fiscal dos Rendimentos auferidos pelos militares junto da NATO e junto das Embaixadas de Portugal no estrangeiro (ver Circular n.º 24/93) [50] – pág. 669;
3. Exercício das opções previstas no código do IRS – admissibilidade de alteração posterior com excepção das opções inerentes à situação familiar – arts. 14.º (*actualmente 13.º*) n.º 5 e 59.º n.º 2 (ver Ofício-circulado n.º 2785/98) [52] – pág. 814;
4. Aquisições por dependentes, de acções em Ofertas Públicas de Venda realizadas pelo Estado (ver Ofício-circulado n.º 15152/98) [52] – pág. 815;
5. Conceito de dependente. Interpretação do art. 14.º (*actualmente 13.º*) n.º 1 alínea b), conjugado com o disposto no n.º 7 do mesmo artigo (ver Ofício-circulado n.º 20001 de 1999/01/29) [52] – pág. 822;
6. Pensões de alimentos pagas por sujeitos passivos a dependentes que integram o seu agregado familiar, por mútuo acordo e com homologação judicial – Despesas de educação (Ofício-circulado n.º 20058, de 05/02/2002) [52] – pág. 846.

([1]) Redacção dada pelo art. 26.º n.º 1 da Lei n.º 32-B/2002, de 30 de Dezembro.

ARTIGO 14.º
Uniões de facto

1 – As pessoas que vivendo em união de facto preencham os pressupostos constantes da lei respectiva, podem optar pelo regime de tributação dos sujeitos passivos casados e não separados judicialmente de pessoas e bens.

2 – A aplicação do regime a que se refere o número anterior depende da identidade de domicílio fiscal dos sujeitos passivos durante o período exigido pela lei para verificação dos pressupostos da união de facto e durante o período de tributação, bem como da assinatura, por ambos, da respectiva declaração de rendimentos.

3 – No caso de exercício da opção prevista no n.º 1, é aplicável o disposto no n.º 2 do artigo 13.º, sendo ambos os unidos de facto responsáveis pelo cumprimento das obrigações tributárias.

Legislação complementar:
1 – Lei n.º 6/2001, de 11 de Maio. – **Adopta medidas de protecção das pessoas que vivam em economia comum**.
2 – Lei n.º 7/2001, de 11 de Maio. – **Adopta medidas de protecção das uniões de facto**.

ARTIGO 15.º
Âmbito da sujeição

1 – Sendo as pessoas residentes em território português, o IRS incide sobre a totalidade dos seus rendimentos, incluindo os obtidos fora desse território.

2 – Tratando-se de não residentes, o IRS incide unicamente sobre os rendimentos obtidos em território português.

Ver os artigos:
16.º – Conceito de residência; **17.º** – Residência em Região Autónoma; **18.º** – Rendimentos obtidos em Portugal; **130.º** – Representantes.

Doutrina Administrativa:
– Regime Jurídico Fiscal dos Rendimentos auferidos pelos militares junto da NATO e junto das Embaixadas de Portugal no estrangeiro (ver Circular n.º 24/93) **[50]** – pág. 669.

ARTIGO 16.º
Residência

1 – São residentes em território português as pessoas que, no ano a que respeitam os rendimentos:

a) Hajam nele permanecido mais de 183 dias, seguidos ou interpolados;
b) Tendo permanecido por menos tempo, aí disponham, em 31 de Dezembro desse ano, de habitação em condições que façam supor a intenção de a manter e ocupar como residência habitual;
c) Em 31 de Dezembro, sejam tripulantes de navios ou aeronaves, desde que aqueles estejam ao serviço de entidades com residência, sede ou direcção efectiva nesse território;
d) Desempenhem no estrangeiro funções ou comissões de carácter público, ao serviço do Estado Português.

2 – São sempre havidas como residentes em território português as pessoas que constituem o agregado familiar, desde que naquele resida qualquer das pessoas a quem incumbe a direcção do mesmo.

3 – A condição de residente resultante da aplicação do disposto no número anterior pode ser afastada pelo cônjuge que não preencha o critério previsto na alínea *a*) do n.º 1, desde que efectue prova da inexistência de uma ligação entre a maior parte das suas actividades económicas e o território português, caso em que é sujeito a tributação como não residente relativamente aos rendimentos de que seja titular e que se considerem obtidos em território português nos termos do artigo 18.º([1])

4 – Sendo feita a prova referida no número anterior, o cônjuge residente em território português apresenta uma única declaração dos seus próprios rendimentos, da sua parte nos rendimentos comuns e dos rendimentos dos dependentes a seu cargo segundo o regime aplicável às pessoas na situação de separados de facto nos termos do disposto no n.º 2 do artigo 59.º([1])

5 – São ainda havidas como residentes em território português as pessoas de nacionalidade portuguesa que deslocalizem a sua residência fiscal para país, território ou região, sujeito a um regime fiscal claramente mais favorável constante de lista aprovada por portaria do Ministro das Finanças, no ano em que se verifique aquela mudança e nos quatro anos subsequentes, salvo se o interessado provar que a mudança se deve a razões atendíveis, designadamente exercício naquele território de actividade temporária por conta de entidade patronal domiciliada em território português. *(Anterior n.º 3. Passou a n.º 5 pela Lei n.º 60-A/2005, de 30 de Dezembro)*

6 – Considera-se que não têm residência habitual em território português os sujeitos passivos que, tornando-se fiscalmente residentes, nomeadamente ao abrigo do disposto na alínea *b*) do n.º 1, não tenham em qualquer dos cinco anos anteriores sido tributados como tal em sede de IRS.([2])

7 – O sujeito passivo que seja considerado residente não habitual adquire o direito a ser tributado como tal pelo período de 10 anos consecutivos, renováveis, com a inscrição dessa qualidade no registo de contribuintes da Direcção-Geral dos Impostos.([2])

8 – O gozo do direito a ser tributado como residente não habitual em cada ano do período referido no número anterior requer que o sujeito passivo nele seja considerado residente para efeitos de IRS.([2])

9 – O sujeito passivo que não tenha gozado do direito referido no número anterior num ou mais anos do período referido no n.º 7 pode reto-

mar o gozo do mesmo em qualquer dos anos remanescentes daquele período, contando que nele volte a ser considerado residente para efeitos de IRS.([2])

Ver:
– Art. 130.º – Representantes.

Legislação Complementar:
– **LGT** – **Art. 19.º, n.º 4:** – Representantes de sujeitos passivos residentes no estrangeiro.
– **Portaria n.º 150/2004, de 13/02** – Lista dos países, territórios e regiões com regimes de tributação privilegiada, claramente mais favoráveis [108] – pág. 637.

Doutrina Administrativa:
– Certificação da qualidade de residentes – (ver Ofícios-circulados n.ºs 7/97 e 39 574 de 10/07/98) [52] – págs. 808 e 821;
– Regime Jurídico Fiscal dos Rendimentos auferidos pelos militares junto da Nato e junto das Embaixadas de Portugal no estrangeiro (ver Circular n.º 24/93) [50] – pág. 669;
– Residência fiscal em Portugal – Pedido de certificação de residência fiscal – Preenchimento de formulário UR/EEE (ver Ofício-circulado n.º 20036, de 5/3/2001) [52] – pág. 838;
– Convenções para evitar a Dupla Tributação Internacional (Ofício-circulado n.º 20 137, de 2009/03/13 [52] – pág. 881.

([1]) Aditados pelo n.º 1 do art. 43.º da Lei n.º 60-A/2005, de 30 de Dezembro.
([2]) Aditado pelo art. 4.º do D.L. n.º 249/2009, de 23 de Setembro. Produz efeitos desde 1 de Janeiro de 2009 (art. 9.º daquele diploma).

ARTIGO 17.º
Residência em Região Autónoma

1 – Para efeitos deste Código, considera-se que no ano a que respeitam os rendimentos as pessoas residentes no território português são residentes numa Região Autónoma quando permaneçam no respectivo território por mais de 183 dias.
2 – Para que se considere que um residente em território português permanece numa Região Autónoma, para efeitos do número anterior, é necessário que nesta se situe a sua residência habitual e aí esteja registado para efeitos fiscais.
3 – Quando não for possível determinar a permanência a que se referem os números anteriores, são considerados residentes no território de uma Região Autónoma os residentes no território português que ali tenham

o seu principal centro de interesses, considerando-se como tal o local onde se obtenha a maior parte da base tributável, determinada nos seguintes termos:

   a) Os rendimentos do trabalho consideram-se obtidos no local onde é prestada a actividade;
   b) Os rendimentos empresariais e profissionais consideram-se obtidos no local do estabelecimento ou do exercício habitual da profissão;
   c) Os rendimentos de capitais consideram-se obtidos no local do estabelecimento a que deva imputar-se o pagamento;
   d) Os rendimentos prediais e incrementos patrimoniais provenientes de imóveis consideram-se obtidos no local onde estes se situam;
   e) Os rendimentos de pensões consideram-se obtidos no local onde são pagas ou colocadas à disposição.

4 – São havidas como residentes no território de uma Região Autónoma as pessoas que constituem o agregado familiar, desde que aí se situe o principal centro de interesses, nos termos definidos no número anterior.

ARTIGO 17.º-A ([1])
Regime opcional para os residentes noutro Estado membro da União Europeia ou do espaço económico europeu

1 – Os sujeitos passivos residentes noutro Estado membro da União Europeia ou do espaço económico europeu com o qual exista intercâmbio de informações em matéria fiscal quando sejam titulares de rendimentos das categorias A, B e H, obtidos em território português, que representem, pelo menos, 90% da totalidade dos seus rendimentos totais relativos ao ano em causa, incluindo os obtidos fora deste território, podem optar pela respectiva tributação de acordo com as regras aplicáveis aos sujeitos passivos não casados residentes em território português com as adaptações previstas nos números seguintes.

2 – Os sujeitos passivos referidos no número anterior, na situação de casados e não separados de pessoas e bens ou que se encontrem em situação idêntica à prevista no artigo 14.º, podem optar pelo regime da tributação conjunta dos rendimentos auferidos pelos membros do agregado familiar, aplicável aos sujeitos passivos residentes em território português casados e não separados judicialmente de pessoas e bens, desde que:

a) Ambos os sujeitos passivos sejam residentes noutro Estado membro da União Europeia ou do espaço económico europeu;
b) Os rendimentos das categorias A, B e H obtidos em território português pelos membros do agregado familiar correspondam a, pelo menos, 90% da totalidade dos rendimentos do agregado familiar;
c) A opção seja formulada por ambos os sujeitos passivos ou pelos respectivos representantes legais.

3 – Exercida a opção prevista nos números anteriores, a taxa do imposto aplicável à totalidade dos rendimentos obtidos em território português que seriam sujeitos a englobamento caso fossem obtidos por sujeitos passivos residentes é:

a) No caso da opção prevista no n.º 1, a taxa média que, de acordo com a tabela prevista no n.º 1 do artigo 68.º, corresponder à totalidade do rendimento colectável determinado de acordo com as regras previstas no capítulo II deste Código, sendo tomados em consideração todos os rendimentos do sujeito passivo, incluindo os obtidos fora do território português;
b) No caso da opção prevista no n.º 2, a taxa média que, de acordo com a tabela prevista no n.º 1 do artigo 68.º e o disposto no artigo 69.º, corresponder à totalidade do rendimento colectável determinado de acordo com as regras previstas no capítulo II deste Código, sendo tomados em consideração todos os rendimentos dos membros do agregado familiar, incluindo os obtidos fora do território português.

4 – À colecta apurada e até ao seu montante são deduzidos os montantes previstos no artigo 79.º, bem como os previstos nos artigos 82.º a 88.º relativamente a despesas ou encargos que respeitem aos sujeitos passivos, a pessoas que estejam nas condições previstas no n.º 4 do artigo 13.º ou ainda, para efeitos da dedução prevista no artigo 84.º, aos ascendentes e colaterais até ao 3.º grau que não possuam rendimentos superiores à retribuição mínima mensal desde que essas despesas ou encargos não possam ser tidos em consideração no Estado da residência.

5 – Independentemente do exercício da opção prevista nos números anteriores, os rendimentos obtidos em território português estão sujeitos a retenção na fonte às taxas aplicáveis aos rendimentos auferidos por não residentes, sem prejuízo do disposto em convenção destinada a eliminar a dupla tributação ou de um outro acordo de direito internacional que vin-

cule o Estado Português, com a natureza de pagamento por conta quando respeitem aos rendimentos englobados.

6 – A opção referida nos números anteriores deve ser efectuada na declaração a que se refere o n.º 1 do artigo 57.º, a entregar nos prazos previstos na alínea a) do n.º 1 do artigo 60.º, acompanhada dos documentos que comprovem as condições de que depende a aplicação deste regime.

7 – A Direcção-Geral dos Impostos pode solicitar aos sujeitos passivos ou aos seus representantes que apresentem, no prazo de 30 dias, os documentos que julgue necessários para assegurar a correcta aplicação deste regime.

Doutrina Administrativa:
– Convenções para evitar a Dupla Tributação Internacional (Ofício-circulado n.º 20 137, de 2009/03/13 **[52]** – pág. 881.

([1]) Aditado pelo art. 67.º da Lei n.º 64-A/2008, de 31 de Dezembro.

ARTIGO 18.º
Rendimentos obtidos em território português

1 – Consideram-se obtidos em território português:

a) Os rendimentos do trabalho dependente decorrentes de actividades nele exercidas, ou quando tais rendimentos sejam devidos por entidades que nele tenham residência, sede, direcção efectiva ou estabelecimento estável a que deva imputar-se o pagamento;

b) As remunerações dos membros dos órgãos estatutários das pessoas colectivas e outras entidades, devidas por entidades que nele tenham residência, sede, direcção efectiva ou estabelecimento estável a que deva imputar-se o pagamento;

c) Os rendimentos de trabalho prestado a bordo de navios e aeronaves, desde que os seus beneficiários estejam ao serviço de entidade com residência, sede ou direcção efectiva nesse território;

d) Os rendimentos provenientes da propriedade intelectual ou industrial, da prestação de informações respeitantes a uma experiência adquirida no sector comercial, industrial ou científico, ou do uso ou concessão do uso de equipamento agrícola, comercial ou científico, quando não constituam rendimentos prediais, bem como os derivados de assistência técnica, devidos por entidades que nele

tenham residência, sede, direcção efectiva ou estabelecimento estável a que deva imputar-se o pagamento;
e) Os rendimentos de actividades empresariais e profissionais imputáveis a estabelecimento estável nele situado;
f) Os rendimentos que não se encontrem previstos na alínea anterior decorrentes de actividades profissionais e de outras prestações de serviços, incluindo as de carácter científico, artístico, técnico e de intermediação na celebração de quaisquer contratos, realizadas ou utilizadas em território português, com excepção das relativas a transportes, telecomunicações e actividades financeiras, desde que devidos por entidades que nele tenham residência, sede, direcção efectiva ou estabelecimento estável a que deva imputar-se o pagamento;
g) Outros rendimentos de aplicação de capitais devidos por entidades que nele tenham residência, sede, direcção efectiva ou estabelecimento estável a que deva imputar-se o pagamento;
h) Os rendimentos respeitantes a imóveis nele situados, incluindo as mais-valias resultantes da sua transmissão;
i) As mais-valias resultantes da transmissão onerosa de partes representativas do capital de entidades com sede ou direcção efectiva em território português, incluindo a sua remição e amortização com redução de capital e, bem assim, o valor atribuído aos associados em resultado da partilha que, nos termos do artigo 75.º do Código do IRC, seja considerado como mais-valia, ou de outros valores mobiliários emitidos por entidades que aí tenham sede ou direcção efectiva, ou ainda de partes de capital ou outros valores mobiliários quando, não se verificando essas condições, o pagamento dos respectivos rendimentos seja imputável a estabelecimento estável situado no mesmo território;
j) As mais-valias resultantes da alienação dos bens referidos na alínea *c)* do n.º 1 do artigo 10.º, quando nele tenha sido feito o registo ou praticada formalidade equivalente;
l) As pensões e os prémios de jogo, lotarias, rifas, totoloto e apostas mútuas, bem como importâncias ou prémios atribuídos em quaisquer sorteios ou concursos, devidos por entidade que nele tenha residência, sede, direcção efectiva ou estabelecimento estável a que deva imputar-se o pagamento;
m) Os rendimentos de actos isolados nele praticados;
n) Os incrementos patrimoniais não compreendidos nas alíneas anteriores, quando nele se situem os bens, direitos ou situações jurí-

-dicas a que respeitam, incluindo, designadamente, os rendimentos provenientes de operações relativas a instrumentos financeiros derivados, devidos ou pagos por entidades que nele tenham residência, sede, direcção efectiva ou estabelecimento estável a que deva imputar-se o pagamento;
  o) Os rendimentos derivados do exercício, em território português, da actividade de profissionais de espectáculos ou desportistas, ainda que atribuídos a pessoa diferente.

2 – Entende-se por estabelecimento estável qualquer instalação fixa ou representação permanente através das quais seja exercida uma das actividades previstas no artigo 3.º.

3 – É aplicável ao IRS o disposto nos n.ºs 4 e 5 do artigo 4.º e nos n.ºs 2 a 9 do artigo 5.º, ambos do Código do IRC, com as necessárias adaptações.

Ver os artigos:
130.º – Representantes; **139.º** – Pagamento de rendimentos a sujeitos passivos não residentes.

Legislação Complementar:
E.B.F. – art. 33.º, n.º 10-*a*) **[21]** – Rendimentos obtidos nas zonas francas – pág. 515.

Doutrina Administrativa:
– Certificação de imposto pago em Portugal para efeitos dos arts. 4.º do CIRC e 17.º do CIRS (ver Ofício-circulado n.º 31 010 de 28.05.98) **[52]** – pág. 820.
– Residência fiscal em Portugal – Pedido de certificação de residência fiscal – Preenchimento de formulário UE/EEE (ver Ofício-circulado n.º 20 036, de 5/3/2001) **[52]** – pág. 836.
– Convenções para evitar a Dupla Tributação Internacional (Ofício-circulado n.º 20 137, de 2009/03/13 **[52]** – pág. 881.

Jurisprudência:
IRS. Residência. Rendimentos auferidos na Alemanha por um dos cônjuges.
"I. Nos termos do artigo 16.º, n.º 2, do CIRS, consideram-se residentes em Portugal todas as pessoas que constituem o agregado familiar, desde que aqui resida qualquer das pessoas a quem incumbe a direcção do mesmo.
II. Sendo considerado residente em Portugal o contribuinte que aufere rendimentos de trabalho na Alemanha por aqui residir o seu agregado familiar constituído por mulher e filhos, terá de ser tributado em Portugal o rendimento de todo o agregado, sem embargo de se ter de tomar em consideração o imposto pago na Alemanha, nos termos da Convenção aprovada pela Lei n.º 12/82, destinada a evitar a dupla tributação". *(Acórdão do STA n.º 25 985 in Acórdãos Doutrinais n.º 486 de 6 de Junho de 2002)*

ARTIGO 19.º
Contitularidade de rendimentos

Os rendimentos que pertençam em comum a várias pessoas são imputados a estas na proporção das respectivas quotas, que se presumem iguais quando indeterminadas.

Ver os artigos:
22.º, n.º 2 – Englobamento; **57.º, n.º 2** – Apresentação da declaração de rendimentos; **64.º** – Falecimento do titular de rendimentos.

Doutrina Administrativa:
– Tratamento em imposto sobre o rendimento das heranças indivisas – (ver Ofício-circulado n.º 16/89, de 89/09/25) **[52]** – pág. 796;
– Rendas resultantes das cedências do uso de partes comuns de prédios em regime de propriedade horizontal – (ver Ofício-circulado n.º 12/90) **[52]** – pág. 798.

ARTIGO 20.º
Imputação especial

1 – Constitui rendimento dos sócios ou membros das entidades referidas no artigo 6.º do Código do IRC, que sejam pessoas singulares, o resultante da imputação efectuada nos termos e condições dele constante ou, quando superior, as importâncias que, a título de adiantamento por conta de lucros, tenham sido pagas ou colocadas à disposição durante o ano em causa.([1])

2 – Para efeitos do disposto no número anterior, as respectivas importâncias integram-se como rendimento líquido na categoria B.

3 – Constitui rendimento dos sócios que sejam pessoas singulares o resultante da imputação efectivada nos termos e condições do artigo 60.º do Código do IRC, aplicando-se para o efeito, com as necessárias adaptações, o regime aí estabelecido.

4 – Para efeitos do disposto no número anterior, as respectivas importâncias integram-se como rendimento líquido na categoria B, nos casos em que a participação social esteja afecta a uma actividade empresarial e profissional, ou na categoria E, nos demais casos.

5 – No caso de ser aplicável a parte final do n.º 1, o resultado da imputação efectuada nos anos subsequentes deve ser objecto dos necessários ajustamentos destinados a eliminar qualquer duplicação de tributação dos rendimentos que possa vir a ocorrer.([1])

Ver os artigos:
6.º do CIRC – Transparência fiscal;

12.º do CIRC – "As sociedades e outras entidades a que, nos termos do art. 6.º, seja aplicável o regime de transparência fiscal não são tributadas em IRC, salvo quanto às tributações autónomas";
47.º n.º 7 do CIRC – Não são imputáveis aos sócios os prejuízos fiscais;
60.º do CIRC – Imputação de lucros de sociedades não residentes sujeitas a um regime fiscal privilegiado.

([1]) Redacção dada pelo art. 66.º da Lei n.º 64-A/2008, de 31 de Dezembro, que aditou o n.º 5. Redacção anterior do n.º 1:

1 – Constitui rendimento dos sócios ou membros das entidades referidas no artigo 6.º do Código do IRC, que sejam pessoas singulares, o resultante da imputação efectuada nos termos e condições dele constantes.

...

ARTIGO 21.º
Substituição tributária

Quando, através de substituição tributária, este Código exigir o pagamento total ou parcial do IRS a pessoa diversa daquela em relação à qual se verificam os respectivos pressupostos, considera-se a substituta, para todos os efeitos legais, como devedor principal do imposto, ressalvado o disposto no artigo 103.º.

Ver os artigos:
98.º a 101.º – Retenção na Fonte; **103.º** – Responsabilidade em caso de substituição; **108.º, n.º 2** – Cobrança coerciva;
20.º da Lei Geral Tributária – Substituição tributária;
28.º da Lei Geral Tributária – Responsabilidade em caso de substituição tributária.

CAPÍTULO II
Determinação do rendimento colectável

SECÇÃO I
Regras gerais

ARTIGO 22.º
Englobamento

1 – O rendimento colectável em IRS é o que resulta do englobamento dos rendimentos das várias categorias auferidos em cada ano, depois de feitas as deduções e os abatimentos previstos nas secções seguintes.

2 – Nas situações de contitularidade, o englobamento faz-se nos seguintes termos:

  a) Tratando-se de rendimentos da categoria B, cada contitular engloba a parte do rendimento que lhe couber, na proporção das respectivas quotas;
  b) Tratando-se de rendimentos das restantes categorias, cada contitular engloba os rendimentos ilíquidos e as deduções legalmente admitidas, na proporção das respectivas quotas.

3 – Não são englobados para efeitos da sua tributação:[1]

  a) Os rendimentos auferidos por sujeitos passivos não residentes em território português, sem prejuízo do disposto nos n.ºs 7 e 8 do artigo 72.º;
  b) Os rendimentos referidos nos artigos 71.º e 72.º auferidos por residentes em território português, sem prejuízo da opção pelo englobamento neles previsto.

4 – Ainda que não englobados para efeito da sua tributação, são sempre incluídos para efeito de determinação da taxa a aplicar aos restantes rendimentos, os rendimentos isentos, quando a lei imponha o respectivo englobamento.

5 – Quando o sujeito passivo exerça a opção referida no n.º 3, fica, por esse facto, obrigado a englobar a totalidade dos rendimentos compreendidos no n.º 6 do artigo 71.º, no n.º 7 do artigo 72.º e no n.º 7 do artigo 81.º(²)

6 – Quando o sujeito passivo aufira rendimentos que dêem direito a crédito de imposto por dupla tributação internacional previsto no artigo 81.º, os correspondentes rendimentos devem ser considerados pelas respectivas importâncias ilíquidas dos impostos sobre o rendimento pagos no estrangeiro.

7 – Sempre que a lei imponha o englobamento de rendimentos isentos, observa-se o seguinte:

    a) Os rendimentos isentos são considerados, sem deduções, para efeitos do disposto no artigo 69.º, sendo caso disso, e para determinação das taxas a aplicar ao restante rendimento colectável;

    b) Para efeitos da alínea anterior, quando seja de aplicar o disposto no artigo 69.º, o quociente da divisão por 2 dos rendimentos isentos é imputado proporcionalmente à fracção de rendimento a que corresponde a taxa média e a taxa normal.

Ver os artigos:
25.º – Rendimentos do trabalho dependente – deduções; **27.º** – Profissões de desgaste rápido – deduções; **28.º** – Formas de determinação dos rendimentos empresariais e profissionais; **37.º** – Dedução de prejuízos fiscais; **41.º** – Rendimentos prediais – deduções; **53.º** – Pensões – deduções; **57.º, n.º 2** – Contitularidade – rendimentos da Categoria B.

Doutrina Administrativa:
– Regime Fiscal aplicável a remunerações auferidas por pessoal ao serviço da CEE (ver Ofício-circular n.º X-2/90) **[51]** – pág. 791.
– Tributação dos dividendos (Circular n.º 4/2002, de 08/02/2002) **[50]** – pág. 701.
– Pensões pagas a funcionários das Comunidades Europeias (Circular n.º 13/2004, de 24 de Junho) **[50]** – pág. 759.

(¹) Redacção dada pelo art. 43.º da Lei n.º 67-A/2007, de 31 de Dezembro.
Redacção anterior:
...
3 – Não são englobados, para efeitos da sua tributação, os rendimentos auferidos por sujeitos passivos não residentes em território português e bem assim os referidos nos artigos 71.º e 72.º, sem prejuízo da opção pelo englobamento neles previsto.
...
(²) Redacção dada pelo art. 4.º do D.L. n.º 249/2009, de 23 de Setembro. Produz efeitos desde 1 de Janeiro de 2009 (art. 9.º daquele diploma).
Redacção anterior:
...

5 – Quando o sujeito passivo exerça a opção referida no n.º 3, fica, por esse facto, obrigado a englobar a totalidade dos rendimentos compreendidos no n.º 6 do artigo 71.º e no n.º 6 do artigo 72.º

ARTIGO 23.º
Valores fixados em moeda sem curso legal em Portugal

1 – A equivalência de rendimentos ou encargos expressos em moeda sem curso legal em Portugal é determinada pela cotação oficial da respectiva divisa, de acordo com as seguintes regras:

  a) Tratando-se de rendimentos transferidos para o exterior, aplica-se o câmbio de venda da data da efectiva transferência ou da retenção na fonte, se a ela houver lugar;
  b) Tratando-se de rendimentos provenientes do exterior, aplica-se o câmbio de compra da data em que aqueles foram pagos ou postos à disposição do sujeito passivo em Portugal;
  c) Tratando-se de rendimentos obtidos e pagos no estrangeiro que não sejam transferidos para Portugal até ao fim do ano, aplica-se o câmbio de compra da data em que aqueles forem pagos ou postos à disposição do sujeito passivo;
  d) Tratando-se de encargos, aplica-se a regra da alínea a).

2 – Não sendo possível comprovar qualquer das datas referidas no número anterior, aplica-se o câmbio de 31 de Dezembro do ano a que os rendimentos ou encargos respeitem.

3 – Não existindo câmbio nas datas referidas no n.º 1, aplica-se o da última cotação anterior a essas datas.

4 – Quando a determinação do rendimento colectável se faça com base na contabilidade, seguem-se as regras legais a esta aplicáveis.

ARTIGO 24.º
Rendimentos em espécie

1 – A equivalência pecuniária dos rendimentos em espécie faz-se de acordo com as seguintes regras, de aplicação sucessiva:

  a) Pelo preço tabelado oficialmente;
  b) Pela cotação oficial de compra;
  c) Tratando-se de géneros, pela cotação de compra na bolsa de mercadorias de Lisboa ou, não existindo essa cotação, pelo preço

médio do respectivo ano ou do último determinado e que constem da estiva camarária;
d) Pelos preços de bens ou serviços homólogos publicados pelo Instituto Nacional de Estatística;
e) Pelo valor de mercado, em condições de concorrência.

2 – Quando se tratar da utilização de habitação, o rendimento em espécie corresponde à diferença entre o valor do respectivo uso e a importância paga a esse título pelo beneficiário, observando-se na determinação daquele as regras seguintes:

a) O valor do uso é igual à renda suportada em substituição do beneficiário;
b) Não havendo renda, o valor do uso é igual ao valor da renda condicionada, determinada segundo os critérios legais, não devendo, porém, exceder um sexto do total das remunerações auferidas pelo beneficiário;
c) Quando para a situação em causa estiver fixado por lei subsídio de residência ou equivalente quando não é fornecida casa de habitação, o valor de uso não pode exceder, em qualquer caso, esse montante.

3 – No caso de empréstimos sem juros ou a taxa de juro reduzida, o rendimento em espécie corresponde ao valor obtido por aplicação ao respectivo capital da diferença entre a taxa de juro de referência para o tipo de operação em causa, publicada anualmente por portaria do Ministro das Finanças, e a taxa de juro que eventualmente seja suportada pelo beneficiário.

4 – Os ganhos referidos no n.º 7) da alínea *b*) do n.º 3 do artigo 2.º consideram-se obtidos, respectivamente:

a) No momento do exercício da opção ou de direito de efeito equivalente, correspondendo à diferença positiva entre o valor do bem ou direito nessa data e o preço de exercício da opção, ou do direito, acrescido este do que eventualmente haja sido pago pelo trabalhador ou membro de órgão social para aquisição da opção ou direito;
b) No momento da subscrição ou do exercício de direito de efeito equivalente, correspondendo à diferença positiva entre o preço de subscrição ou de exercício do direito de efeito equivalente para a generalidade dos subscritores ou dos titulares de tal direito, ou, na ausência de outros subscritores ou titulares, o valor de mercado,

e aquele pelo qual o trabalhador ou membro de órgão social o exerce, acrescido do preço que eventualmente haja pago para aquisição do direito;
c) No momento da alienação, da liquidação financeira ou da renúncia ao exercício, a favor da entidade patronal ou de terceiros, de opções, direitos de subscrição ou outros de efeito equivalente, correspondendo à diferença positiva entre o preço ou o valor da vantagem económica recebidos e o que eventualmente haja sido pago pelo trabalhador ou membro de órgão social para aquisição das opções ou direitos;
d) No momento da recompra dos valores mobiliários ou direitos equiparados, pela entidade patronal, correspondendo à diferença positiva entre o preço ou o valor da vantagem económica recebidos e o respectivo valor de mercado, ou, caso aquele preço ou valor tenha sido previamente fixado, o quantitativo que tiver sido considerado como valor daqueles bens ou direitos, nos termos da alínea *a*), ou como preço de subscrição ou de exercício do direito para a generalidade dos subscritores ou dos titulares do direito, nos termos da alínea *b*), ou o valor de mercado, nos termos da alínea *e*);
e) Nos planos de atribuição de valores mobiliários ou direitos equiparados em que se verifiquem pela entidade patronal, como condições cumulativas, a não aquisição ou registo dos mesmos a favor dos trabalhadores ou membros de órgãos sociais, a impossibilidade de estes celebrarem negócios de disposição ou oneração sobre aqueles, a sujeição a um período de restrição que os exclua do plano em casos de cessação do vínculo ou mandato social, pelo menos nos casos de iniciativa com justa causa da entidade patronal, e ainda que se adquiram outros direitos inerentes à titularidade destes, como sejam o direito a rendimento ou de participação social, no momento em que os trabalhadores ou membros de órgãos sociais são plenamente investidos dos direitos inerentes àqueles valores ou direitos, em particular os de disposição ou oneração, sendo o ganho apurado pela diferença positiva entre o valor de mercado à data do final do período de restrição e o que eventualmente haja sido pago pelo trabalhador ou membro de órgão social para aquisição daqueles valores ou direitos.

5 – Quando se tratar da atribuição do uso de viatura automóvel pela entidade patronal, o rendimento anual corresponde ao produto de 0,75%

do seu custo de aquisição ou produção pelo número de meses de utilização da mesma.

6 – No caso de aquisição de viatura pelo trabalhador ou membro de órgão social, o rendimento corresponde à diferença positiva entre o respectivo valor de mercado e o somatório dos rendimentos anuais tributados como rendimentos decorrentes da atribuição do uso com a importância paga a título de preço de aquisição.

7 – Para efeito do disposto no número anterior, considera-se valor de mercado o que corresponder à diferença entre o valor de aquisição e o produto desse valor pelo coeficiente de desvalorização constante de tabela a aprovar por portaria do Ministro das Finanças.

Ver os artigos:
1.º, n.º 2 – Sujeição a IRS dos rendimentos em espécie; **2.º, n.º 3-*b*) 7)** – Ganhos derivados de planos de opções; **2.º, n.º 3-*b*) 8)** – Utilização pessoal pelo trabalhador ou membro de órgão social, de viatura automóvel que gere encargos para a entidade patronal; **2.º, n.º 3-*b*) 9)** – Aquisição pelo trabalhador ou membro de órgão social, de viatura automóvel que tenha originado encargos para a entidade patronal, por preço inferior ao valor de mercado; **119.º** – Comunicação de rendimentos e retenções.

Legislação Complementar:
– Portaria n.º 383/2003, de 14 de Maio – Determina, para os efeitos do disposto no n.º 7 do art. 24.º do Código do IRS, que o valor de mercado é o resultante da diferença entre o valor de aquisição e o produto desse valor pelo coeficiente de desvalorização acumulada correspondente ao número de anos do veículo **[5]** – pág. 215.

Doutrina Administrativa:
– Tributação em IRS de prémios atribuídos em sorteios ou concursos (Ofício-circulado n.º 20 067, de 09/04/2002) **[52]** – pág. 849.

SECÇÃO II
Rendimentos do trabalho

ARTIGO 25.º
Rendimentos do trabalho dependente: deduções

1 – Aos rendimentos brutos da categoria A deduzem-se, até à sua concorrência, e por cada titular que os tenha auferido, os seguintes montantes:

a) 72% de doze vezes o salário mínimo nacional mais elevado;

b) As indemnizações pagas pelo trabalhador à sua entidade patronal por rescisão unilateral do contrato individual de trabalho sem aviso prévio em resultado de sentença judicial ou de acordo judicialmente homologado ou, nos restantes casos, a indemnização de valor não superior à remuneração de base correspondente ao aviso prévio;

c) As quotizações sindicais, na parte em que não constituam contrapartida de benefícios de saúde, educação, apoio à terceira idade, habitação, seguros ou segurança social e desde que não excedam, em relação a cada sujeito passivo, 1% do rendimento bruto desta categoria, sendo acrescidas de 50%.

2 – Se, porém, as contribuições obrigatórias para regimes de protecção social e para subsistemas legais de saúde excederem o limite fixado na alínea *a)* do número anterior, aquela dedução é pelo montante total dessas contribuições.

3 – *(Eliminado pela da Lei n.º 32-B/2002, de 30/12)*

4 – A dedução prevista na alínea *a)* do n.º 1 pode ser elevada até 75% de 12 vezes o salário mínimo nacional mais elevado, desde que a diferença resulte de:

a) Quotizações para ordens profissionais suportadas pelo próprio sujeito passivo e indispensáveis ao exercício da respectiva actividade desenvolvida exclusivamente por conta de outrem;

b) Importâncias comprovadamente pagas e não reembolsadas referentes a despesas de formação profissional, desde que a entidade formadora seja organismo de direito público ou entidade reconhecida como tendo competência nos domínios da formação e reabilitação profissionais pelos ministérios competentes.

5 – *(Eliminado pelo n.º 4 do art. 30.º da Lei n.º 109-B/2001, de 27 de Dezembro, que aprovou o Orçamento de Estado para 2002)*

6 – *(Revogado)* [1]

Ver os artigos:
2.º – Rendimentos da categoria A; **27.º** – Profissões de desgaste rápido – deduções; **78.º** – deduções à colecta.

Legislação Complementar:
– D.L. n.º 42/91, de 22 de Janeiro – Retenção na fonte – art. 1.º, n.º 1-*b)* [2] – pág. 191.
– D.L. n.º 5/2010, de 15 de Janeiro, **retribuição mínima mensal garantida** para **2010 – € 475**.

– Lei n.º 109-B/2001, de 27 de Dezembro – art. 30.º n.º 2: Para efeitos da alínea *h*) do n.º 1 do artigo 17.º da Lei n.º 21/85, de 30 de Julho, não constitui rendimento tributável a quantia despendida com a valorização profissional até ao montante anual de € 249,40 desde que devidamente documentada, (**Estatuto dos Magistrados Judiciais**), aplicável aos Magistrados do Ministério Público, nos termos do artigo 4.º da Lei n.º 143/99, de 31 de Agosto.

Doutrina Administrativa:
– Avaliação de incapacidades resultantes de hipovisão (ver Circular n.º 1/96, de 1996/01/31) **[50]** – pág. 676;
– Documentos comprovativos de deficiência – só produzem efeitos a partir da data da sua emissão (ver Circular n.º 15/92) **[50]** – pág. 663;
– Descontos obrigatórios para os regimes de protecção social (ver Ofício-circulado n.º 11/92, de 19 de Maio) **[52]** – pág. 801;
– Retroactivos de contribuições pagas à Segurança Social (ver Ofício-circulado n.º 2 275 de 98.01.19) **[52]** – pág. 814;
– Dupla tributação internacional – Dedução do imposto e dos encargos suportados no estrangeiro (ver Ofício-circulado n.º 20 022, de 19/05/2000) **[52]** – pág. 834;
– Dedução de contribuições obrigatórias para a segurança social relativas a anos anteriores (Ofício-circulado n.º 20 065, de 12/03/2002) **[52]** – pág. 849.
– **Deficientes – Lei n.º 3-B/2010, de 28/04 (OE/2010) – Artigo 88.º:**
1 – Os rendimentos brutos de cada uma das categorias A, B e H auferidos por sujeitos passivos com deficiência são considerados, para efeitos de IRS, apenas por 90% em 2010.
2 – Não obstante o disposto no número anterior, a parte do rendimento excluída de tributação não pode exceder em 2010, por categoria de rendimentos, € 2 500.
...

([1]) Revogado pelo art. 51.º da Lei n.º 53-A/2006, de 29 de Dezembro.
Tinha a seguinte redacção:
...
6 – O limite previsto na alínea *a*) do n.º 1 é elevado em 50%, quando se trate de titular deficiente cujo grau de invalidez permanente, devidamente comprovado pela autoridade competente, seja igual ou superior a 60%.

ARTIGO 26.º
Contribuições para regimes complementares de segurança social

Quando nos rendimentos previstos no n.º 3) da alínea *b*) do n.º 3 do artigo 2.º não puder ser discriminada a parte correspondente às contribuições efectuadas pela entidade patronal, considera-se rendimento do trabalho dependente a importância determinada com base em tabela aprovada por portaria do Ministro das Finanças.

Ver:
Portaria n.º 543/2000, de 4 de Agosto – Tabela a que se refere o art. 26.º **[4]** – pág. 214.

ARTIGO 27.º
Profissões de desgaste rápido: deduções

1 – As importâncias despendidas pelos sujeitos passivos que desenvolvam profissões de desgaste rápido, na constituição de seguros de doença, de acidentes pessoais e de seguros de vida que garantam exclusivamente os riscos de morte, invalidez ou reforma por velhice, neste último caso desde que o benefício seja garantido após os 55 anos de idade, são integralmente dedutíveis ao respectivo rendimento, desde que não garantam o pagamento e este se não verifique, nomeadamente, por resgate ou adiantamento, de qualquer capital em vida durante os primeiros cinco anos.

2 – Para efeitos do disposto no número anterior, consideram-se como profissões de desgaste rápido as de praticantes desportivos, definidos como tal no competente diploma regulamentar, as de mineiros e as de pescadores.

3 – No caso previsto no n.º 1, sempre que se verifique o pagamento de qualquer capital em vida durante os primeiros cinco anos, observa-se o disposto no n.º 2 do artigo 60.º.

4 – O disposto no n.º 1 aplica-se, com as devidas adaptações, às contribuições pagas a associações mutualistas.([1])

Ver o art. 92.º – Prazo de caducidade.

([1]) Aditado pelo art. 2.º do D.L. n.º 292/2009, de 13 de Outubro.

SECÇÃO III
Rendimentos empresariais e profissionais

ARTIGO 28.º
Formas de determinação dos rendimentos empresariais e profissionais

1 – A determinação dos rendimentos empresariais e profissionais, salvo no caso da imputação prevista no artigo 20.º, faz-se:

a) Com base na aplicação das regras decorrentes do regime simplificado;
b) Com base na contabilidade.

2 – Ficam abrangidos pelo regime simplificado os sujeitos passivos que, no exercício da sua actividade, não tenham ultrapassado no período de tributação imediatamente anterior um montante anual ilíquido de rendimentos desta categoria de € 150 000.([1])

3 – Os sujeitos passivos abrangidos pelo regime simplificado podem optar pela determinação dos rendimentos com base na contabilidade.

4 – A opção a que se refere o número anterior deve ser formulada pelos sujeitos passivos:([2])

a) Na declaração de início de actividade;
b) Até ao fim do mês de Março do ano em que pretendem alterar a forma de determinação do rendimento, mediante a apresentação de declaração de alterações.([2])

5 – O período mínimo de permanência em qualquer dos regimes a que se refere o n.º 1 é de três anos, prorrogável por iguais períodos, excepto se o sujeito passivo comunicar, nos termos da alínea *b)* do número anterior, a alteração do regime pelo qual se encontra abrangido.([2])

6 – A aplicação do regime simplificado cessa apenas quando o montante a que se refere o n.º 2 seja ultrapassado em dois períodos de tributação consecutivos ou, quando o seja num único exercício, em montante superior a 25%, caso em que a tributação pelo regime de contabilidade organizada se faz a partir do período de tributação seguinte ao da verificação de qualquer desses factos.([1])

7 – Os valores de base necessários para o apuramento do rendimento tributável são passíveis de correcção pela Direcção-Geral dos Impostos nos termos do artigo 39.º, aplicando-se o disposto no número anterior quando se verifiquem os pressupostos ali referidos.

8 – Se os rendimentos auferidos resultarem de serviços prestados a uma única entidade, excepto tratando-se de prestações de serviços efectuadas por um sócio a uma sociedade abrangida pelo regime de transparência fiscal, nos termos da alínea *b)* do n.º 1 do artigo 6.º do Código do IRC, o sujeito passivo pode optar pela tributação de acordo com as regras estabelecidas para a categoria A, mantendo-se essa opção por um período de três anos.([3])

9 – Sempre que da aplicação dos indicadores de base técnico-científica a que se refere o n.º 1 do artigo 31.º, se determine um rendimento tri-

butável superior ao que resulta dos coeficientes estabelecidos no n.º 2 do mesmo artigo, pode o sujeito passivo, no exercício da entrada em vigor daqueles indicadores, optar, no prazo e nos termos previstos na alínea b) do n.º 4, pelo regime de contabilidade organizada, ainda que não tenha decorrido o período mínimo de permanência no regime simplificado.(^{1})

10 – No exercício de início de actividade, o enquadramento no regime simplificado faz-se, verificados os demais pressupostos, em conformidade com o valor anual de rendimentos estimado, constante da declaração de início de actividade, caso não seja exercida a opção a que se refere o n.º 3.(^{1})

11 – Se, tendo havido cessação de actividade, esta for reiniciada antes de 1 de Janeiro do ano seguinte àquele em que se tiverem completado 12 meses, contados da data da cessação, o regime de determinação dos rendimentos empresariais e profissionais a aplicar é o que vigorava à data da cessação.

12 – O referido no número anterior não prejudica a possibilidade de a DGCI autorizar a alteração de regime, a requerimento dos sujeitos passivos, quando se verifique ter havido modificação substancial das condições do exercício da actividade.

13 – Exceptuam-se do disposto no n.º 11 as situações em que o reinício de actividade venha a ocorrer depois de terminado o período mínimo de permanência.(^{2})

Ver os artigos:
31.º – Regime simplificado; **55.º, n.º 4** – Dedução de prejuízos fiscais; **115.º** – Emissão de recibos e facturas; **116.º** – Livros de registo. **117.º** – Obrigações contabilísticas.

Doutrina Administrativa:
– Regime simplificado de determinação do rendimento tributável (Circular n.º 3/2001, de 14 de Fevereiro) **[50]** – pág. 694;
– Rendimentos acessórios (Circular n.º 7/2001, de 14 de Março) **[50]** – pág. 705;
– Categoria B – Regras a aplicar aos "rendimentos acessórios" (Ofício-circulado n.º 20 052, de 17/9/2001) **[52]** – pág. 844.
– Exercício da opção pelo regime de contabilidade (Ofício-circulado n.º 20 112, de 30/12/2005 **[52]** – pág. 869.
– Regime simplificado (Circular n.º 5/2007, de 13 de Março) **[50]** – pág. 770.
– **Deficientes – Lei n.º 3-B/2010, de 28/04 (OE/2010) – Artigo 88.º:**
1 – Os rendimentos brutos de cada uma das categorias A, B e H auferidos por sujeitos passivos com deficiência são considerados, para efeitos de IRS, apenas por 90% em 2010.
2 – Não obstante o disposto no número anterior, a parte do rendimento excluída de tributação não pode exceder em 2010, por categoria de rendimentos, € 2 500.
...

(¹) Redacção dada pela Lei n.º 3-B/2010, de 28/04 (OE/2010).
Redacção anterior:
...
2 – Ficam abrangidos pelo regime simplificado os sujeitos passivos que, no exercício da sua actividade, não tenham ultrapassado no período de tributação imediatamente anterior qualquer dos seguintes limites:
  a) Volume de vendas: € 149 739,37;
  b) Valor ilíquido dos restantes rendimentos desta categoria: € 99 759,58.
...
6 – Cessa a aplicação do regime simplificado apenas quando algum dos limites a que se refere o n.º 2 for ultrapassado em dois períodos de tributação consecutivos ou se o for num único exercício em montante superior a 25 % desse limite, caso em que a tributação pelo regime de contabilidade organizada se faz a partir do período de tributação seguinte ao da verificação de qualquer desses factos.
...
9 – Sempre que, da aplicação dos indicadores de base técnico-científica a que se refere o n.º 1 do artigo 31.º, se determine um rendimento tributável superior ao que resulta dos coeficientes estabelecidos no n.º 2 do mesmo artigo, ou se registe qualquer alteração ao montante mínimo de rendimento previsto na parte final do mesmo número, com excepção da que decorra da actualização do valor da retribuição mínima mensal, pode o sujeito passivo, no exercício da entrada em vigor daqueles indicadores ou da alteração do referido montante mínimo, optar, no prazo e nos termos previstos na alínea b) do n.º 4, pelo regime da contabilidade organizada, ainda que não tenha decorrido o período mínimo de permanência no regime simplificado.
10 – No exercício de início de actividade, o enquadramento no regime simplificado faz-se, verificados os demais pressupostos, em conformidade com o valor anual de proveitos estimados, constante da declaração de início de actividade, caso não seja exercida a opção a que se refere o n.º 3 do presente artigo.
...
(²) Redacção dada pelo art. 46.º da Lei n.º 53-A/2006, de 29 de Dezembro.
Redacção anterior:
...
4 – A opção a que se refere o número anterior deve ser formalizada pelos sujeitos passivos:
...
  b) Até ao fim do mês de Março do ano em que pretendem utilizar a contabilidade organizada como forma de determinação do rendimento, mediante a apresentação de declaração de alterações.
5 – O período mínimo de permanência no regime simplificado é de três anos, prorrogável automaticamente por iguais períodos, excepto se o sujeito passivo comunicar, nos termos da alínea b) do número anterior, a opção pela aplicação do regime de contabilidade organizada.
...
13 – Exceptuam-se do disposto no n.º 11 as situações em que, por imposição legal, o sujeito passivo se encontre obrigado a possuir contabilidade organizada e aquelas em que o reinício da actividade venha a ocorrer depois de terminado o período mínimo de permanência.
(³) Redacção dada pelo art. 66.º da Lei n.º 64-A/2008, de 31 de Dezembro.
Redacção anterior:
...
8 – Se os rendimentos auferidos resultarem de serviços prestados a uma única entidade, o sujeito passivo pode optar pela tributação de acordo com as regras estabelecidas para a categoria A, mantendo-se essa opção por um período de três anos.
...

ARTIGO 29.º
Imputação

1 – Na determinação do rendimento só são considerados proveitos e custos os relativos a bens ou valores que façam parte do activo da empresa individual do sujeito passivo ou que estejam afectos às actividades empresariais e profissionais por ele desenvolvidas.

2 – No caso de afectação de quaisquer bens do património particular do sujeito passivo à sua actividade empresarial e profissional, o valor de aquisição pelo qual esses bens são considerados corresponde ao valor de mercado à data da afectação.

3 – No caso de transferência para o património particular do sujeito passivo de bens afectos à sua actividade empresarial e profissional, o valor dos bens corresponde ao valor de mercado dos mesmos à data da transferência.

4 – O valor de mercado a que se referem os números anteriores, atribuído pelo sujeito passivo no momento da afectação ou da transferência dos bens, pode ser objecto de correcção sempre que a Direcção-Geral dos Impostos considere, fundamentadamente, que o mesmo não corresponde ao que seria praticado entre pessoas independentes.

Ver o art. 65.º, n.º 2 – Fixação dos rendimentos sujeitos a tributação pela Direcção-Geral dos Impostos.

ARTIGO 30.º
Actos isolados

A determinação do rendimento tributável dos actos isolados está sujeita ao regime simplificado ou de contabilidade organizada, conforme resulta do disposto no artigo 28.º([1])

Ver os artigos:
– 3.º, n.º 2, *h*) e *i*) – Actos isolados.
– 3.º, n.º 3 – Actos isolados.
– 18.º, n.º 1, *m*) – Actos isolados – territorialidade.

Doutrina Administrativa:
– Rendimentos acessórios (Circular n.º 7/2001, de 14 de Março) **[50]** – pág. 705;
– Categoria B – Regras a aplicar aos "redimentos acessórios" (Ofício-circulado n.º 20 052, de 17/9/2001) **[52]** – pág. 844.

(¹) Redacção dada pela Lei n.º 3-B/2010, de 28/04 (OE/2010).
Redacção anterior:
Na determinação do rendimento tributável dos actos isolados, são dedutíveis apenas os encargos devidamente comprovados e necessários à obtenção dos rendimentos brutos, até à sua concorrência, com as limitações previstas no artigo 33.º

ARTIGO 31.º
Regime simplificado

1 – A determinação do rendimento tributável resulta da aplicação de indicadores objectivos de base técnico-científica para os diferentes sectores da actividade económica.(¹)

2 – Até à aprovação dos indicadores mencionados no número anterior, ou na sua ausência, o rendimento tributável é obtido adicionando aos rendimentos decorrentes de prestações de serviços efectuadas pelo sócio a uma sociedade abrangida pelo regime de transparência fiscal, nos termos da alínea b) do n.º 1 do artigo 6.º do Código do IRC, o montante resultante da aplicação do coeficiente de 0,20 ao valor das vendas de mercadorias e de produtos e do coeficiente de 0,70 aos restantes rendimentos provenientes desta categoria, excluindo a variação de produção.(²)

3 – O rendimento colectável é objecto de englobamento e tributado nos termos gerais.

4 – Em lista aprovada por portaria do Ministro das Finanças são determinados os indicadores a que se refere o n.º 1 e, na ausência daqueles indicadores, são estabelecidos, pela mesma forma, critérios técnicos que, ponderando a importância relativa de concretas componentes dos custos das várias actividades empresariais e profissionais, permitam proceder à correcta subsunção dos proveitos de tais actividades às qualificações contabilísticas relevantes para a fixação do coeficiente aplicável nos termos do n.º 2.

5 – Para os efeitos do disposto no n.º 2, aplica-se aos serviços prestados no âmbito de actividades hoteleiras e similares, restauração e bebidas, bem como ao montante dos subsídios destinados à exploração, o coeficiente de 0,20 aí indicado.(³)

6 – *(Revogado)*(²)

7 – Os subsídios ou subvenções não destinados à exploração serão considerados, para efeitos do disposto nos n.ºs 1 e 2, em fracções iguais, durante cinco exercícios, sendo o primeiro o do recebimento do subsídio.

8 – Cessando a aplicação do regime simplificado no decurso do período referido no número anterior, as fracções dos subsídios ainda não tributadas, serão imputadas, para efeitos de tributação, ao último exercício de aplicação daquele regime.

9 – Para efeitos do cálculo das mais-valias referidas na alínea c) do n.º 2 do artigo 3.º, são utilizadas as quotas mínimas de amortização, calculadas sobre o valor definitivo, se superior, considerado para efeitos de liquidação de imposto municipal sobre as transmissões onerosas de imóveis.([4])

Ver os artigos:
20.º – Imputação especial; **28.º** – Formas de determinação dos rendimentos empresariais e profissionais; **55.º, n.º 4** – Dedução de prejuízos fiscais; **116.º** – Livros de registo; **117.º** – Obrigações contabilísticas.

Legislação Complementar:
– D.L. n.º 5/2010, de 15 de Janeiro, **retribuição mínima mensal garantida** para **2010 – € 475**.

Doutrina Administrativa:
– Regime simplificado de determinação do rendimento tributável (Circular n.º 3/2001, de 14 de Fevereiro) **[50]** – pág. 694;
– Rendimentos acessórios (circular n.º 7/2001, de 14 de Março) **[50]** – pág. 705;
– Categoria B – Regras a aplicar aos "rendimentos acessórios" (Ofício-circulado n.º 20 052, de 17/9/2001) **[52]** – pág. 844.
– Subsídios à exploração – Regimes simplificados de tributação (Ofício-circulado n.º 20 126, de 31/1/2008) **[52]** – pág. 875.

([1]) Redacção dada pela Lei n.º 30-B/2002.
([2]) Redacção dada pela Lei n.º 3-B/2010, de 28/04 (OE/2010), que também revogou o n.º 6. Redacção anterior:
...
2 – Até à aprovação dos indicadores mencionados no número anterior, ou na sua ausência, o rendimento tributável é obtido adicionando aos rendimentos decorrentes de prestações de serviços efectuadas pelo sócio a uma sociedade abrangida pelo regime da transparência fiscal, nos termos da alínea b) do n.º 1 do artigo 6.º do Código do IRC, o montante resultante da aplicação do coeficiente de 0,20 ao valor das vendas de mercadorias e de produtos e do coeficiente de 0,70 aos restantes rendimentos provenientes desta categoria, excluindo a variação de produção, com o montante mínimo igual a metade do valor anual da retribuição mínima mensal.
...
6 – Aos rendimentos da categoria B cujo valor não exceda metade do valor total dos rendimentos brutos englobados do próprio titular ou do seu agregado, são aplicáveis as regras de determinação do rendimento previstas no artigo 30.º, desde que, no respectivo ano, não ultrapassem qualquer um dos seguintes limites:
a) Metade do valor anual do salário mínimo nacional mais elevado, tratando-se dos rendimentos previstos nas alíneas b) e c) do n.º 1 do artigo 3.º e outros rendimentos referidos nas alíneas a) a g) do n.º 2 do mesmo artigo;

b) O valor anual do salário mínimo nacional mais elevado, tratando-se de vendas, isoladamente ou em conjunto com os rendimentos referidos na alínea anterior.

...

(³) Redacção dada pelo art. 43.° da Lei n.° 67-A/2007, de 31 de Dezembro. Nos termos do art. 45.°, n.° 2 da mesma lei, a alteração introduzida ao n.° 5, aplica-se aos exercícios de 2006 e seguintes. Redacção anterior:

...

5 – Para os efeitos do disposto no n.° 2, aplica-se aos serviços prestados no âmbito de actividades hoteleiras e similares, restauração e bebidas, bem como ao montante dos subsídios destinados à exploração que tenha por efeito compensar reduções nos preços de venda de mercadorias e produtos, o coeficiente de 0,20 aí indicado.

...

(⁴) Redacção dada pelo D.L. n.° 287/2003, de 12 de Novembro. Entrou em vigor em 1 de Janeiro de 2004.

ARTIGO 31.°-A(¹)
Valor definitivo considerado para efeitos de liquidação de imposto municipal sobre as transmissões onerosas de imóveis

1 – Em caso de transmissão onerosa de direitos reais sobre bens imóveis, sempre que o valor constante do contrato seja inferior ao valor definitivo que servir de base à liquidação do imposto municipal sobre as transmissões onerosas de imóveis, ou que serviria no caso de não haver lugar a essa liquidação, é este o valor a considerar para efeitos da determinação do rendimento tributável.

2 – Para execução do disposto no número anterior, se à data em que for conhecido o valor definitivo tiver decorrido o prazo para a entrega da declaração de rendimentos a que se refere o artigo 57.°, deve o sujeito passivo proceder à entrega da declaração de substituição durante o mês de Janeiro do ano seguinte.(²)

3 – O disposto no n.° 1 não prejudica a consideração de valor superior ao aí referido quando a Direcção-Geral dos Impostos demonstre que esse é o valor efectivo da transacção.

4 – Para efeitos do disposto no n.° 3 do artigo 3.°, nos n.ᵒˢ 2 e 6 do artigo 28.° e nos n.ᵒˢ 2 e 6 do artigo 31.°, deve considerar-se o valor referido no n.° 1, sem prejuízo do disposto nos números seguintes.(³)

5 – O disposto nos n.ᵒˢ 1 e 4 não é aplicável se for feita prova de que o valor de realização foi inferior ao ali previsto.(³)

6 – A prova referida no número anterior deve ser efectuada de acordo com o procedimento previsto no artigo 129.° do Código do IRC, com as necessárias adaptações.(³)

(¹) Aditado pelo D.L. n.º 287/2003, de 12 de Novembro. Entrou em vigor em 1 de Janeiro de 2004.
(²) Redacção dada pelo D.L. n.º 238/2006, de 20 de Dezembro.
Redacção anterior:
...
2 – Para execução do disposto no número anterior, se à data em que for conhecido o valor definitivo tiver decorrido o prazo para a entrega da declaração de rendimentos a que se refere o artigo 57.º, deve o sujeito passivo proceder à entrega daquela declaração no prazo estabelecido no n.º 2 do artigo 60.º.
...
(³) Redacção dada pelo art. 46.º da Lei n.º 53-A/2006, de 29 de Dezembro, que aditou os n.ᵒˢ 5 e 6.
Redacção anterior do n.º 4:
...
4 – Para efeitos do disposto no n.º 3 do artigo 3.º, nos n.ᵒˢ 2 e 6 do artigo 28.º e nos n.ᵒˢ 2 e 6 do artigo 31.º, deve considerar-se o valor referido no n.º 1.

ARTIGO 32.º
Remissão

Na determinação dos rendimentos empresariais e profissionais não abrangidos pelo regime simplificado, seguir-se-ão as regras estabelecidas no Código do IRC, com as adaptações resultantes do presente Código.(¹)

Ver os artigos:
116.º – Livros de registo; 117.º – Contabilidade organizada.

Doutrina Administrativa:
– Obras de carácter plurianual (ver Circular n.º 5/90) **[50]** – pág. 651;
– Tratamento fiscal dos subsídios do F.S.E. (ver Circular n.º 6/91) **[50]** – pág. 655;
– Regime das rendas devidas pelo aluguer sem condutor de viaturas ligeiras de passageiros ou mistas (ver Circular n.º 24/91) **[50]** – pág. 656.

(¹) Redacção dada pelo D.L. n.º 287/2003, de 12 de Novembro. Entrou em vigor em 1 de Janeiro de 2004.

ARTIGO 33.º
Encargos não dedutíveis para efeitos fiscais

1 – Para além das limitações previstas no Código do IRC, não são dedutíveis para efeitos de determinação do rendimento da categoria B, mesmo quando contabilizadas como custos ou perdas do exercício, as des-

pesas de deslocações, viagens e estadas do sujeito passivo ou de membros do seu agregado familiar que com ele trabalham, na parte que exceder, no seu conjunto, 10% do total dos proveitos contabilizados, sujeitos e não isentos deste imposto.

2 – Por portaria do Ministro das Finanças podem ser fixados para efeitos do disposto neste artigo o número máximo de veículos e respectivo valor por sujeito passivo.

3 – *(Eliminado pelo n.º 4 do art. 30.º da Lei n.º 109-B/2001, de 27 de Dezembro, que aprovou o Orçamento de Estado para 2002)*

4 – *(Eliminado pelo n.º 4 do art. 30.º da Lei n.º 109-B/2001, de 27 de Dezembro, que aprovou o Orçamento de Estado para 2002)*

5 – Quando o sujeito passivo afecte à sua actividade empresarial e profissional parte do imóvel destinado à sua habitação, os encargos dedutíveis com ela conexos referentes a amortizações ou rendas, energia, água e telefone fixo não podem ultrapassar 25% das respectivas despesas devidamente comprovadas.

6 – Se o sujeito passivo exercer a sua actividade em conjunto com outros profissionais, os encargos dedutíveis são rateados em função da respectiva utilização ou, na falta de elementos que permitam o rateio, proporcionalmente aos rendimentos brutos auferidos.

7 – Não são dedutíveis as despesas ilícitas, designadamente as que decorram de comportamentos que fundamente indiciem a violação da legislação penal portuguesa, mesmo que ocorridos fora do âmbito territorial da sua aplicação.

8 – As remunerações dos titulares de rendimentos desta categoria, bem como as atribuídas a membros do seu agregado familiar que lhes prestem serviço, assim como outras prestações a título de ajudas de custo, utilização de viatura própria ao serviço da actividade, subsídios de refeição e outras prestações de natureza remuneratória, não são dedutíveis para efeitos de determinação do rendimento da categoria B.

Legislação Complementar:
– Portaria n.º **1041/2001**, de 28 de Agosto – Determina que para o cálculo da dedução respeitante à reintegração de viaturas ligeiras de passageiros ou mistas não seja tomada em consideração a parte do valor de aquisição ou reavaliação que exceda o limite estabelecido na alínea *e*) do n.º 1 do artigo 33.º do Código do IRC **[14]** – pág. 445.

Doutrina Administrativa:
– Afectação de bens de equipamento a actividades independentes exercidas sem o recurso a instalação própria (Ofício-circulado n.º 22/91, de 11 de Outubro) **[52]** – pág. 800.

ARTIGO 34.º
Custos das explorações plurianuais

A parte dos encargos das explorações silvícolas plurianuais suportados durante o ciclo de produção, equivalente à percentagem que a extracção efectuada no exercício represente na produção total do mesmo produto e ainda não considerada em exercício anterior, é actualizada pela aplicação dos coeficientes constantes da portaria a que se refere o artigo 50.º.

Legislação Complementar:
– **Portaria n.º 772/2009, de 21 de Julho** – Aprova o coeficiente de desvalorização da moeda para efeitos de correcção monetária dos valores de aquisição de determinados bens e direitos [13] – pág. 444.

ARTIGO 35.º
Critérios valorimétricos

Na determinação do lucro das actividades agrícolas pode ser sempre utilizado o critério referido no n.º 4 do artigo 26.º do Código do IRC.

ARTIGO 36.º
Subsídios à agricultura e pesca

Os subsídios de exploração atribuídos a sujeitos passivos no âmbito das actividades agrícolas, silvícolas, pecuárias ou de pesca exercidas, pagos numa só prestação sob a forma de prémios pelo abandono de actividade, arranque de plantações ou abate de efectivos, e na parte em que excedam custos ou perdas, podem ser incluídos no lucro tributável, em fracções iguais, durante cinco exercícios, sendo o primeiro o do recebimento do subsídio.

ARTIGO 36.º-A
Subsídios não destinados à exploração

Cessando a determinação do rendimento tributável com base na contabilidade no decurso do período estabelecido no artigo 22.º do Código do IRC, a parte dos subsídios ainda não tributada será imputada, para efeitos de tributação, ao último exercício de aplicação daquele regime. *(Aditado pela Lei n.º 32-B/2002, de 30/12)*

ARTIGO 36.º-B
Mudança de regime de determinação do rendimento

Em caso de mudança de regime de determinação do rendimento tributável durante o período em que o bem seja amortizável, devem considerar-se no cálculo das mais-valias as quotas praticadas, tendo em conta as correcções previstas no n.º 2 do artigo 58.º-A do Código do IRC, relativamente ao período em que o rendimento tributável seja determinado com base na contabilidade, e as quotas mínimas calculadas de acordo com o previsto no n.º 9 do artigo 31.º, relativamente ao período em que seja aplicado o regime simplificado.([1])

([1]) Redacção dada pelo D.L. n.º 287/2003, de 12 de Novembro. Entrou em vigor em 1 de Janeiro de 2004.

ARTIGO 37.º
Dedução de prejuízos fiscais

A dedução de prejuízos fiscais prevista no artigo 47.º do Código do IRC só nos casos de sucessão por morte aproveita ao sujeito passivo que suceder àquele que suportou o prejuízo.

ARTIGO 38.º
Entrada de património para realização do capital de sociedade

1 – Não há lugar ao apuramento de qualquer resultado tributável por virtude da realização de capital social resultante da transmissão da totalidade do património afecto ao exercício de uma actividade empresarial e profissional por uma pessoa singular, desde que, cumulativamente, sejam observadas as seguintes condições:

   a) A entidade para a qual é transmitido o património seja uma sociedade e tenha a sua sede e direcção efectivas em território português;

b) A pessoa singular transmitente fique a deter pelo menos 50% do capital da sociedade e a actividade exercida por esta seja substancialmente idêntica à que era exercida a título individual;

c) Os elementos activos e passivos objecto da transmissão sejam tidos em conta para efeitos desta com os mesmos valores por que estavam registados na contabilidade ou nos livros de escrita da pessoa singular, ou seja, os que resultam da aplicação das disposições do presente Código ou de reavaliações feitas ao abrigo de legislação de carácter fiscal;

d) As partes de capital recebidas em contrapartida da transmissão sejam valorizadas, para efeito de tributação dos ganhos ou perdas relativos à sua ulterior transmissão, pelo valor líquido correspondente aos elementos do activo e do passivo transferidos, valorizados nos termos da alínea anterior;

e) A sociedade referida na alínea *a)* se comprometa, através de declaração, a respeitar o disposto no artigo 77.º do Código do IRC, a qual deve ser junta à declaração periódica de rendimentos da pessoa singular relativa ao exercício da transmissão.

2 – O disposto no número anterior não é aplicável aos casos em que façam parte do património transmitido bens em relação aos quais tenha havido diferimento de tributação dos respectivos ganhos, nos termos da alínea *b)* do n.º 3 do artigo 10.º.

3 – Os ganhos resultantes da transmissão onerosa, qualquer que seja o seu título, das partes de capital recebidas em contrapartida da transmissão referida no n.º 1 são qualificados, antes de decorridos cinco anos a contar da data desta, como rendimentos empresariais e profissionais, e considerados como rendimentos líquidos da categoria B, não podendo durante aquele período efectuar-se operações sobre as partes sociais que beneficiem de regimes de neutralidade, sob pena de, no momento da concretização destas, se considerarem realizados os ganhos, devendo estes ser majorados em 15% por cada ano, ou fracção, decorrido desde aquele em que se verificou a entrada de património para realização do capital da sociedade, e acrescidos ao rendimento do ano da verificação daquelas operações.

Ver o art. 86.º do CIRC [11] – Regime especial de neutralidade fiscal – pág. 360.

ARTIGO 39.º
Aplicação de métodos indirectos

1 – A determinação do rendimento por métodos indirectos verifica-se nos casos e condições previstos nos artigos 87.º a 89.º da lei geral tributária e segue os termos do artigo 90.º da referida lei e do artigo 54.º do Código do IRC, com as adaptações necessárias.

2 – O atraso na execução da contabilidade ou na escrituração dos livros de registo, bem como a não exibição imediata daquela ou destes, só determinam a aplicação dos métodos indirectos após o decurso do prazo fixado para regularização ou apresentação, sem que se mostre cumprida a obrigação.

3 – O prazo a que se refere o número anterior não deve ser inferior a 5 nem superior a 30 dias e não prejudica a sanção a aplicar pela eventual infracção praticada.

SECÇÃO IV
Rendimentos de capitais

ARTIGO 40.º
Presunções e juros contáveis

1 – Presume-se que os mútuos e aberturas de crédito referidos no n.º 2 do artigo 6.º são remunerados à taxa de juro legal, se outra mais elevada não constar do título constitutivo ou não houver sido declarada.

2 – À presunção estabelecida no número anterior é aplicável o disposto no n.º 5 do artigo 6.º.

3 – Tratando-se das situações tributáveis nos termos do n.º 5 do artigo 5.º, o rendimento sujeito a imposto é o quantitativo que corresponder, em função da respectiva remuneração, ao período decorrido desde a data do último vencimento ou da emissão, primeira colocação ou endosso, se ainda não tiver ocorrido qualquer vencimento, até à data da transmissão dos correspondentes títulos.

Ver os artigos:
5.º – Incidência real; **6.º** – Presunções; **7.º** – Momento da sujeição.

Legislação Complementar:
– LGT – art. 73.º – Presunções; CPPT – art. 64.º – Presunções (Ilisão).
– Art. **75.º** do CIRC – Valores atribuídos em resultado da partilha.

Doutrina Administrativa:
– Ilisão de presunção legal (Ofício-circulado n.º 20 061, de 18/02/2002) **[52]** – pág. 847.

ARTIGO 40.º-A
Dupla tributação económica

1 – Os lucros devidos por pessoas colectivas sujeitas e não isentas de IRC bem como os rendimentos resultantes da partilha em consequência da liquidação dessas entidades que sejam qualificados como rendimentos de capitais são, no caso de opção pelo englobamento, apenas considerados em 50% do seu valor.(^{1})

2 – O disposto no número anterior é aplicável se a entidade devedora dos lucros ou que é liquidada tiver a sua sede ou direcção efectiva em território português e os respectivos beneficiários residirem neste território.(^{2})

3 – Aplica-se o disposto no n.º 1, nas condições do número anterior e com as necessárias adaptações, relativamente aos rendimentos que o associado aufira da associação à quota e da associação em participação, tendo os rendimentos distribuídos sido efectivamente tributados, bem como o valor atribuído aos associados na amortização de partes sociais sem redução de capital.

4 – O disposto no n.º 1 é igualmente aplicável aos lucros distribuídos por entidade residente noutro Estado membro da União Europeia que preencha os requisitos e condições estabelecidos no artigo 2.º da Directiva n.º 90/435/CEE, de 23 de Julho.(^{2})

5 – Para efeitos do disposto no número anterior, o sujeito passivo deve dispor de prova de que a entidade cumpre os requisitos e condições estabelecidos no artigo 2.º da Directiva n.º 90/435/CEE, de 23 de Julho, efectuada através de declaração confirmada e autenticada pelas autoridades fiscais competentes do Estado membro da União Europeia de que é residente.(^{2})

(^{1}) Redacção dada pelo art. 1.º do D.L. n.º 192/2005, de 7 de Novembro.
(^{2}) Redacção dada pela Lei n.º 55-B/2004, de 30 de Dezembro.

SECÇÃO V
Rendimentos prediais

ARTIGO 41.º
Deduções

1 – Aos rendimentos brutos referidos no artigo 8.º deduzem-se as despesas de manutenção e de conservação que incumbam ao sujeito passivo, por ele sejam suportadas e se encontrem documentalmente provadas, bem como a contribuição autárquica que incide sobre o valor dos prédios ou parte de prédios cujo rendimento tenha sido englobado.

2 – No caso de fracção autónoma de prédio em regime de propriedade horizontal, deduzem-se também os encargos de conservação, fruição e outros que, nos termos da lei civil, o condómino deva obrigatoriamente suportar, por ele sejam suportados, e se encontrem documentalmente provados.

3 – Na sublocação, a diferença entre a renda recebida pelo sublocador e a renda paga por este não beneficia de qualquer dedução.

Ver os artigos:
8.º – Rendimentos prediais; **18.º, n.º 1-g)** – Mais-valias obtidas em Portugal; **55.º** – Reporte do resultado líquido negativo.

Doutrina Administrativa:
– Rendas resultantes das cedências do uso de partes comuns de prédios em regime de propriedade horizontal (ver Ofício-circulado n.º 12/90) **[52]** – pág. 798.

SECÇÃO VI
Incrementos patrimoniais

ARTIGO 42.º
Deduções

Sem prejuízo do disposto relativamente às mais-valias, não são feitas quaisquer deduções aos restantes rendimentos qualificados como incrementos patrimoniais.

ARTIGO 43.º
Mais-valias

1 – O valor dos rendimentos qualificados como mais-valias é o correspondente ao saldo apurado entre as mais-valias e as menos-valias realizadas no mesmo ano, determinadas nos termos dos artigos seguintes.

2 – O saldo referido no número anterior, respeitante às transmissões efectuadas por residentes previstas nas alíneas *a*), *c*) e *d*) do n.º 1 do artigo 10.º, positivo ou negativo, é apenas considerado em 50% do seu valor.

3 – Para apuramento do saldo positivo ou negativo referido no n.º 1, respeitante às operações efectuadas por residentes previstas nas alíneas *b*), *e*), *f*) e *g*) do n.º 1 do artigo 10.º, não relevam as perdas apuradas quando a contraparte da operação estiver sujeita no país, território ou região de domicílio a um regime fiscal claramente mais favorável, constante da lista aprovada por portaria do Ministro das Finanças.

4 – Para efeitos do número anterior, considera-se que:

a) A data de aquisição dos valores mobiliários cuja propriedade tenha sido adquirida pelo sujeito passivo por incorporação de reservas ou por substituição daqueles, designadamente por alteração do valor nominal ou modificação do objecto social da sociedade emitente, é a data de aquisição dos valores mobiliários que lhes deram origem;

b) A data de aquisição de acções resultantes da transformação de sociedade por quotas em sociedade anónima é a data de aquisição das quotas que lhes deram origem;

c) A data de aquisição das acções da sociedade oferente em oferta pública de aquisição lançada nos termos do Código dos Valores Mobiliários cuja contrapartida consista naquelas acções, dadas à troca, é a data da aquisição das acções das sociedades visadas na referida oferta pública de aquisição;

d) Tratando-se de valores mobiliários da mesma natureza e que confiram idênticos direitos, os alienados são os adquiridos há mais tempo;

e) Nas permutas de partes de capital nas condições mencionadas no n.º 5 do artigo 67.º e do n.º 2 do artigo 71.º do Código do IRC, o período de detenção corresponde ao somatório dos períodos em que foram detidas as partes de capital entregues e as recebidas em troca;

f) O regime da alínea anterior é aplicável, com as necessárias adaptações, à aquisição de partes sociais nos casos de fusão ou cisão a que seja aplicável o artigo 68.º do Código do IRC.

Ver os artigos:
55.º – Deduções de perdas; **72.º** – Taxa especial.

Legislação Complementar:
– **Portaria n.º 150/2004, de 13/02** – Lista dos países, territórios e regiões com regimes de tributação privilegiada, claramente mais favoráveis **[41]** – pág. 637.

ARTIGO 44.º
Valor de realização

1 – Para a determinação dos ganhos sujeitos a IRS, considera-se valor de realização:

a) No caso de troca, o valor atribuído no contrato aos bens ou direitos recebidos, ou o valor de mercado, quando aquele não exista ou este for superior, acrescidos ou diminuídos, um ou outro, da importância em dinheiro a receber ou a pagar;
b) No caso de expropriação, o valor da indemnização;
c) No caso de afectação de quaisquer bens do património particular do titular de rendimentos da categoria B a actividade empresarial e profissional, o valor de mercado à data da afectação;
d) No caso de valores mobiliários alienados pelo titular do direito de exercício de *warrants* autónomos de venda, e para efeitos da alínea *b)* do n.º 1 do artigo 10.º, o preço de mercado no momento do exercio;
e) Tratando-se de bens ou direitos referidos na alínea *d)* do n.º 4 do artigo 24.º, quando não exista um preço ou valor previamente fixado, o valor de mercado na data referida;
f) Nos demais casos, o valor da respectiva contraprestação.

2 – Nos casos das alíneas *a)*, *b)* e *f)* do número anterior, tratando-se de direitos reais sobre bens imóveis, prevalecerão, quando superiores, os valores por que os bens houverem sido considerados para efeitos de liquidação de sisa ou, não havendo lugar a esta liquidação, os que devessem ser, caso fosse devida.

3 – No caso de troca por bens futuros, os valores referidos na alínea *a)* do n.º 1 reportam-se à data da celebração do contrato.

4 – No caso previsto na alínea *c)* prevalecerá, se o houver, o valor resultante da correcção a que se refere o n.º 4 do artigo 29.º.

ARTIGO 45.º
Valor de aquisição a título gratuito

1 – Para a determinação dos ganhos sujeitos a IRS considera-se o valor de aquisição, no caso de bens ou direitos adquiridos a título gratuito:(¹)

a) O valor que tenha sido considerado para efeitos de liquidação de imposto do selo;
b) O valor que serviria de base à liquidação de imposto do selo, caso este fosse devido.

2 – *(Revogado).*(¹)

3 – No caso de direitos reais sobre bens imóveis adquiridos por doação isenta, nos termos da alínea *e*) do artigo 6.º do Código do Imposto do Selo, considera-se valor de aquisição o valor patrimonial tributário constante da matriz até aos dois anos anteriores à doação.(¹)

Doutrina Administrativa:
– Mais-Valias: Bens adquiridos em acto de divisão ou partilha (ver Circular n.º 21/92) [50] – pág. 665.

(¹) Redacção dada pela Lei n.º 3-B/2010, de 28/04 (OE/2010), que também revogou o n.º 2.
Redacção anterior:
1 – Para a determinação dos ganhos sujeitos a IRS considera-se valor de aquisição, no caso de bens ou direitos adquiridos a título gratuito, aquele que haja sido considerado para efeitos de liquidação do imposto do selo.
2 – Não havendo lugar à liquidação do imposto referido no número anterior, considerar-se-ão os valores que lhe serviriam de base, caso fosse devido, determinados de harmonia com as regras próprias daquele imposto.
3 – No caso de direitos reais sobre bens imóveis adquiridos há menos de dois anos, por doação isenta nos termos da alínea *e*) do artigo 6.º do Código do Imposto do Selo, considera-se valor de aquisição o valor patrimonial tributário anterior à doação.

ARTIGO 46.º
Valor de aquisição a título oneroso de bens imóveis

1 – No caso da alínea *a*) do n.º 1 do artigo 10.º, se o bem imóvel houver sido adquirido a título oneroso, considera-se valor de aquisição o que tiver servido para efeitos de liquidação da sisa.

2 – Não havendo lugar à liquidação da sisa, considera-se o valor que lhe serviria de base, caso fosse devida, determinado de harmonia com as regras próprias daquele imposto.

3 – O valor de aquisição de imóveis construídos pelos próprios sujeitos passivos corresponde ao valor patrimonial inscrito na matriz ou ao valor do terreno, acrescido dos custos de construção devidamente comprovados, se superior àquele.

4 – Para efeitos do número anterior, o valor do terreno será determinado pelas regras constantes dos n.ᵒˢ 1 e 2 deste artigo.

ARTIGO 47.º
Equiparação ao valor da aquisição

No caso de transferência para o património particular do titular de rendimentos da categoria B de quaisquer bens afectos à actividade empresarial e profissional, considera-se valor de aquisição o valor de mercado à data da transferência.

ARTIGO 48.º
Valor de aquisição a título oneroso de partes sociais e de outros valores mobiliários

No caso da alínea *b)* do n.º 1 do artigo 10.º, o valor de aquisição, quando esta haja sido efectuada a título oneroso, é o seguinte:

a) Tratando-se de valores mobiliários cotados em bolsa de valores, o custo documentalmente provado ou, na sua falta, o da menor cotação verificada nos dois anos anteriores à data da alienação, se outro menos elevado não for declarado;

b) Tratando-se de quotas ou de outros valores mobiliários não cotados em bolsa de valores, o custo documentalmente provado ou, na sua falta, o respectivo valor nominal;

c) Tratando-se de bens ou direitos referidos na alínea *a)* do n.º 4 do artigo 24.º, o quantitativo que tiver sido considerado como valor do bem ou direito na data aí referida;

d) Tratando-se de bens ou direitos referidos na alínea *b)* do n.º 4 do artigo 24.º, o preço de subscrição ou de exercício do direito para a generalidade dos subscritores ou dos titulares do direito ou o valor de mercado.

e) Tratando-se de bens ou direitos referidos na alínea *e)* do n.º 4 do artigo 24.º, o valor de mercado na data referida;

f) Tratando-se de valores mobiliários adquiridos pelo titular do direito de exercício de *warrants* autónomos de compra, o preço de mercado no momento do exercício.

ARTIGO 49.º
Valor de aquisição a título oneroso de outros bens e direitos

Nos casos das alíneas *c*) e *e*) do n.º 1 do artigo 10.º, o valor de aquisição, quando efectuada a título oneroso, é constituído pelo preço pago pelo alienante, documentalmente provado.

ARTIGO 50.º
Correcção monetária

1 – O valor de aquisição ou equiparado de direitos reais sobre os bens referidos na alínea *a*) do n.º 1 do artigo 10.º é corrigido pela aplicação de coeficientes para o efeito aprovados mediante portaria do Ministro das Finanças, sempre que tenham decorrido mais de 24 meses entre a data da aquisição e a data da alienação ou afectação.

2 – A data de aquisição é a que constar do título aquisitivo, sem prejuízo do disposto nas alíneas seguintes:

a) Nos casos previstos no n.º 3 do artigo 46.º, é a data relevante para efeitos de inscrição na matriz;
b) No caso previsto no artigo 47.º, é a data da transferência.

Legislação Complementar:
– **Portaria n.º 772/2009, de 21 de Julho** – Aprova o coeficiente de desvalorização da moeda para efeitos de correcção monetária dos valores de aquisição de determinados bens e direitos [13] – pág. 444.

ARTIGO 51.º
Despesas e encargos

Para a determinação das mais-valias sujeitas a imposto, ao valor de aquisição acrescem:

a) Os encargos com a valorização dos bens, comprovadamente realizados nos últimos cinco anos, e as despesas necessárias e efectivamente praticadas, inerentes à aquisição e alienação, nas situações previstas na alínea *a*) do n.º 1 do artigo 10.º;

b) As despesas necessárias e efectivamente praticadas, inerentes à alienação, nas situações previstas nas alíneas *b*) e *c*) do n.º 1 do artigo 10.º.

ARTIGO 52.º
Divergência de valores

1 – Quando a Direcção-Geral dos Impostos considere fundadamente que possa existir divergência entre o valor declarado e o valor real da transmissão, tem a faculdade de proceder à respectiva determinação.

2 – Se a divergência referida no número anterior recair sobre o valor de alienação de acções ou outros valores mobiliários, atende-se às seguintes regras:

a) Estando cotados em bolsa de valores, o valor de alienação é o da respectiva cotação à data da transmissão ou, em caso de desconhecimento desta, o da maior cotação no ano a que a mesma se reporta;

b) Não estando cotados em bolsa de valores, o valor de alienação é o que lhe corresponder, apurado com base no último balanço.

3 – Na mesma situação referida nos números anteriores, e quando se trate de quotas sociais, considera-se como valor de alienação o que àqueles corresponda, apurado com base no último balanço.

Ver os artigos:
65.º, **n.º 2** – Fixação dos rendimentos pela Direcção Geral dos Impostos; **66.º** – Notificação e fundamentação dos actos.

SECÇÃO VII
Pensões

ARTIGO 53.º
Pensões

1 – Aos rendimentos brutos da categoria H de valor anual igual ou inferior a € 6 000 deduz-se, até à sua concorrência, a totalidade do seu quantitativo por cada titular que os tenha auferido.([1])

2 – Se o rendimento anual, por titular, for superior ao valor referido no número anterior, a dedução é igual ao montante nele fixado.

3 – *(Revogado pelo art. 51.º da Lei n.º 53-A/2006, de 29 de Dezembro)*

4 – Aos rendimentos brutos da categoria H são ainda deduzidas:([1])

a) As quotizações sindicais, na parte em que não constituam contrapartida de benefícios relativos à saúde, educação, apoio à terceira idade, habitação, seguros ou segurança social e desde que não excedam, em relação a cada sujeito passivo, 1% do rendimento bruto desta categoria, sendo acrescidas de 50%;

b) Contribuições obrigatórias para regimes de protecção social e para subsistemas legais de saúde.

5 – Os rendimentos brutos da categoria H de valor anual superior a € 30 240, por titular, têm uma dedução igual ao montante referido nos n.ºs 1 ou 4, consoante os casos, abatido, até à sua concorrência, de 13% da parte que excede aquele valor anual.([2])

6 – *(Revogado pelo art. 43.º, n.º 1 da Lei n.º 60-A/2005, de 30 de Dezembro)*

7 – Excluem-se do disposto no n.º 1 as rendas temporárias e vitalícias que não se destinem ao pagamento de pensões enquadráveis nas alíneas a), b) ou c) do n.º 1 do artigo 11.º.

Ver os artigos:
11.º – Rendimentos da Categoria H; **71.º** – Taxas liberatórias.

Legislação Complementar:
– D.L. n.º 42/91, de 22 de Janeiro – Retenção na fonte – art. 1.º, n.º 2-b) **[2]** – pág. 191.
– **Deficientes – Lei n.º 3-B/2010, de 28/04 (OE/2010) – Artigo 88.º:**
1 – Os rendimentos brutos de cada uma das categorias A, B e H auferidos por sujeitos passivos com deficiência são considerados, para efeitos de IRS, apenas por 90% em 2010.
2 – Não obstante o disposto no número anterior, a parte do rendimento excluída de tributação não pode exceder em 2010, por categoria de rendimentos, € 2 500.
...

([1]) Redacção dada pelo art. 43.º da Lei n.º 67-A/2007, de 31 de Dezembro.
Redacção anterior:
1 – Aos rendimentos brutos da categoria H de valor anual igual ou inferior a € 6 100 deduz--se, até à sua concorrência, a totalidade do seu quantitativo por cada titular que os tenha auferido.
...
4 – Aos rendimentos brutos da categoria H são deduzidas as quotizações sindicais, na parte em que não constituam contrapartida de benefícios relativos à saúde, educação, apoio à terceira idade, habitação, seguros ou segurança social e desde que não excedam, em relação a cada sujeito passivo, 1% do rendimento bruto desta categoria, sendo acrescidas de 50%.
...

(²) Redacção dada pela Lei n.º 3-B/2010, de 28/04 (OE/2010).
Redacção anterior:
...
5 – Os rendimentos brutos da categoria H de valor anual superior a € 30 000, por titular, têm uma dedução igual ao montante referido no n.º 1, abatido, até à sua concorrência, de 13% da parte que excede aquele valor anual.
...

ARTIGO 54.º
Distinção entre capital e renda

1 – Quando as rendas temporárias e vitalícias, bem como as prestações pagas no âmbito de regimes complementares de segurança social qualificadas como pensões, compreendam importâncias pagas a título de reembolso de capital, deduz-se, na determinação do valor tributável, a parte correspondente ao capital.

2 – Quando a parte correspondente ao capital não puder ser discriminada, à totalidade da renda abate-se, para efeitos de determinação do valor tributável, uma importância igual a 85%.(¹)

3 – Não é aplicável o disposto nos números anteriores relativamente às prestações devidas no âmbito de regimes complementares de segurança social, seja qual for a entidade devedora ou a sua designação, se as contribuições constitutivas do direito de que derivam tiverem sido suportadas por pessoa ou entidade diferente do respectivo beneficiário e neste não tiverem sido, comprovadamente, objecto de tributação.

4 – Considera-se não terem sido objecto de tributação no respectivo beneficiário, designadamente, os prémios e as contribuições constitutivos de direitos adquiridos referidos no n.º 3) da alínea b) do n.º 3 do artigo 2.º que beneficiarem de isenção.

Ver os artigos:
11.º – Rendimentos da Categoria H; **71.º** – Taxas liberatórias; **99.º** – Retenção sobre rendimentos das categorias A e H.

(¹) Redacção dada pelo art. 43.º da Lei n.º 67-A/2007, de 31 de Dezembro.
Redacção anterior:
...
2 – Quando a parte correspondente ao capital não puder ser discriminada, à totalidade da renda abate-se, para efeitos de determinação do valor tributável, uma importância igual a 80%.
...

SECÇÃO VIII
Dedução de perdas

ARTIGO 55.º
Dedução de perdas

1 – Sem prejuízo do disposto nos números seguintes, é dedutível ao conjunto dos rendimentos líquidos sujeitos a tributação o resultado líquido negativo apurado em qualquer categoria de rendimentos.

2 – O resultado líquido negativo apurado na categoria F só pode ser reportado aos cinco anos seguintes àquele a que respeitam, deduzindo-se aos rendimentos líquidos da mesma categoria.([1])

3 – O resultado líquido negativo apurado na categoria B é tratado de acordo com as seguintes regras:([1])([2])

- *a)* O resultado só pode ser reportado, de harmonia com a parte aplicável do artigo 47.º do Código do IRC, aos seis anos seguintes àquele a que respeita, deduzindo-se aos resultados líquidos positivos da mesma categoria, sem prejuízo do disposto nas alíneas seguintes;
- *b)* As perdas resultantes do exercício de actividades agrícolas, silvícolas e pecuárias não são todavia comunicáveis, mas apenas reportáveis, de harmonia com a parte aplicável do artigo 47.º do Código do IRC, a rendimentos líquidos positivos da mesma natureza;
- *c)* O resultado liquido negativo apurado nas restantes actividades da categoria B não é igualmente comunicável aos rendimentos líquidos positivos resultantes do exercício de actividades agrícolas, silvícolas e pecuárias, mas apenas reportável, de harmonia com a parte aplicável do artigo 47.º do Código do IRC, a rendimentos líquidos positivos das restantes actividades daquela categoria;
- *d)* Os respectivos titulares deverão, salvo se estiverem sujeitos ao regime simplificado, assegurar os procedimentos contabilísticos que permitam distinguir claramente os resultados das actividades agrícolas, silvícolas e pecuárias dos das restantes actividades da categoria B.

4 – Ao rendimento tributável, determinado no âmbito do regime simplificado, podem ser deduzidos os prejuízos fiscais apurados em períodos anteriores àquele em que se iniciar a aplicação do regime, nos termos do n.º 3.([3])

5 – A percentagem do saldo negativo a que se refere o n.º 2 do artigo 43.º só pode ser reportada aos cinco anos seguintes àquele a que respeita, deduzindo-se aos rendimentos líquidos da mesma categoria.

6 – O saldo negativo apurado num determinado ano, relativo às operações previstas nas alíneas *b)*, *e)*, *f)* e *g)* do n.º 1 do artigo 10.º, pode ser reportado para os dois anos seguintes, aos rendimentos com a mesma natureza, quando o sujeito passivo opte pelo englobamento.

7 – Quando a determinação do rendimento for efectuada nos termos dos artigos 87.º, 88.º ou 89.º-A da lei geral tributária, não há lugar à dedução do resultado negativo apurado em qualquer categoria de rendimentos, sem prejuízo da sua dedução nos anos seguintes, dentro do período legalmente previsto.([4])

Ver os artigos:
28.º – Formas de determinação dos rendimentos empresariais e profissionais; **31.º** – Regime simplificado; **92.º** – Prazo de caducidade.

([1]) Redacção dada pelo n.º 4 do art. 30.º da Lei n.º 109-B/2001, de 27 de Dezembro.

([2]) Tem efeitos retroactivos a 1 de Janeiro de 2001, conforme estipula o n.º 6 do art. 30.º da Lei n.º 109-B/2001, de 27/12.

([3]) Redacção dada pela Lei n.º 3-B/2010, de 28/04 (OE/2010).
Redacção anterior:
...
4 – Ao rendimento tributável determinado no âmbito do regime simplificado podem ser deduzidos os prejuízos fiscais apurados em períodos anteriores àquele em que se iniciar a aplicação do regime, nos termos do n.º 3, excepto se da aplicação dos coeficientes previstos nos n.º 2 do artigo 31.º, isoladamente ou após a referida dedução de prejuízos, resultar rendimento tributável inferior ao limite mínimo previsto na parte final do mesmo preceito, caso em que o rendimento tributável a considerar é o correspondente a esse limite.
...
([4]) Aditado pela Lei n.º 64-A/2008, de 31 de Dezembro.

SECÇÃO IX
Abatimentos

ARTIGO 56.º
(Revogado pelo art. 68.º da Lei n.º 64-A/2008, de 31 de Dezembro de 2008)

Tinha a seguinte redacção:
Abatimentos ao rendimento líquido total
Para apuramento do rendimento colectável dos sujeitos passivos residentes em território português, à totalidade dos rendimentos líquidos determinados nos termos das secções anteriores abatem-

se as importâncias comprovadamente suportadas e não reembolsadas respeitantes aos encargos com pensões de alimentos a que o sujeito passivo esteja obrigado por sentença judicial ou por acordo homologado nos termos da lei civil, salvo nos casos em que o seu beneficiário faça parte do mesmo agregado familiar ou relativamente ao qual estejam previstas deduções no artigo 78.°

SECÇÃO X
Processo de determinação do rendimento colectável

ARTIGO 57.°
Declaração de rendimentos

1 – Os sujeitos passivos devem apresentar, anualmente, uma declaração de modelo oficial, relativa aos rendimentos do ano anterior e a outros elementos informativos relevantes para a sua concreta situação tributária, nomeadamente para os efeitos do artigo 89.°-A da lei geral tributária, devendo ser-lhe juntos, fazendo dela parte integrante:

a) Os anexos e outros documentos que para o efeito sejam mencionados no referido modelo;

b) Os elementos mencionados no n.° 3 do artigo 72.° do Código do IRC, quando se aplicar o disposto no n.° 8 do artigo 10.°, entendendo-se que os valores a mencionar relativamente às acções entregues são o valor nominal e o valor de aquisição das mesmas, nos termos do artigo 48.°.([1])

2 – Nas situações de contitularidade, tratando-se de rendimentos da categoria B, incumbe ao contitular a quem pertença a respectiva administração apresentar na sua declaração de rendimentos a totalidade dos elementos contabilísticos exigidos nos termos das secções precedentes para o apuramento do rendimento tributável, nela identificando os restantes contitulares e a parte que lhes couber.

3 – Para efeitos do disposto nos n.ºs 5 a 7 do artigo 10.°, devem os sujeitos passivos:([2])

a) Mencionar a intenção de efectuar o reinvestimento na declaração do ano de realização, indicando na mesma e nas declarações dos dois anos seguintes, os investimentos efectuados;

b) Comprovar, quando solicitado, a afectação do imóvel à sua habitação permanente ou do seu agregado familiar, quando o reinvestimento seja efectuado em imóvel situado no território de outro

Estado membro da União Europeia ou do espaço económico europeu, através de declaração emitida por entidade oficial do outro Estado.

4 – Sempre que as declarações não forem consideradas claras ou nelas se verifiquem faltas ou omissões, a Direcção-Geral dos Impostos notifica os sujeitos passivos ou os seus representantes para, por escrito, e no prazo que lhes for fixado, não inferior a 5 nem a superior a 15 dias, prestarem os esclarecimentos indispensáveis.

Ver os artigos:
19.º – Contitularidade de rendimentos; **58.º** – Dispensa de declaração; **59.º** – Contribuintes casados; **60.º** – Prazo de apresentação de declaração; **64.º** – Falecimento de titular de rendimentos; **128.º** – Prova dos elementos das declarações; **146.º** – Assinatura das declarações; **150.º** – Registo dos sujeitos passivos.

Legislação Complementar:
– **Portaria n.º 1404/2009**, de 10 de Dezembro – Aprova os modelos de impressos, Obrigatoriedade de entrega via INTERNET da declaração mod. 3 para sujeitos passivos da categoria B com rendimentos superiores a € 10 000 **[6]** – pág. 217.

Doutrina Administrativa:
– Regime Fiscal aplicável a remunerações auferidas por pessoal ao serviço da CEE (ver Ofício-circular n.º X-2/90) **[51]** – pág. 791;
– Obrigatoriedade de assinatura das declarações pelos TOC. "A partir de 1 de Janeiro de 1998 passa a ser exigida a assinatura dos TOC nas declarações de IVA e de IRC/IRS, nos termos do n.º 1 do art. 2.º do Estatuto dos TOC". (Despacho n.º 8 470/97 (2.ª Série) de 16/9/97. DR II Série n.º 227 de1/10/97). Ver também as Circulares n.ºs 9/98 e 7/99 **[50]** – págs. 679 e 684;
– Certificação da qualidade de residente em Portugal, para efeitos fiscais (ver Ofício-circulado n.º 39 574, de 10/07/98) **[52]** – pág. 821;
– Reinvestimento (Ofício-circulado n.º 20 054, de 11/10/2001) **[52]** – pág. 845;
– Entrega de declarações mod. 3 sem rendimentos (Ofício-circulado n.º 20 102, de 14/03/2005) **[52]** – pág. 860.

(^{1}) Redacção dada pelo D.L. n.º 238/2006, de 20 de Dezembro.
Redacção anterior:
...
b) Os elementos mencionados no n.º 6 do artigo 72.º do Código do IRC, quando se aplicar o disposto no n.º 8 do artigo 10.º, entendendo-se que os valores a mencionar relativamente às acções entregues são o valor nominal e o valor de aquisição das mesmas, nos termos do artigo 48.º.
...
(^{2}) Redacção dada pelo D.L. n.º 361/2007, de 2 de Novembro.
Redacção anterior:
...

3 – Para efeitos do disposto nos n.ᵒˢ 5 e 7 do artigo 10.º, os sujeitos passivos devem mencionar a intenção de efectuar o reinvestimento na declaração do ano de realização, comprovando na mesma e nas declarações dos dois anos seguintes, os investimentos efectuados.

...

ARTIGO 58.º
Dispensa de apresentação de declaração

Ficam dispensados de apresentar a declaração a que se refere o artigo anterior os sujeitos passivos que, no ano a que o imposto respeita, apenas tenham auferido, isolada ou cumulativamente:

a) Rendimentos tributados pelas taxas previstas no artigo 71.º e não optem, quando legalmente permitido, pelo seu englobamento;(¹)

b) Rendimentos de pensões pagas por regimes obrigatórios de protecção social, de montante inferior ao da dedução específica estabelecida no n.º 1 do artigo 53.º;(¹)

c) Rendimentos do trabalho dependente de montante inferior ao da dedução específica estabelecida na alínea a) do n.º 1 do artigo 25.º(²)

Doutrina Administrativa:
– Inexistência de responsabilidade contra-ordenacional dos sujeitos passivos abrangidos pelo Artigo 58.º do Código do I.R.S. (Ofício-Circulado n.º 60071, de 2 de Setembro de 2009) **[52]** – pág. 893.

(¹) Redacção dada pelo D.L. n.º 238/2006, de 20 de Dezembro.
Redacção anterior:
...
a) Rendimentos tributados pelas taxas previstas no artigo 71.º, que não sejam rendimentos de acções, e não optem, quando legalmente permitido, pelo seu englobamento;
b) Rendimentos de pensões pagas por regimes obrigatórios de protecção social, de montante inferior ao valor anual do salário mínimo nacional mais elevado.
(²) Aditada pela Lei n.º 3-B/2010, de 28/04 (OE/2010).

ARTIGO 59.º
Contribuintes casados

1 – No caso do n.º 2 do artigo 13.º deve ser apresentada uma única declaração pelos dois cônjuges ou por um deles, se o outro for incapaz ou ausente.

2 – Havendo separação de facto, cada um dos cônjuges pode apresentar uma única declaração dos seus próprios rendimentos e dos rendimentos dos dependentes a seu cargo, mas, neste caso, observa-se o seguinte:

a) Sem prejuízo do disposto na alínea c), as deduções à colecta previstas neste Código não podem exceder o menor dos limites fixados em função da situação pessoal dos sujeitos passivos ou 50% dos restantes limites quantitativos, sendo esta regra aplicável, com as devidas adaptações, aos abatimentos e às deduções por benefícios fiscais;
b) Não é aplicável o disposto no artigo 69.º;
c) Cada um dos cônjuges terá direito à dedução a que se refere a alínea a) do n.º 1 do artigo 79.º(¹)

Ver os artigos:
14.º – Uniões de facto; 16.º, n.ºˢ 3 e 4 – Residência; 58.º – Dispensa de declaração; 146.º – Assinatura das declarações.

Legislação Complementar:
– D.L. n.º 42/91, de 22 de Janeiro – Retenção na fonte – art. 2.º, n.º 2 [2] – pág. 191.
– Lei n.º 6/2001, de 11 de Maio – **Adopta medidas de protecção das pessoas que vivam em economia comum**.
– Lei n.º 7/2001, de 11 de Maio – **Adopta medidas de protecção das uniões de facto**.

Doutrina Administrativa:
– Responsabilidade pelo pagamento do imposto (ver Circular n.º 6/93) [50] – pág. 668;
– Exercício das opções previstas no código do IRS – admissibilidade de alteração posterior com excepção das opções inerentes à situação familiar (ver Ofício-circulado n.º 2 785/98) [52] – pág. 814.

(¹) Redacção dada pelo art. 43.º da Lei n.º 67-A/2007, de 31 de Dezembro.
Redacção anterior:
...
c) Cada um dos cônjuges terá direito à dedução a que se refere a alínea b) do n.º 1 do artigo 79.º.
...

ARTIGO 60.º
Prazo de entrega da declaração

1 – A declaração a que se refere o n.º 1 do artigo 57.º é entregue:

a) Em suporte papel:

i) Durante o mês de Março, quando os sujeitos passivos apenas hajam recebido ou tenham sido colocados à sua disposição rendimentos das categorias A e H;(¹)
   ii) Durante o mês de Abril, nos restantes casos.(¹)
   b) Por transmissão electrónica de dados:
   i) Durante o mês de Abril, quando os sujeitos passivos apenas hajam recebido ou tenham sido colocados à sua disposição rendimentos das categorias A e H;(¹)
   ii) Durante o mês de Maio, nos restantes casos.(¹)

2 – A declaração a que se refere o número anterior é ainda apresentada nos 30 dias imediatos à ocorrência de qualquer facto que determine alteração dos rendimentos já declarados ou implique, relativamente a anos anteriores obrigação de os declarar, salvo se outro prazo estiver previsto neste Código.

Ver o art. 77.° – Prazo para liquidação.

Doutrina Administrativa:
– Antes de esgotados os respectivos prazos legais não poderá ser exigido o comprovativo do cumprimento das obrigações declarativas, servindo, até ao respectivo termo, para todos os efeitos, o comprovativo do cumprimento da obrigação declarativa anterior (Circular n.° 17/94) **[50]** – pág. 671.
– Reposição de remunerações indevidamente pagas a funcionários ou agentes da Administração Pública (ver Circular n.° 3/2008) **[50]** – pág. 772.
– Fiscalização de IRS. Entrega de declarações modelo 3 de substituição (Ofício--circulado n.° 20 089, de 10.12.2003) **[52]** – pág. 856.
– Prazo de apresentação de declaração mod. 3 (Ofício-circulado n.° 20 118, de 2006/09/08) **[52]** – pág. 873.

Legislação complementar:
– Lei n.° 3-B/2010, de 28/04 (OE/2010). Art. 88.°, n.° 3: Os prazos previstos nos artigos 60.° e 77.° do Código do IRS, com as alterações introduzidas pela presente lei, aplicam-se a partir de 1 de Janeiro de 2011.

(¹) Redacção dada pela Lei n.° 3-B/2010, de 28/04 (OE/2010).
Redacção anterior:
1 – ...
   a) Em suporte papel:
   i) De 1 de Fevereiro até 15 de Março, quando os sujeitos passivos apenas hajam recebido ou tenham sido colocados à sua disposição rendimentos das categorias A e H;
   ii) De 16 de Março até 30 de Abril, nos restantes casos;
   b) Por transmissão electrónica de dados:
   i) De 10 de Março até 15 de Abril, quando os sujeitos passivos apenas hajam recebido ou tenham sido colocados à sua disposição rendimentos das categorias A e H;
   ii) De 16 de Abril até 25 de Maio, nos restantes casos.

ARTIGO 61.º
Local de entrega das declarações

1 – As declarações e demais documentos podem ser entregues em qualquer serviço de finanças ou nos locais que vierem a ser fixados ou, ainda, ser remetidos pelo correio para o serviço de finanças ou direcção de finanças da área do domicílio fiscal do sujeito passivo.

2 – O cumprimento das obrigações declarativas estabelecidas neste Código pode ainda ser efectuado através dos meios disponibilizados no sistema de transmissão electrónica de dados, para o efeito autorizado.

Ver o art. 148.º – Prazo para envio pelo correio.

Legislação Complementar:
– **Portaria n.º 1404/2009**, de 10 de Dezembro – Obrigatoriedade de entrega via INTERNET da declaração mod. 3 para sujeitos passivos da categoria B com rendimentos superiores a € 10 000 **[6]** – pág. 217.

Doutrina Administrativa:
– Fora do prazo pode ser entregue em qualquer Repartição de Finanças e paga a coima (Ofício-circulado n.º 7 808, de 29/01/97, da DGCI) **[52]** – pág. 809.

ARTIGO 62.º
Rendimentos litigiosos

Se a determinação do titular ou do valor de quaisquer rendimentos depender de decisão judicial, o englobamento só se faz depois de transitada em julgado a decisão, e opera-se na declaração de rendimentos do ano em que transite.

Ver o art. 22.º – Englobamento.

ARTIGO 63.º
Sociedade conjugal

1 – Se, durante o ano a que o imposto respeite, tiver falecido um dos cônjuges, o cônjuge sobrevivo apresentará uma única declaração do total dos rendimentos auferidos nesse ano por cada um deles e pelos dependen-

tes, se os houver, aplicando-se, para efeitos de apuramento do imposto, o regime de sujeitos passivos casados e não separados judicialmente de pessoas e bens.

2 – Se durante o ano a que o imposto respeite se constituir a sociedade conjugal ou se dissolver por declaração de nulidade ou anulação do casamento, por divórcio ou por separação judicial de pessoas e bens, a tributação dos sujeitos passivos é feita de harmonia com o seu estado civil em 31 de Dezembro, nos termos seguintes:

a) Se forem divorciados ou separados judicialmente de pessoas e bens, devem englobar os rendimentos próprios e a sua parte nos rendimentos comuns, se os houver, bem como os rendimentos dos dependentes a seu cargo;

b) Se forem casados e não separados judicialmente de pessoas e bens, devem ser englobados todos os rendimentos próprios de cada um dos cônjuges e os rendimentos comuns, havendo-os, bem como os rendimentos dos dependentes a seu cargo.

3 – Se em 31 de Dezembro se encontrar interrompida a sociedade conjugal por separação de facto, cada um dos cônjuges engloba os seus rendimentos próprios, a sua parte nos rendimentos comuns e os rendimentos dos dependentes a seu cargo.

Legislação Complementar:
– Lei n.º 6/2001, de 11 de Maio – **Adopta medidas de protecção das pessoas que vivam em economia comum**.
– Lei n.º 7/2001, de 11 de Maio – **Adopta medidas de protecção das uniões de facto**.

ARTIGO 64.º
Falecimento de titular de rendimentos

Ocorrendo o falecimento de qualquer pessoa, os rendimentos relativos aos bens transmitidos e correspondentes ao período posterior à data do óbito são considerados, a partir de então, nos englobamentos a efectuar em nome das pessoas que os passaram a auferir, procedendo-se, na falta de partilha até ao fim do ano a que os rendimentos respeitam, à sua imputação aos sucessores e ao cônjuge sobrevivo, segundo a sua quota ideal nos referidos bens.

ARTIGO 65.º
Bases para o apuramento, fixação ou alteração dos rendimentos

1 – O rendimento colectável de IRS apura-se de harmonia com as regras estabelecidas nas secções precedentes e com as regras relativas a benefícios fiscais a que os sujeitos passivos tenham direito, com base na declaração anual de rendimentos apresentada em prazo legal e noutros elementos de que a Direcção-Geral dos Impostos disponha.

2 – A Direcção-Geral dos Impostos procede à fixação do conjunto dos rendimentos líquidos sujeitos a tributação quando ocorra alguma das situações ou factos previstos no n.º 4 do artigo 29.º, no artigo 39.º ou no artigo 52.º.(¹)

3 – *(Revogado pelo art. 51.º da Lei n.º 53-A/2006, de 29 de Dezembro)*

4 – A Direcção-Geral dos Impostos procede à alteração dos elementos declarados sempre que, não havendo lugar à fixação a que se refere o n.º 2, devam ser efectuadas correcções decorrentes de erros evidenciados nas próprias declarações, de omissões nelas praticadas ou correcções decorrentes de divergência na qualificação dos actos, factos ou documentos com relevância para a liquidação do imposto.

5 – A competência para a prática dos actos de apuramento, fixação ou alteração referidos no presente artigo é exercida pelo director de finanças em cuja área se situe o domicílio fiscal dos sujeitos passivos, podendo ser delegada noutros funcionários sempre que o elevado número daqueles o justifique.

Ver o art. 76.º – Procedimentos e formas de liquidação.
Doutrina Administrativa:
– Fiscalização de IRS. Entrega de declarações modelo 3 de substituição (Ofício-circulado n.º 20 089, de 10/12/2003) **[52]** – pág. 856.

(¹) Redacção dada pela Lei n.º 53-A/2006, de 29 de Dezembro.

ARTIGO 66.º
Notificação e fundamentação dos actos

1 – Os actos de fixação ou alteração previstos no artigo 65.º são sempre notificados aos sujeitos passivos, com a respectiva fundamentação.

2 – A fundamentação deve ser expressa através de exposição, ainda que sucinta, das razões de facto e de direito da decisão, equivalendo à falta de fundamentação a adopção de fundamentos que, por obscuridade, contradição ou insuficiência, não esclareçam concretamente a sua motivação.

Ver os artigos:
130.º – Representantes (não notificação dos não residentes); **149.º, n.º 2** – As notificações a que se refere este artigo, quando por via postal, devem ser efectuadas por meio de carta registada com aviso de recepção.

ARTIGO 67.º
Revisão dos actos de fixação

O sujeito passivo pode, salvo em caso de aplicação de regime simplificado de tributação em que não sejam efectuadas correcções com base noutro método indirecto, solicitar a revisão da matéria tributável fixada por métodos indirectos, nos termos dos artigos 91.º e seguintes da lei geral tributária.

CAPÍTULO III
Taxas

ARTIGO 68.º
Taxas gerais

1 – As taxas do imposto são as constantes da tabela seguinte:(¹)

Rendimento colectável (em euros)	Taxas (percentagem)	
	Normal (A)	Média (B)
Até 4 793..	10,5	10,500 0
De mais de 4 793 até 7 250	13	11,347 1
De mais de 7 250 até 17 979	23,5	18,599 6
De mais de 17 979 até 41 349	34	27,303 9
De mais de 41 349 até 59 926	36,5	30,154 6
De mais de 59 926 até 64 623	40	30,870 2
Superior a 64 623...........................	42	–

2 – O quantitativo do rendimento colectável, quando superior a € 4 793, é dividido em duas partes: uma, igual ao limite do maior dos escalões que nele couber, à qual se aplica a taxa da col. (B) correspondente a esse escalão; outra, igual ao excedente, a que se aplica a taxa da col. (A) respeitante ao escalão imediatamente superior.(¹)

(¹) Redacção dada pela Lei n.º 3-B/2010, de 28/04 (OE/2010).
Redacção anterior:
1 – As taxas do imposto são as constantes da tabela seguinte:

Rendimento colectável (em euros)	Taxas (em percentagem)	
	Normal (A)	Média (B)
Até 4 755..	10,5	10,500 0
De mais de 4 755 até 7 192	13	11,347 1
De mais de 7 192 até 17 836	23,5	18,599 6
De mais de 17 836 até 41 021	34	27,303 9
De mais de 41 021 até 59 450	36,5	30,154 6
De mais de 59 450 até 64 110	40	30,870 2
Superior a 64 110...........................	42	–

2 – O quantitativo do rendimento colectável, quando superior a € 4755, é dividido em duas partes: uma, igual ao limite do maior dos escalões que nele couber, à qual se aplica a taxa da coluna (B) correspondente a esse escalão; outra, igual ao excedente, a que se aplica a taxa da coluna (A) respeitante ao escalão imediatamente superior.

ARTIGO 69.º
Quociente conjugal

1 – Tratando-se de sujeitos passivos casados e não separados judicialmente de pessoas e bens, as taxas aplicáveis são as correspondentes ao rendimento colectável dividido por 2.

2 – As taxas fixadas no artigo anterior aplicam-se ao quociente do rendimento colectável, multiplicando-se por dois o resultado obtido para se apurar a colecta do IRS.

Legislação Complementar:
– Lei n.º 6/2001, de 11 de Maio – **Adopta medidas de protecção das pessoas que vivam em economia comum**.
– Lei n.º 7/2001, de 11 de Maio – **Adopta medidas de protecção das uniões de facto**.

ARTIGO 70.º
Mínimo de existência

1 – Da aplicação das taxas estabelecidas no artigo 68.º não pode resultar, para os titulares de rendimentos predominantemente originados em trabalho dependente, a disponibilidade de um rendimento líquido de imposto inferior ao valor anual da retribuição mínima mensal acrescida de 20% nem resultar qualquer imposto para os mesmos rendimentos, cuja matéria colectável, após a aplicação do quociente conjugal, seja igual ou inferior a € 1 911.([1])

2 – Ao rendimento colectável dos agregados familiares com três ou quatro dependentes ou com cinco ou mais dependentes, cujo montante seja, respectivamente, igual ou inferior ao valor anual do salário mínimo nacional mais elevado acrescido de 60% ou igual ou inferior ao valor anual do salário mínimo nacional mais elevado acrescido de 120%, não são aplicadas as taxas estabelecidas no artigo 68.º.

Legislação Complementar:
– D.L. n.º 5/2010, de 15 de Janeiro, **retribuição mínima mensal garantida** para **2010 – € 475**.

(¹) Redacção dada pela Lei n.º 3-B/2010, de 28/04 (OE/2010). O limite anterior era de € 1 896.

ARTIGO 71.º
Taxas liberatórias

1 – Estão sujeitos a retenção na fonte a título definitivo, à taxa liberatória de 20%, os seguintes rendimentos obtidos em território português:(¹)

    a) Os juros de depósitos à ordem ou a prazo, incluindo os dos certificados de depósito;

    b) Os rendimentos de títulos de dívida, nominativos ou ao portador, bem como os rendimentos de operações de reporte, cessões de crédito, contas de títulos com garantia de preço ou de outras operações similares ou afins;

    c) Os rendimentos a que se referem as alíneas *h)*, *i)*, *l)* e *q)* do n.º 2 e o n.º 3 do artigo 5.º.

2 – Estão sujeitos a retenção na fonte a título definitivo, à taxa liberatória de 20%, os rendimentos de valores mobiliários pagos ou colocados à disposição dos respectivos titulares, residentes em território português, devidos por entidades que não tenham aqui domicílio a que possa imputar-se o pagamento, por intermédio de entidades que estejam mandatadas por devedores ou titulares ou ajam por conta de uns ou outros.(¹)

3 – Exceptuam-se do disposto no número anterior os rendimentos pagos ou colocados à disposição de fundos de investimento constituídos de acordo com a legislação nacional, caso em que não há lugar a retenção na fonte.(¹)

4 – Estão sujeitos a retenção na fonte a título definitivo, à taxa liberatória de 20%, os seguintes rendimentos obtidos em território português por não residentes:(¹)

    a) Os rendimentos do trabalho dependente e todos os rendimentos empresariais e profissionais, ainda que decorrentes de actos isolados;

    b) Quaisquer rendimentos de capitais não referidos no n.º 1;

    c) As pensões;

    d) Os incrementos patrimoniais previstos nas alíneas *b)* e *c)* do n.º 1 do artigo 9.º.

5 – As taxas previstas nos números anteriores incidem sobre os rendimentos ilíquidos, excepto no que se refere às pensões, as quais beneficiam da dedução prevista no artigo 53.°, sem prejuízo do que se disponha na lei, designadamente no Estatuto dos Benefícios Fiscais.

6 – Os rendimentos a que se referem os n.ºs 1 e 2 podem ser englobados para efeitos da sua tributação, por opção dos respectivos titulares, residentes em território nacional, desde que obtidos fora do âmbito do exercício de actividades empresariais e profissionais.(^{1})

7 – Feita a opção a que se refere o número anterior, a retenção que tiver sido efectuada tem a natureza de pagamento por conta do imposto devido a final.

8 – Os titulares de rendimentos referidos nas alíneas *f)*, *m)* e *o)* do n.° 1 do artigo 18.°, sujeitos a retenção na fonte nos termos do presente artigo, que sejam residentes noutro Estado membro da União Europeia ou do espaço económico europeu, neste último caso, desde que exista intercâmbio de informações em matéria fiscal, podem solicitar a devolução, total ou parcial, do imposto retido e pago na parte em que seja superior ao que resultaria da aplicação da tabela de taxas prevista no n.° 1 do artigo 68.°, tendo em consideração todos os rendimentos, incluindo os obtidos fora deste território, nas mesmas condições que são aplicáveis aos residentes.(^{2})

9 – Para os efeitos do número anterior, são dedutíveis os encargos, devidamente comprovados, necessários para a sua obtenção que estejam directa e exclusivamente relacionados com os rendimentos obtidos em território português, até à respectiva concorrência.(^{2})

10 – A devolução do imposto retido e pago deve ser requerida aos serviços competentes da Direcção-Geral dos Impostos, no prazo de dois anos contados do final do ano civil seguinte em que se verificou o facto tributário, devendo a restituição ser efectuada até ao fim do 3.° mês seguinte ao da apresentação dos elementos e informações indispensáveis à comprovação das condições e requisitos legalmente exigidos, acrescendo, em caso de incumprimento deste prazo, juros indemnizatórios a taxa idêntica à aplicável aos juros compensatórios a favor do Estado.(^{2})

11 – A apresentação do requerimento referido no número anterior implica a comunicação espontânea ao Estado de residência do contribuinte do teor do pedido de devolução formulado e do respectivo montante.(^{2})

Ver os artigos:
18.° – Rendimentos obtidos em Portugal; **22.°** – Englobamento; **101.°** – Retenção na Fonte; **119.°** – Comunicação de rendimentos e retenções; **139.°** – Pagamento de rendimentos a sujeitos passivos não residentes.

Legislação Complementar:
– D.L. n.º 42/91, de 22 de Janeiro – Regulamenta a Retenção na Fonte – arts. 8.º e 11.º **[2]** – pág. 191.
– Portaria n.º 377/2004, de 14 de Abril – Aprovou a declaração mod. 31, para rendimentos pagos a entidades que beneficiem da isenção, dispensa de retenção ou redução de taxa.

Doutrina Administrativa:
– Operações sobre valores monetários para aplicação de divisas (ver Circular n.º 11/95, de 1995/04/03) **[50]** – pág. 672;
– Importâncias não atribuídas pela entidade patronal – pagamento a trabalhadores de outra entidade (Ofício-circulado n.º 20 037, de 7/3/2001) **[52]** – pág. 839;
– Tributação de dividendos (Circular n.º 4/2002) **[50]** – pág. 710;
– Tributação em IRS de prémios atribuídos em sorteios ou concursos (Ofício-circulado n.º 20 067, de 2002/04/09) **[52]** – pág. 849;
– Reembolso de IRS no caso de retenção na fonte a taxa superior à prevista no artigo 71.º do CIRS (Ofício-circulado n.º 20 103, de 14/03/2005) **[52]** – pág. 861.

(^{1}) Redacção dada pela Lei n.º 3-B/2010, de 28/04 (OE/2010).
Redacção anterior:
1 – Estão sujeitos a retenção na fonte, a título definitivo, os rendimentos obtidos em território português constantes dos números seguintes e, bem assim, os rendimentos mencionados na alínea *b*) do n.º 2 do artigo 101.º, às taxas liberatórias neles previstas.
2 – São tributados à taxa de 25%, com excepção dos rendimentos previstos na alínea *b*), que são tributados à taxa de 35%:
 a) *(Revogada).*
 b) Os prémios de rifas e do jogo do loto, bem como de quaisquer sorteios ou concursos;
 c) *(Revogada).*
 d) *(Revogada).*
 e) *(Revogada).*
 f) Os prémios do bingo;
 g) Os incrementos patrimoniais previstos nas alíneas *b*) e *c*) do n.º 1 do artigo 9.º auferidos por não residentes em território português.
3 – São tributados à taxa de 20%:
 a) Os juros de depósitos à ordem ou a prazo, incluindo os dos certificados de depósito;
 b) Os rendimentos de títulos de dívida, nominativos ou ao portador, bem como os rendimentos de operações de reporte, cessões de crédito, contas de títulos com garantia de preço ou de outras operações similares ou afins;
 c) Os rendimentos a que se referem as alíneas *h*), *i*), *l*) e *q*) do n.º 2 e o n.º 3 do artigo 5.º;
 d) Quaisquer rendimentos de capitais auferidos por não residentes em Portugal não expressamente tributados a taxa diferente;
 e) Os rendimentos do trabalho dependente e os rendimentos de actividades profissionais especificamente previstas na lista a que se refere o artigo 151.º, ainda que decorrentes de actos isolados, e nas alíneas *d*), *e*) e *g*) do n.º 2 do artigo 3.º, auferidos por não residentes em território português, com excepção dos rendimentos provenientes de intermediação na celebração de quaisquer contratos;
 f) As pensões auferidas por não residentes em território português.
4 – São tributados à taxa de 15%:
 a) Os rendimentos de capitais referidos nas alíneas *m*) e *n*) do n.º 2 do artigo 5.º, auferidos por não residentes em Portugal;

b) Os rendimentos previstos na alínea *f)* do n.º 1 do artigo 18.º, com excepção dos abrangidos pela alínea *e)* do número anterior, pagos ou colocados à disposição de não residentes em território português;

c) Os rendimentos provenientes da propriedade intelectual ou industrial ou da prestação de informações respeitantes a uma experiência no sector industrial, comercial ou científico, auferidos por titulares originários não residentes em Portugal.

...

6 – Podem ser englobados para efeitos da sua tributação, por opção dos respectivos titulares, residentes em território nacional, desde que obtidos fora do âmbito do exercício de actividades empresariais e profissionais, os seguintes rendimentos devidos por entidades com domicílio naquele situado, a que seja imputável o seu pagamento, e, bem assim, no caso da alínea *b)*, os rendimentos devidos por entidades que não tenham aqui domicílio a que possa imputar-se o pagamento, quando sejam pagos ou colocados à disposição por entidades com domicílio em território nacional:

a) Os rendimentos de títulos de dívida, nominativos ou ao portador, bem como os rendimentos de operações de reporte, cessões de crédito, contas de títulos com garantias de preço ou de outras operações similares ou afins;

b) Os rendimentos a que se refere a alínea *b)* do n.º 2 do artigo 101.º;

c) Os juros de depósitos à ordem ou a prazo, ou de certificados de depósito, bem como os rendimentos a que se referem as alíneas *h)*, *i)*, *l)* e *q)* do n.º 2 do artigo 5.º;(1)

d) Os rendimentos a que se refere o n.º 3 do artigo 5.º.

(^{2}) Aditado pelo art. 66.º da Lei n.º 64-A/2008, de 31 de Dezembro.

ARTIGO 72.º
Taxas especiais

1 – As mais-valias e outros rendimentos auferidos por não residentes em território português que não sejam imputáveis a estabelecimento estável nele situado e que não sejam sujeitos a retenção na fonte às taxas liberatórias são tributados à taxa autónoma de 25%, ou de 15% quando se trate de rendimentos prediais, salvo o disposto no n.º 4.(^{1})

2 – Os rendimentos auferidos por não residentes em território português que sejam imputáveis a estabelecimento estável aí situado são tributados à taxa de 25%.(^{1})

3 – As gratificações auferidas pela prestação ou em razão da prestação de trabalho, quando não atribuídas pela entidade patronal nem por entidade que com esta mantenha relações de grupo, domínio ou simples participação, são tributadas autonomamente à taxa de 10%.

4 – O saldo positivo entre as mais-valias e menos-valias, resultante das operações previstas nas alíneas *b)*, *e)*, *f)* e *g)* do n.º 1 do artigo 10.º, é tributado à taxa de 10%.(^{2})

5 – Os rendimentos de capitais, tal como definidos no artigo 5.º, mencionados no n.º 1 do artigo 71.º, devidos por entidades não residentes, quando não sujeitos a retenção na fonte nos termos do n.º 2 do mesmo artigo, são tributados autonomamente à taxa de 20%.(^{3})

6 – Os rendimentos líquidos das categorias A e B auferidos em actividades de elevado valor acrescentado, com carácter científico, artístico ou técnico, a definir em portaria do membro do Governo responsável pela área das finanças, por residentes não habituais em território português, são tributados à taxa de 20%.([4])

7 – Os rendimentos previstos nos n.ºs 4, 5 e 6 podem ser englobados por opção dos respectivos titulares residentes em território português.([4])

8 – Os residentes noutro Estado membro da União Europeia ou do Espaço Económico Europeu, desde que, neste último caso, exista intercâmbio de informações em matéria fiscal, podem optar, relativamente aos rendimentos referidos nos n.ºs 1 e 2, pela tributação desses rendimentos à taxa que, de acordo com a tabela prevista no n.º 1 do artigo 68.º, seria aplicável no caso de serem auferidos por residentes em território português.([5])

9 – para efeitos de determinação da taxa referida no número anterior são tidos em consideração todos os rendimentos, incluindo os obtidos fora deste território, nas mesmas condições que são aplicáveis aos residentes.([5])

10 – Os acréscimos patrimoniais não justificados a que se refere a alínea *d*) do n.º 1 do artigo 9.º, de valor superior a € 100 000, são tributados à taxa especial de 60%.([6])

Ver os artigos:
2.º, n.º 2 – Rendimentos da categoria A – Gratificações; **10.º** – Mais-valias; **22.º** n.ºs 3 e 4 – Englobamento; **55.º** – Dedução de perdas; **119.º** – Comunicação de rendimentos e retenções; **124.º** – Corretores; **138.º** – Alienação de valores mobiliários.

Legislação Complementar:
– **Lei n.º 87-B/98**, de 31/12 – art. 29.º, n.º 9 – As importâncias auferidas pelos profissionais de banca dos casinos que lhe são atribuídas pelos jogadores em função dos prémios ganhos são equiparadas a gratificações auferidas pela prestação ou em razão de prestação de trabalho.

([1]) Redacção dada pela Lei n.º 55-B/2004 de 30/12.
([2]) Redacção dada pelo D.L. n.º 192/2005, de 7 de Novembro, que aditou os n.ºs 5 e 6.
([3]) Redacção dada pela Lei n.º 3-B/2010, de 28/04 (OE/2010).
Redacção anterior:
...
5 – Os lucros distribuídos e os juros devidos por entidades não residentes, quando não sujeitos a retenção, nos termos do n.º 1 do artigo 71.º, são tributados autonomamente à taxa de 20%.
...
([4]) Redacção dada pelo art. 4.º do D.L. n.º 249/2009, de 23 de Setembro, com produção de efeitos desde 1 de Janeiro de 2009, nos termos do art. 9.º daquele diploma.
Redacção anterior do n.º 6:

...

6 – Os rendimentos previstos nos n.ᵒˢ 4 e 5 podem ser englobados por opção dos respectivos titulares residentes em território português.

...

(⁵) Aditado pelo art. 43.º da Lei n.º 67-A/2007, de 31 de Dezembro.
(⁶) O n.º 10 foi aditado pelo artigo 1.º da Lei n.º 94/2009, de 1 de Setembro, sendo então o n.º 9. Passou a n.º 10 na sequência das alterações introduzidas pelo D.L. n.º 249/2009, de 23 de Setembro, que também passou os n.ᵒˢ 7 a 8 e 8 a 9.

ARTIGO 73.º
Taxas de tributação autónoma

1 – As despesas não documentadas, efectuadas por sujeitos passivos que possuam ou devam possuir contabilidade organizada, no âmbito do exercício de actividades empresariais e profissionais, são tributadas autonomamente, à taxa de 50%.(¹)

2 – São tributados autonomamente os seguintes encargos, suportados por sujeitos passivos que possuam ou devam possuir contabilidade organizada no âmbito do exercício de actividades empresariais ou profissionais, excluindo os veículos movidos exclusivamente a energia eléctrica:(²)

a) Os encargos dedutíveis relativos a despesas de representação e a viaturas ligeiras de passageiros ou mistas, motos e motociclos, à taxa de 10 %;(²)

b) Os encargos dedutíveis relativos a automóveis ligeiros de passageiros ou mistos cujos níveis homologados de emissão de CO^2 sejam inferiores a 120 g/km, no caso de serem movidos a gasolina, e inferiores a 90 g/km, no caso de serem movidos a gasóleo, desde que, em ambos os casos, tenha sido emitido certificado de conformidade, à taxa de 5 %.(²)

3 – Excluem-se do disposto no número anterior os encargos relacionados com viaturas ligeiras de passageiros ou mistas, motos e motociclos, afectos à exploração do serviço público de transportes, destinados a serem alugados no exercício da actividade normal do sujeito passivo, bem como as reintegrações relacionadas com as viaturas relativamente às quais tenha sido celebrado o acordo previsto no n.º 9) da alínea *b*) do n.º 3 do artigo 2.º.

4 – Consideram-se despesas de representação, nomeadamente, os encargos suportados com recepções, refeições, viagens, passeios e espectáculos oferecidos no país ou no estrangeiro a clientes ou a fornecedores ou ainda a quaisquer outras pessoas ou entidades.

5 – Consideram-se encargos relacionados com viaturas ligeiras de passageiros, motos e motociclos, nomeadamente, as reintegrações, rendas ou alugueres, seguros, despesas com manutenção e conservação, combustíveis e impostos incidentes sobre a sua posse ou utilização.

6 – São sujeitas ao regime do n.º 1, sendo a taxa aplicável 35%, as despesas correspondentes a importâncias pagas ou devidas, a qualquer título, a pessoas singulares ou colectivas residentes fora do território português e aí submetidas a um regime fiscal claramente mais favorável, tal como definido para efeitos de IRC, salvo se o sujeito passivo puder provar que tais encargos correspondem a operações efectivamente realizadas e não têm um carácter anormal ou um montante exagerado.

7 – São ainda tributados autonomamente, à taxa de 5%, os encargos dedutíveis relativos a despesas com ajudas de custo e com compensação pela deslocação em viatura própria do trabalhador, ao serviço da entidade patronal, não facturadas a clientes, escrituradas a qualquer título, excepto na parte em que haja lugar a tributação em sede de IRS na esfera do respectivo beneficiário, bem como os encargos da mesma natureza, que não sejam dedutíveis nos termos da alínea f) do n.º 1 do artigo 42.º do CIRC, suportados por sujeitos passivos que apresentem prejuízo fiscal no exercício a que os mesmos respeitam.([3])

8 – Excluem-se do disposto nos n.ºs 2 e 7 os sujeitos passivos a quem seja aplicado o regime simplificado de determinação do lucro tributável previsto nos artigos 28.º e 31.º.([3])

9 – Nas situações de contitularidade de rendimentos abrangidas pelo artigo 19.º o imposto apurado relativamente às despesas que, nos termos dos números anteriores, estão sujeitas a tributação autónoma é imputado a cada um dos contitulares na proporção das respectivas quotas.([3])

([1]) Redacção dada pelo art. 43.º da Lei n.º 67-A/2007, de 31 de Dezembro.
Redacção anterior:
1 – As despesas confidenciais ou não documentadas, efectuadas por sujeitos passivos que possuam ou devam possuir contabilidade organizada no âmbito do exercício de actividades empresariais e profissionais, são tributadas autonomamente à taxa de 50%.
...

([2]) Redacção dada pelo art. 1.º da Lei n.º 64/2008, de 5 de Dezembro. Conforme art. 5.º da referida lei, a alteração produz efeitos desde 1/1/2008.
Redacção anterior:
...
2 – São tributados autonomamente, à taxa correspondente a 20% da taxa normal mais elevada do IRC, os encargos dedutíveis relativos a despesas de representação e a viaturas ligeiras de passageiros ou mistas, motos e motociclos, suportados por sujeitos passivos que possuam ou devam possuir contabilidade organizada no âmbito do exercício de actividades empresariais ou profissionais.
...

(³) Redacção dada pelo art. 27.º da Lei n.º 55-B/2004, de 30 de Dezembro, que aditou os n.ᵒˢ 8 e 9.
Redacção anterior do n.º 7:
...
7 – Excluem-se do disposto no n.º 2 os sujeitos passivos a quem seja aplicado o regime simplificado de determinação do lucro tributável previsto nos artigos 28.º e 31.º.
...

ARTIGO 74.º
Rendimentos produzidos em anos anteriores

1 – Se forem englobados rendimentos das categorias A, F ou H que comprovadamente tenham sido produzidos em anos anteriores àquele em que foram pagos ou colocados à disposição do sujeito passivo e este fizer a correspondente imputação na declaração de rendimentos, o respectivo valor é dividido pela soma do número de anos ou fracção a que respeitem, no máximo de seis, incluindo o ano do recebimento, aplicando-se à globalidade dos rendimentos a taxa correspondente à soma daquele quociente com os rendimentos produzidos no próprio ano.(¹)

2 – A faculdade prevista no número anterior não pode ser exercida relativamente aos rendimentos previstos no n.º 3) da alínea b) do n.º 3 do artigo 2.º.

(¹) Redacção dada pela Lei n.º 3-B/2010, de 28/04 (OE/2010).
Redacção anterior:
1 – Se forem englobados rendimentos das categorias A ou H que, comprovadamente, tenham sido produzidos em anos anteriores àquele em que foram pagos ou colocados à disposição do sujeito passivo e este fizer a correspondente imputação na declaração de rendimentos, o respectivo valor é dividido pela soma do número de anos ou fracção a que respeitem, no máximo de quatro, incluindo o ano do recebimento, aplicando-se à globalidade dos rendimentos a taxa correspondente à soma daquele quociente com os rendimentos produzidos no ano.
...

CAPÍTULO IV
Liquidação

ARTIGO 75.º
Competência para a liquidação

A liquidação do IRS compete à Direcção-Geral dos Impostos.

ARTIGO 76.º
Procedimentos e formas de liquidação

1 – A liquidação do IRS processa-se nos termos seguintes:

a) Tendo sido apresentada a declaração até 30 dias após o termo do prazo legal, a liquidação tem por objecto o rendimento colectável determinado com base nos elementos declarados, sem prejuízo do disposto no n.º 4 do artigo 65.º;

b) Não tendo sido apresentada declaração, a liquidação tem por base os elementos de que a Direcção-Geral dos Impostos disponha;([1])

c) Sendo superior ao que resulta dos elementos a que se refere a alínea anterior, considera-se a totalidade do rendimento líquido da categoria B obtido pelo titular do rendimento no ano mais próximo que se encontre determinado, quando não tenha sido declarada a respectiva cessação de actividade.([1])

2 – Na situação referida na alínea *b)* do número anterior, o rendimento líquido da categoria B determina-se em conformidade com as regras do regime simplificado de tributação, com aplicação do coeficiente mais elevado previsto no n.º 2 do artigo 31.º.([1])

3 – Quando não seja apresentada declaração, o titular dos rendimentos é notificado por carta registada para cumprir a obrigação em falta no prazo de 30 dias, findo o qual a liquidação é efectuada, não se

atendendo ao disposto no artigo 70.° e sendo apenas efectuadas as deduções previstas na alínea a) do n.° 1 do artigo 79.° e no n.° 3 do artigo 97.°.([1])

4 – Em todos os casos previstos no n.° 1, a liquidação pode ser corrigida, se for caso disso, dentro dos prazos e nos termos previstos nos artigos 45.° e 46.° da lei geral tributária.([1])

Doutrina Administrativa:
– Liquidações aos contribuintes faltosos, reclamações graciosas. Procedimentos (Ofício-Circulado n.° 20 142, de 3 de Dezembro de 2009) **[52]** – pág. 894.

Ver o art. 97.° – Pagamento do imposto.

Legislação Complementar:
– LGT – art. 60.°, n.° 2 – Dispensa de audição.

([1]) Redacção dada pelo art. 46.° da Lei n.° 53-A/2006, de 29 de Dezembro, que aditou os n.ºs 3 e 4.

ARTIGO 77.°
Prazo para liquidação

A liquidação do IRS deve ser efectuada no ano imediato àquele a que os rendimentos respeitam, nos seguintes prazos:

a) Até 30 de Junho, com base na declaração apresentada nos prazos referidos na subalínea i) das alíneas a) e b) do n.° 1 do artigo 60.°;([1])

b) Até 31 de Julho, com base na declaração apresentada nos prazos referidos na subalínea ii) das alíneas a) e b) do n.° 1 do artigo 60.°;([1])

c) Até 30 de Novembro, no caso previsto na alínea b) do n.° 1 do artigo 76.°([2])

Ver o art. 97.° – Pagamento do imposto.

Legislação complementar:
– Lei n.° 3-B/2010, de 28/04 (OE/2010). Art. 88.°, n.° 3: Os prazos previstos nos artigos 60.° e 77.° do Código do IRS, com as alterações introduzidas pela presente lei, aplicam-se a partir de 1 de Janeiro de 2011.

(¹) Redacção dada pela Lei n.º 3-B/2010, de 28/04 (OE/2010).
Redacção anterior:
...
a) Até 31 de Julho, com base na declaração apresentada nos prazos referidos na subalínea *i*) das alíneas *a*) e *b*) do n.º 1 do artigo 60.º;

b) Até 31 de Agosto, com base na declaração apresentada nos prazos referidos na subalínea *ii*) das alíneas *a*) e *b*) do n.º 1 do artigo 60.º;
...
(²) Aditada pelo art. 46.º da Lei n.º 53-A/2006, de 29 de Dezembro.

ARTIGO 78.º
Deduções à colecta

1 – À colecta são efectuadas, nos termos dos artigos subsequentes, as seguintes deduções relativas:

a) Aos sujeitos passivos, seus dependentes e ascendentes;
b) Às despesas de saúde;
c) Às despesas de educação e formação;
d) Às importâncias respeitantes a pensões de alimentos;(¹)
e) Aos encargos com lares;
f) Aos encargos com imóveis e equipamentos novos de energias renováveis;
g) Aos encargos com prémios de seguros;
h) Às pessoas com deficiência;
i) À dupla tributação internacional;
j) Aos benefícios fiscais.

2 – São ainda deduzidos à colecta os pagamentos por conta do imposto e as importâncias retidas na fonte que tenham aquela natureza, respeitantes ao mesmo período de tributação, bem como as retenções efectuadas ao abrigo do artigo 11.º da Directiva n.º 2003/48/CE, de 3 de Junho.

3 – As deduções referidas neste artigo são efectuadas pela ordem nele indicada e apenas as previstas no número anterior, quando superiores ao imposto devido, conferem direito ao reembolso da diferença.

4 – Em caso algum, as deduções previstas no n.º 1 podem deixar aos sujeitos passivos rendimento líquido de imposto menor do que aquele que lhe ficaria se o seu rendimento colectável correspondesse ao limite superior do escalão imediatamente inferior.(²)

5 – As deduções previstas no n.º 1 aplicam-se apenas aos sujeitos passivos residentes em território português. *(Anterior n.º 4)*

Ver os artigos:
13.º – Conceito de dependente; **16.º** – Residentes; **79.º** – Deduções dos sujeitos passivos, descendentes e ascendentes; **81.º** – Crédito de imposto por dupla tributação internacional; **82.º** – Despesas de saúde; **83.º** – Despesas de educação e formação; **84.º** – Despesas com lares; **85.º** – Encargos com imóveis e equipamentos novos de energias renováveis; **86.º** – Prémios de seguros; **87.º** – Despesas com aconselhamento jurídico e patrocínio judiciário; **88.º** – Benefícios fiscais; **95.º** – Limites mínimos; **97.º** – Prazos de pagamento; **128.º** – Obrigação de comprovar os elementos das declarações.

Legislação Complementar:
– D.L. n.º **42/91**, de 22 de Janeiro – Regulamenta a Retenção na Fonte – arts. 1.º e 14.º **[2]** – pág. 191.

Doutrina Administrativa:
– Crédito de imposto por dupla tributação internacional. Supremacia das Convenções de Dupla Tributação (ver Ofício-circulado n.º 31 051, de 28/05/98) **[52]** – pág. 819;

– Despesas realizadas no estrangeiro – autenticação de documentos (Circular 14//2001, de 28/9) **[50]** – pág. 709;

– Tratamento fiscal dos donativos (Circular n.º 12/2002, de 19/04/2002 e Circular n.º 2/2004, de 20 de Janeiro) **[50]** – págs. 720 e 744.

([1]) Aditada pelo art. 66.º da Lei n.º 64-A/2008, de 31 de Dezembro, tendo passado as alíneas: *d)* a *e)*, *e)* a *f)*, *f)* a *g)*, *g)* a *h)*, *h)* a *i)* e *i)* a *j)*.

([2]) Redacção dada pelo art. 1.º da Lei n.º 64/2008, de 5 de Dezembro, que passou o n.º 4 a n.º 5. Esta alteração produz efeitos desde 1 de Janeiro de 2008, nos termos do art. 5.º da referida Lei.

ARTIGO 79.º
Deduções dos sujeitos passivos, descendentes e ascendentes

1 – À colecta devida por sujeitos passivos residentes em território português e até ao seu montante são deduzidos:

a) 55% do valor da retribuição mínima mensal, por cada sujeito passivo;([1])

b) *(Revogada pelo art. 51.º da Lei n.º 53-A/2006, de 29 de Dezembro)*([1])

c) 80% do valor da retribuição mínima mensal, por sujeito passivo, nas famílias monoparentais;([1])

d) 40% do valor da retribuição mínima mensal, por cada dependente ou afilhado civil que não seja sujeito passivo deste imposto;([2])

e) 55% da retribuição mínima mensal, por ascendente que viva efectivamente em comunhão de habitação com o sujeito passivo e não aufira rendimento superior à pensão mínima do regime geral.([1])

2 – *(Revogado pelo art. 51.º da Lei n.º 53-A/2006, de 29 de Dezembro)*([1])

3 – A dedução da alínea *d*) do n.º 1 é elevada para o dobro, no caso de dependentes que não ultrapassem três anos de idade até 31 de Dezembro do ano a que respeita o imposto.([3])

4 – A dedução da alínea *e*) do n.º 1 é de 85% do valor da retribuição mínima mensal no caso de existir apenas um ascendente, nas condições nela previstas.([1])([3])

Legislação Complementar:
– D.L. n.º 5/2010, de 15 de Janeiro, **retribuição mínima mensal garantida** para **2010 – € 475**.
– Lei n.º 6/2001, de 11 de Maio – **Adopta medidas de protecção das pessoas que vivam em economia comum**.
– Lei n.º 7/2001, de 11 de Maio – **Adopta medidas de protecção das uniões de facto**.
– Lei n.º 103/2009, de 11 de Setembro – **Regime jurídico do apadrinhamento civil**.

([1]) Redacção dada pela Lei n.º 53-A/2006, de 29 de Dezembro.
([2]) Redacção dada pelo art. 30.º da Lei n.º 103/2009, de 11 de Setembro, com entrada em vigor no dia seguinte ao da publicação do diploma que regulamentar a habilitação dos padrinhos.
Redacção anterior:
1 – ...
   d) 40% do valor da retribuição mínima mensal, por cada dependente que não seja sujeito passivo deste imposto;
   ...
([3]) O n.º 3 tem a redacção dada pelo art. 43.º da Lei n.º 67-A/2007, de 31 de Dezembro, sendo a actual redacção do n.º 4 a do anterior n.º 3.

ARTIGO 80.º

(Revogado pelo n.º 13 do art. 30.º da Lei n.º 109-B/2001, de 27 de Dezembro, que aprovou o Orçamento de Estado para 2002)

ARTIGO 81.º
Eliminação da dupla tributação internacional([1])

1 – Os titulares de rendimentos das diferentes categorias obtidos no estrangeiro têm direito a um crédito de imposto por dupla tributação inter-

nacional, dedutível até à concorrência da parte da colecta proporcional a esses rendimentos líquidos, considerados nos termos da alínea b) do n.º 6 do artigo 22.º, que corresponderá à menor das seguintes importâncias:([2])

   a) Imposto sobre o rendimento pago no estrangeiro;
   b) Fracção da colecta do IRS, calculada antes da dedução, correspondente aos rendimentos que no país em causa possam ser tributados, líquidos das deduções específicas previstas neste Código.([2])

2 – Quando existir convenção para eliminar a dupla tributação celebrada por Portugal, a dedução a efectuar nos termos do número anterior não pode ultrapassar o imposto pago no estrangeiro nos termos previstos pela convenção.

3 – Aos residentes não habituais em território português que obtenham, no estrangeiro, rendimentos da categoria A, aplica-se o método da isenção, desde que, alternativamente:([3])

   a) Sejam tributados no outro Estado contratante, em conformidade com convenção para eliminar a dupla tributação celebrada por Portugal com esse Estado;
   b) Sejam tributados no outro país, território ou região, nos casos em que não exista convenção para eliminar a dupla tributação celebrada por Portugal, desde que os rendimentos, pelos critérios previstos no n.º 1 do artigo 18.º, não sejam de considerar obtidos em território português.

4 – Aos residentes não habituais em território português que obtenham, no estrangeiro, rendimentos da categoria B, auferidos em actividades de prestação de serviços de elevado valor acrescentado, com carácter científico, artístico ou técnico, a definir em portaria do membro do Governo responsável pela área das finanças, ou provenientes da propriedade intelectual ou industrial, ou ainda da prestação de informações respeitantes a uma experiência adquirida no sector industrial, comercial ou científico, bem como das categorias E, F e G, aplica-se o método da isenção desde que, alternativamente:([3])

   a) Possam ser tributados no outro Estado contratante, em conformidade com convenção para eliminar a dupla tributação celebrada por Portugal com esse Estado;
   b) Possam ser tributados no outro país, território ou região, em conformidade com o modelo de convenção fiscal sobre o rendimento

e o património da OCDE, interpretado de acordo com as observações e reservas formuladas por Portugal, nos casos em que não exista convenção para eliminar a dupla tributação celebrada por Portugal, desde que aqueles não constem de lista aprovada por portaria do membro do Governo responsável pela área das finanças, relativa a regimes de tributação privilegiada, claramente mais favoráveis e, bem assim, desde que os rendimentos, pelos critérios previstos no artigo 18.º, não sejam de considerar obtidos em território português.

5 – Aos residentes não habituais em território português que obtenham, no estrangeiro, rendimentos da categoria H, na parte em que os mesmos, quando tenham origem em contribuições, não tenham gerado uma dedução para efeitos do n.º 2 do artigo 25.º, aplica-se o método da isenção, desde que, alternativamente:([3])

a) Sejam tributados no outro Estado contratante, em conformidade com convenção para eliminar a dupla tributação celebrada por Portugal com esse Estado;
b) Pelos critérios previstos no n.º 1 do artigo 18.º, não sejam de considerar obtidos em território português.

6 – Os rendimentos isentos nos termos dos n.ºs 3, 4 e 5 são obrigatoriamente englobados para efeitos de determinação da taxa a aplicar aos restantes rendimentos, com excepção dos previstos nos n.ºs 4, 5 e 6 do artigo 72.º([3])

7 – Os titulares dos rendimentos isentos nos termos dos n.ºs 3, 4 e 5 podem optar pela aplicação do método do crédito de imposto referido no n.º 1, sendo neste caso os rendimentos obrigatoriamente englobados para efeitos da sua tributação, com excepção dos previstos nos n.ºs 3, 4, 5 e 6 do artigo 72.º([3])

Doutrina Administrativa:
– Dupla tributação internacional – Dedução do imposto e dos encargos suportados no estrangeiro (ver Ofício-circulado n.º 20 022, de 19/05/2000) **[52]** – pág. 834.

([1]) Redacção dada pelo art. 4.º do D.L. n.º 249/2009, de 23 de Setembro. Epígrafe anterior: **"Crédito de imposto por dupla tributação internacional"**.
([2]) Redacção dada pela Lei n.º 39-A/2005, de 29 de Julho.
([3]) Aditado pelo artigo 4.º do D.L. n.º 249/2009, de 23 de Setembro.

ARTIGO 82.º
Despesas de saúde

1 – São dedutíveis à colecta 30% das seguintes importâncias:

a) Aquisição de bens e serviços directamente relacionados com despesas de saúde do sujeito passivo e do seu agregado familiar, que sejam isentas de IVA, ainda que haja renúncia à isenção, ou sujeitas à taxa reduzida de 5%;

b) Aquisição de bens e serviços directamente relacionados com despesas de saúde dos afilhados civis, ascendentes e colaterais até ao 3.º grau do sujeito passivo, que sejam isentas de IVA, ainda que haja renúncia à isenção, ou sujeitas à taxa reduzida de 5%, desde que não possuam rendimentos superiores ao salário mínimo nacional mais elevado e com aquele vivam em economia comum;([1])

c) Os juros de dívidas contraídas para o pagamento das despesas mencionadas nas alíneas anteriores;

d) Aquisição de outros bens e serviços directamente relacionados com despesas de saúde do sujeito passivo, do seu agregado familiar, dos seus ascendentes e colaterais até ao 3.º grau, desde que devidamente justificados através de receita médica, com o limite de € 65 ou de 2,5% das importâncias referidas nas alíneas *a)*, *b)* e *c)* se superior.([2])

2 – As despesas de saúde parcialmente comparticipadas por qualquer entidade pública ou privada são dedutíveis, na parte efectivamente suportada pelo beneficiário, no ano em que for efectuado o reembolso da parte comparticipada.

Legislação Complementar:
– D.L. n.º 5/2010, de 15 de Janeiro, **retribuição mínima mensal garantida** para **2010 – € 475**.
– Lei n.º 103/2009, de 11 de Setembro – **Regime jurídico do apadrinhamento civil**.

Doutrina Administrativa:
– Conceito de despesas de saúde (ver Circular n.º 26/91, de 91/12/30) **[50]** – pág. 660;
– São admissíveis de abatimento a título de despesas de saúde, os encargos com a aquisição de meios de correcção visual receitados por optometristas legalmente habilitados ao exercício da profissão, acompanhada de factura recibo com discriminação do meio de correcção adquirido (Ofício-circulado n.º 02/97, de 1997/02/20 da Dir. Serv. IRS);

– Despesas realizadas no estrangeiro – Autenticação dos documentos (Circular n.º 14/2001, de 28/09/2001) **[50]** – pág. 709;
– Despesas de saúde efectuadas com filhos maiores toxicómanos (ver Ofício-circulado n.º 24/90, de 18 de Junho) **[52]** – pág. 799;
– "Não serão dedutíveis, a título de despesas de saúde, os encargos derivados da aquisição de bens, ainda que sob prescrição médica, cuja utilidade não se esgote na finalidade terapêutica, tais como, cosméticos, colchões, cadeiras, almofadas, desumidificadores, aspiradores, aparelhos de ar condicionado, bicicletas, aparelhos de musculação e banheiras de hidromassagens" (Circular n.º 3/99, de 23 de Fevereiro) **[50]** – pág. 682;
– Dedução das despesas de saúde não comparticipadas pela ADSE, cujos documentos de suporte foram objecto de devolução (Ofício-circulado n.º 20055, de 08/11/2001) **[52]** – pág. 845;
– Despesas de saúde. Produtos sem glúten (Circular n.º 17/2009, de 17 de Junho) **[50]**, pág. 781;
– Despesas de saúde. Apoio psico-pedagógico (Circular n.º 24/2009, de 18 de Novembro)) **[50]**, pág. 785.

(^{1}) Redacção dada pelo art. 30.º da Lei n.º 103/2009, de 11 de Setembro, que entra em vigor no dia seguinte ao da publicação do diploma que regulamentar a habilitação dos padrinhos.
Redacção anterior:
1 – ...
b) Aquisição de bens e serviços directamente relacionados com despesas de saúde dos ascendentes e colaterais até ao 3.º grau do sujeito passivo, que sejam isentas de IVA, ainda que haja renúncia à isenção, ou sujeitas à taxa reduzida de 5%, desde que não possuam rendimentos superiores ao salário mínimo nacional mais elevado e com aquele vivam em economia comum;
...
(^{2}) Actualizado pela Lei n.º 3-B/2010, de 28/04 (OE/2010). Limite anterior € 64.

ARTIGO 83.º
Despesas de educação e formação

1 – São dedutíveis à colecta 30% das despesas de educação e de formação profissional do sujeito passivo, dos seus dependentes e dos afilhados civis, com o limite de 160% do valor mensal do salário mínimo nacional mais elevado, independentemente do estado civil do sujeito passivo.(^{1})

2 – Nos agregados com três ou mais dependentes a seu cargo o limite referido no n.º 1 é elevado em montante correspondente a 30% do valor mensal do salário mínimo nacional mais elevado, por cada dependente, caso existam, relativamente a todos eles, despesas de educação ou formação.

3 – Para os efeitos previstos neste artigo, consideram-se despesas de educação, designadamente, os encargos com creches, lactários, jardins-de-infância, formação artística, educação física, educação informática e ex-

plicações respeitantes a qualquer grau de ensino, desde que devidamente comprovados.(²)

4 – Para os efeitos previstos nos números anteriores, as despesas de educação e formação suportadas só são dedutíveis desde que prestadas, respectivamente, por estabelecimentos de ensino integrados no sistema nacional de educação ou reconhecidos como tendo fins análogos pelos ministérios competentes, ou por entidades reconhecidas pelos ministérios que tutelam a área da formação profissional e, relativamente às últimas, apenas na parte em que não tenham sido consideradas como dedução específica da categoria A ou encargo da categoria B.

5 – Não são dedutíveis as despesas de educação até ao montante do reembolso efectuado no ano em causa no âmbito de um Plano Poupança-Educação, nos termos previstos na legislação aplicável.

Legislação Complementar:
– Lei n.º 109-B/2001, de 27 de Dezembro – art. 30.º n.º 2: Para efeitos da alínea *h*) do n.º 1 do artigo 17.º da Lei n.º 21/85, de 30 de Julho, não constitui rendimento tributável a quantia despendida com a valorização profissional até ao montante anual de € 249,40 desde que devidamente documentada (**Estatuto dos Magistrados Judiciais**). Aplicável aos Magistrados do Ministério Público por força do art. 4.º da Lei n.º 143/99, de 31 de Agosto.

– D.L. n.º 5/2010, de 15 de Janeiro, **retribuição mínima mensal garantida** para **2010 – € 475**.

– Lei n.º 103/2009, de 11 de Setembro – **Regime jurídico do apadrinhamento civil**.

Doutrina Administrativa:
– Encargos genericamente aceites como despesas de educação (ver Circular n.º 22/94, de 19 de Outubro) **[50]** – pág. 671;

– Despesas com a educação – frequência de cursos de **mestrado e doutoramento** (ver Ofício-circulado n.º 8 039/98) **[52]** – pág. 815;

– "São aceites como despesas com a educação os encargos suportados coma frequência de estabelecimentos de ensino de línguas, teatro, música, canto e outros, desde que esses estabelecimentos estejam integrados no Sistema Nacional de Educação ou reconhecidos como tendo fins análogos pelos ministérios competentes, conforme se encontra consagrado no art. 9.º n.º 10 do CIVA" (Circular n.º 2/99, de 19 de Fevereiro) **[50]** – pág. 682.

(¹) Redacção dada pelo art. 30.º da Lei n.º 103/2009, de 11 de Setembro, que entra em vigor no dia seguinte ao da publicação do diploma que regulamentar a habilitação dos padrinhos.
Redacção anterior:
1 – São dedutíveis à colecta 30% das despesas de educação e de formação profissional do sujeito passivo e dos seus dependentes, com o limite de 160% do valor mensal do salário mínimo nacional mais elevado, independentemente do estado civil do sujeito passivo.

(²) Redacção dada pela Lei n.º 60-A/2005, de 30 de Dezembro.

ARTIGO 83.º-A(¹)
Importâncias respeitantes a pensões de alimentos

À colecta devida pelos sujeitos passivos são deduzidas 20% das importâncias comprovadamente suportadas e não reembolsadas respeitantes a encargos com pensões de alimentos a que o sujeito esteja obrigado por sentença judicial ou por acordo homologado nos termos da lei civil, salvo nos casos em que o seu beneficiário faça parte do mesmo agregado familiar para efeitos fiscais ou relativamente ao qual estejam previstas outras deduções à colecta ao abrigo do artigo 78.º

(¹) Aditado pelo art. 67.º da Lei n.º 64-A/2008.

ARTIGO 84.º
Encargos com lares

São dedutíveis à colecta 25% dos encargos com apoio domiciliário, lares e instituições de apoio à terceira idade relativos aos sujeitos passivos, bem como dos encargos com lares e residências autónomas para pessoas com deficiência, seus dependentes, ascendentes e colaterais até ao 3.º grau que não possuam rendimentos superiores à retribuição mínima mensal, com o limite de 85% do valor da retribuição mínima mensal.(¹)

Legislação Complementar:
– D.L. n.º 5/2010, de 15 de Janeiro, **retribuição mínima mensal garantida** para **2010 – € 475**.

(¹) Redacção dada pela Lei n.º 3-B/2010, de 28/04 (OE/2010).

ARTIGO 85.º
Encargos com imóveis(¹)

1 – São dedutíveis à colecta 30% dos encargos a seguir mencionados relacionados com imóveis situados em território português ou no território de outro Estado membro da União Europeia ou no espaço eco-

nómico europeu desde que, neste último caso, exista intercâmbio de informações:

a) Juros e amortizações de dívidas contraídas com a aquisição, construção ou beneficiação de imóveis para habitação própria e permanente ou arrendamento devidamente comprovado para habitação permanente do arrendatário, com excepção das amortizações efectuadas por mobilização dos saldos das contas poupança-habitação, até ao limite de € 591;([1])

b) Prestações devidas em resultado de contratos celebrados com cooperativas de habitação ou no âmbito do regime de compras em grupo, para a aquisição de imóveis destinados a habitação própria e permanente ou arrendamento para habitação permanente do arrendatário, devidamente comprovadas, na parte que respeitem a juros e amortizações das correspondentes dívidas, até ao limite de € 591;([1])

c) Importâncias, líquidas de subsídios ou comparticipações oficiais, suportadas a título de renda pelo arrendatário de prédio urbano ou da sua fracção autónoma para fins de habitação permanente, quando referentes a contratos de arrendamento celebrados a coberto do Regime do Arrendamento Urbano, aprovado pelo Decreto-Lei n.º 321-B/90, de 15 de Outubro, ou do Novo Regime de Arrendamento Urbano, aprovado pela Lei n.º 6/2006, de 27 de Fevereiro, ou pagas a título de rendas por contrato de locação financeira relativo a imóveis para habitação própria e permanente efectuadas ao abrigo deste regime, na parte que não constituem amortização de capital, até ao limite de € 591.([1])

2 – *(Revogado)*([1])

3 – As deduções referidas no n.º 1 não são cumulativas.

4 – O disposto na alínea a) do n.º 1 não é aplicável quando os encargos aí referidos sejam devidos a favor de entidade residente em país, território ou região, sujeito a um regime fiscal claramente mais favorável, constante de lista aprovada por portaria do Ministro das Finanças, e que não disponha em território português de estabelecimento estável ao qual os rendimentos sejam imputáveis.

5 – O disposto na alínea c) do n.º 1 não é aplicável quando os encargos aí referidos sejam devidos a favor de entidade residente em país, território ou região, sujeito a um regime fiscal claramente mais favorável, constante de lista aprovada por portaria do Ministro das Finanças, e que não disponha em território português de estabelecimento estável ao qual os

rendimentos sejam imputáveis, excepto se o valor anual das rendas for igual ou superior ao montante correspondente a 1/15 do valor patrimonial do prédio arrendado.

6 – Os limites estabelecidos no n.º 1 acrescem 10% no caso de imóveis classificados na categoria A ou A+, de acordo com o certificado energético atribuído nos termos do Decreto-Lei n.º 78/2006, de 4 de Abril.

7 – Os limites estabelecidos nas alíneas *a*) e *b*) do n.º 1 são elevados, tendo em conta os escalões previstos no n.º 1 do artigo 68.º, nos seguintes termos:([2])

a) Em 50 % para os sujeitos passivos com rendimento colectável até ao limite do 2.º escalão;

b) Em 20 % para os sujeitos passivos com rendimento colectável até ao limite do 3.º escalão;

c) Em 10 % para os sujeitos passivos com rendimento colectável até ao limite do 4.º escalão.

Ver:
– Portaria n.º 725/91, de 29 de Julho – Formas de energias renováveis **[22]** – pág. 567;
– Portaria n.º 150/2004, de 13 de Fevereiro – Lista de países, territórios e regiões com regimes de tributação privilegiada, claramente mais favoráveis **[41]** – pág. 637.

Doutrina Administrativa:
– Encargos de dívidas contraídas para aquisição de habitação – Apenas devem ser considerados nos casos de habitação própria, sendo excluídos os encargos suportados por inquilinos para beneficiação dos imóveis que habitam (Ofício-circulado n.º 13/92, de 29 de Junho). Confirmado pela informação n.º 195/97 de 18/03/97 da Direcção de Serviços de IRS;
– Energias renováveis – Deduções à colecta (Ofício-circulado n.º 20 064, de 12/03//2002) **[52]** – pág. 848.

([1]) Redacção dada pela Lei n.º 3-B/2010, de 28/04 (OE/2010), que revogou o n.º 2.
Redacção anterior:
1 – ...
a) Juros e amortizações de dívidas contraídas com a aquisição, construção ou beneficiação de imóveis para habitação própria e permanente ou arrendamento devidamente comprovado para habitação permanente do arrendatário, com excepção das amortizações efectuadas por mobilização dos saldos das contas poupança-habitação, até ao limite de € 586;
b) Prestações devidas em resultado de contratos celebrados com cooperativas de habitação ou no âmbito do regime de compras em grupo, para a aquisição de imóveis destinados a habitação própria e permanente ou arrendamento para habitação permanente do arrendatário, devidamente comprovadas, na parte – que respeitem a juros e amortizações das correspondentes dívidas, até ao limite de € 586;

c) Importâncias, líquidas de subsídios ou comparticipações oficiais, suportadas a título de renda pelo arrendatário de prédio urbano ou da sua fracção autónoma para fins de habitação permanente, quando referentes a contratos de arrendamento celebrados a coberto do Regime do Arrendamento Urbano, aprovado pelo Decreto-Lei n.º 321-B/90, de 15 de Outubro, ou do Novo Regime de Arrendamento Urbano, aprovado pela Lei n.º 6/2006, de 27 de Fevereiro, ou pagas a título de rendas por contrato de locação financeira relativo a imóveis para habitação própria e permanente efectuadas ao abrigo deste regime, na parte que não constituem amortização de capital, até ao limite de € 586.

2 – São igualmente dedutíveis à colecta, desde que não susceptíveis de serem considerados custos na categoria B, 30 %, com o limite de € 796 das importâncias despendidas com a aquisição de:

a) Equipamentos novos para utilização de energias renováveis e de equipamentos para a produção de energia eléctrica ou térmica (co-geração) por microturbinas, com potência até 100 kW, que consumam gás natural, incluindo equipamentos complementares indispensáveis ao seu funcionamento;

b) Veículos sujeitos a matrícula exclusivamente eléctricos ou movidos a energias renováveis não combustíveis.

...

(²) Aditado pelo art. 1.º da Lei n.º 64/2008, de 5 de Dezembro. Produz efeitos desde 1/1/2008, nos termos do art. 5.º da referida lei.

ARTIGO 85.º-A(¹)
Deduções ambientais

1 – São dedutíveis à colecta, desde que não susceptíveis de serem considerados custos para efeitos da categoria B, 30% das importâncias despendidas com a aquisição dos seguintes bens, desde que afectos a utilização pessoal, com o limite de € 803:

a) Equipamentos novos para utilização de energias renováveis e de equipamentos para a produção de energia eléctrica ou térmica, (co-geração), por microturbinas, com potência até 100 kW, que consumam gás natural, incluindo equipamentos complementares indispensáveis ao seu funcionamento;

b) Equipamentos e obras de melhoria das condições de comportamento térmico de edifícios, dos quais resulte directamente o seu maior isolamento;

c) Veículos sujeitos a matrícula, exclusivamente eléctricos ou movidos a energias renováveis não combustíveis.

2 – As deduções referidas em cada uma das alíneas do número anterior apenas podem ser utilizadas uma vez em cada período de quatro anos.

(¹) Aditado pela Lei n.º 3-B/2010, de 28/04 (OE/2010).

ARTIGO 86.º
Prémios de seguros

1 – São dedutíveis à colecta 25% das importâncias despendidas com prémios de seguros de acidentes pessoais e seguros de vida que garantam exclusivamente os riscos de morte, invalidez ou reforma por velhice, neste último caso desde que o benefício seja garantido após os 55 anos de idade, e 5 de duração do contrato, relativos ao sujeito passivo ou aos seus dependentes, pagos por aquele ou por terceiros, desde que, neste caso, tenham sido comprovadamente tributados como rendimento do sujeito passivo, com o limite de € 65, tratando-se de sujeitos passivos não casados ou separados judicialmente de pessoas e bens, ou de € 130, tratando-se de sujeitos passivos casados e não separados judicialmente de pessoas e bens.([1])

2 – *(Revogado.)*

3 – São igualmente dedutíveis à colecta 30% dos prémios de seguros ou contribuições pagas a associações mutualistas que, em qualquer dos casos, cubram exclusivamente os riscos de saúde relativamente ao sujeito passivo ou aos seus dependentes, pagos por aquele ou por terceiros, desde que, neste caso, tenham sido comprovadamente tributados como rendimento do sujeito passivo, com os seguintes limites:([2])

   a) Tratando-se de sujeitos passivos não casados ou separados judicialmente de pessoas e bens, até ao limite de € 85;([1])
   b) Tratando-se de sujeitos passivos casados e não separados judicialmente de pessoas e bens, até ao limite de € 170;([1])
   c) Por cada dependente a seu cargo, os limites das alíneas anteriores são elevados em € 43.([1])

4 – Para efeitos do disposto no n.º 1, só relevam os prémios de seguros que não garantam o pagamento, e este se não verifique, nomeadamente por resgate ou adiantamento, de qualquer capital de vida fora das condições aí mencionadas.

5 – No caso de pagamento, pelas empresas de seguros ou associações mutualistas, de quaisquer importâncias fora das condições previstas no n.º 1, o resultado da soma dos montantes anuais deduzidos, agravados de uma importância correspondente à aplicação, a cada um deles, do produto de 10% pelo número de anos decorridos desde aquele em que foi exercido o direito à dedução, é acrescido ao rendimento ou à colecta, conforme a dedução tenha sido efectuada ao rendimento ou à colecta, do ano em que ocorrer o pagamento, para o que as empresas de seguros ou associações

mutualistas ficam obrigadas a comunicar à administração fiscal a ocorrência de tais factos.(²)

Ver o art. 92.° – Prazo de caducidade.

Doutrina Administrativa:
– **Seguros** – Os prémios de seguros de "Ocupantes de Viaturas" ou "Pessoas Transportadas", desde que os segurados sejam os sujeitos passivos ou os seus dependentes, são susceptíveis de abatimento ao rendimento líquido total, em sede de IRS (Circular n.° 18/93, de 93/07/05);
– Dedução de contribuições obrigatórias para a segurança social relativas a anos anteriores (Ofício-circulado n.° 20 065, de 12/03/2002) **[52]** – pág. 849.
– Prémios de Seguros de Vida (Ofício-circulado n.° 20 117, de 2006/08/08) **[52]** – pág. 872.

(¹) Redacção dada pela Lei n.° 3-B/2010, de 28/04 (OE/2010).
(²) Redacção dada pelo art. 2.° do D.L. n.° 292/2009, de 13 de Outubro.
Redacção anterior:
...
3 – São igualmente dedutíveis à colecta 30% dos prémios de seguros que cubram exclusivamente os riscos de saúde relativamente ao sujeito passivo ou aos seus dependentes, pagos por aquele ou por terceiros, desde que, neste caso, tenham sido comprovadamente tributados como rendimento do sujeito passivo, com os seguintes limites:
...
5 – No caso de pagamento pelas empresas de seguros de quaisquer importâncias fora das condições previstas no n.° 1, a soma dos montantes anuais deduzidos, agravados de uma importância correspondente à aplicação a cada um deles do produto de 10% pelo número de anos decorridos desde aquele em que foi exercido o direito à dedução, é acrescido ao rendimento ou à colecta, conforme a dedução tenha sido efectuada ao rendimento ou à colecta, do ano em que ocorrer o pagamento, para o que as empresas de seguros ficam obrigadas a comunicar à administração fiscal a ocorrência de tais factos.

ARTIGO 87.°(¹)
Dedução relativa às pessoas com deficiência

1 – São dedutíveis à colecta por cada sujeito passivo com deficiência uma importância correspondente a quatro vezes a retribuição mínima mensal e por cada dependente com deficiência, bem como, por cada ascendente com deficiência que esteja nas condições da alínea *e)* do n.° 1 do artigo 79.°, uma importância igual a 1,5 vezes a retribuição mínima mensal.(²)

2 – São ainda dedutíveis à colecta 30% da totalidade das despesas efectuadas com a educação e a reabilitação do sujeito passivo ou dependentes com deficiência, bem como 25% da totalidade dos prémios de segu-

ros de vida ou contribuições pagas a associações mutualistas que garantam exclusivamente os riscos de morte, invalidez ou reforma por velhice, neste último caso desde que o benefício seja garantido após os 55 anos de idade e cinco anos de duração do contrato, e que aqueles figurem como primeiros beneficiários, nos termos e condições estabelecidos no n.º 1 do artigo 86.º(^{3})

3 – A dedução dos prémios de seguros ou das contribuições pagas a associações mutualistas a que se refere o número anterior não pode exceder 15% da colecta de IRS.(^{3})

4 – Considera-se pessoa com deficiência aquela que apresente um grau de incapacidade permanente, devidamente comprovado mediante atestado médico de incapacidade multiuso emitido nos termos da legislação aplicável, igual ou superior a 60%.

5 – É dedutível à colecta, a título de despesa de acompanhamento, uma importância igual a quatro vezes a retribuição mínima mensal por cada sujeito passivo ou dependente, cujo grau de invalidez permanente, devidamente comprovado pela entidade competente, seja igual ou superior a 90 %.(^{2})

6 – Por cada sujeito passivo deficiente das Forças Armadas abrangido pelos Decretos-Leis n.ºs 43/76, de 20 de Janeiro, e 314/90, de 13 de Outubro, que beneficie da dedução prevista no anterior n.º 1, é, ainda, dedutível à colecta uma importância igual à retribuição mínima mensal.

7 – As deduções previstas nos n.ºs 1, 5 e 6 são cumulativas.

Legislação Complementar:
– D.L. n.º 5/2010, de 15 de Janeiro, **retribuição mínima mensal garantida** para **2010 – € 475**.
– **Deficientes – Lei n.º 3-B/2010, de 28/04 (OE/2010) – Artigo 88.º:**
1 – Os rendimentos brutos de cada uma das categorias A, B e H auferidos por sujeitos passivos com deficiência são considerados, para efeitos de IRS, apenas por 90% em 2010.
2 – Não obstante o disposto no número anterior, a parte do rendimento excluída de tributação não pode exceder em 2010, por categoria de rendimentos, € 2 500.
3 – Os prazos previstos nos artigos 60.º e 77.º do Código do IRS, com as alterações introduzidas pela presente lei, aplicam-se a partir de 1 de Janeiro de 2011.

Doutrina Administrativa:
– Relevância fiscal da prova de deficiência para efeitos da obtenção de benefícios (Circular n.º 15/92) **[50]**, pág. 663.

(^{1}) Redacção dada pelo art. 47.º da Lei n.º 53-A/2006, de 29 de Dezembro.
(^{2}) Redacção dada pela Lei n.º 64-A/2008, de 31 de Dezembro.
Redacção anterior:
1 – São dedutíveis à colecta por cada sujeito passivo com deficiência uma importância correspondente a 3,5 vezes a retribuição mínima mensal e por cada dependente com deficiência, bem como,

por cada ascendente com deficiência que esteja nas condições da alínea *e*) do n.º 1 do artigo 79.º, uma importância igual a 1,5 vezes a retribuição mínima mensal.

...

5 – É dedutível à colecta, a título de despesas de acompanhamento, uma importância igual a duas vezes a retribuição mínima mensal por cada sujeito passivo ou dependente, cujo grau de invalidez permanente, devidamente comprovado pela entidade competente, seja igual ou superior a 90%.

...

(^{3}) Redacção dada pelo art. 2.º do D.L. n.º 292/2009, de 13 de Outubro.
Redacção anterior:

...

2 – São ainda dedutíveis à colecta 30% da totalidade das despesas efectuadas com a educação e reabilitação do sujeito passivo ou dependentes com deficiência, bem como 25% da totalidade dos prémios de seguros de vida que garantam exclusivamente os riscos de morte, invalidez ou reforma por velhice, neste último caso desde que o benefício seja garantido após os 55 anos de idade e 5 anos de duração do contrato, e em que aqueles figurem como primeiros beneficiários, nos termos e condições estabelecidos no n.º 1 do artigo 86.º do Código do IRS.

3 – A dedução dos prémios de seguros a que se refere o número anterior não pode exceder 15% da colecta de IRS.

...

ARTIGO 88.º
Benefícios fiscais

São dedutíveis à colecta os benefícios fiscais previstos no Estatuto dos Benefícios Fiscais e demais legislação complementar, nas condições neles previstas.

Legislação Complementar:
– Estatuto dos Benefícios Fiscais [21] – pág. 477 e ss.;
– Lei da Liberdade Religiosa – Lei n.º 16/2001, de 22 de Junho [23] – pág. 569 e ss..

ARTIGO 89.º
Liquidação adicional

1 – Procede-se a liquidação adicional sempre que, depois de liquidado o imposto, se verifique ser de exigir em virtude de correcções efectuadas nos termos do disposto no n.º 2 do artigo 76.º ou de fixação do rendimento tributável, nos casos previstos neste Código, imposto superior ao liquidado.

2 – Procede-se ainda a liquidação adicional, sendo caso disso, em consequência de:

a) Exame à contabilidade do sujeito passivo;

b) Erros de facto ou de direito ou omissões verificadas em qualquer liquidação, de que haja resultado prejuízo para o Estado.

ARTIGO 90.º
Reforma de liquidação

Sempre que, relativamente às entidades a que se aplique o regime definido no artigo 20.º, haja lugar a correcções que determinem alteração dos montantes imputados aos respectivos sócios ou membros, a Direcção-Geral dos Impostos procede à reforma da liquidação efectuada àqueles, cobrando-se ou anulando-se em consequência as diferenças apuradas.

ARTIGO 91.º
Juros compensatórios

1 – Sempre que, por facto imputável ao sujeito passivo, for retardada a liquidação de parte ou da totalidade do imposto devido ou a entrega de imposto a pagar antecipadamente, ou retido ou a reter no âmbito da substituição tributária, acrescem ao montante do imposto juros compensatórios nos termos do artigo 35.º da lei geral tributária.

2 – São igualmente devidos juros compensatórios nos termos referidos no n.º 1 quando o sujeito passivo, por facto a si imputável, tenha recebido reembolso superior ao devido.

Ver os artigos:
21.º – Substituição tributária; **94.º** – Juros indemnizatórios; **110.º** – Juros de mora.
Legislação Complementar:
– **Lei Geral Tributária, art. 35.º, n.º 5** – A taxa dos juros compensatórios é equivalente à taxa dos juros legais fixados nos termos do n.º 1 do art. 559.º do Código Civil.
– **Portaria n.º 291/2003,** de 8 de Abril – A taxa anual dos juros legais é de **4%**.

Doutrina Administrativa:
– Taxas aplicáveis na liquidação de juros compensatórios e de juros de mora (Ofício-circulado n.º 60 005 de 25/2/99) **[52]** – pág. 822.

ARTIGO 92.º
Prazo de caducidade

1 – A liquidação do IRS, ainda que adicional, bem como a reforma da liquidação efectua-se no prazo e nos termos previstos nos artigos 45.º e 46.º da lei geral tributária.

2 – Em caso de ter sido efectuado reporte de resultado líquido negativo, o prazo de caducidade é o do exercício desse direito.

3 – Determina o início da contagem do prazo de caducidade, nos casos em que haja lugar a liquidação de imposto, a ocorrência de qualquer dos seguintes factos:([1])

   a) A não afectação do imóvel à habitação do sujeito passivo ou do seu agregado familiar no prazo referido nas alíneas *a)*, *b)* e *c)* do n.º 6 do artigo 10.º;

   b) O decurso do prazo de reinvestimento do valor de realização de imóvel destinado a habitação própria e permanente do sujeito passivo ou do seu agregado familiar sem que o mesmo tenha sido concretizado, total ou parcialmente, nos termos da alínea *a)* do n.º 5 do artigo 10.º;

   c) O pagamento de qualquer capital em vida nos termos do n.º 3 do artigo 27.º e n.º 5 do artigo 86.º.

Legislação Complementar:
– Lei Geral Tributária – art. 45.º
1 – O direito de liquidar os tributos caduca se a liquidação não for validamente notificada ao contribuinte no prazo de quatro anos, quando a lei não fixar outro.
2 – Nos casos de erro evidenciado na declaração do sujeito passivo ou de utilização de métodos indirectos por motivo da aplicação à situação tributária do sujeito passivo dos indicadores objectivos da actividade previstos na presente lei, o prazo de caducidade referido no número anterior é de três anos.
3 – ...
4 – ...

([1]) Redacção dada pela Lei n.º 3-B/2010, de 28/04 (OE/2010).
Redacção anterior:
...

3 – A não afectação de imóvel à habitação do sujeito passivo ou do seu agregado familiar no prazo referido nas alíneas *a)*, *b)* e *c)* do n.º 6 do artigo 10.º, bem como o pagamento de qualquer capital em vida nos termos do n.º 3 do artigo 27.º e do n.º 5 do artigo 86.º, determinam o início da contagem do prazo de caducidade para as liquidações a que deva proceder-se.

ARTIGO 93.º
Revisão oficiosa

1 – Quando, por motivos imputáveis aos serviços, tenha sido liquidado imposto superior ao devido, procede-se a revisão oficiosa da liquidação nos termos do artigo 78.º da lei geral tributária.

2 – Revisto o acto de liquidação, é emitida a consequente nota de crédito.

3 – O crédito ao reembolso de importâncias indevidamente cobradas pode ser satisfeito por ordem de pagamento ou por compensação nos termos previstos na lei.

Legislação Complementar:
– **Lei Geral Tributária, art. 78.º** – Revisão dos actos tributários.

Doutrina Administrativa:
Revogação oficiosa de liquidação por duplicação de colecta. (Ofício-circulado n.º 6/94, de 18 de Fevereiro) **[52]** – pág. 804.

Jurisprudência:
– "Mesmo quando oficiosa, a revisão do acto tributário pode ser impulsionada por pedido do contribuinte, no prazo de quatro anos que a lei confere à Administração Fiscal para o fazer, tendo esta o dever de a ela proceder, caso se verifiquem os respectivos pressupostos legais". (*Acórdão do STA de 2/7/2003. Proc. 0945/03*)

ARTIGO 94.º
Juros indemnizatórios

São devidos juros indemnizatórios nos termos do artigo 43.º da lei geral tributária, a serem liquidados e pagos nos termos do artigo 61.º do Código de Procedimento e de Processo Tributário.

Legislação Complementar:
– **Lei Geral Tributária, art. 43.º, n.º 4** – A taxa dos juros indemnizatórios é igual à taxa dos juros compensatórios.

Ver os artigos:
91.º – Juros compensatórios; **110.º** – Juros de mora.

Doutrina Administrativa:
– Taxas aplicáveis na liquidação de juros compensatórios e de juros de mora (Ofício-circulado n.º 60 005 de 25/2/99) **[52]** – pág. 822.

ARTIGO 95.º
Limites mínimos

Não há lugar a cobrança ou reembolso quando, em virtude de liquidação, ainda que adicional, reforma ou revogação de liquidação, a importância a cobrar seja inferior a 5 000$00 (€ 24,94) ou a importância a restituir seja inferior a 2 000$00 (€ 9,98).

ARTIGO 96.º
Restituição oficiosa do imposto

1 – A diferença entre o imposto devido a final e o que tiver sido entregue nos cofres do Estado em resultado de retenção na fonte ou de pagamentos por conta, favorável ao sujeito passivo, deve ser restituída até ao termo dos prazos previstos no n.º 1 do artigo 97.º.([1])

2 – Sobre a diferença favorável ao sujeito passivo entre o imposto devido a final liquidado com base em declaração apresentada dentro do prazo legal e o que tiver sido retido ou pago por conta é devida uma remuneração compensatória.

3 – A remuneração referida no número anterior é líquida e não tem a natureza de rendimento de capitais.

([1]) Redacção dada pela Lei n.º 53-A/2006, de 29 de Dezembro.

CAPÍTULO V
Pagamento

ARTIGO 97.º
Pagamento do imposto

1 – O IRS deve ser pago no ano seguinte àquele a que respeitam os rendimentos nos seguintes prazos:([1])

a) Até 31 de Agosto, quando a liquidação seja efectuada no prazo previsto na alínea a) do artigo 77.º;([1])

b) Até 30 de Setembro, quando a liquidação seja efectuada no prazo previsto na alínea b) do artigo 77.º;([1])

c) Até 31 de Dezembro, quando a liquidação seja efectuada no prazo previsto na alínea c) do artigo 77.º.([1])

2 – Nos casos previstos na alínea b) do n.º 1 do artigo 76.º, ao imposto são acrescidos os juros compensatórios que se mostrarem devidos.

3 – As importâncias efectivamente retidas ou pagas nos termos dos artigos 98.º a 102.º são deduzidas ao valor do imposto respeitante ao ano em que ocorreu a retenção ou pagamento.

Ver os artigos:
104.º – Pagamento fora do prazo normal; **105.º** – Locais de pagamento; **106.º** – Meios de pagamento.

Legislação Complementar:
– D.L. n.º 42/91, de 22 de Janeiro – Regulamenta a Retenção na Fonte – art. 16.º, n.º 1 **[2]** – pág. 191.
– D.L. n.º 492/98, de 30 de Dezembro – Regulamento da cobrança e reembolso – pagamento em prestações – art. 29.º **[31]** – pág. 619.

([1]) Redacção dada pela Lei n.º 53-A/2006, de 29 de Dezembro.

ARTIGO 98.º
Retenção na fonte – regras gerais

1 – Nos casos previstos nos artigos 99.º a 101.º e noutros estabelecidos na lei, a entidade devedora dos rendimentos sujeitos a retenção na fonte, as entidades registadoras ou depositárias, consoante o caso, são obrigadas, no acto do pagamento, do vencimento, ainda que presumido, da sua colocação à disposição, da sua liquidação ou do apuramento do respectivo quantitativo, consoante os casos, a deduzir-lhes as importâncias correspondentes à aplicação das taxas neles previstas por conta do imposto respeitante ao ano em que esses actos ocorrem.([1])

2 – As quantias retidas devem ser entregues em qualquer dos locais a que se refere o artigo 105.º, nos prazos indicados nos números seguintes.

3 – As quantias retidas nos termos dos artigos 99.º a 101.º devem ser entregues até ao dia 20 do mês seguinte àquele em que foram deduzidas.([2])

4 – Sempre que se verifiquem incorrecções nos montantes retidos, devidas a erros imputáveis à entidade devedora dos rendimentos, deve a sua rectificação ser feita na primeira retenção a que deva proceder-se após a detecção do erro, sem, porém, ultrapassar o último período de retenção anual.

Ver os artigos:
21.º – Substituição tributária; **103.º** – Responsabilidade em caso de substituição.

Legislação Complementar:
– D.L. n.º 42/91, de 22 de Janeiro – Regulamenta a Retenção na Fonte – art. 13.º **[2]** – pág. 191.

Doutrina Administrativa:
– Reposição de remunerações indevidamente pagas a funcionários ou agentes da Administração Pública (ver Circular n.º 3/2008) **[50]** – pág. 772.
– Tabelas de retenção **[3]** – pág. 203.

([1]) Redacção dada pela Lei n.º 32-B/2002, de 30/12.
([2]) Redacção dada pelo D.L. n.º 238/2006, de 20 de Dezembro.

ARTIGO 99.º
Retenção sobre rendimentos das categorias A e H

1 – As entidades devedoras de rendimentos de trabalho dependente, com excepção dos previstos nos n.ᵒˢ 4), 5), 7), 9) e 10) da alínea *b*) e na

alínea *g*) do n.º 3 do artigo 2.º, e de pensões, com excepção das de alimentos, são obrigadas a reter o imposto no momento do seu pagamento ou colocação à disposição dos respectivos titulares.

2 – As entidades devedoras e os titulares de rendimentos do trabalho dependente e de pensões são obrigados, respectivamente:

- *a*) A solicitar ao sujeito passivo, no início do exercício de funções ou antes de ser efectuado o primeiro pagamento ou colocação à disposição, os dados indispensáveis relativos à sua situação pessoal e familiar;([1])
- *b*) A apresentar declaração à entidade devedora dos rendimentos contendo a informação a que se refere a alínea anterior, bem como qualquer outra informação fiscalmente relevante ocorrida posteriormente.([1])

3 – Nos casos previstos na alínea *d*) do n.º 1 e na segunda parte do n.º 3) da alínea *b*) do n.º 3 do artigo 2.º, bem como nas alíneas *a*) e *b*) do n.º 1 do artigo 11.º, considera-se, para todos os efeitos legais, como entidade devedora dos rendimentos aquela que os pagar ou colocar à disposição do respectivo beneficiário.

4 – Para efeitos do disposto no artigo 54.º, compete ao titular do direito aos rendimentos comprovar junto da entidade devedora que a prestação que lhe é devida comporta reembolso de capital por si pago ou que, tendo sido pago por terceiro, todavia foi total ou parcialmente tributado como rendimento seu.

5 – Ficam dispensados da retenção na fonte a que se refere o n.º 1, os rendimentos do trabalho obtidos por actividades exercidas no estrangeiro por pessoas singulares residentes em território português, sempre que tais rendimentos sejam sujeitos a tributação efectiva no país da fonte em imposto similar ou idêntico ao IRS.([2])

Ver os artigos:
98.º – Retenção na fonte – regras gerais; **103.º** – Responsabilidade em caso de substituição.

Legislação Complementar:
– D.L. n.º 42/91, de 22 de Janeiro – Regulamenta a Retenção na Fonte – art. 6.º **[2]** – pág. 191.
– Tabelas de retenção na fonte **[3]** – pág. 203.

Doutrina Administrativa:
– Enquadramento fiscal das remunerações auferidas para realização de acções de formação na Administração Pública – (ver Ofício-circulado n.º 18/89, de 89/11/20) **[52]** – pág. 797;
– Opção pela retenção na fonte segundo a taxa correspondente à situação de "casado único titular" (ver Circular n.º 11/94) **[50]** – pág. 670.
– Indemnizações: Prestações devidas em consequência de lesão corporal, doença ou morte (ver Circular n.º 13/2008, de 26 de Maio) **[50]** – pág. 776.

(^{1}) Redacção dada pelo D.L. n.º 238/2006, de 20 de Dezembro.
(^{2}) Aditado pelo art. 1.º da Lei n.º 100/2009, de 7 de Setembro.

ARTIGO 100.º
Retenção na fonte – remunerações não fixas

1 – As entidades que paguem ou coloquem à disposição remunerações do trabalho dependente que compreendam, exclusivamente, montantes variáveis devem, no momento do seu pagamento ou colocação à disposição, reter o imposto de harmonia com a seguinte tabela de taxas:(^{1})

Escalões de remunerações anuais (euros)	Taxas (percentagens)
Até 5 156	0
De 5 156 até 6 088	2
De 6 088 até 7 222	4
De 7 222 até 8 971	6
De 8 971 até 10 859	8
De 10 859 até 12 550	10
De 12 550 até 14 376	12
De 14 376 até 18 020	15
De 18 020 até 23 420	18
De 23 420 até 29 650	21
De 29 650 até 40 523	24
De 40 523 até 53 527	27
De 53 527 até 89 213	30
De 89 213 até 133 847	33
De 133 847 até 223 125	36
De 223 125 até 495 443	38
Superior a 495 443	40

(Redacção dada pelo art. 66.º da Lei n.º 3-B/2010, de 28/04 (OE/2010))

2 – A taxa a aplicar nos termos do n.º 1 é a correspondente à remuneração anual estimada no início de cada ano ou no início da actividade profissional do sujeito passivo, ou a correspondente ao somatório das remunerações já recebidas ou colocadas à disposição, acrescido das resultantes de eventuais aumentos verificados no ano a que respeite o imposto.

3 – Quando, não havendo possibilidade de determinar a remuneração anual estimada, sejam pagos ou colocados à disposição rendimentos que excedam o limite de € 5156, aplica-se o disposto no n.º 1 do presente artigo.([1])

4 – Sempre que o somatório das remunerações já recebidas e a receber implique mudança de escalão, deve efectuar-se a respectiva compensação no mês em que ocorra tal facto.

([1]) Redacção dada pela Lei n.º 3-B/2010, de 28/04 (OE/2010).

ARTIGO 101.º
Retenção sobre rendimentos de outras categorias

1 – As entidades que disponham ou devam dispor de contabilidade organizada são obrigadas a reter o imposto, mediante a aplicação, aos rendimentos ilíquidos de que sejam devedoras, e sem prejuízo do disposto nos números seguintes, das seguintes taxas:

- a) 15%, tratando-se de rendimentos da categoria B referidos na alínea c) do n.º 1 do artigo 3.º, de rendimentos das categorias E e F ou de incrementos patrimoniais previstos nas alíneas b) e c) do n.º 1 do artigo 9.º;
- b) 20%, tratando-se de rendimentos decorrentes das actividades profissionais especificamente previstas na lista a que se refere o artigo 151.º;
- c) 10%, tratando-se de rendimentos da categoria B referidos nas alíneas b) do n.º 1 e g) e i) do n.º 2 do artigo 3.º, não compreendidos na alínea anterior.

2 – Tratando-se de rendimentos referidos no artigo 71.º, a retenção na fonte nele prevista cabe:([1])

- a) Às entidades devedoras dos rendimentos referidos nos n.ºs 1 e 4 do artigo 71.º;

b) Às entidades que paguem ou coloquem à disposição os rendimentos referidos no n.º 2 do artigo 71.º.

3 – Tratando-se de rendimentos de valores mobiliários sujeitos a registo ou depósito, emitidos por entidades residentes em território português, o disposto na alínea a) do n.º 1 e na alínea a) do n.º 2 é da responsabilidade das entidades registadoras ou depositárias.

4 – Não existe obrigação de efectuar a retenção na fonte relativamente a rendimentos referidos nas alíneas c), d), e), f) e h) do n.º 2 do artigo 3.º.

5 – *Eliminado*.

6 – *Eliminado*.

7 – *Eliminado*.

Ver os artigos:
98.º – Retenção na fonte – regras gerais; **103.º** – Responsabilidade em caso de substituição; **115.º** – Recibo modelo 6; **117.º** – Contabilidade organizada; **119.º** – Comunicação de rendimentos e retenções.

Legislação Complementar:
– D.L. n.º 42/91, de 22 de Janeiro, art. 8.º – Retenção sobre rendimentos das categorias B, E e F **[2]** – pág. 191.

Doutrina Administrativa:
– Operações sobre valores monetários para aplicação de divisas (ver Circular n.º 11/95, de 1995/04/03 **[50]** – pág. 672;
– Prestação de serviços (Circular n.º 5/2001, de 12 de Março) **[50]** – pág. 702;
– Importâncias não atribuídas pela entidade patronal (Ofício-circulado n.º 20 037, de 7/3/2001) **[52]** – pág. 839.

([1]) Redacção dada pela Lei n.º 3-B/2010, de 28/04 (OE/2010).
Redacção anterior:
...
2 – Tratando-se de rendimentos sujeitos a tributação na fonte pelas taxas previstas no artigo 71.º:
a) As entidades devedoras dos rendimentos deduzirão a importância correspondente às taxas nele fixadas;
b) As entidades que paguem ou coloquem à disposição dos respectivos titulares, residentes em território português, rendimentos de valores mobiliários devidos por entidades que não tenham aqui domicílio a que possam imputar-se o pagamento, quer sejam mandatados por estas ou pelos titulares, ou ajam por conta de umas ou de outros, devem deduzir a importância correspondente à taxa de 20% sobre os rendimentos ilíquidos, com excepção dos casos em que os rendimentos sejam pagos ou colocados à disposição de fundos de investimento constituídos de acordo com a legislação nacional, em que os mesmos não estão sujeitos a retenção na fonte.
...

ARTIGO 102.º
Pagamentos por conta

1 – A titularidade de rendimentos da categoria B determina, para os respectivos sujeitos passivos, a obrigatoriedade de efectuarem três pagamentos por conta do imposto devido a final, até ao dia 20 de cada um dos meses de Julho, Setembro e Dezembro.(¹)

2 – A totalidade dos pagamentos por conta é igual a 75% do montante calculado com base na seguinte fórmula:

$$C \times \frac{RLB}{RLT} - R$$

em que as siglas utilizadas têm o seguinte significado:

C = colecta do penúltimo ano, líquida das deduções a que se refere o n.º 1 do artigo 78.º, com excepção da dedução constante da alínea *h)*;

R = total das retenções efectuadas no penúltimo ano sobre os rendimentos da categoria B;

RLB = rendimento líquido positivo do penúltimo ano da categoria B;

RLT = rendimento líquido total do penúltimo ano.(²)

3 – O valor de cada pagamento por conta, resultante da aplicação do disposto no número anterior, arredondado por excesso para euros, é comunicado aos sujeitos passivos através de nota demonstrativa da liquidação do imposto respeitante ao penúltimo ano, sem prejuízo do envio do documento de pagamento, no mês anterior ao do termo do respectivo prazo, não sendo exigível se for inferior a € 50.(³)

4 – Cessa a obrigatoriedade de serem efectuados os pagamentos por conta quando:

a) Os sujeitos passivos verifiquem, pelos elementos de que disponham, que os montantes das retenções que lhes tenham sido efectuadas sobre os rendimentos da categoria B, acrescidos dos pagamentos por conta eventualmente já efectuados e relativos ao próprio ano, sejam iguais ou superiores ao imposto total que será devido;

b) Deixem de ser auferidos rendimentos da categoria B.

5 – Os pagamentos por conta podem ser reduzidos pelos sujeitos passivos quando o pagamento por conta for superior à diferença entre o imposto total que os sujeitos passivos julgarem devido e os pagamentos já efectuados.

6 – Verificando-se, pela declaração de rendimentos do ano a que respeita o imposto, que, em consequência da cessação ou redução dos

pagamentos por conta, deixou de pagar-se uma importância superior a 20% da que, em condições normais, teria sido entregue, há lugar a juros compensatórios se a liquidação do imposto do penúltimo ano tiver sido efectuada até 31 de Maio do ano em que os pagamentos por conta devam ser efectuados e os sujeitos passivos se mantiverem integrados no mesmo agregado, sendo para o efeito a importância considerada em falta imputada em partes iguais ao valor de cada um dos pagamentos devidos.

7 – Os juros compensatórios referidos no número anterior são calculados nos termos e à taxa previstos no artigo 35.º da lei geral tributária, contando-se dia a dia desde o termo do prazo fixado para cada pagamento até à data em que, por lei, a liquidação deva ser feita.

Ver o art. 91.º – Juros compensatórios.
Doutrina Administrativa:
– Operações sobre valores monetários para aplicação de divisas (ver Circular n.º 11/95, de 1995/04/03 **[50]** – pág. 672;
– Revogação oficiosa de liquidação por duplicação de colecta (Ofício-circulado n.º 6/94, de 18/02/94) **[52]** – pág. 804.

([1]) Redacção dada pelo n.º 4 do art. 30.º da Lei n.º 109-B/2001, de 27 de Dezembro.
([2]) Redacção dada pelo art. 43.º da Lei n.º 67-A/2007, de 31 de Dezembro.

ARTIGO 103.º
Responsabilidade em caso de substituição

1 – Em caso de substituição tributária, a entidade obrigada à retenção é responsável pelas importâncias retidas e não entregues nos cofres do Estado, ficando o substituído desobrigado de qualquer responsabilidade no seu pagamento, sem prejuízo do disposto nos números seguintes.

2 – Quando a retenção for efectuada meramente a título de pagamento por conta de imposto devido a final, cabe ao substituído a responsabilidade originária pelo imposto não retido e ao substituto a responsabilidade subsidiária, ficando este ainda sujeito aos juros compensatórios devidos desde o termo do prazo de entrega até ao termo do prazo da apresentação da declaração pelo responsável originário ou até à data da entrega do imposto retido, se anterior.

3 – Nos restantes casos, o substituído é apenas subsidiariamente responsável pelo pagamento da diferença entre as importâncias que deveriam ter sido deduzidas e as que efectivamente o foram.

4 – Tratando-se de rendimentos sujeitos a retenção que não tenham sido contabilizados nem comunicados como tal aos respectivos beneficiários, o substituto assume responsabilidade solidária pelo imposto não retido.([1])

5 – Em caso de não cumprimento do disposto no n.º 3 do artigo 101.º e no artigo 120.º, as entidades emitentes de valores mobiliários são solidariamente responsáveis pelo pagamento do imposto em falta.([1])

Ver os artigos:
21.º – Substituição tributária; **91.º** – Juros compensatórios; **98.º** – Retenção na fonte – regra geral; **99.º** – Retenção na fonte – rendimentos das categorias A e H; **101.º** – Retenção na fonte – rendimentos de outras categorias.

Legislação Complementar:
– Lei Geral Tributária, art. 20.º – Substituição tributária.

([1]) Aditado pelo art. 46.º da Lei n.º 53-A/2006, de 29 de Dezembro.

ARTIGO 104.º
Pagamento fora do prazo normal

Quando, por qualquer razão, não se proceda à liquidação no prazo previsto no artigo 77.º, o sujeito passivo é notificado para satisfazer o imposto devido no prazo de 30 dias a contar da notificação.

Ver os artigos:
110.º – Juros de mora; **149.º, n.º 3** – Notificação por carta registada.

ARTIGO 105.º
Local de pagamento

O IRS pode ser pago em qualquer tesouraria de finanças, nas instituições bancárias autorizadas, nos correios ou em qualquer outro local determinado por lei.

Legislação Complementar:
– D.L. n.º 492/98, de 30 de Dezembro – Regulamento da cobrança e reembolso – art. 3.º [31] – pág. 619 e ss..

ARTIGO 106.º
Como deve ser feito o pagamento

O pagamento do IRS deve ser integral e efectuado em moeda corrente, por cheque ou vale do correio, transferência conta a conta ou qualquer outro meio, nos termos autorizados por lei.

Legislação Complementar:
– D.L. n.º 492/98, de 30 de Dezembro – Regulamento da cobrança e reembolso – art. 3.º **[31]** – pág. 619 e ss..

ARTIGO 107.º
Impressos de pagamento

Os pagamentos previstos neste Código são efectuados mediante a apresentação dos impressos de modelo aprovado.

ARTIGO 108.º
Cobrança coerciva

1 – Findos os prazos de pagamento previstos neste Código sem que o mesmo se mostre efectuado, é extraída pela Direcção-Geral dos Impostos certidão de dívida com base nos elementos de que disponha para efeitos de cobrança coerciva.

2 – Nos casos de substituição tributária, bem como nos casos em que o imposto deva ser autonomamente liquidado e entregue nos cofres do Estado, a Direcção-Geral dos Impostos, independentemente do procedimento contra-ordenacional ou criminal que no caso couber, notifica as entidades devedoras para efectuarem o pagamento do imposto e juros compensatórios devidos, no prazo de 30 dias a contar da notificação, com as consequências previstas no número anterior para a falta de pagamento.

Ver os artigos:
75.º – Competência para a liquidação; **76.º** – Procedimento e formas de liquidação; **77.º** – Prazo para a liquidação; **98.º** – Retenção na fonte.

Legislação Complementar:
– **Código de Procedimento e de Processo Tributário** – art. 88.º – extracção das certidões de dívida.

ARTIGO 109.º
(Revogado pela Lei n.º 60-A/2005, de 30 de Dezembro)

Tinha a seguinte redacção:
Compensação

1 – A obrigação de IRS pode extinguir-se por compensação, total ou parcial, com crédito do devedor ao reembolso de IRS.

2 – A compensação opera-se com a entrega pelo sujeito passivo da respectiva nota de crédito.

ARTIGO 110.º
Juros de mora

Quando o imposto liquidado ou apurado pela Direcção-Geral dos Impostos, acrescido dos juros compensatórios eventualmente devidos, não for pago no prazo em que o deva ser, começam a contar-se juros de mora nos termos previstos no artigo 44.º da lei geral tributária.

Ver os artigos:
91.º – Juros compensatórios; **94.º** – Juros a favor do sujeito passivo.

Legislação Complementar:
– **Lei Geral Tributária, art. 44.º, n.º 3** – A taxa de juro de mora será definida por lei geral para as dívidas ao Estado e a outras entidades públicas.
– **D.L. n.º 73/99, de 16 de Março – art. 3.º – Taxa:**
1 – A taxa de juros de mora é de 1%, se o pagamento se fizer dentro do mês de calendário em que se verificou a sujeição aos mesmos juros, aumentando-se uma unidade por cada mês de calendário ou fracção se o pagamento se fizer posteriormente;
...
3 – A taxa referida no n.º 1 é reduzida a 0,5% para as dívidas cobertas por garantias reais constituídas por iniciativa da entidade credora ou por ela aceites e para as dívidas cobertas por garantia bancária.

Doutrina Administrativa:
Taxas aplicáveis na liquidação de juros compensatórios e de juros de mora (Ofício--circulado n.º 60 005, de 25/2/99) **[52]** – pág. 822.

ARTIGO 111.º
Privilégios creditórios

Para pagamento do IRS relativo aos três últimos anos, a Fazenda Pública goza de privilégio mobiliário geral e privilégio imobiliário sobre os bens existentes no património do sujeito passivo à data da penhora ou outro acto equivalente.

Legislação Complementar:
– **Código Civil**
Art. 736.º *(Créditos do Estado e das autarquias locais)* 1 – O Estado e as autarquias locais têm privilégio mobiliário geral para garantia dos créditos por impostos indirectos, e também pelos impostos directos inscritos para cobrança no ano corrente na data da penhora, ou acto equivalente, e nos dois anos anteriores.

2 – Este privilégio não compreende a sisa ou o imposto sobre as sucessões e doações, nem quaisquer outros impostos que gozem de privilégio especial.

Art. 751.º *(Privilégio imobiliário e direitos de terceiros)* – Os privilégios imobiliários são oponíveis a terceiros que adquiram o prédio ou um direito real sobre ele, e preferem à consignação de rendimentos, à hipoteca ou ao direito de retenção, ainda que estas garantias sejam anteriores.

Jurisprudência:
– Declarado inconstitucional com força obrigatória geral, na interpretação segundo a qual o privilégio imobiliário geral conferido à Fazenda Pública prefere à hipoteca, nos termos do art. 751.º do Código Civil. *(Acórdão n.º 362/2002, de 17/09/2002, publicado no DR I Série-A de 16/10/2002)*

CAPÍTULO VI
Obrigações acessórias

ARTIGO 112.º
Declaração de início de actividade, de alterações e de cessação

1 – Antes de iniciar alguma actividade susceptível de produzir rendimentos da categoria B, deve o sujeito passivo apresentar a respectiva declaração de início num serviço de finanças, em impresso de modelo oficial.

2 – Sempre que se verifiquem alterações de qualquer dos elementos constantes da declaração de início de actividade, deve o sujeito passivo entregar em qualquer serviço de finanças, no prazo de 15 dias a contar da alteração, se outro prazo não for previsto neste Código, a respectiva declaração de alterações, em impresso de modelo oficial.(^{1})

3 – No caso de cessação de actividade, deve o sujeito passivo, no prazo de 30 dias a contar da data da cessação, entregar a respectiva declaração num serviço de finanças, em impresso de modelo oficial.

4 – Quando o serviço de finanças receptor disponha dos meios informáticos adequados, as declarações referidas nos números anteriores podem ser substituídas pela declaração verbal, efectuada pelo sujeito passivo, de todos os elementos necessários ao registo e início de actividade, à alteração de dados constantes daquele registo e à cessação de actividade, sendo estes imediatamente introduzidos no sistema informático e confirmados pelo declarante, após a sua impressão em documento tipificado.

5 – O documento tipificado nas condições referidas no número anterior substitui, para todos os efeitos legais, as declarações referidas nos n.ºs 1 a 3.

6 – O documento comprovativo do início de actividade, das alterações ou da cessação é o documento tipificado, consoante os casos, processado após a confirmação dos dados do declarante, autenticado com a assinatura do funcionário receptor e com aposição de vinheta do técnico oficial de contas que assume a responsabilidade fiscal do sujeito passivo a que respeitam as declarações, quando seja adoptada contabilidade organizada.

7 – As declarações referidas nos n.ᵒˢ 1 a 3 podem ser enviadas por transmissão electrónica de dados.(¹)

Ver os artigos:
113.º – Comunicação de rendimentos e retenções; **150.º** – Registo dos sujeitos passivos (organização de processo individual).
29.º, n.º 1-a) do CIVA – Declaração de início, de alteração ou cessação de actividade.
25.º do RITI – Declaração de início, de alteração ou de cessação de actividade.

Doutrina Administrativa:
– Declaração de cessação (Ofício-circulado n.º 20 056, de 26/11/2001) **[52]** – pág. 846.

(¹) Redacção dada pelo D.L. n.º 238/2006, de 20 de Dezembro, que aditou o n.º 7.
Redacção anterior:
...
2 – Sempre que se verifiquem alterações de qualquer dos elementos constantes da declaração de início de actividade, deve o sujeito passivo entregar a respectiva declaração de alterações num serviço de finanças, no prazo de 15 dias a contar da data da alteração, em impresso de modelo oficial.
...

ARTIGO 113.º
Declaração anual de informação contabilística e fiscal

1 – Os sujeitos passivos de IRS devem entregar anualmente uma declaração de informação contabilística e fiscal, de modelo oficial, relativa ao ano anterior, quando possuam ou sejam obrigados a possuir contabilidade organizada ou quando estejam obrigados à apresentação de qualquer dos anexos que dela fazem parte integrante.

2 – A declaração referida no número anterior deve ser enviada, por transmissão electrónica de dados, até 15 de Julho, independentemente de esse dia ser útil ou não.(¹)

Ver o art. 129.º – Processo de documentação fiscal.
Legislação Complementar:
– Portaria n.º 8/2008, de 3 de Janeiro – Aprova os novos modelos de impressos relativos a anexos que fazem parte integrante do modelo declarativo da informação empresarial simplificada (IES) **[43]** – pág. 647.

Doutrina Administrativa:
– Declaração anual de informação contabilística e fiscal (Ofício-circulado n.º 10 012, de 18/05/2000) **[52]** – pág. 831.

(¹) Redacção dada pelo art. 2.º do D.L. n.º 292/2009, de 13 de Outubro.
Redacção anterior:

...

2 – A declaração referida no número anterior deve ser enviada, por transmissão electrónica de dados, até final do mês de Junho.

...

ARTIGO 114.º
Cessação de actividade

1 – A cessação considera-se verificada quando:

a) Deixem de praticar-se habitualmente actos relacionados com a actividade empresarial e profissional, se não houver imóveis afectos ao exercício da actividade;
b) Termine a liquidação das existências e a venda dos equipamentos, se os imóveis afectos ao exercício da actividade pertencerem ao dono do estabelecimento;
c) Se extinga o direito ao uso e fruição dos imóveis afectos ao exercício da actividade ou lhe seja dado outro destino, quando tais imóveis não pertençam ao sujeito passivo;
d) Seja partilhada a herança indivisa de que o estabelecimento faça parte, mas sem prejuízo do disposto nas alíneas anteriores;
e) Se dê a transferência, a qualquer título, da propriedade do estabelecimento.

2 – Quando, no âmbito da categoria B, existirem rendimentos de actividades agrícolas, silvícolas ou pecuárias e de pesca a cessação só se considera verificada quando deixe de ser exercida esta actividade e tenha terminado a liquidação das existências e a transmissão dos equipamentos ou a afectação destes a outras actividades, excepto quando for feita a opção prevista na última parte do artigo 36.º, caso em que a cessação ocorre no final do período de diferimento de imputação do subsídio.

3 – Independentemente dos factos previstos no n.º 1, pode ainda a administração fiscal declarar oficiosamente a cessação da actividade quando for manifesto que esta não está a ser exercida nem há intenção de a exercer, ou sempre que o sujeito passivo tenha declarado o exercício de uma actividade sem que possua uma adequada estrutura empresarial em condições de a exercer.(¹)

4 – A cessação oficiosa a que se refere o número anterior não desobriga o sujeito passivo do cumprimento das obrigações tributárias.(¹)

Ver o art. 34.º do CIVA – Conceito de cessação de actividade.

(¹) Aditado pelo art. 27.º da Lei n.º 55-B/2004 de 30 de Dezembro.

ARTIGO 115.º
Emissão de recibos e facturas

1 – Os titulares dos rendimentos da categoria B são obrigados:

a) A passar recibo, em modelo oficial, de todas as importâncias recebidas dos seus clientes, pelas prestações de serviços referidas na alínea b) do n.º 1 do artigo 3.º, ainda que a título de provisão, adiantamento ou reembolso de despesas, bem como dos rendimentos indicados na alínea c) do n.º 1 do mesmo artigo; ou(¹)

b) A emitir factura ou documento equivalente por cada transmissão de bens, prestação de serviços ou outras operações efectuadas, e a emitir documento de quitação de todas as importâncias recebidas.

2 – No caso de lhes aproveitar a dispensa de obrigação de facturação, nos termos do n.º 1 do artigo 39.º do Código do IVA, são os mesmos titulares obrigados à observância do disposto nos demais números do referido preceito, com as necessárias adaptações.

3 – Os titulares dos rendimentos referidos nas alíneas h) e i) do n.º 2 do artigo 3.º ficam dispensados do cumprimento das obrigações previstas nas alíneas a) e b) do n.º 1, sem prejuízo de deverem emitir recibo de quitação das importâncias recebidas.

4 – As pessoas que paguem rendimentos previstos no artigo 3.º são obrigadas a exigir os respectivos recibos, facturas ou documentos equivalentes e a conservá-los durante os cinco anos civis subsequentes, salvo se tiverem de dar-lhes outro destino devidamente justificado.

Doutrina Administrativa:
– Prestação de serviços (Circular n.º 5/2001, de 12 de Março) [50] – pág. 702.

(¹) Redacção dada pela Lei n.º 3-B/2010, de 28/04 (OE/2010).

[1] Art. 116.º *Obrigações acessórias* 161

Redacção anterior:
1 – ...
a) A passar recibo, em impresso de modelo oficial, de todas as importâncias recebidas dos seus clientes, pelas prestações de serviços referidas na alínea *b*) do n.º 1 do artigo 3.º, ainda que a título de provisão, adiantamento ou reembolso de despesas, bem como dos rendimentos indicados na alínea *c*) do n.º 1 do mesmo artigo; ou
...

ARTIGO 116.º
Livros de registo

1 – Os titulares dos rendimentos da categoria B são obrigados:

a) A escriturar os livros a que se referem as alíneas *a*), *b*) e *c*) do n.º 1 do artigo 50.º do Código do IVA, no caso de não possuírem contabilidade organizada; e

b) A evidenciar em separado no respectivo livro de registo as importâncias respeitantes a reembolsos de despesas efectuadas em nome e por conta do cliente, as quais, quando devidamente documentadas, não influenciam a determinação do rendimento, quando não possuam contabilidade organizada.

2 – Sem prejuízo do disposto no número anterior, os sujeitos passivos que exerçam actividades agrícolas, silvícolas ou pecuárias devem possuir ainda os seguintes elementos de escrita:

a) Livro de registo do movimento de produtos, gado e materiais;
b) Livro de registo de imobilizações.

3 – Os livros referidos no número anterior podem ser substituídos pelos livros e demais elementos de escrita exigidos pelo sistema adoptado na Rede de Informação de Contabilidades Agrícolas (RICA) ou pelas listagens do Sistema Gestagro, independentemente de os sujeitos passivos estarem integrados na referida rede.

4 – A escrituração dos livros referidos na alínea *a*) do n.º 1 obedece às seguintes regras:

a) Os lançamentos deverão ser efectuados no prazo máximo de 60 dias;

b) As importâncias recebidas a título de provisão, adiantamento ou a qualquer outro destinadas a custear despesas da responsabilidade dos clientes devem ser registadas em conta corrente e escrituradas no respectivo livro, sendo consideradas como receita no

ano posterior ao da sua recepção, sem contudo exceder a apresentação da conta final relativa ao trabalho prestado;
c) Os lançamentos devem ser sempre suportados por documentos comprovativos.

5 – Os titulares dos rendimentos referidos nas alíneas h) e i) do n.º 2 do artigo 3.º ficam dispensados do cumprimento das obrigações previstas no n.º 1.

6 – Os titulares de rendimentos da categoria B que, não sendo obrigados a dispor de contabilidade organizada, possuam, no entanto, um sistema de contabilidade que satisfaça os requisitos adequados ao correcto apuramento e fiscalização do imposto podem não utilizar os livros referidos no presente artigo.([1])

Ver os artigos:
28.º – Formas de determinação dos rendimentos empresariais e profissionais; **31.º** – Regime simplificado.

([1]) Redacção dada pelo D.L. n.º 238/2006, de 20 de Dezembro.

ARTIGO 117.º
Obrigações contabilísticas

1 – Os titulares de rendimentos da categoria B que não estejam abrangidos pelo regime simplificado de tributação são obrigados a dispor de contabilidade organizada, nos termos da lei comercial e fiscal, que permita o controlo do rendimento apurado.

2 – Aos sujeitos passivos referidos no número anterior é aplicável o disposto no artigo 115.º do Código do IRC.

Ver os artigos:
28.º – Formas de determinação dos rendimentos empresariais e profissionais; **31.º** – Regime simplificado; **129.º** – Processo de documentação fiscal.

ARTIGO 118.º
Centralização, arquivo e escrituração de livros

1 – Os sujeitos passivos são obrigados a centralizar a contabilidade ou a escrituração dos livros referidos nos artigos anteriores no seu domi-

cílio fiscal ou em estabelecimento estável ou instalação situados em território português, devendo neste último caso indicar, na declaração de início ou na declaração de alterações, a sua localização.

2 – Os sujeitos passivos são obrigados a arquivar os livros da sua escrituração e os documentos com ela relacionados, devendo conservá-los em boa ordem durante os 10 anos civis subsequentes.

Ver o art. 129.º – Processo de documentação fiscal.

Legislação Complementar:
– Ver o artigo 69.º do CIVA – Centralização da escrita.

Doutrina Administrativa:
– Centralização da contabilidade ou da escrituração (ver Ofício-circulado n.º 2//91) [52] – pág. 800.

ARTIGO 119.º
Comunicação de rendimentos e retenções

1 – As entidades devedoras de rendimentos que estejam obrigadas a efectuar a retenção, total ou parcial, do imposto, bem como as entidades devedoras dos rendimentos previstos nos n.ºs 4), 5), 7), 9) e 10) da alínea *b*) do n.º 3 do artigo 2.º e as entidades através das quais sejam processados os rendimentos sujeitos ao regime especial de tributação previsto no n.º 3 do artigo 72.º, bem como as entidades que paguem ou coloquem à disposição dos respectivos titulares, os rendimentos previstos na alínea *b*) do n.º 2 do artigo 101.º, são obrigadas a:

   a) Possuir registo actualizado das pessoas credoras desses rendimentos, ainda que não tenha havido lugar a retenção do imposto, do qual constem, nomeadamente, o nome, o número fiscal e respectivo código, bem como a data e valor de cada pagamento ou dos rendimentos em espécie que lhes tenham sido atribuídos;
   b) Entregar ao sujeito passivo, até 20 de Janeiro de cada ano, documento comprovativo das importâncias devidas no ano anterior, incluindo, quando for caso disso, as correspondentes aos rendimentos em espécie que lhes hajam sido atribuídos, do imposto retido na fonte e das deduções a que eventualmente haja lugar ou

ainda, nos 15 dias imediatos à respectiva ocorrência, de qualquer facto que determine a alteração dos rendimentos ou a obrigação de os declarar;(¹)

c) Entregar à Direcção-Geral dos Impostos, até ao final do mês de Fevereiro de cada ano, uma declaração, de modelo oficial, referente àqueles rendimentos e respectivas retenções de imposto, de contribuições obrigatórias para regimes de protecção social e subsistemas legais de saúde, bem como de quotizações sindicais, relativas ao ano anterior;(²)

d) Apresentar a declaração a que se refere a alínea anterior nos 30 dias imediatos à ocorrência de qualquer facto que determine a alteração dos rendimentos já declarados ou que implique a obrigação de os declarar.(¹)

2 – As entidades devedoras dos rendimentos a que se refere o artigo 71.º, cujos titulares beneficiem de isenção, dispensa de retenção ou redução de taxa, são obrigadas a:

a) Entregar à Direcção-Geral dos Impostos, até ao fim do mês de Julho de cada ano, uma declaração relativa àqueles rendimentos, de modelo oficial;

b) Possuir um registo actualizado dos titulares desses rendimentos com indicação do respectivo regime fiscal, bem como os documentos que justificam a isenção, a redução de taxa ou a dispensa de retenção na fonte.

3 – Tratando-se de rendimentos de quaisquer títulos nominativos ou ao portador, com excepção dos sujeitos a englobamento obrigatório, e de juros de depósitos à ordem ou a prazo, cujos titulares sejam residentes em território português, o documento referido na alínea b) do n.º 1 apenas é emitido a solicitação expressa dos sujeitos passivos que pretendam optar pelo englobamento, a qual deve ser efectuada até 31 de Janeiro do ano seguinte àquele a que os rendimentos respeitam.(²)

4 – O documento referido no número anterior deve conter declaração expressa dos sujeitos passivos autorizando a Direcção-Geral dos Impostos a averiguar, junto das respectivas entidades, se em seu nome ou em nome dos membros do seu agregado familiar existem, relativamente ao mesmo período de tributação, outros rendimentos com opção pelo englobamento e deve ser junto à declaração de rendimentos do ano a que respeita ou, se esta for enviada por transmissão electrónica de dados, deve ser remetido ao serviço de finanças da área do domicílio fis-

cal até ao final do prazo referido na subalínea *ii*) da alínea *b*) do artigo 60.°(²)

5 – Não é considerada a opção pelo englobamento se não for cumprido o disposto no número anterior ou se a solicitação referida na parte final do n.° 3 for efectuada para além do prazo aí previsto.(²)

6 – O registo, documento e declaração a que se referem as alíneas *a*) a *d*) do n.° 1 devem individualizar os rendimentos devidos que, nos termos da lei, não foram objecto de retenção na fonte.(¹)

7 – Tratando-se de rendimentos pagos ou colocados à disposição de sujeitos passivos não residentes em território português, as entidades devedoras são obrigadas a:

a) Entregar à Direcção-Geral dos Impostos, até ao fim do mês de Julho de cada ano, uma declaração relativa àqueles rendimentos, de modelo oficial;

b) Cumprir as obrigações previstas nas alíneas *a*) e *b*) do n.° 1 e *b*) do n.° 2, consoante o caso.

8 – Quando haja criação ou aplicação, em benefício de trabalhadores ou membros de órgãos sociais, de planos de opções, de subscrição, de atribuição ou outros de efeito equivalente, ainda que por entidade compreendida no âmbito de aplicação do n.° 10 do artigo 2.°, a entidade patronal é obrigada a declarar a existência dessa situação, cujo conhecimento se presume em todos os casos, através de modelo oficial, até 30 de Junho do ano seguinte.

9 – As entidades que suportem os encargos, preços ou vantagens económicas referidos no n.° 4 do artigo 24.°, ainda que em relação a planos de opções, de subscrição, de atribuição ou outros de efeito equivalente criados ou atribuídos por entidade compreendida no âmbito de aplicação do n.° 10 do artigo 2.°, são obrigadas a:

a) Possuir registo actualizado das pessoas que auferem os correspondentes rendimentos, do qual constem o número fiscal e respectivo código, bem como as datas de exercício das opções, direitos de subscrição ou direitos de efeito equivalente, da alienação ou renúncia ao exercício ou da recompra, os valores, preços ou vantagens económicas referidos no n.° 4 do artigo 24.°;

b) Entregar aos sujeitos passivos, até 20 de Janeiro de cada ano, cópia do registo referido na alínea anterior, na parte que lhes respeita;

c) Incluir na declaração a que se referem as alíneas *c*) e *d*) do n.° 1 informação relativa aos valores mencionados na alínea *a*).(¹)

10 – *(Revogado)*([1])

11 – Tratando-se de rendimentos de quaisquer valores mobiliários, o cumprimento das obrigações referidas nos números anteriores é da responsabilidade das entidades registadoras ou depositárias previstas no artigo 125.º.

Legislação Complementar:
– Portaria n.º 51/2004, de 16 de Janeiro. Estabelece o envio por transmissão electrónica de dados da declaração a que se referem a alínea c) do n.º 1 do artigo 119.º do Código do IRS e o artigo 120.º do Código do IRC;
– Portaria n.º 377/2004, de 14 de Abril. Aprova a declaração modelo 31 – rendimentos pagos a entidades que beneficiem de isenção, dispensa de retenção ou redução de taxa;
– Portaria n.º 378/2004, de 14 de Abril. Aprova a declaração modelo 34 – entidades emitentes de valores mobiliários sujeitos a depósito ou registo em Portugal sempre que tenham em circulação valores mobiliários;
– Portaria n.º 16-B/2008, de 9 de Janeiro. Aprovou a declaração modelo 10, que constitui o modelo oficial a que se refere as alíneas c) e d) do n.º 1 do artigo 119.º do CIRS;
– Portaria n.º 438/2004, de 30 de Abril. Aprova o modelo de declaração modelo 30, respectivas instruções e tabelas a utilizar sempre que sejam pagos ou colocados à disposição rendimentos a entidades não residentes.

Doutrina Administrativa:
– Reposição de remunerações indevidamente pagas a funcionários ou agentes da Administração Pública (ver Circular n.º 3/2008) **[50]** – pág. 772.
– Rendimentos das partes comuns da propriedade horizontal (Circular n.º 15/2008, de 7/10) **[50]** – pág. 777.

([1]) Redacção dada pelo D.L. n.º 238/2006, de 20 de Dezembro, que aditou a alínea d) do n.º 1 e revogou o n.º 10.
([2]) Redacção dada pelo D.L. n.º 361/2007, de 2 de Novembro.

ARTIGO 120.º
Entidades emitentes de valores mobiliários

As entidades emitentes de valores mobiliários são obrigadas a comunicar à Direcção-Geral dos Impostos, até ao fim do mês de Julho de cada ano, através de modelo oficial, os seguintes elementos:

   a) Identificação das entidades registadoras ou depositárias previstas no artigo 125.º;

b) Quantidade de valores mobiliários que integram a emissão, e tratando-se de emissão contínua, a quantidade actualizada dos valores mobiliários emitidos;

c) Quantidade de valores mobiliários registados ou depositados em cada uma das entidades referidas na alínea *a*).

ARTIGO 121.º([1])
Empresas de seguros

As empresas de seguros devem comunicar à Direcção-Geral dos Impostos, até ao fim do mês de Fevereiro de cada ano, em declaração de modelo oficial, os prémios pagos no ano anterior respeitantes a contratos de seguros de vida que garantam exclusivamente os riscos de morte, invalidez ou reforma por velhice, de acidentes pessoais e, ainda, os que cobrem exclusivamente riscos de saúde, bem como os resgates de apólices de seguros de grupo e os resgates ou adiantamentos de apólices de seguros individuais efectuados antes de terem decorridos cinco anos após a sua constituição, dela devendo constar:

a) O número da apólice e as datas de constituição do seguro, do seu resgate ou adiantamentos;

b) A identificação fiscal da entidade que constituiu o seguro e da entidade que beneficiou do resgate ou adiantamentos;

c) O montante total dos prémios pagos durante a vigência da respectiva apólice.

([1]) *Revogado pelo art. 44.º, n.º 2 da Lei n.º 67-A/2007, de 31 de Dezembro, sem prejuízo do cumprimento das obrigações nele previstas durante o ano de 2008.*

ARTIGO 122.º([1])
Empresas gestoras de fundos de poupança-reforma, poupança-educação e poupança-reforma/educação

As empresas gestoras dos fundos referidos no artigo 21.º do Estatuto dos Benefícios Fiscais e as entidades gestoras de fundos de pensões e de outros regimes complementares de segurança social, a que se refere o artigo 14.º do mesmo Estatuto, devem comunicar à Direcção-Geral dos Impostos, até fim do mês de Fevereiro de cada ano, em declaração de modelo oficial, relativamente ao ano anterior e a cada sujeito passivo, as importâncias aplicadas no plano ou as contribuições, o reembolso dos respectivos certificados nas condições previstas nos n.ºs 3 a 6 do mencionado artigo 21.º, bem como, quando diferentes, a identificação fiscal da entidade que constituiu o plano e da entidade que beneficia do resgate ou do reembolso dos certificados e a totalidade das entregas efectuadas por cada uma durante a vigência do plano.

([1]) *Revogado pelo art. 44.º, n.º 2 da Lei n.º 67-A/2007, de 31 de Dezembro, sem prejuízo do cumprimento das obrigações nele previstas durante o ano de 2008.*

ARTIGO 123.º(¹)
Notários, conservadores, oficiais de justiça e entidades e profissionais com competência para autenticar documentos particulares

Os notários, conservadores, secretários judiciais, secretários técnicos de justiça e entidades e profissionais com competência para autenticar documentos particulares que titulem actos ou contratos sujeitos a registo predial são obrigados a enviar à Direcção-Geral dos Impostos, preferencialmente por via electrónica, até ao dia 10 de cada mês, relação dos actos por si praticados e das decisões transitadas em julgado no mês anterior dos processos a seu cargo, que sejam susceptíveis de produzir rendimentos sujeitos a IRS, através de modelo oficial.

Legislação Complementar:
– Portaria n.º 975/2004, de 3 de Agosto. Aprova a declaração mod. 11.

(¹) Redacção dada pelo art. 66.º da Lei n.º 64-A/2008, de 31 de Dezembro.
Redacção anterior:
  Notários, conservadores e oficiais de justiça
  Os notários, conservadores, secretários judiciais e secretários técnicos de justiça são obrigados a enviar à Direcção-Geral dos Impostos, até ao dia 10 de cada mês, relação dos actos praticados nos seus cartórios e conservatórias e das decisões transitadas em julgado no mês anterior dos processos a seu cargo, que sejam susceptíveis de produzir rendimentos sujeitos a IRS, através de modelo oficial.

ARTIGO 124.º
Operações com instrumentos financeiros

As instituições de crédito e sociedades financeiras devem comunicar à Direcção-Geral dos Impostos, até 30 de Junho de cada ano, relativamente a cada sujeito passivo, através de modelo oficial:

a) As operações efectuadas com a sua intervenção, relativamente a valores mobiliários e *warrants* autónomos;
b) Os resultados apurados nas operações efectuadas com a sua intervenção relativamente a instrumentos financeiros derivados.

ARTIGO 125.º
Registo ou depósito de valores mobiliários

1 – As entidades registadoras ou depositárias a que se referem os artigos 61.º e 99.º do Código dos Valores Mobiliários, para além do cumprimento das obrigações constantes do artigo 119.º, são, ainda, obrigadas a:

    a) Comunicar à Direcção-Geral dos Impostos, até ao fim do mês de Julho de cada ano, através de modelo oficial, os registos efectuados relativamente a valores mobiliários;

    b) Entregar aos investidores, até 20 de Janeiro de cada ano, uma declaração onde constem os movimentos de registo efectuados no ano anterior.

2 – As entidades registadoras ou depositárias de quaisquer valores mobiliários que não sejam consideradas residentes em território português nem possuam estabelecimento estável aí situado devem designar um representante com residência, sede ou direcção efectiva nesse território para efeitos de cumprimento das obrigações legalmente previstas.

ARTIGO 126.º
Entidades emitentes e utilizadoras dos vales de refeição

1 – As entidades emitentes de vales de refeição devem possuir registo actualizado do qual conste, pelo menos, a identificação das entidades adquirentes bem como dos respectivos documentos de alienação e do correspondente valor facial.

2 – As entidades emitentes de vales de refeição são obrigadas a enviar à Direcção-Geral dos Impostos, até ao final do mês de Maio de cada ano, a identificação fiscal das entidades adquirentes de vales de refeições, bem como o respectivo montante, em declaração de modelo oficial.

3 – O disposto no número anterior não dispensa as entidades utilizadoras dos vales de refeição de cumprir o disposto no artigo 119.º, relativamente às importâncias que excedam o valor excluído da tributação nos termos do n.º 2) da alínea *b)* do n.º 3 do artigo 2.º.

4 – As entidades utilizadoras de vales de refeição devem possuir registo actualizado, do qual conste, pelo menos, a identificação das entidades emitentes, bem como dos respectivos documentos de aquisição, e ainda registo individualizado dos beneficiários e dos respectivos montantes atribuídos.

5 – A diferença entre os montantes dos vales de refeição adquiridos e dos atribuídos, registados nos termos dos números anteriores, deduzida do valor correspondente aos vales que se mantenham na posse da entidade adquirente, fica sujeita ao regime das despesas confidenciais ou não documentadas.

ARTIGO 127.º([1])
Comunicação de encargos

1 – As instituições de crédito, as cooperativas de habitação, as empresas de seguros e as empresas gestoras dos fundos e de outros regimes complementares referidos nos artigos 16.º, 17.º e 21.º do Estatuto dos Benefícios Fiscais, incluindo as associações mutualistas, comunicam à Direcção-Geral dos Impostos, até ao final do mês de Fevereiro de cada ano, em declaração de modelo oficial, relativamente ao ano anterior e a cada sujeito passivo:([2])

    a) Os juros e amortizações suportados respeitantes a dívidas contraídas com a aquisição, construção ou beneficiação de imóveis para habitação própria e permanente ou arrendamento, com excepção das amortizações efectuadas por mobilização dos saldos das contas poupança-habitação, que possam ser deduzidos à colecta;

    b) Os prémios pagos respeitantes a contratos de seguro de vida que garantam exclusivamente os riscos de morte, invalidez ou reforma por velhice, de acidentes pessoais e, ainda, os que cobrem exclusivamente riscos de saúde, que possam ser abatidos aos rendimentos ou deduzidos à colecta;

    c) As importâncias aplicadas em fundos de pensões e outros regimes complementares de segurança social, incluindo os disponibilizados por associações mutualistas, previstos nos artigos 16.º, 17.º e 21.º do Estatuto dos Benefícios Fiscais;([2])

    d) As importâncias pagas aos beneficiários com inobservância das condições previstas no n.º 1 do artigo 86.º, bem como a título de resgate, adiantamento ou reembolso dos certificados nas condições previstas nos artigos 16.º, 17.º e 21.º do Estatuto dos Benefícios Fiscais.([2])

2 – As entidades referidas no número anterior, devem ainda entregar aos sujeitos passivos, até 20 de Janeiro de cada ano, documento compro-

vativo de juros, prémios de seguros de vida e outros encargos pagos por aqueles no ano anterior e que possam ser abatidos aos rendimentos ou deduzidos à colecta.

3 – Dentro do prazo referido no número anterior, as entidades que recebam ou paguem quaisquer outras importâncias susceptíveis de abatimento aos rendimentos ou dedução à colecta, devem entregar aos sujeitos passivos o respectivo documento comprovativo.

Legislação Complementar:
– Portaria n.º 727/2008, publicada no D.R. 2.ª Série, n.º 154, de 11 de Agosto. Aprova a Declaração mod. 37, a utilizar pelas entidades referidas no n.º 1 do artigo 127.º do CIRS.

([1]) Redacção dada pelo art. 43.º da Lei n.º 67-A/2007, de 31 de Dezembro. Nos termos do art. 45.º, n.º 1 desta lei, a alteração introduzida aplica-se às obrigações que devem ser cumpridas a partir de 1 de Janeiro de 2009.
Redacção anterior:

ARTIGO 127.º
Documentos comprovativos de encargos
1 – As instituições de crédito e as companhias de seguros devem entregar aos sujeitos passivos, até 20 de Janeiro, documento comprovativo de juros, prémios de seguros de vida e outros encargos pagos por aqueles no ano anterior e que possam ser deduzidos ou abatidos aos seus rendimentos.
2 – Dentro do mesmo prazo, as restantes entidades que recebam juros ou paguem quaisquer despesas susceptíveis de dedução ou abatimento nos rendimentos devem entregar aos sujeitos passivos documento comprovativo de tais pagamentos.
([2]) Redacção dada pelo art. 2.º do D.L. n.º 292/2009, de 13 de Outubro.
Redacção anterior:
1 – As instituições de crédito, as cooperativas de habitação, as empresas de seguros e as empresas gestoras dos fundos e de outros regimes complementares referidos nos artigos 14.º e 21.º do Estatuto dos Benefícios Fiscais, devem comunicar à Direcção-Geral dos Impostos, até ao fim do mês de Fevereiro de cada ano, em declaração de modelo oficial, relativamente ao ano anterior e a cada sujeito passivo:
...
c) As importâncias aplicadas em fundos de pensões e outros regimes complementares de segurança social previstos nos artigos 16.º, 17.º e 21.º do Estatuto dos Benefícios Fiscais;([2])
d) As importâncias pagas aos beneficiários com inobservância das condições previstas no n.º 1 do artigo 86.º, bem como a título de resgate, adiantamentos ou reembolso dos certificados nas condições previstas no artigo 14.º e no artigo 21.º do Estatuto dos Benefícios Fiscais.
...

ARTIGO 128.º
Obrigação de comprovar os elementos das declarações

1 – As pessoas sujeitas a IRS devem apresentar, no prazo que lhes for fixado, os documentos comprovativos dos rendimentos auferidos, das de-

duções e abatimentos e de outros factos ou situações mencionadas na respectiva declaração, quando a Direcção-Geral dos Impostos os exija.

2 – A obrigação estabelecida no número anterior mantém-se durante os quatro anos seguintes àquele a que respeitem os documentos.([1])

3 – O extravio dos documentos referidos no n.º 1 por motivo não imputável ao sujeito passivo não o impede de utilizar outros elementos de prova daqueles factos.

([1]) Redacção dada pelo art. 1.º do D.L. n.º 160/2003, de 19 de Julho.

ARTIGO 129.º
Processo de documentação fiscal

1 – Os sujeitos passivos de IRS que, nos termos deste Código, possuam ou sejam obrigados a possuir contabilidade organizada devem constituir, até ao termo do prazo para entrega da declaração a que se refere o artigo 113.º, um processo de documento fiscal relativo a cada exercício, que deve conter os elementos a definir por portaria do Ministro das Finanças.

2 – O referido processo deve ser centralizado e conservado de acordo com o disposto no artigo 118.º.

ARTIGO 130.º
Representantes

1 – Os não residentes que obtenham rendimentos sujeitos a IRS, bem como os que, embora residentes em território nacional, se ausentem deste por um período superior a seis meses devem, para efeitos tributários, designar uma pessoa singular ou colectiva com residência ou sede em Portugal para os representar perante a Direcção-Geral dos Impostos e garantir o cumprimento dos seus deveres fiscais.

2 – A designação a que se refere o n.º 1 será feita na declaração de início de actividade, de alterações ou de registo de número de contribuinte, devendo nela constar expressamente a sua aceitação pelo representante.

3 – Na falta de cumprimento do disposto no n.º 1, e independentemente da sanção que ao caso couber, não há lugar às notificações previstas neste Código, sem prejuízo de os sujeitos passivos poderem tomar

conhecimento das matérias a que as mesmas respeitariam junto do serviço que, para o efeito, seja competente.

Legislação Complementar:
– **Lei Geral Tributária, art. 19.º, n.º 4** – Os sujeitos passivos residentes no estrangeiro, bem como os que, embora residentes no território nacional, se ausentem deste por período superior a seis meses, devem, para efeitos tributários, designar um representante com residência em território nacional.
– **Regime Geral das Infracções Tributárias (RGIT), art. 124.º** – Falta de designação de representantes.

Doutrina Administrativa:
– Representação fiscal dos sujeitos passivos não residentes, sem estabelecimento estável em território português (ver Circular n.º 14/93) **[50]** – pág. 668.

ARTIGO 131.º
Pluralidade de obrigados

Se a obrigação acessória impender sobre várias pessoas, o cumprimento por uma delas exonera as restantes.

Código Civil – ver art. 512.º – Obrigações solidárias.

CAPÍTULO VII
Fiscalização

ARTIGO 132.º
Entidades fiscalizadoras

O cumprimento das obrigações impostas por este diploma é fiscalizado, em geral, e dentro dos limites da respectiva competência, por todas as autoridades, corpos administrativos, repartições públicas e pessoas colectivas de utilidade pública e, em especial, pela Direcção-Geral dos Impostos.

Legislação Complementar:
– **Regime Complementar do Procedimento da Inspecção Tributária** – D.L. n.º 413/98, de 31 de Dezembro, art. 16.º: – Competência material e territorial.

ARTIGO 133.º
Dever de colaboração

Todos devem, dentro dos limites da razoabilidade, prestar a colaboração que lhes for solicitada pelos serviços competentes, tendo em vista o exercício, por estes, dos respectivos poderes.

Legislação Complementar:
– **Lei Geral Tributária, art. 59.º** – Princípio da colaboração.
– **Regime Complementar do Procedimento da Inspecção Tributária** – D.L. n.º 413/98, de 31 de Dezembro, art. 9.º: – Princípio da cooperação.

ARTIGO 134.º
Dever de fiscalização em especial

A fiscalização em especial das disposições do presente Código rege-se pelo disposto no artigo 63.º da lei geral tributária, aprovada pelo Decreto-Lei n.º 398/98, de 17 de Dezembro, e no Regime Complementar do Procedimento de Inspecção Tributária, aprovado pelo Decreto-Lei n.º 413/98, de 31 de Dezembro.([1])

([1]) Redacção dada pela Lei n.º 50/2005, de 30 de Agosto.

ARTIGO 135.º
(Revogado pela Lei n.º 50/2005, de 30 de Agosto)

ARTIGO 136.º
(Revogado pela Lei n.º 50/2005, de 30 de Agosto)

ARTIGO 137.º
Garantia de observância de obrigações fiscais

1 – Sem prejuízo das regras especiais previstas no Código de Processo Civil, as petições relativas a actos susceptíveis de produzirem rendimentos sujeitos a este imposto não podem ter seguimento ou ser atendidas perante qualquer autoridade, repartição pública ou pessoa colectiva de utilidade pública sem que o respectivo sujeito passivo faça prova da apresentação da última declaração de rendimentos a que estiver obrigado ou de que não está sujeito ao cumprimento dessa obrigação.

2 – A prova referida na parte final do número anterior é feita através de certidão, passada pelo serviço fiscal competente.

3 – A apresentação dos documentos de prova referidos nos números anteriores é averbada no requerimento, processo ou registo da petição, devendo o averbamento ser datado e rubricado pelo funcionário competente, que restituirá os documentos ao apresentante.

ARTIGO 138.º
**Aquisição e alienação de acções
e outros valores mobiliários**

1 – Os alienantes e adquirentes de acções e outros valores mobiliários são obrigados a entregar declaração de modelo oficial à Direcção-

-Geral dos Impostos, quando a respectiva alienação ou a aquisição tenha sido realizada sem a intervenção das entidades referidas nos artigos 123.° e 124.°, nos 30 dias subsequentes à realização das operações.

2 – As entidades que intervenham no pagamento ou colocação à disposição de rendimentos ou ganhos a que os valores confiram direito ou que a eles estejam associados não podem realizar o respectivo pagamento ou colocação à disposição sem que lhes seja feita prova da apresentação da declaração a que se refere o número anterior, quando esta se mostre devida, sendo solidariamente responsáveis pelo imposto não liquidado na esfera do respectivo titular do rendimento em virtude da inobservância da referida obrigação, sem prejuízo do disposto no Regime Geral das Infracções Tributárias, aprovado pela Lei n.° 15/2001, de 5 de Junho.

3 – Os adquirentes de acções e outros valores mobiliários, para exercerem quaisquer direitos, diferentes dos referidos no número anterior, conferidos pela respectiva titularidade, directamente ou por intermédio da instituição financeira, devem fazer prova, perante a entidade respectiva, que foi apresentada a declaração a que se refere o n.° 1 ou que a aquisição foi realizada com a intervenção das entidades referidas nos artigos 123.° e 124.° deste Código, sendo o titular e aquela entidade ambos responsáveis quanto ao dever de comprovação, sem prejuízo de o Ministério Público poder promover a inibição do exercício daqueles direitos, e do disposto no Regime Geral das Infracções Tributárias, aprovado pela Lei n.° 15/2001, de 5 de Junho.

Legislação Complementar:
– Portaria n.° 54/2009, de 21 de Janeiro. Aprova o modelo de impresso (mod. 4) da declaração de aquisição ou alienação de valores mobiliários.

ARTIGO 139.°
Pagamento de rendimentos a sujeitos passivos não residentes

Não se podem realizar transferências para o estrangeiro de rendimentos sujeitos a IRS obtidos em território português por sujeitos passivos não residentes sem que se mostre pago ou assegurado o imposto que for devido.

Legislação Complementar:
– **126.° do R.G.I.T.** – Transferência para o estrangeiro de rendimentos sujeitos a tributação.

CAPÍTULO VIII
Garantias

ARTIGO 140.º
Reclamações e impugnações

1 – Os sujeitos passivos do IRS, os seus representantes e as pessoas solidária ou subsidiariamente responsáveis pelo pagamento do imposto podem reclamar contra a respectiva liquidação ou impugná-la nos termos e com os fundamentos estabelecidos no Código de Procedimento e de Processo Tributário.

2 – Pode igualmente ser objecto de reclamação ou de impugnação, por parte do titular dos rendimentos ou do seu representante, a retenção de importâncias total ou parcialmente indevidas, sempre que se verifique a impossibilidade de ser efectuada a correcção a que se refere o n.º 4 do artigo 98.º ou de o respectivo montante ser levado em conta na liquidação final do imposto.

3 – Podem ainda exercer a faculdade prevista no n.º 1 as entidades que, no âmbito da substituição tributária, tenham entregue por erro importância superior ao imposto retido, ou as que, em cumprimento da obrigação de liquidação autónoma, tenham praticado algum erro na liquidação.

4 – Os prazos de reclamação e de impugnação contam-se nos termos seguintes:

a) A partir dos 30 dias seguintes ao da notificação da liquidação;([1])
b) *(Revogada.)* ([1])
c) A partir do dia 20 de Janeiro do ano seguinte àquele a que a retenção disser respeito, nos casos previstos no n.º 2;
d) A partir do dia 20 de Janeiro do ano seguinte àquele a que a retenção disser respeito ou a partir da data de pagamento do imposto que autonomamente deva ser liquidado e entregue nos cofres do Estado, nos casos previstos no n.º 3.

5 – A reclamação ou impugnação do acto de fixação dos rendimentos que não dê origem a liquidação de IRS será efectuada nos termos e prazo previstos no Código de Procedimento e de Processo Tributário.

Legislação Complementar:
– **Reclamação graciosa** – arts. **68.º** a **77.º** do Código de Procedimento e de Processo Tributário;
– **Impugnação** – arts. **99.º** a **134.º** do Código de Procedimento e de Processo Tributário;
– **Prazo de apresentação da impugnação** – art. **102.º** do Código de Procedimento e de Processo Tributário;
– **Substituição das declarações** – art. **59.º**, n.º **3** do Código de Procedimento e de Processo Tributário.

Doutrina Administrativa:
– Exercício das opções previstas no código do IRS – admissibilidade de alteração posterior com excepção das opções inerentes à situação familiar – arts. 14.º, n.º 5 e 59.º, n.º 2. (Ver Ofício-circulado n.º 2 785, de 98/01/06) **[52]** – pág. 814.

([1]) Redacção dada pela Lei n.º 60-A/2005, de 30/12.

ARTIGO 141.º
(Revogado pela Lei n.º 32-B/2002, de 30/12)
Tinha a seguinte redacção:
Recurso hierárquico

É aplicável em IRS, com as necessárias adaptações, o disposto no artigo 129.º do Código do IRC.

ARTIGO 142.º
Competência territorial

1 – Para efeitos deste imposto, os actos tributários, qualquer que seja a sua natureza, consideram-se praticados no serviço de finanças da área do domicílio fiscal do sujeito passivo ou do seu representante.

2 – Tratando-se de não residentes que não tenham nomeado representante, os actos tributários a que se refere o número anterior consideram-se praticados no Serviço de Finanças de Lisboa 3.

CAPÍTULO IX
Disposições diversas

ARTIGO 143.º
Ano fiscal

Para efeitos do IRS, o ano fiscal coincide com o ano civil.

ARTIGO 144.º
Modelos oficiais

1 – O âmbito de obrigatoriedade, os suportes e os procedimentos relativos à utilização de modelos oficiais para cumprimento de obrigações acessórias, bem como o respectivo início de vigência, são definidos por portaria do Ministro das Finanças.

2 – As especificações dos modelos oficiais são aprovadas por despacho do Ministro das Finanças, sob proposta da Direcção-Geral dos Impostos.

ARTIGO 145.º
Declarações e outros documentos

Sempre que, neste Código, não se exija a utilização de impressos de modelo oficial, podem as declarações, relações, requerimentos ou outros documentos ser apresentados em papel comum de formato A4, ou em suporte que, com os requisitos estabelecidos pela Direcção-Geral dos Impostos, permita tratamento informático.

ARTIGO 146.º
Assinatura das declarações

1 – As declarações devem ser assinadas pelos sujeitos passivos ou

pelos seus representantes, legais ou voluntários, ou por gestor de negócios, devidamente identificados.

2 – São recusadas as declarações que não estiverem devidamente assinadas, sem prejuízo das sanções estabelecidas para a falta da sua apresentação.

3 – Sempre que o cumprimento das obrigações declarativas se faça por meio de transmissão electrónica de dados, a certificação da respectiva autenticidade é feita por aposição de assinatura electrónica ou por procedimentos alternativos, consoante o que seja definido em portaria do Ministro das Finanças.

Doutrina Administrativa:
– **Ofício-circular n.º X-1/93 de 28/1** – "Não pode ser recusada uma declaração de rendimentos que se mostre assinada apenas por um dos cônjuges, desde que se refira expressamente que este assina por si e pelo outro".

ARTIGO 147.º
Recibo de documento

1 – Quando, neste Código, se mande efectuar a entrega de declarações ou outros documentos em mais de um exemplar, um deles deve ser devolvido ao apresentante, com menção de recibo.

2 – Nos casos em que a lei determine a apresentação de declaração ou outros documentos num único exemplar, pode o obrigado entregar cópia do mesmo para efeitos do disposto no número anterior.

3 – Sempre que os deveres de comunicação sejam cumpridos através de transmissão electrónica de dados, o documento comprovativo da recepção é enviado por via postal.

ARTIGO 148.º
Prazo para envio pelo correio

1 – Quando, nos termos do artigo 61.º, o sujeito passivo opte pelo envio, pelo correio, das declarações e demais documentos, a sua remessa deve fazer-se até ao último dia do prazo fixado na lei.

2 – Para efeitos do disposto no número anterior, considera-se que a remessa foi efectuada na data constante do carimbo dos CTT ou na data do registo.

3 – Ocorrendo extravio, a Direcção-Geral dos Impostos pode exigir segunda via, que, para todos os efeitos, tem a data em que, comprovadamente, haja sido entregue ou expedida a declaração.

ARTIGO 149.º
Notificações

1 – As notificações por via postal devem ser feitas no domicílio fiscal do notificando ou do seu representante.

2 – As notificações a que se refere o artigo 66.º, quando por via postal, devem ser efectuadas por meio de carta registada com aviso de recepção.

3 – As restantes notificações devem ser feitas por carta registada, considerando-se a notificação efectuada no 3.º dia posterior ao do registo ou no 1.º dia útil seguinte a esse, caso esse dia não seja dia útil.

4 – Não sendo conhecido o domicílio fiscal do notificando, as notificações podem ser feitas por edital afixado no serviço de finanças da área da sua última residência.

5 – Em tudo o mais, aplicam-se as regras estabelecidas no Código de Procedimento e de Processo Tributário.

Legislação Complementar:
– **Código de Procedimento e de Processo Tributário** – arts. 35.º a 43.º (Das notificações e citações).

ARTIGO 150.º
Registo dos sujeitos passivos

1 – Com base nas declarações de início de actividade, de alterações ou de outros elementos de que disponha, a Direcção-Geral dos Impostos organiza e mantém actualizado um registo de sujeitos passivos de IRS.

2 – O cancelamento do registo respeitante a não residentes é feito em face da declaração da cessação de actividade em território português ou de declaração de alienação das suas fontes de rendimento tributável nesse território, as quais devem ser apresentadas até final do mês seguinte ao da verificação desses factos.

Ver os artigos:
57.º – Declaração de rendimentos; **58.º** – Dispensa de declaração; **112.º** – Início, alterações e cessação de actividade.

ARTIGO 151.º
Classificação das actividades

As actividades exercidas pelos sujeitos passivos do IRS são classificadas, para efeitos deste imposto, de acordo com a Classificação das Actividades Económicas Portuguesas por Ramos de Actividade (CAE), do Instituto Nacional de Estatística, ou de acordo com os códigos mencionados em tabela de actividades aprovada por portaria do Ministro das Finanças.

Portaria n.º 1 011/2001
de 21 de Agosto

Com a alteração do artigo 3.º do Código do IRS, introduzida pela Lei n.º 30-G/2000, de 29 de Dezembro, foi revogada a lista de profissões a que se referia o n.º 2 do mesmo artigo. A nova redacção do artigo 151.º do CIRS impõe a obrigatoriedade de que as actividades exercidas pelos sujeitos passivos do IRS sejam classificadas, para efeitos deste imposto, de acordo com a Classificação das Actividades Económicas Portuguesas por Ramos de Actividade (CAE), do Instituto Nacional de Estatística, ou de acordo com os códigos mencionados em tabela de actividades aprovada por portaria do Ministro das Finanças.

Assim:

Manda o Governo, pelo Ministro das Finanças, que a tabela a que se refere o artigo 151.º do Código do IRS seja a constante do anexo I, que faz parte integrante desta portaria.

O Ministro das Finanças, *Guilherme d'Oliveira Martins*, em 1 de Agosto de 2001

ANEXO I
Tabela de actividades do artigo 151.º do CIRS

1 – Arquitectos, engenheiros e técnicos similares:
   1000 Agentes técnicos de engenharia e arquitectura:
   1001 Arquitectos;
   1002 Desenhadores;
   1003 Engenheiros;
   1004 Engenheiros técnicos;
   1005 Geólogos;
   1006 Topógrafos

2 – Artistas plásticos e assimilados, actores, músicos:
   2010 Artistas de teatro, bailado, cinema, rádio e televisão;
   2011 Artistas de circo;

2019 Cantores;
2012 Escultores;
2013 Músicos;
2014 Pintores;
2015 Outros artistas.

3 – Artistas tauromáquicos:
3010 Toureiros;
3019 Outros artistas tauromáquicos.

4 – Economistas, contabilistas, actuários e técnicos similares:
4010 Actuários;
4011 Auditores;
4012 Consultores fiscais;
4013 Contabilistas;
4014 Economistas;
4015 Técnicos oficiais de contas;
4016 Técnicos similares.

5 – Enfermeiros, parteiras e outros técnicos paramédicos:
5010 Enfermeiros;
5012 Fisioterapeutas;
5013 Nutricionistas;
5014 Parteiras;
5015 Terapeutas da fala;
5016 Terapeutas ocupacionais; ([1])
5019 Outros técnicos paramédicos.

6 – Juristas e solicitadores:
6010 Advogados;
6011 Jurisconsultos;
6012 Solicitadores.

7 – Médicos e dentistas:
7010 Dentistas;
7011 Médicos analistas;
7012 Médicos cirurgiões;
7013 Médicos de bordo em navios;
7014 Médicos de clínica geral;
7015 Médicos dentistas;
7016 Médicos estomatologistas;
7017 Médicos fisiatras;
7018 Médicos gastroenterologistas;

7019 Médicos oftalmologistas;
7020 Médicos ortopedistas;
7021 Médicos otorrinolaringologistas;
7022 Médicos pediatras;
7023 Médicos radiologistas;
7024 Médicos de outras especialidades.

8 – Professores e técnicos similares:
8010 Explicadores;
8011 Formadores;
8012 Professores.

9 – Profissionais dependentes de nomeação oficial:
9010 Revisores oficiais de contas;
9011 Notários. ([1])

10 – Psicólogos e sociólogos:
1010 Psicólogos;
1011 Sociólogos.

11 – Químicos:
1110 Analistas.

12 – Sacerdotes:
1210 Sacerdotes de qualquer religião.
13 – Outras pessoas exercendo profissões liberais, técnicos e assimilados:
1310 Administradores de bens;
1311 Ajudantes familiares;
1312 Amas;
1313 Analistas de sistemas;
1314 Arqueólogos;
1315 Assistentes Sociais;
1316 Astrólogos;
1317 Parapsicólogos;
1318 Biólogos;
1319 Comissionistas;
1320 Consultores;
1321 Dactilógrafos;
1322 Decoradores;
1323 Desportistas;
1324 Engomadores;
1325 Esteticistas, manicuras e pedicuras;
1326 Guias-intérpretes;

1327 Jornalistas e repórteres;
1328 Louvados;
1329 Massagistas;
1330 Mediadores imobiliários;
1331 Peritos-avaliadores;
1332 Programadores informáticos;
1333 Publicitários;
1334 Tradutores;
1335 Farmacêuticos;(^{2})
1336 Designers.(^{3})

14 – Veterinários:
1410 Veterinários.

15 – Outras actividades exclusivamente de prestação de serviços:
1519 Outros prestadores de serviços.

(^{1}) Aditada pelo D.L. n.º 256/2004, de 19 de Março.
(^{2}) Alterada pelo D.L. n.º 256/2004, de 19 de Março, era 5011.
(^{3}) Aditada pelo art. 48.º da Lei n.º 53-A/2006, de 29 de Dezembro.

PORTARIA N.º 12/2010, DE 7 DE JANEIRO

Aprova a tabela de actividades de elevado valor acrescentado para efeitos do disposto no n.º 6 do artigo 72.º e no n.º 4 do artigo 81.º do Código do IRS

Prevêem, quer o n.º 6 do artigo 72.º quer o n.º 4 do artigo 81.º do Código do Imposto do Rendimento das Pessoas Singulares, que deverão ser definidas, por portaria do membro do Governo responsável pela área das finanças, as actividades de elevado valor acrescentado, com carácter científico, artístico ou técnico que relevem para o novo regime fiscal do residente não habitual.

A inclusão dos rendimentos empresariais neste regime implica a necessidade de compatibilização com os regimes concorrentes do espaço europeu e a limitação dos rendimentos das categorias A e B do IRS a incluir no seu âmbito, concentrando-os sobre as actividades de prestação de serviços de elevado valor acrescentado ou da propriedade intelectual, industrial ou *know-how*. O catálogo de actividades que se recolhe na presente portaria representa, neste contexto, um catálogo que serve ao arranque deste inovador regime fiscal e que, uma vez testado pela prática, pode e deve vir a beneficiar dos aperfeiçoamentos que venham a revelar-se necessários.

Manda o Governo, pelo Ministro de Estado e das Finanças, ao abrigo do disposto no n.º 6 do artigo 72.º e no n.º 4 do artigo 81.º do Código do Imposto do Rendimento das Pessoas Singulares, na sequência da nova redacção dada pelo Decreto-Lei n.º 249/2009, de 23 de Setembro, o seguinte:

ARTIGO ÚNICO

1 – É aprovada a tabela de actividades de elevado valor acrescentado para efeitos do disposto no n.º 6 do artigo 72.º e no n.º 4 do artigo 81.º do Código do IRS, constante do anexo, que faz parte integrante desta portaria.

2 – Todas a dúvidas interpretativas respeitantes ao âmbito e ao alcance das actividades constantes da presente tabela devem ser enquadradas nos códigos de actividade económica (CAE) vigentes à data da entrada em vigor da presente portaria.

O Ministro de Estado e das Finanças, *Fernando Teixeira dos Santos*, em 2 de Dezembro de 2009.

ANEXO
Tabela de actividades de elevado valor acrescentado para efeitos do disposto no n.º 6 do artigo 72.º e no n.º 4 do artigo 81.º do Código do IRS

1 – Arquitectos, engenheiros e técnicos similares:
   101 – Arquitectos;
   102 – Engenheiros;
   103 – Geólogos.

2 – Artistas plásticos, actores e músicos:
   201 – Artistas de teatro, bailado, cinema, rádio e televisão;
   202 – Cantores;
   203 – Escultores;
   204 – Músicos;
   205 – Pintores.

3 – Auditores:
   301 – Auditores;
   302 – Consultores fiscais

4 – Médicos e dentistas:
   401 – Dentistas;
   402 – Médicos analistas;
   403 – Médicos cirurgiões;
   404 – Médicos de bordo em navios;
   405 – Médicos de clínica geral;
   406 – Médicos dentistas;
   407 – Médicos estomatologistas;
   408 – Médicos fisiatras;
   409 – Médicos gastroenterologistas;
   410 – Médicos oftalmologistas;
   411 – Médicos ortopedistas;
   412 – Médicos otorrinolaringologistas;
   413 – Médicos pediatras;
   404 – Médicos radiologistas;
   405 – Médicos de outras especialidades.

5 – Professores:
   501 – Professores universitários.

6 – Psicólogos:
   601 – Psicólogos.

7 – Profissões liberais, técnicos e assimilados:
    701 – Arqueólogos;
    702 – Biólogos e especialistas em ciências da vida;
    703 – Programadores informáticos;
    704 – Consultoria e programação informática e actividades relacionadas com as tecnologias da informação e informática;
    705 – Actividades de programação informática;
    706 – Actividades de consultoria em informática;
    707 – Gestão e exploração de equipamento informático;
    708 – Actividades dos serviços de informação;
    709 – Actividades de processamento de dados, domiciliação de informação e actividades relacionadas; portais Web;
    710 – Actividades de processamento de dados, domiciliação de informação e actividades relacionadas;
    711 – Outras actividades dos serviços de informação;
    712 – Actividades de agências de notícias;
    713 – Outras actividades dos serviços de informação;
    714 – Actividades de investigação científica e de desenvolvimento;
    715 – Investigação e desenvolvimento das ciências físicas e naturais;
    716 – Investigação e desenvolvimento em biotecnologia;
    717 – *Designers*.

8 – Investidores, administradores e gestores:
    801 – Investidores, administradores e gestores de empresas promotoras de investimento produtivo, desde que afectos a projectos elegíveis e com contratos de concessão de benefícios fiscais celebrados ao abrigo do Código Fiscal do Investimento, aprovado pelo Decreto-Lei n.º 249//2009, de 23 de Setembro;
    802 – Quadros superiores de empresas.

RETENÇÃO NA FONTE – REGULAMENTAÇÃO
[2]

DECRETO-LEI N.° 42/91, DE 22 DE JANEIRO
(Com a redacção dada pelo Decreto-Lei n.° 134/2001, de 24 de Abril)

Dois anos após a vigência do Código do Imposto sobre o Rendimento das Pessoas Singulares e do sistema de retenção na fonte regulamentado em primeiro lugar pelo Decreto Regulamentar n.° 43-A/88, de 9 de Dezembro, e, depois, pelo Decreto Regulamentar n.° 5/90, de 22 de Fevereiro, a que veio juntar-se o Decreto Regulamentar n.° 18/90, de 13 de Julho, sobre a denominada «retenção-poupança», estão criadas as condições que permitem estabelecer de modo notável o quadro global disciplinador da retenção na fonte.

Com efeito, ao nível das entidades sobre as quais a lei fez impender a obrigação de retenção, mostram-se ultrapassadas as naturais dificuldades que uma alteração tão radical como aquela que resultou da reforma fiscal da tributação do rendimento introduziu neste particular domínio, quer nos procedimentos, quer na sua abrangência. Ao nível da administração fiscal, consolidaram-se não apenas as posições interpretativas sobre a matéria, como também os procedimentos de execução assentes num sistema informático adequado e eficiente. Finalmente, ao nível dos próprios princípios subjacentes à retenção na fonte, foi demonstrada a sua eficácia e, em geral, a sua adequação ao objectivo último de evitar, na maior parte dos casos, a acumulação da dívida de imposto no momento da sua liquidação final anual, propiciando aos sujeitos passivos de IRS o seu pagamento escalonado no tempo.

Numa outra perspectiva, importa salientar que o sistema de retenção vigente apresenta alguns inconvenientes que é necessário remover, tendo em vista, por um lado, a facilidade na sua aplicação e, por outro, a criação de um mecanismo simples e eficiente através do qual seja possível aprovar e publicar, em tempo oportuno, as respectivas tabelas.

É por estas razões que o sistema de retenção na fonte agora regulado define, de forma imperativa, os elementos relevantes que devem ser considerados na construção das tabelas de retenção em termos que permitam ao Governo aprová-las, por despacho do Ministro das Finanças, uma vez aprovado o Orçamento do Estado. Ficam, deste modo, integralmente salvaguardadas as garantias dos sujeitos passivos e possibilita-se que as entidades obrigadas a efectuar a retenção tenham conhecimento, logo no início de cada ano, das tabelas que devem aplicar, assim se evitando para aqueles e para estas os inconvenientes emergentes de correcções posteriores determinadas pelo não conhecimento atempado das tabelas de retenção.

Não pode, por fim, deixar de assinalar-se o grande salto qualitativo que o presente diploma representa em sede de remuneração do excesso de imposto retido favorável aos sujeitos passivos. Ao generalizar-se a remuneração a todas as situações em que se verifique o pagamento antecipado de imposto em montante superior ao resultante da liquidação final anual, aperfeiçoa-se o princípio subjacente à retenção-poupança, que só era aplicável em certas categorias de rendimentos, criando-se condições de igualdade para todos os sujeitos passivos de IRS.

Assim:

Nos termos da alínea *a*) do n.º 1 do artigo 201.º da Constituição, o Governo decreta o seguinte:

CAPÍTULO I
Retenção de IRS sobre rendimentos do trabalho dependente e pensões

ARTIGO 1.º
Princípios gerais

1 – No apuramento do IRS a reter sobre remunerações fixas ou fixas e variáveis do trabalho dependente, pagas ou colocadas à disposição dos respectivos titulares, ter-se-á em conta:(¹)

a) A situação pessoal e familiar dos sujeitos passivos;

b) A dedução específica aos rendimentos da categoria A, prevista no artigo 25.º do Código do IRS;

c) As deduções à colecta previstas no artigo 79.º do Código do IRS;(¹)

d) Uma dedução por conta das deduções à colecta previstas nos artigos 82.º a 87.º do Código do IRS, variável em função, designadamente, dos valores do rendimento bruto e da taxa de inflação prevista.(¹)

2 – No apuramento do IRS a reter sobre pensões ter-se-á em conta:(¹)

a) A situação pessoal e familiar dos sujeitos passivos;

b) A dedução específica aos rendimentos da categoria H, prevista no artigo 53.º do Código do IRS;(¹)

c) As deduções à colecta previstas no artigo 79.º do Código do IRS;(¹)

d) Uma dedução por conta das deduções à colecta previstas nos artigos 82.º a 87.º do Código do IRS, variável em função, designadamente, dos valores do rendimento bruto e da taxa de inflação prevista.(¹)

(¹) Redacção dada pelo D.L. n.º 194/2002, de 25 de Setembro.

ARTIGO 2.º
Situação pessoal e familiar

1 – Para efeitos da consideração da situação pessoal e familiar do titular dos rendimentos, as tabelas de retenção são individualizadas nos termos dos números seguintes.

2 – As tabelas respeitantes a «não casado» aplicam-se aos rendimentos auferidos por titulares solteiros, viúvos, divorciados ou separados judicialmente de pessoas e bens.

3 – As tabelas respeitantes a «casado, único titular» aplicam-se aos rendimentos auferidos por titulares casados e não separados judicialmente de pessoas e bens, quando apenas um dos cônjuges aufira rendimentos englobáveis, ou, auferindo-os ambos, o rendimento de um deles seja igual ou superior a 95% do rendimento englobado.

4 – As tabelas respeitantes a «casado, dois titulares» aplicam-se aos rendimentos auferidos por sujeitos passivos casados e não separados judicialmente de pessoas e bens, quando não se verifique qualquer das situações previstas no número anterior.

5 – As tabelas de retenção na fonte referidas nos números anteriores serão anualmente aprovadas por despacho do Ministro das Finanças, devendo na sua construção ser integralmente respeitados os princípios consagrados neste diploma.([1])

([1]) Aditado pelo art. 3.º do D.L. n.º 80/2003, de 23 de Abril.

ARTIGO 2.º-A
Retenção sobre rendimentos das categorias A e H

Sem prejuízo do disposto no artigo 71.º do Código do IRS, as entidades devedoras de rendimentos de trabalho dependente, com excepção dos previstos nos n.ºs 4), 5), 7), 9) e 10) da alínea b) e na alínea g) do n.º 3 do artigo 2.º do Código do IRS, e de pensões, com excepção das de alimentos, são obrigadas a reter o imposto no momento do seu pagamento ou colocação à disposição dos respectivos titulares.([1])

([1]) Redacção dada pelo D.L. n.º 194/2002, de 25 de Setembro.

ARTIGO 3.º
Âmbito de aplicação das tabelas referentes à categoria A

1 – A retenção de IRS é efectuada sobre as remunerações mensalmente pagas ou postas à disposição dos seus titulares, mediante a aplicação das taxas que lhes correspondam, constantes da respectiva tabela.

2 – Considera-se remuneração mensal o montante pago a título de remuneração fixa, acrescido de quaisquer outras importâncias que tenham a natureza de rendimentos do trabalho dependente, tal como são definidos no artigo 2.º do Código do IRS, e, a pedido do titular, as gratificações auferidas pela prestação ou em razão da prestação do trabalho quando não atribuídas pela respectiva entidade patronal, pago ou colocado à disposição do seu titular no mesmo período, ainda que respeitante a períodos anteriores.

3 – No caso de remunerações fixas relativas a períodos inferiores ao mês, considera-se como remuneração mensal a soma das importâncias atribuídas, pagas ou colocadas à disposição em cada mês.

4 – Os subsídios de férias e de Natal são sempre objecto de retenção autónoma, não podendo, para o cálculo do imposto a reter, ser adicionados às remunerações dos meses em que são pagos ou postos à disposição.

5 – Quando os subsídios de férias e de Natal forem pagos fraccionadamente, reter-se-á, em cada pagamento, a parte proporcional do imposto calculado nos termos do número anterior.

ARTIGO 4.º
Sujeitos passivos deficientes

1 – No cumprimento do IRS a reter sobre rendimentos do trabalho dependente e sobre pensões, auferidos por titulares deficientes com um grau de invalidez permanente igual ou superior a 60%, observar-se-á o disposto no artigo 1.º e ter-se-á também em conta o disposto no n.º 1 do artigo 16.º do Estatuto dos Benefícios Fiscais.([1])

2 – As taxas constantes das tabelas respeitantes a titulares deficientes aplicar-se-ão à remunerações totais do trabalho dependente ou à totalidade das pensões que mensalmente lhes forem pagas ou colocadas à disposição pela mesma entidade devedora.

([1]) Redacção dada pelo D.L. n.º 194/2002, de 25 de Setembro.

ARTIGO 5.º
Âmbito de aplicação das tabelas referentes à categoria H

1 – A retenção de IRS é efectuada sobre o valor das pensões mensalmente pagas ou postas à disposição dos seus titulares, mediante a aplicação das taxas que lhes correspondam, constantes da respectiva tabela.

2 – Para efeitos do número anterior, consideram-se pensões os rendimentos previstos no artigo 11.º do Código do IRS.

3 – Na retenção sobre complementos de pensões, pagos por entidade diferente da que está obrigada ao pagamento da respectiva pensão, poderá ser tido em conta o montante desta, por solicitação expressa do respectivo titular.

4 – As prestações adicionais correspondentes ao 13.º e 14.º meses serão objecto de retenção autónoma, não podendo, para o cálculo do imposto a reter, ser adicionadas às pensões dos meses em que são pagas ou postas à disposição.

5 – Quando as prestações correspondentes ao 13.º e ao 14.º meses forem pagas fraccionadamente, reter-se-á, em cada pagamento, a parte proporcional ao imposto calculado nos termos do número anterior.

ARTIGO 6.º
Mecanismo de retenção

1 – Se o titular dos rendimentos não fornecer à entidade devedora os elementos respeitantes à sua situação pessoal e familiar, deve aquela proceder à retenção do imposto por aplicação da tabela correspondente a «não casado, sem dependentes», tratando-se de rendimentos da categoria A, ou por aplicação da tabela correspondente a «não casado», tratando-se de rendimentos da categoria H.

2 – A importância apurada mediante aplicação das taxas de retenção é arredondada para a unidade de euros inferior.([1])

3 – Verificando-se incorrecções nos montantes retidos, devidas a erros imputáveis à entidade devedora dos rendimentos, a sua rectificação deve ser feita na primeira retenção a que deva proceder-se após a detecção do erro, sem, porém, ultrapassar o último período de retenção anual.

4 – A retenção mensal não pode exceder 40% do rendimento de cada uma das categorias A e H, pago ou colocado à disposição de cada titular no mesmo período.

(¹) Redacção dada pelo D.L. n.º 194/2002, de 25 de Setembro.

ARTIGO 7.º
Procedimentos especiais

1 – Quando forem pagos ou colocados à disposição do respectivo titular rendimentos das categorias A ou H em mês, do mesmo ano, diferente daquele a que respeitem, recalcula-se o imposto e retém-se apenas a diferença entre a importância assim determinada e aquela que, com referência ao mesmo período, tenha eventualmente sido retida.(¹)

2 – Os titulares de rendimentos das categorias A e H podem optar pela retenção de IRS mediante taxa inteira superior à que lhes é aplicável segundo as tabelas de retenção, com o limite de 40%, em declaração para o efeito a apresentar à entidade pagadora dos rendimentos.(¹)

(¹) Redacção dada pelo art. 3.º do D.L. n.º 80/2003, de 23 de Abril.

CAPÍTULO II
Retenção de IRS sobre rendimentos de outras categorias

ARTIGO 8.º
Retenção sobre rendimentos das categorias B, E e F

1 – Sem prejuízo do disposto no artigo 71.º do Código do IRS, as entidades que disponham ou devam dispor de contabilidade organizada são obrigadas a reter o imposto, mediante aplicação, aos rendimentos ilíquidos de que sejam devedoras, das seguintes taxas:(¹)

a) 15%, tratando-se de rendimentos da categoria B referidos na alínea c) do n.º 1 do artigo 3.º ou de rendimentos das categorias E e F;
b) 20%, tratando-se de rendimentos decorrentes das actividades profissionais especificamente previstas na tabela de actividades a que se refere o artigo 151.º do Código do IRS;
c) 10%, tratando-se de rendimentos da categoria B referidos nas alíneas b) do n.º 1 e g) e i) do n.º 2 do artigo 3.º, não compreendidos na alínea anterior.

2 – A taxa é aplicada ao rendimento ilíquido sujeito a retenção, antes da liquidação do IVA a que, sendo caso disso, deva proceder-se.

3 – A retenção que incide sobre os rendimentos das categorias B e F referidos no n.º 1 é efectuada no momento do respectivo pagamento ou colocação à disposição e a que incide sobre os rendimentos da categoria E em conformidade com o disposto no artigo 7.º do Código do IRS.(¹)

(¹) Redacção dada pelo D.L. n.º 194/2002, de 25 de Setembro.

ARTIGO 9.º
Dispensa de retenção

1 – Estão dispensados de retenção na fonte, excepto quando esta deva ser efectuada mediante taxas liberatórias:

  a) Os rendimentos das categorias B, com excepção das comissões por intermediação na celebração de quaisquer contratos, e F, quando o respectivo titular preveja auferir, em cada uma das categorias, um montante anual inferior ao fixado no n.º 1 do artigo 53.º do Código do Imposto sobre o Valor Acrescentado.
  b) Os rendimentos da categoria B que respeitem a reembolso de despesas efectuadas em nome e por conta do cliente ou a reembolso de despesas de deslocação e estada, devidamente documentadas, correspondentes a serviços prestados por terceiros e que sejam, de forma inequívoca, directa e totalmente imputáveis a um cliente determinado;
  c) Os rendimentos da categoria E, sempre que o montante de cada retenção seja inferior a € 4,99. *(Redacção dada pelo D.L. n.º 194/2002, de 25 de Setembro. Redacção anterior – 1 000$.)*
  d) Os rendimentos da categoria A, que respeitem a actividades exercidas no estrangeiro por pessoas singulares residentes em território português, sempre que tais rendimentos sejam sujeitos a tributação efectiva no país da fonte em imposto similar ou idêntico ao IRS. *(Aditado pela Lei n.º 3-B/2010, de 28/04 (OE/2010))*

2 – A dispensa de retenção nos termos das alíneas a) e b) do número anterior é facultativa, devendo os titulares que dela queiram aproveitar exercer o direito mediante aposição, nos recibos de quitação das importâncias recebidas, da seguinte menção:

"Sem retenção, nos termos do n.º 1 do artigo 9.º do Decreto-Lei n.º 42/91, de 22 de Janeiro".

3 – A faculdade de dispensa de retenção relativa aos rendimentos previstos na alínea a) do n.º 1:

  a) Não pode ser exercida por titulares que, no ano anterior, tenham auferido rendimentos de montante igual ou superior ao limite ali estabelecido;
  b) Cessa no mês seguinte àquele em que tiver sido atingido o limite nela fixado.

ARTIGO 10.º
Sujeição parcial de rendimentos da categoria B a retenção[1]

1 – A retenção que deva ser efectuada sobre rendimentos da categoria B apenas incidirá sobre 50% dos mesmos, nos seguintes casos:

  a) Quando auferidos por médicos de patologia clínica, médicos radiologistas e farmacêuticos analistas clínicos, como tal reconhecidos pelas entidades competentes e inscritos nas respectivas associações de classe, quando a inscrição seja requisito para o exercício oficial da actividade profissional;
  b) Quando beneficiem do regime previsto no artigo 56.º do Estatuto dos Benefícios Fiscais;[1]

c) Quando auferidos por titulares deficientes com um grau de invalidez permanente igual ou superior a 60%.

2 – A sujeição parcial de rendimentos a retenção prevista no número anterior é facultativa, devendo os titulares que dela queiram aproveitar exercer o direito mediante aposição, no recibo de modelo oficial de quitação das importâncias recebidas, da seguinte menção:

"Retenção sobre 50%, nos termos do n.º 1 do artigo 10.º do Decreto-Lei n.º 42/91, de 22 de Janeiro".

3 – Sendo os rendimentos previstos na alínea *b)* do n.º 1 auferidos por sujeitos passivos deficientes com um grau de invalidez permanente igual ou superior a 60%, a retenção pode incidir apenas sobre 25% dos referidos rendimentos, devendo, no recibo de modelo oficial de quitação das importâncias recebidas, ser aposta a seguinte menção:

"Retenção sobre 25%, nos termos do n.º 3 do artigo 10.º do Decreto-Lei n.º 42/91, de 22 de Janeiro".

(¹) Redacção dada pelo D.L. n.º 194/2002, de 25 de Setembro.

ARTIGO 11.º
Rendimentos imputáveis a categorias diferentes

1 – Estão sujeitos a retenção, nos termos do n.º 1 do artigo 8.º, os rendimentos de capitais e prediais auferidos no âmbito do exercício de actividades empresariais e profissionais, sem prejuízo do disposto no número seguinte.(¹)

2 – Quando os rendimentos referidos no número anterior se encontrem sujeitos a retenção nos termos do disposto no artigo 71.º do Código do IRS, o seu englobamento é sempre obrigatório, o imposto retido tem a natureza de pagamento por conta e as entidades devedoras estão obrigadas, quanto aos mesmos, a dar cumprimento ao disposto nos artigos 119.º e 120.º do mesmo Código.(¹)

(¹) Redacção dada pelo D.L. n.º 194/2002, de 25 de Setembro.

ARTIGO 12.º
Sujeição parcial a retenção sobre outros rendimentos

Quando os rendimentos sujeitos a retenção, não expressamente previstos no artigo anterior, beneficiem de isenção total ou parcial nos termos do Estatuto dos Benefícios Fiscais, a retenção incidirá apenas sobre a parte do rendimento sujeita a tributação, devendo ser sempre aposta no recibo de quitação das importâncias recebidas a menção da norma que concede o benefício.

ARTIGO 12.º-A
Retenção sobre juros contáveis e diferenças entre valor de reembolso e preço de emissão

1 – Os sujeitos passivos de IRC, ainda que isentos ou dispensados de retenção, resi-

dentes em território nacional ou com estabelecimento estável aqui situado, bem como os sujeitos passivos de IRS, excepto se se tratar de pessoas singulares agindo fora do âmbito do exercício de uma actividade empresarial ou profissional, obrigados a efectuar a retenção sobre os rendimentos sujeitos a imposto nos termos da alínea c) do n.º 3 do artigo 7.º do Código do IRS, devem proceder ao registo individual, operação a operação, das transacções efectuadas que tenham por objecto títulos de dívida emitidos por entidades com residência, domicílio, sede ou direcção efectiva em território nacional ou que aqui possuam estabelecimento estável a que seja imputável o pagamento da respectiva remuneração, numa conta-corrente com o Estado, em que releve:(¹)

    a) A débito, o imposto considerado no apuramento do valor líquido dos juros respeitantes a títulos alienados, contáveis desde a data do último vencimento ou da emissão, primeira colocação ou endosso, se ainda não houver ocorrido qualquer vencimento, até à data da alienação, bem como das diferenças, pela parte correspondente àqueles períodos, entre o valor de reembolso e o preço de emissão, no caso de títulos cuja remuneração seja constituída, total ou parcialmente, por aquela diferença;

    b) A crédito, o imposto considerado no apuramento do valor líquido dos juros respeitantes a títulos adquiridos, contáveis desde a data do último vencimento ou da emissão, primeira colocação ou endosso, se ainda não houver ocorrido qualquer vencimento, até à data da alienação, bem como das diferenças, pela parte correspondente àqueles períodos, entre o valor de reembolso e o preço de emissão, no caso de títulos cuja remuneração seja constituída, total ou parcialmente, por aquela diferença.

2 – O disposto no número anterior é igualmente aplicável às transmissões de títulos de crédito sujeitos ao regime de capitalização automática, efectuadas antes do prazo da sua amortização.

3 – O saldo da conta corrente a que se refere o n.º 1 é regularizado trimestralmente, nos termos seguintes:

    a) Sendo credor, a respectiva importância será entregue nos cofres do Estado até ao dia 20 do mês seguinte ao do trimestre em que foi apurado;

    b) Sendo devedor, a respectiva importância pode ser compensada nas entregas de imposto retido pelas entidades credoras sobre rendimentos de capitais, a efectuar após o seu apuramento.

4 – Se, apesar do disposto na alínea *b)* do número anterior, a compensação não tiver sido possível até ao fim do trimestre seguinte ao do apuramento do saldo devedor e este for igual ou superior a € 24 939,90, ou, qualquer que seja o seu montante, até à entrega do imposto respeitante ao último período de retenção anual, é concedida às entidades credoras a faculdade de pedirem o seu reembolso, observando-se o seguinte:(¹)

    a) O pedido de reembolso do saldo devedor determina a impossibilidade de ser efectuada a respectiva compensação por alguma das formas previstas para o efeito;

    b) Em caso algum o saldo devedor da conta corrente pode ser invocado como retenção com a natureza de pagamento por conta na declaração anual de rendimentos da entidade credora;

c) A restituição indevida de imposto mediante reembolso e ou compensação das mesmas importâncias, por facto imputável à entidade credora, é equiparada, para todos os efeitos legais, à falta de entrega de imposto cobrado por retenção na fonte.

5 – Não pode ser relevada na conta corrente a que se refere o n.º 1 a retenção efectuada pelas entidades devedoras dos rendimentos no momento do seu vencimento ou na data da amortização ou reembolso dos correspondentes títulos, a qual terá, sendo caso disso, natureza de pagamento por conta do imposto devido a final pelas entidades que os auferirem.

6 – Os montantes compensados nos termos da alínea b) do n.º 3 serão evidenciados na declaração a que se refere a alínea c) do n.º 1 do artigo 119.º do Código do IRS, em conformidade com o que as respectivas instruções de preenchimento determinarem.([1])

([1]) Redacção dada pelo D.L. n.º 194/2002, de 25 de Setembro.

ARTIGO 13.º
Entrega do imposto retido

As quantias retidas nos termos dos artigos anteriores, são entregues nos cofres do Estado pela entidade retentora, até ao dia 20 do mês seguinte àquele em forem deduzidas.

CAPÍTULO III
Da remuneração por excesso de imposto antecipadamente pago

ARTIGO 14.º
Direito à remuneração

Verificando-se, na liquidação anual de IRS, que foi retido ou pago por conta imposto superior ao devido, determinado em função do rendimento líquido total e das deduções à colecta previstas no artigo 79.º do Código do IRS, os sujeitos passivos têm direito a uma remuneração sobre a diferença, a fixar anualmente por despacho do Ministro das Finanças.([1])

ARTIGO 15.º
Cálculo e pagamento da remuneração

1 – Para apuramento da diferença susceptível de beneficiar da remuneração a que se refere o artigo 14.º calcular-se-á o pagamento médio mensal efectivo e o imposto médio mensal apurado, por forma a determinar o mês em que o sujeito passivo passa a ficar numa situação de crédito, assumindo-se a distribuição regular do rendimento e dos pagamentos ao longo do ano.

2 – A remuneração será devida desde o mês em que, nos termos do número anterior, se verifique a situação de crédito até ao mês anterior àquele em que a liquidação foi efectuada.

ARTIGO 16.º
Restituição oficiosa do imposto

1 – A diferença entre o imposto devido a final e o que tiver sido entregue nos cofres do Estado em resultado de retenção na fonte ou de pagamentos por conta, favorável ao sujeito passivo, deve ser restituída até ao termo dos prazos previstos no n.º 1 do artigo 97.º do Código do IRS.(¹)
2 – Se, por motivos imputáveis aos serviços, não for cumprido o prazo previsto no número anterior, são devidos juros indemnizatórios, contados dia a dia desde o termo do prazo previsto para o reembolso até à data em que for emitida a correspondente nota de Crédito.
3 – Se a diferença a que se refere o n.º 1 for apurada em liquidação que deva ser efectuada em virtude do direito ao reporte legalmente permitido exercido em declaração anual de rendimentos apresentada nos prazos legais, são devidos juros nos termos do n.º 2.
4 – Se a diferença a que se refere o n.º 1 for apurada em liquidação que deva ser efectuada com base em declaração de rendimentos apresentada dentro do prazo legal diferente dos previstos para a apresentação anual, os juros a que se refere o n.º 2 são devidos a partir do fim do terceiro mês seguinte àquele em que a declaração tiver sido apresentada.
5 – Se a diferença a que se refere o n.º 1 for apurada em liquidação efectuada com base em declaração de rendimentos em que tenha sido verificado erro, inexactidão ou omissão dos elementos declarados, os juros a que se refere o n.º 2 são devidos a partir do fim do segundo mês seguinte àquele em que tiver ocorrido a regularização dos elementos declarados por iniciativa do contribuinte ou, não tendo havido essa regularização, a partir do terceiro mês seguinte àquele em que os serviços tenham apurado os factos e levantado o correspondente auto de notícia.(²)
6 – A remuneração prevista no artigo 14.º não é cumulável com aquela a que se refere o n.º 2 do presente artigo. *(Anterior n.º 5, passou a n.º 6 pela redacção do art. 6.º do D.L. n.º 160/2003, de 19 de Julho)*
7– A taxa dos juros indemnizatórios é equivalente à taxa dos juros legais fixados nos termos do n.º 1 do artigo 559.º do Código Civil. (³) *(Anterior n.º 6, passou a n.º 7 pela redacção do art. 6.º do D.L. n.º 160/2003, de 19 de Julho)*

(¹) Redacção dada pelo art. 49.º da Lei n.º 53-A/2006, de 29 de Dezembro.
(²) Redacção dada pelo art. 6.º do D.L. n.º 160/2003, de 19 de Julho.
(³) Actualmente **4%** (Portaria n.º 291/2003, de 8 de Abril).

ARTIGO 17.º
Modificação e extinção do direito à remuneração

1 – Quando a liquidação de que resulte o direito à remuneração a que se refere o artigo 14.º tenha sido feita com base em declaração anual de rendimentos apresentada fora

do prazo legal, a remuneração só é devida desde 1 de Janeiro do ano seguinte àquele a que o imposto respeite até ao fim do mês anterior àquele em que a liquidação vier a ser efectuada, sem prejuízo do disposto no artigo 16.º.

2 – Extingue-se o direito à remuneração a que se refere o artigo 14.º sempre que:

a) A liquidação seja feita pela administração fiscal e os sujeitos passivos, não estando dispensados, não tenham apresentado a declaração anual de rendimentos;

b) A liquidação tenha por base declarações de rendimentos apresentadas em prazos diferentes, embora legais, dos previstos para a sua apresentação anual. *(Anterior alínea c). Passou a b) pelo D.L. n.º 194/2002, de 25/9. Anterior alínea b) tinha sido revogada pelo D.L. n.º 134/2001, de 24/4)*

CAPÍTULO IV[1]
Retenções de IRS sobre rendimentos abrangidos por convenções internacionais

ARTIGO 18.º
Dispensa de retenção na fonte e reembolso de imposto relativo a rendimentos auferidos por não residentes

1 – Não existe obrigação de efectuar a retenção na fonte de IRS, no todo ou em parte, consoante os casos, relativamente aos rendimentos referidos no artigo 71.º do Código do IRS quando, por força de uma convenção destinada a evitar a dupla tributação celebrada por Portugal, a competência para tributação dos rendimentos auferidos por um residente do outro Estado contratante não seja atribuída ao Estado da fonte ou o seja apenas de forma limitada.

2 – Nas situações referidas no número anterior, os beneficiários dos rendimentos devem fazer prova, perante a entidade que se encontra obrigada a efectuar a retenção na fonte, da verificação dos pressupostos legais que resultem de convenção destinada a evitar a dupla tributação, consistindo na apresentação de um formulário de modelo aprovado por despacho do Ministro das Finanças, certificado pelas autoridades competentes do respectivo Estado de residência.

3 – A prova referida no número anterior deve ser efectuada até ao termo do prazo estabelecido para a entrega do imposto que deveria ter sido deduzido nos termos das normas legais aplicáveis.[1]

4 – O formulário a que se refere o n.º 2, devidamente certificado, tem a validade de um ano, contado a partir da data de certificação por parte da autoridade competente do Estado de residência da entidade beneficiária dos rendimentos, devendo esta informar imediatamente a entidade que se encontra obrigada a proceder à retenção na fonte das alterações verificadas nos pressupostos de que depende a dispensa total ou parcial de retenção na fonte.[1]

5 – Sem prejuízo do disposto no número seguinte, quando não seja efectuada a prova até ao termo do prazo estabelecido para a entrega do imposto, fica o substituto tributário obrigado a entregar a totalidade do imposto que deveria ter sido deduzido nos termos da lei.[1]

6 – Sem prejuízo da responsabilidade contra-ordenacional, a responsabilidade estabelecida no número anterior pode ser afastada sempre que o substituto tributário comprove com o documento a que se refere o n.º 2 do presente artigo a verificação dos pressupostos para a dispensa total ou parcial de retenção.[1]

7 – Os beneficiários dos rendimentos, que verificam as condições referidas no n.º 1, podem solicitar o reembolso total ou parcial do imposto que tenha sido retido na fonte, no prazo de dois anos contados a partir do termo do ano em que se verificou o facto gerador do imposto, mediante a apresentação de um formulário de modelo aprovado pelo Ministro das Finanças e, quando necessário, de outros elementos que permitam aferir a legitimidade do reembolso.([1])

([1]) Redacção dada pelo art. 46.º, n.º 1 da Lei n.º 67-A/2007, de 31 de Dezembro, que aditou o n.º 7. Nos termos do n.º 2 do referido art. 46.º, o afastamento da responsabilidade prevista no n.º 6, na redacção dada pela presente lei, é aplicável às situações anteriores à entrada em vigor da mesma, independentemente de já ter sido efectuada a liquidação do imposto, excepto quando tenha havido lugar ao pagamento do imposto e não esteja pendente reclamação, recurso hierárquico ou impugnação.

Doutrina Administrativa:
– Convenções para evitar a dupla tributação (Ofício-circulado n.º 20137, de 2009/03/13) **[52]** – pág. 881.

CAPÍTULO V([1])
Disposições diversas

ARTIGO 19.º
Disposições finais

1 – O direito à remuneração previsto nos artigos 14.º e seguintes constitui-se relativamente à liquidação do IRS que deva efectuar-se em resultado dos factos tributários que ocorram após a entrada em vigor deste diploma.

2 – O pagamento da remuneração é feito juntamente com o excesso do imposto sobre que é calculada, aplicando-se-lhe o disposto no Decreto-Lei n.º 492/88, de 30 de Dezembro.

3 – São revogados os Decretos Regulamentares n.ºˢ 5/90, de 22 de Fevereiro e 18/90, de 13 de Julho, sem prejuízo da sua aplicação aos rendimentos pagos ou colocados à disposição dos respectivos titulares até 31 de Dezembro de 1990.

4 – O presente diploma entra em vigor no dia 1 de Janeiro de 1991 e aplica-se aos rendimentos pagos ou colocados à disposição dos seus titulares a partir dessa data.

([1]) Aditado pelo art. 4.º do D.L. n.º 80/2003, de 23 de Abril.

Visto e aprovado em Conselho de Ministros de 6 de Dezembro de 1990 – *Aníbal António Cavaco Silva – Luís Miguel Couceiro Pizarro Beleza*

Promulgado em 14 de Janeiro de 1991.

Publique-se.

O Presidente da República, Mário Soares

Referendado em 16 de Janeiro de 1991.

O Primeiro Ministro, *Aníbal António Cavaco Silva.*

TABELAS DE RETENÇÃO NA FONTE PARA O CONTINENTE
ANO 2009
[3]

DESPACHO N.º 2563/2009, PUBLICADO NO DIÁRIO DA REPÚBLICA – 2.ª SÉRIE, N.º 13, DE 20 DE JANEIRO

Em execução do disposto no Decreto-Lei n.º 42/91, de 22 de Janeiro, diploma quadro do regime de retenção na fonte em sede de IRS, são aprovadas as tabelas de retenção, construídas com base no quadro legal decorrente da Lei n.º 64-A/2008, de 31 de Dezembro, e os correspondentes procedimentos para a sua aplicação, bem como as taxas de juro a que se referem os artigos 14.º e 16.º daquele diploma legal.

Assim:

Ao abrigo do disposto no n.º 5 do artigo 2.º do Decreto-Lei n.º 42/91, de 22 de Janeiro, o Ministro de Estado e das Finanças determina o seguinte:

1 – São aprovadas as tabelas de retenção na fonte, em euros, para vigorarem durante o ano de 2009:

a) Tabelas de retenção n.ºˢ I (não casado), II (casado, único titular) e III (casado, dois titulares) sobre rendimentos do trabalho dependente, auferidos por titulares não deficientes e em cuja aplicação deve observar-se o disposto nos artigos 2.º, 2.º-A e 3.º do Decreto-Lei n.º 42/91, de 22 de Janeiro;

b) Tabelas de retenção n.ºˢ IV (não casado), V (casado, único titular) e VI (casado, dois titulares) sobre rendimentos do trabalho dependente, auferidos por titulares deficientes, a aplicar de harmonia com o disposto no n.º 2 do artigo 4.º do Decreto-Lei n.º 42/91, de 22 de Janeiro, tomando-se igualmente em consideração os artigos 2.º, 2.º-A e 3.º do mesmo diploma;

c) Tabela de retenção n.º VII sobre pensões, com excepção das pensões de alimentos, auferidas por titulares não deficientes, a aplicar de harmonia com o disposto no artigo 5.º do Decreto-Lei n.º 42/91, de 22 de Janeiro;

d) Tabela de retenção n.º VIII sobre pensões, com excepção das pensões de alimentos, auferidas por titulares deficientes, a aplicar de harmonia com o disposto no artigo 5.º do Decreto-Lei n.º 42/91, de 22 de Janeiro;

e) Tabela de retenção n.º IX sobre pensões, com excepção das pensões de alimentos, auferidas por titulares deficientes das Forças Armadas abrangidas pelos Decretos-Leis n.ºˢ 43/76, de 20 de Janeiro, e 314/90, de 13 de Outubro.

2 – As tabelas de retenção, a que se refere o número anterior, aplicam-se aos rendimentos a que se reportam, pagos ou colocados à disposição de titulares residentes em território português, com excepção das Regiões Autónomas dos Açores e da Madeira, devendo ainda observar-se o seguinte:

a) Cada dependente com grau de incapacidade permanente igual ou superior a 60% equivalerá, para efeitos de retenção na fonte, a quatro dependentes não deficientes;

b) Na situação de «casado único titular», o cônjuge que, não auferindo rendimentos das categorias A ou H, seja portador de deficiência que lhe confira um grau de incapacidade permanente igual ou superior a 60% equivalerá, para efeitos de retenção na fonte sobre rendimentos de trabalho dependente auferidos pelo outro cônjuge, a cinco dependentes não deficientes;

c) Na situação de «casado único titular», sendo o cônjuge, que não aufere rendimentos das categorias A ou H, portador de deficiência que lhe confira um grau de incapacidade permanente igual ou superior a 60%, a taxa de retenção na fonte a aplicar aos rendimentos de pensões auferidos pelo outro cônjuge deverá ser reduzida em um ponto percentual.

3 – As tabelas de retenção respeitantes aos sujeitos passivos casados aplicam-se igualmente às pessoas que, vivendo em união de facto, tenham exercido a opção pelo regime de tributação dos sujeitos passivos casados e não separados judicialmente de pessoas e bens, ao abrigo do disposto no n.º 1 do artigo 14.º do Código do IRS.

4 – A taxa de retenção a aplicar é a que corresponder:

a) Nas tabelas de retenção sobre rendimentos do trabalho dependente, à intersecção da linha em que se situar a remuneração com a coluna correspondente ao número de dependentes a cargo;

b) Nas tabelas de retenção sobre pensões, à intersecção da linha em que se situar o montante da pensão com a coluna correspondente à situação pessoal.

5 – É fixada, para 2009, em 2,5% a taxa prevista no artigo 14.º do Decreto-Lei n.º 42/91, de 22 de Janeiro, sendo a do artigo 16.º do mesmo diploma equivalente à taxa dos juros legais fixados nos termos do n.º 1 do artigo 559.º do Código Civil, por força do artigo 43.º da lei geral tributária.

14 de Janeiro de 2009. – O Ministro de Estado e das Finanças, *Fernando Teixeira dos Santos*.

TABELA I – TRABALHO DEPENDENTE
NÃO CASADO

Remuneração Mensal Euros		Número de dependentes					
		0	1	2	3	4	5 ou mais
Até	556,00	0,0%	0,0%	0,0%	0,0%	0,0%	0,0%
Até	587,00	1,0%	0,0%	0,0%	0,0%	0,0%	0,0%
Até	628,00	2,0%	0,0%	0,0%	0,0%	0,0%	0,0%
Até	670,00	3,0%	1,0%	0,0%	0,0%	0,0%	0,0%
Até	720,00	4,0%	2,0%	1,0%	0,0%	0,0%	0,0%
Até	795,00	5,0%	4,0%	2,0%	1,0%	0,0%	0,0%
Até	900,00	6,0%	5,0%	3,0%	2,0%	1,0%	0,0%
Até	980,00	7,0%	6,0%	5,0%	3,0%	2,0%	1,0%
Até	1.040,00	8,0%	7,0%	6,0%	5,0%	3,0%	2,0%
Até	1.115,00	9,0%	8,0%	7,0%	6,0%	5,0%	4,0%
Até	1.195,00	10,0%	9,0%	8,0%	7,0%	6,0%	5,0%
Até	1.290,00	11,0%	10,0%	9,0%	8,0%	7,0%	6,0%
Até	1.390,00	12,0%	11,0%	10,0%	9,0%	9,0%	8,0%
Até	1.525,00	13,0%	12,0%	11,0%	11,0%	10,0%	9,0%
Até	1.670,00	14,0%	13,0%	13,0%	12,0%	11,0%	10,0%
Até	1.825,00	15,0%	14,0%	14,0%	13,0%	12,0%	12,0%
Até	1.930,00	16,0%	15,0%	15,0%	14,0%	14,0%	13,0%
Até	2.040,00	17,0%	16,0%	16,0%	15,0%	15,0%	14,0%
Até	2.165,00	18,0%	17,0%	17,0%	16,0%	16,0%	15,0%
Até	2.310,00	19,0%	18,0%	18,0%	17,0%	17,0%	16,0%
Até	2.475,00	20,0%	20,0%	19,0%	19,0%	18,0%	18,0%
Até	2.700,00	21,0%	21,0%	20,0%	20,0%	19,0%	19,0%
Até	3.030,00	22,0%	22,0%	21,0%	21,0%	20,0%	20,0%
Até	3.450,00	23,0%	23,0%	22,0%	22,0%	22,0%	21,0%
Até	4.020,00	24,0%	24,0%	23,0%	23,0%	23,0%	23,0%
Até	4.540,00	25,0%	25,0%	24,0%	24,0%	24,0%	24,0%
Até	5.070,00	26,0%	26,0%	26,0%	25,0%	25,0%	25,0%
Até	5.740,00	27,0%	27,0%	27,0%	26,0%	26,0%	26,0%
Até	6.600,00	28,0%	28,0%	28,0%	27,0%	27,0%	27,0%
Até	7.790,00	29,0%	29,0%	29,0%	29,0%	28,0%	28,0%
Até	9.380,00	30,5%	30,5%	30,5%	30,5%	30,5%	29,5%
Até	11.070,00	31,5%	31,5%	31,5%	31,5%	31,5%	30,5%
Superior a	11.070,00	32,5%	32,5%	32,5%	32,5%	32,5%	31,5%

TABELA II – TRABALHO DEPENDENTE
CASADO, ÚNICO TITULAR

Remuneração Mensal Euros		Número de dependentes					
		0	1	2	3	4	5 ou mais
Até	690,00	0,0%	0,0%	0,0%	0,0%	0,0%	0,0%
Até	735,00	1,0%	0,0%	0,0%	0,0%	0,0%	0,0%
Até	775,00	2,0%	0,0%	0,0%	0,0%	0,0%	0,0%
Até	815,00	3,0%	1,0%	0,0%	0,0%	0,0%	0,0%
Até	865,00	4,0%	3,0%	1,0%	0,0%	0,0%	0,0%
Até	950,00	5,0%	4,0%	3,0%	1,0%	0,0%	0,0%
Até	1.055,00	6,0%	5,0%	4,0%	3,0%	1,0%	0,0%
Até	1.195,00	7,0%	6,0%	5,0%	4,0%	3,0%	2,0%
Até	1.370,00	8,0%	7,0%	6,0%	5,0%	4,0%	4,0%
Até	1.590,00	9,0%	8,0%	7,0%	7,0%	6,0%	5,0%
Até	1.690,00	10,0%	9,0%	9,0%	8,0%	7,0%	7,0%
Até	1.805,00	11,0%	10,0%	10,0%	9,0%	8,0%	8,0%
Até	1.950,00	12,0%	11,0%	11,0%	10,0%	10,0%	9,0%
Até	2.105,00	13,0%	12,0%	12,0%	11,0%	11,0%	10,0%
Até	2.290,00	14,0%	14,0%	13,0%	12,0%	12,0%	11,0%
Até	2.505,00	15,0%	15,0%	14,0%	14,0%	13,0%	13,0%
Até	2.865,00	16,0%	16,0%	15,0%	15,0%	14,0%	14,0%
Até	3.275,00	17,0%	17,0%	16,0%	16,0%	15,0%	15,0%
Até	3.525,00	18,0%	18,0%	17,0%	17,0%	17,0%	16,0%
Até	3.790,00	19,0%	19,0%	18,0%	18,0%	18,0%	17,0%
Até	4.110,00	20,0%	20,0%	19,0%	19,0%	19,0%	19,0%
Até	4.495,00	21,0%	21,0%	20,0%	20,0%	20,0%	20,0%
Até	4.955,00	22,0%	22,0%	22,0%	21,0%	21,0%	21,0%
Até	5.520,00	23,0%	23,0%	23,0%	22,0%	22,0%	22,0%
Até	6.230,00	24,0%	24,0%	24,0%	23,0%	23,0%	23,0%
Até	7.150,00	25,0%	25,0%	25,0%	24,0%	24,0%	24,0%
Até	8.240,00	26,0%	26,0%	26,0%	26,0%	25,0%	25,0%
Até	9.115,00	27,0%	27,0%	27,0%	27,0%	26,0%	26,0%
Até	10.200,00	28,0%	28,0%	28,0%	28,0%	28,0%	27,0%
Até	13.750,00	29,0%	29,0%	29,0%	29,0%	29,0%	28,0%
Superior a	13.750,00	30,0%	30,0%	30,0%	30,0%	30,0%	29,0%

TABELA III – TRABALHO DEPENDENTE
CASADO, DOIS TITULARES

Remuneração Mensal Euros		Número de dependentes					
		0	1	2	3	4	5 ou mais
Até	556,00	0,0%	0,0%	0,0%	0,0%	0,0%	0,0%
Até	587,00	1,0%	0,0%	0,0%	0,0%	0,0%	0,0%
Até	628,00	2,0%	1,0%	0,0%	0,0%	0,0%	0,0%
Até	670,00	3,0%	2,0%	1,0%	0,0%	0,0%	0,0%
Até	720,00	4,0%	3,0%	2,0%	1,0%	1,0%	0,0%
Até	795,00	5,0%	4,0%	3,0%	3,0%	2,0%	1,0%
Até	900,00	6,0%	5,0%	5,0%	4,0%	3,0%	2,0%
Até	980,00	7,0%	6,0%	6,0%	5,0%	4,0%	4,0%
Até	1.040,00	8,0%	7,0%	7,0%	6,0%	5,0%	5,0%
Até	1.115,00	9,0%	8,0%	8,0%	7,0%	7,0%	6,0%
Até	1.195,00	10,0%	9,0%	9,0%	8,0%	8,0%	7,0%
Até	1.290,00	11,0%	11,0%	10,0%	10,0%	9,0%	9,0%
Até	1.390,00	12,0%	12,0%	11,0%	11,0%	10,0%	10,0%
Até	1.525,00	13,0%	13,0%	12,0%	12,0%	11,0%	11,0%
Até	1.670,00	14,0%	14,0%	13,0%	13,0%	13,0%	12,0%
Até	1.825,00	15,0%	15,0%	14,0%	14,0%	14,0%	13,0%
Até	1.930,00	16,0%	16,0%	15,0%	15,0%	15,0%	14,0%
Até	2.040,00	17,0%	17,0%	16,0%	16,0%	16,0%	16,0%
Até	2.165,00	18,0%	18,0%	17,0%	17,0%	17,0%	17,0%
Até	2.310,00	19,0%	19,0%	19,0%	18,0%	18,0%	18,0%
Até	2.475,00	20,0%	20,0%	20,0%	19,0%	19,0%	19,0%
Até	2.700,00	21,0%	21,0%	21,0%	20,0%	20,0%	20,0%
Até	3.030,00	22,0%	22,0%	22,0%	21,0%	21,0%	21,0%
Até	3.450,00	23,0%	23,0%	23,0%	22,0%	22,0%	22,0%
Até	4.020,00	24,0%	24,0%	24,0%	24,0%	23,0%	23,0%
Até	4.540,00	25,0%	25,0%	25,0%	25,0%	24,0%	24,0%
Até	5.070,00	26,0%	26,0%	26,0%	26,0%	26,0%	25,0%
Até	5.740,00	27,0%	27,0%	27,0%	27,0%	27,0%	26,0%
Até	6.600,00	28,0%	28,0%	28,0%	28,0%	28,0%	28,0%
Até	7.790,00	29,0%	29,0%	29,0%	29,0%	29,0%	29,0%
Até	9.380,00	30,5%	30,5%	30,5%	30,5%	30,5%	30,5%
Até	11.070,00	31,5%	31,5%	31,5%	31,5%	31,5%	31,5%
Superior a	11.070,00	32,5%	32,5%	32,5%	32,5%	32,5%	32,5%

TABELA IV – TRABALHO DEPENDENTE
NÃO CASADO – DEFICIENTE

Remuneração Mensal Euros		Número de dependentes					
		0	1	2	3	4	5 ou mais
Até	1.420,00	0,0%	0,0%	0,0%	0,0%	0,0%	0,0%
Até	1.600,00	1,0%	0,0%	0,0%	0,0%	0,0%	0,0%
Até	1.910,00	2,0%	1,0%	1,0%	0,0%	0,0%	0,0%
Até	2.030,00	3,0%	2,0%	2,0%	1,0%	1,0%	0,0%
Até	2.160,00	5,0%	3,0%	3,0%	3,0%	2,0%	2,0%
Até	2.260,00	7,0%	5,0%	4,0%	4,0%	3,0%	3,0%
Até	2.420,00	9,0%	7,0%	6,0%	6,0%	5,0%	4,0%
Até	2.500,00	10,0%	9,0%	8,0%	8,0%	6,0%	6,0%
Até	2.600,00	11,0%	10,0%	9,0%	9,0%	8,0%	8,0%
Até	2.860,00	12,0%	11,0%	10,0%	10,0%	10,0%	10,0%
Até	3.170,00	13,0%	12,0%	11,0%	11,0%	11,0%	11,0%
Até	3.500,00	14,0%	13,0%	12,0%	12,0%	12,0%	12,0%
Até	3.630,00	15,0%	14,0%	14,0%	13,0%	13,0%	13,0%
Até	3.840,00	16,0%	15,0%	15,0%	14,0%	14,0%	14,0%
Até	4.250,00	17,0%	16,0%	16,0%	15,0%	15,0%	15,0%
Até	4.510,00	18,0%	17,0%	17,0%	16,0%	16,0%	16,0%
Até	4.800,00	19,0%	18,0%	18,0%	17,0%	17,0%	17,0%
Até	5.080,00	20,0%	19,0%	19,0%	18,0%	18,0%	18,0%
Até	5.500,00	21,0%	20,0%	20,0%	20,0%	19,0%	19,0%
Até	5.920,00	22,0%	21,0%	21,0%	21,0%	20,0%	20,0%
Até	6.640,00	23,0%	22,0%	22,0%	22,0%	21,0%	21,0%
Até	7.100,00	24,0%	23,0%	23,0%	23,0%	22,0%	22,0%
Até	7.670,00	25,0%	24,0%	24,0%	24,0%	24,0%	23,0%
Até	8.340,00	26,0%	25,0%	25,0%	25,0%	25,0%	24,0%
Até	9.110,00	27,0%	26,0%	26,0%	26,0%	25,0%	25,0%
Até	9.830,00	28,0%	27,0%	27,0%	27,0%	27,0%	26,0%
Superior a	9.830,00	29,0%	28,0%	28,0%	28,0%	28,0%	27,0%

TABELA V – TRABALHO DEPENDENTE
CASADO, ÚNICO TITULAR – DEFICIENTE

Remuneração Mensal Euros		Número de dependentes					
		0	1	2	3	4	5 ou mais
Até	1.740,00	0,0%	0,0%	0,0%	0,0%	0,0%	0,0%
Até	1.925,00	1,0%	0,0%	0,0%	0,0%	0,0%	0,0%
Até	2.285,00	2,0%	2,0%	1,0%	1,0%	0,0%	0,0%
Até	2.460,00	3,0%	3,0%	2,0%	2,0%	1,0%	1,0%
Até	2.700,00	5,0%	5,0%	4,0%	4,0%	4,0%	3,0%
Até	2.900,00	6,0%	6,0%	5,0%	5,0%	5,0%	4,0%
Até	3.110,00	7,0%	7,0%	6,0%	6,0%	6,0%	5,0%
Até	3.275,00	8,0%	8,0%	7,0%	7,0%	7,0%	7,0%
Até	3.430,00	9,0%	9,0%	8,0%	8,0%	8,0%	8,0%
Até	3.530,00	10,0%	10,0%	10,0%	9,0%	9,0%	9,0%
Até	3.735,00	11,0%	11,0%	11,0%	10,0%	10,0%	10,0%
Até	3.840,00	12,0%	12,0%	12,0%	11,0%	11,0%	11,0%
Até	4.150,00	13,0%	13,0%	13,0%	12,0%	12,0%	12,0%
Até	4.350,00	14,0%	14,0%	14,0%	13,0%	13,0%	13,0%
Até	4.775,00	15,0%	15,0%	15,0%	14,0%	14,0%	14,0%
Até	5.190,00	16,0%	16,0%	16,0%	15,0%	15,0%	15,0%
Até	5.395,00	17,0%	17,0%	17,0%	17,0%	16,0%	16,0%
Até	5.820,00	18,0%	18,0%	18,0%	18,0%	17,0%	17,0%
Até	6.125,00	19,0%	19,0%	19,0%	19,0%	18,0%	18,0%
Até	6.695,00	20,0%	20,0%	20,0%	20,0%	19,0%	19,0%
Até	7.210,00	21,0%	21,0%	21,0%	21,0%	21,0%	20,0%
Até	8.030,00	22,0%	22,0%	22,0%	22,0%	22,0%	21,0%
Até	8.960,00	23,0%	23,0%	23,0%	23,0%	23,0%	22,0%
Até	9.990,00	24,0%	24,0%	24,0%	24,0%	24,0%	23,0%
Até	11.020,00	25,0%	25,0%	25,0%	25,0%	25,0%	24,0%
Superior a	11.020,00	26,0%	26,0%	26,0%	26,0%	26,0%	25,0%

TABELA VI – TRABALHO DEPENDENTE
CASADO, DOIS TITULARES – DEFICIENTE

Remuneração Mensal Euros		Número de dependentes					
		0	1	2	3	4	5 ou mais
Até	1.420,00	0,0%	0,0%	0,0%	0,0%	0,0%	0,0%
Até	1.600,00	1,0%	1,0%	0,0%	0,0%	0,0%	0,0%
Até	1.910,00	2,0%	2,0%	1,0%	1,0%	1,0%	0,0%
Até	2.030,00	3,0%	3,0%	2,0%	2,0%	2,0%	2,0%
Até	2.160,00	5,0%	4,0%	4,0%	4,0%	3,0%	3,0%
Até	2.260,00	7,0%	6,0%	5,0%	5,0%	5,0%	5,0%
Até	2.420,00	9,0%	8,0%	7,0%	7,0%	6,0%	6,0%
Até	2.500,00	10,0%	9,0%	9,0%	9,0%	8,0%	8,0%
Até	2.600,00	11,0%	10,0%	10,0%	10,0%	9,0%	9,0%
Até	2.860,00	12,0%	11,0%	11,0%	11,0%	10,0%	10,0%
Até	3.170,00	13,0%	12,0%	12,0%	12,0%	11,0%	11,0%
Até	3.500,00	14,0%	13,0%	13,0%	13,0%	12,0%	12,0%
Até	3.630,00	15,0%	14,0%	14,0%	14,0%	14,0%	13,0%
Até	3.840,00	16,0%	15,0%	15,0%	15,0%	15,0%	14,0%
Até	4.250,00	17,0%	16,0%	16,0%	16,0%	16,0%	15,0%
Até	4.510,00	18,0%	17,0%	17,0%	17,0%	17,0%	17,0%
Até	4.800,00	19,0%	18,0%	18,0%	18,0%	18,0%	18,0%
Até	5.080,00	20,0%	19,0%	19,0%	19,0%	19,0%	19,0%
Até	5.500,00	21,0%	20,0%	20,0%	20,0%	20,0%	20,0%
Até	5.920,00	22,0%	21,0%	21,0%	21,0%	21,0%	21,0%
Até	6.640,00	23,0%	22,0%	22,0%	22,0%	22,0%	22,0%
Até	7.100,00	24,0%	23,0%	23,0%	23,0%	23,0%	23,0%
Até	7.670,00	25,0%	24,0%	24,0%	24,0%	24,0%	24,0%
Até	8.340,00	26,0%	25,0%	25,0%	25,0%	25,0%	25,0%
Até	9.110,00	27,0%	26,0%	26,0%	26,0%	26,0%	26,0%
Até	9.830,00	28,0%	27,0%	27,0%	27,0%	27,0%	27,0%
Superior a	9.830,00	29,0%	28,0%	28,0%	28,0%	28,0%	28,0%

TABELA VII – PENSÕES

Remuneração Mensal Euros		Casado dois titulares / Não casado	Casado único titular
Até	690,00	0,0%	0,0%
Até	758,00	1,0%	0,0%
Até	840,00	2,0%	0,0%
Até	932,00	3,0%	1,0%
Até	1.004,00	4,0%	1,0%
Até	1.085,00	5,0%	2,0%
Até	1.116,00	6,0%	2,0%
Até	1.198,00	7,0%	3,0%
Até	1.270,00	8,0%	3,0%
Até	1.372,00	9,0%	4,0%
Até	1.475,00	10,0%	5,0%
Até	1.608,00	11,0%	6,0%
Até	1.741,00	11,5%	7,0%
Até	1.823,00	12,0%	8,0%
Até	1.925,00	13,0%	9,0%
Até	2.028,00	14,0%	9,0%
Até	2.150,00	15,0%	10,0%
Até	2.284,00	16,0%	11,0%
Até	2.437,00	17,0%	11,0%
Até	2.570,00	18,0%	12,0%
Até	2.650,00	19,0%	13,0%
Até	2.800,00	20,0%	14,0%
Até	2.970,00	21,0%	14,0%
Até	3.170,00	22,0%	16,0%
Até	3.350,00	23,0%	17,0%
Até	3.560,00	24,0%	18,0%
Até	3.800,00	25,0%	20,0%
Até	4.070,00	26,0%	21,0%
Até	4.350,00	27,0%	22,0%
Até	4.610,00	29,0%	23,0%
Até	4.870,00	30,0%	24,0%
Até	5.170,00	31,0%	25,0%
Até	5.600,00	32,0%	26,0%
Superior a	5.600,00	33,0%	27,0%

TABELA VIII – RENDIMENTOS DE PENSÕES
TITULARES DEFICIENTES

Remuneração Mensal Euros		Casado dois titulares / Não casado	Casado único titular
Até	1.720,00	0,0%	0,0%
Até	1.925,00	1,0%	0,0%
Até	1.997,00	3,0%	0,0%
Até	2.099,00	4,0%	1,0%
Até	2.202,00	5,0%	2,0%
Até	2.355,00	6,0%	3,5%
Até	2.458,00	7,0%	4,5%
Até	2.560,00	8,0%	5,0%
Até	2.600,00	9,5%	5,5%
Até	2.800,00	10,5%	6,0%
Até	2.900,00	11,5%	7,0%
Até	3.000,00	12,5%	7,5%
Até	3.100,00	13,5%	8,0%
Até	3.200,00	14,5%	9,0%
Até	3.300,00	15,5%	10,0%
Até	3.400,00	16,5%	11,5%
Até	3.600,00	17,5%	13,0%
Até	3.800,00	18,5%	14,0%
Até	4.000,00	19,5%	15,0%
Superior a	4.000,00	20,5%	16,0%

TABELA IX – RENDIMENTOS DE PENSÕES TITULARES DEFICIENTES DAS FORÇAS ARMADAS

Remuneração Mensal Euros		Casado dois titulares / Não casado	Casado único titular
Até	1.720,00	0,0%	0,0%
Até	1.925,00	1,0%	0,0%
Até	1.997,00	2,5%	0,0%
Até	2.099,00	3,5%	0,0%
Até	2.202,00	4,5%	1,5%
Até	2.355,00	5,5%	2,5%
Até	2.458,00	6,5%	4,0%
Até	2.560,00	7,5%	4,5%
Até	2.600,00	9,0%	5,0%
Até	2.800,00	10,0%	5,5%
Até	2.900,00	11,0%	6,5%
Até	3.000,00	12,0%	7,0%
Até	3.100,00	13,0%	7,5%
Até	3.200,00	14,0%	8,5%
Até	3.300,00	15,0%	9,5%
Até	3.400,00	16,0%	11,0%
Até	3.600,00	17,0%	12,5%
Até	3.800,00	18,0%	13,5%
Até	4.200,00	19,0%	14,5%
Superior a	4.200,00	20,0%	15,5%

TABELA A QUE SE REFERE O ARTIGO 25.º-A (*ACTUAL 26.º*) DO CÓDIGO DO IRS
[4]

PORTARIA N.º 543/2000, DE 4 DE AGOSTO
TABELA A QUE SE REFERE O ARTIGO 25.º-A (*ACTUAL 26.º*) DO CÓDIGO DO IRS

De acordo com o disposto no artigo 25.º-A (*actual 26.º*) do Código do IRS, aprovado pelo Decreto-Lei n.º 442-A/88, de 30 de Novembro, quando, relativamente aos rendimentos previstos no n.º 3 da alínea *c*) do n.º 3 do artigo 2.º do Código do IRS, não puder ser discriminada a parte correspondente às contribuições efectuadas pela entidade patronal, considera-se rendimento do trabalho dependente a importância determinada com base em tabela a aprovar por portaria do Ministro das Finanças.

Assim:

Manda o Governo, pelo Ministro das Finanças, que a tabela a que se refere o artigo 25.º-A (*actual 26.º*) do Código do IRS seja a seguinte:

Anos completos após a primeira entrega	Percentagem do capital (%)
Menos de 1	97
De 1 a menos de 2	94
De 2 a menos de 3	92
De 3 a menos de 4	89
De 4 a menos de 5	85
De 5 a menos de 6	81
De 6 a menos de 7	76
De 7 a menos de 8	71
De 8 a menos de 9	66
9 ou mais	60

O Ministro das Finanças, *Joaquim Augusto Nunes Pina Moura*, em 11 de Julho de 2000.

PORTARIA N.º 383/2003, DE 14 DE MAIO
[5]

Determina, para efeitos do disposto no n.º 7 do artigo 24.º do Código do IRS, que o valor de mercado é o resultante da diferença entre o valor de aquisição e o produto desse valor pelo coeficiente de desvalorização acumulada correspondente ao número de anos do veículo

De harmonia com o disposto no n.º 6 do artigo 24.º do Código do IRS, no caso de aquisição de viatura pelo trabalhador ou membro de órgão social, a equivalência pecuniária do rendimento em espécie assim obtido corresponde à diferença positiva entre o respectivo valor de mercado e o somatório dos rendimentos anuais tributados como decorrentes da atribuição do uso com a importância paga a título de preço de aquisição.

Importa clarificar o critério de quantificação do valor de mercado, o qual deverá ser reportado ao ano da transmissão tendo em conta a desvalorização ocorrida desde o ano da matrícula.

Nos termos do n.º 7 do mesmo artigo, considera-se como tal o que corresponder à diferença entre o valor de aquisição e o produto desse valor pelo coeficiente de desvalorização constante de tabela a aprovar por portaria do Ministro das Finanças.

Em qualquer caso, por forma a assegurar que a viatura adquirida pelo trabalhador ou membro de órgão social mantenha um valor residual mínimo, da aplicação do coeficiente de desvalorização constante da tabela, nunca poderá resultar um valor inferior a 10% do seu valor de aquisição no ano da matrícula.

Assim:

Manda o Governo, pela Ministra de Estado e das Finanças, o seguinte:

Para os efeitos do disposto no n.º 7 do artigo 24.º do Código do IRS, o valor de mercado é o resultante da diferença entre o valor de aquisição e o produto desse valor pelo coeficiente de desvalorização acumulada correspondente ao número de anos do veículo, de acordo com a seguinte tabela:

Idade do veículo	Desvalorização anual	Desvalorização acumulada
0	0,00	0,00
1	0,20	0,20
2	0,15	0,35
3	0,10	0,45
4	0,10	0,55
5	0,10	0,65
6	0,05	0,70
7	0,05	0,75
8	0,05	0,80
9	0,05	0,85
10 ou superior	0,05	0,90

Pela Ministra de Estado e das Finanças, o Secretário de Estado dos Assuntos Fiscais, *Vasco Jorge Valdez Ferreira Matias*, em 22 de Abril de 2003.

PORTARIA N.º 1404/2009, DE 10 DE DEZEMBRO
[6]

Aprova os novos modelos de impressos a que se refere o n.º 1 do artigo 57.º do Código do IRS

Nos termos do artigo 57.º do Código do Imposto sobre o Rendimento das Pessoas Singulares, os sujeitos passivos devem apresentar, anualmente, uma declaração de modelo oficial relativa aos rendimentos do ano anterior.

Para o ano de 2010, mostra-se necessário proceder à actualização do modelo da declaração modelo n.º 3 e dos seus anexos, bem como actualizar as respectivas instruções de preenchimento, visando adaptá-lo às alterações legislativas resultantes, nomeadamente, da publicação da Lei n.º 64-A/2008, de 31 de Dezembro.

Assim:

Manda o Governo, pelo Ministro de Estado e das Finanças, nos termos do artigo 8.º do Decreto-Lei n.º 442-A/88, de 30 de Novembro, e do n.º 1 do artigo 144.º do Código do Imposto sobre o Rendimento das Pessoas Singulares, o seguinte:

1.º São aprovados os seguintes novos modelos de impressos a que se refere o n.º 1 do artigo 57.º do Código do IRS:

  a) Declaração modelo n.º 3 e respectivas instruções de preenchimento;
  b) Anexo A (rendimentos do trabalho dependente e de pensões) e respectivas instruções de preenchimento;
  c) Anexo B (rendimentos empresariais e profissionais auferidos por sujeitos passivos abrangidos pelo regime simplificado ou que tenham praticado actos isolados) e respectivas instruções de preenchimento;
  d) Anexo C (rendimentos empresariais e profissionais auferidos por sujeitos passivos tributados com base na contabilidade organizada) e respectivas instruções de preenchimento;
  e) Anexo D (imputação de rendimentos de entidades sujeitas ao regime de transparência fiscal e de heranças indivisas) e respectivas instruções de preenchimento;
  f) Anexo E (rendimentos de capitais) e respectivas instruções de preenchimento;
  g) Anexo F (rendimentos prediais) e respectivas instruções de preenchimento;
  h) Anexo G (mais-valias e outros incrementos patrimoniais) e respectivas instruções de preenchimento;
  i) Anexo G1 (mais-valias não tributáveis) e respectivas instruções de preenchimento;

j) Anexo H (benefícios fiscais e deduções) e respectivas instruções de preenchimento;
l) Anexo I (rendimentos de herança indivisa) e respectivas instruções de preenchimento;
m) Anexo J (rendimentos obtidos no estrangeiro) e respectivas instruções de preenchimento.

2.º Os impressos aprovados pela presente portaria devem ser utilizados a partir de 1 de Janeiro de 2010 e destinam-se a declarar os rendimentos dos anos 2001 e seguintes.

3.º Os impressos ora aprovados constituem modelo exclusivo da Imprensa Nacional-Casa da Moeda, S. A., e, quando entregues em suporte de papel, integram original e duplicado, devendo este ser devolvido ao apresentante no momento da recepção, depois de devidamente autenticado.

4.º Os sujeitos passivos de IRS titulares de rendimentos empresariais ou profissionais determinados com base na contabilidade, bem como pelo regime simplificado de tributação, quando o montante ilíquido desses rendimentos for superior a € 10 000 e não resulte da prática de acto isolado, ficam obrigados a enviar a declaração de rendimentos dos anos de 2001 e seguintes por transmissão electrónica de dados.

5.º Para efeitos do disposto no número anterior, o sujeito passivo e o técnico oficial de contas, nos casos em que a declaração deva por este ser assinada, serão identificados por senhas atribuídas pela Direcção-Geral dos Impostos.

6.º Os sujeitos passivos não compreendidos no n.º 4 podem optar pelo envio da declaração modelo n.º 3 e respectivos anexos por transmissão electrónica de dados.

7.º Os sujeitos passivos que utilizem a transmissão electrónica de dados devem:

a) Efectuar o registo, caso ainda não disponham de senha de acesso, no portal das finanças, no endereço *www.portaldasfinancas.gov.pt*;
b) Possuir um ficheiro com as características e estrutura de informação, a disponibilizar no mesmo endereço;
c) Efectuar o envio de acordo com os procedimentos indicados na referida página.

8.º Quando for utilizada a transmissão electrónica de dados, a declaração considera-se apresentada na data em que é submetida, sob condição de correcção de eventuais erros no prazo de 30 dias. Se, findo este prazo, não forem corrigidos os erros detectados, a declaração é considerada sem efeito.

O Ministro de Estado e das Finanças, *Fernando Teixeira dos Santos*, em 23 de Novembro de 2009.

PARTE SEGUNDA

PESSOAS COLECTIVAS

	Págs.
[11] Código do Imposto Sobre o Rendimento das Pessoas Colectivas (**CIRC**)	221
[12] Lançamento de Derramas – art. 14.º (**Lei n.º 2/2007**)	421
[13] Regime das Depreciações e Amortizações (**Decreto Regulamentar n.º 25/2009**) (**Portaria n.º 772/2009, de 21 de Julho**)	423 444
[14] Reintegração de Viaturas Ligeiras de Passageiros ou Mistas (**Portaria n.º 1041/2001, de 28 de Agosto**)	445
[15] Preços de transferência (**Portaria n.º 1446-C/2001, de 21 de Dezembro**)	447
[16] Acordos prévios sobre os preços de transferência (APPT) (**Portaria n.º 620-A/2008, de 16 de Julho**)	463

CÓDIGO DO IMPOSTO SOBRE O RENDIMENTO DAS PESSOAS COLECTIVAS [11]

DECRETO-LEI N.º 442-B/88, DE 30 DE NOVEMBRO

No uso da autorização legislativa concedida pela Lei n.º 106/88, de 17 de Setembro, e nos termos das alíneas *a*) e *b*) do n.º 1 do artigo 201.º da Constituição, o Governo decreta o seguinte:

ARTIGO 1.º
Aprovação do Código do IRC

É aprovado o Código do Imposto sobre o Rendimento das Pessoas Colectivas (IRC), que faz parte integrante do presente decreto-lei.

ARTIGO 2.º
Entrada em vigor

O Código do IRC entra em vigor em 1 de Janeiro de 1989.

ARTIGO 3.º
Impostos abolidos

1 – Ficam abolidos, a partir da data da entrada em vigor do Código do IRC, relativamente aos sujeitos passivos deste imposto, a contribuição industrial, o imposto sobre a indústria agrícola, o imposto de mais-valias, a contribuição predial, o imposto de capitais, o imposto complementar e o imposto do selo constante da verba 134 da Tabela Geral do Imposto do Selo.

2 – O disposto no número anterior não obsta a que a legislação respeitante aos impostos abolidos possa ser aplicada relativamente aos impostos respeitantes

a rendimentos obtidos anteriormente à data aí indicada ou à punição das respectivas infracções, nos termos previstos nessa legislação.

3 – Os impostos referidos na alínea c) do artigo 37.º do Código da Contribuição Industrial que, nos termos do número anterior, sejam liquidados após a entrada em vigor do Código do IRC não serão dedutíveis para efeitos de determinação do lucro tributável neste imposto.

ARTIGO 4.º
Imposto sobre o rendimento do petróleo

1 – A partir da data da entrada em vigor do Código do IRC, o imposto sobre o rendimento do petróleo, nos termos em que é regulado pelo Decreto-Lei n.º 625/71, de 31 de Dezembro, com as redacções que lhe foram dadas pelos Decretos-Leis n.ᵒˢ 256/81, de 1 de Setembro, e 440/83, de 24 de Dezembro, a que estivessem sujeitas pessoas colectivas ou outras entidades que sejam sujeitos passivos de IRC, fica substituído por este imposto.

2 – Não obstante o disposto no número anterior, considera-se aplicável a legislação aí referida quanto ao imposto sobre o rendimento do petróleo relativo a rendimentos obtidos anteriormente à data no mesmo mencionada, bem como à punição das respectivas infracções, nos termos previstos nessa legislação.

3 – Serão introduzidas no regime fiscal da indústria extractiva do petróleo, com as alterações decorrentes da entrada em vigor do Código do IRC, as adaptações consideradas necessárias.

ARTIGO 5.º
Regime transitório aplicável a Macau

1 – Enquanto o território de Macau se mantiver sob a administração portuguesa ficam isentos de IRC os lucros provenientes da exploração de navios ou aeronaves no tráfego interterritorial obtidos pelas entidades referidas no n.º 2 do artigo 4.º do Código do IRC.

2 – Aos lucros obtidos pelas entidades referidas no n.º 1 do artigo 4.º do Código do IRC e imputáveis nos termos do mesmo a estabelecimento estável situado em Macau é aplicável o regime geral previsto nessa disposição, havendo lugar, com as necessárias adaptações, ao estabelecido na alínea b) do n.º 2 do artigo 71.º e no artigo 73.º do mesmo Código.

ARTIGO 6.º
Sociedades de simples administração de bens

Não obstante o regime de transparência fiscal estabelecido na alínea c) do n.º 1 do artigo 5.º do Código do IRC, os lucros das sociedades de simples administração de bens, nas condições aí mencionadas, obtidos anteriormente à data da entrada em vigor do mesmo Código, que venham a ser posteriormente a esta colocados à disposição dos respectivos sócios, serão considerados rendimentos de aplicação de capitais e sujeitos a tributação em IRS ou IRC nos termos gerais.

ARTIGO 7.º
Agrupamentos complementares de empresas

1 – Ficam revogados os n.ºˢ 1, 2 e 3 da Base VI da Lei n.º 4/73, de 4 de Junho, na redacção que lhe foi dada pelo Decreto-Lei n.º 157/81, de 11 de Junho, e o artigo 18.º do Decreto-Lei n.º 430/73, de 25 de Agosto.

2 – Mantém-se em vigor o disposto no n.º 1 do artigo 15.º do Decreto-Lei n.º 430/73, de 25 de Agosto.

ARTIGO 8.º
Período de tributação

Os sujeitos passivos de IRC que, não tendo sede nem direcção efectiva em território português nele disponham, à data da entrada em vigor do Código, de estabelecimento estável, optem, nos termos do n.º 2 do seu artigo 7.º, por um período de tributação diferente do ano civil, deverão comunicar essa opção à Direcção-Geral das Contribuições e Impostos, no prazo de 60 dias a contar da data da entrada em vigor daquele Código, sendo aplicável, relativamente ao período decorrido desde 1 de Janeiro de 1989 até ao dia imediatamente anterior ao do início do novo período de tributação, o disposto no Código do IRC com referência ao período mencionado na alínea *d*) do n.º 4 do citado artigo 7.º.

ARTIGO 9.º
Obras de carácter plurianual

1 – Os sujeitos passivos de IRC podem, relativamente às obras cujo ciclo de produção ou tempo de construção seja superior a um ano e que se encontrem em curso à data da entrada em vigor do presente Código, aplicar, com as necessárias adaptações, o disposto no seu artigo 19.º, para efeitos de determinação da matéria colectável da contribuição industrial respeitante ao exercício de 1988.

2 – Relativamente às obras plurianuais mencionadas na alínea *a*) do n.º 2 do artigo 19.º do Código do Imposto sobre o Rendimento das Pessoas Colectivas em curso à data da entrada em vigor do mesmo Código, pode continuar a aplicar-se, até à sua conclusão, ou durante os primeiros cinco anos de vigência do Código, se aquela conclusão ocorrer posteriormente, o critério do encerramento da obra, nos termos definidos naquele artigo.

ARTIGO 10.º
Mudança de critério valorimétrico

Tendo ocorrido, nos termos do artigo 40.º do Código da Contribuição Industrial, anteriormente à entrada em vigor do Código do IRC, mudança de critério valorimétrico, o disposto na parte final do mesmo artigo é aplicável, sempre que for caso disso, para efeitos de determinação da matéria colectável de IRC.

ARTIGO 11.º
Reintegrações resultantes de reavaliações

O regime de aceitação como custos, para efeitos de determinação da matéria colectável de IRC, das reintegrações resultantes das reavaliações efectuadas ao abrigo de legislação de carácter fiscal é, com as necessárias adaptações, o disposto nessa legislação, continuando a não ser considerado como custo, para aqueles efeitos, sempre que for caso disso, o produto de 0,4 pela importância do aumento das reintegrações anuais resultantes da reavaliação.

ARTIGO 12.º
Encargos com férias

1 – Sendo, nos termos do Código do IRC, os encargos devidos por motivos de férias custos do exercício a que se reporta o direito às mesmas, os que se vençam no exercício da entrada em vigor do mesmo Código relativos a exercícios anteriores são considerados custos, para efeitos da determinação da matéria colectável do IRC, nos quatro primeiros exercícios de aplicação deste imposto numa importância igual a 25% do respectivo montante.

2 – No caso de cessação da actividade anteriormente ao início do quarto exercício seguinte referido no número anterior, será considerado como custo do exercício da cessação a parte que não tiver sido ainda deduzida.

ARTIGO 13.º
Provisões

1 – Para efeitos de determinação da matéria colectável do IRC, continuará a aplicar-se o disposto na alínea b) do artigo 33.º do Código da Contribuição Industrial aos sujeitos passivos daquele imposto que, em exercícios anteriores ao da entrada em vigor do Código do IRC, tenham constituído a provisão mencionada nessa alínea.

2 – O saldo em 1 de Janeiro de 1989 das provisões a que se referem as alíneas c) e d) do artigo 33.º do Código da Contribuição Industrial, aceites para efeitos fiscais com referência a exercícios anteriores, depois de deduzido o mon-

tante que delas tiver sido utilizado no exercício de 1989, nos termos que lhe eram aplicáveis, deve ser reposto nas contas de resultados dos exercícios encerrados posteriormente àquela data, para efeitos de determinação da matéria colectável de IRC, num montante até à concorrência do somatório dos seguintes valores:

a) Importância correspondente à parte dos encargos devidos por motivo de férias considerada como custo do exercício nos termos da parte final do n.º 1 do artigo 12.º;
b) Importância correspondente à constituição ou reforço no exercício em causa das provisões a que se referem as alíneas *a)* e *b)* do n.º 1 do artigo 33.º do Código do IRC.

3 – O regime estabelecido no número anterior é igualmente aplicável aos saldos das provisões constituídas nos termos dos Decretos-Leis n.ºs 503-C/76, de 30 de Junho, e 216/78, de 2 de Agosto, que se consideram revogados.

4 – Quando, ao abrigo da disciplina que vem sendo aplicada às provisões referidas no n.º 2, sejam efectuadas correcções dos respectivos valores, os montantes das reposições a praticar nos termos do mesmo número serão corrigidos em conformidade.

5 – O saldo referido no n.º 2 será transferido para uma conta especial denominada «Provisões nos termos do Código da Contribuição Industrial», figurando a parte ainda não reposta nos termos do mesmo número no segundo membro de cada um dos balanços referentes aos exercícios encerrados posteriormente a 1 de Janeiro de 1989.

ARTIGO 14.º
Reporte de prejuízos

Os prejuízos fiscais apurados para efeitos de contribuição industrial e de imposto sobre a indústria agrícola, e ainda não deduzidos, poderão sê-lo nas condições estabelecidas no artigo 43.º do Código da Contribuição Industrial nos lucros tributáveis determinados para efeitos de IRC, observando-se, sempre que for caso disso, o disposto no parágrafo 3.º do artigo 54.º do mesmo Código e no artigo 46.º do Código do IRC.

ARTIGO 15.º
Deduções por reinvestimento ou investimento

1 – Os lucros retidos e levados a reservas que tenham sido reinvestidos nos termos do artigo 44.º do Código da Contribuição Industrial até ao fim do exercício imediatamente anterior ao do início de vigência do Código do IRC poderão ser deduzidos, se ainda o não tiverem sido, nas condições estabelecidas no

Código da Contribuição Industrial, para efeitos de determinação da matéria colectável de IRC.

2 – Na determinação do limite temporal em que se deve concretizar a dedução ao lucro tributável, é aplicável, com as necessárias adaptações, o disposto no n.º 5 do artigo 46.º do Código do IRC, quer quanto ao período referido na alínea *d*) do n.º 4 do artigo 7.º do mesmo Código, quer no tocante ao período mencionado no artigo 8.º deste diploma.

3 – O disposto nos números anteriores é igualmente aplicável, com as necessárias adaptações, às deduções ao lucro tributável da contribuição industrial ou do imposto sobre a indústria agrícola por investimentos ou reinvestimentos efectuados até ao fim do exercício imediatamente anterior ao do início de vigência do Código do IRC, estabelecidas em legislação especial anterior a essa data, com observância do regime nela estabelecido.

ARTIGO 16.º
Tributação pelo lucro consolidado

1 – A autorização para a tributação pelo lucro consolidado nos termos do artigo 1.º do Decreto-Lei n.º 414/87, de 31 de Dezembro, é válida, para efeitos de IRC, pelo período restante por que tenha sido concedida e nos termos e condições em que o tenha sido.

2 – Para efeitos de determinação da matéria colectável em IRC é aplicável, com as necessárias adaptações, o disposto no n.º 2 do artigo 6.º do Decreto-Lei n.º 414/87, de 31 de Dezembro.

ARTIGO 17.º
Liquidação de sociedades e outras entidades

Às sociedades e outras entidades que se tiverem dissolvido anteriormente à data da entrada em vigor do Código do IRC não é aplicável o disposto no seu artigo 65.º, continuando sujeitas, para efeitos de IRC, com as necessárias adaptações, ao regime que lhes era aplicável no domínio dos impostos abolidos.

ARTIGO 18.º
Tributação de rendimentos agrícolas

1 – Os rendimentos dos sujeitos passivos de IRC que exerçam, a título predominante, actividades agrícolas, silvícolas ou pecuárias cujos lucros se encontravam sujeitos a imposto sobre a indústria agrícola, são tributados em IRC às seguintes taxas:

a) Rendimentos respeitantes ao exercício de 1989 – 12,5%;

b) Rendimentos respeitantes ao exercício de 1990 – 16%;
c) Rendimentos respeitantes ao exercício de 1991 – 20%;
d) Rendimentos respeitantes ao exercício de 1992 – 25%;
e) Rendimentos respeitantes ao exercício de 1993 – 31%.

2 – Os rendimentos dos sujeitos passivos de IRC que exerçam a título predominante actividade pecuária intensiva serão tributados em IRC às seguintes taxas:

a) Rendimentos respeitantes ao exercício de 1989 – 20%;
b) Rendimentos respeitantes ao exercício de 1990 – 25%;
c) Rendimentos respeitantes ao exercício de 1991 – 31%.

3 – Considera-se que um sujeito passivo de IRC exerce a título predominante actividades agrícolas, silvícolas ou pecuárias nas condições referidas nos números anteriores quando os proveitos respeitantes às mesmas representem, no exercício em causa, pelo menos 60% do total dos proveitos do sujeito passivo.

4 – O disposto no n.º 1 é aplicável aos rendimentos dos sujeitos passivos que, obedecendo às condições nele previstas, iniciem a actividade já na vigência do Código do IRC.

ARTIGO 18.º-A
Regime transitório das mais-valias e das menos-valias

1 – Os ganhos ou perdas realizados por sujeitos passivos de IRC com a transmissão de acções ou partes sociais cuja aquisição tenha ocorrido antes da entrada em vigor do Código do IRC não concorrem para a formação do lucro tributável.

2 – Para efeitos do número anterior, considera-se data da aquisição dos valores mobiliários cuja propriedade tenha sido adquirida pelo sujeito passivo em resultado de um processo de cisão, por incorporação de reservas ou por substituição daqueles, designadamente por alteração do valor nominal ou modificação do objecto social da sociedade emitente, a data da aquisição dos valores mobiliários que lhes deram origem.

3 – Quando, nos termos do regime especial previsto no n.º 9 do artigo 67.º e nos artigos 70.º e 71.º do Código do IRC, haja lugar à valorização das participações sociais recebidas pelo mesmo valor pelo qual as antigas se encontravam registadas, considera-se, para efeitos do disposto no n.º 1, data de aquisição das primeiras a que corresponder à das últimas.[1]

---

[1] Redacção dada pelo D.L. n.º 221/2001, de 7 de Agosto.

ARTIGO 19.º
Crédito fiscal por investimento

1 – O desconto correspondente ao crédito fiscal por investimento estabelecido nos Decretos-Leis n.ᵒˢ 197-C/86, 18 de Julho, e 161/87, de 6 de Abril, que, por falta ou insuficiência da colecta da contribuição industrial, não tiver sido efectuado, poderá sê-lo na colecta do IRC nas condições temporais definidas no n.º 3 do artigo 4.º do Decreto-Lei n.º 197-C/86, de 18 de Julho.

2 – Para efeitos do disposto na parte final do número anterior, é aplicável, com as necessárias adaptações, o disposto no n.º 5 do artigo 46.º do Código do IRC, quer quanto ao período referido na alínea *d*) do n.º 4 do artigo 7.º do mesmo Código, quer no tocante ao período mencionado no artigo 8.º deste diploma.

3 – A dedução a que se refere o n.º 1 é efectuada na ordem e nos termos indicados para as deduções estabelecidas na alínea *d*) do n.º 2 do artigo 71.º do Código do IRC.

ARTIGO 20.º
Pagamento de impostos

1 – A contribuição industrial e o imposto sobre a indústria agrícola relativos ao exercício de 1988, devidos por sujeitos passivos de IRC, autoliquidados no prazo legal, serão pagos em três prestações iguais, com vencimento em Junho de 1989, Maio de 1990 e Maio de 1991.

2 – Para efeitos do disposto no número anterior, o pagamento da primeira prestação deverá ser efectuado no dia da apresentação da declaração modelo n.º 2, mediante conhecimento modelo n.º 10, processado em triplicado.

3 – As prestações não referidas no número precedente serão debitadas, para cobrança, ao tesoureiro, até ao dia 15 do mês anterior ao do vencimento da primeira das prestações em dívida.

4 – Aos contribuintes que não efectuem o pagamento referido no n.º 2 ou que não apresentem a declaração, é aplicável o disposto no artigo 85.º do Código da Contribuição Industrial.

5 – Não sendo paga qualquer das prestações no mês do vencimento, começarão a correr juros de mora.

6 – Passados 60 dias sobre o vencimento de qualquer prestação sem que se mostre efectuado o respectivo pagamento, haverá lugar a procedimento executivo para arrecadação da totalidade da contribuição ou imposto em dívida, considerando-se, para o efeito, vencidas as prestações ainda não pagas.

7 – Os contribuintes poderão, porém, pagar integralmente a contribuição industrial ou imposto sobre a indústria agrícola na data do vencimento da primeira prestação, beneficiando neste caso de um desconto de 20%, a que acrescerá o previsto na alínea *a*) do artigo 101.º do Código da Contribuição Industrial, quando for o caso.

8 – O disposto nos números anteriores é aplicável, com as necessárias adaptações, ao pagamento do imposto complementar, secção B, referente ao exercício de 1988, sendo as prestações, em número de três, com vencimento em Dezembro de 1989, Novembro de 1990 e Novembro de 1991.

ARTIGO 21.º
Pagamentos por conta

1 – Durante o ano de 1989, os pagamentos por conta referidos no artigo 83.º do Código do IRC serão calculados com base na contribuição industrial e ou no imposto sobre a indústria agrícola que foram ou deveriam ter sido autoliquidados com referência ao exercício de 1988, sem a dedução do imposto de capitais – Secção B que tiver sido efectuada nos termos do artigo 89.º do Código da Contribuição Industrial, por força do disposto no seu parágrafo 1.º e, bem assim, da do crédito fiscal por investimento estabelecido pelos Decretos-Leis n.ºs 197-C/86, de 18 de Julho, e 161/86, de 6 de Abril.

2 – Tratando-se de sociedades de um grupo a que seja aplicável, pela primeira vez no exercício de 1989, o regime de tributação pelo lucro consolidado, o disposto no número anterior é de observar em relação a cada uma delas, sendo o total das importâncias entregues por conta tomado em consideração para efeitos do cálculo da diferença a pagar pela sociedade dominante, ou a reembolsar-lhe nos termos do artigo 82.º do Código do IRC.

ARTIGO 22.º
Declaração de inscrição no registo

1 – Os sujeitos passivos de IRC que, à data da entrada em vigor do respectivo Código, já constem dos registos da Direcção-Geral das Contribuições e Impostos, por virtude de tributação nos impostos agora abolidos, são dispensados da apresentação da declaração de inscrição no registo a que se refere o artigo 95.º daquele Código.

2 – Os sujeitos passivos de IRC que não se encontrem nas condições previstas no número anterior deverão apresentar a declaração de inscrição aí referida até 31 de Março de 1989.

ARTIGO 23.º
Regulamentação da cobrança e dos reembolsos do imposto

O Governo publicará, mediante decreto-lei, a regulamentação da cobrança e dos reembolsos de IRC.

ARTIGO 24.º
Modificações do Código do IRC

As modificações que de futuro se fizerem sobre matéria contida no Código do IRC serão consideradas como fazendo parte dele e inseridas no lugar próprio, devendo essas modificações ser sempre efectuadas por meio de substituição dos artigos alterados, supressão dos artigos inúteis ou pelo aditamento dos que forem necessários.

Visto e aprovado em Conselho de Ministros de 20 de Outubro de 1988 – *Aníbal António Cavaco Silva – Miguel José Ribeiro Cadilhe.*

Promulgado em 30 de Novembro de 1988.

Publique-se.

O Presidente da República, MÁRIO SOARES.

Referendado em 30 de Novembro de 1988.

O Primeiro-Ministro, *Aníbal António Cavaco Silva.*

DECRETO-LEI N.º 159/2009, de 13 de Julho

Preâmbulo

O Regulamento (CE) n.º 1606/2002, do Parlamento Europeu e do Conselho, de 19 de Julho, veio introduzir a obrigação de, relativamente aos exercícios iniciados em ou após 1 de Janeiro de 2005, as sociedades com valores mobiliários cotados elaborarem as suas contas consolidadas em conformidade com as normas internacionais de contabilidade (NIC) tal como adoptadas pela União Europeia, e atribuir a cada Estado membro a opção de alargamento do âmbito de aplicação daquelas normas a outras situações, designadamente às contas anuais individuais de sociedades cotadas e às contas consolidadas e ou contas anuais individuais das restantes sociedades.

O Decreto-Lei n.º 35/2005, de 17 de Fevereiro, veio consagrar a possibilidade de sociedades não cotadas sujeitas ao Plano Oficial de Contabilidade elaborarem as suas contas consolidadas em conformidade com as NIC e permitir que as entidades incluídas no âmbito da consolidação das entidades que estejam obrigadas ou que optem pela aplicação das NIC às suas contas consolidadas, desde que sejam objecto de certificação legal de contas, elaborem as suas contas anuais individuais em conformidade com aquelas normas.

Por outro lado, o Banco de Portugal veio obrigar a generalidade das entidades sujeitas à sua supervisão a elaborar as contas individuais em conformidade com as normas de contabilidade ajustadas (NCA), enquanto que o Instituto de Seguros de Portugal aprovou o novo Plano de Contas para as Empresas de Seguros (PCES), ambos convergentes com as NIC, tendo sido estabelecidos regimes transitórios, a vigorar enquanto não se introduzissem no Código do Imposto sobre o Rendimento das Pessoas Colectivas (Código do IRC) e na legislação complementar as necessárias adaptações às NIC.

Com a aprovação do Sistema de Normalização Contabilística pelo Decreto-Lei n.º 158/2009, de 13 de Julho, cuja filosofia e estrutura são muito próximas das NIC, estão criadas as condições para alterar o Código do IRC e legislação complementar, por forma a adaptar as regras de determinação do lucro tributável dos sujeitos passivos às NIC.

Considerando que a estrutura actual do Código do IRC se mostra, em geral, adequada ao acolhimento do novo referencial contabilístico, manteve-se a estreita ligação entre contabilidade e fiscalidade, que se afigura como um elemento essencial para a minimização dos custos de contexto que impendem sobre os agentes económicos, procedendo-se apenas às alterações necessárias à adaptação do Código do IRC às regras emergentes do novo enquadramento contabilístico, bem como à terminologia que dele decorre.

A manutenção do modelo de dependência parcial determina, desde logo, que, sempre que não estejam estabelecidas regras fiscais próprias, se verifica o acolhimento do tratamento contabilístico decorrente das novas normas.

Ainda no domínio da aproximação entre contabilidade e fiscalidade, é aceite a aplicação do modelo do justo valor em instrumentos financeiros, cuja contrapartida seja reconhecida através de resultados, mas apenas nos casos em que a fiabilidade da determinação do justo valor esteja em princípio assegurada. Assim, excluem-se os instrumentos de capital próprio que não tenham um preço formado num mercado regulamentado. Além disso, manteve-se a aplicação do princípio da realização relativamente aos instrumentos financeiros mensurados ao justo valor cuja contrapartida seja reconhecida em capitais próprios, bem como às partes de capital que correspondam a mais de 5% do capital social, ainda que reconhecidas pelo justo valor através de resultados.

Aceita-se, igualmente, a aplicação desse modelo na valorização dos activos biológicos consumíveis que não respeitem a explorações silvícolas plurianuais, bem como nos produtos agrícolas colhidos de activos biológicos no momento da colheita.

Esta convergência entre contabilidade e fiscalidade é, ainda, evidente no acolhimento do método do custo amortizado para apuramento dos rendimentos ou gastos decorrentes da aplicação da taxa de juro efectiva, na aceitação do valor realizável líquido (embora obedecendo à definição que lhe é dada no próprio Código do IRC) para efeitos do cálculo do ajustamento dos inventários, no novo regime fiscal aplicável aos instrumentos financeiros derivados e às operações de cobertura, bem como no novo regime de contratos de construção, no âmbito do qual se prevê que o apuramento dos resultados se faça sempre segundo o método da percentagem de acabamento.

Noutros casos foi a própria alteração do referencial contabilístico que ditou a eliminação de normas próprias do sistema fiscal que se tornaram desnecessárias. É o que sucede, nomeadamente, quanto às despesas de investigação, as quais passaram a ser sempre contabilizadas como gastos no período em que sejam suportadas.

Existem, no entanto, áreas em que, para preservar os interesses e as perspectivas próprias da fiscalidade se mantêm diferentes graus de separação entre o tratamento contabilístico e o fiscal. Assim, mantêm-se as características essenciais do regime das depreciações e amortizações, adaptando-se apenas a definição do respectivo âmbito de aplicação à nova terminologia contabilística, incluindo-se nos elementos do activo sujeitos a deperecimento os activos fixos tangíveis, os activos intangíveis e as propriedades de investimento que sejam contabilizadas ao custo histórico.

No mesmo sentido, identificam-se como activos abrangidos pelo regime das mais-valias e menos-valias fiscais os activos fixos tangíveis, os activos intangíveis, as propriedades de investimento, os instrumentos financeiros, com excepção daqueles em que os ajustamentos decorrentes da aplicação do justo valor concorrem para a formação do lucro tributável no período de tributação, e ainda os activos biológicos que não sejam consumíveis. Foi, também, adaptado o regime do reinvestimento dos valores de realização, o qual abrange as propriedades de investimento.

Além disso, quanto às vendas e prestações de serviços, estabelece-se que o valor a incluir no lucro tributável é sempre o valor nominal da contraprestação recebida, evitando-se, assim, o diferimento inerente à consideração do efeito financeiro. E, no que respeita aos pagamentos com base em acções a trabalhadores e membros dos órgãos estatutários, o respectivo gasto apenas concorre para a formação do lucro tributável no período de tributação em que os respectivos direitos ou opções sejam exercidos, pelas quantias liquidadas ou pela diferença entre o valor dos instrumentos de capital próprio atribuídos e o respectivo preço de exercício pago.

Por outro lado, atendendo às dificuldades de controlo, quer da razoabilidade da decisão de reconhecimento da imparidade quer da respectiva quantificação, apenas são fiscalmente dedutíveis, anteriormente à efectiva realização, as perdas por imparidade em créditos, bem como as que consistam em desvalorizações excepcionais verificadas em activos fixos tangíveis, activos intangíveis, activos biológicos não consumíveis e propriedades de investimento provenientes de causas anormais devidamente comprovadas.

Destaque-se, ainda, a introdução da possibilidade de dedução fiscal das provisões para garantias a clientes, cujo limite é definido em função dos encargos com garantias a clientes efectivamente suportados nos três períodos de tributação anteriores, bem como de considerar como gastos os créditos incobráveis em resultado de procedimento extrajudicial de conciliação para viabilização de empresas em situação de insolvência ou em situação económica difícil mediado pelo Instituto de Apoio às Pequenas e Médias Empresas e ao Investimento (IAPMEI).

Houve, igualmente, a preocupação de eliminar os constrangimentos sobre a contabilidade decorrentes da legislação fiscal. Assim, e nomeadamente, a aplicação do regime especial de neutralidade fiscal aplicável às fusões, cisões e entradas de activos deixa de estar dependente de condições exigidas quanto à contabilização dos elementos patrimoniais transferidos e, no caso de haver correcções ao valor de transmissão de direitos reais sobre bens imóveis, deixa de ser exigido ao adquirente desses direitos a respectiva contabilização pelo valor patrimonial tributário definitivo para que o mesmo seja considerado para efeitos de determinação de qualquer resultado tributável em IRC.

Por razões de equidade, admite-se para a generalidade dos sujeitos passivos a dedução das contribuições suplementares para fundos de pensões e equiparáveis destinadas à cobertura de responsabilidades com benefícios de reforma que resultem da aplicação dos novos referenciais contabilísticos.

Foi promovida a audição da Comissão de Normalização Contabilística.
No uso da autorização legislativa concedida pelo artigo 74.º da Lei n.º 64--A/2008, de 31 de Dezembro, e nos termos das alíneas a) e b) do n.º 1 do art. 198.º da Constituição, o Governo decreta o seguinte:

ARTIGO 1.º
Objecto

O presente decreto-lei visa proceder à adaptação do Código do Imposto sobre o Rendimento das Pessoas Colectivas, doravante denominado Código do IRC, aprovado pelo Decreto-Lei n.º 442-B/88, de 30 de Novembro, na redacção actual, às normas internacionais de contabilidade adoptadas pela União Europeia e ao Sistema de Normalização Contabilística (SNC), aprovado pelo Decreto-Lei n.º 158/2009, de 13 de Julho.

ARTIGO 2.º
Alterações ao Código do IRC

São alterados os artigos 18.º, 19.º, 20.º, 21.º, 22.º, 23.º, 24.º, 25.º, 26.º, 28.º, 29.º, 31.º, 32.º, 33.º, 34.º, 35.º-A, 36.º, 39.º, 40.º, 42.º, 43.º, 44.º, 45.º, 58.º-A, 68.º, 70.º, 71.º, 72.º e 113.º do Código do IRC, aprovado pelo Decreto--Lei n.º 442-B/88, de 30 de Novembro, que passam a ter a seguinte redacção:

...

(Alterações efectuadas no texto da Lei)

ARTIGO 3.º
Aditamento ao Código do IRC

São aditados ao Código do IRC, aprovado pelo Decreto-Lei n.º 442-B/88, de 30 de Novembro, os artigos 27.º-A, 35.º-B, 39.º-A, 45.º-A e 45.º-B:

...

(Aditamentos efectuadas no texto da Lei)

ARTIGO 4.º
Alteração e aditamento de epígrafes ao Código do IRC

1 – A subsecção II da secção II do capítulo III do Código do IRC, aprovado pelo Decreto-Lei n.º 442-B/88, de 30 de Novembro, na sua redacção actual, passa a ter a epígrafe «Inventários».

2 – A subsecção IV da secção II do capítulo III do Código do IRC, aprovado pelo Decreto-Lei n.º 442-B/88, de 30 de Novembro, na sua redacção actual, passa a ter a epígrafe «Imparidades e provisões».

3 – É aditada ao Código do Imposto sobre o Rendimento das Pessoas Colectivas, aprovado pelo Decreto-Lei n.º 442-B/88, de 30 de Novembro na sua redacção actual, a subsecção VI-A, com a epígrafe «Instrumentos financeiros derivados», constituída pelo artigo 45.º-A.

4 – É aditada ao Código do Imposto sobre o Rendimento das Pessoas Colectivas, aprovado pelo Decreto-Lei n.º 442-B/88, de 30 de Novembro, na sua redacção actual, a subsecção VI-B, com a epígrafe «Empresas de seguros», constituída pelo artigo 45.º-B.

ARTIGO 5.º
Regime transitório

1 – Os efeitos nos capitais próprios decorrentes da adopção, pela primeira vez, das normas internacionais de contabilidade adoptadas nos termos do artigo 3.º do Regulamento n.º 1606/2002, do Parlamento Europeu e do Conselho, de 19 de Julho, que sejam considerados fiscalmente relevantes nos termos do Código do IRC e respectiva legislação complementar, resultantes do reconhecimento ou do não reconhecimento de activos ou passivos, ou de alterações na respectiva mensuração, concorrem, em partes iguais, para a formação do lucro tributável do primeiro período de tributação em que se apliquem aquelas normas e dos quatro períodos de tributação seguintes.

2 – No caso dos investimentos que, no momento da transição, estejam a representar provisões técnicas do seguro de vida com participação nos resultados, e dos investimentos relativos a seguros de vida em que o risco de investimento seja suportado pelo tomador de seguro, bem como daqueles que, em exercícios anteriores, tenham estado afectos a essas carteiras de investimento, considera-se que o seu custo de aquisição, para efeitos fiscais, é o que corresponda ao valor contabilístico no momento da transição, ou ao valor de mercado da data da transferência de ou para essas carteiras, respectivamente.

3 – Os ajustamentos a que se referem os números anteriores devem ser devidamente evidenciados no processo de documentação fiscal previsto no artigo 130.º do Código do IRC, de acordo com a renumeração introduzida.

4 – Às mais-valias ou menos-valias de elementos do activo imobilizado que tenham beneficiado do regime de reinvestimento previsto no anterior artigo 45.º do Código do IRC e cujos valores de realização ainda não tenham sido objecto de reinvestimento é aplicável o disposto na nova redacção deste artigo, mantendo-se, todavia, o prazo original para a concretização desse reinvestimento.

5 – O regime transitório estabelecido nos números anteriores é igualmente aplicável à adopção, pela primeira vez, do Sistema de Normalização Contabilística, aprovado pelo Decreto-Lei n.º 158/2009, de 13 de Julho, das Normas de Contabilidade Ajustadas, aprovadas pelo Aviso do Banco de Portugal n.º 1/2005, ou do Plano de Contas para as Empresas de Seguros, aprovado pela Norma Regulamentar n.º 4/2007-R, de 27 de Abril, do Instituto de Seguros de Portugal, sem

prejuízo de, relativamente às entidades que já vinham aplicando estes novos referenciais contabilísticos, o período referido no n.º 1 se contar a partir do período de tributação em que os mesmos tenham sido adoptados pela primeira vez.

6 – Relativamente às entidades que tenham optado, nos termos do Decreto--Lei n.º 35/2005, de 17 de Fevereiro, por elaborar as respectivas contas individuais em conformidade com as normas internacionais de contabilidade adoptadas nos termos do artigo 3.º do Regulamento (CE) n.º 1606/2002, do Parlamento Europeu e do Conselho, de 19 de Julho, os efeitos a que se refere o n.º 1 deste artigo são apurados tomando por referência as contas individuais, organizadas de acordo com a normalização contabilística nacional, previstas no artigo 14.º daquele decreto-lei.

ARTIGO 6.º
Revogação de disposições do Código do IRC, da Lei n.º 53-A/2006, de 29 de Dezembro, e do Decreto-Lei n.º 442-B/88, de 30 de Novembro

1 – São revogados os n.ºs 4, 5 e 6 do artigo 19.º, os n.ºs 3 e 4 e a alínea c) do n.º 5 do artigo 23.º, os n.ºs 2, 3, 4 e 5 do artigo 24.º, o artigo 37.º, o n.º 4 do artigo 71.º e os artigos 78.º e 79.º do Código do IRC, aprovado pelo Decreto-Lei n.º 442-B/88, de 30 de Novembro, na redacção actual.

2 – São também revogados os regimes transitórios previstos nos n.ºs 2 e 3 do artigo 57.º da Lei n.º 53-A/2006, de 29 de Dezembro, e no Decreto-Lei n.º 237/2008, de 15 de Dezembro.

ARTIGO 7.º
Renumeração e remissões

1 – Os artigos do Código do IRC, aprovado pelo Decreto-Lei n.º 442-B/88, de 30 de Novembro, na sua redacção actual, são renumerados de acordo com a tabela de correspondência constante do anexo I do presente decreto-lei e que dele faz parte integrante.

2 – Com a renumeração a que se refere o número anterior são ainda eliminadas as disposições já revogadas por força desta e de anteriores alterações introduzidas ao Código do IRC.

3 – Todas as remissões para preceitos do Código do IRC na redacção anterior à da revisão a que ora se procede consideram-se efectuadas para as disposições correspondentes resultantes da nova redacção.

ARTIGO 8.º
Republicação e adaptação da terminologia fiscal à contabilística

1 – É republicado, no anexo II ao presente decreto-lei, do qual faz parte integrante, o Código do IRC.

2 – Na presente republicação são, em particular, adaptados os seguintes conceitos e terminologia fiscais, aproximando-os dos utilizados nas normas internacionais de contabilidade adoptadas pela União Europeia e no sistema de normalização contabilística:

a) As «existências» passam a designar-se «inventários» ou «activos biológicos»;
b) O «imobilizado incorpóreo» passa a designar-se «activo intangível»;
c) O «imobilizado corpóreo» passa a designar-se «activo fixo tangível»;
d) As «provisões (activo)» passam a designar-se «ajustamentos»;
e) A terminologia «reintegração e amortização» é substituída pela terminologia «depreciação e amortização»;
f) O conceito «custos e perdas» é substituído pelo conceito «gastos»;
g) O conceito «proveitos e ganhos» é substituído pelo conceito «rendimentos»;
h) A terminologia «reposições de provisões (activo)» é substituída pela terminologia «reversões de ajustamentos».

ARTIGO 9.º
Produção de efeitos

O presente decreto-lei aplica-se aos períodos de tributação que se iniciem em, ou após, 1 de Janeiro de 2010.

Visto e aprovado em Conselho de Ministros de 23 de Abril de 2009. – *José Sócrates Carvalho Pinto de Sousa – Fernando Teixeira dos Santos*.

Promulgado em 30 de Junho de 2009.

Publique-se.

O Presidente da República, ANÍBAL CAVACO SILVA.

Referendado em 1 de Julho de 2009.

O Primeiro-Ministro, *José Sócrates Carvalho Pinto de Sousa*.

«ANEXO I
Tabela de correspondência
(a que se refere o n.º 1 do artigo 7.º)

Artigo antigo	Epígrafe antiga	Artigo novo
1.º	Pressuposto do imposto............	1.º
2.º	Sujeitos passivos.................	2.º
3.º	Base do imposto..................	3.º
4.º	Extensão da obrigação de imposto....	4.º
5.º	Estabelecimento estável............	5.º
6.º	Transparência fiscal...............	6.º
7.º	Rendimentos não sujeitos..........	7.º
8.º	Período de tributação............	8.º
9.º	Estado, Regiões Autónomas, autarquias locais, suas associações de direito público e federações e instituições de segurança social.................	9.º
10.º	Pessoas colectivas de utilidade pública e de solidariedade social.........	10.º
11.º	Actividades culturais, recreativas e desportivas......................	11.º
13.º	Isenção de pessoas colectivas e outras entidades de navegação marítima ou aérea.........................	13.º
14.º	Outras isenções..................	14.º
15.º	Definição da matéria colectável......	15.º
16.º	Métodos de determinação da matéria colectável.....................	16.º
17.º	Determinação do lucro tributável.....	17.º
18.º	Periodização do lucro tributável.....	18.º
19.º	Obras de carácter plurianual........	19.º
19.º n.º 4		Revogado.
19.º n.º 5		Revogado.
19.º n.º 6		Revogado.
20.º	Proveitos ou ganhos...............	20.º
21.º	Variações patrimoniais positivas.....	21.º
22.º	Subsídios ou subvenções não destinados à exploração...................	22.º

Artigo antigo	Epígrafe antiga	Artigo novo
23.º	Custos ou perdas................	23.º
23.º, n.º 3		Revogado.
23.º, n.º 5		23.º, n.º 3.
23.º, n.º 6		23.º, n.º 4.
23.º, n.º 7		23.º, n.º 5.
24.º	Variações patrimoniais negativas.....	24.º
25.º	Relocação financeira e venda com locação de retoma.................	25.º
26.º	Valorimetria das existências........	26.º
27.º	Mudança de critério valorimétrico....	27.º
27.º-A	Ajustamentos em inventários........	28.º
28.º	Elementos reintegráveis ou amortizáveis...........................	29.º
29.º	Métodos de cálculo das reintegrações e amortizações..................	30.º
30.º	Quotas de reintegração e amortização	31.º
31.º	Despesas de investigação e desenvolvimento.......................	32.º
32.º	Elementos de reduzido valor........	33.º
33.º	Reintegrações e amortizações não aceites como custo.................	34.º
34.º	Provisões fiscalmente dedutíveis.....	35.º
35.º-A	Provisões específicas das empresas do sector bancário e do sector segurador	37.º
35.º-B	Desvalorizações excepcionais.......	38.º
36.º	Provisão para depreciação de existências	39.º
37.º		Revogado.
38.º	Provisão para a recuperação paisagística de terrenos....................	40.º
39.º	Créditos incobráveis................	41.º
39.º-A	Reconstituição de jazidas...........	42.º
40.º	Realizações de utilidade social......	43.º
41.º	Quotizações a favor de associações empresariais.....................	44.º
42.º	Encargos não dedutíveis para efeitos fiscais........................	45.º
43.º	Conceito de mais-valias e de menos-valias........................	46.º

Artigo antigo	Epígrafe antiga	Artigo novo
44.º	Correcção monetária das mais-valias e das menos-valias	47.º
45.º	Reinvestimento dos valores de realização	48.º
45.º-A	Instrumentos financeiros derivados ...	49.º
45.º-B	Empresas de seguros	50.º
46.º, n.º 2, a)		Revogada.
46.º, n.º 2, b)		51.º, n.º 2, a).
46.º, n.º 2, c)		Revogada.
46.º, n.º 2, d)		51.º, n.º 2, b).
46.º, n.º 2, e)		51.º, n.º 2, c).
46.º, n.º 10		Revogado.
46.º, n.º 11		51.º, n.º 10.
46.º, n.º 12		51.º, n.º 11.
47.º	Dedução de prejuízos fiscais	52.º
48.º	Determinação do rendimento global	53.º
49.º	Custos comuns e outros	54.º
50.º	Lucro tributável de estabelecimento estável	55.º
51.º	Rendimentos não imputáveis a estabelecimento estável	56.º
52.º	Aplicação de métodos indirectos	57.º
53.º	Regime simplificado de determinação do lucro tributável	58.º
55.º	Notificação do sujeito passivo	60.º
56.º	Pedido de revisão do lucro tributável	61.º
57.º	Revisão excepcional do lucro tributável	62.º
58.º	Preços de transferência	63.º
58.º-A	Correcções ao valor de transmissão de direitos reais sobre bens imóveis	64.º
59.º	Pagamentos a entidades não residentes sujeitas a um regime fiscal privilegiado	65.º
60.º	Imputação de lucros de sociedades não residentes sujeitas a um regime fiscal privilegiado	66.º
61.º	Subcapitalização	67.º
62.º	Correcções nos casos de crédito de imposto e retenção na fonte	68.º
63.º	Âmbito e condições de aplicação.	69.º

Artigo antigo	Epígrafe antiga	Artigo novo
63.º, n.º 10		Revogado.
63.º, n.º 11		Revogado.
63.º, n.º 12		69.º, n.º 10.
64.º	Determinação do lucro tributável do grupo	70.º
66.º	Regime aplicável	72.º
67.º	Definições e âmbito de aplicação	73.º
68.º	Regime especial aplicável às fusões, cisões e entradas de activos	74.º
69.º	Transmissibilidade dos prejuízos fiscais	75.º
70.º	Regime aplicável aos sócios das sociedades fundidas ou cindidas	76.º
71.º	Regime especial aplicável à permuta de partes sociais	77.º
71.º, n.º 4		Revogado.
72.º	Obrigações acessórias	78.º
73.º	Sociedades em liquidação	79.º
74.º	Resultado de liquidação...........	80.º
75.º	Resultado da partilha	81.º
76.º	Liquidação de pessoas colectivas que não sejam sociedades............	82.º
76.º-A	Transferência de residência	83.º
76.º-B	Cessação da actividade de estabelecimento estável	84.º
77.º	Regime especial de neutralidade fiscal	86.º
78.º		Revogado.
79.º		Revogado.
79.º-A		Revogado.
80.º	Taxas	87.º
81.º	Taxas de tributação autónoma	88.º
82.º	Competência para a liquidação	89.º
83.º	Procedimento e forma de liquidação ..	90.º
83.º, n.º 2, *a*)		Revogada.
83.º, n.º 2, *b*)		90.º, n.º 2, *a*).
83.º, n.º 2, *c*)		Revogada.
83.º, n.º 2, *d*)		90.º, n.º 2, *b*).
83.º, n.º 2, *e*)		90.º, n.º 2, *c*).
83.º, n.º 2, *f*)		90.º, n.º 2, *d*).
84.º		Revogado.

Artigo antigo	Epígrafe antiga	Artigo novo
85.º	Crédito de imposto por dupla tributação internacional..................	91.º
86.º	Resultado da liquidação...........	92.º
86.º, n.º 2, d)		Revogada.
86.º, n.º 2, e)		92.º, n.º 2, d).
87.º	Pagamento especial por conta	93.º
88.º	Retenção na fonte................	94.º
88.º, n.º 1, h)		Revogada.
89.º	Retenção na fonte — Directiva n.º 90/435/CEE................	95.º
89.º, n.º 2		Revogado.
89.º, n.º 3		95.º, n.º 2
89.º-A	Retenção na fonte — Directiva n.º 2003/49/CE, do Conselho, de 3 de Junho......................	96.º
90.º	Dispensa de retenção na fonte sobre rendimentos auferidos por residentes	97.º
90.º-A	Dispensa total ou parcial de retenção na fonte sobre rendimentos auferidos por entidades não residentes..........	98.º
91.º	Liquidação adicional	99.º
91.º, n.º 2, c)		Revogada.
92.º	Liquidações correctivas no regime de transparência fiscal..............	100.º
93.º	Caducidade do direito à liquidação ...	101.º
94.º	Juros compensatórios..............	102.º
95.º	Anulações	103.º
96.º	Regras de pagamento..............	104.º
97.º	Cálculo dos pagamentos por conta ...	105.º
98.º	Pagamento especial por conta	106.º
99.º	Limitações aos pagamentos por conta	107.º
100.º	Pagamento do imposto.............	108.º
101.º	Falta de pagamento de imposto autoliquidado.......................	109.º
102.º	Pagamento do imposto liquidado pelos serviços	110.º
103.º	Limite mínimo..................	111.º

Artigo antigo	Epígrafe antiga	Artigo novo
104.º	Modalidades de pagamento	112.º
105.º	Local de pagamento	113.º
106.º	Juros e responsabilidade pelo pagamento nos casos de retenção na fonte	114.º
108.º	Privilégios creditórios	116.º
109.º	Obrigações declarativas	117.º
110.º	Declaração de inscrição, de alterações ou de cessação	118.º
111.º	Declaração verbal de inscrição, de alterações ou de cessação...........	119.º
112.º	Declaração periódica de rendimentos	120.º
113.º	Declaração anual de informação contabilística e fiscal	121.º
113.º, n.º 5		Revogado.
113.º, n.º 6		121.º, n.º 5.
114.º	Declaração de substituição..........	122.º
115.º	Obrigações contabilísticas das empresas	123.º
115.º, n.º 2		Revogado.
115.º, n.º 3		123.º, n.º 2.
115.º, n.º 4		123.º, n.º 3.
115.º, n.º 5		123.º, n.º 4.
115.º, n.º 6		123.º, n.º 5.
115.º, n.º 8		123.º, n.º 7.
115.º, n.º 9		123.º, n.º 8.
116.º	Regime simplificado de escrituração	124.º
117.º	Centralização da contabilidade ou da escrituração	125.º
118.º	Representação de entidades não residentes	126.º
119.º	Deveres de cooperação dos organismos oficiais e de outras entidades	127.º
120.º	Obrigações das entidades que devam efectuar retenções na fonte.........	128.º
120.º-A	Obrigações acessória relativas a valores mobiliários	129.º
121.º	Processo de documentação fiscal.....	130.º
122.º	Garantia de observância de obrigações fiscais.......................	131.º
123.º	Pagamento de rendimentos a entidades não residentes..................	132.º

Artigo antigo	Epígrafe antiga	Artigo novo
124.º	Dever de fiscalização em geral	133.º
125.º	Dever de fiscalização em especial	134.º
126.º	Registo de sujeitos passivos.........	135.º
127.º	Processo individual	136.º
128.º-A	Acordos prévios sobre preços de transferência	138.º
129.º	Prova do preço efectivo na transmissão de imóveis	139.º
130.º	Recibo de documentos.............	140.º
131.º	Envio de documentos pelo correio....	141.º
132.º	Classificação das actividades........	142.º

ANEXO II
CÓDIGO DO IMPOSTO SOBRE O RENDIMENTO DAS PESSOAS COLECTIVAS

1 – Na reforma dos anos 60, a tributação do rendimento das pessoas colectivas foi estabelecida em termos substancialmente análogos à das pessoas singulares, com diferenças significativas apenas no domínio da contribuição industrial e do imposto complementar.

Com efeito, apesar de a contribuição industrial ter sido concebida nos moldes tradicionais de imposto parcelar para a generalidade dos contribuintes, no domínio das sociedades e, especialmente, com a inclusão, em 1986, de todas elas no grupo A, pode dizer-se que esse imposto, pelo facto de incidir sobre o lucro global determinado com base na contabilidade, constituía já um embrião de um verdadeiro imposto de sociedades.

Por sua vez, ao contrário do que sucedia com o imposto complementar das demais pessoas colectivas, onde se processava a globalização dos rendimentos sujeitos a impostos parcelares, o imposto complementar sobre as sociedades, na última fase da sua vigência, apenas retoma o lucro que já tinha servido de base à contribuição industrial, pelo que só encontrava verdadeira justificação nos objectivos que desde o início o determinaram, ou seja, o preenchimento de lacunas de tributação ao nível dos sócios quanto aos lucros não distribuídos.

Com a recente reformulação do imposto sobre a indústria agrícola e sua efectiva aplicação, após o largo período de tempo em que se encontrou suspenso, ficaram criadas as condições para a introdução de um imposto sobre o rendimento das pessoas colectivas (IRC), ao lado de um imposto sobre o rendimento das pessoas singulares (IRS).

2 – O IRC não representa, no entanto, apenas o culminar de uma tendência de evolução que se foi desenhando no domínio do sistema fiscal anterior.

Com efeito, ao proceder-se a uma reformulação geral da tributação do rendimento, verteram-se para o IRC as suas linhas norteadoras, designadamente as referentes ao alargamento da base tributável, à moderação dos níveis de tributação e à necessária articulação entre IRS e IRC.

De resto, são esses os princípios que têm igualmente moldado as mais recentes reformas ao nível internacional, tendo-se acolhido no IRC, com as adaptações impostas pelos condicionalismos económico-financeiros do nosso País, algumas das soluções legislativas que vêm sendo consagradas em consequência dessas reformas.

Mereceu também especial atenção a necessidade de pela via da tributação não se criarem dificuldades à inserção de uma pequena economia aberta, como a portuguesa, no quadro de um mercado caracterizado por elevados níveis de concorrência, o que levou à consideração, em especial, dos sistemas de tributação vigentes nos países da CEE. Aliás, embora a harmonização fiscal comunitária no domínio dos impostos sobre o rendimento se encontre ainda em fase relativamente atrasada, não deixaram de se ter em conta os elementos que a esse propósito foram já objecto de algum consenso.

3 – A designação conferida a este imposto – imposto sobre o rendimento das pessoas colectivas – dá, desde logo, uma ideia sobre o respectivo âmbito de aplicação pessoal.

O IRC incide sobre todas as pessoas colectivas de direito público ou privado com sede ou direcção efectiva em território português. O ponto de partida para a definição da incidência subjectiva foi, assim, o atributo da personalidade jurídica.

No entanto, sujeitaram-se igualmente a IRC entidades com sede ou direcção efectiva em território português que, embora desprovidas de personalidade jurídica, obtêm rendimentos que não se encontram sujeitos a IRS ou a IRC directamente na titularidade das pessoas singulares ou colectivas que as integram. Deste modo, consideram-se passíveis de imposto determinados entes de facto, quando razões de ordem técnica ou outras tornem particularmente difícil uma tributação individualizada, evitando-se que a existência de tributação ou o imposto aplicável fiquem dependentes da regularidade do processo de formação dos entes colectivos.

Aplica-se ainda o IRC às entidades, com ou sem personalidade jurídica, que não tenham sede ou direcção efectiva em território português mas nele obtenham rendimentos, desde que não se encontrem sujeitas a IRS – o que igualmente impede a existência de soluções de vazio legal relativamente a entidades não residentes que obtenham rendimentos em Portugal.

Importa ainda sublinhar que, com objectivos de neutralidade, combate à evasão fiscal e eliminação da denominada dupla tributação económica dos lucros distribuídos aos sócios, se adopta em relação a certas sociedades em regime de transparência fiscal. O mesmo caracteriza-se pela imputação aos sócios da parte do lucro que lhes corresponder, independentemente da sua distribuição.

Este regime é igualmente aplicável aos agrupamentos complementares de empresas e aos agrupamentos europeus de interesse económico.

4 – Para efeitos da definição do rendimento que se encontra sujeito a IRC, houve, naturalmente, que tomar como ponto de partida o facto de ter de ser feita uma distinção fundamental, conforme se trate de entidades residentes e de entidades não residentes. É que, enquanto as primeiras estão sujeitas a imposto por obrigação pessoal – o que implica a inclusão na base tributável da totalidade dos seus rendimentos, independentemente do local onde foram obtidos –, já as segundas se

encontrem sujeitas por obrigação real – o que limita a inclusão na base tributável aos rendimentos obtidos em território português.

Num caso e noutro não era, porém, possível deixar de fazer outras distinções, sempre visando encontrar um recorte da incidência real e, consequentemente, da matéria colectável que melhor atendesse à especificidade de grandes grupos do vasto e multiforme universo de sujeitos passivos. Essa segmentação deveria, por outro lado, ajustar-se, na medida do possível, às diferenciações quanto ao nível de tributação que se desejasse concretizar através das taxas do IRC.

Assim, as entidades residentes são divididas em duas categorias, conforme exerçam ou não a título principal uma actividade de natureza comercial, industrial ou agrícola. Quanto às que exerçam, a título principal, essas actividades (e considera-se que é sempre esse o caso das sociedades comerciais ou civis sob a forma comercial, das cooperativas e das empresas públicas), o IRC incide sobre o respectivo lucro. No que toca às restantes, o IRC incide sobre o rendimento global, correspondente à soma dos rendimentos das diversas categorias consideradas para efeitos de IRS.

Relativamente às entidades não residentes, distingue-se consoante as mesmas disponham ou não de estabelecimentos estável em Portugal. No primeiro caso, o IRC incide sobre o lucro imputável ao estabelecimento estável. No segundo, o IRC incide sobre os rendimentos das diversas categorias consideradas para efeitos de IRS, o mesmo acontecendo quanto aos rendimentos de contribuintes que, embora possuindo estabelecimento estável em Portugal, não sejam imputáveis a esse estabelecimento.

5 – O conceito de lucro tributável que se acolhe em IRC tem em conta a evolução que se tem registado em grande parte das legislações de outros países no sentido da adopção, para efeitos fiscais, de uma noção extensiva de rendimento, de acordo com a chamada teoria do incremento patrimonial.

Esse conceito – que está também em sintonia com os objectivos de alargamento da base tributável visados pela presente reforma – é explicitamente acolhido no Código, ao reportar-se o lucro à diferença entre o património líquido no fim e no início do período de tributação.

Deste modo, relativamente ao sistema anteriormente em vigor, o IRC funde, através da noção de lucro, a base de incidência da contribuição industrial, do imposto sobre a indústria agrícola e do imposto de mais-valias relativo à transmissão a título oneroso de elementos do activo imobilizado, incluindo os terrenos para a construção e as partes sociais que o integram. E vai mais longe na preocupação de dar um tratamento equitativo às diferentes situações, quer por automaticamente incluir na sua base não tributável certos ganhos – como os subsídios não destinados à exploração ou as indemnizações – que, pelo menos em parte, não eram tributados, quer por alargá-la aos lucros imputáveis ao exercício da indústria extractiva do petróleo, até agora não abrangidos no regime geral de tributação.

Entre as consequências que este conceito alargado de lucro implica está a inclusão no mesmo das mais-valias e menos-valias, ainda que, por motivos de índole económica, limitada às que tiverem sido realizadas. A realização é, porém, entendida em sentido lato, de modo a abranger quer os chamados ganhos de capital voluntários (v.g. derivados da venda ou troca), quer os denominados ganhos de capital involuntários (v.g. resultantes de expropriações ou indemnização por destruição ou roubo). No entanto, para assegurar a continuidade de exploração das empresas, prevê-se a exclusão da tributação de mais-valias relativas a activo imobilizado corpóreo, sempre que o respectivo valor de realização seja reinvestido, dentro de determinado prazo, na aquisição, fabrico ou construção de elementos do activo imobilizado. Este esquema é, aliás, similar ao usado em muitos países europeus.

6 – Referiu-se já que a extensão da obrigação de imposto depende da localização da sede ou direcção efectiva do sujeito passivo, o que obrigou a precisar, no caso destas se situarem no estrangeiro, quando é que os rendimentos se consideram obtidos em território português.

Na escolha dos elementos de conexão relevantes para o efeito tiveram-se em conta não só a natureza rendimentos, como também a situação e interesses do País, enquanto território predominantemente fonte de rendimentos.

Por isso se adoptou um conceito amplo de estabelecimento estável e ainda, embora de forma limitada, o denominado princípio da atracção do estabelecimento estável.

7 – Embora o rendimento das unidades económicas flua em continuidade e, por isso, exista sempre algo de convencional na sua segmentação temporal, há, geralmente, necessidade de proceder à divisão da vida das empresas em períodos e determinar em cada um deles um resultado que se toma para efeitos de tributação.

Considera-se que esses períodos devem ter, em princípio, a duração de um ano. Apenas em casos expressamente enumerados se admite, por força das circunstâncias, uma duração inferior, e somente num uma duração superior. Este refere-se às sociedades e outras entidades em liquidação, em que não se encontram razões, desde que a liquidação se verifique em prazo conveniente, para não tomar em termos unitários para efeitos fiscais todo o período de liquidação.

Adoptada a anualidade como regra para os períodos de imposto, a outra questão a resolver tem que ver com as datas de início e de termo de cada período. Também aqui se mantém a prática já há muito seguida entre nós de fazer corresponder cada período ao ano civil.

Poderá justificar-se, porém, em alguns casos, a adopção de um período anual diferente, pelo que essa possibilidade é explicitamente admitida e regulada.

A periodização do lucro é origem de outros complexos problemas, estando o principal relacionado com o facto de cada exercício ser independente dos restantes para efeitos de tributação. Essa independência é, no entanto, atenuada mediante certas regras de determinação da matéria colectável, especialmente através do reporte de prejuízos. Consagra-se, assim, a solidariedade dos exercícios, o que se faz em moldes idênticos aos que vigoravam no sistema anterior, ou seja, na modalidade de reporte para diante até um máximo de cinco anos.

8 – Tendo-se optado por excluir da sujeição a IRC o Estado, as regiões autónomas e as autarquias locais, consagram-se no Código as isenções subjectivas que, pela sua natureza e estabilidade, se entendeu que nele deviam figurar.

Na delimitação das entidades abrangidas houve a preocupação de reduzir as isenções estabelecidas apenas aos casos de reconhecido interesse público, tendo-se condicionado algumas delas à verificação de determinados pressupostos objectivos, o que acentua o seu carácter excepcional e permite a respectiva adequação aos objectivos de política económica e social prosseguidos.

O critério adoptado não impede que outros desagravamentos fiscais de natureza conjuntural venham a ser estabelecidos em legislação especial sobre benefícios fiscais.

9 – Na determinação da matéria colectável concretiza-se operacionalmente o conceito de rendimento adoptado, indicando a metodologia a seguir para o respectivo cálculo. Daí que, tal como para a definição de rendimento também a este propósito se tenha de fazer uma diferenciação, conforme os contribuintes de que se trate. São, no entanto, as regras relativas à determinação do lucro tributável das entidades residentes que exercem, a título principal, actividades de natureza comercial, industrial ou agrícola que constituem naturalmente o núcleo central do capítulo, cuja influência se projecta não só em outros contribuintes do IRC mas também nas correspondentes categorias de rendimento do IRS.

Em qualquer caso, procura-se sempre tributar o rendimento real efectivo, que, para o caso das empresas, é mesmo um imperativo constitucional. Como corolário desse princípio, é a declaração do contribuinte, controlada pela administração fiscal, que constitui a base da determinação da matéria colectável.

A determinação do lucro tributável por métodos indiciários é, consequentemente, circunscrita aos casos expressamente enumerados na lei, que são reduzidos ao mínimo possível, apenas se verificando quando tenha lugar em resultado de anomalias e incorrecções da contabilidade, se não for de todo possível efectuar esse cálculo com base nesta. Por outro lado, enunciam-se os critérios técnicos que a administração fiscal deve, em princípio, seguir para efectuar a determinação do lucro tributável por métodos indiciários, garantido-se ao contribuinte os adequados meios de defesa, que incluem – o que é um reconhecimento da maior importância – a própria impugnabilidade do quantitativo fixado.

10 – Dado que a tributação incide sobre a realidade económica constituída pelo lucro, é natural que a contabilidade, como instrumento de medida e informação dessa realidade, desempenhe um papel essencial como suporte da determinação do lucro tributável.

As relações entre contabilidade e fiscalidade são, no entanto, um domínio que tem sido marcado por uma certa controvérsia e onde, por isso, são possíveis diferentes modos de conceber essas relações. Afastadas uma separação absoluta ou uma identificação total, continua a privilegiar-se uma solução marcada pelo realismo e que, no essencial, consiste em fazer reportar, na origem, o lucro tributável ao resultado contabilístico ao qual se introduzem, extracontabilisticamente, as correcções – positivas ou negativas – enunciadas na lei para tomar em consideração os objectivos e condicionalismos próprios da fiscalidade.

Embora para concretizar a noção ampla de lucro tributável acolhida fosse possível adoptar como ponto de referência o resultado apurado através da diferença entre os capitais próprios no fim e no início do exercício, mantém-se a metodologia tradicional de reportar o lucro tributável ao resultado líquido do exercício constante da demonstração de resultados líquidos, a que acrescem as variações patrimoniais positivas e negativas verificadas no mesmo e não reflectidas naquele resultado.

Nas demais regras enunciadas a propósito dos aspectos que se entendeu dever regular reflectiu-se, sempre que possível, a preocupação de aproximar a fiscalidade da contabilidade.

É assim que, quanto a reintegrações e amortizações, se dá uma maior flexibilidade ao respectivo regime, podendo o contribuinte, relativamente à maior parte do activo imobilizado corpóreo, optar pelo método das quotas constantes ou pelo método das quotas degressivas, o que constituirá, por certo, um factor positivo para o crescimento do investimento.

No domínio particularmente sensível das provisões para créditos de cobrança duvidosa e para depreciação das existências acolhem-se as regras contabilísticas geralmente adoptadas, o que permite um alinhamento da legislação fiscal portuguesa com as soluções dominantes ao nível internacional.

11 – Uma reforma da tributação dos lucros não pode ignorar a evolução das estruturas empresariais, antes há-de encontrar o quadro normativo que, obedecendo a princípios de eficiência e equidade, melhor se ajuste a essas mutações.

A existência de grupos de sociedades que constituem uma unidade económica é uma das realidades actuais que deve merecer um adequado tratamento fiscal, na esteira, aliás, do que vem acontecendo noutras legislações. Os estudos preparatórios desenvolvidos a propósito do IRC permitiram já a publicação do Decreto-Lei n.º 414/87, de 31 de Dezembro, cuja disciplina geral, possibilitando a tributação do lucro consolidado, se reproduz neste Código e que contém as virtualidades suficientes para poder ser desenvolvida à luz da experiência que for sendo retirada da sua aplicação.

Outra área onde se faz sentir a necessidade de a fiscalidade adoptar uma postura de neutralidade é a que se relaciona com as fusões e cisões de empresas. É que a reorganização e o fortalecimento do tecido empresarial não devem ser dificultados, mas antes incentivados, pelo que, reflectindo, em termos gerais, o consenso que, ao nível dos países da CEE, tem vindo a ganhar corpo neste domínio, criam-se condições para que aquelas operações não encontrem qualquer obstáculo fiscal à sua efectivação, desde que, pela forma como se processam, esteja garantido que apenas visam um adequado redimensionamento das unidades económicas.

12 – Na fixação da taxa geral do IRC prevaleceu um critério de moderação, em que se teve particularmente em conta o elevado grau de abertura da economia

portuguesa ao exterior e, por isso, a necessidade de a situar a um nível que se enquadrasse nos vigentes em países com grau de desenvolvimento semelhante ao nosso ou com os quais mantemos estreitas relações económicas.

Não podendo o Estado, nas circunstâncias actuais, prescindir de receitas fiscais, não se pôde levar o desagravamento da tributação dos lucros das empresas tão longe quanto seria desejável, mas isso não impediu que, mesmo tendo em conta a possibilidade de serem lançadas derramas sobre a colecta do IRC, se tenha atingido uma uniformização dessa tributação a um nível próximo do mais baixo que, no sistema anterior, incidia, em geral, sobre os lucros imputáveis a actividades de natureza comercial e industrial.

Relativamente às pessoas colectivas e outras entidades residentes que não exerçam, a título principal, uma actividade de natureza comercial, industrial ou agrícola, estabelece-se uma taxa de tributação substancialmente inferior, no que se tem em consideração a natureza das finalidades que as mesmas prosseguem.

Quanto às entidades não residentes, a tributação dos seus rendimentos não imputáveis a estabelecimento estável, que se fará quase sempre por retenção na fonte a título definitivo, situa-se em valores que têm em conta a natureza dos rendimentos e o facto de, em regra, as respectivas taxas incidirem sobre montantes brutos.

13 – Na estrutura do IRC, uma das questões nucleares é a da dupla tributação económica dos lucros colocados à disposição dos sócios, que se relaciona com o problema, desde há muito discutido, de saber se entre o imposto de sociedades e o imposto pessoal de rendimento deve existir separação ou integração e, neste último caso, em que termos. A escolha do sistema a adoptar depende de vários factores e entronca na perspectiva que se tenha sobre a incidência económica do imposto que recai sobre as sociedades.

A solução geral acolhida consiste numa atenuação da referida dupla tributação, tendo-se principalmente em consideração a necessidade de desenvolvimento do mercado financeiro e a melhoria na afectação dos recursos. Sendo várias as técnicas adoptadas pelas legislações estrangeiras para concretizar essa solução, salienta-se, porém, a do "crédito de imposto", que é, aliás, a preconizada numa proposta de directiva apresentada pela Comissão ao Conselho das Comunidades Europeias quanto à harmonização dos sistemas de imposto das sociedades e dos regimes de retenção na fonte sobre os dividendos.

Foi nessa linha que se adoptou um sistema de integração parcial.

Este sistema é também extensivo aos lucros distribuídos por sociedades a sujeitos passivos do IRC. No entanto, quanto aos lucros distribuídos por sociedades em que outra detenha uma participação importante, mas que ainda não permita a tributação pelo lucro consolidado, considerou-se insuficiente uma mera atenuação, adoptando-se, na linha de orientação preconizada em algumas legislações e nos estudos em curso no âmbito comunitário, uma solução que elimina, nesses casos, a dupla tributação económica.

14 – A liquidação do IRC é feita, em princípio, pelo próprio contribuinte, em sintonia com a importância que é conferida à sua declaração no processo de determinação da matéria colectável.

Trata-se, aliás, de sistema já aplicado no regime anteriormente em vigor.

Por outro lado, estabelecem-se em relação a certas categorias de rendimentos retenções na fonte, com todas as vantagens bem conhecidas, as quais, relativamente a residentes, têm sempre a natureza de imposto por conta.

A preocupação de aproximar as datas de pagamento e de obtenção dos rendimentos está também presente na adopção de um sistema de pagamentos por conta no próprio ano a que o lucro tributável respeita.

De realçar igualmente, pela sua importância para a simplificação do sistema e comodidade dos contribuintes, a possibilidade de o pagamento ser efectuado através do sistema bancário e dos correios.

15 – Qualquer reforma fiscal comporta desafios de vária natureza.

Procurou-se, no delineamento do quadro normativo do IRC, ir tão longe quanto se julgou possível, atenta a situação do País e as grandes tarefas de modernização das suas estruturas económicas que o horizonte do mercado único europeu implica.

Tem-se, porém, consciência que será no teste diário da aplicação daquele quadro normativo às situações concretas que se julgará o êxito da reforma. Este dependerá, sobretudo, do modo como a administração fiscal e contribuintes se enquadrarem no espírito que lhe está subjacente e que, se exige um funcionamento cada vez mais eficaz da primeira, importa igualmente uma franca e leal colaboração dos segundos.

Espera-se que esse novo relacionamento, a par de um sistema de tributação inspirado por princípios de equidade, eficiência e simplicidade, contribua para que a evasão e a fraude fiscais deixem de constituir preocupação relevante. Desejável será, assim, que diminuam consideravelmente os casos em que haja necessidade de recorrer à aplicação das penalidades que irão constar de diploma específico.

Definidas as linhas essenciais do IRC, será a referida aplicação às situações concretas que evidenciará os desenvolvimentos ou ajustamentos eventualmente necessários. Deste modo se tornará a presente reforma uma realidade dinâmica.

CAPÍTULO I
Incidência

ARTIGO 1.º
Pressuposto do imposto

O imposto sobre o rendimento das pessoas colectivas (IRC) incide sobre os rendimentos obtidos, mesmo quando provenientes de actos ilícitos, no período de tributação, pelos respectivos sujeitos passivos, nos termos deste Código.

Ver os artigos:
2.º – Sujeitos passivos; **3.º** – Base do imposto; **8.º** – Período de tributação; **23.º, n.º 2** – Não aceitação como gastos as despesas ilícitas.

Legislação Complementar:
– Lei Geral Tributária – Art. 10.º *(Tributação de rendimentos ou actos ilícitos)*.

ARTIGO 2.º
Sujeitos passivos

1 – São sujeitos passivos do IRC:

a) As sociedades comerciais ou civis sob forma comercial, as cooperativas, as empresas públicas e as demais pessoas colectivas de direito público ou privado, com sede ou direcção efectiva em território português;

b) As entidades desprovidas de personalidade jurídica, com sede ou direcção efectiva em território português, cujos rendimentos não sejam tributáveis em imposto sobre o rendimento das pessoas singulares (IRS) ou em IRC directamente na titularidade de pessoas singulares ou colectivas;

c) As entidades, com ou sem personalidade jurídica, que não tenham sede nem direcção efectiva em território português e cujos rendimentos nele obtidos não estejam sujeitos a IRS.

2 – Consideram-se incluídas na alínea b) do n.º 1, designadamente, as heranças jacentes, as pessoas colectivas em relação às quais seja declarada a invalidade, as associações e sociedades civis sem personalidade jurídica e as sociedades comerciais ou civis sob forma comercial, anteriormente ao registo definitivo.

3 – Para efeitos deste Código, consideram-se residentes as pessoas colectivas e outras entidades que tenham sede ou direcção efectiva em território português.

Ver os artigos:
3.º – Base do imposto; 4.º – Extensão da obrigação do imposto; 6.º – Transparência fiscal; 9.º a 14.º – Isenções; 66.º – Imputação de lucros de sociedades não residentes sujeitos a um regime fiscal privilegiado; 69.º a 71.º – Regime especial de tributação dos grupos de sociedades; 72.º – Transformação de sociedades; 73.º a 78.º – Fusões, cisões, entradas de activos e permutas de partes sociais; 117.º a 125.º – Obrigações declarativas e contabilísticas; 126.º – Representação de entidades não residentes.

Legislação Complementar:
– Código das Sociedades Comerciais – Arts. 41.º a 46.º, 52.º, 175.º a 177.º, 197.º e 198.º, 271.º a 274.º e 465.º a 467.º *(Contrato de Sociedade)*;
– Código Civil – Arts. 167.º, 168.º, 170.º, 177.º, 182.º, 183.º, 185.º, 186.º, 192.º, 194.º, 197.º, 198.º, 980.º a 983.º *(Associações, Fundações e Sociedades)*;
– Código Civil – Arts. 2046.º e 2047.º *(Herança jacente)*;
– Código de Processo Civil – Arts. 6.º e 7.º *(Personalidade judiciária)*.

ARTIGO 3.º
Base do imposto

1 – O IRC incide sobre:

a) O lucro das sociedades comerciais ou civis sob forma comercial, das cooperativas e das empresas públicas e o das demais pessoas colectivas ou entidades referidas nas alíneas a) e b) do n.º 1 do artigo anterior que exerçam, a título principal, uma actividade de natureza comercial, industrial ou agrícola;

b) O rendimento global, correspondente à soma algébrica dos rendimentos das diversas categorias consideradas para efeitos de IRS e, bem assim, dos incrementos patrimoniais obtidos a título gratuito, das pessoas colectivas ou entidades referidas nas alíneas a) e b) do

n.º 1 do artigo anterior que não exerçam, a título principal, uma actividade de natureza comercial, industrial ou agrícola;
c) O lucro imputável a estabelecimento estável situado em território português de entidades referidas na alínea *c)* do n.º 1 do artigo anterior;
d) Os rendimentos das diversas categorias, consideradas para efeitos de IRS e, bem assim, os incrementos patrimoniais obtidos a título gratuito por entidades mencionadas na alínea *c)* do n.º 1 do artigo anterior que não possuam estabelecimento estável ou que, possuindo-o, não lhe sejam imputáveis.

2 – Para efeitos do disposto no número anterior, o lucro consiste na diferença entre os valores do património líquido no fim e no início do período de tributação, com as correcções estabelecidas neste Código.

3 – São componentes do lucro imputável ao estabelecimento estável, para efeitos da alínea *c)* do n.º 1, os rendimentos de qualquer natureza obtidos por seu intermédio, assim como os demais rendimentos obtidos em território português, provenientes de actividades idênticas ou similares às realizadas através desse estabelecimento estável, de que sejam titulares as entidades aí referidas.

4 – Para efeitos do disposto neste Código, são consideradas de natureza comercial, industrial ou agrícola todas as actividades que consistam na realização de operações económicas de carácter empresarial, incluindo as prestações de serviços.

Ver os artigos:
2.º – Sujeitos passivos; **5.º** – Estabelecimento estável; **15.º** – Definição de matéria colectável; **17.º** – Determinação do lucro tributável; **53.º** – Determinação do rendimento global; **55.º** – Lucro tributável de estabelecimento estável; **66.º** – Imputação de lucros de sociedades não residentes sujeitos a um regime fiscal privilegiado; **69.º** a **71.º** – Regime especial de tributação dos grupos de sociedades; **72.º** – Transformação de sociedades; **73.º** a **78.º** – Fusões, cisões, entradas de activos e permutas de partes sociais; **117.º** – Obrigações declarativas; **123.º** – Obrigações contabilísticas; **124.º** – Regime simplificado de escrituração; **125.º** – Centralização da contabilidade ou da escrituração.

Ver também: n.º 4 do preâmbulo deste Código.

ARTIGO 4.º
Extensão da obrigação de imposto

1 – Relativamente às pessoas colectivas e outras entidades com sede ou direcção efectiva em território português, o IRC incide sobre a

totalidade dos seus rendimentos, incluindo os obtidos fora desse território.

2 – As pessoas colectivas e outras entidades que não tenham sede nem direcção efectiva em território português ficam sujeitas a IRC apenas quanto aos rendimentos nele obtidos.

3 – Para efeitos do disposto no número anterior, consideram-se obtidos em território português os rendimentos imputáveis a estabelecimento estável aí situado e, bem assim, os que, não se encontrando nessas condições, a seguir se indicam:

- a) Rendimentos relativos a imóveis situados no território português, incluindo os ganhos resultantes da sua transmissão onerosa;
- b) Ganhos resultantes da transmissão onerosa de partes representativas do capital de entidades com sede ou direcção efectiva em território português, incluindo a sua remição e amortização com redução de capital e, bem assim, o valor atribuído aos associados em resultado da partilha que, nos termos do artigo 81.º do Código do IRC, seja considerado como mais-valia, ou de outros valores mobiliários emitidos por entidades que aí tenham sede ou direcção efectiva, ou ainda de partes de capital ou outros valores mobiliários quando, não se verificando essas condições, o pagamento dos respectivos rendimentos seja imputável a estabelecimento estável situado no mesmo território;
- c) Rendimentos a seguir mencionados cujo devedor tenha residência, sede ou direcção efectiva em território português ou cujo pagamento seja imputável a um estabelecimento estável nele situado:
  1) Os provenientes da propriedade intelectual ou industrial e bem assim da prestação de informações respeitantes a uma experiência adquirida no sector industrial, comercial ou científico;
  2) Os derivados do uso ou da concessão do uso de equipamento agrícola, industrial, comercial ou científico;
  3) Outros rendimentos de aplicação de capitais;
  4) Remunerações auferidas na qualidade de membros de órgãos estatutários de pessoas colectivas e outras entidades;
  5) Prémios de jogo, lotarias, rifas, totoloto e apostas mútuas, bem como importâncias ou prémios atribuídos em quaisquer sorteios ou concursos;
  6) Os provenientes da intermediação na celebração de quaisquer contratos;

7) Os derivados de outras prestações de serviços realizados ou utilizados em território português, com excepção dos relativos a transportes, comunicações e actividades financeiras;
8) Os provenientes de operações relativas a instrumentos financeiros derivados;

d) Rendimentos derivados do exercício em território português da actividade de profissionais de espectáculos ou desportistas;

e) Incrementos patrimoniais derivados de aquisições a título gratuito respeitantes a:
1) Direitos reais sobre bens imóveis situados em território português;
2) Bens móveis registados ou sujeitos a registo em Portugal;
3) Partes representativas do capital e outros valores mobiliários cuja entidade emitente tenha sede ou direcção efectiva em território português;
4) Direitos de propriedade industrial, direitos de autor e direitos conexos registados ou sujeitos a registo em Portugal;
5) Direitos de crédito sobre entidades com residência, sede ou direcção efectiva em território português;
6) Partes representativas do capital de sociedades que não tenham sede ou direcção efectiva em território português e cujo activo seja predominantemente constituído por direitos reais sobre imóveis situados no referido território.

4 – Não se consideram obtidos em território português os rendimentos enumerados na alínea *c)* do número anterior quando os mesmos constituam encargo de estabelecimento estável situado fora desse território relativo à actividade exercida por seu intermédio e, bem assim, quando não se verificarem essas condições, os rendimentos referidos no n.º 7 da mesma alínea, quando os serviços de que derivam, sendo realizados integralmente fora do território português, não respeitem a bens situados nesse território nem estejam relacionados com estudos, projectos, apoio técnico ou à gestão, serviços de contabilidade ou auditoria e serviços de consultoria, organização, investigação e desenvolvimento em qualquer domínio.

5 – Para efeitos do disposto neste Código, o território português compreende também as zonas onde, em conformidade com a legislação portuguesa e o direito internacional, a República Portuguesa tem direitos soberanos relativamente à prospecção, pesquisa e exploração dos recursos naturais do leito do mar, do seu subsolo e das águas sobrejacentes.

Ver o art. 66.º – Imputação de lucros de sociedades não residentes sujeitos a um regime fiscal privilegiado.

Ver também: n.º 4 do preâmbulo deste Código.

Doutrina Administrativa:
– *Certificação do Imposto pago em Portugal para efeitos dos arts. 4.º do CIRC e 17.º do CIRS (ver Ofício-circulado n.º 31 010, de 28/05/98)* **[52]** – pág. 820.

ARTIGO 5.º
Estabelecimento estável

1 – Considera-se estabelecimento estável qualquer instalação fixa através da qual seja exercida uma actividade de natureza comercial, industrial ou agrícola.

2 – Incluem-se na noção de estabelecimento estável, desde que satisfeitas as condições estipuladas no número anterior:

a) Um local de direcção;
b) Uma sucursal;
c) Um escritório;
d) Uma fábrica;
e) Uma oficina;
f) Uma mina, um poço de petróleo ou de gás, uma pedreira ou qualquer outro local de extracção de recursos naturais situado em território português.

3 – Um local ou um estaleiro de construção, de instalação ou de montagem, as actividades de coordenação, fiscalização e supervisão em conexão com os mesmos ou as instalações, plataformas ou barcos de perfuração utilizados para a prospecção ou exploração de recursos naturais só constituem um estabelecimento estável se a sua duração e a duração da obra ou da actividade exceder seis meses.

4 – Para efeitos de contagem do prazo referido no número anterior, no caso dos estaleiros de construção, de instalação ou de montagem, o prazo aplica-se a cada estaleiro, individualmente, a partir da data de início de actividade, incluindo os trabalhos preparatórios, não sendo relevantes as interrupções temporárias, o facto de a empreitada ter sido encomendada por diversas pessoas ou as subempreitadas.

5 – Em caso de subempreitada, considera-se que o subempreiteiro possui um estabelecimento estável no estaleiro se aí exercer a sua actividade por um período superior a seis meses.

6 – Considera-se que também existe estabelecimento estável quando uma pessoa, que não seja um agente independente nos termos do n.º 7, actue em território português por conta de uma empresa e tenha, e habitualmente exerça, poderes de intermediação e de conclusão de contratos que vinculem a empresa, no âmbito das actividades desta.

7 – Não se considera que uma empresa tem um estabelecimento estável em território português pelo simples facto de aí exercer a sua actividade por intermédio de um comissionista ou de qualquer outro agente independente, desde que essas pessoas actuem no âmbito normal da sua actividade, suportando o risco empresarial da mesma.

8 – Com a ressalva do disposto no n.º 3, a expressão «estabelecimento estável» não compreende as actividades de carácter preparatório ou auxiliar a seguir exemplificadas:

a) As instalações utilizadas unicamente para armazenar, expor ou entregar mercadorias pertencentes à empresa;
b) Um depósito de mercadorias pertencentes à empresa mantido unicamente para as armazenar, expor ou entregar;
c) Um depósito de mercadorias pertencentes à empresa mantido unicamente para serem transformadas por outra empresa;
d) Uma instalação fixa mantida unicamente para comprar mercadorias ou reunir informações para a empresa;
e) Uma instalação fixa mantida unicamente para exercer, para a empresa, qualquer outra actividade de carácter preparatório ou auxiliar;
f) Uma instalação fixa mantida unicamente para o exercício de qualquer combinação das actividades referidas nas alíneas *a)* a *e)*, desde que a actividade de conjunto da instalação fixa resultante desta combinação seja de carácter preparatório ou auxiliar.

9 – Para efeitos da imputação prevista no artigo seguinte, considera-se que os sócios ou membros das entidades nele referidas que não tenham sede nem direcção efectiva em território português obtêm esses rendimentos através de estabelecimento estável nele situado.

ARTIGO 6.º
Transparência fiscal

1 – É imputada aos sócios, integrando-se, nos termos da legislação que for aplicável, no seu rendimento tributável para efeitos de IRS ou IRC, consoante o caso, a matéria colectável, determinada nos termos deste Código, das sociedades a seguir indicadas, com sede ou direcção efectiva em território português, ainda que não tenha havido distribuição de lucros:

- *a*) Sociedades civis não constituídas sob forma comercial;
- *b*) Sociedades de profissionais;
- *c*) Sociedades de simples administração de bens, cuja maioria do capital social pertença, directa ou indirectamente, durante mais de 183 dias do exercício social, a um grupo familiar, ou cujo capital social pertença, em qualquer dia do exercício social, a um número de sócios não superior a cinco e nenhum deles seja pessoa colectiva de direito público.

2 – Os lucros ou prejuízos do exercício, apurados nos termos deste Código, dos agrupamentos complementares de empresas e dos agrupamentos europeus de interesse económico, com sede ou direcção efectiva em território português, que se constituam e funcionem nos termos legais, são também imputáveis directamente aos respectivos membros, integrando-se no seu rendimento tributável.

3 – A imputação a que se referem os números anteriores é feita aos sócios ou membros nos termos que resultarem do acto constitutivo das entidades aí mencionadas ou, na falta de elementos, em partes iguais.

4 – Para efeitos do disposto no n.º 1, considera-se:

- *a*) Sociedade de profissionais – a sociedade constituída para o exercício de uma actividade profissional especificamente prevista na lista de actividades a que alude o artigo 151.º do Código do IRS, na qual todos os sócios pessoas singulares sejam profissionais dessa actividade;
- *b*) Sociedade de simples administração de bens – a sociedade que limita a sua actividade à administração de bens ou valores mantidos como reserva ou para fruição ou à compra de prédios para a habitação dos seus sócios, bem como aquela que conjuntamente exerça outras actividades e cujos rendimentos relativos a esses bens, valores ou prédios atinjam, na média dos últimos três anos,

mais de 50% da média, durante o mesmo período, da totalidade dos seus rendimentos;

c) Grupo familiar – o grupo constituído por pessoas unidas por vínculo conjugal ou de adopção e bem assim de parentesco ou afinidade na linha recta ou colateral até ao 4.º grau, inclusive.

Ver os artigos:
5.º, n.º 9 – Imputação aos sócios ou membros não residentes; **12.º** – Não tributação em IRC; **45.º, n.º 2** – Número máximo de veículos; **52.º, n.º 7** – Não são imputáveis aos sócios os prejuízos fiscais; **72.º** – Transformação de sociedades; **81.º** – Sociedades em liquidação – resultado da partilha; **90.º, n.º 5** – Deduções – Imputação aos sócios ou membros; **100.º** – Liquidações correctivas no regime de transparência fiscal; **117.º, n.º 9** – Obrigações declarativas; **20.º** do C.I.R.S. – Imputação aos sócios ou membros.

Legislação Complementar:
– Código Civil – Art. 980.º *(Contrato de Sociedade)*;
– Portaria n.º 1041/2001, de 28/8 – Número de viaturas afectas ao exercício da actividade nas sociedades de transparência fiscal **[14]** – pág. 445.

Doutrina administrativa:
– Regime de Transparência Fiscal aplicável às sociedades de profissionais (ver Circular n.º 8/90, de 16/02/1990) **[50]** – pág. 654.

ARTIGO 7.º
Rendimentos não sujeitos

Não estão sujeitos a IRC os rendimentos directamente resultantes do exercício de actividade sujeita ao imposto especial de jogo.

Ver o art. 51.º, n.º 1 – Eliminação da dupla tributação económica dos lucros distribuídos.

ARTIGO 8.º
Período de tributação

1 – O IRC, salvo o disposto no n.º 10, é devido por cada período de tributação, que coincide com o ano civil, sem prejuízo das excepções previstas neste artigo.

2 – As pessoas colectivas com sede ou direcção efectiva em território português que, nos termos da legislação aplicável, estejam obrigadas à

consolidação de contas, bem como as pessoas colectivas ou outras entidades sujeitas a IRC que não tenham sede nem direcção efectiva neste território e nele disponham de estabelecimento estável, podem adoptar um período anual de imposto diferente do estabelecido no número anterior, o qual deve ser mantido durante, pelo menos, os cinco períodos de tributação imediatos.

3 – O Ministro das Finanças pode, a requerimento dos interessados, a apresentar com a antecedência mínima de 60 dias contados da data do início do período anual de imposto pretendido, tornar extensiva a outras entidades a faculdade prevista no número anterior, e nas condições dele constantes, quando razões de interesse económico o justifiquem.

4 – O período de tributação pode, no entanto, ser inferior a um ano:

a) No ano do início de tributação, em que é constituído pelo período decorrido entre a data em que se iniciam actividades ou se começam a obter rendimentos que dão origem a sujeição a imposto e o fim do período de tributação;

b) No ano da cessação da actividade, em que é constituído pelo período decorrido entre o início do período de tributação e a data da cessação da actividade;

c) Quando as condições de sujeição a imposto ocorram e deixem de verificar-se no mesmo período de tributação, em que é constituído pelo período efectivamente decorrido;

d) No ano em que, de acordo com o n.º 3, seja adoptado um período de tributação diferente do que vinha sendo seguido nos termos gerais, em que é constituído pelo período decorrido entre o início do ano civil e o dia imediatamente anterior ao do início do novo período.

5 – Para efeitos deste Código, a cessação da actividade ocorre:

a) Relativamente às entidades com sede ou direcção efectiva em território português, na data do encerramento da liquidação, ou na data da fusão ou cisão, quanto às sociedades extintas em consequência destas, ou na data em que a sede e a direcção efectiva deixem de se situar em território português, ou na data em que se verificar a aceitação da herança jacente ou em que tiver lugar a declaração de que esta se encontra vaga a favor do Estado, ou ainda na data em que deixarem de verificar-se as condições de sujeição a imposto;

b) Relativamente às entidades que não tenham sede nem direcção efectiva em território português, na data em que cessarem totalmente o exercício da sua actividade através de estabelecimento estável ou deixarem de obter rendimentos em território português.

6 – Independentemente dos factos previstos no número anterior, pode ainda a administração fiscal declarar oficiosamente a cessação de actividade quando for manifesto que esta não está a ser exercida nem há intenção de a continuar a exercer, ou sempre que o sujeito passivo tenha declarado o exercício de uma actividade sem que possua uma adequada estrutura empresarial em condições de a exercer.

7 – A cessação oficiosa a que se refere o n.º 6 não desobriga o sujeito passivo do cumprimento das obrigações tributárias.

8 – O período de tributação pode ser superior a um ano relativamente a sociedades e outras entidades em liquidação, em que tem a duração correspondente à desta, nos termos estabelecidos neste Código.

9 – O facto gerador do imposto considera-se verificado no último dia do período de tributação.

10 – Exceptuam-se do disposto no número anterior os seguintes rendimentos, obtidos por entidades não residentes, que não sejam imputáveis a estabelecimento estável situado em território português:

a) Ganhos resultantes da transmissão onerosa de imóveis, em que o facto gerador se considera verificado na data da transmissão;
b) Rendimentos objecto de retenção na fonte a título definitivo, em que o facto gerador se considera verificado na data em que ocorra a obrigação de efectuar aquela;
c) Incrementos patrimoniais referidos na alínea *e)* do n.º 3 do artigo 4.º, em que o facto gerador se considera verificado na data da aquisição.

Ver os artigos:
4.º – Extensão da obrigação de imposto; **5.º** – Estabelecimento estável; **52.º, n.º 6** – Dedução de prejuízos fiscais; **79.º** – Sociedades em liquidação; **104.º** e **105.º** – Pagamentos por conta; **106.º** – Pagamento especial por conta; **107.º** – Limitações aos pagamentos por conta; **118.º** – Declaração de inscrição de alteração ou de cessação; **120.º, n.º 2** – Apresentação da declaração periódica de rendimentos; **121.º** – Declaração anual de informação contabilística e fiscal.

Legislação complementar:
– *Código de Procedimento e de Processo Tributário – Artigo 83.º (Sujeitos passivos inactivos)*

1 – Independentemente do procedimento contra-ordenacional a que haja lugar, em caso de sociedades, cooperativas e estabelecimentos individuais de responsabilidade limitada cuja declaração de rendimentos evidencie não desenvolverem actividade efectiva por período de dois anos consecutivos, a administração tributária comunica tal facto à conservatória de registo competente, para efeitos de instauração dos procedimentos administrativos de dissolução e de liquidação da entidade, no prazo de 30 dias posteriores à apresentação daquela declaração.

2 – A administração tributária comunica ainda ao serviço de registo competente, para os efeitos referidos no número anterior:

a) A omissão do dever de entrega da declaração fiscal de rendimentos por um período de dois anos consecutivos;

b) A declaração oficiosa de cessação de actividade, promovida pela administração tributária.

3 – Não se considera exercício da actividade, para efeitos do presente artigo, a mera emissão directa ou indirecta de facturas a utilizar por terceiros, sem que a causa da emissão tenha sido qualquer operação económica comprovada.

– **Regime Jurídico dos Procedimentos Administrativos de Dissolução e de Liquidação de Entidades Comerciais,** aprovado pelo D.L. n.º 76-A/2006, de 29 de Março – arts. 14.º e 26.º.

Doutrina Administrativa:

– Período de tributação diferente do ano civil (ver Circular n.º 12/97) **[50]** – pág. 677;

– Cessação de actividade (ver Ofício-circulado n.º 20 063, de 05/03/2002) **[52]** – pág. 848.

– Período especial de tributação. Período de tributação diferente do ano civil. Declarações de Inscrição no Registo e de Alterações (ver Circular n.º 4/2006 **[50]** – pág. 766.

CAPÍTULO II
Isenções

ARTIGO 9.º
Estado, Regiões Autónomas, autarquias locais, suas associações de direito público e federações e instituições de segurança social

1 – Estão isentos de IRC:

a) O Estado, as Regiões Autónomas e as autarquias locais, bem como qualquer dos seus serviços, estabelecimentos e organismos, ainda que personalizados, compreendidos os institutos públicos, com excepção das entidades públicas com natureza empresarial;
b) As associações e federações de municípios e as associações de freguesia que não exerçam actividades comerciais, industriais ou agrícolas;
c) As instituições de segurança social e previdência a que se referem os artigos 115.º e 126.º da Lei n.º 32/2002, de 20 de Dezembro;
d) Os fundos de capitalização e os rendimentos de capitais administrados pelas instituições de segurança social.

2 – Sem prejuízo do disposto no n.º 4 do presente artigo, a isenção prevista nas alíneas a) a c) do número anterior não compreende os rendimentos de capitais tal como são definidos para efeitos de IRS.

3 – Não são abrangidos pela isenção prevista no n.º 1 os rendimentos dos estabelecimentos fabris das Forças Armadas provenientes de actividades não relacionadas com a defesa e segurança nacionais.

4 – O Estado, actuando através do Instituto de Gestão da Tesouraria e do Crédito Público, está isento de IRC no que respeita a rendimentos de capitais decorrentes de operações de *swap* e de operações cambiais a prazo, tal como são definidos para efeitos de IRS.

Ver os artigos:
94.º, n.º 2 – Retenção na fonte; **117.º, n.º 6** – Obrigações declarativas das entidades

isentas; **130.º, n.º 1** – Não obrigação de processo de documentação fiscal; **5.º do CIRS** – Rendimentos de capitais; **29.º do EBF** – Serviços financeiros de entidades públicas; **59.º, n.º 3 do EBF** – Rendimentos dos baldios.

Conceito de *swap*:
Swap de taxa de juro é um contrato que consiste numa troca de fluxos de tesouraria correspondentes aos juros de dois empréstimos, podendo haver ou não uma troca do capital no início e no fim da vigência do *swap;*

Swap de divisas, é, da mesma forma, um contrato em que se acordam trocar fluxos de tesouraria entre duas partes durante determinado tempo. Contudo, neste caso, os fluxos de tesouraria são realizados em moedas distintas, havendo troca do capital no início e no fim da vigência do *swap*.

ARTIGO 10.º
Pessoas colectivas de utilidade pública e de solidariedade social

1 – Estão isentas de IRC:

a) As pessoas colectivas de utilidade pública administrativa;

b) As instituições particulares de solidariedade social e entidades anexas, bem como as pessoas colectivas àquelas legalmente equiparadas;

c) As pessoas colectivas de mera utilidade pública que prossigam, exclusiva ou predominantemente, fins científicos ou culturais, de caridade, assistência, beneficência, solidariedade social ou defesa do meio ambiente.

2 – A isenção prevista na alínea *c)* do número anterior carece de reconhecimento pelo Ministro das Finanças, a requerimento dos interessados, mediante despacho publicado no *Diário da República,* que define a respectiva amplitude, de harmonia com os fins prosseguidos e as actividades desenvolvidas para a sua realização, pelas entidades em causa e as informações dos serviços competentes da Direcção-Geral dos Impostos e outras julgadas necessárias.

3 – A isenção prevista no n.º 1 não abrange os rendimentos empresariais derivados do exercício das actividades comerciais ou industriais desenvolvidas fora do âmbito dos fins estatutários, bem como os rendimentos de títulos ao portador, não registados nem depositados, nos termos da legislação em vigor, e é condicionada à observância continuada dos seguintes requisitos:

a) Exercício efectivo, a título exclusivo ou predominante, de actividades dirigidas à prossecução dos fins que justificaram o respec-

tivo reconhecimento da qualidade de utilidade pública ou dos fins que justificaram a isenção consoante se trate, respectivamente, de entidades previstas nas alíneas *a*) e *b*) ou na alínea *c*) do n.º 1;
b) Afectação aos fins referidos na alínea anterior de, pelo menos, 50% do rendimento global líquido que seria sujeito a tributação nos termos gerais, até ao fim do 4.º período de tributação posterior àquele em que tenha sido obtido, salvo em caso de justo impedimento no cumprimento do prazo de afectação, notificado ao director-geral dos impostos, acompanhado da respectiva fundamentação escrita, até ao último dia útil do 1.º mês subsequente ao termo do referido prazo;
c) Inexistência de qualquer interesse directo ou indirecto dos membros dos órgãos estatutários, por si mesmos ou por interposta pessoa, nos resultados da exploração das actividades económicas por elas prosseguidas.

4 – O não cumprimento dos requisitos referidos nas alíneas *a*) e *c*) do número anterior determina a perda da isenção, a partir do correspondente período de tributação, inclusive.

5 – Em caso de incumprimento do requisito referido na alínea *b*) do n.º 3, fica sujeita a tributação, no 4.º período de tributação posterior ao da obtenção do rendimento global líquido, a parte desse rendimento que deveria ter sido afecta aos respectivos fins.

Ver os artigos:
54.º, **n.º 4** – Rendimentos isentos; **117.º, n.º 6** – Obrigações declarativas das entidades isentas; **12.º** do Estatuto dos Benefícios Fiscais **[21]** (Constituição do direito aos benefícios fiscais).

Legislação Complementar:
– Lei n.º 32/2007, de 13/08, **Regime jurídico das associações humanitárias de bombeiros**: art. 34.º:
ARTIGO 34.º – **Isenções e benefícios fiscais**
1 – As associações, as federações e a Liga dos Bombeiros Portugueses beneficiam das prerrogativas, isenções e benefícios fiscais conferidos por lei às pessoas colectivas de utilidade pública administrativa.
2 – Aos donativos concedidos às associações é aplicável o disposto em matéria de benefícios relativos ao mecenato constante do Estatuto dos Benefícios Fiscais.

Doutrina Administrativa:
– Isenção das pessoas colectivas de utilidade pública e de solidariedade social (Circular n.º 13/2001, de 13/9) **[50]** – pág. 708;
– Âmbito de aplicação temporal da isenção (Circular n.º 12/95, de 05/04/1995) **[50]** – pág. 673.

ARTIGO 11.º
Actividades culturais, recreativas e desportivas

1 – Estão isentos de IRC os rendimentos directamente derivados do exercício de actividades culturais, recreativas e desportivas.

2 – A isenção prevista no número anterior só pode beneficiar associações legalmente constituídas para o exercício dessas actividades e desde que se verifiquem cumulativamente as seguintes condições:

  a) Em caso algum distribuam resultados e os membros dos seus órgãos sociais não tenham, por si ou interposta pessoa, algum interesse directo ou indirecto nos resultados de exploração das actividades prosseguidas;

  b) Disponham de contabilidade ou escrituração que abranja todas as suas actividades e a ponham à disposição dos serviços fiscais, designadamente para comprovação do referido na alínea anterior.

3 – Não se consideram rendimentos directamente derivados do exercício das actividades indicadas no n.º 1, para efeitos da isenção aí prevista, os provenientes de qualquer actividade comercial, industrial ou agrícola exercida, ainda que a título acessório, em ligação com essas actividades e, nomeadamente, os provenientes de publicidade, direitos respeitantes a qualquer forma de transmissão, bens imóveis, aplicações financeiras e jogo do bingo.

Ver os artigos:
54.º – Gastos comuns e outros; **117.º, n.º 6** – Obrigações declarativas das entidades isentas; **54.º do EBF** – Isenções das colectividades desportivas de cultura e recreio **[21]** – pág. 544.

ARTIGO 12.º
Sociedades e outras entidades abrangidas pelo regime de transparência fiscal

As sociedades e outras entidades a que, nos termos do artigo 6.º, seja aplicável o regime de transparência fiscal não são tributadas em IRC, salvo quanto às tributações autónomas.

Ver os artigos:
6.º – Transparência fiscal; **88.º** – Taxas de tributação autónoma; **117.º, n.º 7** – Obrigações declarativas das entidades abrangidas pelo regime de transparência fiscal.

Doutrina administrativa:
– Liquidação de derrama – regimes especiais de tributação (Ofício-circulado n.º 20132, de 14 de Abril de 2008) **[52]** – pág. 887.

ARTIGO 13.º
Isenção de pessoas colectivas e outras entidades de navegação marítima ou aérea

São isentos de IRC os lucros realizados pelas pessoas colectivas e outras entidades de navegação marítima e aérea não residentes provenientes da exploração de navios ou aeronaves, desde que isenção recíproca e equivalente seja concedida às empresas residentes da mesma natureza e essa reciprocidade seja reconhecida pelo Ministro das Finanças, em despacho publicado no *Diário da República*.

ARTIGO 14.º
Outras isenções

1 – As isenções resultantes de acordo celebrado pelo Estado mantêm-se no IRC, nos termos da legislação ao abrigo da qual foram concedidas, com as necessárias adaptações.

2 – Estão ainda isentos de IRC os empreiteiros ou arrematantes, nacionais ou estrangeiros, relativamente aos lucros derivados de obras e trabalhos das infra-estruturas comuns NATO a realizar em território português, de harmonia com o Decreto-Lei n.º 41 561, de 17 de Março de 1958.

3 – Estão isentos os lucros que uma entidade residente em território português, nas condições estabelecidas no artigo 2.º da Directiva n.º 90/ /435/CEE, do Conselho, de 23 de Julho, coloque à disposição de entidade residente noutro Estado membro da União Europeia que esteja nas mesmas condições e que detenha directamente uma participação no capital da primeira não inferior a 10% ou com um valor de aquisição não inferior a € 20 000 000 e desde que esta tenha permanecido na sua titularidade, de modo ininterrupto, durante um ano.

4 – Para que seja imediatamente aplicável o disposto no número anterior, deve ser feita prova perante a entidade que se encontra obrigada a efectuar a retenção na fonte, anteriormente à data da colocação à disposição dos rendimentos ao respectivo titular, de que este se encontra nas condições de que depende a isenção aí prevista, sendo a relativa às condi-

ções estabelecidas no artigo 2.º da Directiva n.º 90/435/CEE, de 23 de Julho, efectuada através de declaração confirmada e autenticada pelas autoridades fiscais competentes do Estado membro da União Europeia de que é residente a entidade beneficiária dos rendimentos, sendo ainda de observar as exigências previstas no artigo 119.º do Código do IRS.

5 – Para efeitos do disposto no n.º 3, a definição de entidade residente é a que resulta da legislação fiscal do Estado membro em causa, sem prejuízo do que se achar estabelecido nas convenções destinadas a evitar a dupla tributação.

6 – O disposto nos n.ºˢ 3 e 4 é igualmente aplicável relativamente aos lucros que uma entidade residente em território português, nas condições estabelecidas no artigo 2.º da Directiva n.º 90/435/CEE, do Conselho, de 23 de Julho, coloque à disposição de um estabelecimento estável situado noutro Estado membro da União Europeia ou do espaço económico europeu, de uma entidade residente num Estado membro da União Europeia que esteja nas mesmas condições e que detenha, total ou parcialmente, por intermédio do estabelecimento estável, uma participação directa não inferior a 10% ou com um valor de aquisição não inferior a € 20 000 000 desde que esta tenha permanecido na sua titularidade, de modo ininterrupto, durante um ano.([1])

7 – Para efeitos do disposto no número anterior, entende-se por 'estabelecimento estável situado noutro Estado membro' qualquer instalação fixa situada nesse Estado membro através da qual uma sociedade de outro Estado membro exerce, no todo ou em parte, a sua actividade e cujos lucros sejam sujeitos a imposto no Estado membro em que estiver situado, ao abrigo da convenção destinada a evitar a dupla tributação ou, na ausência da mesma, ao abrigo do direito nacional.

8 – Estão ainda isentos de IRC os lucros que uma entidade residente em território português coloque à disposição de uma sociedade residente na Confederação Suíça, nos termos e condições referidos no artigo 15.º do Acordo entre a Comunidade Europeia e a Confederação Suíça, que prevê medidas equivalentes às previstas na Directiva n.º 2003/48/CE, do Conselho, de 3 de Junho, relativa à tributação dos rendimentos da poupança sob a forma de juros, sempre que:

a) A sociedade beneficiária dos lucros tenha uma participação mínima directa de 25% no capital da sociedade que distribui os lucros desde há pelo menos dois anos; e

b) Nos termos das convenções destinadas a evitar a dupla tributação celebradas por Portugal e pela Suíça com quaisquer Estados terceiros, nenhuma das entidades tenha residência fiscal nesse Estado terceiro; e

c) Ambas as entidades estejam sujeitas a imposto sobre o rendimento das sociedades sem beneficiarem de uma qualquer isenção e ambas revistam a forma de sociedade limitada.

9 – A prova da verificação das condições e requisitos de que depende a aplicação do disposto no número anterior é efectuada nos termos previstos na parte final do n.º 4, com as necessárias adaptações.

10 – O disposto nos n.ºs 3 a 5 é igualmente aplicável aos lucros que uma entidade residente em território português, nos termos e condições aí referidos, coloque à disposição de uma entidade residente num Estado membro do espaço económico europeu que esteja vinculada a cooperação administrativa no domínio da fiscalidade, equivalente à estabelecida no âmbito da União Europeia, desde que ambas as entidades preencham condições equiparáveis, com as necessárias adaptações, às estabelecidas no artigo 2.º da Directiva n.º 90/435/CEE, do Conselho, de 23 de Julho, e façam a prova da verificação das condições e requisitos de que depende aquela aplicação nos termos previstos na parte final do n.º 4, com as necessárias adaptações.([1])

11 – O disposto nos n.ºs 6 e 7, nos termos e condições aí referidos, é igualmente aplicável em relação a estabelecimento estável, situado noutro Estado membro da União Europeia ou do espaço económico europeu, de uma entidade residente noutro Estado membro do espaço económico europeu que esteja vinculado a cooperação administrativa no domínio da fiscalidade equivalente à estabelecida no âmbito da União Europeia([1])

Doutrina Administrativa:
– Dividendos, Juros e *Royalties* – Acordo entre a Comunidade Europeia e a Confederação Suíça que prevê medidas equivalentes às estabelecidas na Directiva 2003/48/CE (ver Circular n.º 6/2006 de 9/3/2006) [50] – pág. 768.

([1]) Redacção dada pela Lei n.º 3-B/2010, de 28/04 (OE/2010), que aditou os n.ºs 10 e 11. Redacção anterior do n.º 6:

...

6 – A isenção referida no n.º 3 e o disposto n.º 4 são igualmente aplicáveis relativamente aos lucros que uma entidade residente em território português, nas condições estabelecidas no artigo 2.º da Directiva n.º 90/435/CEE, do Conselho, de 23 de Julho, coloque à disposição de um estabelecimento estável, situado noutro Estado membro, de uma entidade residente num Estado membro da União Europeia que esteja nas mesmas condições e que detenha, total ou parcialmente, por intermédio do estabelecimento estável uma participação directa não inferior a 10% ou com um valor de aquisição não inferior a € 20 000 000, desde que esta tenha permanecido na sua titularidade, de modo ininterrupto, durante um ano.

...

CAPÍTULO III
Determinação da matéria colectável

SECÇÃO I
Disposições gerais

ARTIGO 15.º
Definição da matéria colectável

1 – Para efeitos deste Código:

a) Relativamente às pessoas colectivas e entidades referidas na alínea *a)* do n.º 1 do artigo 3.º, a matéria colectável obtém-se pela dedução ao lucro tributável, determinado nos termos dos artigos 17.º e seguintes, dos montantes correspondentes a:
   1) Prejuízos fiscais, nos termos do artigo 52.º;
   2) Benefícios fiscais eventualmente existentes que consistam em deduções naquele lucro;

b) Relativamente às pessoas colectivas e entidades referidas na alínea *b)* do n.º 1 do artigo 3.º, a matéria colectável obtém-se pela dedução ao rendimento global, incluindo os incrementos patrimoniais obtidos a título gratuito, determinados nos termos do artigo 53.º, dos seguintes montantes:
   1) Gastos comuns e outros imputáveis aos rendimentos sujeitos a imposto e não isentos, nos termos do artigo 54.º;
   2) Benefícios fiscais eventualmente existentes que consistam em deduções naquele rendimento;

c) Relativamente às entidades não residentes com estabelecimento estável em território português, a matéria colectável obtém-se pela dedução ao lucro tributável imputável a esse estabelecimento, determinado nos termos do artigo 55.º, dos montantes correspondentes a:
   1) Prejuízos fiscais imputáveis a esse estabelecimento estável, nos termos do artigo 52.º, com as necessárias adaptações, bem

como os anteriores à cessação de actividade por virtude de deixarem de situar-se em território português a sede e a direcção efectiva, na medida em que correspondam aos elementos patrimoniais afectos e desde que seja obtida a autorização do director-geral dos impostos mediante requerimento dos interessados entregue até ao fim do mês seguinte ao da data da cessação de actividade, em que se demonstre aquela correspondência;
2) Benefícios fiscais eventualmente existentes que consistam em deduções naquele lucro;

d) Relativamente às entidades não residentes que obtenham em território português rendimentos não imputáveis a estabelecimento estável aí situado, a matéria colectável é constituída pelos rendimentos das várias categorias e, bem assim, pelos incrementos patrimoniais obtidos a título gratuito, determinados nos termos do artigo 56.º

2 – Quando haja lugar à determinação do lucro tributável por métodos indirectos, nos termos dos artigos 57.º e seguintes, o disposto nas alíneas *a)*, *b)* e *c)* do número anterior é aplicável, com as necessárias adaptações.

3 – O disposto nos artigos 63.º e seguintes é aplicável, quando for caso disso, na determinação da matéria colectável das pessoas colectivas e outras entidades referidas nas alíneas *a)*, *b)* e *c)* do n.º 1.

Ver os artigos:
3.º – Base do imposto; **17.º** – Determinação do lucro tributável; **25.º** – Relocação financeira e venda com locação de retoma; **53.º** – Determinação do rendimento global; **55.º** – Lucro tributável de estabelecimento estável de entidade não residente; **56.º** – Rendimentos não imputáveis a estabelecimento estável; **68.º** – Correcções nos casos de crédito de imposto e retenção na fonte; **69.º** a **71.º** – Regime especial de tributação dos grupos de sociedades; **72.º** – Transformação de sociedades; **79.º** a **82.º** – Liquidação de sociedades e outras entidades; **117.º** a **125.º** – Obrigações declarativas e contabilísticas.

Doutrina Administrativa:
– Hierarquia de dedução de prejuízos e Benefícios Fiscais (ver Ofício-circulado n.º 9/97 de 12/11/97) **[52]** – pág. 810.
– Dividendos, Juros e *Royalties* – Acordo entre a Comunidade Europeia e a Confederação Suíça que prevê medidas equivalentes às estabelecidas na Directiva 2003/48/CE (ver Circular n.º 6/2006 de 9/3/2006) **[50]** – pág. 768.

ARTIGO 16.º
Métodos e competência para a determinação da matéria colectável

1 – A matéria colectável é, em regra, determinada com base em declaração do sujeito passivo, sem prejuízo do seu controlo pela administração fiscal.

2 – Na falta de declaração, compete à Direcção-Geral dos Impostos, quando for caso disso, a determinação da matéria colectável.

3 – A determinação da matéria colectável no âmbito da avaliação directa, quando seja efectuada ou objecto de correcção pelos serviços da Direcção-Geral dos Impostos, é da competência do director de finanças da área da sede, direcção efectiva ou estabelecimento estável do sujeito passivo, ou do director dos Serviços de Inspecção Tributária nos casos que sejam objecto de correcções efectuadas por esta no exercício das suas atribuições, ou por funcionário em que por qualquer deles seja delegada competência.

4 – A determinação do lucro tributável por métodos indirectos só pode efectuar-se nos termos e condições referidos na secção V.

Ver os artigos:
57.º a **62.º** – Determinação do lucro tributável por métodos indirectos; **89.º** e **90.º** – Liquidação; **117.º** a **125.º** – Obrigações declarativas e contabilísticas; **137.º** – Reclamações e impugnações.

SECÇÃO II
Pessoas colectivas e outras entidades residentes que exerçam, a título principal, actividade comercial, industrial ou agrícola

SUBSECÇÃO I
Regras gerais

ARTIGO 17.º
Determinação do lucro tributável

1 – O lucro tributável das pessoas colectivas e outras entidades mencionadas na alínea a) do n.º 1 do artigo 3.º é constituído pela soma algébrica do resultado líquido do período e das variações patrimoniais positi-

vas e negativas verificadas no mesmo período e não reflectidas naquele resultado, determinados com base na contabilidade e eventualmente corrigidos nos termos deste Código.

2 – Para efeitos do disposto no número anterior, os excedentes líquidos das cooperativas consideram-se como resultado líquido do período.

3 – De modo a permitir o apuramento referido no n.º 1, a contabilidade deve:

a) Estar organizada de acordo com a normalização contabilística e outras disposições legais em vigor para o respectivo sector de actividade, sem prejuízo da observância das disposições previstas neste Código;

b) Reflectir todas as operações realizadas pelo sujeito passivo e ser organizada de modo que os resultados das operações e variações patrimoniais sujeitas ao regime geral do IRC possam claramente distinguir-se dos das restantes.

Ver os artigos:
3.º – Base do imposto; **15.º** – Definição da matéria colectável; **18.º** – Periodização do lucro tributável; **19.º** – Contratos de construção; **20.º** – Rendimentos; **21.º** – Variações patrimoniais positivas; **23.º** – Gastos; **24.º** – Variações patrimoniais negativas; **45.º** – Encargos não dedutíveis para efeitos fiscais; **48.º** – Reinvestimento dos valores de realização; **51.º** – Eliminação da dupla tributação económica de lucros distribuídos; **52.º** – Dedução de prejuízos fiscais; **63.º** – Preços de transferência; **65.º** – Pagamentos a entidades não residentes sujeitas a um regime fiscal privilegiado; **67.º** – Subcapitalização; **69.º** a **71.º** – Regime especial de tributação dos grupos de sociedades; **72.º** – Transformação de sociedades; **73.º** a **78.º** – Fusões, cisões, entradas de activos e permutas de partes sociais; **79.º** a **81.º** – Liquidação de sociedades e outras entidades; **123.º** – Obrigações contabilísticas das empresas.

Doutrina Administrativa:
– Locação – Consequências fiscais da aplicação da Directriz Contabilística n.º 25 (Circular n.º 7/2003, de 28 de Março) **[50]** – pág. 739.

ARTIGO 18.º
Periodização do lucro tributável

1 – Os rendimentos e os gastos, assim como as outras componentes positivas ou negativas do lucro tributável, são imputáveis ao período de tributação em que sejam obtidos ou suportados, independentemente do seu recebimento ou pagamento, de acordo com o regime de periodização económica.

2 – As componentes positivas ou negativas consideradas como respeitando a períodos anteriores só são imputáveis ao período de tributação quando na data de encerramento das contas daquele a que deviam ser imputadas eram imprevisíveis ou manifestamente desconhecidas.
3 – Para efeitos de aplicação do disposto no n.º 1:

a) Os réditos relativos a vendas consideram-se em geral realizados, e os correspondentes gastos suportados, na data da entrega ou expedição dos bens correspondentes ou, se anterior, na data em que se opera a transferência de propriedade;
b) Os réditos relativos a prestações de serviços consideram-se em geral realizados, e os correspondentes gastos suportados, na data em que o serviço é concluído, excepto tratando-se de serviços que consistam na prestação de mais de um acto ou numa prestação continuada ou sucessiva, que são imputáveis proporcionalmente à sua execução;
c) Os réditos e os gastos de contratos de construção devem ser periodizados tendo em consideração o disposto no artigo 19.º

4 – Para efeitos do disposto na alínea *a*) do número anterior, não se tomam em consideração eventuais cláusulas de reserva de propriedade, sendo assimilada a venda com reserva de propriedade a locação em que exista uma cláusula de transferência de propriedade vinculativa para ambas as partes.

5 – Os réditos relativos a vendas e a prestações de serviços são imputáveis ao período de tributação a que respeitam pela quantia nominal da contraprestação.

6 – A determinação de resultados nas obras efectuadas por conta própria vendidas fraccionadamente é efectuada à medida que forem sendo concluídas e entregues aos adquirentes, ainda que não sejam conhecidos exactamente os custos totais das mesmas.

7 – Os gastos das explorações silvícolas plurianuais podem ser imputados ao lucro tributável tendo em consideração o ciclo de produção, caso em que a quota parte desses gastos, equivalente à percentagem que a extracção efectuada no período de tributação represente na produção total do mesmo produto, e ainda não considerada em período de tributação anterior, é actualizada pela aplicação dos coeficientes constantes da portaria a que se refere o artigo 47.º

8 – Os rendimentos e gastos, assim como quaisquer outras variações patrimoniais, relevados na contabilidade em consequência da utilização do método da equivalência patrimonial não concorrem para a determina-

ção do lucro tributável, devendo os rendimentos provenientes dos lucros distribuídos ser imputados ao período de tributação em que se adquire o direito aos mesmos.

9 – Os ajustamentos decorrentes da aplicação do justo valor não concorrem para a formação do lucro tributável, sendo imputados como rendimentos ou gastos no período de tributação em que os elementos ou direitos que lhes deram origem sejam alienados, exercidos, extintos ou liquidados, excepto quando:

a) Respeitem a instrumentos financeiros reconhecidos pelo justo valor através de resultados, desde que, tratando-se de instrumentos do capital próprio, tenham um preço formado num mercado regulamentado e o sujeito passivo não detenha, directa ou indirectamente, uma participação no capital superior a 5% do respectivo capital social; ou

b) Tal se encontre expressamente previsto neste Código.

10 – Para efeitos do cálculo do nível percentual de participação indirecta no capital a que se refere o número anterior são aplicáveis os critérios previstos no n.º 2 do artigo 483.º do Código das Sociedades Comerciais.

11 – Os pagamentos com base em acções, efectuados aos trabalhadores e membros dos órgãos estatutários, em razão da prestação de trabalho ou de exercício de cargo ou função, concorrem para a formação do lucro tributável do período de tributação em que os respectivos direitos ou opções sejam exercidos, pelas quantias liquidadas ou, se aplicável, pela diferença entre o valor dos instrumentos de capital próprio atribuídos e o respectivo preço de exercício pago.

12 – Excepto quando estejam abrangidos pelo disposto no artigo 43.º, os gastos relativos a benefícios de cessação de emprego, benefícios de reforma e outros benefícios pós emprego ou a longo prazo dos empregados que não sejam considerados rendimentos de trabalho dependente, nos termos da primeira parte do n.º 3) da alínea *b)* do n.º 3 do artigo 2.º do Código do IRS, são imputáveis ao período de tributação em que as importâncias sejam pagas ou colocadas à disposição dos respectivos beneficiários.

Ver os artigos:
19.º – Contratos de construção; **69.º** a **71.º** – Regime especial de tributação dos grupos de sociedades; **72.º** – Transformação de sociedades; **73.º** a **78.º** – Fusões, cisões, entradas de activos e permutas de partes sociais; **79.º** a **82.º** – Liquidação de sociedades e outras entidades; **123.º** – Obrigações contabilísticas das empresas.

Doutrina Administrativa:
– Tratamento fiscal dos subsídios do F.S.E. (ver Circular n.º 6/91) **[50]** – pág. 655.
– Custos e proveitos de exercícios anteriores (ver Ofício-circulado n.º 14/93, de 23/11/93 **[52]** – pág. 803.

ARTIGO 19.º
Contratos de construção

1 – A determinação dos resultados de contratos de construção cujo ciclo de produção ou tempo de execução seja superior a um ano é efectuada segundo o critério da percentagem de acabamento.

2 – Para efeitos do disposto no número anterior, a percentagem de acabamento no final de cada período de tributação corresponde à proporção entre os gastos suportados até essa data e a soma desses gastos com os estimados para a conclusão do contrato.

3 – Não são dedutíveis as perdas esperadas relativas a contratos de construção correspondentes a gastos ainda não suportados.

4 – [*Revogado*].

5 – [*Revogado*].

6 – [*Revogado*].

Ver o art. 18.º – Periodização do lucro tributável.

Doutrina Administrativa:
– Obras de carácter plurianual – (Circular n.º 5/90) **[50]** – pág. 651.

ARTIGO 20.º
Rendimentos

1 – Consideram-se rendimentos os resultantes de operações de qualquer natureza, em consequência de uma acção normal ou ocasional, básica ou meramente acessória, nomeadamente:

   a) Os relativos a vendas ou prestações de serviços, descontos, bónus e abatimentos, comissões e corretagens;

   b) Rendimentos de imóveis;

   c) De natureza financeira, tais como juros, dividendos, descontos, ágios, transferências, diferenças de câmbio, prémios de emissão de obrigações e os resultantes da aplicação do método do juro

efectivo aos instrumentos financeiros valorizados pelo custo amortizado;
d) Rendimentos da propriedade industrial ou outros análogos;
e) Prestações de serviços de carácter científico ou técnico;
f) Rendimentos resultantes da aplicação do justo valor em instrumentos financeiros;
g) Rendimentos resultantes da aplicação do justo valor em activos biológicos consumíveis que não sejam explorações silvícolas plurianuais;
h) mais-valias realizadas;
i) Indemnizações auferidas, seja a que título for;
j) Subsídios à exploração.

2 – É ainda considerado como rendimento o valor correspondente aos produtos entregues a título de pagamento do imposto sobre a produção do petróleo que for devido nos termos da legislação aplicável.

3 – Não concorre para a formação do lucro tributável do associante, na associação à quota, o rendimento auferido da sua participação social correspondente ao valor da prestação por si devida ao associado.

Ver os artigos:
21.º – Variações patrimoniais positivas; **22.º** – Subsídios relacionados com activos não correntes; **26.º** – Inventários; **27.º** – Mudança de método de valorimetria; **46.º** a **48.º** – Regime das mais-valias e menos-valias realizadas; **51.º** – Eliminação da dupla tributação económica de lucros distribuídos; **16.º** do E.B.F. – Isenção dos rendimentos dos fundos de pensões e equiparáveis; **21.º** do E.B.F. – Isenção dos rendimentos dos fundos de poupança-reforma; **26.º** do E.B.F. – Isenção dos rendimentos dos fundos de poupança em acções; **52.º** do E.B.F. – Isenção dos rendimentos das Comissões Vitivinícolas Regionais.

Doutrina Administrativa:
– Tratamento fiscal dos subsídios do F.S.E. (Circular n.º 6/91) **[50]** – pág. 655.

ARTIGO 21.º
Variações patrimoniais positivas

1 – Concorrem ainda para a formação do lucro tributável as variações patrimoniais positivas não reflectidas no resultado líquido do período de tributação, excepto:

a) As entradas de capital, incluindo os prémios de emissão de acções, as coberturas de prejuízos, a qualquer título, feitas pelos titulares do capital, bem como outras variações patrimoniais positivas que decorram de operações sobre instrumentos de capital próprio da entidade emitente, incluindo as que resultem da atribuição de instrumentos financeiros derivados que devam ser reconhecidos como instrumentos de capital próprio;

b) As mais-valias potenciais ou latentes, ainda que expressas na contabilidade, incluindo as reservas de reavaliação ao abrigo de legislação de carácter fiscal;

c) As contribuições, incluindo a participação nas perdas do associado ao associante, no âmbito da associação em participação e da associação à quota;

d) As relativas a impostos sobre o rendimento.

2 – Para efeitos da determinação do lucro tributável, considera-se como valor de aquisição dos incrementos patrimoniais obtidos a título gratuito o seu valor de mercado, não podendo ser inferior ao que resultar da aplicação das regras de determinação do valor tributável previstas no Código do Imposto do Selo.

ARTIGO 22.º
Subsídios relacionados com activos não correntes

1 – A inclusão no lucro tributável dos subsídios relacionados com activos não correntes obedece às seguintes regras:

a) Quando os subsídios respeitem a activos depreciáveis ou amortizáveis, deve ser incluída no lucro tributável uma parte do subsídio atribuído, independentemente do recebimento, na mesma proporção da depreciação ou amortização calculada sobre o custo de aquisição ou de produção, sem prejuízo do disposto no n.º 2;

b) Quando os subsídios não respeitem a activos referidos na alínea anterior, devem ser incluídos no lucro tributável, em fracções iguais, durante os períodos de tributação em que os elementos a que respeitam sejam inalienáveis, nos termos da lei ou do contrato ao abrigo dos quais os mesmos foram concedidos, ou, nos restantes casos, durante 10 anos, sendo o primeiro o do recebimento do subsídio.([1])

2 – Nos casos em que a inclusão no lucro tributável dos subsídios se efectue, nos termos da alínea a) do número anterior, na proporção da de-

preciação ou amortização calculada sobre o custo de aquisição, tem como limite mínimo a que proporcionalmente corresponder à quota mínima de depreciação ou amortização nos termos do n.º 6 do artigo 30.º

Doutrina Administrativa:
– Tratamento fiscal dos subsídios do F.S.E. (Circular n.º 6/91) **[50]** – pág. 655.
– Subsídios que têm associada uma componente relativa à criação de postos de trabalho (Circular n.º 6/2000, de 10 de Maio) **[50]** – pág. 686.

(¹) Declaração de rectificação n.º 67-A/2009, D.R., I Série, de 11/9.

ARTIGO 23.º
Gastos

1 – Consideram-se gastos os que comprovadamente sejam indispensáveis para a realização dos rendimentos sujeitos a imposto ou para a manutenção da fonte produtora, nomeadamente:

a) Os relativos à produção ou aquisição de quaisquer bens ou serviços, tais como matérias utilizadas, mão-de-obra, energia e outros gastos gerais de produção, conservação e reparação;
b) Os relativos à distribuição e venda, abrangendo os de transportes, publicidade e colocação de mercadorias e produtos;
c) De natureza financeira, tais como juros de capitais alheios aplicados na exploração, descontos, ágios, transferências, diferenças de câmbio, gastos com operações de crédito, cobrança de dívidas e emissão de obrigações e outros títulos, prémios de reembolso e os resultantes da aplicação do método do juro efectivo aos instrumentos financeiros valorizados pelo custo amortizado;
d) De natureza administrativa, tais como remunerações, incluindo as atribuídas a título de participação nos lucros, ajudas de custo, material de consumo corrente, transportes e comunicações, rendas, contencioso, seguros, incluindo os de vida e operações do ramo «Vida», contribuições para fundos de poupança-reforma, contribuições para fundos de pensões e para quaisquer regimes complementares da segurança social, bem como gastos com benefícios de cessação de emprego e outros benefícios pós-emprego ou a longo prazo dos empregados;
e) Os relativos a análises, racionalização, investigação e consulta;

f) De natureza fiscal e parafiscal;
g) Depreciações e amortizações;
h) Ajustamentos em inventários, perdas por imparidade e provisões;
i) Gastos resultantes da aplicação do justo valor em instrumentos financeiros;
j) Gastos resultantes da aplicação do justo valor em activos biológicos consumíveis que não sejam explorações silvícolas plurianuais;
l) Menos-valias realizadas;
m) Indemnizações resultantes de eventos cujo risco não seja segurável.

2 – Não são aceites como gastos as despesas ilícitas, designadamente as que decorram de comportamentos que fundadamente indiciem a violação da legislação penal portuguesa, mesmo que ocorridos fora do alcance territorial da sua aplicação.

3 – Não são aceites como gastos do período de tributação os suportados com a transmissão onerosa de partes de capital, qualquer que seja o título por que se opere, quando detidas pelo alienante por período inferior a três anos e desde que:

a) As partes de capital tenham sido adquiridas a entidades com as quais existam relações especiais, nos termos do n.º 4 do artigo 63.º;

b) As partes de capital tenham sido adquiridas a entidades residentes em território português sujeitas a um regime especial de tributação.

4 – Não são também aceites como gastos do período de tributação os suportados com a transmissão onerosa de partes de capital, qualquer que seja o título por que se opere, sempre que a entidade alienante tenha resultado de transformação, incluindo a modificação do objecto social, de sociedade à qual fosse aplicável regime fiscal diverso relativamente a estes gastos e tenham decorrido menos de três anos entre a data da verificação desse facto e a data da transmissão.

5 – Não são, igualmente, aceites como gastos do período de tributação, os suportados com a transmissão onerosa de partes de capital, qualquer que seja o título por que se opere, a entidades com as quais existam relações especiais, nos termos do n.º 4 do artigo 63.º, ou a entidades residentes em território português sujeitas a um regime especial de tributação, bem como as menos-valias resultantes de mudanças no modelo de valo-

rização relevantes para efeitos fiscais, nos termos do n.º 9 do artigo 18.º, que decorram, designadamente, de reclassificação contabilística ou de alterações nos pressupostos referidos na alínea *a*) do n.º 9 deste artigo.

Ver os artigos:
26.º – Inventários; **27.º** – Mudança de método de valorimetria; **29.º** a **34.º** – Depreciações e amortizações; **32.º** – Projectos de desenvolvimento; **33.º** – Elementos de reduzido valor; **35.º** a **40.º** – Imparidades e provisões; **41.º** – Créditos incobráveis; **43.º** – Realizações de utilidade social; **44.º** – Quotizações a favor de associações empresariais; **45.º** – Encargos não dedutíveis para efeitos fiscais; **46.º** a **48.º** – Regime das mais-valias e menos-valias realizadas; **65.º** – Pagamentos a entidades não residentes sujeitas a um regime fiscal privilegiado; **67.º** – Subcapitalização.

Legislação Complementar:
– Dec. Regulamentar n.º 25/2009, de 14 de Setembro – *Regime das depreciações e amortizações* **[13]** – pág. 423;
– Lei Geral Tributária – artigo 10.º *(Tributação de rendimentos ilícitos)*;
– Estatuto do Mecenato Científico. Donativos que são considerados custos ou perdas do exercício – art. 8.º **[24]** – pág. 576.

Doutrina Administrativa:
– Ajudas de custo – Isenção e incidência do Imposto (ver Ofício-circulado n.º 34 931/95) **[52]** – pág. 807;
– Derrama não é custo fiscal (ver art. 42.º e Circular n.º 14/95) **[50]** – pág. 675;
– Gratificações a membros do órgão de administração (Circular n.º 8/2000) **[50]** – pág. 689;
– Tratamento fiscal dos donativos (Circular n.º 12/2002, de 19/04/2002 e Circular n.º 2/2004, de 20 de Agosto) **[50]** – págs. 720 e 744;
– Regime Fiscal das Sociedades Gestoras de Participações Sociais e Sociedades de Capital de Risco (Circular n.º 7/2004, de 30 de Março) **[50]** – pág. 749;
– Não aceitação como custo fiscal de IVA em que não foi exercido o direito a dedução (Circular n.º 14/2008, de 11 de Julho) **[50]** – pág. 776.

Jurisprudência:
– "Demonstrado que ficou o furto de mercadorias mantidas em armazém pela impugnante e a impossibilidade de fazer com que as seguradoras assumam contratualmente o risco por tal facto, nada obsta a que o valor desse furto seja considerado como custo ou perda para efeitos fiscais" (*Acórdão do TCA de 2/7/2002*).

ARTIGO 24.º
Variações patrimoniais negativas

Nas mesmas condições referidas para os gastos, concorrem ainda para a formação do lucro tributável as variações patrimoniais negativas não reflectidas no resultado líquido do período de tributação, excepto:

a) As que consistam em liberalidades ou não estejam relacionadas com a actividade do contribuinte sujeita a IRC;
b) As menos-valias potenciais ou latentes, ainda que expressas na contabilidade;
c) As saídas, em dinheiro ou em espécie, em favor dos titulares do capital, a título de remuneração ou de redução do mesmo, ou de partilha do património, bem como outras variações patrimoniais negativas que decorram de operações sobre instrumentos de capital próprio da entidade emitente ou da sua reclassificação;
d) As prestações do associante ao associado, no âmbito da associação em participação;
e) As relativas a impostos sobre o rendimento.

Ver o art. 17.º – Determinação do lucro tributável.

Doutrina Administrativa:
– Gratificações a membros do órgão de administração (Circular n.º 8/2000, de 11 de Maio) **[50]** – pág. 689.

ARTIGO 25.º
Relocação financeira e venda com locação de retoma

1 – No caso de entrega de um bem objecto de locação financeira ao locador seguida de relocação desse bem ao mesmo locatário, não há lugar ao apuramento de qualquer resultado para efeitos fiscais em consequência dessa entrega, continuando o bem a ser depreciado ou amortizado para efeitos fiscais pelo locatário, de acordo com o regime que vinha sendo seguido até então.

2 – No caso de venda de bens seguida de locação financeira, pelo vendedor, desses mesmos bens, observa-se o seguinte:

a) Se os bens integravam os inventários do vendedor, não há lugar ao apuramento de qualquer resultado fiscal em consequência dessa venda e os mesmos são valorizados para efeitos fiscais ao custo inicial de aquisição ou de produção, sendo este o valor a considerar para efeitos da respectiva depreciação;

b) Nos restantes casos, é aplicável o disposto no n.º 1, com as necessárias adaptações.

SUBSECÇÃO II
Inventários

ARTIGO 26.º
Inventários

1 – Para efeitos da determinação do lucro tributável, os rendimentos e gastos dos inventários são os que resultam da aplicação de métodos que utilizem:
a) Custos de aquisição ou de produção;
b) Custos padrões apurados de acordo com técnicas contabilísticas adequadas;
c) Preços de venda deduzidos da margem normal de lucro;
d) Preços de venda dos produtos colhidos de activos biológicos no momento da colheita, deduzidos dos custos estimados no ponto de venda, excluindo os de transporte e outros necessários para colocar os produtos no mercado;
e) Valorimetrias especiais para os inventários tidos por básicos ou normais.

2 – No caso de os inventários requererem um período superior a um ano para atingirem a sua condição de uso ou venda, incluem-se no custo de aquisição ou de produção os custos de empréstimos obtidos que lhes sejam directamente atribuíveis de acordo com a normalização contabilística especificamente aplicável.

3 – Sempre que a utilização de custos padrões conduza a desvios significativos, pode a Direcção-Geral dos Impostos efectuar as correcções adequadas, tendo em conta o campo de aplicação dos mesmos, o montante das vendas e dos inventários finais e o grau de rotação dos inventários.

4 – Consideram-se preços de venda os constantes de elementos oficiais ou os últimos que em condições normais tenham sido praticados pelo sujeito passivo ou ainda os que, no termo do período de tributação, forem correntes no mercado, desde que sejam considerados idóneos ou de controlo inequívoco.

5 – O método referido na alínea *c*) do n.º 1 só é aceite nos sectores de actividade em que o cálculo do custo de aquisição ou de produção se

torne excessivamente oneroso ou não possa ser apurado com razoável rigor, podendo a margem normal de lucro, nos casos de não ser facilmente determinável, ser substituída por uma dedução não superior a 20% do preço de venda.

6 – A utilização de valorimetrias especiais previstas na alínea *e*) do n.º 1 carece de autorização prévia da Direcção-Geral dos Impostos, solicitada em requerimento em que se indiquem os métodos a adoptar e as razões que os justificam.

Ver os artigos:
27.º – Mudança de método de valorimetria; **39.º** – Provisões fiscalmente dedutíveis.

ARTIGO 27.º
Mudança de método de valorimetria

1 – Os métodos adoptados para a valorimetria dos inventários devem ser uniformemente seguidos nos sucessivos períodos de tributação.

2 – Podem, no entanto, verificar-se mudanças dos referidos métodos sempre que as mesmas se justifiquem por razões de natureza económica ou técnica e sejam aceites pela Direcção-Geral dos Impostos.

Ver o art. 26.º – Inventários.

ARTIGO 28.º
Ajustamentos em inventários

1 – São dedutíveis no apuramento do lucro tributável os ajustamentos em inventários reconhecidos no período de tributação até ao limite da diferença entre o custo de aquisição ou de produção dos inventários e o respectivo valor realizável líquido referido à data do balanço, quando este for inferior àquele.

2 – Para efeitos do disposto no número anterior, entende-se por valor realizável líquido o preço de venda estimado no decurso normal da actividade do sujeito passivo nos termos do n.º 4 do artigo 26.º, deduzido dos custos necessários de acabamento e venda.

3 – A reversão, parcial ou total, dos ajustamentos previstos no n.º 1 concorre para a formação do lucro tributável.([1])

4 – Para os sujeitos passivos que exerçam a actividade editorial, o montante anual acumulado do ajustamento corresponde à perda de valor dos fundos editoriais constituídos por obras e elementos complementares, desde que tenham decorrido dois anos após a data da respectiva publicação, que para este efeito se considera coincidente com a data do depósito legal de cada edição.

5 – A desvalorização dos fundos editoriais deve ser avaliada com base nos elementos constantes dos registos que evidenciem o movimento das obras incluídas nos fundos.

(^{1}) Declaração de rectificação n.º 67-A/2009, D.R., I Série, de 11/9.

SUBSECÇÃO III
Depreciações e amortizações

ARTIGO 29.º
Elementos depreciáveis ou amortizáveis

1 – São aceites como gastos as depreciações e amortizações de elementos do activo sujeitos a deperecimento, considerando-se como tais os activos fixos tangíveis, os activos intangíveis e as propriedades de investimento contabilizadas ao custo histórico que, com carácter sistemático, sofram perdas de valor resultantes da sua utilização ou do decurso do tempo.

2 – As meras flutuações que afectem os valores patrimoniais não relevam para a qualificação dos respectivos elementos como sujeitos a deperecimento.

3 – Salvo razões devidamente justificadas e aceites pela Direcção--Geral dos Impostos, os elementos do activo só se consideram sujeitos a deperecimento depois de entrarem em funcionamento ou utilização.

Ver os artigos:
30.º – Métodos de cálculo das reintegrações e amortizações; **31.º** – Quotas de depreciação ou amortização; **33.º** – Elementos de reduzido valor; **34.º** – Gastos não dedutíveis para efeitos fiscais.

Legislação Complementar:
– Dec. Regulamentar n.º 25/2009, de 14 de Setembro – *Regime das depreciações e amortizações* **[13]** – pág. 423.

ARTIGO 30.º
**Métodos de cálculo das depreciações
e amortizações**

1 – O cálculo das depreciações e amortizações faz-se, em regra, pelo método das quotas constantes.

2 – Os sujeitos passivos podem, no entanto, optar pelo método das quotas decrescentes relativamente aos activos fixos tangíveis que:

  a) Não tenham sido adquiridos em estado de uso;
  b) Não sejam edifícios, viaturas ligeiras de passageiros ou mistas, excepto quando afectas à exploração de serviço público de transportes ou destinadas a ser alugadas no exercício da actividade normal do sujeito passivo, mobiliário e equipamentos sociais.

3 – Podem, ainda, ser aplicados métodos de depreciação e amortização diferentes dos indicados nos números anteriores, desde que, mediante requerimento, seja obtido o reconhecimento prévio da Direcção-Geral dos Impostos, salvo quando daí não resulte uma quota anual de depreciação ou amortização superior à prevista no artigo seguinte.

4 – Salvo em situações devidamente justificadas aceites pela Direcção-Geral dos Impostos, em relação a cada elemento do activo deve ser aplicado o mesmo método de depreciação ou amortização desde a sua entrada em funcionamento ou utilização até à sua depreciação ou amortização total, transmissão ou inutilização.([1])

5 – O disposto no número anterior não prejudica a variação das quotas de depreciação ou amortização de acordo com o regime mais ou menos intensivo ou com outras condições de utilização dos elementos a que respeitam, não podendo, no entanto, as quotas mínimas imputáveis ao período de tributação ser deduzidas para efeitos de determinação do lucro tributável de outros períodos de tributação.

6 – Para efeitos do número anterior, as quotas mínimas de depreciação ou amortização são as calculadas com base em taxas iguais a metade das fixadas segundo o método das quotas constantes, salvo quando a Direcção-Geral dos Impostos conceda previamente autorização para a utilização de quotas inferiores a estas, na sequência da apresentação de requerimento em que se indiquem as razões que as justificam.

7 – O disposto na parte final do n.º 5 e no n.º 6 não é aplicável aos elementos que sejam reclassificados como activos não correntes detidos para venda.

Ver o art. 11.º do D.L. n.º 442-B/88, de 30/11, que aprovou o presente código – Reintegrações resultantes de reavaliações.

Legislação Complementar:
– Dec. Regulamentar n.º 25/2009, de 14 de Setembro – *Regime das depreciações e amortizações* **[13]** – pág. 423.

(^{1}) Declaração de rectificação n.º 67-A/2009, D.R., I Série, de 11/9.

ARTIGO 31.º
Quotas de depreciação ou amortização

1 – No método das quotas constantes, a quota anual de depreciação ou amortização que pode ser aceite como gasto do período de tributação determina-se aplicando as taxas de depreciação ou amortização definidas no decreto regulamentar que estabelece o respectivo regime aos seguintes valores:

a) Custo de aquisição ou de produção;
b) Valor resultante de reavaliação ao abrigo de legislação de carácter fiscal;
c) Valor de mercado, à data de abertura da escrita, para os bens objecto de avaliação para esse efeito, quando não seja conhecido o custo de aquisição ou de produção.

2 – Relativamente aos elementos para que não se encontrem fixadas taxas de depreciação ou amortização, são aceites as que pela Direcção--Geral dos Impostos sejam consideradas razoáveis, tendo em conta o período de utilidade esperada.

3 – Quando se aplique o método das quotas decrescentes, a quota anual de depreciação que pode ser aceite como gasto do período de tributação determina-se multiplicando os valores mencionados no n.º 1, que ainda não tenham sido depreciados, pelas taxas de depreciação referidas nos números 1 e 2, corrigidas pelos seguintes coeficientes máximos:

a) 1,5, se o período de vida útil do elemento é inferior a cinco anos;
b) 2, se o período de vida útil do elemento é de cinco ou seis anos;
c) 2,5, se o período de vida útil do elemento é superior a seis anos.

4 – O período de vida útil do elemento do activo é o que se deduz das taxas de depreciação ou amortização referidas nos n.ºs 1 e 2.

5 – Tratando-se de bens adquiridos em estado de uso ou de grandes reparações e beneficiações de elementos do activo sujeitos a deperecimento, as correspondentes taxas de depreciação são calculadas com base no período de utilidade esperada de uns e outros.

6 – Os sujeitos passivos podem optar no ano de início de funcionamento ou utilização dos elementos por uma taxa de depreciação ou amortização deduzida da taxa anual, em conformidade com os números anteriores, e correspondente ao número de meses contados desde o mês de entrada em funcionamento ou utilização dos elementos.

7 – No caso referido no número anterior, no ano em que se verificar a transmissão, a inutilização ou o termo de vida útil dos mesmos elementos só são aceites depreciações e amortizações correspondentes ao número de meses decorridos até ao mês anterior ao da verificação desses eventos.

Legislação Complementar:
– Dec. Regulamentar n.º 25/2009, de 14 de Setembro – *Regime das depreciações e amortizações* [13] – pág. 423.

ARTIGO 32.º
Projectos de desenvolvimento

1 – As despesas com projectos de desenvolvimento podem ser consideradas como gasto fiscal no período de tributação em que sejam suportadas.

2 – Para efeitos do disposto no número anterior, consideram-se despesas com projectos de desenvolvimento as realizadas pelo sujeito passivo através da exploração de resultados de trabalhos da investigação ou de outros conhecimentos científicos ou técnicos com vista à descoberta ou à melhoria substancial de matérias-primas, produtos, serviços ou processos de produção.

3 – O preceituado no n.º 1 não é aplicável aos projectos de desenvolvimento efectuados para outrem mediante contrato.

Legislação Complementar:
– Dec. Regulamentar n.º 25/2009, de 14 de Setembro – *Regime das depreciações e amortizações* [13] – pág. 423.

ARTIGO 33.º
Elementos de reduzido valor

Relativamente a elementos do activo sujeitos a deperecimento cujos custos unitários não ultrapassem € 1 000, é aceite a dedução, no período de tributação do respectivo custo de aquisição ou de produção, excepto quando façam parte integrante de um conjunto de elementos que deva ser depreciado ou amortizado como um todo.

Legislação Complementar:
– Dec. Regulamentar n.º 25/2009, de 14 de Setembro – *Regime das depreciações e amortizações* [13] – pág. 423.

ARTIGO 34.º
Gastos não dedutíveis para efeitos fiscais

1 – Não são aceites como gastos:

a) As depreciações e amortizações de elementos do activo não sujeitos a deperecimento;

b) As depreciações de imóveis na parte correspondente ao valor dos terrenos ou na não sujeita a deperecimento;

c) As depreciações e amortizações que excedam os limites estabelecidos nos artigos anteriores;

d) As depreciações e amortizações praticadas para além do período máximo de vida útil, ressalvando-se os casos especiais devidamente justificados e aceites pela Direcção-Geral dos Impostos;

e) As depreciações das viaturas ligeiras de passageiros ou mistas, incluindo os veículos eléctricos, na parte correspondente ao custo de aquisição ou ao valor de reavaliação excedente ao montante a definir por portaria do membro do Governo responsável pela área das finanças, bem como dos barcos de recreio e aviões de turismo e todos os gastos com estes relacionados, desde que tais bens não estejam afectos à exploração do serviço público de transportes ou não se destinem a ser alugados no exercício da actividade normal do sujeito passivo.([1])

2 – Para efeitos do disposto na alínea *d)* do número anterior, o período máximo de vida útil é o que se deduz das quotas mínimas de depreciação ou amortização, nos termos do n.º 6 do artigo 30.º, contado a par-

tir do ano de entrada em funcionamento ou utilização dos elementos a que respeitem.

Ver:
– Portaria n.º **1041/2001**, de 28 de Agosto – Amortização de viaturas ligeiras de passageiros ou mistas **[14]** – pág. 445.

(¹) Redacção dada pela Lei n.º 3-B/2010, de 28/04 (OE/2010).
Redacção anterior:
...
e) As depreciações das viaturas ligeiras de passageiros ou mistas, na parte correspondente ao custo de aquisição ou ao valor de reavaliação excedente a € 40 000, bem como dos barcos de recreio e aviões de turismo e todos os gastos com estes relacionados, desde que tais bens não estejam afectos à exploração de serviço público de transportes ou não se destinem a ser alugados no exercício da actividade normal do sujeito passivo.
...

SUBSECÇÃO IV
Imparidades e provisões

ARTIGO 35.º
Perdas por imparidade fiscalmente dedutíveis

1 – Podem ser deduzidas para efeitos fiscais as seguintes perdas por imparidade contabilizadas no mesmo período de tributação ou em períodos de tributação anteriores:

   a) As relacionadas com créditos resultantes da actividade normal que, no fim do período de tributação, possam ser considerados de cobrança duvidosa e sejam evidenciados como tal na contabilidade;

   b) As relativas a recibos por cobrar reconhecidas pelas empresas de seguros;

   c) As que consistam em desvalorizações excepcionais verificadas em activos fixos tangíveis, activos intangíveis, activos biológicos não consumíveis e propriedades de investimento.

2 – Podem também ser deduzidas para efeitos fiscais as perdas por imparidade e outras correcções de valor contabilizadas no mesmo período de tributação ou em períodos de tributação anteriores, quando constituídas obrigatoriamente, por força de normas emanadas pelo Banco de Portugal,

de carácter genérico e abstracto, pelas entidades sujeitas à sua supervisão e pelas sucursais em Portugal de instituições de crédito e outras instituições financeiras com sede em outro Estado membro da União Europeia, destinadas à cobertura de risco específico de crédito e de risco-país e para menos-valias de títulos e de outras aplicações.(¹)

3 – As perdas por imparidade e outras correcções de valor referidas nos números anteriores que não devam subsistir, por deixarem de se verificar as condições objectivas que as determinaram, consideram-se componentes positivas do lucro tributável do respectivo período de tributação.

4 – As perdas por imparidade de activos depreciáveis ou amortizáveis que não sejam aceites fiscalmente como desvalorizações excepcionais são consideradas como gastos, em partes iguais, durante o período de vida útil restante desse activo ou, sem prejuízo do disposto nos artigos 38.º e 46.º, até ao período de tributação anterior àquele em que se verificar o abate físico, o desmantelamento, o abandono, a inutilização ou a transmissão do mesmo.(¹)

Ver os artigos:
36.º – Perdas por imparidade em créditos; **39.º** – Provisões fiscalmente dedutíveis; **40.º** – Provisão para a reparação de danos de carácter ambiental; **41.º** – Créditos incobráveis.

(¹) Declaração de rectificação n.º 67-A/2009, D.R., I Série, de 11/9.

ARTIGO 36.º
Perdas por imparidade em créditos

1 – Para efeitos da determinação das perdas por imparidade previstas na alínea *a)* do n.º 1 do artigo anterior, consideram-se créditos de cobrança duvidosa aqueles em que o risco de incobrabilidade esteja devidamente justificado, o que se verifica nos seguintes casos:

   a) O devedor tenha pendente processo de insolvência e de recuperação de empresas ou processo de execução;
   b) Os créditos tenham sido reclamados judicialmente;
   c) Os créditos estejam em mora há mais de seis meses desde a data do respectivo vencimento e existam provas objectivas de imparidade e de terem sido efectuadas diligências para o seu recebimento.

2 – O montante anual acumulado da perda por imparidade de créditos referidos na alínea c) do número anterior não pode ser superior às seguintes percentagens dos créditos em mora:

    a) 25% para créditos em mora há mais de 6 meses e até 12 meses;
    b) 50% para créditos em mora há mais de 12 meses e até 18 meses;
    c) 75% para créditos em mora há mais de 18 meses e até 24 meses;
    d) 100% para créditos em mora há mais de 24 meses.

3 – Não são considerados de cobrança duvidosa:

    a) Os créditos sobre o Estado, Regiões Autónomas e autarquias locais ou aqueles em que estas entidades tenham prestado aval;
    b) Os créditos cobertos por seguro, com excepção da importância correspondente à percentagem de descoberto obrigatório, ou por qualquer espécie de garantia real;
    c) Os créditos sobre pessoas singulares ou colectivas que detenham mais de 10% do capital da empresa ou sobre membros dos seus órgãos sociais, salvo nos casos previstos nas alíneas a) e b) do n.º 1;
    d) Os créditos sobre empresas participadas em mais de 10% do capital, salvo nos casos previstos nas alíneas a) e b) do n.º 1.

ARTIGO 37.º
Empresas do sector bancário

1 – O montante anual acumulado das perdas por imparidade e outras correcções de valor para risco específico de crédito e para risco – país a que se refere o n.º 2 do artigo 35.º não pode ultrapassar o que corresponder à aplicação dos limites mínimos obrigatórios por força dos avisos e instruções emanados da entidade de supervisão.

2 – As perdas por imparidade e outras correcções de valor referidas no número anterior só são aceites quando relativas a créditos resultantes da actividade normal, não abrangendo os créditos excluídos pelas normas emanadas da entidade de supervisão e ainda os seguintes:

    a) Os créditos em que Estado, Regiões Autónomas, autarquias e outras entidades públicas tenham prestado aval;
    b) Os créditos cobertos por direitos reais sobre bens imóveis;
    c) Os créditos garantidos por contratos de seguro de crédito ou caução, com excepção da importância correspondente à percentagem do descoberto obrigatório;

d) Créditos nas condições previstas nas alíneas *c)* e *d)* do n.º 3 do artigo 36.º

3 – As menos-valias de aplicações referidas no n.º 2 do artigo 35.º devem corresponder ao total das diferenças entre o custo das aplicações decorrentes da recuperação de créditos resultantes da actividade normal e o respectivo valor de mercado, quando este for inferior àquele.

4 – Os montantes anuais acumulados das perdas por imparidade e outras correcções de valor, referidas no n.º 2 do artigo 35.º, não devem ultrapassar os valores mínimos que resultem da aplicação das normas emanadas da entidade de supervisão.

5 – O regime constante do presente artigo, em tudo o que não estiver aqui especialmente previsto, obedece à regulamentação específica aplicável.

6 – Quando se verifique a anulação de provisões para riscos gerais de crédito, bem como de perdas por imparidade e outras correcções de valor não previstas no n.º 2 do artigo 35.º, são consideradas rendimentos do período de tributação, em primeiro lugar, aquelas que tenham sido aceites como gasto fiscal no período de tributação da respectiva constituição.

ARTIGO 38.º
Desvalorizações excepcionais

1 – Podem ser aceites como perdas por imparidade as desvalorizações excepcionais referidas na alínea *c)* do n.º 1 do artigo 35.º provenientes de causas anormais devidamente comprovadas, designadamente, desastres, fenómenos naturais, inovações técnicas excepcionalmente rápidas ou alterações significativas, com efeito adverso, no contexto legal.

2 – Para efeitos do disposto no número anterior, o sujeito passivo deve obter a aceitação da Direcção-Geral dos Impostos, mediante exposição devidamente fundamentada, a apresentar até ao fim do primeiro mês do período de tributação seguinte ao da ocorrência dos factos que determinaram as desvalorizações excepcionais, acompanhada de documentação comprovativa dos mesmos, designadamente da decisão do competente órgão de gestão que confirme aqueles factos, de justificação do respectivo montante, bem como da indicação do destino a dar aos activos, quando o abate físico, o desmantelamento, o abandono ou a inutilização destes não ocorram no mesmo período de tributação.([1])

3 – Quando os factos que determinaram as desvalorizações excepcionais dos activos e o abate físico, o desmantelamento, o abandono ou a inutilização ocorram no mesmo período de tributação, o valor líquido fiscal dos activos, corrigido de eventuais valores recuperáveis pode ser aceite como gasto do período, desde que:([1])

   a) Seja comprovado o abate físico, desmantelamento, abandono ou inutilização dos bens, através do respectivo auto, assinado por duas testemunhas, e identificados e comprovados os factos que originaram as desvalorizações excepcionais;
   b) O auto seja acompanhado de relação discriminativa dos elementos em causa, contendo, relativamente a cada activo, a descrição, o ano e o custo de aquisição, bem como o valor líquido contabilístico e o valor líquido fiscal;([1])
   c) Seja comunicado ao serviço de finanças da área do local onde aqueles bens se encontrem, com a antecedência mínima de 15 dias, o local, a data e a hora do abate físico, o desmantelamento, o abandono ou a inutilização e o total do valor líquido fiscal dos mesmos.

4 – O disposto nas alíneas a) a c) do número anterior deve igualmente observar-se nas situações previstas no n.º 2, no período de tributação em que venha a efectuar-se o abate físico, o desmantelamento, o abandono ou a inutilização dos activos.([1])

5 – A aceitação referida no n.º 2 é da competência do director de finanças da área da sede, direcção efectiva ou estabelecimento estável do sujeito passivo ou do director dos Serviços de Inspecção Tributária, tratando-se de empresas incluídas no âmbito das suas atribuições.

6 – A documentação a que se refere o n.º 3 deve integrar o processo de documentação fiscal, nos termos do artigo 130.º

([1]) Declaração de rectificação n.º 67-A/2009, D.R., I Série, de 11/9.

ARTIGO 39.º
Provisões fiscalmente dedutíveis

1 – Podem ser deduzidas para efeitos fiscais as seguintes provisões:

   a) As que se destinem a fazer face a obrigações e encargos derivados de processos judiciais em curso por factos que determinariam a inclusão daqueles entre os gastos do período de tributação;([1])

b) As que se destinem a fazer face a encargos com garantias a clientes previstas em contratos de venda e de prestação de serviços;(¹)

c) As provisões técnicas constituídas obrigatoriamente, por força de normas emanadas pelo Instituto de Seguros de Portugal, de carácter genérico e abstracto, pelas empresas de seguros sujeitas à sua supervisão e pelas sucursais em Portugal de empresas seguradoras com sede em outro Estado membro da União Europeia;

d) As que, constituídas pelas empresas pertencentes ao sector das indústrias extractivas ou de tratamento e eliminação de resíduos, se destinem a fazer face aos encargos com a reparação dos danos de carácter ambiental dos locais afectos à exploração, sempre que tal seja obrigatório e após a cessação desta, nos termos da legislação aplicável.

2 – A determinação das provisões referidas no número anterior deve ter por base as condições existentes no final do período de tributação.

3 – Quando a provisão for reconhecida pelo valor presente, os gastos resultantes do respectivo desconto ficam igualmente sujeitos a este regime.

4 – As provisões a que se referem as alíneas *a)* a *c)* do n.º 1 que não devam subsistir por não se terem verificado os eventos a que se reportam e as que forem utilizadas para fins diversos dos expressamente previstos neste artigo consideram-se rendimentos do respectivo período de tributação.

5 – O montante anual da provisão para garantias a clientes a que refere a alínea *b)* do n.º 1 é determinado pela aplicação às vendas e prestações de serviços sujeitas a garantia efectuadas no período de tributação de uma percentagem que não pode ser superior à que resulta da proporção entre a soma dos encargos derivados de garantias a clientes efectivamente suportados nos últimos três períodos de tributação e a soma das vendas e prestações de serviços sujeitas a garantia efectuadas nos mesmos períodos.

6 – O montante anual acumulado das provisões técnicas, referidas na alínea *c)* do n.º 1, não devem ultrapassar os valores mínimos que resultem da aplicação das normas emanadas da entidade de supervisão.

(¹) Declaração de rectificação n.º 67-A/2009, D.R., I Série, de 11/9.

ARTIGO 40.º
Provisão para a reparação de danos de carácter ambiental

1 – A dotação anual da provisão a que se refere a alínea *d*) do n.º 1 do artigo 39.º corresponde ao valor que resulta da divisão dos encargos estimados com a reparação de danos de carácter ambiental dos locais afectos à exploração, nos termos da alínea *a*) do n.º 3, pelo número de anos de exploração previsto em relação aos mesmos.

2 – Pode ser aceite um montante anual da provisão diferente do referido no número anterior quando o nível previsto da exploração for irregular ao longo do tempo, devendo, nesse caso, mediante requerimento do sujeito passivo interessado, a apresentar no primeiro período de tributação em que sejam aceites como gastos dotações para a mesma, ser obtida autorização prévia da Direcção-Geral dos Impostos para um plano de constituição da provisão que tenha em conta esse nível de actividade.

3 – A constituição da provisão fica subordinada à observância das seguintes condições:

   a) Apresentação de um plano previsional de encerramento da exploração, com indicação detalhada dos trabalhos a realizar com a reparação dos danos de carácter ambiental e a estimativa dos encargos inerentes, e a referência ao número de anos de exploração previsto e eventual irregularidade ao longo do tempo do nível previsto de actividade, sujeito a aprovação pelos organismos competentes;

   b) Constituição de um fundo, representado por investimentos financeiros, cuja gestão pode caber ao próprio sujeito passivo, de montante equivalente ao do saldo acumulado da provisão no final de cada período de tributação.

4 – Sempre que da revisão do plano previsional referido na alínea *a*) do número anterior resultar uma alteração da estimativa dos encargos inerentes à recuperação ambiental dos locais afectos à exploração, ou se verificar uma alteração no número de anos de exploração previsto, deve proceder-se do seguinte modo:

   a) Tratando-se de acréscimo dos encargos estimados ou de redução do número de anos de exploração, passa a efectuar-se o cálculo da dotação anual considerando o total dos encargos ainda não provisionado e o número de anos de actividade que ainda restem à exploração, incluindo o do próprio período de tributação da revisão;

b) Tratando-se de diminuição dos encargos estimados ou de aumento do número de anos de exploração, a parte da provisão em excesso correspondente ao número de anos já decorridos deve ser objecto de reposição no período de tributação da revisão.

5 – A constituição do fundo a que se refere a alínea *b)* do n.º 3 é dispensada quando seja exigida a prestação de caução a favor da entidade que aprova o Plano Ambiental e de Recuperação Paisagística, de acordo com o regime jurídico de exploração da respectiva actividade.

6 – A provisão deve ser aplicada na cobertura dos encargos a que se destina até ao fim do terceiro período de tributação seguinte ao do encerramento da exploração.

7 – Decorrido o prazo previsto no número anterior sem que a provisão tenha sido utilizada, total ou parcialmente, nos fins para que foi criada, a parte não aplicada deve ser considerada como rendimento do terceiro período de tributação posterior ao do final da exploração.

SUBSECÇÃO V
Regime de outros encargos

ARTIGO 41.º
Créditos incobráveis

Os créditos incobráveis podem ser directamente considerados gastos ou perdas do período de tributação na medida em que tal resulte de processo de insolvência e de recuperação de empresas, de processo de execução ou de procedimento extrajudicial de conciliação para viabilização de empresas em situação de insolvência ou em situação económica difícil mediado pelo IAPMEI – Instituto de Apoio às Pequenas e Médias Empresas e ao Investimento, quando relativamente aos mesmos não tenha sido admitida perda por imparidade ou, sendo-o, esta se mostre insuficiente.

Legislação Complementar:
– Código de Processo Civil – art. 801.º e ss. (Processo de execução).

Doutrina Administrativa:
– O valor dos créditos objecto de redução nos termos do n.º 3 do art. 119.º do Código dos Processos Especiais de Recuperação da Empresa e da Falência é considerado custo, de um ou mais dos cinco exercícios posteriores ao da data da homologação da decisão (ver Circular n.º 12/96) **[50]** – pág. 677.

ARTIGO 42.º
Reconstituição de jazidas

1 – Os sujeitos passivos que exerçam a indústria extractiva de petróleo podem deduzir, para efeitos da determinação do lucro tributável, o menor dos seguintes valores, desde que seja investido em prospecção ou pesquisa de petróleo em território português dentro dos três períodos de tributação seguintes:

a) 30% do valor bruto das vendas do petróleo produzido nas áreas de concessão efectuadas no período de tributação a que respeita a dedução;
b) 45% da matéria colectável que se apuraria sem consideração desta dedução.

2 – No caso de não se terem verificado os requisitos enunciados no n.º 1, deve efectuar-se a correcção fiscal ao resultado líquido do período de tributação em que se verificou o incumprimento.

3 – A dedução referida no n.º 1 fica condicionada à não distribuição de lucros por um montante equivalente ao valor ainda não investido nos termos aí previstos.

ARTIGO 43.º
Realizações de utilidade social

1 – São também dedutíveis os gastos do período de tributação, incluindo depreciações ou amortizações e rendas de imóveis, relativos à manutenção facultativa de creches, lactários, jardins-de-infância, cantinas, bibliotecas e escolas, bem como outras realizações de utilidade social como tal reconhecidas pela Direcção-Geral dos Impostos, feitas em benefício do pessoal ou dos reformados da empresa e respectivos familiares, desde que tenham carácter geral e não revistam a natureza de rendimentos do trabalho dependente ou, revestindo-o, sejam de difícil ou complexa individualização relativamente a cada um dos beneficiários.

2 – São igualmente considerados gastos do período de tributação, até ao limite de 15% das despesas com o pessoal escrituradas a título de remunerações, ordenados ou salários respeitantes ao período de tributação, os suportados com contratos de seguros de doença e de acidentes pessoais, bem como com contratos de seguros de vida, contribuições para fundos de pensões e equiparáveis ou para quaisquer regimes complementares de

segurança social, que garantam, exclusivamente, o benefício de reforma, pré-reforma, complemento de reforma, benefícios de saúde pós-emprego, invalidez ou sobrevivência a favor dos trabalhadores da empresa.

3 – O limite estabelecido no número anterior é elevado para 25%, se os trabalhadores não tiverem direito a pensões da segurança social.

4 – Aplica-se o disposto nos n.ºs 2 e 3 desde que se verifiquem, cumulativamente, as seguintes condições, à excepção das alíneas *d*) e *e*), quando se trate de seguros de doença, de acidentes pessoais ou de seguros de vida que garantam exclusivamente os riscos de morte ou invalidez:

a) Os benefícios devem ser estabelecidos para a generalidade dos trabalhadores permanentes da empresa ou no âmbito de instrumento de regulamentação colectiva de trabalho para as classes profissionais onde os trabalhadores se inserem;

b) Os benefícios devem ser estabelecidos segundo um critério objectivo e idêntico para todos os trabalhadores ainda que não pertencentes à mesma classe profissional, salvo em cumprimento de instrumentos de regulamentação colectiva de trabalho;

c) Sem prejuízo do disposto no n.° 6, a totalidade dos prémios e contribuições previstos nos n.ºs 2 e 3 deste artigo em conjunto com os rendimentos da categoria A isentos nos termos do n.° 1 do artigo 18.° do Estatuto dos Benefícios Fiscais não devem exceder, anualmente, os limites naqueles estabelecidos ao caso aplicáveis, não sendo o excedente considerado gasto do período de tributação;

d) Sejam efectivamente pagos sob a forma de prestação pecuniária mensal vitalícia pelo menos dois terços dos benefícios em caso de reforma, invalidez ou sobrevivência, sem prejuízo da remição de rendas vitalícias em pagamento que não tenham sido fixadas judicialmente, nos termos e condições estabelecidos em norma regulamentar emitida pela respectiva entidade de supervisão, e desde que seja apresentada prova dos respectivos pressupostos pelo sujeito passivo;

e) As disposições de regime legal da pré-reforma e do regime geral de segurança social sejam acompanhadas, no que se refere à idade e aos titulares do direito às correspondentes prestações, sem prejuízo de regime especial de segurança social, de regime previsto em instrumento de regulamentação colectiva de trabalho ou de outro regime legal especial, ao caso aplicáveis;

f) A gestão e disposição das importâncias despendidas não pertençam à própria empresa, os contratos de seguros sejam celebrados com empresas de seguros que possuam sede, direcção efectiva ou estabelecimento estável em território português, ou com empresas de seguros que estejam autorizadas a operar neste território em livre prestação de serviços, e os fundos de pensões ou equiparáveis sejam constituídos de acordo com a legislação nacional ou geridos por instituições de realização de planos de pensões profissionais às quais seja aplicável a Directiva n.º 2003/41/CE, do Parlamento Europeu e do Conselho, de 3 de Junho, que estejam autorizadas a aceitar contribuições para planos de pensões de empresas situadas em território português;

g) Não sejam considerados rendimentos do trabalho dependente, nos termos da primeira parte do n.º 3) da alínea b) do n.º 3 do artigo 2.º do Código do IRS.

5 – Para os efeitos dos limites estabelecidos nos n.ºs 2 e 3, não são considerados os valores actuais dos encargos com pensionistas já existentes na empresa à data da celebração do contrato de seguro ou da integração em esquemas complementares de prestações de segurança social previstos na respectiva legislação, devendo esse valor, calculado actuarialmente, ser certificado pelas seguradoras ou outras entidades competentes.

6 – As contribuições destinadas à cobertura de responsabilidades com pensões previstas no n.º 2 do pessoal no activo em 31 de Dezembro do ano anterior ao da celebração dos contratos de seguro ou da entrada para fundos de pensões, por tempo de serviço anterior a essa data, são igualmente aceites como gastos nos termos e condições estabelecidos nos n.ºs 2, 3 e 4, podendo, no caso de aquelas responsabilidades ultrapassarem os limites estabelecidos naqueles dois primeiros números, mas não o dobro dos mesmos, o montante do excesso ser também aceite como gasto, anualmente, por uma importância correspondente, no máximo, a um sétimo daquele excesso, sem prejuízo da consideração deste naqueles limites, devendo o valor actual daquelas responsabilidades ser certificado por seguradoras, sociedades gestoras de fundos de pensões ou outras entidades competentes.

7 – As contribuições suplementares destinadas à cobertura de responsabilidades por encargos com benefícios de reforma, quando efectuadas em consequência de alteração dos pressupostos actuariais em que se basearam os cálculos iniciais daquelas responsabilidades e desde que devidamente certificadas pelas entidades competentes, podem também ser aceites como gastos nos seguintes termos:

a) No período de tributação em que sejam efectuadas, num prazo máximo de cinco, contado daquele em que se verificou a alteração dos pressupostos actuariais;
b) Na parte em que não excedam o montante acumulado das diferenças entre os valores dos limites previstos nos n.ºs 2 ou 3 relativos ao período constituído pelos 10 períodos de tributação imediatamente anteriores ou, se inferior, ao período contado desde o período de tributação da transferência das responsabilidades ou da última alteração dos pressupostos actuariais e os valores das contribuições efectuadas e aceites como gastos em cada um desses períodos de tributação.

8 – Para efeitos do disposto na alínea *b)* do número anterior, não são consideradas as contribuições suplementares destinadas à cobertura de responsabilidades com pensionistas, não devendo igualmente ser tidas em conta para o cálculo daquelas diferenças as eventuais contribuições efectuadas para a cobertura de responsabilidades passadas nos termos do n.° 6.

9 – Os gastos referidos no n.° 1, quando respeitem a creches, lactários e jardins-de-infância em benefício do pessoal da empresa, seus familiares ou outros, são considerados, para efeitos da determinação do lucro tributável, em valor correspondente a 140%.

10 – No caso de incumprimento das condições estabelecidas nos n.ºs 2, 3 e 4, à excepção das referidas nas alíneas *c)* e *g)* deste último número, ao valor do IRC liquidado relativamente a esse período de tributação deve ser adicionado o IRC correspondente aos prémios e contribuições considerados como gasto em cada um dos períodos de tributação anteriores, nos termos deste artigo, agravado de uma importância que resulta da aplicação ao IRC correspondente a cada um daqueles períodos de tributação do produto de 10% pelo número de anos decorridos desde a data em que cada um daqueles prémios e contribuições foram considerados como gastos, não sendo, em caso de resgate em benefício da entidade patronal, considerado como rendimento do período de tributação a parte do valor do resgate correspondente ao capital aplicado.

11 – No caso de resgate em benefício da entidade patronal, não se aplica o disposto no número anterior se, para a transferência de responsabilidades, forem celebrados contratos de seguro de vida com outros seguradores, que possuam sede, direcção efectiva ou estabelecimento estável em território português, ou com empresas de seguros que estejam autorizadas a operar neste território em livre prestação de serviços, ou se forem efectuadas contribuições para fundos de pensões constituídos de acordo

com a legislação nacional, ou geridos por instituições de realização de planos de pensões profissionais às quais seja aplicável a Directiva n.º 2003//41/CE, do Parlamento Europeu e do Conselho, de 3 de Junho, que estejam autorizadas a aceitar contribuições para planos de pensões de empresas situadas em território português, em que, simultaneamente, seja aplicada a totalidade do valor do resgate e se continuem a observar as condições estabelecidas neste artigo.

12 – No caso de resgate em benefício da entidade patronal, o disposto no n.º 10 pode igualmente não se aplicar, se for demonstrada a existência de excesso de fundos originada por cessação de contratos de trabalho, previamente aceite pela Direcção-Geral dos Impostos.

13 – Não concorrem para os limites estabelecidos nos n.ºs 2 e 3 as contribuições suplementares para fundos de pensões e equiparáveis destinadas à cobertura de responsabilidades com benefícios de reforma que resultem da aplicação:

    a) Das normas internacionais de contabilidade por determinação do Banco de Portugal às entidades sujeitas à sua supervisão, sendo consideradas como gastos durante o período transitório fixado por esta instituição;

    b) Do Plano de Contas para as Empresas de Seguros em vigor, aprovado pelo Instituto de Seguros de Portugal, sendo consideradas como gastos, de acordo com um plano de amortização de prestações uniformes anuais, por um período transitório de cinco anos contado a partir do exercício de 2008;

    c) Das normas internacionais de contabilidade adoptadas pela União Europeia ou do SNC, consoante os casos, sendo consideradas como gastos, em partes iguais, no período de tributação em que se aplique pela primeira vez um destes novos referenciais contabilísticos e nos quatro períodos de tributação subsequentes.

14 – A Direcção-Geral dos Impostos pode autorizar que a condição a que se refere a alínea *b)* do n.º 4 deixe de verificar-se, designadamente, em caso de entidades sujeitas a processos de reestruturação empresarial, mediante requerimento, a apresentar até ao final do período de tributação da ocorrência das alterações, em que seja demonstrado que a diferenciação introduzida tem por base critérios objectivos.

15 – Consideram-se incluídos no n.º 1 os gastos suportados com a aquisição de passes sociais em benefício do pessoal do sujeito passivo, verificados os requisitos aí exigidos.

Legislação Complementar:
– Lei n.º 26/2004, de 8 de Julho – Estatuto do Mecenato Científico **[24]** – pág. 576 e ss..

ARTIGO 44.º
Quotizações a favor de associações empresariais

1 – É considerado gasto do período de tributação, para efeitos da determinação do lucro tributável, o valor correspondente a 150% do total das quotizações pagas pelos associados a favor das associações empresariais em conformidade com os estatutos.

2 – O montante referido no número anterior não pode, contudo, exceder o equivalente a 2‰ do volume de negócios respectivo.

ARTIGO 45.º
Encargos não dedutíveis para efeitos fiscais

1 – Não são dedutíveis para efeitos da determinação do lucro tributável os seguintes encargos, mesmo quando contabilizados como gastos do período de tributação:

   a) O IRC e quaisquer outros impostos que directa ou indirectamente incidam sobre os lucros;
   b) Os encargos evidenciados em documentos emitidos por sujeitos passivos com número de identificação fiscal inexistente ou inválido ou por sujeitos passivos cuja cessação de actividade tenha sido declarada oficiosamente nos termos do n.º 6 do artigo 8.º;
   c) Os impostos e quaisquer outros encargos que incidam sobre terceiros que o sujeito passivo não esteja legalmente autorizado a suportar;
   d) As multas, coimas e demais encargos pela prática de infracções, de qualquer natureza, que não tenham origem contratual, incluindo os juros compensatórios;
   e) As indemnizações pela verificação de eventos cujo risco seja segurável;
   f) As ajudas de custo e os encargos com compensação pela deslocação em viatura própria do trabalhador, ao serviço da entidade patronal, não facturados a clientes, escriturados a qualquer título,

sempre que a entidade patronal não possua, por cada pagamento efectuado, um mapa através do qual seja possível efectuar o controlo das deslocações a que se referem aqueles encargos, designadamente os respectivos locais, tempo de permanência, objectivo e, no caso de deslocação em viatura própria do trabalhador, identificação da viatura e do respectivo proprietário, bem como o número de quilómetros percorridos, excepto na parte em que haja lugar a tributação em sede de IRS na esfera do respectivo beneficiário;

g) Os encargos não devidamente documentados;

h) Os encargos com o aluguer sem condutor de viaturas ligeiras de passageiros ou mistas, na parte correspondente ao valor das depreciações dessas viaturas que, nos termos das alíneas c) e e) do n.º 1 do artigo 34.º, não sejam aceites como gastos;

i) Os encargos com combustíveis na parte em que o sujeito passivo não faça prova de que os mesmos respeitam a bens pertencentes ao seu activo ou por ele utilizados em regime de locação e de que não são ultrapassados os consumos normais;

j) Os juros e outras formas de remuneração de suprimentos e empréstimos feitos pelos sócios à sociedade, na parte em que excedam o valor correspondente à taxa de referência Euribor a 12 meses do dia da constituição da dívida ou outra taxa definida por portaria do Ministro das Finanças que utilize aquela taxa como indexante;

l) As menos-valias realizadas relativas a barcos de recreio, aviões de turismo e viaturas ligeiras de passageiros ou mistas, que não estejam afectos à exploração de serviço público de transportes nem se destinem a ser alugados no exercício da actividade normal do sujeito passivo, excepto na parte em que correspondam ao valor fiscalmente depreciável nos termos da alínea e) do n.º 1 do artigo 34.º ainda não aceite como gasto;

m) Os gastos relativos à participação nos lucros por membros de órgãos sociais e trabalhadores da empresa, quando as respectivas importâncias não sejam pagas ou colocadas à disposição dos beneficiários até ao fim do período de tributação seguinte;

n) Sem prejuízo da alínea anterior, os gastos relativos à participação nos lucros por membros de órgãos sociais, quando os beneficiários sejam titulares, directa ou indirectamente, de partes representativas de, pelo menos, 1% do capital social, na parte em que exceda o dobro da remuneração mensal auferida no período de tributação a que respeita o resultado em que participam.

2 – Tratando-se de sociedades de profissionais sujeitas ao regime de transparência fiscal, para efeitos de dedução dos correspondentes encargos, poderá ser fixado por portaria do Ministro das Finanças o número máximo de veículos e o respectivo valor.

3 – A diferença negativa entre as mais-valias e as menos-valias realizadas mediante a transmissão onerosa de partes de capital, incluindo a sua remição e amortização com redução de capital, bem como outras perdas ou variações patrimoniais negativas relativas a partes de capital ou outras componentes do capital próprio, designadamente prestações suplementares, concorrem para a formação do lucro tributável em apenas metade do seu valor.

4 – A Direcção-Geral dos Impostos deve disponibilizar a informação relativa à situação cadastral dos sujeitos passivos relevante para os efeitos do disposto na alínea *b*) do n.º 1.

5 – No caso de não se verificar o requisito enunciado na alínea *m*) do n.º 1, ao valor do IRC liquidado relativamente ao período de tributação seguinte adiciona-se o IRC que deixou de ser liquidado em resultado da dedução das importâncias que não tenham sido pagas ou colocadas à disposição dos interessados no prazo indicado, acrescido dos juros compensatórios correspondentes.

6 – Para efeitos da verificação da percentagem fixada na alínea *n*) do n.º 1, considera-se que o beneficiário detém indirectamente as partes do capital da sociedade quando as mesmas sejam da titularidade do cônjuge, respectivos ascendentes ou descendentes até ao 2.º grau, sendo igualmente aplicáveis, com as necessárias adaptações, as regras sobre a equiparação da titularidade estabelecidas no Código das Sociedades Comerciais.

Ver os artigos:
88.º, n.º 1 – tributação autónoma das despesas confidenciais ou não documentadas.

Legislação Complementar:
– Reintegração de viaturas ligeiras de passageiros ou mistas – Portaria n.º 1041//2001, de 28/8 **[14]** – pág. 445.

Doutrina Administrativa:
– Regime das rendas devidas pelo aluguer sem condutor de viaturas ligeiras de passageiros ou mistas (ver Circular n.º 24/91) **[50]** – pág. 656.
– A Derrama não é fiscalmente dedutível (ver Circular n.º 14/95) **[50]** – pág. 675.

SUBSECÇÃO VI
Regime das mais-valias e menos-valias realizadas

ARTIGO 46.º
Conceito de mais-valias e de menos-valias

1 – Consideram-se mais-valias ou menos-valias realizadas os ganhos obtidos ou as perdas sofridas mediante transmissão onerosa, qualquer que seja o título por que se opere e, bem assim, os decorrentes de sinistros ou os resultantes da afectação permanente a fins alheios à actividade exercida, respeitantes a:

  a) Activos fixos tangíveis, activos intangíveis, activos biológicos que não sejam consumíveis e propriedades de investimento, ainda que qualquer destes activos tenha sido reclassificado como activo não corrente detido para venda;

  b) Instrumentos financeiros, com excepção dos reconhecidos pelo justo valor nos termos das alíneas a) e b) do n.º 9 do artigo 18.º

2 – As mais-valias e as menos-valias são dadas pela diferença entre o valor de realização, líquido dos encargos que lhe sejam inerentes, e o valor de aquisição deduzido das perdas por imparidade e outras correcções de valor previstas no artigo 35.º, bem como das depreciações ou amortizações aceites fiscalmente, sem prejuízo da parte final do n.º 5 do artigo 30.º

3 – Considera-se valor de realização:

  a) No caso de troca, o valor de mercado dos bens ou direitos recebidos, acrescido ou diminuído, consoante o caso, da importância em dinheiro conjuntamente recebida ou paga;

  b) No caso de expropriações ou de bens sinistrados, o valor da correspondente indemnização;

  c) No caso de bens afectos permanentemente a fins alheios à actividade exercida, o seu valor de mercado;

  d) Nos casos de fusão ou cisão, o valor de mercado dos elementos transmitidos em consequência daqueles actos;

  e) No caso de alienação de títulos de dívida, o valor da transacção, líquido dos juros contáveis desde a data do último vencimento ou da emissão, primeira colocação ou endosso, se ainda não houver ocorrido qualquer vencimento, até à data da transmissão, bem como da diferença pela parte correspondente àqueles períodos, entre o valor de reembolso e o preço da emissão, nos casos de títu-

los cuja remuneração seja constituída, total ou parcialmente, por aquela diferença;
f) Nos demais casos, o valor da respectiva contraprestação.

4 – No caso de troca por bens futuros, o valor de mercado destes é o que lhes corresponderia à data da troca.

5 – São assimiladas a transmissões onerosas:

a) A promessa de compra e venda ou de troca, logo que verificada a tradição dos bens;
b) As mudanças no modelo de valorização relevantes para efeitos fiscais, nos termos do n.º 9 do artigo 18.º, que decorram, designadamente, de reclassificação contabilística ou de alterações nos pressupostos referidos na alínea *a)* do n.º 9 deste mesmo artigo.

6 – Não se consideram mais-valias ou menos-valias:

a) Os resultados obtidos em consequência da entrega pelo locatário ao locador dos bens objecto de locação financeira;
b) Os resultados obtidos na transmissão onerosa, ou na afectação permanente nos termos referidos no n.º 1, de títulos de dívida cuja remuneração seja constituída, total ou parcialmente, pela diferença entre o valor de reembolso ou de amortização e o preço de emissão, primeira colocação ou endosso.

Doutrina Administrativa:
– Regime transitório das mais-valias e menos-valias realizadas (Circular n.º 7/2002, de 2 de Abril) **[50]** – pág. 714.

ARTIGO 47.º
**Correcção monetária das mais-valias
e das menos-valias**

1 – O valor de aquisição corrigido nos termos do n.º 2 do artigo anterior é actualizado mediante aplicação dos coeficientes de desvalorização da moeda para o efeito publicados em portaria do Ministro das Finanças, sempre que, à data da realização, tenham decorrido pelo menos dois anos desde a data da aquisição, sendo o valor dessa actualização deduzido para efeitos da determinação do lucro tributável.

2 – A correcção monetária a que se refere o número anterior não é aplicável aos instrumentos financeiros, salvo quanto às partes de capital.

3 – Quando, nos termos do regime especial previsto nos artigos 76.º a 78.º, haja lugar à valorização das participações sociais recebidas pelo mesmo valor pelo qual as antigas se encontravam registadas, considera-se, para efeitos do disposto no n.º 1, data de aquisição das primeiras a que corresponder à das últimas.

Legislação Complementar:
– Coeficientes de desvalorização da moeda. Portaria n.º 772/2009, de 21 de Julho [13] – pág. 444.

Doutrina Administrativa:
– Regime Fiscal das Sociedades Gestoras de Participações Sociais e Sociedades de Capital de Risco (Circular n.º 7/2004, de 30 de Março) [50] – pág. 749;
– Contagem dos prazos de detenção das participações – Regime de neutralidade (Circular n.º 8/2004, de 30 de Março) [50] – pág. 751.

ARTIGO 48.º
Reinvestimento dos valores de realização

1 – Para efeitos da determinação do lucro tributável, a diferença positiva entre as mais-valias e as menos-valias, calculadas nos termos dos artigos anteriores, realizadas mediante a transmissão onerosa de activos fixos tangíveis, activos biológicos que não sejam consumíveis e propriedades de investimento, detidos por um período não inferior a um ano, ainda que qualquer destes activos tenha sido reclassificado como activo não corrente detido para venda, ou em consequência de indemnizações por sinistros ocorridos nestes elementos, é considerada em metade do seu valor, sempre que, no período de tributação anterior ao da realização, no próprio período de tributação ou até ao fim do segundo período de tributação seguinte, o valor de realização correspondente à totalidade dos referidos activos seja reinvestido na aquisição, produção ou construção de activos fixos tangíveis, de activos biológicos que não sejam consumíveis ou em propriedades de investimento, afectos à exploração, com excepção dos bens adquiridos em estado de uso a sujeito passivo de IRS ou IRC com o qual existam relações especiais nos termos definidos no n.º 4 do artigo 63.º

2 – No caso de se verificar apenas o reinvestimento parcial do valor de realização, o disposto no número anterior é aplicado à parte proporcional da diferença entre as mais-valias e as menos-valias a que o mesmo se refere.

3 – Não é susceptível de beneficiar do regime previsto nos números anteriores o investimento em que tiverem sido deduzidos os valores referidos nos artigos 40.º e 42.º

4 – O disposto nos números anteriores é aplicável à diferença positiva entre as mais-valias e as menos-valias realizadas mediante a transmissão onerosa de partes de capital, incluindo a sua remição e amortização com redução de capital, com as seguintes especificidades:

a) O valor de realização correspondente à totalidade das partes de capital deve ser reinvestido, total ou parcialmente, na aquisição de participações no capital de sociedades comerciais ou civis sob forma comercial ou na aquisição, produção ou construção de activos fixos tangíveis, de activos biológicos que não sejam consumíveis ou em propriedades de investimento, afectos à exploração, nas condições referidas na parte final do n.º 1;([1])

b) As participações de capital alienadas devem ter sido detidas por período não inferior a um ano e corresponder a, pelo menos, 10% do capital social da sociedade participada ou ter um valor de aquisição não inferior a € 20 000 000, devendo as partes de capital adquiridas ser detidas por igual período;([1])

c) As transmissões onerosas e aquisições de partes de capital não podem ser efectuadas com entidades:
   1) Residentes de país, território ou região cujo regime de tributação se mostre claramente mais favorável, constante de lista aprovada por portaria do Ministro das Finanças; ou
   2) Com as quais existam relações especiais, excepto quando se destinem à realização de capital social, caso em que o reinvestimento se considera totalmente concretizado quando o valor das participações de capital assim realizadas não seja inferior ao valor de mercado daquelas transmissões.

5 – Para efeitos do disposto nos n.ºs 1, 2 e 4, os contribuintes devem mencionar a intenção de efectuar o reinvestimento na declaração a que se refere a alínea c) do n.º 1 do artigo 117.º do período de tributação em que a realização ocorre, comprovando na mesma e nas declarações dos dois períodos de tributação seguintes os reinvestimentos efectuados.

6 – Não sendo concretizado, total ou parcialmente, o reinvestimento até ao fim do segundo período de tributação seguinte ao da realização, considera-se como rendimento desse período de tributação, respectivamente, a diferença ou a parte proporcional da diferença prevista nos n.ºs 1 e 4 não incluída no lucro tributável majorada em 15%.

7 – Não sendo mantidas na titularidade do adquirente, durante o período previsto na alínea b) do n.º 4, as partes de capital em que se concretizou o reinvestimento, excepto se a transmissão ocorrer no âmbito de uma operação de fusão, cisão, entrada de activos ou permuta de acções a que se aplique o regime previsto no artigo 74.º, é aplicável, no período de tributação da alienação, o disposto na parte final do número anterior, com as necessárias adaptações.

([1]) Redacção dada pela Lei n.º 3-B/2010, de 28/04 (OE/2010).
Redacção anterior:
...
4 – ...
   a) O valor de realização correspondente à totalidade das partes de capital deve ser reinvestido, total ou parcialmente, na aquisição de participações no capital de sociedades comerciais ou civis sob forma comercial ou em títulos do Estado Português, ou na aquisição, produção ou construção de activos fixos tangíveis, de activos biológicos que não sejam consumíveis ou em propriedades de investimento, afectos à exploração, nas condições referidas na parte final do n.º 1;
   b) As participações de capital alienadas devem ter sido detidas por período não inferior a um ano e corresponder a, pelo menos, 10% do capital social da sociedade participada ou ter um valor de aquisição não inferior a € 20 000 000, devendo as partes de capital e os títulos do Estado Português adquiridos ser detidos por igual período;
...

SUBSECÇÃO VII
Instrumentos financeiros derivados

ARTIGO 49.º
Instrumentos financeiros derivados

1 – Concorrem para a formação do lucro tributável, salvo os previstos no n.º 3, os rendimentos ou gastos resultantes da aplicação do justo valor a instrumentos financeiros derivados, ou a qualquer outro activo ou passivo financeiro utilizado como instrumento de cobertura restrito à cobertura do risco cambial.

2 – Relativamente às operações cujo objectivo exclusivo seja o de cobertura de justo valor, quando o elemento coberto esteja subordinado a outros modelos de valorização, são aceites fiscalmente os rendimentos ou gastos do elemento coberto reconhecidos em resultados, ainda que não realizados, na exacta medida da quantia igualmente reflectida em resultados, de sinal contrário, gerada pelo instrumento de cobertura.

3 – Relativamente às operações cujo objectivo exclusivo seja o de cobertura de fluxos de caixa ou de cobertura do investimento líquido numa

unidade operacional estrangeira, são diferidos os rendimentos ou gastos gerados pelo instrumento de cobertura, na parte considerada eficaz, até ao momento em que os gastos ou rendimentos do elemento coberto concorram para a formação do lucro tributável.

4 – Sem prejuízo do disposto no n.º 6, e desde que se verifique uma relação económica incontestável entre o elemento coberto e o instrumento de cobertura, por forma a que da operação de cobertura se deva esperar, pela elevada eficácia da cobertura do risco em causa, a neutralização dos eventuais rendimentos ou gastos no elemento coberto com uma posição simétrica dos gastos ou rendimentos no instrumento de cobertura, são consideradas operações de cobertura as que justificadamente contribuam para a eliminação ou redução de um risco real de:

a) Um activo, passivo, compromisso firme, transacção prevista com uma elevada probabilidade ou investimento líquido numa unidade operacional estrangeira; ou

b) Um grupo de activos, passivos, compromissos firmes, transacções previstas com uma elevada probabilidade ou investimentos líquidos numa unidade operacional estrangeira com características de risco semelhantes; ou

c) Taxa de juro da totalidade ou parte de uma carteira de activos ou passivos financeiros que partilhem o risco que esteja a ser coberto.

5 – Para efeitos do disposto no número anterior, só é considerada de cobertura a operação na qual o instrumento de cobertura utilizado seja um derivado ou, no caso de cobertura de risco cambial, um qualquer activo ou passivo financeiro.

6 – Não são consideradas como operações de cobertura:

a) As operações efectuadas com vista à cobertura de riscos a incorrer por outras entidades, ou por estabelecimentos da entidade que realiza as operações cujos rendimentos não sejam tributados pelo regime geral de tributação;

b) As operações que não sejam devidamente identificadas e documentalmente suportadas no processo de documentação fiscal previsto no artigo 130.º, no que se refere ao relacionamento da cobertura, ao objectivo e à estratégia da gestão de risco da entidade para levar a efeito a referida cobertura.

7 – A não verificação dos requisitos referidos no n.º 4 determina, a partir dessa data, a desqualificação da operação como operação de cobertura.

8 – Não sendo efectuada a operação coberta, ao valor do imposto relativo ao período de tributação em que a mesma se efectuaria deve adicionar-se o imposto que deixou de ser liquidado por virtude do disposto nos n.ºˢ 2 e 3, ou, não havendo lugar à liquidação do imposto, deve corrigir-se em conformidade o prejuízo fiscal declarado.

9 – À correcção do imposto referida no número anterior são acrescidos juros compensatórios, excepto quando, tratando-se de uma cobertura prevista no n.º 3, a operação coberta seja efectuada em, pelo menos, 80% do respectivo montante.

10 – Se a substância de uma operação ou conjunto de operações diferir da sua forma, o momento, a fonte e a natureza dos pagamentos e recebimentos, rendimentos e gastos, decorrentes dessa operação, podem ser requalificados pela administração tributária de modo a ter em conta essa substância.

SUBSECÇÃO VIII
Empresas de seguros

ARTIGO 50.º
Empresas de seguros

1 – Concorrem para a formação do lucro tributável os rendimentos ou gastos resultantes da aplicação do justo valor aos activos que estejam a representar provisões técnicas do seguro de vida com participação nos resultados, ou afectos a contratos em que o risco de seguro é suportado pelo tomador de seguro.([1])

2 – As transferências dos activos referidos no número anterior de, ou para, outras carteiras de investimento, são assimiladas a transmissões onerosas efectuadas ao preço de mercado da data da operação.

([1]) Declaração de rectificação n.º 67-A/2009, D.R., I Série, de 11/9.

SUBSECÇÃO IX
Dedução de lucros anteriormente tributados

ARTIGO 51.º
Eliminação da dupla tributação económica de lucros distribuídos

1 – Na determinação do lucro tributável das sociedades comerciais ou civis sob forma comercial, cooperativas e empresas públicas, com sede ou direcção efectiva em território português, são deduzidos os rendimentos, incluídos na base tributável, correspondentes a lucros distribuídos, desde que sejam verificados os seguintes requisitos:

a) A sociedade que distribui os lucros tenha a sede ou direcção efectiva no mesmo território e esteja sujeita e não isenta de IRC ou esteja sujeita ao imposto referido no artigo 7.º;

b) A entidade beneficiária não seja abrangida pelo regime da transparência fiscal previsto no artigo 6.º;

c) A entidade beneficiária detenha directamente uma participação no capital da sociedade que distribui os lucros não inferior a 10% ou com um custo de aquisição não inferior a € 20 000 000 e esta tenha permanecido na sua titularidade, de modo ininterrupto, durante o ano anterior à data da colocação à disposição dos lucros ou, se detida há menos tempo, desde que a participação seja mantida durante o tempo necessário para completar aquele período.

2 – O disposto no número anterior é aplicável, independentemente da percentagem de participação e do prazo em que esta tenha permanecido na sua titularidade, aos rendimentos de participações sociais em que tenham sido aplicadas as reservas técnicas das sociedades de seguros e das mútuas de seguros e, bem assim, aos rendimentos das seguintes sociedades:

a) Sociedades de desenvolvimento regional;
b) Sociedades de investimento;
c) Sociedades financeiras de corretagem.

3 – Não obstante o disposto no n.º 1, o regime aí consagrado é aplicável, nos termos prescritos no número anterior, às agências gerais de seguradoras estrangeiras, bem como aos estabelecimentos estáveis de sociedades residentes noutro Estado membro da União Europeia e do espaço económico europeu que sejam equiparáveis às referidas no número anterior.([1])

4 – O disposto no n.º 1 é igualmente aplicável, verificando-se as condições nele referidas, ao valor atribuído na associação em participação, ao associado constituído como sociedade comercial ou civil sob forma comercial, cooperativa ou empresa pública, com sede ou direcção efectiva em território português, independentemente do valor da sua contribuição relativamente aos rendimentos que tenham sido efectivamente tributados, distribuídos por associantes residentes no mesmo território.

5 – O disposto nos n.ºs 1 e 2 é também aplicável quando uma entidade residente em território português detenha uma participação, nos termos e condições aí referidos, em entidade residente noutro Estado membro da União Europeia, desde que ambas as entidades preencham os requisitos estabelecidos no artigo 2.º da Directiva n.º 90/435/CEE, do Conselho, de 23 de Julho.([1])

6 – O disposto nos n.ºs 1 e 5 é igualmente aplicável aos rendimentos, incluídos na base tributável, correspondentes a lucros distribuídos que sejam imputáveis a um estabelecimento estável, situado em território português, de uma entidade residente noutro Estado membro da União Europeia ou do espaço económico europeu, neste caso desde que exista obrigação de cooperação administrativa no domínio da fiscalidade equivalente à estabelecida no âmbito da União Europeia, que detenha uma participação, nos termos e condições aí referidos, em entidade residente num Estado membro, desde que ambas essas entidades preencham os requisitos e condições estabelecidos no artigo 2.º da Directiva n.º 90/435/CEE, do Conselho, de 23 de Julho, ou, no caso de entidades do espaço económico europeu, requisitos e condições equiparáveis.([1])

7 – Para efeitos do disposto nos n.ºs 5 e 6:

   a) A definição de entidade residente é a que resulta da legislação fiscal do Estado membro em causa, sem prejuízo do que se achar estabelecido nas convenções destinadas a evitar a dupla tributação;

   b) O critério de participação no capital referido no n.º 1 é substituído pelo da detenção de direitos de voto quando este estiver estabelecido em acordo bilateral.

8 – A dedução a que se refere o n.º 1 é apenas de 50% dos rendimentos incluídos no lucro tributável correspondentes a:

   a) Lucros distribuídos, quando não esteja preenchido qualquer dos requisitos previstos nas alíneas b) e c) do mesmo número e, bem assim, relativamente aos rendimentos que o associado aufira da associação à quota, desde que se verifique, em qualquer dos casos, a condição da alínea *a*) do n.º 1;

b) Lucros distribuídos por entidade residente noutro Estado membro da União Europeia quando a entidade cumpre as condições estabelecidas no artigo 2.º da Directiva n.º 90/435/CEE, de 23 de Julho, e não esteja verificado qualquer dos requisitos previstos na alínea *c*) do n.º 1.

9 – Se a detenção da participação mínima referida no n.º 1 deixar de se verificar antes de completado o período de um ano aí mencionado, deve corrigir-se a dedução em conformidade com o disposto no número anterior, sem prejuízo da consideração do crédito de imposto por dupla tributação internacional a que houver lugar, de acordo com o disposto no artigo 91.º, respectivamente.(^{2})

10 – A dedução a que se refere o n.º 1 é reduzida a 50% quando os rendimentos provenham de lucros que não tenham sido sujeitos a tributação efectiva, excepto quando a beneficiária seja uma sociedade gestora de participações sociais.

11 – O disposto nos n.ºs 1, 2 e 8 é igualmente aplicável quando uma entidade residente em território português detenha uma participação, nos termos e condições aí referidos, em entidade residente noutro Estado membro do espaço económico europeu que esteja vinculado a cooperação administrativa no domínio da fiscalidade equivalente à estabelecida no âmbito da União Europeia, desde que ambas essas entidades preencham condições equiparáveis, com as necessárias adaptações, às estabelecidas no artigo 2.º da Directiva n.º 90/435/CEE, do Conselho, de 23 de Julho.(^{1})

12 – Para efeitos do disposto no n.º 5, na alínea *b*) do n.º 8 e no n.º 11, o sujeito passivo deve provar que a entidade participada e, no caso do n.º 6, também a entidade beneficiária cumprem as condições estabelecidas no artigo 2.º da Directiva n.º 90/435/CEE, do Conselho, de 23 de Julho, ou, no caso de entidades do espaço económico europeu, condições equiparáveis, mediante declaração confirmada e autenticada pelas autoridades fiscais competentes do Estado membro da União Europeia ou do espaço económico europeu de que é residente.(^{1})

Ver os artigos:
6.º – Transparência fiscal; **69.º** a **71.º** – Regime especial de tributação dos grupos de sociedades; **73.º** a **78.º** – Fusões, cisões, entradas de activos e permutas de partes sociais; **81.º** – Resultado da partilha; **90.º** – Dispensa de retenção na fonte sobre rendimentos auferidos por residentes.

Doutrina Administrativa:
– Eliminação da dupla tributação económica dos lucros distribuídos (ver Circular n.º 4/91) **[50]** – pág. 655.

– Contagem dos prazos de detenção das participações – Regime de neutralidade (Circular n.º 8/2004, de 30 de Março) **[50]** – pág. 751.

(^{1}) Redacção dada pela Lei n.º 3-B/2010, de 28/04 (OE/2010), que aditou o n.º 12
Redacção anterior:
...
3 – Não obstante o disposto no n.º 1, o regime aí consagrado é aplicável, nos termos prescritos no número anterior, às agências gerais de seguradoras estrangeiras.
...
5 – O disposto no n.º 1 é também aplicável quando uma entidade residente em território português detenha uma participação, nos termos e condições aí referidos, em entidade residente noutro Estado membro da União Europeia, desde que ambas essas entidades preencham os requisitos estabelecidos no artigo 2.º da Directiva n.º 90/435/CEE, de 23 de Julho.

6 – O disposto nos n.ºs 1 e 5 é ainda aplicável aos rendimentos, incluídos na base tributável, correspondentes a lucros distribuídos que sejam imputáveis a um estabelecimento estável, situado em território português, de uma entidade residente noutro Estado membro da União Europeia que detenha uma participação, nos termos e condições aí referidos, em entidade residente num Estado membro, desde que ambas essas entidades preencham os requisitos e condições estabelecidos no artigo 2.º da Directiva n.º 90/435/CEE, de 23 de Julho.
...
11 – Para efeitos do disposto no n.º 5 e na alínea *b*) do n.º 8, o sujeito passivo deve provar que a entidade participada e, no caso do n.º 6, também a entidade beneficiária cumprem as condições estabelecidas no artigo 2.º da Directiva n.º 90/435/CEE, de 23 de Julho, mediante declaração confirmada e autenticada pelas autoridades fiscais competentes do Estado membro da União Europeia de que é residente.

(^{2}) Declaração de rectificação n.º 67-A/2009, D.R., I Série, de 11/9.

SUBSECÇÃO X
Dedução de prejuízos

ARTIGO 52.º
Dedução de prejuízos fiscais

1 – Os prejuízos fiscais apurados em determinado exercício, nos termos das disposições anteriores, são deduzidos aos lucros tributáveis, havendo-os, de um ou mais dos quatro exercícios posteriores.(^{1})

2 – Sem prejuízo do disposto no número seguinte, nos períodos de tributação em que tiver lugar o apuramento do lucro tributável com base em métodos indirectos, os prejuízos fiscais não são dedutíveis, ainda que se encontrem dentro do período referido no número anterior, não ficando,

porém, prejudicada a dedução, dentro daquele período, dos prejuízos que não tenham sido anteriormente deduzidos.

3 – *(Revogado)*(^{2})

4 – Quando se efectuarem correcções aos prejuízos fiscais declarados pelo sujeito passivo, devem alterar-se, em conformidade, as deduções efectuadas, não se procedendo, porém, a qualquer anulação ou liquidação, ainda que adicional, do IRC, se forem decorridos mais de seis anos relativamente àquele a que o lucro tributável respeite.

5 – No caso de o contribuinte beneficiar de isenção parcial e ou de redução de IRC, os prejuízos fiscais sofridos nas respectivas explorações ou actividades não podem ser deduzidos, em cada período de tributação, dos lucros tributáveis das restantes.

6 – O período mencionado na alínea *d*) do n.° 4 do artigo 8.°, quando inferior a seis meses, não conta para efeitos da limitação temporal estabelecida no n.° 1.

7 – Os prejuízos fiscais respeitantes às sociedades mencionadas no n.° 1 do artigo 6.° são deduzidos unicamente dos lucros tributáveis das mesmas sociedades.

8 – O previsto no n.° 1 deixa de ser aplicável quando se verificar, à data do termo do período de tributação em que é efectuada a dedução, que, em relação àquele a que respeitam os prejuízos, foi modificado o objecto social da entidade a que respeita ou alterada, de forma substancial, a natureza da actividade anteriormente exercida ou que se verificou a alteração da titularidade de, pelo menos, 50% do capital social ou da maioria dos direitos de voto.

9 – O Ministro das Finanças pode autorizar, em casos especiais de reconhecido interesse económico e, mediante requerimento a apresentar na Direcção-Geral dos Impostos, antes da ocorrência das alterações referidas no número anterior, que não seja aplicável a limitação aí prevista.

10 – No caso de a modificação do objecto social ou a alteração substancial da natureza da actividade anteriormente exercida ser consequência da realização de uma operação de fusão, cisão ou entrada de activos à qual se aplique o regime previsto no artigo 74.°, o requerimento referido no número anterior pode ser apresentado até ao fim do mês seguinte ao pedido do registo da operação na conservatória do registo comercial.

Ver os artigos:
6.° – Transparência fiscal; **8.°** – Períodos de tributação; **16.°** – Métodos e competência para a determinação da matéria colectável; **57.°** – Aplicação de métodos indirectos; **58.°** – Regime simplifcado de determinação do lucro tributável; **59.°** – Métodos indirectos; **71.°**

– Regime específico de dedução de prejuízos fiscais; **75.º** – Transmissibilidade dos prejuízos fiscais; **79.º** – Sociedades em liquidação.

Doutrina Administrativa:
Ver Ofício-circulado n.º 9/97, de 12/11/97 – Hierarquia de dedução de prejuízos e benefícios fiscais **[52]** – pág. 810.

(¹) Redacção dada pela Lei n.º 3-B/2010, de 28/04 (OE/2010).
(²) Revogado pela Lei n.º 3-B/2010, de 28/04 (OE/2010).
A revogação, no que se reporta ao regime simplificado, produz **efeitos a partir de 1 de Janeiro de 2011** (art. 92.º daquela Lei). Tinha a seguinte redacção:
...
3 – A determinação do lucro tributável segundo o regime simplificado não prejudica a dedução, nos termos do n.º 1, dos prejuízos fiscais apurados em períodos anteriores àquele em que se iniciar a aplicação do regime, excepto se da aplicação dos coeficientes previstos no n.º 4 do artigo 58.º, isoladamente ou após a referida dedução de prejuízos, resultar lucro tributável inferior ao limite mínimo previsto na parte final do mesmo número, caso em que o lucro tributável a considerar é o correspondente a esse limite.
...

SECÇÃO III
Pessoas colectivas e outras entidades residentes que não exerçam, a título principal, actividade comercial, industrial ou agrícola

ARTIGO 53.º
Determinação do rendimento global

1 – O rendimento global sujeito a imposto das pessoas colectivas e entidades mencionadas na alínea *b)* do n.º 1 do artigo 3.º é formado pela soma algébrica dos rendimentos líquidos das várias categorias determinados nos termos do IRS, incluindo os incrementos patrimoniais obtidos a título gratuito, aplicando-se à determinação do lucro tributável as disposições deste Código.

2 – Os prejuízos fiscais apurados relativamente ao exercício de actividades comerciais, industriais ou agrícolas e as menos-valias só podem ser deduzidos, para efeitos de determinação do rendimento global, aos rendimentos das respectivas categorias num ou mais dos seis períodos de tributação posteriores.

3 – É aplicável às pessoas colectivas e entidades mencionadas na alínea *b)* do n.º 1 do artigo 3.º uma dedução correspondente a 50% dos ren-

dimentos incluídos na base tributável correspondentes a lucros distribuídos por entidades residentes em território português, sujeitas e não isentas de IRC, bem como relativamente aos rendimentos que, na qualidade de associado, auferiram da associação em participação, tendo aqueles rendimentos sido efectivamente tributados.

4 – Para efeitos da determinação do valor dos incrementos patrimoniais a que se refere o n.º 1, é aplicável o disposto no n.º 2 do artigo 21.º

5 – O disposto no n.º 3 é igualmente aplicável aos lucros distribuídos por entidade residente noutro Estado membro da União Europeia que preencha os requisitos e condições estabelecidos no artigo 2.º da Directiva n.º 90/435/CEE, de 23 de Julho.

6 – Para efeitos do disposto no número anterior, o sujeito passivo deverá dispor de prova de que a entidade cumpre os requisitos e condições estabelecidos no artigo 2.º da Directiva n.º 90/435/CEE, de 23 de Julho, efectuada através de declaração confirmada e autenticada pelas autoridades fiscais competentes do Estado membro da União Europeia de que é residente.

Ver os artigos:
15.º – Definição da matéria colectável; **54.º** – Custos comuns e outros.

ARTIGO 54.º
Gastos comuns e outros

1 – Os gastos comprovadamente indispensáveis à obtenção dos rendimentos que não tenham sido considerados na determinação do rendimento global nos termos do artigo anterior e que não estejam especificamente ligados à obtenção dos rendimentos não sujeitos ou isentos de IRC são deduzidos, no todo ou em parte, a esse rendimento global, para efeitos de determinação da matéria colectável, de acordo com as seguintes regras:

  a) Se estiverem apenas ligados à obtenção de rendimentos sujeitos e não isentos, são deduzidos na totalidade ao rendimento global;
  b) Se estiverem ligados à obtenção de rendimentos sujeitos e não isentos, bem como à de rendimentos não sujeitos ou isentos, deduz-se ao rendimento global a parte dos gastos comuns que for imputável aos rendimentos sujeitos e não isentos.

2 – Para efeitos do disposto na alínea *b*) do número anterior, a parte dos gastos comuns a imputar é determinada através da repartição proporcional daqueles ao total dos rendimentos brutos sujeitos e não isentos e dos rendimentos não sujeitos ou isentos, ou de acordo com outro critério considerado mais adequado aceite pela Direcção-Geral dos Impostos, devendo evidenciar-se essa repartição na declaração de rendimentos.

3 – Consideram-se rendimentos não sujeitos a IRC as quotas pagas pelos associados em conformidade com os estatutos, bem como os subsídios destinados a financiar a realização dos fins estatutários.

4 – Consideram-se rendimentos isentos os incrementos patrimoniais obtidos a título gratuito destinados à directa e imediata realização dos fins estatutários.

SECÇÃO IV
Entidades não residentes

ARTIGO 55.º
Lucro tributável de estabelecimento estável

1 – O lucro tributável imputável a estabelecimento estável de sociedades e outras entidades não residentes é determinado aplicando, com as necessárias adaptações, o disposto na secção II.

2 – Podem ser deduzidos como gastos para a determinação do lucro tributável os encargos gerais de administração que, de acordo com critérios de repartição aceites e dentro de limites tidos como razoáveis pela Direcção-Geral dos Impostos, sejam imputáveis ao estabelecimento estável, devendo esses critérios ser justificados na declaração de rendimentos e uniformemente seguidos nos vários períodos de tributação.

3 – Sem prejuízo do disposto no número anterior, nos casos em que não seja possível efectuar uma imputação com base na utilização pelo estabelecimento estável dos bens e serviços a que respeitam os encargos gerais, são admissíveis como critérios de repartição nomeadamente os seguintes:

a) Volume de negócios;
b) Gastos directos;
c) Activo fixo tangível.

Ver os artigos:
2.º – Sujeitos passivos; **4.º** – Extensão da obrigação do imposto; **15.º** – Definição da matéria colectável.

Lei Geral Tributária:
19.º, n.º 4 – Representante de sujeitos passivos residentes no estrangeiro; **27.º** – Responsabilidade de gestores de bens ou de direitos de não residentes.

ARTIGO 56.º
Rendimentos não imputáveis a estabelecimento estável

1 – Os rendimentos não imputáveis a estabelecimento estável situado em território português, obtidos por sociedades e outras entidades não residentes, são determinados de acordo com as regras estabelecidas para as categorias correspondentes para efeitos de IRS.

2 – No caso de prédios urbanos não arrendados ou não afectos a uma actividade económica que sejam detidos por entidades com domicílio em país, território ou região sujeito a um regime fiscal claramente mais favorável constante de lista aprovada por portaria do Ministro das Finanças, considera-se como rendimento predial bruto relativamente ao respectivo período de tributação, para efeitos do número anterior, o montante correspondente a 1/15 do respectivo valor patrimonial.

3 – O disposto no número anterior não é aplicável quando a entidade não residente detentora do prédio demonstre que este não é fruído por entidade com domicílio em território português e que o prédio se encontra devoluto.

4 – Para efeitos da determinação da matéria colectável, nos termos da alínea *d*) do n.º 1 do artigo 15.º, o valor dos incrementos patrimoniais obtidos a título gratuito é calculado de acordo com as regras constantes do n.º 2 do artigo 21.º

Ver os artigos:
2.º – Sujeitos passivos; **4.º** – Extensão da obrigação do imposto; **15.º** – Definição da matéria colectável; **118.º** – Declaração de inscrição, de alterações ou de cessação; **120.º** – Declaração periódica de rendimentos; **126.º** – Representação de entidades não residentes.

Lei Geral Tributária:
19.º, n.º 4 – Representante de sujeitos passivos residentes no estrangeiro.

Ver:
– Portaria n.º 150/2004 – Lista dos países, territórios e regiões com regimes de tributação privilegiada, claramente mais favoráveis **[41]** – pág. 637.

SECÇÃO V
Determinação do lucro tributável por métodos indirectos

ARTIGO 57.º
Aplicação de métodos indirectos

1 – A aplicação de métodos indirectos efectua-se nos casos e condições previstos nos artigos 87.º a 89.º da Lei Geral Tributária.

2 – O atraso na execução dos livros e registos contabilísticos, bem como a sua não exibição imediata, a que se refere o artigo 88.º da Lei Geral Tributária, só dá lugar à aplicação de métodos indirectos após o decurso do prazo fixado para a sua regularização ou apresentação sem que se mostre cumprida a obrigação.

3 – O prazo a que se refere o número anterior não deve ser inferior a 5 nem superior a 30 dias e não prejudica a aplicação da sanção que corresponder à infracção eventualmente praticada.

Ver os artigos:
15.º – Definição da matéria colectável; **52.º** – Dedução de prejuízos fiscais; **59.º** – Métodos indirectos.

ARTIGO 58.º
(Revogado pela Lei n.º 3-B/2010, de 28/04 (OE/2010))([1])

([1]) Tinha a seguinte redacção:

Regime simplificado de determinação do lucro tributável

1 – Ficam abrangidos pelo regime simplificado de determinação do lucro tributável os sujeitos passivos residentes que exerçam, a título principal, uma actividade de natureza comercial, industrial ou agrícola, não isentos nem sujeitos a algum regime especial de tributação, com excepção dos que se encontrem sujeitos à revisão legal das contas, que apresentem, no exercício anterior ao da aplicação do regime, um valor total anual de rendimentos não superior a € 149 639,37 e que não optem pelo regime de determinação do lucro tributável previsto na secção II do presente capítulo.

2 – No exercício do início de actividade, o enquadramento no regime simplificado faz-se, verificados os demais pressupostos, em conformidade com o valor total anual de rendimentos estimado, constante da declaração de início de actividade, caso não seja exercida a opção a que se refere o número anterior.

3 – O apuramento do lucro tributável resulta da aplicação de indicadores de base técnico-científica definidos para os diferentes sectores da actividade económica, os quais devem ser utilizados à medida que venham a ser aprovados.

4 – Na ausência de indicadores de base técnico-científica ou até que estes sejam aprovados, o lucro tributável, sem prejuízo do disposto no n.º 11, é o resultante da aplicação do coeficiente de 0,20 ao valor das vendas de mercadorias e de produtos e do coeficiente de 0,45 ao valor dos restantes rendimentos, com exclusão da variação de produção e dos trabalhos para a própria empresa, com o montante mínimo igual ao valor anual do salário mínimo nacional mais elevado.

5 – Em lista aprovada por portaria do Ministro das Finanças são determinados os indicadores a que se refere o n.º 3 e, na ausência daqueles indicadores, são estabelecidos, pela mesma forma, critérios técnicos que, ponderando a importância relativa de concretas componentes dos gastos das várias actividades empresariais e profissionais, permitam proceder à correcta subsunção dos rendimentos de tais actividades às qualificações contabilísticas relevantes para a fixação do coeficiente aplicável nos termos do n.º 4.

6 – Para os efeitos do disposto no n.º 4, aplica-se aos serviços prestados no âmbito de actividades hoteleiras e similares, restauração e bebidas, bem como ao montante dos subsídios destinados à exploração, o coeficiente de 0,20 aí indicado.

7 – A opção pela aplicação do regime geral de determinação do lucro tributável deve ser formalizada pelos sujeitos passivos:

a) Na declaração de início de actividade;

b) Na declaração de alterações a que se referem os artigos 118.º e 119.º, até ao fim do 3.º mês do período de tributação do início da aplicação do regime.

8 – A opção referida no número anterior é válida por três períodos de tributação, findo os quais caduca, excepto se o sujeito passivo manifestar a intenção de a renovar pela forma prevista na alínea b) do número anterior.

9 – O regime simplificado de determinação do lucro tributável mantém-se, verificados os respectivos pressupostos, durante, pelo menos, três períodos de tributação, prorrogável automaticamente por igual período, salvo se o sujeito passivo comunicar, pela forma prevista na alínea b) do n.º 7, a opção pela aplicação do regime geral de determinação do lucro tributável.

10 – Cessa a aplicação do regime simplificado quando o limite do total anual de rendimentos a que se refere o n.º 1 for ultrapassado em dois períodos de tributação consecutivos ou se o for num único período de tributação em montante superior a 25% desse limite, caso em que o regime geral de determinação do lucro tributável se aplica a partir do período de tributação seguinte ao da verificação de qualquer desses factos.

11 – Os valores de base contabilística necessários para o apuramento do lucro tributável são passíveis de correcção pela Direcção-Geral dos Impostos nos termos gerais sem prejuízo do disposto na parte final do número anterior.

12 – Em caso de correcção aos valores de base contabilística referidos no número anterior por recurso a métodos indirectos, de acordo com o artigo 90.º da Lei Geral Tributária, é aplicável, com as necessárias adaptações, o disposto nos artigos 57.º a 62.º.

13 – As entidades referidas na alínea b) do n.º 1 do artigo 6.º são abrangidas pelo disposto no presente artigo aplicando-se, para efeitos do disposto no n.º 4, os coeficientes previstos no n.º 2 do artigo 31.º do Código do IRS.

14 – Sempre que, da aplicação dos indicadores de base técnico-científica a que se refere o n.º 3, se determine um lucro tributável superior ao que resulta dos coeficientes estabelecidos no n.º 4, ou se verifique qualquer alteração ao montante mínimo de lucro tributável previsto na parte final do mesmo número, com excepção da que decorra da actualização do valor da retribuição mínima mensal, pode o sujeito passivo, no exercício da entrada em vigor daqueles indicadores ou da alteração do referido montante mínimo, optar, no prazo e nos termos previstos na alínea b) do n.º 7, pela aplicação do regime geral de determinação do lucro tributável, ainda que não tenha decorrido o período mínimo de permanência no regime simplificado.

15 – Para efeitos do disposto nos n.ºs 1, 4 e 10, aos valores aí previstos deve adicionar-se o valor da diferença positiva prevista no n.º 2 do artigo 64.º

16 – O montante mínimo do lucro tributável previsto na parte final do n.º 4 não se aplica:

a) Nos períodos de tributação de início e de cessação de actividade;

b) Aos sujeitos passivos que se encontrem com processos no âmbito do Código da Insolvência e da Recuperação de Empresas, a partir do exercício da instauração desse processo e até ao exercício da sua conclusão;

c) Aos sujeitos passivos que não tenham auferido rendimentos durante o respectivo período de tributação e tenham entregue a declaração de cessação de actividade a que se refere o artigo 33.º do Código do IVA.

Ver os artigos:
8.º – Período de tributação; **17.º** – Determinação do lucro tributável; **52.º, n.º 3** – Dedução de prejuízos fiscais; **87.º, n.º 3** – Taxa aplicável – 20%; **90.º, n.º 3** – Procedimento e forma de liquidação.

Legislação Complementar:

– D.L. n.º 5/2010, de 15 de Janeiro, **retribuição mínima mensal garantida** para **2010 – € 475**.

– Lei n.º 64-A/2008, de 31 de Dezembro – Artigo 72.º (**Suspensão do regime simplificado em IRC**)

1 – Não é permitido aos sujeitos passivos de IRC optar pela determinação do lucro tributável com base no regime simplificado previsto no artigo 53.º do Código do IRC a partir de 1 de Janeiro de 2009.

2 – Os sujeitos passivos abrangidos pelo regime simplificado de determinação do lucro tributável, cujo período de validade ainda esteja em curso no 1.º dia do período de tributação referido no número anterior, podem optar por uma das alternativas seguintes:

a) Renunciar ao regime pelo qual estavam abrangidos, passando a ser tributados pelo regime geral de determinação do lucro tributável a partir do período de tributação que se inicie em 2009, inclusive;

b) Manter-se no regime simplificado de determinação do lucro tributável até ao final do período de três exercícios ainda a decorrer, excepto se deixarem de se verificar os respectivos pressupostos ou se ocorrer alguma das situações previstas no n.º 10 do artigo 53.º do Código do IRC, caso em que cessa definitivamente a aplicação daquele regime nos termos aí contemplados.

3 – A renúncia a que se refere a alínea *a*) do número anterior deve ser manifestada na declaração periódica de rendimentos a que se refere a alínea *b*) do n.º 1 do artigo 109.º do Código do IRC relativa ao período de tributação que se inicie no ano de 2009, mediante indicação do regime geral.

– Lei n.º 3-B/2010, de 28/04 (OE/2010). Art. 91.º **(Regras transitórias para o regime simplificado)**
1 – Os sujeitos passivos abrangidos pelo regime simplificado de determinação do lucro tributável, cujo período de validade ainda esteja em curso no primeiro dia do período de tributação que se inicie em 2010, mantêm-se no regime simplificado de determinação do lucro tributável até ao final deste período, findo o qual se consideram abrangidos pelo artigo 9.º do Decreto-Lei n.º 158/2009, de 13 de Julho, caso se verifiquem os pressupostos nele previstos.

2 – Os sujeitos passivos referidos no número anterior podem optar pela aplicação das taxas constantes do n.º 1 do artigo 87.º do Código do IRC.

3 – A opção a que se refere o número anterior é exercida na declaração periódica de rendimentos a que se refere a alínea *b*) do n.º 1 do artigo 117.º do Código do IRC.

– D.L. n.º 158/2009, de 13 de Julho. Aprova o **Sistema de Normalização Contabilística**.

Doutrina Administrativa:
– Regime simplificado de determinação do rendimento tributável (Circular n.º 3//2001, de 14/2) **[50]** – pág. 694.
– Opção de regime de tributação (Ofício n.º 20 081, de 26/02/2003) **[52]** – pág. 854.
– Subsídios à exploração – Regimes simplificados de tributação (Ofício-Circulado n.º 20126, de 31/01/2008) **[52]** – pág. 875.

ARTIGO 59.º
Métodos indirectos

A determinação do lucro tributável por métodos indirectos é efectuada pelo director de finanças da área da sede, direcção efectiva ou estabelecimento estável do sujeito passivo ou por funcionário em que este delegue, e baseia-se em todos os elementos de que a administração tributária disponha, de acordo com o artigo 90.º da lei geral tributária e demais normas legais aplicáveis.([1])

Ver os artigos:
15.º – Definição da matéria colectável; **52.º** – Dedução de prejuízos fiscais; **57.º** – Aplicação de métodos indirectos; **60.º** – Notificação do sujeito passivo; **61.º** – Pedido de revisão do lucro tributável; **62.º** – Revisão excepcional do lucro tributável.

(¹) Redacção dada pela Lei n.º 3-B/2010, de 28/04 (OE/2010). A presente alteração, no que se reporta ao regime simplificado, produz **efeitos a partir de 1 de Janeiro de 2011** (art. 92.º daquela Lei).

Redacção anterior:
A determinação do lucro tributável por métodos indirectos, salvo em caso de aplicação do regime simplificado, e sem prejuízo do disposto no n.º 11 do artigo anterior, é efectuada pelo director de finanças da área da sede, direcção efectiva ou estabelecimento estável do sujeito passivo ou por funcionário em que este delegue, e baseia-se em todos os elementos de que a administração tributária disponha, de acordo com o artigo 90.º da Lei Geral Tributária e demais normas legais aplicáveis.

ARTIGO 60.º
Notificação do sujeito passivo

1 – Os sujeitos passivos são notificados do lucro tributável fixado por métodos indirectos, com indicação dos factos que lhe estiveram na origem e, bem assim, dos critérios e cálculos que lhe estão subjacentes.

2 – A notificação a que se refere o número anterior deve ser efectuada por carta registada com aviso de recepção, nos termos previstos no Código de Procedimento e de Processo Tributário.

Ver os artigos:
36.º, 38.º e 39.º do CPPT.

ARTIGO 61.º
Pedido de revisão do lucro tributável

Os sujeitos passivos podem solicitar a revisão do lucro tributável fixado por métodos indirectos nos termos previstos nos artigos 91.º e seguintes da Lei Geral Tributária.

ARTIGO 62.º
Revisão excepcional do lucro tributável

1 – O lucro tributável determinado por métodos indirectos pode ser revisto nos três anos posteriores ao do correspondente acto tributário, quando, em face de elementos concretos conhecidos posteriormente, se verifique ter havido injustiça grave ou notória em prejuízo do Estado ou

do sujeito passivo e a revisão seja autorizada pelo director-geral dos impostos.

2 – São aplicáveis no caso previsto no número anterior as disposições dos artigos 60.º e 61.º

Ver o art. 78.º, n.º 3 da Lei Geral Tributária.

SECÇÃO VI
Disposições comuns e diversas

SUBSECÇÃO I
Correcções para efeitos da determinação da matéria colectável

ARTIGO 63.º
Preços de transferência

1 – Nas operações comerciais, incluindo, designadamente, operações ou séries de operações sobre bens, direitos ou serviços, bem como nas operações financeiras, efectuadas entre um sujeito passivo e qualquer outra entidade, sujeita ou não a IRC, com a qual esteja em situação de relações especiais, devem ser contratados, aceites e praticados termos ou condições substancialmente idênticos aos que normalmente seriam contratados, aceites e praticados entre entidades independentes em operações comparáveis.

2 – O sujeito passivo deve adoptar, para a determinação dos termos e condições que seriam normalmente acordados, aceites ou praticados entre entidades independentes, o método ou métodos susceptíveis de assegurar o mais elevado grau de comparabilidade entre as operações ou séries de operações que efectua e outras substancialmente idênticas, em situações normais de mercado ou de ausência de relações especiais, tendo em conta, designadamente, as características dos bens, direitos ou serviços, a posição de mercado, a situação económica e financeira, a estratégia de negócio, e demais características relevantes dos sujeitos passivos envolvidos, as funções por eles desempenhadas, os activos utilizados e a repartição do risco.

3 – Os métodos utilizados devem ser:

  a) O método do preço comparável de mercado, o método do preço de revenda minorado ou o método do custo majorado;

b) O método do fraccionamento do lucro, o método da margem líquida da operação ou outro, quando os métodos referidos na alínea anterior não possam ser aplicados ou, podendo sê-lo, não permitam obter a medida mais fiável dos termos e condições que entidades independentes normalmente acordariam, aceitariam ou praticariam.

4 – Considera-se que existem relações especiais entre duas entidades nas situações em que uma tem o poder de exercer, directa ou indirectamente, uma influência significativa nas decisões de gestão da outra, o que se considera verificado, designadamente, entre:

- *a)* Uma entidade e os titulares do respectivo capital, ou os cônjuges, ascendentes ou descendentes destes, que detenham, directa ou indirectamente, uma participação não inferior a 10% do capital ou dos direitos de voto;
- *b)* Entidades em que os mesmos titulares do capital, respectivos cônjuges, ascendentes ou descendentes detenham, directa ou indirectamente, uma participação não inferior a 10% do capital ou dos direitos de voto;
- *c)* Uma entidade e os membros dos seus órgãos sociais, ou de quaisquer órgãos de administração, direcção, gerência ou fiscalização, e respectivos cônjuges, ascendentes e descendentes;
- *d)* Entidades em que a maioria dos membros dos órgãos sociais, ou dos membros de quaisquer órgãos de administração, direcção, gerência ou fiscalização, sejam as mesmas pessoas ou, sendo pessoas diferentes, estejam ligadas entre si por casamento, união de facto legalmente reconhecida ou parentesco em linha recta;
- *e)* Entidades ligadas por contrato de subordinação, de grupo paritário ou outro de efeito equivalente;
- *f)* Empresas que se encontrem em relação de domínio, nos temos em que esta é definida nos diplomas que estatuem a obrigação de elaborar demonstrações financeiras consolidadas;
- *g)* Entidades entre as quais, por força das relações comerciais, financeiras, profissionais ou jurídicas entre elas, directa ou indirectamente estabelecidas ou praticadas, se verifica situação de dependência no exercício da respectiva actividade, nomeadamente quando ocorre entre si qualquer das seguintes situações:
    1) O exercício da actividade de uma depende substancialmente da cedência de direitos de propriedade industrial ou intelectual ou de know-how detidos pela outra;

2) O aprovisionamento em matérias-primas ou o acesso a canais de venda dos produtos, mercadorias ou serviços por parte de uma dependem substancialmente da outra;
3) Uma parte substancial da actividade de uma só pode realizar-se com a outra ou depende de decisões desta;
4) O direito de fixação dos preços, ou condições de efeito económico equivalente, relativos a bens ou serviços transaccionados, prestados ou adquiridos por uma encontra-se, por imposição constante de acto jurídico, na titularidade da outra;
5) Pelos termos e condições do seu relacionamento comercial ou jurídico, uma pode condicionar as decisões de gestão da outra, em função de factos ou circunstâncias alheios à própria relação comercial ou profissional.

h) Uma entidade residente ou não residente com estabelecimento estável situado em território português e uma entidade sujeita a um regime fiscal claramente mais favorável residente em país, território ou região constante da lista aprovada por portaria do Ministro das Finanças.

5 – Para efeitos do cálculo do nível percentual de participação indirecta no capital ou nos direitos de voto a que se refere o número anterior, nas situações em que não haja regras especiais definidas, são aplicáveis os critérios previstos no n.º 2 do artigo 483.º do Código das Sociedades Comerciais.

6 – O sujeito passivo deve manter organizada, nos termos estatuídos para o processo de documentação fiscal a que se refere o artigo 130.º, a documentação respeitante à política adoptada em matéria de preços de transferência, incluindo as directrizes ou instruções relativas à sua aplicação, os contratos e outros actos jurídicos celebrados com entidades que com ele estão em situação de relações especiais, com as modificações que ocorram e com informação sobre o respectivo cumprimento, a documentação e informação relativa àquelas entidades e bem assim às empresas e aos bens ou serviços usados como termo de comparação, as análises funcionais e financeiras e os dados sectoriais, e demais informação e elementos que tomou em consideração para a determinação dos termos e condições normalmente acordados, aceites ou praticados entre entidades independentes e para a selecção do método ou métodos utilizados.

7 – O sujeito passivo deve indicar, na declaração anual de informação contabilística e fiscal a que se refere o artigo 121.º, a existência ou inexistência, no período de tributação a que aquela respeita, de operações

com entidades com as quais está em situação de relações especiais, devendo ainda, no caso de declarar a sua existência:

   a) Identificar as entidades em causa;
   b) Identificar e declarar o montante das operações realizadas com cada uma;
   c) Declarar se organizou, ao tempo em que as operações tiveram lugar, e mantém, a documentação relativa aos preços de transferência praticados.

8 – Sempre que as regras enunciadas no n.º 1 não sejam observadas, relativamente a operações com entidades não residentes, deve o sujeito passivo efectuar, na declaração a que se refere o artigo 120.º, as necessárias correcções positivas na determinação do lucro tributável, pelo montante correspondente aos efeitos fiscais imputáveis a essa inobservância.

9 – Nas operações realizadas entre entidade não residente e um seu estabelecimento estável situado em território português, ou entre este e outros estabelecimentos estáveis daquela situados fora deste território, aplicam-se as regras constantes dos números anteriores.

10 – O disposto nos números anteriores aplica-se igualmente às pessoas que exerçam simultaneamente actividades sujeitas e não sujeitas ao regime geral de IRC.

11 – Quando a Direcção-Geral dos Impostos proceda a correcções necessárias para a determinação do lucro tributável por virtude de relações especiais com outro sujeito passivo do IRC ou do IRS, na determinação do lucro tributável deste último devem ser efectuados os ajustamentos adequados que sejam reflexo das correcções feitas na determinação do lucro tributável do primeiro.

12 – Pode a Direcção-Geral dos Impostos proceder igualmente ao ajustamento correlativo referido no número anterior quando tal resulte de convenções internacionais celebradas por Portugal e nos termos e condições nas mesmas previstos.

13 – A aplicação dos métodos de determinação dos preços de transferência, quer a operações individualizadas, quer a séries de operações, o tipo, a natureza e o conteúdo da documentação referida no n.º 6 e os procedimentos aplicáveis aos ajustamentos correlativos são regulamentados por portaria do Ministro das Finanças.

Ver o art. 67.º – Subcapitalização.

Legislação Complementar:
– Portaria n.º 1446-C/2001, de 21 de Dezembro [15]. "Regula os preços de transferência nas operações entre um sujeito passivo do IRS ou do IRC e qualquer outra entidade – pág. 447.
– Portaria n.º 620-A/2008, de 16 de Julho – Acordos prévios sobre preços de transferência (APPT) [16] – pág. 463.

ARTIGO 64.º
Correcções ao valor de transmissão de direitos reais sobre bens imóveis

1 – Os alienantes e adquirentes de direitos reais sobre bens imóveis devem adoptar, para efeitos da determinação do lucro tributável nos termos do presente Código, valores normais de mercado que não podem ser inferiores aos valores patrimoniais tributários definitivos que serviram de base à liquidação do imposto municipal sobre as transmissões onerosas de imóveis (IMT) ou que serviriam no caso de não haver lugar à liquidação deste imposto.

2 – Sempre que, nas transmissões onerosas previstas no número anterior, o valor constante do contrato seja inferior ao valor patrimonial tributário definitivo do imóvel, é este o valor a considerar pelo alienante e adquirente, para determinação do lucro tributável.

3 – Para aplicação do disposto no número anterior:

a) O sujeito passivo alienante deve efectuar uma correcção, na declaração de rendimentos do período de tributação a que é imputável o rendimento obtido com a operação de transmissão, correspondente à diferença positiva entre o valor patrimonial tributário definitivo do imóvel e o valor constante do contrato;

b) O sujeito passivo adquirente adopta o valor patrimonial tributário definitivo para a determinação de qualquer resultado tributável em IRC relativamente ao imóvel.

4 – Se o valor patrimonial tributário definitivo do imóvel não estiver determinado até ao final do prazo estabelecido para a entrega da declaração do período de tributação a que respeita a transmissão, os sujeitos passivos devem entregar a declaração de substituição durante o mês de Janeiro do ano seguinte àquele em que os valores patrimoniais tributários se tornaram definitivos.

5 – No caso de existir uma diferença positiva entre o valor patrimonial tributário definitivo e o custo de aquisição ou de construção, o sujeito

passivo adquirente deve comprovar no processo de documentação fiscal previsto no artigo 130.º, para efeitos do disposto na alínea b) do n.º 3, o tratamento contabilístico e fiscal dado ao imóvel.

6 – O disposto no presente artigo não afasta a possibilidade de a Direcção-Geral dos Impostos proceder, nos termos previstos na lei, a correcções ao lucro tributável sempre que disponha de elementos que comprovem que o preço efectivamente praticado na transmissão foi superior ao valor considerado.

Doutrina Administrativa:
– Transmissão onerosa de bens imóveis – artigos 58.º-A e 129.º do Código do IRC (Of.-circulado n.º 20136 de 2009/03/11) **[52]** – pág. 888.

ARTIGO 65.º
Pagamentos a entidades não residentes sujeitas a um regime fiscal privilegiado

1 – Não são dedutíveis para efeitos de determinação do lucro tributável as importâncias pagas ou devidas, a qualquer título, a pessoas singulares ou colectivas residentes fora do território português e aí submetidas a um regime fiscal claramente mais favorável, salvo se o sujeito passivo puder provar que tais encargos correspondem a operações efectivamente realizadas e não têm um carácter anormal ou um montante exagerado.

2 – Considera-se que uma pessoa singular ou colectiva está submetida a um regime fiscal claramente mais favorável quando o território de residência da mesma constar da lista aprovada por portaria do Ministro das Finanças ou quando aquela aí não for tributada em imposto sobre o rendimento idêntico ou análogo ao IRS ou ao IRC, ou quando, relativamente às importâncias pagas ou devidas mencionadas no número anterior, o montante de imposto pago for igual ou inferior a 60% do imposto que seria devido se a referida entidade fosse considerada residente em território português.

3 – Para efeitos do disposto no número anterior, os sujeitos passivos devem possuir e, quando solicitado pela Direcção-Geral dos Impostos, fornecer os elementos comprovativos do imposto pago pela entidade não residente e dos cálculos efectuados para o apuramento do imposto que seria devido se a entidade fosse residente em território português, nos casos em que o território de residência da mesma não conste da lista aprovada por portaria do Ministro das Finanças.

4 – A prova a que se refere o n.º 1 deve ter lugar após notificação do sujeito passivo, efectuada com a antecedência mínima de 30 dias.

Ver os artigos:
38.º da Lei Geral Tributária; **63.**º do Código do Procedimento e de Processo Tributário (medidas anti-abuso); **88.**º**, n.**º **7** – Tributação autónoma.

Legislação Complementar:
– Portaria n.º 150/2004, de 13/02 **[41]** – Lista dos países, territórios e regiões com regimes de tributação privilegiada, claramente mais favoráveis – pág. 637.

ARTIGO 66.º
Imputação de lucros de sociedades não residentes sujeitas a um regime fiscal privilegiado

1 – São imputados aos sócios residentes em território português, na proporção da sua participação social e independentemente de distribuição, os lucros obtidos por sociedades residentes fora desse território e aí submetidos a um regime fiscal claramente mais favorável, desde que o sócio detenha, directa ou indirectamente, uma participação social de, pelo menos, 25%, ou, no caso de a sociedade não residente ser detida, directa ou indirectamente, em mais de 50%, por sócios residentes, uma participação social de, pelo menos, 10%.

2 – A imputação a que se refere o número anterior é feita na base tributável relativa ao período de tributação do sujeito passivo que integrar o termo do período de tributação da sociedade não residente e corresponde ao lucro obtido por esta, depois de deduzido o imposto sobre o rendimento incidente sobre esses lucros, a que houver lugar de acordo com o regime fiscal aplicável no Estado de residência dessa sociedade.

3 – Para efeitos do disposto no n.º 1, considera-se que uma sociedade está submetida a um regime fiscal claramente mais favorável quando o território de residência da mesma constar da lista aprovada por portaria do Ministro das Finanças ou quando aquela aí não for tributada em imposto sobre o rendimento idêntico ou análogo ao IRC ou ainda quando o imposto efectivamente pago seja igual ou inferior a 60% do IRC que seria devido se a sociedade fosse residente em território português.

4 – Excluem-se do disposto no n.º 1 as sociedades residentes fora do território português quando se verifiquem cumulativamente as seguintes condições:

a) Os respectivos lucros provenham em, pelo menos, 75% do exercício de uma actividade agrícola ou industrial no território onde estão situadas ou do exercício de uma actividade comercial que não tenha como intervenientes residentes em território português ou, tendo-os, esteja dirigida predominantemente ao mercado do território em que se situa;

b) A actividade principal da sociedade não residente não consista na realização das seguintes operações:

1) Operações próprias da actividade bancária, mesmo que não exercida por instituições de crédito;
2) Operações relativas à actividade seguradora, quando os respectivos rendimentos resultem predominantemente de seguros relativos a bens situados fora do território de residência da sociedade ou de seguros respeitantes a pessoas que não residam nesse território;
3) Operações relativas a partes de capital ou outros valores mobiliários, a direitos da propriedade intelectual ou industrial, à prestação de informações respeitantes a uma experiência adquirida no sector industrial, comercial ou científico ou à prestação de assistência técnica;
4) Locação de bens, excepto de bens imóveis situados no território de residência.

5 – Quando ao sócio residente sejam distribuídos lucros relativos à sua participação em sociedade não residente a que tenha sido aplicável o disposto no n.º 1, são deduzidos na base tributável relativa ao período de tributação em que esses rendimentos sejam obtidos, até à sua concorrência, os valores que o sujeito passivo prove que já foram imputados para efeitos de determinação do lucro tributável de períodos de tributação anteriores, sem prejuízo de aplicação nesse período de tributação do crédito de imposto por dupla tributação internacional a que houver lugar, nos termos da alínea *a)* do n.º 2 do artigo 90.º e do artigo 91.º

6 – A dedução que se refere na parte final do número anterior é feita até à concorrência do montante de IRC apurado no período de tributação de imputação dos lucros, após as deduções mencionadas nas alíneas *a)* e *b)* do n.º 2 do artigo 90.º, podendo, quando não seja possível efectuar essa dedução por insuficiência de colecta no período de tributação em que os lucros foram obtidos, o remanescente ser deduzido até ao fim dos cinco períodos de tributação seguintes.

7 – Para efeitos do disposto no n.º 1, o sócio residente deve integrar no processo de documentação fiscal a que se refere o artigo 130.º os seguintes elementos:

a) As contas devidamente aprovadas pelos órgãos sociais competentes das sociedades não residentes a que respeita o lucro a imputar;
b) A cadeia de participações directas e indirectas existentes entre entidades residentes e a sociedade não residente;
c) A demonstração do imposto pago pela sociedade não residente e dos cálculos efectuados para a determinação do IRC que seria devido se a sociedade fosse residente em território português, nos casos em que o território de residência da mesma não conste da lista aprovada por portaria do Ministro das Finanças.

8 – Quando o sócio residente em território português, que se encontre nas condições do n.º 1, esteja sujeito a um regime especial de tributação, a imputação que lhe seria efectuada, nos termos aí estabelecidos, é feita directamente às primeiras entidades, que se encontrem na cadeia de participação, residentes nesse território e sujeitas ao regime geral de tributação, independentemente da sua percentagem de participação efectiva no capital da sociedade não residente, sendo aplicável o disposto nos n.ºs 2 e seguintes, com as necessárias adaptações.

Ver os artigos:
20.º, n.º 3 do CIRS – Imputação aos sócios; **38.º** da Lei Geral Tributária e **63.º** do Código do Procedimento e de Processo Tributário (medidas anti-abuso).

Legislação Complementar:
– Portaria n.º 150/2004, de 13/02 **[41]** – Lista dos países, territórios e regiões com regimes de tributação privilegiada, claramente mais favoráveis – pág. 637.

ARTIGO 67.º
Subcapitalização

1 – Quando o endividamento de um sujeito passivo para com entidade que não seja residente em território português ou em outro Estado-membro da União Europeia com a qual existam relações especiais, nos termos definidos no n.º 4 do artigo 63.º, com as devidas adaptações, for excessivo, os juros suportados relativamente à parte considerada em excesso não são dedutíveis para efeitos de determinação do lucro tributável.

2 – É equiparada à existência de relações especiais a situação de endividamento do sujeito passivo para com um terceiro que não seja residente em território português ou em outro Estado-membro da União Europeia, em que tenha havido prestação de aval ou garantia por parte de uma das entidades referidas no n.º 4 do artigo 63.º

3 – Existe excesso de endividamento quando o valor das dívidas em relação a cada uma das entidades referidas nos números anteriores, com referência a qualquer data do período de tributação, seja superior ao dobro do valor da correspondente participação no capital próprio do sujeito passivo.

4 – Para o cálculo do endividamento são consideradas todas as formas de crédito, em numerário ou em espécie, qualquer que seja o tipo de remuneração acordada, concedido pela entidade com a qual existem relações especiais, incluindo os créditos resultantes de operações comerciais quando decorridos mais de seis meses após a data do respectivo vencimento.

5 – Para o cálculo do capital próprio adiciona-se o capital social subscrito e realizado com as demais rubricas como tal qualificadas pela regulamentação contabilística em vigor, excepto as que traduzem mais--valias ou menos-valias potenciais ou latentes, designadamente as resultantes de reavaliações não autorizadas por diploma fiscal ou da aplicação do método da equivalência patrimonial.

6 – Com excepção dos casos de endividamento perante entidade residente em país, território ou região com regime fiscal claramente mais favorável que conste de lista aprovada por portaria do Ministro das Finanças, não é aplicável o disposto no n.º 1 se, encontrando-se excedido o coeficiente estabelecido no n.º 3, o sujeito passivo demonstrar, tendo em conta o tipo de actividade, o sector em que se insere, a dimensão e outros critérios pertinentes, e tomando em conta um perfil de risco da operação que não pressuponha o envolvimento das entidades com as quais tem relações especiais, que podia ter obtido o mesmo nível de endividamento e em condições análogas de uma entidade independente.

7 – A prova mencionada no número anterior deve integrar o processo de documentação fiscal a que se refere o artigo 130.º

Ver os artigos:
38.º da Lei Geral Tributária e **63.º** do Código do Procedimento e de Processo Tributário (medidas anti-abuso).

ARTIGO 68.º
Correcções nos casos de crédito de imposto e retenção na fonte

1 – Na determinação da matéria colectável sujeita a imposto, quando houver rendimentos obtidos no estrangeiro que dêem lugar a crédito de imposto por dupla tributação internacional, nos termos do artigo 91.º, esses rendimentos devem ser considerados, para efeitos de tributação, pelas respectivas importâncias ilíquidas dos impostos sobre o rendimento pagos no estrangeiro.

2 – Sempre que tenha havido lugar a retenção na fonte de IRC relativamente a rendimentos englobados para efeitos de tributação, o montante a considerar na determinação da matéria colectável é a respectiva importância ilíquida do imposto retido na fonte.

SUBSECÇÃO II
Regime especial de tributação dos grupos de sociedades

ARTIGO 69.º
Âmbito e condições de aplicação

1 – Existindo um grupo de sociedades, a sociedade dominante pode optar pela aplicação do regime especial de determinação da matéria colectável em relação a todas as sociedades do grupo.

2 – Existe um grupo de sociedades quando uma sociedade, dita dominante, detém, directa ou indirectamente, pelo menos 90% do capital de outra ou outras sociedades ditas dominadas, desde que tal participação lhe confira mais de 50% dos direitos de voto.

3 – A opção pela aplicação do regime especial de tributação dos grupos de sociedades só pode ser formulada quando se verifiquem cumulativamente os seguintes requisitos:

a) As sociedades pertencentes ao grupo têm todas sede e direcção efectiva em território português e a totalidade dos seus rendimentos está sujeita ao regime geral de tributação em IRC, à taxa normal mais elevada;

b) A sociedade dominante detém a participação na sociedade dominada há mais de um ano, com referência à data em que se inicia a aplicação do regime;

c) A sociedade dominante não é considerada dominada de nenhuma outra sociedade residente em território português que reúna os requisitos para ser qualificada como dominante.

d) A sociedade dominante não tenha renunciado à aplicação do regime nos três anos anteriores, com referência à data em que se inicia a aplicação do regime.

4 – Não podem fazer parte do grupo as sociedades que, no início ou durante a aplicação do regime, se encontrem nas situações seguintes:

a) Estejam inactivas há mais de um ano ou tenham sido dissolvidas;

b) Tenha sido contra elas instaurado processo especial de recuperação ou de falência em que haja sido proferido despacho de prosseguimento da acção;

c) Registem prejuízos fiscais nos três exercícios anteriores ao do início da aplicação do regime, salvo, no caso das sociedades dominadas, se a participação já for detida pela sociedade dominante há mais de dois anos;

d) Estejam sujeitas a uma taxa de IRC inferior à taxa normal mais elevada e não renunciem à sua aplicação;

e) Adoptem um período de tributação não coincidente com o da sociedade dominante;

f) O nível de participação exigido de, pelo menos, 90% seja obtido indirectamente através de uma entidade que não reúna os requisitos legalmente exigidos para fazer parte do grupo;

g) Não assumam a forma jurídica de sociedade por quotas, sociedade anónima ou sociedade em comandita por acções, salvo o disposto no n.º 10.([1])

5 – O requisito temporal referido na alínea b) do n.º 3 não é aplicável quando se trate de sociedades constituídas pela sociedade dominante há menos de um ano, sendo relevante para a contagem daquele prazo, bem como do previsto na alínea c) do n.º 4, nos casos em que a participação tiver sido adquirida no âmbito de processo de fusão, cisão ou entrada de activos, o período durante o qual a participação tiver permanecido na titularidade das sociedades fundidas, cindidas ou da sociedade contribuidora, respectivamente.

6 – Quando a participação é detida de forma indirecta, a percentagem de participação efectiva é obtida pelo processo da multiplicação sucessiva das percentagens de participação em cada um dos níveis e, havendo participações numa sociedade detidas de forma directa e indirecta,

a percentagem de participação efectiva resulta da soma das percentagens das participações.

7 – A opção mencionada no n.º 1 e as alterações a que se referem as alíneas *d*) e *e*) do n.º 8, bem como a renúncia ou a cessação da aplicação deste regime devem ser comunicadas à Direcção-Geral dos Impostos pela sociedade dominante através do envio, por transmissão electrónica de dados, da competente declaração prevista no artigo 118.º, nos seguintes prazos:

- *a*) No caso de opção pela aplicação deste regime, até ao fim do 3.º mês do período de tributação em que se pretende iniciar a aplicação;
- *b*) No caso de alterações na composição do grupo:
  - *i*) Até ao fim do 3.º mês do período de tributação em que deva ser efectuada a inclusão de novas sociedades nos termos da alínea *d*) do n.º 8;
  - *ii*) Até ao fim do 3.º mês do período de tributação seguinte àquele em que ocorra a saída de sociedades do grupo ou em que se verifiquem outras alterações nos termos da alínea *e*) do n.º 8, independentemente de esse dia ser útil ou não útil, excepto se a alteração ocorrer por cessação da actividade de sociedade do grupo, caso em que a comunicação deve ser feita até ao final do prazo previsto para a entrega da correspondente declaração de cessação;(^{2})
- *c*) No caso de renúncia, até ao fim do 3.º mês do período de tributação em que se pretende renunciar à aplicação do regime;
- *d*) No caso de cessação, até ao fim do 3.º mês do período de tributação seguinte àquele em que deixem de se verificar as condições de aplicação do regime a que se referem as alíneas *a*) e *b*) do n.º 8.

8 – O regime especial de tributação dos grupos de sociedades cessa a sua aplicação quando:

- *a*) Deixe de se verificar algum dos requisitos referidos nos n.ºs 2 e 3, sem prejuízo do disposto nas alíneas *d*) e *e*);
- *b*) Se verifique alguma das situações previstas no n.º 4 e a respectiva sociedade não seja excluída do grupo ao qual o regime está a ser ou pretende ser aplicado;
- *c*) O lucro tributável de qualquer das sociedades do grupo seja determinado com recurso à aplicação de métodos indirectos;
- *d*) Ocorram alterações na composição do grupo, designadamente com a entrada de novas sociedades que satisfaçam os requisitos

legalmente exigidos sem que seja feita a sua inclusão no âmbito do regime e efectuada a respectiva comunicação à Direcção-Geral dos Impostos nos termos e prazo previstos no n.º 7;

e) Ocorra a saída de sociedades do grupo por alienação da participação ou por incumprimento das demais condições, ou outras alterações na composição do grupo motivadas nomeadamente por fusões ou cisões, sempre que a sociedade dominante não opte pela continuidade do regime em relação às demais sociedades do grupo, mediante o envio da respectiva comunicação nos termos e prazo previstos no n.º 7.

9 – Os efeitos da renúncia ou da cessação deste regime reportam-se:

a) Ao final do período de tributação anterior àquele em que foi comunicada a renúncia à aplicação deste regime nos termos e prazo previstos no n.º 7;

b) Ao final do período de tributação anterior àquele em que deveria ser comunicada a inclusão de novas sociedades nos termos da alínea d) do n.º 8 ou ao final do período de tributação anterior àquele em que deveria ser comunicada a continuidade do regime nos termos da alínea e) daquele número;

c) Ao final do período de tributação anterior ao da verificação dos factos previstos nas alíneas a), b) e c) do n.º 8.

10 – As entidades públicas empresariais, que satisfaçam os requisitos relativos à qualidade de sociedade dominante exigidos pelo presente artigo, podem optar pela aplicação deste regime ao respectivo grupo.

Ver os artigos:
71.º – Regime específico de dedução de prejuízos fiscais; **90.º, n.º 6** – Deduções à colecta; **97.º-e)** – Dispensa de retenção na fonte; **105.º, n.ºs 5, 6 e 7** – Pagamentos por conta; **106.º, n.º 5** – Pagamento especial por conta; **115.º** – Responsabilidade pelo pagamento no regime especial de tributação dos grupos de sociedades; **120.º, n.º 6 e segs.** – Declaração periódica de rendimentos; **130.º, n.º 3** – Processo de documentação fiscal.

Legislação Complementar:
– **Código das Sociedades Comerciais** – Arts. 481.º a 493.º e 508.º-A a 508.º-E;

Doutrina Administrativa:
– Opção pelo regime especial de tributação dos grupos de sociedades (Circular n.º 4/2001) **[50]** – pág. 701;
– Regime transitório relativo aos grupos de sociedades (Circular n.º 5/2002, de 2/4/2002) **[50]** – pág. 712;

– Regime especial de tributação dos grupos de sociedades (Circular n.º 19/2002, de 28/6/2002) **[50]** – pág. 729;
– Contagem dos prazos de detenção das participações – Regime de neutralidade (Circular n.º 8/2004, de 30 de Março) **[50]** – pág. 751;
– Reserva fiscal para investimento (Circular n.º 11/2004, de 18 de Maio) **[50]** – pág. 752;
– Regime Especial de Tributação dos Grupos de Sociedades (RETGS). Obrigações Declarativas (Circular n.º 06/2007, de 13 de Março) **[50]** – pág. 771.

(^{1}) Declaração de rectificação n.º 67-A/2009, D.R., I Série, de 11/9.
(^{2}) Redacção dada pelo D.L. n.º 292/2009, de 13/10.

ARTIGO 70.º
Determinação do lucro tributável do grupo

1 – Relativamente a cada um dos períodos de tributação abrangidos pela aplicação do regime especial, o lucro tributável do grupo é calculado pela sociedade dominante, através da soma algébrica dos lucros tributáveis e dos prejuízos fiscais apurados nas declarações periódicas individuais de cada uma das sociedades pertencentes ao grupo.

2 – O montante obtido nos termos do número anterior é corrigido da parte dos lucros distribuídos entre as sociedades do grupo que se encontre incluída nas bases tributáveis individuais.

Ver o art. 120.º, n.º 6 e segs. – Declaração periódica de rendimentos.

Doutrina administrativa:
– Liquidação de derrama – regimes especiais de tributação (Of. circulado n.º 20132, de 14/04/2008) **[52]** – pág. 887.

ARTIGO 71.º
Regime específico de dedução de prejuízos fiscais

1 – Quando seja aplicável o regime estabelecido no artigo 69.º, na dedução de prejuízos fiscais prevista no artigo 52.º, observa-se ainda o seguinte:

a) Os prejuízos das sociedades do grupo verificados em períodos de tributação anteriores ao do início de aplicação do regime só

podem ser deduzidos ao lucro tributável do grupo até ao limite do lucro tributável da sociedade a que respeitam;
b) Os prejuízos fiscais do grupo apurados em cada período de tributação em que seja aplicado o regime só podem ser deduzidos aos lucros tributáveis do grupo;
c) Terminada a aplicação do regime relativamente a uma sociedade do grupo, não são dedutíveis aos respectivos lucros tributáveis os prejuízos fiscais verificados durante os períodos de tributação em que o regime se aplicou, podendo, porém, ainda ser deduzidos, nos termos e condições do n.º 1 do artigo 52.º, os prejuízos a que se refere a alínea a) que não tenham sido totalmente deduzidos ao lucro tributável do grupo;
d) Quando houver continuidade de aplicação do regime após a saída de uma ou mais sociedades do grupo, extingue-se o direito à dedução da quota-parte dos prejuízos fiscais respeitantes àquelas sociedades.

2 – Quando, durante a aplicação do regime, haja lugar a fusões entre sociedades do grupo ou uma sociedade incorpore uma ou mais sociedades não pertencentes ao grupo, os prejuízos das sociedades fundidas verificados em períodos de tributação anteriores ao do início do regime podem ser deduzidos ao lucro tributável do grupo até ao limite do lucro tributável da nova sociedade ou da sociedade incorporante, desde que seja obtida a autorização prevista no artigo 75.º

3 – Na dedução dos prejuízos fiscais devem ser primeiramente deduzidos os apurados há mais tempo.

SUBSECÇÃO III
Transformação de sociedades

ARTIGO 72.º
Regime aplicável

1 – A transformação de sociedades, mesmo quando ocorra dissolução da anterior, não implica alteração do regime fiscal que vinha sendo aplicado nem determina, por si só, quaisquer consequências em matéria de IRC, salvo o disposto nos números seguintes.

2 – No caso de transformação de sociedade civil não constituída sob forma comercial em sociedade sob qualquer das espécies previstas no

Código das Sociedades Comerciais, ao lucro tributável correspondente ao período decorrido desde o início do período de tributação em que se verificou a transformação até à data desta é aplicável o regime previsto no n.º 1 do artigo 6.º

3 – Para efeitos do disposto no número anterior, no exercício em que ocorre a transformação deve determinar-se separadamente o lucro correspondente aos períodos anterior e posterior a esta, podendo os prejuízos anteriores à transformação, apurados nos termos deste Código, ser deduzidos nos lucros tributáveis da sociedade resultante da transformação até ao fim do período referido no n.º 1 do artigo 52.º, contado do exercício a que os mesmos se reportam.

4 – A data de aquisição das partes sociais resultantes da transformação de sociedade em sociedade de outro tipo é a data de aquisição das partes sociais que lhes deram origem.

Legislação Complementar:
– Código das Sociedades Comerciais – arts. 130.º a 140.º.

SUBSECÇÃO IV
Regime especial aplicável às fusões, cisões, entradas de activos e permutas de partes sociais

ARTIGO 73.º
Definições e âmbito de aplicação

1 – Considera-se fusão a operação pela qual se realiza:

a) A transferência global do património de uma ou mais sociedades (sociedades fundidas) para outra sociedade já existente (sociedade beneficiária) e a atribuição aos sócios daquelas de partes representativas do capital social da beneficiária e, eventualmente, de quantias em dinheiro que não excedam 10% do valor nominal ou, na falta de valor nominal, do valor contabilístico equivalente ao nominal das participações que lhes forem atribuídas;

b) A constituição de uma nova sociedade (sociedade beneficiária), para a qual se transferem globalmente os patrimónios de duas ou mais sociedades (sociedades fundidas), sendo aos sócios destas atribuídas partes representativas do capital social da nova sociedade e, eventualmente, de quantias em dinheiro que não excedam

10% do valor nominal ou, na falta de valor nominal, do valor contabilístico equivalente ao nominal das participações que lhes forem atribuídas;

c) A operação pela qual uma sociedade (sociedade fundida) transfere o conjunto do activo e do passivo que integra o seu património para a sociedade (sociedade beneficiária) detentora da totalidade das partes representativas do seu capital social.

2 – Considera-se cisão a operação pela qual:

a) Uma sociedade (sociedade cindida) destaca um ou mais ramos da sua actividade, mantendo pelo menos um dos ramos de actividade, para com eles constituir outras sociedades (sociedades beneficiárias) ou para os fundir com sociedades já existentes, mediante a atribuição aos seus sócios de partes representativas do capital social destas últimas sociedades e, eventualmente, de uma quantia em dinheiro que não exceda 10% do valor nominal ou, na falta de valor nominal, do valor contabilístico equivalente ao nominal das participações que lhes sejam atribuídas;

b) Uma sociedade (sociedade cindida) é dissolvida e dividido o seu património em duas ou mais partes, sendo cada uma delas destinada a constituir um nova sociedade (sociedade beneficiária) ou a ser fundida com sociedades já existentes ou com partes do património de outras sociedades, separadas por idênticos processos e com igual finalidade, mediante a atribuição aos seus sócios de partes representativas do capital social destas últimas sociedades e, eventualmente, de uma quantia em dinheiro que não exceda 10% do valor nominal ou, na falta de valor nominal, do valor contabilístico equivalente ao nominal das participações que lhes forem atribuídas.

3 – Considera-se entrada de activos a operação pela qual uma sociedade (sociedade contribuidora) transfere, sem que seja dissolvida, o conjunto ou um ou mais ramos da sua actividade para outra sociedade (sociedade beneficiária), tendo como contrapartida partes do capital social da sociedade beneficiária.

4 – Para efeitos do número anterior e da alínea a) do n.º 2, considera-se ramo de actividade o conjunto de elementos que constituem, do ponto de vista organizacional, uma unidade económica autónoma, ou seja, um conjunto capaz de funcionar pelos seus próprios meios, o qual pode compreender as dívidas contraídas para a sua organização ou funcionamento.

5 – Considera-se permuta de partes sociais a operação pela qual uma sociedade (sociedade adquirente) adquire uma participação no capital social de outra (sociedade adquirida), que tem por efeito conferir-lhe a maioria dos direitos de voto desta última, ou pela qual uma sociedade, já detentora de tal participação maioritária, adquire nova participação na sociedade adquirida, mediante a atribuição aos sócios desta, em troca dos seus títulos, de partes representativas do capital social da primeira sociedade e, eventualmente, de uma quantia em dinheiro não superior a 10% do valor nominal ou, na falta de valor nominal, do valor contabilístico equivalente ao nominal dos títulos entregues em troca.

6 – Para efeitos da aplicação dos artigos 74.º e 76.º, na parte respeitante às fusões e cisões de sociedades de diferentes Estados membros da União Europeia, o termo «sociedade» tem o significado que resulta do anexo à Directiva n.º 90/434/CEE, de 23 de Julho.

7 – O regime especial estatuído na presente subsecção aplica-se às operações de fusão e cisão de sociedades e de entrada de activos, tal como são definidas nos n.ºs 1 a 3, em que intervenham:

a) Sociedades com sede ou direcção efectiva em território português sujeitas e não isentas de IRC;([1])

b) Sociedade ou sociedades de outros Estados membros da União Europeia, desde que todas as sociedades se encontrem nas condições estabelecidas no artigo 3.º da Directiva n.º 90/434/CEE, de 23 de Julho.

8 – O regime especial não se aplica sempre que, por virtude das operações referidas no número anterior, sejam transmitidos navios ou aeronaves, ou bens móveis afectos à sua exploração, para uma entidade de navegação marítima ou aérea internacional não residente em território português.

9 – Às fusões e cisões, efectuadas nos termos legais, de sujeitos passivos do IRC residentes em território português que não sejam sociedades e aos respectivos membros, bem como às entradas de activos e permutas de partes sociais em que intervenha pessoa colectiva que não seja sociedade, é aplicável, com as necessárias adaptações, o regime da presente subsecção, na parte respectiva.

10 – O regime especial estabelecido não se aplica, total ou parcialmente, quando se conclua que as operações abrangidas pelo mesmo tiveram como principal objectivo ou como um dos principais objectivos a evasão fiscal, o que pode considerar-se verificado, nomeadamente, nos casos em que as sociedades intervenientes não tenham a totalidade dos seus ren-

dimentos sujeitos ao mesmo regime de tributação em IRC ou quando as operações não tenham sido realizadas por razões económicas válidas, tais como a reestruturação ou a racionalização das actividades das sociedades que nelas participam, procedendo-se então, se for caso disso, às correspondentes liquidações adicionais de imposto.

Ver os artigos:
71.º – Regime específico de dedução de prejuízos fiscais; **77.º** – Regime especial aplicável à permuta de partes sociais.

(¹) Redacção dada pela Lei n.º 3-B/2010, de 28/04 (OE/2010). A presente alteração, no que se reporta ao regime simplificado, produz **efeitos a partir de 1 de Janeiro de 2011** (art. 92.º daquela Lei).
Redacção anterior:
7 – ...
a) Sociedades com sede ou direcção efectiva em território português sujeitas e não isentas de IRC, cujo lucro tributável não seja determinado pelo regime simplificado;
...

ARTIGO 74.º
Regime especial aplicável às fusões, cisões e entradas de activos

1 – Na determinação do lucro tributável das sociedades fundidas ou cindidas ou da sociedade contribuidora, no caso de entrada de activos, não é considerado qualquer resultado derivado da transferência dos elementos patrimoniais em consequência da fusão, cisão ou entrada de activos, nem são considerados como rendimentos, nos termos do n.º 3 do artigo 28.º e do n.º 3 do artigo 35.º, os ajustamentos em inventários e as perdas por imparidade e outras correcções de valor que respeitem a créditos, inventários e, bem assim, nos termos do n.º 4 do artigo 39.º, as provisões relativas a obrigações e encargos objecto de transferência, aceites para efeitos fiscais, com excepção dos que respeitem a estabelecimentos estáveis situados fora do território português quando estes são objecto de transferência para entidades não residentes, desde que se trate de:

a) Transferência efectuada por sociedade residente em território português e a sociedade beneficiária seja igualmente residente nesse território ou, sendo residente de um Estado membro da União Europeia, esses elementos sejam efectivamente afectos a um estabelecimento estável situado em território português dessa mesma sociedade e concorram para a determinação do lucro tributável imputável a esse estabelecimento estável;

b) Transferência para uma sociedade residente em território português de estabelecimento estável situado neste território de uma sociedade residente noutro Estado membro da União Europeia, verificando-se, em consequência dessa operação, a extinção do estabelecimento estável;

c) Transferência de estabelecimento estável situado em território português de uma sociedade residente noutro Estado membro da União Europeia para sociedade residente do mesmo ou noutro Estado membro, desde que os elementos patrimoniais afectos a esse estabelecimento continuem afectos a estabelecimento estável situado naquele território e concorram para a determinação do lucro que lhe seja imputável;

d) Transferência de estabelecimentos estáveis situados no território de outros Estados membros da União Europeia realizada por sociedades residentes em território português em favor de sociedades residentes neste território.

2 – Sempre que, por motivo de fusão, cisão ou entrada de activos, nas condições referidas nos números anteriores, seja transferido para uma sociedade residente de outro Estado membro um estabelecimento estável situado fora do território português de uma sociedade aqui residente, não se aplica em relação a esse estabelecimento estável o regime especial previsto neste artigo, mas a sociedade residente pode deduzir o imposto que, na falta das disposições da Directiva n.º 90/434/CEE, de 23 de Julho, seria aplicável no Estado em que está situado esse estabelecimento estável, sendo essa dedução feita do mesmo modo e pelo mesmo montante a que haveria lugar se aquele imposto tivesse sido efectivamente liquidado e pago.

3 – A aplicação do regime especial determina que a sociedade beneficiária mantenha, para efeitos fiscais, os elementos patrimoniais objecto de transferência pelos mesmos valores que tinham nas sociedades fundidas, cindidas ou na sociedade contribuidora antes da realização das operações, considerando-se que tais valores são os que resultam da aplicação das disposições deste Código ou de reavaliações efectuadas ao abrigo de legislação de carácter fiscal.

4 – Na determinação do lucro tributável da sociedade beneficiária deve ter-se em conta o seguinte:

a) O apuramento dos resultados respeitantes aos elementos patrimoniais transferidos é feito como se não tivesse havido fusão, cisão ou entrada de activos;
b) As depreciações ou amortizações sobre os elementos do activo fixo tangível, do activo intangível e das propriedades de investimento contabilizadas ao custo histórico transferidos são efectuadas de acordo com o regime que vinha sendo seguido nas sociedades fundidas, cindidas ou na sociedade contribuidora;
c) Os ajustamentos em inventários, as perdas por imparidade e as provisões que foram transferidos têm, para efeitos fiscais, o regime que lhes era aplicável nas sociedades fundidas, cindidas ou na sociedade contribuidora.

5 – Para efeitos da determinação do lucro tributável da sociedade contribuidora, as mais-valias ou menos-valias realizadas respeitantes às partes de capital social recebidas em contrapartida da entrada de activos são calculadas considerando como valor de aquisição destas partes de capital o valor líquido contabilístico aceite para efeitos fiscais que os elementos do activo e do passivo transferidos tinham nessa sociedade antes da realização da operação.

6 – Quando a sociedade beneficiária detém uma participação no capital das sociedades fundidas ou cindidas, não concorre para a formação do lucro tributável a mais-valia ou a menos-valia eventualmente resultante da anulação das partes de capital detidas naquelas sociedades em consequência da fusão ou cisão.

7 – Sempre que, no projecto de fusão ou cisão, seja fixada uma data a partir da qual as operações das sociedades a fundir ou a cindir são consideradas, do ponto de vista contabilístico, como efectuadas por conta da sociedade beneficiária, a mesma data é considerada relevante para efeitos fiscais desde que se situe num período de tributação coincidente com aquele em que se situe a data da produção de efeitos jurídicos da operação em causa.

8 – Quando seja aplicável o disposto no número anterior, os resultados realizados pelas sociedades a fundir ou a cindir durante o período decorrido entre a data fixada no projecto e a data da produção de efeitos jurídicos da operação são transferidos para efeitos de serem incluídos no lucro tributável da sociedade beneficiária respeitante ao mesmo período de tributação em que seriam considerados por aquelas sociedades.

ARTIGO 75.º
Transmissibilidade dos prejuízos fiscais

1 – Os prejuízos fiscais das sociedades fundidas podem ser deduzidos dos lucros tributáveis da nova sociedade ou da sociedade incorporante, nos termos e condições estabelecidos no artigo 52.º e até ao fim do período referido no n.º 1 do mesmo artigo, contado do período de tributação a que os mesmos se reportam, desde que seja concedida autorização pelo Ministro das Finanças, mediante requerimento dos interessados entregue na Direcção-Geral dos Impostos até ao fim do mês seguinte ao do pedido do registo da fusão na conservatória do registo comercial.

2 – A concessão da autorização está subordinada à demonstração de que a fusão é realizada por razões económicas válidas, tais como a reestruturação ou racionalização das actividades das sociedades intervenientes, e se insere numa estratégia de redimensionamento e desenvolvimento empresarial de médio ou longo prazo, com efeitos positivos na estrutura produtiva, devendo ser fornecidos, para esse efeito, todos os elementos necessários ou convenientes para o perfeito conhecimento da operação visada, tanto dos seus aspectos jurídicos como económicos.

3 – O disposto nos números anteriores pode igualmente aplicar-se, com as necessárias adaptações, às seguintes operações:

a) Na cisão, em que se verifique a extinção da sociedade cindida, sendo então os prejuízos fiscais transferidos para cada uma das sociedades beneficiárias proporcionalmente aos valores transferidos por aquela sociedade;
b) Na fusão, cisão ou entrada de activos, em que é transferido para uma sociedade residente em território português um estabelecimento estável nele situado de uma sociedade residente num Estado membro da União Europeia, que preencha as condições estabelecidas no artigo 3.º da Directiva n.º 90/434/CEE, de 23 de Julho, verificando-se, em consequência dessa operação, a extinção do estabelecimento estável;
c) Na transferência de estabelecimentos estáveis situados em território português de sociedades residentes em Estados membros da União Europeia que estejam nas condições da Directiva n.º 90//434/CEE, de 23 de Julho, em favor de sociedades também residentes de Estados membros e em idênticas condições, no âmbito de fusão ou cisão ou entrada de activos, desde que os elementos patrimoniais transferidos continuem afectos a estabelecimento

estável aqui situado e concorram para a determinação do lucro tributável que lhe seja imputável.

4 – No despacho de autorização pode ser fixado um plano específico de dedução dos prejuízos fiscais a estabelecer o escalonamento da dedução durante o período em que pode ser efectuada e os limites que não podem ser excedidos em cada período de tributação.

5 – Relativamente às operações referidas nas alíneas *a*) e *b*) do n.º 1 do artigo 74.º, a dedução dos prejuízos, quando autorizada, é efectuada no lucro tributável do estabelecimento estável situado em território português e respeita apenas aos prejuízos que lhe sejam imputáveis.

6 – Sempre que, durante o período de aplicação do regime especial de tributação dos grupos de sociedades previsto no artigo 69.º ou imediatamente após o seu termo, e em resultado de uma operação de fusão envolvendo a totalidade das sociedades abrangidas por aquele regime, uma das sociedades pertencentes ao grupo incorpore as restantes ou haja lugar à constituição de uma nova sociedade, pode o Ministro das Finanças, a requerimento da sociedade dominante apresentado no prazo de 90 dias após o pedido do registo da fusão na conservatória do registo comercial, autorizar que os prejuízos fiscais do grupo ainda por deduzir possam ser deduzidos do lucro tributável da sociedade incorporante ou da nova sociedade resultante da fusão, nas condições referidas nos números anteriores.

Doutrina Administrativa:
– Transmissibilidade de prejuízos em casos de fusão, cisão e entrada de activos (Circular n.º 7/2005, de 16 de Maio) **[50]** – pág. 762.

ARTIGO 76.º
Regime aplicável aos sócios das sociedades fundidas ou cindidas

1 – Nos casos de fusão de sociedades a que seja aplicável o regime especial estabelecido no artigo 74.º, na operação de troca de partes de capital não são considerados para efeitos de tributação os ganhos ou perdas eventualmente apurados, desde que as partes de capital recebidas pelos sócios das sociedades fundidas sejam valorizadas, para efeitos fiscais, pelo valor que tinham as partes de capital entregues, determinado de acordo com o estabelecido neste Código.

2 – O disposto no número anterior não obsta à tributação dos sócios das sociedades fundidas relativamente às importâncias em dinheiro que eventualmente lhes sejam atribuídas em resultado da fusão.

3 – O preceituado nos números anteriores é aplicável aos sócios de sociedades objecto de cisão a que se aplique o regime especial estabelecido no artigo 74.º, devendo, neste caso, o valor, para efeitos fiscais, da participação detida ser repartido pelas partes de capital recebidas e pelas que continuem a ser detidas na sociedade cindida, com base na proporção entre o valor dos patrimónios destacados para cada uma das sociedades beneficiárias e o valor do património da sociedade cindida.

Ver o art. 47.º, n.º 3 – Valorização das participações sociais, para efeitos da aplicação dos coeficientes de desvalorização da moeda.

ARTIGO 77.º
Regime especial aplicável à permuta de partes sociais

1 – A atribuição, em resultado de uma permuta de partes sociais, tal como esta operação é definida no artigo 73.º, dos títulos representativos do capital social da sociedade adquirente, aos sócios da sociedade adquirida, não dá lugar a qualquer tributação destes últimos se os mesmos continuarem a valorizar, para efeitos fiscais, as novas partes sociais pelo valor atribuído às antigas, determinado de acordo com o estabelecido neste Código.

2 – O disposto no número anterior apenas é aplicável desde que se verifiquem cumulativamente as seguintes condições:

a) A sociedade adquirente e a sociedade adquirida sejam residentes em território português ou noutro Estado membro da União Europeia e preencham as condições estabelecidas na Directiva n.º 90//434/CEE, de 23 de Julho;

b) Os sócios da sociedade adquirida sejam pessoas ou entidades residentes nos Estados membros da União Europeia ou em terceiros Estados, quando os títulos recebidos sejam representativos do capital social de uma entidade residente em território português.

3 – O disposto no n.º 1 não obsta à tributação dos sócios relativamente às quantias em dinheiro que lhes sejam eventualmente atribuídas nos termos do n.º 5 do artigo 73.º

Ver os artigos:
– **47.º, n.º 3** – Valorização das participações sociais, para efeitos de aplicação dos coeficientes de desvalorização da moeda;
– **10.º** e **43.º** do CIRS – Mais-valias.

ARTIGO 78.º
Obrigações acessórias

1 – A opção pela aplicação do regime especial estabelecido na presente Subsecção deve ser comunicada à Direcção-Geral dos Impostos na declaração anual de informação contabilística e fiscal, a que se refere o artigo 121.º, relativa ao período de tributação em que a operação é realizada:

   a) Pela entidade ou entidades beneficiárias, no caso de fusão ou cisão, excepto quando estas entidades e, bem assim, a entidade ou entidades transmitentes, não sejam residentes em território português nem disponham de estabelecimento estável aí situado, casos em que a obrigação de comunicação deve ser cumprida pelos sócios residentes;
   b) Pela entidade beneficiária, no caso de entrada de activos, excepto quando não seja residente em território português nem disponha de estabelecimento estável aí situado, caso em que a obrigação deve ser cumprida pela entidade transmitente;
   c) Pelo sócio residente afectado, nas operações de permuta de partes sociais, ou pela sociedade adquirida quando seja residente em território português.

2 – Para efeitos do disposto no n.º 1 do artigo 74.º, a sociedade que transfere os elementos patrimoniais, por motivo de fusão ou cisão ou entrada de activos, deve integrar no processo de documentação fiscal, a que se refere o artigo 130.º, os seguintes elementos:

   a) Declaração passada pela sociedade para a qual aqueles elementos são transmitidos de que obedecerá ao disposto no n.º 3 do artigo 74.º;
   b) Declarações comprovativas, confirmadas e autenticadas pelas autoridades fiscais do outro Estado Membro da União Europeia de que são residentes as outras sociedades intervenientes na operação, de que estas se encontram nas condições estabelecidas no artigo 3.º da Directiva n.º 90/434/CEE, de 23 de Julho, sempre que nas operações não participem apenas sociedades residentes em território português.

3 – No caso referido no n.º 2 do artigo 74.º, além das declarações mencionadas na alínea b) do número anterior, deve a sociedade residente integrar no processo de documentação fiscal a que se refere o artigo 130.º

documento passado pelas autoridades fiscais do Estado membro da União Europeia onde se situa o estabelecimento estável em que se declare o imposto que aí seria devido na falta das disposições da Directiva n.º 90//434/CEE, de 23 de Julho.

4 – A entidade beneficiária ou adquirente deve integrar, no processo de documentação fiscal previsto no artigo 130.º:

a) As demonstrações financeiras da entidade transmitente ou contribuidora, antes da operação;

b) A relação dos elementos patrimoniais adquiridos que tenham sido incorporados na contabilidade por valores diferentes dos aceites para efeitos fiscais na sociedade transmitente, evidenciando ambos os valores, bem como as depreciações e amortizações, provisões, ajustamentos em inventários, perdas por imparidade e outras correcções de valor registados antes da realização das operações, fazendo ainda o respectivo acompanhamento enquanto não forem alienados, transferidos ou extintos.

5 – Para efeitos do artigo 76.º, os sócios das sociedades fundidas ou cindidas devem integrar no processo de documentação fiscal, a que se refere o artigo 130.º, uma declaração donde conste a data, identificação da operação realizada e das entidades intervenientes, número e valor nominal das partes sociais entregues e recebidas, valor fiscal das partes sociais entregues e respectivas datas de aquisição, quantia em dinheiro eventualmente recebida, nível percentual da participação detida antes e após a operação de fusão ou cisão.

6 – Para efeitos do disposto no artigo 77.º, os sócios da sociedade adquirida devem integrar no processo de documentação fiscal, a que se refere o artigo 130.º, os seguintes elementos:

a) Declaração donde conste descrição da operação de permuta de partes sociais, data em que se realizou, identificação das entidades intervenientes, número e valor nominal das partes sociais entregues e das partes sociais recebidas, valor fiscal das partes sociais entregues e respectivas datas de aquisição, quantia em dinheiro eventualmente recebida, resultado que seria integrado na base tributável se não fosse aplicado o regime previsto no artigo 77.º e demonstração do seu cálculo;

b) Declaração da sociedade adquirente de como, em resultado de permuta de acções, ficou a deter a maioria dos direitos de voto da sociedade adquirida;

c) Se for caso disso, declaração comprovativa, confirmada e autenticada pelas respectivas autoridades fiscais de outro Estado membro da União Europeia de que são residentes as entidades intervenientes na operação, de que se encontram verificados os condicionalismos de que a Directiva n.º 90/434/CEE, de 23 de Julho, faz depender a sua aplicação e ou de que o sócio é residente desse Estado.

Ver os artigos:
– **47.º, n.º 3** – Valorização das participações sociais, para efeitos de aplicação dos coefecientes de desvalorização da moeda;
– **10.º e 43.º** do CIRS – Mais-valias.

SUBSECÇÃO V
Liquidação de sociedades e outras entidades

ARTIGO 79.º
Sociedades em liquidação

1 – Relativamente às sociedades em liquidação, o lucro tributável é determinado com referência a todo o período de liquidação.

2 – Para efeitos do disposto no número anterior, deve observar-se o seguinte:

a) As sociedades que se dissolvam devem encerrar as suas contas com referência à data da dissolução, com vista à determinação do lucro tributável correspondente ao período decorrido desde o início do período de tributação em que se verificou a dissolução até à data desta;

b) Durante o período em que decorre a liquidação e até ao fim do período de tributação imediatamente anterior ao encerramento desta, há lugar, anualmente, à determinação do lucro tributável respectivo, que tem natureza provisória e é corrigido face à determinação do lucro tributável correspondente a todo o período de liquidação;

c) No período de tributação em que ocorre a dissolução deve determinar-se separadamente o lucro referido na alínea a) e o lucro mencionado na primeira parte da alínea b).

3 – Quando o período de liquidação ultrapasse dois anos, o lucro tributável determinado anualmente, nos termos da alínea *b*) do número anterior, deixa de ter natureza provisória.

4 – Os prejuízos anteriores à dissolução que na data desta ainda sejam dedutíveis nos termos do artigo 52.º podem ser deduzidos ao lucro tributável correspondente a todo o período de liquidação, se este não ultrapassar dois anos.

5 – A liquidação de sociedades decorrente da declaração de nulidade ou da anulação do respectivo contrato é aplicável, com as necessárias adaptações, o disposto nos números anteriores.

Ver os artigos:
8.º, n.ºˢ 5, 6 e 7 – Período de tributação; **90.º, n.º 9** – Liquidação; **120.º** – Declaração de rendimentos.

Legislação Complementar:
– Código das Sociedades Comerciais – arts. 146.º a 165.º (Liquidação da sociedade).

ARTIGO 80.º
Resultado de liquidação

Na determinação do resultado de liquidação, havendo partilha dos bens patrimoniais pelos sócios, considera-se como valor de realização daqueles o respectivo valor de mercado.

ARTIGO 81.º
Resultado da partilha

1 – É englobado para efeitos de tributação dos sócios, no período de tributação em que for posto à sua disposição, o valor que for atribuído a cada um deles em resultado da partilha, abatido do custo de aquisição das correspondentes partes sociais.

2 – No englobamento, para efeitos de tributação da diferença referida no número anterior, deve observar-se o seguinte:

  a) Essa diferença, quando positiva, é considerada como rendimento de aplicação de capitais até ao limite da diferença entre o valor que for atribuído e o que, face à contabilidade da sociedade liquidada, corresponda a entradas efectivamente verificadas para realização do capital, tendo o eventual excesso a natureza de mais-valia tributável;

b) Essa diferença, quando negativa, é considerada como menos-valia, sendo dedutível apenas quando as partes sociais tenham permanecido na titularidade do sujeito passivo durante os três anos imediatamente anteriores à data da dissolução, e pelo montante que exceder os prejuízos fiscais transmitidos no âmbito da aplicação do regime especial de tributação dos grupos de sociedades e desde que a entidade liquidada não seja residente em país, território ou região com regime fiscal claramente mais favorável que conste de lista aprovada por portaria do Ministro das Finanças.

3 – À diferença considerada como rendimento de aplicação de capitais nos termos da alínea *a*) do número anterior é aplicável a dedução prevista no artigo 51.º, sujeita à verificação dos mesmos requisitos e condições.

4 – Relativamente aos sócios de sociedades abrangidas pelo regime de transparência fiscal, nos termos do artigo 6.º, ao valor que lhes for atribuído em virtude da partilha é ainda abatida a parte do resultado de liquidação que, para efeitos de tributação, lhes tenha sido já imputada, assim como a parte que lhes corresponder nos lucros retidos na sociedade nos períodos de tributação em que esta tenha estado sujeita àquele regime.

Ver o art. 5.º, n.º 2-*i*) do C.I.R.S. – Valor atribuído aos associados em resultado de partilha.

Legislação Complementar:
– Código das Sociedades Comerciais – arts. 147.º, 148.º e 156.º.

Doutrina Administrativa:
– Contagem dos prazos de detenção das participações – Regime de Neutralidade (Circular n.º 8/2004, de 30 de Março **[50]** – pág. 751.

ARTIGO 82.º
Liquidação de pessoas colectivas que não sejam sociedades

O disposto nos artigos anteriores é aplicável, com as necessárias adaptações, à liquidação de pessoas colectivas que não sejam sociedades.

Legislação Complementar:
– Código Civil – arts. 157.º, 158.º e 163.º.

SUBSECÇÃO VI
Transferência de residência para o estrangeiro e cessação de actividade de entidades não residentes

ARTIGO 83.º
Transferência de residência

1 – Para a determinação do lucro tributável do período de tributação em que ocorra a cessação de actividade de entidade com sede ou direcção efectiva em território português, incluindo a Sociedade Europeia e a Sociedade Cooperativa Europeia, por virtude da sede e a direcção efectiva deixarem de se situar nesse território, constituem componentes positivas ou negativas as diferenças entre os valores de mercado e os valores contabilísticos fiscalmente relevantes dos elementos patrimoniais à data da cessação.

2 – O disposto no número anterior não se aplica aos elementos patrimoniais que permaneçam efectivamente afectos a um estabelecimento estável da mesma entidade e contribuam para o respectivo lucro tributável, desde que sejam observadas relativamente a esses elementos as condições estabelecidas pelo n.º 3 do artigo 74.º, com as necessárias adaptações.

3 – É aplicável à determinação do lucro tributável do estabelecimento estável, com as necessárias adaptações, o disposto no n.º 4 do artigo 74.º

4 – Na situação referida no n.º 2, os prejuízos fiscais anteriores à cessação de actividade podem ser deduzidos ao lucro tributável imputável ao estabelecimento estável da entidade não residente, nos termos e condições do artigo 15.º

5 – O regime especial estabelecido nos n.ºs 2, 3 e 4 não se aplica nos casos estabelecidos no n.º 10 do artigo 73.º

ARTIGO 84.º
Cessação da actividade de estabelecimento estável

O disposto no n.º 1 do artigo anterior é aplicável, com as necessárias adaptações, na determinação do lucro tributável imputável a um estabelecimento estável de entidade não residente situado em território português, quando ocorra:

a) A cessação da actividade em território português;

b) A transferência, por qualquer título material ou jurídico, para fora do território português de elementos patrimoniais que se encontrem afectos ao estabelecimento estável.

ARTIGO 85.º
Regime aplicável aos sócios

1 – No período de tributação em que a sede e direcção efectiva deixem de se situar em território português considera-se, para efeitos de tributação dos sócios, a diferença entre o valor do património líquido a essa data e o preço de aquisição que corresponderem às respectivas partes sociais, aplicando-se com as necessárias adaptações o disposto nos n.ºs 2 a 4 do artigo 81.º

2 – Para efeitos do disposto no número anterior, a avaliação dos elementos que integram o património é efectuada ao valor de mercado.

3 – A transferência de sede de uma Sociedade Europeia ou de Sociedade Cooperativa Europeia não implica, por si mesma, a aplicação do disposto no n.º 1.

SUBSECÇÃO VII
Realização de capital de sociedades por entrada de património de pessoa singular

ARTIGO 86.º
Regime especial de neutralidade fiscal

1 – Quando seja aplicável o regime estabelecido no n.º 1 do artigo 38.º do Código do IRS, os bens que constituem o activo e o passivo do património objecto de transmissão devem continuar, para efeitos fiscais, a ser valorizados pela sociedade para a qual se transmitem pelos valores mencionados na alínea c) do referido n.º 1 e na determinação do lucro tributável desta sociedade deve atender-se ao seguinte:

a) O apuramento dos resultados respeitantes aos bens que constituem o património transmitido é calculado como se não tivesse havido essa transmissão;
b) As depreciações ou amortizações sobre os elementos do activo depreciáveis ou amortizáveis são efectuadas de acordo com o

regime que vinha a ser seguido para efeito de determinação do lucro tributável da pessoa singular;

c) Os ajustamentos em inventários, as perdas por imparidade e as provisões que tiverem sido transferidos têm, para efeitos fiscais, o regime que lhes era aplicável para efeito de determinação do lucro tributável da pessoa singular.

2 – Quando seja aplicável o regime estabelecido no n.º 1 do artigo 38.º do Código do IRS, os prejuízos fiscais relativos ao exercício pela pessoa singular de actividade empresarial ou profissional e ainda não deduzidos ao lucro tributável podem ser deduzidos nos lucros tributáveis da nova sociedade até ao fim do período referido no artigo 52.º, contado do período de tributação a que os mesmos se reportam, até à concorrência de 50% de cada um desses lucros tributáveis.

CAPÍTULO IV
Taxas

ARTIGO 87.º
Taxas

1 – As taxas do imposto, com excepção dos casos previstos nos n.ᵒˢ 4 e seguintes, são as constantes da tabela seguinte:

Matéria colectável (em euros)	Taxas (em percentagens)
Até 12 500	12,5
Superior a 12 500	25

2 – O quantitativo da matéria colectável, quando superior a € 12 500, é dividido em duas partes: uma, igual ao limite do 1.º escalão, à qual se aplica a taxa correspondente; outra, igual ao excedente, a que se aplica a taxa do escalão superior.

3 – *(Revogado)*([1])

4 – Tratando-se de rendimentos de entidades que não tenham sede nem direcção efectiva em território português e aí não possuam estabelecimento estável ao qual os mesmos sejam imputáveis, a taxa do IRC é de 25%, excepto relativamente aos seguintes rendimentos:

    a) Rendimentos provenientes da propriedade intelectual ou industrial, da prestação de informações respeitantes a uma experiência adquirida no sector industrial, comercial ou científico e bem assim da assistência técnica, em que a taxa é de 15%;

    b) Rendimentos derivados do uso ou da concessão do uso de equipamento agrícola, industrial, comercial ou científico, em que a taxa é de 15%;

c) Rendimentos de títulos de dívida e outros rendimentos de capitais não expressamente tributados a taxa diferente, em que a taxa é de 20%;

d) Prémios de rifas, totoloto, jogo de loto, bem como importâncias ou prémios atribuídos em quaisquer sorteios ou concursos, em que a taxa é de 35%;

e) Comissões por intermediação na celebração de quaisquer contratos e rendimentos de prestações de serviços referidos no n.º 7) da alínea *c)* do n.º 3 do artigo 4.º, em que a taxa é de 15%.

f) Rendimentos prediais em que a taxa é de 15%.

g) Juros e *royalties*, cujo beneficiário efectivo seja uma sociedade de outro Estado membro da União Europeia ou um estabelecimento estável situado noutro Estado membro de uma sociedade de um Estado membro, devidos ou pagos por sociedades comerciais ou civis sob forma comercial, cooperativas e empresas públicas residentes em território português ou por um estabelecimento estável aí situado de uma sociedade de outro Estado membro, em que a taxa é de 10% durante os primeiros quatro anos contados da data de aplicação da Directiva n.º 2003/49/CE, do Conselho, de 3 de Junho, e de 5% durante os quatro anos seguintes, desde que verificados os termos, requisitos e condições estabelecidos na referida directiva, sem prejuízo do disposto nas convenções bilaterais em vigor.

5 – Relativamente ao rendimento global de entidades com sede ou direcção efectiva em território português que não exerçam, a título principal, actividades de natureza comercial, industrial ou agrícola, a taxa é de 20%.

6 – As taxas previstas na alínea *g)* do n.º 4 não são aplicáveis:

a) Aos juros e *royalties* obtidos em território português por uma sociedade de outro Estado membro ou por um estabelecimento estável situado noutro Estado membro de uma sociedade de um Estado membro, quando a maioria do capital ou a maioria dos direitos de voto dessa sociedade são detidos, directa ou indirectamente, por um ou vários residentes de países terceiros, excepto quando seja feita prova de que a cadeia de participações não tem como objectivo principal ou como um dos objectivos principais beneficiar da redução da taxa de retenção na fonte;

b) Em caso de existência de relações especiais, nos termos do disposto no n.º 4 do artigo 63.º, entre o pagador ou o devedor e o beneficiário efectivo dos juros ou *royalties*, ou entre ambos e um terceiro, ao excesso sobre o montante dos juros ou *royalties* que, na ausência de tais relações, teria sido acordado entre o pagador e o beneficiário efectivo.

7 – A taxa prevista no primeiro escalão da tabela prevista no n.º 1 não é aplicável, sujeitando-se a totalidade da matéria colectável à taxa de 25% quando:

a) Em consequência de operação de cisão ou outra operação de reorganização ou reestruturação empresarial efectuada depois de 31 de Dezembro de 2008, uma ou mais sociedades envolvidas venham a determinar matéria colectável não superior a € 12 500;

b) O capital de uma entidade seja realizado, no todo ou em parte, através da transmissão dos elementos patrimoniais, incluindo activos intangíveis, afectos ao exercício de uma actividade empresarial ou profissional por uma pessoa singular e a actividade exercida por aquela seja substancialmente idêntica à que era exercida a título individual.

Ver os artigos:
– 41.º do EBF – Benefícios fiscais ao investimento de natureza contratual [21] – pág. 528.
– 52.º do EBF – Comissões vitivinícolas regionais [21] – pág. 543.
– 56.º do EBF – Estabelecimentos de ensino particular [21] – pág. 545.

Legislação Complementar:
– Lei n.º 2/2007, de 15 de Janeiro – lançamento de Derrama [12] – pág. 421.

Doutrina Administrativa:
– Procedimentos a adoptar na informação dos processos de reembolso formulados nos termos das Convenções Internacionais celebradas para evitar a dupla tributação (ver Of.-circulado n.º 10/97) [52] – pág. 810.
– Tributação de dividendos (ver Circular n.º 4/2002, de 8 de Fevereiro) [50] – pág. 710.
– Aplicação das taxas regionais (ver Circular n.º 14/2002, de 9 de Maio) [50] – pág. 724.

([1]) Revogado pela Lei n.º 3-B/2010, de 28/04 (OE/2010). A revogação, no que se reporta ao regime simplificado, produz **efeitos a partir de 1 de Janeiro de 2011** (art. 92.º daquela Lei). Tinha a seguinte redacção:

...

3 – Relativamente aos sujeitos passivos abrangidos pelo regime simplificado previsto no artigo 58.º, a taxa aplicável é de 20%.

...

AARTIGO 88.º
Taxas de tributação autónoma

1 – As despesas não documentadas são tributadas autonomamente, à taxa de 50%, sem prejuízo da sua não consideração como gastos nos termos do artigo 23.º

2 – A taxa referida no número anterior é elevada para 70% nos casos em que tais despesas sejam efectuadas por sujeitos passivos total ou parcialmente isentos, ou que não exerçam, a título principal, actividades de natureza comercial, industrial ou agrícola.

3 – São tributados autonomamente, excluindo os veículos movidos exclusivamente a energia eléctrica:

a) À taxa de 10%, os encargos dedutíveis relativos a despesas de representação e os relacionados com viaturas ligeiras de passageiros ou mistas, motos ou motociclos, efectuados ou suportados por sujeitos passivos não isentos subjectivamente e que exerçam, a título principal, actividade de natureza comercial, industrial ou agrícola;

b) À taxa de 5%, os encargos dedutíveis, suportados pelos sujeitos passivos mencionados no número anterior, respeitantes a viaturas ligeiras de passageiros ou mistas cujos níveis homologados de emissão de CO_2 sejam inferiores a 120 g/Km, no caso de serem movidos a gasolina, e inferiores a 90 g/Km, no caso de serem movidos a gasóleo, desde que, em ambos os casos, tenha sido emitido certificado de conformidade.

4 – São tributados autonomamente, à taxa de 20%, os encargos dedutíveis, suportados pelos sujeitos passivos mencionados no número anterior, respeitantes a viaturas ligeiras de passageiros ou mistas cujo custo de aquisição seja superior ao montante fixado nos termos da alínea *e)* do n.º 1 do artigo 34.º, quando os sujeitos passivos apresentem prejuízos fiscais nos dois períodos de tributação anteriores àquele a que os referidos encargos digam respeito.([1])

5 – Consideram-se encargos relacionados com viaturas ligeiras de passageiros, motos e motociclos, nomeadamente, depreciações, rendas ou alugueres, seguros, manutenção e conservação, combustíveis e impostos incidentes sobre a sua posse ou utilização.

6 – Excluem-se do disposto no n.º 3 os encargos relacionados com viaturas ligeiras de passageiros, motos e motociclos, afectos à exploração de serviço público de transportes, destinados a serem alugados no exercí-

cio da actividade normal do sujeito passivo, bem como as depreciações relacionadas com viaturas relativamente às quais tenha sido celebrado o acordo previsto no n.º 9) da alínea b) do n.º 3 do artigo 2.º do Código do IRS.

7 – Consideram-se despesas de representação, nomeadamente, as suportadas com recepções, refeições, viagens, passeios e espectáculos oferecidos no País ou no estrangeiro a clientes ou a fornecedores ou ainda a quaisquer outras pessoas ou entidades

8 – São sujeitas ao regime do n.º 1 ou do n.º 2, consoante os casos, sendo as taxas aplicáveis, respectivamente, 35% ou 55%, as despesas correspondentes a importâncias pagas ou devidas, a qualquer título, a pessoas singulares ou colectivas residentes fora do território português e aí submetidas a um regime fiscal claramente mais favorável, tal como definido nos termos do Código, salvo se o sujeito passivo puder provar que correspondem a operações efectivamente realizadas e não têm um carácter anormal ou um montante exagerado.

9 – São ainda tributados autonomamente, à taxa de 5%, os encargos dedutíveis relativos a ajudas de custo e à compensação pela deslocação em viatura própria do trabalhador, ao serviço da entidade patronal, não facturados a clientes, escriturados a qualquer título, excepto na parte em que haja lugar a tributação em sede de IRS na esfera do respectivo beneficiário, bem como os encargos não dedutíveis nos termos da alínea f) do n.º 1 do artigo 45.º suportados pelos sujeitos passivos que apresentem prejuízo fiscal no período de tributação a que os mesmos respeitam.

10 – *Revogado*([1])

11 – São tributados autonomamente, à taxa de 20%, os lucros distribuídos por entidades sujeitas a IRC a sujeitos passivos que beneficiam de isenção total ou parcial, abrangendo, neste caso, os rendimentos de capitais, quando as partes sociais a que respeitam os lucros não tenham permanecido na titularidade do mesmo sujeito passivo, de modo ininterrupto, durante o ano anterior à data da sua colocação à disposição e não venham a ser mantidas durante o tempo necessário para completar esse período.

12 – Ao montante do imposto determinado, de acordo com o disposto no número anterior, é deduzido o imposto que eventualmente tenha sido retido na fonte, não podendo nesse caso o imposto retido ser deduzido ao abrigo do n.º 2 do artigo 90.º

13 – São tributados autonomamente, à taxa de 35%:([1])

a) Os gastos ou encargos relativos a indemnizações ou quaisquer compensações devidas, não relacionadas com a concretização de objectivos de produtividade previamente definidos na relação contratual, quando se verifique a cessação de funções de gestor, administrador ou gerente, bem como os gastos relativos à parte que exceda o valor das remunerações que seriam auferidas pelo exercício daqueles cargos até ao final do contrato, quando se trate de rescisão de um contrato antes do termo, qualquer que seja a modalidade de pagamento, quer este seja efectuado directamente pelo sujeito passivo quer haja transferência das responsabilidades inerentes para uma outra entidade;

b) Os gastos ou encargos relativos a bónus e outras remunerações variáveis pagas a gestores, administradores ou gerentes quando estas representem uma parcela superior a 25% da remuneração anual e possuam valor superior a € 27 500, salvo se o seu pagamento estiver subordinado ao diferimento de uma parte não inferior a 50% por um período mínimo de três anos e condicionado ao desempenho positivo da sociedade ao longo desse período.

Legislação complementar:
– Lei n.º 3-B/2010, de 28/04 (OE/2010). Art. 90.º (**Tributação autónoma excepcional do sector financeiro**) Ficam sujeitos a tributação autónoma em sede de IRC à taxa única de 50% os gastos ou encargos relativos a bónus e outras remunerações variáveis, pagas ou apuradas em 2010 por instituições de crédito e sociedades financeiras, a administradores ou gerentes, quando estas representem uma parcela superior a 25% da remuneração anual e possuam valor superior a € 27 500.

([1]) Redacção dada pela Lei n.º 3-B/2010, de 28/04 (OE/2010), que revogou o n.º 10. A revogação, no que se reporta ao regime simplificado, produz **efeitos a partir de 1 de Janeiro de 2011** (art. 92.º daquela Lei).

Redacção anterior:

...

4 – São tributados autonomamente, à taxa de 20%, os encargos dedutíveis, suportados pelos sujeitos passivos mencionados no número anterior, respeitantes a viaturas ligeiras de passageiros ou mistas cujo custo de aquisição seja superior a € 40 000, quando os sujeitos passivos apresentem prejuízos fiscais nos dois períodos de tributação anteriores àquele a que os referidos encargos digam respeito.

...

10 – Excluem-se do disposto nos n.os 3 e 9 os sujeitos passivos a que seja aplicado o regime previsto no artigo 58.º

...

CAPÍTULO V
Liquidação

ARTIGO 89.º
Competência para a liquidação

A liquidação do IRC é efectuada:

a) Pelo próprio sujeito passivo, nas declarações a que se referem os artigos 120.º e 122.º;
b) Pela Direcção-Geral dos Impostos, nos restantes casos.

ARTIGO 90.º
Procedimento e forma de liquidação

1 – A liquidação do IRC processa-se nos seguintes termos:

a) Quando a liquidação deva ser feita pelo sujeito passivo nas declarações a que se referem os artigos 120.º e 122.º, tem por base a matéria colectável que delas conste;
b) Na falta de apresentação da declaração a que se refere o artigo 120.º, a liquidação é efectuada até 30 de Novembro do ano seguinte àquele a que respeita ou, no caso previsto no n.º 2 do referido artigo, até ao fim do 6.º mês seguinte ao do termo do prazo para apresentação da declaração aí mencionada e tem por base o valor anual da retribuição mínima mensal ou, quando superior, a totalidade da matéria colectável do exercício mais próximo que se encontre determinada;([1])
c) Na falta de liquidação nos termos das alíneas anteriores, a mesma tem por base os elementos de que a administração fiscal disponha.

2 – Ao montante apurado nos termos do número anterior são efectuadas as seguintes deduções, pela ordem indicada:

a) A correspondente à dupla tributação internacional;

b) A relativa a benefícios fiscais;
c) A relativa ao pagamento especial por conta a que se refere o artigo 106.°;
d) A relativa a retenções na fonte não susceptíveis de compensação ou reembolso nos termos da legislação aplicável.

3 – *(Revogado)*([1])

4 – Ao montante apurado nos termos do n.° 1, relativamente às entidades mencionadas no n.° 4 do artigo 120.°, apenas é de efectuar a dedução relativa às retenções na fonte quando estas tenham a natureza de imposto por conta do IRC.

5 – As deduções referidas no n.° 2 respeitantes a entidades a que seja aplicável o regime de transparência fiscal estabelecido no artigo 6.° são imputadas aos respectivos sócios ou membros nos termos estabelecidos no n.° 3 desse artigo e deduzidas ao montante apurado com base na matéria colectável que tenha tido em consideração a imputação prevista no mesmo artigo.

6 – Quando seja aplicável o regime especial de tributação dos grupos de sociedades, as deduções referidas no n.° 2 relativas a cada uma das sociedades são efectuadas no montante apurado relativamente ao grupo, nos termos do n.° 1.

7 – Das deduções efectuadas nos termos das alíneas *a)*, *b)* e *c)* do n.° 2 não pode resultar valor negativo.

8 – Ao montante apurado nos termos das alíneas *b)* e *c)* do n.° 1 apenas são feitas as deduções de que a administração fiscal tenha conhecimento e que possam ser efectuadas nos termos dos n.ºs 2 a 4.

9 – Nos casos em que seja aplicável o disposto na alínea *b)* do n.° 2 do artigo 79.°, são efectuadas anualmente liquidações com base na matéria colectável determinada com carácter provisório, devendo, face à liquidação correspondente à matéria colectável respeitante a todo o período de liquidação, cobrar-se ou anular-se a diferença apurada.

10 – A liquidação prevista no n.° 1 pode ser corrigida, se for caso disso, dentro do prazo a que se refere o artigo 101.°, cobrando-se ou anulando-se então as diferenças apuradas.

Legislação Complementar:
– LGT – art. 60.°, n.° 2 – Dispensa de direito de audição.

Doutrina Administrativa:
– Créditos Fiscais – Obrigações acessórias (Circular n.° 7/2000) **[50]** – pág. 687.

(¹) Redacção dada pela Lei n.º 3-B/2010, de 28/04 (OE/2010), que revogou o n.º 3. A presente alteração, no que se reporta ao regime simplificado, produz **efeitos a partir de 1 de Janeiro de 2011** (art. 92.º daquela Lei).
Redacção anterior:
...
2 – ...
...
b) Na falta de apresentação da declaração a que se refere o artigo 120.º, a liquidação é efectuada até 30 de Novembro do ano seguinte àquele a que respeita ou, no caso previsto no n.º 2 do referido artigo, até ao fim do 6.º mês seguinte ao do termo do prazo para a apresentação da declaração aí mencionada e tem por base o montante mínimo previsto no n.º 4 do artigo 58.º ou, quando superior, a totalidade da matéria colectável do período de tributação mais próximo que se encontre determinada;
...
3 – Nos casos em que seja aplicável o regime simplificado de determinação do lucro tributável não há lugar à dedução prevista na alínea b) do número anterior.
...

ARTIGO 91.º
Crédito de imposto por dupla tributação internacional

1 – A dedução a que se refere a alínea *a*) do n.º 2 do artigo 90.º é apenas aplicável quando na matéria colectável tenham sido incluídos rendimentos obtidos no estrangeiro e corresponde à menor das seguintes importâncias:

a) Imposto sobre o rendimento pago no estrangeiro;

b) Fracção do IRC, calculado antes da dedução, correspondente aos rendimentos que no país em causa possam ser tributados, líquidos dos gastos directa ou indirectamente suportados para a sua obtenção.

2 – Quando existir convenção para eliminar a dupla tributação celebrada por Portugal, a dedução a efectuar nos termos do número anterior não pode ultrapassar o imposto pago no estrangeiro nos termos previstos pela convenção.

Doutrina Administrativa:
– Crédito de imposto por dupla tributação internacional – Supremacia das Convenções de Dupla Tributação (ver Of.-circulado n.º 31 051, de 28/05/98) **[52]** – pág. 819;
– Dupla Tributação internacional – Dedução do imposto e dos encargos suportados no estrangeiro (ver Of.-circulado n.º 20 022, de 19 de Maio de 2000) **[52]** – pág. 834;
– Convenções para evitar a Dupla Tributação Internacional (Of.-circulado n.º 20 137, de 13/03/2009 **[52]** – pág. 881.

ARTIGO 92.º
Resultado da liquidação

1 – Para as entidades que exerçam, a título principal, uma actividade de natureza comercial, industrial ou agrícola, bem como as não residentes com estabelecimento estável em território português, o imposto liquidado nos termos do n.º 1 do artigo 90.º, líquido das deduções previstas nas alíneas *a)* e *b)* do n.º 2 do mesmo artigo, não pode ser inferior a 75% do montante que seria apurado se o sujeito passivo não usufruísse de benefícios fiscais, dos regimes previstos no n.º 13 do artigo 43.º e do artigo 75.º.([1])

2 – Para efeitos do disposto no número anterior, consideram-se benefícios fiscais os previstos:

a) Nos artigos 19.º e 67.º do Estatuto dos Benefícios Fiscais;
b) Na Lei n.º 26/2004, de 8 de Julho, e nos artigos 62.º a 65.º do Estatuto dos Benefícios Fiscais;
c) Em benefícios na modalidade de dedução à colecta, com excepção dos previstos na Lei n.º 40/2005, de 3 de Agosto, e dos que têm natureza contratual;
d) Em acréscimos de depreciações e amortizações resultantes de reavaliação efectuada ao abrigo de legislação de carácter fiscal.

([1]) Redacção dada pela Lei n.º 3-B/2010, de 28/04 (OE/2010). A presente alteração, no que se reporta ao regime simplificado, produz **efeitos a partir de 1 de Janeiro de 2011** (art. 92.º daquela Lei).

Redacção anterior:
1 – Para as entidades que exerçam, a título principal, uma actividade de natureza comercial, industrial ou agrícola não abrangidas pelo regime simplificado, bem como as não residentes com estabelecimento estável em território português, o imposto liquidado nos termos do n.º 1 do artigo 90.º, líquido das deduções previstas nas alíneas *a)* e *b)* do n.º 2 do mesmo artigo, não pode ser inferior a 60% do montante que seria apurado se o sujeito passivo não usufruísse de benefícios fiscais, dos regimes previstos no n.º 13 do artigo 43.º e no artigo 75.º

...

ARTIGO 93.º
Pagamento especial por conta

1 – A dedução a que se refere a alínea *c)* do n.º 2 do artigo 90.º é efectuada ao montante apurado na declaração a que se refere o artigo 120.º do próprio período de tributação a que respeita ou, se insuficiente, até ao quarto período de tributação seguinte, depois de efectuadas as de-

duções referidas nas alíneas *a)* e *b)* do n.º 2 e com observância do n.º 7, ambos do artigo 90.º

2 – Em caso de cessação de actividade no próprio período de tributação ou até ao terceiro período de tributação posterior àquele a que o pagamento especial por conta respeita, a parte que não possa ter sido deduzida nos termos do número anterior, quando existir, é reembolsada mediante requerimento do sujeito passivo, dirigido ao chefe do serviço de finanças da área da sede, direcção efectiva ou estabelecimento estável em que estiver centralizada a contabilidade, apresentado nos 90 dias seguintes ao da cessação da actividade.

3 – Os sujeitos passivos podem ainda, sem prejuízo do disposto no n.º 1, ser reembolsados da parte que não foi deduzida ao abrigo do mesmo preceito, desde que preenchidos os seguintes requisitos:([1])

a) Não se afastem, em relação ao período de tributação a que diz respeito o pagamento especial por conta a reembolsar, em mais de 10%, para menos, da média dos rácios de rentabilidade das empresas do sector de actividade em que se inserem, a publicar em portaria do Ministro das Finanças;

b) A situação que deu origem ao reembolso seja considerada justificada por acção de inspecção feita a pedido do sujeito passivo formulado nos 90 dias seguintes ao termo do prazo de apresentação da declaração periódica relativa ao mesmo período de tributação.

Ver o art. 106.º – Pagamento especial por conta.

Legislação Complementar:
– D.L. n.º 6/99, de 8 de Janeiro – Fiscalização por iniciativa do contribuinte ou de terceiro.

([1]) Redacção dada pela Lei n.º 3-B/2010, de 28/04 (OE/2010).
Redacção anterior:
...
3 – Os sujeitos passivos que não são susceptíveis de ser abrangidos pelo regime de tributação previsto no artigo 58.º podem ainda, sem prejuízo do disposto no n.º 1, ser reembolsados da parte que não foi deduzida ao abrigo do mesmo preceito, desde que preenchidos os seguintes requisitos:
...

ARTIGO 94.º
Retenção na fonte

1 – O IRC é objecto de retenção na fonte relativamente aos seguintes rendimentos obtidos em território português:
- *a*) Rendimentos provenientes da propriedade intelectual ou industrial e bem assim da prestação de informações respeitantes a uma experiência adquirida no sector industrial, comercial ou científico;
- *b*) Rendimentos derivados do uso ou da concessão do uso de equipamento agrícola, industrial, comercial ou científico;
- *c*) Rendimentos de aplicação de capitais não abrangidos nas alíneas anteriores e rendimentos prediais, tal como são definidos para efeitos de IRS, quando o seu devedor seja sujeito passivo de IRC ou quando os mesmos constituam encargo relativo à actividade empresarial ou profissional de sujeitos passivos de IRS que possuam ou devam possuir contabilidade;
- *d*) Remunerações auferidas na qualidade de membro de órgãos estatutários de pessoas colectivas e outras entidades;
- *e*) Prémios de jogo, lotarias, rifas e apostas mútuas, bem como importâncias ou prémios atribuídos em quaisquer sorteios ou concursos;
- *f*) Rendimentos referidos na alínea *d*) do n.º 3 do artigo 4.º obtidos por entidades não residentes em território português, quando o devedor dos mesmos seja sujeito passivo de IRC ou quando os mesmos constituam encargo relativo à actividade empresarial ou profissional de sujeitos passivos de IRS que possuam ou devam possuir contabilidade;
- *g*) Rendimentos provenientes da intermediação na celebração de quaisquer contratos e rendimentos de outras prestações de serviços realizados ou utilizados em território português, com excepção dos relativos a transportes, comunicações e actividades financeiras.

2 – Para efeitos do disposto no número anterior, consideram-se obtidos em território português os rendimentos mencionados no n.º 3 do artigo 4.º, exceptuados os referidos no n.º 4 do mesmo artigo.

3 – As retenções na fonte têm a natureza de imposto por conta, excepto nos seguintes casos em que têm carácter definitivo:
- *a*) Quando, nos termos dos artigos 9.º e 10.º, ou nas situações previstas no Estatuto dos Benefícios Fiscais, se excluam da isenção de IRC todos ou parte dos rendimentos de capitais;

b) Quando, não se tratando de rendimentos prediais, o titular dos rendimentos seja entidade não residente que não tenha estabelecimento estável em território português ou que, tendo-o, esses rendimentos não lhe sejam imputáveis.

4 – As retenções na fonte de IRC são efectuadas às taxas previstas para efeitos de retenções na fonte de IRS, relativas a residentes em território português, aplicando-se aos rendimentos referidos na alínea *d)* do n.º 1 a taxa de 20%.

5 – Exceptuam-se do disposto no número anterior as retenções que, nos termos do n.º 3, tenham carácter definitivo, em que são aplicáveis as correspondentes taxas previstas no artigo 87.º

6 – A obrigação de efectuar a retenção na fonte de IRC ocorre na data que estiver estabelecida para obrigação idêntica no Código do IRS ou, na sua falta, na data da colocação à disposição dos rendimentos, devendo as importâncias retidas ser entregues ao Estado até ao dia 20 do mês seguinte àquele em que foram deduzidas e essa entrega ser feita nos termos estabelecidos no Código do IRS ou em legislação complementar.

7 – Tratando-se de rendimentos de valores mobiliários sujeitos a registo ou depósito, emitidos por entidades residentes em território português, a obrigação de efectuar a retenção na fonte é da responsabilidade das entidades registadoras ou depositárias.

8 – É aplicável, com as devidas adaptações, o disposto nos n.os 8, 9, 10 e 11 do artigo 71.º do Código do IRS.

Ver os artigos:
71.º do C.I.R.S: – Taxas liberatórias; **98.º** do C.I.R.S. – Retenção na fonte – regras gerais; **101.º** do C.I.R.S. – Retenção na fonte – rendimentos de outras categorias; **58.º** do E.B.F. – Dividendos de acções admitidas à negociação de mercados de bolsa; **59.º** do E.B.F. – Dividendos de acções adquiridas na sequência de processo de privatização.

Doutrina Administrativa:
– Tributação de dividendos (Circular n.º 4/2002, de 8/02/2002) **[50]** – pág. 710.

ARTIGO 95.º
Retenção na fonte – Direito comunitário

1 – Sempre que, relativamente aos lucros referidos nos n.os 3, 6, 8, 10 e 11 do artigo 14.º, tenha sido efectuada a retenção na fonte por não se verificar o requisito temporal de detenção da participação mínima neles

previsto, pode haver lugar à devolução do imposto que tenha sido retido na fonte até à data em que se complete o período de um ano, no caso dos n.ºˢ 3, 6, 10 e 11, e de dois anos, no caso do n.º 8, de detenção ininterrupta da participação, por solicitação da entidade beneficiária dos rendimentos, dirigida aos serviços competentes da Direcção-Geral dos Impostos, a apresentar no prazo de dois anos contados daquela data, devendo ser feita a prova exigida nos n.ºˢ 4, 9 ou 10 do mesmo artigo, consoante o caso.(¹)

2 – A restituição deve ser efectuada até ao fim do 3.º mês imediato ao da apresentação dos elementos e informações indispensáveis à comprovação das condições e requisitos legalmente exigidos e, em caso de incumprimento desse prazo, acrescem à quantia a restituir juros indemnizatórios a taxa idêntica à aplicável aos juros compensatórios a favor do Estado.

Ver o art. 14.º, n.º 3 – Isenção de lucros que uma entidade residente em território português, nas condições estabelecidas na Directiva n.º 90/435/CEE, coloque à disposição de entidade residente noutro Estado membro da União Europeia.

(¹) Redacção dada pela Lei n.º 3-B/2010, de 28/04 (OE/2010).
Redacção anterior:
1 – Sempre que, relativamente aos lucros referidos nos n.ºˢ 3, 6 e 8 do artigo 14.º, tenha havido lugar a retenção na fonte por não se verificar o requisito temporal de detenção da participação mínima neles previsto, pode haver lugar à devolução do imposto que tenha sido retido na fonte até à data em que se complete o período de um ano, no caso dos n.ºˢ 3 e 6, e de dois anos, no caso do n.º 8, de detenção ininterrupta da participação, por solicitação da entidade beneficiária dos rendimentos, dirigida aos serviços competentes da Direcção-Geral dos Impostos, a apresentar no prazo de dois anos contados daquela data, devendo ser feita a prova exigida no n.º 4 ou no n.º 9 do mesmo artigo, consoante o caso.
...

ARTIGO 96.º
Retenção na fonte – Directiva n.º 2003/49/CE, do Conselho, de 3 de Junho

1 – As retenções na fonte efectuadas às taxas previstas na alínea *g*) do n.º 4 do artigo 87.º dependem da verificação dos requisitos e condições seguintes:

    a) As sociedades beneficiárias dos juros ou *royalties*:
        i) Estejam sujeitas a um dos impostos sobre os lucros enumerados na subalínea *iii*) da alínea *a*) do artigo 3.º da Directiva n.º 2003/49/CE, sem beneficiar de qualquer isenção;

ii) Assumam uma das formas jurídicas enunciadas na lista do anexo à Directiva n.º 2003/49/CE;
  iii) Sejam consideradas residentes de um Estado membro da União Europeia e que, ao abrigo das convenções destinadas a evitar a dupla tributação, não sejam consideradas, para efeitos fiscais, como residentes fora da União Europeia;
b) A entidade residente em território português ou a sociedade de outro Estado membro com estabelecimento estável aí situado seja uma sociedade associada à sociedade que é o beneficiário efectivo ou cujo estabelecimento estável é considerado como beneficiário efectivo dos juros ou *royalties*, o que se verifica quando uma sociedade:
  i) Detém uma participação directa de, pelo menos, 25% no capital de outra sociedade; ou
  ii) A outra sociedade detém uma participação directa de, pelo menos, 25% no seu capital; ou
  iii) Quando uma terceira sociedade detém uma participação directa de, pelo menos, 25% tanto no seu capital como no capital da outra sociedade, e, em qualquer dos casos, a participação seja detida de modo ininterrupto durante um período mínimo de dois anos;
c) Quando o pagamento seja efectuado por um estabelecimento estável, os juros ou as *royalties* constituam encargos relativos à actividade exercida por seu intermédio e sejam dedutíveis para efeitos da determinação do lucro tributável que lhe for imputável;
d) A sociedade a quem são efectuados os pagamentos dos juros ou *royalties* seja o beneficiário efectivo desses rendimentos, considerando-se verificado esse requisito quando aufira os rendimentos por conta própria e não na qualidade de intermediária, seja como representante, gestor fiduciário ou signatário autorizado de terceiros e no caso de um estabelecimento estável ser considerado o beneficiário efectivo, o crédito, o direito ou a utilização de informações de que resultam os rendimentos estejam efectivamente relacionados com a actividade desenvolvida por seu intermédio e constituam rendimento tributável para efeitos da determinação do lucro que lhe for imputável no Estado membro em que esteja situado.

2 – Para efeitos de aplicação do disposto na alínea *g)* do n.º 4 do artigo 87.º, entende-se por:

a) 'Juros' os rendimentos de créditos de qualquer natureza, com ou sem garantia hipotecária e com direito ou não a participar nos lucros do devedor, e em particular os rendimentos de títulos e de obrigações que gozem ou não de garantia especial, incluindo os prémios associados a esses títulos e obrigações, com excepção das penalizações por mora no pagamento;

b) '*Royalties*' as remunerações de qualquer natureza recebidas em contrapartida da utilização, ou concessão do direito de utilização, de direitos de autor sobre obras literárias, artísticas ou científicas, incluindo filmes cinematográficos e suportes lógicos, patentes, marcas registadas, desenhos ou modelos, planos, fórmulas ou processos secretos, ou em contrapartida de informações relativas à experiência adquirida no domínio industrial, comercial ou científico e, bem assim, em contrapartida da utilização ou da concessão do direito de utilização de equipamento industrial, comercial ou científico;

c) 'Estabelecimento estável' uma instalação fixa situada em território português ou noutro Estado membro através da qual uma sociedade de um Estado membro sujeita a um dos impostos sobre os lucros enumerados na subalínea *iii*) da alínea *a*) do artigo 3.º da Directiva n.º 2003/49/CE, sem beneficiar de qualquer isenção e que cumpre os demais requisitos e condições referidos no n.º 1 exerce no todo ou em parte uma actividade de natureza comercial, industrial ou agrícola.

3 – As retenções na fonte sobre os juros ou *royalties* não são efectuadas às taxas previstas na alínea *g*) do n.º 4 do artigo 87.º sempre que, mesmo estando verificadas as condições e requisitos enunciados no presente artigo, a participação referida na alínea *b*) do n.º 1 não tenha sido detida, de modo ininterrupto, durante os dois anos anteriores à data em que se verifica a obrigação de retenção na fonte.

4 – Nos casos em que o período de dois anos de detenção, de modo ininterrupto, da participação mínima mencionada no número anterior se complete após a data em que se verifica a obrigação de retenção na fonte, pode haver lugar a restituição da diferença entre o imposto retido na fonte e o imposto que poderia ser retido, durante aquele período, com base na correspondente taxa prevista na alínea *g*) do n.º 4 do artigo 87.º, a solicitação da entidade beneficiária, dirigida aos serviços competentes da Direcção-Geral dos Impostos, apresentada no prazo de dois anos contados da data da verificação dos pressupostos, desde que seja feita prova da observância das condições e requisitos estabelecidos para o efeito.

5 – A restituição deve ser efectuada no prazo de um ano contado da data da apresentação do pedido e do certificado com as informações indispensáveis à comprovação das condições e requisitos legalmente exigidos e, em caso de incumprimento desse prazo, acrescem à quantia a restituir juros indemnizatórios calculados a taxa idêntica à aplicável aos juros compensatórios a favor do Estado.

6 – Para efeitos da contagem do prazo referido no número anterior, considera-se que o mesmo se suspende sempre que o procedimento estiver parado por motivo imputável ao requerente.

ARTIGO 97.º
Dispensa de retenção na fonte sobre rendimentos auferidos por residentes

1 – Não existe obrigação de efectuar a retenção na fonte de IRC, quando este tenha a natureza de imposto por conta, nos seguintes casos:

 a) Juros e quaisquer outros rendimentos de capitais, com excepção de lucros distribuídos, de que sejam titulares instituições financeiras sujeitas, em relação aos mesmos, a IRC, embora dele isentas;
 b) Juros ou quaisquer acréscimos de crédito pecuniário, resultantes da dilação do respectivo vencimento ou de mora no seu pagamento, quando aqueles créditos sejam consequência de vendas ou prestações de serviços de pessoas colectivas ou outras entidades sujeitas, em relação aos mesmos, a IRC, embora dele isentas;
 c) Lucros obtidos por entidades a que seja aplicável o regime estabelecido no n.º 1 do artigo 51.º, desde que a participação no capital tenha permanecido na titularidade da mesma entidade, de modo ininterrupto, durante o ano anterior à data da sua colocação à disposição;
 d) Rendimentos referidos nas alíneas b) e g) do n.º 1 do artigo 94.º, quando obtidos por pessoas colectivas ou outras entidades sujeitas, relativamente aos mesmos, a IRC, embora dele isentas;
 e) Rendimentos obtidos por sociedades tributadas segundo o regime definido no artigo 69.º, de que seja devedora sociedade do mesmo grupo abrangida por esse regime, desde que esses rendimentos respeitem a períodos a que o mesmo seja aplicado e, quando se trate de lucros distribuídos, estes sejam referentes a resultados obtidos em períodos em que tenha sido aplicado aquele regime;

f) Remunerações referidas na alínea *d)* do n.º 1 do artigo 94.º, quando auferidas por sociedades de revisores oficiais de contas que participem nos órgãos aí indicados;

g) Rendimentos prediais referidos na alínea *c)* do n.º 1 do artigo 94.º, quando obtidos por sociedades que tenham por objecto a gestão de imóveis próprios e não se encontrem sujeitas ao regime de transparência fiscal, nos termos da alínea *c)* do n.º 1 do artigo 6.º, e, bem assim, quando obtidos por fundos de investimento imobiliários;

h) Rendimentos obtidos por sociedades gestoras de participações sociais (SGPS), de que seja devedora sociedade por elas participada durante pelo menos um ano e a participação não seja inferior a 10% do capital com direito de voto da sociedade participada, quer por si só, quer conjuntamente com participações de outras sociedades em que as SGPS sejam dominantes, resultantes de contratos de suprimento celebrados com aquelas sociedades ou de tomadas de obrigações daquelas.

2 – Não existe ainda obrigação de efectuar a retenção na fonte de IRC, no todo ou em parte, consoante os casos, quando os sujeitos passivos beneficiem de isenção, total ou parcial, relativa a rendimentos que seriam sujeitos a essa retenção na fonte, feita que seja a prova, perante a entidade pagadora, da isenção de que aproveitam, até ao termo do prazo estabelecido para a entrega do imposto que deveria ter sido deduzido.

3 – Quando não seja efectuada a prova a que se refere o número anterior, fica o substituto tributário obrigado a entregar a totalidade do imposto que deveria ter sido deduzido nos termos da lei.

4 – Sem prejuízo da responsabilidade contra-ordenacional, a responsabilidade estabelecida no número anterior pode ser afastada sempre que o substituto tributário comprove a verificação dos pressupostos para a dispensa total ou parcial de retenção.

Doutrina Administrativa:

– Procedimentos relativos à aplicação da limitação de imposto por força de uma convenção para evitar a dupla tributação (ver Ofício n.º 20 076, de 31 de Outubro de 2002) **[52]** – pág. 852;

– Convenções para evitar a dupla tributação (Circular n.º 12/2003, de 29 de Julho) **[50]** – pág. 741;

– Formulários para limitação do imposto por aplicação de uma convenção para evitar a dupla tributação internacional quando o beneficiário dos rendimentos seja residente em Espanha (Ofício-circulado n.º 20 090, de 18 de Setembro de 2003) **[52]** – pág. 857.

ARTIGO 98.º
Dispensa total ou parcial de retenção na fonte sobre rendimentos auferidos por entidades não residentes

1 – Não existe obrigação de efectuar a retenção na fonte de IRC, no todo ou em parte, consoante os casos, relativamente aos rendimentos referidos no n.º 1 do artigo 94.º do Código do IRC quando, por força de uma convenção destinada a eliminar a dupla tributação ou de um outro acordo de direito internacional que vincule o Estado Português ou de legislação interna, a competência para a tributação dos rendimentos auferidos por uma entidade que não tenha a sede nem direcção efectiva em território português e aí não possua estabelecimento estável ao qual os mesmos sejam imputáveis não seja atribuída ao Estado da fonte ou o seja apenas de forma limitada.

2 – Nas situações referidas no número anterior, bem como na alínea *g*) do n.º 4 do artigo 87.º, os beneficiários dos rendimentos devem fazer prova perante a entidade que se encontra obrigada a efectuar a retenção na fonte, até ao termo do prazo estabelecido para a entrega do imposto que deveria ter sido deduzido nos termos das normas legais aplicáveis:

a) Da verificação dos pressupostos que resultem de convenção destinada a eliminar a dupla tributação ou de um outro acordo de direito internacional ou ainda da legislação interna aplicável, através da apresentação de formulário de modelo a aprovar por despacho do Ministro das Finanças certificado pelas autoridades competentes do respectivo Estado de residência;

b) Da verificação das condições e do cumprimento dos requisitos estabelecidos no artigo 96.º, através de formulário de modelo a aprovar pelo Ministro das Finanças que contenha os seguintes elementos:

1) Residência fiscal da sociedade beneficiária dos rendimentos e, quando for o caso, da existência do estabelecimento estável, certificada pelas autoridades fiscais competentes do Estado membro da União Europeia de que a sociedade beneficiária é residente ou em que se situa o estabelecimento estável;

2) Cumprimento pela entidade beneficiária dos requisitos referidos nas subalíneas *i*) e *ii*) da alínea *a*) do n.º 1 do artigo 96.º;

3) Qualidade de beneficiário efectivo, nos termos da alínea *d*) do n.º 1 do artigo 96.º, a fornecer pela sociedade beneficiária dos juros ou *royalties*;

4) Quando um estabelecimento estável for considerado como beneficiário dos juros ou *royalties*, além dos elementos referidos no número anterior, deve ainda fazer prova de que a sociedade a que pertence preenche os requisitos referidos nas alíneas *a*) e *b*) do n.º 1 do artigo 96.º;
5) Verificação da percentagem de participação e do período de detenção da participação, nos termos referidos na alínea *b*) do n.º 1 do artigo 96.º;
6) Justificação dos pagamentos de juros ou *royalties*.

3 – Os formulários a que se refere o número anterior, devidamente certificados, são válidos por um período máximo de:

a) Dois anos, na situação prevista na alínea *b*) do n.º 2 e no respeitante a cada contrato relativo a pagamentos de juros ou *royalties*, devendo a sociedade ou o estabelecimento estável beneficiários dos juros ou *royalties* informar imediatamente a entidade ou o estabelecimento estável considerado como devedor ou pagador quando deixarem de ser verificadas as condições ou preenchidos os requisitos estabelecidos no artigo 96.º;
b) Um ano, nas demais situações, devendo a entidade beneficiária dos rendimentos informar imediatamente a entidade devedora ou pagadora das alterações verificadas nos pressupostos de que depende a dispensa total ou parcial de retenção na fonte.

4 – Não obstante o disposto no número anterior, quando a entidade beneficiária dos rendimentos seja um banco central ou uma agência de natureza governamental domiciliado em país com o qual Portugal tenha celebrado convenção para evitar a dupla tributação internacional, a prova a que se refere o n.º 2 é feita uma única vez, sendo dispensada a sua renovação periódica, devendo a entidade beneficiária dos rendimentos informar imediatamente a entidade devedora ou pagadora das alterações verificadas nos pressupostos de que depende a dispensa total ou parcial de retenção na fonte.

5 – Sem prejuízo do disposto no número seguinte, quando não seja efectuada a prova até ao termo do prazo estabelecido para a entrega do imposto, e, bem assim, nos casos previstos nos n.ºs 3 e seguintes do artigo 14.º, fica o substituto tributário obrigado a entregar a totalidade do imposto que deveria ter sido deduzido nos termos da lei.

6 – Sem prejuízo da responsabilidade contra-ordenacional, a responsabilidade estabelecida no número anterior pode ser afastada sempre

que o substituto tributário comprove com o documento a que se refere o n.º 2 do presente artigo e os n.ᵒˢ 3 e seguintes do artigo 14.º, consoante o caso, a verificação dos pressupostos para a dispensa total ou parcial de retenção.

7 – As entidades beneficiárias dos rendimentos que verifiquem as condições referidas no n.º 1 e na alínea *b)* do n.º 2 do presente artigo e nos n.ᵒˢ 3 e seguintes do artigo 14.º, quando não tenha sido efectuada a prova nos prazos e nas condições estabelecidas, podem solicitar o reembolso total ou parcial do imposto que tenha sido retido na fonte, no prazo de dois anos contados a partir do termo do ano em que se verificou o facto gerador do imposto, mediante a apresentação de um formulário de modelo aprovado pelo membro do Governo responsável pela área das finanças e, quando necessário, de outros elementos que permitam aferir a legitimidade do reembolso.([1])

8 – O reembolso do excesso do imposto retido na fonte deve ser efectuado no prazo de um ano contado da data da apresentação do pedido e dos elementos que constituem a prova da verificação dos pressupostos de que depende a concessão do benefício e, em caso de incumprimento desse prazo, acrescem à quantia a reembolsar juros indemnizatórios calculados a taxa idêntica à aplicável aos juros compensatórios a favor do Estado.

9 – Para efeitos da contagem do prazo referido no número anterior, considera-se que o mesmo se suspende sempre que o procedimento estiver parado por motivo imputável ao requerente.

Doutrina Administrativa:
– Directiva n.º 2003/49/CE, do Conselho, de 03 de Junho (Directiva Juros e Royalties), (Circular n.º 5/2009, de 1 de Abril) **[50]**, pág. 777.

([1]) Redacção dada pela Lei n.º 3-B/2010, de 28/04 (OE/2010).
Redacção anterior:
...
7 – As entidades beneficiárias dos rendimentos, que verifiquem as condições referidas no n.º 1 deste artigo e nos n.ᵒˢ 3 e seguintes do artigo 14.º, quando não tenha sido efectuada a prova nos prazos e condições estabelecidos, podem solicitar o reembolso total ou parcial do imposto que tenha sido retido na fonte, no prazo de dois anos contados a partir do termo do ano em que se verificou o facto gerador do imposto, mediante a apresentação de um formulário de modelo aprovado pelo Ministro das Finanças e, quando necessário, de outros elementos que permitam aferir a legitimidade do reembolso.
...

ARTIGO 99.º
Liquidação adicional

1 – A Direcção-Geral dos Impostos procede à liquidação adicional quando, depois de liquidado o imposto, seja de exigir, em virtude de correcção efectuada nos termos do n.º 10 do artigo 90.º ou de fixação do lucro tributável por métodos indirectos, imposto superior ao liquidado.

2 – A Direcção-Geral dos Impostos procede ainda à liquidação adicional, sendo caso disso, em consequência de:

a) Revisão do lucro tributável nos termos do artigo 62.º;
b) Exame à contabilidade efectuado posteriormente à liquidação correctiva referida no n.º 1;
c) Erros de facto ou de direito ou omissões verificados em qualquer liquidação.

ARTIGO 100.º
Liquidações correctivas no regime de transparência fiscal

Sempre que, relativamente às entidades a que se aplique o regime de transparência fiscal definido no artigo 6.º, haja lugar a correcções que determinem alteração dos montantes imputados aos respectivos sócios ou membros, a Direcção-Geral dos Impostos promove as correspondentes modificações na liquidação efectuada àqueles, cobrando-se ou anulando-se em consequência as diferenças apuradas.

ARTIGO 101.º
Caducidade do direito à liquidação

A liquidação de IRC, ainda que adicional, só pode efectuar-se nos prazos e nos termos previstos nos artigos 45.º e 46.º da Lei Geral Tributária.

Doutrina Administrativa:
– Prazo de caducidade: IRC – Retenções na fonte a título definitivo (Circular n.º 12/2004, de 11 de Junho) **[50]** – pág. 759.

ARTIGO 102.º
Juros compensatórios

1 – Sempre que, por facto imputável ao sujeito passivo, for retardada a liquidação de parte ou da totalidade do imposto devido ou a entrega do imposto a pagar antecipadamente ou a reter no âmbito da substituição tributária ou obtido reembolso indevido, acrescem ao montante do imposto juros compensatórios à taxa e nos termos previstos no artigo 35.º da Lei Geral Tributária.

2 – São igualmente devidos juros compensatórios nos termos do número anterior pela entrega fora do prazo ou pela falta de entrega, total ou parcial, do pagamento especial por conta.

3 – Os juros compensatórios contam-se dia a dia nos seguintes termos:

a) Desde o termo do prazo para a apresentação da declaração até ao suprimento, correcção ou detecção da falta que motivou o retardamento da liquidação;
b) Se não tiver sido efectuado, total ou parcialmente, o pagamento especial por conta a que se refere o artigo 106.º, desde o dia imediato ao termo do respectivo prazo até ao termo do prazo para a entrega da declaração de rendimentos ou até à data da autoliquidação, se anterior, devendo os juros vencidos ser pagos conjuntamente;
c) Se houver atraso no pagamento especial por conta, desde o dia imediato ao do termo do respectivo prazo até à data em que se efectuou, devendo ser pagos conjuntamente;
d) Desde o recebimento do reembolso indevido até à data do suprimento ou correcção da falta que o motivou.

4 – Entende-se haver retardamento da liquidação sempre que a declaração periódica de rendimentos a que se refere a alínea b) do n.º 1 do artigo 117.º seja apresentada ou enviada fora do prazo estabelecido sem que o imposto devido se encontre totalmente pago no prazo legal.

Ver os artigos:
109.º – Juros devidos por falta de pagamento de imposto autoliquidado; **114.º** – Juros e responsabilidade pelo pagamento nos casos de retenção na fonte.

Legislação Complementar:
– Lei geral tributária, art. 35.º, n.º 10 – A taxa dos juros compensatórios é equivalente à taxa dos juros legais fixados no termos do n.º 1 do art. 559.º do Código Civil;
– Portaria n.º 291/2003, de 8/4 – A taxa anual de juros legais é de 4%.

Doutrina Administrativa:
– Liquidação de juros compensatórios e de juros de mora – taxas aplicáveis (Ofício--circulado n.º 60 005, de 5 de Fev. 99) **[52]** – pág. 822.

ARTIGO 103.º
Anulações

1 – A Direcção-Geral dos Impostos procede oficiosamente à anulação, total ou parcial, do imposto que tenha sido liquidado, sempre que este se mostre superior ao devido, nos seguintes casos:

a) Em consequência de correcção da liquidação nos termos dos n.ºs 9 e 10 do artigo 90.º ou do artigo 100.º;
b) Em resultado de exame à contabilidade;
c) Devido à determinação da matéria colectável por métodos indirectos;
d) Por motivos imputáveis aos serviços;
e) Por duplicação de colecta.

2 – Não se procede à anulação quando o seu quantitativo seja inferior a € 24,94 ou, no caso de o imposto já ter sido pago, tenha decorrido o prazo de revisão oficiosa do acto tributário previsto no artigo 78.º da Lei Geral Tributária.

Ver o art. 111.º – Limite mínimo para liquidação € 24,94.

CAPÍTULO VI
Pagamento

SECÇÃO I
Entidades que exerçam, a título principal, actividade comercial, industrial ou agrícola

ARTIGO 104.º
Regras de pagamento

1 – As entidades que exerçam, a título principal, actividade de natureza comercial, industrial ou agrícola, bem como as não residentes com estabelecimento estável em território português, devem proceder ao pagamento do imposto nos termos seguintes:

a) Em três pagamentos por conta, com vencimento em Julho, Setembro e 15 de Dezembro do próprio ano a que respeita o lucro tributável ou, nos casos dos n.ºs 2 e 3 do artigo 8.º, no 7.º mês, no 9.º mês e no dia 15 do 12.º mês do respectivo período de tributação;

b) Até ao último dia do prazo fixado para o envio da declaração periódica de rendimentos, pela diferença que existir entre o imposto total aí calculado e as importâncias entregues por conta;([1])

c) Até ao dia do envio da declaração de substituição a que se refere o artigo 122.º, pela diferença que existir entre o imposto total aí calculado e as importâncias já pagas. ([1])

2 – Há lugar a reembolso ao sujeito passivo quando:

a) O valor apurado na declaração, líquido das deduções a que se referem os n.ºs 2 e 4 do artigo 90.º, for negativo, pela importância resultante da soma do correspondente valor absoluto com o montante dos pagamentos por conta;

b) O valor apurado na declaração, líquido das deduções a que se referem os n.ᵒˢ 2 e 4 do artigo 90.º, não sendo negativo, for inferior ao valor dos pagamentos por conta, pela respectiva diferença.

3 – O reembolso é efectuado, quando a declaração periódica de rendimentos for enviada no prazo legal e desde que a mesma não contenha erros de preenchimento, até ao fim do 3.º mês seguinte ao do seu envio.(¹)

4 – Os sujeitos passivos são dispensados de efectuar pagamentos por conta quando o imposto do exercício de referência para o respectivo cálculo for inferior a € 199,52.

5 – Se o pagamento a que se refere a alínea *a)* do n.º 1 não for efectuado nos prazos aí mencionados, começam a correr imediatamente juros compensatórios, que são contados até ao termo do prazo para envio da declaração ou até à data do pagamento da autoliquidação, se anterior, ou, em caso de mero atraso, até à data da entrega por conta, devendo, neste caso, ser pagos simultaneamente.(¹)

6 – Não sendo efectuado o reembolso no prazo referido no n.º 3, acrescem à quantia a restituir juros indemnizatórios a taxa idêntica à aplicável aos juros compensatórios a favor do Estado.

7 – Não há lugar ao pagamento a que se referem as alíneas *b)* e *c)* do n.º 1 nem ao reembolso a que se refere o n.º 2 quando o seu montante for inferior a € 24,94.

Ver os artigos:
– **108.º a 109.º** – Pagamento do imposto; **120.º** – Apresentação da declaração periódica de rendimentos;
– **22.º, n.º 9** do EBF – Fundos de investimento – reembolsos.

(¹) Declaração de rectificação n.º 67-A/2009, D.R., I Série, de 11/9.

ARTIGO 105.º
Cálculo dos pagamentos por conta

1 – Os pagamentos por conta são calculados com base no imposto liquidado nos termos do n.º 1 do artigo 90.º relativamente ao período de tributação imediatamente anterior àquele em que se devam efectuar esses pagamentos, líquido da dedução a que se refere a alínea *d)* do n.º 2 do mesmo artigo.

2 – Os pagamentos por conta dos sujeitos passivos cujo volume de negócios do período de tributação imediatamente anterior àquele em que se devam efectuar esses pagamentos seja igual ou inferior a € 498 797,90 correspondem a 70% do montante do imposto referido no número anterior, repartido por três montantes iguais, arredondados, por excesso, para euros.

3 – Os pagamentos por conta dos sujeitos passivos cujo volume de negócios do período de tributação imediatamente anterior àquele em que se devam efectuar esses pagamentos seja superior a € 498 797,90 correspondem a 90% do montante do imposto referido no n.º 1, repartido por três montantes iguais, arredondados, por excesso, para euros.

4 – No caso referido na alínea *d*) do n.º 4 do artigo 8.º, o imposto a ter em conta para efeitos do disposto no n.º 1 é o que corresponderia a um período de 12 meses, calculado proporcionalmente ao imposto relativo ao período aí mencionado.

5 – Tratando-se de sociedades de um grupo a que seja aplicável pela primeira vez o regime especial de tributação dos grupos de sociedades, os pagamentos por conta relativos ao primeiro período de tributação são efectuados por cada uma dessas sociedades e calculados nos termos do n.º 1, sendo o total das importâncias por elas entregue tomado em consideração para efeito do cálculo da diferença a pagar pela sociedade dominante ou a reembolsar-lhe, nos termos do artigo 104.º

6 – No período de tributação seguinte àquele em que terminar a aplicação do regime previsto no artigo 69.º, os pagamentos por conta a efectuar por cada uma das sociedades do grupo são calculados nos termos do n.º 1 com base no imposto que lhes teria sido liquidado relativamente ao período de tributação anterior se não estivessem abrangidas pelo regime.

7 – No período de tributação em que deixe de haver tributação pelo regime especial de tributação dos grupos de sociedades, observa-se o seguinte:

 a) Os pagamentos por conta a efectuar após a ocorrência do facto determinante da cessação do regime são efectuados por cada uma das sociedades do grupo e calculados da forma indicada no número anterior;

 b) Os pagamentos por conta já efectuados pela sociedade dominante à data da ocorrência da cessação do regime são tomados em consideração para efeito do cálculo da diferença que tiver a pagar ou que deva ser-lhe reembolsada nos termos do artigo 104.º

Doutrina Administrativa:
– Instruções sobre o pagamento especial por conta de IRC (Ofício-circulado n.º 82//98 de 98/03/18) **[52]** – pág. 816.

ARTIGO 106.º
Pagamento especial por conta

1 – Sem prejuízo do disposto na alínea *a*) do n.º 1 do artigo 104.º, os sujeitos passivos aí mencionados ficam sujeitos a um pagamento especial por conta, a efectuar durante o mês de Março ou em duas prestações, durante os meses de Março e Outubro do ano a que respeita ou, no caso de adoptarem um período de tributação não coincidente com o ano civil, nos 3.º e 10.º meses do período de tributação respectivo.([1])

2 – O montante do pagamento especial por conta é igual a 1% do volume de negócios relativo ao período de tributação anterior, com o limite mínimo de € 1 000, e, quando superior, é igual a este limite acrescido de 20% da parte excedente, com o limite máximo de € 70 000.([1])

3 – Ao montante apurado nos termos do número anterior deduzem-se os pagamentos por conta calculados nos termos do artigo anterior, efectuados no período de tributação anterior.

4 – Para efeitos do disposto no n.º 2, o volume de negócios corresponde ao valor das vendas e dos serviços prestados.

5 – No caso dos bancos, empresas de seguros e outras entidades do sector financeiro para as quais esteja prevista a aplicação de planos de contabilidade específicos, o volume de negócios é substituído pelos juros e rendimentos similares e comissões ou pelos prémios brutos emitidos, consoante a natureza da actividade exercida pelo sujeito passivo.([1])

6 – Nos sectores de revenda de combustíveis, de tabacos, de veículos sujeitos ao imposto automóvel e de álcool e bebidas alcoólicas podem não ser considerados, no cálculo do pagamento especial por conta, os impostos abaixo indicados, quando incluídos nos rendimentos:

a) Impostos especiais sobre o consumo (IEC);
b) Imposto sobre Veículos (ISV).([1])

7 – Para efeitos do disposto na alínea *a*) do número anterior, quando não for possível determinar os impostos efectivamente incluídos nos rendimentos podem ser deduzidas as seguintes percentagens:([1])

a) 50% nos rendimentos relativos à venda de gasolina;
b) 40% nos rendimentos relativos à venda de gasóleo;
c) 60% nos rendimentos relativos à venda de cigarros;
d) 10% nos rendimentos relativos à venda de cigarrilhas e charutos;
e) 30% nos rendimentos relativos à venda de tabacos de corte fino destinados a cigarros de enrolar;
f) 30% nos rendimentos relativos à venda dos restantes tabacos de fumar.

8 – Para efeitos do disposto do n.º 2, em relação às organizações de produtores e aos agrupamentos de produtores do sector agrícola que tenham sido reconhecidos ao abrigo de regulamentos comunitários, os rendimentos das actividades para as quais foi concedido o reconhecimento são excluídos do cálculo do pagamento especial por conta.

9 – *(Revogado)*.([1])

10 – O disposto no n.º 1 não é aplicável no período de tributação de início de actividade e no seguinte.

11 – Ficam dispensados de efectuar o pagamento especial por conta:([1])

a) Os sujeitos passivos totalmente isentos de IRC, ainda que a isenção não inclua rendimentos que sejam sujeitos a tributação por retenção na fonte com carácter definitivo;([1])
b) Os sujeitos passivos que se encontrem com processos no âmbito do Código da Insolvência e da Recuperação de Empresas, a partir da data de instauração desse processo;
c) Os sujeitos passivos que tenham deixado de efectuar vendas ou prestações de serviços e tenham entregue a correspondente declaração de cessação de actividade a que se refere o artigo 33.º do Código do IVA.

12 – Quando seja aplicável o regime especial de tributação dos grupos de sociedades, é devido um pagamento especial por conta por cada uma das sociedades do grupo, incluindo a sociedade dominante, cabendo a esta última as obrigações de determinar o valor global do pagamento especial por conta, deduzindo o montante dos pagamentos por conta respectivos, e de proceder à sua entrega.

Ver os artigos:
69.º – Regime especial de tributação dos grupos de sociedades;
93.º – Pagamento especial por conta.

Doutrina Administrativa:
– Instruções sobre o pagamento especial por conta de IRC (Ofício-circulado n.º 82/ /98 de 98/03/18) **[52]** – pág. 816.

(¹) Redacção dada pela Lei n.º 3-B/2010, de 28/04 (OE/2010).
Redacção anterior:
1 – Sem prejuízo do disposto na alínea *a*) do n.º 1 do artigo 104.º, os sujeitos passivos aí mencionados, excepto os abrangidos pelo regime simplificado previsto no artigo 58.º, ficam sujeitos a um pagamento especial por conta, a efectuar durante o mês de Março ou, em duas prestações, durante os meses de Março e Outubro do ano a que respeita ou, no caso de adoptarem um período de tributação não coincidente com o ano civil, no 3.º mês e no 10.º mês do período de tributação respectivo.
2 – O montante do pagamento especial por conta é igual a 1% do volume de negócios relativo ao período de tributação anterior, com o limite mínimo de € 1 000, e, quando superior, será igual a este limite acrescido de 20% da parte excedente, com o limite máximo de € 70 000.
...
5 – No caso dos bancos, empresas de seguros e outras entidades do sector financeiro para as quais esteja prevista a aplicação de planos de contabilidade específicos, o volume de negócios será substituído pelos juros e rendimentos similares e comissões ou pelos prémios brutos emitidos, consoante a natureza da actividade exercida pelo sujeito passivo.
6 – ...
a) ...
b) Imposto automóvel (IA).
7 – Para efeitos do disposto na alínea *a*) do número anterior, quando não for possível determinar os impostos efectivamente incluídos nos rendimentos poderão ser deduzidas as seguintes percentagens:
...
9 – O pagamento especial por conta a efectuar pelos sujeitos passivos de IRC que, no período de tributação anterior àquele a que o mesmo respeita, apenas tenham auferido rendimentos isentos, corresponde ao montante mínimo previsto no n.º 2, sem prejuízo do disposto no n.º 3.
...
11 – Ficam dispensados de efectuar o pagamento especial por conta:
a) Os sujeitos passivos totalmente isentos de IRC nos termos dos artigos 9.º e 10.º e do Estatuto Fiscal Cooperativo;
...

ARTIGO 107.º
Limitações aos pagamentos por conta

1 – Se o sujeito passivo verificar, pelos elementos de que disponha, que o montante do pagamento por conta já efectuado é igual ou superior ao imposto que será devido com base na matéria colectável do período de tributação, pode deixar de efectuar novo pagamento por conta.

2 – Verificando-se, face à declaração periódica de rendimentos do exercício a que respeita o imposto, que, em consequência da suspensão da entrega por conta prevista no número anterior, deixou de ser paga uma

importância superior a 20% da que, em condições normais, teria sido entregue, há lugar a juros compensatórios desde o termo do prazo em que cada entrega deveria ter sido efectuada até ao termo do prazo para envio da declaração ou até à data do pagamento da autoliquidação, se anterior.(^{1})

3 – Se a entrega por conta a efectuar for superior à diferença entre o imposto total que o sujeito passivo julgar devido e as entregas já efectuadas, pode aquele limitar o pagamento a essa diferença, sendo de aplicar o disposto nos números anteriores, com as necessárias adaptações.

Doutrina Administrativa:
– Instruções sobre o pagamento especial por conta de IRC (Ofício-circulado n.º 82//98 de 98/03/18) **[52]** – pág. 816;
– Declaração de limitação de pagamentos por conta IRC (Ofício-circulado n.º 20119 de 2006/09/22) **[52]** – pág. 873.

(^{1}) Redacção dada pelo art. 3.º do D.L. n.º 292/2009, de 13/10.

SECÇÃO II
Entidades que não exerçam, a título principal, actividade comercial, industrial ou agrícola

ARTIGO 108.º
Pagamento do imposto

1 – O imposto devido pelas entidades não referidas no n.º 1 do artigo 104.º e que sejam obrigadas a enviar a declaração periódica de rendimentos é pago até ao último dia do prazo estabelecido para o envio daquela, ou em caso de declaração de substituição, até ao dia do seu envio.(^{1})

2 – Havendo lugar a reembolso de imposto, o mesmo efectua-se nos termos dos n.ºs 3 e 6 do artigo 104.º

Legislação Complementar:
– D.L. n.º 492/88, de 30 de Dezembro – Regulamentação da cobrança e dos reembolsos **[31]** – pág. 619.

(^{1}) Redacção dada pelo art. 3.º do D.L. n.º 292/2009, de 13/10.

SECÇÃO III
Disposições comuns

ARTIGO 109.º
Falta de pagamento de imposto autoliquidado

Havendo lugar a autoliquidação de imposto e não sendo efectuado o pagamento deste até ao termo do respectivo prazo, começam a correr imediatamente juros de mora e a cobrança da dívida é promovida pela Direcção-Geral dos Impostos nos termos previstos no artigo seguinte.

ARTIGO 110.º
Pagamento do imposto liquidado pelos serviços

1 – Nos casos de liquidação efectuada pela Direcção-Geral dos Impostos, o sujeito passivo é notificado para pagar o imposto e juros que se mostrem devidos, no prazo de 30 dias a contar da notificação.

2 – A notificação a que se refere o número anterior é feita nos termos do Código de Procedimento e de Processo Tributário.

3 – Não sendo pago o imposto no prazo estabelecido no n.º 1, começam a correr imediatamente juros de mora sobre o valor da dívida.

4 – Decorrido o prazo no n.º 1 sem que se mostre efectuado o respectivo pagamento, há lugar a procedimento executivo.

5 – Se a liquidação referida no n.º 1 der lugar a reembolso de imposto, o mesmo é efectuado nos termos dos n.ºs 3 e 6 do artigo 104.º

Legislação Complementar:
– D.L. n.º 492/88, de 30 de Dezembro – Regulamentação da cobrança e dos reembolsos [31] – pág. 619.

ARTIGO 111.º
Limite mínimo

Não há lugar a cobrança quando, em virtude de liquidação efectuada, a importância liquidada for inferior a € 24,94.

Ver o art. 103.º, n.º 2 – Limite mínimo para anulação – **€ 24,94.**

ARTIGO 112.º
Modalidades de pagamento

1 – O pagamento de IRC é efectuado nos termos previstos no n.º 1 do artigo 40.º da Lei Geral Tributária.

2 – Se o pagamento for efectuado por meio de cheque, a extinção da obrigação de imposto só se verifica com o recebimento efectivo da respectiva importância, não sendo, porém, devidos juros de mora pelo tempo que mediar entre a entrega ou expedição do cheque e aquele recebimento, salvo se não for possível fazer a cobrança integral da dívida por falta de provisão.

3 – Tratando-se de vale postal, a obrigação do imposto considera-se extinta com a sua entrega ou expedição.

Legislação Complementar:
– D.L. n.º 492/88, de 30 de Dezembro – Regulamentação da cobrança e dos reembolsos [31] – pág. 619.

ARTIGO 113.º
Local de pagamento

1 – O pagamento do IRC, quando efectuado no prazo de cobrança voluntária, pode ser feito nos bancos, correios e tesourarias de finanças.

2 – No caso de cobrança coerciva, o pagamento é efectuado nas tesourarias de finanças que funcionem junto dos serviços de finanças ou do tribunal tributário onde correr a execução.

Legislação Complementar:
– D.L. n.º 492/88, de 30 de Dezembro – Regulamentação da cobrança e dos reembolsos [31] – pág. 619.

ARTIGO 114.º
Juros e responsabilidade pelo pagamento nos casos de retenção na fonte

1 – Quando a retenção na fonte tenha a natureza de imposto por conta e a entidade que a deva efectuar a não tenha feito, total ou parcialmente, ou, tendo-a feito, não tenha entregue o imposto ou o tenha entregue fora

do prazo, são por ela devidos juros compensatórios sobre as respectivas importâncias, contados, no último caso, desde o dia imediato àquele em que deviam ter sido entregues até à data do pagamento ou da liquidação e, no primeiro caso, desde aquela mesma data até ao termo do prazo para entrega da declaração periódica de rendimentos pelo sujeito passivo, sem prejuízo da responsabilidade que ao caso couber.

2 – Sempre que a retenção na fonte tenha carácter definitivo, são devidos juros compensatórios pela entidade a quem incumbe efectuá-la, sobre as importâncias não retidas, ou retidas mas não entregues dentro do prazo legal, contados desde o dia imediato àquele em que deviam ter sido entregues até à data do pagamento ou da liquidação.

3 – Aos juros compensatórios referidos nos números anteriores aplica-se o disposto no artigo 35.º da Lei Geral Tributária.

4 – No caso das retenções na fonte contempladas no n.º 1, a entidade devedora dos rendimentos é subsidiariamente responsável pelo pagamento do imposto que vier a revelar-se devido pelo sujeito passivo titular dos rendimentos, até à concorrência da diferença entre o imposto que tenha sido deduzido e o que deveria tê-lo sido.

5 – Quando a retenção na fonte tenha carácter definitivo, os titulares dos rendimentos são subsidiariamente responsáveis pelo pagamento do imposto, pela diferença mencionada no número anterior.

6 – Os juros compensatórios devem ser pagos:

a) Conjuntamente com as importâncias retidas, quando estas sejam entregues fora do prazo legalmente estabelecido;

b) Autonomamente, no prazo de 30 dias a contar do termo do período em que são devidos, quando, tratando-se de retenção com a natureza de imposto por conta, esta não tenha sido efectuada.

Ver o art. 102.º – Juros compensatórios.

Legislação Complementar:
– LGT – art. 35.º – Juros compensatórios.

Doutrina Administrativa:
– Procedimentos relativos à aplicação da limitação de imposto por força de uma convenção para evitar a dupla tributação (ver Ofício n.º 20 076, de 31 de Outubro de 2002) [52] – pág. 852.

ARTIGO 115.º
Responsabilidade pelo pagamento no regime especial de tributação dos grupos de sociedades

Quando seja aplicável o disposto no artigo 69.º, o pagamento do IRC incumbe à sociedade dominante, sendo qualquer das outras sociedades do grupo solidariamente responsável pelo pagamento daquele imposto, sem prejuízo do direito de regresso pela parte do imposto que a cada uma delas efectivamente respeite.

ARTIGO 116.º
Privilégios creditórios

Para pagamento do IRC relativo aos três últimos anos, a Fazenda Pública goza de privilégio mobiliário geral e privilégio imobiliário sobre os bens existentes no património do sujeito passivo à data da penhora ou outro acto equivalente.

Legislação Complementar:
Código Civil – Art. 736.º – O Estado tem privilégio mobiliário geral para garantia dos créditos por impostos directos inscritos para cobrança no ano corrente na data da penhora, ou acto equivalente, e nos dois anos anteriores.

CAPÍTULO VII
Obrigações acessórias e fiscalização

SECÇÃO I
Obrigações acessórias dos sujeitos passivos

ARTIGO 117.º
Obrigações declarativas

1 – Os sujeitos passivos de IRC, ou os seus representantes, são obrigados a apresentar:

a) Declaração de inscrição, de alterações ou de cessação, nos termos dos artigos 118.º e 119.º;
b) Declaração periódica de rendimentos, nos termos do artigo 120.º;
c) Declaração anual de informação contabilística e fiscal, nos termos do artigo 121.º

2 – As declarações a que se refere o número anterior são de modelo oficial, aprovado por despacho do Ministro das Finanças, devendo ser-lhes juntos, fazendo delas parte integrante, os documentos e os anexos que para o efeito sejam mencionados no referido modelo oficial.

3 – São regulamentados por portaria do Ministro das Finanças o âmbito de obrigatoriedade, os suportes, o início de vigência e os procedimentos do regime de envio de declarações por transmissão electrónica de dados.

4 – São recusadas as declarações apresentadas que não se mostrem completas, devidamente preenchidas e assinadas, bem como as que sendo enviadas por via electrónica de dados se mostrem desconformes com a regulamentação estabelecida na portaria referida no número anterior, sem prejuízo das sanções estabelecidas para a falta da sua apresentação ou envio.

5 – Quando as declarações não forem consideradas suficientemente claras, a Direcção-Geral dos Impostos notifica os sujeitos passivos para

prestarem por escrito, no prazo que lhes for fixado, nunca inferior a cinco dias, os esclarecimentos indispensáveis.

6 – A obrigação a que se refere a alínea b) do n.º 1 não abrange, excepto quando estejam sujeitas a uma qualquer tributação autónoma, as entidades que, não exercendo a título principal uma actividade comercial, industrial ou agrícola:

a) Não obtenham rendimentos no período de tributação;
b) Obtendo rendimentos, beneficiem de isenção definitiva, ainda que a mesma não inclua os rendimentos de capitais e desde que estes tenham sido tributados por retenção na fonte a título definitivo;
c) Apenas aufiram rendimentos de capitais cuja taxa de retenção na fonte, com natureza de pagamento por conta, seja igual à prevista no n.º 5 do artigo 87.º

7 – A obrigação referida na alínea b) do n.º 1 não abrange, igualmente, as entidades que, embora exercendo, a título principal, uma actividade de natureza comercial, industrial ou agrícola, beneficiem de isenção definitiva e total, ainda que a mesma não inclua rendimentos que sejam sujeitos a tributação por retenção na fonte com carácter definitivo, excepto quando estejam sujeitas a uma qualquer tributação autónoma.

8 – A obrigação referida na alínea b) do n.º 1 também não abrange as entidades não residentes que apenas aufiram, em território português, rendimentos isentos.([1])

9 – A não tributação em IRC das entidades abrangidas pelo regime de transparência fiscal nos termos do artigo 6.º não as desobriga de apresentação ou envio das declarações referidas no n.º 1.([1])

10 – Relativamente às sociedades ou outras entidades em liquidação, as obrigações declarativas que ocorram posteriormente à dissolução são da responsabilidade dos respectivos liquidatários ou do administrador da falência.([1])

Doutrina Administrativa:

– Certificação da qualidade de residente em Portugal, para efeitos fiscais (ver Ofício-circulado n.º 39574, de 10/07/98) **[52]** – pág. 821;

– Obrigatoriedade de assinatura das declarações pelos TOC. (N.º 11 do Despacho n.º 8470/97 (2.ª Série), de 16/9/97, DR, II Série, n.º 227, de 1/10/97):
"A partir de 1 de Janeiro de 1998 passa a ser exigida a assinatura dos TOC nas declarações de IVA e de IRS/IRC, nos termos do n.º 1 do artigo 2.º do Estatuto dos TOC."

– Identificação do técnico oficial de contas (ver Circular n.º 7/99, de 9/4/99) **[50]** – pág. 684;

– Prazo para apresentação da declaração de inscrição (Ofício-circulado n.º 20 040, de 14 de Março de 2001) **[52]** – pág. 840;
– Gestão de TOC's via Internet (Ofício-circulado n.º 90004, de 28 de Julho de 2005) **[52]** – pág. 863.

(¹) Redacção dada pelo art. 3.º do D.L. n.º 292/2009, de 13/10, que passou os n.ᵒˢ 8 a 9 e 9 a 10.

ARTIGO 118.º
Declaração de inscrição, de alterações ou de cessação

1 – A declaração de inscrição no registo a que se refere a alínea *a*) do n.º 1 do artigo anterior deve ser apresentada pelos sujeitos passivos, em qualquer serviço de finanças ou noutro local legalmente autorizado, no prazo de 90 dias a partir da data de inscrição no Registo Nacional de Pessoas Colectivas, sempre que esta seja legalmente exigida, ou, caso o sujeito passivo esteja sujeito a registo comercial, no prazo de 15 dias a partir da data de apresentação a registo na Conservatória do Registo Comercial.

2 – Sempre que a declaração de início de actividade a que se refere o artigo 30.º do Código do Imposto sobre o Valor Acrescentado deva ser apresentada até ao termo do prazo previsto no número anterior, esta declaração considera-se, para todos os efeitos, como a declaração de inscrição no registo.

3 – Os sujeitos passivos não residentes e que obtenham rendimentos não imputáveis a estabelecimento estável situado em território português relativamente aos quais haja lugar à obrigação de apresentar a declaração a que se refere o artigo 120.º são igualmente obrigados a apresentar a declaração de inscrição no registo, em qualquer serviço de finanças ou noutro local legalmente autorizado, no prazo de 15 dias a contar da data da ocorrência do facto que originou o direito aos mesmos rendimentos.

4 – Da declaração de inscrição no registo deve constar, relativamente às pessoas colectivas e outras entidades mencionadas no n.º 2 do artigo 8.º, o período anual de imposto que desejam adoptar.

5 – Sempre que se verifiquem alterações de qualquer dos elementos constantes da declaração de inscrição no registo, deve o sujeito passivo entregar a respectiva declaração de alterações no prazo de 15 dias a contar da data da alteração, salvo se outro prazo estiver expressamente previsto.

6 – Os sujeitos passivos de IRC devem apresentar a declaração de cessação no prazo de 30 dias a contar da data da cessação da actividade ou,

tratando-se dos sujeitos passivos mencionados no n.º 3, da data em que tiver ocorrido a cessação da obtenção de rendimentos.

7 – O contribuinte fica dispensado da entrega da declaração mencionada no n.º 5 sempre que as alterações em causa sejam de factos sujeitos a registo na Conservatória do Registo Comercial e a entidades inscritas no Ficheiro Central de Pessoas Colectivas que não estejam sujeitas no registo comercial.

Doutrina Administrativa:
– Obrigatoriedade de assinatura das declarações pelos TOC. (N.º 11 do Despacho n.º 8470/97 (2.ª Série), de 16/9/97, DR, II Série, n.º 227, de 1/10/97):
"A partir de 1 de Janeiro de 1998 passa a ser exigida a assinatura dos TOC nas declarações de IVA e de IRS/IRC, nos termos do n.º 1 do artigo 2.º do Estatuto dos TOC."
– IRC – Pagamento especial por conta (ver Ofício-circulado n.º 82, de 98/03/18) **[52]** – pág. 816;
– Identificação do técnico oficial de contas (ver Circular n.º 7/99, de 9/4/99) **[50]** – pág. 684;
– Prazo para apresentação da declaração de inscrição (Ofício-circulado n.º 20040, de 14 de Março de 2001) **[52]** – pág. 840;
– Cessação de actividade (Ofício-circulado n.º 20063, de 05/03/2002) **[52]** – pág. 848;
– Gestão de TOC's via Internet (Ofício-circulado n.º 90004, de 28 de Julho de 2005) **[52]** – pág. 863;
– Declaração de inscrição de alteração ou de cessação (Ofício-circulado n.º 90001, de 12/07/2005) **[52]** – pág. 862;
Heranças indivisas – cônjuge sobrevivo com rendimentos comerciais. Atribuição de NIF/declaração de actividade (Ofício-circulado n.º 90003, de 28/07/2005) **[52]** – pág. 863;
– Período especial de tributação. Período de tributação diferente do ano civil. Declarações de Inscrição no Registo e de Alterações (ver Circular n.º 4/2006) **[50]** – pág. 766;
– Desmaterialização das Declarações de alterações de actividade e de cessação de actividade para contribuintes colectivos (Ofício-circulado n.º 90007, de 2007/01/04) **[52]** – pág. 874;
– Regime Especial de Tributação dos Grupos de Sociedades (RETGS). Obrigações Declarativas (Circular n.º 06/2007, de 13 de Março) **[50]** – pág. 771.

ARTIGO 119.º
Declaração verbal de inscrição, de alterações ou de cessação

1 – Quando o serviço de finanças ou outro local legalmente autorizado a receber as declarações referidas na alínea *a*) do n.º 1 do artigo 117.º disponha de meios informáticos adequados, essas declarações são subs-

tituídas pela declaração verbal, efectuada pelo sujeito passivo, de todos os elementos necessários à inscrição no registo, à alteração dos dados constantes daquele registo e ao seu cancelamento, sendo estes imediatamente introduzidos no sistema informático e confirmados pelo declarante, após a sua impressão em documento tipificado.

2 – O documento tipificado nas condições referidas no número anterior substitui, para todos os efeitos legais, as declarações a que se refere a alínea *a*) do n.º 1 do artigo 117.º

3 – O documento comprovativo da inscrição das alterações ou do cancelamento no registo de sujeitos passivos de IRC é o documento tipificado, consoante os casos, processado após a confirmação dos dados pelo declarante, autenticado com a assinatura do funcionário receptor e com aposição da vinheta do técnico oficial de contas que assume a responsabilidade fiscal do sujeito passivo a que respeitam as declarações.

Doutrina Administrativa:
– Prazo para apresentação da declaração de inscrição (Ofício-circulado n.º 20040, de 14 de Março de 2001) **[52]** – pág. 840;
– Cessação de actividade (Ofício-circulado n.º 20063, de 05/03/2002) **[52]** – pág. 848;
– Opção de regime de tributação (Ofício n.º 20081, de 26/02/2003) **[52]** – pág. 854;
– Declaração de alterações ou de cessação (Ofício-circulado n.º 90001, de 12/07//2005) **[52]** – pág. 862.

ARTIGO 120.º
Declaração periódica de rendimentos

1 – A declaração periódica de rendimentos a que se refere a alínea *b*) do n.º 1 do artigo 117.º deve ser enviada, anualmente, por transmissão electrónica de dados, até ao último dia do mês de Maio, independentemente de esse dia ser útil ou não útil.([1])

2 – Relativamente aos sujeitos passivos que, nos termos dos n.ºs 2 e 3 do artigo 8.º, adoptem um período de tributação diferente do ano civil, a declaração deve ser enviada até ao último dia do 5.º mês seguinte à data do termo desse período, independentemente de esse dia ser útil ou não útil, prazo que é igualmente aplicável relativamente ao período mencionado na alínea *d*) do n.º 4 do artigo 8.º([1])

3 – No caso de cessação de actividade nos termos do n.º 5 do artigo 8.º, a declaração de rendimentos relativa ao período de tributação em que

a mesma se verificou deve ser enviada até ao 30.º dia seguinte ao da data da cessação, independentemente de esse dia ser útil ou não útil, aplicando-se igualmente este prazo ao envio da declaração relativa ao período de tributação imediatamente anterior, quando ainda não tenham decorrido os prazos mencionados nos n.ᵒˢ 1 e 2.([1])

4 – As entidades que não tenham sede nem direcção efectiva em território português, e que neste obtenham rendimentos não imputáveis a estabelecimento estável aí situado, são igualmente obrigadas a enviar a declaração mencionada no n.º 1, desde que relativamente aos mesmos não haja lugar a retenção na fonte a título definitivo.([1])

5 – Nos casos previstos no número anterior, a declaração deve ser enviada:

a) Relativamente a rendimentos derivados de imóveis, exceptuados os ganhos resultantes da sua transmissão onerosa, a ganhos mencionados na alínea *b)* do n.º 3 do artigo 4.º, e a rendimentos mencionados nos n.ᵒˢ 3) e 8) da alínea *c)* do n.º 3 do artigo 4.º, até ao último dia do mês de Maio do ano seguinte àquele a que os mesmos respeitam, ou até ao 30.º dia posterior à data em que tenha cessado a obtenção dos rendimentos, independentemente de esse dia ser útil ou não útil;([1])

b) Relativamente a ganhos resultantes da transmissão onerosa de imóveis, até ao 30.º dia posterior à data da transmissão, independentemente de esse dia ser útil ou não útil;([1])

c) Relativamente a incrementos patrimoniais derivados de aquisições a título gratuito, até ao 30.º dia posterior à data da aquisição, independentemente de esse dia ser útil ou não útil.([1])

6 – Quando for aplicável o regime especial de tributação dos grupos de sociedades:

a) A sociedade dominante deve enviar a declaração periódica de rendimentos relativa ao lucro tributável do grupo apurado nos termos do artigo 70.º;([1])

b) Cada uma das sociedades do grupo, incluindo a sociedade dominante, deve enviar a sua declaração periódica de rendimentos na qual seja determinado o imposto como se aquele regime não fosse aplicável.([1])

7 – Nos casos previstos nos n.ᵒˢ 5 e 6 do artigo 51.º, o sujeito passivo deve integrar, no processo de documentação fiscal a que se refere o artigo 130.º, a declaração confirmada e autenticada pelas autoridades fiscais

competentes do Estado membro da União Europeia de que é residente a entidade que distribui os lucros de que esta se encontra nas condições de que depende a aplicação do que nele se dispõe.

8 – A correcção a que se refere o n.º 9 do artigo 51.º deve ser efectuada através do envio da declaração de substituição, no prazo de 60 dias a contar da data da verificação do facto que a determinou, independentemente de esse dia ser útil ou não útil, relativa a cada um dos períodos de tributação em que já tenha decorrido o prazo de envio da declaração periódica de rendimentos.([1])

9 – Sempre que não se verifique o requisito temporal estabelecido na parte final do n.º 11 do artigo 88.º, para efeitos da tributação autónoma aí prevista, o sujeito passivo deve enviar a declaração de rendimentos no prazo de 60 dias a contar da data da verificação do facto que a determinou, independentemente de esse dia ser útil ou não útil.([1])

10 – Os elementos constantes das declarações periódicas devem, sempre que for caso disso, concordar exactamente com os obtidos na contabilidade ou nos registos de escrituração, consoante o caso.

Ver os artigos:
90.º, n.º 4 – Liquidação – deduções; **104.º** – Regras de pagamento; **122.º** – Declaração de substituição.

Doutrina Administrativa:
– Obrigatoriedade de assinaturas das declarações pelos TOC. (N.º 11 do Despacho n.º 8470/97 (2.ª Série) de 16/9/97. DR. II Série n.º 227 de 1/10/97):
"A partir de 1 de Janeiro de 1998 passa a ser exigida a assinatura dos TOC nas declarações de IVA e de IRS/IRC, nos termos do n.º 1 do artigo 2.º do Estatuto dos TOC."
– Identificação do técnico oficial de contas (ver Circular n.º 7/99, de 9/4/99) **[50]** – pág. 684.

([1]) Redacção dada pelo art. 3.º do D.L. n.º 292/2009, de 13/10.

ARTIGO 121.º
Declaração anual de informação contabilística e fiscal

1 – A declaração anual de informação contabilística e fiscal a que se refere a alínea c) do n.º 1 do artigo 117.º deve ser enviada nos termos e com os anexos que para o efeito sejam mencionados no respectivo modelo.([1])

2 – A declaração deve ser enviada, por transmissão electrónica de dados, até ao dia 15 de Julho, independentemente de esse dia ser útil ou não útil.([1])

3 – Relativamente aos sujeitos passivos que, nos termos dos n.ºs 2 e 3 do artigo 8.º, adoptem um período de tributação diferente do ano civil, a declaração deve ser enviada até ao 15.º dia do 7.º mês posterior à data do termo desse período, independentemente de esse dia ser útil ou não útil, reportando-se a informação, consoante o caso, ao período de tributação ou ao ano civil cujo termo naquele se inclua.([1])

4 – No caso de cessação de actividade, nos termos do n.º 5 do artigo 8.º, a declaração relativa ao período de tributação em que a mesma se verificou deve ser enviada no prazo referido no n.º 3 do artigo 120.º, aplicando-se igualmente esse prazo para o envio da declaração relativa ao período de tributação imediatamente anterior, quando ainda não tenham decorrido os prazos mencionados nos n.ºs 2 e 3.([1])

5 – Os elementos constantes das declarações devem, sempre que se justificar, concordar exactamente com os obtidos na contabilidade ou registos de escrituração, consoante o caso.

Legislação Complementar:
– Portaria n.º 8/2008, de 3 de Janeiro – Aprova os novos modelos de impressos relativos a anexos que fazem parte integrante do modelo declarativo da informação empresarial simplificada (IES)

([1]) Redacção dada pelo art. 3.º do D.L. n.º 292/2009, de 13/10.

ARTIGO 122.º
Declaração de substituição

1 – Quando tenha sido liquidado imposto inferior ao devido ou declarado prejuízo fiscal superior ao efectivo, pode ser apresentada declaração de substituição, ainda que fora do prazo legalmente estabelecido, e efectuado o pagamento do imposto em falta.

2 – A autoliquidação de que tenha resultado imposto superior ao devido ou prejuízo fiscal inferior ao efectivo pode ser corrigida por meio de declaração de substituição a apresentar no prazo de um ano a contar do termo do prazo legal.

3 – Em caso de decisão administrativa ou sentença superveniente, o prazo previsto no número anterior conta-se a partir da data em que o declarante tome conhecimento da decisão ou sentença.

4 – Sempre que seja aplicado o disposto no número anterior, o prazo de caducidade é alargado até ao termo do prazo aí previsto, acrescido de um ano.

Doutrina Administrativa:
– Obrigatoriedade de assinatura das declarações pelos TOC. (N.º 11 do Despacho n.º 8470/97 (2.ª Série) de 16/9/97, DR, II Série, n.º 227, de 1/10/97):
"A partir de 1 de Janeiro de 1998 passa a ser exigida a assinatura dos TOC nas declarações de IVA e de IRS/IRC, nos termos do n.º 1 do artigo 2.º do Estatuto dos TOC."
– Identificação do técnico oficial de contas (ver Circular n.º 7/99, de 9/4/99) [50] – pág. 684;
– Declarações de substituição (ver Ofício n.º 20072, de 8 de Julho de 2002) [52] – pág. 850.

ARTIGO 123.º
Obrigações contabilísticas das empresas

1 – As sociedades comerciais ou civis sob forma comercial, as cooperativas, as empresas públicas e as demais entidades que exerçam, a título principal, uma actividade comercial, industrial ou agrícola, com sede ou direcção efectiva em território português, bem como as entidades que, embora não tendo sede nem direcção efectiva naquele território, aí possuam estabelecimento estável, são obrigadas a dispor de contabilidade organizada nos termos da lei comercial e fiscal que, além dos requisitos indicados no n.º 3 do artigo 17.º, permita o controlo do lucro tributável.

2 – Na execução da contabilidade deve observar-se em especial o seguinte:

a) Todos os lançamentos devem estar apoiados em documentos justificativos, datados e susceptíveis de serem apresentados sempre que necessário;

b) As operações devem ser registadas cronologicamente, sem emendas ou rasuras, devendo quaisquer erros ser objecto de regularização contabilística logo que descobertos.

3 – Não são permitidos atrasos na execução da contabilidade superiores a 90 dias, contados do último dia do mês a que as operações respeitam.

4 – Os livros, registos contabilísticos e respectivos documentos de suporte devem ser conservados em boa ordem durante o prazo de 10 anos.

5 – Quando a contabilidade for estabelecida por meios informáticos, a obrigação de conservação referida no número anterior é extensiva à documentação relativa à análise, programação e execução dos tratamentos informáticos.

6 – Os documentos de suporte previstos no n.º 4 que não sejam documentos autênticos ou autenticados podem, decorridos três períodos de tributação após aquele a que se reportam e obtida autorização prévia do director-geral dos Impostos, ser substituídos, para efeitos fiscais, por microfilmes ou suportes digitalizados que constituam sua reprodução fiel e obedeçam às condições que forem estabelecidas.

7 – As entidades referidas no n.º 1 que organizem a sua contabilidade com recurso a meios informáticos devem dispor de capacidade de exportação de ficheiros nos termos e formatos a definir por portaria do Ministro das Finanças.

8 – Os programas e equipamentos informáticos de facturação dependem de prévia certificação pela Direcção-Geral dos Impostos, nos termos a definir por portaria do Ministro das Finanças.

Legislação Complementar:
– Código Comercial – arts. 29.º a 32.º e 40.º;
– Código do Registo Comercial – art. 112.º-A;
– Lei Geral Tributária, art. 63.º – Competência da inspecção tributária;
– Lei Geral Tributária, art. 75.º – Valor probatório da escrita;
– Portaria n.º 321-A/2007, de 26 de Março – cria o ficheiro modelo de auditoria tributária prevista no n.º 8 do art. 115.º do C.I.R.C.

Doutrina Administrativa:
– Termos de abertura e encerramento dos livros de escrituração (ver Ofício-circulado 6/95) **[52]** – pág. 806;
– Legalização dos livros dos comerciantes (ver Circular n.º 13/95) **[50]** – pág. 674;
– N.º 11 do Despacho n.º 8470/97 (2.ª Série), de 16/9/97, DR, II Série, n.º 227 de 1/10/97:
"A partir de 1 de Janeiro de 1998 passa a ser exigida a assinatura dos TOC nas declarações de IVA e de IRS/IRC, nos termos do n.º 1 do artigo 2.º do Estatuto dos TOC."
– Identificação do técnico oficial de contas (ver Circular n.º 7/99, de 9/4/99) **[50]** – pág. 684.

ARTIGO 124.º
Regime simplificado de escrituração

1 – As entidades com sede ou direcção efectiva em território português que não exerçam, a título principal, uma actividade comercial, indus-

trial ou agrícola e que não disponham de contabilidade organizada nos termos do artigo anterior devem possuir obrigatoriamente os seguintes registos:

a) Registo de rendimentos, organizado segundo as várias categorias de rendimentos considerados para efeitos de IRS;
b) Registo de encargos, organizado de modo a distinguirem-se os encargos específicos de cada categoria de rendimentos sujeitos a imposto e os demais encargos a deduzir, no todo ou em parte, ao rendimento global;
c) Registo de inventário, em 31 de Dezembro, dos bens susceptíveis de gerarem ganhos tributáveis na categoria de mais-valias.

2 – Os registos referidos no número anterior não abrangem os rendimentos das actividades comerciais, industriais ou agrícolas eventualmente exercidas, a título acessório, pelas entidades aí mencionadas, devendo, caso existam esses rendimentos, ser também organizada uma contabilidade que, nos termos do artigo anterior, permita o controlo do lucro apurado.

3 – O disposto no número anterior não se aplica quando os rendimentos brutos resultantes das actividades aí referidas, obtidos no exercício imediatamente anterior, não excedam o montante de € 75 000.

4 – Se, em dois exercícios consecutivos, for ultrapassado o montante referido no número anterior, a entidade é obrigada, a partir do exercício seguinte, inclusive, a dispor de contabilidade organizada.

5 – É aplicável à escrituração referida no n.º 1 e, bem assim, à contabilidade organizada nos termos do n.º 2 o disposto nos n.ºs 2 a 6 do artigo anterior.

ARTIGO 125.º
Centralização da contabilidade ou da escrituração

1 – A contabilidade ou a escrituração mencionada nos artigos anteriores deve ser centralizada em estabelecimento ou instalação situado no território português, nos seguintes termos:

a) No tocante às pessoas colectivas e outras entidades residentes naquele território, a centralização abrange igualmente as operações realizadas no estrangeiro;
b) No que respeita às pessoas colectivas e outras entidades não residentes no mesmo território, mas que aí disponham de estabeleci-

mento estável, a centralização abrange apenas as operações que lhe sejam imputadas nos termos deste Código, devendo, no caso de existir mais de um estabelecimento estável, abranger as operações imputáveis a todos eles.

2 – O estabelecimento ou instalação em que seja feita a centralização mencionada no número anterior deve ser indicado na declaração de inscrição no registo mencionada no artigo 118.º e, quando se verificarem alterações do mesmo, na declaração de alterações, igualmente referida naquela disposição.

Doutrina Administrativa:
– Centralização da contabilidade ou da escrituração (ver Ofício-circulado n.º 2/91) **[52]** – pág. 800.

ARTIGO 126.º
Representação de entidades não residentes

1 – As entidades que, não tendo sede nem direcção efectiva em território português, não possuam estabelecimento estável aí situado mas nele obtenham rendimentos, assim como os sócios ou membros referidos no n.º 9 do artigo 5.º, são obrigadas a designar uma pessoa singular ou colectiva com residência, sede ou direcção efectiva naquele território para as representar perante a administração fiscal quanto às suas obrigações referentes a IRC.

2 – A designação a que se refere o n.º 1 é feita na declaração de início ou de alterações, devendo dela constar expressamente a sua aceitação pelo representante.

3 – Na falta de cumprimento do disposto no n.º 1, e independentemente da penalidade que ao caso couber, não há lugar às notificações previstas neste Código, sem prejuízo de os sujeitos passivos poderem tomar conhecimento das matérias a que as mesmas respeitariam junto da Direcção-Geral dos Impostos.

Doutrina Administrativa:
– Representação fiscal dos sujeitos passivos não residentes, sem estabelecimento estável em território português (ver Circular n.º 14/93) **[50]** – pág. 668.

SECÇÃO II
Outras obrigações acessórias de entidades públicas e privadas

ARTIGO 127.º
Deveres de cooperação dos organismos oficiais e de outras entidades

Os serviços, estabelecimentos e organismos do Estado, das Regiões Autónomas e das autarquias locais, incluindo os dotados de autonomia administrativa ou financeira e ainda que personalizados, as associações e federações de municípios, bem como outras pessoas colectivas de direito público, as pessoas colectivas de utilidade pública, as instituições particulares de solidariedade social e as empresas públicas devem, por força do dever público de cooperação com a administração fiscal, apresentar anualmente o mapa recapitulativo previsto na alínea *f*) do n.º 1 do artigo 29.º do Código do IVA.

ARTIGO 128.º
Obrigações das entidades que devam efectuar retenções na fonte

O disposto nos artigos 119.º e 120.º do Código do IRS é aplicável com as necessárias adaptações às entidades que sejam obrigadas a efectuar retenções na fonte de IRC.

ARTIGO 129.º
Obrigações acessórias relativas a valores mobiliários

O disposto nos artigos 125.º e 138.º do Código do IRS é aplicável com as necessárias adaptações às entidades intervenientes no mercado de valores mobiliários quando se trate de titulares que sejam sujeitos passivos de IRC.

ARTIGO 130.º
Processo de documentação fiscal

1 – Os sujeitos passivos de IRC, com excepção dos isentos nos termos do artigo 9.º, são obrigados a manter em boa ordem, durante o prazo de 10 anos, um processo de documentação fiscal relativo a cada período de tributação, que deve estar constituído até ao termo do prazo para entrega da declaração a que se refere a alínea c) do n.º 1 do artigo 117.º, com os elementos contabilísticos e fiscais a definir por portaria do Ministro das Finanças.

2 – O referido processo deve estar centralizado em estabelecimento ou instalação situada em território português nos termos do artigo 125.º ou nas instalações do representante fiscal, quando o sujeito passivo não tenha a sede ou direcção efectiva em território português e não possua estabelecimento estável aí situado.

3 – Os sujeitos passivos que integrem o cadastro especial de contribuintes, nos termos da alínea a) do artigo 14.º da Portaria n.º 348/2007, de 30 de Março, e as entidades a que seja aplicado o regime especial de tributação dos grupos de sociedades são obrigados a proceder à entrega do processo de documentação fiscal conjuntamente com a declaração anual referida na alínea c) do n.º 1 do artigo 117.º

Ver o art. 66.º, n.º 7 – Elementos que devem integrar o processo de documentação fiscal.

ARTIGO 131.º
Garantia de observância de obrigações fiscais

1 – Sem prejuízo das regras especiais do Código de Processo Civil, as petições relativas a rendimentos sujeitos a IRC, ou relacionadas com o exercício de actividades comerciais, industriais ou agrícolas por sujeitos passivos deste imposto, não podem ter seguimento ou ser atendidas perante qualquer autoridade, repartição pública ou pessoas colectivas de utilidade pública sem que seja feita prova de apresentação da declaração a que se refere o artigo 120.º, cujo prazo de apresentação já tenha decorrido, ou de que não há lugar ao cumprimento dessa obrigação.

2 – A prova referida na parte final do número anterior é feita através de certidão passada pelo serviço fiscal competente.

3 – A apresentação dos documentos referidos no número anterior é averbada no requerimento, processo ou registo da petição, devendo o averbamento ser datado e rubricado pelo funcionário competente, que restitui os documentos ao apresentante.

ARTIGO 132.º
Pagamento de rendimentos a entidades não residentes

Não podem realizar-se transferências para o estrangeiro de rendimentos sujeitos a IRC, obtidos em território português por entidades não residentes, sem que se mostre pago ou assegurado o imposto que for devido.

SECÇÃO III
Fiscalização

ARTIGO 133.º
Dever de fiscalização em geral

O cumprimento das obrigações impostas por este diploma é fiscalizado, em geral, e dentro dos limites da respectiva competência, por todas as autoridades, corpos administrativos, repartições públicas, pessoas colectivas de utilidade pública e, em especial, pela Direcção-Geral dos Impostos.

ARTIGO 134.º
Dever de fiscalização em especial

A fiscalização em especial das disposições do presente Código rege-se pelo disposto no artigo 63.º da Lei Geral Tributária, aprovada pelo Decreto-Lei n.º 398/98, de 17 de Dezembro, e no Regime Complementar do Procedimento de Inspecção Tributária, aprovado pelo artigo 1.º do Decreto-Lei n.º 413/98, de 31 de Dezembro.

ARTIGO 135.º
Registo de sujeitos passivos

1 – Com base nas declarações para inscrição no registo e de outros elementos de que disponha, a Direcção-Geral dos Impostos organiza um registo dos sujeitos passivos de IRC.

2 – O registo a que se refere o número anterior é actualizado tendo em conta as alterações verificadas em relação aos elementos anteriormente declarados, as quais devem ser mencionadas na declaração de alterações no registo.

3 – O cancelamento da inscrição no registo verifica-se face à respectiva declaração de cessação ou em consequência de outros elementos de que a Direcção-Geral dos Impostos disponha.

ARTIGO 136.º
Processo individual

1 – O serviço fiscal competente deve organizar em relação a cada sujeito passivo um processo, com carácter sigiloso, em que se incorporem as declarações e outros elementos que se relacionem com o mesmo.

2 – Os sujeitos passivos, através de representante devidamente credenciado, podem examinar no respectivo serviço fiscal o seu processo individual.

CAPÍTULO VIII
Garantias dos contribuintes

ARTIGO 137.º
Reclamações e impugnações

1 – Os sujeitos passivos de IRC, os seus representantes e as pessoas solidária ou subsidiariamente responsáveis pelo pagamento do imposto podem reclamar ou impugnar a respectiva liquidação, efectuada pelos serviços da administração fiscal, com os fundamentos e nos termos estabelecidos no Código de Procedimento e de Processo Tributário.

2 – A faculdade referida no número anterior é igualmente conferida relativamente à autoliquidação, à retenção na fonte e aos pagamentos por conta, nos termos e prazos previstos nos artigos 131.º a 133.º do Código de Procedimento e de Processo Tributário, sem prejuízo do disposto nos números seguintes.

3 – A reclamação, pelo titular dos rendimentos ou seu representante, da retenção na fonte de importâncias total ou parcialmente indevidas só tem lugar quando essa retenção tenha carácter definitivo e deve ser apresentada no prazo de dois anos a contar do termo do prazo de entrega, pelo substituto, do imposto retido na fonte ou da data do pagamento ou colocação à disposição dos rendimentos, se posterior.

4 – A impugnação dos actos mencionados no n.º 2 é obrigatoriamente precedida de reclamação para o director de finanças competente, nos casos previstos no Código de Procedimento e de Processo Tributário.

5 – As entidades referidas no n.º 1 podem ainda reclamar e impugnar a matéria colectável que for determinada e que não dê origem a liquidação de IRC, com os fundamentos e nos termos estabelecidos no Código de Procedimento e de Processo Tributário para a reclamação e impugnação dos actos tributários.

6 – Sempre que, estando pago o imposto, se determine, em processo gracioso ou judicial, que na liquidação houve erro imputável aos serviços,

são liquidados juros indemnizatórios nos termos do artigo 43.º da Lei Geral Tributária.

7 – A faculdade referida no n.º 1 é igualmente aplicável ao pagamento especial por conta previsto no artigo 106.º, nos termos e com os fundamentos estabelecidos no artigo 133.º do Código de Procedimento e de Processo Tributário.

Legislação Complementar:
– **Reclamação graciosa** – arts. **68.º** a **77.º** do Código de Procedimento e de Processo Tributário;
– **Impugnação** – arts. **99.º** a **134.º** do Código de Procedimento e de Processo Tributário;
– **Prazo de apresentação** – art. **102.º** do Código de Procedimento e de Processo Tributário;
– **Impugnação em caso de pagamento por conta** – art. **133.º** do Código de Procedimento e de Processo Tributário.

Doutrina Administrativa:
– Correcção das liquidações de IRC (Ofício-circulado n.º 20 077, de 5 de Novembro de 2002) **[52]** – pág. 853.

ARTIGO 138.º
Acordos prévios sobre preços de transferência

1 – Os sujeitos passivos podem solicitar à Direcção-Geral dos Impostos, para efeitos do disposto no artigo 63.º do Código do IRC, a celebração de um acordo que tenha por objecto estabelecer, com carácter prévio, o método ou métodos susceptíveis de assegurar a determinação dos termos e condições que seriam normalmente acordados, aceites ou praticados entre entidades independentes nas operações comerciais e financeiras, incluindo as prestações de serviços intragrupo e os acordos de partilha de custos, efectuadas com entidades com as quais estejam em situação de relações especiais ou em operações realizadas entre a sede e os estabelecimentos estáveis.

2 – Sempre que o sujeito passivo pretenda incluir no âmbito do acordo operações com entidades com as quais existam relações especiais residentes em país com o qual tenha sido celebrada uma convenção destinada a eliminar a dupla tributação, deve solicitar que o pedido, a que se refere o número anterior, seja submetido às respectivas autoridades competentes no quadro do procedimento amigável a instaurar para o efeito.

3 – O pedido é dirigido ao director-geral dos impostos e deve:

a) Apresentar uma proposta sobre os métodos de determinação dos preços de transferência devidamente fundamentada e instruída com a documentação relevante;
b) Identificar as operações abrangidas e o período de duração;
c) Ser subscrito por todas as entidades intervenientes nas operações que se pretende incluir no acordo;
d) Conter uma declaração do sujeito passivo sobre o cumprimento do dever de colaboração com a administração tributária na prestação de informações e o fornecimento da documentação necessária sem que possa ser oposta qualquer regra de sigilo profissional ou comercial.

4 – O acordo alcançado entre a Direcção-Geral dos Impostos e as autoridades competentes de outros países, quando for o caso, é reduzido a escrito e notificado ao sujeito passivo e demais entidades abrangidas, para efeito de manifestarem, por escrito, a sua aceitação.

5 – O acordo é confidencial e as informações transmitidas pelo sujeito passivo no processo de negociação estão protegidas pelo dever de sigilo fiscal.

6 – Os elementos contidos no acordo devem indicar designadamente o método ou os métodos aceites, as operações abrangidas, os pressupostos de base, as condições de revisão, revogação e de prorrogação e o prazo de vigência, que não pode ultrapassar três anos.

7 – Não havendo alterações na legislação aplicável nem variações significativas das circunstâncias económicas e operacionais e demais pressupostos de base que fundamentam os métodos, a Direcção-Geral dos Impostos fica vinculada a actuar em conformidade com os termos estabelecidos no acordo.

8 – Os sujeitos passivos não podem reclamar ou interpor recurso do conteúdo do acordo.

9 – Os requisitos e condições para a formulação do pedido, bem como os procedimentos, informações e documentação ligados à celebração dos acordos, são regulamentados por portaria do Ministro das Finanças.

Legislação Complementar:
– Acordos prévios sobre preços de transferência (regulamentação) – Portaria n.º 620-A/2008, de 16 de Julho **[16]** – pág. 463.

ARTIGO 139.º
Prova do preço efectivo na transmissão de imóveis

1 – O disposto no n.º 2 do artigo 64.º não é aplicável se o sujeito passivo fizer prova de que o preço efectivamente praticado nas transmissões de direitos reais sobre bens imóveis foi inferior ao valor patrimonial tributário que serviu de base à liquidação do imposto municipal sobre as transmissões onerosas de imóveis.

2 – Para efeitos do disposto no número anterior, o sujeito passivo pode, designadamente, demonstrar que os custos de construção foram inferiores aos fixados na portaria a que se refere o n.º 3 do artigo 62.º do Código do Imposto Municipal sobre Imóveis, caso em que ao montante dos custos de construção deverão acrescer os demais indicadores objectivos previstos no referido Código para determinação do valor patrimonial tributário.

3 – A prova referida no n.º 1 deve ser efectuada em procedimento instaurado mediante requerimento dirigido ao director de finanças competente e apresentado em Janeiro do ano seguinte àquele em que ocorreram as transmissões, caso o valor patrimonial tributário já se encontre definitivamente fixado, ou nos 30 dias posteriores à data em que a avaliação se tornou definitiva, nos restantes casos.

4 – O pedido referido no número anterior tem efeito suspensivo da liquidação, na parte correspondente ao valor da diferença positiva prevista no n.º 2 do artigo 64.º, a qual, no caso de indeferimento total ou parcial do pedido, é da competência da Direcção-Geral dos Impostos.

5 – O procedimento previsto no n.º 3 rege-se pelo disposto nos artigos 91.º e 92.º da Lei Geral Tributária, com as necessárias adaptações, sendo igualmente aplicável o disposto no n.º 4 do artigo 86.º da mesma lei.

6 – Em caso de apresentação do pedido de demonstração previsto no presente artigo, a administração fiscal pode aceder à informação bancária do requerente e dos respectivos administradores ou gerentes referente ao período de tributação em que ocorreu a transmissão e ao período de tributação anterior, devendo para o efeito ser anexados os correspondentes documentos de autorização.

7 – A impugnação judicial da liquidação do imposto que resultar de correcções efectuadas por aplicação do disposto no n.º 2 do artigo 64.º, ou, se não houver lugar a liquidação, das correcções ao lucro tributável ao abrigo do mesmo preceito, depende de prévia apresentação do pedido previsto no n.º 3, não havendo lugar a reclamação graciosa.

8 – A impugnação do acto de fixação do valor patrimonial tributário, prevista no artigo 77.º do Código do Imposto Municipal sobre Imóveis e no artigo 134.º do Código de Procedimento e de Processo Tributário, não tem efeito suspensivo quanto à liquidação do IRC nem suspende o prazo para dedução do pedido de demonstração previsto no presente artigo.

Doutrina Administrativa:
– Transmissão onerosa de bens imóveis – artigos 58.º-A e 129.º do Código do IRC (Of.-circulado n.º 20 136 de 2009/03/11) **[52]** – pág. 888.

CAPÍTULO IX
Disposições finais

ARTIGO 140.º
Recibo de documentos

1 – Quando neste Código se determine a entrega de declarações ou outros documentos em mais de um exemplar, um deles deve ser devolvido ao apresentante, com menção de recibo.

2 – Nos casos em que a lei estabeleça a apresentação de declaração ou outro documento num único exemplar, pode o obrigado entregar cópia do mesmo, para efeitos do disposto no número anterior.

3 – Sempre que os deveres de comunicação sejam cumpridos através de transmissão electrónica de dados, o documento comprovativo da recepção é enviado por via postal.

ARTIGO 141.º
Envio de documentos

1 – As declarações e outros documentos que, nos termos deste Código, devam ser apresentados em qualquer serviço da administração fiscal, podem ser remetidos pelo correio, sob registo postal, ou por telefax, desde que, sendo necessário, possa confirmar-se o conteúdo da mensagem e o momento em que foi enviada.([1])

2 – No caso de remessa pelo correio, a mesma pode ser efectuada até ao último dia do prazo fixado, considerando-se que foi efectuada na data constante do carimbo dos CTT ou na data do registo.([1])

3 – Ocorrendo extravio, a administração fiscal pode exigir segunda via, que, para todos os efeitos, se considera como remetida na data em que, comprovadamente, o tiver sido o original.

Legislação Complementar:
– **Art. 26.º, n.º 2** do CPPT – Remessa pelo correio, sob registo, de petições e outros documentos dirigidos à administração tributária.

(¹) Redacção dada pelo art. 3.º do D.L. n.º 292/2009, de 13/10.

ARTIGO 142.º
Classificação das actividades

As actividades exercidas pelos sujeitos passivos de IRC são classificadas, para efeitos deste imposto, de acordo com a Classificação Portuguesa de Actividades Económicas – CAE, do Instituto Nacional de Estatística.

Legislação Complementar:
– C.A.E. – D.L. n.º 381/2007, de 14 de Novembro.

LANÇAMENTO DE DERRAMAS
[12]

LEI N.º 2/2007, DE 15 DE JANEIRO
LEI DAS FINANÇAS LOCAIS

....

ARTIGO 14.º
Derrama

1 – Os municípios podem deliberar lançar anualmente uma derrama, até ao limite máximo de 1,5% sobre o lucro tributável sujeito e não isento de imposto sobre o rendimento das pessoas colectivas (IRC), que corresponda à proporção do rendimento gerado na sua área geográfica por sujeitos passivos residentes em território português que exerçam, a título principal, uma actividade de natureza comercial, industrial ou agrícola e não residentes com estabelecimento estável nesse território.

2 – Para efeitos de aplicação do disposto no número anterior, sempre que os sujeitos passivos tenham estabelecimentos estáveis ou representações locais em mais de um município e matéria colectável superior a € 50 000, o lucro tributável imputável à circunscrição de cada município é determinado pela proporção entre a massa salarial correspondente aos estabelecimentos que o sujeito passivo nele possua e a correspondente à totalidade dos seus estabelecimentos situados em território nacional.

3 – Quando o volume de negócios de um sujeito passivo resulte em mais de 50% da exploração de recursos naturais que tornem inadequados os critérios estabelecidos nos números anteriores, podem os municípios interessados, a título excepcional, propor, fundamentadamente, a fixação de um critério específico de repartição da derrama, o qual, após audição do sujeito passivo e dos restantes municípios interessados, é fixado por despacho conjunto do Ministro das Finanças e do ministro que tutela as autarquias locais.

4 – A assembleia municipal pode, por proposta da câmara municipal, deliberar lançar uma taxa reduzida de derrama para os sujeitos passivos com um volume de negócios no ano anterior que não ultrapasse € 150 000.

5 – Nos casos não abrangidos pelo n.º 2, considera-se que o rendimento é gerado no município em que se situa a sede ou a direcção efectiva do sujeito passivo ou, tratando-se de sujeitos passivos não residentes, no município em que se situa o estabelecimento estável onde, nos termos do artigo 117.º do Código do IRC, esteja centralizada a contabilidade.

6 – Entende-se por massa salarial o valor das despesas efectuadas com o pessoal e escrituradas no exercício a título de remunerações, ordenados ou salários.

7 – Os sujeitos passivos abrangidos pelo n.º 2 indicam na declaração periódica de rendimentos a massa salarial correspondente a cada município e efectuam o apuramento da derrama que seja devida.

8 – A deliberação a que se refere o n.º 1 deve ser comunicada por via electrónica pela câmara municipal à Direcção-Geral dos Impostos até ao dia 31 de Dezembro do ano anterior ao da cobrança por parte dos serviços competentes do Estado.

9 – Caso a comunicação a que se refere o número anterior seja recebida para além do prazo nele estabelecido, não há lugar à liquidação e cobrança da derrama.

10 – O produto da derrama paga é transferido para os municípios até ao último dia útil do mês seguinte ao do respectivo apuramento pela Direcção-Geral dos Impostos.

REGIME DAS DEPRECIAÇÕES E AMORTIZAÇÕES
[13]

DECRETO REGULAMENTAR N.º 25/2009
DE 14 DE SETEMBRO

Estabelece o regime das depreciações e amortizações para efeitos do imposto sobre o rendimento das pessoas colectivas e revoga o Decreto Regulamentar n.º 2/90, de 12 de Janeiro

Na sequência da alteração do Código do Imposto sobre o Rendimento das Pessoas Colectivas (abreviadamente designado por Código do IRC), destinada a adaptar as regras de determinação do lucro tributável ao enquadramento contabilístico resultante da adopção das normas internacionais de contabilidade (NIC), nos termos do artigo 3.º do Regulamento n.º 1606/2002, do Parlamento Europeu e do Conselho, de 19 de Julho, bem como da aprovação do Novo Sistema de Normalização Contabilística (SNC), que adaptou as NIC na ordem jurídica interna, importa rever o regime regulamentar das depreciações e amortizações, adaptando-o a este novo contexto.

O Código do IRC continua a definir de forma bastante desenvolvida os elementos essenciais do regime de depreciações e amortizações, nomeadamente os elementos depreciáveis e amortizáveis, a respectiva base de cálculo e os métodos aceites para efeitos fiscais, permitindo uma grande flexibilidade aos agentes económicos. Definido este quadro de referência, o Código do IRC revisto continua a remeter para diploma regulamentar o desenvolvimento deste regime, que agora se apresenta.

Embora a nova regulamentação mantenha a estrutura e os elementos essenciais já constantes do regime aprovado pelo Decreto Regulamentar n.º 2/90, de 12 de Janeiro, entendeu-se ser adequado proceder à revogação daquele decreto regulamentar, aprovando-se um novo enquadramento jurídico em matéria de depreciações e amortizações. Assim se dá cumprimento, por um lado, à preocupação de aproximação entre fiscalidade e contabilidade e à necessidade de evitar constrangimentos à plena adopção das NIC, e, por outro, ao intuito reformador que presidiu à alteração do quadro jurídico nacional em matéria contabilística.

No entanto, entendeu-se ser adequado que os bens que ainda estavam a ser amortizados à data de entrada em vigor deste novo regime continuassem a beneficiar do regime que têm vindo a seguir – o que se acautela através das normas de direito transitório.

Não obstante a grande proximidade entre o regime que agora se adopta e o constante do Decreto Regulamentar n.º 2/90, de 12 de Janeiro, cabe salientar, de entre as principais alterações face ao regime anterior, as seguintes:

A dedutibilidade fiscal das depreciações e amortizações deixa de estar dependente da respectiva contabilização como gasto no mesmo período de tributação, passando a permitir-se que as mesmas sejam também aceites quando tenham sido contabilizadas como gastos nos períodos de tributação anteriores, desde que, naturalmente, não fossem dedutíveis por excederem as quotas máximas admitidas;

No mesmo sentido, prevê-se a inclusão, no custo de aquisição ou de produção dos elementos depreciáveis ou amortizáveis, de acordo com a normalização contabilística especificamente aplicável, dos custos de empréstimos obtidos, incluindo diferenças de câmbio a eles associados, quando respeitarem ao período anterior à sua entrada em funcionamento ou utilização, desde que este seja superior a um ano, e elimina-se a exigência de diferimento, durante um período mínimo de três anos, das diferenças de câmbio desfavoráveis relacionadas com os activos e correspondentes ao período anterior à sua entrada em funcionamento, dos encargos com campanhas publicitárias e das despesas com emissão de obrigações;

Elimina-se, igualmente, a exigência de evidenciar separadamente na contabilidade a parte do valor dos imóveis correspondente ao terreno, transferindo-se essa exigência para o processo de documentação fiscal;

Passa ainda a prever-se expressamente a possibilidade de, mediante autorização da Direcção-Geral dos Impostos, serem praticadas e aceites para efeitos fiscais depreciações ou amortizações inferiores às quotas mínimas que decorrem da aplicação das taxas das tabelas anexas ao presente decreto regulamentar;

Finalmente, houve a preocupação de se atender às especificidades dos activos não correntes detidos para venda e das propriedades de investimento.

Assim:

Ao abrigo do disposto no n.º 1 do artigo 31.º do Código do IRC, aprovado pelo Decreto-Lei n.º 442-B/88, de 30 de Novembro, na redacção dada pelo Decreto-Lei n.º 159/2009, de 13 de Julho, e nos termos da alínea *c*) do artigo 199.º da Constituição, o Governo decreta o seguinte:

ARTIGO 1.º
Condições gerais de aceitação das depreciações e amortizações

1 – Podem ser objecto de depreciação ou amortização os elementos do activo sujeitos a deperecimento, considerando-se como tais os activos fixos tangíveis, os activos intangíveis e as propriedades de investimento contabilizadas ao custo histórico que, com carácter sistemático, sofrerem perdas de valor resultantes da sua utilização ou do decurso do tempo.

2 – Salvo razões devidamente justificadas e aceites pela Direcção-Geral dos Impostos, as depreciações e amortizações só são consideradas:

a) Relativamente a activos fixos tangíveis e a propriedades de investimento, a partir da sua entrada em funcionamento ou utilização;

b) Relativamente aos activos intangíveis, a partir da sua aquisição ou do início de actividade, se for posterior, ou, ainda, quando se trate de elementos especificamente associados à obtenção de rendimentos, a partir da sua utilização com esse fim.

3 – As depreciações e amortizações só são aceites para efeitos fiscais desde que contabilizadas como gastos no mesmo período de tributação ou em períodos de tributação anteriores.

ARTIGO 2.º
Valorimetria dos elementos depreciáveis ou amortizáveis

1 – Para efeitos de cálculo das quotas máximas de depreciação ou amortização, os elementos do activo devem ser valorizados do seguinte modo:

a) Custo de aquisição ou de produção, consoante se trate, respectivamente, de elementos adquiridos a terceiros a título oneroso ou de elementos construídos ou produzidos pela própria empresa;

b) Valor resultante de reavaliação ao abrigo de legislação de carácter fiscal;

c) Valor de mercado, à data da abertura de escrita, para os bens objecto de avaliação para este efeito, quando não seja conhecido o custo de aquisição ou de produção, podendo esse valor ser objecto de correcção, para efeitos fiscais, quando se considere excedido.

2 – O custo de aquisição de um elemento do activo é o respectivo preço de compra, acrescido dos gastos acessórios suportados até à sua entrada em funcionamento ou utilização.

3 – O custo de produção de um elemento do activo obtém-se adicionando ao custo de aquisição das matérias-primas e de consumo e da mão-de-obra directa, os outros custos directamente imputáveis ao produto considerado, assim como a parte dos custos indirectos respeitantes ao período de construção ou produção que, de acordo com o sistema de custeio utilizado, lhe seja atribuível.

4 – No custo de aquisição ou de produção inclui-se o imposto sobre o valor acrescentado (IVA) que, nos termos legais, não for dedutível, designadamente em consequência de exclusão do direito à dedução, não sendo, porém, esses custos influenciados por eventuais regularizações ou liquidações efectuadas em períodos de tributação posteriores ao da entrada em funcionamento ou utilização.

5 – São, ainda, incluídos no custo de aquisição ou de produção, de acordo com a normalização contabilística especificamente aplicável, os custos de empréstimos obtidos que sejam directamente atribuíveis à aquisição ou produção de elementos referidos no n.º 1 do artigo anterior, na medida em que respeitem ao período anterior à sua entrada em funcionamento ou utilização, desde que este seja superior a um ano.

6 – Sem prejuízo do referido no número anterior, não se consideram no custo de aquisição ou de produção as diferenças de câmbio relacionadas com os activos resultantes quer de pagamentos efectivos, quer de actualizações à data do balanço.

ARTIGO 3.º
Período de vida útil

1 – A vida útil de um elemento do activo depreciável ou amortizável é, para efeitos fiscais, o período durante o qual se deprecia ou amortiza totalmente o seu valor, excluído, quando for caso disso, o respectivo valor residual.

2 – Qualquer que seja o método de depreciação ou amortização aplicado, considera-se:

a) Período mínimo de vida útil de um elemento do activo, o que se deduz da quota de depreciação ou amortização que seja fiscalmente aceite nos termos dos n.ºs 1 e 2 do artigo 5.º;

b) Período máximo de vida útil de um elemento, o que se deduz de quota igual a metade da referida na alínea anterior.

3 – Exceptuam-se do disposto na alínea b) do número anterior as despesas com projectos de desenvolvimento, cujo período máximo de vida útil é de cinco anos.

4 – Os períodos mínimo e máximo de vida útil contam-se a partir da ocorrência dos factos mencionados no n.º 2 do artigo 1.º

5 – Não são aceites como gastos para efeitos fiscais as depreciações ou amortizações praticadas para além do período máximo de vida útil, ressalvando-se os casos devidamente justificados e aceites pela Direcção-Geral dos Impostos.

ARTIGO 4.º
**Métodos de cálculo das depreciações
e amortizações**

1 – O cálculo das depreciações e amortizações faz-se, em regra, pelo método das quotas constantes.

2 – Pode, no entanto, optar-se pelo cálculo das depreciações pelo método das quotas decrescentes, relativamente aos activos fixos tangíveis novos, adquiridos a terceiros ou construídos ou produzidos pela própria empresa, e que não sejam:
   a) Edifícios;
   b) Viaturas ligeiras de passageiros ou mistas, excepto quando afectas à exploração de serviço público de transportes ou destinadas a ser alugadas no exercício da actividade normal do sujeito passivo;
   c) Mobiliário e equipamentos sociais.

3 – Quando a natureza do deperecimento ou a actividade económica do sujeito passivo o justifique podem, ainda, ser aplicados métodos de depreciação e amortização diferentes dos indicados nos números anteriores, mantendo-se os períodos máximos e mínimos de vida útil, desde que, mediante requerimento, seja obtido o reconhecimento prévio da Direcção-Geral dos Impostos, salvo quando daí não resulte uma quota anual de depreciação ou amortização superior à prevista nos artigos seguintes.

ARTIGO 5.º
Método das quotas constantes

1 – No método das quotas constantes, a quota anual de depreciação ou amortização que pode ser aceite como gasto do período de tributação é determinada aplicando-se aos valores mencionados no n.º 1 do artigo 2.º as taxas de depreciação ou amortização específicas fixadas na tabela I anexa ao presente decreto regulamentar, e que dele faz parte integrante, para os elementos do activo dos correspondentes ramos de actividade ou, quando estas não estejam fixadas, as taxas genéricas mencionadas na tabela II anexa ao presente decreto regulamentar, e que dele faz parte integrante.

2 – Exceptuam-se do disposto no número anterior os seguintes casos, em que as taxas de depreciação ou amortização são calculadas com base no correspondente período de utilidade esperada, o qual pode ser corrigido quando se considere que é inferior ao que objectivamente deveria ter sido estimado:
   a) Bens adquiridos em estado de uso;
   b) Bens avaliados para efeitos de abertura de escrita;
   c) Grandes reparações e beneficiações;
   d) Obras em edifícios e em outras construções de propriedade alheia.

3 – Relativamente aos elementos para os quais não se encontrem fixadas, nas tabelas referidas no n.º 1, taxas de depreciação ou amortização são aceites as que pela Direcção-Geral dos Impostos sejam consideradas razoáveis, tendo em conta o período de utilidade esperada.

4 – Quando, em relação aos elementos mencionados nas alíneas a) e b) do n.º 2, for conhecido o ano em que pela primeira vez tiverem entrado em funcionamento ou utilização, o período de utilidade esperada não pode ser inferior à diferença entre o período mínimo de vida útil do mesmo elemento em estado de novo e o número de anos de utilização já decorrido.

5 – Para efeitos de depreciação ou amortização, consideram-se:

a) «Grandes reparações e beneficiações» as que aumentem o valor ou a duração provável dos elementos a que respeitem;

b) «Obras em edifícios e em outras construções de propriedade alheia» as que, tendo sido realizadas em edifícios e em outras construções de propriedade alheia, e não sendo de manutenção, reparação ou conservação, ainda que de carácter plurianual, não dêem origem a elementos removíveis ou, dando-o, estes percam então a sua função instrumental.

ARTIGO 6.º
Método das quotas decrescentes

1 – No método das quotas decrescentes, a quota anual de depreciação que pode ser aceite como gasto do período de tributação determina-se aplicando aos valores mencionados no n.º 1 do artigo 2.º, que ainda não tenham sido depreciados, as taxas referidas no n.º 1 do artigo anterior, corrigidas pelos seguintes coeficientes máximos:

a) 1,5, quando o período de vida útil do elemento seja inferior a cinco anos;
b) 2, quando o período de vida útil do elemento seja de cinco ou seis anos;
c) 2,5, quando o período de vida útil do elemento seja superior a seis anos.

2 – Nos casos em que, nos períodos de tributação já decorridos de vida útil do elemento do activo, não tenha sido praticada uma quota de depreciação inferior à referida no n.º 1 do artigo anterior, quando a quota anual de depreciação determinada de acordo com o disposto no número anterior for inferior, num dado período de tributação, à que resulta da divisão do valor pendente de depreciação pelo número de anos de vida útil que restam ao elemento a contar do início desse período de tributação, pode ser aceite como gasto, até ao termo dessa vida útil, uma depreciação de valor correspondente ao quociente daquela divisão.

3 – Para efeitos do disposto no número anterior, a vida útil de um elemento do activo reporta-se ao período mínimo de vida útil segundo o disposto na alínea *a)* do n.º 2 do artigo 3.º

4 – O disposto no n.º 2 não prejudica a aplicação do que se estabelece no artigo 18.º relativamente a quotas mínimas de depreciação.

ARTIGO 7.º
Depreciações e amortizações por duodécimos

1 – No ano da entrada em funcionamento ou utilização dos activos, pode ser praticada a quota anual de depreciação ou amortização em conformidade com o disposto nos

artigos anteriores, ou uma quota de depreciação ou amortização, determinada a partir dessa quota anual, correspondente ao número de meses contados desde o mês da entrada em funcionamento ou utilização desses activos.

2 – No caso referido no número anterior, no ano em que se verificar a transmissão, a inutilização ou o termo de vida útil dos mesmos activos nas condições do n.º 2 do artigo 3.º, só são aceites depreciações ou amortizações correspondentes ao número de meses decorridos até ao mês anterior ao da verificação desses eventos.

3 – A quota de depreciação ou amortização que pode ser aceite como gasto do período de tributação é também determinada tendo em conta o número de meses em que os elementos estiveram em funcionamento ou utilização nos seguintes casos:

a) Relativamente ao período de tributação em que se verifique a cessação da actividade, motivada pelo facto de a sede e a direcção efectiva deixarem de se situar em território português, continuando, no entanto, os activos afectos ao exercício da mesma actividade, através de estabelecimento estável aí situado;

b) Relativamente ao período de tributação referido na alínea *d)* do n.º 4 do artigo 8.º do Código do IRC;

c) Quando seja aplicável o disposto no n.º 3 do artigo 74.º do Código do IRC, relativamente ao número de meses em que, no período de tributação da transmissão, os activos estiveram em funcionamento ou utilização nas sociedades fundidas ou cindidas ou na sociedade contribuidora e na sociedade para a qual se transmitem em consequência da fusão ou cisão ou entrada de activos;

d) Relativamente ao período de tributação em que se verifique a dissolução da sociedade para efeitos do disposto na alínea *c)* do n.º 2 do artigo 79.º do Código do IRC.

ARTIGO 8.º
Aplicação uniforme dos métodos de depreciação e amortização

Salvo razões devidamente justificadas, para efeitos de cálculo do limite máximo das quotas de depreciação ou amortização que podem ser aceites, em cada período de tributação, deve ser aplicado, em relação a cada elemento do activo, o mesmo método de depreciação e amortização desde a sua entrada em funcionamento ou utilização até à sua depreciação ou amortização total, transmissão ou inutilização.

ARTIGO 9.º
Regime intensivo de utilização dos activos depreciáveis

1 – Quando os activos fixos tangíveis estiverem sujeitos a desgaste mais rápido do que o normal, em consequência de laboração em mais do que um turno, pode ser aceite como gasto do período de tributação:

a) Se a laboração for em dois turnos, uma quota de depreciação correspondente à que puder ser praticada pelo método que estiver a ser aplicado, acrescida até 25 %;

b) Se a laboração for superior a dois turnos, uma quota de depreciação correspondente à que puder ser praticada pelo método que estiver a ser aplicado, acrescida até 50 %.

2 – No caso do método das quotas decrescentes, o disposto no número anterior não pode ser aplicado relativamente ao primeiro período de depreciação, nem dele pode decorrer, nos períodos seguintes, uma quota de depreciação superior à que puder ser praticada nesse primeiro período.

3 – O regime mencionado no n.º 1 pode igualmente ser extensivo a outros casos de desgaste mais rápido do que o normal, em consequência de outras causas devidamente justificadas, até ao máximo referido na alínea *b*) do n.º 1, com as limitações mencionadas no número anterior, desde que, mediante requerimento, seja obtido o reconhecimento prévio da Direcção-Geral dos Impostos.

4 – O disposto nos números anteriores não é aplicável, em regra, relativamente a:
a) Edifícios e outras construções;
b) Bens que, pela sua natureza ou tendo em conta a actividade económica em que especificamente são utilizados, estão normalmente sujeitos a condições intensivas de exploração.

ARTIGO 10.º
Depreciações de imóveis

1 – No caso de imóveis, do valor a considerar nos termos do artigo 2.º, para efeitos do cálculo das respectivas quotas de depreciação, é excluído o valor do terreno ou, tratando-se de terrenos de exploração, a parte do respectivo valor não sujeita a deperecimento.

2 – De modo a permitir o tratamento referido no número anterior, devem ser evidenciados separadamente, no processo de documentação fiscal previsto no artigo 130.º do Código do IRC:
a) O valor do terreno e o valor da construção, sendo o valor do primeiro apenas o subjacente à construção e o que lhe serve de logradouro;
b) A parte do valor do terreno de exploração não sujeita a deperecimento e a parte desse valor a ele sujeita.

3 – Em relação aos imóveis adquiridos sem indicação expressa do valor do terreno referido na alínea *a*) do número anterior, o valor a atribuir a este, para efeitos fiscais, é fixado em 25 % do valor global, a menos que o sujeito passivo estime outro valor com base em cálculos devidamente fundamentados e aceites pela Direcção-Geral dos Impostos.

4 – O valor a atribuir ao terreno, para efeitos fiscais, nunca pode, porém, ser inferior ao determinado nos termos do Código do Imposto Municipal sobre Imóveis, aprovado pelo Decreto-Lei n.º 287/2003, de 12 de Novembro.

5 – O valor depreciável de um imóvel corresponde ao seu valor de construção ou, tratando-se de terrenos para exploração, à parte do respectivo valor sujeita a deperecimento.

ARTIGO 11.º
Depreciações de viaturas ligeiras, barcos de recreio e aviões de turismo

1 – Não são aceites como gastos as depreciações de viaturas ligeiras de passageiros ou mistas, na parte correspondente ao custo de aquisição superior a € 40 000, bem como dos barcos de recreio e aviões de turismo e todos os gastos com estes relacionados.

2 – Exceptuam-se do disposto no número anterior os bens que estejam afectos à exploração de serviço público de transportes, ou que se destinem a ser alugados no exercício da actividade normal do sujeito passivo.

ARTIGO 12.º
Activos revertíveis

1 – Os elementos depreciáveis ou amortizáveis adquiridos ou produzidos por entidades concessionárias e que, nos termos das cláusulas do contrato de concessão, sejam revertíveis no final desta, podem ser depreciados ou amortizados em função do número de anos que restem do período de concessão, quando aquele for inferior ao seu período mínimo de vida útil.

2 – Para efeitos do disposto no número anterior, a quota anual de depreciação ou amortização que pode ser aceite como gasto do período de tributação determina-se dividindo o custo de aquisição ou de produção dos elementos, deduzido, se for caso disso, da eventual contrapartida da entidade concedente, pelo número de anos que decorrer desde a sua entrada em funcionamento ou utilização até à data estabelecida para a reversão.

3 – Na determinação da quota anual de depreciação ou amortização deve ser tido em consideração, com a limitação mencionada na parte final do n.º 1, o novo período que resultar de eventual prorrogação ou prolongamento do período de concessão, a partir do período de tributação em que esse facto se verifique.

ARTIGO 13.º
Locação financeira

1 – As depreciações ou amortizações dos bens objecto de locação financeira são gastos do período de tributação dos respectivos locatários, sendo-lhes aplicável o regime geral constante do Código do IRC e do presente decreto regulamentar.

2 – A transmissão dos bens locados, para o locatário, no termo dos respectivos contratos de locação financeira, bem como na relocação financeira prevista no artigo 25.º do Código do IRC, não determinam qualquer alteração do regime de depreciações ou amortizações que vinha sendo seguido em relação aos mesmos pelo locatário.

ARTIGO 14.º
**Peças e componentes de substituição
ou de reserva**

1 – As peças e componentes de substituição ou de reserva, que sejam perfeitamente identificáveis e de utilização exclusiva em activos fixos tangíveis, podem ser excepcionalmente depreciadas, a partir da data da entrada em funcionamento ou utilização destes activos ou da data da sua aquisição, se posterior, durante o mesmo período da vida útil dos elementos a que se destinam ou, no caso de ser menor, no decurso do respectivo período de vida útil calculado em função do número de anos de utilidade esperada.

2 – O regime referido no número anterior não se aplica às peças e componentes que aumentem o valor ou a duração esperada dos elementos em que são aplicados.

ARTIGO 15.º
Depreciações de bens reavaliados

1 – O regime de aceitação como gastos das depreciações de bens reavaliados ao abrigo de legislação de carácter fiscal é o mencionado na mesma, com as adaptações

resultantes do presente decreto regulamentar, aplicando-se aos bens reavaliados nos termos da Portaria n.º 20 258, de 28 de Dezembro de 1963, o regime previsto no n.º 2 do artigo 5.º

2 – Relativamente às reavaliações ao abrigo de diplomas de carácter fiscal, é de observar o seguinte:

a) Não é aceite como gasto, para efeitos fiscais, o produto de 0,4 pela importância do aumento das depreciações resultantes dessas reavaliações;

b) Não é aceite como gasto, para efeitos fiscais, a parte do valor depreciável dos bens que tenham sofrido desvalorizações excepcionais nos termos do artigo 38.º do Código do IRC que corresponda à reavaliação efectuada.

3 – Exceptuam-se do disposto no número anterior as reavaliações efectuadas ao abrigo da Portaria n.º 20 258, de 28 de Dezembro de 1963, e do Decreto-Lei n.º 126/77, de 2 de Abril, desde que efectuadas nos termos previstos nessa legislação e, na parte aplicável, com observância das disposições do presente decreto regulamentar, caso em que o aumento das depreciações resultante da reavaliação é aceite na totalidade como gasto para efeitos fiscais.

ARTIGO 16.º
Activos intangíveis

1 – Os activos intangíveis são amortizáveis quando sujeitos a deperecimento, designadamente por terem uma vigência temporal limitada.

2 – São amortizáveis os seguintes activos intangíveis:

a) Despesas com projectos de desenvolvimento;

b) Elementos da propriedade industrial, tais como patentes, marcas, alvarás, processos de produção, modelos ou outros direitos assimilados, adquiridos a título oneroso e cuja utilização exclusiva seja reconhecida por um período limitado de tempo.

3 – Excepto em caso de deperecimento efectivo devidamente comprovado, reconhecido pela Direcção-Geral dos Impostos, não são amortizáveis:

a) Trespasses;

b) Elementos mencionados na alínea *b)* do número anterior quando não se verifiquem as condições aí referidas.

ARTIGO 17.º
Projectos de desenvolvimento

1 – As despesas com projectos de desenvolvimento podem ser consideradas como gasto fiscal no período de tributação em que sejam suportadas.

2 – Para efeitos do disposto no presente decreto regulamentar, consideram-se despesas com projectos de desenvolvimento, as realizadas através da exploração de resultados de trabalhos de investigação ou de outros conhecimentos científicos ou técnicos, com vista à descoberta ou à melhoria substancial de matérias-primas, produtos, serviços ou processos de produção.

3 – Não é aplicável o disposto no n.º 1, nem o referido na alínea *a)* do n.º 2 do artigo anterior, aos projectos de desenvolvimento efectuados para outrem mediante contrato.

ARTIGO 18.º
Quotas mínimas de depreciação ou amortização

1 – As quotas mínimas de depreciação ou amortização que não tiverem sido contabilizadas como gastos do período de tributação a que respeitam, não podem ser deduzidas dos rendimentos de qualquer outro período de tributação.

2 – Para efeitos do disposto no número anterior, as quotas mínimas de depreciação ou amortização são determinadas através da aplicação, aos valores mencionados no artigo 2.º das taxas iguais a metade das fixadas no artigo 5.º, salvo quando a Direcção-Geral dos Impostos conceda previamente autorização para a utilização de quotas inferiores, na sequência da apresentação de requerimento em que se indiquem as razões que as justificam.

3 – O disposto nos números anteriores não é aplicável aos activos não correntes detidos para venda.

ARTIGO 19.º
Elementos de reduzido valor

1 – Os elementos do activo sujeitos a deperecimento, cujos custos unitários de aquisição ou de produção não ultrapassem € 1000, podem ser totalmente depreciados ou amortizados num só período de tributação, excepto quando façam parte integrante de um conjunto de elementos que deva ser depreciado ou amortizado como um todo.

2 – Considera-se sempre verificado o condicionalismo da parte final do número anterior quando os mencionados elementos não possam ser avaliados e utilizados individualmente.

3 – Os activos depreciados ou amortizados nos termos do n.º 1 devem constar dos mapas das depreciações e amortizações pelo seu valor global, numa linha própria para os elementos adquiridos ou produzidos em cada período de tributação, com a designação «Elementos de custo unitário inferior a € 1000», elementos estes cujo período máximo de vida útil se considera, para efeitos fiscais, de um ano.

ARTIGO 20.º
Depreciações e amortizações tributadas

As depreciações e amortizações que não sejam consideradas como gastos fiscais no período de tributação em que foram contabilizadas, por excederem as importâncias máximas admitidas, são aceites como gastos fiscais nos períodos seguintes, na medida em que não se excedam as quotas máximas de depreciação ou amortização fixadas no presente decreto regulamentar.

ARTIGO 21.º
Mapas de depreciações e amortizações

1 – Os sujeitos passivos devem incluir, no processo de documentação fiscal previsto nos artigos 130.º do Código do IRC e 129.º do Código do IRS, os mapas de depreciações e amortizações de modelo oficial, apresentando separadamente:

a) Os elementos que entraram em funcionamento até 31 de Dezembro de 1988;

b) Os elementos que entraram em funcionamento a partir 1 de Janeiro de 1989;
c) Os elementos que foram objecto de reavaliação ao abrigo de diploma de carácter fiscal.

2 – Os mapas a que se refere o número anterior devem ser preenchidos de acordo com a codificação expressa nas tabelas anexas ao presente decreto regulamentar, e que dele fazem parte integrante.

3 – A contabilidade organizada nos termos do artigo 123.º do Código do IRC e do artigo 117.º do Código do IRS deve permitir o controlo dos valores constantes dos mapas referidos no n.º 1, em conformidade com o disposto no presente decreto regulamentar e na demais legislação aplicável.

ARTIGO 22.º
Disposição transitória

Na aplicação do disposto no presente decreto regulamentar deve ter-se em conta o seguinte:

a) O método das quotas degressivas é aplicável apenas relativamente aos elementos cuja entrada em funcionamento se tenha verificado a partir de 1 de Janeiro de 1989;

b) O disposto no n.º 3 do artigo 7.º é aplicável às situações ocorridas a partir de 1 de Janeiro de 1989, incluindo igualmente as situações mencionadas na parte final do artigo 8.º do Decreto-Lei n.º 442-B/88, de 30 de Novembro;

c) Relativamente aos imóveis de que não tenha sido ainda determinado o respectivo valor nos termos da legislação mencionada no n.º 4 do artigo 10.º, o limite mínimo aí referido é constituído por 25 % do respectivo valor patrimonial constante da matriz à data da aquisição do imóvel;

d) No tocante aos contratos de locação financeira celebrados antes de 1 de Janeiro de 1990, aplica-se, com as necessárias adaptações, para efeitos do cálculo das quotas de depreciação, nos termos do n.º 1 do artigo 13.º, o disposto no n.º 1 do artigo 1.º do Decreto-Lei n.º 311/82, de 4 de Agosto;

e) As taxas de depreciação e amortização constantes das tabelas anexas ao presente decreto regulamentar, e que dele fazem parte integrante, são aplicáveis apenas aos elementos cuja entrada em funcionamento se tenha verificado a partir de 1 de Janeiro de 1989, aplicando-se aos que entraram em funcionamento anteriormente as constantes das tabelas anexas à Portaria n.º 737/81, de 29 de Agosto, com as alterações que lhe foram introduzidas pelas Portarias n.os 990/84, de 29 de Dezembro, e 85/88, de 9 de Fevereiro;

f) As despesas com a emissão de obrigações, os encargos financeiros com a aquisição ou produção de elementos do imobilizado, as diferenças de câmbio desfavoráveis relacionadas com o imobilizado e os encargos com campanhas publicitárias, reconhecidos como gastos e ainda não aceites fiscalmente, concorrem igualmente para a formação do lucro tributável de acordo com o regime que vinha sendo adoptado.

ARTIGO 23.º
Norma revogatória

É revogado o Decreto Regulamentar n.º 2/90, de 12 de Janeiro.

ARTIGO 24.º
Entrada em vigor e produção de efeitos

O presente decreto regulamentar entra em vigor em 1 de Janeiro de 2010, aplicando-se, para efeitos de IRC e de IRS, relativamente aos períodos de tributação que se iniciem em, ou após, 1 de Janeiro de 2010.

Visto e aprovado em Conselho de Ministros de 1 de Julho de 2009. – *José Sócrates Carvalho Pinto de Sousa – Fernando Teixeira dos Santos.*

Promulgado em 31 de Agosto de 2009.

Publique-se.

O Presidente da República, ANÍBAL CAVACO SILVA.

Referendado em 1 de Setembro de 2009.

O Primeiro-Ministro, *José Sócrates Carvalho Pinto de Sousa.*

TABELA I
Taxas específicas

Código		Percentagens
	DIVISÃO I	
	Agricultura, silvicultura, pecuária e pesca	
	Grupo 1 — Agricultura, silvicultura e pecuária	
	Construções:	
0005	Construções de tijolo, pedra ou betão	5
0010	Construções de madeira com fundações de alvenaria	6,66
	Estufas:	
0015	De estrutura metálica ou de betão ou similares	10
0020	De estrutura de madeira	20
0025	Silos	8,33
0030	Nitreiras e fossas	5
0035	Construções ligeiras (em fibrocimento, madeira, zinco, etc.)	10
	Plantações:	
0040	Bosques e florestas	(*a*)
0045	Oliveiras	4
0050	Vinhas	5
0055	Amendoeiras, citrinos, figueiras e nogueiras	5
0060	Amoreiras, framboesas, groselheiras e pessegueiros	14,28
0065	Outros pomares	10
0070	Flores e outras plantações	(*b*)
	Equipamentos motorizados:	
0075	Tractores, ceifeiras — debulhadoras, motocultivadores, etc.	16,66
	Equipamentos não motorizados:	
0090	Arrancadora — carregadora, desbastador, ensiladora e semeador mecânico de precisão	14,28
0095	Outros equipamentos	12,5
	Equipamentos especializados:	
	Equipamento de rega por aspersão:	
0100	Barragens e rede primária	3,33
0105	Rede secundária e canalizações enterradas	5
0110	Restante equipamento	12,5
0115	Equipamento de ordenha	12,5
0120	Equipamento de vinificação	12,5
	Melhoramentos fundiários:	
0125	Subsolagens de efeito duradouro	33,33
0130	Ripagens e correcções de solos de efeito duradouro	20
0135	Barragens de terra batida e charcas	5
0140	Surribas profundas, trabalhos de enxugo ou drenagens, obras de defesa contra inundações, etc.	14,28
0145	Poços e furos	10
0150	Cercas	10

Código		Percentagens
	Animais:	
0155	De trabalho..	12,5
	Reprodutores:	
0160	Suínos...	33,33
0165	Outros...	10

Grupo 2 — Pesca

	Barcos de pesca:	
0170	Costeiros (traineiras e outras embarcações cuja arqueação bruta ou calado as caracterize como costeiras)...	12,5
	De alto mar:	
0175	De ferro..	7,14
0180	De madeira...	10
0185	Navios — fábricas e navios — frigoríficos....................................	10
0190	Instalações de congelação e conservação.....................................	12,5
0195	Aparelhos localizadores, de telefonia, de radiogoniometria e de radar............	20
0200	Apresto de pesca...	33,33

DIVISÃO II

Indústrias extractivas

0210	Terrenos de exploração..	(c)
0215	Terrenos destinados a entulheiras..	(d)
0220	Fornos de ustulação e fundição..	20
	Equipamento mineiro fixo:	
0225	De superfície..	12,5
0230	De subsolo..	20
0235	Vias férreas e respectivo material rolante....................................	12,5
0240	Equipamento móvel sobre rodas ou lagartas.................................	20
0245	Ferramentas e utensílios de uso específico...................................	33,33

DIVISÃO III

Indústrias transformadoras

Grupo 1 — De alimentação, bebidas e tabaco

A) Indústria de panificação

0250	Fornos mecânicos, eléctricos, a vapor, etc....................................	12,5
0255	Fornos a caruma ou a lenha..	8,33
0260	Equipamento mecânico e específico...	12,5
0265	Instalações frigoríficas e de ventilação.......................................	12,5
0270	Silos (tecido)..	25

B) Outras Indústrias de alimentação

0275	Silos...	5
	Depósitos:	
0280	De cimento...	6,66
0285	De metal...	7,14
	Fornos fixos:	
0290	Eléctricos e de combustíveis líquidos ou gasosos..............................	12,5
0295	A lenha ou a carvão..	8,33
0300	Fornos móveis...	14,28
0305	Prensas...	6,25
	Torradores:	
0310	Fixos...	12,5
0315	Móveis...	14,28
	Maquinaria e instalações industriais de uso específico:	
0320	De moagem, descasque e polimento de arroz e refinação de óleos vegetais........	10
0325	Conservas de carne, cacau e gelados..	14,28
0330	Outras indústrias...	12,5

Código		Percentagens
	C) Bebidas não alcoólicas	
0345	Instalações de captação, poços e depósitos de água	5
	Depósitos e tanques para a preparação de misturas e armazenagem:	
0350	De aço inoxidável	5
0355	De outros materiais	8,33
	Maquinaria para filtragem, esterilização, engarrafamento e rotulagem:	
0360	Automáticas e semiautomáticas	12,5
0365	Não automáticas	10
	Maquinaria e instalações de selecção, lavagem, trituração, prensagem e concentração de frutos:	
0370	Automáticas e semiautomáticas	14,28
0375	Não automáticas	12,5
0380	Instalações frigoríficas	12,5
	D) Bebidas alcoólicas	
	Tanques, cubas e depósitos de fermentação, repouso e armazenagem:	
0390	De madeira	7,14
0395	Metálicos	6,66
0400	De betão e similares	5
0405	Caldeiras e alambiques	6,66
0410	Maquinaria e instalações de uso específico	12,5
	E) Tabaco	
	Câmaras de secagem de tabaco:	
0420	De betão ou alvenaria	5
0425	Construções ligeiras	12,5
0430	Máquinas e instalações de uso específico	12,5
	Grupo 2 — Têxteis	
0440	Maquinaria para o fabrico de malhas	20
0445	Maquinaria para o fabrico de cordas, cabos e redes	12,5
0450	Teares para a indústria de tapeçaria	14,28
	Outras máquinas e instalações de uso específico:	
0455	Para uso em ambiente normal	12,5
0460	Para uso em ambiente corrosivo	20
	Grupo 3 — Calçado, vestuário e têxteis em obra	
0470	Máquinas e instalações industriais de uso específico	12,5
0475	Caldeiras para a produção de vapor	20
0480	Moldes e formas para calçado	50
	Grupo 4 — Madeira e cortiça	
	A) Madeiras	
0490	Instalação industriais de uso específico	12,5
	Maquinaria:	
0495	De serração e fabrico de móveis e alfaias de madeira	14,28
0500	Para o fabrico de folheados, contraplacados e aglomerados de partículas e fibras de madeira	12,5
	B) Preparação e transformação de cortiças, aglomerados e granulados	
0510	Caldeiras a vapor	20
0515	Autoclaves de cocção	14,28
0520	Fornos de fogo semidirecto	12,5
0525	Instalações de uso específico	8,33
0530	Máquinas de uso específico	10
	Grupo 5 — Indústrias do papel e de artigos de papel	
0540	Geradores de vapor	6,66
0545	Lixiviadores	14,28
	Máquinas de uso específico para:	
0550	Fabricação de pasta	10

Código		Percentagens
0555	Formação de folha de papel	8,33
0560	Preparação e acabamento de papel	12,5
0565	Transformação de papel	14,28
	Grupo 6 — Tipografia, editoriais e indústrias conexas	
0575	Máquinas de composição de jornais diários	20
0580	Máquinas de impressão	14,28
0585	Aparelhagem electrónica para comando, reprodução, iluminação e corte	20
0590	Outras máquinas e apetrechos de uso específico	12,5
0595	Tipos e cortantes	33,33
	Grupo 7 — Indústrias de curtumes e de artigos de couro e pele (excepto calçado e artigos de vestuário)	
0605	Instalações industriais de uso específico	12,5
0610	Máquinas de uso específico	14,28
	Grupo 8 — Indústria de borracha	
0620	Máquinas e instalações industriais de uso específico	14,28
0625	Moldes e formas	33,33
	Grupo 9 — Indústrias químicas	
	A) Derivados do petróleo bruto e carvão	
0640	Máquinas e instalações industriais de uso específico	12,5
0645	Máquinas e instalações industriais de uso específico sujeitas a ambiente corrosivo	16,66
0650	Oleodutos, reservatórios e instalações de distribuição	10
0655	Bombas de gás (petróleo)	14,28
	B) Produções de gases comprimidos	
0665	Instalações industriais de uso específico	10
0670	Máquinas de uso específico	14,28
0680	Material de distribuição de gases (embalagens)	12,5
	C) Fabricação de explosivos e pirotecnia	
0690	Máquinas e instalações industriais de uso específico	12,5
0695	Máquinas e instalações industriais de uso específico em ambiente corrosivo	20
0700	Ferramentas e utensílios de uso específico	33,33
	D) Sabões, detergentes e óleos e gorduras animais ou vegetais não alimentares	
0710	Máquinas e instalações industriais de uso específico	12,5
0715	Máquinas e instalações industriais de uso específico em ambiente corrosivo	20
0720	Aparelhos e utensílios de laboratório	20
0725	Ferramentas e utensílios de uso específico	33,33
	E) Fabricação de fibras artificiais e sintéticas, resinas sintéticas e outras matérias plásticas	
0730	Máquinas e instalações industriais de uso específico	14,28
0735	Prensas	6,25
0740	Moldes e formas	33,33
0745	Material de laboratório	20
	F) Outras indústrias químicas	
0760	Fornos reactores para sínteses	20
0765	Fornos reactores para fusão	20
0770	Instalações de electrólise e de electrossíntese	20
0775	Instalações de fabricação de ácidos	20
0780	Máquinas e outras instalações industriais de uso específico	12,5
0785	Máquinas e outras instalações industriais de uso específico em ambiente corrosivo	16,66
	Grupo 10 — Indústrias dos produtos minerais não metálicos	
	A) Cerâmica de construção	
0800	Terrenos de exploração	(*e*)
0805	Fornos e muflas intermitentes	14,28
0810	Fornos e muflas contínuos	16,66
0815	Máquinas e outras instalações industriais de uso específico	14,28
0825	Moldes (gesso ou madeira)	33,33

Código		Percentagens
	B) Porcelanas e faianças	
0835	Fornos	14,28
0840	Máquinas e outras instalações industriais de uso específico	14,28
0845	Ferramentas e utensílios de uso específico	33,33
	C) Vidros e artigos de vidro	
0850	Fornos	14,28
0855	Máquinas e instalações de uso específico	12,5
0865	Ferramentas e utensílios de uso específico	33,33
	D) Cimento	
0875	Fornos	14,28
0880	Máquinas e instalações industriais de uso específico	14,28
	E) Artefactos de cimento	
0890	Máquinas e instalações industriais de uso específico	12,5
	F) Cal e gesso	
0910	Fornos	12,5
0915	Máquinas e instalações industriais de uso específico	12,5
	Grupo 11 — Indústrias metalúrgicas, metalomecânicas e de material eléctrico	
	A) Básicas do ferro e do aço	
0930	Fornos	12,5
0935	Máquinas e outros instrumentos industriais de uso específico	14,28
	B) Básicas de metais não ferrosos	
0950	Fornos	14,28
0955	Células electrolíticas e outras instalações para reagentes químicos	16,66
0960	Máquinas e outras instalações industriais de uso específico	14,28
0965	Ferramentas e utensílios de uso específico	33,33
	C) Construção e reparação naval	
0970	Docas flutuantes...	8,33
0975	Docas secas, cais e pontes-cais	5
	Embarcações para navegação fluvial:	
0980	De ferro	7,14
0985	De madeira...	10
0990	Fornos	14,28
0995	Outras instalações industriais de uso específico	10
1000	Máquinas de uso específico...	16,66
	D) Outras indústrias metalúrgicas, metalomecânicas e de material eléctrico	
1010	Fornos de secagem..	20
1015	Outros fornos e estufas..	14,28
1020	Instalações de vácuo...	20
1025	Células electrolíticas e instalações para reagentes químicos.....................	14,28
1030	Equipamento de soldadura...	20
1035	Outras instalações industriais de uso específico	10
	Prensas:	
1040	De tipo ligeiro	14,28
1045	De tipo pesado	10
1050	Máquinas de bobinar	25
1055	Máquinas para corte de chapa magnética	20
1060	Outras máquinas de uso específico	14,28
1065	Moldes	33,33
1070	Ferramentas e utensílios de uso específico	33,33
	Grupo 12 — Indústrias transformadoras diversas	
	A) Fabricação de aparelhos e instrumentos de medida e verificação	
1075	Instalações industriais de uso específico...............................	10
1080	Máquinas de uso específico...	14,28
1085	Fornos	12,5
1090	Ferramentas e utensílios de uso específico	33,33

Código		Percentagens
	B) Fabricação de jóias e de artigos de ourivesaria	
1095	Instalações industriais de uso específico	10
1100	Máquinas de uso específico	14,28
1105	Ferramentas e utensílios de uso específico	33,33
	C) Fabricação de artigos de matérias plásticas	
1110	Instalações industriais de uso específico	10
1115	Máquinas de uso específico	20
1120	Moldes	33,33
1125	Ferramentas e utensílios de uso específico	33,33

DIVISÃO IV

Construção civil e obras públicas

Código		Percentagens
1130	Construções ligeiras não afectas a obras em curso	12,5
1135	Material de desenho, de topografia e de ensaio e medida	16,66
	Materiais auxiliares de construção:	
	De madeira:	
1140	Andaimes	100
1145	Cofragem	100
	Metálicos:	
1150	Andaimes	14,28
1155	Cofragem	25
1160	Diversos	20
	Equipamentos:	
1165	De transporte geral	25
	De oficinas:	
1170	Carpintaria	16,66
1175	Serralharia	14,28
1180	Produção e distribuição de energia eléctrica	14,28
1185	Para movimentação e armazenagem de materiais	14,28
1190	Para trabalhos de ar comprimido	25
1195	Para trabalhos de escavação e terraplenagem	20
1200	De sondagens e fundações	20
1205	Para exploração de pedreiras, fabricação e aplicação de betões e argamassas	20
1210	Para construção de estradas	20
1215	Para obras hidráulicas	6,25
1220	Ferramentas e equipamentos individuais	33,33

DIVISÃO V

Electricidade, gás e água

Grupo 1 — Produção, transporte e distribuição de energia eléctrica

Código		Percentagens
1225	Obras hidráulicas fixas	3,33
	Equipamentos de centrais:	
1230	Hidroeléctricas	6,25
1235	Termoeléctricas	8,33
1240	Subestações e postos de transformação	5
1245	Linhas de AT e suportes	5
1250	Linhas de BT e suportes	7,14
1255	Aparelhos de medida e controlo	12,5

Grupo 2 — Produção e distribuição de gás

Código		Percentagens
1265	Instalações de destilação de carvões minerais	6,25
1270	Gasómetros e depósitos para armazenagem de gás	6,25
1275	Subestações redutoras e rede de distribuição	6,25
1280	Máquinas e outras instalações de uso específico	12,5
1285	Aparelhos de medida e controlo	12,5

Código		Percentagens
	Grupo 3 — Captação e distribuição de águas	
1295	Obras hidráulicas fixas...	3,33
1300	Comportas...	5
	Reservatórios:	
1305	De torre ou de superfície..	4
1310	Subterrâneos...	2,5
1315	Condutas..	4
	Redes de distribuição:	
1320	De ferro...	5
1325	De fibrocimento ou similares.....................................	6,25
1330	Outras instalações e máquinas de uso específico.....................	12,5
1335	Aparelhos de medida e controlo.....................................	12,5
	DIVISÃO VI	
	Transportes e comunicações	
	Grupo 1 — Transportes	
	A) Transportes ferroviários	
1345	Túneis e obras de arte...	2
1350	Vias-férreas..	6,25
1355	Subestações de electricidade e postos de transformação...............	5
1360	Linhas eléctricas e respectivas instalações.........................	5
1365	Instalações de sinalização e controlo...............................	14,28
1370	Locomotivas..	7,14
	Automotoras:	
1375	Ligeiras...	7,14
1380	Pesadas..	6,25
	Vagões:	
1385	Cubas, cisternas e frigoríficos...................................	6,25
1390	Não especificadas...	5
1395	Carruagens e outro material rolante................................	5
1400	Material de carga e descarga.......................................	8,33
1405	Outras máquinas e instalações de uso específico.....................	12,5
	B) Outros transportes terrestres	
1415	Linhas eléctricas e respectivas instalações.........................	5
1420	Carros eléctricos..	6,25
1425	*Trolley-cars*...	10
	Veículos automóveis de serviço público:	
1430	Pesados, para passageiros.......................................	25
1435	Pesados e reboques, para mercadorias............................	25
1440	Ligeiros e mistos..	25
1445	Outras instalações de uso específico...............................	10
	C) Transportes marítimos, fluviais e lacustres	
1455	Navios de carga geral convencionais e navios mistos de passageiros e de carga..................	10
1460	Navios de passageiros, ferries, graneleiros, porta-contentores, navios -tanques, navios — frigoríficos e outros navios especializados	12,5
1465	Dragas, gruas flutuantes, barcaças, etc., de ferro..................	8,33
1470	Fragatas, barcaças e outras embarcações de madeira.................	12,5
1475	Embarcações de borracha...	10
1476	Embarcações de fibra de vidro....................................	25
1480	Máquinas e instalações portuárias................................	14,28
1485	Outras máquinas e instalações de uso específico.....................	12,5
	D) Transportes aéreos	
	Aviões:	
1495	Com motores de reacção...	16,66
1500	Com motores a turbo — hélice....................................	16,66
1505	Com motores convencionais.......................................	25

Código		Percentagens
1510	Frota terrestre..	20
1515	Instalações auxiliares, nos aeroportos, para carga, embarque, etc.	10
1520	Máquinas e instalações de oficinas de reparação e revisão...............................	12,5
	Grupo 2 — Comunicações telefónicas, telegráficas e radiotelegráficas	
1530	Centrais de transmissão e de recepção..	12,5
1535	Redes aéreas, suportes e cabos subterrâneos...	5
1540	Instalações de sincronização e de controlo	14,28
1545	Instalações de registo de rádio..	20
1550	Postos públicos e particulares	10

DIVISÃO VII

Serviços

Grupo 1 — Serviços de saúde com ou sem internamento

1560	Decorações interiores, incluindo tapeçarias..	25
1565	Mobiliário	12,5
1570	Colchoaria e cobertores	25
1575	Roupas brancas e atoalhados	50
1580	Louças e objectos de vidro, excepto decorativos.......................................	33,33
1585	Talheres e utensílios de cozinha...	25
1590	Aparelhagem e material médico-cirúrgico de rápida evolução técnica...................	33,33
1595	Outro material, aparelhos, utensílios e instalações de uso específico	14,28

Grupo 2 — Serviços recreativos

A) Casas de espectáculos

1600	Máquinas de projecção e instalação sonora...	14,28
1605	Cortinas metálicas contra incêndios..	5
1610	Decorações interiores, incluindo tapeçarias (*f*)..	20
1615	Aparelhagem e mobiliário de uso específico...	12,5

B) Estações de radiodifusão e televisão

1620	Instalações radiofónicas...	12,5
1625	Instalações de teledifusão e televisão	16,66
1630	Instalações de sincronização e controlo..	14,28
1635	Instalações de gravação e registo	25
1640	Equipamento móvel para serviço no exterior	20

Grupo 3 — Hotéis, restaurantes, cafés e actividades similares

1650	Decorações de interiores, incluindo tapeçarias (*f*)....................................	25
1655	Mobiliário (*f*)	12,5
1660	Colchoaria e cobertores	20
1665	Roupas brancas e atoalhados	50
1670	Louças e objectos de vidro, excepto decorativos.......................................	33,33
1675	Talheres e utensílios de cozinha...	25
1680	Máquinas, aparelhos, utensílios e instalações de uso específico	14,28

Grupo 4 — Serviços de higiene e de estética

A) Lavandarias e tinturarias

1685	Maquinaria de uso específico...	14,28
1690	Instalações industriais de uso específico	10

B) Barbearias, salões de cabeleireiro e institutos de beleza

1700	Aparelhos e instrumentos para massagens, depilação, secagem e trabalhos similares	20
1705	Instalações de uso específico..	10
1710	Roupas brancas	50

(*a*) De acordo com o regime de exploração, mas as espécies arbóreas cuja vida útil normal é igual ou superior a 100 anos não são depreciáveis.
(*b*) De acordo com o regime de exploração.
(*c*) Em função do esgotamento.
(*d*) Em função da superfície degradada.
(*e*) Em função do esgotamento.
(*f*) Excluem-se os móveis e objectos de arte e antiguidades.

TABELA II
Taxas genéricas

Código		Percentagens
	DIVISÃO I	
	Activos fixos tangíveis e propriedades de investimento	
	Grupo 1 — Imóveis	
2005	Edificações ligeiras (fibrocimento, madeira, zinco, etc.)	10
	Edifícios (a):	
2010	Habitacionais	2
2015	Comerciais e administrativos	2
2020	Industriais ou edificações integradas em conjuntos industriais	5
2025	Afectos a hotéis, restaurantes e similares, a garagens e estações de serviço, a serviços de saúde e de ensino e a serviços recreativos e culturais	5
2035	Fornos	10
2040	Obras hidráulicas, incluindo poços de água	5
2045	Obras de pavimentação de pedra, cimento, betão, etc.	5
	Pontes e aquedutos:	
2050	De betão ou alvenaria	3,33
2055	De madeira	20
2060	Metálicos	8,33
	Reservatórios de água:	
2065	De torre ou de superfície	5
2070	Subterrâneos	3,33
2075	Silos	5
	Vedações e arranjos urbanísticos:	
2080	Arranjos urbanísticos	10
2085	Vedações ligeiras	8,33
2090	Muros	5
	Grupo 2 — Instalações	
2095	De água, electricidade, ar comprimido, refrigeração e telefónicas (instalações interiores)	10
2100	De aquecimento central	6,66
2105	Ascensores, monta-cargas e escadas mecânicas	10
2110	De cabos aéreos e suportes	10
2115	De caldeiras e alambiques	7,14
2120	De captação e distribuição de água (instalações privativas)	5
2125	De carga, descarga e embarque (instalações privativas)	7,14
2130	Centrais telefónicas privativas	10
2135	De distribuição de combustíveis líquidos (instalações privativas)	10
2140	De embalagem	10
	Instalações de armazenagem e de depósito:	
2145	De betão	5
2150	De madeira	6,66
2155	Metálicos	8,33
2160	De lagares e prensas	7,14
2165	Postos de transformação	5
2170	Radiofónicas, radiotelegráficas e de televisão (instalações privativas)	12,5
2175	Refeitórios e cozinhas privativas	10
2180	Reservatórios para combustíveis líquidos	6,66
2185	Vitrinas e estantes fixas	12,5
2186	Espaços expositivos de carácter itinerante	25
2190	Instalações de centros de formação profissional	16,66
2195	Não especificadas	10
	Grupo 3 — Máquinas, aparelhos e ferramentas	
2200	Aparelhagem e máquinas electrónicas	20
2205	Aparelhagem de reprodução de som	20
2210	Aparelhos de ar condicionado	12,5
2215	Aparelhos de aquecimento (irradiadores e outros)	12,5
2220	Aparelhos de laboratório e precisão	14,28
2225	Aparelhos de ventilação (ventoinhas e outros)	12,5
2230	Balanças	12,5
2235	Compressores	25
2240	Computadores	33,33
2245	Equipamento de centros de formação profissional	16,66
	Máquinas, aparelhos e ferramentas:	

Código		Percentagens
2250	Equipamentos de energia solar	25
2251	Aparelhos telemóveis	20
	Equipamento de oficinas privativas:	
2255	De carpintaria	12,5
2260	De serralharia e mecânica	14,28
2265	Ferramentas e utensílios	25
2270	Guindastes	12,5
2275	Máquinas de escrever, de calcular, de contabilidade e de fotocopiar	20
	Máquinas — ferramentas:	
2280	Ligeiras	20
2285	Pesadas	12,5
2290	Máquinas de lavagem automática de veículos	20
2295	Máquinas não especificadas	12,5
2300	Material de incêndio (extintores e outros)	25
2305	Material de queima	14,28
2310	Motores	12,5
2315	Televisores	14,28
	Grupo 4 — Material rolante ou de transporte	
2320	Aeronaves	20
	Barcos:	
2325	De ferro	7,14
2330	De madeira	10
2335	De borracha	12,5
2340	Bicicletas, triciclos e motociclos	25
2345	Tractores e atrelados, empilhadores e carros com caixa basculante *(dumpers)*	16,66
2350	Vagões	4
2355	Veículos de tracção animal, compreendendo animais de tiro	12,5
2360	Vias-férreas normais	4
2365	Vias-férreas (sistema Decauville) e respectivo material rolante	10
	Veículos automóveis:	
2370	Funerários	12,5
2375	Ligeiros e mistos	25
2380	Pesados de passageiros	14,28
2385	Pesados e reboques, de mercadorias	20
2390	Pesados e reboques de mercadorias, quando utilizados normalmente em vias que provoquem forte desgaste de material	25
2395	Tanques	16,66
	Grupo 5 — Elementos diversos	
	Artigos de conforto e decoração (*b*):	
2400	Alcatifas	25
2405	Outros	12,5
2410	Encerados	50
2415	Equipamento publicitário colocado na via pública	12,5
2420	Filmes, discos e *cassettes*	25
2425	Material de desenho e topografia	12,5
2430	Mobiliário (*b*) (*c*)	12,5
2435	Moldes, matrizes, formas e cunhos	25
2440	Programas de computadores	33,33
	Taras e vasilhame:	
2445	De madeira	20
2450	De metal	14,28
2455	De outros materiais	33,33
	DIVISÃO II	
	Activos intangíveis	
2470	Projectos de desenvolvimento	33,33
2475	Elementos da propriedade industrial, tais como patentes, marcas, alvarás, processos de produção, moldes ou outros direitos assimilados, adquiridos a título oneroso e cuja utilização exclusiva seja reconhecida por um período limitado de tempo	(*d*)

(*a*) Tratando-se de edifícios onde se exerçam actividades enquadráveis em mais de uma das rubricas, o regime de depreciação será determinado pela classificação que lhes couber face à característica neles predominante.
(*b*) Excluem-se os móveis e objectos de arte e antiguidades.
(*c*) O mobiliário e outros elementos afectos a centros de formação profissional são depreciados à taxa máxima anual de 16,66% se taxa mais elevada não estiver fixada na presente tabela.
(*d*) A taxa de amortização é determinada em função do período de tempo em que tiver lugar a utilização exclusiva.

COEFICIENTES DE DESVALORIZAÇÃO DA MOEDA

PORTARIA N.º 772/2009, DE 21 DE JULHO

Actualiza os coeficientes de desvalorização da moeda a aplicar aos bens e direitos alienados durante o ano de 2009, para efeitos de determinação da matéria colectável do imposto sobre o rendimento das pessoas singulares

O artigo 44.º do Código do Imposto sobre o Rendimento das Pessoas Colectivas (CIRC) aprovado pelo Decreto-Lei n.º 442-B/88, de 30 de Novembro, e o artigo 50.º do Código do Imposto sobre o Rendimento das Pessoas Singulares (CIRS), aprovado pelo Decreto-Lei n.º 442-A/88, de 30 de Novembro, prevêem a actualização anual dos coeficientes de desvalorização da moeda para efeitos de correcção monetária dos valores de aquisição de determinados bens e direitos.

Assim:

Manda o Governo, pelo Secretario de Estado dos Assuntos Fiscais, que os coeficientes de desvalorização da moeda a aplicar aos bens e direitos alienados durante o ano de 2009, cujo valor deva ser actualizado nos termos dos artigos 44.º do Código do Imposto sobre o Rendimento das Pessoas Colectivas e 50.º do Código do Imposto sobre o Rendimento das Pessoas Singulares, para efeitos de determinação da matéria colectável dos referidos impostos, são os constantes do quadro anexo.

O Secretário de Estado dos Assuntos Fiscais, *Carlos Manuel Baptista Lobo,* em 14 de Maio de 2009.

ANEXO
Quadro de actualização dos coeficientes de desvalorização da moeda a que se referem os artigos 44.º do CIRC e 50.º do CIRS

Anos	Coeficientes	Anos	Coeficientes
Até 1903	4 318,93	1977	17,62
1904 a 1910	4 020,40	1978	13,78
1911 a 1914	3 856,02	1979	10,87
1915	3 430,68	1980	9,80
1916	2 808,03	1981	8,02
1917	2 241,65	1982	6,66
1918	1 599,35	1983	5,32
1919	1 225,73	1984	4,13
1920	809,91	1985	3,45
1921	528,42	1986	3,12
1922	391,35	1987	2,86
1923	239,51	1988	2,58
1924	201,61	1989	2,32
1925 a 1936	173,77	1990	2,07
1937 a 1939	168,75	1991	1,84
1940	142,00	1992	1,69
1941	126,12	1993	1,57
1942	108,89	1994	1,49
1943	92,72	1995	1,44
1944 a 1950	78,72	1996	1,40
1951 a 1957	72,20	1997	1,38
1958 a 1963	67,89	1998	1,33
1964	64,89	1999	1,31
1965	62,51	2000	1,28
1966	59,72	2001	1,20
1967 a 1969	55,85	2002	1,16
1970	51,72	2003	1,12
1971	49,23	2004	1,10
1972	46,02	2005	1,08
1973	41,84	2006	1,05
1974	32,09	2007	1,03
1975	27,41	2008	1
1976	22,96		

REINTEGRAÇÃO DE VIATURAS LIGEIRAS DE PASSAGEIROS OU MISTAS
[14]

PORTARIA N.º 1041/2001, DE 28 DE AGOSTO

Determina que para o cálculo da dedução respeitante à reintegração de viaturas ligeiras de passageiros ou mistas não seja tomada em consideração a parte do valor de aquisição ou reavaliação que exceda o limite estabelecido na alínea *e*) do n.º 1 do artigo 33.º do Código do IRC. Revoga a Portaria n.º 128/97, de 22 de Fevereiro.

Em cumprimento do disposto no n.º 2 do artigo 33.º do Código do Imposto sobre o Rendimento das Pessoas Singulares (IRS), importa fixar limites, quer quanto aos encargos admitidos na determinação do rendimento líquido da categoria B ou na matéria colectável das sociedades de profissionais sujeitas ao regime de transparência fiscal, inerentes aos encargos com a utilização de viaturas ligeiras de passageiros ou mistas afectas ao exercício da actividade, quer quanto ao número máximo de veículos motorizados que poderão ser considerados como afectos ao exercício das respectivas actividades.

Assim:

Manda o Governo, pelo Ministro das Finanças, nos termos do n.º 2 do artigo 33.º do Código do IRS, o seguinte:

1.º Sem prejuízo do disposto na alínea *a*) do n.º 1 do artigo 33.º do Código do IRS:

a) Para cálculo da dedução respeitante à reintegração de viaturas ligeiras de passageiros ou mistas, não será tomada em consideração a parte do valor de aquisição ou reavaliação que exceda o limite estabelecido na alínea *e*) do n.º 1 do artigo 33.º do Código do IRC;

b) Para cálculo da dedução referente a prestações devidas pelo aluguer sem condutor de viaturas ligeiras de passageiros ou mistas, não será tomada em consideração a parte das importâncias pagas correspondente ao valor das reintegrações dessas viaturas que, nos termos das alíneas *c*) e *e*) do n.º 1 do artigo 33.º do Código do Imposto sobre o Rendimento das Pessoas Colectivas (IRC), não sejam aceites como custo, sendo esse excesso eventualmente deduzido das diferenças ocorridas nos anos em que a amortização financeira foi inferior àquela reintegração máxima.

2.º O disposto no número anterior é aplicável aos veículos motorizados não automóveis afectos ao exercício de actividades profissionais e empresariais ou ao activo imobilizado de sociedades de profissionais sujeitas ao regime de transparência fiscal.

3.º O número de viaturas ou veículos afectos ao exercício das respectivas actividades, independentemente do título por que a afectação se opere, excepto relativamente aos de cilindrada inferior a 125 cm3, é limitado a uma unidade por titular de rendimentos da categoria B do IRS, por sócio, no caso de sociedade de profissionais sujeita ao regime de transparência fiscal, e por trabalhador ao serviço dos referidos sujeitos passivos, quando, em qualquer caso, seja comprovada a indispensabilidade do seu uso.

4.º O disposto na presente portaria é aplicável na determinação dos rendimentos líquidos ou do resultado imputável dos anos de 2001 e seguintes, competindo aos titulares dos rendimentos ou às sociedades de profissionais sujeitas ao regime de transparência fiscal excluir da consideração como encargos ou custos dedutíveis os relativos aos veículos que excedam os limites fixados.

5.º É revogada a Portaria n.º 128/97, de 22 de Fevereiro.

O Ministro das Finanças, *Guilherme d'Oliveira Martins*, em 6 de Agosto de 2001.

PREÇOS DE TRANSFERÊNCIA
[15]

PORTARIA N.º 1446-C/2001, DE 21 DE DEZEMBRO

Regula os preços de transferência nas operações efectuadas entre um sujeito passivo do IRS ou do IRC e qualquer outra entidade.

O regime dos preços de transferência tem como paradigma o princípio de plena concorrência, em torno do qual se foi firmando um amplo consenso internacional por se entender que a sua adopção permite não só estabelecer uma paridade no tratamento fiscal entre as empresas integradas em grupos internacionais e empresas independentes como neutralizar certas práticas de evasão fiscal e assegurar a consequente protecção da base tributável interna.

O princípio está incorporado nos modelos de convenção destinados a eliminar a dupla tributação nos impostos sobre o rendimento da OCDE e das Nações Unidas, e as regras sobre a sua aplicação têm vindo a ser desenvolvidas em sucessivos relatórios produzidos e divulgados pelo Comité dos Assuntos Fiscais da OCDE. A adesão àquele princípio por parte de um número crescente de países membros e não membros da OCDE é revelador da aceitação cada vez mais generalizada da ideia segundo a qual a solução dos problemas suscitados pela prática de preços de transferência por parte das empresas multinacionais tem uma dimensão multilateral e que, além da preocupação natural com a salvaguarda das receitas fiscais, os países devem também paralelamente instituir mecanismos conducentes à eliminação da potencial dupla tributação dos lucros, de modo a evitar obstáculos ao investimento e ao comércio internacionais.

A publicação da presente portaria, em execução do disposto no n.º 13 do artigo 58.º do Código do IRC, vem conferir, no plano interno, uma importância acrescida a esta matéria, na sequência do processo iniciado com a redacção daquele preceito introduzida pela Lei n.º 30-G/2000, de 29 de Dezembro, e que está perfeitamente inserido no contexto internacional que existe neste domínio. As alterações então introduzidas, complementadas pela presente regulamentação, visam, adicionalmente, proporcionar a criação de condições susceptíveis de dar resposta aos compromissos assumidos por Portugal no âmbito de convenções destinadas a eliminar a dupla tributação.

O novo quadro legal revela um alinhamento com os princípios directores da OCDE sobre preços de transferência dirigidos às empresas multinacionais e às administrações fiscais e colheu inspiração também nas regulamentações de carácter legal e administrativo e num conjunto de boas práticas seguidas por países com maior experiência nesta área.

A presente portaria contém as regras de aplicação da pluralidade de métodos que o artigo 58.º do Código do IRC enuncia para a determinação dos termos e condições que seriam normalmente estabelecidos em situação de plena concorrência e adopta o regime de obrigatoriedade de recurso ao método mais apropriado para cada operação, por se revelar mais apto a produzir a melhor estimativa de um preço independente e assegurar o mais elevado grau de compatibilidade entre operações vinculadas e operações entre partes independentes, tomando em linha de conta os factos e circunstâncias do caso concreto, o conjunto dos dados disponíveis e a fiabilidade relativa dos vários métodos.

Considerando que a eficiente aplicação das regras sobre preços de transferência requer um elevado grau de colaboração entre os contribuintes e a administração tributária, é dado particular relevo às obrigações relativas à informação e documentação que o sujeito passivo deve obter, produzir e manter para justificar a política adoptada em matéria de preços de transferência. Todavia, a lista elaborada sobre informação e documentação relevante não é exaustiva, sendo legítima a expectativa, por parte da administração tributária, que o contribuinte possua, e possa fornecer para análise, os elementos que, perante os factos e circunstâncias concretas que caracterizam a sua actividade e num quadro de boas práticas comerciais e financeiras, deveria razoavelmente deter para determinar e comprovar a conduta adoptada na fixação dos preços de transferência, sem que, no entanto, seja obrigado a incorrer em custos de observância desproporcionados.

Relativamente aos procedimentos aplicáveis ao ajustamento correlativo, a tónica é colocada nas situações referidas no n.º 12 do artigo 58.º do Código do IRC, caso em que o ajustamento está dependente de uma decisão da administração tributária, que culmina um processo iniciado com uma petição do sujeito passivo a requerer a revisão da sua situação tributária, e implica o desencadeamento de consultas com as autoridades fiscais competentes do Estado de residência da entidade que foi objecto do ajustamento primário no quadro do procedimento amigável previsto em convenção que seja aplicável.

Através da presente portaria completa-se uma primeira fase da regulamentação sobre os preços de transferência, para cuja aplicação, nos casos de maior complexidade técnica, é aconselhável a consulta dos relatórios da OCDE que desenvolvem esta matéria, e cuja adopção pelos países membros é objecto de recomendações aprovadas pelo Conselho desta organização internacional.

A matéria dos preços de transferência deverá ainda ser completada com a publicação de legislação específica sobre as penalidades aplicáveis às situações de incumprimento das obrigações decorrentes da presente portaria, nomeadamente das obrigações acessórias relativas à manutenção de um processo de documentação fiscal.

Importa sublinhar que as regras sobre preços de transferência não permitem actuar com o rigor e a precisão próprios de uma ciência exacta, porquanto a fiabilidade dos resultados obtidos com a aplicação das metodologias preconizadas para a determinação dos termos e condições que seriam normalmente aceites ou praticados numa operação comparável entre partes independentes depende, em grande medida, de análises complexas e elaboradas, em que entra um grande número de variáveis, da disponibilidade e facilidade de recolha de dados comparáveis externos e do maior ou menor apelo a critérios de índole subjectiva e aos pressupostos básicos assumidos.

Trata-se, portanto, de uma disciplina em contínua evolução e a carecer de constantes aperfeiçoamentos induzidos pela experiência e pela necessidade de acompanhar as formas inovadoras como as empresas reestruturam os seus negócios num ambiente de globalização, devendo, por isso, ser sujeita a revisões periódicas no sentido da sua actualização.

Após ser obtida uma experiência relevante com a aplicação das regras ora elaboradas, julga-se que o sistema fiscal português estará, a médio prazo, em condições de poder acolher a recomendação da OCDE no sentido de regulamentar a possibilidade de celebração de acordos prévios sobre preços de transferência.

Assim:

Manda o Governo, pelo Ministro das Finanças, ao abrigo do disposto no n.º 13 do artigo 58.º do Código do IRC, o seguinte:

CAPÍTULO I
Das regras gerais e âmbito de aplicação

ARTIGO 1.º
Regras gerais sobre o princípio de plena concorrência

1 – Nas operações efectuadas entre um sujeito passivo do IRS ou do IRC e qualquer outra entidade, sujeita ou não a estes impostos, com a qual esteja em situação de relações especiais, devem ser contratados, aceites e praticados termos e condições substancialmente idênticos aos que normalmente seriam contratados, aceites e praticados entre entidades independentes em operações comparáveis.

2 – A aplicação do princípio enunciado no n.º 1 deve, como regra, basear-se numa análise individualizada das operações, excepto naquelas situações, nomeadamente as enumeradas nas alíneas seguintes, em que a análise pode ser efectuada numa base agregada ou por séries de operações, desde que se trate de operações tão intimamente interligadas ou continuadas que a sua desagregação conduziria à perda de funcionalidade ou valor, ou quando se revele impraticável a determinação do preço para cada operação, quer pelos elevados custos associados quer pela inexistência ou insuficiência de informação sobre operações comparáveis:

a) Fornecimento continuado de bens ou serviços;

b) Cedência do direito de exploração de elementos incorpóreos acompanhada de outras prestações;

c) Fixação dos preços de bens que apresentem complementaridade funcional ou identidade tipológica, como sejam os inseridos numa linha de produtos.

3 – Para efeitos desta portaria, salvo quando de disposição expressa ou do contexto resulte um sentido contrário, considera-se que:

a) O termo «operações» abrange as operações financeiras e, bem assim, as operações comerciais, incluindo qualquer operação ou série de operações que tenha por objecto bens corpóreos ou incorpóreos, direitos ou serviços, ainda que realizadas no âmbito de um qualquer acordo, designadamente de partilha de custos e de prestação de serviços intragrupo, ou de uma alteração de estruturas de negócio, em especial quando esta envolva transferência de elementos incorpóreos ou compensação de danos emergentes ou lucros cessantes;

b) O termo «operações vinculadas» refere-se a operações realizadas entre «entidades relacionadas»;

c) O termo «operações não vinculadas» refere-se a operações realizadas entre entidades independentes;

d) O termo «entidades relacionadas» refere-se a entidades entre as quais existem relações especiais nos termos do n.º 4 do artigo 58.º do Código do IRC;

e) O termo «entidade pertencente ao mesmo grupo» refere-se a entidade ligada ao sujeito passivo por relações compreendidas em alguma das alíneas *a)* a *f)* do n.º 4 do artigo 58.º do Código do IRC.

ARTIGO 2.º
Âmbito de aplicação

O princípio enunciado no n.º 1 do artigo anterior é aplicável a:
a) Operações vinculadas realizadas entre sujeito passivo do IRC ou do IRS e uma entidade não residente;
b) Operações realizadas entre uma entidade não residente e um seu estabelecimento estável, incluindo as realizadas entre um estabelecimento estável situado em território português e outros estabelecimentos estáveis da mesma entidade situados fora deste território;
c) Operações vinculadas realizadas entre entidades residentes em território português sujeitos passivos do IRC ou do IRS.

ARTIGO 3.º
Ajustamentos ao lucro tributável

1 – Sempre que os termos e condições de uma operação vinculada em que intervenha um sujeito passivo e uma entidade não residente em território português difiram dos que seriam normalmente acordados, aceites ou praticados entre entidades independentes, deve aquele efectuar, na declaração periódica de rendimentos a que se refere o artigo 112.º do Código do IRC, uma correcção positiva correspondente aos efeitos fiscais imputáveis àquele desvio, por forma que o lucro tributável determinado não seja diferente do que se apuraria na ausência de relações especiais.

2 – Quando os termos e condições de uma operação vinculada em que intervenha um sujeito passivo e uma entidade residente em território português difiram dos que seriam normalmente acordados, aceites ou praticados entre entidades independentes, a Direcção--Geral dos Impostos pode efectuar as correcções ao lucro tributável que sejam necessárias para que o respectivo montante corresponda ao que teria sido obtido se a operação se tivesse processado numa situação normal de mercado.

CAPÍTULO II
Dos métodos de determinação dos preços de transferência
de acordo com o princípio de plena concorrência

ARTIGO 4.º
Determinação do método mais apropriado

1 – O sujeito passivo deve adoptar, para determinação dos termos e condições que seriam normalmente acordados, aceites ou praticados entre entidades independentes, o método mais apropriado a cada operação ou série de operações, tendo em conta o seguinte:
a) O método do preço comparável de mercado, o método do preço de revenda minorado ou o método do custo majorado;

b) O método do fraccionamento do lucro, o método da margem líquida da operação ou outro método apropriado aos factos e às circunstâncias específicas de cada operação que satisfaça o princípio enunciado no n.º 1 do artigo 1.º desta portaria, quando os métodos referidos na alínea anterior não possam ser aplicados ou, podendo sê-lo, não permitam obter a medida mais fiável dos termos e condições que entidades independentes normalmente acordariam, aceitariam ou praticariam.

2 – Considera-se como método mais apropriado para cada operação ou série de operações aquele que é susceptível de fornecer a melhor e mais fiável estimativa dos termos e condições que seriam normalmente acordos, aceites ou praticados numa situação de plena concorrência, devendo ser feita a opção pelo método mais apto a proporcionar o mais elevado grau de comparabilidade entre as operações vinculadas e outras não vinculadas e entre as entidades seleccionadas para a comparação, que conte com melhor qualidade e maior quantidade de informação disponível para a sua adequada justificação e aplicação e que implique o menor número de ajustamentos para efeitos de eliminar as diferenças existentes entre os factos e as situações comparáveis.

3 – Duas operações reúnem as condições para serem consideradas comparáveis se são substancialmente idênticas, o que significa que as suas características económicas e financeiras relevantes são análogas ou suficientemente similares, de tal modo que as diferenças existentes entre as operações ou entre as empresas nelas intervenientes não são susceptíveis de afectar de forma significativa os termos e condições que se praticariam numa situação normal de mercado ou, sendo-o, é possível efectuar os necessários ajustamentos que eliminem os efeitos relevantes provocados pelas diferenças verificadas.

4 – Sempre que existam dúvidas fundadas acerca da fiabilidade dos valores que seriam obtidos com a aplicação de um dado método, o sujeito passivo deve tentar confirmar tais valores mediante a aplicação de outros métodos, de forma isolada ou combinada.

5 – Se, no âmbito de aplicação de um método, a utilização de duas ou mais operações não vinculadas comparáveis ou a aplicação de mais de um método considerado igualmente apropriado conduzir a um intervalo de valores que assegurem um grau de comparabilidade razoável, não se torna necessário proceder a qualquer correcção, caso as condições relevantes da operação vinculada, nomeadamente o preço ou a margem de lucro, se situarem dentro desse intervalo.

ARTIGO 5.º
Factores de comparabilidade

Para efeitos do artigo anterior, o grau de comparabilidade entre uma operação vinculada e uma operação não vinculada deve ser avaliado, tendo em conta, designadamente, os seguintes factores:

a) As características específicas dos bens, direitos ou serviços que, sendo objecto de cada operação, são susceptíveis de influenciar o preço das operações, em particular as características físicas, a qualidade, a quantidade, a fiabilidade, a disponibilidade e o volume de oferta dos bens, a forma negocial, o tipo, a duração, o grau de protecção e os benefícios antecipados pela utilização do direito e a natureza e a extensão dos serviços;

b) As funções desempenhadas pelas entidades intervenientes nas operações, tendo em consideração os activos utilizados e os riscos assumidos;

c) Os termos e condições contratuais que definem, de forma explícita ou implícita, o modo como se repartem as responsabilidades, os riscos e os lucros entre as partes envolvidas na operação;

d) As circunstâncias económicas prevalecentes nos mercados em que as respectivas partes operam, incluindo a sua localização geográfica e dimensão, o custo da mão-de--obra e do capital nos mercados, a posição concorrencial dos compradores e vendedores, a fase do circuito de comercialização, a existência de bens e serviços sucedâneos, o nível da oferta e da procura e o grau de desenvolvimento geral dos mercados;

e) A estratégia das empresas, contemplando, entre os aspectos susceptíveis de influenciar o seu funcionamento e conduta normal, a prossecução de actividades de pesquisa e desenvolvimento de novos produtos, o grau de diversificação da actividade, o controle do risco, os esquemas de penetração no mercado ou de manutenção ou reforço de quota e, bem assim, os ciclos de vida dos produtos ou direitos;

f) Outras características relevantes quanto à operação em causa ou às empresas envolvidas.

ARTIGO 6.º
Método do preço comparável de mercado

1 – A adopção do método do preço comparável de mercado requer o grau mais elevado de comparabilidade com incidência tanto no objecto e demais termos e condições da operação como na análise funcional das entidades intervenientes.

2 – Este método pode ser utilizado, designadamente, nas seguintes situações:

a) Quando o sujeito passivo ou uma entidade pertencente ao mesmo grupo realiza uma transação da mesma natureza que tenha por objecto um serviço ou produto idêntico ou similar, em quantidade ou valor análogos, e em termos e condições substancialmente idênticos, com uma entidade independente no mesmo ou em mercados similares;

b) Quando uma entidade independente realiza uma operação da mesma natureza que tenha por objecto um serviço ou um produto idêntico ou similar, em quantidade ou valor análogos, e em termos e condições substancialmente idênticos, no mesmo mercado ou em mercados similares.

3 – Sempre que uma operação vinculada e uma operação não vinculada não sejam substancialmente comparáveis, o sujeito passivo deve identificar e quantificar os efeitos provocados pelas diferenças existentes nos preços de transferência, que devem ser de natureza secundária, procedendo aos ajustamentos necessários para os eliminar, por forma a determinar um preço ajustado correspondente ao de operação não vinculada comparável.

ARTIGO 7.º
Método do preço de revenda minorado

1 – A aplicação do método do preço de revenda minorado tem como base o preço de revenda praticado pelo sujeito passivo numa operação realizada com uma entidade independente, tendo por objecto um produto adquirido a uma entidade com a qual esteja em situação de relações especiais, ao qual é subtraída a margem de lucro bruto praticada por uma terceira entidade numa operação comparável e com igual nível de representatividade comercial.

2 – A margem de lucro bruto comparável pode ser determinada tomando como base de referência a margem sobre o preço de revenda praticado numa operação não vinculada

comparável efectuada por uma entidade pertencente ao mesmo grupo ou por uma entidade independente.

3 – A margem de lucro bruto deve possibilitar ao sujeito passivo a cobertura dos seus custos de venda e outros custos operacionais e proporcionar ainda um lucro que, em condições normais de mercado, constitua para uma entidade independente uma remuneração apropriada, tendo em conta as funções exercidas, os activos utilizados e os riscos assumidos.

4 – Quando as operações não são substancialmente comparáveis em todos os aspectos considerados relevantes e as diferenças têm efeito significativo sobre a margem bruta, o sujeito passivo deve fazer os ajustamentos necessários para eliminar tal efeito, por forma a determinar a cobertura de custos e uma margem de lucro ajustada correspondente à de operação não vinculada comparável.

ARTIGO 8.º
Método do custo majorado

1 – A aplicação do método do custo majorado tem como base o montante dos custos suportados por um fornecedor de um produto ou serviço fornecido numa operação vinculada, ao qual é adicionada a margem de lucro bruto praticada numa operação não vinculada comparável.

2 – A margem de lucro bruto adicionada aos custos pode ser determinada tomando como base de referência a margem de lucro bruto praticada numa operação não vinculada comparável efectuada pelo sujeito passivo, por uma entidade pertencente ao mesmo grupo ou por uma entidade independente, devendo, em qualquer dos casos, as referidas entidades exercer funções similares, utilizar o mesmo tipo de activos e assumir idênticos riscos, bem como, preferencialmente, transaccionar produtos ou serviços similares com entidades independentes e adoptar um sistema de custeio idêntico ao praticado na operação comparável.

3 – Sempre que as operações não sejam comparáveis em todos os aspectos considerados relevantes e as diferenças produzam um efeito significativo sobre a margem de lucro bruto, o sujeito passivo deve fazer os ajustamentos necessários para eliminar tal efeito, por forma a determinar a margem bruta ajustada correspondente à de operação não vinculada comparável.

ARTIGO 9.º
Método do fraccionamento do lucro

1 – O método do fraccionamento do lucro é utilizado para repartir o lucro global derivado de operações complexas ou de séries de operações vinculadas realizadas de forma integrada entre as entidades intervenientes.

2 – A modalidade de aplicação do método admitida consiste em determinar o lucro global obtido pelas partes intervenientes nas operações vinculadas e, de seguida, proceder ao seu fraccionamento entre aquelas entidades, tendo como critério o do valor relativo da contribuição de cada uma para a realização das operações, considerando para esse efeito as funções exercidas, os activos utilizados e os riscos assumidos por cada uma e, bem assim, tomando como referência dados externos fiáveis que indiquem como é que entidades independentes exercendo funções comparáveis, utilizando o mesmo tipo de activos e assumindo riscos idênticos teriam avaliado as suas contribuições.

3 – Em alternativa, é admitida outra modalidade de aplicação do método, a qual consiste no fraccionamento do lucro global das operações em duas fases:

a) Na primeira, a cada uma das entidades intervenientes é atribuída uma fracção do lucro global que reflicta a remuneração apropriada susceptível de ser obtida com o tipo de operações que realiza, determinando-se a partir de dados comparáveis sobre as remunerações normalmente obtidas por entidades independentes quando realizam operações similares e tendo em consideração as funções exercidas, os activos utilizados e os riscos assumidos, podendo ser usado, para este efeito, qualquer dos restantes métodos;

b) Na segunda, procede-se ao fraccionamento do lucro ou do prejuízo residual entre cada uma das entidades, em função do valor relativo da sua contribuição, tendo em conta as funções relevantes exercidas, os activos utilizados e os riscos assumidos e recorrendo, para o efeito, à informação externa disponível que forneça indicações sobre o modo como partes independentes repartiriam o lucro ou o prejuízo em circunstâncias similares, sendo o lucro assim atribuído utilizado para determinar o preço.

4 – Este método pode ser utilizado sempre que:

a) As operações vinculadas revelem um elevado grau de integração, tornando difícil avaliar as operações de forma individualizada;

b) A existência de activos incorpóreos de elevado valor e especificidade torne impossível estabelecer um grau apropriado de comparabilidade com operações não vinculadas e não permita a aplicação dos restantes métodos.

5 – Sempre que as operações realizadas não sejam comparáveis em todos os aspectos considerados relevantes, e as diferenças identificadas produzam um efeito significativo na análise do fraccionamento do lucro, o sujeito passivo deve fazer os ajustamentos necessários para eliminar tal efeito, por forma a determinar a repartição do lucro global correspondente à de operações complexas ou séries de operações não vinculadas comparáveis.

ARTIGO 10.º
Método da margem líquida da operação

1 – O método da margem líquida da operação baseia-se no cálculo da margem de lucro líquido obtida por um sujeito passivo numa operação ou numa série de operações vinculadas tomando como referência a margem de lucro líquido obtida numa operação não vinculada comparável efectuada pelo sujeito passivo, por uma entidade pertencente ao mesmo grupo ou por uma entidade independente.

2 – A margem de lucro líquido é calculada relativamente a um indicador apropriado, de acordo com as circunstâncias e características de cada operação, bem como a natureza da actividade, podendo ser representado pelas vendas, custo ou activos utilizados, ou outra grandeza relevante.

3 – Sempre que as operações ou as empresas nelas intervenientes não sejam comparáveis em todos os aspectos considerados relevantes e as diferenças identificadas produzam um efeito significativo na margem de lucro líquido das operações, o sujeito passivo deve fazer os ajustamentos necessários para eliminar tal efeito, por forma a determinar a margem de lucro líquido ajustada, correspondente à de operação não vinculada comparável.

CAPÍTULO III
Dos acordos celebrados entre entidades relacionadas

ARTIGO 11.º
Acordos de partilha de custos

1 – Há acordo de partilha de custos quando duas ou mais entidades acordam em repartir entre si os custos e os riscos de produzir, desenvolver ou adquirir quaisquer bens, direitos ou serviços, de acordo com o critério da proporção das vantagens ou benefícios que cada uma das partes espera vir a obter da sua participação no acordo, nomeadamente do direito a utilizar os resultados alcançados em projectos de investigação e desenvolvimento sem o pagamento de qualquer contraprestação adicional.

2 – No acordo de partilha de custos celebrado entre entidades relacionadas, a aplicação do princípio referido no artigo 1.º determina a existência de uma relação de equivalência entre o valor da contribuição imposta a cada uma das partes no acordo e o valor da contribuição que seria imposta ou aceite por uma entidade independente em condições comparáveis.

3 – A quota-parte nas contribuições totais que é da responsabilidade de cada participante deve ser equivalente à quota-parte que lhe for atribuída nas vantagens ou benefícios globais resultantes do acordo, avaliada através de estimativas dos rendimentos adicionais a auferir no futuro ou das economias de custos que se espera obter, podendo, para esse feito, no caso de não ser possível uma avaliação directa e individualizada daquelas contrapartidas, ser utilizada uma chave de repartição apropriada, que tenha em conta a natureza da actividade objecto do acordo e um indicador que reflicta de forma adequada as vantagens ou benefícios esperados, nomeadamente o volume de negócios, os custos como o pessoal, o valor acrescentado ou o capital investido.

4 – Quando a contribuição de um participante para um acordo de partilha de custos não tiver correspondência equivalente na parte que lhe for atribuída nas vantagens ou benefícios esperados, deve haver lugar a uma compensação adequada de modo que seja restabelecido o necessário equilíbrio.

5 – Para efeitos da determinação do lucro tributável, as contribuições efectuadas por um participante num acordo de partilha de custos devem ser tratadas de acordo com o regime que seria aplicável às despesas que o sujeito passivo realizaria se desenvolvesse directamente as mesmas actividades, ou se adquirisse, numa operação não vinculada comparável, bens, direitos ou serviços idênticos aos que são utilizados no âmbito do acordo.

6 – Os custos globais, que, nos termos do acordo, sejam objecto de partilha pelos participantes, são calculados líquidos de subsídios ou de outras contrapartidas recebidas que tenham o mesmo efeito destes, não sendo aceite qualquer majoração desses custos por aplicação de margens de lucro.

7 – No caso de acordos de aquisição conjunta de bens, direitos ou serviços, o débito do custo de aquisição destes deve ser acrescido de margem adequada aos custos de estrutura da entidade adquirente.

ARTIGO 12.º
Acordos de prestação de serviços intragrupo

1 – Há acordo de prestação de serviços intragrupo quando uma entidade membro de um grupo disponibiliza ou realiza para os outros membros do mesmo um amplo con-

junto de actividades, designadamente de natureza administrativa, técnica, financeira ou comercial.

2 – No acordo de prestação de serviços intragrupo celebrado entre entidades relacionadas a aplicação do princípio referido no artigo 1.º exige que a actividade prestada constitua um serviço com valor económico que justifique, para o membro do grupo que dele é destinatário, o pagamento de um preço ou a assunção de um encargo que este estaria disposto a pagar ou a assumir em relação a uma entidade independente ou, bem assim, a realização de uma actividade a executar para si próprio.

3 – Na determinação do preço de transferência de um serviço cujo valor económico esteja justificado nos termos do número anterior, devem ser utilizados os métodos descritos no capítulo II, com observância do disposto nas alíneas seguintes:

a) O método do preço comparável de mercado deve ser considerado como método mais apropriado quando os serviços são idênticos ou substancialmente similares, quanto à sua natureza, qualidade, quantidade e frequência, aos prestados por entidades independentes ou quando, no quadro de uma actividade normal e habitual, são prestados a entidades independentes em mercados similares e em termos e condições comparáveis;

b) O método do custo majorado deve ser considerado como o método mais apropriado sempre que não se disponha de dados com qualidade e quantidade suficientes para aplicar o método referido na alínea anterior e quando, após uma análise das funções exercidas, activos utilizados e riscos assumidos, seja possível estabelecer o mais elevado grau de comparabilidade com operações similares não vinculadas, sendo indispensável para este efeito, designadamente, que a estrutura dos custos suportados pelo prestador seja substancialmente idêntica à de entidade independente ou à de entidade pertencente ao mesmo grupo em operação não vinculada comparável, ou passe a sê-lo mediante a realização dos ajustamentos necessários.

4 – A contraprestação devida pelos serviços prestados intragrupo deve incluir uma margem de lucro apropriada, devendo ser tidos em conta para esse efeito todos os aspectos considerados relevantes, designadamente as alternativas económicas disponíveis ao destinatário, a natureza da actividade de prestação dos serviços, a relevância dessa actividade para o grupo, a eficiência relativa do prestador do serviço e qualquer vantagem que o grupo retire de tal actividade, bem como a qualidade em que o prestador dos serviços intervém, sendo de distinguir as situações em que actua unicamente como agente na aquisição dos serviços a terceiros por conta do grupo daquelas em que os presta directamente.

5 – Na determinação do preço dos serviços deve ser adoptado o método directo, nos termos do qual o valor facturado é estabelecido de forma específica para cada tipo de serviços, sempre que os respectivos custos sejam individualizáveis e passíveis de quantificação.

6 – Nos casos em que não for possível a aplicação do método directo deve ser adoptado o método indirecto, o qual consiste em repartir os custos globais de serviços prestados pelas várias entidades do grupo com base numa chave de repartição apropriada, que traduza a quota-parte do valor dos serviços atribuível a cada uma das entidades destinatárias e que permita obter um custo análogo ao que entidades independentes estariam dispostas a aceitar em operação não vinculada comparável.

7 – A chave de repartição referida no número anterior dever ser construída com base em indicadores que reflictam de forma adequada a natureza e a utilização dos serviços prestados, podendo ser aceites, designadamente, o volume de vendas, a margem de lucro bruto, as despesas com o pessoal e as unidades produzidas ou vendidas.

CAPÍTULO IV
Das obrigações acessórias dos sujeitos passivos

ARTIGO 13.º
Processo de documentação fiscal

1 – O sujeito passivo deve dispor, nos termos do n.º 6 do artigo 58.º do Código do IRC, de informação e documentação respeitantes à política adoptada na determinação dos preços de transferência e manter, de forma organizada, elementos aptos a provar:

a) A paridade de mercado nos termos e condições acordados, aceites e praticados nas operações efectuadas com entidades relacionadas;

b) A selecção e utilização do método ou métodos mais apropriados de determinação dos preços de transferência que proporcionem uma maior aproximação aos termos e condições praticados por entidades independentes e que assegurem o mais elevado grau de comparabilidade das operações ou séries de operações efectuadas com outras substancialmente idênticas realizadas por entidades independentes em situação normal de mercado.

2 – O processo de documentação fiscal referido no número anterior rege-se também pelo disposto nos n.ºs 1 e 2 do artigo 121.º do Código do IRC.

3 – Fica dispensado do cumprimento do disposto no n.º 1 o sujeito passivo que, no exercício anterior, tenha atingido um valor anual de vendas líquidas e outros proveitos inferior a € 3 000 000.

ARTIGO 14.º
Informação relevante

Para dar cumprimento à obrigação referida no artigo anterior, o sujeito passivo deve obter ou produzir e manter elementos informativos, designadamente quanto aos seguintes aspectos:

a) Descrição e caracterização da situação de relações especiais em conformidade com o disposto no n.º 4 do artigo 58.º do Código do IRC que seja aplicável às entidades com as quais realiza operações comerciais, financeiras ou de outra natureza, bem como da evolução da relação societária do vínculo que constitua a origem da relação especial, incluindo, se for caso, o contrato de subordinação, de grupo paritário ou outro de efeito equivalente, ou, bem assim, elementos demonstrativos da situação de dependência a que se refere a alínea *g)* do n.º 4 do mesmo artigo;

b) Caracterização da actividade exercida pelo sujeito passivo e pelas entidades relacionadas com as quais realiza operações e, em relação a cada uma destas, indicação discriminada, por natureza das operações, dos valores das mesmas registados pelo sujeito passivo nos últimos três anos, ou pelo período em que estas tenham tido lugar, se inferior, bem como, nos casos em que se justifique, a disponibilização das contas sociais daquelas entidades;

c) Identificação detalhada dos bens, direitos ou serviços que são objecto das operações vinculadas, e dos termos e condições estabelecidos, quando tal informação não resulte dos contratos celebrados;

d) Descrição das funções exercidas, activos utilizados e riscos assumidos, quer pelo sujeito passivo, quer pelas entidades relacionadas envolvidas nas operações vinculadas;

e) Estudos técnicos com incidência em áreas essenciais do negócio, nomeadamente nas de investimento, financiamento, investigação e desenvolvimento, mercado e reestruturação e reorganização das actividades, bem como previsões e orçamentos respeitantes à actividade global e à actividade por divisão ou produto;

f) Directrizes relativas à aplicação da política adoptada em matéria de preços de transferência, independentemente da forma ou designação que lhes seja atribuída, que contenham instruções nomeadamente sobre as metodologias a utilizar, os procedimentos de recolha de informação, em especial de dados comparáveis internos e externos, as análises a efectuar para avaliar da comparabilidade das operações e as políticas de custeio e de margens de lucro praticadas;

g) Contratos e outros actos jurídicos praticados tanto com entidades relacionadas como com entidades independentes, com as modificações que ocorram e com informação histórica sobre o respectivo cumprimento, devendo ainda ser fornecidos, quando não constem expressamente dos instrumentos jurídicos existentes ou quando a prática seguida se afaste do neles acordado, os elementos seguintes:

1) Definição do âmbito de intervenção das partes envolvidas;
2) Condições de entrega dos produtos e actividades acessórias envolvidas, designadamente serviços pós-venda, assistência técnica e garantias;
3) Preço e, se necessário, respectiva forma de cálculo, e, ainda, se esta estiver associada a pressupostos, a indicação dos mesmos e das circunstâncias em que ficam sujeitos a revisão, bem como a discriminação das respectivas regras e a explicação detalhada dos ajustamentos plurianuais de preços, apontando, nomeadamente, os efeitos quantitativos decorrentes de factores ligados aos ciclos económicos;
4) Duração acordada ou prevista e modalidades de extinção admitidas;
5) Penalidades e o respectivo procedimento de cálculo para a mora no cumprimento ou o incumprimento, qualquer que seja a sua forma de manifestação, incluindo designadamente juros de mora;

h) Explicação sobre a aplicação do método ou métodos adoptados para a determinação do preço de plena concorrência em relação a cada operação e indicação das razões justificativas da selecção do método considerado mais apropriado;

i) Informação sobre os dados comparáveis utilizados, evidenciando, no caso de recurso a entidade externa expecializada em estudos de mercado, a justificação da selecção, nos casos em que se justifique, a ficha técnica dos estudos e, bem assim, uma análise de sensibilidade e segurança estatística ou, sendo interna a fonte dos dados, a respectiva ficha técnica;

j) Detalhes sobre as análises efectuadas para avaliar o grau de comparabilidade entre operações vinculadas e operações não vinculadas e entre as empresas nelas envolvidas, incluindo as análises funcionais e financeiras, e sobre os eventuais ajustamentos efectuados para eliminar as diferenças existentes;

l) Estratégias e políticas do negócio, nomeadamente quanto ao risco, que sejam susceptíveis de influenciar a determinação dos preços de transferência ou a repartição dos lucros ou perdas das operações;

m) Quaisquer outras informações, dados ou documentos considerados relevantes para a determinação do preço de plena concorrência, da comparabilidade das operações ou dos ajustamentos realizados.

ARTIGO 15.º
Documentação de suporte à informação relevante

1 – As informações referidas nos artigos anteriores devem ter como suporte documentos produzidos pelo sujeito passivo ou por terceiros e reportar-se ao exercício da realização das operações, podendo consistir em:

a) Publicações oficiais, relatórios, estudos e bases de dados elaborados por entidades públicas ou privadas;

b) Relatórios sobre estudos de mercado realizados por instituições nacionais ou estrangeiras reconhecidas;

c) Listas de preços ou de cotações divulgadas por bolsas de valores mobiliários e bolsas de mercadorias;

d) Contratos ou outros actos jurídicos praticados quer com entidades relacionadas, quer com entidades independentes, bem como documentação prévia à sua elaboração e os textos de modificação ou aditamento aos mesmos;

e) Consultas ao mercado, cartas e outra correspondência que contenham referências aos termos e condições praticados entre o sujeito passivo e entidades relacionadas;

f) Outros documentos emitidos relativamente às operações realizadas pelo sujeito passivo, nos termos das regras fiscais e comerciais aplicáveis.

2 – Quando se trate de operações de carácter continuado, com início em exercícios anteriores, devem os sujeitos passivos proceder à actualização da informação a que se refere o número anterior, caso os factos e as circunstâncias associados às operações tenham sido substancialmente alterados.

3 – Os documentos que contenham informação em língua estrangeira, quando solicitada a sua apresentação pelos serviços da Direcção-Geral dos Impostos, devem ser traduzidos previamente para a língua portuguesa, sem prejuízo de esta poder, a requerimento do obrigado à apresentação, dispensar a tradução por se mostrar acessível o conhecimento do conteúdo desses documentos na língua original.

ARTIGO 16.º
Documentação relativa a acordos de partilha de custos e de prestação de serviços intragrupo

1 – A documentação relativa a acordos de partilha de custos deve conter, entre outros, os seguintes elementos informativos:

a) Identificação dos participantes e de outras entidades relacionadas que participarão na actividade objecto do acordo ou que poderão vir a explorar ou utilizar os resultados daquela actividade;

b) Natureza e tipo de actividades desenvolvidas no âmbito do acordo;

c) Identificação e bases de avaliação da quota-parte de cada participante nas vantagens ou benefícios esperados;

d) Processo de prestação de contas e métodos utilizados para repartição dos custos, incluindo os cálculos a efectuar para determinar a contribuição de cada participante;

e) Pressupostos assumidos nas projecções dos benefícios esperados, periodicidade de revisão das estimativas e previsão de ajustamentos resultantes de alterações no funcionamento do acordo ou de outros factos;

f) Descrição do método utilizado para efectuar ajustamentos nas contribuições dos participantes motivadas por alterações nos pressupostos que serviram de bases ao acordo ou por modificações substanciais nele introduzidas posteriormente;
	g) Duração prevista para o acordo;
	h) Afectação antecipada de responsabilidades e tarefas associadas à actividade do acordo entre os participantes e outras empresas;
	i) Procedimentos de adesão e exclusão de um participante do âmbito do acordo, bem como os procedimentos destinados a pôr-lhe termo e, em qualquer dos casos, as respectivas consequências;
	j) Disposições sobre pagamentos compensatórios.

2 – A documentação relativa a acordos de prestação de serviços intragrupo deve conter os seguintes elementos informativos:
	a) Cópia do contrato;
	b) Descrição dos serviços objecto do contrato;
	c) Identificação das entidades beneficiárias dos serviços;
	d) Identificação dos encargos que são imputáveis aos serviços e critérios utilizados para a respectiva repartição.

CAPÍTULO V
Do ajustamento correlativo

ARTIGO 17.º
Ajustamento correlativo

1 – Quando a Direcção-Geral dos Impostos proceda a correcções necessárias para a determinação do lucro tributável por virtude de relações especiais com outro sujeito passivo de IRC ou de IRS, na determinação do lucro tributável deste último deve ser efectuado o ajustamento adequado que seja reflexo das correcções feitas na determinação do lucro tributável do primeiro.

2 – Pode a Direcção-Geral dos Impostos proceder igualmente, nos termos do n.º 12 do artigo 58.º do Código do IRC, ao ajustamento correlativo referido no número anterior quando tal resulte de convenções internacionais celebradas por Portugal e nos termos e condições nelas previstos.

ARTIGO 18.º
Pedido de revisão da situação tributária

1 – Para efeitos do ajustamento previsto no n.º 2 do artigo anterior, o sujeito passivo deve apresentar ao director-geral dos Impostos um pedido de revisão da sua situação tributária com fundamento em correcções efectuadas, ou proposta oficial de as efectuar por autoridade fiscal estrangeira competente, ao lucro tributável de entidades que com ele estejam relacionadas, das quais decorre, ou irá decorrer, uma dupla tributação não conforme às regras de convenção internacional celebrada por Portugal.

2 – O pedido de revisão, não sujeito a formalidades essenciais, para além de conter a identificação completa da entidade requerente, deve ser acompanhado de:

a) Identifação da entidade não residente com a qual o sujeito passivo se encontra em situação de relações especiais e cujas correções ao lucro tributável originaram ou são susceptíveis de originar a ocorrência de dupla tributação;

b) Identificação da autoridade fiscal estrangeira competente nos termos da convenção ao caso aplicável;

c) Descrição e caracterização das relações especiais entre a entidade requerente e todas as entidades em causa, bem como das operações realizadas;

d) Identificação dos períodos de tributação abrangidos pelas correcções;

e) Identificação precisa das correcções ao lucro tributável efectuadas pela autoridade fiscal estrangeira competente, assim como dos montantes em causa, acompanhadas dos cálculos demonstrativos;

f) Cópia dos documentos relevantes produzidos ou a produzir pela autoridade fiscal estrangeira, bem como dos apresentados junto desta, relativos às correcções que originaram ou são susceptíveis de originar a dupla tributação, e, bem assim, cópias da correspondência relativa a esta questão acompanhadas, em qualquer caso, se tal for solicitado pela Direcção-Geral dos Impostos, da devida tradução para língua portuguesa;

g) Enunciação de qualquer outro facto ou apresentação de qualquer outro documento relevante para a apreciação do pedido;

h) Proposta de solução ou soluções que permitam resolver a questão.

3 – O sujeito passivo deve apresentar o seu pedido de revisão nos termos e no prazo previstos na convenção ao caso aplicável.

ARTIGO 19.º
Deferimento do pedido

1 – O deferimento do pedido de revisão nos termos do n.º 2 do artigo 17.º depende, designadamente, dos seguintes factos:

a) Da prova da existência de dupla tributação, actual ou potencial, não conforme às regras da convenção ao caso aplicável;

b) Da apresentação tempestiva do pedido;

c) Da colaboração do sujeito passivo, nomeadamente no fornecimento de todos os documentos e informações solicitados que se se relacionem com o pedido e que permitam a determinação e quantificação precisas dos ajustamentos a efectuar;

d) Da aceitação, pelas autoridades competentes do outro Estado, do início do processo de consultas para tratar da questão no quadro do procedimento amigável ou de procedimento arbitral, quando aplicável.

2 – A decisão sobre o pedido de revisão é comunicada ao sujeito passivo nos termos legalmente previstos.

ARTIGO 20.º
Procedimento de ajustamento

1 – Para efeitos do disposto no n.º 1 do artigo 17.º, a Direcção-Geral dos Impostos deve proceder ao ajustamento correlativo adequado na determinação do lucro tributável do sujeito passivo no prazo de 180 dias a contar da data do conhecimento, ou da data em que for possível obter o conhecimento, do trânsito da decisão, quer administrativa quer judicial, das correcções positivas efectuadas ao lucro tributável do outro sujeito passivo por virtude

de ambos se encontrarem numa situação de relações especiais e de não ter sido entre eles observado o princípio de plena concorrência.

2 – Para efeitos do disposto no n.º 2 do artigo 17.º, no caso de a Direcção-Geral dos Impostos, na sequência da revisão à situação tributária do sujeito passivo e das consultas estabelecidas com as autoridades fiscais competentes do outro Estado, no âmbito dos procedimentos aplicáveis, considerar justificadas, no todo ou em parte, as correcções por aquelas efectuadas, quer quanto ao princípio em que se basearam, quer quanto ao montante, e, após o trânsito da decisão, administrativa ou judicial, relativamente a estas correcções, concluir pelo cabimento do ajustamento correlativo adequado na determinação do lucro tributável do sujeito passivo, deve efectuá-lo no prazo de 120 dias a contar da data do acordo obtido com as autoridades do outro Estado.

ARTIGO 21.º
Exercício do ajustamento

1 – O ajustamento a efectuar na determinação do lucro tributável do sujeito passivo deve concretizar-se no exercício ou exercícios em que as operações vinculadas que são objecto das correcções se reflectiram no lucro tributável, de modo que possa ser eliminada a dupla tributação dos lucros corrigidos.

2 – A decisão sobre o ajustamento é notificada ao sujeito passivo nos termos legalmente previstos.

ARTIGO 22.º
Modalidade do ajustamento

A Direcção-Geral dos Impostos deve proceder ao reembolso do imposto que eventualmente for devido ao sujeito passivo no prazo de 90 dias contados da data em que for efectuado o ajustamento correlativo.

CAPÍTULO VI
Disposições especiais

ARTIGO 23.º
Entidades abrangidas por regimes fiscais diferenciados

1 – Nos termos do n.º 10 do artigo 58.º do Código do IRC, o princípio enunciado no n.º 1 do artigo 1.º desta portaria deve igualmente ser observado, com as necessárias adaptações, pelas pessoas que exerçam simultaneamente actividades sujeitas e não sujeitas ao regime geral do IRC, incluindo as que exerçam em mais de um espaço fiscal.

2 – Relativamente à situação prevista no número anterior, quando se verifiquem desvios na afectação das componentes positivas e negativas do lucro tributável entre as actividades sujeitas a regimes fiscais diferenciados, pode a Direcção-Geral dos Impostos proceder às correcções que sejam necessárias para eliminar aqueles desvios.

O Ministro das Finanças, *Guilherme d'Oliveira Martins*, em 21 de Dezembro de 2001.

ACORDOS PRÉVIOS SOBRE OS PREÇOS DE TRANSFERÊNCIA
[16]

PORTARIA N.º 620-A/2008, DE 16 DE JULHO

Regula os procedimentos de celebração de acordos prévios sobre os preços de transferência (APPT), ao abrigo do artigo 128.º-A do Código do IRC

A possibilidade de celebração de acordos prévios sobre preços de transferência (APPT) foi introduzida pelo artigo 128.º-A, aditado pelo artigo 49.º da Lei n.º 67-A/2007, de 31 de Dezembro, ao Código do Imposto sobre o Rendimento das Pessoas Colectivas, aprovado pelo Decreto-Lei n.º 442-B/88, de 30 de Novembro, abreviadamente designado por Código do IRC.

A presente portaria tem como objectivo regular os procedimentos apropriados a cada uma das fases do processo de celebração de um APPT e durante o período da sua vigência, estabelecendo também as obrigações que impendem sobre os sujeitos passivos e a administração fiscal. A negociação do acordo e o seu conteúdo, nos aspectos de substância, subordinam-se ao estrito cumprimento das regras sobre preços de transferência constantes do artigo 58.º do Código do IRC, da Portaria n.º 1446-C/2001, de 21 de Dezembro, e das normas do direito internacional, *maxime*, das convenções bilaterais destinadas a eliminar a dupla tributação em vigor.

Os acordos prévios têm como primeira finalidade proporcionar às empresas uma base de segurança jurídica e de certeza mediante a fixação prévia dos métodos a utilizar na determinação dos preços de transferência com respeito do princípio de plena concorrência, garantindo, em simultâneo, a eliminação da dupla tributação quando revestem carácter bilateral ou multilateral.

O processo de negociação dos acordos bilaterais e multilaterais compreende uma fase de consultas entre as autoridades fiscais dos países envolvidos realizadas no quadro do procedimento amigável, nos termos do artigo 25.º, § 3, do modelo de convenção fiscal da OCDE e, por isso, aqueles acordos só podem ser celebrados com os Estados com os quais Portugal celebrou uma convenção fiscal que comporte uma disposição baseada naquele artigo.

As directrizes relativas à condução dos acordos prévios sobre preços de transferência ao abrigo do acordo amigável divulgadas pela OCDE em 1999, bem como as directrizes relativas aos acordos prévios sobre os preços de transferência na União Europeia (2007), serviram de orientação para a definição das regras constantes da presente portaria.

Assim:
Manda o Governo, pelo Ministro de Estado e das Finanças, ao abrigo do disposto no n.º 9 do artigo 128.º-A do Código do IRC, o seguinte:

CAPÍTULO I
Disposições gerais

ARTIGO 1.º
Definições e princípios

Um acordo prévio sobre preços de transferência destina-se a garantir a um sujeito passivo de IRS e de IRC a aceitação pela administração fiscal do método ou métodos para a determinação dos preços de transferência das operações vinculadas, tal como definidas no artigo 2.º da Portaria n.º 1446-C/2001, de 21 de Dezembro, em conformidade com o princípio enunciado no n.º 1 do artigo 58.º do Código do IRC, para um período determinado.

ARTIGO 2.º
Tipologia dos acordos prévios

1 – Os acordos prévios sobre preços de transferência podem ser:

a) Unilaterais, quando as partes no acordo são a Direcção-Geral dos Impostos, abreviadamente designada por DGCI, e um ou vários sujeitos passivos de IRS e de IRC referidos no artigo 2.º da Portaria n.º 1446-C/2001, de 21 de Dezembro;

b) Bilaterais ou multilaterais, quando além do acordo estabelecido entre a DGCI e sujeitos passivos de IRS e de IRC, mencionado na alínea anterior, é igualmente firmado um acordo com outra ou outras administrações fiscais, no âmbito do procedimento amigável previsto em convenção destinada a evitar a dupla tributação nos impostos sobre o rendimento.

2 – Os acordos multilaterais envolvem duas ou mais administrações fiscais dos países onde sejam residentes ou estejam estabelecidas as entidades relacionadas que intervenham nas operações que são objecto do acordo solicitado e a sua negociação está dependente da subscrição do pedido por essas entidades e da sua aceitação pelas autoridades competentes daquelas administrações, só podendo ser celebrados quando existir uma convenção destinada a evitar a dupla tributação que contenha uma disposição relativa ao procedimento amigável com uma redacção idêntica à do § 3.º do artigo 25.º do modelo de convenção fiscal da OCDE.

ARTIGO 3.º
Âmbito dos acordos prévios

Os acordos podem incidir sobre todas ou parte das operações efectuadas pelos sujeitos passivos de IRS e de IRC, entre as abrangidas pelo n.º 1 do artigo 58.º do Código do IRC e pelos artigos 1.º e 2.º da Portaria n.º 1446-C/2001, de 21 de Dezembro, sem prejuízo de, na avaliação da proposta, a DGCI poder ter em conta todos os factos relevantes e circunstâncias susceptíveis de afectarem a determinação dos preços de transferência das operações, ainda que não incluídas naquela proposta.

CAPÍTULO II
Fases de desenvolvimento do processo

ARTIGO 4.º
Fase preliminar

1 – Antes da formalização do pedido, os sujeitos passivos interessados devem solicitar, por escrito, ao dirigente da Direcção de Serviços de Inspecção Tributária, uma avaliação preliminar dos termos e condições em que o acordo pode ser celebrado e sobre os seus efeitos.

2 – A fase preliminar destina-se a:

a) Analisar a política de preços de transferência da entidade interessada;

b) Avaliar se, em face dos factos e circunstâncias concretas que afectam as operações realizadas pela entidade interessada, o acordo é possível e constitui a solução mais adequada para o tratamento dos preços de transferência;

c) Definir o âmbito das informações e documentação que, atendendo à complexidade das operações e à dimensão dos sujeitos passivos, devem acompanhar a proposta de acordo e estabelecer o calendário previsível para a sua celebração;

d) Identificar as especificidades inerentes à negociação com as autoridades competentes de outros Estados.

3 – O sujeito passivo deve incluir no pedido a que se refere o n.º 1 a caracterização da actividade exercida e das operações vinculadas que pretende incluir no acordo, a identificação das entidades relacionadas intervenientes nas operações e a descrição da proposta de metodologia que pretende apresentar, bem como fornecer outras informações ou documentação que lhe seja solicitada.

4 – A fase preliminar pode ainda compreender:

a) Reuniões entre o sujeito passivo e os serviços competentes da DGCI; e

b) Uma avaliação pelos serviços competentes da DGCI da informação e documentação ou análises apresentadas pelo sujeito passivo.

5 – Decorridos 60 dias desde a data de apresentação do pedido de avaliação preliminar sem que a DGCI se tenha pronunciado expressamente, o sujeito passivo pode apresentar a proposta nos termos do artigo seguinte.

ARTIGO 5.º
Apresentação da proposta de acordo

1 – A proposta de acordo prévio é dirigida ao director-geral dos Impostos devendo ser subscrita pelas entidades intervenientes nas operações abrangidas.

2 – A proposta de acordo prévio é remetida para a Direcção de Serviços de Inspecção Tributária dos Serviços Centrais da DGCI até 180 dias antes do início do primeiro exercício abrangido pelo acordo.

3 – Tratando-se de proposta de acordo bilateral ou multilateral, deve ser entregue em duplicado, sendo um dos exemplares destinado à Direcção de Serviços das Relações Internacionais, enquanto autoridade competente para a instauração do procedimento amigável, ao abrigo das convenções destinadas a evitar a dupla tributação que, para o efeito, deve notificar a autoridade competente do outro Estado.

4 – Quando o sujeito passivo pretender a celebração de um acordo bilateral ou multilateral, deve contactar as entidades intervenientes nas operações vinculadas residentes em outros Estados para que estas apresentem, igualmente, o pedido junto das respectivas autoridades competentes.

5 – O início do processo de negociação e de celebração de um acordo prévio bilateral ou multilateral depende sempre da prévia aceitação das autoridades competentes dos outros Estados.

6 – Após a recepção da proposta, os serviços competentes da DGCI devem comunicar ao sujeito passivo, por escrito, no prazo de 60 dias, a aceitação ou recusa da proposta e, quando necessário, solicitar a prestação de informações ou documentos complementares, caso em que a contagem daquele prazo é interrompida até à recepção dos elementos solicitados.

7 – A recusa da proposta deve ser fundamentada, designadamente, na insuficiência dos elementos apresentados, na falta de colaboração do sujeito passivo para prestação de informações e documentação solicitadas ou na falta de pagamento da taxa prevista no artigo 16.º

ARTIGO 6.º
Conteúdo da proposta

1 – A proposta a apresentar pelo sujeito passivo deve conter os elementos referidos no anexo I e ser acompanhada dos documentos indicados no anexo II, aprovados pela presente portaria e que desta fazem parte integrante.

2 – O carácter confidencial da informação não pode ser oposto à DGCI para recusar a entrega de um documento, obrigando-se esta a não divulgar a terceiros a informação transmitida e a respeitar todas as normas relativas ao sigilo fiscal e profissional relativamente aos dados financeiros, comerciais, técnicos e fiscais que lhe sejam disponibilizados no quadro da proposta e respectiva instrução, com excepção da autoridade competente que seja parte no acordo.

3 – Os documentos em língua estrangeira devem ser traduzidos para português, a pedido da DGCI.

ARTIGO 7.º
Apreciação da proposta

Após a aceitação da proposta a que se refere o n.º 6 do artigo 5.º, os serviços competentes da DGCI procedem à análise dos elementos fornecidos pelo sujeito passivo, podendo, para o efeito, ser promovida a organização de reuniões presenciais com os representantes das entidades envolvidas com o propósito de obtenção dos esclarecimentos considerados úteis e necessários para proporcionar um melhor conhecimento e avaliação das operações que são objecto do acordo e para a justificação do método ou métodos pretendidos.

ARTIGO 8.º
Acesso à documentação relevante

1 – Na fase de avaliação da proposta, o sujeito passivo deve facultar à DGCI toda a documentação que permita compreender a política de preços de transferência adoptada, disponibilizar qualquer documento susceptível de contribuir para o esclarecimento de todas as questões suscitadas durante o procedimento, bem como disponibilizar o acesso às bases de dados utilizadas para suportar os estudos dos elementos comparáveis apresentados.

2 – Sempre que o sujeito passivo apresente estudos técnicos elaborados por outras entidades, estes devem ser acompanhados de declaração de responsabilidade pela informação e técnicas utilizadas em tais estudos, emitida por aquelas entidades.

3 – Em caso de acordo bilateral ou multilateral, os sujeitos passivos devem fornecer à DGCI os mesmos documentos e informações que as outras partes intervenientes nas operações entregam às administrações fiscais dos restantes Estados envolvidos.

ARTIGO 9.º
Negociação com as autoridades competentes de outros Estados

1 – Tratando-se de uma proposta de acordo bilateral ou multilateral, o resultado da primeira avaliação do método proposto pelo sujeito passivo deve ser remetido à Direcção de Serviços das Relações Internacionais, para que seja transmitido às autoridades competentes dos outros Estados envolvidos e dar início à discussão e ao exame conjunto no quadro do procedimento amigável.

2 – Se no final do processo de consultas, as autoridades competentes dos outros Estados concluírem que não estão em condições de dar o seu acordo à proposta apresentada pelos contribuintes, o procedimento amigável é encerrado e o proponente é informado pela DGCI da decisão tomada, podendo este solicitar a convocação, no prazo de 60 dias a contar da notificação da decisão, como proposta de acordo prévio unilateral.

3 – No caso de apresentação do pedido de convocação previsto no número anterior, deve o sujeito passivo renunciar a eventuais ajustamentos correlativos determinados por correcções aos preços de transferência das operações abrangidas, efectuadas pelas referidas administrações fiscais de outros Estados, tendo por base a aplicação do método ou métodos estabelecidos no acordo.

ARTIGO 10.º
Duração do procedimento de avaliação do pedido

1 – Nos acordos prévios unilaterais, é estabelecido um prazo de 180 dias para o procedimento de avaliação, contado a partir da data de aceitação formal da proposta pela DGCI, nos termos definidos no artigo 5.º ou no artigo 9.º, não contando para este efeito os atrasos imputáveis ao sujeito passivo nas respostas aos pedidos de documentação.

2 – Nos acordos prévios bilaterais e multilaterais, é fixado um prazo de 360 dias para o procedimento de avaliação, contado a partir da data de aceitação formal da proposta pela DGCI, não contando para este efeito os atrasos imputáveis ao sujeito passivo nas respostas aos pedidos de documentação.

CAPÍTULO III
Conclusão do acordo

ARTIGO 11.º
Procedimentos de celebração do acordo

1 – Nos acordos prévios unilaterais, logo que a Direcção de Serviços de Inspecção Tributária esteja em condições de aceitar o método proposto pelo sujeito passivo requerente ou outra metodologia que ambas as partes venham a definir como apropriada, submetem o projecto de texto do acordo, contendo os elementos referidos no anexo III, aprovado pela presente portaria e que dela faz parte integrante, ao dirigente máximo do serviço e, em caso de ser proferida decisão de concordância, deve ser comunicada por carta ao sujeito passivo, para que nela seja aposta uma declaração de aceitação do acordo.

2 – Tratando-se de um acordo bilateral ou multilateral, quando entre a DGCI e cada uma das outras autoridades competentes for alcançado um acordo, formalizado por troca de cartas, deve o respectivo projecto de texto ser submetido pela Direcção de Serviços de Inspecção Tributária a decisão de sancionamento do dirigente máximo do serviço, sendo posteriormente enviado ao sujeito passivo, nos termos previstos na parte final do número anterior.

3 – O texto do acordo é confidencial e o seu conteúdo irrecorrível, sem prejuízo da possibilidade que assiste à DGCI de divulgação de dados estatísticos relativos, designadamente, ao número de acordos, tipologia, sectores de actividades e métodos acordados.

ARTIGO 12.º
Resolução do acordo

A resolução do acordo é declarada pela DGCI nos seguintes casos:

a) Fornecimento de dados erróneos, omissão, dissimulação ou viciação de informação relevante e declarações falsas imputáveis ao sujeito passivo;

b) Incumprimento dos termos e condições estabelecidas no acordo e demais obrigações dele derivadas.

ARTIGO 13.º
Acções de inspecção

1 – No âmbito de acção de inspecção com incidência nos períodos de tributação abrangidos pelo acordo, podem ser examinados e confirmados os dados e informações fornecidos pelo sujeito passivo na formulação da proposta e durante a fase de avaliação, podendo ser verificado o cumprimento das obrigações a seu cargo no quadro do acordo, incluindo a evolução dos factos e pressupostos qualificados como hipóteses críticas, com o objectivo de avaliar se o método ou métodos aceites no acordo se mantêm válidos ou existem motivos que justifiquem que seja desencadeado o procedimento de revisão ou eventualmente a revogação do acordo.

2 – Sem prejuízo do disposto no número anterior, a administração fiscal pode promover auditorias específicas sem que as mesmas, quando efectuadas ao abrigo de procedimento externo de inspecção, concorram para efeitos da limitação prevista no n.º 3 do artigo 63.º da Lei Geral Tributária, destinadas a:

a) Verificar o cumprimento dos termos e condições do acordo;
   b) Confirmar os dados e informações constantes dos relatórios anuais;
   c) Validar a manutenção das circunstâncias económicas e as hipóteses críticas em que assenta a metodologia acordada;
   d) Avaliar os cálculos e a consistência da aplicação do método ou métodos estabelecidos no acordo.

ARTIGO 14.º
Revisão do acordo

1 – O acordo pode ser objecto de revisão por iniciativa de qualquer das partes, caso ocorra algum evento que altere substancialmente as circunstâncias em que as mesmas fundaram a aceitação da metodologia para a determinação dos preços de transferência.

2 – Qualquer alteração do acordo decorrente de revisão prevista no número anterior será submetida à tramitação e procedimentos estabelecidos nos termos dos artigos 5.º a 10.º

3 – O sujeito passivo fica obrigado a comunicar à DGCI todas as alterações significativas verificadas nas circunstâncias económicas de contexto ou outras e nas hipóteses críticas em que assenta o acordo, que sejam susceptíveis de afectar a continuidade da aplicação do método de determinação dos preços de transferência por não conduzir a resultados conformes com o princípio de plena concorrência.

CAPÍTULO IV
Prazo de validade e renovação do acordo

ARTIGO 15.º
Duração do acordo prévio

1 – O acordo entra em vigor na data nele estabelecida, produzindo efeitos meramente declarativos.

2 – A duração do acordo é fixada no quadro do procedimento de avaliação e não pode ser superior a três anos.

3 – O acordo pode ser renovado por solicitação escrita do sujeito passivo, seis meses antes do termo do prazo de vigência, seguindo os mesmos procedimentos previstos para a proposta inicial.

CAPÍTULO V
Disposições diversas

ARTIGO 16.º
Taxas

1 – A celebração de um acordo prévio fica sujeita ao pagamento das taxas determinadas nos termos e limites constantes dos artigos 1.º e 2.º da Portaria n.º 923/99, de 20 de Outubro.

2 – Para efeitos do disposto no número anterior, o volume de negócios do sujeito passivo é determinado tendo por base a média aritmética dos montantes de volumes de negócios registados nos três exercícios anteriores ao da apresentação da proposta do acordo ou, na sua falta, o volume de negócios previsível para os 12 meses seguintes.

3 – O pagamento da taxa, a que se refere o n.º 1, deve ser efectuado no prazo máximo de 30 dias após a aceitação da proposta, nos termos n.º 5 do artigo 5.º

4 – A renovação e a revisão do acordo fica sujeita ao pagamento de taxas, nos termos das alíneas anteriores, com redução de 50 %.

ARTIGO 17.º
Mecanismo de acompanhamento da aplicação do acordo

1 – O sujeito passivo fica obrigado a elaborar um relatório anual sobre a aplicação do acordo, que possibilite verificar a conformidade dos métodos utilizados com os termos do acordo, e a enviá-lo para a Direcção de Serviços de Inspecção Tributária, no prazo de entrega da declaração periódica de rendimentos a que se refere o artigo 112.º do Código do IRC.

2 – A inexistência do relatório determina a caducidade do acordo, que produz efeitos a contar do período de tributação a que o mesmo respeita.

3 – O sujeito passivo deve manter a documentação necessária para possibilitar o acompanhamento do acordo por parte da administração fiscal.

ARTIGO 18.º
Serviços competentes

1 – A competência para a avaliação preliminar e a negociação dos acordos prévios e a preparação do projecto de decisão final, cabe à Direcção de Serviços de Inspecção Tributária.

2 – Nos acordos bilaterais e multilaterais, a abertura e desenvolvimento do procedimento amigável para a discussão e avaliação do pedido é da competência da Direcção de Serviços das Relações Internacionais.

3 – O acompanhamento e a verificação da aplicação dos acordos prévios é da competência da unidade orgânica da área do local da sede, sem prejuízo das competências da Direcção de Serviços de Inspecção Tributária.

ARTIGO 19.º
Processo de documentação fiscal

A celebração de um acordo prévio sobre preços de transferência não prejudica a obrigação de dispor de informação e documentação respeitantes à política adoptada na determinação dos preços de transferência, a que se refere o n.º 6 do artigo 58.º do Código do IRC e o artigo 13.º da Portaria n.º 1446-C/2001, de 21 de Dezembro, relativamente às operações não incluídas no âmbito do acordo.

CAPÍTULO VI
Disposições finais

ARTIGO 20.º
Entrada em vigor

A presente portaria produz efeitos no dia imediato ao da sua publicação.

O Ministro de Estado e das Finanças, *Fernando Teixeira dos Santos*, em 9 de Julho de 2008.

ANEXO I
(a que se refere o artigo 6.º, n.º 1)
Conteúdo da proposta

A proposta de acordo prévio sobre preços de transferência deve conter os seguintes elementos:

a) Identificação das entidades (denominação social, sede, número de identificação fiscal), pressupostos que determinam a existência de relação especial ao abrigo do n.º 4 do artigo 58.º do Código do IRC ou, tratando-se de um estabelecimento estável, caracterização da entidade a que pertence;

b) Caracterização das actividades desenvolvidas pelas entidades relacionadas que intervêm nas operações abrangidas pela proposta;

c) Descrição das operações abrangidas pela proposta, do ponto de vista técnico, económico, financeiro e jurídico;

d) Apresentação do método, dentro dos permitidos pelo n.º 3 do artigo 58.º do Código do IRC, que se pretende utilizar na fixação dos preços de transferência das operações referidas na alínea anterior;

e) Motivos que justificam a selecção do método proposto como método mais apropriado para as operações em causa, incluindo a explicação do mecanismo de adaptação dos métodos escolhidos às alterações das condições operacionais e económicas que influenciam as operações;

f) Ensaios realizados que permitiram concluir pela consideração de método mais apropriado;

g) Identificação da base de dados comercial ou outras fontes de informação utilizadas;

h) Indicação do valor ou intervalo de valores que se obtém com a aplicação do método;

i) Identificação dos comparáveis internos e externos a utilizar e justificação, quer dos critérios utilizados na selecção dos comparáveis, quer dos ajustamentos de comparabilidade efectuados;

j) Repartição do lucro/prejuízo entre as entidades intervenientes nas operações decorrente da utilização do método proposto;

l) Período de vigência do acordo;

m) Indicação de acordos unilaterais ou bilaterais em vigor ou em curso de negociação com administrações fiscais de outros Estados;

n) Identificação das operações vinculadas não abrangidas pela proposta com indicação das contrapartes destas operações;

o) Identificação das administrações fiscais dos Estados de residência das entidades estrangeiras que intervêm nas operações abrangidas pelo acordo (em caso de acordo bilateral ou multilateral);

p) Confirmação da apresentação simultânea da proposta de acordo junto das administrações fiscais mencionadas na alínea anterior;

q) Razões que justificam a apresentação da proposta de acordo unilateral para as operações em causa;

r) Outros elementos considerados pertinentes;

s) Declaração de compromisso de que será dado cumprimento ao dever de colaboração com a administração fiscal na prestação de informações e no fornecimento da documentação necessária, incluindo a autorização de consulta da base de dados utilizada, caso seja uma base de dados a que a DGCI não tenha acesso.

ANEXO II
(a que se refere o n.º 1 do artigo 6.º)
Documentação que deve acompanhar a proposta

a) Organigrama do grupo em que se integram as entidades abrangidas pela proposta de acordo prévio, a sua organização mundial, estrutura do capital (cadeias de participações e percentagem de participação).

b) Análise das tendências sectoriais e do mercado susceptíveis de afectarem a actividade exercida (se possível, juntar estudos/relatórios de financeiros e de mercado).

c) Descrição da estratégia do negócio delineada para o período abrangido pelo acordo e, se esta for diferente, da estratégia adoptada em anos anteriores (incluir os planos estratégicos, abrangendo as áreas críticas: aprovisionamento, produção, *marketing*, I&D, os orçamentos de gestão, relatórios sobre a situação concorrencial no sector em causa), identificando quem tem o poder de decisão e a responsabilidade de ditar a estratégia comercial.

d) Análise funcional das entidades intervenientes nas operações abrangidas pelo acordo.

e) Análise dos factores de comparabilidade, a que se refere o artigo 5.º da Portaria n.º 1446-C/2001, de 21 de Dezembro, incluindo os dados comparáveis e os ajustamentos que, eventualmente, devem ser efectuados para possibilitar a comparabilidade.

f) Identificação e caracterização das hipóteses críticas em que assenta a aplicação da metodologia proposta.

g) Demonstração da aplicação do método proposto.

h) Informação sobre as operações, produtos, negócios ou contratos que são cobertos pelo pedido (incluindo, se aplicável, uma breve explicação das razões pelas quais não foram incluídas todas as operações relacionadas, produtos e contratos).

i) Demonstrações financeiras das entidades abrangidas pelo acordo relativas aos últimos três exercícios anteriores ao da apresentação da proposta, bem como outros dados ou documentos susceptíveis de justificar o método de preços de transferência proposto.

j) Relação dos contratos estabelecidos entre o sujeito passivo e as entidades relacionadas que possam afectar as operações abrangidas pelo acordo.

l) Relação de outros contratos semelhantes existentes com entidades independentes e respectivos aditamentos.

m) Declaração de renúncia aos ajustamentos correlativos previstos no n.º 3 do artigo 9.º
n) Outra documentação considerada relevante.

ANEXO III
(a que se refere o n.º 1 do artigo 11.º)
Elementos que devem integrar o conteúdo do acordo

O texto do acordo a submeter à aceitação do sujeito passivo deve conter os elementos seguintes:

a) Entidades e operações abrangidas pelo acordo;
b) Descrição do método acordado para a determinação dos preços de transferência e de outros elementos relacionados, designadamente os comparáveis e o intervalo dos resultados esperados;
c) Descrição das hipóteses críticas sobre as quais assenta a metodologia acordada e de cuja verificação dependerá a aplicação do acordo;
d) Factos e circunstâncias que podem determinar a revisão, a caducidade e a revogação do acordo;
e) Definição das obrigações que recaem sobre o sujeito passivo, designadamente, a elaboração dos relatórios anuais;
f) A documentação relevante a manter e o prazo para o sujeito passivo comunicar à administração fiscal a verificação de uma alteração significativa em qualquer das premissas em que o acordo assenta;
g) Renúncia ao ajustamento correlativo, na situação prevista no n.º 3 do artigo 9.º;
h) Circunstâncias que podem determinar a revisão e a resolução do acordo;
i) Vigência e data de entrada em vigor do acordo;
j) Estipulação do carácter vinculativo do acordo para a administração fiscal;
l) Cláusula de confidencialidade.

PARTE TERCEIRA

BENEFÍCIOS FISCAIS

		Págs.
[21]	Estatuto dos Benefícios Fiscais (**EBF**)	477
[22]	Formas de energia renováveis (**Portaria n.º 725/91**)	567
[23]	Lei da Liberdade Religiosa (**Lei n.º 16/2002, de 22 de Junho, Portarias n.ᵒˢ 80/2003, de 22 de Janeiro e 362/2004, de 8 de Abril**)	569
[24]	Estatuto do Mecenato Científico (**Lei n.º 26/2004, de 8 de Julho**)	576
[25]	SIFIDE, Sistema de Incentivos Fiscais em Investigação e Desenvolvimento Empresarial (**Lei n.º 40//2005, de 3 de Agosto**)	584
[26]	Código Fiscal do Investimento (**D.L. n.º 249/2009, de 23 de Setembro**)	588
[27]	Regulamentação dos Benefícios Fiscais Contratuais (**D.L. n.º 250/2009, 23 de Setembro**)	608
[28]	Regime Fiscal do Fundo Imobiliário Especial de Apoio às Empresas (FIEAE) (**Lei n.º 3-B/2010, de 28 de Abril**)	614

PARTE TERCEIRA

BENEFÍCIOS FISCAIS

ESTATUTO DOS BENEFÍCIOS FISCAIS
[21]

DECRETO-LEI N.º 215/89, DE 1 DE JULHO

(Decreto-Lei de aprovação do Estatuto dos Benefícios Fiscais)

A multiplicidade e dispersão dos benefícios fiscais, abolidos com a entrada em vigor dos novos impostos sobre o rendimento, constituía um dos aspectos mais criticáveis do sistema tributário português, dada a sua manifesta falta de coerência, as consequências negativas de que era causa no plano da equidade e a receita cessante que implicava.

Na revisão do regime que agora se concretiza com a aprovação do Estatuto dos Benefícios Fiscais, respeitante sobretudo aos impostos sobre o rendimento, entendeu o Governo acolher princípios que passam pela atribuição aos benefícios fiscais de um carácter obrigatoriamente excepcional, só devendo ser concedidos em casos de reconhecido interesse público; pela estabilidade, de modo a garantir aos contribuintes uma situação clara e segura; pela moderação, dado que as receitas são postas em causa com a concessão de benefícios, quando o País tem de reduzir o peso do défice público e, simultaneamente, realizar investimentos em infra-estruturas e serviços públicos.

Nessa linha, introduzidos que foram nos Códigos do IRS, do IRC e da CA os desagravamentos caracterizados por uma máxima permanência e estabilidade, são incluídos no Estatuto dos Benefícios Fiscais aqueles que se caracterizam por um carácter menos estrutural, mas que revestem, ainda assim, relativa estabilidade. Os benefícios com finalidades marcadamente conjunturais ou requerendo uma regulação relativamente frequente serão, por sua vez, incluídos nos futuros Orçamentos do Estado.

O Estatuto dos Benefícios Fiscais contém os princípios gerais a que deve obedecer a criação das situações de benefício, as regras da sua atribuição e reconhecimento administrativo e o elenco desses mesmos benefícios, com o duplo objectivo de, por um lado, garantir maior estabilidade aos diplomas reguladores das novas espécies tributárias e, por outro, conferir um carácter mais sistemático ao conjunto dos benefícios fiscais.

Quanto aos benefícios, em especial, importa salientar a preocupação havida com a garantia da continuação dos benefícios fiscais existentes à data de entrada em vigor dos novos impostos sobre o rendimento, prevendo-se para o efeito mecanismos adequados, cujo objectivo é o de fazer reflectir nos novos impostos os benefícios que se reportavam aos impostos extintos.

Os benefícios fiscais respeitantes a investimentos efectuados até 31 de Dezembro de 1988 e que, nos termos da legislação anterior, se iriam concretizar em deduções à matéria colectável ou à colecta nos anos seguintes são devidamente salvaguardados em sede de IRS e IRC.

Além disso, de modo a assegurar que projectos de investimento em curso na data de entrada em vigor nos novos impostos não vejam as suas expectativas diminuídas em termos de crédito fiscal por investimento, prevê-se que poderão ser deduzidos na colecta do IRS ou do IRC, relativa ao período em que os bens entrem em funcionamento, 4% do investimento concluído até 31 de Dezembro de 1989 ou iniciado até essa data e concluído em 1989, bem como 4% do valor das imobilizações em curso em 31 de Dezembro de 1989, relativamente a investimentos iniciados antes de 1 de Janeiro de 1989.

Quanto às obrigações em circulação em 31 de Dezembro de 1988 – com o objectivo de contemplar as expectativas dos obrigacionistas no que respeita à sua remuneração líquida, aplicar-se-á aos respectivos juros o regime de tributação em vigor à data da sua emissão. E isto será assim até ao fim da vida dessas obrigações.

Para efeitos de tributação em IRS e IRC, prevê-se que seja considerada só uma parte dos juros de obrigações emitidas por empresas em 1989. Essa redução é de 20% daqueles juros.

Trata-se de um benefício de carácter conjuntural que deverá ser ponderado, anualmente, no âmbito do Orçamento do Estado. No entanto, define-se desde já que as obrigações emitidas durante os anos de 1989 a 1992, inclusive, ficam isentas de imposto sobre as sucessões e doações.

A tributação dos dividendos de acções cotadas em bolsa é desagravada. Assim, o IRS e o IRC incidirão apenas sobre os 80% dos seus dividendos, ou seja, é-lhes concedido tratamento fiscal análogo ao dos juros da dívida pública a emitir após 1 de Maio de 1989.

De modo a privilegiar fiscalmente as acções adquiridas na sequência do processo de privatizações, prevê-se que, até ao limite de cinco anos, o IRS e o IRC incidam apenas sobre 60% dos seus dividendos.

O artigo 44.º do Código do IRC prevê que as mais-valias obtidas através da transmissão onerosa de activo corpóreo possam ser excluídas da tributação desde que o respectivo valor de realização seja reinvestido, total ou parcialmente, até ao fim do 2.º exercício posterior, na aquisição de outros bens do activo corpóreo.

O Estatuto permite o alargamento desse regime às mais-valias realizadas através da transmissão onerosa de imobilizações financeiras, desde que o correspondente valor de realização seja reinvestido em activo corpóreo ou em quotas, acções ou títulos do Estado Português.

Procurando evitar-se situações de dupla tributação para os participantes dos fundos de investimento mobiliário, imobiliário e de pensões, fica consagrada a isenção do IRS dos seus rendimentos por se reconhecer o importante papel regulador que os mesmos assumem no mercado de capitais e como fomentadores da poupança. Relativamente aos fundos de pensões, deve ainda sublinhar-se que:

a) No Código do IRC (artigo 38.°) está prevista a consideração como custo, em geral até ao limite de 15% da respectiva massa salarial, das contribuições das empresas para fundos de pensões em benefício do seu pessoal;
b) No Código do IRS (artigo 55.°) está prevista a possibilidade de abatimento ao rendimento líquido total, dentro dos limites aí mencionados, das contribuições para fundos de pensões relativas ao sujeito passivo ou aos seus dependentes.

Os fundos de investimento afectos a planos pessoais de reforma (PPR) ficam igualmente isentos de IRC.

Por sua vez, o valor investido, em cada ano, no PPR é dedutível para efeitos de IRS, com o limite máximo do menor dos seguintes valores: 20% do rendimento total bruto englobado e 500 contos.

Os benefícios da «reforma» serão, a seu tempo, tributados em IRS, mas em condições favoráveis.

O Estatuto prevê a isenção de IRC, no ano da sua constituição e nos quatro anos seguintes, relativamente às sociedades de capital de risco e de desenvolvimento regional, e no ano da constituição e nos sete anos seguintes, para as sociedades de fomento empresarial. Quanto às sociedades de gestão e investimento imobiliário, prevê-se, até um máximo de dez anos, a redução para 25% da taxa de IRC e o aumento para o dobro do crédito de imposto relativo à chamada «dupla tributação económica» de lucros distribuídos (que assim passa de 20% para 40%), com reflexo em IRS ou IRC, conforme os sócios sejam pessoas singulares ou colectivas.

Tendo em conta que relativamente aos rendimentos de actividades agrícolas, silvícolas ou pecuárias se prevê, no artigo 18.° do Decreto-Lei n.° 442-B/88, de 30 de Novembro, que aprovou o Código do IRC, um regime de aproximação gradual das suas taxas de tributação ao respectivo regime geral, o Estatuto estabelece que um regime semelhante se aplique aos rendimentos das caixas de crédito agrícola mútuo.

O Código do IRC prevê, no seu artigo 45.°, que a chamada «dupla tributação económica» possa ser eliminada relativamente aos lucros atribuídos a participações quando estas ultrapassem certa percentagem (25%) e sejam detidas com características de estabilidade (isto é, por um prazo mínimo de dois anos consecutivos).

Dadas as particularidades das participações detidas por bancos de investimento, sociedades de investimento e sociedades financeiras de corretagem, estas quanto aos seus rendimentos decorrentes da actividade por conta própria, permite-se que aquele regime possa ser aplicado a essas participações independentemente da percentagem de participação e do prazo.

Nos termos do Código do IRC, os rendimentos dos clubes e associações desportivas directamente derivados do exercício de actividades desportivas, recreativas e culturais estão isentos. Os rendimentos que não se encontram nessas condições são tributados à taxa de 20%. Note-se que a taxa geral aplicável às entidades que exerçam a título principal uma actividade comercial, industrial ou agrícola é 36,5%.

Não obstante aquela taxa reduzida, prevê-se que os rendimentos dos pequenos clubes e associações que não sejam directamente derivados da actividade desportiva (até ao máximo de rendimento bruto total de 800 contos) fiquem também isentos de IRC. Além disso, estabelece-se, com carácter geral, que os clubes e associações desportivas fiquem isentos de contribuição autárquica relativamente aos prédios ou partes de prédios destinados directamente à realização dos seus fins.

No sentido de incentivar a criação artística ou literária, prevê-se que os rendimentos auferidos por pintores, escultores ou escritores, residentes em Portugal, relativos à sua produção artística ou literária, sejam apenas englobados por 50% para efeitos de IRS.

Os prédios destinados a habitação própria (a que, como é sabido, não é imputado qualquer rendimento para efeitos de IRS contrariamente ao que acontecia em contribuição predial e imposto complementar) poderão beneficiar de um regime de isenção em contribuição autárquica por um período de dez anos se o respectivo valor tributável for igual ou inferior a 10000 contos, aplicando-se um período de isenção menor quanto aos prédios de valor superior, mas inferior a 15000 contos.

Por outro lado, prevê-se a isenção total de juros das «contas poupança-habitação» que se destinem a financiar a compra, construção ou obras em habitação própria permanente.

Quanto às casas destinadas a arrendamento para habitação, as de renda condicionada ficam isentas de contribuição autárquica por um período até quinze anos, sendo aplicável às restantes, quanto a esta contribuição, um regime de isenção por um período até dez anos, tanto maior quanto menor for o respectivo valor tributável.

Ficam ainda isentos de contribuição autárquica os prédios pertencentes a famílias cujo rendimento bruto total para efeitos de IRS não seja superior ao dobro do salário mínimo nacional.

Os deficientes cujo grau de invalidez permanente seja igual ou superior a 60% terão um regime fiscal mais favorável, traduzido em:

a) Englobamento, para efeitos de tributação em IRS, de apenas 50% dos seus rendimentos de trabalho dependente e independente;

b) Abatimento na totalidade das despesas efectuadas com educação e reabilitação e, bem assim, dos prémios de seguros em que o deficiente figure como primeiro beneficiário;

c) Extensão aos deficientes do regime das «contas poupança-reformados».

Assim:
No uso da autorização legislativa concedida pela Lei n.º 8/89, de 22 de Abril, e nos termos da alínea *b*) do n.º 1 do artigo 201.º da Constituição, o Governo decreta o seguinte:

ARTIGO 1.º
Aprovação e entrada em vigor

1 – É aprovado o Estatuto dos Benefícios Fiscais, anexo ao presente diploma e que dele faz parte integrante.

2 – O Estatuto dos Benefícios Fiscais produz efeitos desde 1 de Janeiro de 1989.

ARTIGO 2.º
Regime transitório geral

1 – São mantidos nos termos em que foram concedidos, com as necessárias adaptações, os benefícios fiscais cujo direito tenha sido adquirido até 31 de Dezembro de 1988 ou aqueles que, tendo sido objecto de decisão em data posterior, foram reportados a 31 de Dezembro de 1988, nos termos do n.º 5, sendo de observar o seguinte:

   a) Os benefícios fiscais que se traduziam em aumento de custos, designadamente aceleração de reintegrações e amortizações ou em deduções ao lucro tributável, efectivam-se em sede de IRS ou de IRC nos termos da legislação que lhes era aplicável;
   b) Os benefícios fiscais que se traduziam em isenções dos impostos parcelares e do imposto complementar correspondente convertem-se em isenção dos respectivos rendimentos em sede de IRS ou de IRC;
   c) As isenções de imposto de mais-valias convertem-se em exclusão dos respectivos ganhos para apuramento do rendimento ou lucro tributável em IRS ou em IRC;
   d) As isenções de contribuição predial concedidas às entidades referidas no artigo 50.º do Estatuto dos Benefícios Fiscais anteriormente à data da entrada em vigor do presente diploma são convertidas em isenções da contribuição autárquica, com as necessárias adaptações;
   e) Os benefícios fiscais não compreendidos nas alíneas anteriores são substituídos por benefícios fiscais equivalentes mediante a aplicação de tabelas de conversão anexas ao Estatuto dos Benefícios Fiscais e que dele fazem parte integrante.

2 – Para efeitos do disposto no número anterior, são direitos adquiridos os benefícios fiscais de fonte internacional e contratual e os benefícios temporários e condicionados, sem prejuízo do disposto nos Códigos do IRS, do IRC e da CA.

3 – Para efeitos do disposto no artigo 74.º do Código do IRS e dos artigos 69.º e 75.º do Código do IRC, o regime de tributação aplicável aos juros das obrigações em circulação em 31 de Dezembro de 1988 é o que lhes correspondia em sede de imposto de capitais nos termos da legislação em vigor à data da sua emissão.

4 – No quadro do regime de equivalências dos benefícios fiscais, o disposto no número anterior não prejudica a consideração dos juros aí mencionados para efeitos de determinação da matéria colectável de IRC, aplicando-se então as tabelas de conversão a que se refere a alínea *e*) do n.º 1.

5 – Os benefícios fiscais requeridos nos serviços competentes até 31 de Dezembro de 1988, cuja decisão se encontre pendente de instrução dos respectivos processos, reger-se-ão pelas disposições ao abrigo das quais foram solicitados, devendo a decisão que sobre eles vier a recair reportar-se a 31 de Dezembro de 1988 para efeitos do disposto no n.º 1.

ARTIGO 3.º
Procedimentos no regime transitório

1 – Para as situações que ocorreram entre 1 de Janeiro de 1989 e a data de entrada em vigor do presente diploma deverão os interessados, no prazo de 60 dias a contar desta última data, requerer, sendo caso disso, a concessão dos benefícios estabelecidos no Estatuto aprovado por este decreto-lei.

2 – No caso de os pedidos de concessão serem apresentados para além do prazo previsto no número anterior, o respectivo benefício iniciar-se-á a partir da data da apresentação do pedido, cessando, todavia, na data que lhe corresponderia caso o pedido tivesse sido apresentado dentro do referido prazo.

3 – Aos imóveis adquiridos até 31 de Dezembro de 1988 ao abrigo do sistema «poupança-emigrante», para os quais não tenha sida requerida a isenção de contribuição predial, poderá esta ainda ser concedida, com efeitos a partir da data do respectivo título aquisitivo, desde que solicitada no prazo de 180 dias a contar da data da entrada em vigor do presente diploma, aplicando-se a partir de 1 de Janeiro de 1989 o disposto no artigo 3.º do Decreto-Lei n.º 442-C/88, de 30 de Novembro.

ARTIGO 4.º
Obrigações emitidas em 1989

As obrigações de qualquer tipo, que não sejam de dívida pública, e os títulos de participação e certificados de consignação que venham a ser emitidos durante o ano de 1989 beneficiam da redução de 20% do respectivo rendimento para efeitos de IRS ou de IRC.

ARTIGO 5.º([1])

([1]) Revogado pelo D.L. n.º 198/2001, de 3/7.

ARTIGO 6.º
Crédito fiscal por investimento nos casos de falta
ou insuficiência de colecta

1 – O desconto correspondente ao crédito fiscal por investimento (CFI) estabelecido nos Decretos-Lei n.ºs 197-C/86, de 18 de Julho, e 161/87, de 6 de Abril, que, por falta ou insuficiência de colecta da contribuição industrial ou do imposto sobre a indústria agrícola, não tiver sido efectuado, poderá sê-lo, nos termos previstos naqueles diplomas, à colecta do IRS, de acordo com o disposto nos números seguintes, depois de efectuadas as deduções previstas nos n.ºs 1, 2 e 3 do artigo 80.º do respectivo Código, não podendo da dedução resultar valor negativo.

2 – Para efeitos do disposto no número anterior, a colecta do IRS em que se efectua a dedução será a que resultar da aplicação do coeficiente determinado pela relação entre os rendimentos líquidos das categorias C e ou D e o rendimento líquido total.

3 – A dedução do CFI a que se referem os números anteriores deverá efectuar-se nas condições temporais definidas no n.º 3 do artigo 4.º do Decreto-Lei n.º 197-C/86, de 18 de Julho.

4 – O disposto no artigo 19.º do Decreto-Lei n.º 442-B/88, de 30 de Novembro, é igualmente aplicável ao CFI que não tiver sido efectuado por falta ou insuficiência da colecta do imposto sobre a indústria agrícola.

ARTIGO 7.º
Crédito fiscal por investimento – investimento concluído em 1988
ou iniciado até 31 de Dezembro de 1988 e concluído em 1989

1 – Poderão ser deduzidos, nos termos previstos nos Decretos-Lei n.ºs 197--C/86, de 18 de Julho, e 161/87, de 6 de Abril, nas colectas do IRS ou do IRC relativas ao período da entrada em funcionamento dos bens 4% do valor do investimento, contemplado naquela legislação, concluído em 1988 ou iniciado até 31 de Dezembro de 1988 e concluído em 1989.

2 – Para efeitos da aplicação do disposto no número anterior, a data da conclusão do investimento será referenciada à data em que esta ocorrer.

3 – Para efeitos da dedução prevista no n.º 1, aplicar-se-á, com as necessárias adaptações, o disposto no artigo 19.º do Decreto-Lei n.º 442-B/88, de 30 de Novembro, e no artigo 6.º do presente diploma.

ARTIGO 8.º
Crédito fiscal por investimento – investimento iniciado até 31 de Dezembro
de 1988 e em curso em 31 de Dezembro de 1989

1 – Poderão ainda ser deduzidos, nos termos previstos nos Decretos-Lei n.ºs 197-C/86, de 18 de Julho, e 161/87, de 6 de Abril, nas colectas do IRS ou do IRC

relativas ao período da entrada em funcionamento dos bens 4% do valor das imobilizações em curso em 31 de Dezembro de 1989, relativas a investimentos iniciados até 31 de Dezembro de 1988 e susceptíveis de beneficiarem do disposto naquela legislação.

2 – Para efeitos da dedução prevista no número anterior, aplicar-se-á, com as necessárias adaptações, o disposto no artigo 19.º do Decreto-Lei n.º 442-B/88, de 30 de Novembro, e no artigo 6.º do presente diploma.

ARTIGO 9.º[1]

---

[1] Revogado pelo D.L. n.º 198/2001, de 3/7.

ARTIGO 10.º[1]

---

[1] Revogado pelo D.L. n.º 198/2001, de 3/7.

ARTIGO 11.º
Alterações ao Código do IRS

ARTIGO 12.º
Alterações ao Código do IRC

ARTIGO 13.º
Regulamentação do Estatuto

O Governo aprovará as normas regulamentares necessárias à aplicação do Estatuto dos Benefícios Fiscais.

Visto e aprovado em Conselho de Ministros, 27 de Abril de 1989. *Aníbal António Cavaco Silva Miguel José Ribeiro Cadilhe.*

Promulgado em 21 de Junho de 1989.

Publique-se.

O Presidente da República, MÁRIO SOARES.

Referendado em 23 de Junho de 1989.

O Primeiro-Ministro, *Aníbal António Cavaco Silva.*

ESTATUTO DOS BENEFÍCIOS FISCAIS
(Alterado e republicado pelo Decreto-Lei n.º 108/2008, de 26 de Junho)

PARTE I
Princípios gerais

ARTIGO 1.º
Âmbito de aplicação

As disposições da parte I do presente Estatuto aplicam-se aos benefícios fiscais nele previstos, sendo extensivas aos restantes benefícios fiscais, com as necessárias adaptações, sendo caso disso.

ARTIGO 2.º
Conceito de benefício fiscal e de despesa fiscal e respectivo controlo

1 – Consideram-se benefícios fiscais as medidas de carácter excepcional instituídas para tutela de interesses públicos extrafiscais relevantes que sejam superiores aos da própria tributação que impedem.

2 – São benefícios fiscais as isenções, as reduções de taxas, as deduções à matéria colectável e à colecta, as amortizações e reintegrações aceleradas e outras medidas fiscais que obedeçam às características enunciadas no número anterior.

3 – Os benefícios fiscais são considerados despesas fiscais, as quais podem ser previstas no Orçamento do Estado ou em documento anexo e, sendo caso disso, nos orçamentos das Regiões Autónomas e das autarquias locais.

4 – Para efeitos de controlo da despesa fiscal inerente aos benefícios fiscais concedidos, pode ser exigida aos interessados a declaração dos rendimentos isentos auferidos, salvo tratando-se de benefícios fiscais genéricos e automáticos, casos em que podem os serviços fiscais obter os elementos necessários ao cálculo global do imposto que seria devido.

ARTIGO 3.º
Caducidade dos benefícios fiscais

1 – As normas que consagram os benefícios fiscais constantes das partes II e III do presente Estatuto vigoram durante um período de cinco anos, salvo quando disponham em contrário.

2 – São mantidos os benefícios fiscais cujo direito tenha sido adquirido durante a vigência das normas que os consagram, sem prejuízo de disposição legal em contrário.

3 – O disposto no n.º 1 não se aplica aos benefícios fiscais constantes dos artigos 16.º, 17.º, 18.º, 21.º, 22.º, 23.º, 24.º e 44.º, bem como ao capítulo V da parte II do presente Estatuto.

ARTIGO 4.º
Desagravamentos fiscais que não são benefícios fiscais

1 – Não são benefícios fiscais as situações de não sujeição tributária.

2 – Para efeitos do disposto no número anterior, consideram-se, genericamente, não sujeições tributárias as medidas fiscais estruturais de carácter normativo que estabeleçam delimitações negativas expressas da incidência.

3 – Sempre que o julgar necessário, pode a administração fiscal exigir dos interessados os elementos necessários para o cálculo da receita que deixa de cobrar-se por efeito das situações de não sujeição tributária.

ARTIGO 5.º
Benefícios fiscais automáticos e dependentes de reconhecimento

1 – Os benefícios fiscais são automáticos ou dependentes de reconhecimento; os primeiros resultam directa e imediatamente da lei, os segundos pressupõem um ou mais actos posteriores de reconhecimento.

2 – O reconhecimento dos benefícios fiscais pode ter lugar por acto administrativo ou por acordo entre a Administração e os interessados, tendo, em ambos os casos, efeito meramente declarativo, salvo quando a lei dispuser em contrário.

3 – O procedimento de reconhecimento dos benefícios fiscais regula-se pelo disposto na lei geral tributária e no Código de Procedimento e de Processo Tributário.

Doutrina Administrativa:
– Aquisição do direito aos benefícios fiscais no âmbito do Estatuto do Mecenato (Circular n.º 13/2003, de 25 de Setembro) **[50]** – pág. 742.

ARTIGO 6.º
Carácter genérico dos benefícios fiscais; Respeito pela livre concorrência

1 – A definição dos pressupostos objectivos e subjectivos dos benefícios fiscais deve ser feita em termos genéricos, e tendo em vista a tutela de interesses públicos relevantes, só se admitindo benefícios de natureza individual por razões excepcionais, devidamente justificadas no diploma que os instituir.

2 – A formulação genérica dos benefícios fiscais deve obedecer ao princípio da igualdade, de modo a não falsear ou ameaçar falsear a concorrência.

ARTIGO 7.º
Fiscalização

Todas as pessoas, singulares ou colectivas, de direito público ou de direito privado, a quem sejam concedidos benefícios fiscais, automáticos ou dependentes de reconhecimento, ficam sujeitas a fiscalização da Direcção-Geral dos Impostos e das demais entidades competentes, para controlo da verificação dos pressupostos dos benefícios fiscais respectivos e do cumprimento das obrigações impostas aos titulares do direito aos benefícios.

ARTIGO 8.º
Medidas impeditivas, suspensivas ou extintivas de benefícios fiscais

As sanções impeditivas, suspensivas ou extintivas de benefícios fiscais podem ser aplicadas sempre que seja cometida uma infracção fiscal relacionada com os impostos sobre o rendimento, a despesa ou o património ou, às normas do sistema de segurança social, independentemente da sua relação com o benefício concedido.

ARTIGO 9.º
Declaração pelos interessados da cessação dos pressupostos dos benefícios fiscais

As pessoas titulares do direito aos benefícios fiscais são obrigadas a declarar, no prazo de 30 dias, que cessou a situação de facto ou de direito em que se baseava o benefício, salvo quando essa cessação for de conhecimento oficioso.

ARTIGO 10.º
Interpretação e integração das lacunas da lei

As normas que estabeleçam benefícios fiscais não são susceptíveis de integração analógica, mas admitem interpretação extensiva.

ARTIGO 11.º
Aplicação no tempo das normas sobre benefícios fiscais

1 – As normas que alterem benefícios fiscais convencionais, condicionados ou temporários, não são aplicáveis aos contribuintes que já aproveitem do direito ao benefício fiscal respectivo, em tudo que os prejudique, salvo quando a lei dispuser em contrário.

2 – É aplicável o disposto no número anterior quando o fundamento do benefício fiscal for um regime jurídico de direito comum que limite os direitos do contribuinte, especialmente quando restrinja os poderes de fruição ou de disposição dos seus bens, designadamente nos casos previstos no n.º 2 do artigo 15.º que revistam essa natureza.

3 – O disposto nos números anteriores não prejudica o estabelecido no artigo 2.º do Decreto-Lei n.º 215/89, de 1 de Julho.

ARTIGO 12.º
Constituição do direito aos benefícios fiscais

O direito aos benefícios fiscais deve reportar-se à data da verificação dos respectivos pressupostos, ainda que esteja dependente de reconhecimento declarativo pela administração fiscal ou de acordo entre esta e a pessoa beneficiada, salvo quando a lei dispuser de outro modo.

Doutrina Administrativa:
– Aquisição do direito aos benefícios fiscais no âmbito do Estatuto do Mecenato (Circular n.º 13/2003, de 25 de Setembro) **[50]** – pág. 742.

ARTIGO 13.º
Impedimento de reconhecimento do direito a benefícios fiscais

1 – Os benefícios fiscais dependentes de reconhecimento não podem ser concedidos quando o sujeito passivo tenha deixado de efectuar o pagamento de qualquer imposto sobre o rendimento, a despesa ou o património e das contribuições relativas ao sistema da segurança social.

2 – Para efeitos do disposto no número anterior, tal situação só é impeditiva do reconhecimento dos benefícios fiscais enquanto o interessado se mantiver em incumprimento e se a dívida tributária em causa, sendo exigível, não tenha sido objecto de reclamação, impugnação ou oposição e prestada garantia idónea, quando devida.

ARTIGO 14.º
Extinção dos benefícios fiscais

1 – A extinção dos benefícios fiscais tem por consequência a reposição automática da tributação-regra.

2 – Os benefícios fiscais, quando temporários, caducam pelo decurso do prazo por que foram concedidos e, quando condicionados, pela verificação dos pressupostos da respectiva condição resolutiva ou pela inobservância das obrigações impostas, imputável ao beneficiário.

3 – Quando o benefício fiscal respeite a aquisição de bens destinados à directa realização dos fins dos adquirentes, fica sem efeito se aqueles forem alienados ou lhes for dado outro destino sem autorização do Ministro das Finanças, sem prejuízo das restantes sanções ou de regimes diferentes estabelecidos por lei.

4 – O acto administrativo que conceda um benefício fiscal não é revogável, nem pode rescindir-se o respectivo acordo de concessão, ou ainda diminuir-se, por acto unilateral da administração tributária, os direitos adquiridos, salvo se houver inobservância imputável ao beneficiário das obrigações impostas, ou se o benefício tiver sido indevidamente concedido, caso em que aquele acto pode ser revogado.

5 – No caso de benefícios fiscais permanentes ou temporários dependentes de reconhecimento da administração tributária, o acto administrativo que os concedeu cessa os seus efeitos nas seguintes situações:

a) O sujeito passivo tenha deixado de efectuar o pagamento de qualquer imposto sobre o rendimento, a despesa ou o património e das contribuições relativas ao sistema da segurança social, e se mantiver a situação de incumprimento;

b) A dívida tributária não tenha sido objecto de reclamação, impugnação ou oposição, com a prestação de garantia idónea, quando exigível.

6 – Verificando-se as situações previstas nas alíneas *a)* e *b)* do número anterior, os benefícios automáticos não produzem os seus efeitos no ano ou período de tributação em que ocorram os seus pressupostos.

7 – O disposto nos números anteriores aplica-se sempre que as situações previstas nas alíneas *a)* e *b)* do n.º 5 ocorram, relativamente aos impostos periódicos, no final do ano ou período de tributação em que se verificou o facto tributário e, nos impostos de obrigação única, na data em que o facto tributário ocorreu.

8 – É proibida a renúncia aos benefícios fiscais automáticos e dependentes de reconhecimento oficioso, sendo, porém, permitida aos benefícios fiscais dependentes de requerimento do interessado, bem como aos constantes de acordo, desde que aceite pela administração tributária.

ARTIGO 15.º
Transmissão dos benefícios fiscais

1 – O direito aos benefícios fiscais, sem prejuízo do disposto nos números seguintes, é intransmissível *inter vivos*, sendo, porém, transmissível *mortis causa* se se verificarem no transmissário os pressupostos do benefício, salvo se este for de natureza estritamente pessoal.

2 – É transmissível *inter vivos* o direito aos benefícios fiscais objectivos que sejam indissociáveis do regime jurídico aplicável a certos bens, designadamente os que beneficiem os rendimentos de obrigações, títulos de dívida pública e os prédios sujeitos ao regime de renda limitada.

3 – É igualmente transmissível *inter vivos*, mediante autorização do Ministro das Finanças, o direito aos benefícios fiscais concedidos, por acto ou contrato fiscal, a pessoas singulares ou colectivas, desde que no transmissário se verifiquem os pressupostos do benefício e fique assegurada a tutela dos interesses públicos com ele prosseguidos.

PARTE II
Benefícios fiscais com carácter estrutural

CAPÍTULO I
Benefícios fiscais de natureza social

ARTIGO 16.º
Fundos de pensões e equiparáveis

1 – São isentos de IRC os rendimentos dos fundos de pensões e equiparáveis, que se constituam e operem de acordo com a legislação nacional.

2 – São isentos de imposto municipal sobre as transmissões onerosas de imóveis os fundos de pensões e equiparáveis, constituídos de acordo com a legislação nacional.

3 – Às contribuições individuais dos participantes e aos reembolsos pagos por fundos de pensões e outros regimes complementares de segurança social, incluindo os disponibilizados por associações mutualistas, que garantam exclusivamente o benefício de reforma, complemento de reforma, invalidez ou sobrevivência, incapacidade para o trabalho, desemprego e doença grave são aplicáveis as regras previstas no artigo 21.º, com as necessárias adaptações.([1])

4 – Em caso de inobservância dos requisitos estabelecidos no n.º 1, a fruição do benefício aí previsto fica, no respectivo exercício, sem efeito, sendo as sociedades gestoras dos fundos de pensões e equiparáveis, incluindo as associações mutualistas, responsáveis originariamente pelas dívidas de imposto dos fundos ou patrimónios cuja gestão lhes caiba, devendo efectuar o pagamento do imposto em dívida no prazo previsto no n.º 1 do artigo 120.º do Código do IRC.([1])

5 – Os benefícios fiscais previstos no n.º 3 deste artigo e no n.º 2 do artigo 21.º são cumuláveis, não podendo, no seu conjunto, exceder os limites fixados no n.º 2 do artigo 21.º

6 – As contribuições para fundos de pensões e outros regimes complementares de segurança social referidas no n.º 3, incluindo os disponibilizados por associações mutualistas, são dedutíveis à colecta do IRS, nos termos aí estabelecidos, desde que:([1])

a) Quando pagas e suportadas por terceiros, tenham sido, comprovadamente, tributadas como rendimentos do sujeito passivo;
b) Quando pagas e suportadas pelo sujeito passivo, não constituam encargos inerentes à obtenção de rendimentos da categoria B.

Doutrina Administrativa:
– Fundos de Investimento e Fundos de Pensões – Retenções na fonte de imposto sobre o rendimento (Ofício-circulado n.º 90005, de 28/07/2005) **[52]** – pág. 864.

(^{1}) Redacção dada pelo art. 4.º do D.L. n.º 292/2009, de 13 de Outubro.
Redacção anterior:
...
3 – Às contribuições individuais dos participantes e aos reembolsos pagos por fundos de pensões e outros regimes complementares de segurança social que garantam exclusivamente o benefício de reforma, complemento de reforma, invalidez ou sobrevivência são aplicáveis as regras previstas no artigo 21.º, com as necessárias adaptações.
4 – Em caso de inobservância dos requisitos estabelecidos no n.º 1, a fruição do benefício aí previsto fica, no respectivo exercício, sem efeito, sendo as sociedades gestoras dos fundos de pensões e equiparáveis responsáveis originariamente pelas dívidas de imposto dos fundos cuja gestão lhes caiba, devendo efectuar o pagamento do imposto em dívida no prazo previsto no n.º 1 do artigo 112.º do Código do IRC.
...
6 – As contribuições para fundos de pensões e outros regimes complementares de segurança social referidas no n.º 3 são dedutíveis à colecta do IRS, nos termos aí estabelecidos, desde que:
...

ARTIGO 17.º
Regime público de capitalização

1 – São dedutíveis à colecta de IRS, nos termos e condições previstos no artigo 78.º do respectivo Código, 20% dos valores aplicados, por sujeito passivo não casado, ou por cada um dos cônjuges não separados judicialmente de pessoas e bens, em contas individuais geridas em regime público de capitalização, tendo como limite máximo € 350 por sujeito passivo.

2 – Às importâncias pagas no âmbito do regime público de capitalização é aplicável o regime previsto no Código do IRS para as rendas vitalícias.

ARTIGO 18.º
Contribuições das entidades patronais para regimes de segurança social

1 – São isentos de IRS, no ano em que as correspondentes importâncias são despendidas, os rendimentos a que se refere a primeira parte do n.º 3) da

alínea *b*) do n.º 3 do artigo 2.º do Código do IRS, quando respeitem a contratos que garantam exclusivamente o benefício de reforma, complemento de reforma, invalidez ou sobrevivência, desde que sejam observadas, cumulativamente, as condições previstas nas alíneas *a*), *b*), *d*), *e*) e *f*) do n.º 4 do artigo 40.º do Código do IRC, na parte em que não excedam os limites previstos nos n.ºs 2 e 3 do mesmo artigo, e sem prejuízo do disposto nos seus n.ºs 5 e 6.

2 – A inobservância de qualquer das condições previstas no número anterior determina:

a) Para o trabalhador ou trabalhadores beneficiados pelo incumprimento, a perda da isenção e o englobamento como rendimento da categoria A de IRS, no ano em que ocorrer o facto extintivo, da totalidade das importâncias que beneficiaram da isenção, acrescidas de 10%, por cada ano ou fracção, decorrido desde a data em que as respectivas contribuições tiverem sido efectuadas;

b) Para a empresa, a tributação autónoma, à taxa de 40%, no exercício do incumprimento das contribuições que nesse exercício, bem como nos dois exercícios anteriores, beneficiaram do regime de isenção previsto no n.º 1.

3 – Verificando-se o disposto na parte final do n.º 3) da alínea *b*) do n.º 3 do artigo 2.º do Código do IRS, beneficia de isenção o montante correspondente a um terço das importâncias pagas ou colocadas à disposição, com o limite de € 11 704,70.

4 – A isenção a que se refere o número anterior não prejudica o englobamento dos rendimentos isentos, para efeitos do disposto no n.º 4 do artigo 22.º do Código do IRS, bem como a determinação da taxa aplicável ao restante rendimento colectável.

ARTIGO 19.º
Criação de emprego

1 – Para a determinação do lucro tributável dos sujeitos passivos de IRC e dos sujeitos passivos de IRS com contabilidade organizada, os encargos correspondentes à criação líquida de postos de trabalho para jovens e para desempregados de longa duração, admitidos por contrato de trabalho por tempo indeterminado, são considerados em 150% do respectivo montante, contabilizado como custo do exercício.

2 – Para efeitos do disposto no número anterior, consideram-se:

a) «Jovens» os trabalhadores com idade superior a 16 e inferior a 35 anos, inclusive, aferida na data da celebração do contrato de trabalho, com excepção dos jovens com menos de 23 anos, que não tenham concluído o ensino secundário, e que não estejam a frequentar uma oferta de educação-formação que permita elevar o nível de escolaridade ou qualificação profissional para assegurar a conclusão desse nível de ensino([1]);

b) «Desempregados de longa duração» os trabalhadores disponíveis para o trabalho, nos termos do Decreto-Lei n.º 220/2006, de 3 de Novembro, que se encontrem desempregados e inscritos nos centros de emprego há mais de 9 meses, sem prejuízo de terem sido celebrados, durante esse período, contratos a termo por período inferior a 6 meses, cuja duração conjunta não ultrapasse os 12 meses([1]);

c) «Encargos» os montantes suportados pela entidade empregadora com o trabalhador, a título da remuneração fixa e das contribuições para a segurança social a cargo da mesma entidade;

d) «Criação líquida de postos de trabalho» a diferença positiva, num dado exercício económico, entre o número de contratações elegíveis nos termos do n.º 1 e o número de saídas de trabalhadores que, à data da respectiva admissão, se encontravam nas mesmas condições.

3 – O montante máximo da majoração anual, por posto de trabalho, é o correspondente a 14 vezes a retribuição mínima mensal garantida.

4 – Para efeitos da determinação da criação líquida de postos de trabalho, não são considerados os trabalhadores que integrem o agregado familiar da respectiva entidade patronal.

5 – A majoração referida no n.º 1 aplica-se durante um período de cinco anos a contar do início da vigência do contrato de trabalho, não sendo cumulável, quer com outros benefícios fiscais da mesma natureza, quer com outros incentivos de apoio ao emprego previstos noutros diplomas, quando aplicáveis ao mesmo trabalhador ou posto de trabalho.

6 – O regime previsto no n.º 1 só pode ser concedido uma vez em relação ao mesmo trabalhador, qualquer que seja a entidade patronal.

Legislação complementar:
Lei n.º 3-B/2010, de 28/04 (OE/2010). Art. 115.º **(Reforço dos benefícios fiscais à criação de emprego em 2010)**

Durante o ano de 2010, o benefício fiscal previsto no artigo 19.º do Estatuto dos Benefícios Fiscais, aprovado pelo Decreto-Lei n.º 215/89, de 1 de Julho, é cumulável com outros incentivos de apoio ao emprego previstos noutros diplomas, quando aplicáveis ao mesmo trabalhador ou posto de trabalho.

([1]) Redacção dada pela Lei n.º 10/2009, de 10 de Março.

CAPÍTULO II
Benefícios fiscais à poupança

ARTIGO 20.º
Conta poupança-reformados

Beneficiam de isenção de IRS os juros das contas poupança-reformados, constituídas nos termos legais, na parte cujo saldo não ultrapasse € 10 500.

ARTIGO 21.º
Fundos de poupança-reforma e planos de poupança-reforma

1 – Ficam isentos de IRC os rendimentos dos fundos de poupança-reforma, poupança-educação e poupança-reforma/educação, que se constituam e operem nos termos da legislação nacional.

2 – São dedutíveis à colecta do IRS, nos termos e condições previstos no artigo 78.º do respectivo Código, 20% dos valores aplicados no respectivo ano por sujeito passivo não casado, ou por cada um dos cônjuges não separados judicialmente de pessoas e bens, em planos de poupança-reforma, tendo como limite máximo:

a) € 400 por sujeito passivo com idade inferior a 35 anos;
b) € 350 por sujeito passivo com idade compreendida entre os 35 e os 50 anos;
c) € 300 por sujeito passivo com idade superior a 50 anos.

3 – As importâncias pagas pelos fundos de poupança-reforma, mesmo nos casos de reembolso por morte do participante, ficam sujeitas a tributação nos seguintes termos:

a) De acordo com as regras aplicáveis aos rendimentos da categoria H de IRS, incluindo as relativas a retenções na fonte, quando a sua percepção ocorra sob a forma de prestações regulares e periódicas;
b) De acordo com as regras aplicáveis aos rendimentos da categoria E de IRS, incluindo as relativas a retenções na fonte, em

caso de reembolso total ou parcial, devendo, todavia, observar-se o seguinte:
1) A matéria colectável é constituída por dois quintos do rendimento;
2) A tributação é autónoma, sendo efectuada à taxa de 20%;
c) De acordo com as regras estabelecidas nas alíneas anteriores, nos casos em que se verifiquem, simultaneamente, as modalidades nelas referidas.

4 – A fruição do benefício previsto no n.º 2 fica sem efeito, devendo as importâncias deduzidas, majoradas em 10%, por cada ano ou fracção, decorrido desde aquele em que foi exercido o direito à dedução, ser acrescidas à colecta do IRS do ano da verificação dos factos, se aos participantes for atribuído qualquer rendimento ou for concedido o reembolso dos certificados, salvo em caso de morte do subscritor ou quando tenham decorrido, pelo menos, cinco anos a contar da respectiva entrega e ocorra qualquer uma das situações definidas na lei.

5 – A fruição do benefício previsto no n.º 3 fica sem efeito quando o reembolso dos certificados ocorrer fora de qualquer uma das situações definidas na lei, devendo o rendimento ser tributado, autonomamente, à taxa de 20%, de acordo com as regras aplicáveis aos rendimentos da categoria E de IRS, incluindo as relativas a retenções na fonte, sem prejuízo da eventual aplicação das alíneas *a)* e *b)* do n.º 3 do artigo 5.º do Código do IRS, quando o montante das entregas pagas na primeira metade de vigência do plano representar, pelo menos, 35% da totalidade daquelas.

6 – Em caso de inobservância do estabelecido no n.º 1, a fruição do benefício fica, no respectivo exercício, sem efeito, devendo a sociedade gestora pagar o imposto em dívida no prazo previsto no n.º 1 do artigo 112.º do Código do IRC.

7 – As sociedades gestoras dos fundos de poupança-reforma são solidariamente responsáveis pelas dívidas de imposto dos fundos cuja gestão lhes caiba.

8 – Os benefícios previstos nos n.ºs 2 e 3 são aplicáveis às entregas efectuadas pelas entidades empregadoras em nome e a favor dos seus trabalhadores.

9 – Para efeitos do n.º 2, considera-se a idade do sujeito passivo à data de 1 de Janeiro do ano em que efectue a aplicação.

10 – Não são dedutíveis à colecta do IRS, nos termos do n.º 2, os valores aplicados pelos sujeitos passivos após a data da passagem à reforma.

CAPÍTULO III
Benefícios fiscais ao sistema financeiro e mercado de capitais

ARTIGO 22.º
Fundos de investimento

1 – Os rendimentos dos fundos de investimento mobiliário, que se constituam e operem de acordo com a legislação nacional, têm o seguinte regime fiscal:
   a) Tratando-se de rendimentos que não sejam mais-valias, obtidos em território português, há lugar a tributação, autonomamente:
      1) Por retenção na fonte, como se de pessoas singulares residentes em território português se tratasse;
      2) Às taxas de retenção na fonte e sobre o montante a esta sujeito, como se de pessoas singulares residentes em território português se tratasse, quando tal retenção na fonte, sendo devida, não for efectuada pela entidade a quem compete; ou
      3) À taxa de 25% sobre o respectivo valor líquido obtido em cada ano, no caso de rendimentos não sujeitos a retenção na fonte, sendo o imposto entregue pela respectiva entidade gestora até ao fim do mês de Abril do ano seguinte àquele a que respeitar;
   b) Tratando-se de rendimentos que não sejam mais-valias, obtidos fora do território português, há lugar a tributação, autonomamente, à taxa de 20%, relativamente a rendimentos de títulos de dívida, a lucros distribuídos e a rendimentos de fundos de investimento, e à taxa de 25%, nos restantes casos, incidente sobre o respectivo valor líquido obtido em cada ano, sendo o imposto entregue ao Estado pela respectiva entidade gestora até ao fim do mês de Abril do ano seguinte àquele a que respeitar;
   c) Tratando-se de mais-valias, obtidas em território português ou fora dele, há lugar a tributação, autonomamente, nas mesmas condições em que se verificaria se desses rendimentos fossem titula-

res pessoas singulares residentes em território português, à taxa de 10%, sobre a diferença positiva entre as mais-valias e as menos-valias obtidas em cada ano, sendo o imposto entregue ao Estado pela respectiva entidade gestora, até ao fim do mês de Abril do ano seguinte àquele a que respeitar.

2 – Os sujeitos passivos de IRS que sejam titulares de unidades de participação nos fundos referidos no n.° 1, fora do âmbito de uma actividade comercial, industrial ou agrícola, são isentos de IRS relativamente aos rendimentos respeitantes a unidades de participação nesses fundos, podendo, porém, os respectivos titulares, residentes em território português, englobá-los para efeitos deste imposto, caso em que o imposto retido ou devido, nos termos do n.° 1, tem a natureza de imposto por conta, nos termos do artigo 78.° do Código do IRS.

3 – Relativamente a rendimentos respeitantes a unidades de participação nos fundos referidos no n.° 1, de que sejam titulares sujeitos passivos de IRC ou sujeitos passivos de IRS, que os obtenham no âmbito de uma actividade comercial, industrial ou agrícola, residentes em território português ou que sejam imputáveis a estabelecimento estável de entidade não residente situado neste território, os mesmos não estão sujeitos a retenção na fonte e são pelos seus titulares considerados como proveitos ou ganhos, e o montante do imposto retido ou devido nos termos do n.° 1 a natureza de imposto por conta, para efeitos do disposto no artigo 83.° do Código do IRC e do artigo 78.° do Código do IRS.

4 – Aos sujeitos passivos de IRC residentes em território português que, em consequência de isenção, não estejam obrigados à entrega da declaração de rendimentos, o imposto retido ou devido nos termos do n.° 1, correspondente aos rendimentos das unidades de participação que tenham subscrito, deve ser restituído pela entidade gestora do fundo e pago conjuntamente com os rendimentos respeitantes a estas unidades.

5 – Relativamente a rendimentos respeitantes a unidades de participação nos fundos referidos nos n.ºs 1 e 13 de que sejam titulares entidades não residentes em território português, e que não sejam imputáveis a estabelecimento estável situado neste território, são isentos de IRS ou de IRC.

6 – Os rendimentos dos fundos de investimento imobiliário, que se constituam e operem de acordo com a legislação nacional, têm o seguinte regime fiscal:

a) Tratando-se de rendimentos prediais, que não sejam relativos à habitação social sujeita a regimes legais de custos controlados, há lugar a tributação, autonomamente, à taxa de 20%, que incide

sobre os rendimentos líquidos dos encargos de conservação e manutenção efectivamente suportados, devidamente documentados, sendo a entrega do imposto efectuada pela respectiva entidade gestora até ao fim do mês de Abril do ano seguinte àquele a que respeitar, e considerando-se o imposto eventualmente retido como pagamento por conta deste imposto;
b) Tratando-se de mais-valias prediais, que não sejam relativas a habitação social sujeita a regimes legais de custos controlados, há lugar a tributação, autonomamente, à taxa de 25%, que incide sobre 50% da diferença positiva entre as mais-valias e as menos-valias realizadas, apuradas de acordo com o Código do IRS, sendo a entrega do imposto efectuada pela respectiva entidade gestora até ao fim do mês de Abril do ano seguinte àquele a que respeitar;
c) Tratando-se de outros rendimentos, há lugar a tributação nos termos mencionados nas alíneas a), b) e c) do n.º 1.

7 – Aos rendimentos respeitantes a unidades de participação em fundos de investimento imobiliário aplica-se o regime fiscal idêntico ao estabelecido nos n.ºs 2, 3, 4 e 5 para os rendimentos respeitantes a unidades de participação em fundos de investimento mobiliário.

8 – O imposto restituído nos termos do n.º 4 é deduzido ao montante global de qualquer das entregas posteriores a efectuar pela entidade gestora nos termos dos n.ºs 1 ou 6.

9 – Se, em consequência do disposto no n.º 8 ou na parte final da alínea a) do n.º 6, resultar imposto a recuperar, pode ser pedido o reembolso até ao fim do mês de Abril do ano seguinte, o qual é efectuado de acordo com o previsto nos n.ºs 3 e 6 do artigo 96.º do Código do IRC, ou ser feita a dedução, nos termos referidos no número anterior, em entregas posteriores.

10 – Os titulares de rendimentos respeitantes a unidades de participação em fundos de investimento mobiliário e em fundos de investimento imobiliário, quando englobem esses rendimentos, têm direito a deduzir 50% dos rendimentos previstos no artigo 40.º-A do Código do IRS e no n.º 8 do artigo 46.º do Código do IRC que lhes sejam distribuídos, nas condições aí descritas.

11 – As sociedades gestoras dos fundos de investimento são obrigadas a publicar o valor do rendimento distribuído, o valor do imposto retido ou devido nos termos do n.º 1 ou do n.º 6 e o valor da dedução que lhes corresponder para efeitos do disposto do n.º 10.

12 – As sociedades gestoras dos fundos de investimento são solidariamente responsáveis pelas dívidas de imposto dos fundos cuja gestão lhes caiba.

13 – Os rendimentos dos fundos de fundos, que se constituam e operem de acordo com a legislação nacional, têm o seguinte regime fiscal:

   a) Os rendimentos respeitantes a unidades de participação em fundos constituídos de acordo com a legislação nacional estão isentos de IRC, não lhes sendo aplicável o disposto no n.º 4;
   b) Tratando-se de rendimentos não compreendidos na alínea a), aplica-se um regime fiscal idêntico ao estabelecido para os rendimentos dos fundos de investimento.

14 – Aos rendimentos respeitantes a unidades de participação em fundos de fundos é aplicável o seguinte regime fiscal:

   a) Os rendimentos obtidos por sujeitos passivos de IRS que detenham tais unidades de participação fora do âmbito de uma actividade comercial, industrial ou agrícola, bem como os obtidos por sujeitos passivos de IRC que não exerçam a título principal qualquer das referidas actividades, são isentos desses impostos;
   b) Os rendimentos de que sejam titulares sujeitos passivos de IRS ou de IRC não abrangidos pela alínea a), residentes em território português ou que sejam imputáveis a um estabelecimento estável de entidade não residente situado neste território, não estão sujeitos a retenção na fonte, contando apenas por 40% do seu quantitativo para fins de IRS ou de IRC;
   c) Aos rendimentos previstos nas alíneas a) e b) anteriores não é aplicável o disposto na última parte do n.º 3 e no n.º 4.

15 – Relativamente aos rendimentos obtidos fora do território português, a aplicação de crédito de imposto por dupla tributação internacional fica sujeita às seguintes regras:

   a) O crédito de imposto consiste na dedução ao imposto devido sobre esses rendimentos, nos termos dos n.ºs 1 e 6, da menor das seguintes importâncias:
      1) Imposto sobre o rendimento efectivamente pago no estrangeiro em relação aos rendimentos em causa;
      2) Imposto, calculado nos termos deste artigo, sobre os rendimentos que no país em causa tenham sido tributados;
   b) Quando existir convenção destinada a eliminar a dupla tributação internacional, celebrada entre Portugal e o país onde os rendimentos são obtidos, que não exclua do respectivo âmbito os fundos de investimento, a dedução a que se refere a alínea anterior não pode

ultrapassar o imposto pago nesse país, nos termos previstos por essa convenção;

c) Sempre que sejam obtidos, no mesmo ano, rendimentos provenientes de diferentes países, a dedução deve ser calculada separadamente para cada tipo de rendimentos procedentes do mesmo país;

d) Os rendimentos que dão direito ao crédito de imposto devem ser considerados, para efeitos de tributação, pelas respectivas importâncias ilíquidas dos impostos sobre o rendimento pagos no estrangeiro;

e) As sociedades gestoras dos fundos de investimento são obrigadas a manter um registo apropriado que evidencie os montantes dos rendimentos obtidos no estrangeiro, discriminados por país, e os montantes do imposto sobre o rendimento efectivamente pago.

Doutrina Administrativa:
– Fundos de Investimento e Fundos de Pensões (Ofício-circulado n.° 90 005, de 28/07/2005) **[52]** – pág. 864.

ARTIGO 23.°
Fundos de capital de risco

1 – Ficam isentos de IRC os rendimentos de qualquer natureza, obtidos pelos fundos de capital de risco, que se constituam e operem de acordo com a legislação nacional.

2 – Os rendimentos respeitantes a unidades de participação nos fundos de capital de risco, pagos ou colocados à disposição dos respectivos titulares, quer seja por distribuição ou mediante operação de resgate, são sujeitos a retenção na fonte de IRS ou de IRC, à taxa de 10%, excepto quando os titulares dos rendimentos sejam entidades isentas quanto aos rendimentos de capitais ou entidades não residentes sem estabelecimento estável em território português, ao qual os rendimentos sejam imputáveis, excluindo:

a) As entidades que sejam residentes em países, territórios ou regiões, sujeitos a um regime fiscal claramente mais favorável, constantes de lista aprovada por portaria do Ministro das Finanças;

b) As entidades não residentes detidas, directa ou indirectamente, em mais de 25%, por entidades residentes.

3 – A retenção na fonte a que se refere o número anterior tem carácter definitivo sempre que os titulares sejam entidades não residentes sem estabelecimento estável em território português ou sujeitos passivos de IRS resi-

dentes que obtenham os rendimentos fora do âmbito de uma actividade comercial, industrial ou agrícola, podendo estes, porém, optar pelo englobamento para efeitos deste imposto, caso em que o imposto retido tem a natureza de imposto por conta, nos termos do artigo 78.º do Código do IRS.

4 – A dispensa de retenção na fonte nos casos previstos no n.º 2 só se verifica quando os beneficiários dos rendimentos fizerem prova, perante a entidade pagadora, da isenção de que aproveitam ou da qualidade de não residente em território português, até à data em que deve ser efectuada a retenção na fonte, ficando, em caso de omissão da prova, o substituto tributário obrigado a entregar a totalidade do imposto que deveria ter sido deduzido nos termos da lei, sendo aplicáveis as normas gerais previstas nos competentes códigos relativas à responsabilidade pelo eventual imposto em falta.

5 – A prova da qualidade de não residente em território português é feita nos termos previstos nos artigos 15.º, 16.º e 18.º do Decreto-Lei n.º 193/2005, de 7 de Novembro.

6 – Os titulares de rendimentos respeitantes a unidades de participação em fundos de capital de risco, quando englobem os rendimentos que lhes sejam distribuídos, têm direito a deduzir 50% dos rendimentos relativos a dividendos, nos termos e condições previstos no artigo 40.º-A do Código do IRS e no n.º 8 do artigo 46.º do Código do IRC.

7 – O saldo positivo entre as mais-valias e as menos-valias resultantes da alienação de unidades de participação em fundos de capital de risco é tributado à taxa de 10%, quando os titulares sejam entidades não residentes a que não seja aplicável a isenção prevista no artigo 27.º deste Estatuto ou sujeitos passivos de IRS residentes em território português que obtenham os rendimentos fora do âmbito de uma actividade comercial, industrial ou agrícola e não optem pelo respectivo englobamento.

8 – As obrigações previstas no artigo 119.º e no n.º 1 do artigo 125.º do Código do IRS devem ser cumpridas pelas entidades gestoras ou registadoras.

9 – As sociedades gestoras dos fundos de capital de risco são solidariamente responsáveis pelas dívidas de imposto dos fundos cuja gestão lhes caiba.

ARTIGO 24.º
Fundos de investimento imobiliário em recursos florestais

1 – Ficam isentos de IRC os rendimentos de qualquer natureza obtidos por fundos de investimento imobiliário, que se constituam e operem

de acordo com a legislação nacional, desde que pelo menos 75% dos seus activos estejam afectos à exploração de recursos florestais e desde que a mesma esteja submetida a planos de gestão florestal, aprovados e executados de acordo com a regulamentação em vigor, ou seja objecto de certificação florestal realizada por entidade legalmente acreditada.

2 – Os rendimentos respeitantes a unidades de participação nos fundos de investimento referidos no número anterior, pagos ou colocados à disposição dos respectivos titulares, quer seja por distribuição ou mediante operação de resgate, são sujeitos a retenção na fonte de IRS ou de IRC, à taxa de 10%, excepto quando os titulares dos rendimentos sejam entidades isentas quanto aos rendimentos de capitais ou entidades não residentes sem estabelecimento estável em território português ao qual os rendimentos sejam imputáveis, excluindo:

a) As entidades que sejam residentes em países, territórios ou regiões, sujeitos a um regime fiscal claramente mais favorável, constantes de lista aprovada por portaria do Ministro das Finanças;

b) As entidades não residentes detidas, directa ou indirectamente, em mais de 25% por entidades residentes.

3 – A retenção na fonte a que se refere o n.º 2 tem carácter definitivo sempre que os titulares sejam entidades não residentes sem estabelecimento estável em território português ou sujeitos passivos de IRS residentes que obtenham os rendimentos fora do âmbito de uma actividade comercial, industrial ou agrícola, podendo estes, porém, optar pelo englobamento para efeitos desse imposto, caso em que o imposto retido tem a natureza de imposto por conta, nos termos do artigo 78.º do Código do IRS.

4 – A dispensa de retenção na fonte nos casos previstos no n.º 2 só se verifica quando os beneficiários dos rendimentos fizerem prova, perante a entidade pagadora, da isenção de que aproveitam ou da qualidade de não residente em território português, até à data em que deve ser efectuada a retenção na fonte, ficando, em caso de omissão da prova, o substituto tributário obrigado a entregar a totalidade do imposto que deveria ter sido deduzido nos termos da lei, sendo aplicáveis as normas gerais previstas nos competentes códigos relativas à responsabilidade pelo eventual imposto em falta.

5 – A prova da qualidade de não residente em território português é feita nos termos previstos nos artigos 15.º, 16.º e 18.º do Decreto-Lei n.º 193/2005, de 7 de Novembro.

6 – Os titulares de rendimentos respeitantes a unidades de participação nos fundos de investimento referidos no n.º 1, quando englobem os rendi-

mentos que lhes sejam distribuídos, têm direito a deduzir 50% dos rendimentos relativos a dividendos, nos termos e condições previstos no artigo 40.º-A do Código do IRS e no n.º 8 do artigo 46.º do Código do IRC.

7 – O saldo positivo entre as mais-valias e as menos-valias resultantes da alienação de unidades de participação em fundos de capital de risco é tributado à taxa de 10%, quando os titulares sejam entidades não residentes a que não seja aplicável a isenção prevista no artigo 27.º deste Estatuto ou sujeitos passivos de IRS residentes em território português que obtenham os rendimentos fora do âmbito de uma actividade comercial, industrial ou agrícola e não optem pelo respectivo englobamento.

8 – As obrigações previstas no artigo 119.º e no n.º 1 do artigo 125.º do Código do IRS devem ser cumpridas pelas entidades gestoras ou registadoras.

9 – As entidades gestoras dos fundos de investimento referidos no n.º 1 são obrigadas a publicar o valor do rendimento distribuído, o valor do imposto retido aos titulares das unidades de participação, bem como a dedução que lhes corresponder, para efeitos do disposto no n.º 6.

10 – Caso os requisitos referidos no n.º 1 deixem de verificar-se, cessa a aplicação do regime previsto no presente artigo, passando a aplicar-se o regime previsto no artigo 22.º, devendo os rendimentos dos fundos de investimento referidos no n.º 1 que, à data, não tenham ainda sido pagos ou colocados à disposição dos respectivos titulares ser tributados, autonomamente, às taxas previstas no artigo 22.º, acrescendo os juros compensatórios correspondentes.

11 – As entidades gestoras dos fundos de investimento referidos no n.º 1 são solidariamente responsáveis pelas dívidas de imposto dos fundos cuja gestão lhes caiba.

ARTIGO 25.º
Aplicações a prazo

Os rendimentos de certificados de depósito e de depósitos bancários a prazo, emitidos ou constituídos por prazos superiores a cinco anos, que não sejam negociáveis, contam para efeitos de IRS pelos seguintes valores:

a) 80% do seu valor, se a data de vencimento dos rendimentos ocorrer após cinco anos e antes de oito anos a contar da data da emissão ou da constituição;

b) 40% do seu valor, se a data de vencimento dos rendimentos ocorrer após oito anos a contar da emissão ou da constituição.

ARTIGO 26.º
Planos de poupança em acções

1 – Ficam isentos de IRC os rendimentos de fundos de poupança em acções, que se constituam e operem de acordo com a legislação nacional.

2 – A diferença, quando positiva, entre o valor devido aquando do encerramento dos planos de poupança em acções e as importâncias entregues pelo subscritor está sujeita a IRS, de acordo com as regras aplicáveis aos rendimentos da categoria E deste imposto, mas com observância, com as necessárias adaptações, das regras previstas no n.º 3 do artigo 5.º do respectivo Código, designadamente quanto ao montante a tributar por retenção na fonte e à taxa de tributação.

ARTIGO 27.º
Mais-valias realizadas por não residentes

1 – Ficam isentas de IRS e de IRC as mais-valias realizadas com a transmissão onerosa de partes sociais, outros valores mobiliários, *warrants* autónomos emitidos por entidades residentes em território português e negociados em mercados regulamentados de bolsa e instrumentos financeiros derivados celebrados em mercados regulamentados de bolsa, por entidades ou pessoas singulares que não tenham domicílio em território português e aí não possuam estabelecimento estável ao qual as mesmas sejam imputáveis.

2 – O disposto no número anterior não é aplicável:

- *a)* A entidades não residentes e sem estabelecimento estável em território português que sejam detidas, directa ou indirectamente, em mais de 25%, por entidades residentes;
- *b)* A entidades não residentes e sem estabelecimento estável em território português que sejam domiciliadas em país, território ou região sujeitas a um regime fiscal claramente mais favorável, constante de lista aprovada por portaria do Ministro das Finanças;
- *c)* Às mais-valias realizadas por entidades não residentes com a transmissão onerosa de partes sociais em sociedades residentes em território português cujo activo seja constituído, em mais de 50%, por bens imóveis aí situados ou que, sendo sociedades gestoras ou detentoras de participações sociais, se encontrem em relação de domínio, tal como esta é definida no artigo 13.º do Regime Geral das Instituições de Crédito e Sociedades Financeiras, aprovado pelo Decreto-Lei n.º 298/92, de 31 de Dezembro, a título de

dominantes, com sociedades dominadas, igualmente residentes em território português, cujo activo seja constituído, em mais de 50%, por bens imóveis aí situados.

3 – O disposto no n.º 1 não é ainda aplicável:

a) A pessoas singulares não residentes e sem estabelecimento estável em território português que sejam domiciliadas em país, território ou região sujeitas a um regime fiscal claramente mais favorável, constante de lista aprovada por portaria do Ministro das Finanças;
b) Às mais-valias realizadas por pessoas singulares com a transmissão onerosa de partes sociais em sociedades residentes em território português cujo activo seja constituído, em mais de 50%, por bens imóveis aí situados ou que, sendo sociedades gestoras ou detentoras de participações sociais, se encontrem em relação de domínio, tal como esta é definida no artigo 13.º do Regime Geral das Instituições de Crédito e Sociedades Financeiras, aprovado pelo Decreto-Lei n.º 298/92, de 31 de Dezembro, a título de dominantes, com sociedades dominadas, igualmente residentes em território português, cujo activo seja constituído, em mais de 50%, por bens imóveis aí situados.

Legislação Complementar:
– **Portaria n.º 150/2004,** de 13 de Fevereiro. Lista dos países, territórios e regiões com regimes de tributação privilegiada, claramente mais favoráveis **[41]** – pág. 637.

ARTIGO 28.º
Empréstimos externos e rendas de locação de equipamentos importados

O Ministro das Finanças pode, a requerimento e com base em parecer fundamentado da Direcção-Geral dos Impostos, conceder isenção total ou parcial de IRS ou de IRC, relativamente a juros de capitais provenientes do estrangeiro, representativos de empréstimos e rendas de locação de equipamentos importados, de que sejam devedores o Estado, as Regiões Autónomas, as autarquias locais e as suas federações ou uniões, ou qualquer dos seus serviços, estabelecimentos e organismos, ainda que personalizados, compreendidos os institutos públicos, e as empresas que prestem serviços públicos, desde que os credores tenham o domicílio no estrangeiro, e não disponham em território português de estabelecimento estável ao qual o empréstimo seja imputado.

ARTIGO 29.º
Serviços financeiros de entidades públicas

1 – As entidades referidas no artigo 9.º do Código do IRC que realizem operações de financiamento a empresas, com recurso a fundos obtidos de empréstimo, com essa finalidade específica, junto de instituições de crédito, são sujeitas a tributação relativamente a estes rendimentos, pela diferença, verificada em cada exercício, entre os juros e outros rendimentos de capitais de que sejam titulares relativamente a essas operações e os juros devidos a essas instituições, com dispensa de retenção na fonte de IRC, sendo o imposto liquidado na declaração periódica de rendimentos.

2 – O Estado, actuando através da Direcção-Geral do Tesouro e Finanças, é sujeito a tributação relativamente aos rendimentos de capitais provenientes das aplicações financeiras que realize, pela diferença, verificada em cada exercício, entre aqueles rendimentos de capitais e os juros devidos pela remuneração de contas, no âmbito da prestação de serviços equiparados aos da actividade bancária, ao abrigo do artigo 2.º do Regime da Tesouraria do Estado, aprovado pelo Decreto-Lei n.º 191/99, de 5 de Junho.

3 – No caso do número anterior, a tributação faz-se autonomamente, com dispensa de retenção na fonte de IRC, sendo o imposto entregue até 15 de Janeiro do ano seguinte, sem prejuízo da tributação dos juros devidos pela remuneração das contas referidas na parte final do número anterior, por retenção na fonte, nos termos gerais.

ARTIGO 30.º
Swaps e empréstimos de instituições financeiras não residentes

1 – Ficam isentos de IRC os juros decorrentes de empréstimos concedidos por instituições financeiras não residentes a instituições de crédito residentes, bem como os ganhos obtidos por aquelas instituições, decorrentes de operações de *swap*, efectuadas com instituições de crédito residentes, desde que esses juros ou ganhos não sejam imputáveis a estabelecimento estável daquelas instituições situado em território português.

2 – Ficam igualmente isentos de IRC os ganhos obtidos por instituições financeiras não residentes, decorrentes de operações de *swap*, efectuadas com o Estado, actuando através do Instituto de Gestão do Crédito Público, desde que esses ganhos não sejam imputáveis a estabelecimento estável daquelas instituições situado no território português.

Ver os artigos:
5.º n.º 1 al. *q*), n.ºs 6, 7 e 8 do CIRS [1]; 79.º do CIRC [11];

Swap de taxa de juro é um contrato que consiste numa troca de fluxos de tesouraria correspondentes aos juros de dois empréstimos, podendo haver ou não uma troca do capital no início e no fim da vigência do *swap*;

Swap de divisas, é, da mesma forma, um contrato em que se acordam trocar fluxos de tesouraria entre duas partes durante determinado tempo. Contudo, neste caso, os fluxos de tesouraria são realizados em moedas distintas, havendo troca do capital no início e no fim da vigência do *swap*.

ARTIGO 31.º
Depósitos de instituições de crédito não residentes

Ficam isentos de IRC os juros de depósitos a prazo efectuados em estabelecimentos legalmente autorizados a recebê-los por instituições de crédito não residentes.

ARTIGO 32.º
**Sociedades gestoras de participações sociais (SGPS),
sociedades de capital de risco (SCR)
e investidores de capital de risco (ICR)**

1 – Às SGPS, às SCR e aos ICR é aplicável o disposto nos n.ºs 1 e 5 do artigo 46.º do Código do IRC, sem dependência dos requisitos aí exigidos quanto à percentagem ou ao valor da participação.

2 – As mais-valias e as menos-valias realizadas pelas SGPS, pelas SCR e pelos ICR de partes de capital de que sejam titulares, desde que detidas por período não inferior a um ano, e, bem assim, os encargos financeiros suportados com a sua aquisição não concorrem para a formação do lucro tributável destas sociedades.

3 – O disposto no número anterior não é aplicável relativamente às mais-valias realizadas e aos encargos financeiros suportados quando as partes de capital tenham sido adquiridas a entidades com as quais existam relações especiais, nos termos do n.º 4 do artigo 58.º do Código do IRC, ou a entidades com domicílio, sede ou direcção efectiva em território sujeito a um regime fiscal mais favorável, constante de lista aprovada por portaria do Ministro das Finanças, ou residentes em território português sujeitas a um regime especial de tributação, e desde que tenham sido detidas, pela alienante, por período inferior a três anos e, bem assim, quando a alienante tenha resultado de transformação de sociedade à qual não fosse aplicável o regime previsto naquele número, relativamente às mais-valias das partes de capital objecto de transmissão, desde que, neste último caso,

tenham decorrido menos de três anos entre a data da transformação e a data da transmissão.

4 – As SCR podem deduzir ao montante apurado nos termos da alínea *a*) do n.º 1 do artigo 90.º do Código do IRC, e até à sua concorrência, uma importância correspondente ao limite da soma das colectas de IRC dos cinco exercícios anteriores àquele a que respeita o benefício, desde que seja utilizada na realização de investimentos em sociedades com potencial de crescimento e valorização.(¹)

5 – A dedução a que se refere o número anterior é feita nos termos da alínea *d*) do n.º 2 do artigo 83.º do Código do IRC, na liquidação do IRC respeitante ao exercício em que foram realizados os investimentos ou, quando o não possa ser integralmente, a importância ainda não deduzida poderá sê-lo, nas mesmas condições, na liquidação dos cinco exercícios seguintes.

6 – Os sócios das sociedades por quotas unipessoais ICR, os investidores informais das sociedades veículo de investimento em empresas com potencial de crescimento, certificadas no âmbito do Programa COMPETE, e os investidores informais em capital de risco a título individual certificados pelo IAPMEI, no âmbito do Programa FINICIA, podem deduzir à sua colecta em IRS do próprio ano, até ao limite de 15% desta, um montante correspondente a 20% do valor investido por si ou pela sociedade por quotas unipessoais ICR de que sejam sócios.(¹)

7 – A dedução à colecta referida no número anterior não se aplica aos seguintes casos:(¹)

  a) Investimentos em sociedades cotadas em bolsa de valores e em sociedades cujo capital seja controlado maioritariamente por outras sociedades, exceptuados os investimentos efectuados em SCR e em Fundos de Capital de Risco;
  b) Investimentos em sociedades sujeitas a regulação pelo Banco de Portugal ou pelo Instituto dos Seguros de Portugal.

8 – Por valor investido entende-se a entrada de capitais em dinheiro destinados à subscrição ou aquisição de quotas ou acções ou à realização de prestações acessórias ou suplementares de capital em sociedades que usem efectivamente essas entradas de capital na realização de investimentos com potencial de crescimento e valorização.(¹)

9 – O disposto nos n.ºˢ 1 a 3 é igualmente aplicável a sociedades cuja sede ou direcção efectiva esteja situada em território português, constituídas segundo o direito de outro Estado-Membro da União Europeia, que tenham por único objecto contratual a gestão de participações sociais de

outras sociedades, desde que preencham os demais requisitos a que se encontram sujeitas as sociedades regidas pelo Decreto-Lei n.º 495/88, de 30 de Dezembro.([2])

Doutrina Administrativa:
– Regime Fiscal das Sociedades Gestoras de Participações Sociais e Sociedades Capital de Risco (Circular n.º 7/2004, de 30 de Março **[50]** – pág. 749.

([1]) Redacção dada pela Lei n.º 3-B/2010, de 28/04 (OE/2010), que aditou os n.ºs 6, 7 e 8, tendo o anterior n.º 6 passado a n.º 9.
Redacção anterior do n.º 4:
...
4 – As SCR e os ICR podem deduzir ao montante apurado nos termos da alínea *a*) do n.º 1 do artigo 83.º do Código do IRC, e até à sua concorrência, uma importância correspondente ao limite da soma das colectas de IRC dos cinco exercícios anteriores àquele a que respeita o benefício, desde que seja utilizada na realização de investimentos em sociedades com potencial de crescimento e valorização.
...
([2]) Aditado pela Lei n.º 10/2009, de 10 de Março.

CAPÍTULO IV
Benefícios fiscais às zonas francas

ARTIGO 33.º
Zona Franca da Madeira e Zona Franca da ilha de Santa Maria

1 – As entidades instaladas nas Zonas Francas da Madeira e da ilha de Santa Maria beneficiam de isenção de IRS ou de IRC, até 31 de Dezembro de 2011, nos termos seguintes:

a) As entidades instaladas na zona industrial respectiva, relativamente aos rendimentos derivados do exercício das actividades de natureza industrial, previstas no n.º 1 e qualificadas nos termos dos n.ºs 2 e 3 do artigo 4.º do Decreto Regulamentar n.º 53/82, de 23 de Agosto, e do Decreto Regulamentar n.º 54/82, da mesma data, e, bem assim, das actividades acessórias ou complementares daquela;

b) As entidades devidamente licenciadas que prossigam a actividade da indústria de transportes marítimos, relativamente aos rendimentos derivados do exercício da actividade licenciada, exceptuados os rendimentos derivados do transporte de passageiros ou de carga entre portos nacionais;

c) As instituições de crédito e as sociedades financeiras, relativamente aos rendimentos da respectiva actividade aí exercida, desde que neste âmbito:
  1) Não realizem quaisquer operações com residentes em território português ou com estabelecimento estável de um não residente aí situado, exceptuadas as entidades instaladas nas zonas francas que não sejam instituições de crédito, sociedades financeiras ou sucursais financeiras, que realizem operações próprias da sua actividade com residentes ou estabelecimentos estáveis de não residentes;
  2) Não realizem quaisquer operações com não residentes relativas a instrumentos financeiros derivados, excepto quando

essas operações tenham como objectivo a cobertura de operações activas e passivas afectas à estrutura instalada nas zonas francas;
3) Excluem-se da subalínea 1) as operações relativas a transferência de fundos para a sede das instituições de crédito, desde que sejam transferidos na mesma moeda em que foram tomados e remunerados ao preço médio verificado no mês anterior, na tomada de fundos da mesma natureza, e ainda na condição de, para as operações em que tenham sido tomados aqueles fundos, não terem sido realizadas quaisquer operações com instrumentos financeiros derivados, devendo as instituições de crédito identificar, para cada operação de transferência, as operações de tomada que lhe deram origem;
d) As entidades que prossigam a actividade de gestão de fundos de investimento, relativamente aos rendimentos derivados da gestão de fundos, cujas unidades de participação sejam exclusivamente adquiridas, na emissão, por não residentes em território português, com excepção dos respectivos estabelecimentos estáveis aí situados, cujas aplicações sejam realizadas exclusivamente em activos financeiros emitidos por não residentes ou em outros activos situados fora do território português, sem prejuízo de o valor líquido global do fundo poder ser constituído, até um máximo de 10%, por numerário, depósitos bancários, certificados de depósito ou aplicações em mercados interbancários;
e) As entidades que prossigam a actividade de seguro ou de resseguro, nos ramos «Não vida», e que operem exclusivamente com riscos situados nas zonas francas ou fora do território português, relativamente aos rendimentos provenientes das respectivas actividades;
f) As sociedades gestoras de fundos de pensões e as de seguro ou resseguro, no ramo «Vida», e que assumam compromissos exclusivamente com não residentes no território português, exceptuados os respectivos estabelecimentos estáveis nele situados, relativamente aos rendimentos provenientes das respectivas actividades;
g) As sociedades gestoras de participações sociais, relativamente aos rendimentos, designadamente lucros e mais-valias, provenientes das participações sociais que detenham em sociedades não residentes no território português, exceptuadas as zonas francas, ou no de outros Estados membros da União Europeia;

h) As entidades referidas na alínea *a*), relativamente aos rendimentos derivados das actividades exercidas na zona industrial não abrangidas por aquela alínea, e as restantes entidades não mencionadas nas alíneas anteriores, relativamente aos rendimentos derivados das suas actividades compreendidas no âmbito institucional da respectiva zona franca, desde que, em ambos os casos, respeitem a operações realizadas com entidades instaladas nas zonas francas ou com não residentes em território português, exceptuados os estabelecimentos estáveis aí situados e fora das zonas francas.

2 – As entidades que participem no capital social de sociedades instaladas nas zonas francas e referidas nas alíneas *a*), *b*), *g*) e *h*) do número anterior gozam, com dispensa de qualquer formalidade, de isenção de IRS ou de IRC, até 31 de Dezembro de 2011, relativamente:

a) Aos lucros colocados à sua disposição por essas sociedades, na proporção da soma das partes isenta e não isenta, mas derivada de rendimentos obtidos fora do território português, do resultado líquido do exercício correspondente, acrescido do valor líquido das variações patrimoniais não reflectidas nesse resultado, determinado para efeitos de IRC, neles se compreendendo, com as necessárias adaptações, o valor atribuído aos associados em resultado da partilha que, nos termos do artigo 75.º do Código do IRC, seja considerado como rendimento de aplicação de capitais, bem como o valor atribuído aos associados na amortização de partes sociais sem redução de capital;

b) Aos rendimentos provenientes de juros e outras formas de remuneração de suprimentos, abonos ou adiantamentos de capital, por si feitos à sociedade, ou devidos pelo facto de não levantarem os lucros ou remunerações colocados à sua disposição.

3 – Para efeitos da aplicação do disposto no número anterior, observa-se o seguinte:

a) Se o montante dos lucros colocados à disposição dos sócios incluir a distribuição de reservas, considera-se, para efeitos do cálculo da parte isenta a que se refere a alínea *a*) do número anterior, que as reservas mais antigas são as primeiramente distribuídas;

b) Não gozam da isenção prevista no número anterior as entidades residentes em território português, exceptuadas as que sejam sócias das sociedades referidas nas alíneas *a*) e *b*) do n.º 1.

4 – São isentos de IRC os juros de empréstimos contraídos por entidades instaladas nas zonas francas, desde que o produto desses empréstimos se destine à realização de investimentos e ao normal funcionamento das mutuárias, no âmbito da zona franca, e desde que os mutuantes sejam não residentes no restante território português, exceptuados os respectivos estabelecimentos estáveis nele situados.

5 – São isentos de IRS ou de IRC:

a) Os rendimentos resultantes da concessão ou cedência temporária, por entidades não residentes em território português, exceptuados os estabelecimentos estáveis aí situados e fora das zonas francas, de patentes de invenção, licenças de exploração, modelos de utilidade, desenhos e modelos industriais, marcas, nomes e insígnias de estabelecimentos, processos de fabrico ou conservação de produtos e direitos análogos, bem como os derivados da assistência técnica e da prestação de informações relativas a uma dada experiência no sector industrial, comercial ou científico, desde que respeitantes a actividade desenvolvida pelas empresas no âmbito da zona franca;

b) Os rendimentos das prestações de serviços auferidos por entidades não residentes e não imputáveis a estabelecimento estável situado em território português fora das zonas francas, desde que devidos por entidades instaladas na mesma e respeitem à actividade aí desenvolvida.

6 – São isentos de IRS ou de IRC os rendimentos pagos pelas instituições de crédito instaladas nas zonas francas, quaisquer que sejam as actividades exercidas pelos seus estabelecimentos estáveis nelas situados, relativamente às operações de financiamento dos passivos de balanço desses estabelecimentos, desde que os beneficiários desses rendimentos sejam:

a) Entidades instaladas nas zonas francas que não sejam instituições de crédito, sociedades financeiras ou sucursais financeiras, que realizem operações próprias da sua actividade com residentes ou estabelecimentos estáveis de não residentes;

b) Entidades não residentes em território português, exceptuados os estabelecimentos estáveis nele situados e fora das zonas francas.

7 – São isentos de IRS ou de IRC os rendimentos pagos pelas sociedades e sucursais de *trust off-shore* instaladas nas zonas francas a utentes dos seus serviços, desde que estes sejam entidades instaladas nas zonas francas ou não residentes no território português.

8 – São isentos de IRS os tripulantes dos navios registados no registo internacional de navios, criado e regulamentado no âmbito da Zona Franca da Madeira, ou no registo internacional de navios, a criar e regulamentar, nos mesmos termos, no âmbito da Zona Franca da ilha de Santa Maria, relativamente às remunerações auferidas nessa qualidade, e enquanto tais registos se mantiverem válidos.

9 – O disposto no número anterior não prejudica o englobamento dos rendimentos isentos, para efeitos do disposto no n.º 4 do artigo 22.º do Código do IRS.

10 – São excluídos das isenções de IRS e de IRC estabelecidas nos números anteriores os rendimentos obtidos em território português, exceptuadas as zonas francas, considerando-se como tais:

   a) Os rendimentos previstos, respectivamente, no artigo 18.º do Código do IRS e nos n.ºs 3 e seguintes do artigo 4.º do Código do IRC, os resultantes de valores mobiliários representativos da dívida pública nacional e de valores mobiliários emitidos pelas Regiões Autónomas, pelas autarquias locais, por institutos ou fundos públicos e, bem assim, os resultantes de quaisquer outros valores mobiliários que venham a ser classificados como fundos públicos;

   b) Todos os rendimentos decorrentes da prestação de serviços a pessoas singulares ou colectivas residentes em território português, bem como a estabelecimentos estáveis de entidades não residentes, localizados nesse território, excepto tratando-se de entidades instaladas nas zonas francas.

11 – São isentos de imposto do selo os documentos, livros, papéis, contratos, operações, actos e produtos previstos na tabela geral do imposto do selo respeitantes a entidades licenciadas nas Zonas Francas da Madeira e da ilha de Santa Maria, bem como às empresas concessionárias de exploração das mesmas Zonas Francas, salvo quando tenham por intervenientes ou destinatários entidades residentes no território nacional, exceptuadas as zonas francas, ou estabelecimentos estáveis de entidades não residentes que naquele se situem.

12 – Às empresas concessionárias das zonas francas, aos respectivos sócios ou titulares e aos actos e operações por elas praticados conexos com o seu objecto aplica-se o regime fiscal previsto nos n.ºs 2, 4 e 5, beneficiando, ainda, as primeiras de isenção de IRC até 31 de Dezembro de 2017.

13 – Para os efeitos do disposto nos números anteriores, consideram-se residentes em território português as entidades como tal qualificadas

nos termos dos Códigos do IRS e do IRC, e que não sejam consideradas residentes noutro Estado, por força de convenção destinada a eliminar a dupla tributação de que o Estado Português seja parte.

14 – Para efeitos do disposto nos números anteriores, sempre que a qualidade de não residente seja condição necessária à verificação dos pressupostos da isenção, deve aquela ser comprovada da seguinte forma:

 a) Quando forem bancos centrais, instituições de direito público ou organismos internacionais, bem como quando forem instituições de crédito, sociedades financeiras, fundos de investimento mobiliário ou imobiliário, fundos de pensões ou empresas de seguros, domiciliados em qualquer país da OCDE ou em país com o qual Portugal tenha celebrado convenção para evitar a dupla tributação internacional, e estejam submetidos a um regime especial de supervisão ou de registo administrativo, de acordo com as seguintes regras:

  1) A respectiva identificação fiscal, sempre que o titular dela disponha;

  2) Certidão, da entidade responsável pelo registo ou pela supervisão, que ateste a existência jurídica do titular e o seu domicílio;

  3) Declaração do próprio titular, devidamente assinada e autenticada, se se tratar de bancos centrais, instituições de direito público que integrem a administração pública central, regional ou a demais administração periférica, estadual indirecta ou autónoma do Estado da residência fiscalmente relevante, ou organismos internacionais;

  4) Comprovação da qualidade de não residente, nos termos da alínea *c)*, caso o titular opte pelos meios de prova aí previstos;

 b) Quando forem emigrantes no activo, através dos documentos previstos para a comprovação desta qualidade em portaria do Ministro das Finanças, que regulamente o sistema poupança-emigrante;

 c) Nos restantes casos, de acordo com as seguintes regras:

  1) A comprovação deve ser realizada mediante a apresentação de certificado de residência ou documento equivalente emitido pelas autoridades fiscais, de documento emitido por consulado português, comprovativo da residência no estrangeiro, ou de documento especificamente emitido com o objectivo de certificar a residência por entidade oficial do respectivo Estado, que integre a sua administração pública central, regional ou a

demais administração periférica, estadual indirecta ou autónoma do mesmo, não sendo designadamente admissível para o efeito documento de identificação como passaporte ou bilhete de identidade, ou documento de que apenas indirectamente se possa presumir uma eventual residência fiscalmente relevante, como uma autorização de trabalho ou permanência;

2) O documento referido na subalínea anterior é necessariamente o original ou cópia devidamente autenticada, e tem de possuir data de emissão não anterior a três anos, nem posterior a três meses, em relação à data de realização das operações, salvo o disposto nas subalíneas seguintes;

3) Se o prazo de validade do documento for inferior ou se este indicar um ano de referência, o mesmo é válido para o ano referido e para o ano subsequente, quando este último coincida com o da emissão do documento;

4) O documento que, à data da contratação de uma operação, comprove validamente a qualidade de não residente, nos termos das subalíneas anteriores, permanece eficaz até ao termo inicialmente previsto para aquela, desde que este não seja superior a um ano.

15 – As entidades referidas nas alíneas *g)* e *h)* do n.º 1 estão dispensadas da comprovação, pelos meios e nos termos previstos no n.º 14, da qualidade de não residente das entidades com quem se relacionem, quer nas operações de pagamento que lhes sejam dirigidas, quer nos pagamentos por si efectuados relativos a aquisições de bens e serviços, sendo admissível, para estes casos, qualquer meio que constitua prova bastante, salvo quanto aos pagamentos a qualquer entidade dos tipos de rendimentos referidos na alínea *d)* do n.º 2 e nos n.os 3 e 4 do artigo 71.º do Código do IRS, aos quais se continua a aplicar o disposto no n.º 14.

16 – Compete às entidades a que se refere o n.º 1 a prova, nos termos dos n.os 14 e 15, da qualidade de não residente das entidades com as quais estabeleçam relações, a qual é extensível, nas situações de contitularidade, nomeadamente aquando da constituição de contas de depósito de numerário ou de valores mobiliários com mais de um titular, a todos os titulares, devendo os meios de prova ser conservados durante um período não inferior a cinco anos e exibidos ou facultados à administração tributária sempre que solicitados.

17 – As entidades responsáveis pela administração e exploração das Zonas Francas da Madeira e da ilha de Santa Maria devem comunicar,

anualmente, até ao último dia do mês de Fevereiro, com referência ao exercício anterior, a identificação das entidades que, naquele exercício ou em parte dele, estiveram autorizadas a exercer actividades no âmbito institucional da respectiva zona franca.

18 – A falta de apresentação das provas de não residente, pelas entidades instaladas nas zonas francas que a tal estejam respectivamente obrigadas, nos termos dos n.os 14 e 15, tem, no período de tributação a que respeita, as consequências seguintes:

 a) Ficam sem efeito os benefícios concedidos às entidades beneficiárias que pressuponham a referida qualidade ou a ausência daquelas condições;

 b) São aplicáveis as normas gerais previstas nos competentes códigos relativas à responsabilidade pelo pagamento do imposto em falta;

 c) Presume-se que as operações foram realizadas com entidades residentes em território português, para efeitos do disposto neste preceito, sem prejuízo de se poder ilidir a presunção, de acordo com o artigo 73.º da lei geral tributária, e nos termos do artigo 64.º do Código de Procedimento e de Processo Tributário.

19 – As entidades a que se refere a alínea *c)* do n.º 1, que não exerçam em exclusivo a sua actividade nas zonas francas, devem organizar a contabilidade de modo a permitir o apuramento dos resultados das operações realizadas no âmbito das zonas francas, para o que podem ser definidos procedimentos por portaria do Ministro das Finanças.

20 – Para efeitos do disposto no n.º 1, não se consideram compreendidas no âmbito institucional da zona franca as actividades de intermediação na celebração de quaisquer contratos em que o alienante dos bens ou o prestador de serviços ou, bem assim, o adquirente ou o utilizador dos mesmos, seja entidade residente no restante território português, fora das zonas francas, ou seja estabelecimento estável de não residente aqui situado, mesmo que os rendimentos auferidos pela entidade instalada na zona franca sejam pagos por não residentes em território português.

Legislação Complementar:
 – Procedimentos a adoptar pelas sucursais financeiras de instituições de crédito – ver Portaria n.º 360/2002, de 5 de Abril.
 – Delimitação de matéria colectável imputável às operações realizadas no âmbito das zonas francas – ver Portaria n.º 555/2002, de 4 de Junho.

Doutrina Administrativa:
– Ver Circular n.º 10/2001 **[50]** – pág. 707.
– Pagamento de juros de obrigações (ver Circular n.º 24/2002, de 5 de Novembro) **[50]** – pág. 732.
– Interpretação da Portaria n.º 555/2002 (ver Circular n.º 3/2003, de 24 de Fevereiro) **[50]** – pág. 733.

ARTIGO 34.º
Lucro tributável das operações realizadas no âmbito das Zonas Francas da Madeira e da ilha de Santa Maria

1 – Para efeitos do disposto no n.º 19 do artigo anterior, considera-se que, pelo menos, 85% do lucro tributável resultante da actividade global das entidades a que se refere a alínea *c)* do n.º 1 daquele preceito corresponde a actividades exercidas fora do âmbito institucional das Zonas Francas da Madeira e da ilha de Santa Maria.

2 – O disposto no número anterior é aplicável às entidades que, no âmbito do território português, não exerçam a sua actividade em exclusivo nas Zonas Francas da Madeira e da ilha de Santa Maria.

3 – As entidades mencionadas no n.º 1 apuram o lucro tributável global da sua actividade, o lucro tributável da sucursal instalada na zona franca e o lucro tributável da instituição de crédito ou sociedade financeira, excluindo o da sucursal na zona franca.

4 – Para as entidades a que se refere a alínea *c)* do n.º 1 do artigo 33.º, que exerçam predominantemente a sua actividade nas Zonas Francas da Madeira e da ilha de Santa Maria, considera-se que 40% do lucro tributável resultante da sua actividade global corresponde a actividades exercidas fora do âmbito institucional daquelas Zonas Francas.

5 – A actividade exercida no âmbito institucional daquelas Zonas Francas é considerada predominante quando a proporção entre o valor dos activos líquidos afectos à sucursal financeira exterior e o valor total dos activos líquidos da instituição seja superior a 50%.

6 – Não obstante o disposto no n.º 4, caso a proporção a que se refere o número anterior seja superior a 80%, pode o Ministro das Finanças, após requerimento dos interessados devidamente fundamentado, fixar por despacho a percentagem do lucro tributável da actividade global que resulte de actividades exercidas fora do âmbito institucional das referidas Zonas Francas.

ARTIGO 35.º
Regime especial aplicável às entidades licenciadas na Zona Franca da Madeira a partir de 1 de Janeiro de 2003

1 – Os rendimentos das entidades licenciadas, a partir de 1 de Janeiro de 2003 e até 31 de Dezembro de 2006, para o exercício de actividades industriais, comerciais, de transportes marítimos e de outros serviços não excluídos do presente regime, que observem os respectivos condicionalismos previstos no n.º 1 do artigo 33.º, são tributados em IRC, até 31 de Dezembro de 2011, nos seguintes termos:

   a) Nos anos de 2003 e 2004, à taxa de 1%;
   b) Nos anos de 2005 e 2006, à taxa de 2%;
   c) Nos anos de 2007 a 2011, à taxa de 3%.

2 – As entidades referidas no número anterior que pretendam beneficiar do presente regime devem observar um dos seguintes tipos de requisitos:

   a) Criação de um até cinco postos de trabalho nos seis primeiros meses de actividade e realização de um investimento mínimo de € 75 000 na aquisição de activos fixos, corpóreos ou incorpóreos, nos dois primeiros anos de actividade;
   b) Criação de seis ou mais postos de trabalho nos primeiros seis meses de actividade.

3 – As entidades referidas nos números anteriores ficam sujeitas à limitação do benefício a conceder através da aplicação de *plafonds* máximos à matéria colectável objecto do benefício fiscal em sede de IRC, nos termos seguintes:

   a) Criação de 1 e até 2 postos de trabalho – € 1 500 000;
   b) Criação de 3 e até 5 postos de trabalho – € 2 000 000;
   c) Criação de 6 e até 30 postos de trabalho – € 12 000 000;
   d) Criação de 31 e até 50 postos de trabalho – € 20 000 000;
   e) Criação de 51 e até 100 postos de trabalho – € 30 000 000;
   f) Criação de mais de 100 postos de trabalho – € 125 000 000.

4 – A inserção das entidades licenciadas nos escalões de *plafonds* constantes do n.º 3 deverá efectuar-se em função do número de postos de trabalho nelas existentes em cada exercício.

5 – Os rendimentos das sociedades gestoras de participações sociais, licenciadas a partir de 1 de Janeiro de 2003 e até 31 de Dezembro de 2006, são tributados em IRC nos termos referidos no n.º 1, salvo os obtidos no

território português, exceptuadas as zonas francas, ou em outros Estados membros da União Europeia, que são tributados nos termos gerais.

6 – As entidades referidas no n.º 1 que prossigam actividades industriais beneficiam ainda de uma dedução de 50% à colecta do IRC desde que preencham, pelo menos, duas das seguintes condições:

 a) Contribuam para a modernização da economia regional, nomeadamente através da inovação tecnológica de produtos e de processos de fabrico ou de modelos de negócio;
 b) Contribuam para a diversificação da economia regional, nomeadamente através do exercício de novas actividades de elevado valor acrescentado;
 c) Contribuam para a fixação na Região Autónoma de recursos humanos de elevado mérito e competência nos domínios técnico-científicos;
 d) Contribuam para a melhoria das condições ambientais;
 e) Criem, pelo menos, 15 postos de trabalho, que deverão ser mantidos durante um período mínimo de cinco anos.

7 – As entidades licenciadas na Zona Franca da Madeira, a partir de 1 de Janeiro de 2003 e até 31 de Dezembro de 2006, poderão, designadamente, exercer as seguintes actividades económicas:

 a) Actividades dos serviços relacionados com a agricultura e com a produção animal, excepto serviços de veterinária e serviços relacionados com a silvicultura e a exploração florestal (NACE A, 01.4 e 02.02);
 b) Pesca, aquicultura e serviços relacionados (NACE B, 05);
 c) Indústrias transformadoras (NACE D);
 d) Produção e distribuição de electricidade, gás e água (NACE E, 40);
 e) Comércio por grosso (NACE G, 50 e 51);
 f) Transportes, armazenagem e comunicações (NACE I, 60, 61, 62, 63 e 64);
 g) Actividades imobiliárias, alugueres e serviços prestados às empresas (NACE K, 70, 71, 72, 73 e 74);
 h) Ensino superior, ensino para adultos e outras actividades educativas (NACE M, 80.3 e 80.4);
 i) Outras actividades de serviços colectivos (NACE O, 90, 92 e 93.01).

8 – Da lista de actividades prevista no número anterior encontram-se excluídas as actividades de intermediação financeira e de seguros, as actividades das instituições auxiliares de intermediação financeira e de segu-

ros, bem como as actividades do tipo «serviços intragrupo», designadamente centros de coordenação, de tesouraria e de distribuição.

9 – Às restantes situações não referidas nos números anteriores são aplicáveis, nos termos da legislação respectiva e relativamente às actividades industriais, comerciais, de transportes marítimos e de outros serviços não excluídos do presente regime, os demais benefícios fiscais e condicionalismos actualmente vigentes na Zona Franca da Madeira.

ARTIGO 36.º
Regime especial aplicável às entidades licenciadas na Zona Franca da Madeira a partir de 1 de Janeiro de 2007

1 – Os rendimentos das entidades licenciadas, a partir de 1 de Janeiro de 2007 e até 31 de Dezembro de 2013, para o exercício de actividades industriais, comerciais, de transportes marítimos e de outros serviços não excluídos do presente regime, que observem os respectivos condicionalismos previstos no n.º 1 do artigo 33.º do presente Estatuto, são tributados em IRC, até 31 de Dezembro de 2020, nos seguintes termos:

 a) Nos anos de 2007 a 2009, à taxa de 3%;
 b) Nos anos de 2010 a 2012, à taxa de 4%;
 c) Nos anos de 2013 a 2020, à taxa de 5%.

2 – As entidades referidas no número anterior que pretendam beneficiar do presente regime devem iniciar as suas actividades no prazo de seis meses, no caso de serviços internacionais, e de um ano, no caso de actividades industriais ou de registo marítimo, contado da data de licenciamento e devem ainda observar um dos seguintes requisitos de elegibilidade:

 a) Criação de um a cinco postos de trabalho, nos seis primeiros meses de actividade e realização de um investimento mínimo de € 75 000 na aquisição de activos fixos corpóreos ou incorpóreos, nos dois primeiros anos de actividade;
 b) Criação de seis ou mais postos de trabalho, nos seis primeiros meses de actividade.

3 – As entidades referidas nos números anteriores ficam sujeitas à limitação do benefício a conceder, através da aplicação de *plafonds* máximos à matéria colectável a que é aplicável a taxa reduzida prevista, nos termos seguintes:

 a) 2 milhões de euros pela criação de 1 e até 2 postos de trabalho;
 b) 2,6 milhões de euros pela criação de 3 e até 5 postos de trabalho;

c) 16 milhões de euros pela criação de 6 e até 30 postos de trabalho;
   d) 26 milhões de euros pela criação de 31 e até 50 postos de trabalho;
   e) 40 milhões de euros, pela criação de 51 e até 100 postos de trabalho;
   f) 150 milhões de euros pela criação de mais de 100 postos de trabalho.

4 – Os limites máximos da matéria colectável previstos no número anterior são determinados em função do número de postos de trabalho que as entidades beneficiárias mantêm em cada exercício.

5 – As entidades referidas no n.º 1 que prossigam actividades industriais beneficiam ainda de uma dedução de 50% à colecta do IRC desde que preencham, pelo menos, duas das seguintes condições:
   a) Contribuam para a modernização da economia regional, nomeadamente através da inovação tecnológica de produtos e de processos de fabrico ou de modelos de negócio;
   b) Contribuam para a diversificação da economia regional, nomeadamente através do exercício de novas actividades de elevado valor acrescentado;
   c) Promovam a contratação de recursos humanos altamente qualificados;
   d) Contribuam para a melhoria das condições ambientais;
   e) Criem, pelo menos, 15 postos de trabalho, que devem ser mantidos durante um período mínimo de cinco anos.

6 – As entidades licenciadas na Zona Franca da Madeira, a partir de 1 de Janeiro de 2007 e até 31 de Dezembro de 2013, podem, designadamente, exercer as seguintes actividades económicas relacionadas com:
   a) Agricultura e com a produção animal (NACE Rev. 1.1, secção A, códigos 01.4 e 02.02);
   b) Pesca, aquicultura e serviços relacionados (NACE Rev. 1.1, secção B, código 05);
   c) Indústrias transformadoras (NACE Rev. 1.1, secção D);
   d) Produção e distribuição de electricidade, gás e água (NACE Rev. 1.1, secção E, código 40);
   e) Comércio por grosso (NACE Rev. 1.1, secção G, códigos 50 e 51);
   f) Transportes e comunicações (NACE Rev. 1.1, secção I, códigos 60, 61, 62, 63 e 64);

g) Actividades imobiliárias, alugueres e serviços prestados às empresas (NACE Rev. 1.1, secção K, códigos 70, 71, 72, 73 e 74);
h) Ensino superior, ensino para adultos e outras actividades educativas (NACE Rev. 1.1, secção M, códigos 80.3 e 80.4);
i) Outras actividades de serviços colectivos (NACE Rev. 1.1, secção O, códigos 90, 92 e 93.01).

7 – Da lista de actividades prevista no número anterior encontram-se excluídas as actividades de intermediação financeira, de seguros e das instituições auxiliares de intermediação financeira e de seguros (NACE Rev. 1.1, secção J, 65, 66 e 67) bem como as actividades do tipo «serviços intragrupo», designadamente centros de coordenação, de tesouraria e de distribuição (NACE Rev. 1.1, secção K, código 74).

8 – Os rendimentos das sociedades gestoras de participações sociais licenciadas a partir de 1 de Janeiro de 2007 e até 31 de Dezembro de 2013 são tributados em IRC nos termos referidos no n.º 1, salvo os obtidos no território português, exceptuadas as zonas francas, ou em outros Estados membros da União Europeia, que são tributados nos termos gerais.

9 – Às restantes situações não referidas nos números anteriores são aplicáveis, nos termos da legislação respectiva e relativamente às actividades industriais, comerciais, de transportes marítimos e de outros serviços não excluídos do presente regime, os demais benefícios fiscais e condicionalismos actualmente vigentes na Zona Franca da Madeira.

10 – As entidades que estejam licenciadas ao abrigo dos regimes previstos nos artigos 33.º e 34.º do presente Estatuto podem beneficiar do novo regime, a partir de 1 de Janeiro de 2012.

CAPÍTULO V
Benefícios fiscais relativos a relações internacionais

ARTIGO 37.º
Isenção do pessoal das missões diplomáticas e consulares e das organizações estrangeiras ou internacionais

1 – Fica isento de IRS, nos termos do direito internacional aplicável, ou desde que haja reciprocidade:

a) O pessoal das missões diplomáticas e consulares, quanto às remunerações auferidas nessa qualidade;

b) O pessoal ao serviço de organizações estrangeiras ou internacionais, quanto às remunerações auferidas nessa qualidade.

2 – As isenções previstas no número anterior não abrangem, designadamente, os membros do pessoal administrativo, técnico, de serviço e equiparados, das missões diplomáticas e consulares, quando sejam residentes em território português e não se verifique a existência de reciprocidade.

3 – Os rendimentos isentos nos termos do n.º 1 são obrigatoriamente englobados para efeito de determinação da taxa a aplicar aos restantes rendimentos.

4 – O reconhecimento relativo ao preenchimento dos requisitos de isenção, quando necessário, é da competência do Ministro das Finanças.

Doutrina Administrativa:

– Tributação do pessoal das missões diplomáticas e postos consulares acreditados em Portugal (ver Circulares n.os 22/2002, de 30 de Setembro e 1/2004, de 19 de Janeiro) **[50]** – págs. 730 e 743;

– Regime tributário do pessoal local das missões diplomáticas e consulares (ver Ofício-circulado n.º 20075, de 3 de Outubro de 2002) **[52]** – pág. 851.

ARTIGO 38.º
Isenção do pessoal em missões de salvaguarda de paz

1 – Ficam isentos de IRS os militares e elementos das forças de segurança quanto às remunerações auferidas no desempenho de funções integradas em missões de carácter militar, efectuadas no estrangeiro, com objectivos humanitários ou destinadas ao estabelecimento, consolidação ou manutenção da paz, ao serviço das Nações Unidas ou de outras organizações internacionais, independentemente da entidade que suporta as respectivas importâncias.

2 – O disposto no número anterior não prejudica o englobamento dos rendimentos isentos, para efeitos do disposto no n.º 4 do artigo 22.º do Código do IRS e determinação da taxa aplicável ao restante rendimento colectável.

3 – O reconhecimento relativo ao preenchimento dos requisitos de isenção, quando necessário, é da competência do Ministro das Finanças.

ARTIGO 39.º
Acordos e relações de cooperação

1 – Ficam isentas de IRS as pessoas deslocadas no estrangeiro, ao abrigo de acordos de cooperação, relativamente aos rendimentos auferidos no âmbito do respectivo acordo.

2 – Ficam igualmente isentos de IRS os militares e elementos das forças de segurança deslocados no estrangeiro, ao abrigo de acordos de cooperação técnico-militar celebrados pelo Estado Português e ao serviço deste, relativamente aos rendimentos auferidos no âmbito do respectivo acordo.

3 – O Ministro das Finanças pode, a requerimento das entidades interessadas, conceder isenção de IRS relativamente aos rendimentos auferidos por pessoas deslocadas no estrangeiro ao serviço daquelas, ao abrigo de contratos celebrados com entidades estrangeiras, desde que sejam demonstradas as vantagens desses contratos para o interesse nacional.

4 – O disposto nos números anteriores não prejudica o englobamento dos rendimentos isentos, para efeitos do disposto no n.º 4 do artigo 22.º do Código do IRS, e determinação da taxa aplicável ao restante rendimento colectável.

5 – A isenção a que se refere o n.º 3 é extensível, nas mesmas condições, a rendimentos auferidos por pessoas deslocadas no estrangeiro, desde que exerçam a sua actividade no âmbito das profissões constantes

da lista referida no artigo 151.º do Código do IRS, líquidos dos encargos dedutíveis nos termos do mesmo Código.

Doutrina Administrativa:
– V. Ofício circulado n.º 20107, de 30/8/2005 **[52]** – pág. 868.

ARTIGO 40.º
Empreiteiros e arrematantes de obras e trabalhos das infra-estruturas comuns NATO

1 – Ficam isentos de IRS os empreiteiros ou arrematantes, nacionais ou estrangeiros, relativamente aos lucros derivados de obras ou trabalhos das infra-estruturas comuns NATO, a realizar em território português, nos termos do Decreto-Lei n.º 41 561, de 17 de Março de 1958.

2 – O disposto no número anterior não prejudica o englobamento dos rendimentos isentos, para efeitos do disposto no n.º 4 do artigo 22.º do Código do IRS, e determinação da taxa aplicável ao restante rendimento colectável.

CAPÍTULO VI
Benefícios fiscais ao investimento produtivo

ARTIGO 41.º
Benefícios fiscais ao investimento de natureza contratual

1 – Os projectos de investimento em unidades produtivas realizados até 31 de Dezembro de 2020, de montante igual ou superior a € 5 000 000, que sejam relevantes para o desenvolvimento dos sectores considerados de interesse estratégico para a economia nacional e para a redução das assimetrias regionais, que induzam a criação de postos de trabalho e que contribuam para impulsionar a inovação tecnológica e a investigação científica nacional, podem beneficiar de incentivos fiscais, em regime contratual, com período de vigência até 10 anos, a conceder nos termos, condições e procedimentos definidos no Código Fiscal do Investimento, de acordo com os princípios estabelecidos nos n.ᵒˢ 2 e 3.([1])

2 – Aos projectos de investimento previstos no n.º 1 podem ser concedidos, cumulativamente, os incentivos fiscais seguintes:

   a) Crédito de imposto, determinado com base na aplicação de uma percentagem, compreendida entre 10% e 20% das aplicações relevantes do projecto efectivamente realizadas, a deduzir ao montante apurado, nos termos da alínea a) do n.º 1 do artigo 83.º do Código do IRC;([1])

   b) Isenção ou redução de imposto municipal sobre imóveis, relativamente aos prédios utilizados pela entidade na actividade desenvolvida no quadro do projecto de investimento;

   c) Isenção ou redução de imposto municipal sobre as transmissões onerosas de imóveis, relativamente aos imóveis adquiridos pela entidade, destinados ao exercício da sua actividade desenvolvida no âmbito do projecto de investimento;

d) Isenção ou redução de imposto do selo, que for devido em todos os actos ou contratos necessários à realização do projecto de investimento.

3 – Os incentivos fiscais a conceder não são cumuláveis com outros benefícios da mesma natureza susceptíveis de serem atribuídos ao mesmo projecto de investimento.

4 – Os projectos de investimento directo efectuados por empresas portuguesas no estrangeiro, de montante igual ou superior a € 250 000, de aplicações relevantes, que demonstrem interesse estratégico para a internacionalização da economia portuguesa, podem beneficiar de incentivos fiscais, em regime contratual, com período de vigência até cinco anos, a conceder nos termos, condições e procedimentos definidos em regulamentação própria, de acordo com os princípios estabelecidos nos n.ºs 5 a 7.([1])

5 – Aos promotores dos projectos de investimento referidos no número anterior podem ser concedidos os seguintes benefícios fiscais:

a) Crédito fiscal utilizável em IRC, compreendido entre 10% e 20% das aplicações relevantes, a deduzir ao montante apurado na alínea *a*) do n.º 1 do artigo 83.º do Código do IRC, não podendo ultrapassar, em cada exercício, 25% daquele montante, com o limite de € 997 595,79;

b) Eliminação da dupla tributação económica, nos termos e condições estabelecidos no artigo 46.º do Código do IRC, durante o período contratual, quando o investimento seja efectuado sob a forma de constituição ou aquisição de sociedades estrangeiras.

6 – Excluem-se da aplicação do disposto nos números anteriores os investimentos efectuados em zonas francas ou nos países, territórios e regiões sujeitos a um regime fiscal claramente mais favorável, constante de lista aprovada por portaria do Ministro das Finanças.

7 – No caso de os projectos de investimento se realizarem noutro Estado membro da União Europeia, o disposto no presente artigo aplica-se exclusivamente a pequenas e médias empresas, definidas nos termos comunitários.

8 – Os contratos relativos a projectos de investimento realizados em território português devem prever normas que salvaguardem as contrapartidas dos incentivos fiscais em caso de cessação de actividade da entidade beneficiária, designadamente por transferência da sede e direcção efectiva para fora do território português.

Legislação Complementar:
– Portaria n.º 150/2004 de 13 de Fevereiro **[41]** – Lista dos países, territórios e regiões com regimes de tributação privilegiada, claramente mais favoráveis – pág. 637.

([1]) Redacção dada pelo D.L. n.º 249/2009, de 23 de Setembro, com produção de efeitos a 1 de Janeiro de 2009, nos termos do artigo 9.º daquele diploma.

Redacção anterior:

1 – Os projectos de investimento em unidades produtivas realizados até 31 de Dezembro de 2010, de montante igual ou superior a € 4 987 978,97, que sejam relevantes para o desenvolvimento dos sectores considerados de interesse estratégico para a economia nacional e para a redução das assimetrias regionais, induzam à criação de postos de trabalho e contribuam para impulsionar a inovação tecnológica e a investigação científica nacional, podem beneficiar de incentivos fiscais, em regime contratual, com período de vigência até 10 anos, a conceder nos termos, condições e procedimentos definidos no Decreto-Lei n.º 409/99, de 15 de Outubro, de acordo com os princípios estabelecidos nos n.ºˢ 2 e 3.

2 – ...

a) Crédito de imposto, determinado com base na aplicação de uma percentagem, compreendida entre 5% e 20%, das aplicações relevantes do projecto efectivamente realizadas, a deduzir ao montante apurado, nos termos da alínea *a)* do n.º 1 do artigo 83.º do Código do IRC, na parte respeitante à actividade desenvolvida pela entidade no âmbito do identificado projecto;

...

4 – Os projectos de investimento directo efectuados por empresas portuguesas no estrangeiro, de montante igual ou superior a € 249 398,95 de aplicações relevantes, que contribuam positivamente para os resultados da empresa e que demonstrem interesse estratégico para a internacionalização da economia portuguesa, podem beneficiar de incentivos fiscais, em regime contratual, com período de vigência até cinco anos, a conceder nos termos, condições e procedimentos definidos no Decreto-Lei n.º 401/99, de 14 de Outubro, de acordo com os princípios estabelecidos nos n.ºˢ 5 a 7.

ARTIGO 42.º
Eliminação da dupla tributação económica dos lucros distribuídos por sociedades residentes nos países africanos de língua oficial portuguesa e na República Democrática de Timor-Leste

1 – A dedução prevista no n.º 1 do artigo 46.º do Código do IRC é aplicável aos lucros distribuídos a entidades residentes por sociedades afiliadas residentes em países africanos de língua oficial portuguesa e em Timor-Leste, desde que verificadas as seguintes condições:

    a) A entidade beneficiária dos lucros esteja sujeita e não isenta de IRC e a sociedade afiliada esteja sujeita e não isenta de um imposto sobre o rendimento análogo ao IRC;

    b) A entidade beneficiária detenha, de forma directa, uma participação que represente, pelo menos, 25% do capital da sociedade afiliada durante um período não inferior a dois anos;

c) Os lucros distribuídos provenham de lucros da sociedade afiliada que tenham sido tributados a uma taxa não inferior a 10% e não resultem de actividades geradoras de rendimentos passivos, designadamente *royalties*, mais-valias e outros rendimentos relativos a valores mobiliários, rendimentos de imóveis situados fora do país de residência da sociedade, rendimentos da actividade seguradora oriundos predominantemente de seguros relativos a bens situados fora do território de residência da sociedade ou de seguros respeitantes a pessoas que não residam nesse território e rendimentos de operações próprias da actividade bancária não dirigidas principalmente ao mercado desse território.

2 – Para efeitos do disposto no número anterior, o sujeito passivo de IRC titular da participação deve dispor de prova da verificação das condições de que depende a dedução.

ARTIGO 43.º
Benefícios fiscais relativos à interioridade

1 – Às empresas que exerçam, directamente e a título principal, uma actividade económica de natureza agrícola, comercial, industrial ou de prestação de serviços nas áreas do interior, adiante designadas «áreas beneficiárias», são concedidos os benefícios fiscais seguintes:

a) É reduzida a 15% a taxa de IRC, prevista no n.º 1 do artigo 80.º do respectivo Código, para as entidades cuja actividade principal se situe nas áreas beneficiárias;

b) No caso de instalação de novas entidades, cuja actividade principal se situe nas áreas beneficiárias, a taxa referida no número anterior é reduzida a 10% durante os primeiros cinco exercícios de actividade;

c) As reintegrações e amortizações relativas a despesas de investimentos até € 500 000, com exclusão das respeitantes à aquisição de terrenos e de veículos ligeiros de passageiros, dos sujeitos passivos de IRC que exerçam a sua actividade principal nas áreas beneficiárias podem ser deduzidas, para efeitos da determinação do lucro tributável, com a majoração de 30%;

d) Os encargos sociais obrigatórios suportados pela entidade empregadora relativos à criação líquida de postos de trabalho, por tempo indeterminado, nas áreas beneficiárias são deduzidos, para efeitos

da determinação do lucro tributável, com uma majoração de 50%, uma única vez por trabalhador admitido nessa entidade ou noutra entidade com a qual existam relações especiais, nos termos do artigo 58.º do Código do IRC;
 e) Os prejuízos fiscais apurados em determinado exercício nos termos do Código do IRC são deduzidos aos lucros tributáveis, havendo-os, de um ou mais dos sete exercícios posteriores.

2 – São condições para usufruir dos benefícios fiscais previstos no número anterior:

 a) A determinação do lucro tributável ser efectuada com recurso a métodos directos de avaliação;
 b) Terem situação tributária regularizada;
 c) Não terem salários em atraso;
 d) Não resultarem de cisão efectuada nos últimos dois anos anteriores à usufruição dos benefícios.

3 – Ficam isentas do pagamento de imposto municipal sobre as transmissões onerosas de imóveis as aquisições seguintes:

 a) Por jovens, com idade compreendida entre os 18 e os 35 anos, de prédio ou fracção autónoma de prédio urbano situado nas áreas beneficiárias, destinado exclusivamente a primeira habitação própria e permanente, desde que o valor sobre o qual incidiria o imposto não ultrapasse os valores máximos de habitação a custos controlados, acrescidos de 50%;
 b) De prédios ou fracções autónomas de prédios urbanos, desde que situados nas áreas beneficiárias e afectos duradouramente à actividade das empresas.

4 – As isenções previstas no número anterior só se verificam se as aquisições forem devidamente participadas ao serviço de finanças da área onde estiverem situados os imóveis a adquirir, mediante declaração de que conste não ter o declarante aproveitado anteriormente de idêntico benefício.

5 – As isenções previstas no n.º 3 ficam dependentes de autorização do órgão deliberativo do respectivo município.

6 – Para efeitos do presente artigo, as áreas beneficiárias são delimitadas de acordo com critérios que atendam, especialmente, à baixa densidade populacional, ao índice de compensação ou carência fiscal e à desigualdade de oportunidades sociais, económicas e culturais.

7 – A definição dos critérios e a delimitação das áreas territoriais beneficiárias, nos termos do número anterior, bem como todas as normas regulamentares necessárias à boa execução do presente artigo, são estabelecidas por portaria do Ministro das Finanças.

8 – Os benefícios fiscais previstos no presente artigo não são cumulativos com outros benefícios de idêntica natureza, não prejudicando a opção por outro mais favorável.

CAPÍTULO VII
Benefícios fiscais relativos a bens imóveis

ARTIGO 44.º
Isenções

1 – Estão isentos de imposto municipal sobre imóveis:

a) Os Estados estrangeiros, quanto aos prédios destinados às respectivas representações diplomáticas ou consulares, quando haja reciprocidade;
b) As instituições de segurança social e de previdência, a que se referem artigos 115.º e 126.º da Lei n.º 32/2002, de 20 de Dezembro, quanto aos prédios ou partes de prédios destinados directamente à realização dos seus fins;
c) As associações ou organizações de qualquer religião ou culto às quais seja reconhecida personalidade jurídica, quanto aos templos ou edifícios exclusivamente destinados ao culto ou à realização de fins não económicos com este directamente relacionados;
d) As associações sindicais e as associações de agricultores, de comerciantes, de industriais e de profissionais independentes, quanto aos prédios ou parte de prédios destinados directamente à realização dos seus fins;
e) As pessoas colectivas de utilidade pública administrativa e as de mera utilidade pública, quanto aos prédios ou parte de prédios destinados directamente à realização dos seus fins;
f) As instituições particulares de solidariedade social e as pessoas colectivas a elas legalmente equiparadas, quanto aos prédios ou parte de prédios destinados directamente à realização dos seus fins, salvo no que respeita às misericórdias, caso em que o benefício abrange quaisquer imóveis de que sejam proprietárias;
g) As entidades licenciadas ou que venham a ser licenciadas para operar no âmbito institucional da Zona Franca da Madeira e da Zona Franca da ilha de Santa Maria, quanto aos prédios ou parte de prédios destinados directamente à realização dos seus fins;

h) Os estabelecimentos de ensino particular integrados no sistema educativo, quanto aos prédios ou parte de prédios destinados directamente à realização dos seus fins;
i) As associações desportivas e as associações juvenis legalmente constituídas, quanto aos prédios ou parte de prédios destinados directamente à realização dos seus fins;
j) Os prédios ou parte de prédios cedidos gratuitamente pelos respectivos proprietários, usufrutuários ou superficiários a entidades públicas isentas de imposto municipal sobre imóveis enumeradas no artigo 11.º do respectivo Código, ou a entidades referidas nas alíneas anteriores, para o prosseguimento directo dos respectivos fins;
l) As sociedades de capitais exclusivamente públicos, quanto aos prédios cedidos a qualquer título ao Estado ou a outras entidades públicas, no exercício de uma actividade de interesse público;
m) As colectividades de cultura e recreio, as organizações não governamentais e outro tipo de associações não lucrativas, a quem tenha sido reconhecida utilidade pública, relativamente aos prédios utilizados como sedes destas entidades, e mediante deliberação da assembleia municipal da autarquia onde os mesmos se situem, nos termos previstos pelo n.º 2 do artigo 12.º da Lei n.º 2/2007, de 15 de Janeiro;
n) Os prédios classificados como monumentos nacionais e os prédios individualmente classificados como de interesse público ou de interesse municipal, nos termos da legislação aplicável.

2 – As isenções a que se refere o número anterior iniciam-se:

a) Relativamente às situações previstas nas alíneas *a)* a *d)*, *g)* a *i)* e *m)*, no ano, inclusive, em que o prédio ou parte de prédio for destinado aos fins nelas referidos;
b) Relativamente às situações previstas nas alíneas *e)* e *f)*, a partir do ano, inclusive, em que se constitua o direito de propriedade;
c) Nos casos previstos nas alíneas *j)* e *l)*, no ano, inclusive, em que se verifique a cedência;
d) Relativamente às situações previstas na alínea *n)*, no ano, inclusive, em que ocorra a classificação.

3 – A isenção a que se refere a alínea *a)* do n.º 1 é reconhecida por despacho do Ministro das Finanças, a requerimento das entidades interessadas.

4 – As isenções a que se refere a alínea *b)* do n.° 2 são reconhecidas oficiosamente, desde que se verifique a inscrição na matriz em nome das entidades beneficiárias, que os prédios se destinem directamente à realização dos seus fins e que seja feita prova da respectiva natureza jurídica.

5 – A isenção a que se refere a alínea *n)* do n.° 1 é de carácter automático, operando mediante comunicação da classificação como monumentos nacionais ou da classificação individualizada como imóveis de interesse público ou de interesse municipal, a efectuar pelo Instituto de Gestão do Património Arquitectónico e Arqueológico, I. P., ou pelas câmaras municipais, vigorando enquanto os prédios estiverem classificados, mesmo que estes venham a ser transmitidos.([1])

6 – Para os efeitos previstos no número anterior, os serviços do Instituto de Gestão do Património Arquitectónico e Arqueológico, I. P., e as câmaras municipais procedem à referida comunicação, relativamente aos imóveis já classificados à data da entrada em vigor da presente lei:([1])

a) Oficiosamente, no prazo de 60 dias; ou

b) A requerimento dos proprietários dos imóveis, no prazo de 30 dias a contar da data de entrada do requerimento nos respectivos serviços.

7 – A isenção a que se refere a alínea *g)* do n.° 1 é reconhecida pelo director-geral dos Impostos, em requerimento devidamente documentado, que deve ser apresentado pelos sujeitos passivos no serviço de finanças da área da situação do prédio, no prazo de 60 dias contados da verificação do facto determinante da isenção.([1])

8 – Nos restantes casos previstos neste artigo, a isenção é reconhecida pelo chefe do serviço de finanças da área da situação do prédio, em requerimento devidamente documentado, que deve ser apresentado pelos sujeitos passivos no serviço de finanças da área da situação do prédio, no prazo de 60 dias contados da verificação do facto determinante da isenção.([1])

9 – Nas situações abrangidas nos n.ᵒˢ 7 e 8, se o pedido for apresentado para além do prazo aí referido, a isenção inicia-se a partir do ano imediato, inclusive, ao da sua apresentação.([1])

10 – Os benefícios constantes das alíneas *b)* a *m)* do n.° 1 cessam logo que deixem de verificar-se os pressupostos que os determinaram, devendo os proprietários, usufrutuários ou superficiários dar cumprimento ao disposto na alínea *g)* do n.° 1 do artigo 13.° do Código do Imposto Municipal sobre Imóveis, e os constantes da alínea *n)* cessam no ano, inclusive, em que os prédios venham a ser desclassificados.([1])

11 – As isenções resultantes de acordo entre o Estado e quaisquer pessoas, de direito público ou privado, são mantidas na forma da respectiva lei.(¹)

Doutrina Administrativa:
– Isenções – Pessoas colectivas de utilidade pública (Circular n.° 14/2000, de 24/05/2000) **[50]** – pág. 692.

(¹) Redacção dada pela Lei n.° 3-B/2010, de 28/04 (OE/2010), que passou os anteriores n.ºs 8 a 10 e 9 a 11.

ARTIGO 45.°
Prédios urbanos objecto de reabilitação

1 – Ficam isentos de imposto municipal sobre imóveis os prédios urbanos objecto de reabilitação urbanística, pelo período de dois anos a contar do ano, inclusive, da emissão da respectiva licença camarária.

2 – Ficam isentas de imposto municipal sobre as transmissões onerosas de imóveis as aquisições de prédios urbanos destinados a reabilitação urbanística, desde que, no prazo de dois anos a contar da data da aquisição, o adquirente inicie as respectivas obras.

3 – Para efeitos dos números anteriores, entende-se por reabilitação urbana o processo de transformação do solo urbanizado, compreendendo a execução de obras de construção, reconstrução, alteração, ampliação, demolição e conservação de edifícios, tal como definidas no Regime Jurídico da Urbanização e da Edificação, com o objectivo de melhorar as condições de uso, conservando o seu carácter fundamental, bem como o conjunto de operações urbanísticas e de loteamento e de obras de urbanização, que visem a recuperação de zonas históricas e de áreas críticas de recuperação e reconversão urbanística, sendo tal reabilitação certificada pelo Instituto da Habitação e da Reabilitação Urbana ou pela câmara municipal, consoante o caso.

4 – Os benefícios referidos nos n.ºs 1 e 2 não prejudicam a liquidação e cobrança dos respectivos impostos, nos termos gerais.

5 – As isenções previstas nos n.ºs 1 e 2 ficam dependentes de reconhecimento pela câmara municipal da área da situação dos prédios, após a conclusão das obras e emissão da certificação referida na parte final do n.° 3.

6 – A câmara municipal deve comunicar, no prazo de 30 dias, ao serviço de finanças da área da situação dos prédios o reconhecimento referido no número anterior, competindo àquele promover, no prazo de 15 dias, a anulação das liquidações de imposto municipal sobre imóveis e de imposto municipal sobre as transmissões onerosas de imóveis e subsequentes restituições.

7 – O regime previsto no presente artigo não é cumulativo com outros benefícios fiscais de idêntica natureza, não prejudicando, porém, a opção por outro mais favorável.

ARTIGO 46.º
Prédios urbanos construídos, ampliados, melhorados ou adquiridos a título oneroso, destinados a habitação

1 – Ficam isentos de imposto municipal sobre imóveis, nos termos da tabela a que se refere o n.º 5, os prédios ou parte de prédios urbanos habitacionais construídos, ampliados, melhorados ou adquiridos a título oneroso, destinados à habitação própria e permanente do sujeito passivo ou do seu agregado familiar, e que sejam efectivamente afectos a tal fim, no prazo de seis meses após a aquisição ou a conclusão da construção, da ampliação ou dos melhoramentos, salvo por motivo não imputável ao beneficiário, devendo o pedido de isenção ser apresentado pelos sujeitos passivos até ao termo dos 60 dias subsequentes àquele prazo.

2 – A isenção a que se refere o número anterior abrange os arrumos, despensas e garagens, ainda que fisicamente separados, mas integrando o mesmo edifício ou conjunto habitacional, desde que utilizados exclusivamente pelo proprietário, inquilino ou seu agregado familiar, como complemento da habitação isenta.

3 – Ficam igualmente isentos, nos termos da tabela a que se refere o n.º 5, os prédios ou parte de prédios construídos de novo, ampliados, melhorados ou adquiridos a título oneroso, quando se trate da primeira transmissão, na parte destinada a arrendamento para habitação, desde que reunidas as condições referidas na parte final do n.º 1, iniciando-se o período de isenção a partir da data da celebração do primeiro contrato de arrendamento.

4 – Tratando-se de prédios ampliados ou melhorados nos casos previstos nos n.ºs 1 e 3, a isenção aproveita apenas ao valor patrimonial tributário correspondente ao acréscimo resultante das ampliações ou melhoramentos efectuados, tendo em conta, para a determinação dos respectivos

limite e período de isenção, a totalidade do valor patrimonial tributário do prédio após o aumento derivado de tais ampliações ou melhoramentos.

5 – Para efeitos do disposto nos n.os 1 e 3, o período de isenção a conceder é determinado em conformidade com a seguinte tabela:([1])

Valor tributável (em euros)	Período de isenção (em anos)
	Habitação própria e permanente e arrendamento para habitação
Até €157 500	8
Mais de €157 500 e até €236 250	4

6 – Nos casos previstos neste artigo, a isenção é reconhecida pelo chefe de finanças da área da situação do prédio, em requerimento devidamente documentado.

7 – Se o pedido for apresentado para além do prazo, ou se a afectação a residência própria e permanente do sujeito passivo ou do seu agregado familiar ocorrer após o decurso do prazo, a isenção inicia-se a partir do ano imediato, inclusive, ao da verificação de tais pressupostos, cessando, todavia, no ano em que findaria se a afectação se tivesse verificado nos seis meses imediatos ao da conclusão da construção, ampliação, melhoramentos ou aquisição a título oneroso.

8 – Os benefícios fiscais a que se refere este artigo cessam logo que deixem de verificar-se os pressupostos que os determinaram, devendo os proprietários, usufrutuários ou superficiários dar cumprimento ao disposto no n.º 1 do artigo 13.º do Código do Imposto Municipal sobre Imóveis.

9 – Para efeitos do disposto no presente artigo, considera-se ter havido afectação dos prédios ou partes de prédios à habitação própria e permanente do sujeito passivo ou do seu agregado familiar se aí se fixar o respectivo domicílio fiscal.

10 – O disposto nos n.os 1 e 3 não é aplicável quando os prédios ou parte de prédios tiverem sido construídos de novo, ampliados, melhorados ou adquiridos a título oneroso por entidades que tenham o domicílio em países, territórios ou regiões sujeitos a um regime fiscal claramente mais favorável, constantes de lista aprovada por portaria do Ministro das Finanças, excepto se o valor anual da renda contratada for igual ou superior ao montante correspondente a um 1/15 do valor patrimonial tributário do prédio arrendado.

11 – A isenção prevista nos n.os 1 e 2 só pode ser reconhecida duas vezes ao mesmo sujeito passivo ou agregado familiar.

12 – A isenção prevista no n.º 3 pode ser reconhecida ao mesmo sujeito passivo por cada prédio ou fracção autónoma destinada ao fim nele prevista.

13 – Podem beneficiar da isenção prevista neste artigo os emigrantes, na definição que lhes é dada pelo artigo 3.º do Decreto-Lei n.º 323/95, de 29 de Novembro, desde que verificados os condicionalismos previstos, salvo quanto ao prazo para a respectiva afectação do imóvel a sua habitação própria e permanente ou do respectivo agregado familiar.

([1]) Redacção dada pelo art. 3.º da Lei n.º 64/2008, de 5 de Dezembro. Produz efeitos desde 1 de Janeiro de 2008, nos termos do art. 5.º daquela lei. Os períodos de isenção anteriores eram respectivamente por 6 e 3 anos.

ARTIGO 47.º
Prédios integrados em empreendimentos a que tenha sido atribuída a utilidade turística

1 – Ficam isentos de imposto municipal sobre imóveis, por um período de sete anos, os prédios integrados em empreendimentos a que tenha sido atribuída a utilidade turística.

2 – Os prédios integrados em empreendimentos a que tenha sido atribuída a utilidade turística a título prévio beneficiam da isenção prevista no número anterior, a partir da data da atribuição da utilidade turística, desde que tenha sido observado o prazo fixado para a abertura ou reabertura ao público do empreendimento ou para o termo das obras.

3 – Os prédios urbanos afectos ao turismo de habitação beneficiam de isenção de imposto municipal sobre imóveis, por um período de sete anos contado a partir do termo das respectivas obras.

4 – Nos casos previstos neste artigo, a isenção é reconhecida pelo chefe de finanças da área da situação do prédio, em requerimento devidamente documentado, que deve ser apresentado pelos sujeitos passivos no prazo de 60 dias contados da data da publicação do despacho de atribuição da utilidade turística.([1])

5 – Se o pedido for apresentado para além do prazo referido no número anterior, a isenção inicia-se a partir do ano imediato, inclusive, ao da sua apresentação, cessando, porém, no ano em que findaria, caso o pedido tivesse sido apresentado em tempo.

6 – Em todos os aspectos que não estejam regulados no presente artigo ou no Código do Imposto Municipal sobre Imóveis aplica-se, com

as necessárias adaptações, o disposto no Decreto-Lei n.º 423/83, de 5 de Dezembro.

(¹) Redacção dada pela Lei n.º 3-B/2010, de 28/04 (OE/2010).
Redacção anterior:
...
4 – Nos casos previstos neste artigo, a isenção é reconhecida pelo chefe de finanças da área da situação do prédio, em requerimento devidamente documentado, que deve ser apresentado pelos sujeitos passivos no prazo de 90 dias contados da data da publicação do despacho de atribuição da utilidade turística.
...

ARTIGO 48.º
Prédios de reduzido valor patrimonial de sujeitos passivos de baixos rendimentos

1 – Ficam isentos de imposto municipal sobre imóveis os prédios rústicos e urbanos pertencentes a sujeitos passivos cujo rendimento bruto total do agregado familiar, englobado para efeitos de IRS, não seja superior ao dobro do valor anual do salário mínimo nacional mais elevado, e cujo valor patrimonial tributário global não exceda 10 vezes o valor anual do salário mínimo nacional mais elevado.

2 – As isenções a que se refere o número anterior são reconhecidas pelo chefe de finanças da área da situação dos prédios, mediante requerimento devidamente fundamentado, que deve ser apresentado pelos sujeitos passivos até 30 de Junho do ano em que tenha início a isenção solicitada.

Legislação Complementar:
– **Lei n.º 5/2010,** de 15 de Janeiro: – **Retribuição mínima mensal garantida** para 2010 – €475.

ARTIGO 49.º
Fundos de investimento imobiliário, fundos de pensões e fundos de poupança-reforma

1 – Ficam isentos de imposto municipal sobre imóveis e de imposto municipal sobre as transmissões onerosas de imóveis os prédios integrados em fundos de investimento imobiliário abertos, em fundos de pensões e em fundos de poupança-reforma, que se constituam e operem de acordo com a legislação nacional.

2 – *(Revogado.)*(¹)

(¹) Redacção dada pela Lei n.º 3-B/2010, de 28/04 (OE/2010), que revogou n.º 2.
Redacção anterior:
1 – Ficam isentos de imposto municipal sobre imóveis e de imposto municipal sobre as transmissões onerosas de imóveis os prédios integrados em fundos de investimento imobiliário, em fundos de pensões e em fundos de poupança-reforma, que se constituam e operem de acordo com a legislação nacional.
 2 – Os imóveis integrados em fundos de investimento imobiliário, mistos ou fechados de subscrição particular, por investidores não qualificados ou por instituições financeiras por conta daqueles, não beneficiam das isenções referidas no número anterior, sendo as taxas de imposto municipal sobre imóveis e de imposto municipal sobre as transmissões onerosas de imóveis reduzidas para metade.

ARTIGO 50.º
Parques de estacionamento subterrâneos

1 – Ficam isentos de imposto municipal sobre imóveis, por um período de 25 anos, os prédios urbanos afectos exclusivamente a parques de estacionamento subterrâneos públicos, declarados de utilidade municipal por deliberação da respectiva assembleia municipal, nos termos previstos pelo n.º 2 do artigo 12.º da Lei n.º 2/2007, de 15 de Janeiro.

2 – A isenção prevista no número anterior é reconhecida pelo chefe de finanças da área da situação dos prédios, mediante requerimento devidamente fundamentado, e documentado com a declaração de utilidade municipal, que deve ser apresentado pelos sujeitos passivos no prazo de 90 dias contados da data da conclusão das obras.

3 – Se o pedido de isenção for apresentado para além do prazo referido, a isenção inicia-se a partir do ano imediato, inclusive, ao da sua apresentação, cessando no ano em que findaria, caso o pedido tivesse sido apresentado em tempo.

CAPÍTULO VIII
Outros benefícios fiscais

ARTIGO 51.º
Empresas armadoras da marinha mercante nacional

Às empresas armadoras da marinha mercante nacional são concedidos os seguintes benefícios fiscais:

a) Tributação dos lucros, resultantes exclusivamente da actividade de transporte marítimo, incidindo apenas sobre 30% dos mesmos;
b) Isenção de imposto do selo nas operações de financiamento externo para aquisição de navios, contentores e outro equipamento para navios, contratados por empresas armadoras da marinha mercante, ainda que essa contratação seja feita através de instituições financeiras nacionais.

ARTIGO 52.º
Comissões vitivinícolas regionais

São isentos de IRC os rendimentos das comissões vitivinícolas regionais, reguladas nos termos do Decreto-Lei n.º 212/2004, de 23 de Agosto, e legislação complementar, com excepção dos juros de depósitos e outros rendimentos de capitais, que são tributados à taxa de 20%.

ARTIGO 53.º
Entidades gestoras de sistemas integrados de gestão de fluxos específicos de resíduos

Ficam isentas de IRC, excepto quanto aos rendimentos de capitais, tal como são definidos para efeitos de IRS, as entidades gestoras de sistemas integrados de gestão de fluxos específicos de resíduos, devidamente licenciadas nos termos legais, durante todo o período correspondente ao licenciamento, relativamente aos resultados que, durante esse período, sejam reinvestidos ou utilizados para a realização dos fins que lhes sejam legalmente atribuídos.

Nota: A redacção actual desta artigo, que corresponde ao 50.º anteriormente à renumeração e republicação, foi dada pelo D.L. n.º 108/2008, de 26 de Junho, passando a isenção a abranger todas as entidades gestoras de sistemas integrados de gestão de fluxos específicos de resíduos, devidamente licenciadas nos termos legais e não apenas as parcialmente detidas ou participadas por municípios. Nos termos do artigo 6.º daquele D.L. n.º 108/2008, esta alteração produz efeitos a partir de 1 de Janeiro de 2009.

ARTIGO 54.º
Colectividades desportivas, de cultura e recreio

1 – Ficam isentos de IRC os rendimentos das colectividades desportivas, de cultura e recreio, abrangidas pelo artigo 11.º do Código do IRC, desde que a totalidade dos seus rendimentos brutos sujeitos a tributação, e não isentos nos termos do mesmo Código, não exceda o montante de € 7 481,97.

2 – As importâncias investidas pelos clubes desportivos em novas infra-estruturas, ou por eles despendidas em actividades desportivas de recreação e no desporto de rendimento, não provenientes de subsídios, podem ser deduzidas ao rendimento global até ao limite de 90% da soma algébrica dos rendimentos líquidos previstos no n.º 3 do artigo 11.º do Código do IRC, sendo o eventual excesso deduzido até ao final do segundo exercício seguinte ao do investimento.

ARTIGO 55.º
Associações e confederações

1 – Ficam isentos de IRC, excepto no que respeita a rendimentos de capitais e a rendimentos comerciais, industriais ou agrícolas, tal como são definidos para efeitos de IRS, e sem prejuízo do disposto no número seguinte:

   a) As pessoas colectivas públicas, de tipo associativo, criadas por lei para assegurar a disciplina e representação do exercício de profissões liberais;
   b) As confederações e associações patronais e sindicais.

2 – Ficam isentos de IRC os rendimentos das associações sindicais e das pessoas colectivas públicas, de tipo associativo, criadas por lei para

assegurar a disciplina e representação do exercício de profissões liberais, derivados de acções de formação prestadas aos respectivos associados no âmbito dos seus fins estatutários.

3 – Ficam isentos de IRC os rendimentos obtidos por associações de pais derivados da exploração de cantinas escolares.

ARTIGO 56.º
Estabelecimentos de ensino particular

Os rendimentos dos estabelecimentos de ensino particular integrados no sistema educativo ficam sujeitos a tributação em IRC à taxa de 20%, salvo se beneficiarem de taxa inferior.

ARTIGO 57.º
Sociedades ou associações científicas internacionais

1 – O Ministro das Finanças pode, a requerimento das interessadas e com base em informação fundamentada da Direcção-Geral dos Impostos, conceder isenção total ou parcial de IRC às sociedades ou associações científicas internacionais sem fim lucrativo que estabeleçam as suas sedes permanentes em Portugal.

2 – A Direcção-Geral dos Impostos pode solicitar parecer aos serviços competentes do ministério da tutela, com vista à elaboração da informação mencionada no número anterior.

ARTIGO 58.º
Propriedade intelectual

1 – Os rendimentos provenientes da propriedade literária, artística e científica, considerando-se também como tal os rendimentos provenientes da alienação de obras de arte de exemplar único e os rendimentos provenientes das obras de divulgação pedagógica e científica, quando auferidos por autores residentes em território português, desde que sejam os titulares originários, são considerados no englobamento, para efeitos de IRS, apenas por 50% do seu valor, líquido de outros benefícios.

2 – Excluem-se do disposto no número anterior os rendimentos provenientes de obras escritas sem carácter literário, artístico ou científico, obras de arquitectura e obras publicitárias.

3 – A importância a excluir do englobamento nos termos do n.º 1 não pode exceder € 30 000.

4 – Quando os rendimentos a que se refere o n.º 1 excedam € 60 000, a diferença entre os rendimentos líquidos do benefício e aquele montante é dividida por três, aplicando-se à totalidade dos rendimentos englobáveis a taxa correspondente à soma deste quociente, adicionado da importância referida no número anterior, com os restantes rendimentos produzidos no ano.

ARTIGO 59.º
Baldios e comunidades locais

1 – Estão isentas de IRC as comunidades locais, enquadráveis nos termos da alínea b) do n.º 1 do artigo 2.º do Código do IRC, quanto aos rendimentos derivados dos baldios, incluindo os resultantes da cessão de exploração, bem como os da transmissão de bens ou da prestação de serviços comuns aos compartes, quando, em qualquer caso, aqueles rendimentos sejam afectos, de acordo com o plano de utilização aprovado, com os usos ou costumes locais, ou com as deliberações dos órgãos competentes dos compartes, em investimento florestal ou outras benfeitorias no próprio baldio ou, bem assim, em melhoramentos junto da comunidade que os possui e gere, até ao fim do quarto exercício posterior ao da sua obtenção, salvo em caso de justo impedimento no cumprimento do prazo de afectação, notificado à Direcção-Geral dos Impostos, acompanhado da respectiva fundamentação escrita, até ao último dia útil do 1.º mês subsequente ao termo do referido prazo.

2 – Não são abrangidos pelas isenções previstas no número anterior os rendimentos de capitais, tal como são definidos para efeitos de IRS, e as mais-valias resultantes da alienação, a título oneroso, de áreas do baldio.

3 – Aos rendimentos dos baldios, administrados, em regime de delegação, pelas juntas de freguesia em cuja área o baldio se localize, ou pelo serviço da Administração Pública que superintenda na modalidade ou modalidades de aproveitamento a que a delegação se reporte, que revertam a favor da autarquia ou serviço em causa, aplica-se o disposto no artigo 9.º do Código do IRC.

CAPÍTULO IX
Benefícios fiscais à reestruturação empresarial

ARTIGO 60.º
Reorganização de empresas em resultado de actos de concentração ou de acordos de cooperação

1 – Às empresas que exerçam, directamente e a título principal, uma actividade económica de natureza agrícola, comercial, industrial ou de prestação de serviços, e que se reorganizarem, em resultado de actos de concentração ou de acordos de cooperação, podem ser concedidos os seguintes benefícios:
   a) Isenção de imposto municipal sobre as transmissões onerosas de imóveis, relativamente aos imóveis, não destinados a habitação, necessários à concentração ou à cooperação;
   b) Isenção de imposto do selo, relativamente à transmissão dos imóveis referidos na alínea *a)*, ou à constituição, aumento de capital ou do activo de uma sociedade de capitais necessários à concentração ou à cooperação;
   c) Isenção dos emolumentos e de outros encargos legais que se mostrem devidos pela prática dos actos inseridos nos processos de concentração ou de cooperação.

2 – O regime previsto no presente artigo é aplicável aos actos de concentração ou aos acordos de cooperação que envolvam empresas com sede, direcção efectiva ou domicílio em território português, noutro Estado membro da União Europeia ou, ainda, no Estado em relação ao qual vigore uma convenção para evitar a dupla tributação sobre o rendimento e o capital celebrada com Portugal, com excepção das entidades domiciliadas em países, territórios ou regiões com regimes de tributação privilegiada, claramente mais favoráveis, constantes de lista aprovada por portaria do Ministro das Finanças.

3 – Para efeitos do presente artigo, consideram-se actos de concentração apenas os seguintes:

a) A fusão de sociedades, empresas públicas ou cooperativas;
b) A incorporação por uma sociedade do conjunto ou de um ou mais ramos de actividade de outra sociedade, tendo como contrapartida partes do capital social da primeira, desde que ambas as sociedades exerçam a mesma ou idêntica actividade antes da operação e a transmitente cesse esse exercício após a operação;
c) A cisão de sociedade em que uma sociedade destaque partes do seu património ou se dissolva, dividindo o seu património em duas ou mais partes que constituam, cada uma delas, do ponto de vista técnico, uma exploração autónoma, desde que tal operação dê lugar a uma concentração na modalidade prevista na alínea *a)*.

4 – Para efeitos do presente artigo, entende-se por «actos de cooperação»:

a) A constituição de agrupamentos complementares de empresas ou de agrupamentos europeus de interesse económico, nos termos da legislação em vigor, que se proponham a prestação de serviços comuns, a compra ou venda em comum ou em colaboração, a especialização ou racionalização produtivas, o estudo de mercados, a promoção de vendas, a aquisição e transmissão de conhecimentos técnicos ou de organização aplicada, o desenvolvimento de novas técnicas e produtos, a formação e aperfeiçoamento do pessoal, a execução de obras ou serviços específicos e quaisquer outros objectivos comuns, de natureza relevante;
b) A constituição de pessoas colectivas de direito privado sem fim lucrativo, mediante a associação de empresas públicas, sociedades de capitais públicos ou de maioria de capitais públicos, de sociedades e de outras pessoas de direito privado, com a finalidade de, relativamente ao sector a que respeitam, manter um serviço de assistência técnica, organizar um sistema de informação, promover a normalização e a qualidade dos produtos e a conveniente tecnologia dos processos de fabrico, bem como, de um modo geral, estudar as perspectivas de evolução do sector;
c) A celebração de contratos de consórcio e de associação em participação, nos termos da legislação em vigor, sempre que as contribuições realizadas no âmbito dos mesmos visem o desenvolvimento directo de actividades produtivas, com excepção de actividades de natureza imobiliária.

5 – Os benefícios previstos no n.º 1 só podem ser concedidos quando se verifique, cumulativamente, que:

a) A operação de concentração ou cooperação empresarial não prejudica, de forma significativa, a existência de um grau desejável de concorrência no mercado e tem efeitos positivos em termos do reforço da competitividade das empresas ou da respectiva estrutura produtiva, designadamente através de um melhor aproveitamento da capacidade de produção ou comercialização, ou do aperfeiçoamento da qualidade dos bens ou serviços das empresas;

b) As sociedades envolvidas na operação exerçam, efectiva e directamente, a mesma actividade económica ou actividades económicas integradas na mesma cadeia de produção e distribuição do produto, compartilhem canais de comercialização ou processos produtivos ou, ainda, quando exista uma manifesta similitude ou complementaridade entre os processos produtivos ou os canais de distribuição utilizados;

c) Relativamente às operações a que se referem as alíneas *b)* e *c)* do n.º 3, o ramo de actividade transmitido seja constituído por um conjunto de elementos que constituam, do ponto de vista organizacional e técnico, uma exploração autónoma, não sendo considerados como tal uma carteira de participações ou um activo isolado.

6 – Os benefícios previstos no presente artigo são concedidos por despacho do ministro responsável pela área das finanças, precedido de informação da Direcção-Geral dos Impostos a requerimento das empresas interessadas, o qual deve ser enviado, preferencialmente através da Internet, à referida Direcção-Geral, acompanhado de estudo demonstrativo das vantagens e dos elementos comprovativos das condições a que se refere o número anterior.([1])

7 – Do requerimento devem constar expressamente os actos realizados, previstos no n.º 3, e este deve ser entregue até à data de apresentação a registo dos actos de concentração ou cooperação ou, não havendo lugar a registo, até à data da produção dos respectivos efeitos jurídicos.

8 – Os requerimentos apresentados pelos interessados devem, ainda, ser acompanhados de parecer sobre a substância da operação de reorganização empresarial emitido pelo ministério da tutela da actividade da empresa, no prazo máximo de 10 dias, a contar da entrega dos elementos e documentos referidos no n.º 6.([1])

9 – Sempre que os pareceres não sejam emitidos no prazo referido no número anterior, considera-se que o ministério da tutela da actividade da empresa aprova a operação de reorganização empresarial nos termos apresentados pela empresa interessada, não produzindo efeitos jurídicos qualquer parecer emitido fora desse prazo.([1])

10 – O pedido do parecer referido no n.º 8 do artigo anterior e a respectiva emissão são efectuados preferencialmente por via electrónica, nos termos a definir por portaria conjunta dos membros do Governo responsáveis pelas áreas das finanças, da economia e da justiça.([1])

11 – Quando estiverem reunidas as condições técnicas para esse efeito, os requerimentos referidos no n.º 6 podem ser enviados por via electrónica no momento do pedido do registo comercial do projecto de fusão ou cisão, quando promovido através da internet, nos termos a definir por portaria conjunta dos membros do Governo responsáveis pela área das finanças e da justiça.([1])

12 – Nos casos em que os actos de concentração ou cooperação precedam o despacho do Ministro das Finanças, as empresas interessadas podem solicitar o reembolso dos impostos, emolumentos e outros encargos legais que comprovadamente tenham suportado, no prazo de um ano, a contar da data de apresentação a registo dos actos de concentração ou cooperação ou, não havendo lugar a registo, da data da produção dos respectivos efeitos jurídicos.([1])

13 – O pedido de reembolso deve ser dirigido às entidades competentes para a liquidação dos impostos, emolumentos ou encargos legais suportados. ([1])

([1]) Redacção dada pelo art. 5.º do D.L. n.º 185/2009, de 12 de Agosto, que alterou os n.ºs 10 para 12 e 11 para 13. Produção de efeitos a partir de 2009/09/15.

Redacção anterior dos n.[os] alterados:

...

6 – Os benefícios previstos no presente artigo são concedidos por despacho do Ministro das Finanças, precedido de informação da Direcção-Geral dos Impostos a requerimento das empresas interessadas, o qual deve ser entregue na referida Direcção-Geral, acompanhado de estudo demonstrativo das vantagens e dos elementos comprovativos das condições a que se refere o número anterior.

...

8 – Os requerimentos apresentados pelos interessados devem, ainda, ser acompanhados de parecer sobre a substância da operação de reorganização empresarial e sobre o estudo referido no n.º 6, emitido pelo ministério da tutela da actividade da empresa, bem como de parecer, emitido pela Autoridade da Concorrência, sobre a compatibilidade da operação projectada com a existência de um grau de concorrência no mercado.

9 – A Direcção-Geral dos Impostos deve solicitar parecer, sobre os pressupostos da isenção referida na alínea c) do n.º 1, à Direcção-Geral dos Registos e do Notariado, devendo o mesmo ser proferido nos 45 dias seguintes ao da recepção do pedido, presumindo-se uma posição favorável se o mesmo não for recebido naquele prazo.

CAPÍTULO X
Benefícios fiscais relativos ao mecenato

ARTIGO 61.º
Noção de donativo

Para efeitos fiscais, os donativos constituem entregas em dinheiro ou em espécie, concedidos, sem contrapartidas que configurem obrigações de carácter pecuniário ou comercial, às entidades públicas ou privadas, previstas nos artigos seguintes, cuja actividade consista predominantemente na realização de iniciativas nas áreas social, cultural, ambiental, desportiva ou educacional.

ARTIGO 62.º
Dedução para efeitos da determinação do lucro tributável das empresas

1 – São considerados custos ou perdas do exercício, na sua totalidade, os donativos concedidos às seguintes entidades:

   a) Estado, Regiões Autónomas e autarquias locais e qualquer dos seus serviços, estabelecimentos e organismos, ainda que personalizados;
   b) Associações de municípios e de freguesias;
   c) Fundações em que o Estado, as Regiões Autónomas ou as autarquias locais participem no património inicial;
   d) Fundações de iniciativa exclusivamente privada que prossigam fins de natureza predominantemente social ou cultural, relativamente à sua dotação inicial, nas condições previstas no n.º 9.

2 – Os donativos referidos no número anterior são considerados custos em valor correspondente a 140% do respectivo total, quando se destinarem exclusivamente à prossecução de fins de carácter social, a 120%, se destinados exclusivamente a fins de carácter cultural, ambiental, despor-

tivo e educacional, ou a 130% do respectivo total, quando forem atribuídos ao abrigo de contratos plurianuais celebrados para fins específicos, que fixem os objectivos a prosseguir pelas entidades beneficiárias, e os montantes a atribuir pelos sujeitos passivos.

3 – São considerados custos ou perdas do exercício, até ao limite de 8/1000 do volume de vendas ou dos serviços prestados, os donativos atribuídos às seguintes entidades:

a) Instituições particulares de solidariedade social, bem como pessoas colectivas legalmente equiparadas;
b) Pessoas colectivas de utilidade pública administrativa e de mera utilidade pública que prossigam fins de caridade, assistência, beneficência e solidariedade social e cooperativas de solidariedade social;
c) Centros de cultura e desporto organizados nos termos dos Estatutos do Instituto Nacional de Aproveitamento dos Tempos Livres dos Trabalhadores (INATEL), desde que destinados ao desenvolvimento de actividades de natureza social no âmbito daquelas entidades;
d) Organizações não governamentais cujo objecto estatutário se destine essencialmente à promoção dos valores da cidadania, da defesa dos direitos humanos, dos direitos das mulheres e da igualdade de género, nos termos legais aplicáveis;
e) Organizações não governamentais para o desenvolvimento;
f) Outras entidades promotoras de iniciativas de auxílio a populações carecidas de ajuda humanitária, em consequência de catástrofes naturais ou de outras situações de calamidade internacional, reconhecidas pelo Estado Português, mediante despacho conjunto do Ministro das Finanças e do Ministro dos Negócios Estrangeiros.

4 – Os donativos referidos no número anterior são levados a custos em valor correspondente a 130% do respectivo total ou a 140% no caso de se destinarem a custear as seguintes medidas:

a) Apoio à infância ou à terceira idade;
b) Apoio e tratamento de toxicodependentes ou de doentes com sida, com cancro ou diabéticos;
c) Promoção de iniciativas dirigidas à criação de oportunidades de trabalho e de reinserção social de pessoas, famílias ou grupos em situações de exclusão ou risco de exclusão social, designadamente

no âmbito do rendimento social de inserção, de programas de luta contra a pobreza ou de programas e medidas adoptadas no contexto do mercado social de emprego.

5 – São considerados custos ou perdas do exercício, até ao limite de 8/1000 do volume de vendas ou de serviços prestados, em valor correspondente a 150% do respectivo total, os donativos concedidos às entidades referidas nos números anteriores, que se destinem a custear as seguintes medidas:

a) Apoio pré-natal a adolescentes e a mulheres em situação de risco e à promoção de iniciativas com esse fim;
b) Apoio a meios de informação, de aconselhamento, de encaminhamento e de ajuda a mulheres grávidas em situação social, psicológica ou economicamente difícil;
c) Apoio, acolhimento e ajuda humana e social a mães solteiras;
d) Apoio, acolhimento, ajuda social e encaminhamento de crianças nascidas em situações de risco ou vítimas de abandono;
e) Ajuda à instalação de centros de apoio à vida para adolescentes e mulheres grávidas cuja situação sócio-económica ou familiar as impeça de assegurar as condições de nascimento e educação da criança;
f) Apoio à criação de infra-estruturas e serviços destinados a facilitar a conciliação da maternidade com a actividade profissional dos pais.

6 – São considerados custos ou perdas do exercício, até ao limite de 6/1000 do volume de vendas ou dos serviços prestados, os donativos atribuídos às seguintes entidades:

a) Cooperativas culturais, institutos, fundações e associações que prossigam actividades de investigação, excepto as de natureza científica, de cultura e de defesa do património histórico-cultural e do ambiente e, bem assim, outras entidades sem fins lucrativos que desenvolvam acções no âmbito do teatro, do bailado, da música, da organização de festivais e outras manifestações artísticas e da produção cinematográfica, áudio-visual e literária;
b) Museus, bibliotecas e arquivos históricos e documentais;
c) Organizações não governamentais de ambiente (ONGA);
d) Comité Olímpico de Portugal, Confederação do Desporto de Portugal e pessoas colectivas titulares do estatuto de utilidade pública desportiva;

e) Associações promotoras do desporto e associações dotadas do estatuto de utilidade pública que tenham como objecto o fomento e a prática de actividades desportivas, com excepção das secções participantes em competições desportivas de natureza profissional;
f) Centros de cultura e desporto organizados nos termos dos Estatutos do Instituto Nacional de Aproveitamento dos Tempos Livres dos Trabalhadores (INATEL), com excepção dos donativos abrangidos pela alínea *c*) do n.º 3;
g) Estabelecimentos de ensino, escolas profissionais, escolas artísticas, creches, lactários e jardins-de-infância legalmente reconhecidos pelo ministério competente;
h) Instituições responsáveis pela organização de feiras universais ou mundiais, nos termos a definir por resolução do Conselho de Ministros;
i) Organismos públicos de produção artística responsáveis pela promoção de projectos relevantes de serviço público nas áreas do teatro, música, ópera e bailado.

7 – Os donativos previstos no número anterior são levados a custos, em valor correspondente a:

a) 120% do respectivo total;
b) 130%, quando atribuídos ao abrigo de contratos plurianuais celebrados para fins específicos que fixem os objectivos a prosseguir pelas entidades beneficiárias e os montantes a atribuir pelos sujeitos passivos;
c) 140%, quando atribuídos às creches, lactários e jardins-de-infância previstos na alínea *g*) e para as entidades referidas na alínea *i*) do número anterior.

8 – São considerados custos ou perdas do exercício, até ao limite de 1/1000 do volume de vendas ou dos serviços prestados no exercício da actividade comercial, industrial ou agrícola, as importâncias atribuídas pelos associados aos respectivos organismos associativos a que pertençam, com vista à satisfação dos seus fins estatutários.

9 – Estão sujeitos a reconhecimento, a efectuar por despacho conjunto dos Ministros das Finanças e da tutela, os donativos concedidos para a dotação inicial de fundações de iniciativa exclusivamente privada, desde que prossigam fins de natureza predominantemente social ou cultural, e os respectivos estatutos prevejam que, no caso de extinção, os bens revertam

para o Estado ou, em alternativa, sejam cedidos às entidades abrangidas pelo artigo 10.º do Código do IRC.

10 – As entidades a que se referem as alíneas *a)*, *e)* e *g)* do n.º 6 devem obter junto do ministro da respectiva tutela, previamente à obtenção dos donativos, a declaração do seu enquadramento no presente capítulo e do interesse cultural, ambiental, desportivo ou educacional das actividades prosseguidas ou das acções a desenvolver.

11 – No caso de donativos em espécie, o valor a considerar, para efeitos do cálculo da dedução ao lucro tributável, é o valor fiscal que os bens tiverem no exercício em que forem doados, deduzido, quando for caso disso, das reintegrações ou provisões efectivamente praticadas e aceites como custo fiscal ao abrigo da legislação aplicável.

12 – A dedução a efectuar nos termos dos n.ºs 3 a 8, bem como do artigo 64.º, não pode ultrapassar na sua globalidade 8/1000 do volume de vendas ou dos serviços prestados realizados pela empresa no exercício.

Legislação Complementar:
– Lei n.º 64-A/2008, de 31 de Dezembro, Artigo 100.º (**Norma transitória relativa ao EBF**)
Durante o ano de 2009, os limites previstos nos n.ºs 3 e 12 do artigo 62.º do EBF são fixados em 12/1000 do volume de vendas ou dos serviços prestados realizados pela empresa no exercício, sempre que os donativos atribuídos sejam direccionados para iniciativas de luta contra a pobreza, desde que a entidade destinatária dos donativos seja previamente objecto de reconhecimento por despacho do Ministro das Finanças.
– Lei n.º 3-B/2010, de 28/04 (OE/2010) – Artigo 110.º (**Norma transitória relativa ao EBF**)
Durante o ano de 2010, os limites previstos nos n.ºs 3 e 12 do artigo 62.º do EBF são fixados em 12/1000 do volume de vendas ou dos serviços prestados realizados pela empresa no exercício, sempre que os donativos atribuídos sejam direccionados para iniciativas de luta contra a pobreza, desde que a entidade destinatária dos donativos seja previamente objecto de reconhecimento por despacho do Ministro das Finanças.

ARTIGO 63.º
Deduções à colecta do imposto sobre o rendimento das pessoas singulares

1 – Os donativos em dinheiro atribuídos pelas pessoas singulares residentes em território nacional, nos termos e condições previstos nos artigos anteriores, são dedutíveis à colecta do IRS do ano a que digam respeito, com as seguintes especificidades:

a) Em valor correspondente a 25% das importâncias atribuídas, nos casos em que não estejam sujeitos a qualquer limitação;

b) Em valor correspondente a 25% das importâncias atribuídas, até ao limite de 15% da colecta, nos restantes casos;
c) As deduções só são efectuadas no caso de não terem sido contabilizadas como custos.

2 – São ainda dedutíveis à colecta, nos termos e limites fixados nas alíneas *b)* e *c)* do número anterior, os donativos concedidos a igrejas, instituições religiosas, pessoas colectivas de fins não lucrativos pertencentes a confissões religiosas ou por elas instituídas, sendo a sua importância considerada em 130% do seu quantitativo.

ARTIGO 64.º
Imposto sobre o valor acrescentado – Transmissões de bens e prestações de serviços a título gratuito

Não estão sujeitas a IVA as transmissões de bens e as prestações de serviços efectuadas, a título gratuito, pelas entidades a quem sejam concedidos donativos abrangidos pelo presente diploma, em benefício directo das pessoas singulares ou colectivas que os atribuam, quando o correspondente valor não ultrapassar, no seu conjunto, 5% do montante do donativo recebido.

ARTIGO 65.º
Mecenato para a sociedade de informação

1 – São considerados custos ou perdas do exercício, até ao limite de 8/1000 do volume de vendas ou de serviços prestados, em valor correspondente a 130% do respectivo total, para efeitos de IRC, os donativos de equipamento informático, programas de computadores, formação e consultadoria na área da informática, concedidos às entidades referidas nos n.ºs 1 e 3 e nas alíneas *b), d), e), f)* e *g)* do n.º 6 do artigo 61.º

2 – Os donativos previstos no número anterior são levados a custos em valor correspondente a 140% do respectivo quantitativo, quando atribuídos ao abrigo de contratos plurianuais, que fixem objectivos a atingir pelas entidades beneficiárias e os bens e serviços a atribuir pelos sujeitos passivos.

3 – O período de amortização de equipamento informático pelos sujeitos passivos referidos no n.º 1 é de dois anos, ou pelo valor residual se ocorrer após dois anos, no caso de doação do mesmo às entidades referidas naquele número.

4 – Não relevam para os efeitos do número anterior as doações feitas a entidades em que os doadores sejam associados ou em que participem nos respectivos órgãos sociais.

5 – Os sujeitos passivos que utilizem o regime de amortização previsto no n.º 3 comunicam ao Ministério da Ciência, Tecnologia e Ensino Superior as doações que o justificaram.

6 – Para os efeitos do disposto no presente artigo, consideram-se equipamentos informáticos os computadores, *modems*, placas RDIS e aparelhos de terminal, incluindo impressoras, digitalizadores e *set-top-boxes*.

ARTIGO 66.º
Obrigações acessórias das entidades beneficiárias

1 – As entidades beneficiárias dos donativos são obrigadas a:

a) Emitir documento comprovativo dos montantes dos donativos recebidos dos seus mecenas, com a indicação do seu enquadramento no âmbito do presente capítulo e, bem assim, com a menção de que o donativo é concedido sem contrapartidas, de acordo com o previsto no artigo 60.º;([1])

b) Possuir registo actualizado das entidades mecenas, do qual constem, nomeadamente, o nome, o número de identificação fiscal, bem como a data e o valor de cada donativo que lhes tenha sido atribuído, nos termos do presente capítulo;

c) Entregar à Direcção-Geral dos Impostos, até ao final do mês de Fevereiro de cada ano, uma declaração de modelo oficial referente aos donativos recebidos no ano anterior.

2 – Para efeitos da alínea *a)* do número anterior, o documento comprovativo deve conter:

a) A qualidade jurídica da entidade beneficiária;
b) O normativo legal onde se enquadra, bem como, se for caso disso, a identificação do despacho necessário ao reconhecimento;
c) O montante do donativo em dinheiro, quando este seja de natureza monetária;
d) A identificação dos bens, no caso de donativos em espécie.

3 – Os donativos em dinheiro de valor superior a € 200 devem ser efectuados através de meio de pagamento que permita a identificação do mecenas, designadamente transferência bancária, cheque nominativo ou débito directo.

Legislação Complementar:
– Portaria n.º 13/2008, de 4 de Janeiro – Declaração mod. 25 a apresentar até ao final do mês de Fevereiro de cada ano.

([1]) No diploma legal consta o art. 60.º, quando o correcto será o art. 61.º

PARTE III
Benefícios fiscais com carácter temporário

ARTIGO 67.º
Acções adquiridas no âmbito das privatizações

1 – Os dividendos de acções adquiridas na sequência de processo de privatização realizado até ao final do ano de 2002, ainda que resultantes de aumentos de capital, contam desde a data de início do processo até decorridos os cinco primeiros exercícios encerrados após a sua data de finalização, apenas por 50% do seu quantitativo, líquido de outros benefícios, para fins de IRS ou de IRC.

2 – O benefício a que se refere o número anterior pode ainda ser concedido, por despacho do Ministro das Finanças e da Administração Pública, com efeitos até ao termo do ano de 2007, para dividendos de acções adquiridas na sequência de processo de privatização inicial até ao final de 2002, incluindo as resultantes de aumentos de capital, mediante requerimento das entidades interessadas, apresentado antes da realização da operação, desde que sejam demonstradas as vantagens para dinamizar o mercado de capitais e a protecção dos interesses dos pequenos investidores.

ARTIGO 68.º

(Revogado pelo art. 111.º da Lei n.º 3-B/2010, de 28/04, OE/2010)

Aquisição de computadores

1 – São dedutíveis à colecta do IRS, até à sua concorrência, após as deduções referidas no n.º 1 do artigo 78.º e no artigo 88.º do respectivo Código, 50% dos montantes despendidos com a aquisição de computadores de uso pessoal, incluindo software, aparelhos de terminal, bem como com equipamento relacionado com redes da banda larga de nova geração, até ao limite de € 250.([1])

2 – A dedução referida no número anterior é aplicável, durante os anos de 2009 a 2011, uma vez por cada membro do agregado familiar do sujeito passivo que frequente um nível de ensino, e fica dependente da verificação das seguintes condições:([2])

  a) Que a taxa normal aplicável ao sujeito passivo seja inferior a 42%;
  b) Que o equipamento tenha sido adquirido no estado de novo;

c) Que o sujeito passivo ou qualquer membro do seu agregado familiar frequente qualquer nível de ensino;
d) Que a factura de aquisição contenha o número de identificação fiscal do adquirente e a menção «uso pessoal».
3 – A utilização da dedução prevista no n.º 1 impede, para efeitos fiscais, a afectação dos equipamentos aí referidos para uso profissional.

ARTIGO 69.º
Prédios situados nas áreas de localização empresarial
(ALE)

1 – São isentas de imposto municipal sobre as transmissões onerosas de imóveis as aquisições de imóveis situados nas áreas de localização empresarial, efectuadas pelas respectivas sociedades gestoras e pelas empresas que nelas se instalarem.

2 – São isentos de imposto municipal sobre imóveis, pelo período de 10 anos, os prédios situados nas áreas de localização empresarial, adquiridos ou construídos pelas respectivas sociedades gestoras e pelas empresas que neles se instalarem.

3 – As isenções previstas nos n.os 1 e 2 ficam dependentes de reconhecimento prévio do interesse municipal pelo órgão competente do município.

4 – A isenção referida no n.º 2 é reconhecida pelo chefe do serviço de finanças da área da situação dos prédios, mediante requerimento devidamente fundamentado, e instruído com o documento comprovativo do interesse municipal, a apresentar pelo sujeito passivo no prazo de 90 dias contados da data da aquisição ou conclusão das obras.

5 – Se o pedido de isenção for apresentado para além do prazo referido, a isenção inicia-se a partir do ano imediato, inclusive, ao da sua apresentação, cessando no ano em que findaria, caso o pedido tivesse sido apresentado em tempo.

6 – O regime referido nos n.os 1 e 2 vigora para os imóveis adquiridos ou concluídos até 31 de Dezembro de 2011.

7 – O presente regime aplica-se igualmente aos parques empresariais da Região Autónoma da Madeira, criados e regulados pelo Decreto Legislativo Regional n.º 28/2001/M, de 28 de Agosto, com as alterações introduzidas pelo Decreto Legislativo Regional n.º 12/2002/M, de 17 de Julho.

ARTIGO 70.º(¹)
Medidas de apoio ao transporte rodoviário de passageiros e de mercadorias

1 – Fica isenta de imposto a diferença positiva entre as mais-valias e as menos-valias resultantes da transmissão onerosa de:

a) Veículos afectos ao transporte público de passageiros, com lotação igual ou superior a 22 lugares, por sujeitos passivos de IRC licenciados, pelo IMTT, I. P., sempre que, no próprio exercício ou até ao fim do segundo exercício seguinte, seja efectuado o reinvestimento da totalidade do valor de realização na aquisição de veículos novos, com lotação igual ou superior a 22 lugares, com data de fabrico de, pelo menos, 2009, afectos a idêntica finalidade;(²)

b) Veículos afectos ao transporte em táxi, pertencentes a empresas devidamente licenciadas para esse fim, sempre que, no próprio exercício ou até ao fim do segundo exercício seguinte, seja efectuado o reinvestimento da totalidade do valor de realização na aquisição de veículos com data de fabrico de, pelo menos, 2009, afectos a idêntica finalidade;(²)

c) Veículos de mercadorias com peso bruto igual ou superior a 12 t, adquiridos antes de 1 de Julho de 2009 e com a primeira matrícula anterior a esta data, afectos ao transporte rodoviário de mercadorias público ou por conta de outrem, sempre que, no próprio exercício ou até ao fim do segundo exercício seguinte, a totalidade do valor da realização seja reinvestido em veículos de mercadorias com peso bruto igual ou superior a 12 t e primeira matrícula posterior a 1 de Julho de 2009, que sejam afectos ao transporte rodoviário de mercadorias, público ou por conta de outrem.(²)

2 – Os veículos objecto do benefício referido no número anterior devem permanecer registados como elementos do activo imobilizado dos sujeitos passivos beneficiários pelo período de cinco anos.

3 – O benefício previsto no n.º 1 não prejudica a aplicação dos n.ºs 5 e 6 do artigo 45.º do Código de IRC.

4 – Os custos suportados com a aquisição, em território português, de combustíveis para abastecimento de veículos são dedutíveis, em valor correspondente a 120% do respectivo montante, para efeitos da determinação do lucro tributável, quando se trate de:

a) Veículos afectos ao transporte público de passageiros, com lotação igual ou superior a 22 lugares, e estejam registados como elementos do activo imobilizado de sujeitos passivos de IRC que estejam licenciados pelo IMTT, I. P.;

b) Veículos afectos ao transporte rodoviário de mercadorias público ou por conta de outrem, com peso bruto igual ou superior a 3,5 t, registados como elementos do activo imobilizado de sujeitos passivos IRC e que estejam licenciados pelo IMTT, I. P.;

c) Veículos afectos ao transporte em táxi, registados como elementos do activo imobilizado dos sujeitos passivos de IRS ou de IRC, com contabilidade organizada e que estejam devidamente licenciados.

5 – Os benefícios fiscais previstos no presente artigo são aplicáveis durante o período de tributação de 2010.([2])

([1]) Aditado pelo art. 99.º da Lei n.º 64-A/2008, de 31 de Dezembro.
([2]) Redacção dada pela Lei n.º 3-B/2010, de 28/04 (OE/2010).
Redacção anterior:
1 – ...
a) Veículos afectos ao transporte público de passageiros, com lotação igual ou superior a 22 lugares, por sujeitos passivos de IRC licenciados, pelo IMTT, I. P., sempre que, no próprio exercício ou até ao fim do segundo exercício seguinte, seja efectuado o reinvestimento da totalidade do valor de realização na aquisição de veículos novos, com lotação igual ou superior a 22 lugares, com data de fabrico de, pelo menos, 2008 e que cumpram a norma ambiental Euro IV ou superior, afectos a idêntica finalidade;
b) Veículos afectos ao transporte em táxi, pertencentes a empresas devidamente licenciadas para esse fim, sempre que, no próprio exercício ou até ao fim do segundo exercício seguinte, seja efectuado o reinvestimento da totalidade do valor de realização na aquisição de veículos com data de fabrico de, pelo menos, 2008, afectos a idêntica finalidade;
c) Veículos de mercadorias com peso bruto igual ou superior a 12 t, adquiridos antes de 1 de Julho de 2008 e com a primeira matrícula anterior a esta data, afectos ao transporte rodoviário de mercadorias público ou por conta de outrem, sempre que, no próprio exercício ou até ao fim do segundo exercício seguinte, a totalidade do valor da realização seja reinvestido em veículos de mercadorias com peso bruto igual ou superior a 12 t e primeira matrícula posterior a 1 de Julho de 2008, que sejam afectos ao transporte rodoviário de mercadorias, público ou por conta de outrem.
...
5 – Os benefícios fiscais previstos no presente artigo são aplicáveis durante o exercício de 2009.

ARTIGO 71.º([1])
Incentivos à reabilitação urbana

1 – Ficam isentos de IRC os rendimentos de qualquer natureza obtidos por fundos de investimento imobiliário que operem de acordo com a legis-

lação nacional, desde que se constituam entre 1 de Janeiro de 2008 e 31 de Dezembro de 2012 e pelo menos 75% dos seus activos sejam bens imóveis sujeitos a acções de reabilitação realizadas nas áreas de reabilitação urbana.

2 – Os rendimentos respeitantes a unidades de participação nos fundos de investimento referidos no número anterior, pagos ou colocados à disposição dos respectivos titulares, quer seja por distribuição ou mediante operação de resgate, são sujeitos a retenção na fonte de IRS ou de IRC, à taxa de 10%, excepto quando os titulares dos rendimentos sejam entidades isentas quanto aos rendimentos de capitais ou entidades não residentes sem estabelecimento estável em território português ao qual os rendimentos sejam imputáveis, excluindo:

  a) As entidades que sejam residentes em país, território ou região sujeito a um regime fiscal claramente mais favorável, constante de lista aprovada por portaria do Ministro das Finanças;
  b) As entidades não residentes detidas, directa ou indirectamente, em mais de 25% por entidades residentes.

3 – O saldo positivo entre as mais-valias e as menos-valias resultantes da alienação de unidades de participação nos fundos de investimento referidos no n.º 1 é tributado à taxa de 10% quando os titulares sejam entidades não residentes a que não seja aplicável a isenção prevista no artigo 27.º do Estatuto dos Benefícios Fiscais ou sujeitos passivos de IRS residentes em território português que obtenham os rendimentos fora do âmbito de uma actividade comercial, industrial ou agrícola e não optem pelo respectivo englobamento.

4 – São dedutíveis à colecta, em sede de IRS, até ao limite de € 500, 30% dos encargos suportados pelo proprietário relacionados com a reabilitação de:

  a) Imóveis, localizados em 'áreas de reabilitação urbana' e recuperados nos termos das respectivas estratégias de reabilitação; ou
  b) Imóveis arrendados passíveis de actualização faseada das rendas nos termos dos artigos 27.º e seguintes do Novo Regime de Arrendamento Urbano (NRAU), aprovado pela Lei n.º 6/2006, de 27 de Fevereiro, que sejam objecto de acções de reabilitação.

5 – As mais-valias auferidas por sujeitos passivos de IRS residentes em território português são tributadas à taxa autónoma de 5%, sem prejuízo da opção pelo englobamento, quando sejam inteiramente decorrentes da alienação de imóveis situados em 'área de reabilitação urbana', recuperados nos termos das respectivas estratégias de reabilitação.

6 – Os rendimentos prediais auferidos por sujeitos passivos de IRS residentes em território português são tributadas à taxa de 5%, sem prejuízo da opção pelo englobamento, quando sejam inteiramente decorrentes do arrendamento de:
   a) Imóveis situados em 'área de reabilitação urbana', recuperados nos termos das respectivas estratégias de reabilitação;
   b) Imóveis arrendados passíveis de actualização faseada das rendas nos termos dos artigos 27.º e seguintes do NRAU, que sejam objecto de acções de reabilitação.

7 – Os prédios urbanos objecto de acções de reabilitação são passíveis de isenção de imposto municipal sobre imóveis por um período de cinco anos, a contar do ano, inclusive, da conclusão da mesma reabilitação, podendo ser renovada por um período adicional de cinco anos.

8 – São isentas do IMT as aquisições de prédio urbano ou de fracção autónoma de prédio urbano destinado exclusivamente a habitação própria e permanente, na primeira transmissão onerosa do prédio reabilitado, quando localizado na 'área de reabilitação urbana'.

9 – A retenção na fonte a que se refere o n.º 2 tem carácter definitivo sempre que os titulares sejam entidades não residentes sem estabelecimento estável em território português ou sujeitos passivos de IRS residentes que obtenham os rendimentos fora do âmbito de uma actividade comercial, industrial ou agrícola, podendo estes, porém, optar pelo englobamento para efeitos desse imposto, caso em que o imposto retido tem a natureza de imposto por conta, nos termos do artigo 78.º do Código do IRS.

10 – A dispensa de retenção na fonte nos casos previstos no n.º 2 só se verifica quando os beneficiários dos rendimentos fizerem prova, perante a entidade pagadora, da isenção de que aproveitam ou da qualidade de não residente em território português, até à data em que deve ser efectuada a retenção na fonte, ficando, em caso de omissão da prova, o substituto tributário obrigado a entregar a totalidade do imposto que deveria ter sido deduzido nos termos da lei, sendo aplicáveis as normas gerais previstas nos competentes códigos relativas à responsabilidade pelo eventual imposto em falta.

11 – A prova da qualidade de não residente em território português é feita nos termos previstos nos artigos 15.º, 16.º e 18.º do Decreto-Lei n.º 193//2005, de 7 de Novembro.

12 – Os titulares de rendimentos respeitantes a unidades de participação nos fundos de investimento referidos no n.º 1, quando englobem os rendimentos que lhes sejam distribuídos, têm direito a deduzir 50% dos rendi-

mentos relativos a dividendos, nos termos e condições previstos no artigo 40.º-A do Código do IRS e no n.º 8 do artigo 46.º do Código do IRC.

13 – As obrigações previstas no artigo 119.º e no n.º 1 do artigo 125.º do Código do IRS devem ser cumpridas pelas entidades gestoras ou registadoras.

14 – As entidades gestoras dos fundos de investimento referidos no n.º 1 são obrigadas a publicar o valor do rendimento distribuído, o valor do imposto retido aos titulares das unidades de participação, bem como a dedução que lhes corresponder para efeitos do disposto no n.º 6.

15 – Caso os requisitos referidos no n.º 1 deixem de verificar-se, cessa a aplicação do regime previsto no presente artigo, passando a aplicar-se o regime previsto no artigo 22.º do Estatuto dos Benefícios Fiscais, devendo os rendimentos dos fundos de investimento referidos no n.º 1 que, à data, não tenham ainda sido pagos ou colocados à disposição dos respectivos titulares ser tributados autonomamente, às taxas previstas no artigo 22.º, acrescendo os juros compensatórios correspondentes.

16 – As entidades gestoras dos fundos de investimento referidos no n.º 1 são solidariamente responsáveis pelas dívidas de imposto dos fundos cuja gestão lhes caiba.

17 – Os encargos a que se refere o n.º 4 devem ser devidamente comprovados e dependem de certificação prévia por parte do órgão de gestão da área de reabilitação ou da comissão arbitral municipal, consoante os casos.

18 – As entidades mencionadas no número anterior devem remeter à administração tributária as certificações referidas no número anterior.

19 – As isenções previstas nos n.ºs 7 e 8 estão dependentes de deliberação da assembleia municipal, que define o seu âmbito e alcance, nos termos do n.º 2 do artigo 12.º da Lei das Finanças Locais.

20 – Os incentivos fiscais consagrados no presente artigo são aplicáveis aos imóveis objecto de acções de reabilitação iniciadas após 1 de Janeiro de 2008 e que se encontrem concluídas até 31 de Dezembro de 2020.

21 – São abrangidas pelo presente regime as acções de reabilitação que tenham por objecto imóveis que preencham, pelo menos, uma das seguintes condições:

a) Sejam prédios urbanos arrendados passíveis de actualização faseada das rendas nos termos dos artigos 27.º e seguintes do NRAU;

b) Sejam prédios urbanos localizados em 'áreas de reabilitação urbana'.

22 – Para efeitos do presente artigo, considera-se:

a) 'Acções de reabilitação' as intervenções destinadas a conferir adequadas características de desempenho e de segurança funcional, estrutural e construtiva a um ou vários edifícios, ou às construções funcionalmente adjacentes incorporadas no seu logradouro, bem como às suas fracções, ou a conceder-lhe novas aptidões funcionais, com vista a permitir novos usos ou o mesmo uso com padrões de desempenho mais elevados, das quais resulte um estado de conservação do imóvel, pelo menos, dois níveis acima do atribuído antes da intervenção;

b) 'Área de reabilitação urbana' a área territorialmente delimitada, compreendendo espaços urbanos caracterizados pela insuficiência, degradação ou obsolescência dos edifícios, das infra-estruturas urbanísticas, dos equipamentos sociais, das áreas livres e espaços verdes, podendo abranger designadamente áreas e centros históricos, zonas de protecção de imóveis classificados ou em vias de classificação, nos termos da Lei de Bases do Património Cultural, áreas urbanas degradadas ou zonas urbanas consolidadas;

c) 'Estado de conservação' o estado do edifício ou da habitação determinado nos termos do disposto no NRAU e no Decreto-Lei n.º 156/2006, de 8 de Agosto, para efeito de actualização faseada das rendas ou, quando não seja o caso, classificado pelos competentes serviços municipais, em vistoria realizada para o efeito, com referência aos níveis de conservação constantes do quadro do artigo 33.º do NRAU.

23 – A comprovação do início e da conclusão das acções de reabilitação é da competência da câmara municipal ou de outra entidade legalmente habilitada para gerir um programa de reabilitação urbana para a área da localização do imóvel, incumbindo-lhes certificar o estado dos imóveis, antes e após as obras compreendidas na acção de reabilitação.

24 – A delimitação das áreas de reabilitação urbana para efeitos do presente artigo é da competência da assembleia municipal, sob proposta da câmara municipal, obtido parecer do IHRU, I. P., no prazo de 30 dias, improrrogáveis.

25 – Caso a delimitação opere sobre uma área classificada como área crítica de recuperação ou reconversão urbanística (ACRRU), não há lugar à emissão do parecer referido no número anterior.

([1]) Aditado pelo art. 99.º da Lei n.º 64-A/2008, de 31 de Dezembro.

FORMAS DE ENERGIA RENOVÁVEIS
[22]

PORTARIA N.º 725/91, DE 29 DE JULHO

As energias renováveis podem actualmente desempenhar um papel relevante na satisfação dos consumos domésticos. Todavia, os problemas que decorrem, designadamente, do elevado investimento inicial na aquisição dos equipamentos tem obstado à desejável expansão do recurso a estas energias.

Por esse facto, considerou-se que o instrumento da actuação mais apropriado para estimular o recurso pelos consumidores domésticos à utilização das energias renováveis seria o do incentivo fiscal.

Em conformidade, o Governo incluiu na proposta de lei do Orçamento do Estado para 1991 um normativo nos termos do qual se preconizava que, para apuramento do rendimento colectável dos sujeitos passivos residentes em território português, à totalidade dos rendimentos fossem abatidas as importâncias despendidas na aquisição de equipamentos novos para a utilização de energias renováveis não susceptíveis de serem consideradas custos nas categorias B, C ou D. Essa proposta encontra-se corporizada na alínea *i*) do n.º 1 do artigo 55.º do Código do Imposto sobre o Rendimento das Pessoas Singulares, na redacção que lhe foi dada pela Lei n.º 65/90, de 28 de Dezembro.

Importa agora, para os efeitos daquele normativo, proceder à delimitação do conceito de energias renováveis, bem como dos procedimentos a adoptar pelos sujeitos passivos que pretendem beneficiar do abatimento nele previsto.

Assim:

Manda o Governo, pelos Secretários de Estado dos Assuntos Fiscais e da Energia, ao abrigo da alínea *c*) do artigo 202.º da Constituição, o seguinte:

1.º As formas de energia renováveis a que se aplica a presente portaria são a radiação solar directa ou difusa, a energia contida nos resíduos florestais ou agrícolas e a energia eólica.

2.º Os equipamentos abrangidos pela presente portaria são os constantes da lista anexa, que dela faz parte integrante.

3.º Os sujeitos passivos deverão possuir factura ou documento equivalente comprovativos da aquisição e instalação dos equipamentos, nos termos previstos no artigo 119.º do Código do Imposto sobre o Rendimento das Pessoas Singulares.

4.º Em caso de dúvida quanto à qualificação dos equipamentos, a administração fiscal poderá solicitar à Direcção-Geral de Energia parecer técnico sobre o respectivo enquadramento.

Ministérios das Finanças e da Indústria e Energia.
Assinada em 7 de Junho de 1991.

Lista anexa

1 – Instalações solares térmicas para aquecimento de águas sanitárias, utilizando como dispositivos de captação da energia colectores solares planos ou colectores solares concentradores.

2 – Bombas de calor destinadas ao aquecimento de águas sanitárias.

3 – Painéis fotovoltaicos e respectivos sistemas de controlo e armazenamento de energia, destinados ao abastecimento de energia eléctrica a habitações.

4 – Aerogeradores de potência nominal inferior a 5 kW e respectivos sistemas de controlo e armazenamento de energia, destinados ao abastecimento de energia eléctrica a habitações.

5 – Equipamentos de queima de resíduos florestais, nomeadamente salamandras e fogões para aquecimento ambiente, recuperadores de calor de lareiras destinados quer ao aquecimento ambiente quer de águas sanitárias e as caldeiras destinadas à alimentação de sistemas de aquecimento ambiente ou aquecimento de águas sanitárias.

Doutrina Administrativa:
– Energias renováveis – deduções à colecta (ver Ofício-circulado n.º 20 064, de 12 de Março de 2002) **[52]** – pág. 848.

LEI DA LIBERDADE RELIGIOSA
[23]

LEI N.º 16/2001, DE 22 DE JUNHO

ARTIGO 31.º
Prestações livres de imposto

1 – As igrejas e demais comunidades religiosas podem livremente, sem estarem sujeitas a qualquer imposto:
    a) Receber prestações dos crentes para o exercício do culto e ritos, bem como donativos para a realização dos seus fins religiosos, com carácter regular ou eventual;
    b) Fazer colectas públicas, designadamente dentro ou à porta dos lugares de culto, assim como dos edifícios ou lugares que lhes pertençam;
    c) Distribuir gratuitamente publicações com declarações, avisos ou instruções em matéria religiosa e afixá-las nos lugares de culto.
2 – Não está abrangido pelo disposto no número anterior o preço de prestações de formação, terapia ou aconselhamento espiritual, oferecidas empresarialmente.

Doutrina Administrativa:
– Concordata 2004 (Circular n.º 6/2005) – pág. 761.

ARTIGO 32.º
Benefícios fiscais

1 – As pessoas colectivas religiosas inscritas estão isentas de qualquer imposto ou contribuição geral, regional ou local, sobre:
    a) Os lugares de culto ou outros prédios ou partes deles directamente destinados à realização de fins religiosos;
    b) As instalações de apoio directo e exclusivo às actividades com fins religiosos;
    c) Os seminários ou quaisquer estabelecimentos efectivamente destinados à formação dos ministros do culto ou ao ensino da religião;
    d) As dependências ou anexos dos prédios descritos nas alíneas *a*) a *c*) a uso de instituições particulares de solidariedade social;
    e) Os jardins e logradouros dos prédios descritos nas alíneas *a*) a *d*) desde que não estejam destinados a fins lucrativos.
2 – As pessoas colectivas religiosas inscritas estão igualmente isentas do imposto

municipal de sisa e sobre as sucessões e doações ou quaisquer outros com incidência patrimonial substitutivos destes, quanto:

   a) Às aquisições de bens para fins religiosos;

   b) Aos actos de instituição de fundações, uma vez inscritas como pessoas colectivas religiosas.

3 – Os donativos atribuídos pelas pessoas singulares às pessoas colectivas religiosas inscritas para efeitos de imposto sobre o rendimento das pessoas singulares são dedutíveis à colecta em valor correspondente a 25% das importâncias atribuídas, até ao limite de 15% da colecta.

3 – Os donativos atribuídos pelas pessoas singulares às pessoas colectivas religiosas inscritas para efeitos de imposto sobre o rendimento das pessoas singulares são dedutíveis à colecta, nos termos e limites fixados nas alíneas b) e c) do n.º 1 do artigo 63.º do Estatuto dos Benefícios Fiscais, sendo a sua importância considerada em 130% do seu quantitativo. *(Redacção dada pela Lei n.º 91/2009, de 31 de Agosto)*

5 – As verbas destinadas, nos termos do número anterior, às igrejas e comunidades religiosas são entregues pelo Tesouro às mesmas ou às suas organizações representativas, que apresentarão na Direcção-Geral dos Impostos relatório anual do destino dado aos montantes recebidos.

6 – O contribuinte que não use a faculdade prevista no n.º 4 pode fazer uma consignação fiscal equivalente a favor de uma pessoa colectiva de utilidade pública de fins de beneficência ou de assistência ou humanitários ou de uma instituição particular de solidariedade social, que indicará na sua declaração de rendimentos.

7 – As verbas a entregar às entidades referidas nos n.os 4 e 6 devem ser inscritas em rubrica própria no Orçamento do Estado.

Doutrina Administrativa:
– Consignação da quota de 0,5%, do IRS liquidado. Donativos com fins religiosos (Circular n.º 16/2004) **[50]** – pág. 760.

ARTIGO 58.º
Legislação aplicável à Igreja Católica

Fica ressalvada a Concordata entre a Santa Sé e a República Portuguesa de 7 de Maio de 1940, o Protocolo Adicional à mesma de 15 de Fevereiro de 1975, bem como a legislação aplicável à Igreja Católica, não lhe sendo aplicáveis as disposições desta lei relativas às igrejas ou comunidades religiosas inscritas ou radicadas no País, sem prejuízo da adopção de quaisquer disposições por acordo entre o Estado e a Igreja Católica ou por remissão da Lei.

....

ARTIGO 65.º(¹)
Isenção do imposto sobre o valor acrescentado

1 – As igrejas e comunidades religiosas radicadas no País, os institutos de vida consagrada e outros institutos com a natureza de associações ou fundações, por aquelas fundados ou reconhecidos, e ainda as federações e as associações em que as mesmas se inte-

grem podem pedir a restituição do imposto sobre o valor acrescentado no período a que respeita a colecta, nos termos previstos no artigo 1.º do Decreto-Lei n.º 20/90, de 13 de Janeiro, enquanto vigorar.

2 – As instituições particulares de solidariedade social podem pedir a restituição do imposto sobre o valor acrescentado no período a que respeita a colecta, nos termos previstos no artigo 2.º do Decreto-Lei n.º 20/90, de 13 de Janeiro, enquanto vigorar.

([1]) Redacção dada pela Lei n.º 91/2009, de 31 de Agosto.

ARTIGO 66.º
Entrada em vigor dos benefícios fiscais

Os artigos 32.º e 65.º entram em vigor na data do início do ano económico seguinte ao da entrada em vigor da presente lei.

ARTIGO 67.º
Radicação no País

O tempo de presença social organizada no País necessário para as igrejas e comunidades religiosas inscritas requererem o atestado de que estão radicadas no País a que se refere a regra da primeira parte do n.º 2 do artigo 37.º é de 26 anos em 2001, de 27 anos em 2002, de 28 anos em 2003 e de 29 anos em 2004.

ARTIGO 68.º
Códigos e leis fiscais

O Governo fica autorizado a introduzir nos códigos e leis fiscais respectivos o regime fiscal decorrente da presente lei.

ARTIGO 69.º
Legislação complementar

O Governo deve tomar as medidas necessárias para assegurar o cumprimento da presente lei e publicar, no prazo de 60 dias, a legislação sobre o registo das pessoas colectivas religiosas e sobre a Comissão da Liberdade Religiosa.

PORTARIA N.º 80/2003, DE 22 DE JANEIRO

Estabelece os procedimentos que devem ser observados pelas entidades que, ao abrigo do disposto no n.º 6 do artigo 32.º da Lei n.º 16/2001, de 22 de Junho *(Lei da Liberdade Religiosa)*, requeiram a consignação de uma parte do IRS liquidado.

O artigo 32.º da Lei n.º 16/2001, de 22 de Junho (Lei da Liberdade Religiosa), contém um conjunto de disposições em matéria fiscal, que compreende isenções, desagravamentos pela entrega de donativos com fins religiosos a igrejas e demais comunidades religiosas radicadas no País e ainda a possibilidade de uma percentagem do imposto que for liquidado a pessoas singulares, sujeitos passivos de IRS, ser destinado, por indicação expressa destes, às mesmas entidades ou a outras, identificadas no diploma, que prossigam fins humanitários ou de beneficência.

Apesar de a aplicação da Lei da Liberdade Religiosa depender de regulamentação, nos termos do artigo 69.º, designadamente no que concerne ao respectivo regime fiscal, no sentido do estabelecimento das condições necessárias à atribuição de personalidade jurídica às pessoas colectivas religiosas e da criação das regras de organização e funcionamento da Comissão da Liberdade Religiosa, a que se referem os artigos 52.º e 53.º, algumas das suas disposições com incidência na área de tributação do rendimento das pessoas singulares poderão já entrar em vigor no ano económico de 2002, de harmonia com o disposto no artigo 66.º, visto terem como destinatárias entidades dotadas de personalidade jurídica e regime jurídico próprio. É o caso das pessoas colectivas de utilidade pública que prossigam fins de beneficência ou de assistência ou humanitários e das instituições particulares de solidariedade social, relativamente às quais basta a prévia instituição do quadro de procedimentos que por estas deverão ser observados para a invocação dos benefícios fiscais a que têm direito.

Assim:

Manda o Governo, pela Ministra de Estado e das Finanças, ao abrigo do disposto nos artigos 68.º e 69.º da Lei da Liberdade Religiosa, o seguinte:

1.º As pessoas colectivas de utilidade pública que prossigam fins de beneficência ou de assistência ou humanitários e, de harmonia com o disposto no n.º 2 do artigo 65.º da Lei da Liberdade Religiosa, as instituições particulares de solidariedade social nela referidas que não tenham optado pela restituição do IVA suportado, ao abrigo do Decreto-Lei n.º 20/90, de 13 de Janeiro, que queiram beneficiar da consignação da quota equivalente a 0,5% do IRS liquidado aos sujeitos passivos deste imposto, nos termos do n.º 6 do artigo 32.º do mesmo diploma, deverão, junto da Direcção-Geral dos Impostos:

a) Fazer prova da obtenção do reconhecimento, pelo membro do Governo que tutela a respectiva actividade, da prossecução dos fins relevantes para o efeito da aplicação da Lei da Liberdade Religiosa ou de já terem obtido o reconhecimento da isenção de IRC, com fundamento no exercício de actividade com os mesmos fins, com carácter exclusivo, nos termos do artigo 10.º do Código do IRC;

 b) Requerer o benefício fiscal correspondente, nos termos da parte final do n.º 4 do artigo 32.º da mesma lei;

 c) Para o efeito do disposto na alínea anterior, e de harmonia com o n.º 2 do artigo 65.º da referida lei, as instituições particulares de solidariedade social deverão ainda declarar que renunciam à restituição do IVA respeitante ao ano do IRS liquidado, nos termos do Decreto-Lei n.º 20/90, de 13 de Janeiro, sem prejuízo da observância dos procedimentos previstos neste diploma.

2.º As obrigações referidas no número anterior deverão ser cumpridas até 31 de Dezembro de cada ano.

3.º Em caso de liquidação correctiva do IRS respeitante à consignação referida no artigo 1.º, o valor consignado será corrigido para mais ou para menos de acordo com os procedimentos que vierem a ser definidos por despacho ministerial.

A Ministra de Estado e das Finanças, *Maria Manuela Dias Ferreira Leite,* em 30 de Dezembro de 2002.

PORTARIA N.º 362/2004, DE 8 DE ABRIL

Fixa os procedimentos que deverão ser observados pelas pessoas colectivas religiosas inscritas no RPCR (registo de pessoas colectivas religiosas), ao abrigo do Decreto-Lei n.º 134/2003, de 28 de Junho, que queiram beneficiar dos regimes de donativos ou de consignação da quota do IRS liquidado, nos termos do artigo 32.º n.ºs 3 a 5, da Lei da Liberdade Religiosa.

O artigo 32.º da Lei n.º 16/2001, de 22 de Junho (Lei da Liberdade Religiosa), contém um conjunto de disposições em matéria fiscal que compreende isenções e desagravamentos pela entrega de donativos com fins religiosos a igrejas e demais comunidades religiosas radicadas no País e, ainda, a possibilidade de uma percentagem do imposto que for liquidado a pessoas singulares, sujeitos passivos de IRS, ser destinado, por indicação expressa destes, às mesmas entidades ou a outras identificadas no diploma que prossigam fins humanitários ou de beneficência.

Nos termos dos artigos 68.º e 69.º da Lei da Liberdade Religiosa, ficou o Governo autorizado a introduzir nos códigos e nas leis fiscais o regime fiscal previsto neste diploma e incumbido de tomar as medidas necessárias para assegurar o seu cumprimento e publicar a legislação sobre o registo das pessoas colectivas religiosas e sobre a Comissão da Liberdade Religiosa.

Com a publicação do Decreto-Lei n.º 134/2003, de 28 de Junho (criação do registo de pessoas colectivas religiosas – RPCR), e do Decreto-Lei n.º 308/2003, de 10 de Dezembro (regulamentação da Comissão da Liberdade Religiosa), completou-se o quadro legislativo necessário à aplicação plena do regime fiscal da Lei da Liberdade Religiosa, designadamente no tocante aos donativos atribuídos pelas pessoas singulares às pessoas religiosas inscritas e à consignação, para fins religiosos ou de beneficência, de uma quota de 0,5% do IRS liquidado com base nas declarações anuais, nos termos dos n.ºs 3 a 7 do artigo 32.º da mesma lei.

Nesta conformidade, e em complemento da Portaria n.º 80/2003, de 22 de Janeiro, que fixou os procedimentos a observar pelas entidades referidas no n.º 6 do artigo 32.º da Lei da Liberdade Religiosa para poderem beneficiar da consignação da quota do IRS liquidado, importa agora fixar os procedimentos que deverão ser observados pelas pessoas colectivas religiosas inscritas no RPCR ao abrigo do Decreto-Lei n.º 134/2003, de 28 de Junho, que queiram beneficiar dos referidos regimes de donativos ou de consignação da quota do imposto liquidado.

Assim:

Manda o Governo, pela Ministra de Estado e das Finanças, ao abrigo do disposto nos artigos 68.º e 69.º da Lei da Liberdade Religiosa, o seguinte:

1.º As entidades inscritas no registo de pessoas colectivas religiosas (RPCR) ao abrigo do disposto no Decreto-Lei n.º 134/2003, de 28 de Junho, que queiram beneficiar dos donativos fiscalmente relevantes e da consignação da quota equivalente a 0,5% do IRS liquidado aos sujeitos passivos deste imposto, nos termos dos n.ºs 3 a 5 do artigo 32.º da Lei n.º 16/2001, de 22 de Junho (Lei da Liberdade Religiosa), deverão, junto da Direcção--Geral dos Impostos:

   a) Fazer prova da sua inscrição no RPCR;
   b) Requerer o benefício fiscal correspondente, nos termos da parte final do n.º 4 do artigo 32.º da mesma lei;
   c) Declarar, para os efeitos do diposto no n.º 1 do artigo 65.º, que renunciam à restituição do imposto sobre o valor acrescentado suportado no ano económico a que respeita o recebimento do donativo ou a quota do IRS a consignar, nos termos do artigo 1.º do Decreto-Lei n.º 20/90, de 13 de Janeiro;
   d) Apresentar relatório anual do destino dado aos montantes recebidos ao abrigo do n.º 4 do artigo 32.º, até ao último dia útil do mês de Junho do ano seguinte ao do seu recebimento.

2.º As obrigações referidas nas alíneas *a)* a *c)* do número anterior deverão ser cumpridas até 31 de Dezembro do ano fiscal anterior ao da atribuição do donativo ou daquele a que respeita a colecta a consignar.

3.º Em caso de liquidação correctiva do IRS respeitante ao ano a que respeita a colecta a consignar, o valor consignado será corrigido para mais ou para menos de acordo com os procedimentos que vierem a ser definidos por despacho ministerial.

A Ministra de Estado e das Finanças, *Maria Manuela Dias Ferreira Leite*, em 18 de Fevereiro de 2004.

ESTATUTO DO MECENATO CIENTÍFICO
[24]

LEI N.º 26/2004, DE 8 DE JULHO

Aprova o Estatuto do Mecenato Científico

A Assembleia da República decreta, nos termos da alínea c) do artigo 161.º da Constituição, para valer como lei geral da República, o seguinte:

ARTIGO 1.º
Aprovação do Estatuto do Mecenato Científico

É aprovado o Estatuto do Mecenato Científico, anexo à presente lei e dela fazendo parte integrante.

ARTIGO 2.º
Alteração ao Decreto-Lei n.º 74/99, de 16 de Março

O artigo 1.º do Decreto-Lei n.º 74/99, de 16 de Março, bem como os artigos 1.º, 3.º, 4.º-A e 5.º-A do Estatuto do Mecenato, aprovado pelo mesmo diploma, passam a ter a seguinte redacção:

....

ARTIGO 3.º
Entrada em vigor

1 – A presente lei entra em vigor no prazo de 90 dias, salvo os artigos 8.º e 9.º do Estatuto do Mecenato Científico, que apenas produzem efeitos a partir de 1 de Janeiro de 2005.

2 – Ficam, todavia, ressalvados os efeitos jurídicos decorrentes de reconhecimentos já efectuados.

3 – Até à entrada em vigor dos artigos 8.º e 9.º do Estatuto do Mecenato Científico, para efeitos de determinação dos montantes dos respectivos incentivos fiscais, é aplicável o disposto no Estatuto do Mecenato, aprovado pelo Decreto-Lei n.º 74/99, de 16 de

Março, alterado pelas Leis n.ᵒˢ 160/99, de 14 de Setembro, 176-A/99, de 30 de Dezembro, 3-B/2000, de 4 de Abril, 30-C/2000, de 29 de Dezembro, 30-G/2000, de 29 de Dezembro, e 109-B/2001, de 27 de Dezembro, e pela Lei n.º 107-B/2003, de 31 de Dezembro.

Aprovada em 6 de Maio de 2004.

O Presidente da Assembleia da República, *João Bosco Mota Amaral*.

Promulgada em 22 de Junho de 2004.

Publique-se.

O Presidente da República, JORGE SAMPAIO.

Referendada em 24 de Junho de 2004.

O Primeiro-Ministro, *José Manuel Durão Barroso*.

ESTATUTO DO MECENATO CIENTÍFICO

CAPÍTULO I
Disposições gerais

ARTIGO 1.º
Âmbito de aplicação

1 – O presente Estatuto regula os incentivos fiscais e não fiscais a usufruir pelas pessoas singulares e colectivas, de natureza pública ou privada, que concedam a outras donativos em dinheiro ou em espécie, sem contrapartidas que configurem obrigações de carácter pecuniário ou comercial, destinados exclusivamente à realização de actividades de natureza científica ou à promoção de condições que permitam a sua realização.

2 – Os incentivos regulados no presente Estatuto não são cumuláveis com quaisquer outros de idêntica natureza.

ARTIGO 2.º
Modalidades

1 – São modalidades do mecenato científico:
a) O mecenato de projecto de investigação;
b) O mecenato de equipamento científico;
c) O mecenato de recursos humanos;
d) O mecenato para a divulgação científica;
e) O mecenato de inovação ou aplicação industrial.

2 – Para efeitos do disposto no número anterior, entende-se por:
a) «Mecenato de projecto de investigação» o contributo de uma pessoa singular ou colectiva, nos termos do artigo 1.º, destinado a apoiar o desenvolvimento de um projecto de investigação científica, desde que no quadro de uma instituição legalmente reconhecida pelo Ministério da Ciência e do Ensino Superior, salvo quando tal contributo tenha por objecto o pagamento de taxas de frequência obrigatórias dos estabelecimentos de ensino superior;

b) «Mecenato de equipamento científico» o contributo de uma pessoa singular ou colectiva, nos termos do artigo 1.º, destinado a apoiar a aquisição de instalações e ou equipamento científico, bem como a realização de obras de conservação em instalações destinadas à investigação científica;

c) «Mecenato de recursos humanos» a cedência de investigadores e ou especialistas de uma entidade a outra, para o desenvolvimento, em exclusividade, de um projecto de investigação ou demonstração;

d) «Mecenato para a divulgação científica» o contributo de uma pessoa singular ou colectiva, nos termos do artigo 1.º, destinado a apoiar actividades de divulgação científica, incluindo a realização de grandes eventos científicos, como feiras, congressos e exposições;

e) «Mecenato de inovação ou aplicação industrial» o contributo de uma pessoa singular ou colectiva, nos termos do artigo 1.º, destinado a apoiar a demonstração, em ambiente industrial, de resultados de investigação e desenvolvimento tecnológico, desde que tal demonstração assuma carácter inovador.

3 – O mecenato científico pode ser singular ou colectivo, consoante seja praticado por uma ou mais pessoas singulares ou colectivas, tendo por objecto a mesma prestação.

ARTIGO 3.º
Entidades beneficiárias

1 – São consideradas entidades beneficiárias as destinatárias directas dos donativos a que se refere o artigo 1.º, independentemente da sua natureza jurídica e cuja actividade consista predominantemente na realização de actividades científicas, considerando-se como tal:

a) Fundações, associações e institutos públicos ou privados;
b) Instituições de ensino superior, bibliotecas, mediatecas e centros de documentação;
c) Laboratórios do Estado, laboratórios associados, unidades de investigação e desenvolvimento, centros de transferência e centros tecnológicos.

2 – São ainda consideradas como entidades beneficiárias:

a) Órgãos de comunicação social, quando se trate de mecenato para a divulgação científica;
b) Empresas nas quais se desenvolvam acções de demonstração a que refere a alínea *e)* do n.º 2 do artigo 2.º

ARTIGO 4.º
Mecenas

1 – São consideradas mecenas as pessoas singulares ou colectivas que concedam donativos às entidades a que se refere o artigo anterior, nos termos do presente Estatuto.

2 – Não são considerados mecenas, para os efeitos previstos nesta lei:

a) Os titulares de cargos de direcção ou administração da entidade beneficiária;
b) As pessoas, singulares ou colectivas, relativamente às quais a entidade beneficiária seja economicamente dependente, considerando-se como tal a titularidade de mais de 50% do capital da entidade beneficiária.

3 – Exceptuam-se do disposto no número anterior os membros fundadores das entidades beneficiárias.

4 – As incompatibilidades a que se refere o n.º 2 são motivo de rejeição da acreditação, nos termos do artigo 6.º

5 – Para os efeitos previstos no capítulo II, não é reconhecido o mecenato recíproco nem o mecenato em cadeia.

ARTIGO 5.º
Acreditação

1 – A usufruição de qualquer dos incentivos previstos no presente diploma depende de acreditação, consubstanciando-se esta na emissão do certificado Ciência 2010.

2 – O certificado Ciência 2010 é atribuído a cada donativo, por uma entidade acreditadora designada por despacho do Ministro da Ciência e do Ensino Superior, e comprova a afectação do donativo a uma actividade de natureza científica.

3 – Nos casos em que o donativo não tenha sido ainda atribuído, o certificado Ciência 2010 deverá estabelecer o seu prazo de validade.

ARTIGO 6.º
Processo de acreditação

1 – Para obter o certificado Ciência 2010 a entidade mecenas deve apresentar à entidade acreditadora documento justificativo contendo os seguintes elementos:

a) Nome completo, domicílio ou sede e número de contribuinte da entidade mecenas e da entidade beneficiária;

b) Descrição detalhada do donativo atribuído ou a atribuir, incluindo o seu valor pecuniário e a identificação da actividade a que se destina, nomeadamente o seu lugar de execução e uma estimativa de custos do projecto, quando se justifique;

c) Declaração de inexistência de incompatibilidades, tal como definidas no artigo 4.º do presente Estatuto.

2 – A entidade beneficiária deve fornecer à entidade mecenas as informações necessárias ao cumprimento do disposto no número anterior.

3 – Recebido o pedido, a entidade acreditadora dispõe de 30 dias para proferir uma decisão, devendo convidar, de imediato, a entidade mecenas a suprir as insuficiências do pedido, dentro do mesmo prazo.

4 – Serão indeferidos:

a) Os pedidos que não contenham as informações referidas no n.º 1, desde que, ultrapassado o prazo previsto, e após ser dado conhecimento daquela falta, por escrito, a entidade mecenas não as apresente;

b) Os pedidos cuja justificação se apresente manifestamente insuficiente.

5 – A decisão de acreditação é comunicada, por escrito, à entidade mecenas e à entidade beneficiária, devendo a entidade acreditadora enviar, anualmente, às autoridades fiscais lista de todos os certificados Ciência 2010 atribuídos.

ARTIGO 7.º
Reconhecimento por despacho conjunto

1 – Sem prejuízo do disposto nos artigos anteriores, nos casos em que a entidade beneficiária seja de natureza privada, a acreditação depende de prévio reconhecimento, através de despacho conjunto dos Ministros das Finanças e da Ciência e do Ensino Superior.

2 – A entidade beneficiária deve requerer, fundamentadamente, junto da entidade acreditadora o reconhecimento da natureza científica da actividade por si desenvolvida, competindo à entidade acreditadora emitir parecer sobre o mesmo e remeter o pedido à tutela.

3 – Do despacho conjunto referido no n.º 1 consta necessariamente a fixação do prazo de validade de tal reconhecimento.

CAPÍTULO II
Incentivos fiscais

ARTIGO 8.º
Imposto sobre o rendimento das pessoas colectivas

1 – São considerados custos ou perdas do exercício, em valor correspondente a 130% do respectivo total, para efeitos do IRC ou da categoria B do IRS, os donativos atribuídos às entidades previstas no artigo 3.º do presente Estatuto, pertencentes:

a) Ao Estado, às Regiões Autónomas e autarquias locais e a qualquer dos seus serviços, estabelecimentos e organismos, ainda que personalizados;

b) A associações de municípios e freguesias;

c) A fundações em que o Estado, as Regiões Autónomas ou as autarquias locais participem no património inicial.

2 – São considerados custos ou perdas do exercício, até ao limite de 8‰ do volume de vendas ou de serviços prestados, em valor correspondente a 130% para efeitos do IRC ou da categoria B do IRS, os donativos atribuídos às entidades de natureza privada previstas no artigo 3.º do presente Estatuto.

3 – Os donativos previstos nos números anteriores são considerados custos em valor correspondente a 140% do seu valor quando atribuídos ao abrigo de contratos plurianuais que fixem objectivos a atingir pelas entidades beneficiárias e os montantes a atribuir pelos sujeitos passivos.

ARTIGO 9.º
Imposto sobre o rendimento das pessoas singulares

1 – Os donativos atribuídos pelas pessoas singulares residentes em território nacional às entidades previstas no artigo 3.º do presente Estatuto são dedutíveis à colecta do ano a que dizem respeito, com as seguintes especificidades:

a) Em valor correspondente a 25% das importâncias atribuídas, no caso das entidades beneficiárias a que se refere o n.º 1 do artigo anterior;

b) Em valor correspondente a 25% das importâncias atribuídas, até ao limite de 15% da colecta, nos casos a que se refere o n.º 2 do artigo anterior.

2 – As deduções previstas no número anterior só são efectuadas no caso de não terem sido contabilizadas como custos.

ARTIGO 10.º
Imposto sobre o valor acrescentado

Não estão sujeitas a IVA as transmissões de bens e as prestações de serviços efectuadas a título gratuito pelas entidades às quais forem concedidos donativos abrangidos pelo presente Estatuto, em benefício directo das pessoas singulares ou colectivas que os atribuam quando o correspondente valor não ultrapassar, no seu conjunto, 5% do montante do donativo recebido.

ARTIGO 11.º
Valor dos donativos em espécie

1 – No caso de donativos em espécie efectuados por sujeitos passivos de IRC ou por sujeitos passivos de IRS que exerçam actividades empresariais e profissionais, considera-se, para efeitos do presente Estatuto, que o valor dos bens é o valor fiscal que os mesmos tiverem no exercício em que forem doados, ou seja:

a) No caso de bens do activo imobilizado, o custo de aquisição ou de produção deduzido das reintegrações efectivamente praticadas e aceites para efeitos fiscais, sem prejuízo do disposto na parte final da alínea *a)* do n.º 5 do artigo 29.º do Código do IRC;

b) No caso de bens com a natureza de existências, o custo de aquisição ou de produção eventualmente deduzido das provisões que devam ser constituídas de acordo com o respectivo regime fiscal.

2 – Sendo os bens doados por sujeitos passivos de IRS que não exerçam actividades empresariais ou profissionais, ou que, exercendo-as, os mesmos bens não lhes estejam afectos, o seu valor corresponde ao respectivo custo de aquisição ou de produção, devidamente comprovado.

3 – No caso de mecenato de recursos humanos, considera-se, para efeitos do presente Estatuto, que o valor da cedência de um investigador ou especialista é o valor correspondente aos encargos despendidos pela entidade patronal com a sua remuneração, incluindo os suportados para regimes obrigatórios de segurança social, durante o período da respectiva cedência.

ARTIGO 11.º-A[1]
Obrigações acessórias das entidades beneficiárias

1 – As entidades beneficiárias dos donativos são obrigadas a:

a) Emitir documento comprovativo dos montantes dos donativos recebidos dos seus mecenas, com a indicação do seu enquadramento no âmbito do presente Estatuto, e bem assim, com a menção de que o donativo é concedido sem contrapartidas;

b) Possuir registo actualizado das entidades mecenas, do qual constem, nomeadamente, o nome, o número de identificação fiscal, bem como a data e o valor de cada donativo que lhes tenha sido atribuído nos termos do presente Estatuto;

c) Entregar à Direcção-Geral dos Impostos, até ao final do mês de Fevereiro de cada ano, uma declaração de modelo oficial, referente aos donativos recebidos no ano anterior.

2 – Para efeitos da alínea *a)* do número anterior, o documento comprovativo deve conter:

a) A qualidade jurídica da entidade beneficiária;

b) O normativo legal onde se enquadra, bem como, se for caso disso, a identificação do despacho necessário ao reconhecimento;

c) O montante do donativo em dinheiro, quando este for de natureza monetária;

d) No caso de donativos em espécie, a identificação dos bens, dos serviços e o respectivo valor, determinado nos termos do artigo anterior.

3 – Os donativos em dinheiro de valor superior a € 200 devem ser efectuados através de meio de pagamento que permita a identificação do mecenas, designadamente transferência bancária, cheque nominativo ou débito directo.

Legislação Complementar:
– Portaria n.º 13/2008, de 4 de Janeiro – Donativos recebidos. Aprova a declaração modelo n.º 25 e respectivas instruções de preenchimento.

Doutrina administrativa:
– Obrigações acessórias das entidades beneficiárias (Of. circulado n.º 20 125, de 8 de Janeiro de 2008) **[52]** – pág. 875.

(^{1}) Aditado pelo art. 77.º da Lei n.º 67-A/2007, de 31 de Dezembro.

CAPÍTULO III
Incentivos não fiscais

ARTIGO 12.º
Rede Nacional do Mecenato Científico

·1 – É criada a Rede Nacional do Mecenato Científico – MECEN.PT – destinada a promover e divulgar o mecenato científico.

2 – Fazem parte da MECEN.PT todas as entidades mecenas às quais seja atribuído o certificado Ciência 2010 e as entidades beneficiárias, podendo, ainda, integrar a Rede todos os interessados na promoção do mecenato científico.

3 – A Rede assenta numa base de dados de livre acesso, contendo informação sobre as acções de mecenato científico já realizadas e em curso, bem como sobre os mecenas e beneficiários, sem prejuízo do cumprimento do desejo de anonimato eventualmente expresso junto da entidade acreditadora, no momento do reconhecimento, caso em que a entidade será apenas tida em conta para efeitos estatísticos.

4 – Anualmente, serão atribuídos, em cerimónia pública, promovida pelo Ministério da Ciência e do Ensino Superior, os prémios Mecenas aos membros da MECEN.PT que mais se destaquem no âmbito do mecenato científico.

SIFIDE, SISTEMA DE INCENTIVOS FISCAIS EM INVESTIGAÇÃO E DESENVOLVIMENTO EMPRESARIAL
[25]

LEI N.º 40/2005, DE 3 DE AGOSTO

A Assembleia da República decreta, nos termos da alínea c) do artigo 161.º da Constituição, a lei seguinte:

ARTIGO 1.º
Objecto

A presente lei tem por objecto o sistema de incentivos fiscais em investigação e desenvolvimento (I&D) empresarial, SIFIDE, o qual se processa nos termos dos artigos seguintes.

ARTIGO 2.º
Conceitos

Para efeitos do disposto na presente lei, consideram-se:

a) «Despesas de investigação» as realizadas pelo sujeito passivo de IRC com vista à aquisição de novos conhecimentos científicos ou técnicos;

b) «Despesas de desenvolvimento» as realizadas pelo sujeito passivo de IRC através da exploração de resultados de trabalhos de investigação ou de outros conhecimentos científicos ou técnicos com vista à descoberta ou melhoria substancial de matérias-primas, produtos, serviços ou processos de fabrico.

ARTIGO 3.º
Despesas elegíveis

1 – Consideram-se dedutíveis as seguintes categorias de despesas, desde que se refiram a actividades de investigação e desenvolvimento, tal como definidas no artigo anterior:

a) Aquisições de imobilizado, à excepção de edifícios e terrenos, desde que criados ou adquiridos em estado novo e directamente afectos à realização de actividades de I&D;

b) Despesas com pessoal directamente envolvido em tarefas de I&D;

c) Despesas com a participação de dirigentes e quadros na gestão de instituições de I&D;

d) Despesas de funcionamento, até ao máximo de 55% das despesas com o pessoal directamente envolvido em tarefas de I&D contabilizadas a título de remunerações, ordenados ou salários, respeitantes ao exercício;

e) Despesas relativas à contratação de actividades de I&D junto de entidades públicas ou beneficiárias do estatuto de utilidade pública ou de entidades cuja idoneidade em matéria de investigação e desenvolvimento seja reconhecida por despacho conjunto dos Ministros da Economia e da Inovação e da Ciência, Tecnologia e Ensino Superior;

f) Participação no capital de instituições de I&D e contributos para fundos de investimentos, públicos ou privados, destinados a financiar empresas dedicadas sobretudo a I&D, incluindo o financiamento da valorização dos seus resultados, cuja idoneidade em matéria de investigação e desenvolvimento seja reconhecida por despacho conjunto dos Ministros da Economia e da Inovação e da Ciência, Tecnologia e Ensino Superior;

g) Custos com registo e manutenção de patentes;

h) Despesas com a aquisição de patentes que sejam predominantemente destinadas à realização de actividades de I&D;

i) Despesas com auditorias à I&D.

2 – As entidades referenciadas na alínea *e)* não podem deduzir qualquer tipo de despesas incorridas em projectos realizados por conta de terceiros.

3 – Os custos referidos na alínea *g)* só são aplicáveis às micro, pequenas e médias empresas.

ARTIGO 4.º
Âmbito da dedução

1 – Os sujeitos passivos de IRC residentes em território português que exerçam, a título principal ou não, uma actividade de natureza agrícola, industrial, comercial e de serviços e os não residentes com estabelecimento estável nesse território podem deduzir ao montante apurado nos termos do artigo 83.º do Código do IRC, e até à sua concorrência, valor correspondente às despesas com investigação e desenvolvimento, na parte que não tenha sido objecto de comparticipação financeira do Estado a fundo perdido, realizadas no período de tributação que se inicie em 1 de Janeiro de 2006, numa dupla percentagem:

a) Taxa de base – 32,5% das despesas realizadas naquele período;([1])

b) Taxa incremental – 50% do acréscimo das despesas realizadas naquele período em relação à média aritmética simples dos dois exercícios anteriores, até ao limite de € 1 500 000.([1])

2 – A dedução é feita, nos termos do artigo 83.º do Código do IRC, na liquidação respeitante ao período de tributação mencionado no número anterior.

3 – As despesas que, por insuficiência de colecta, não possam ser deduzidas no exercício em que foram realizadas poderão ser deduzidas até ao 6.º exercício imediato.

4 – Para efeitos do disposto nos números anteriores, quando no ano de início de usufruição do benefício ocorrer mudança do período de tributação, deve ser considerado o período anual que se inicie naquele ano.

5 – A taxa incremental prevista na alínea *b)* do n.º 1 é acrescida em 20 pontos percentuais para as despesas relativas à contratação de doutorados pelas empresas para activi-

dades de investigação e desenvolvimento passando o limite previsto na mesma alínea a ser de € 1 800 000.(²)

(¹) Redacção dada pelo art. 12.º da Lei n.º 10/2009, de 10 de Março.
Aplica-se apenas às despesas realizadas no período de tributação que se inicia em 1 de Janeiro de 2009 (art. 18.º, n.º 3 da Lei n.º 10/2009, de 10 de Março).
(²) Aditado pela Lei n.º 3-B/2010, de 28/04 (OE/2010).

ARTIGO 5.º
Condições

Apenas poderão beneficiar da dedução a que se refere o artigo 4.º os sujeitos passivos de IRC que preencham cumulativamente as seguintes condições:

 a) O seu lucro tributável não seja determinado por métodos indirectos;
 b) Não sejam devedores ao Estado e à segurança social de quaisquer impostos ou contribuições, ou tenham o seu pagamento devidamente assegurado.

ARTIGO 6.º
Obrigações acessórias

1 – A dedução a que se refere o artigo 4.º deve ser justificada por declaração comprovativa, a requerer pelas entidades interessadas, ou de prova da apresentação do pedido de emissão dessa declaração, de que as actividades exercidas ou a exercer correspondem efectivamente a acções de investigação ou desenvolvimento, dos respectivos montantes envolvidos, do cálculo do acréscimo das despesas em relação à média dos dois exercícios anteriores e de outros elementos considerados pertinentes, emitida por entidade nomeada por despacho do Ministro da Ciência, Tecnologia e Ensino Superior, a integrar no processo de documentação fiscal do sujeito passivo a que se refere o artigo 121.º do Código do IRC.

2 – No processo de documentação fiscal do sujeito passivo deve igualmente constar documento que evidencie o cálculo do benefício fiscal, bem como documento comprovativo de que se encontra preenchida a condição referida na alínea b) do artigo 5.º, com referência ao mês anterior ao da entrega da declaração periódica de rendimentos.

3 – As entidades interessadas em recorrer ao sistema de incentivos fiscais previsto na presente lei devem disponibilizar atempadamente as informações solicitadas pela entidade referida no n.º 1 e aceitar submeter-se às auditorias tecnológicas que vierem a ser determinadas.

ARTIGO 7.º
Obrigações contabilísticas

A contabilidade dos sujeitos passivos de IRC beneficiários do regime previsto na presente lei dará expressão ao imposto que deixe de ser pago em resultado da dedução a que se refere o artigo 4.º mediante menção do valor correspondente no anexo ao balanço e à demonstração de resultados relativa ao exercício em que se efectua a dedução.

ARTIGO 8.º
Exclusividade do benefício

A dedução a que se refere o artigo 4.º não é acumulável, relativamente ao mesmo investimento, com benefícios fiscais da mesma natureza previstos noutros diplomas legais.

ARTIGO 9.º
Vigência

O regime constante da presente lei vigora por um período de cinco anos.

Aprovada em 16 de Junho de 2005.

O Presidente da Assembleia da República, *Jaime Gama.*

Promulgado em 21 de Julho de 2005.

Publique-se,

O presidente da República, JORGE SAMPAIO.

Referendada em 22 de Julho de 2005.

O Primeiro Ministro, *José Sócrates Carvalho Pinto de Sousa.*

CÓDIGO FISCAL DO INVESTIMENTO
[26]

Aprovado pelo art. 1.º do Decreto-Lei n.º 249/2009, de 23 de Setembro

A crescente projecção de Portugal no cenário mundial obriga a uma reflexão profunda sobre as orientações negociais nas relações económicas internacionais, sendo, nesta perspectiva, imperioso que seja delineada uma estratégia fiscal global assente nos actuais paradigmas da competitividade. Esta circunstância conduz a que os instrumentos de política fiscal internacional do nosso país devam funcionar como factor de atracção da localização dos factores de produção, da iniciativa empresarial e da capacidade produtiva no espaço português.

A presente iniciativa legislativa vem, assim, dar consagração jurídica a um novo espírito de competitividade da economia portuguesa, com o qual se prende estimular a economia nacional e o tecido empresarial português.

Neste sentido, no uso da autorização legislativa conferida pelos artigos 106.º e 126.º da Lei n.º 64-A/2008, de 31 de Dezembro, que aprovou o Orçamento do Estado para 2009, aprova-se o Código Fiscal do Investimento e cria-se o novo regime fiscal para o residente não habitual em sede de imposto sobre o rendimento das pessoas singulares (IRS).

Assim, e em primeiro lugar, o presente decreto-lei altera o artigo 41.º do Estatuto dos Benefícios Fiscais e regulamenta o regime dos benefícios fiscais estabelecidos nessa disposição legal. Com esta alteração visa-se, fundamentalmente:

Alargar o prazo de vigência do referido regime até 31 de Dezembro de 2020;

Definir o âmbito das actividades económicas em que podem estar integrados os projectos de investimento susceptíveis da concessão dos benefícios fiscais em causa;

Elevar o montante mínimo de aplicações relevantes para a elegibilidade dos projectos, respectivamente, para € 5 000 000, nos casos previstos no n.º 1 do artigo 41.º, e para € 250 000, nos casos previstos no n.º 4 do artigo 41.º;

Definir as condições de acesso ao regime em apreço;

Acolher as novas disposições comunitárias em matéria de auxílios de Estado;

Definir um mecanismo de quantificação do benefício fiscal globalmente atribuído;

Redefinir o âmbito e o sentido das aplicações relevantes;
Rever e integrar um regime de incentivo à investigação e desenvolvimento;
Rever os procedimentos de candidatura e de apreciação dos processos contratuais de concessão dos benefícios implicados;
Rever as condições de contratualização, fiscalização e acompanhamento do projecto elegível.

Neste contexto reformador, cria-se o Código Fiscal do Investimento, que visa, fundamentalmente, unificar o procedimento aplicável à contratualização dos benefícios fiscais previstos no referido artigo 41.º do Estatuto dos Benefícios Fiscais.

Cumprindo este propósito, institui-se um organismo que passa a unificar e simplificar todo o procedimento associado à concessão, acompanhamento, renegociação e resolução dos contratos envolvidos, que passará a denominar-se Conselho Interministerial de Coordenação dos Incentivos Fiscais ao Investimento a conceder até 2020. O Conselho é presidido por um representante do Ministério das Finanças e integra um representante da Agência para o Investimento e Comércio Externo de Portugal, E.P.E., um representante do Instituto de Apoio às Pequenas e Médias Empresas e à Inovação, um representante da Direcção-Geral dos Impostos e um representante da Direcção-Geral das Alfândegas e dos Impostos Especiais sobre o Consumo.

Do ponto de vista material, e quanto ao investimento produtivo, justifica-se a regulamentação conjunta dos benefícios fiscais a atribuir às empresas que promovam projectos de investimento realizados até 2020 e que sejam relevantes para o desenvolvimento do tecido empresarial nacional e de sectores com interesse estratégico para a economia portuguesa. Trata-se de benefícios de natureza excepcional, com carácter temporário, concedidos em regime contratual, e limitados em função do investimento realizado, estabelecendo-se uma intensidade mais elevada para os projectos de especial interesse para o País.

Refira-se, igualmente, que, para além dos limites identificados, os benefícios concedidos ao abrigo do presente decreto-lei respeitam a legislação comunitária aplicável, designadamente o Regulamento (CE) n.º 800/2008, de 6 de Agosto, que aprovou o regulamento geral de isenção por categoria, excepto quando assinalado, caso em que respeitam o Regulamento (CE) n.º 1998/2006, de 15 de Dezembro, relativo aos auxílios *de minimis*.

No contexto de desburocratização e de simplificação de procedimentos que preside a esta iniciativa legislativa, estabelece-se também, ao nível aduaneiro, um procedimento acelerado de concessão do estatuto de operador económico autorizado para simplificações aduaneiras aos promotores de grandes investimentos produtivos, e adoptam-se medidas de simplificação de procedimentos, que possibilitam, inclusivamente às associações representativas de actividades económicas, a dispensa da prestação de garantia dos direitos de importação e demais imposições eventualmente devidos pelas mercadorias não comunitárias sujeitas aos regimes aduaneiros mais relevantes.

No que concerne ao regime dos benefícios contratuais à internacionalização, por não estar sujeito aos limites constantes do regulamento geral de isenção por categoria, nem do regulamento relativo aos auxílios de minimis, já referidos, optou-se por não incluir nesta revisão o regime material constante do Decreto-Lei n.º 401/99, de 14 de Outubro, que constará de diploma autónomo, para o qual o Código Fiscal do Investimento remete, revogando-se apenas as respectivas disposições processuais, que passam a constar daquele Código.

Foi ouvida a Associação Nacional de Municípios Portugueses.

Assim:

No uso da autorização legislativa concedida pelos artigos 106.º e 126.º da Lei n.º 64-A/2008, de 31 de Dezembro, e nos termos das alíneas a) e b) do n.º 1 do artigo 198.º da Constituição, o Governo decreta o seguinte:

ARTIGO 1.º
Aprovação do Código Fiscal do Investimento

É aprovado o Código Fiscal do Investimento, adiante designado por Código, que se publica em anexo ao presente decreto-lei e que dele faz parte integrante.

ARTIGO 2.º
Enquadramento comunitário

1 – O presente decreto-lei é elaborado ao abrigo do Regulamento (CE) n.º 800/2008, de 6 de Agosto, que aprovou o regulamento geral de isenção por categoria, excepto quando assinalado, em que é elaborado ao abrigo do Regulamento (CE) n.º 1998/2006, de 15 de Dezembro, relativo aos auxílios *de minimis*, e respeita os limites do mapa nacional dos auxílios estatais com finalidade regional para o período compreendido entre 1 de Janeiro de 2007 e 31 de Dezembro de 2013, aprovado pela Comissão Europeia em 7 de Fevereiro de 2007, a publicitar através de portaria do membro do Governo responsável pela área das finanças.

2 – Os limites previstos no mapa regional são majorados em 10 pontos percentuais para as médias empresas e em 20 pontos percentuais para as pequenas empresas, tal como definidas na Recomendação da Comissão de 6 de Maio de 2003, relativa à definição de micro, pequenas e médias empresas, publicada no Jornal Oficial da União Europeia, L 124, de 20 de Maio de 2003.

3 – Em relação aos grandes projectos de investimento cujas despesas elegíveis excedam 50 milhões de euros, o limite previsto no mapa regional está sujeito ao ajustamento estabelecido no n.º 67 das orientações relativas aos auxílios estatais com finalidade regional para o período de 2007-2013, publicadas no Jornal Oficial da União Europeia, n.º C 54, de 4 de Março de 2006.

ARTIGO 3.º
Alteração ao Código do Imposto sobre o Valor Acrescentado

....

ARTIGO 4.º
Alteração ao Código do Imposto sobre o Rendimento das Pessoas Singulares

....

ARTIGO 5.º
Alteração ao Estatuto dos Benefícios Fiscais

....

ARTIGO 6.º
Simplificação de procedimentos aduaneiros

1 – É concedida a dispensa de prestação de garantia dos direitos de importação e demais imposições, eventualmente devidos pelas mercadorias não comunitárias sujeitas aos seguintes regimes aduaneiros:

a) Entreposto aduaneiro, que permite a armazenagem de mercadorias, por tempo ilimitado, possibilitando a sua utilização fraccionada à medida das necessidades do operador económico;

b) Aperfeiçoamento activo em sistema suspensivo, que permite a transformação, a reparação ou o complemento de fabrico de mercadorias destinadas a ser reexportadas após aquelas operações;

c) Destino especial, que permite a aplicação de uma taxa de direitos de importação mais favorável, tendo em consideração o destino final dado à mercadoria.

2 – Sem prejuízo do disposto no número anterior, as condições de acesso e utilização dos regimes aduaneiros nele referidos são as previstas na legislação comunitária aplicável.

3 – A dispensa de prestação de garantia referida no n.º 1 é concedida desde que o requerente, pessoa singular ou colectiva:

a) Seja residente ou disponha de estabelecimento estável em território nacional;

b) Apresente situação fiscal e contributiva regularizada;

c) Não tenha sido condenado por crime tributário nos últimos três anos.

4 – Considera-se preenchida a condição referida na alínea *b)* do número anterior, sempre que pender reclamação graciosa, impugnação judicial, recurso judicial, oposição à execução da dívida exequenda ou esta esteja a ser paga em prestações, nos termos fixados por lei.

5 – Quando se tratar de um requerente cuja actividade tenha menos de três

anos, as condições previstas nas alíneas *b)* e *c)* do n.º 3 são também aferidas em relação aos titulares, sócios gerentes ou administradores, consoante o caso.

6 – Qualquer associação representativa de um sector de actividade económica pode beneficiar da dispensa de garantia relativa ao regime de entreposto aduaneiro, para armazenagem de mercadorias dos seus associados, desde que cumpra as condições referidas nos n.ºs 2 a 4.

7 – A pedido dos titulares dos entrepostos aduaneiros já autorizados, é concedida a dispensa de garantia, nos termos dos números anteriores.

8 – Caso qualquer das condições referidas nos n.ºs 2 e 3 deixe de ser cumprida, é exigida a imediata prestação de garantia adequada, sem prejuízo da aplicação das sanções previstas na lei.

ARTIGO 7.º
Conselho Interministerial de Coordenação dos Incentivos Fiscais ao Investimento a conceder até 2020

O Conselho Interministerial de Coordenação dos Incentivos Fiscais ao Investimento a conceder até 2020, previsto no artigo 5.º do Código Fiscal do Investimento, é criado no prazo de 30 dias a contar da data de entrada em vigor do presente decreto-lei.

ARTIGO 8.º
Norma revogatória

São revogados:

a) Os artigos 1.º a 3.º e 8.º a 13.º do Decreto-Lei n.º 401/99, de 14 de Outubro;
b) O Decreto-Lei n.º 409/99, de 15 de Outubro.

ARTIGO 9.º
Produção de efeitos

O presente decreto-lei produz efeitos desde 1 de Janeiro de 2009.

Visto e aprovado em Conselho de Ministros de 16 de Julho de 2009. – *José Sócrates Carvalho Pinto de Sousa – Fernando Teixeira dos Santos – Alberto Bernardes Costa – João Manuel Machado Ferrão – Fernando Teixeira dos Santos – José Mariano Rebelo Pires Gago.*

Promulgado em 11 de Setembro de 2009.

Publique-se.

O Presidente da República, ANÍBAL CAVACO SILVA.

Referendado em 11 de Setembro de 2009.

O Primeiro-Ministro, *José Sócrates Carvalho Pinto de Sousa.*

CÓDIGO FISCAL DO INVESTIMENTO

PARTE I
Disposições gerais e comuns

CAPÍTULO I
Objecto e âmbito

ARTIGO 1.º
Objecto

O presente Código Fiscal do Investimento, doravante designado por Código, procede à regulamentação dos benefícios fiscais contratuais, condicionados e temporários, susceptíveis de concessão ao abrigo do disposto no artigo 41.º do Estatuto dos Benefícios Fiscais, aprovado pelo Decreto-Lei n.º 215/89, de 1 de Julho, estabelecendo ainda o estatuto do investidor no caso de este ser um residente não habitual em território português.

ARTIGO 2.º
Âmbito objectivo e temporal

1 – O regime de benefícios fiscais referido no artigo anterior aplica-se a projectos de investimento produtivo, tal como são caracterizados no capítulo I da parte II deste Código, bem como a projectos de investimento com vista à internacionalização, tal como são caracterizados no capítulo II da parte II deste Código, realizados até 31 de Dezembro de 2020.

2 – Os projectos de investimento referidos no número anterior devem ter o seu objecto compreendido nas seguintes actividades económicas, desde que respeitados os limites estabelecidos nos artigos 1.º, 6.º e 7.º do Regulamento (CE) n.º 800/2008, de 6 de Agosto, que aprovou o regulamento geral de isenção por categoria:

 a) Indústria extractiva e indústria transformadora;
 b) Turismo e as actividades declaradas de interesse para o turismo nos termos da legislação aplicável;

c) Actividades e serviços informáticos e conexos;
d) Actividades agrícolas, piscícolas, agro-pecuárias e florestais;
e) Actividades de investigação e desenvolvimento e de alta intensidade tecnológica;
f) Tecnologias da informação e produção de audiovisual e multimédia;
g) Ambiente, energia e telecomunicações.

3 – Por portaria conjunta dos membros do Governo responsáveis pelas áreas da economia e das finanças são definidos os códigos de actividade económica (CAE) correspondentes às actividades referidas no número anterior.

CAPÍTULO II
Condições de elegibilidade comuns

ARTIGO 3.º
Condições subjectivas

1 – Os projectos de investimento são elegíveis quando:

a) Os promotores possuam capacidade técnica e de gestão;
b) Os promotores e o projecto de investimento demonstrem uma situação financeira equilibrada, determinada nos termos do n.º 2;
c) Os promotores disponham de contabilidade regularmente organizada de acordo com a normalização contabilística e outras disposições legais em vigor para o respectivo sector de actividade, que seja adequada às análises requeridas para a apreciação e acompanhamento do projecto e permita autonomizar os efeitos do mesmo;
d) O lucro tributável dos promotores não seja determinado por métodos indirectos de avaliação;
e) Os promotores se comprometam a cumprir as regras de contratação pública e dos normativos nacionais e comunitários em matéria de ambiente, igualdade de oportunidades e concorrência;
f) A contribuição financeira dos promotores corresponda, pelo menos, a 25% dos custos elegíveis, isenta de qualquer apoio público.

2 – No âmbito da apreciação dos projectos de investimento, são excluídos os promotores que não apresentem a situação fiscal e contributiva regularizada.

3 – Para efeitos do disposto na alínea b) do n.º 1, considera-se que a situação financeira é equilibrada quando a autonomia financeira, medida pelo coeficiente entre o capital próprio e o total do activo líquido, ambos apurados segundo os princípios preconizados pelo sistema de normalização contabilística, seja igual ou superior a 0,2.

4 – Para efeitos do disposto no número anterior, podem ser considerados capitais próprios os montantes de suprimentos ou empréstimos de sócios, desde que os mesmos venham a ser incluídos no capital social antes da assinatura do contrato referido no artigo 9.º

ARTIGO 4.º
Condições objectivas

1 – São elegíveis os projectos de investimento cuja realização não se tenha iniciado à data da notificação da avaliação prévia, exceptuando-se as despesas relativas aos estudos directamente relacionados com o investimento, desde que realizados há menos de um ano.

2 – Para efeitos do disposto no número anterior, considera-se que o início da realização do projecto de investimento se reporta à data da primeira factura emitida às empresas promotoras, relativa a débitos efectuados pelos fornecedores no âmbito do projecto.

CAPÍTULO III
Procedimento comum

ARTIGO 5.º
Conselho Interministerial de Coordenação dos Incentivos Fiscais ao Investimento a conceder até 2020

1 – O Conselho Interministerial de Coordenação dos Incentivos Fiscais ao Investimento a conceder até 2020, abreviadamente designado por Conselho, tem as seguintes competências:

a) Acompanhamento da aplicação do presente Código;
b) Avaliação prévia da candidatura apresentada pelo promotor;
c) Verificação do cumprimento das condições de acesso e de elegibilidade dos projectos;
d) Pronúncia sobre o interesse do projecto quanto aos objectivos visados pelos benefícios fiscais;
e) Avaliação das aplicações relevantes;
f) Avaliação do enquadramento dos projectos de investimento, não estando vinculado a quaisquer medições prefixadas de mérito, para além do disposto no presente Código;
g) Análise do processo e remessa da proposta para aprovação nos termos do artigo 9.º;
h) Emissão de parecer quanto à matéria relativa aos benefícios fiscais;

i) Verificação do cumprimento dos contratos de concessão de benefícios fiscais ao investimento pelos promotores.

2 – O Conselho é presidido por um representante do Ministério das Finanças e da Administração Pública e integra:

   a) Um representante da Agência para o Investimento e o Comércio Externo de Portugal, E. P. E. (AICEP);
   b) Um representante do Instituto de Apoio às Pequenas e Médias Empresas e à Inovação (IAPMEI);
   c) Um representante da Direcção-Geral dos Impostos (DGCI);
   d) Um representante da Direcção-Geral das Alfândegas e dos Impostos Especiais sobre o Consumo (DGAIEC).

3 – Os membros do Conselho referidos no número anterior são nomeados por despacho conjunto dos membros do Governo responsáveis pelas áreas das finanças e da economia.

4 – O exercício de funções no Conselho nesta disposição não confere aos nomeados quaisquer abonos ou remunerações.

ARTIGO 6.º
Avaliação prévia

1 – A avaliação prévia corresponde a uma fase inicial do procedimento de candidatura aos benefícios fiscais, durante a qual é realizada uma análise sumária do projecto de investimento, com vista ao apuramento da respectiva elegibilidade no âmbito do sistema de incentivos.

2 – As despesas contidas no projecto de investimento só podem ser elegíveis quando o resultado da avaliação prévia for positivo.

3 – A avaliação prévia não garante a concessão de apoios nem que as despesas realizadas antes dela sejam elegíveis, exceptuado o disposto no n.º 1 do artigo 4.º

4 – O envio do resultado da avaliação prévia ao promotor deve ocorrer até 10 dias úteis após a data de apresentação da candidatura, devendo as entidades previstas no n.º 1 do artigo 8.º remeter o parecer sobre a avaliação prévia ao Conselho no prazo de cinco dias úteis.

5 – Caso o resultado da avaliação prévia seja positivo, o prazo referido no número anterior releva para o cômputo do prazo referido no n.º 5 do artigo 8.º

ARTIGO 7.º
Declaração municipal

1 – Nos casos em que o promotor pretenda obter benefícios fiscais em sede de imposto municipal sobre imóveis (IMI) e ou de imposto municipal sobre as

transmissões onerosas de bens imóveis (IMT), a atribuição destes benefícios fica condicionada à respectiva aceitação pelo órgão municipal competente nos termos da Lei n.º 169/99, de 18 de Setembro, e demais legislação aplicável.

2 – A prova da aceitação referida no número anterior é feita através da junção ao processo de candidatura previsto no artigo seguinte de uma declaração de aceitação dos benefícios em causa, emitida pelo órgão municipal competente.

ARTIGO 8.º
Candidatura e apreciação dos processos

1 – As empresas promotoras dos investimentos devem apresentar, devidamente caracterizado e fundamentado, o processo de candidatura aos benefícios fiscais junto das seguintes entidades:

a) AICEP, quando os projectos de investimento se enquadrem no regime contratual de investimento regulado pelo Decreto-Lei n.º 203/2003, de 10 de Setembro, e quando estejam em causa projectos de investimento com vista à internacionalização das empresas portuguesas;

b) IAPMEI, nos restantes casos.

2 – As candidaturas são apresentadas por via electrónica.

3 – Sempre que os projectos de investimento tenham implicações sectoriais que o justifiquem, devem ser consultadas as entidades públicas ou privadas competentes, que se pronunciam no prazo de 10 dias úteis.

4 – As entidades referidas no n.º 1 podem, no decurso da fase de verificação das candidaturas, solicitar às empresas promotoras dos projectos esclarecimentos complementares, os quais devem ser apresentados no prazo de 10 dias úteis, sob pena de se considerar haver desistência do procedimento.

5 – As entidades referidas no n.º 1 submetem o processo devidamente instruído, por via electrónica, acompanhado do respectivo parecer técnico, ao Conselho, no prazo de 40 dias úteis contados a partir da data da apresentação da candidatura, que é suspenso nos casos previstos nos n.ºs 3 e 4.

6 – O Conselho pronuncia-se no prazo de 60 dias úteis a contar da data de submissão do processo nos termos referidos no número anterior.

7 – O Conselho pode solicitar esclarecimentos adicionais às entidades referidas no n.º 1, caso em que o prazo previsto no número anterior se suspende.

ARTIGO 9.º
Contrato de concessão dos benefícios fiscais

1 – A concessão dos benefícios fiscais é objecto de contrato, aprovado por resolução do Conselho de Ministros, do qual constam, designadamente, os objec-

tivos e as metas a cumprir pelo promotor e os benefícios fiscais concedidos, e que tem um período de vigência até 10 anos a contar da conclusão do projecto de investimento.

2 – Os contratos de concessão dos benefícios fiscais são celebrados pelas entidades previstas no n.º 1 do artigo anterior, na qualidade de representantes do Estado Português.

3 – Os contratos de investimento de montante superior a € 250 000 e inferior a € 2 500 000 ficam subordinados à aprovação do Governo, através de despacho conjunto dos membros do Governo responsáveis pelas áreas das finanças e da economia.

4 – Os aditamentos aos contratos de concessão de benefícios fiscais, dos quais não resulte um aumento dos benefícios ou da intensidade do apoio, são aprovados através de despacho conjunto dos membros do Governo responsáveis pelas áreas das finanças e da economia.

ARTIGO 10.º
Fiscalização e acompanhamento

1 – Sem prejuízo das competências próprias da DGCI em matéria de fiscalização e acompanhamento, a verificação do cumprimento, pelos promotores, dos contratos de concessão de benefícios fiscais ao investimento, compete ao Conselho previsto no artigo 5.º

2 – Para efeitos do cumprimento do artigo 7.º do Estatuto dos Benefícios Fiscais, aprovado pelo Decreto-Lei n.º 215/89, de 1 de Julho, a AICEP e o IAPMEI enviam anualmente à DGCI os relatórios de verificação do cumprimento dos objectivos previstos nos contratos de concessão de benefícios fiscais.

ARTIGO 11.º
Direito de audição

1 – Caso verifique alguma situação susceptível de conduzir à resolução do contrato, o Conselho comunica à entidade beneficiária do incentivo fiscal a sua intenção de propor a resolução do contrato, podendo esta responder, querendo, no prazo de 30 dias.

2 – Analisada a resposta à comunicação, ou decorrido o prazo para a sua emissão, o Conselho emite um relatório fundamentado, no prazo de 60 dias, no qual elabora uma proposta fundamentada em que propõe, se for o caso, a resolução do contrato de concessão de incentivos fiscais.

ARTIGO 12.º
Renegociação

1 – O contrato pode ser objecto de renegociação a pedido de qualquer das partes, caso ocorra algum evento que altere substancialmente as circunstâncias em que as partes fundaram a sua vontade de contratar.

2 – Qualquer alteração contratual decorrente da renegociação referida no número anterior é submetida a aprovação nos termos do artigo 8.º

ARTIGO 13.º
Resolução do contrato

1 – A resolução do contrato é declarada por resolução do Conselho de Ministros nos seguintes casos:
 a) Não cumprimento dos objectivos e obrigações estabelecidos no contrato, nos prazos aí fixados, por facto imputável à empresa promotora;
 b) Não cumprimento atempado das obrigações fiscais e contributivas por parte da empresa promotora;
 c) Prestação de informações falsas sobre a situação da empresa ou viciação de dados fornecidos na apresentação, apreciação e acompanhamento dos projectos.

2 – Para efeitos da aferição do incumprimento nos termos previstos na alínea a) do número anterior, deve ter-se em atenção o grau de cumprimento dos objectivos contratuais (GCC) acordado contratualmente.

ARTIGO 14.º
Efeitos da resolução do contrato

1 – A resolução do contrato nos termos do artigo anterior implica a perda total dos benefícios fiscais concedidos desde a data de aprovação do mesmo, e ainda a obrigação de, no prazo de 30 dias a contar da respectiva notificação, e independentemente do tempo entretanto decorrido desde a data da verificação dos respectivos factos geradores de imposto, pagar, nos termos da lei, as importâncias correspondentes às receitas fiscais não arrecadadas, acrescidas de juros compensatórios, nos termos do artigo 35.º da lei geral tributária.

2 – Na falta de pagamento dentro do prazo de 30 dias referido no número anterior, há lugar a procedimento executivo.

PARTE II
Benefícios fiscais ao investimento produtivo e benefícios fiscais à internacionalização

CAPÍTULO I
Benefícios fiscais contratuais ao investimento produtivo

ARTIGO 15.º
Condições de acesso dos projectos de investimento produtivo

Podem ter acesso a benefícios fiscais em regime contratual e condicionados os projectos de investimento inicial, nos termos definidos no n.º 34 das orientações relativas aos auxílios estatais com finalidade regional para o período de 2007-2013, publicadas no *Jornal Oficial da União Europeia*, C 54, de 4 de Março de 2006, que demonstrem ter viabilidade técnica, económica e financeira e que preencham cumulativamente as seguintes condições:

a) Sejam relevantes para o desenvolvimento estratégico da economia nacional;
b) Sejam relevantes para a redução das assimetrias regionais;
c) Induzam a criação ou manutenção de postos de trabalho;
d) Contribuam para impulsionar a inovação tecnológica e a investigação científica nacional.

ARTIGO 16.º
Benefícios fiscais

1 – Aos projectos de investimento previstos no n.º 1 do artigo 41.º do Estatuto dos Benefícios Fiscais podem ser concedidos, cumulativamente, os incentivos fiscais seguintes:

a) Crédito de imposto, determinado com base na aplicação de uma percentagem, compreendida entre 10% e 20% das aplicações relevantes do projecto efectivamente realizadas, a deduzir ao montante apurado nos termos da alínea *a*) do n.º 1 do artigo 83.º do Código do IRC;
b) Isenção ou redução de IMI, relativamente aos prédios utilizados pela entidade na actividade desenvolvida no quadro do projecto de investimento;
c) Isenção ou redução de IMT, relativamente aos imóveis adquiridos pela entidade, destinados ao exercício da sua actividade desenvolvida no âmbito do projecto de investimento;

d) Isenção ou redução do imposto do selo que for devido em todos os actos ou contratos necessários à realização do projecto de investimento.

2 – A dedução em sede de IRC é feita na liquidação de IRC respeitante ao exercício em que foram realizadas as aplicações relevantes ou, quando o não possa ser integralmente, a importância ainda não deduzida pode sê-lo, nas mesmas condições, na liquidação dos exercícios até ao termo da vigência do contrato referido no artigo 9.º

3 – A dedução anual máxima tem os seguintes limites:

a) No caso de criação de empresas, a dedução anual pode corresponder ao total da colecta apurada em cada exercício;
b) No caso de projectos em sociedades já existentes, a dedução máxima anual não pode exceder o maior valor entre 25% do total do benefício fiscal concedido ou 50% da colecta apurada em cada exercício, excepto se um limite diferente ficar contratualmente consagrado.

ARTIGO 17.º
Critérios de determinação dos benefícios fiscais

1 – O benefício fiscal total a conceder aos projectos de investimento corresponde a 10% das aplicações relevantes do projecto efectivamente realizadas.

2 – A percentagem estabelecida no número anterior pode ser majorada da seguinte forma:

a) Em 5%, caso o projecto se localize numa região que, à data de apresentação da candidatura, não apresente um índice per capita de poder de compra superior à média nacional nos dois últimos apuramentos anuais publicados pelo Instituto Nacional de Estatística, I. P. (INE, I. P.);
b) Até 5%, caso o projecto proporcione a criação de postos de trabalho ou a sua manutenção até ao final da vigência do contrato referido no artigo 9.º de acordo com os cinco escalões seguintes:
1% – ≥ 50 postos de trabalho;
2% – ≥ 100 postos de trabalho;
3% – ≥ 150 postos de trabalho;
4% – ≥ 200 postos de trabalho;
5% – ≥ 250 postos de trabalho;
c) Até 5%, em caso de relevante contributo do projecto para a inovação tecnológica, a protecção do ambiente, a valorização da produção de origem nacional ou comunitária, o desenvolvimento e revitalização das pequenas e médias empresas (PME) nacionais ou a interacção com as instituições relevantes do sistema científico nacional.

3 – As percentagens de majoração previstas no número anterior podem ser atribuídas cumulativamente.

4 – No caso de reconhecida relevância excepcional do projecto para a economia nacional, pode ser atribuída, através de resolução do Conselho de Ministros, uma majoração até 5%, respeitando o limite total de 20% das aplicações relevantes.

5 – O benefício fiscal máximo corresponde à quantia resultante da aplicação das percentagens referidas neste artigo ao valor das aplicações relevantes efectivamente realizadas.

ARTIGO 18.º
Aplicações relevantes

1 – Consideram-se aplicações relevantes, para efeitos de cálculo dos benefícios, as despesas associadas aos projectos e relativas a:

a) Activo fixo corpóreo afecto à realização do projecto, com excepção de:
   i) Terrenos que não se incluam em projectos do sector da indústria extractiva, destinados à exploração de concessões minerais, águas de mesa e medicinais, pedreiras, barreiras e areeiros;
   ii) Edifícios e outras construções não directamente ligados ao processo produtivo ou às actividades administrativas essenciais;
   iii) Viaturas ligeiras ou mistas e outro material de transporte no valor que ultrapasse 20% do total das aplicações relevantes;
   iv) Mobiliário e artigos de conforto ou decoração;
   v) Equipamentos sociais, com excepção daqueles que a empresa seja obrigada a possuir por determinação da lei;
   vi) Outros bens de investimento não directa e imprescindivelmente associados à actividade produtiva exercida pela empresa, salvo equipamentos produtivos destinados à utilização, para fins económicos, dos resíduos resultantes do processo de transformação produtiva ou de consumo em Portugal, desde que de reconhecido interesse industrial e ambiental;
b) Outras despesas necessárias à realização do projecto, designadamente:
   i) Despesas com assistência técnica e elaboração de estudos;
   ii) Despesas com patentes, licenças e alvarás;
   iii) Amortização das mais-valias potenciais ou latentes, desde que expressas na contabilidade;
c) Activo fixo incorpóreo constituído por despesas com transferência de tecnologia através da aquisição de direitos de patentes, licenças, «saber-fazer» ou conhecimentos técnicos não protegidos por patente, sendo que, no caso de empresas que não sejam PME, estas despesas não podem exceder 50% das despesas elegíveis do projecto, nos termos e condições

definidos no n.º 2 do artigo 12.º do Regulamento (CE) n.º 800/2008, de 6 de Agosto, que aprovou o regulamento geral de isenção por categoria.

2 – Os activos previstos na alínea *a*) do número anterior podem ser adquiridos em regime de locação financeira, nos termos definidos no n.º 7 do artigo 13.º do Regulamento (CE) n.º 800/2008, de 6 de Agosto, que aprovou o regulamento geral de isenção por categoria, desde que seja exercida a opção de compra prevista no respectivo contrato durante o período de vigência do contrato de concessão de benefícios fiscais.

3 – Para efeitos dos números anteriores, excluem-se da noção de aplicações relevantes as relativas a equipamentos usados e investimento de substituição.

4 – As aplicações relevantes devem ser contabilizadas como imobilizado das empresas promotoras dos investimentos, devendo as imobilizações corpóreas permanecer no activo da empresa durante o período de vigência do contrato de concessão de benefícios fiscais, excepto se a respectiva alienação for autorizada mediante despacho conjunto dos membros do Governo responsáveis pelas áreas da economia e das finanças, respeitados os limites previstos no n.º 2 do artigo 13.º do Regulamento (CE) n.º 800/2008, de 6 de Agosto, que aprovou o regulamento geral de isenção por categoria.

5 – O incentivo concedido às despesas previstas na alínea *b*) do n.º 1 é concedido ao abrigo da regra de minimis para as empresas que não cumpram os requisitos para serem consideradas PME, nos termos da definição comunitária.

6 – São elegíveis os adiantamentos para sinalização, relacionados com o projecto, até ao valor de 50% do custo de cada aquisição, mesmo que realizados antes da data de notificação do resultado da avaliação prévia de concessão de benefícios fiscais.

7 – São elegíveis as despesas relativas aos estudos directamente relacionados com o investimento, desde que realizados há menos de um ano da data de notificação da avaliação prévia de concessão de benefícios fiscais.

ARTIGO 19.º
Simplificação de procedimentos aduaneiros

1 – Os promotores dos projectos de investimento produtivo beneficiam de dispensa de prestação de garantia dos direitos de importação e demais imposições eventualmente devidos pelas mercadorias não comunitárias sujeitas aos regimes de entreposto aduaneiro, aperfeiçoamento activo em sistema suspensivo e destino especial, durante o período de vigência do contrato ou até à sua resolução, nos termos previstos, respectivamente, nos artigos 9.º e 13.º

2 – Os promotores que pretendam requerer o estatuto de operador económico autorizado para simplificações aduaneiras, devem formular o respectivo pedido junto da DGAIEC, o qual é apreciado e decidido no prazo de 50 dias contados a partir da respectiva apresentação.

3 – A contagem do prazo referido no número anterior é suspensa quando forem requeridos esclarecimentos adicionais, os quais devem ser apresentados no prazo de 30 dias, findo o qual, na ausência de resposta imputável ao promotor, se considera haver desistência do pedido.

ARTIGO 20.º
Benefícios não fiscais acessórios

A atribuição dos benefícios fiscais constantes do n.º 1 do artigo 41.º do Estatuto dos Benefícios Fiscais e regulamentados neste Código implica, sempre que a entidade promotora o requeira, a celebração de um acordo prévio sobre preços de transferência, desde que o respectivo procedimento decorra nos prazos de apreciação constantes dos artigos 5.º a 14.º

ARTIGO 21.º
Notificação à Comissão Europeia

Nos termos da legislação comunitária, é notificada à Comissão Europeia a concessão de benefícios fiscais que preencham as condições definidas nessa legislação.

CAPÍTULO II
Benefícios fiscais com vista à internacionalização

ARTIGO 22.º
Condições de acesso dos projectos com vista à internacionalização

1 – Podem ter acesso a benefícios fiscais em regime contratual e condicionados os projectos de investimento de montante igual ou superior a € 250 000, em aplicações relevantes que preencham cumulativamente as seguintes condições:

a) Demonstrem interesse estratégico para a internacionalização da economia portuguesa;
b) Demonstrem ter viabilidade técnica, económica e financeira;
c) Não se localizem em países, territórios e regiões com regimes de tributação privilegiada, claramente mais favoráveis, previstos na Portaria n.º 150/2004, de 13 de Fevereiro;
d) Não impliquem a diminuição dos postos de trabalho em Portugal.

2 – Os benefícios fiscais, os critérios de determinação do crédito fiscal e as aplicações relevantes relativos a projectos de internacionalização são definidos em diploma próprio.

PARTE III
Regime fiscal do investidor residente não habitual

ARTIGO 23.º
Investidor com residência não habitual em território português

1 – Considera-se que não têm residência habitual em território português os sujeitos passivos que, tornando-se fiscalmente residentes, nomeadamente ao abrigo do disposto na alínea b) do n.º 1 do artigo 16.º do Código do IRS, não tenham em qualquer dos cinco anos anteriores sido tributados como tal em sede de IRS.

2 – O sujeito passivo que seja considerado residente não habitual adquire o direito a ser tributado como tal, pelo período de 10 anos consecutivos, renováveis, com a inscrição dessa qualidade no registo de contribuintes da DGCI.

3 – O gozo do direito a ser tributado como residente não habitual em cada ano do período referido no número anterior requer que o sujeito passivo nele seja considerado residente para efeitos de IRS.

4 – O sujeito passivo que não tenha gozado do direito referido no número anterior num ou mais anos do período referido no n.º 2 pode retomar o gozo do mesmo em qualquer dos anos remanescentes daquele período, contanto que nele volte a ser considerado residente para efeitos de IRS.

ARTIGO 24.º
Taxa especial de IRS para investidor residente não habitual

1 – Os rendimentos líquidos das categorias A e B auferidos em actividades de elevado valor acrescentado, com carácter científico, artístico ou técnico, a definir em portaria do membro do Governo responsável pela área das finanças, por residentes não habituais em território português, são tributados à taxa de 20%.

2 – Os rendimentos previstos no número anterior podem ser englobados por opção dos respectivos titulares residentes em território português.

ARTIGO 25.º
Eliminação da dupla tributação internacional

1 – Aos residentes não habituais em território português que obtenham rendimentos no estrangeiro da categoria A, aplica-se o método da isenção, desde que, alternativamente:

a) Sejam tributados no outro Estado contratante, em conformidade com convenção para eliminar a dupla tributação celebrada por Portugal com esse Estado;
b) Sejam tributados no outro país, território ou região, nos casos em que não exista convenção para eliminar a dupla tributação celebrada por Portugal, desde que os rendimentos, pelos critérios previstos no n.º 1 do artigo 18.º do Código do IRS, não sejam de considerar obtidos em território português.

2 – Aos residentes não habituais em território português que obtenham rendimentos no estrangeiro da categoria B, auferidos em actividades de prestação de serviços de elevado valor acrescentado, com carácter científico, artístico ou técnico, a definir em portaria do membro do Governo responsável pela área das finanças, ou provenientes da propriedade intelectual ou industrial, ou ainda da prestação de informações respeitantes a uma experiência adquirida no sector industrial, comercial ou científico, bem como das categorias E, F e G, aplica-se o método da isenção desde que, alternativamente:

a) Possam ser tributados no outro Estado contratante, em conformidade com convenção para eliminar a dupla tributação celebrada por Portugal com esse Estado;
b) Possam ser tributados no outro país, território ou região, em conformidade com o modelo de convenção fiscal sobre o rendimento e o património da Organização para a Cooperação e Desenvolvimento Económico (OCDE), interpretado de acordo com as observações e reservas de Portugal, nos casos em que não exista convenção para eliminar a dupla tributação celebrada por Portugal, desde que aqueles não constem da lista aprovada pela Portaria n.º 150/2004, de 13 de Fevereiro, relativa a regimes de tributação privilegiada, claramente mais favoráveis, e, bem assim, desde que os rendimentos, pelos critérios previstos no artigo 18.º do Código do IRS, não sejam de considerar obtidos em território português.

3 – Aos residentes não habituais em território português que obtenham, no estrangeiro, rendimentos da categoria H, na parte em que os mesmos, quando tenham origem em contribuições, não tenham gerado uma dedução para efeitos do n.º 2 do artigo 25.º do Código do IRS, aplica-se o método da isenção, desde que, alternativamente:

a) Sejam tributados no outro Estado contratante, em conformidade com convenção para eliminar a dupla tributação celebrada por Portugal com esse Estado;
b) Pelos critérios previstos no n.º 1 do artigo 18.º do Código do IRS, não sejam de considerar obtidos em território português.

4 – Os rendimentos isentos nos termos dos n.os 1, 2 e 3 são obrigatoriamente englobados para efeitos de determinação da taxa a aplicar aos restantes rendimentos, com excepção dos previstos nos n.os 3, 4, 5 e 6 do artigo 72.º do Código do IRS.

5 – Os titulares dos rendimentos isentos nos termos dos n.os 1, 2 e 3 podem optar pela aplicação do método do crédito de imposto referido no n.º 1, sendo neste caso os rendimentos obrigatoriamente englobados para efeitos da sua tributação, com excepção dos previstos nos n.os 3, 4, 5 e 6 do artigo 72.º do Código do IRS.

REGULAMENTAÇÃO DOS BENEFÍCIOS FISCAIS CONTRATUAIS
[27]

DECRETO-LEI N.º 250/2009, DE 23 DE SETEMBRO

Regulamentação dos benefícios fiscais contratuais, condicionados e temporários, susceptíveis de concessão ao abrigo do disposto no n.º 4 do artigo 41.º do Estatuto dos Benefícios Fiscais e desenvolve o disposto no n.º 2 do artigo 22.º do Código Fiscal do Investimento

O presente decreto-lei visa regulamentar o regime dos benefícios fiscais estabelecidos nos n.ºˢ 4 a 7 do artigo 41.º do Estatuto dos Benefícios Fiscais, acolhendo as recentes alterações fixadas pela Lei n.º 64-A/2008, de 31 de Dezembro, e pelo Decreto-Lei n.º 249/2009, de 23 de Setembro, que recentemente aprovou o Código Fiscal do Investimento.

A crescente inserção de Portugal no processo de globalização da economia mundial, especialmente visível nos últimos anos, bem como a tendência cada vez maior de articulação mundial entre economias e entre sociedades, constituem factores decisivos para a internacionalização das empresas portuguesas.

Nesta perspectiva, o reforço da competitividade das empresas e do sistema económico e, bem assim, a promoção do potencial de crescimento e do emprego estão na base da reformulação e consequente revitalização da regulamentação anteriormente vigente neste domínio.

O novo regime continua a permitir que as novas oportunidades resultantes do mercado globalizado sejam facilmente absorvidas pelas empresas nacionais, tornando-as mais eficientes e competitivas – fenómeno do qual seguramente resultarão a diversificação e o desenvolvimento estrutural do País, repercutido necessariamente na esfera de bem-estar de todos os portugueses.

Considerando a aposta da política económica do Governo na criação e desenvolvimento de pólos de competitividade e tecnologia (PCT), seleccionados, entre outros critérios, pela sua orientação e visibilidade internacional, estabelece-

-se no novo regime uma ligação muito próxima com as actividades económicas associadas aos PCT. Ao mesmo tempo, as acções conjuntas de internacionalização são incentivadas, quer pela aceitação de candidaturas de investimentos conjuntos, quer por via da majoração do crédito fiscal.

Nestes termos, atendendo a que o anterior regime, contido no Decreto-Lei n.º 401/99, de 14 de Outubro, irá cessar os seus efeitos em 31 de Dezembro de 2010, importa estabelecer um novo regime jurídico, dando-se assim cumprimento ao disposto no n.º 4 do artigo 41.º do Estatuto dos Benefícios Fiscais e no n.º 2 do artigo 22.º do Código Fiscal do Investimento.

Assim:

No uso da autorização legislativa concedida pelo artigo 106.º da Lei n.º 64--A/2008, de 31 de Dezembro, e nos termos das alíneas *a*) e *b*) do n.º 1 do artigo 198.º da Constituição, o Governo decreta o seguinte:

ARTIGO 1.º
Objecto

O presente decreto-lei procede à regulamentação dos benefícios fiscais contratuais, condicionados e temporários, susceptíveis de concessão ao abrigo do disposto no n.º 4 do artigo 41.º do Estatuto dos Benefícios Fiscais, desenvolvendo o disposto no n.º 2 do artigo 22.º do Código Fiscal do Investimento.

ARTIGO 2.º
Âmbito temporal e objectivo

1 – O regime de benefícios fiscais referido no número anterior aplica-se a projectos de investimento realizados até 31 de Dezembro de 2020 que tenham em vista a internacionalização de empresas portuguesas.

2 – Para além do disposto no artigo 2.º do Código Fiscal do Investimento, podem ainda beneficiar deste regime os investimentos directos efectuados no estrangeiro que tenham por objecto as seguintes actividades económicas:

a) Actividades associadas aos pólos de competitividade e tecnologia;
b) Construção de edifícios, obras públicas e actividades de arquitectura e de engenharia conexas com aquelas;
c) Transportes e logística.

ARTIGO 3.º
Benefícios fiscais

1 – Os benefícios fiscais com vista à internacionalização constantes dos n.ᵒˢ 4 a 7 do artigo 41.º do Estatuto dos Benefícios Fiscais, aprovado pelo Decreto-

-Lei n.º 215/89, de 1 de Julho, consistem num crédito de imposto correspondente a 10% de todas as aplicações relevantes relacionadas com:

a) Criação de sucursais ou outros estabelecimentos estáveis no estrangeiro;
b) Aquisição de participações em sociedades não residentes ou criação de sociedades no estrangeiro, desde que a participação directa seja, pelo menos, de 25% do capital social;
c) Campanhas plurianuais de promoção em mercados externos, tais como as de lançamento ou promoção de bens, serviços ou marcas, incluindo as realizadas com feiras, exposições e outras manifestações análogas com carácter internacional.

2 – O crédito de imposto a que se refere o número anterior é concedido por via contratual, com período de vigência até cinco anos a contar da data da conclusão do projecto de investimento, nos termos e procedimentos definidos nos artigos 3.º a 14.º do Código Fiscal do Investimento, com as devidas adaptações, sendo dedutível ao montante apurado nos termos da alínea a) do n.º 1 do artigo 90.º do Código do Imposto sobre o Rendimento das Pessoas Colectivas (Código do IRC), mas sem ultrapassar 25% daquele montante, com o limite de € 1 000 000 por exercício.

3 – Relativamente às situações previstas na alínea c) do n.º 1, a dedução do crédito de imposto apurado nos termos do número anterior é concedida automaticamente ao sujeito passivo pelo período de cinco anos, sem necessidade de cumprimento dos procedimentos contratuais exigidos pelos artigos 5.º a 14.º do Código Fiscal do Investimento.

4 – Aplicando-se o regime constante dos artigos 69.º e seguintes do Código do IRC, a dedução a que se refere o n.º 1 é feita de acordo com as seguintes regras:

a) A dedução efectua-se ao montante apurado nos termos da alínea a) do n.º 1 do artigo 90.º do Código do IRC, com base na matéria colectável do grupo;
b) A dedução é feita até 25% do montante mencionado na alínea a) e não pode ultrapassar, em relação a cada sociedade e por cada exercício, o limite de 25% da colecta da sociedade que realizou as despesas de investimento, com o limite de € 1 000 000.

5 – Independentemente da data da celebração do contrato, a dedução é feita na liquidação de IRC respeitante ao exercício em que forem realizadas as despesas relevantes, ou em que seja atingida a participação de 25%, consoante o caso, e, quando o não possa ser integralmente, a importância ainda não deduzida pode sê-lo, nas mesmas condições, na liquidação dos cinco exercícios seguintes.

6 – A contabilidade das empresas dá expressão ao imposto que deixe de ser pago em resultado da dedução a que se referem os números anteriores, mediante

menção do valor correspondente no anexo ao balanço e à demonstração de resultados relativos ao exercício em que se efectua a dedução.

7 – Excluindo o disposto no presente decreto-lei, os benefícios fiscais a conceder não são cumuláveis com outros benefícios da mesma natureza para o mesmo projecto de investimento.

ARTIGO 4.º
Eliminação da dupla tributação económica dos lucros distribuídos

1 – A dedução prevista no n.º 1 do artigo 51.º do Código do IRC é aplicável, cumulativamente com a dedução à colecta prevista no artigo anterior e durante o período previsto nos n.ºs 2 e 3 do mesmo artigo, nos termos e condições aí referidos, relativamente aos lucros distribuídos por sociedades afiliadas não residentes em território português ou em Estado membro da Comunidade Europeia, sujeitas e não isentas de imposto sobre os lucros da mesma natureza que o IRC, desde que os lucros distribuídos sejam provenientes de resultados obtidos em virtude da realização do investimento.

2 – Para efeitos de aplicação do disposto no número anterior, o sujeito passivo de IRC titular da participação deve dispor de prova da verificação das condições de que depende a dedução, designadamente declaração confirmada e autenticada pelas autoridades fiscais do Estado de residência da sociedade afiliada e demonstração do ano a que se referem os resultados donde provêm os lucros distribuídos.

ARTIGO 5.º
Critérios de determinação do crédito fiscal

1 – A percentagem estabelecida no n.º 1 do artigo 3.º pode ser majorada em 10 pontos percentuais, caso o promotor do projecto seja uma pequena ou média empresa (PME), tal como definida pelo ordenamento comunitário, ou no caso de investimentos realizados através de acções conjuntas de internacionalização cujos termos são definidos por portaria do membro do Governo responsável pela área das finanças.

2 – Em caso de reconhecida relevância excepcional do projecto para a economia nacional pode ser atribuída, através de resolução do Conselho de Ministros, uma majoração até cinco pontos percentuais, com o limite total de 20% das aplicações relevantes.

ARTIGO 6.º
Aplicações relevantes

1 – Consideram-se aplicações relevantes, para efeitos de cálculo dos benefícios fiscais a atribuir, as despesas associadas aos projectos e relativas a:
  a) Aquisição de equipamento afecto à actividade de sucursal ou de estabelecimento estável no exterior, directamente relacionado e relevante para a actividade desenvolvida, com excepção do disposto no n.º 3;
  b) Aquisição de participações em sociedades não residentes, excluindo a aquisição de sociedades não residentes intra-grupo;
  c) Realização do capital social de sociedades no estrangeiro;
  d) Custos com a realização de campanhas plurianuais com as características definidas na alínea c) do n.º 1 do artigo 3.º, desde que não impliquem ultrapassar, por sujeito passivo beneficiário, durante um período de três anos, os montantes de apoio definidos de acordo com as regras comunitárias aplicáveis aos auxílios de *minimis,* estabelecidas no Regulamento (CE) n.º 1998/2006, da Comissão, de 15 de Dezembro;
  e) Custos corporizados em activo fixo incorpóreo, designadamente os relacionados com despesas com assistência técnica e elaboração de estudos, bem como com despesas com patentes, licenças e alvarás, sendo aplicável, para as empresas que não sejam PME, o disposto na alínea anterior relativamente aos limites do apoio.

2 – Consideram-se abrangidos no presente artigo os investimentos realizados através de acções conjuntas de internacionalização, cujos termos são definidos por portaria do membro do Governo responsável pela área das finanças.

3 – Excepciona-se da alínea *a*) do n.º 1 o investimento em:
  a) Terrenos;
  b) Edifícios e outras construções não directamente ligados ao processo produtivo ou às actividades administrativas essenciais;
  c) Viaturas ligeiras ou mistas e outro material de transporte com valor superior a 20% do total das aplicações relevantes;
  d) Mobiliário e artigos de conforto ou decoração;
  e) Equipamentos sociais, com excepção daqueles que a empresa seja obrigada a possuir por determinação legal;
  f) Criação e aquisição de empresas comerciais e criação e exploração de redes de distribuição no estrangeiro.

ARTIGO 7.º
Enquadramento comunitário

1 – O presente decreto-lei é elaborado ao abrigo do Regulamento (CE) n.º 800/2008, de 6 de Agosto, que estabelece o regulamento geral de isenção por cate-

goria, excepto quando assinalado, em que respeita o Regulamento (CE) n.º 1998//2006, de 15 de Dezembro, relativo aos auxílios de *minimis*.

2 – Nos termos da legislação comunitária, é notificada à Comissão Europeia a concessão de benefícios fiscais que preencham as condições definidas nessa legislação.

ARTIGO 8.º
Norma transitória

Aos projectos que se tenham iniciado antes de 1 de Janeiro de 2009 e que ainda não tenham sido concedidos os benefícios fiscais constantes do presente decreto-lei aplica-se o disposto no artigo 8.º do Decreto-Lei n.º 249/2009, de 23 de Setembro.

ARTIGO 9.º
Norma revogatória

São revogados os artigos 4.º a 7.º e 14.º do Decreto-Lei n.º 401/99, de 14 de Outubro.

ARTIGO 10.º
Produção de efeitos

O presente decreto-lei produz efeitos a 1 de Janeiro de 2009.

Visto e aprovado em Conselho de Ministros de 5 de Agosto de 2009. – *Fernando Teixeira dos Santos* – *Fernando Teixeira dos Santos* – *Fernando Teixeira dos Santos* – *Fernando Teixeira dos Santos*.

Promulgado em 17 de Setembro de 2009.

Publique-se.

O Presidente da República, ANÍBAL CAVACO SILVA.

Referendado em 17 de Setembro de 2009.

O Primeiro-Ministro, *José Sócrates Carvalho Pinto de Sousa*.

REGIME FISCAL DO FUNDO IMOBILIÁRIO ESPECIAL DE APOIO ÀS EMPRESAS (FIEAE)
[28]

LEI N.º 3-B/2010, DE 28 DE ABRIL
(OE 2010)
[28]

ARTIGO 117.º
Regime fiscal do Fundo Imobiliário Especial de Apoio às Empresas

Ao Fundo Imobiliário Especial de Apoio às Empresas (FIEAE), criado pelo Decreto-Lei n.º 104/2009, de 12 de Maio, aplica-se o regime fiscal especial aplicável aos fundos de investimento imobiliário para arrendamento habitacional (FIIAH) e às sociedades de investimento imobiliário para arrendamento habitacional (SIIAH), aprovado pelo artigo 102.º da Lei n.º 64-A/2008, de 31 de Dezembro.

Legislação complementar:
Regime Especial aplicável aos Fundos de Investimento Imobiliário para Arrendamento Habitacional (FIIAH) e às Sociedades de Investimento Imobiliário para Arrendamento Habitacional (SIIAH)
(Aprovado pela Lei n.º 64-A/2008, de 31 de Dezembro)
....

ARTIGO 8.º – **Regime tributário**

1 – Ficam isentos de Imposto sobre o Rendimento das Pessoas Colectivas (IRC) os rendimentos de qualquer natureza obtidos por FIIAH constituídos entre 1 de Janeiro de 2009 e 31 de Dezembro de 2013, que operem de acordo com a legislação nacional e com observância das condições previstas nos artigos anteriores.

2 – Ficam isentos de Imposto sobre o Rendimento das Pessoas Singulares (IRS) e de IRC os rendimentos respeitantes a unidades de participação nos fundos de investimento referidos no número anterior, pagos ou colocados à disposição dos respectivos titulares, quer seja por distribuição ou reembolso, excluindo o saldo positivo entre as mais-valias e as menos-valias resultantes da alienação das unidades de participação.

3 – Ficam isentas de IRS as mais-valias resultantes da transmissão de imóveis destinados à habitação própria a favor dos fundos de investimento referidos no n.º 1, que

ocorra por força da conversão do direito de propriedade desses imóveis num direito de arrendamento.

4 – As mais-valias referidas no número anterior passam a ser tributadas, nos termos gerais, caso o sujeito passivo cesse o contrato de arrendamento ou não exerça o direito de opção previsto no n.º 3 do artigo 5.º, suspendendo-se os prazos de caducidade e prescrição para efeitos de liquidação e cobrança do IRS, até final da relação contratual.

5 – São dedutíveis à colecta, nos termos e limites constantes da alínea *c*) do n.º 1 do artigo 85.º do Código do IRS, as importâncias suportadas pelos arrendatários dos imóveis dos fundos de investimento referidos no n.º 1 em resultado da conversão de um direito de propriedade de um imóvel num direito de arrendamento.

6 – Ficam isentos de IMI, enquanto se mantiverem na carteira do FIIAH, os prédios urbanos destinados ao arrendamento para habitação permanente que integrem o património dos fundos de investimento referidos no n.º 1.

7 – Ficam isentos do IMT:

a) As aquisições de prédios urbanos ou de fracções autónomas de prédios urbanos destinados exclusivamente a arrendamento para habitação permanente, pelos fundos de investimento referidos no n.º 1;

b) As aquisições de prédios urbanos ou de fracções autónomas de prédios urbanos destinados a habitação própria e permanente, em resultado do exercício da opção de compra a que se refere o n.º 3 do artigo 5.º pelos arrendatários dos imóveis que integram o património dos fundos de investimento referidos no n.º 1.

8 – Ficam isentos de imposto do selo todos os actos praticados, desde que conexos com a transmissão dos prédios urbanos destinados a habitação permanente que ocorra por força da conversão do direito de propriedade desses imóveis num direito de arrendamento sobre os mesmos, bem como com o exercício da opção de compra previsto no n.º 3 do artigo 5.º

9 – Ficam isentas de taxas de supervisão as entidades gestoras de FIIAH no que respeita exclusivamente à gestão de fundos desta natureza.

10 – Ficam excluídas das isenções constantes do presente artigo as entidades que sejam residentes em país, território ou região sujeito a um regime fiscal claramente mais favorável, constante de lista aprovada por portaria do Ministro das Finanças.

11 – As obrigações previstas no artigo 119.º e no n.º 1 do artigo 125.º do Código do IRS devem ser cumpridas pelas entidades gestoras ou registadoras.

12 – Caso os requisitos referidos no n.º 1 deixem de verificar-se, cessa a aplicação do regime previsto no presente artigo, passando a aplicar-se o regime previsto no artigo 22.º do Estatuto dos Benefícios Fiscais, devendo os rendimentos dos fundos de investimento referidos no n.º 1 que, à data, não tenham ainda sido pagos ou colocados à disposição dos respectivos titulares ser tributados autonomamente, às taxas previstas no artigo 22.º do mesmo diploma, acrescendo os juros compensatórios correspondentes.

13 – As entidades gestoras dos fundos de investimento referidos no n.º 1 são solidariamente responsáveis pelas dívidas de imposto dos fundos cuja gestão lhes caiba.

....

PARTE QUARTA

COBRANÇA E REEMBOLSO

Págs.

[31] Regulamentação da cobrança e dos reembolsos (**D.L. n.º 492/88**)   619

REGULAMENTAÇÃO DA COBRANÇA E DOS REEMBOLSOS
[31]

DECRETO-LEI N.º 492/88, DE 30 DE DEZEMBRO

O presente diploma visa, em conformidade com o disposto nos artigos 15.º e 23.º, respectivamente dos Decretos-Leis n.º 442-A/88 e 442-B/88, ambos de 30 de Novembro, regulamentar a cobrança e as formas de reembolso dos impostos sobre o rendimento das pessoas singulares e das pessoas colectivas.

Para o efeito, é criada a possibilidade de uma gestão integrada da cobrança por parte da administração fiscal com o recurso a meios técnicos apropriados, realidade que possibilita também o controlo dos pagamentos com o rápido tratamento de todas as informações a eles relativas, concorrendo para desencadear de imediato os meios legais ao seu dispor quanto aos contribuintes faltosos com maior eficiência e diminuição dos custos administrativos.

Por outro lado, e criado, com o recurso ao sistema bancário e correios, um esquema de reembolsos mais rápido em todos os casos de liquidações, retenções ou pagamentos por conta indevidos.

Em conformidade com a política do Governo no que respeita a regularização de dívidas fiscais e a redução do número de processos de execução fiscal, é ainda criado um sistema de pagamentos em prestações das dívidas de imposto sobre o rendimento quando o respectivo devedor não esteja em condições económicas para efectuar o seu pagamento dentro do período de cobrança voluntária e antes da instauração do processo de execução fiscal, desde que preste as adequadas garantias perante a administração fiscal. Na verdade, é na fase de pré-contencioso que se compreende a autorização de um regime de pagamentos mais favorável ao devedor, e não na fase judicial, em que o processo se encontra estruturado essencialmente para, com celeridade, desenvolver os meios coercivos previstos no Código de Processo das Contribuições e Impostos.

Obtida a maior rapidez e eficiência no controlo da cobrança, a transferência de fundos para as regiões autónomas e autarquias locais relativa as verbas que legalmente lhes cabem processar-se-á igualmente de forma mais expedita.

Por último, na sequência do novo regime de cobrança, cria-se um sistema de controlo contabilístico que reflectirá o montante total das receitas arrecadadas e dos reembolsos efectuados e ainda o volume das transferências para a conta do Tesouro.

Tendo sido ouvidos os órgãos de governo próprio das Regiões Autónomas dos Açores e Madeira;

Nos termos da alínea *a*) do n.º 1 do artigo 201.º da Constituição, o Governo decreta o seguinte:

COBRANÇA E REEMBOLSOS DO IRS E IRC

CAPÍTULO I
Da cobrança

ARTIGO 1.º
Função de cobrança

1 – O controlo dos pagamentos dos impostos sobre o rendimento das pessoas singulares, das pessoas colectivas e da contribuição autárquica cabe à Direcção-Geral das Contribuições e Impostos (DGCI), nos termos do presente diploma.

2 – A cobrança é efectuada através das tesourarias da Fazenda Pública, dos Correios e Telecomunicações de Portugal e das Instituições de crédito autorizadas.

3 – Por despacho do Ministro das Finanças, que estabelecerá os condicionalismos para a respectiva participação, poderão ser autorizadas outras entidades a colaborarem na função da cobrança.

ARTIGO 2.º
Efeito liberatório

Os pagamentos efectuados junto das entidades referidas no artigo anterior liberam o devedor da respectiva obrigação nos termos do disposto no presente diploma.

CAPÍTULO II
Do pagamento

ARTIGO 3.º
Meios de pagamento

Os impostos sobre o rendimento das pessoas singulares e das pessoas colectivas deverão ser pagos nas condições e termos que se encontram previstos no presente diploma, com utilização de algum dos seguintes meios de pagamento:
  a) Moeda corrente;
  b) Cheque, débito em conta e transferência conta a conta;
  c) Vale postal.

ARTIGO 4.º
Outros meios de pagamento

1 – Independentemente do disposto no artigo anterior, poderão os CTT e as instituições de crédito autorizar, por sua iniciativa, os pagamentos com meios diferentes dos que se encontram previstos.

2 – Sempre que se verifiquem pagamentos nos termos do número anterior, as entidades nele referidas são responsáveis, perante a DGCI, pelas importâncias pagas nessas condições.

ARTIGO 5.º
Locais de pagamento

1 – O pagamento dos impostos sobre o rendimento das pessoas singulares e das pessoas colectivas pode ser efectuado em qualquer das entidades autorizadas nos termos deste diploma, independentemente da área fiscal do domicílio, sede ou estabelecimentos do contribuinte.

2 – As dívidas dos impostos referidos no número anterior que estejam a ser exigidas em processo de execução fiscal apenas podem ser pagas na tesouraria da Fazenda Pública que funcionar junto do tribunal tributário ou repartição de finanças onde correr o processo.

ARTIGO 6.º
Documentos, conferência e validação dos pagamentos

1 – Os devedores de imposto apresentarão no acto do pagamento, relativamente às liquidações efectuadas pelos serviços centrais da DGCI, a respectiva nota de cobrança ou, nos restantes casos, a guia de pagamento de modelo oficial.

2 – Os pagamentos de dívidas que se encontram na fase de cobrança coerciva serão efectuados através de guia previamente solicitada na secretaria do tribunal tributário ou na repartição de finanças onde correr o processo respectivo.

3 – As entidades intervenientes na cobrança deverão exigir sempre a inscrição do número fiscal de pessoa singular ou do número do Registo Nacional de Pessoas Colectivas, conforme se trate de pessoas singulares ou colectivas, nas guias referidas no n.º 1 e comprovar a exactidão da inscrição por conferência com o respectivo cartão, que para o efeito será apresentado.

ARTIGO 7.º([1])
Pagamento nas tesourarias

1 – Os pagamentos nos serviços de finanças só podem ser efectuados:
 a) Com moeda corrente;
 b) Por meio de cheque sacado sobre instituição de crédito localizada em qualquer Estado membro da União Europeia ou no espaço económico europeu;
 c) Por transferência conta a conta feita em instituição de crédito localizada em qualquer Estado membro da União Europeia ou no espaço económico europeu contendo obrigatoriamente a referência de pagamento;

d) Através de outras entidades cobradoras, que para esse efeito celebrem com a Direcção-Geral do Tesouro os indispensáveis acordos.

2 – Os pagamentos de um ou vários documentos de cobrança apenas podem ser efectuados com um único tipo de meio de pagamento de valor igual ao somatório das importâncias a entregar.

([1]) Redacção dada pelo art. 1.º do D.L. n.º 124/2005, de 3 de Agosto.

ARTIGO 8.º
Requisitos dos cheques para pagamento nas tesourarias

1 – Os cheques para pagamentos a efectuar nas tesourarias da Fazenda Pública serão sempre cruzados, emitidos à ordem do respectivo tesoureiro com os dizeres «pagamento de impostos», não podendo ser aceites sem terem inscrito no verso o número fiscal de pessoa singular ou o número do Registo Nacional de Pessoas Colectivas, conforme se trate de pessoas singulares ou colectivas e o número do documento de pagamento ou da liquidação constante da certidão, consoante se trate de guias de pagamento e notas de cobrança ou de dívida em fase de cobrança coerciva, respectivamente.

2 – A data de emissão do cheque deverá coincidir com a data da sua entrega ou de um dos dois dias anteriores, sem o que não será aceite.

3 – Sempre que for omitida a data de emissão, considerar-se-á esta como sendo a do dia da apresentação na tesouraria, competindo ao tesoureiro a sua aposição.

ARTIGO 9.º
Pagamentos com vales postais

Os vales postais para pagamento nas tesourarias da Fazenda Pública serão emitidos ou endossados à ordem do respectivo tesoureiro, com observância do regime previsto no n.º 1 do artigo anterior na parte aplicável.

ARTIGO 10.º
Cheques sem provisão

1 – Havendo lugar à devolução de cheques por falta ou insuficiência de provisão em pagamentos efectuados nas tesourarias da Fazenda Pública, o tesoureiro, no dia seguinte, remetê-los-á, sob registo, ao director distrital de finanças da área da respectiva tesouraria, devidamente endossados.

2 – Relativamente aos cheques utilizados para pagamentos nos termos do presente diploma que venham a ser devolvidos por falta ou insuficiência de provisão, os serviços centrais da DGCI expedirão de imediato, sob registo, ofício ao sacador, bem como ao devedor, para, no prazo de cinco dias úteis ser regularizada a situação, mediante pagamento da importância respectiva com moeda corrente, cheque visado ou vale postal, fazendo-se ciente de que o pagamento apenas pode ser efectuado numa tesouraria da Fazenda Pública.

3 – O pagamento a que se refere o n.º 2 será acrescido da importância resultante da aplicação de uma taxa de regularização de 10% sobre o valor do cheque, sem qualquer adi-

cional, e que constitui receita do Estado, não podendo o produto dessa percentagem ser inferior a 5 000$ nem superior a 1 000 000$.

4 – Se a devolução dos cheques referidos nos números anteriores for imputável a erro da instituição de crédito sacada, será a mesma responsável para com o Estado pela importância da regularização, devendo o seu pagamento ser efectuado no prazo de 15 dias após notificação, sob pena de cobrança coerciva.

5 – Os serviços centrais da DGCI e as direcções distritais de finanças, conforme os casos, a quem haja sido endossado cheque com falta ou insuficiência de provisão deverão participar a infracção ao tribunal territorialmente competente quando o pagamento não seja regularizado nos termos do presente artigo.

6 – Para efeitos do presente diploma, consideram-se como cheques devolvidos por falta ou insuficiência de provisão os que contenham qualquer declaração aposta pela entidade sacada ou pelo mesmo serviço de compensação que permita extrair a conclusão de que, no momento da sua apresentação à cobrança, o saldo da conta do sacador é insuficiente para se concretizar a referida cobrança.

ARTIGO 11.º
Cheques devolvidos por falta de requisitos – Tesourarias

1 – Recebido em qualquer tesouraria da Fazenda Pública cheque com preterição de requisitos essenciais, inobservância de condições legais ou outras que impeçam a cobrança e que originem a sua devolução por parte da instituição de crédito sem pagamento, aplicar--se-á o disposto no artigo anterior com vista à regularização do mesmo.

2 – O pagamento a que se refere o número anterior será acrescido de uma importância resultante da aplicação de uma taxa de regularização de 10% sobre o valor do cheque, que constitui receita do Estado, sem qualquer adicional, não podendo o produto dessa percentagem ser inferior a 5 000$ nem superior a 500 000$.

3 – Se a devolução prevista no presente artigo se verificar por erro imputável à instituição de crédito sacada, será a mesma responsável para com o Estado pela importância da taxa de regularização, observando-se o disposto no n.º 4 do artigo anterior.

ARTIGO 12.º
Pagamentos nos correios

1 – Os pagamentos nos correios podem ser efectuados com cheque, vale postal ou moeda corrente, nos termos e condicionalismos estabelecidos para os pagamentos nas tesourarias da Fazenda Pública.

2 – Os cheques serão emitidos à ordem dos CTT, cruzados, com os dizeres «pagamento de impostos», podendo ser rejeitados se a data de emissão não coincidir com o dia do pagamento ou um dos dois dias anteriores.

3 – Na falta de oposição da data de emissão do cheque aplicar-se-á o disposto na parte do n.º 3 do artigo 8.º com as devidas adaptações.

4 – É aplicável aos pagamentos efectuados nos CTT com cheques em que se verifique falta ou insuficiência de provisão, falta de requisitos essenciais e inobservância de condições legais ou outras que originem o seu não pagamento o disposto nos artigos 10.º e 11.º, com as devidas adaptações.

5 – Os cheques a que se refere o número anterior, depois de endossados, serão remetidos, por ofício registado, ao director distrital de finanças da área da estação onde ocorreu o pagamento, para efeitos de regularização e cumprimento do disposto no n.º 5 do artigo 10.º, se for o caso.

ARTIGO 13.º
Pagamento nas instituições de crédito

1 – Os pagamentos nas instituições de crédito podem ser realizados com moeda corrente em qualquer instituição de crédito ou com cheque, transferência e ordem de débito em conta na instituição de crédito onde o devedor tiver domiciliada conta bancária pelo montante total da importância a pagar.

2 – Nos casos de cheques, débito em conta ou transferência conta a conta, a instituição de crédito pode recusar a operação se o saldo respectivo for insuficiente para efectuar o pagamento.

ARTIGO 14.º
Data em que se consideram efectuados os pagamentos

1 – A cobrança das dívidas de impostos considera-se efectuada na data da entrega do respectivo meio de pagamento, sem prejuízo do disposto no número seguinte.

2 – Os pagamentos efectuados nas tesourarias da Fazenda Publica ou CTT por meio de cheques não visados só se consideram realizados depois do crédito em conta da respectiva importância, não sendo devidos, todavia, quaisquer juros ou encargos pelo tempo que mediar entre a entrega do cheque e o crédito em conta referido.

ARTIGO 15.º([1])
Pagamentos irregulares

1 – Serão considerados nulos os pagamentos efectuados com cheques irregulares, sem prejuízo das sanções legalmente previstas para a falta de pagamento nos prazos fixados na lei.

2 – Tratando-se de declaração de retenções na fonte não acompanhada de meio de pagamento suficiente, ou sendo este irregular, os serviços centrais da DGCI, sem prejuízo das penalidades aplicáveis, procederão à emissão da correspondente certidão de dívida, nos termos e para os efeitos do disposto no artigo 88.º do Código de Procedimento e de Processo Tributário.

([1]) Redacção dada pelo art. 9.º do D.L. n.º 160/2003, de 19 de Julho.

ARTIGO 16.º
Pagamentos nas instituições de crédito, CTT e tesourarias

1 – Os pagamentos realizados nas instituições de crédito serão creditados com data do dia seguinte na conta da DGCI, para o efeito criada, pelo montante discriminado das cobranças efectuadas no dia anterior.

2 – O montante das importâncias cobradas pelos CTT em cada semana será depositado na conta que vier a ser indicada pela DGCI até ao 4.º dia da 2.ª semana posterior à do pagamento, deduzido do valor dos cheques devolvidos sem pagamento durante o mesmo período.

3 – O produto diário da cobrança dos impostos sobre o rendimento apurado nas tesourarias da Fazenda Pública será depositado separadamente em relação às restantes cobranças aí efectuadas no dia seguinte.

4 – Os meios de pagamento entrados nas tesourarias da Fazenda Pública, relativos à contribuição autárquica, serão depositados no dia seguinte, na conta que vier a ser indicada pela DGCI.

5 – Não haverá registo prévio dos documentos de cobrança junto da repartição de finanças para os pagamentos previstos neste diploma.

ARTIGO 17.º
Obrigações e comunicações das instituições de crédito

1 – Os cheques com os dizeres «pagamento de impostos» referidos no presente diploma devem ser apresentados à compensação num dos três dias úteis seguintes ao do depósito, salvo motivos de força maior, não podendo ser ultrapassados, em qualquer caso, os prazos previstos no Regulamento do Serviço de Compensação para a sua devolução ao apresentante.

2 – As instituições de crédito são responsáveis perante a DGCI pelas importâncias correspondentes aos cheques que tenham visado, para o que deverão cativar imediatamente, nas contas de depósitos sacadas, os montantes respectivos.

3 – No caso de devolução de cheques, deverão as instituições de crédito sacadas comunicar o nome do sacador e o respectivo domicílio ou sede no dia imediato ao do conhecimento da respectiva devolução sem pagamento.

4 – As instituições de crédito são directamente responsáveis perante a DGCI pelos eventuais encargos que venham a ser liquidados aos contribuintes em caso de incumprimento do disposto nos números anteriores, aplicando-se para a sua cobrança o disposto no artigo 10.º.

5 – Todos os cheques que não devam ser remetidos ao tribunal territorialmente competente ficarão arquivados na direcção distrital de finanças respectiva, conforme os casos, durante cinco anos, após o que serão inutilizados.

6 – Sempre que se verifique a emissão de cheques com falta ou insuficiência de provisão que não venham a ser regularizados, deverá tal facto ser participado ao Banco de Portugal para os efeitos previstos na legislação que estabelece a inibição do uso de cheques, sem prejuízo de, após despacho do director-geral das Contribuições e Impostos, se comunicar às tesourarias da Fazenda Pública e CTT listagem dos contribuintes a quem deve ser recusada a aceitação de cheques não visados.

ARTIGO 18.º
Prova do pagamento

No caso dos pagamentos previstos no presente diploma a entidade colaboradora na cobrança entregará ao interessado, depois de devidamente certificado, documento comprovativo do pagamento.

CAPÍTULO III
Dos reembolsos

ARTIGO 19.º
Direito ao reembolso

1 – O sujeito passivo deverá indicar, na declaração de rendimentos, se pretende o reembolso ou o reporte para anos posteriores, conforme os casos, sempre que, nos termos dos Códigos do Imposto sobre o Rendimento de Pessoas Singulares e das Pessoas Colectivas, seja apurado imposto a restituir.

2 – Nos casos em que não haja obrigatoriedade de entrega de declaração ou a liquidação onde é apurado imposto a restituir seja efectuada em cumprimento de decisão proferida em processo de reclamação ou de impugnação judicial, o reembolso será efectuado directamente pelos serviços.

3 – Quando, com utilização de meio de pagamento válido, tenha sido entregue montante superior ao da importância a pagar, a diferença será reembolsada de imediato ao contribuinte sem observância dos requisitos previstos no presente diploma para os reembolsos.

4 – São competentes para processar os reembolsos previstos na lei os serviços centrais da DGCI.

ARTIGO 20.º
Existência de dívidas

1 – Quando, após qualquer liquidação que confira direito a reembolso, seja constatada pelos serviços a existência de dívidas de imposto sobre o rendimento de pessoas singulares ou de pessoas colectivas respeitantes a anos anteriores ou dívidas de importâncias retidas e não entregues e as mesmas se encontrem em fase de cobrança coerciva ou a ser pagas em prestações, será o contribuinte notificado do montante do reembolso a que tem direito e daquelas dívidas.

2 – O reembolso não poderá ser efectuado sem que a importância a reembolsar seja aplicada primeiramente no pagamento total ou parcial das dívidas referidas no número anterior e acréscimos legais.

3 – Para efeitos do disposto no número anterior, o serviço competente para ordenar o reembolso notificará o tribunal tributário de 1.ª instância ou a repartição de finanças onde correr o processo de execução ou onde se encontre a decorrer o pagamento das prestações autorizadas para, no prazo de 30 dias, proceder à sua contagem e remeter cópia da conta, que deverá incluir os juros de mora devidos até ao mês seguinte ao da sua elaboração.

4 – Cumprido o disposto no n.º anterior, os serviços competentes emitirão cheque à ordem do juiz ou chefe da repartição de finanças por conta ou pelo valor do reembolso, conforme os casos, para ser aplicado no pagamento total ou parcial da dívida contada naqueles termos.

5 – Se o montante a reembolsar for superior ao da dívida contada nos termos do n.º 3, será o remanescente devolvido ao contribuinte, nos termos do artigo 21.º, simultaneamente com a remessa do cheque para os pagamentos referidos nos números anteriores.

6 – Se depois de cumpridos os mecanismos do n.º 3 do presente artigo o tribunal tributário ou a repartição de finanças informarem que as dívidas constatadas nos termos do n.º 1 foram entretanto pagas, será de imediato emitido o reembolso.

7 – Nos casos referidos no número anterior ou quando se constate a existência de remanescente depois dos pagamentos referidos no presente artigo, não haverá lugar à contagem de juros a favor do contribuinte, ainda que o reembolso venha a ter lugar para além dos prazos legalmente previstos.

ARTIGO 21.º
Forma dos reembolsos

1 – Os reembolsos de imposto sobre o rendimento das pessoas singulares ou das pessoas colectivas efectuar-se-ão por:
   a) Transferência conta a conta, sempre que o sujeito passivo tenha indicado os necessários dados na declaração de rendimentos, de início de actividade ou de alterações;
   b) Cheque ou vale postal sacados sobre a conta à ordem para reembolsos de que a DGCI é titular, nos restantes casos.

2 – Antes de efectuar a transferência bancária o serviço competente para efectuar reembolsos validará junto da instituição de crédito respectiva o número da conta indicada pelo contribuinte, nos termos do número anterior.

3 – Os cheques referidos no n.º 1 serão nominativos, cruzados, e terão aposto o respectivo prazo de validade.

ARTIGO 22.º
Reembolsos – Prazo de validade de vales postais e cheques

1 – Os cheques relativos a reembolsos terão a validade de 60 dias, findos os quais não poderão ser pagos, pela instituição de crédito sacada.

2 – Os vales postais terão igualmente a validade de 60 dias, findos os quais não poderão ser pagos, nos termos e com os efeitos da legislação em vigor para os vales.

ARTIGO 23.º
Devolução de transferência bancária

1 – Não podendo ser cumprida a transferência bancária relativa a reembolsos após a informação da instituição de crédito, será emitido cheque ou vale postal pela mesma importância e remetido para o domicílio fiscal que constar da última declaração de rendimentos ou de alterações apresentada pelo contribuinte.

2 – Os reembolsos que não puderem ser pagos depois de ter sido remetido cheque ou vale postal, nos termos do número anterior, só podem ser pagos, mediante requerimento, com observância do disposto no artigo 24.º.

ARTIGO 24.º
Reembolsos fora de prazo

1 – decorrido o prazo de validade dos cheques ou vales postais referidos na alínea *b)* do n.º 1 do artigo 21.º sem que os mesmos tenham sido levantados ou venham devolvidos pelo correio, caberá ao interessado, no prazo de cinco anos contados da data da liquidação, requerer ao director-geral das Contribuições e Impostos o reembolso a que tenha direito e indicar qual a forma por que o pretende ver realizado.

2 – Os reembolsos referidos no número anterior serão processados até 90 dias a contar da entrada do pedido nos serviços, não havendo lugar ao pagamento de juros pelo atraso na sua efectivação.

CAPÍTULO IV
Da gestão das contas bancárias e transferências de fundos

ARTIGO 25.º
Gestão de fundos

Os serviços centrais da DGCI devem, através de uma gestão criteriosa, providenciar para que as contas de depósitos à ordem nas instituições de crédito estejam devidamente aprovisionadas, ficando para o efeito autorizados a transferir as importâncias necessárias entre contas de que é titular para fazer face:

a) Ao pagamento de reembolsos e respectivos juros;

b) Ao pagamento de juros devedores derivados de saldos negativos nas contas de depósitos à ordem;

c) Ao débito de cheques devolvidos pelas instituições de crédito.

ARTIGO 26.º
Transferência de fundos para as regiões autónomas

1 – As transferências de fundos para as regiões autónomas, movimentadas em nome do respectivo governo regional, serão efectuadas, mensalmente, com base no produto das cobranças, líquido dos reembolsos relativos a sujeitos passivos residentes nas Regiões Autónomas dos Açores e da Madeira.

2 – Sempre que no apuramento periódico das verbas respeitantes às regiões autónomas se verificar a necessidade de ajustamentos às transferências já efectuadas, a DGCI procederá às necessárias compensações em transferências futuras.

ARTIGO 27.º
Transferência de fundos

1 – A passagem de fundos relativa às importâncias cobradas pelas instituições de crédito para a Caixa Geral do Tesouro junto do Banco de Portugal é efectuada nos dias 2 e 16 de cada mês ou, se aqueles não forem dias úteis, em cada um dos dias úteis seguintes devendo cada uma das instituições transferir o saldo existente na conta da DGCI no dia útil imediatamente anterior à passagem de fundos, salvo se outro montante lhes for indicado.

2 – A DGCI deverá providenciar a transferência para a Caixa Geral do Tesouro das importâncias depositadas provenientes de cobrança nas estações dos CTT, tendo em conta o disposto no artigo 25.º.

3 – Os montantes respeitantes a pagamentos relativos a impostos sobre o rendimento efectuado nas tesourarias da Fazenda Publica são por elas transferidos para a conta do Tesouro no dia útil seguinte ao do pagamento.

4 – A DGCI transferirá para cada município o produto das derramas cobradas, 15 dias após o respectivo apuramento.

5 – O depósito dos meios de pagamento, nos termos do n.º 4 do artigo 16.º, considera-se transferência de fundos para todos os efeitos legais.

6 – As transferências de verbas para as autarquias provenientes da cobrança da contribuição autárquica serão efectuadas para DGCI nos termos da legislação em vigor.

7 – As importâncias correspondentes aos encargos de liquidação e cobrança da contribuição autárquica serão transferidas pela DGCI para a Caixa Geral do Tesouro nos dois dias úteis imediatos à data em que se operar a transferência referida no número anterior.

ARTIGO 28.º
Insuficiência de fundos

Sempre que se mostre necessário efectuar reembolsos e as contas à ordem da DGCI existentes nas instituições de crédito não se encontrem suficientemente aprovisionadas, por insuficiência de cobranças, o director-geral das Contribuições e Impostos fica autorizado a levantar, por conta da correspondente rubrica orçamental, a importância considerada necessária para o pagamento daqueles reembolsos.

CAPÍTULO V
Dos pagamentos em prestações

ARTIGO 29.º
Pagamentos em prestações

1 – As dívidas de impostos sobre o rendimento das pessoas singulares e das pessoas colectivas poderão ser pagas em prestações, após o decurso do período do pagamento voluntário e antes da instauração do respectivo processo de execução fiscal.

2 – O disposto no número anterior não é aplicável às dívidas liquidadas pelos serviços por falta de entrega dentro dos respectivos prazos legais de quaisquer retenções de imposto.

3 – O número de prestações não pode exceder 36, sendo de periodicidade mensal.

ARTIGO 30.º
Competência para autorizar as prestações

A competência para autorizar o pagamento em prestações das dívidas referidas no artigo anterior cabe ao Ministro das Finanças.

ARTIGO 31.º
Requisitos dos pedidos

1 – Poderão solicitar o pagamento em prestações os devedores cuja situação económica, devidamente comprovada, não lhes permita solver as dívidas dentro dos prazos legalmente previstos ou nos casos em que ocorram circunstâncias excepcionais e razões de interesse público o justifiquem.

2 – Os pedidos de pagamento em prestações conterão a identificação do requerente, a natureza da dívida e o número de prestações pretendido, devendo ser apresentados nas

direcções distritais de finanças da área fiscal onde o devedor tenha o seu domicílio, sede ou estabelecimento estável no prazo de quinze dias a contar do termo do prazo para o pagamento voluntário.

3 – O director distrital de finanças, juntas todas as informações de que disponha sobre o pedido e sobre a situação económica do requerente, pronunciar-se-á sobre a concessão, alteração ou denegação do pedido, submetendo-o a apreciação, através dos serviços centrais da DGCI, no prazo de quinze dias após a recepção.

ARTIGO 32.º
Das garantias

1 – Conjuntamente com o pedido referido no artigo anterior deverá o devedor oferecer garantia idónea, nomeadamente:

a) Aval bancário ou de instituição legalmente autorizada a prestá-lo;

b) Seguro-caução ou caução efectuados por instituições de seguros legalmente autorizados;

c) Hipoteca.

2 – A garantia será prestada pelo valor da dívida e juros de mora, a contar até à data do pedido, acrescido de 25% da soma daqueles valores.

3 – As garantias referidas no n.º 1 deverão ser constituídas para cobrir todo o período de tempo que foi concedido para efectuar o pagamento, acrescido de três meses, e ser apresentadas no prazo de l0 dias a contar da notificação que autorizou as prestações, salvo no caso da hipoteca, cujo prazo poderá ser ampliado até 30 dias.

4 – Após o decurso dos prazos referidos no número precedente sem que tenha sido prestada a garantia, fica sem efeito a autorização para efectuar o pagamento da dívida em prestações, aplicando-se o disposto nos n.ºs 2 e 3 do artigo 34.º.

ARTIGO 33.º
Apreciação das garantias e situação do devedor

1 – É competente para avaliar as garantias a prestar nos termos deste diploma o director da direcção distrital de finanças onde for apresentado o pedido.

2 – As direcções distritais de finanças poderão exigir informação prévia dos serviços de fiscalização tributária sobre as circunstâncias da dívida e situação económica do devedor, a prestar no prazo de dez dias.

ARTIGO 34.º
Apreciação dos pedidos

1 – Os pedidos remetidos para os serviços centrais da DGCI serão de imediato submetidos a despacho do Ministro das Finanças.

2 – Os pedidos, depois de apreciados, são remetidos à direcção distrital de finanças referida no n.º 2 do artigo 31.º para efeitos de notificação ao requerente.

3 – Em caso de indeferimento, as certidões de dívida serão remetidas pelo director distrital de finanças ao tribunal tributário ou à repartição de finanças competente, com requerimento para instauração de processo de execução fiscal.

4 – As notificações serão efectuadas por carta registada, presumindo-se a notificação efectuada no terceiro dia posterior ao do registo ou no primeiro dia útil seguinte a esse, quando o não seja.

ARTIGO 34.º-A([1])
Isenção de garantia

1 – As dívidas de imposto sobre o rendimento das pessoas singulares (IRS) e de imposto sobre o rendimento das pessoas colectivas (IRC) de valor inferior, respectivamente, a € 2500 e € 5000 podem ser pagas em prestações antes da instauração do processo executivo, com isenção de garantia, desde que o requerente não seja devedor de quaisquer tributos administrados pela DGCI, nos termos do presente artigo.

2 – Os pedidos de pagamento em prestações a que se refere o número anterior são apresentados preferencialmente por via electrónica, ou nos serviços de finanças da área onde o contribuinte tenha o seu domicílio fiscal, até 15 dias após o termo do prazo para o pagamento voluntário e devem conter a identificação do requerente e a natureza da dívida.

3 – No prazo de 15 dias após a sua recepção, os pedidos são deferidos pelo chefe do serviço de finanças uma vez verificado que o requerente não é devedor de quaisquer outros tributos administrados pela DGCI.

4 – Deferido o pedido de pagamento em prestações no âmbito do presente artigo, o total do imposto é dividido pelo número de prestações mensais e iguais, constantes da seguinte tabela, acrescendo à primeira as fracções resultantes do arredondamento de todas elas:

Valor da dívida IRS (em euros)	Número de prestações	Valor da dívida IRC (em euros)
Até 355	1	Até 711.
De 356 a 533	2	De 712 a 1067.
De 534 a 711	3	De 1068 a 1423.
De 712 a 889	4	De 1424 a 1779.
De 890 a 1067	5	De 1780 a 2135.
De 1068 a 2500	6	De 2136 a 5000.

5 – Ao valor de cada prestação acrescem os juros de mora contados sobre o respectivo montante desde o termo do prazo para pagamento voluntário até ao mês do respectivo pagamento.

6 – O pagamento das prestações deve ser efectuado até ao final de cada mês, em qualquer dos locais e meios previstos neste diploma, sendo para o efeito emitidos documentos de cobrança a enviar ao contribuinte.

7 – A falta de pagamento de qualquer das prestações nos termos dos números anteriores importa o vencimento imediato das seguintes e a instauração do processo de execução fiscal pelo valor em dívida.

8 – O disposto do presente artigo não é aplicável às dívidas por falta de entrega dentro dos respectivos prazos legais de quaisquer retenções de imposto.

([1]) Aditado pelo D.L. n.º 150/2006, de 2 de Agosto.
Nos termos do art. 2.º do D.L. 150/2006, de 02/08, é aplicável a dívidas cujo prazo de pagamento voluntário se inicie a partir de 1 de Janeiro de 2007.

ARTIGO 35.º
Local dos pagamentos

1 – Os processos relativos a pedidos autorizados, depois de prestada a respectiva garantia, serão remetidos, conjuntamente com esta, à repartição de finanças da área do domicílio, sede ou estabelecimento estável do requerente.

2 – Os pagamentos serão efectuados com moeda corrente ou cheque visado apenas nas tesourarias da Fazenda Pública, com prévia solicitação de guias na repartição referida no número anterior, contendo estas todos os elementos comuns aos documentos de pagamento referidos no presente diploma.

ARTIGO 36.º
Liquidação das prestações

Deferido o pedido de pagamento em prestações no âmbito do presente diploma, será o total da dívida dividido pelo número de prestações autorizado, acrescendo ao valor de cada prestação os juros de mora contados sobre o respectivo montante desde o termo do prazo para pagamento voluntário até ao mês do respectivo pagamento.

ARTIGO 37.º
Falta de pagamento

1 – A falta de pagamento de qualquer das prestações importa o vencimento imediato das seguintes, instaurando-se processo de execução fiscal pelo valor em dívida.

2 – Verificada a falta de pagamento e instaurada a execução fiscal, será citada a entidade que prestou a garantia para no prazo de dez dias efectuar o pagamento da dívida ainda existente até ao montante da garantia prestada, sob pena de ser executada no próprio processo.

3 – Nos processos de execução fiscal instaurados com base na falta de pagamento de dívidas para as quais tenha sido autorizado o pagamento em prestações, nos termos do presente diploma, far-se-ão constar os bens que foram dados de garantia.

CAPÍTULO VI
Dos registos

ARTIGO 38.º
Controlo contabilístico

1 – Para efeitos de gestão, informação e controlo, a DGCI procederá à criação dos elementos de suporte necessários e adequados à correcta aplicação das disposições contidas no presente diploma, donde constem, designadamente:

a) Registo das operações ocorridas com sujeitos passivos de imposto derivados do normal cumprimento das suas obrigações;

b) Registo dos montantes dos reembolsos e anulações efectuados e dos meios utilizados para pagamento dos mesmos;

c) Registo dos movimentos efectuados nas tesourarias da Fazenda Pública;

d) Registo dos movimentos efectuados com cada uma das instituições de crédito onde tenha sido aberta conta de depósitos à ordem;

e) Registos dos movimentos efectuados nos CTT;

f) Registo de operações de passagens de fundos para o Banco de Portugal a favor da Caixa Geral do Tesouro;

g) Registo das operações de passagens de fundos para os municípios provenientes de cobrança de receitas próprias;

h) Registo das operações de passagens de fundos para as Regiões Autónomas dos Açores e da Madeira provenientes da cobrança que constitua receita própria.

2 – Semanalmente serão elaborados mapas resumo de contas que evidenciem os movimentos a crédito e a débito ocorridos na semana precedente, o saldo transportado e o que transita para o período seguinte.

3 – Mensalmente serão elaborados mapas resumo das passagens de fundos para o Banco de Portugal, a favor da Caixa Geral do Tesouro, que, conjuntamente com os referidos no número anterior, serão enviados às Direcções-Gerais do Tesouro e da Contabilidade Pública.

4 – Mensalmente serão elaborados mapas resumo das passagens de fundos a efectuar para cada uma das regiões autónomas, que serão enviados aos respectivos governos regionais, através dos ministros da República.

CAPÍTULO VII
Disposições finais

ARTIGO 39.º
Execução do presente diploma

1 – Para execução das normas contidas no presente diploma, fica o director-geral das Contribuições e Impostos autorizado a celebrar protocolos de acordo com as instituições de crédito e com os Correios e Telecomunicações de Portugal.

2 – As minutas de protocolo a que se refere o número anterior serão submetidas a aprovação prévia do Ministro das Finanças.

ARTIGO 40.º
Impressos e livros de registo

Fica o Ministro das Finanças autorizado a criar ou alterar os modelos de livros e impressos que se tornem necessários à execução do presente diploma, bem como adaptar os actuais livros e demais elementos de escrituração de contas do Estado.

ARTIGO 41.º
Transição – Locais de pagamento

Até à aprovação dos protocolos com as instituições de crédito, conforme se encontra regulado no artigo 39.º, os pagamentos previstos no presente diploma poderão ser efectuados nas tesourarias da Fazenda Pública e em qualquer estação dos CTT.

PARTE QUINTA

LEGISLAÇÃO COMPLEMENTAR

	Págs.
[41] Países com regime de tributação privilegiada (**Portaria n.º 150/2004**)	637
[42] Informação Empresarial Simplificada (**D.L. n.º 8//2007, de 17 de Janeiro**)	640
[43] Aprova os novos modelos de impressos relativos a anexos que fazem parte integrante do modelo declarativo da informação empresarial simplificada (IES) (**Portaria n.º 8/2008, de 3 de Janeiro**)	647

PORTARIA N.º 150/2004, DE 13 DE FEVEREIRO
(Rectificada. Delaração de Rectificação 31/2004, de 23 de Março)
[41]

Aprova a lista dos países, territórios e regiões com regimes de tributação privilegiada, claramente mais favoráveis.

A luta contra a evasão e fraude internacionais passa também pela adopção de medidas defensivas, tradicionalmente designadas por medidas antiabuso, traduzidas em práticas restritivas no âmbito dos impostos sobre o rendimento e sobre o património, benefícios fiscais e imposto do selo, que têm como alvo operações realizadas com entidades localizadas em países, territórios ou regiões qualificados como «paraísos fiscais» ou sujeitos a regimes de tributação privilegiada.

Tendo em conta as dificuldades em definir «paraíso fiscal» ou «regime fiscal claramente mais favorável», o legislador nacional, na esteira das orientações seguidas por outros ordenamentos jurídico-fiscais, optou, nuns casos, por razões de segurança jurídica, pelo sistema de enumeração casuística e, noutros, por um sistema misto, estando, no entanto, ciente que tais soluções obrigam a revisões periódicas dos países, territórios ou regiões que figuram na lista.

Assim:

Manda o Governo, Pelo Secretário de Estado dos Assuntos Fiscais, nos termos do n.º 2 do artigo 3.º do Decreto-Lei n.º 88/94, de 2 de Abril, o seguinte:

Para todos os efeitos previstos na lei, designadamente no n.º 3 do artigo 16º do Código do IRS, n.º 2 do artigo 59.º e no n.º 3 e na alínea *c*) do n.º 7 do artigo 60.º do Código do IRC, na alínea *b*) do artigo 26.º, no n.º 7 do artigo 41.º e no n.º 8 do artigo 42.º do EBF, no n.º 3 artigo 7.º do Código do Imposto do Selo, no artigo 3.º do Decreto-Lei n.º 88/94, de 2 de Abril, no n.º 4 do artigo 2.º e no n.º 3 do artigo 4.º do Decreto-Lei n.º 219/2001, de 4 de Agosto, no n.º 7 do artigo 9.º e no n.º 3 do artigo 112.º do Código do Imposto Municipal sobre Imóveis (CIMI) e no n.º 4 do artigo 17.º do Código do Imposto Municipal sobre as Transmissões Onerosas de Imóveis (CIMT), a lista dos países, territórios e regiões com regimes de tributação privilegiada, claramente mais favoráveis, é a seguinte:

01) Andorra;
02) Anguilla;
03) Antígua e Barbuda;
04) Antilhas Holandesas;

05) Aruba;
06) Ascensão;
07) Bahamas;
08) Bahrain;
09) Barbados;
10) Belize;
11) Ilhas Bermudas;
12) Bolívia;
13) Brunei;
14) Ilhas do Canal (Alderney, Guernesey, Jersey, Great Stark, Herm, Little Sark, Brechou, Jethou e Lihou);
15) Ilhas Cayman;
16) Ilhas Cocos o Keeling;
17) Chipre;
18) Ilhas Cook;
19) Costa Rica;
20) Djibouti;
21) Dominica;
22) Emiratos Árabes Unidos;
23) Ilhas Falkland ou Malvinas;
24) Ilhas Fiji;
25) Gâmbia;
26) Grenada;
27) Gibraltar;
28) Ilha de Guam;
29) Guiana;
30) Honduras;
31) Hong Kong;
32) Jamaica;
33) Jordânia;
34) Ilha de Queshm;
35) Ilha de Kiribati;
36) Koweit;
37) Labuán;
38) Líbano;
39) Libéria;
40) Liechtenstein;
41) Luxemburgo, apenas no que respeita às sociedades *holding* no sentido da legislação luxemburguesa que se rege pela Lei de 31 de Julho de 1929 e pela Decisão Grã-Ducal de 17 de Dezembro de 1938;
42) Ilhas Maldivas;
43) Ilha de Man;
44) Ilhas Marianas do Norte;
45) Ilhas Marshall;
46) Maurícias;
47) Mónaco;
48) Monserrate;

49) Nauru;
50) Ilhas Natal;
51) Ilha de Niue;
52) Ilha Norfolk;
53) Sultanato de Oman;
54) Ilhas do Pacífico não compreendidas nos restantes números;
55) Ilhas Palau;
56) Panamá;
57) Ilha de Pitcairn;
58) Polinésia Francesa;
59) Porto Rico;
60) Quatar;
61) Ilhas Salomão;
62) Samoa Americana;
63) Samoa Ocidental;
64) Ilha de Santa Helena;
65) Santa Lúcia;
66) São Cristóvão e Nevis;
67) São Marino;
68) Ilha de São Pedro e Miguelon;
69) São Vicente e Grenadinas;
70) Seychelles;
71) Suazilândia;
72) Ilhas Svalbard (arquipélago Spitsbergen e ilha Bjornoya);
73) Ilha de Tokelau;
74) Tonga;
75) Trinidad e Tobago;
76) Ilha Tristão da Cunha;
77) Ilhas Turks e Caicos;
78) Ilha Tuvalu;
79) Uruguai;
80) República de Vanuatu;
81) Ilhas Virgens Britânicas;
82) Ilhas Virgens dos Estados Unidos da América;
83) República Árabe do Yémen.

O Secretário de Estado dos Assuntos Fiscais, *Vasco Jorge Valdez Ferreira Matias*, em 21 de Janeiro de 2004.

INFORMAÇÃO EMPRESARIAL SIMPLIFICADA (IES)
[42]

DECRETO-LEI N.º 8/2007, DE 17 DE JANEIRO

Altera o regime jurídico da redução do capital social de entidades comerciais, eliminando a intervenção judicial obrigatória e promovendo a simplificação global do regime, cria a Informação Empresarial Simplificada (IES) e procede à alteração do Código das Sociedades Comerciais, do Código de Registo Comercial, do Decreto--Lei n.º 248/86, de 25 de Agosto, do Código de Processo Civil, do Regime Nacional de Pessoas Colectivas e do Regulamento Emolumentar dos Registos e do Notariado

O presente decreto-lei visa contribuir para a concretização do Programa do XVII Governo Constitucional na área da justiça, colocando este sector ao serviço dos cidadãos e das empresas, do desenvolvimento económico e da promoção do investimento em Portugal.

Com efeito, o Programa do XVII Governo Constitucional dispõe que «os cidadãos e as empresas não podem ser onerados com imposições burocráticas que nada acrescentem à qualidade do serviço», determinando ainda que «no interesse conjunto dos cidadãos e das empresas, serão simplificados os controlos de natureza administrativa, eliminando-se actos e práticas registrais e notariais que não importem um valor acrescentado e dificultem a vida do cidadão e da empresa (como sucede com a sistemática duplicação de controlos notariais e registrais)».

Por essa razão e com o propósito de satisfazer esse compromisso, o XVII Governo Constitucional já aprovou um conjunto de medidas de grande relevo como a eliminação da obrigatoriedade da celebração de escrituras públicas na vida das empresas, a eliminação da obrigatoriedade de existência e de legalização dos livros da escrituração mercantil das empresas, a adopção de modalidades mais simples de dissolução de entidades comerciais, incluindo a possibilidade de «dissolução e liquidação de sociedades comerciais na hora» e vias de dissolução e liquidação administrativa, a correr junto das conservatórias de registo comercial. Também já aprovou os diplomas necessários à criação de um regime mais simples e barato de fusão e cisão de sociedades, ao alargamento das competências para a autenticação e reconhecimento presencial de documentos por advogados, solicitadores, câmaras de comércio e indústria e conservatórias e à eliminação e simplificação de actos de registo comercial, prevendo inclusivamente o fim da competência territorial das conservatórias de registo comercial.

O presente decreto-lei concretiza novas medidas de eliminação e simplificação de actos no sector do registo comercial e dos actos notariais conexos.

Assim, em primeiro lugar, permite-se a eliminação da intervenção judicial obrigatória para a redução do capital social das sociedades comerciais. Com efeito, e apesar da redução do capital social já ter sido simplificada através da eliminação da celebração de escritura pública no cartório notarial, permanece a obrigatoriedade de intervenção do tribunal para que tal pretensão se possa consumar quando essa redução não se destine à cobertura de perdas, o que torna o processo desnecessariamente moroso e complexo, sem justificação, pois em princípio não existe litígio subjacente a tal acto. Naturalmente que se salvaguarda a possibilidade de oposição judicial sempre que tal litígio exista.

Em segundo lugar, cria-se a Informação Empresarial Simplificada (IES), que agrega num único acto o cumprimento de quatro obrigações legais pelas empresas que se encontravam dispersas e nos termos das quais era necessário prestar informação materialmente idêntica a diferentes organismos da Administração Pública por quatro vias diferentes. Com o regime agora aprovado, todas estas obrigações – a entrega da declaração anual de informação contabilística e fiscal, o registo da prestação de contas, a prestação de informação de natureza estatística ao Instituto Nacional de Estatística (INE) e a prestação de informação relativa a dados contabilísticos anuais para fins estatísticos ao Banco de Portugal – passam a cumprir-se integralmente com o envio electrónico da informação contabilística sobre as empresas, realizado uma única vez. Trata-se de uma medida de significativo impacte junto das empresas e dos diferentes serviços da Administração Pública responsáveis pela recolha desta informação (administração fiscal, serviços de registo comercial, INE e Banco de Portugal), que assim passam a poder dirigir os meios disponíveis para objectivos de valor acrescentado devido à redução de encargos associados a tarefas burocráticas e puramente administrativas que agora cessam.

Estas duas medidas – a simplificação do regime da redução do capital social e a IES – visam concretizar o programa SIMPLEX na área do Ministério da Justiça, tendo a segunda resultado da coordenação entre diversos ministérios e entidades públicas, realizadas com a colaboração da Unidade de Coordenação da Modernização Administrativa, da Direcção-Geral dos Impostos, da Direcção-Geral de Informática e Apoio aos Serviços Tributários e Aduaneiros, do INE e do Banco de Portugal.

Em terceiro lugar, elimina-se a necessidade de solicitar a emissão de um novo certificado de admissibilidade de firma quando haja mudança de sede para concelho diferente, desde que a firma da sociedade seja apenas constituída por uma expressão de fantasia, acrescida ou não de referência à actividade.

Em quarto lugar, aproveita-se para tornar gratuitos os actos de registo comercial e do automóvel que decorram de alterações toponímicas, pois não se justificava que o cidadão ou a empresa cuja residência ou sede sofresse uma alteração da responsabilidade da Administração Pública – como, por exemplo, a alteração do nome de uma rua – fosse onerado com o pagamento dos registos decorrentes dessa alteração.

Em quinto lugar, permite-se que, até 30 de Junho de 2007, o registo da transformação dos estabelecimentos individuais de responsabilidade limitada em sociedades unipessoais por quotas se possa realizar gratuitamente, assim fomentando a transição para um tipo societário mais actual.

Finalmente, em sexto lugar, procede-se ao aperfeiçoamento de algumas disposições do Código das Sociedades Comerciais e do Código de Registo Comercial.

Este diploma prossegue, pois, os mesmos objectivos e propósitos de interesse nacional e colectivo que as restantes medidas já aprovadas nos domínios da eliminação e simplificação de actos registrais e notariais visaram. Trata-se de promover o desenvolvimento económico e a criação de um ambiente mais favorável à inovação e ao investimento em Portugal, sempre com garantia da segurança jurídica e salvaguarda da legalidade das medidas adoptadas.

Foram ouvidos o Conselho Superior da Magistratura, o Conselho Superior dos Tribunais Administrativos e Fiscais, o Conselho Superior do Ministério Público, o Conselho dos Oficiais de Justiça, o Conselho Superior de Estatística, o Banco de Portugal, a Comissão do Mercado de Valores Mobiliários, a Ordem dos Revisores Oficiais de Contas, a Câmara dos Técnicos Oficiais de Contas, o Instituto António Sérgio do Sector Cooperativo e a Associação Nacional de Municípios Portugueses.

Foram promovidas as diligências necessárias à audição da Ordem dos Advogados, da Ordem dos Notários e da Câmara dos Solicitadores.

Assim:
No uso da autorização legislativa concedida pela Lei n.º 22/2006, de 23 de Junho, e das alíneas *a*) e *b*) do n.º 1 do artigo 198.º da Constituição, o Governo decreta o seguinte:

CAPÍTULO I
Informação Empresarial Simplificada

ARTIGO 1.º
Objecto

1 – O presente decreto-lei cria a Informação Empresarial Simplificada (IES).

2 – A IES consiste na prestação da informação de natureza fiscal, contabilística e estatística respeitante ao cumprimento das obrigações legais referidas no n.º 1 do artigo 2.º através de uma declaração única transmitida por via electrónica.

ARTIGO 2.º
Âmbito de aplicação

1 – A IES compreende as seguintes obrigações legais:

a) A entrega da declaração anual de informação contabilística e fiscal prevista no n.º 1 do artigo 113.º do Código do Imposto sobre o Rendimento das Pessoas Singulares (CIRS), quando respeite a pessoas singulares titulares de estabelecimentos individuais de responsabilidade limitada;

b) A entrega da declaração anual de informação contabilística e fiscal prevista na alínea *c*) do n.º 1 do artigo 109.º do Código do Imposto sobre o Rendimento das Pessoas Colectivas;

c) O registo da prestação de contas, nos termos previstos na legislação do registo comercial;

d) A prestação de informação de natureza estatística ao Instituto Nacional de Estatística (INE), nos termos previstos na Lei do Sistema Estatístico Nacional e em outras normas, designadamente emanadas de instituições da União Europeia;

e) A prestação de informação relativa a dados contabilísticos anuais para fins estatísticos ao Banco de Portugal, de acordo com o estabelecido na respectiva lei orgânica, incluindo a que decorre da participação do Banco de Portugal no Sistema Europeu de Bancos Centrais.

2 – Com a entrega da IES, devem ser igualmente apresentadas as seguintes declarações:

    a) A declaração anual de informação contabilística e fiscal prevista no n.º 1 do artigo 113.º do CIRS, quando respeite a pessoas singulares que não sejam titulares de estabelecimentos individuais de responsabilidade limitada;

    b) A declaração anual de informação contabilística e fiscal e os mapas recapitulativos previstos nas alíneas *d)* a *f)* do n.º 1 do artigo 28.º do Código do Imposto sobre o Valor Acrescentado;

    c) A declaração anual prevista nos n.ºs 1 e 2 do artigo 52.º do Código do Imposto do Selo.

3 – As obrigações legais previstas no n.º 1 do artigo 2.º são exclusivamente cumpridas através da entrega da IES.

4 – As entidades obrigadas ao cumprimento das obrigações legais referidas nos números anteriores são determinadas pela legislação respectiva.

ARTIGO 3.º
Modelos

1 – A informação a prestar consta de modelos oficiais, aprovados por portaria do ministro responsável pela área das finanças, os quais devem integrar toda a informação necessária ao cumprimento de cada uma das obrigações legais incluídas na IES.

2 – A obrigação a que se refere o número anterior é também aplicável às entidades abrangidas pela aplicação das normas internacionais de contabilidade.([1])

    ([1]) Redacção dada pelo D.L. n.º 292/2009, de 16 de Outubro.

ARTIGO 4.º
Forma de envio

1 – O cumprimento das obrigações legais referidas no artigo 2.º é efectuado através do envio da respectiva informação ao Ministério das Finanças, por transmissão electrónica de dados, nos termos a definir por portaria conjunta dos membros do Governo responsáveis pela área das finanças, pelo INE e pela área da justiça.

2 – A informação recepcionada nos termos do número anterior que respeite ao cumprimento das obrigações previstas nas alíneas *c)* a *e)* do n.º 1 do artigo 2.º é disponibilizada ao Ministério da Justiça, nos termos do artigo 9.º

ARTIGO 5.º
Prazo para apresentação da informação

1 – A IES é apresentada anualmente, até ao 15.º dia do 7.º mês posterior à data do termo do exercício económico, independentemente de esse dia ser útil ou não útil.([1])

2 – Para efeitos do disposto no número anterior, considera-se como data de apresentação da IES a da respectiva submissão por via electrónica.

(¹) Redacção dada pelo D.L. n.º 292/2009, de 16 de Outubro.

ARTIGO 6.º
Submissão

1 – A IES é submetida pelas entidades competentes para a entrega das declarações de informação contabilística e fiscal.

2 – A forma de verificação da identidade do apresentante da IES é regulada na portaria prevista no artigo 4.º

ARTIGO 7.º
Taxa

O cumprimento da obrigação prevista na alínea c) do n.º 1 do artigo 2.º está sujeito ao pagamento de uma taxa, de montante a definir por portaria do membro do Governo responsável pela área da justiça, e que constitui receita própria do Instituto dos Registos e do Notariado, I. P. (IRN, I. P.).

ARTIGO 8.º
Incumprimento

O incumprimento das obrigações inerentes à entrega da IES é sancionado nos termos previstos na legislação respeitante a cada uma das obrigações que aquela compreende.

ARTIGO 9.º
Disponibilização da informação

1 – A informação respeitante ao cumprimento das obrigações previstas nas alíneas c) a e) do n.º 1 do artigo 2.º deve ser disponibilizada, por via electrónica, às entidades perante as quais deve ser legalmente prestada, nos termos regulados na portaria prevista no artigo 4.º

2 – A disponibilização ao INE da informação respeitante ao cumprimento da obrigação prevista na alínea d) do n.º 1 do artigo 2.º é efectuada nos termos de portaria conjunta dos membros do Governo responsáveis pelo INE e pela área da justiça.

3 – A disponibilização ao Banco de Portugal da informação respeitante ao cumprimento da obrigação prevista na alínea e) do n.º 1 do artigo 2.º é efectuada nos termos de protocolo a celebrar entre a entidade titular da base de dados das contas anuais (BDCA) e o banco de Portugal.

4 – Sem prejuízo do regime da publicação dos actos de registo comercial e da possibilidade de emissão de certidões dos actos de prestação de contas, designadamente por via electrónica, a informação de interesse económico geral constante da IES pode ainda ser disponibilizada em base de dados de acesso público, nomeadamente no sítio da Internet de

acesso à edição electrónica do Diário da República, nos termos de protocolo a celebrar entre a entidade titular da BDCA e as entidades responsáveis pela gestão dos conteúdos dessas bases de dados.

ARTIGO 9.º-A([1])
Protocolo

Com vista à articulação entre as entidades perante as quais deve ser legalmente prestada a informação constante da IES, é celebrado um protocolo entre a Direcção-Geral dos Impostos (DGCI), a Direcção-Geral de Informática e Apoio aos Serviços Tributários e Aduaneiros (DGITA), o IRN, I. P., o Instituto para as Tecnologias de Informação na Justiça, I. P. (ITIJ, I. P.), o INE e o Banco de Portugal.

([1]) Aditado pelo D.L. n.º 292/2009, de 16 de Outubro.

ARTIGO 10.º
Base de dados das contas anuais

1 – A informação constante da IES que respeita ao cumprimento da obrigação prevista na alínea c) do n.º 1 do artigo 2.º consta da BDCA, da titularidade do IRN, I. P.

2 – A BDCA deve estar organizada de forma a permitir a pesquisa, designadamente, pelos seguintes elementos:
 a) Firma;
 b) Sede;
 c) Número de identificação de pessoa colectiva e de matrícula no registo comercial;
 d) Ano de exercício a que respeita a prestação de contas.

3 – A BDCA deve estar organizada de forma a permitir o registo e a publicação automáticas da prestação de contas, em termos a definir por portaria do membro do Governo responsável pela área da justiça.

4 – A certidão de registo comercial a enviar ou a entregar ao apresentante do registo da prestação de contas, nos termos do n.º 6 do artigo 75.º do Código do Registo Comercial, é a prevista no n.º 5 do mesmo artigo.

5 – A BDCA é de acesso público, designadamente através da emissão de certidões, nos termos, condições e custo a definir na portaria referida no n.º 3.

CAPÍTULO II
Alterações legislativas

ARTIGO 24.º
Aplicação no tempo

1 – As disposições do presente decreto-lei relativas à IES aplicam-se às obrigações legais previstas no artigo 2.º que respeitem a exercícios económicos que se tenham iniciado em 2006, bem como aos subsequentes.

2 – O artigo 21.º e as normas respeitantes à prática de actos de registo pela Internet produzem efeitos desde o dia 21 de Dezembro de 2006.

ARTIGO 25.º
Entrada em vigor

O presente decreto-lei entra em vigor no dia seguinte ao da sua publicação.

Visto e aprovado em Conselho de Ministros de 9 de Novembro de 2006. – *José Sócrates Carvalho Pinto de Sousa – António Luís Santos Costa – Fernando Teixeira dos Santos – Manuel Pedro Cunha da Silva Pereira – Alberto Bernardes Costa.*

Promulgado em 4 de Janeiro de 2007.

Publique-se.

O Presidente da República, ANÍBAL CAVACO SILVA.

Referendado em 8 de Janeiro de 2007.

O Primeiro-Ministro, *José Sócrates Carvalho Pinto de Sousa.*

PORTARIA N.º 8/2008, DE 3 DE JANEIRO
[43]

Aprova os novos modelos de impressos relativos a anexos que fazem parte integrante do modelo declarativo da informação empresarial simplificada (IES)

As obrigações legais previstas no artigo 2.º do Decreto-Lei n.º 8/2007, de 17 de Janeiro, devem ser cumpridas através da entrega da Informação Empresarial Simplificada, abreviadamente designada IES, que agrega num único acto o cumprimento de quatro obrigações legais - a entrega da declaração anual de informação contabilística e fiscal, o registo da prestação de contas, a prestação de informação de natureza estatística ao Instituto Nacional de Estatística e a prestação de informação relativa a dados contabilísticos anuais para fins estatísticos ao Banco de Portugal.

Para o ano/exercício de 2007, mostra-se necessário proceder à actualização do modelo de declaração criado pela Portaria n.º 208/2007, de 16 de Fevereiro.

Assim:

Manda o Governo, pelo Ministro de Estado e das Finanças, ao abrigo do disposto no artigo 3.º do Decreto-Lei n.º 8/2007, de 17 de Janeiro, o seguinte:

1.º São aprovados pela presente portaria os seguintes novos modelos de impressos relativos a anexos que fazem parte integrante do modelo declarativo da Informação Empresarial Simplificada (IES):

a) Folha de Rosto – IES – Declaração anual;

b) Anexo A – IRC – Informação empresarial simplificada (entidades residentes que exercem, a título principal, actividade comercial, industrial ou agrícola e entidades não residentes com estabelecimento estável);

c) Anexo A1 – IRC – Informação empresarial simplificada (entidades residentes que exercem, a título principal, actividade comercial, industrial ou agrícola – contas consolidadas – modelo não oficial);

d) Anexo B – IRC – Informação empresarial simplificada (empresas do sector financeiro – Decreto-Lei n.º 298/92, de 31 de Dezembro);

e) Anexo C – IRC – Informação empresarial simplificada (empresas do sector segurador – Decreto-Lei n.º 94-B/98, de 17 de Abril);

f) Anexo C1 – IRC – Informação empresarial simplificada (empresas do sector segurador – Decreto-Lei n.º 94-B/98, de 17 de Abril – contas consolidadas – modelo não oficial);

g) Anexo F – IRC – Benefícios fiscais;

h) Anexo L – IVA – Elementos contabilísticos e fiscais;
i) Anexo M – IVA – Operações realizadas em espaço diferente da sede;
j) Anexo N – IVA – Regimes especiais;
k) Anexo R – Informação estatística – Informação empresarial simplificada (entidades residentes que exercem, a título principal, actividade comercial, industrial ou agrícola, entidades não residentes com estabelecimento estável e EIRL);
l) Anexo S – Informação estatística – Informação empresarial simplificada (empresas do sector financeiro – Decreto-Lei n.º 298/92, de 31 de Dezembro);
m) Anexo T – Informação estatística – Informação empresarial simplificada (empresas do sector segurador – Decreto-Lei n.º 94-B/98, de 17 de Abril).

2.º Mantêm-se em vigor os seguintes anexos:
a) Anexo B1 – IRC – Informação empresarial simplificada (empresas do sector financeiro – Decreto-Lei n.º 298/92, de 31 de Dezembro – contas consolidadas – modelo não oficial), aprovado pela Portaria n.º 208/2007, de 16 de Fevereiro;
b) Anexo D – IRC – Informação empresarial simplificada (entidades residentes que não exercem, a título principal, actividade comercial, industrial ou agrícola), aprovado pela Portaria n.º 208/2007, de 16 de Fevereiro;
c) Anexo E – IRC – Elementos contabilísticos e fiscais (entidades não residentes sem estabelecimento estável), aprovado por despacho do SEAF de 28/12/2004 – declaração n.º 1/2005, publicada no Diário da República, 2.ª série, n.º 7, de 11 de Janeiro de 2005;
d) Anexo G – IRC – Regimes especiais (sociedades e outras entidades sujeitas ao regime de transparência fiscal), aprovado pela Portaria n.º 208/2007, de 16 de Fevereiro;
e) Anexo H – IRC – Operações com não residentes, aprovado por despacho do SEAF de 31/01/2003 – declaração n.º 134/2003, publicada no Diário da República, 2.ª série, n.º 74, de 28 de Março de 2003;
f) Anexo I – IRS – Informação empresarial simplificada (sujeitos passivos de IRS com contabilidade organizada), aprovado pela Portaria n.º 208/2007, de 16 de Fevereiro;
g) Anexo O – IVA – Mapa recapitulativo – Clientes, aprovado por despacho do SEAF de 20/02/2002 – declaração n.º 72/2002, publicada no Diário da República, 2.ª série, n.º 63, de 15 de Março de 2002;
h) Anexo P – IVA – Mapa recapitulativo – Fornecedores, aprovado por despacho do SEAF de 20/02/2002 – declaração n.º 72/2002, publicada no Diário da República, 2.ª série, n.º 63, de 15 de Março de 2002;
i) Anexo Q – IS – Elementos contabilísticos e fiscais, aprovado por despacho do SEAF de 28/12/2004 – declaração n.º 1/2005, publicada no Diário da República, 2.ª série, n.º 7, de 11 de Janeiro de 2005.

3.º O modelo declarativo de Informação Empresarial Simplificada aprovado pela presente portaria deve ser utilizado a partir de 1 de Janeiro de 2008, independentemente do ano/exercício a que a declaração se reporte.

4.º As declarações que incluam ficheiros em formato PDF não podem exceder 5 MB.

O Ministro de Estado e das Finanças, *Fernando Teixeira dos Santos*, em 14 de Dezembro de 2007.

PARTE SEXTA

DOUTRINA ADMINISTRATIVA

	Págs.
[50] Circulares da DGCI	651
[51] Ofícios-circulares da DGCI	791
[52] Ofícios-circulados da DGCI	795

CIRCULARES DA D.G.C.I.
[50]

CIRCULAR N.º 5/90

Obras de carácter plurianual
(Art. 19.º do CIRC)

Os princípios gerais a observar na determinação dos resultados de obras de carácter plurianual encontram-se estabelecidos no art. 19.º do Código do Imposto sobre o Rendimento das Pessoas Colectivas (IRC).

Face ao quadro definido nesse artigo, importa estabelecer o desenvolvimento técnico do respectivo regime de modo a que se possibilite a concretização dos objectivos visados na lei e se facilite, através do enunciado das regras adequadas, o cumprimento das obrigações fiscais dos contribuintes.

Para o efeito, tiveram-se em conta, sempre que possível, as normas internacionais de contabilidade neste domínio, mas sem perder de vista os objectivos e condicionalismos próprios da fiscalidade que, no caso específico das obras plurianuais, se encontram reflectidos no referido artigo.

As presentes instruções, aprovadas por despacho de sua Ex.ª o Secretário de Estado dos Assuntos Fiscais envolvem em especial a explicitação do modo de utilizar o critério da percentagem de acabamento nos casos em que o mesmo é de aplicação obrigatória – o que inclui grande parte das empreitadas e as obras efectuadas por conta própria vendidas fraccionadamente – assim como a disciplina fiscal consequente de revisões de preços e realização de trabalhos adicionais. Inserem-se igualmente normas destinadas a definir os custos a considerar no grau de acabamento e o modo como se podem reflectir nos resultados os custos esperados de garantia relativos a empreitadas.

Assim:

1 – Para efeitos da determinação dos resultados das obras de carácter plurianual, em que nos termos da alínea *a*) do número 2 do artigo 19.º do Código do IRC, é obrigatória a utilização do critério da percentagem de acabamento, observar-se-ão as seguintes regras:

  a) Tratando-se de empreitadas por percentagem, a determinação dos resultados será feita, com base nos valores facturados, corrigidos nos termos do n.º 10, e nos custos dos trabalhos executados tomados em consideração naqueles valores;
  b) Tratando-se de outras empreitadas, a determinação dos resultados será feita com base nos valores facturados e nos custos dos trabalhos executados até final do período de tributação, nos seguintes termos:
  1) Sempre que o grau de acabamento seja superior à percentagem de facturação, é considerada como proveito do exercício a totalidade dos valores

facturados, corrigidos nos termos do número 10, que não tenha sido ainda incluída nos resultados em exercícios anteriores, sendo considerados como custos os que correspondam a um grau de acabamento igual à percentagem de facturação, deduzidos dos já tidos em conta em exercícios anteriores, transitando os restantes em obras em curso;

2) Sempre que o grau de acabamento seja inferior à percentagem de facturação, apenas é considerada como proveito do exercício a parte da facturação efectuada, corrigida nos termos do número 10, que, deduzida da já levada a proveitos em exercícios anteriores, seja igual ao grau de acabamento atingido pela obra, sendo considerados como custos do exercício a totalidade dos já incorridos que ainda não tenham sido tidos em conta em exercícios anteriores;

3) Sempre que o grau de acabamento seja igual à percentagem de facturação, é considerada como proveito do exercício a totalidade dos valores facturados, corrigida nos termos do número 10, que não tenha sido ainda incluída nos resultados em exercícios anteriores, e como custos do mesmo exercício a totalidade dos que ainda não tenham sido tidos em conta em exercícios anteriores.

2 – Considera-se como percentagem de facturação a relação entre os montantes facturados, com exclusão das revisões de preços, até ao final do período de tributação em causa e o preço estabelecido inicialmente para o total da obra, eventualmente corrigida nos termos do número 3.

3 – As obras acessórias reguladas por contrato adicional ficarão sujeitas às regras para a determinação dos resultados aplicáveis à obra principal, sendo ainda de observar o seguinte:

a) Tratando-se de obras a que seja aplicável o disposto no número 1, o critério da percentagem de acabamento será sempre aplicado quando os trabalhos adicionais fizerem o período da obra ultrapassar os doze meses;

b) Tratando-se de obras referidas na alínea b) do número 1, e havendo trabalhos adicionais resultantes de novos contratos, deverá proceder-se ao recálculo do grau de acabamento e da percentagem de facturação, sendo os novos valores aplicáveis no exercício em que haja acordo para a sua execução e nos exercícios seguintes;

c) Sempre que por efeito do disposto na alínea a), houver alteração do critério de apuramento de resultados, as correspondentes regularizações terão lugar no exercício em que forem contratados os trabalhos adicionais.

4 – Nos casos em que haja lugar a acordo sobre revisão de preços relativamente a trabalhos já realizados, o respectivo valor será considerado como proveito do exercício em que forem emitidas as facturas correspondentes a essa revisão, quer esta diga respeito às obras previstas no contrato inicial quer a trabalhos adicionais.

5 – A determinação dos resultados das obras a que se refere a alínea b) do número 2 do art. 19.º do Código do IRC será feita com base no valor de venda e nos custos imputáveis à fracção vendida.

6 – Para efeitos do disposto no número anterior os custos indirectos deverão ser repartidos e imputados a cada fracção tendo em conta a respectiva permilagem ou área ou

de acordo com outro critério, devidamente justificado, que se revele adequado à especificidade da situação.

7 – Poderá ser considerada como receita antecipada nos termos do n.º 5 do art. 19.º do Código do IRC, a parte do valor de venda correspondente aos custos estimados que ainda falta suportar imputáveis à fracção vendida.

8 – Para efeitos do cálculo do grau de acabamento nos termos do número 4 do art. 19.º do código do IRC, os custos incorporados na obra a considerar são os que sejam imputáveis à mesma de acordo com o sistema de custeio utilizado pela empresa para efeitos contabilísticos, sendo ainda de observar o seguinte:

  a) Na determinação dos custos incorporados devem ser considerados apenas os que tenham uma conexão efectiva e já concretizada com a evolução da obra, não podendo ser considerados, designadamente, os pagamentos efectuados a subcontratantes que não reflictam o grau de acabamento realizado no âmbito do subcontrato, nem o custo de materiais ou equipamentos adquiridos para a obra que não foram ainda instalados ou utilizados;
  b) Para a determinação dos custos da obra deverão ser considerados os que com ela tenham uma relação directa, tais como mão-de-obra, materiais e depreciação de equipamento que nela foi usado exclusivamente e também os custos que, estando relacionados com a actividade geral da empresa, podem ser imputados especificamente a cada uma das suas obras, tais como seguros, assistência técnica e gastos gerais de construção;
  c) Não são de considerar no grau de acabamento os custos esperados de garantia.

9 – Na estimativa do total dos custos para execução completa da obra a considerar no cálculo do grau de acabamento deverá ter-se em conta o seguinte:

  a) O total desses custos deverá ser determinado com observância das regras estabelecidas no número anterior;
  b) A alteração da estimativa inicial daquele total, quer respeitante à obra inicial quer a trabalhos adicionais, só poderá ser efectuada com base em índices oficiais relativos aos custos de mão-de-obra e aos preços de materiais que tenham sido já publicados;
  c) Podem ser exigidos aos contribuintes os elementos que permitam justificar essa estimativa.

10 – Tratando-se de obras públicas ou privadas em regime de empreitada e para fazer face aos custos a suportar durante o período de garantia, poderá considerar-se como receita antecipada uma quantia correspondente a 5% dos valores considerados como proveitos relativamente àquelas obras.

11 – As receitas antecipadas nos termos do número anterior deverão ser consideradas como proveitos nos exercícios em que foram suportados os custos decorrentes da garantia das obras respectivas, sendo o remanescente considerado como proveito do exercício em que se verificar a recepção definitiva da obra.

12 – A contabilidade organizada nos termos do artigo 98.º do Código do IRC e do artigo 109.º do Código do IRS, deverá permitir, na parte aplicável, o controlo dos elementos necessários para a obtenção das percentagens de facturação e de acabamento e, bem assim, dos demais elementos indispensáveis à determinação dos resultados de cada obra, de acordo com a presente circular.

CIRCULAR N.º 8/90, de 16/02/1990

Regime de Transparência Fiscal aplicável às sociedades de profissionais
(Arts. 5.º, 12.º, 71.º e 75.º do CIRC)

Razão das instruções

1 – Tendo-se suscitado dúvidas sobre o regime de transparência fiscal das sociedades de profissionais, nomeadamente no que respeita a retenções na fonte relativas a rendimentos obtidos e a pagamentos por conta, foi, por despachos de 89.08.09 e 90.02.02 de Sua Excelência o Secretário de Estado dos Assuntos Fiscais, sancionado o seguinte entendimento:
São sociedades de profissionais as que no fim do período de tributação reúnam os seguintes requisitos referidos na alínea a) do n.º 4 do art. 5.º do CIRC.

Retenção na fonte

2 – Sendo as sociedades de profissionais sujeitos passivos de IRC, estão sujeitas às mesmas retenções na fonte que as restantes entidades residentes dado que os artigos 75.º e 76.º do CIRC não estabelecem quaisquer restrições.

Sociedades de revisores oficiais de contas

3 – Em consequência, relativamente às remunerações auferidas por sociedades de revisores oficiais de contas na qualidade de membros de órgãos estatutários de pessoas colectivas, ainda que abrangidas pelo regime de transparência fiscal, há retenção na fonte de IRC nos termos da alínea d) do n.º 1 do artigo 75.º do CIRC.

Imputação de deduções á colecta

4 – As deduções mencionadas nas alíneas a) a d) do n.º 2 do artigo 71.º do CIRC, nas quais se incluem as retenções na fonte, devem, para cumprimento do estabelecido no n.º 6 deste artigo, ser previamente quantificadas na sociedade de profissionais em impresso de modelo oficial e posteriormente imputadas aos respectivos sócios nos termos que resultarem do acto constitutivo dessas entidades ou, na falta de elementos, em partes iguais.

5 – As importâncias referidas no número anterior serão deduzidas á colecta do IRS apurada com base na matéria colectável que tenha tido em consideração a imputação prevista no artigo 5.º do CIRC a qual deve efectivar-se no ano em que se inclua o fim do período de tributação da sociedade de profissionais.

Pagamentos por conta

6 – As referidas sociedades não têm de efectuar pagamentos por conta, obrigação que incumbe em sede de IRS aos respectivos sócios enquanto titulares de rendimentos da Categoria B.

Obrigações acessórias

7 – Como sujeitos passivos de IRC, e exercendo a título principal uma actividade de prestação de serviços, estão adstritas ao cumprimento das respectivas obrigações acessó-

rias, designadamente, a dispor de contabilidade organizada e a apresentar a declaração periódica de rendimentos.

8 – Devem ainda nos termos dos artigos 91.° e seguintes do CIRS as referidas entidades proceder a retenção na fonte do IRS relativamente aos rendimentos pagos ou postos à disposição dos seus sócios, com excepção dos relativos a lucros ou adiantamentos por conta de lucros efectuados nos termos do Código das Sociedades Comerciais, visto não revestirem, de acordo com o disposto na alínea *h*) do artigo 6.° daquele Código, a natureza de rendimentos de capitais.

Direcção-Geral das Contribuições e Impostos, 16 de Fevereiro de 1990.

CIRCULAR N.° 4/91

Eliminação da dupla tributação económica dos lucros distribuídos
(Art. 45.° do CIRC)

Tendo-se suscitado dúvidas sobre o sentido e alcance da expressão "entidades (…) sujeitas e não isentas de IRC" constantes do n.° 1 do art. 45.° do respectivo Código, por despacho de 90.12.11 do Senhor Subdirector-Geral dado por minha delegação, foi sancionado o seguinte entendimento:

1 – O art. 45.° do Código do IRC é um dos meios utilizados pelo legislador para tratar do problema da chamada "dupla tributação económica dos lucros colocados à disposição dos sócios".

2 – Esta dupla tributação pode, todavia, ser meramente virtual ou potencial.

3 – Da letra do n.° 1 do art. 45.° do CIRC decorre que a isenção deve reportar-se às entidades e não aos rendimentos, o que sublinha a sua natureza subjectiva.

4 – Assim, a expressão "entidades (…) sujeitas e não isentas de IRC" constante desta disposição deve ser interpretada no sentido de entidades sujeitas e não isentas subjectivamente de IRC de uma forma permanente e total

CIRCULAR N.° 6/91

Tratamento fiscal dos subsídios do F.S.E.
(Art. 22.° do CCI, art. 18.° do CIRC)

A tributação dos subsídios do Fundo Social Europeu para a formação profissional, feita pelas empresas ao seu próprio pessoal, tem suscitado problemas decorrentes de divergências da orientação seguida pela Administração Fiscal e pelas empresas.

Tais divergências têm conduzido a revisões da matéria colectável dos exercícios a que a Administração Fiscal considera imputáveis tais proveitos, bem como a exigência de juros compensatórios.

Para obviar a tal facto e para regularizar as situações pendentes foram, por despacho de 90.12.17 de Sua Excelência o Secretário de Estado dos Assuntos Fiscais, sancionadas as seguintes instruções:

1 – Os custos suportados com as acções de formação devem ser imputados a uma conta de centro de custos, através da qual será conhecido o custo total de cada acção na data da sua conclusão e encerramento;

2 – Os subsídios ou contribuições são contabilizados como proveitos, que serão diferidos no caso de deverem ser imputados aos exercícios seguintes, à medida que forem sendo recebidos, situação em que se manterão até ao encerramento contabilístico de cada acção de formação;

3 – A parte não financiada de cada acção de formação deve ser contabilizada como encargo do exercício em que a mesma ficar concluída. Quando a acção de formação tiver uma duração plurianual, poderá admitir-se a imputação a cada um dos exercícios em que a mesma se desenvolve de uma quota proporcional aos custos suportados nos referidos exercícios, ainda que o seu cálculo seja susceptível de correcção posterior.

4 – As regularizações a efectuar posteriormente, em consequência de acções de verificação do IEFP e ou do DAFSE reflectir-se-ão, como custos ou proveitos, nos exercícios em que sejam conhecidas.

5 – Esta orientação deve ser extensiva às empresas que tenham como objecto a formação profissional, devendo as outras receitas relacionadas com os cursos ser consideradas como proveitos imputáveis ao exercício em que a acção fica concluída, os quais deverão contrapor aos custos na parte que proporcionalmente lhe competem.

6 – Relativamente aos contribuintes que vinham contabilizando os subsídios como proveitos nos exercícios em que foram recebidos, não deverá proceder-se a correcções fiscais decorrentes de tal facto, arquivando-se os processos ainda não liquidados.

CIRCULAR N.º 24/91, de 19 de Dezembro

Regime das rendas devidas pelo aluguer sem condutor de viaturas ligeiras de passageiros ou mistas
(Art. 41.º, n.º 1 al. *i*) do CIRC)

Tendo suscitado dúvidas a aplicação da norma da alínea *i*) do n.º 1 do art. 41.º do CIRC às rendas devidas pelo aluguer de longa duração([1]) de viaturas ligeiras de passageiros ou mistas foi, por despacho de 91-12-02, sancionado o seguinte entendimento:

1 – No exercício de 1990 a norma da alínea *i*) do n.º 1 do art. 41.º do CIRC apenas remetia para a alínea *f*) do n.º 1 do art. 32.º do mesmo diploma, pelo que, neste exercício, o valor a não aceitar como custo, nos termos da norma em referência, corresponderá à diferença entre o valor da amortização financeira (entendendo-se como tal o valor relativo à recuperação do custo da viatura) praticada através das rendas e o valor anual máximo permitido (1 000 contos), pelo que o locatário deverá sempre saber qual o valor da amortização financeira incluída nas rendas pagas pelo aluguer.

Salienta-se que, dado que os contratos de aluguer têm as mais variadas durações e podem ser celebrados em qualquer altura do ano o valor do limite anual supra referido deverá, sendo caso disso, ser convertido em valores diários.

2 – Com a alteração introduzida pelo DL n.º 251-A/91, de 16 de Julho, a norma da alínea *i*) do n.º 1 do art. 41.º do CIRC passou a remeter, não apenas para a alínea *f*) do n.º 1 do art. 32.º, mas também para a alínea *c*) do mesmo artigo, pelo que, para os exercícios de 1991 e seguintes, o valor que, nos termos daquela norma, não se aceitará como custo será o resultado da diferença entre o valor da amortização financeira incluída nas rendas pagas e o valor da reintegração máxima, correspondente ao mesmo período de tempo, que poderia ser praticada caso a viatura tivesse sido adquirida directamente, pelo que, para uma correcta aplicação da alínea *i*) do n.º 1 do art. 41.º do CIRC, o locatário deverá sempre procurar saber qual o valor de aquisição da viatura e qual o valor da amortização financeira incluída nas rendas.

Nos casos em que a amortização financeira seja, num determinado ano, inferior à referida reintegração máxima, a respectiva diferença será tida em conta para efeitos do cálculo da diferença a não considerar como custo em anos seguintes.

À semelhança do que se referiu no ponto anterior e sempre que tal se justifique, os valores anuais deverão ser convertidos em valores diários.

3 – Nos casos em que o aluguer é seguido da compra pelo locatário da viatura alugada, poderão os Serviços, à posteriori, proceder às correcções que se mostrem devidas, pois podem calcular a amortização financeira contida nos alugueres pagos, deduzindo ao valor de aquisição da viatura o valor pelo qual a mesma foi vendida no final ao locatário, sendo que a parte dessa amortização financeira que exceda as reintegrações que, em cada período, podiam ter sido praticadas, caso a viatura tivesse sido adquirida directamente, não será aceite como custo para efeitos fiscais.

Ainda nos casos em que ao aluguer se segue a compra, pelo locatário, da viatura alugada, o valor por que esta deverá ser registada no imobilizado (valor de aquisição) corresponderá ao somatório das seguintes parcelas:

a) Valor de transmissão;
b) Valor da viatura até ao limite de 4 000 contos – [valor de transmissão + somatório das amortizações financeiras aceites através das rendas].

4 – Apresentam-se em anexo 3 exemplos que se destinam a ilustrar a aplicação da norma da alínea *i*) do n.º 1 do art. 41.º do CIRC a rendas devidas pelo aluguer sem condutor de viaturas ligeiras de passageiros ou mistas.

EXEMPLO I

APLICAÇÃO DA ALÍNEA i) DO N.º 1
DO ART. 41.º DO CIRC NO EXERCÍCIO DE 1990

UNIDADE: 000 ESCUDOS

VALOR DE AQUISIÇÃO	AMORTIZAÇÃO FINANCEIRA	VALOR MÁXIMO	VALOR ACEITE	VALOR NÃO ACEITE
200	700	1000	700	....
3000	1120	1000	1000	120
4000	1500	1000	1000	500
5000	1800	1000	1000	800

EXEMPLO II

APLICAÇÃO DA NORMA DA ALÍNEA i) DO N.º 1 DO ART. 41.º DO CIRC AOS EXERCÍCIOS DE 1991 E SEGUINTES

2.1 CONTRATOS EM VIGOR DURANTE TODOS OS PERÍODOS DE TRIBUTAÇÃO

UNIDADE: 000 ESCUDOS

	VALOR DE AQUISIÇÃO DA VIATURA = 3.300					VALOR DE AQUISIÇÃO DA VIATURA = 6.000				
Exercício	Quota Anual de Reintgr.	Amortiz. Finac.	Valor Aceite	Valor em Crédito	Valor n. Aceite	Quota Anual de Reintgr.	Amortiz. Financ.	Valor Aceite	Valor em Crédito	Valor n. Aceite
(1)	(2)	(3)	(4)	(5)	(6)	(7)	(8)	(9)	(10)	(11)
1	825	718	718	107	....	1 000	1 414	1 000	....	414
2	825	971	932	....	39	1 000	1 769	1 000	....	769
3	825	1 311	825	....	486	1 000	2 217	1 000	....	1 217
TOTAL	2 475	3 000	2 475	....	525	3 000	5 400	3 000	....	2 400

Notas explicativas:

(2) O valor da viatura < 4 000 contos => $\dfrac{\text{Valor da viatura}}{4}$

(3) e (8) Valores hipoteticamente comunicados à locatória
Se $\Sigma (5) = 0 => (4) = (2)$

(4)
 Se Σ (5) > 0 => (4) = (2) + S (5)
 Se (2) > (3) => (5) = (2) – (3)

(5)
 Se (2) ≤ (3) => (5) = 0

(6) = (3) – (4)

(7) o valor da viatura > 4.000 contos => (7) = $\dfrac{4\,000}{4}$

(9), (10), (11) – O mesmo que para (4), (5) e (6), com as necessárias adaptações

2.2. CONTRATOS CELEBRADOS EM DATA POSTERIOR À DO INÍCIO DO PERÍODO DE TRIBUTAÇÃO

Valor da Viatura: 2.600 contos
Duração do contrato: de 91-10-20 a 94-10-19

UNIDADE: 000 ESCUDOS

EXERCÍCIOS	QUOTA DE REINTEGR. PERMITIDA	AMORTIZ. FINANC. PRATICADA	VALOR ACEITE	VALOR EM CRÉDITO	VALOR N. ACEITE
(1)	(2)	(3)	(4)	(5)	(6)
1991	130	120	120	10	....
1992	650	800	660	....	140
1993	650	875	650	....	225
1994	520	805	520	....	285
TOTAL	1 950	2 600	1 950	....	650

Notas explicativas:

(2) => 1991 : (2) = $\dfrac{2.600}{4} \times \dfrac{73\ (*)}{365}$

1992 e 1993 : (2) = $\dfrac{2.600}{4}$

1994 : (2) = $\dfrac{2.600}{4} \times \dfrac{292\ (*)}{365}$

(*) Número de dias em que o contrato vigorou no exercício

(3), (4), (5), (6): ver notas explicativas ao quadro do exemplo anterior (2.1)

EXEMPLO III

REGISTO DA VIATURA NO IMOBILIZADO DO LOCATÁRIO
APÓS ESTE TER PROCEDIDO À SUA COMPRA

Valor da Viatura: 5 000 contos

Valor da Transmissão: 500

Duração do contrato de aluguer: 3 anos

Σ Amortizações Financeiras praticadas ao longo do contrato = 4 500 contos

Σ Amortizações Financeiras aceites ao longo do contrato = 3 000 contos

Valor a registar no imobilizado = Valor Transmissão + [4 000 − (Valor de Transmissão + Σ Amortizações Financeiras aceites através das rendas)] = 500 + [4 000 − (500 + + 3 000)] = 500 + 500 = 1.000.

([1]) Por despacho de 90-12-31 de Sua Ex.ª o Secretário de Estado dos Assuntos Fiscais foi sancionado o entendimento de que a alínea *i*) do n.º 1 do art. 41.º do CIRC apenas é aplicável às situações de aluguer de longa duração, considerando-se como tal o aluguer que se reporta a contratos até 3 meses renováveis e a contratos superiores a 3 meses.

CIRCULAR N.º 26/91, de 30 de Dezembro

Despesas de saúde
(Art. 55.º do CIRS) ([2])

O sentido normativo do conceito de "despesas de saúde" utilizado pelo legislador no artigo 55.º n.º 1 al. *a*) do Código do IRS tem suscitado profundas e justificadas dúvidas quer aos contribuintes, quer aos próprios órgãos da Administração Fiscal que tem por função aplicar a lei aos casos concretos submetidos à sua apreciação.

O conjunto das situações já estudadas pelos Serviços permitiu que se pudesse clarificar, ainda que não exaustivamente, o que é susceptível de ser considerado "despesa de saúde", sem prejuízo, como é óbvio, de as que não se mostrem contempladas nesta clarificação poderem continuar a ser colocadas aos Serviços para que sobre as mesmas possam pronunciar-se estes pronunciar-se.

Nestes termos, para conhecimento dos interessados e uniformidade de procedimentos, comunica-se que, por despacho de 91.09.05 de S.E.S.E.A.F., foi sancionado o seguinte entendimento:

1 − O abatimento ao rendimento líquido total das despesas de saúde, consagrado na alínea *a*) do n.º 1 do artigo 55.º do Código do IRS deve ser entendido no quadro constitucional do direito à protecção da saúde e dos deveres que, para a defender e promover, dele resultam para o Estado, nos termos do artigo 64.º da Constituição da República Portuguesa.

2 – A existência de diversos conceitos de "despesas de saúde" não implica, necessariamente, que se defina um conceito fiscal de despesas de saúde, sendo certo que a respectiva abrangência pode ter uma amplitude muito diversa consoante a perspectiva pela qual a questão seja abordada. O que significa para a perspectiva fiscal do conceito que, sem prejuízo da adopção de entendimentos generalizados, tem de admitir-se que a análise casuística de cada situação, tendo em conta os princípios da justiça, da equidade, e da igualdade, e as características personalizantes do imposto, pode determinar pontualmente a derrogação ou modificação desses mesmos entendimentos.

3 – Neste contexto são genericamente aceites como abrangidos pelo conceito "despesas de saúde", os encargos resultantes de:

a) Intervenções cirúrgicas, aparelhos de prótese e internamentos em hospitais ou casas de saúde;
b) Tratamentos termais ou outros de idêntica natureza, prescritos por médico, com exclusão dos encargos de deslocação e estada que não possam considerar-se como fazendo parte do próprio tratamento prescrito;
c) Os serviços prestados por profissionais de saúde, designadamente médicos, analistas, dentistas, enfermeiros, fisioterapeutas e parteiras, independentemente da forma do exercício de tais actividades;
d) Aquisição de medicamentos na acepção que à expressão é dada pela Directiva n.º 65/65/CEE, do Conselho, de 26 de Janeiro de 1965 e que o Tribunal de Justiça das Comunidades Europeias já definiu como todo o "produto natural ou artificial, destinado a prevenir, curar, restabelecer, melhorar ou modificar funções orgânicas (Acórdão de 16/04/1981);

4 – Não são genericamente aceites como abrangidos pelo conceito de "despesas de saúde" os encargos resultantes de:

a) Despesas de deslocação e estada do próprio ou acompanhante, quando aquelas não revistam um carácter de essencialidade ao tratamento preventivo, curativo ou de reabilitação a que estejam associadas ou sejam manifestamente sumptuárias. Considera-se que revestem carácter de essencialidade as despesas de deslocação efectuadas em ambulâncias ou outros veículos especialmente adaptados ao transporte de doentes, bem como as despesas de deslocação, seja qual for o meio de transporte utilizado, originadas pela necessidade comprovada de o tratamento que lhes deu origem ser efectuado fora do território nacional;
b) Aquisição de produtos sem propriedades exclusivamente preventivas, curativas ou de reabilitação, como sejam os cosméticos ou os produtos ditos de higiene, excepto quando a sua utilização seja prescrita por receita médica;
c) Aquisição de produtos naturais, como chás de ervas medicinais, comprimidos de substâncias naturais, preparados de plantas e outros de idêntica natureza, excepto quando a sua utilização seja prescrita por receita médica;
d) Aquisição de produtos ou artefactos artificiais, como colchões ortopédicos, aparelhos de ginásio e outros de idêntica natureza, excepto quando a sua utilização seja prescrita por receita médica;
e) Aquisição de produtos alimentares em geral excepto quando, não se destinando exclusivamente a garantir a manutenção da vida biológica, sejam prescritos por receita médica com finalidades preventivas, curativas ou de reabilitação;

f) Frequência de estabelecimentos onde sejam ministrados exercícios físicos (ginástica, natação, musculação, etc.). excepto quando prescrito por receita médica com finalidades preventivas, curativas ou de reabilitação.

5 – É prova bastante da realização das despesas de saúde: ([1])

a) Tratando-se de medicamentos, a respectiva factura-recibo, da farmácia, que os deve identificar nominal e quantitativamente, ou fotocópia ou original da receita médica, anotada e completada com recibo da farmácia;
b) Tratando-se de outros produtos ou serviços em que a prescrição médica seja, nos termos expostos, condição de aceitação como "despesa de saúde", a respectiva factura-recibo, que os deve identificar nominal e quantitativamente, acompanhada de original ou de fotocópia da receita médica, anotada e completada com recibo da entidade fornecedora;
c) Tratando-se de internamentos em hospitais ou casas de saúde oficiais, ou particulares para o efeito licenciadas, a factura ou documento equivalente emitidos nos termos legais:
d) Nos casos de comparticipação nos encargos de saúde por entidades oficiais, o documento por estas emitido em conformidade com o disposto no n.º 2 do artigo 118.º do Código do IRS ou, por entidades privadas, quando estas estejam autorizadas pela Direcção-Geral das Contribuições e Impostos a emiti-lo.

6 – Estão excluídos do conceito de despesas de saúde os encargos resultantes da aquisição de produtos ou serviços cuja condição de aceitação seja a de prescrição médica e esta não tenha sido emitida em conformidade com a legislação que rege o exercício da medicina em território nacional.

([1]) Redacção da circular n.º 7/92, de 20/5/92.
([2]) Ver também a circular n.º 3/99 **[50]** – pág. 682.

CIRCULAR N.º 11/92, de 19/08/1992

Indemnizações – Juros de mora
(Código do IRS – arts. 6.º e 13.º)

Razão das instruções

Tendo sido colocada aos Serviços a questão de saber se os juros moratórios, incidentes sobre indemnizações por atraso no seu pagamento, estão ou não sujeitos a tributação face ao Código do IRS, foi o assunto submetido à apreciação de Sua Excelência o Subsecretário de Estado Adjunto da Secretária de Estado Adjunta e do Orçamento que, por despacho de 92.08.06, sancionou o seguinte entendimento:

Tributação das indemnizações

1 – As indemnizações recebidas ao abrigo de contrato de seguro ou devidas a outro título, estão sujeitas a tributação, na medida em que não aproveitem da exclusão tributária consagrada no artigo 13.º do Código do IRS.

Indemnizações determinadas por aplicação dos coeficientes de correcção monetária

2 – A determinação do montante da indemnização, por aplicação dos coeficientes de correcção monetária, não modifica a sua natureza, não podendo nestes casos considerar-se que existe qualquer acréscimo de crédito pecuniário susceptível de enquadramento jurídico-tributário diferente daquele que resultar da natureza da indemnização.

Juros devidos por mora no pagamento das indemnizações

3 – Os juros, sejam legais ou contratuais, incidentes sobre as indemnizações por mora no seu pagamento, integram a previsão normativa da alínea g) do n.º 1 do artigo 6.º do Código do IRS, pelo que, ainda que revistam natureza indemnizatória, estão sempre sujeitos a tributação por não lhes aproveitar, neste caso, a exclusão tributária prevista no artigo 13.º do mesmo Código.

Obrigação de retenção

4 – Estão sujeitos a retenção na fonte, nos termos gerais, os montantes indemnizatórios sujeitos a tributação, de harmonia com as regras aplicáveis às categorias de rendimentos em que aqueles se integram, bem como os juros moratórios devidos, independentemente, neste caso, de a indemnização sobre que incidem estar ou não sujeita a tributação.

Retenção sobre os juros moratórios

5 – Os juros moratórios estão sujeitos a retenção na fonte, à taxa de 15%, de harmonia com o disposto n.º 1 do artigo 94.º do Código do IRS, desde que a entidade devedora possua, ou seja obrigada a possuir, contabilidade organizada. A obrigação de retenção transfere-se para o Tribunal, se para este tiver sido transferido o encargo do respectivo pagamento.

Englobamento dos juros moratórios

6 – Os juros incidentes sobre a indemnização por mora no seu pagamento são obrigatoriamente englobados pelo titular que os auferiu, na declaração de rendimentos respeitante ao ano em que os mesmos foram pagos ou colocados à sua disposição, sem prejuízo da faculdade de reporte, se a este houver lugar, nos termos do disposto no artigo 24.º do Código do IRS.

CIRCULAR N.º 15/92

Relevância fiscal da prova de deficiência para efeitos da obtenção de benefícios quer a nível de retenção quer a nível de determinação do rendimento colectável e cálculo do imposto
(Arts. 92.º, n.º 2 e 131.º do CIRS; art. 44.º do E.B.F.)

Muitos sujeitos passivos de IRS tem dirigido petições aos Serviços, solicitando a revisão das liquidações respeitantes aos anos de 1989 e 1990, com fundamento na titularidade de deficiência fiscalmente relevante não declarada oportunamente e que comprovam com declarações entretanto obtidas.

Verifica-se, também, que na maior parte dos casos se encontram decorridos os prazos legalmente previstos para a apreciação, em processo gracioso ou judicial, das situações expostas.

Assim, tendo em vista evitar que se criem falsas expectativas aos contribuintes e para que se entenda e proceda uniformemente, foi o assunto submetido à apreciação superior e por despacho de 92.07.01, de Sua Excelência o Subsecretário de Estado Adjunto da Secretaria de Estado Adjunta e do Orçamento, foi sancionado o seguinte:

1 – A titularidade de deficiência fiscalmente relevante não declarada na declaração anual de rendimentos só é susceptível de provocar a anulação da liquidação efectuada se for alegada em reclamação graciosa ou impugnação judicial, interpostas nos prazos legais.

2 – Os documentos comprovativos da deficiência fiscalmente relevante só produzem efeitos a partir da data da sua emissão, sendo no entanto considerada, para efeitos de liquidação, a situação pessoal do sujeito passivo em 31 de Dezembro de cada ano, sem prejuízo do disposto no número seguinte.

3 – Se os documentos comprovativos da deficiência fiscalmente relevante referirem que aquela expressamente se reporta a data anterior à da respectiva emissão, poderão os mesmos fundamentar a interposição de reclamação graciosa ou de impugnação judicial contra liquidações de IRS respeitantes a anos anteriores, desde que ainda decorra prazo legal para o efeito.

CIRCULAR N.º 16/92

Venda de terrenos inserida em operações de loteamento
(Al. *e*) do n.º 1 do art. 4.º do CIRS)

Tornando-se necessário esclarecer algumas dúvidas e fixar doutrina uniforme acerca do enquadramento juridico-tributário dos ganhos obtidos com a venda de terrenos para construção, integrada numa actividade de exploração de loteamentos, foi o assunto submetido à apreciação de Sua Excelência o Subsecretário de Estado Adjunto da Secretária de Estado Adjunta e do Orçamento que, por despacho de 92.18.08, sancionou o seguinte entendimento:

1 – A venda de terrenos, precedida de uma operação de loteamento, na medida em que pressupõe uma prática intencional de actos de valorização dos mesmos, retira aos ganhos assim obtidos a natureza fortuita caracterizadora dos ganhos de mais-valias, configurando outrossim um ou mais actos de natureza comercial, ou industrial, susceptíveis de gerar rendimentos sujeitos a IRS no âmbito da Categoria C de acordo com o disposto na alínea *e*) do n.º 1 do artigo 4.º do Código do IRS.

2 – Consequentemente, desde que a exploração de loteamentos, incluindo a venda de lotes de terreno para construção pelo proprietário do terreno, tenham ocorrido já na vigência do C.I.R.S., ficam sujeitos a este imposto, nos termos referidos, ainda que anteriormente, no domínio do revogado C.I.M.V., tenha sido pago o encargo de mais-valias.

CIRCULAR N.º 19/92, de 19/10/1992

Estabelecimento Individual de Responsabilidade Limitada

Razão das instruções

Mostrando-se conveniente esclarecer algumas dúvidas acerca do enquadramento jurídico-tributário, face ao Código do IRS, dos rendimentos provenientes do exercício de actividades não comerciais ou industriais, nomeadamente de prestação de serviços, diluídas no âmbito de actividades comerciais ou industriais imputáveis ao Estabelecimento Individual de Responsabilidade Limitada (EIRL) criado pelo Decreto-Lei n.º 246/86, de 25 de Agosto, foi o assunto submetido à consideração de Sua Excelência o Subsecretário de Estado Adjunto da Secretária de Estado Adjunta e do Orçamento que, por despacho de 92.09.23, sancionou o seguinte entendimento:

Natureza jurídica do EIRL

1 – À luz do regime instituído pelo diploma que o criou, o EIRL deve ser qualificado como um património autónomo de afectação especial, cuja constituição por uma pessoa singular que exerça ou pretenda exercer uma actividade comercial lhe permite limitar a responsabilidade objectiva pelas dívidas resultantes dessa mesma actividade.

Os rendimentos auferidos pelo EIRL não alteram a qualificação resultante do C.I.R.S.

2 – O facto de, sob a forma jurídica do EIRL, se poderem vir a auferir rendimentos sujeitos a IRS, no todo ou em parte não imputáveis ao exercício de actividade comercial ou industrial, embora consubstanciando uma violação do referido regime, não tem reflexos no plano do enquadramento jurídico-tributário daqueles rendimentos, cuja tributação assenta tão só na caracterização que lhe advém da norma de incidência aplicável do Código do IRS.

Havendo cumulação de rendimentos comerciais com outros, de natureza diversa, caber-lhes-á tratamento diferenciado

3 – Assim, quando se verifique que a actividade exercida no âmbito do EIRL não tem natureza exclusivamente comercial ou industrial, haverá que proceder a uma rigorosa delimitação dos rendimentos auferidos, com vista ao seu correcto enquadramento tributário, de forma a que aos mesmos seja conferido o tratamento compatível com as regras próprias da Categoria em que se integrem.

CIRCULAR N.º 21/92

Mais-Valias: Bens adquiridos em acto de divisão ou partilha
(Art. 5.º do DL n.º 442/88; art. 10.º do CIRS)

Tornando-se necessário esclarecer o alcance do art. 2119.º do Código Civil e fixar doutrina uniforme sobre o enquadramento jurídico-tributário da sujeição a IRS dos rendimentos obtidos com a alienação de bens adquiridos por partilha, quando nesta são adjudicados bens de valor superior à quota ideal e a sentença adjudicatória tenha transitado em julgado após a vigência do Código do IRS, foi o assunto submetido à apreciação de Sua Excelência o Subsecretário de Estado Adjunto da Secretária de Estado Adjunta e do Orçamento que, por despacho de 92.09.22, sancionou o seguinte entendimento:

O momento de aquisição dos bens por sucessão "mortis causa" é o da abertura da herança, ainda que na partilha sejam adjudicados aos herdeiros bens de valor superior aos da sua quota ideal.

CIRCULAR N.º 25/92

**Atribuições a título de pré-reforma, pré-aposentação e abonos relativos à situação de reserva.
Gratificações auferidas pela prestação ou em razão da prestação de trabalho, quando não atribuídas pela respectiva entidade patronal**
(Al. *d*) do n.º 1 do art. 2.º do CIRS)

1 – Tendo em vista a apreensão dos fundamentos em que assenta a qualificação como rendimentos da Categoria A do Código do IRS, das atribuições a título de pré-reforma, pré-aposentação e dos abonos relativos à situação de reserva, entendeu-se por conveniente reafirmar e divulgar o seguinte entendimento:

1.1 – O regime jurídico aplicável às situações de pré-reforma é o que decorre do Decreto-Lei n.º 261/91, de 25 de Julho.

Na óptica da qualificação dos correspondentes rendimentos, a pré-reforma caracteriza-se fundamentalmente pela subsistência, embora de forma mitigada, do contrato de trabalho, cujo conteúdo é modificado através da formalização de um acordo entre a entidade empregadora e o trabalhador, nos termos do qual este aceita a redução ou a suspensão da sua prestação de trabalho, mediante o pagamento pela primeira de uma prestação mensal, substitutiva da remuneração, até à passagem à situação de reforma.

Este regime é somente aplicável aos trabalhadores por conta de outrem, abrangidos pelo regime geral da segurança social, relativamente à qual se mantêm, com adaptações, as obrigações contributivas, que incidem sobre a remune-ração que serviu de base ao cálculo da prestação de pré-reforma do mês a que respeita.

1.2 – O regime da pré-aposentação é substancialmente idêntico ao da pré-reforma. Encontra-se regulado pelos Decretos-Lei n.ºˢ 417/86, de 19 de Dezembro, 458/88, de 14 de Dezembro e 58/90, de 14 de Fevereiro, aplicáveis ao pessoal da PSP, e pelo Decreto-Lei n.º 36/91, de 18 de Janeiro, aplicável ao Pessoal de Vigilância dos Serviços Prisionais da Direcção-Geral dos Serviços Prisionais.

No âmbito do regime aplicável ao pessoal da PSP, a situação de pré-aposentação ocorre obrigatoriamente aos 60 ou 65 anos de idade, consoante a categoria profissional, e mantém-se até à passagem à situação de reforma.

Caracteriza-se igualmente pela modificação do conteúdo funcional vínculo do agente, que é apenas afastado do exercício de funções inerentes ao activo, mantendo-se no entanto disponível para a prestação de serviço, no exercício de funções compatíveis com o seu estado físico e psicológico, excluídas as funções de comando, mediante o recebimento de uma retribuição/pensão que não sofre depreciação relativamente ao vencimento que auferiria se se mantivesse no activo.

No âmbito do Pessoal de Vigilância dos Serviços Prisionais da Direcção-Geral dos Serviços Prisionais, o Decreto-Lei n.º 36/91, de 18 de Janeiro, limita-se a mandar aplicar àqueles o regime estabelecido pelo Decreto-Lei n.º 58/90 de 14 de Fevereiro aos agentes da PSP.

1.3 – O regime jurídico da situação de reserva foi estabelecido pelo Decreto-Lei n.º 34-A/90, de 24 de Janeiro, que aprova o Estatuto dos Militares das Forças Armadas e pela Lei n.º 27/91, de 17 de Julho.

Aplica-se exclusivamente aos militares dos quadros permanentes e traduz-se numa situação intermédia entre o activo e a reforma que pode revestir a permanência na efectividade de serviço ou fora dela, mantendo-se no entanto os abrangidos por este último caso na disponibilidade para a prestação de serviço efectivo.

Na situação de reserva os militares têm direito a uma remuneração calculada com base no posto, escalão, tempo de serviço e suplementos que a lei defina como extensivos a esta situação.

1.4 – Os traços essenciais dos regimes expostos evidenciam uma modificação do conteúdo da relação laboral que, em certos casos, é apenas expurgada de alguns direitos e obrigações que pressuponham a efectiva prestação do trabalho. Assim e na medida em que subsiste, sem excepção, o vinculo laboral, só este possui a virtualidade de justificar o pagamento de uma remuneração que, não constituindo contrapartida, mantém, pelo menos, a natureza de beneficio auferido em razão da prestação do trabalho.

É pois neste contexto que o legislador do Código manda qualificar como rendimentos do trabalho dependente, nos termos da alínea d) do n.º 1 do artigo 2.º, todas as remunerações pagas ou postas à disposição do seu titular, provenientes de atribuição a titulo de pré-reforma, ou de abonos relativos à situação de reserva.

2 – Julga-se também de interesse reafirmar a natureza de rendimentos do trabalho dependente, face ao disposto na alínea b) do n.º 3 do artigo 2.º do Código do IRS, das gratificações auferidas pela prestação ou em razão da prestação do trabalho, quando não atribuídas pela respectiva entidade patronal. Trata-se pois de rendimentos sujeitos a tributação no âmbito da Categoria A, acrescendo a outras remunerações do trabalho dependente auferidas pelos respectivos titulares.

2.1 – E certo que, nos termos do n.º 2 do artigo 3.º do Decreto-Lei n.º 42/91, de 22 de Janeiro, a retenção só incidirá sobre aquelas gratificações se o titular o solicitar expressamente à sua entidade patronal. Todavia, o facto de não ser exercida a faculdade de opção por retenção não significa que tais gratificações não devam obrigatoriamente ser englobadas pelos seus titulares, para efeitos de tributação.

2.2 – Deve igualmente entender-se que as entidades patronais que, de algum modo, tomem conhecimento da existência dessas gratificações, dos respectivos montantes e seus beneficiários, ou interfiram no seu pagamento ou colocação à disposição dos respectivos titulares, estão obrigadas, face ao disposto no artigo 114.º do Código do IRS a:

– Possuir registo actualizado dos credores desses rendimentos, do qual constem, nomeadamente, o nome, o número de identificação fiscal, bem com o a data e valor de cada pagamento;

– Incluir, na declaração a emitir aos sujeitos passivos até 20 de Janeiro de cada ano, o valor anual dessas gratificações;

– Incluir, na declaração modelo 10, os titulares das gratificações e os montantes anualmente pagos ou colocados à sua disposição;

Por maioria de razão, estão adstritas ao cumprimento das obrigações referidas as entidades patronais que, por opção dos respectivos titulares, tenham feito retenção na fonte sobre as aludidas gratificações.

CIRCULAR N.º 6/93, de 28 de Janeiro

Responsabilidade pelo pagamento do imposto

Tendo os Serviços sido instados a pronunciar-se sobre as possibilidades de, face ao regime de tributação dos rendimentos englobados do agragado familiar consagrado no Código do IRS, um dos cônjuges se desonerar da dívida de imposto mediante o pagamento de parte da colecta proporcional aos rendimentos por ele auferidos, foi o assunto submetido à consideração de Sua Excelência o Subsecretário de Estado Adjunto da Secretária de Estado Adjunta e do Orçamento que, por despacho de 93-02-06, sancionou o seguinte entendimento:

Sujeitos passivos do imposto

1 – De harmonia com o disposto no n.º 2 do art. 14.º do Código do CIRS, existindo agregado familiar, cuja composição é indicada pelo n.º 3 do mesmo artigo, são sujeitos passivos de IRS as pessoas singulares a quem incumba a direcção do mesmo, sendo, neste caso, o imposto devido pelo conjunto de rendimentos desse agregado.

Sociedade conjugal

2 – Na vigência da sociedade conjugal, com ressalva da situação de separação de facto em que seja exercida a opção pela apresentação de declaração de rendimentos, separada, nos termos do n.º 2 do artigo 59.º, ambos os cônjuges são sujeitos passivos do imposto.

Responsabilidade solidária

3 – Assim, independentemente do regime de bens do casamento, sempre que, por imposição legal ou por opção, os rendimentos do casal sejam englobados, ambos os cônjuges são solidariamente responsáveis pelo pagamento da dívida de imposto que é incidível.

CIRCULAR N.º 14/93, de 31 de Maio

Representação fiscal dos sujeitos passivos não residentes, sem estabelecimento estável em território português
(Art. 101.º do CIRC – art. 120.º do CIRS)

A fim de esclarecer dúvidas colocadas aos Serviços, quer sobre a natureza e extensão das obrigações que impendem sobre o representante fiscal dos sujeitos passivos não residentes designado nos termos dos artigos 101.º do Código do IRC ou 120.º do Código do IRS, quer quanto às situações em que não é obrigatória a sua designação, quer ainda quanto à renúncia a essa representação, divulga-se o seguinte entendimento, sancionado por meu despacho de 93/05/11:

1 – As obrigações do representante, designado nos termos dos artigos 101.º do CIRC ou 120.º do CIRS, limitam-se ao cumprimento dos deveres tributários acessórios, não compreendendo a responsabilidade pelo pagamento do imposto.

2 – A renúncia à representação, em sede de IRS, deve ser efectuada pela apresentação da ficha do Modelo 2, acompanhada da ficha do Modelo 3, aprovadas pelo Decreto-Lei n.º 266/91, de 6 de Agosto.

Além do formalismo referido, a renúncia à representação implica, para o representante, prova de que cessou os seus serviços perante o representante e que disso este tomou conhecimento, face ao disposto no n.º 2 do artigo 8.º do Decreto-Lei n.º 463/79, de 30 de Novembro

3 – Em sede de IRC a renúncia à representação deve ser formalizada através da entrega da correspondente declaração de alterações, a apresentar no prazo de quinze dias a contar da data da cessação das relações entre representante e representado.

4 – Não é obrigatória a nomeação de representante fiscal no caso de os não residentes apenas obterem, em território português, rendimentos sujeitos a retenção a título definitivo, dado que a titularidade de tais rendimentos não é constitutiva de deveres acessórios que por aquele devam ser cumpridos.

CIRCULAR N.º 24/93

Regime jurídico fiscal dos rendimentos auferidos pelos militares junto da NATO e junto das Embaixadas de Portugal no estrangeiro
(Art. 42.º. do E.B.F.; arts. 2.º, 14.º, 15.º. e 16.º. do CIRS)

Tendo-se suscitado dúvidas acerca do tratamento jurídico fiscal, quer dos rendimentos auferidos pelos militares que desempenham cargos militares internacionais junto da NATO, quer dos rendimentos auferidos pelos militares no desempenho de funções junto às Embaixadas de Portugal no estrangeiro, foi sancionado, por despachos de S.E.S.E.A.S.E.O., o seguinte entendimento:

1 – Os rendimentos auferidos por militares no desempenho de funções junto da NATO, estão sujeitos a tributação, conforme o disposto no art. 2.º conjugado com o art. 16.º, ambos do CIRS, por não serem enquadráveis na previsão do art. 42.º do Estatuto dos Benefícios Fiscais (porque não são rendimentos auferidos como servidores da NATO, mas sim como servidores do Estado Português) nem existir nenhuma Convenção ou instrumento equiparável que se oponha à referida tributação (despacho de 15.01.92).

2 – Os rendimentos auferidos pelos militares no desempenho de funções junto da Embaixada de Portugal no estrangeiro, embora estejam isentos de tributação perante o Estado acreditador, nada impede que o Estado Português os tribute, de harmonia com o disposto nos arts. 2.º, 14.º, 15.º e 16.º do CIRS, e da convenção de Viena sobre Relações Diplomáticas, por remissão do art. 42.º do E.B.F. (despacho de 19.01.93).

CIRCULAR N.º 11/94

Opção pela retenção na fonte segundo a taxa correspondente à situação de "casado único titular"
(Art. 92.º do CIRS)

Tendo-se suscitado dúvidas, na sequência da publicação do Despacho n.º 11/94-XII, de 27 de Janeiro, de Sua Excelência o Ministro das Finanças, que aprovou as tabelas de retenção na fonte de IRS para vigorarem no ano de 1994, acerca da subsistência das opções anteriormente efectuadas ao abrigo dos Despachos Ministeriais afins, publicados nos anos precedentes, pela retenção segundo a taxa correspondente à situação de "casado único titular", foi sancionado, por despacho de S.ª Ex.ª o S.E.A.F. de 94/03/16, o seguinte entendimento:

1 – A opção efectuada antes da publicação do Despacho Ministerial n.º 11/94-XIII, de 27 de Janeiro, pela retenção na fonte sobre rendimento das categorias A e ou H, nos termos em que era permitida, segundo a situação correspondente a "casado único titular", pode continuar a produzir seus efeitos enquanto se mantiverem os pressupostos em que aquela era possível;

2 – Após a publicação do Despacho Ministerial n.º 11/94-XII, de 27 de Janeiro, não é permitida a opção pela retenção sobre rendimentos das categorias A e ou H segundo a situação de "casado único titular";

3 – Só é permitida a retenção com base nas tabelas de "casado único titular" naquelas situações em que um dos cônjuges aufira mais de 95% do rendimento englobado.

CIRCULAR N.º 16/94

Contas de Depósitos de Deficientes Reformados
(E.B.F. – art. 39.º e n.º 3 do 44.º)

Tendo-se suscitado dúvidas sobre a possibilidade da constituição de duas contas de depósitos bancários, beneficiando ambos do regime jurídico fiscal estatuído para as Contas Poupança-Reformados por um deficiente reformado (cumulação dos benefícios fiscais previstos no n.º 3 do artigo 44.º e no artigo 39.º, ambos do EBF), foi por despacho de 94/04/29, de Sua Excelência o Secretário de Estado dos Assuntos Fiscais, sancionado o seguinte entendimento:

O deficiente-reformado só poderá aproveitar do regime jurídico e fiscal da Conta Poupança Reformados, relativamente a uma conta de depósito bancário.

CIRCULAR N.º 17/94

**Cumprimento dos prazos legais de apresentação
das declarações periódicas de rendimentos**
(Art. 60.º, n.º 1, als. *a*) e *b*))

De acordo com a alteração introduzida pelo artigo 22.º da Lei n.º 75/93, de 20 de Dezembro, nas alíneas *a*) e *b*) do n.º 1 do artigo 60.º do Código do IRS, passou a ser fixado termo inicial aos prazos de apresentação das declarações periódicas de rendimentos Mod. 1 e Mod. 2.

Em face dos pedidos de esclarecimento sobre a possibilidade de os Serviços recepcionarem aquelas declarações antes do início do prazo legal para a sua apresentação, nomeadamente nos casos em que, para efeitos extra-fiscais, é exigido aos sujeitos passivos prova do cumprimento da correspondente obrigação, antes de decorrido o prazo em que o poderá efectuar, foi o assunto submetido à consideração de Sua Excelência o Secretário de Estado dos Assuntos Fiscais, que, por despacho de 94.05.04, sancionou o seguinte entendimento:

1 – De harmonia com o disposto nas alíneas *a*) e *b*) do n.º 1 do artigo 60.º do Código do IRS, as declarações de rendimentos Mod. 1 e Mod. 2 deverão ser apresentadas, respectivamente, de 1 de Fevereiro a 15 de Março e de 16 de Março até ao fim do mês de Abril.

2 – Os prazos referidos no número anterior tem natureza imperativa, quer quanto ao seu início, quer quanto ao seu termo final, não podendo a Administração Fiscal, sob pena de invalidade do acto, aceitar o cumprimento de qualquer obrigação antecipadamente ao seu termo inicial.

3 – Não impondo o Código do IRS que o acto de apresentação das declarações periódicas de rendimentos seja praticado pessoalmente, pelos sujeitos passivos, estes sempre poderão socorrer-se de uma das várias modalidades de representação legalmente previstas, nas situações em que não possam fazê-lo, por si, dentro dos prazos fixados.

4 – Antes de esgotados os respectivos prazos legais não poderá ser exigido o comprovativo do cumprimento das obrigações declarativas, servindo, até ao respectivo termo, para todos os efeitos, o comprovativo do cumprimento da obrigação declarativa anterior.

CIRCULAR N.º 22/94 ([1])

Despesas com educação
(Al. *c*) do n.º 1 do art. 55.º do CIRS)

Mostrando-se conveniente proceder à clarificação do sentido normativo do conceito "despesas com educação", contido na alínea *c*) do n.º 1 do artigo 55.º do Código do IRS, sancionei, por meu despacho de 19/10/94, o seguinte entendimento:

Tomando como referência a experiência acumulada pelos Serviços, torna-se possível elencar, ainda que a título exemplificativo, um conjunto de realidades que, claramente cabem no conceito e, ao mesmo tempo, enunciar outras que do mesmo estão manifestamente excluídas. Assim,

1 – São genericamente aceites como despesas de educação:

a) Os encargos relativos à frequência de jardins de infância ou estabelecimentos equiparados, escolas do ensino básico, secundário ou superior, públicos ou privados.

b) Os encargos com amas que prestem serviços compreendidos na actividade exercida pelos jardins de infância ou estabelecimentos equiparados.

Os referidos encargos compreendem, nomeadamente, taxas de inscrição, propinas, serviços de transporte, alojamento e alimentação prestados por terceiros, livros e outro material insusceptíveis de utilização significativa fora do âmbito escolar.

2 – Não são genericamente aceites como despesas com a educação, entre outras, as inerentes a explicações, aquisição de computadores, enciclopédias, instrumentos musicais, vestuário e calçado, bem como outros materiais ou equipamentos cuja função predominante não se esgote na aprendizagem das disciplinas curriculares.

3 – As despesas susceptíveis de serem abatidas devem ser comprovadas por facturas, recibos ou talões emitidos por máquinas registadoras ou computadores, desde que contenham:

a) Os elementos exigíveis pelo artigo 35.º do Código do IVA;
b) A identificação do bem adquirido ou serviço prestado;
c) O preço, individualizando cada bem adquirido e ou respectiva prestação de serviço;
d) O carimbo e assinatura do vendedor

4 – Importa finalmente referir, tendo em consideração a natureza personalizante do imposto, que o esclarecimento, em concreto, sobre a aplicação da norma, não poderá deixar de passar por uma análise casuística das situações em que subsistam dúvidas.

([1]) Ver também a circular n.º 2/99 **[50]** – pág. 682.

CIRCULAR N.º 11/95

Operações sobre valores monetários
(C.I.R.S. – arts. 6.º, 74.º e 94.º)

Chegou recentemente ao conhecimento desta Direcção Geral que algumas instituições de crédito vem realizando operações sobre valores monetários nacionais e estrangeiros, para a aplicação de divisas.

Analisando os contratos e a natureza das operações, foi reconhecido que configuram verdadeiras aplicações financeiras, cuja remuneração é feita com base numa taxa de juro anormalmente baixa e em alegados ganhos cambiais.

Nestes termos, porque, em substância, se trata de aplicações de capitais em depósitos bancários, foi, por despacho de S. Ex.ª o Secretário de Estado dos Assuntos Fiscais, de 25 de Março último, reafirmada a doutrina que:

Quer a componente juros, quer qualquer outra forma de remuneração resultante das referidas aplicações, tem a sua previsão legal na alínea b) do artigo 6.º do CIRS, pelo que está sujeita à tributação prevista no mesmo Código, cabendo, nos termos do artigo 94.º do CIRS às entidades devedoras dos rendimentos, deduzir o respectivo imposto.

Os Serviços de Inspecção Tributária deverão providenciar a aplicação imediata da presente doutrina a todas as situações detectadas.

CIRCULAR N.º 12, de 05/04/1995

Âmbito de aplicação temporal da nova redacção do art. 9.º do CIRC

Razão das instruções

Tendo o artigo 27.º da Lei n.º 39-13/94, de 27 de Dezembro, Lei que aprovou o Orçamento de Estado para 1995, alterado significativamente o art. 9.º do CIRC, convertendo em automática a isenção das pessoas colectivas de utilidade pública administratriva, das instituições particulares de solidariedade social e das pessoas colectivas a estas igualmente equiparadas e restringindo, em qualquer caso, o âmbito da isenção, poderão suscitar-se algumas dúvidas quanto à aplicação temporal da nova Lei.

Assim, no intuito de esclarecer os interessados, divulga-se o seguinte entendimento, sancionado por despacho de 95.03.10 de S. Ex.ª o Secretário de Estado dos Assuntos Fiscais:

Aplicação da Lei no tempo – Art.º 12.º do Código Civil

1. Não se estatuindo qualquer regra específica de aplicação temporal da nova redacção do art. 9.º do CIRC, há que aplicar a regra geral prevista no art. 12.º do Código Civil, de acordo com a qual a nova Lei só pode aplicar-se para o futuro, ou seja, aos factos tributários ocorridos já no âmbito da sua vigência.

Entidades às quais foi reconhecida a isenção

2. Estão abrangidos pela nova redacção do art. 9.º do CIRC os rendimentos das entidades às quais já tenha sido reconhecida a respectiva isenção à data da sua entrada em vigor, pois não estamos perante qualquer benefício fiscal convencional, temporário ou condicionado que deva ser salvaguardado, nos termos do art. 10.º do Estatuto dos Benefícios Fiscais.

Assim, a partir de 1.1.95, passam a estar sujeitos a tributação, nas condições previstas no n.º 3 do art. 9.º do CIRC, os rendimentos comerciais, industriais ou agrícolas eventualmente auferidos pelas entidades mencionadas nesta disposição.

Processos pendentes

3. Relativamente às entidades que tenham formulado o pedido de reconhecimento da isenção ao abrigo da Lei anterior e cujo processo se encontre pendente, deverá o mesmo ser apreciado, relativamente ao período decorrido desde a data da verificação dos pressupostos da isenção até 31.12.94, ao abrigo do art. 9.º do CIRC, na sua anterior redacção.

No que respeita ao período posterior a esta data, é já aplicável a nova redacção desta disposição com as consequências previstas no ponto anterior.

4. Às pessoas colectivas de utilidade pública administrativa, às instituições particulares de solidariedade social e às entidades a estas legalmente equiparadas que tenham, do mesmo modo, pendente de apreciação o pedido de reconhecimento da isenção, será aplicável, até 31.12.94, a redacção anterior do art. 9.º do CIRC.

A partir de 1.1.95 beneficiam de isenção automática de IRC, com os condicionalismos previstos no n.º 3 da mesma disposição.

Casos futuros

5. As entidades que não tenham, até 31.12.94, formulado o respectivo pedido de reconhecimento da isenção, apenas poderão beneficiar de isenção de IRC a partir de 1.1.95, nos termos da actual redacção do art. 9.º.

CIRCULAR N.º 13/95

Tabela Geral do Imposto do Selo.
Legalização dos Livros dos Comerciantes
(T.G.I.S. – art. 114.º; C.I.R.C. – art. 98.º, n.º 2)

Através da circular n.º 5/94, de 11 de Fevereiro, desta Direcção-Geral, foram dadas instruções sobre a legalização dos livros de Inventário e Diário, no sentido de as empresas poderem apresentar nas repartições de finanças os seus livros de escrita para serem devidamente certificados.

Face à emissão do ofício-circulado n.º 6/95, de 2 de Fevereiro, pela Direcção de Serviços do IRC, onde são esclarecidos os casos em que, não cabendo às conservatórias do Registo Comercial a legalização dos livros dos comerciantes, a competência para o efeito pertence às repartições de finanças nos termos do n.º 2 do art. 98.º do Código do IRC, e ao parecer da entidade competente do Ministério da Justiça, de acordo com a solicitação ordenada por Sua Ex.ª o Secretário de Estado dos Assuntos Fiscais, foi, por despacho desta entidade de 95.02.21, revogada a circular n.º 5/94, de 11 de Fevereiro, desta Direcção-Geral, com vista a evitar a prática de procedimentos indevidos por parte das repartições de finanças.

CIRCULAR N.º 14/95

Derrama – Encargo não dedutível para efeitos fiscais
(C.I.R.C. – al. *a*) do n.º 1 do art. 41.º)

Na sequência do Acórdão de 1 de Fevereiro de 1995 do Supremo Tribunal Administrativo, proferido no recurso n.º 16.975, os Serviços tem sido questionados quanto à não consideração da Derrama como custo do exercício para efeitos de determinação do lucro tributável em IRC.

Assim, para uniformidade de procedimentos informa-se que, por meu despacho de hoje, foi sancionado o seguinte entendimento:

1 – Os efeitos do Acórdão em referência circunscrevem-se ao caso con-creto não tendo qualquer força obrigatória geral.

2 – A mesma matéria controvertida foi já objecto de outros Acórdãos do S.T.A., nomeadamente o Acórdão de 23/09/92, n.º 14 380, no qual foi firmada jurisprudência em sentido contrário, em consonância, aliás, com o entendimento que sempre tem sido veiculado pela Administração Fiscal em sede de IRC.

3 – Considerando que a Derrama tem natureza de imposto acessório do imposto principal que é o IRC, que o imposto acessório segue o imposto principal – "acessorium seguitur principale", e considerando ainda a razão de ser e o princípio jurídico subjacente à norma da alínea *a*) do n.º 1 do artigo 41.º do Código do IRC, reafirma-se a interpretação que tem sido preconizada pela Administração Fiscal de que a Derrama não é encargo dedutível para efeitos fiscais.

(No mesmo sentido – Acórdão de 14/5/97 do STA, publicado em "Acórdãos Doutrinais" n.º 427 de Julho de 1997 págs. 887 a 895).

CIRCULAR N.º 20/95

Donativos
(C.I.R.C. – arts. 39.º e 40.º)

Tendo-se suscitado dúvidas sobre a aplicação do limite e da majoração relativa aos donativos previstos nos artigos 39.º e 40.º do Código do IRC para uniformidade de procedimentos, foi por meu despacho de 15/12/95 sancionado o seguinte entendimento:

1 – Os donativos referidos no n.º 1 do artigo 39.º do Código do IRC são considerados custos ou perdas do exercício até ao limite de 4%, do volume de vendas e ou dos serviços prestados no exercício.

Quando não excederem o limite legal são levados a custos em valor correspondente a 105% ou 115% do total, consoante os casos referidos no n.º 4 do referido artigo.

Quando excederem o limite legal, será aceite como custo fiscal o maior dos seguintes valores:

a) O que resultar da soma do limite fixado no n.º 1 do artigo 39.º com 50% do excesso;

b) O que resultar da soma do limite fixado no n.º 1 do artigo 39.º com 5% ou 15%, consoante os casos referidos no seu n.º 4, desse limite.

2 – Os donativos referidos no n.º 3 do artigo 39.º são considerados custos ou perdas do exercício, sem qualquer limite legal, sendo-lhes aplicável a majoração prevista no n.º 4.

3 – Os donativos ao Estado e a outras entidades referidas no artigo 40.º, quando destinados a custear a instalação e ou manutenção de creches e jardins de infância, lar de idosos ou centros de dia para idosos, instituições de prevenção, tratamento e reinserção de doentes vítimas de toxicodependência e ou tratamento da sida, são considerados custos ou perdas do exercício, sem qualquer limite legal.

Para além disso, nos termos do n.º 5 é-lhes aplicável uma majoração de 40% para a sua consideração como custo fiscal.

4 – Os donativos ao Estado e a outras entidades referidas no artigo 40.º, quando se destinarem às actividades a que aludem as alíneas *a)* e *b)* do n.º 1 do artigo 39.º, são considerados custos ou perdas do exercício, sem qualquer limite legal, sendo-lhe aplicável a majoração de 10% (n.º 6 do artigo 40.º) para a sua consideração como custo fiscal, salvo se, regime mais favorável, decorrer da aplicação da última parte do n.º 4 do artigo 40.º.

5 – Quando nos termos dos referidos artigos, os donativos sejam considerados como custos fiscais por importância superior à efectivamente despendida, o valor correspondente à majoração deve ser deduzido no Quadro de Apuramento do Lucro Tributável (Quadro 17) da Declaração Mod. 22, do exercício a que respeitam.

CIRCULAR N.º 1/96

Avaliação de incapacidades resultantes de hipovisão
(E.B.F. – art. 44.º e C.I.R.S. – arts. 25.º, n.º 3 e 80.º, n.º 6)

Através da Circular Normativa n.º 22/DSO, de 15 de Dezembro de 1995, a Direcção-Geral de Saúde corrigiu e clarificou o critério a utilizar pelas Autoridades de Saúde para efeitos de avaliação e atribuição do grau de incapacidade decorrente da deficiência oftalmológica hipovisão, revogando expressamente uma interpretação dos respectivos Serviços, veiculada pela Informação n.º 63/DSO de 94.08.26, anexa ao Ofício Circular n.º 15 599 de 94.09.06.

Por via do novo entendimento, a avaliação da referida lesão oftalmológica, nomeadamente, para efeitos de atribuição de incapacidade fiscalmente relevante, passou a recair sobre as suas consequências funcionais que persistirem mesmo após a melhor correcção óptica conseguida, designadamente com recurso a óculos de correcção ou lentes de contacto, não sendo consequentemente de aplicar a alínea *c)* do n.º 5 das Instruções Gerais da actual Tabela de Incapacidades, em vigor desde 01 de Janeiro de 1994.

Neste contexto, impõe-se a divulgação pelos Serviços, do novo critério, e o estabelecimento dos procedimentos a adoptar pelos interessados, tendo em vista a invocação da deficiência fiscalmente relevante, para efeitos de tributação em IRS.

1 – Assim, os sujeitos passivos de IRS, portadores da deficiência oftalmológica de hipovisão, susceptível de determinar um grau de invalidez permanente igual ou superior a

60%, que queiram usufruir dos benefícios fiscais inerentes à sua condição, com produção de efeitos relativamente aos rendimentos auferidos a partir do ano de 1995, inclusive, ou em anos anteriores, quando invocáveis em sede de reclamação graciosa da liquidação nos termos do ponto 3 da Circular n.º 15/92, de 14 de Setembro, deverão obter, junto das Autoridades de Saúde competentes, declaração comprovativa da incapacidade, emitida a partir de 15 de Dezembro de 1995.

2 – O procedimento prescrito no número anterior é aplicável apenas aos sujeitos passivos portadores da referida deficiência, cuja comprovação decorra de Declaração de Incapacidade emitida a partir de 01 de Janeiro de 1994 sem prejuízo dos efeitos fiscais entretanto produzidos pelas declarações emitidas entre aquela data e 15 de Dezembro de 1995.

CIRCULAR N.º 12/96

Créditos Incobráveis
(Art. 37.º do CIRC; n.º 3 do art. 119.º do C.P.E.R.E.F.)

Tendo suscitado dúvidas a conjugação do disposto no artigo 37.º do Código do IRC com o n.º 3 do artigo 119.º do Código dos Processos Especiais de Recuperação da Empresa e de Falência (C.P.E.R.E.F.), aprovado pelo Decreto-Lei n.º 132/93, de 23 de Abril, foi, por despacho de 96.09.25 de Sua Excelência o Secretário de Estado dos Assuntos Fiscais, sancionado o seguinte entendimento:

A interpretação útil a dar ao n.º 3 do artigo 119.º do C.P.E.R.E.F., na sua conjugação com o artigo 37.º do Código do IRC, será a de permitir que o valor dos créditos objecto de redução, nos termos previstos naquele número, seja considerado como custo, de um ou mais dos cinco exercícios posteriores ao da data da homologação da decisão, quer relativamente aos créditos em que não seja admitida a constituição de provisão, quer relativamente àqueles em que o seja, ainda que, em relação a estes últimos, o credor não tenha procedido à constituição da provisão.

CIRCULAR N.º 12/97

Período de tributação diferente ao ano civil
(n.º 3 do art. 7.º – CIRC;
al. *i*) do n.º 1 do art. 9.º – CSC)

Tendo-se suscitado dúvidas sobre a relação existente entre a alínea *i*) do n.º 1 do Artigo 9.º do Código das Sociedades Comerciais e o n.º 3 do Artigo 7.º do Código do IRC, foi, por despacho de 96.12.30 de Sua Excelência o Secretário de Estado dos Assuntos Fiscais, exarado na informação n.º 608/96, da Direcção de Serviços do IRC, sancionado o seguinte entendimento:

a) A adopção do exercício anual diferente do ano civil, ao abrigo do disposto na alínea *i*) do artigo 9.º do Código das Sociedades Comerciais, aditada pelo Decreto-Lei n.º 328/95, de 9 de Dezembro, não se reflecte automaticamente no domínio do Imposto sobre o Rendimento das Pessoas Colectivas (IRC);
b) Assim, as sociedades que pretendam adoptar um período de tributação diferente do ano civil devem efectuar o requerimento previsto no n.º 3 do artigo 7.º do Código do IRC, o qual só poderá ser deferido, nos termos desta disposição, quando existam razões de interesse económico que justifiquem aquela adopção.

CIRCULAR N.º 1/98, de 14/01/1998

Convenções de Dupla Tributação

Razão das Instruções

Com o objectivo de uniformidade de procedimentos no que respeita à aplicação das regras previstas para a limitação do imposto português incidente sobre os juros da dívida pública e obrigações de empréstimo, incluindo prémios atinentes a esses títulos, pagos por entidades com residência, domicílio, sede ou direcção efectiva em território português, a residência num estado contratante com convenção celebrada com a República Portuguesa para evitar a dupla tributação e prevenir a evasão fiscal em matéria de imposto sobre o rendimento, nos casos em que se verifique a aquisição desses títulos por entidade não residente que se encontre nas condições descritas, em momento posterior ao último vencimento ou emissão, primeira colocação ou endosso, e considerando que:

a) Na data do vencimento, estas entidades têm vindo a realizar a limitação do imposto prevista na convenção respectiva, relativamente à totalidade dos juros, como se detivessem os títulos adquiridos desde a data do último pagamento ou da sua emissão, primeira colocação ou endosso;
b) As entidades residentes em território português que tenham precedido à alienação dos títulos após a data do último vencimento ou da emissão, primeira colocação ou endosso, se ainda não houver ocorrido qualquer vencimento, obrigadas à conta-corrente a que alude o art. 12.º-A do DL n.º 42/91, de 22 de Janeiro, passam a dispor por aquele facto, de um crédito sobre o Estado calculado com base na taxa normal de tributação, circunstância que se traduz numa perda de receita para o Estado, em montante correspondente à diferença entre esse crédito e o imposto cobrado em função das taxas limite estabelecidas na convenção e do período no decurso do qual o residente manteve o título na sua posse.

Período de detenção efectiva

Foi. Por despacho de Sua Ex.ª o Secretário de Estado dos Assuntos Fiscais, de 97.12.19, sancionado o seguinte entendimento:

1 – No momento do vencimento dos juros de títulos de dívida pública e de obrigações, embora o juro correspondente à totalidade do período seja colocado à disposição do

respectivo titular, para efeitos da limitação do imposto português nos termos previstos na convenção respectiva, só pode considerar-se como rendimento da entidade não residente, a parcela correspondente ao período durante o qual estas entidades detiveram efectivamente aqueles títulos (n.º 3 do artigo 6.º do CIRS).

2 – Nos títulos cuja remuneração não seja fixada sob a forma de juro, mas se encontrar total ou parcialmente implícita nas condições de emissão e ou de reembolso dos títulos, só constitui rendimento da entidade não residente o aumento do valor do título na parte correspondente ao período durante o qual esta entidade deteve aqueles títulos (n.º 3 do artigo 6.º do CIRS).

3 – A limitação do imposto por redução na fonte ou por reembolso, consoante o caso, só poderá beneficiar essa parcela, sob pena de haver um aproveitamento indevido pela entidade não residente, de um regime aplicável exclusivamente aos rendimentos auferidos enquanto detentor dos títulos que os geraram.

4 – Em conformidade, quando a limitação operar por redução na fonte, o juro colocado à disposição deve ser dividido em duas partes: uma, correspondente ao período de detenção pela entidade não residente, à qual se aplica a taxa da convenção; outra, correspondente ao restante período, à qual se aplica a taxa geral de retenção na fonte.

5 – Para o efeito, as entidades pagadoras de rendimentos deste tipo a residentes em países que tenham celebrado com Portugal convenção para evitar a dupla tributação, deverão identificar, de forma inequívoca, através dos adequados meios de prova a solicitar ao titular dos rendimentos ou intermediário financeiro, o período de detnção do(s) título(s) pela entidade não residente.

Limitação por reembolso

Em coerência, quando a limitação de imposto for concretizada por reembolso, através dos serviços de Relações Fiscais Internacionais da DSBF, só deverá ser restituido à entidade não residente o imposto correspondente ao período durante o qual detuo o (s) título(s), pelo que, aquando da solicitação do reembolso, estas entidades deverão mencionar a data de aquisição do(s) mesmo(s), fazendo acompanhar o pedido com o adequado comprovativo dessa aquisição.

Direcção-Geral dos Impostos, 14 de Janeiro de 1998

CIRCULAR N.º 9/98

Obrigatoriedade de Assinatura das declarações pelos TOC

Tendo-se suscitado dúvidas sobre a obrigatoriedade de assinatura dos Técnicos Oficiais de Contas nas declarações do IVA, do IRC e do IRS a entregar a partir de 1 de Janeiro de 1998, tendo em conta o n.º 11 do Despacho n.º 8470/97, de Sua Excelência o Ministro das Finanças, publicado no *Diário da República* n.º 227, II Série, de 01.10.97, foi por despacho de Sua Excelência o Secretário de Estado dos Assuntos Fiscais, de 26/02/98, sancionado o seguinte entendimento:

1 – A obrigatoriedade de assinatura do Técnico Oficial de Contas abrange apenas as declarações fiscais das entidades sujeitas a imposto sobre o rendimento (IRS ou IRC) que

possuam ou devam possuir contabilidade organizada, excluindo-se nomeadamente, as entidades que, no âmbito do IRC, tenham o regime simplificado de escrituração previsto no n.º 1 do artigo 94.º, os sujeitos passivos titulares de rendimentos das categorias B, C ou D do IRS que não tenham nem devam ter contabilidade organizada e, no âmbito do IVA, quer os sujeitos passivos enquadrados no Regime Especial de Isenção ou no Regime dos Pequenos Retalhistas quer os que, para efeitos do registo das respectivas operações, utilizem os livros previstos no artigo 50.º do CIVA.

2 – Os Técnicos Oficiais de Contas inscritos na respectiva Associação e os profissionais que, tendo sido aprovados no concurso extraordinário aberto pelo mencionado Despacho n.º 8470/97, tenham solicitado a respectiva inscrição no prazo previsto no mesmo despacho, ou seja, até 15 de Janeiro de 1998, deverão assinar, na qualidade de Técnicos Oficiais de Contas, a partir de 1de Janeiro de 1998, as seguintes declarações fiscais das referidas entidades:

2.1 – Declarações de início, de alteração ou de cessação de actividade, ocorrida a partir de 1 de Janeiro de 1998, previstas nos Códigos do IRS, IRC e IVA;

2.2 – Declaração anual respeitante ao exercício de 1997 e seguintes, prevista na alínea *d*) do n.º 1 do artigo 28.º do CIVA;

2.3 – Mapa recapitulativo dos clientes e/ou dos fornecedores, relativo às operações internas realizadas no exercício de 1997 e seguintes, previsto nas alíneas *e*) e *f*) do n.º 1 do artigo 28.º do CIVA;

2.4 – Declaração periódica do IVA (modelo A, B ou C) prevista na alínea *c*) do n.º 1 do artigo 28.º e no artigo 40.º, ambos do CIVA, relativa ao 4.º trimestre de 1997 e seguintes, no caso dos sujeitos passivos enquadrados no Regime Normal com periodicidade trimestral, e relativa ao mês de Novembro de 1997 e meses seguintes, tratando-se de sujeitos passivos com periodicidade mensal;

2.5 – Anexo recapitulativo, previsto na alínea *c*) do n.º 1 do artigo 23.º do RITI, relativo às transmissões intracomunitárias isentas realizadas a partir do 4.º trimestre de 1997 ou a partir de 1 de Novembro de 1997, respectivamente, para os sujeitos passivos com declaração periódica trimestral ou mensal;

2.6 – Anexo C à declaração M/2 do IRS, respeitante ao exercício de 1997 e seguintes;

2.7 – Declaração Mod. 22 do IRC, respeitante ao exercício de 1997 e seguintes.

2.8 – Declaração Mod. 10, a que se refere o art. 114.º do CIRS, respeitante ao exercício de 1997 e seguintes.

Nas declarações que digam respeito a períodos anteriores aos mencionados, ainda que entregues após 01.01.98, não é exigida a assinatura do Técnico Oficial de Contas.

3 – ([1])
4 – ([1])
5 – ([1])

([1]) Revogado pela circular n.º 7/99, de 9/4, da DGCI [50]. Tinha a seguinte redacção:

3. A identificação do Técnico Oficial de Contas deve ser feita, mediante aposição da vinheta emitida pela Associação dos Técnicos Oficiais de Contas (ATOC) ou, em alternativa, no espaço a ela destinada, por indicação do número de inscrição na Associação.

4. Nas declarações que ainda não tenham Quadros para o efeito, a obrigatoriedade de assinatura e/ou da identificação nos termos do n.º 3 só ocorrerá quando forem aprovados novos modelos que passem a contemplar os referidos Quadros, sem prejuízo da sua aposição voluntária.

5. A DGCI e a ATOC trocarão entre si informação por forma a validar a inscrição dos Técnicos na Associação, incluindo a comunicação, por parte da DGCI, da forma de identificação utilizada.

CIRCULAR N.º 13/98, de 98/05/13

Instrumentos Financeiros Derivados
(CIRC – art. 68.º-B)

Havendo necessidade de prestar esclarecimentos quanto ao Modelo apropriado a anexar à declaração periódica de rendimentos, nos termos do disposto na alínea c) do n.º 5 e n.º 9 do art. 68.º-B do Código do IRC, foi, por despacho de 98.04.28 de Sua Excelência o Secretário de Estado dos Assuntos Fiscais, sancionado o seguinte entendimento:

1 – O n.º 2 do art. 68.º-B permite o diferimento dos ganhos não realizados, apurados num exercício, para, no máximo, os dois exercícios seguintes, na medida das perdas não realizadas no instrumento coberto, quando estejam em causa operações enquadráveis na alínea a) do n.º 1 cujo objectivo exclusivo seja o da cobertura de operações a realizar no exercício seguinte, num mercado de natureza diferente e subordinado a critérios valorimétricos diversos. O n.º 5 condiciona a aceitação fiscal de uma operação como de cobertura, entre outros, à identificação das posições cobertas e de cobertura em modelo apropriado.

2 – Os n.ºs 8 e 9 do art. 68.º-B do código do IRC determinam que a dedução de perdas apuradas no fecho de um exercício, relativamente a contratos em curso no fecho desse exercício, é limitada ao montante em que excedam os ganhos ainda não tributados em posições simétricas, só se permitindo a dedução dos custos ou perdas relativamente a posições simétricas que forem devidamente identificadas em modelo apropriado, a entregar conjuntamente com a declaração periódica de rendimentos.

No fecho de cada exercício os sujeitos passivos deverão pois calcular o conjunto de perdas sobre instrumentos financeiros susceptíveis de afectar os resultados desse exercício e assegurar-se que essas perdas não são compensadas em parte ou na totalidade por ganhos ainda não tributados sobra outras posições.

Podem, designadamente, ser qualificadas de posições simétricas:
– um *swap* de taxa de juro e um empréstimo contraído ou cedido que figure no balanço da empresa;
– uma posição de Bolsa de Derivados e um empréstimo a emitir.

3 – Dado que se aproxima, para a generalidade dos sujeitos passivos de IRC, o final do prazo para a entrega da declaração periódica de rendimentos, foram concebidos os modelos de mapas considerados adequados para efeitos do cumprimento das supracitadas disposições, que se anexam.

4 – Tratando-se de operações de cobertura devem-se identificar:
– para cada operação do exercício seguinte, a natureza e o montante da operação bem como a sua data de realização provável;
– para os contratos a prazo de instrumentos financeiros correspondentes, a natureza dos contratos, o seu montante, a data da celebração do contrato, preço de aquisição, valor no fecho do exercício e montante do ganho diferido.

5 – Tratando-se de operações simétricas, a declaração deve mencionar as posições simétricas tomadas durante o exercício e as posições em curso no fecho do exercício, i. é., as posições em que ambas, ou apenas uma delas, estejam em curso no fecho do exercício.

6 – De notar, no entanto, que os modelos que se anexam são de utilização facultativa, podendo os contribuintes utilizar quaisquer outros por si concebidos, desde que os mesmos contenham todos os elementos ali referidos, e, bem assim, acrescentar aqueles que reputem necessários para a correcta identificação das operações.

CIRCULAR N.º 2/99

Despesas com a Educação ([1])

Através da Circular n.º 22/94, de 19 de Outubro, procedeu-se à clarificação, em termos gerais, do conceito "despesas de educação".

Mostra-se, porém, necessário para uma uniformidade de procedimentos dos serviços, divulgar instruções específicas sobre a admissibilidade da dedução das despesas efectuadas com a frequência de estabelecimentos de ensino em complemento da formação escolar ou em suprimento da sua carência.

Assim, por despacho do Senhor Secretário de Estado dos Assuntos Fiscais, de 5 de Junho de 1998, foi sancionado o seguinte entendimento:

1 – São aceites como despesas com a educação os encargos suportados com a frequência de estabelecimentos de ensino de línguas, teatro, música, canto e outros, desde que esses estabelecimentos estejam integrados no Sistema Nacional de Educação ou reconhecidos como tendo fins análogos pelos ministérios competentes, conforme se encontra consagrado no artigo 9.º n.º 10 do CIVA.

2 – A integração dos estabelecimentos no Sistema Nacional de Educação, ou o seu reconhecimento como tendo fins análogos, deve constar de uma certificação expressa.

A autorização provisória de funcionamento concedida a um estabelecimento pela entidade competente, não significa o seu enquadramento automático no Sistema Nacional de Educação.

E a autorização de funcionamento de escolas de ensino particular e cooperativo, concedida nos termos legais, não dispensa a existência de um reconhecimento expresso para efeitos da isenção consagrada no artigo 9.º, n.º 10 do CIVA e para abatimento das importâncias suportadas em sede de IRS.

([1]) Ver também a circular n.º 22/94 **[50]** – pág. 671.

CIRCULAR N.º 3/99

Despesas de saúde ([1])
(Código do IRS – art. 80.º-E)

Têm os Serviços constatado que se vem formando a errónea convicção, porventura inculcada por determinadas campanhas publicitárias, que os encargos suportados com a aquisição de certos produtos, cuja utilização ultrapassa manifestamente a finalidade terapêutica, só pelo facto de terem sido objecto de prescrição médica, são genérica e integralmente aceites a título de despesas de saúde dedutíveis em IRS.

Posto que tal interpretação constitui um claro desvio da finalidade subjacente à consideração, para efeitos fiscais, dos encargos suportados pelos sujeitos passivos com a satis-

OPERAÇÕES DE COBERTURA
(CONTRATOS EM CURSO NO FECHO DO EXERCÍCIO)

CONTRATOS DE INSTRUMENTOS FINANCEIROS DERIVADOS EM CURSO NO FECHO DO EXERCÍCIO							OPERAÇÃO COBERTA DO EXERCÍCIO SEGUINTE		
Natureza do contrato	Valor nominal	Data de Abertura da posição	Preço de Aquisição	Data de vencimento	Valor no fecho do Exercício	Ganho diferido para o exercício seguinte	Natureza da Operação	Valor Nominal	Data de Abertura	Data de Vencimento

POSIÇÕES SIMÉTRICAS TOMADAS DURANTE O EXERCÍCIO

NATUREZA DAS POSIÇÕES SIMÉTRICAS	MONTANTE OU VALOR NOMINAL	POSIÇÕES TOMADAS EM INSTRUMENTOS FINANCEIROS DERIVADOS alínea a) n.º 1, Art. 68.º-B CIRC			POSIÇÕES TOMADAS EM INSTRUMENTOS FINANCEIROS DERIVADOS alínea b), n.º 1 art. 68.º-B CIRC			OUTRAS POSIÇÕES		
		Data de abertura	Preço de aquisição	Data de vencimento	Data de abertura	Preço de aquisição	Data de vencimento	Data de abertura	Preço de aquisição	Data de vencimento

POSIÇÕES SIMÉTRICAS TOMADAS DURANTE O EXERCÍCIO

NATUREZA DAS POSIÇÕES SIMÉTRICAS	MONTANTE OU VALOR NOMINAL	POSIÇÕES TOMADAS EM INSTRUMENTOS FINANCEIROS DERIVADOS alínea a) n.º 1, Art. 68.º-B CIRC			POSIÇÕES TOMADAS EM INSTRUMENTOS FINANCEIROS DERIVADOS alínea b), n.º 1 art. 68.º-B CIRC			OUTRAS POSIÇÕES		
		Data de abertura	Preço de aquisição	Data de vencimento	Data de abertura	Preço de aquisição	Data de vencimento	Data de abertura	Preço de aquisição	Data de vencimento

fação de necessidades básicas das famílias em matéria de prevenção e cura da doença ou de reabilitação, impõe-se a divulgação do seguinte esclarecimento:

1 – Para os efeitos do disposto na alínea *d*) do n.º 1 do artigo 80.º-E do Código do IRS, deve entender-se que, para além da exigência da exibição de prescrição médica, a admissibilidade da dedução dos respectivos encargos sempre dependerá do juízo que, numa apreciação casuística tendo em conta os princípios da justiça, da equidade e da igualdade, e as características personalizantes do imposto, conduza ao reconhecimento da indispensabilidade da despesa, face aos objectivos enunciados no parágrafo anterior.

2 – Consequentemente não serão dedutíveis, a título de despesas de saúde os encargos derivados da aquisição de bens, ainda que sob prescrição médica, cuja utilidade não se esgote na finalidade terapêutica, tais como, cosméticos, colchões, cadeiras, almofadas, desumidificadores, aspiradores, aparelhos de ar condicionado, bicicletas, aparelhos de musculação e banheiras de hidromassagem.

(^{1}) Ver também a circular n.º 26/91 **[50]** – pág. 660.

CIRCULAR N.º 7/99, de 9/4/1999

Identificação do Técnico Oficial de Contas nas declarações fiscais

Considerando que já decorreu o período de instalação da Associação dos Técnicos Oficiais de Contas (ATOC), tendo sido eleitos os respectivos corpos dirigentes e que, no âmbito das suas atribuições, compete à ATOC definir a forma de identificação da qualidade de Técnico Oficial de Contas (TOC), foi, por despacho do Secretário de Estado dos Assuntos Fiscais, de 31.03.99, sancionado o seguinte:

1 – A identificação do Técnico Oficial de Contas, sem prejuízo da sua assinatura, faz-se mediante a aposição da vinheta emitida pela Associação dos Técnicos Oficiais de Contas.

2 – A vinheta deverá ser colocada no espaço a ela reservado e, no caso de declarações fiscais que ainda não tenham espaço para o efeito, junto à assinatura do TOC.

3 – Relativamente às declarações entregues sem recurso a suporte papel, a DGCI e a ATOC encetarão diligências no sentido de encontrar a forma de certificação da qualidade de TOC.

4 – São revogados os pontos 3.4 e 5 da Circular n.º 9/98, de 9.3, e o Ofício n.º 194, de 19.06.98, do Gabinete do Director-Geral dos Impostos.

CIRCULAR N.º 16/99

**Despesas de representação
abonadas ao abrigo da Lei n.º 49/99, de 22 de Junho**
(CIRS – art. 2.º, n.º 3 *e*))

De harmonia com o disposto no n.º 2 do artigo 34.º da Lei n.º 49/99, de 22 de Junho, ao pessoal dirigente dos serviços da administração central e local do Estado e da administração regional, bem como, com as necessárias adaptações, dos institutos públicos que revistam a natureza de serviços personalizados ou de fundos públicos, podem ser abonadas despesas de representação em montante a fixar por despacho conjunto do Primeiro-Ministro, do Ministro das Finanças e do membro do Governo que tiver a seu cargo a Administração Pública.

Para conhecimento dos interessados e actuação dos serviços incumbidos do processamento de remunerações, divulga-se o seguinte esclarecimento sobre o correcto enquadramento jurídico-tributário daqueles abonos:

1 – Considerando que nos termos do Despacho conjunto n.º 625/99, de 13 de Julho, publicado no DR II Série, n.º 179, de 3 de Agosto de 1999, que estabeleceu os montantes das despesas de representação e regulamenta as condições da sua atribuição, as respectivas quantias se traduzem em valores fixos, abonados em doze mensalidades;

2 – Considerando ainda que o diploma de enquadramento não prevê a possibilidade de, relativamente às quantias abonadas, serem prestadas contas;

Esclarece-se que as despesas de representação pagas ao abrigo do n.º 2 do artigo 34.º da Lei n.º 49/99, de 22 de Junho, constituem rendimentos da categoria A do IRS, sujeitos a este imposto nos termos da alínea *e*) do n.º 3 do artigo 2.º do Código do IRS.

Direcção-Geral dos Impostos, 17 de Setembro de 1999

CIRCULAR N.º 19/99

**Trabalho a tempo parcial e semana de quatro dias.
Diferencial previsto no art. 3.º, n.º 3 do Dec.-Lei n.º 324/99
e no art. 3.º, n.º 3 do Dec.-Lei n.º 325/99**
(CIRS – art. 2.º, n.º 3 *e*))

Os Decretos-Lei n.ºˢ 324/99 e 325/99, ambos de 18 de Agosto, estabelecem regimes especiais de trabalho no âmbito da Administração Pública, designados, respectivamente, por *trabalho a tempo parcial e semana de quatro dias*.

A opção por estes regimes confere ao funcionário o direito a 50% ou 80% da remuneração correspondente ao seu escalão; aos suplementos remuneratórios fixos, às prestações sociais devidas e a *um diferencial destinado a garantir, na sua totalidade, as quotizações para a Caixa Geral de Aposentações e ADSE*, para que estas entidades assegurem a totalidade dos benefícios sociais e a aposentação a que os funcionários teriam direito caso não exercessem a opção por um regime de trabalho especial.

Para conhecimento dos interessados e uniformização de procedimentos por parte dos serviços processadores, divulga-se o seguinte entendimento:

1 – Considerando que o diferencial remuneratório previsto no artigo 3.º, n.º 3 do Decreto-Lei n.º 324/99 e no artigo 3.º, n.º 3 do Decreto-Lei n.º 325/99, reverte em favor do funcionário, na forma de prestações sociais e regalias que são decorrentes da sua relação de trabalho, constitui rendimento do trabalho dependente sujeito a IRS, nos termos do n.º 3, alínea c) do artigo 2.º do Código do IRS, estando sujeito a retenção na fonte, nos termos do disposto nos artigos 91.º e 92.º e no artigo 3.º, n.º 2 do Decreto-Lei n.º 42/91, de 22 de Janeiro.

2 – Na declaração que se refere a alínea b) do n.º 1 do artigo 114.º do Código do IRS, as entidades devedoras dos rendimentos deverão indicar:

a) Como rendimento sujeito a IRS, o valor resultante da remuneração efectivamente paga e do diferencial a que se refere o ponto 1;

b) Como dedução específica, o montante global das quotizações para a Caixa Geral de Aposentações e ADSE, incluindo o diferencial referido no ponto 1.

3 – Na declaração a que se refere a alínea c) do n.º 1 do artigo 114.º (declaração m/10), a entidade devedora dos rendimentos deve inscrever como rendimento o montante referido na alínea a) do número anterior.

Direcção-Geral dos Impostos, 16 de Novembro de 1999.

CIRCULAR N.º 6, de 10/05/2000

Subsídios que têm associada uma componente relativa à criação de postos de trabalho
(Código do IRC – art. 22.º)

Razão das Instruções

Tendo sido reanalisada a matéria referente ao tratamento fiscal dos subsídios que têm associada uma componente relativa à criação de postos de trabalho (SIBR, PEDIP e análogos), foi, por meu despacho de 2000.03.06, revogado o entendimento que, até agora, vigorava nesta matéria. A presente Circular tem, pois, como objectivo a divulgação do novo entendimento, bem como o estabelecimento da respectiva aplicação temporal.

Assim:

O novo tratamento fiscal dos subsídios que têm associada uma componente relativa à criação de postos de trabalho

1 – Atendendo a que os sistemas de incentivos ou estímulos ao investimento que incluem uma componente financeira ligada ao objectivo de promoção do emprego permitem uma perfeita individualização dessa parcela e a que o respectivo montante se destina a comparticipar nas despesas decorrentes dos postos de trabalho criados em virtude do investimento, a aplicação do princípio da correlação custos – proveitos, inerente ao princípio da especialização dos exercícios, determina a observância de um critério de integração no lucro tributável adequado à sua finalidade específica e em sintonia com o método de imputação temporal daquelas despesas.

2 – Nestes termos, tendo em conta que o promotor do projecto fica obrigado ao cumprimento das obrigações contratuais específicas ligadas ao emprego, essa componente do subsídio deve ser objecto de diferimento pelo período estabelecido no contrato para a manutenção dos postos de trabalho criados, de modo a contrabalançar a imputação aos resultados das despesas que, explícita ou implicitamente, lhe estão associadas.

Aplicação temporal

3. O entendimento antes enunciado é de aplicação obrigatória para os subsídios atribuídos e contabilizados a partir do exercício de 2000, inclusive. Para os subsídios contabilizados anteriormente, manter-se-á o regime de imputação que vem sendo adoptado pelos sujeitos passivos.

CIRCULAR N.º 7, de 11/05/2000

IRC – Créditos fiscais: obrigações acessórias
(DL n.º 292/97, de 22/10 – art. 4.º;
DL n.º 42/98, de 3/03 – art. 4.º;
DL n.º 477/99, de 9/11 – art. 5.º;
Código do IRC – art. 71.º)

Razão das instruções

Nos termos dos Decretos-Lei n.º 477/99, de 9 de Novembro, n.º 42/98, de 3 de Março e n.º 292/97, de 22 de Outubro, a dedução à colecta do IRC relativa ao respectivo crédito fiscal por investimento deve ser justificada por declaração, a anexar à declaração periódica de rendimentos do sujeito passivo.

Em virtude da publicação do Decreto-Lei n.º 55/2000, de 14 de Abril, que consagrou um novo processo declarativo de IRC, IRS e IVA, cuja aplicação se reporta aos períodos de tributação encerrados após 31 de Dezembro de 1999, inclusive, (vd. artigo 4.º), os sujeitos passivos de IRC passaram a estar obrigados à constituição de um Dossier Fiscal para efeitos de controlo inspectivo, que deverá ser centralizado e mantido em estabelecimento ou instalação situado em território português, excepto no caso de se tratar de sujeitos passivos abrangidos pelo cadastro especial.

Assim, e face às alterações que serão introduzidas pela Portaria a que se refere o artigo 104.º do Código do IRC, para conhecimento dos Serviços e divulgação em conformidade, comunica-se o seguinte:

Dispensa de entrega de declaração

1 – Os sujeitos passivos de IRC, relativamente aos períodos de tributação encerrados após 31 de Dezembro de 1999, inclusive, que aproveitem dos benefícios fiscais previstos nos Decretos-Lei acima mencionados, estão dispensados da entrega, juntamente com a declaração periódica de rendimentos, de declarações justificativas dos mesmos, em virtude das novas obrigações acessórias previstas no Decreto-Lei n.º 55/2000, de 14 de Abril, que impõem a obrigatoriedade de constituição de um Dossier Fiscal que deverá conter, entre outras, tal informação.

CFI à I&DCFI Ambiental

2 – No que concerne aos elementos justificativos para os créditos fiscais de Investigação e Desenvolvimento e para Protecção Ambiental, considerando as competências atribuídas, respectivamente, à Comissão Certificadora para os Incentivos Fiscais à I&D Empresarial (Cfr,. despacho n.º 3368/98 (2.ª Série) publicado no D.R. II Série, n.º 47, de 98/02/25) e à Direcção-Geral do Ambiente (Cfr. despacho n.º 2531/2000 (2.ª Série), publicado no D.R. II Série n.º 26, de 2000/02/01), os documentos enviados a estas entidades e por elas devidamente certificados constituem documentação justificativa para efeitos do Dossier Fiscal, sendo necessário, ainda, o documento justificativo do respectivo cálculo do benefício fiscal.

Revogação

3 – É revogada a Circular n.º 10/98, de 23 de Março.

Quadro legislativo vigente

4 – Considerando as recentes alterações introduzidas pelo OE/2000, o quadro legislativo vigente referente a créditos fiscais por investimento é o seguinte:

DIPLOMAS [5]	ÂMBITO	EXERCÍCIOS						
		1997	1998	1999	2000	2001	2002	2003
DL n.º 42/98, 03.03	Micro, Pequenas e Médias Empresas		X	X	X			
Lei n.º 87-B/98, 15.01	Interioridade				X[1]	X[2]	X[2]	X[2]
Lei n.º 55/2000, 14.04								
DL n.º 292/97, 22.11	Investigação e Desenvolvimento	X	X[3]	X[3]	X[3]	X[4]	X[4]	X[4]
DL n.º 477/99, 09.11	Protecção Ambiental				X	X	X	

([1]) Não aplicável por ausência de Portaria que regulamentasse os benefícios.
([2]) Portaria ainda não publicada.
([3]) Prorrogação pela Lei n.º 127-B/97, 20/12 (artigo 45.º).
([4]) Prorrogação pela Lei n.º 3-B/2000, 14/04 (artigo 60.º).
([5]) Subsidiariamente é aplicável o disposto no DL n.º 121/95, de 31/05.

CIRCULAR N.º 8, de 11/05/2000

IRC – Gratificações a membros do órgão de administração
(Código do IRC – art. 24.º, n.ºs 3 e 4)

Razão das instruções

Tendo-se suscitado dúvidas sobre a interpretação a dar ao disposto nos n.ºs 3 e 4 do art. 24.º do CIRC, com a redacção introduzida pela Lei n.º 3-B/2000, de 4 de Abril (Lei do Orçamento do Estado para 2000), foi, por meu despacho de 04/05/00, sancionado o seguinte entendimento:

Requalificação do rendimento

1 – De acordo com o disposto no n.º 3 do art. 24.º do Código do IRC, não concorrem para a formação do lucro tributável as variações patrimoniais negativas relativas a gratificações e outras remunerações do trabalho de membros do órgão de administração da sociedade, a título de participação nos resultados, quando os mesmos sejam titulares, directa ou indirectamente, de, pelo menos, 1% do capital social e as referidas importâncias ultrapassem o dobro da remuneração mensal auferida no exercício a que respeita o resultado, sendo o excedente assimilado, para efeitos de tributação, a lucros distribuídos.

Conceito de remuneração mensal

2 – Por "remuneração mensal" deverá entender-se a <u>remuneração mensal média</u> do exercício, ou seja, o valor das retribuições totais anuais divididas por doze, por forma a imputar a cada um dos meses o total da remuneração auferida no exercício.

Encargos incluídos no conceito de remuneração

3 – No conceito de remuneração, deverão ser incluídas todas as importâncias que, nos termos do contrato, das normas que o regem ou dos usos, o membro do órgão de administração tem direito como contrapartida do seu trabalho, sendo esse o caso das remunerações variáveis que preencham aqueles requisitos.

Titularidade do capital

4 – De acordo com a nova redacção do art. 24.º do CIRC, introduzida pela Lei n.º 3-B/2000 (OE/2000), a qual é de aplicação retroactiva a 1 de Janeiro de 1999, ficam excluídas do conceito de gratificação, para serem assimiladas a lucros, as retribuições efectuadas a titulares do capital da sociedade que satisfaçam, cumulativamente, as seguintes condições:
– sejam membros do órgão de administração;
– possuam, directa ou indirectamente, uma participação no capital social igual ou superior a 1%.
Para o efeito, consideram-se participações indirectas as detidas pelo cônjuge, respectivos ascendentes ou descendentes até ao 2.º grau, aplicando-se igualmente, com as neces-

sárias adaptações, as regras sobre a equiparação da titularidade estabelecidas no Código das Sociedades Comerciais;
– as importâncias recebidas ultrapassem o dobro da remuneração mensal auferida no exercício.

Tributação em sede de IRS

5 – Sendo o rendimento descaracterizado como remuneração do trabalho e assimilado a remuneração de capital, deverá, para efeitos de IRS, ser tributado na Categoria E, sendo tratado como lucros, com todas as consequências daí decorrentes, designadamente a da utilização dos mecanismos para eliminação da dupla tributação económica.

CIRCULAR N.º 9, de 19/05/2000
Livros de registo – art. 50.º CIVA
Admissibilidade da sua substituição em sede de IRS
(Código do IRS – arts. 107.º, 111.º e 112.º)

Razão das instruções

De harmonia com o disposto nos artigos 107.º e 111.º do Código do IRS, os sujeitos passivos que obtenham rendimentos provenientes do trabalho independente ou decorrentes do exercício de actividades comerciais ou industriais, não sendo obrigados a possuir contabilidade organizada, devem, contudo, efectuar os correspondentes registos nos livros referidos no artigo 50.º do CIVA.

Nos termos do n.º 3 do artigo 50.º do Código do IVA, é permitido aos sujeitos passivos não obrigados a possuir contabilidade regularmente organizada que, no entanto, disponham de um sistema de contabilidade que possibilite o correcto apuramento e fiscalização do imposto, a substituição por este dos livros de registo previstos no n.º 1 do mesmo artigo, desde que previamente o comuniquem à DGCI.

Porém, uma vez que idêntico preceito não se encontra previsto no Código do IRS, por meu despacho de 16/05/00, foi sancionado o seguinte entendimento:

Aplicabilidade da norma prevista no Código do IVA

1 – As remissões efectuadas pelos artigos 107.º e 111.º do CIRS assentam no facto dos livros de registo referidos no artigo 50.º do CIVA se encontrarem elaborados de forma a satisfazerem simultaneamente, em matéria de relevação das operações tributáveis, as exigências consignadas, quer no Código do IVA, quer no Código do IRS

2 – Devendo o sistema de escrituração em causa – livros a que se refere o art. 50.º do CIVA – ser único e satisfazer em simultâneo as exigências do IVA e do IRS, ao permitir-se a substituição dos livros de registo, ainda que condicionada à verificação de idênti-

cos requisitos por parte do sistema de contabilização, esta deve ser aplicada a ambos os impostos.

3 – Nestes termos, desde que os sujeitos passivos de IRS, não obrigados a possuir contabilidade regularmente organizada, possuam um sistema de contabilidade que permita o correcto apuramento, controlo e fiscalização do imposto, **poderão, após comunicação prévia à DGCI, substituir os livros de registo obrigatórios para efeitos de IRS (arts. 107.º, 111.º e 112.º do CIRS e art. 50.º do CIVA), por esse sistema.**

CIRCULAR N.º 10, de 19/05/2000

Tributação dos dividendos de acções admitidas à negociação no mercado da Bolsa de Valores Mobiliários
(Estatuto dos Benefícios Fiscais – art. 31.º)

Razão das Instruções

A Lei do Orçamento do Estado para o ano 2000 foi publicada no Diário da República em suplemento ao dia 4 de Abril de 2000 (Lei n.º 3-B/2000), o qual foi distribuído no dia 11 do mesmo mês.

Entre as normas da Lei do Orçamento conta-se a alteração à forma de tributação dos dividendos de acções admitidas à negociação na Bolsa de Valores Mobiliários, através da alteração do artigo 31.º do EBF.

Por força do disposto no artigo 103.º da Lei n.º 3-B/2000, de 4 de Abril, as alterações produzem efeitos reportados a 1 de Janeiro de 2000.

Em face dessa retroactividade surgiram dúvidas sobre quais os dividendos abrangidos pela nova redacção do artigo 31.º do EBF.

Assim, mostrando-se necessário esclarecer os sujeitos passivos sobre a matéria, foi, por despacho de 18.04.2000, de Sua Ex.ª o Secretário de Estado dos Assuntos Fiscais, sancionado o seguinte entendimento:

Tratamento fiscal

1 – A redacção que foi dada ao artigo 31.º do EBF pelo artigo 56.º da Lei n.º 3-B/2000 (Lei do Orçamento), aplica-se a todos os dividendos de acções admitidas à negociação na Bolsa de Valores Mobiliários cuja colocação à disposição venha a ocorrer depois de 11.04.2000, sem prejuízo do disposto nos números seguintes

2 – Os dividendos de acções admitidas à negociação na Bolsa de Valores Mobiliários cuja colocação à disposição tenha ocorrido entre 01.01.2000 e 10.04.2000, desde que a retenção na fonte do imposto tenha natureza de pagamento por conta, serão tributados de acordo com as regras do artigo 31.º do EBF, na redacção introduzida pelo artigo 56.º da Lei n.º 3-B/2000 (Lei do Orçamento).

3 – Os dividendos de acções admitidas à negociação na Bolsa de Valores Mobiliários cuja colocação à disposição tenha ocorrido entre 01.01.2000 e 10.04.2000, e cuja

retenção na fonte do imposto tenha carácter definitivo, serão tributados segundo as regras do artigo 31.º do EBF na redacção anteriormente em vigor.

4 – Estes procedimentos reportam-se a todos os dividendos cuja colocação à disposição tenha ocorrido ou venha a ocorrer durante o exercício de 2000, independentemente do exercício em que tenham sido produzidos.

CIRCULAR N.º 14/2000, de 24/05/2000

Isenções – Pessoas Colectivas de Utilidade Pública
(Dispensa do Registo Comercial
Estatuto dos Benefícios Fiscais – art. 50.º, n.º 1, al. *e*) e n.ºs 2 e 4
DL n.º 460/77, de 7 de Novembro)

Razão das instruções

1 – Chegavam, com frequência, à Direcção de Serviços da Contribuição Autárquica, para decisão, os pedidos de isenção formulados pelas pessoas colectivas de utilidade pública administrativa e as de mera utilidade pública, sem estarem devidamente documentados, designadamente com o registo referido no artigo 8.º do DL n.º 460/77, de 7 de Novembro e artigo 1.º do DL n.º 57/78, de 1 de Abril, ou com a obtenção do registo em momento posterior ao do pedido.

Legislação alterada

Com a alteração introduzida nos n.ºs 2 e 4 do artigo 50.º do Estatuto dos Benefícios Fiscais, através da Lei n.º 127-B/97, de 20/12, a isenção para estas entidades passou a ser de reconhecimento oficioso e a ter início, de acordo com alínea *b*) do n.º 2, quando se constituísse o direito de propriedade sobre os prédios. Nos termos da Circular n.º 14/91, considerava-se que o registo era condição de atribuição de personalidade jurídica e, nessa medida, impedia que se reconhecesse a isenção antes da obtenção do registo comercial.

Uniformidade de procedimento

2 – Para uniformizar o reconhecimento das isenções para as pessoas colectivas de utilidade pública administrativa e para as de mera utilidade pública, foi através do artigo 69.º da Lei n.º 3-B/2000, de 4 de Abril, que aprovou o Orçamento de Estado para 2000, alterado o n.º 1 do § 1.º do artigo 15.º do Código do Imposto Municipal de Sisa e do Imposto sobre as Sucessões e Doações (CIMSISD), no sentido de eliminar a exigência do registo antes referido para aquelas pessoas colectivas.

Dispensa do registo comercial

3 – Reanalisado o assunto, à luz da alteração referida no n.º 2, foi por despacho do Senhor SEAF de 2000/05/11, sancionado o entendimento, segundo o qual não é exigível, para efeitos fiscais, o registo a que se refere o citado Decreto-Lei n.º 57/78.

Revogação da circular n.º 14/91

4 – Fica assim revogada a Circular n.º 14/91, de 6 de Maio.

CIRCULAR N.º 16/2000, de 21/07/2000

Não residentes – Directiva 90/435/CEE, de 23 de Julho
(Código do IRC – art. 69.º, n.º 2 al. *c*))

Razão das instruções

1 – Tendo terminado em 31.12.1999 o período derrogatório concedido a Portugal pelo n.º 4 do artigo 5.º da Directiva 90/435/CEE, de 23 de Julho, e considerando que o regime instituído no n.º 1 do mesmo artigo é de aplicação directa no ordenamento jurídico interno, esclarece-se que, por despacho proferido em 09.05.2000 por Sua Ex.ª o Secretário de Estado dos Assuntos Fiscais, foi sancionado o seguinte entendimento:

Isenção de retenção

2 – Os lucros que uma entidade residente em território português, nas condições estabelecidas no artigo 2.º da Directiva n.º 90/435/CEE de 23 de Julho de 1990, coloque à disposição de entidade residente noutro Estado membro das Comunidades Europeias que esteja nas mesmas condições e que detenha directamente uma participação no capital da primeira não inferior a 25%, durante 2 anos consecutivos, ficam isentos de retenção na fonte, a partir de 1 de Janeiro de 2000.

Da prova

3 – Para efeitos desta isenção, deverá ser feita a prova, perante a entidade devedora dos rendimentos, anteriormente à data da sua colocação à disposição do respectivo titular, de que este se encontra nas condições de que depende a isenção de retenção na fonte.

4 – prova a que se refere o número anterior é feita nos termos do n.º 8 do artigo 75.º do Código do IRC, com as necessárias adaptações.

CIRCULAR N.º 3/2001, de 14/02/2001

IRS e IRC – Regime Simplificado de Determinação do Rendimento Tributável
(Código do IRS – arts. 31.º e 33.º-A
Código do IRC – art. 46.º-A)

Razão das Instruções

A Lei n.º 30-G/2000, de 29 de Dezembro, instituiu, em sede de IRS e de IRC, um regime simplificado de determinação dos rendimentos das actividades empresariais e profissionais e do lucro tributável, respectivamente, aplicável aos contribuintes de pequena dimensão, embora sem carácter obrigatório.

Devendo os sujeitos passivos abrangidos pelo regime, caso pretendam optar, em sede de IRS, pelo regime de contabilidade organizada e, em sede de IRC, pelo regime geral de determinação do lucro tributável, formalizar essa opção até ao fim do mês de Março ou do 3.º mês (fim de Junho, no 1.º ano de início do regime) do período de tributação que se inicie no exercício de 2001, importa prestar os esclarecimentos necessários sobre a aplicação do regime e, bem assim, sobre as consequências que dele advêm em matéria de IVA, o que se faz através do anexo à presente circular, que dela faz parte integrante.

ANEXO À CIRCULAR N.º 3/2001

REGIME SIMPLIFICADO DE DETERMINAÇÃO DO RENDIMENTO TRIBUTÁVEL EM IRS E IRC CONSEQUÊNCIAS EM SEDE DE IVA

ÍNDICE

I – REGIME SIMPLIFICADO EM IRS

1 – Sujeitos passivos abrangidos
2 – Sujeitos passivos excluídos
3 – Opção pela contabilidade organizada
4 – Apuramento do rendimento líquido
5 – Prejuízos fiscais
6 – Tributação autónoma
7 – Actos isolados
8 – Pagamentos por conta
9 – Opção de tributação segundo as regras da categoria A
10 – Cessação da aplicação do regime simplificado

II – REGIME SIMPLIFICADO EM IRC

1 – Sujeitos passivos abrangidos
2 – Opção pela aplicação do regime geral
3 – Apuramento do lucro tributável

4 – Prejuízos fiscais
5 – Taxas
6 – Dedução à colecta
7 – Tributações autónomas
8 – Pagamentos por conta
9 – Cessação da aplicação do regime simplificado

III – CONSEQUÊNCIAS EM SEDE DE IVA DAS ALTERAÇÕES INTRODUZIDAS COM A REFORMA DE TRIBUTAÇÃO DO RENDIMENTO
1 – Introdução
2 – Sujeitos passivos no regime normal ou no regime do artigo 9.º do CIVA
3 – Sujeitos passivos no regime especial de isenção (Artigo 53.º do CIVA)
    3.1. Tributação segundo o regime simplificado do IR
    3.2. Opção por contabilidade organizada
    3.3. Passagem ao regime normal de tributação por o volume de negócios ultrapassar os limites previstos no artigo 53.º
4 – Pequenos retalhistas (Artigo 60.º do CIVA)

I – REGIME SIMPLIFICADO EM IRS

1 – SUJEITOS PASSIVOS ABRANGIDOS

No âmbito do IRS, ficam abrangidas pelo regime simplificado de determinação dos rendimentos empresariais e profissionais previsto no art. 31.º do Código do IRS, as pessoas singulares residentes que reunam, cumulativamente, os seguintes requisitos:
    a) Obtenham rendimentos empresariais e ou rendimentos profissionais previstos no art. 3.º daquele diploma;
    b) Não tenham optado, no ano em causa, pelo regime de contabilidade organizada como forma de determinação do rendimento, ainda que a possuam facultativamente;
    c) No período de tributação imediatamente anterior, não tenham atingido um valor superior a qualquer dos seguintes limites:
        1) Volume de vendas: 30 000 000$;
        2) Valor ilíquido dos restantes rendimentos da categoria B: 20 000 000$.

2 – SUJEITOS PASSIVOS EXCLUÍDOS

Ficam excluídos do regime simplificado os sujeitos passivos que:
    a) Por exigência legal (v.g. no caso do E.I.R.L.), se encontrem obrigados a possuir contabilidade organizada;
    b) Sejam sócios ou membros das entidades abrangidas pelo disposto no artigo 5.º do Código do IRC, relativamente aos rendimentos auferidos por imputação nos termos do artigo 19.º do Código do IRS;
    c) Pratiquem actos isolados.

3 – OPÇÃO PELA CONTABILIDADE ORGANIZADA

A opção pela aplicação do regime de contabilidade organizada deve ser formalizada:
    a) Na declaração de início de actividade;
    b) Na declaração de alterações, até ao fim do mês de Março do ano em que o sujeito passivo pretende utilizar a contabilidade como forma de determinação do rendimento.

Assim, para o ano de 2001, relativamente aos contribuintes que tenham iniciado a actividade até 2000.12.31, ou posteriormente se tal opção não constar da declaração de início entretanto apresentada, deverá a referida opção ser formalizada até ao fim do mês de Junho de 2001([1]).

Se o contribuinte não exercer até ao fim do mês de Junho de 2001, a opção pelo regime de contabilidade organizada, e verificando-se os requisitos de enquadramento no regime simplificado, será este aplicável por um período mínimo de cinco anos, sendo prorrogável automaticamente por iguais períodos.

Para obviar a essa prorrogação, o sujeito passivo que pretenda transitar para o regime de contabilidade organizada deverá comunicar a respectiva opção, mediante declaração de alterações, até ao fim do mês de Março do ano seguinte ao período de cinco anos.

Neste sentido, a permanência do sujeito passivo no regime de tributação pela contabilidade organizada, depende da formulação dessa opção até ao fim do mês de Março de cada ano.

(^{1}) – *O prazo para exercício da opção prevista no n.° 4 do art. 31 do CIRS e no n.° 7 do art. 46.°-A do CIRC (redacção da Lei 30-G/2000, de 31 de Março), foi prorrogado, neste 1.° ano de início do regime, até ao fim de Junho de 2001, por decisão Ministerial, de 13 de Fevereiro.*

4 – APURAMENTO DO RENDIMENTO LÍQUIDO

No regime simplificado, o rendimento a englobar para efeitos de tributação resulta da aplicação de indicadores de base técnico – científica determinados para os diferentes sectores da actividade económica.

Enquanto estes indicadores não forem aprovados, ou na sua ausência, serão aplicados os seguintes coeficientes, relativamente à actividade de cada sujeito passivo, autonomamente:

 a) 0,20 sobre o valor das vendas de mercadorias e produtos, bem como sobre as prestações de serviços de actividades hoteleiras e similares, restauração (cafés, pastelarias, snacks, leitarias, etc.) e bebidas;

 b) 0,65 sobre o valor ilíquido dos restantes rendimentos desta categoria (com exclusão da variação da produção e dos trabalhos para a própria empresa) incluindo os referidos nas alíneas b) e c) do n.° 1, bem como os mencionados nas alíneas a) a g) do n.° 2 do artigo 3.° do Código do IRS.

Da aplicação destes coeficientes não poderá resultar um rendimento líquido inferior a metade do valor anual do salário mínimo nacional mais elevado (67 000$ × 14 : 2 = 469 000$ para o ano de 2001).

Este limite, por cada sujeito passivo que exerça actividades empresariais e profissionais, aplica-se independentemente da existência de eventuais benefícios fiscais e, obviamente, de a mesma poder reportar-se a um período parcial do ano.

Os sujeitos passivos com actividade empresarial ou profissional suspensa, não se encontrarão abrangidos pelo regime simplificado, se no ano de 2001 continuarem a não exercer qualquer actividade e desde que participem a cessação até 30 de Abril de 2002, no respectivo anexo da declaração de rendimentos m/3, a apresentar nos termos do art. 106.° do Código do IRS.

O referido limite, quando aplicável, é considerado como rendimento líquido da categoria B – rendimentos empresariais e profissionais, para efeitos de englobamento com outros eventuais rendimentos líquidos.

Os valores de base necessários para o apuramento do rendimento tributável podem ser corrigidos, com recurso a métodos indirectos, pela DGCI.

Para efeitos de apuramento da base tributável de tributação pelo regime simplificado, apenas serão consideradas as importâncias auferidas ou colocadas à disposição, conforme alínea c) do n.° 1 do art. 107.° do referido Código.

5 – PREJUÍZOS FISCAIS

Ao rendimento líquido poderão ser deduzidos os prejuízos fiscais apurados em anos anteriores àquele em que se iniciou a aplicação do regime simplificado, nos termos do n.° 1 do artigo 46.° do Código do IRC, não podendo, no entanto, resultar um rendimento tributável inferior a metade do valor anual do salário mínimo nacional mais elevado (1/2 × 14 × 67 000$ = 469 000$ para o ano de 2001).

6 – TRIBUTAÇÃO AUTÓNOMA

Os sujeitos passivos a que seja aplicado o regime simplificado só não ficarão sujeitos à tributação autónoma no que se refere a despesas de representação, despesas com viaturas ligeiras de passageiros, motos e motociclos, previstas no n.° 2 do art. 75.°-A do Código do IRS, tal como são definidas nos n.ºs 4 e 5 do mesmo artigo, pelo que serão sempre incidentes da tributação autónoma prevista nos n.ºs 1 e 6 do mesmo artigo 75.°-A.

7 – ACTOS ISOLADOS

Aos actos isolados definidos como tal nos termos do n.º 3 do artigo 3.º, não é aplicável o regime simplificado de tributação previsto no artigo 31.º, sendo o rendimento líquido apurado nos termos do artigo 33.º do Código do IRS.

8 – PAGAMENTOS POR CONTA

Os sujeitos passivos abrangidos pelo regime simplificado estão obrigados a efectuar os pagamentos por conta previstos no artigo 95.º do mesmo diploma.

9 – OPÇÃO DE TRIBUTAÇÃO SEGUNDO AS REGRAS DA CATEGORIA A

Os sujeitos passivos que aufiram rendimentos referidos nas alíneas *b*) e *c*) do n.º 1 do art. 3.º do Código do IRS, resultantes de serviços prestados a uma única entidade, poderão optar pela tributação de acordo com as regras estabelecidas para a categoria A, na declaração de rendimentos, caso não tenham exercido a opção pela tributação com base na contabilidade organizada.

Efectuada a opção, esta mantém-se por um período de três anos, desde que se verifiquem as condições legalmente previstas.

Os períodos de tributação em que tenha sido feita esta opção contam para efeitos de permanência obrigatória de 5 anos no regime simplificado.

10 – CESSAÇÃO DA APLICAÇÃO DO REGIME SIMPLIFICADO

O regime simplificado cessa quando:

a) For ultrapassado o valor total de vendas (30 000 000$) ou o valor ilíquido dos restantes rendimentos (20 000 000$), durante dois períodos de tributação consecutivos; ou

b) Num único período, qualquer dos limites supramencionados forem ultrapassados em montante superior a 25% (ou seja, total das vendas superior a 37 500 000$ ou total dos outros rendimentos superior a 25 000 000$).

Nestes termos, a tributação pelo regime de contabilidade organizada terá início a partir do período de tributação seguinte ao da verificação de qualquer desses factos.

II – REGIME SIMPLIFICADO EM IRC

1 – SUJEITOS PASSIVOS ABRANGIDOS

No âmbito do IRC, ficam abrangidos pelo regime simplificado de determinação do lucro tributável os sujeitos passivos residentes que satisfaçam, cumulativamente, os seguintes requisitos:

i) Exerçam, a título principal, actividade comercial, industrial ou agrícola;
ii) Não estejam isentos nem sujeitos a algum regime especial de tributação;
iii) Não estejam obrigados à revisão legal de contas;
iv) Apresentem, no exercício anterior ao da aplicação do regime, um volume total de proveitos inferior a 30 000 000$00;
v) Não optem pela aplicação do regime geral de determinação do lucro tributável.

No exercício do início da actividade o enquadramento faz-se em conformidade com o volume anualizado de proveitos estimados.

Considera-se, para efeitos do requisito mencionado em *ii*), como regime especial de tributação o regime de tributação dos grupos de sociedades previsto nos arts. 59.º a 60.º do Código do IRC e o regime de transparência fiscal.

As sociedades de profissionais, embora sujeitas ao regime de transparência fiscal, podem, nos termos do n.º 13 do artigo 46.º-A do Código do IRC, ficar abrangidas pelo regime simplificado.

2 – OPÇÃO PELA APLICAÇÃO DO REGIME GERAL

O regime simplificado de determinação do lucro tributável só é aplicável quando os sujeitos passivos não optem pela aplicação do regime geral de determinação do lucro previsto nos arts. 17.º a 45.º do Código do IRC.

A opção pela aplicação do regime geral deve ser formalizada:

a) Na declaração de início de actividade;

b) Na declaração de alterações referida nos arts. 95.° e 95.°-A do Código do IRC, até ao fim do 3.° mês do período de tributação do início de aplicação do regime.

Assim, para o exercício de 2001, relativamente aos contribuintes que tenham iniciado a actividade até 2000.12.31 ou posteriormente e antes do fim de Junho, se tal opção não constar da declaração de início entretanto apresentada, e cujo período de tributação coincida com o ano civil, deverá essa opção ser formalizada até ao final de Junho desse ano.

Uma vez efectuada a opção pelo regime geral, a mesma é válida por um período de cinco exercícios, findo o qual caduca, excepto se for renovada nos termos e prazos referidos, ou seja, mediante declaração de alterações a apresentar até ao fim do 3.° mês do período seguinte de cinco exercícios.

Não sendo exercida até ao final de Junho de 2001 a opção pela aplicação do regime geral, e verificando-se os requisitos de enquadramento no regime simplificado, é o mesmo aplicável automaticamente por um período de cinco exercícios, sendo prorrogado por iguais períodos. Para obviar a essa prorrogação, o sujeito passivo que pretenda transitar para o regime geral deverá comunicar a respectiva opção, mediante declaração de alterações, a apresentar até ao fim do 3.° mês do período de tributação de início de aplicação deste regime.

3 – APURAMENTO DO LUCRO TRIBUTÁVEL

O apuramento do lucro tributável resulta da aplicação de indicadores de base técnico-científica definidos para os diferentes sectores de actividade.

Na ausência destes indicadores, o lucro tributável resulta da aplicação dos seguintes coeficientes:

0,20 – Ao valor das vendas de mercadorias e de produtos

0,45 – Ao valor dos restantes proveitos, com exclusão da variação da produção e dos trabalhos para a própria empresa.

Relativamente às sociedades de profissionais os coeficientes aplicáveis são os previstos no n.° 2 do art. 33.°-A do Código do IRS, ou seja, 0,20 sobre o valor das vendas de mercadorias e produtos e 0,65 sobre o valor dos restantes proveitos, com exclusão da variação de produção.

As prestações de serviços do sector de alojamento e restauração (CAE 55) são equiparadas a vendas de mercadorias ou produtos para efeitos da aplicação do coeficiente de 0,20, sendo aplicável aos restantes proveitos o coeficiente de 0,45.

Da aplicação destes coeficientes não poderá resultar um montante inferior ao valor anual do salário mínimo nacional mais elevado.

Assim, no âmbito do regime simplificado o montante mínimo de lucro tributável a considerar é, no ano de 2001, de Esc: 938 000$ (14 × 67 000$00).

4 – PREJUÍZOS FISCAIS

A determinação do lucro tributável de acordo com o regime simplificado não prejudica a dedução, nos termos do n.° 1 do art. 46.° do Código do IRC, dos prejuízos apurados em períodos anteriores àquele em que se iniciar a aplicação do regime, ou seja, em períodos relativamente aos quais foi aplicado o regime geral de determinação do lucro tributável.

Todavia, da aplicação dos mencionados coeficientes, isoladamente ou após a dedução dos prejuízos, não poderá resultar matéria colectável inferior ao valor anual do salário mínimo nacional mais elevado.

O montante mínimo da matéria colectável a considerar é, pois, no ano de 2001, sempre o de Esc: 938 000$.

5 – TAXAS

A taxa de IRC aplicável aos sujeitos passivos abrangidos pelo regime simplificado é de 20%.

Se a respectiva actividade principal se desenvolver nas áreas que vierem a ser definidas para efeitos da aplicação dos incentivos fiscais à interioridade, previstos na Lei n.° 171/99, de 18 de Setembro, a taxa aplicável é de 15%.

Relativamente aos sujeitos passivos que tenham sede, direcção efectiva ou estabelecimento estável nos Açores ou aí possuam delegações, agências, escritórios, instalações ou quaisquer formas de representação permanente, a taxa aplicável aos rendimentos imputáveis a essas instalações é de 14%.

6 – DEDUÇÕES À COLECTA

No âmbito deste regime não há lugar, nos termos do n.º 3 do art. 71.º do Código do IRC, às deduções relativas aos créditos de impostos por dupla tributação económica dos lucros distribuídos, por dupla tributação internacional e contribuição autárquica previstas nas alíneas *a*), *b*) e *c*) do n.º 2 daquela disposição.

7 – TRIBUTAÇÕES AUTÓNOMAS

No âmbito do regime simplificado não há lugar às tributações autónomas previstas no n.º 3 do art. 69.º-A do Código do IRC, relativas às despesas de representação e aos encargos com viaturas ligeiras de passageiros, nos.termos do n.º 8 desta disposição.

Mantêm-se, no entanto, as tributações autónomas respeitantes às despesas confidenciais ou não documentadas e as relativas às importâncias pagas ou devidas, a qualquer título, a pessoas singulares ou colectivas residentes fora do território português e aí submetidas a um regime claramente mais favorável, previstas, respectivamente, nos n.ºs 1 e 7 do referido art. 69.º-A do Código do IRC.

8 – PAGAMENTOS POR CONTA

Os sujeitos passivos abrangidos pelo regime simplificado estão obrigados a efectuar os pagamentos por conta, em conformidade com o disposto nos artigos 82.º e 83.º do Código do IRC, os quais corresponderão a 75% do imposto liquidado nos termos do n.º 1 do art. 71.º relativamente ao exercício imediatamente anterior àquele em que se devam efectuar esses pagamentos, líquido das retenções na fonte, repartido por três montantes iguais, arredondados por excesso para o milhar de escudos.

Relativamente ao pagamento especial por conta, os sujeitos passivos abrangidos pelo regime simplificado estão excluídos da respectiva obrigação, nos termos do n.º 1 do art. 83.º-A do Código do IRC.

9 – CESSAÇÃO DA APLICAÇÃO DO REGIME SIMPLIFICADO

A aplicação do regime simplificado cessa, desde logo, por opção do sujeito passivo, após o decurso do período mínimo de permanência no regime. Cessa igualmente quando seja ultrapassado o limite do volume total de proveitos em dois exercícios consecutivos ou num só exercício em montante superior a 25% desse limite ou ainda se deixar de se verificar qualquer dos demais requisitos de que depende a aplicação do regime.

Assim, se o volume total de proveitos for superior a 37 500 000$00 num só exercício ou se for superior a 30 000 000$00, mas inferior àquele montante, em dois exercícios consecutivos, há lugar à passagem para o regime geral a partir do exercício seguinte ao da verificação desses factos.

III – CONSEQUÊNCIAS EM SEDE DE IVA DAS ALTERAÇÕES INTRODUZIDAS COM A REFORMA DE TRIBUTAÇÃO DO RENDIMENTO

1 – INTRODUÇÃO

Em matéria de IVA não foi introduzida qualquer alteração no regime legal existente, pelo que, os sujeitos passivos do IVA, qualquer que seja o regime de tributação de IVA em que se encontram (regime normal, regime especial de isenção do artigo 53.º, regime dos pequenos retalhistas, regime de isenção do artigo 9.º), mantêm o seu enquadramento em sede deste imposto.

Justifica-se, no entanto, que se prestem alguns esclarecimentos complementares sobre algumas situações que podem ocorrer face à implementação das novas regras no âmbito da tributação do rendimento, designadamente as obrigações a cumprir pelos sujeitos passivos em situações de mudança de regime de tributação em IVA.

2 – SUJEITOS PASSIVOS NO REGIME NORMAL OU NO REGIME DO ARTIGO 9.º DO CIVA

Para os sujeitos passivos de IVA (pessoas singulares ou colectivas) enquadrados no regime normal de tributação (com periodicidade mensal ou trimestral), ou no regime de isenção do artigo 9.º do CIVA, as alterações introduzidas em sede de tributação do rendimento pela Lei n.º 30-G/2000, de 29.12, não acarretam qualquer modificação no seu tratamento em sede de IVA.

Por conseguinte, estes sujeitos passivos mantêm o seu actual enquadramento em IVA, independentemente do regime de determinação dos rendimentos ou do lucro tributável a que ficam sujeitos para efeitos dos impostos sobre o rendimento.

3 – SUJEITOS PASSIVOS NO REGIME ESPECIAL DE ISENÇÃO (ARTIGO 53.° DO CIVA)

3.1. Tributados segundo o regime simplificado de IR

Os sujeitos passivos de IRS enquadrados no regime especial de isenção previsto no artigo 53.° do CIVA, que fiquem sujeitos ao regime simplificado estabelecido no artigo 31.° do CIRS, não sofrem qualquer alteração no seu tratamento em IVA, pelo que permanecem no regime especial de isenção do artigo 53.°.

3.2. Opção por contabilidade organizada

Os sujeitos passivos enquadrados no regime do artigo 53.° do CIVA que, para efeitos da tributação do rendimento, optem por ter contabilidade organizada, deixam de reunir as condições para beneficiar do referido regime de isenção em IVA.

Neste caso, quando os sujeitos passivos passem a ter contabilidade organizada, devem, no prazo de 15 dias, proceder à entrega de uma declaração de alterações para efeitos de IVA (alínea e) do n.° 2 do artigo 58.° do CIVA), ficando enquadrados no regime normal de tributação a partir da data da opção.

A partir dessa data devem estes sujeitos passivos passar a liquidar imposto, às taxas aplicáveis, nos serviços ou vendas por si realizados, e cumprir as demais obrigações estabelecidas no CIVA.

Considerando que para o ano de 2001, relativamente aos contribuintes que tenham iniciado a actividade até 2000.12.31 ou posteriormente, e, venham a formalizar a opção pelo regime de contabilidade organizada, esta pode ser efectivada até ao fim de Junho de 2001, deve considerar-se para efeitos de IVA, que deixam de estar reunidas as condições previstas no art. 53.° do CIVA em 2001.07.01, ainda que a contabilidade organizada se reporte, como é óbvio, às operações realizadas desde 2001.01.01.

Assim, a passagem ao Regime Normal de Tributação em IVA, pelo facto do contribuinte passar a dispor de contabilidade organizada materializada com a opção para efeitos de IRS com a entrega da declaração de alterações, produz efeitos, em sede de IVA, em 2001.07.01, pelo que deverá o sujeito passivo passar a liquidar IVA nos serviços ou vendas realizadas a partir dessa data, inclusive, e, cumprir com as demais obrigações previstas no Código do IVA.

3.3. Passagem ao regime normal de tributação por o volume de negócios ultrapassar os limites previstos no artigo 53.°

A alínea d) do n.° 2 do artigo 58.° do Código do IVA dispõe que, os sujeitos passivos isentos ao abrigo do artigo 53.°, que sejam contribuintes do IRS titulares de rendimentos da categoria B, estão obrigados a apresentar a declaração de alterações até ao final do mês seguinte àquele em que atingirem um volume de negócios superior aos limites referidos no artigo 53.°.

Em face deste normativo, os sujeitos passivos de IVA titulares de rendimentos da categoria B de IRS, tal como resulta da reforma introduzida pela Lei n.° 30-G/2000, de 29.12, devem entregar a declaração de alterações até ao final do mês seguinte àquele em que atingirem um volume de negócios superior aos limites referidos no artigo 53.° do CIVA.

Exemplo:

Um sujeito passivo que, anteriormente às alterações introduzidas no CIRS pela Lei n.° 30-G//2000, era titular de rendimentos da categoria C, enquadrado para efeitos de IVA no regime especial de isenção do artigo 53.°, ultrapassa no mês de Março de 2001 o limite de 2 000, ou 2 500 contos tratando-se de um retalhista, de volume de negócios.

Este sujeito passivo deve, até 30 de Abril de 2001 entregar no serviço de finanças competente uma declaração de alterações indicando aquele facto.

A partir de 1 de Maio de 2001 está obrigado a liquidar IVA, às taxas aplicáveis, nas operações por si realizadas e cumprir as demais obrigações estabelecidas no Código do IVA para os sujeitos passivos do regime normal.

4. PEQUENOS RETALHISTAS (ARTIGO 60.° DO CIVA)

Os sujeitos passivos do regime dos pequenos retalhistas estabelecido nos artigos 60.° e seguintes do CIVA, que, para efeitos de tributação do IRS, façam a opção pelo regime de contabilidade organizada, nos termos do n.° 2 do artigo 31.° do CIRS, passam a ficar enquadrados no regime normal do IVA, por deixarem de estar reunidos quanto a si os requisitos cumulativos estabelecidos naquele preceito para aplicação do regime dos pequenos retalhistas.

Na data em que iniciam a contabilidade organizada, devem estes sujeitos passivos passar a liquidar imposto sobre as vendas realizadas e cumprir as demais obrigações previstas no Código.

Os sujeitos passivos nestas circunstâncias devem, no prazo de 15 dias após a adopção de contabilidade organizada, proceder à entrega de uma declaração de alterações (artigo 31.° do CIVA) no serviço de finanças competente.

No entanto, relativamente ao ano de 2001, desde que os contribuintes tenham iniciado a actividade até 2000.12.31 ou posteriormente, para efeitos de IRS, podem optar pela aplicação do regime de contabilidade organizada, a qual deve ser formalizada, até ao fim de Junho de 2001, com a entrega de uma declaração de alterações.

Daí resulta que à data de apresentação da declaração de alterações tenham já decorrido, eventualmente, períodos de IVA, com liquidação e entrega de imposto apurado segundo as regras estabelecidas no Regime dos Pequenos Retalhistas previsto nos arts. 60.° e seguintes do Código do IVA.

Deste modo, deve considerar-se que a alteração de enquadramento em IVA, ou seja, a passagem ao Regime Normal de Tributação, produz efeitos em 2001.07.01, pelo que deverá o contribuinte passar a liquidar o IVA sobre as vendas realizadas a partir dessa data, inclusive, bem como cumprir as demais obrigações previstas no Código do IVA para os contribuintes enquadrados no Regime Normal de Tributação.

CIRCULAR N.° 4/2001, de 14/02/2001

IRC – Declaração de opção pelo regime especial de tributação dos grupos de sociedades
(Código do IRC – art. 59.°)

Razão das instruções

A Lei n.° 30-G/2000, de 29 de Dezembro, veio revogar, com efeitos a partir do período de tributação que se inicie em 2001, o regime de tributação pelo lucro consolidado previsto no artigo 59.° do Código do IRC e, em sua substituição, consagrou um novo regime de tributação dos grupos de sociedades.

Nos termos do n.° 7 do artigo 59.° daquele Código, na redacção que lhe foi dada pela referida Lei, a opção pelo novo regime deve ser comunicada à Direcção-Geral dos Impostos pela sociedade dominante e pelas sociedades dominadas, através do envio de uma declaração de modelo oficial até ao fim do terceiro mês do período de tributação em que se pretende iniciar a aplicação do regime. Os grupos de sociedades a quem tenha sido concedida autorização para aplicação do regime de tributação pelo lucro consolidado, cujo período de validade esteja em curso em 31/12/2000, deverão comunicar, em conformidade com o disposto na alínea *a*) do n.º 2 do artigo 7.º da Lei n.º 30-G/2000, de 29 de Dezembro, aos serviços da DGCI e no prazo mencionado na alínea *b*) supra, a renúncia àquele regime ou a opção pelo novo regime de tributação dos grupos de sociedades.

Declaração de opção

Em consequência, divulga-se o modelo declarativo em anexo, esclarecendo-se o seguinte:
 a) A sociedade dominante que opte pelo regime de tributação dos grupos de sociedades deverá enviar declaração em suporte de papel contendo, obrigatoriamente, a informação a que o modelo declarativo em anexo faz referência, a saber, a identificação da sociedade dominante e a sua expressa opção por aquele regime especial comunicando em seu nome e em representação legal das sociedades dominadas a identificação destas, qual o início da respectiva aplicação do regime com indicação do período de tributação e a identificação do respectivo representante legal;
 b) A declaração deverá ser enviada, até ao fim do terceiro mês do período de tributação em que se inicie a aplicação deste regime especial de tributação dos grupos de sociedades, aos Serviços da DGCI para:
 Direcção de Serviços do IRC
 AV.ª ENG.º DUARTE PACHECO, N.º 28, 7.º PISO
 1099-013 LISBOA
 c) A sociedade dominante deverá integrar no dossier fiscal do exercício de início de aplicação do regime, as declarações das sociedades dominadas que lhe conferem poderes para efectuar a comunicação em nome daquelas.

Regime transitório

Os grupos de sociedades a quem tenha sido concedida autorização para aplicação do regime de tributação pelo lucro consolidado, cujo período de validade esteja em curso em 31/12/2000, deverão comunicar, em conformidade com o disposto na alínea *a*) do n.º 2 do artigo 7.º da Lei n.º 30-G/2000, de 29 de Dezembro, aos serviços da DGCI e no prazo mencionado na alínea *b*) supra, a renúncia àquele regime ou a opção pelo novo regime de tributação dos grupos de sociedades.

CIRCULAR N.º 5/2001, de 12/03/2001

IRS – Categoria B – Prestação de serviços
(Código do IRS – arts. 3.º, 4.º, 94.º e 107.º)

Razão das Instruções

Através da Lei n.º 30-G/2000, de 29 de Dezembro, passaram a integrar a incidência real da categoria B do IRS, todos os rendimentos anteriormente qualificados como de trabalho independente, comerciais, industriais ou agrícolas.

Constatando-se que a mesma categoria passa a abranger vários tipos de prestação de serviços, susceptíveis de sujeição a diferentes obrigações, como sejam, a retenção na fonte e a forma de quitação das importâncias recebidas, importa desde logo explicitar o respectivo enquadramento em sede de IRS, o que se faz através do anexo à presente circular, que dela faz parte integrante.

ANEXO À CIRCULAR N.º 5/2001

IRS
PRESTAÇÃO DE SERVIÇOS
Enquadramento
Retenção na fonte
Obrigações acessórias

A – PRESTAÇÕES DE SERVIÇOS EXPRESSAMENTE ELENCADAS NO ARTIGO 4.º DO CÓDIGO DO IRS (CIRS).

1 – ENQUADRAMENTO

O exercício de algumas das actividades comerciais e industriais elencadas no artigo 4.º do CIRS, opera-se através de prestações de serviços, sendo exemplo das mesmas, os serviços de transportes, serviços hoteleiros e similares, serviços de restauração (restaurantes, cafés), bem como os serviços prestados por agências de viagens.

São também consideradas prestações de serviços enquadráveis no artigo 4.º do CIRS, as praticadas no âmbito do exercício das actividades de «Empreiteiro de Obras Públicas» ou de «Industrial de Construção Civil», para o qual o contribuinte se encontre habilitado com o respectivo certificado válido, a que se refere o Decreto-Lei n.º 61/99, de 2 de Março.

As prestações de serviços que não se encontrem nas condições acima referidas, ficam enquadradas na alínea *b*) do n.º 1 do artigo 3.º do CIRS.

2 – DOCUMENTO DE SUPORTE

A estas prestações de serviços é aplicável o disposto na alínea *b*) do n.º 1 do artigo 107.º do CIRS, pelo que os contribuintes devem emitir factura ou documento equivalente, sem prejuízo da dispensa de facturação prevista no mesmo preceito legal.

Se houver emissão de factura e esta não for uma factura/recibo, qualquer que seja o regime de tributação, os contribuintes terão de emitir recibo no momento do recebimento ou colocação à disposição dos rendimentos.

Para os contribuintes sem contabilidade organizada, o recibo, não sendo de modelo oficial, deve conter os elementos necessários à tributação. Esta obrigatoriedade decorre do facto de a lei ter optado pela consagração do regime de *caixa* para estes casos (alínea *c*) do n.º 1 do artigo 107.º do CIRS).

Os contribuintes com contabilidade organizada mantêm a obrigação de emitir recibo de quitação nos termos da lei comercial.

3 – RETENÇÃO NA FONTE

Sobre os rendimentos destas prestações de serviços, não há lugar a retenção na fonte (artigo 94.º n.º 1, do CIRS, *a contrario*).

B – PRESTAÇÕES DE SERVIÇOS POR CONTA PRÓPRIA, SEM CONEXÃO COM AS ACTIVIDADES OU ACTOS PREVISTOS NO ARTIGO 4.º DO CIRS (1ª PARTE DA ALÍNEA b) DO N.º 1 DO ARTIGO 3.º DO CIRS).

1 – ENQUADRAMENTO
Aqui se incluem:
- As prestações de serviços anteriormente constantes da lista anexa ao CIRS;
- As prestações de serviços incluídas na redacção anterior do n.º 4 do artigo 3.º do CIRS (prestações de serviços efectuadas sem recurso a nenhum empregado ou colaborador);
- Algumas prestações de serviços expressamente enumeradas na anterior redacção do n.º 1 do artigo 4.º do CIRS, tais como, serviços de intermediação, de mediação e representação, de publicidade, de segurança, de administração de bens, de organização de eventos e de reparação de máquinas, instrumentos e outros bens sem incorporação de bens que não sejam de consumo inerentes à própria prestação de serviços.

2 – DOCUMENTO DE SUPORTE
Para os rendimentos acima mencionados, impõe a alínea a) do n.º 1 do artigo 107.º do CIRS, a emissão de recibo modelo oficial.

Nos termos do n.º 4 do mesmo preceito legal, pode ser concedida a dispensa de emissão desse recibo aos contribuintes que diariamente tenham uma média elevada de prestações de serviços a consumidores finais sem contabilidade organizada. Neste caso, deverá ser assegurada a emissão do talão previsto no artigo 39.º do Código do IVA (CIVA), sem prejuízo da emissão de recibo de modelo não oficial, desde que o mesmo seja solicitado pelo cliente.

Poderá também vir a ser dispensada a emissão de recibo de modelo oficial, a requerimento dos interessados, aos prestadores de serviços que tenham contabilidade organizada e que emitam, no âmbito da competência económica que subjaz à contabilização dos proveitos e custos, factura ou documento equivalente. Se estes não servirem como recibo, deverão emitir recibo de quitação no momento do recebimento ou colocação à disposição.

3 – RETENÇÃO NA FONTE
Tratando-se de serviços prestados a clientes com contabilidade organizada, ou que a devam ter, haverá retenção na fonte à taxa de 20%, no acto do pagamento ou colocação à disposição (artigos 91.º e 94.º do CIRS). Tal retenção deverá ser evidenciada no recibo adoptado, quer seja ou não de modelo oficial.

C – PRESTAÇÕES DE SERVIÇOS COM INCORPORAÇÃO DE BENS PREVIAMENTE ADQUIRIDOS (2.ª PARTE DA ALÍNEA B) DO N.º 1 DO ARTIGO 3.º DO CIRS)

1 – ENQUADRAMENTO
Aqui se incluem os casos de prestações de serviços que, no âmbito da actividade, incorporem bens previamente adquiridos para o efeito. São exemplos destas prestações, as reparações de máquinas ou outros bens com incorporação de peças ou outros materiais (excluindo-se os de consumo inerente à própria prestação de serviços e as aquisições em nome e por conta do cliente) e os serviços de instalação, colocação ou montagem de materiais ou mecanismos adquiridos pelo prestador.

Incluem-se ainda, as prestações de serviços efectuadas no âmbito da actividades de venda de mercadorias e produtos referidas no artigo 4.º do CIRS, quando o cliente solicite adicionalmente essa prestação (v.g., a reparação de equipamento).

2 – DOCUMENTO DE SUPORTE
Nestes casos, porque o recibo de modelo oficial não permite separar a transmissão de bens da prestação de serviços, ficam, nos termos do n.º 4 do artigo 107.º do CIRS, dispensados da sua emissão, sem prejuízo da obrigatoriedade de emissão de recibo de modelo não oficial, que contenha a referida discriminação e os demais elementos necessários à tributação. Assim, os recibos deverão observar o disposto no artigo 35.º do CIVA e no Decreto-Lei n.º 45/89, de 11/02, na parte aplicável.

Este recibo poderá ser substituído por factura/recibo ou documento de venda a dinheiro que contenha os elementos e requisitos atrás referidos.

3 – RETENÇÃO NA FONTE
No documento de quitação emitido, será evidenciada a retenção na fonte, devida nos termos do artigo 94.° do CIRS, sobre a componente «prestação de serviço», nos casos em que o cliente possua ou deva possuir contabilidade organizada.

D – ACTO ISOLADO

1 – ENQUADRAMENTO
Consideram-se rendimentos provenientes de actos isolados os que, não representando mais de 50% dos rendimentos do sujeito passivo, não resultem de uma prática previsível ou reiterada

2 – DOCUMENTO DE SUPORTE
Emissão de documento de quitação avulso, com a identificação fiscal dos intervenientes, a discriminação da operação realizada bem como a valor em causa e a circunstância de se tratar de um acto isolado.

3 – RETENÇÃO NA FONTE
Sobre os rendimentos dos actos isolados previstos na alínea *i*) do n.° 2 do artigo 3.° do CIRS, há lugar a retenção na fonte.
Sobre os rendimentos dos actos isolados compreendidos na alínea *h*) do n.° 2 do artigo 3.° do CIRS, não há lugar a retenção na fonte.

CIRCULAR N.° 7/2001, de 14/03/2001

Categoria B do IRS – Rendimentos acessórios
(Código do IRS – arts. 31.°, 33.° e 33.°-A)

Razão das Instruções

Através da Lei n.° 30-G/2000, de 29 de Dezembro, foi instituído em sede de IRS um regime simplificado de determinação do rendimento colectável da categoria B (rendimentos empresariais e profissionais) aplicável aos contribuintes que, não tendo optado pelo regime da contabilidade organizada, no período de tributação imediatamente anterior não tenham atingido um volume de vendas superior a 30 000 000$, ou um valor ilíquido dos restantes rendimentos da categoria B superior a 20 000 000$.

Tendo por base a disciplina jurídica que o Código do IRS consagrou para os actos isolados, é claro estarem os mesmos excluídos do re b gime simplificado de tributação. Ora, as razões que, ponderada a *ratio legis* dos artigos 31.° e 33.°-A, levaram a considerar os actos isolados excluídos daquele regime, estão igualmente presentes nos rendimentos com natureza acessória derivados de actos praticados por sujeitos passivos da categoria B.

Contudo, faz sentido que esta equiparação não se estenda aos rendimentos derivados destes actos que, no seu conjunto, representem mais de 50% do valor dos restantes rendimentos brutos que concorrem para o englobamento.

Deste modo, deve ser observado o seguinte entendimento:

Regime dos rendimentos acessórios

1 – Aos rendimentos da categoria B resultantes de actos praticados por quem obtenha rendimentos de outras categorias objecto de englobamento, que não ultrapassem 50% do valor dos restantes rendimentos brutos englobados do próprio ou do agregado, são aplicáveis as regras de tributação dos actos isolados desde que, no respectivo ano, não ultrapassem qualquer dos seguintes limites:

  a) O valor do salário mínimo nacional mais elevado, tratando-se de vendas;
  b) Metade do valor anual do salário mínimo nacional mais elevado, tratando-se dos rendimentos previstos nas alíneas b) e c) do n.º 1 do artigo 3.º do C.I.R.S. ou outros rendimentos referidos nas alíneas a) a g) do n.º 2 do referido art. 3.º, tais como, rendimentos prediais, de capitais, mais-valias, subsídios, indemnizações e de cessão de exploração;
  c) O valor anual do salário mínimo nacional mais elevado, no conjunto dos rendimentos referidos nas alíneas anteriores.

2 – Tal entendimento resulta da natureza acessória daqueles rendimentos, em relação aos restantes, não se lhes aplicando, portanto, o limite mínimo previsto no n.º 2 do artigo 33.º-A do Código do IRS, sendo englobados pelo rendimento líquido resultante das deduções dos custos efectivamente suportados para obtenção dos rendimentos, com as limitações previstas nas alíneas a) a c) do n.º 1 do artigo 33.º-C do Código do IRS.

Ver Ofício-circulado n.º 20052, de 17/09/2001 **[52]** – pág. 844.

CIRCULAR N.º 8/2001, de 09/04/2001

IRS – Pré-Reforma
(Código do IRS – arts. 2.º e 11.º)

Razão das Instruções

Com a entrada em vigor da Lei n.º 30-G/2000, de 29 de Dezembro, foi revogado o artigo 2.º do Decreto-Lei n.º 25/98, de 10 de Fevereiro, passando assim os rendimentos resultantes de situações de pré-reforma estabelecida de acordo com o Decreto-Lei n.º 261/91, de 25 de Julho, a ser novamente qualificados como rendimentos do trabalho dependente.

Esta requalificação como rendimento da categoria A, fundamenta-se no princípio de que não se justifica que as situações de pré-reforma gozem da dedução específica prevista para as pensões de reforma, cuja razão de ser tem a ver com o facto de se tratar de pessoas que atingiram o limite de idade ou foram reformados por motivo de invalidez.

No entanto, não se pretendeu atingir as pré-reformas estabelecidas ao abrigo do Decreto-Lei n.º 261/91, de 25 de Julho, contratadas e em pagamento até à data de 31 de Dezembro de 2000, porque não se quis pôr em causa situações temporalmente definidas e que beneficiavam do anterior regime fiscal, ou seja, eram qualificadas como pensões.

Regime fiscal das pré-reformas

Deste modo, esclarece-se que deve ser observado o entendimento nos termos do qual, as prestações devidas a título de pré-reforma, estabelecida de acordo com o Decreto-Lei n.º 261/91, de 25 de Julho, e que tenham sido contratadas e em pagamento até 31 de Dezembro de 2000, continuam a ser consideradas pensões.

CIRCULAR N.º 10/2001, de 21/05/2001

Estatuto dos Benefícios Fiscais
(Art. 41.º do EBF – subalínea 2) da al. *c*) do n.º 1,
na redacção dada pela Lei n.º 30-F/2000, de 29 de Dezembro)

Razão das instruções

A Lei n.º 30-F/2000, de 29 de Dezembro, veio alterar a redacção da alínea *c*) do n.º 1 do artigo 41.º do EBF. Suscitando dúvidas a interpretação a dar à subalínea 2) dessa alínea *c*) desse número do artigo 41.º do EBF, esclarece-se o seguinte:

Operações vedadas

1. A referida subalínea 2) contém duas partes, sendo a primeira até à preposição «ou» e a segunda após essa preposição. Assim, deve entender-se que:

1.1. No âmbito da primeira parte, encontram-se vedadas às instituições de crédito e sociedades financeiras, instaladas nas zonas francas, a realização de quaisquer operações com não residentes, pessoas singulares ou colectivas, que se encontrem em relação de domínio com entidades residentes em território português, fora das zonas francas, que sejam instituições de crédito ou sociedades financeiras, tal como essa relação se encontra definida no artigo 13.º do Regime Geral das Instituições de Crédito e Sociedades Financeiras (RGICSF).

1.2. No âmbito da segunda parte, encontram-se vedadas àquelas entidades, a realização de quaisquer operações com entidades financeiras não residentes que sejam maioritariamente detidas, directa ou indirectamente, por entidades residentes em território português, fora das zonas francas, pessoas singulares ou colectivas.

Pressupostos constantes na primeira parte da subalínea 2)

2. Nestes termos, para que uma operação se possa considerar vedada no âmbito da primeira parte da referida subalínea 2), torna-se necessário que, cumulativamente:

– A operação seja realizada com qualquer entidade não residente, financeira ou não financeira, pessoa singular ou colectiva;

– Em território português, fora das zonas francas, se situe pelo menos uma entidade abrangida pelo RGICSF que se encontre em relação de domínio com a referida entidade não residente, tal como essa relação se encontra definida no artigo 13.º do RGICSF.

Pressupostos constantes na segunda parte da subalínea 2)

3. E, para que uma operação se encontre vedada no âmbito da segunda parte da referida subalínea 2), torna-se necessário que se verifique cumulativamente o seguinte:
– Que a operação seja realizada com uma entidade financeira não residente;
– Que a entidade financeira não residente seja detida maioritariamente, directa ou indirectamente, por qualquer entidade, pessoa singular ou colectiva, residente em território português, fora das zonas francas.

Operações permitidas

4. Por conseguinte, o disposto na subalínea 2) da alínea c) do n.º 1 do artigo 41.º do EBF, não obsta a que sejam permitidas, entre outras, as seguintes operações:
– No âmbito da sua primeira parte, são permitidas operações realizadas com uma entidade não residente, não financeira, que se encontre em relação de domínio com uma entidade não financeira residente em território português, fora das zonas francas, dado que essa relação de domínio não se encontra ali abrangida, uma vez que, não se trata de entidade residente que seja uma instituição de crédito ou sociedade financeira;
– No âmbito da sua segunda parte, são permitidas as operações realizadas com uma entidade não residente, que não seja financeira, ainda que seja detida maioritariamente directa ou indirectamente, por uma qualquer entidade, pessoa singular ou colectiva, residente em território português, fora das zonas francas.

CIRCULAR N.º 13/2001, de 13/09/2001

Isenção das Pessoas Colectivas de Utilidade Pública e de Solidariedade Social
(Art. 10.º («ex» artigo 9.º) do Código do IRC)

Razão das instruções

A Lei n.º 30-G/2000, de 29 de Dezembro, veio alterar o regime das isenções subjectivas previstas no «ex» artigo 9.º do Código do IRC (actual artigo 10.º, com a entrada em vigor do Dec.-Lei n.º 198/2001, de 3 de Julho) nomeadamente, alargando a previsão às pessoas colectivas de mera utilidade pública que prossigam exclusiva ou predominantemente fins de defesa do meio ambiente, limitando a competência para o reconhecimento da isenção ao Ministro das Finanças e condicionando a isenção, com as consequências previstas nos n.os 4 e 5 desse preceito em caso de incumprimento, à observância continuada dos seguintes requisitos:

a) Exercício efectivo, a título exclusivo ou predominante, de actividades dirigidas à prossecução dos fins que o justificaram;

b) Afectação aos fins referidos na alínea anterior de, pelo menos, 50% do rendimento global líquido que seria sujeito a tributação nos termos gerais, até

ao fim do 4.º exercício posterior àquele em que tenha sido obtido, salvo em caso de justo impedimento no cumprimento do prazo de afectação, notificado ao Director-Geral dos Impostos, acompanhado da respectiva fundamentação escrita, até ao último dia útil do 1.º mês subsequente ao termo do referido prazo;
c) Inexistência de qualquer interesse directo ou indirecto dos membros dos orgãos estatutários, por si mesmos ou por interposta pessoa, nos resultados da exploração das actividades económicas por elas prosseguidas.

Aplicação temporal

Considerando que, ao caso aplicável, não existe nenhuma norma específica de aplicação temporal, importa esclarecer qual o âmbito de aplicação do novo regime do «ex» artigo 9.º do Código do IRC às isenções reconhecidas até 31.12.2000.

Assim, sendo a nova redacção do «ex» artigo 9.º do Código do IRC (actual artigo 10.º) aplicável a partir do dia 1 de Janeiro de 2001, em conformidade com o disposto no n.º 2 do artigo 21.º da Lei n.º 30-G/2000, de 29/12, foi, por despacho de 27.07.2001, de Sua Excelência o Senhor Secretário de Estado dos Assuntos Fiscais, sancionado o entendimento de que as isenções reconhecidas na vigência da redacção anterior daquele artigo, ficam condicionadas, a partir daquela data, à observância continuada dos requisitos estabelecidos no seu n.º 3 e acima indicados, com as consequências estabelecidas nos n.ºs 4 e 5 do mesmo artigo em caso de incumprimento.

CIRCULAR N.º 14/2001, de 28/09/2001

IRS – Despesas realizadas no estrangeiro – Autenticação dos documentos
(Código do IRS – arts. 56.º e 78.º)

Razão das instruções

Tendo sido colocadas a esta Direcção-Geral várias dúvidas relacionadas com a exigência de legalização de documentos emitidos no estrangeiro e quanto ao procedimento a adoptar para a legalização dos mesmos, importa esclarecer o seguinte:

Enquadramento fiscal

1. As despesas efectuadas no estrangeiro são aceites para efeitos de abatimento nos termos do disposto nos artigos 56.º e 78.º do CIRS, nos mesmos termos e dentro dos limites em que o são quando efectuadas em território nacional.

Prova

2. Para efeitos do referido no número anterior, de acordo com o disposto no artigo 365.º do Código Civil, os documentos particulares ou autênticos emitidos em países estran-

geiros terão valor em Portugal sem necessidade de qualquer outro formalismo, a não ser que os mesmos apresentem fundadas dúvidas sobre a sua autenticidade.

Exigência de legalização

3. Só em caso de fundadas dúvidas acerca da sua autenticidade ou da autenticidade do reconhecimento, será de exigir ao apresentante a legalização dos documentos.

Da forma de legalização

4. A legalização referida no número anterior, atendendo ao disposto na Convenção de Haia de 5 de Outubro de 1961, ratificada por Portugal, apenas carece da Apostilha a ser elaborada a pedido do interessado pelos serviços copnsulares do país onde foram emitidos os documentos.

Norma revogatória

5. É revogada a Circular n.º 31/90, de 29 de Outubro.

CIRCULAR N.º 4, de 08/02/2002

IRS – Tributação de dividendos
(Código do IRS – art. 22.º, n.º 4 – *a*) e art. 101.º, n.º 1)
IRC – Tributação de dividendos
(Código do IRC – art. 80.º, n.º 2 e art. 88.º)

Razão das Instruções

Tendo-se tomado conhecimento de que a interpretação das normas relativas à tributação em IRS e IRC dos dividendos, pagos ou colocados à disposição por sociedades residentes, quer em 2001, quer em 2002, tem sido diversa, importa esclarecer o seguinte:

1. Dividendos colocados à disposição em 2001

1.1. Nos termos da alínea *a*) do n.º 4 do artigo 22.º do Código do IRS, na redacção dada pela Lei n.º 30-G/2000, de 29 de Dezembro, os dividendos colocados à disposição de pessoas singulares residentes, no ano de 2001, devem ser declarados no Anexo E da declaração modelo 3, a entregar em 2002, para efeitos de determinação da taxa a aplicar aos restantes rendimentos, mesmo quando não se haja optado pelo englobamento.

Entidades devedoras de rendimentos

1.2 – Face ao disposto no n.º 1 do artigo 119.º do Código do IRS, as entidades emitentes de acções devem entregar, para efeitos do referido no número anterior, aos respectivos titulares, documento comprovativo dos dividendos colocados à sua disposição em 2001, bem como do imposto retido na fonte.

As mesmas entidades devem, ainda, nos termos do mesmo artigo, declarar no Anexo J da declaração anual a que se refere o artigo 113.° do Código do IRC, os dividendos colocados à disposição de quaisquer entidades residentes em território português e na declaração modelo 130 a que se refere o n.° 6 do artigo 119.° do Código do IRS, os dividendos que tenham sido colocados à disposição de quaisquer entidades não residentes.

2. Dividendos colocados à disposição em 2002

2.1. Nos termos da alínea *a*) do n.° 1 do artigo 101.° do Código do IRS e do artigo 88.° do Código do IRC, na redacção dada pela Lei n.° 109-B/2001, de 27 de Dezembro e sem prejuízo do disposto na alínea *c*) do n.° 1 do art. 90.° deste último Código, os dividendos colocados à disposição no ano de 2002, encontram-se sujeitos a retenção na fonte à taxa de 15% sobre o valor ilíquido, com a natureza de pagamento por conta, quando os titulares sejam entidades residentes em território português.

– A referida taxa de 15% será reduzida a 7,5% apenas nas situações previstas no artigo 59.° do Estatuto dos Benefícios Fiscais, ou seja, quando se trate de dividendos de acções adquiridas na sequência de processo de privatização.

– Quando se trate de quaisquer titulares não residentes, a taxa de retenção é de 25%, nos termos da alínea *d*) do n.° 2 do artigo 71.° do Código do IRS e nos termos do n.° 2 do artigo 80.° do Código de IRC, sendo reduzida a 12.5% tratando-se de dividendos de acções adquiridas na sequência de processo de privatização.

2.2. Os titulares, pessoas singulares residentes em território português, que auferiram dividendos em 2002, estão legalmente obrigados a declarar aqueles rendimentos no anexo E da declaração modelo 3 de IRS, a entregar em 2003, para efeitos da sua tributação por englobamento, face ao que dispõe o n.° 3 do artigo 22.° do Código do IRS, com a redacção dada pela Lei n.° 109-B/2001, de 27 de Dezembro, por nele não serem excluídos.

O englobamento antes referido conta, apenas, em 50% do seu montante, nos termos previstos no artigo 40.°-A do Código do IRS, aditado pela lei antes referida, não relevando tal facto para efeitos de retenção na fonte.

Entidades devedoras de rendimentos

2.3. As entidades emitentes, mencionadas no n.° 1 do artigo 119.° do Código do IRS devem proceder, nos termos referidos no ponto 1.2, ao cumprimento das respectivas obrigações declarativas previstas no referido artigo 119.° do Código do IRS e no artigo 120.° do Código do IRC.

CIRCULAR N.º 5/2002, de 02-04-2002

IRC – Regime transitório relativo aos grupos de sociedades
(Lei n.º 30-G/2000, de 29/12 – art. 7.º, n.º 2;
Código do IRC – arts. 63.º a 65.º)

Razão das instruções

A Lei n.º 30-G/2000, de 29 de Dezembro, veio revogar, com efeitos a partir do período de tributação que se inicie em 2001, o regime de tributação pelo lucro consolidado previsto no artigo 59.º do Código do IRC, na anterior redacção, e, em sua substituição, consagrou um novo regime de tributação dos grupos de sociedades, previsto nos actuais artigos 63.º a 65.º do Código do IRC.

No n.º 2 do artigo 7.º da referida lei foi estabelecido um regime transitório para os grupos de sociedades cuja autorização para a tributação pelo lucro consolidado estivesse em curso à data da sua entrada em vigor.

Pela presente circular esclarecem-se algumas dúvidas que têm sido suscitadas relativamente à aplicação do mencionado regime transitório.

Regime transitório dos grupos de sociedades

1. Âmbito de aplicação do regime transitório

O regime transitório previsto no n.º 2 do artigo 7.º da Lei n.º 30-G/2000, de 29 de Dezembro, aplica-se aos grupos de sociedades a que foi concedida autorização para aplicação do regime de tributação pelo lucro consolidado, cujo período de validade ainda estivesse em curso em 01.01.2001, ou tendo terminado em 31.12.2000, aqueles pretendessem optar pela aplicação do novo regime a partir de 01.01.2001.

Os grupos cuja autorização ainda estivesse em curso à data de 31.12.2000 tinham de optar por uma das seguintes alternativas:

• Renunciar ao regime de tributação pelo lucro consolidado com efeitos a partir do período de tributação que se inicie no ano de 2001.

• Optar pelo regime especial de tributação dos grupos de sociedades a partir do período de tributação que se inicie no ano de 2001.

• A renúncia considera-se verificada quando não tenha sido exercida a opção pelo novo regime.

2. Condições de transição para o novo regime em 2001

2.1. Os grupos de sociedades que optaram pelo novo regime e não sofreram qualquer alteração na sua composição durante o período de tributação relativo ao exercício de 2000 transitam para o mesmo com todas as sociedades que o integravam, mesmo aquelas que não verifiquem alguns dos requisitos exigidos na nova redacção do artigo 63.º do Código do IRC.

2.2. Os grupos de sociedades que optaram pelo novo regime mas que sofreram alterações na sua composição durante o período de tributação relativo ao exercício de 2000 devem observar, na delimitação do seu perímetro, todas as regras do novo regime.

Assim, as sociedades cujo domínio tenha sido adquirido no exercício de 2000, ainda não autorizadas a integrar o grupo tributado pelo lucro consolidado, não poderão integrar o grupo em 2001, caso não satisfaçam todos os requisitos exigidos pelo novo regime.

2.3. As sociedades que foram constituídas pela sociedade dominante há menos de um ano, com referência à data em que se inicia a aplicação do novo regime no exercício de 2001, podem ser enquadradas numa das seguintes situações:
   a) As constituídas pela sociedade dominante até 30 de Abril de 2000, tenham ou não sido incluídas no perímetro de tributação pelo lucro consolidado no exercício de 2000, devem integrar o grupo de 2001;
   b) As constituídas pela sociedade dominante após 30 de Abril de 2000 devem ser incluídas no perímetro de 2001;
   c) As constituídas pela sociedade dominante até ao fim do prazo legal da entrega da comunicação podem, a título facultativo, ser incluídas no perímetro do grupo de 2001;
   d) As constituídas pela sociedade dominante após o termo do prazo legal de entrega da comunicação não podem ser incluídas no perímetro de 2001.

3. Período de validade da autorização concedida

O período de validade da autorização concedida, no regime de tributação pelo lucro consolidado, aos grupos de sociedades que transitam para o regime especial de tributação, tem, nos termos do ponto 2 do n.º 2 do artigo 7.º da Lei n.º 30-G/2000, como limite temporal o termo do exercício da caducidade dessa autorização.

4. Resultados internos suspensos dos grupos de sociedades que transitam para o novo regime

4.1. Os grupos de sociedades que optaram pela renúncia ao regime de tributação pelo lucro consolidado devem, na determinação do lucro tributável do exercício de 2000, proceder às correcções, nos termos estabelecidos nos n.ºs 8 e 12 do ex-artigo 59.º do Código do IRC, quer quanto aos resultados internos que tenham sido eliminados nas operações de consolidação quer quanto às diferenças entre os prejuízos fiscais que foram integrados na base tributável consolidada e os que teriam de ser considerados se as sociedades do grupo tivessem sido tributadas autonomamente, sem prejuízo do estabelecido na alínea *c)* do ex-artigo 60.º do mesmo Código;

Assim, no tocante às correcções relativas aos prejuízos fiscais, não será de aplicar a essa diferença o coeficiente de 1,5.

4.2. Os grupos de sociedades que optaram por transitar para o regime especial de tributação dos grupos de sociedades devem incorporar no lucro tributável do grupo os resultados internos que tenham sido eliminados durante a vigência do anterior regime à medida que forem sendo considerados realizados pelo grupo, tendo como limite temporal o exercício da caducidade da autorização.

Os resultados internos consideram-se realizados pelo grupo, para efeitos de tributação, no exercício em que:
– saia do grupo a sociedade que detém esses bens;
– sejam alienados a entidade exterior ao grupo os bens a que respeitam os resultados internos;
– cesse o regime especial de tributação dos grupos de sociedades.

4.3. O limite temporal a que se refere o número anterior não se verifica quando a sociedade dominante optar pela renovação do regime especial de tributação, situação em que os resultados internos ainda pendentes de incorporação no lucro tributável continuam a ter o tratamento que vinha sendo adoptado no anterior regime, procedendo-se às correcções que se mostrem necessárias, tal como no regime de tributação pelo lucro consolidado.

4.4. Os resultados internos suspensos que sejam considerados realizados devem, no exercício da realização, ser adicionados ou subtraídos ao lucro tributável do grupo, consoante sejam positivos ou negativos, respectivamente, devendo o valor a inscrever no campo 380 do Quadro 09 da declaração periódica de rendimentos modelo 22 ter em conta essas correcções.

Estas correcções e o valor a inscrever naquele campo devem ter como suporte um documento comprovativo que integrará o processo de documentação fiscal a que se refere o artigo 121.º do Código do IRC.

5. Prejuízos apurados no âmbito do regime de tributação pelo lucro consolidado

5.1. Os prejuízos apurados por uma sociedade no âmbito do grupo e comunicados à base tributável consolidada não são objecto de correcção nos termos do disposto nos n.ºs 10, 11 e 12 do ex-artigo 59.º do Código do IRC quando a sociedade que os gerou sair do grupo abrangido pelo novo regime.

5.2. Os prejuízos fiscais consolidados apurados em exercícios anteriores ao da aplicação do regime especial de tributação dos grupos de sociedades podem ser deduzidos ao lucro tributável do grupo apurado no âmbito do novo regime.

CIRCULAR N.º 7, de 02/04/2002

IRC – Regime transitório das mais-valias e menos-valias realizadas

(Lei n.º 30-G/2000, de 29 de Dezembro – art. 7.º, n.º 7;
Lei n.º 109-B/2001, de 27 de Dezembro – art. 32.º, n.ºs 8 e 9;
Código do IRC – arts. 43.º a 45.º)

Razão das instruções

Tendo a interpretação do regime transitório previsto no n.º 7 do artigo 7.º da Lei n.º 30-G/2000, de 29 de Dezembro, e nos n.ºs 8 e 9 do artigo 32.º da Lei n.º 109-B/2001, de 27 de Dezembro (Lei do OE para 2002) suscitado dúvidas, divulgam-se os seguintes esclarecimentos:

Regime de tributação das mais-valias realizadas

O tratamento, em sede de IRC, das mais-valias realizadas com a alienação dos bens do activo imobilizado, sempre que se verifique o reinvestimento dos respectivos valores de realização, tem vindo a sofrer sucessivas alterações desde a entrada em vigor do respectivo Código.

Assim, à originária exclusão da tributação da diferença positiva entre as mais-valias e as menos-valias realizadas de bens do activo imobilizado sucedeu um regime de diferimento da tributação dessa diferença, efectuando-se a tributação diferida pela via da reintegração fiscal dos bens objecto de reinvestimento ou da determinação da mais-valia fiscal relativamente aos mesmos.

A Lei n.º 30-G/2000 alterou o regime, consagrando um diferimento da tributação das mais-valias por 5 exercícios, desde que efectuado o reinvestimento nas condições estabelecidas no artigo 45.º do Código do IRC.

O referido regime foi novamente alterado pela Lei n.º 109-B/2001, passando o mesmo a consubstanciar-se numa exclusão parcial (50%) da tributação da diferença positiva entre as mais-valias e as menos-valias realizadas.

A Lei n.º 30-G/2000 consagrou, no n.º 7 do artigo 7.º, um regime transitório aplicável à diferença positiva entre as mais-valias e as menos-valias realizadas antes de 1 de Janeiro de 2001, distinguindo consoante o reinvestimento se tenha concretizado ou venha a concretizar, no respectivo prazo legal, em bens do activo imobilizado reintegráveis ou não reintegráveis.

A Lei n.º 109-B/2001, que aprovou o OE para 2002, estabelece, no n.º 8 do artigo 32.º, relativamente à parte da diferença positiva entre as mais-valias e as menos-valias realizadas antes de 1 de Janeiro de 2001 e cujo reinvestimento se concretize em bens do activo imobilizado não reintegráveis, um regime transitório diverso do previsto na Lei n.º 30--G/2000, com carácter optativo.

Simultaneamente, no n.º 9 do mesmo artigo, no que respeita às mais-valias realizadas no exercício de 2001, admite a possibilidade de os sujeitos passivos optarem pelo regime de diferimento instituído pela Lei n.º 30-G/2000 ou pelo novo regime de exclusão parcial da tributação.

Assim, importa distinguir as mais-valias realizadas antes de 1 de Janeiro de 2001 das realizadas no exercício de 2001 e, relativamente às primeiras, consoante o reinvestimento dos respectivos valores de realização se tenha ou venha a ser concretizado em bens do activo imobilizado reintegráveis ou não reintegráveis.

1. Diferença positiva entre as mais-valias e as menos-valias realizadas antes de 1 de Janeiro de 2001

1.1. Reinvestimento em bens reintegráveis

Continuará a aplicar-se o disposto nos artigos 42.º a 44.º (actuais artigos 43.º a 45.º) do Código do IRC, na redacção anterior à dada pela Lei n.º 30-G/2000, até à realização, inclusivé, de mais-valias ou menos-valias relativas aos bens em que se tenha concretizado o reinvestimento dos valores de realização (vide exemplo n.º 1).

Assim:

a) As reintegrações fiscais devem continuar a ser calculadas com base no custo de aquisição ou de produção após a dedução da parte da diferença positiva entre as mais-valias e as menos-valias que lhe tiver sido imputada nos termos do n.º 6 do então artigo 44.º, da alínea g) do n.º 1 do então artigo 32.º, ambos do Código do IRC e, ainda, do artigo 21.º-A do Decreto – Regulamentar n.º 2/90, de 12 de Janeiro;

b) A respectiva mais-valia ou menos-valia fiscal que vier a ser realizada será calculada nos termos do n.º 2 do então artigo 42.º (actual artigo 43.º) e do n.º 1 do então artigo 43.º (actual artigo 44.º), ambos do Código do IRC, ou seja, continuando a deduzir-se ao respectivo valor de aquisição quer a parte da diferença positiva entre as mais-valias e as menos-valias anteriormente não tributada e a ele imputada, nos termos da redacção dos n.ºs 6 e 7 do então artigo 44.º do Código do IRC, quer as reintegrações fiscais calculadas com base no custo de aquisição deduzido da diferença entre as mais-valias e as menos-valias imputada.

Assim, ter-se-á:

$$MVF = VR - (VA - MVImp - RF) \times Coef$$

em que,
MVF = Mais-valia fiscal
VR = Valor de realização
VA = Valor de aquisição
MVImp = Mais-valia imputada nos termos do n.° 6 do então artigo 44.° do CIRC
RF = Reintegrações praticadas, tendo em conta o disposto no n.° 6 do então artigo 44.° do CIRC
Coef = Coeficiente de desvalorização da moeda referido no n.° 1 do então artigo 43.° do CIRC (actual artigo 44.°).

1.2. *Reinvestimento em bens não reintegráveis*
1.2.1. Regime da alínea *b*) do n.° 7 do artigo 7.° da lei n.° 30-g/2000

Optando o sujeito passivo pela aplicação do regime transitório previsto na Lei n.° 30-G/2000, à diferença positiva entre as mais-valias e as menos-valias cujo reinvestimento dos respectivos valores de realização tenha sido ou venha a ser efectuado em bens não reintegráveis continua a aplicar-se o disposto nos n.ºs 6 e 7 do então artigo 44.° do Código do IRC. Assim, essa diferença será imputada – proporcionalmente à parte que no total a reinvestir represente o valor do reinvestimento – ao custo de aquisição ou de produção dos bens objecto de reinvestimento e a este deduzida para efeitos do cálculo da respectiva mais-valia ou menos-valia, o qual obedecerá ao disposto no então artigo 42.° do Código do IRC, na redacção anterior à da Lei n.° 30-G/2000.

O apuramento da nova mais-valia far-se-á, pois, de acordo com a seguinte fórmula:

$$MVF = VR - (VA - MVImp) \times Coef$$

em que,
MVF = Mais-valia fiscal
VR = Valor de realização
VA = Valor de aquisição
MVImp = Mais-valia fiscal imputada
Coef = Coeficiente de desvalorização da moeda

Para efeitos da aplicação do disposto na alínea *b*) do n.° 7 do artigo 7.° daquela lei, a parte da diferença positiva entre as mais-valias e as menos-valias relativa a bens não reintegráveis, correspondente ao valor deduzido ao custo de aquisição ou de produção dos bens em que se concretizou o reinvestimento nos termos do então n.° 6 do artigo 44.° do Código do IRC que poderá ser diferida durante 10 anos, será a parte da nova mais-valia que não surgiria no caso de não ter havido qualquer dedução ao custo de aquisição, com o limite da diferença positiva entre as mais-valias e as menos-valias relativa a bens não reintegráveis, ou seja:

$$\textbf{MVImp} \times \textbf{Coef}, \text{com o limite de MVF}$$

em que,
MVImp = Mais-valia fiscal imputada nos termos da anterior redacção do n.° 6 do artigo 44.° do CIRC

Coef = Coeficiente de desvalorização da moeda referido no então artigo 43.º do CIRC

MVF = Diferença positiva entre as mais-valias e as menos-valias relativa a bens não reintegráveis

Deste modo, se a nova mais-valia obtida com a alienação dos bens não reintegráveis em que se concretizou o reinvestimento for superior à mais-valia fiscal imputada corrigida pelo coeficiente de desvalorização da moeda, só é diferida por 10 anos a parte correspondente a esta última (vide exemplo n.º 2).

Se a nova mais-valia for inferior à própria mais-valia fiscal imputada corrigida pelo coeficiente, todo o resultado é diferido por 10 anos (vide exemplo n.º 3).

Se for obtida uma menos-valia, não há qualquer parcela a diferir, sendo a mesma deduzida no Quadro 07 da declaração de rendimentos Modelo 22 (vide exemplo n.º 4).

1.2.2. Regime da Lei n.º 109-B/2001

A Lei N.º 109-B/2001 prevê, no n.º 8 do artigo 32.º, relativamente à diferença positiva entre as mais-valias e as menos-valias realizadas antes de 1 de Janeiro de 2001 e cujo reinvestimento dos respectivos valores de realização tenha sido ou venha a ser efectuado em bens não reintegráveis, um regime transitório alternativo ao estabelecido na alínea b) do n.º 7 do artigo 7.º da Lei n.º 30-G/2000. Tal regime consubstancia-se na possibilidade de o sujeito passivo incluir na base tributável de qualquer exercício, desde que posterior a 1 de Janeiro de 2001 mas anterior ao da alienação dos bens a que está associada, 50% da mais-valia que lhes foi imputada.

Nesta alternativa, a mais-valia fiscal suspensa de tributação em 1 de Janeiro de 2001 e posteriormente tributada por metade do seu valor já não entra no cômputo da mais-valia ou menos-valia que se venha a realizar com a alienação dos bens objecto de reinvestimento, não dependendo a referida tributação parcial da exigência de novo reinvestimento (vide exemplo n.º 5).

2. Diferença positiva entre as mais-valias e as menos-valias realizadas em 2001

Relativamente à diferença positiva entre as mais-valias e as menos-valias realizadas em 2001, quer resulte da alienação de bens do activo imobilizado reintegráveis ou não reintegráveis e desde que se verifique a condição do reinvestimento, é, nos termos do n.º 9 do artigo 32.º da Lei n.º 109-B/2001, conferida ao sujeito passivo a possibilidade de optar pelo novo regime de tributação parcial em 50%, instituído por esta Lei.

Esta opção continua a aplicar-se ainda que estas mais-valias sejam realizadas com a alienação de bens em que se concretizou o reinvestimento de valores de realização respeitantes a mais-valias realizadas antes de 1 de Janeiro de 2001.

Simplesmente, neste caso, tratando-se de mais-valias relativas a bens não reintegráveis, a opção diz respeito apenas à parte da mais-valia que não é objecto de diferimento por 10 anos (vide ponto 1.2.1 da presente circular e exemplos n.ºs 6 e 7).

Nos termos da alínea c) do n.º 7 do artigo 7.º da Lei n.º 30-G/2000, não se aplica o regime do actual artigo 45.º do Código do IRC quando o reinvestimento a que se refere o n.º 1 deste artigo se tenha verificado no exercício anterior ao da realização, ou seja, no exercício de 2000.

ANEXO À CIRCULAR N.º 7/2002

EXEMPLOS
MAIS-VALIAS REALIZADAS ANTES DE 2001

EXEMPLO 1

REINVESTIMENTO EM BENS REINTEGRÁVEIS
Mais-valia fiscal realizada (em 1999) e não tributada – 1 000
Reinvestimento (em 2001) – 1 500
Período de vida útil – 4 anos
Valor de realização (em 2003) – 400
Coeficiente de correcção monetária (hipotético) – 1,05
* O sujeito passivo, na declaração anual referente ao exercício de 1999, declarou a intenção de reinvestir todo o valor de realização
Cálculo das reintegrações fiscais relativas ao bem objecto de reinvestimento:
RF = (VA – MVImp) × taxa = (1 500 – 1 000) × 25% = 125
Cálculo da mais-valia ou menos-valia fiscal realizada em 2003:
MVF = VR – (VA – MVImp – RF) × Coef = 400 – (1 500 – 1 000 – 250) × 1,05 = 400 – 262,5 = = 137,5
Tributação da mais-valia fiscal no exercício de 2003:
137,5 – **De acordo com o regime em vigor neste exercício**

EXEMPLO 2

REINVESTIMENTO EM BENS NÃO REINTEGRÁVEIS
<u>Opção pelo regime da Lei n.º 30-G/2000</u>
Mais-valia fiscal realizada (em 1999) e não tributada – 1 000
Reinvestimento (em 2001) – 1 500
Valor de realização (em 2003) – 2 000
Coeficiente de correcção monetária (hipotético) – 1,05
* O sujeito passivo, na declaração anual referente ao exercício de 1999, declarou a intenção de reinvestir todo o valor de realização
Cálculo da mais-valia ou menos-valia fiscal realizada em 2003:
MVF = VR – (VA – MVImp) × Coef = 2 000 – (1 500 – 1 000) × 1,05 = 2 000 – 525 =1 475
Tributação da mais-valia fiscal (1475):
1 000 × 1,05 = 1 050
1 050 : 10 = 105 – **Valor a incluir no lucro tributável dos exercícios de 2003 a 2012**
1 475 – 1 050 = 425 Mais-valia fiscal que se obteria em 2003 se não houvesse a mais-valia fiscal imputada
425 × 50% = 212,5 – **Valor a tributar de acordo com o regime em vigor no exercício de 2003**

EXEMPLO 3

REINVESTIMENTO EM BENS NÃO REINTEGRÁVEIS
<u>Opção pelo regime da Lei n.º 30-G/2000</u>
Mais-valia fiscal realizada (em 1999) e não tributada – 1 000
Reinvestimento (em 2001) – 1 500
Valor de realização (em 2003) – 800
Coeficiente da correcção monetária (hipotético) – 1,05
* O sujeito passivo, na declaração anual referente ao exercício de 1999, declarou a intenção de reinvestir todo o valor de realização

Cálculo da mais-valia ou menos-valia fiscal realizada em 2003:
MVF = VR – (VA – MVImp) × Coef = 800 – (1 500 – 1 000) × 1,05 = 800 – 525 = 275
Tributação da mais-valia fiscal (275):
1 000 × 1,05 = 1 050 (mais-valia fiscal imputada corrigida do coeficiente)
275 – 1 050 = – 775 (menos-valia fiscal se não houvesse a mais-valia fiscal imputada)
275 : 10 = 27,5 – **Valor a incluir no lucro tributável dos exercícios de 2003 a 2012**

EXEMPLO 4
REINVESTIMENTO EM BENS NÃO REINTEGRÁVEIS
Opção pelo regime da Lei n.º 30-G/2000
Mais-valia fiscal realizada (em 1999) e não tributada – 1 000
Reinvestimento (em 2001) – 1 500
Valor de realização (em 2003) – 400
Coeficiente de correcção monetária (hipotético) – 1,05
* O sujeito passivo, na declaração anual referente ao exercício de 1999, declarou a intenção de reinvestir todo o valor da realização
Cálculo da mais-valia ou menos-valia fiscal realizada em 2003:
MVF = VR – (VA – MV Imp) × Coef = 400 – (1 500 – 1 000) × 1,05 = 400 – 525 = – 125
Tratamento fiscal da menos valia (– 125):
1 000 × 1,05 = 1 050 (mais-valia fiscal imputada corrigida do coeficiente)
– 125 – 1 050 = – 1 175 (menos-valia fiscal se não houvesse a mais-valia imputada)
O valor de 125 é deduzido na base tributável do exercício de 2003

EXEMPLO 5
REINVESTIMENTO EM BENS NÃO REINTEGRÁVEIS
Opção pelo regime da Lei n.º 109-B/2001
Mais-valia fiscal realizada (em 1999) e não tributada – 1 000
Reinvestimento (em 2001) – 1 500
Valor de realização (em 2003) – 2 000
Coeficiente de correcção monetária (hipotético) – 1,05
Tributação da mais-valia fiscal realizada em 1999 (**antes de 2001.01.01**):
O sujeito passivo **opta** por incluir 500 (1 000 × 50%) no lucro tributável relativo a 2002.
Nota: Esta opção não é prejudicada pelo facto de, posteriormente, não ser efectuado o reinvestimento do valor de realização obtido em 2003.
Cálculo da mais-valia ou menos-valia fiscal realizada em 2003:
MVF = VR – VA × Coef = 2 000 – 1 500 × 1,05 = 2 000 – 1 575 = 425
Tributação da mais-valia fiscal em 2003:
425 – **Valor a tributar de acordo com o regime fiscal em vigor no exercício de 2003**

MAIS-VALIAS REALIZADAS EM 2001

EXEMPLO 6
REINVESTIMENTO EM BENS REINTEGRÁVEIS
Mais-valia fiscal realizada (em 1999) e não tributada – 1 000
Reinvestimento em 1999 – 1 500
Período de vida útil – 4 anos
Valor de realização (em 2001) – 800
Coeficiente de correcção monetária – 1,03
* O sujeito passivo, na declaração anual relativa ao exercício de 1999, declarou a intenção de reinvestir todo o valor de realização

Cálculo das reintegrações fiscais respeitantes ao bem objecto de reinvestimento:
RF = (VA – MVImp) × taxa = (1 500 –1 000) × 25% = 125
Cálculo da mais-valia ou menos-valia fiscal **realizada em 2001:**
MVF = VR – (VA – MVImp –Σ RF) × Coef = 800 – (1 500 – 1 000 – 250) × 1,03 = 800 – – 257,5 = 542,5
Tributação da mais-valia fiscal **(opções):**
– **Pelo regime da Lei n.º 30-G/2000**
542,5 : 5 = 108,5 **Valor a incluir no lucro tributável dos exercícios de 2001 a 2005**
– **Pelo regime da Lei n.º 109-B/2001**
542,5 × 50% = 271,5 **Valor a incluir no lucro tributável do exercício de 2001**

EXEMPLO 7

REINVESTIMENTO EM BENS NÃO REINTEGRÁVEIS
Mais-valia fiscal realizada (em 1999) e não tributada – 1 000
Reinvestimento em 1999 – 1 500
Valor de realização (em 2001) – 1 700
Coeficiente de correcção monetária – 1,03
* O sujeito passivo, na declaração anual referente ao exercício de 1999, declarou a intenção de reinvestir a totalidade do valor de realização
Cálculo da mais-valia ou menos-valia fiscal **realizada em 2001:**
MVF = VR – (VA – MVImp) × Coef =1 700 – (1 500 – 1 000) × 1,03 = 1 700 – 515 = 1 185
Tributação da mais-valia fiscal (1 185):
1 000 × 1,03 = 1 030
1 030 : 10 = 103 – **Valor a incluir no lucro tributável dos exercícios de 2001 a 2010**
1 185 – 1 030 = 155
Opções de tributação:
– **Regime da Lei n.º 30-G/2000**
155 : 5 = 31 **Valor a incluir no lucro tributável relativo aos exercícios de 2001 a 2005**
– **Regime da Lei n.º 109-B/2001**
155 × 50% = 77,5 **Valor a incluir no lucro tributável do exercício de 2001**

CIRCULAR N.º 12/2002, de 19/04/2002

Tratamento Fiscal dos Donativos.
Estatuto do Mecenato
(Decreto-Lei n.º 74/99, de 16/03 – art. 2.º;
Código do IRC – art. 23.º;
Código do IRS – art. 78.º;
Código do IVA – arts. 3.º, 4.º, 16.º e 36.º)

Tendo sido suscitadas dúvidas quanto ao enquadramento jurídico-tributário de donativos quando relativamente aos mesmos esteja associada a atribuição por parte do respectivo beneficiário de regalias em espécie, como sejam a disponibilização ao doador das instalações do beneficiário ou a associação do nome do doador a certa obra ou iniciativa cultural, foi por despacho de Sua Excelência o Secretário de Estado dos Assuntos Fiscais, de 25.03.2002, sancionado o seguinte entendimento:

DL n.º 74/99, de 16/03, e Estatuto do Mecenato

O Decreto-Lei n.º 74/99, de 16 de Março, que aprovou o Estatuto do Mecenato, veio proceder à reformulação integrada dos vários tipos de donativos com relevância fiscal, considerando-se como tal, nos termos do n.º 2 do artigo 2.º daquele diploma, «os donativos em dinheiro ou em espécie concedidos sem contrapartidas que configurem obrigações de carácter pecuniário ou comercial», e desde que atribuídos às entidades previstas no próprio Estatuto.

Enquadramento dos donativos em sede de IRC e IRS

O regime tributário aplicável aos donativos atribuídos no âmbito daquele diploma consiste, em sede de IRC, na sua consideração como custo ou perda do respectivo exercício para efeitos da determinação do lucro tributável, e, em sede de IRS, numa dedução à colecta do imposto.

À realização de donativos está frequentemente associada a atribuição – agora por parte do respectivo beneficiário – de regalias em espécie, como sejam a disponibilização das instalações do beneficiário ao doador ou a associação do nome do doador a certa obra ou iniciativa cultural. A questão de saber em que circunstâncias não pode já dizer-se existir mecenato, por serem de natureza «comercial» as regalias facultadas pelo beneficiário do donativo, tem suscitado dúvidas aos serviços e aos contribuintes que importa resolver.

Qualificação da liberalidade (do donativo)

A apreciação pela Administração Tributária da qualificação de determinada liberalidade como de donativo enquadrável no âmbito da legislação suprareferida dependerá sempre da exposição precisa dos elementos de facto, nomeadamente quanto à respectiva natureza e valor, bem como de eventuais regalias que em correspondência lhe estejam associadas.

Donativo no âmbito do Mecenato

Para a qualificação de um donativo no âmbito do Estatuto do Mecenato, deve apurar-se se a regalia eventualmente facultada pelo beneficiário do mesmo confirma o espírito de liberalidade do doador ou se, pelo contrário, permite concluir pela existência de uma intenção de enriquecimento, consubstanciando um negócio oneroso.

Para o efeito de recusar ao donativo a natureza de mecenato não basta que a regalia que lhe esteja associada seja desejada pelo doador, é necessário averiguar se aquela regalia foi desejada como correspectivo patrimonial do donativo de tal modo que se possa dizer ferido o espírito de liberalidade do doador.

Aferição casuística

Tal aferição é por natureza casuística, sendo de considerar, nomeadamente, a natureza e o valor concretos do donativo e a regalia em causa.

Atente-se, por exemplo, que regalias como a disponibilização ao doador de instalações do beneficiário, ou a atribuição de convites para iniciativas culturais do beneficiário podem confirmar o espírito de liberalidade do doador se revestirem um valor manifestamente desproporcionado face ao donativo realizado ou se não variarem de acordo com o montante do donativo. Mas poderão, quando não seja esse o caso, indiciar uma intenção de enriquecimento de parte a parte.

Mecenato e Patrocínio

Nos casos em que a regalia se traduza numa associação pública do doador a determinada iniciativa, deve atender-se também ao modo como essa associação se produz, considerando que aos donativos concedidos no âmbito da legislação do mecenato deve admitir-se que esteja associada a regalia da divulgação do nome do mecenas, desde que essa regalia não apresente «natureza comercial».

Assim, poderão estabelecer-se as seguintes linhas de orientação:
 a) Se a regalia consistir na associação do nome do doador a certa iniciativa tendo como fito a busca de uma imagem pessoal ou institucional de responsabilidade cívica, que o identifique junto do público em geral, porque o espírito de liberalidade do doador é preponderante, estar-se-á perante donativos enquadráveis no Estatuto do Mecenato;
 b) Se, em vez disso, a regalia consistir na associação a certa iniciativa dos produtos comercializados pelo doador, ou mesmo do seu nome mas tendo como fito a sua promoção junto dos respectivos consumidores, porque o espírito de liberalidade do doador é marginalizado, estar-se-á perante mero patrocínio.

Articulação entre o IVA e os impostos sobre o rendimento

Questão controversa também é a de saber se a qualificação dada a um donativo em sede de IVA deve necessariamente corresponder à sua qualificação em sede de IRC (ou IRS), para efeitos da aplicação do Estatuto do Mecenato.

A qualificação de um acto como gratuito ou oneroso deve ser uniforme em face do IRC e do IVA, devendo para o efeito recorrer-se ao juízo e critérios enunciados acima. O facto de um acto ser qualificado de modo uniforme em sede de IRC e de IVA não implica, contudo, que o seu tratamento seja idêntico para efeitos de ambos os impostos.

Importa ter em conta que o Código do IVA, dada a vocação de universalidade e neutralidade do imposto, recorre a ficções várias, equiparando determinadas operações gratuitas a operações onerosas. Em resultado, um acto gratuito, e que seja tratado como tal em sede de IRC, poderá ser tratado como oneroso em sede de IVA.

Enquadramento em sede de IVA

Podem estabelecer-se, então, as seguintes orientações quanto ao tratamento dos donativos em sede de IVA.

Operações onerosas
 a) Quando as regalias associadas a um donativo indiciem, pela sua natureza e valor, a ausência do animus donandi e a intenção de enriquecimento de parte a parte, a operação é considerada onerosa e tributável nos termos gerais.

Operações gratuitas
 b) Quando as regalias associadas a um donativo confirmem, pela sua natureza e valor, o espírito de liberalidade do doador, não constituindo correspectivo do mesmo, então estar-se-á perante duas ou mais operações gratuitas que devem ser tratadas de modo inteiramente autónomo e nos termos que se seguem:

Entregas em dinheiro
 i) Quanto às entregas de dinheiro não existe sujeição a imposto.

Transmissões de bens

ii) Quanto às transmissões de bens, aplicar-se-á o artigo 3.°, n.° 3, alínea *f)* do Código do IVA, que determina que se considera transmissão de bens a transmissão gratuita de bens da empresa quando relativamente aos mesmos tenha havido dedução total ou parcial do imposto. O imposto deverá então tomar como valor tributável apenas o preço de aquisição dos bens ou de bens similares ou, na sua falta, o preço de custo, tal como indica o artigo 16.°, n.° 2, alínea *b).*

Assim, se o sujeito A oferecer a B um donativo de € 10 000, recebendo em troca publicações no valor de € 100, só sobre este último valor deverá B liquidar o imposto.

Prestações de serviços

iii) Quanto às prestações de serviços, aplicar-se-á o artigo 4.°, n.° 2, alíneas *a)* e *b)* que determina que se considera prestação de serviços onerosa a utilização de bens da empresa para fins alheios à mesma quando, relativamente a esses bens tenha havido dedução total ou parcial do imposto, considerando-se também como prestação de serviços a título oneroso a prestação de serviços a título gratuito efectuada pela empresa para fins alheios à mesma. O imposto deverá então tomar como valor tributável apenas o valor normal do serviço, tal como dispõe o artigo 16.°, n.° 2, alínea *c)* do Código do IVA.

Assim, se o sujeito A oferecer a B um donativo de € 10 000, recebendo em troca a disponibilização de uma sala para uma reunião cujo valor normal de locação é de € 100, só sobre este último valor deverá B liquidar o imposto.

Importa ainda ter em conta que, nos termos do artigo 36.°, n.° 3 do Código do IVA, o imposto incidente sobre operações gratuitas equiparadas a operações onerosas não tem de ser obrigatoriamente repercutido pelo sujeito passivo. Significa isso que o sujeito passivo que disponibilize determinadas regalias em função de donativo que tenha recebido poderá proceder a uma liquidação do IVA incidente sobre essas regalias a nível interno apenas, entregando o imposto ao Estado sem o debitar ao mecenas

V. Circular n.° 2/2004, pág. 744.

CIRCULAR N.° 13, de 09/05/2002
IRS – Pensões de preço de sangue
(Código do IRS – art. 11.°, n.° 1, al. *c*))

Razão das Instruções

Por despacho de 03.04.2002, de Sua Excelência o Secretário de Estado dos Assuntos Fiscais, proferido na sequência de uma decisão do Tribunal Constitucional, constante do Acórdão n.° 308/2001, foi determinada a divulgação do seguinte entendimento:

As pensões de preço de sangue, não se consideram abrangidas pela norma constante da alínea *c)* do n.° 1 do art. 11.° do Código do IRS, pelo que não se encontram sujeitas a tributação.

Data do início da produção de efeitos

Este entendimento apenas produz efeitos a partir de 20.11.2001, com ressalva das situações litigiosas pendentes, conforme decisão expressa no ponto 14 do referido Acórdão, publicado no *Diário da República* – 1.ª Série A, n.° 269, de 20.11.2001.

CIRCULAR N.º 14, DE 09/05/2002

IRC – Aplicação das taxas regionais
(Código do IRC – arts. 80.º e 81.º;
Lei n.º 13/98, de 24/02 – arts. 13.º e 32.º a 38.º;
DLR n.º 2/99/A, de 20/01 – art. 5.º;
DLR n.º 2/2001/M, de 20/02 – art. 2.º)

Adaptação do sistema fiscal nacional

No uso das competências que lhe são atribuídas pela Constituição da República, pelos Estatutos Político Administrativos e pela Lei de Finanças das Regiões Autónomas, as Assembleias Regionais dos Açores e da Madeira procederam à adaptação do sistema fiscal nacional às especificidades regionais. No que respeita ao Imposto sobre o Rendimento das Pessoas Colectivas, a referida adaptação, para além da criação de benefícios fiscais, centrou-se na redução das taxas gerais.

Razão das instruções

Suscitando-se dúvidas quanto à aplicação das disposições que procedem àquela adaptação, esclarece-se o seguinte:

Natureza das reduções de taxa

1. As reduções de taxa consagradas na legislação regional emitida no quadro da adaptação do sistema fiscal nacional às especificidades das Regiões Autónomas dos Açores e da Madeira não se configuram como regimes especiais de tributação relativamente ao regime geral do IRC em que, com as particularidades decorrentes daquela adaptação, se integram. A ausência de fundamento extrafiscal determina a sua natureza de medida estrutural tendente a compensar os custos da insularidade.

Aplicação das taxas regionais

2. A aplicação das taxas regionais aos sujeitos passivos com domicílio fiscal nas Regiões Autónomas ou que aí exerçam actividade através de uma qualquer forma de representação permanente opera por forma diversa relativamente a cada uma das Regiões, de acordo com a legislação regional respectiva. Nesta matéria, relevam as disposições legais referidas nos números seguintes.

Taxas aplicáveis na Região Autónoma dos Açores

2.1. O Decreto Legislativo Regional n.º 2/99/A, de 20 de Janeiro, consagra, no seu artigo 5.º, uma redução de 30% às taxas nacionais do IRC, aplicável aos sujeitos passivos com sede ou direcção efectiva na Região Autónoma dos Açores ou que aí exerçam a sua actividade através de uma representação permanente. Neste último caso, o IRC devido é o que resulta da aplicação da taxa da Região à matéria colectável determinada pela proporção, no período de tributação, entre o volume de negócios relativo às instalações situadas nos Açores e o volume de negócios total.

Taxa aplicável na Região Autónoma da Madeira

2.2. O Decreto-Legislativo Regional n.º 2/2001/M, de 20 de Fevereiro, prevê que a taxa do IRC, a que se refere o n.º 1 do artigo 80.º do respectivo Código, para vigorar na Região Autónoma da Madeira é de 29%, relativamente aos exercícios iniciados em 2001. Na redacção dada pelo Decreto-Legislativo Regional n.º 29-A/2001/M, de 20 de Dezembro, foi a referida taxa reduzida para 27%, sendo aplicável aos exercícios iniciados após 1 de Janeiro de 2002. A taxa regional é aplicável aos sujeitos passivos com domicílio fiscal na Região Autónoma da Madeira, quando o imposto em causa, nos termos da Lei de Finanças das Regiões Autónomas, constitua receita da Região Autónoma.

O artigo 3.º do mesmo DLR estabelece, expressamente, que todas as restantes taxas do IRC previstas quer no artigo 80.º quer em qualquer outra disposição do Código do IRC permanecem inalteradas. Assim, a taxa regional é aplicável somente aos sujeitos passivos residentes que tenham sede ou direcção efectiva na Região Autónoma e que exerçam, a título principal, uma actividade de natureza comercial, industrial ou agrícola, com exclusão dos que estejam abrangidos pelo regime simplificado de determinação do lucro tributável. Quanto aos não residentes, a taxa regional é aplicável somente aos que exerçam a sua actividade na Região através de estabelecimento estável aí situado.

Repartição de taxas

2.3. Com base na legislação citada e tendo em atenção que, no caso de serem aplicadas a taxa geral nacional e uma ou mais taxas regionais ou, ainda, apenas as taxas regionais, a matéria colectável sobre que cada uma incide é determinada pela aplicação à matéria colectável global da percentagem do volume de negócios realizado em cada circunscrição em relação ao volume negócios total, pode estabelecer-se o seguinte quadro relativo à repartição das taxas:

Sede da empresa	Estabelecimento	Taxa aplicável
Continente	R. Aut. Açores	Nacional s/% M.C. do CONT Regional s/% M.C. da RAA
	R. Aut. Madeira	Nacional s/% M.C. do CONT Nacional s/% M.C. da RAM
R. Aut. Açores	Continente	Regional s/% M.C. da RAA Nacional s/% M.C. CONT
	R. Aut. Madeira	Regional s/% M.C. da RAA Nacional s/% M.C. da RAM
R. Aut. Madeira	Continente	Regional s/% M.C. da RAM Nacional s/% M.C. do CONT
	R. Aut. Açores	Regional s/% M.C. da RAM Regional s/% M.C. da RAA

Apuramento da Matéria Colectável imputável às Regiões Autónomas

3. Assim, o apuramento da matéria colectável imputável a cada circunscrição por parte de empresas que exerçam a sua actividade no território nacional através de estabelecimentos situados em diferentes circunscrições é efectuado de forma unitária. Este método de repartição dispensa a elaboração de contabilidades separadas, sem prejuízo de as empresas que desenvolvam actividade em diversas circunscrições deverem organizar a sua contabilidade por forma a poderem apurar o volume de negócios imputável a cada Região.

4. No tocante à aplicação das taxas de tributação autónoma a que se refere o artigo 81.º do Código do IRC, por parte de sujeitos passivos que exerçam a sua actividade em diversas circunscrições, deverá observar-se o seguinte:

Taxas de tributação autónoma

4.1. As taxas de tributação autónoma previstas no n.º 1 do artigo 81.º do Código do IRC são, de acordo com a legislação regional emitida no quadro da adaptação do sistema fiscal nacional às especificidades das Regiões Autónomas:

– Reduzidas de 30% relativamente aos sujeitos passivos domiciliados ou com representação permanente na Região Autónoma dos Açores;

– Mantidas inalteradas relativamente aos sujeitos passivos domiciliados ou com representação permanente na Região Autónoma da Madeira.

4.2. As taxas de tributação autónoma previstas no n.º 3 do artigo 81.º do Código do IRC são, de acordo com a legislação regional aplicável, determinadas na percentagem de 20% da taxa normal mais elevada do IRC que, no exercício a que respeitem, vigorar na circunscrição a que corresponde a receita do IRC.

Assim, relativamente aos exercícios iniciados a partir de 1 de Janeiro de 2001 e de 2002, as taxas aplicáveis às despesas e encargos a que se refere aquela disposição legal são as seguintes:

Região	Exercício	Taxa aplicável
R. Aut. dos Açores	2001	20% × (32% × 70%) = 4,48%
	2002	20% × (30% × 70%) = 4,2%
R. Aut. da Madeira	2001	20% × 29% = 5,8%
	2002	20% × 27% = 5,4%

Imputação de despesas e encargos às Regiões Autónomas

4.3. No caso de o sujeito passivo possuir instalações em mais do que uma circunscrição, a base tributável sobre que incidem as taxas de tributação autónoma é constituída pela repartição proporcional, em função do volume de negócios imputável a cada Região Autónoma, das despesas e encargos a que se referem, respectivamente, os n.ºˢ 1 e 3 do artigo 81.º do Código do IRC.

Retenção na fonte

5. A redução das taxas nacionais de IRC prevista na legislação emitida pela Assembleia Regional dos Açores tem aplicação generalizada, tanto às taxas gerais como especiais – nos termos referidos nos pontos anteriores – como às taxas de retenção na fonte, quer

tenham natureza liberatória quer tenham a natureza de pagamento por conta do imposto devido a final. Salienta-se que a legislação regional da Madeira limita a redução de taxa do IRC apenas à prevista no n.º 1 do artigo 80.º do respectivo Código, estabelecendo que todas as restantes taxas do IRC, previstas quer no artigo 80.º quer em qualquer outra disposição do Código do IRC, permanecem inalteradas.

Nos termos do DLR 3/2001/M, de 22 de Fevereiro, apenas há lugar à redução das taxas gerais de IRS com reflexo nas tabelas de retenção a que se refere o Dec.-Lei n.º 42/91, de 22 de Janeiro. Nestes termos, as taxas de retenção relativas a rendimentos sujeitos a IRC gerados na Região Autónoma da Madeira são, em qualquer caso, idênticas às aplicáveis no Continente.

Assim,

Não residentes sem estabelecimento estável

5.1. Estando em causa retenções sobre rendimentos obtidos na Região Autónoma dos Açores por entidades não residentes sem estabelecimento estável em território português, a taxa aplicável é a prevista nas diversas alíneas do n.º 2 do artigo 80.º do Código do IRC, reduzida de 30%. Tratando-se de rendimentos prediais, aplica-se-lhes a taxa de retenção do IRS que vigorar na Região.

Para o efeito relevam as regras de conexão fiscal constantes do n.º 3 do artigo 4.º do Código do IRC.

Entidades com sede ou estabelecimento estável na Região Autónoma dos Açores

5.2. Relativamente a rendimentos obtidos por entidades com sede ou direcção efectiva nos Açores tributados em IRC por retenção na fonte a título definitivo, a taxa aplicável é a prevista no n.º 4 do art. 80.º do Código do IRC, ou outra legalmente aplicável, reduzida de 30%.

5.3. Nos restantes casos, em que a retenção tenha natureza de pagamento por conta, deverá esta efectuar-se de acordo com as taxas de retenção do IRS que vigorem na Região, sempre que os titulares dos rendimentos sejam sujeitos passivos de IRC com sede, direcção efectiva ou estabelecimento estável situado na Região Autónoma dos Açores, ainda que exerçam a sua actividade em mais do que uma circunscrição

CIRCULAR N.º 16, de 28/05/2002

Registo individualizado dos Valores Mobiliários

Razão das Instruções

O artigo 125.º do CIRS prevê, para as entidades registadoras ou depositárias previstas nos artigo 61.º e 99.º do Código de Valores Mobiliários, a obrigação de comunicar à DGCI, até 31 de Março de cada ano, através de modelo oficial, os registos efectuados relativamente a valores mobiliários.

A portaria que aprova aquele modelo oficial, encontra-se a aguardar publicação.

O registo individualizado dos valores mobiliários previsto naquela norma possibilita a identificação dos titulares dos rendimentos aquando do seu pagamento, necessária à entidade emitente dos valores mobiliários com vista à sua tributação por retenção na fonte em função do regime fiscal aplicável a cada um dos titulares.

Atendendo a que não existe ainda um sistema de atribuição de número de identificação fiscal às entidades não residentes que não operem directamente nos mercados nacionais, foi por despacho de 4 de Abril último de Sua Ex.ª o Secretário de Estado dos Assuntos Fiscais sancionado o seguinte entendimento:

Tratamento fiscal

1. Para efeitos de retenção na fonte que incida sobre os rendimentos de valores mobiliários emitidos por entidades residentes em território português, poderá a Central de Valores Mobiliários (Interbolsa) comunicar às entidades emitentes a relação dos investidores que detêm valores mobiliários no momento do pagamento dos rendimentos, indicando o número de identificação fiscal, nome e endereço do beneficiário efectivo de todos os investidores residentes em território português independentemente do seu regime de tributação, bem como das entidades não residentes que beneficiem de isenção ou de uma convenção para evitar a dupla tributação;

Dispensa do registo individualizado

2. A referida comunicação deverá ser sempre efectuada com base em registo individualizado dos valores mobiliários em nome dos seus titulares, devendo, os valores mobiliários ser sempre registados em nome dos investidores finais, quando se verifiquem alterações da sua titularidade, mantendo-se apenas para os investidores não residentes que sejam tributados por retenção na fonte pelo regime geral, a título definitivo, a possibilidade de o registo ser efectuado de modo agregado em nome do intermediário financeiro (custodiante) residente em território português que deverá actuar como representante dos referidos investidores finais, enquanto não for instituído um regime simplificado de identificação fiscal para as entidades não residentes que não operem directamente nos mercados nacionais.

3. Poder-se-á dispensar o registo individualizado dos valores mobiliários na Central de Valores Mobiliários, desde que idêntico registo seja efectuado pelas entidades registadoras ou depositárias.

CIRCULAR N.º 18, de 19/06/2002

Subsídio de compensação atribuído a Magistrados Judiciais
(Código do IRS – art. 2.º, n.º 3, al. *d*))

Razão das Instruções

Tendo surgido dúvidas quanto à tributação dos subsídios de compensação atribuídos aos Magistrados Judiciais, face à nova redacção dada ao n.º 2 do art. 29.º do Estatuto dos

Magistrados Judiciais, foi por despacho de 02.06.2002 de Sua Excelência o Secretário de Estado dos Assuntos Fiscais, sancionado o seguinte entendimento:

Equiparação a ajudas de custo

1. Pela Lei n.º 143/99, de 31 de Julho, que alterou o n.º 2 do art. 29.º do Estatuto dos Magistrados Judiciais, foram estes subsídios «... para todos os efeitos equiparado(s) a ajudas de custo...».

2. Desta forma deverá ser-lhes aplicado o regime jurídico do abono de ajudas de custo ao pessoal da Administração Pública, aprovado pelo Dec-Lei n.º 106/98, de 24 de Abril, uma vez que tal aplicação não é legalmente afastada.

Aplicação dos limites previstos no CIRS

3. Assim, a partir de 1999 inclusive, e em conformidade com o disposto no n.º 14 do art. 2.º do Código do IRS, tal subsídio não estará sujeito a tributação, na parte que não exceda, por dia, o montante fixado anualmente para os servidores do Estado, e na medida em que não ultrapasse os 90 dias anuais estabelecidos no art. 12.º do referido regime, sem prejuízo da eventual prorrogação deste limite nas condições aí previstas.

CIRCULAR N.º 19, de 28/06/2002

Regime especial de tributação dos grupos de sociedades
– Declaração de alterações
(Código do IRC – art. 63.º, n.º 8)

A Lei n.º 30-G/2000, de 29 de Dezembro, veio revogar, com efeitos a partir do período de tributação que se inicie em 2001, o regime de tributação pelo lucro consolidado previsto no artigo 59.º do Código do IRC, na anterior redacção, e, em sua substituição, consagrou um novo regime de tributação dos grupos de sociedades, previsto nos actuais artigos 63.º a 65.º do Código do IRC.

Razão das instruções

1. Considerando que, nos termos das alíneas d) e e) do n.º 8 do artigo 63.º do Código do IRC, sempre que ocorrerem alterações na composição do grupo, quer pela entrada de novas sociedades que satisfaçam os requisitos legalmente exigidos quer pela saída de sociedades, deve a sociedade dominante participar essas alterações à DGCI mediante o envio da respectiva comunicação nos termos e para os efeitos do n.º 7 do referido artigo, a presente circular divulga o respectivo modelo, esclarecendo-se o seguinte:

   a) A declaração poderá ser reproduzida por fotocópia ou processada informaticamente, desde que seja esquematizada de acordo com o modelo anexo, de preferência em formato A4.

b) Devem ser mencionadas na declaração de alterações as entradas de sociedades que no início do período de tributação reúnem os requisitos legalmente exigidos para entrarem para o grupo;
c) Devem ainda ser mencionadas nesta declaração as saídas de sociedades ocorridas no período de tributação anterior;

Declaração de alterações

d) A declaração deverá ser enviada até ao fim do terceiro mês do período de tributação em que se pretende a continuidade da aplicação deste regime especial de tributação dos grupos de sociedades aos Serviços da DGCI para:
Direcção de Serviços do IRC
Av. Eng.º Duarte Pacheco, 28-7.º
1099-013 LISBOA

2. Consideram-se válidas as comunicações de alterações na composição do grupo efectuadas desde 1 de Janeiro de 2002 até à data da presente circular através de documento diferente do modelo agora divulgado.

CIRCULAR N.º 22, de 30/09/2002

Tributação do Pessoal das Missões Diplomáticas e Postos Consulares acreditados em Portugal
(EBF – art. 35.º)

Razão das Instruções

Continuando a suscitar-se dúvidas sobre o enquadramento no art. 35.º do EBF das remunerações auferidas pelo pessoal das missões diplomáticas e consulares acreditados em Portugal, e pelo pessoal ao serviço de organizações estrangeiras ou internacionais, foi, por despacho de Sua Ex.ª o Ministro das Finanças de 2 de Abril do corrente ano, consagrado o seguinte entendimento:

Tratamento fiscal

1. A isenção prevista no art. 35.º do Estatuto dos Benefícios Fiscais só é aplicável se existir norma de direito internacional que preveja essa isenção ou por aplicação do princípio da reciprocidade acordado entre Estados, e reporta-se apenas aos rendimentos do trabalho.

Pessoal das Organizações Internacionais

2. Nessa medida o *pessoal ao serviço das organizações estrangeiras ou internacionais* apenas beneficia da isenção se esta decorrer expressamente de norma de direito internacional regularmente ratificada ou aprovada e enquanto vincular internacionalmente o Estado Português.

Pessoal das Missões Diplomáticas

3. Relativamente ao pessoal das *missões diplomáticas* acreditadas em Portugal, as remunerações auferidas nessa qualidade, nos termos dos artigos 1.°, 34.° e 37.° da Convenção de Viena sobre Relações Diplomáticas, aprovada pelo DL n.° 48295, de 27 de Março de 1968, tem o seguinte enquadramento:

   a) Quando esse pessoal detiver a qualidade de agente diplomático, e apenas neste caso, gozam de isenção de todos os impostos e taxas, pessoais ou reais, nacionais, regionais ou municipais, excepto as relativas a serviços particulares prestados;
   b) A isenção referida na alínea anterior, também é aplicável aos membros da família do agente diplomático que com ele vivam, mas, desde que não sejam nacionais do Estado acreditador;
   c) Se se tratar de membros do pessoal administrativo e técnico da missão, bem como os membros das suas famílias que com eles vivam, só gozarão da referida isenção se não possuírem a cidadania portuguesa nem tiverem residência permanente em território português;
   d) Os membros do pessoal de serviço da missão (ou seja, os empregados do serviço doméstico), bem como os criados particulares de quaisquer membros da missão, apenas gozarão da referida isenção desde que não possuam a cidadania portuguesa nem tenham residência permanente em território português.

Pessoal dos Postos Consulares

4. Quanto ao *pessoal consular* (consulado-geral, consulado, vice-consulado ou agência consular), cujo Estado receptor seja Portugal, as remunerações auferidas nessa qualidade, nos termos do disposto nos artigos 1.°, 49.°, 66.° e 71.° da Convenção de Viena sobre Relações Consulares, aprovada pelo DL n.° 183/72, de 30 de Maio, têm o seguinte enquadramento:

   a) As remunerações auferidas pelos funcionários consulares (ou seja, os encarregados nessa qualidade do exercício de funções consulares, incluindo os chefes de postos consulares), quando sejam funcionários consulares de carreira, e mesmo que possuam nacionalidade portuguesa ou tenham residência permanente em território português, encontram-se isentos de quaisquer impostos ou taxas, pessoais ou reais, nacionais, regionais ou municipais, excepto as relativas a serviços particulares prestados;
   b) As remunerações auferidas pelos funcionários consulares honorários, mesmo que de nacionalidade portuguesa ou com residência permanente em território português, encontram-se isentas, bem como os emolumentos que recebam em razão do exercício de funções consulares.
   c) As remunerações auferidas pelos empregados consulares (ou seja, os trabalhadores dos serviços administrativos e técnicos) e os membros das suas famílias que com eles vivam, bem como os membros do pessoal de serviço (ou seja, os encarregados do serviço Doméstico) e os membros das suas famílias que com eles vivam, assim como, ainda, os membros das famílias dos próprios funcionários consulares (sejam de carreira ou honorários) se estes funcionários forem residentes em território português, quando, em qualquer destes casos, possuam cidadania portuguesa ou sejam residentes permanentes em território português, não beneficiam daquela isenção.

Obrigações acessórias das Entidades pagadoras de rendimentos

4. A imunidade jurisdicional de que gozam as missões diplomáticas e consulares não as pode dispensar do cumprimento dos seus deveres legais, mormente das suas obrigações tributárias previstas nas normas tributárias portuguesas, razão pela qual, estas entidades deverão colaborar com as autoridades fiscais, adoptando os procedimentos necessários para o cumprimento das seguintes obrigações tributárias:

   a) Retenção do imposto no momento do pagamento das remunerações aos seus titulares ou no momento da sua colocação à disposição dos mesmos, nos termos do disposto no artigo 99.º do CIRS;
   b) Manter e fornecer a informação fiscal específica relevante, nos termos previstos no artigo 119.º do CIRS.

CIRCULAR N.º 24, de 05/11/2002

Pagamentos de juros de obrigações emitidas por instituições de crédito ou sociedades financeiras instaladas nas zonas francas
SÉRIE C
Estatuto dos Benefícios Fiscais

Razão das Instruções

A isenção estabelecida na alínea c) do n.º 1 do artigo 33.º do EBF, encontra-se condicionada à não realização de quaisquer operações com entidades residentes.

Em conformidade, o pagamento dos juros das obrigações ao portador emitidas por instituições de crédito ou sociedades financeiras instaladas nas zonas francas, subscritas por entidades que não sejam das referidas nos n.ºs 1 e 2 da alínea c) do n.º 1 do artigo 33.º do EBF, enquadra-se nas condições aí previstas.

Todavia, a circunstância de na data do pagamento dos respectivos juros, o titular dessas obrigações ser, eventualmente, uma entidade residente, não envolve a perda da referida isenção, posto que, a existência de um mercado secundário das referidas obrigações, impossibilita o controlo das transacções de que as mesmas sejam objecto.

Na verdade, é sabido que no âmbito do mercado secundário os investidores podem transmitir os seus títulos a quaisquer entidades, sendo lícito que, nos termos do art. 101.º do Código de Valores Mobiliários (CVM), os valores mobiliários titulados ao portador sejam transmitidos por entrega do título ao adquirente ou ao depositário, sem intervenção da entidade emitente. Acresce referir que conforme decorre do artigo 104.º do CVM, o exercício de direitos inerentes aos valores mobiliários titulados ao portador, depende da posse do título, não podendo as entidades emitentes recusar o pagamento dos juros na data do seu vencimento à entidade que os detiver, independentemente da sua qualidade de residente ou não residente.

DESPACHO DE SESEAF DE 19/7/2002

Em face do exposto importa divulgar a todas as entidades interessadas, o entendimento sancionado por despacho de Sua Excelência o Senhor Secretário de Estado dos Assuntos Fiscais em 19/07/2002.

Procedimentos a adoptar

Assim, por esse despacho foi sancionado o seguinte entendimento:

«O pagamento a entidades residentes de juros de obrigações emitidas por instituições de crédito ou sociedades financeiras instaladas nas zonas francas, bem como o seu reembolso, não prejudica o direito à isenção de IRC prevista no n.º 1 do artigo 33.º do EBF, desde que se verifiquem os seguintes requisitos:

  a) As obrigações tenham sido subscritas por entidades não residentes;
  b) Aquelas entidades apresentem a prova da sua qualidade de não residente nos termos previstos no n.º 14 do artigo 33.º do EBF;
  c) Nas datas de vencimento dos juros, as entidades não residentes apresentem declaração passada e autenticada por uma instituição depositária residente em território português, que comprove o período durante o qual as obrigações se encontraram depositadas/registadas em seu nome;
  d) As instituições de crédito e sociedades financeiras emitentes, procedam à retenção na fonte nos termos previstos nos Códigos do IRS e do IRC, relativamente aos juros pagos a entidades residentes ou aos juros de que estas tenham sido beneficiárias.»

Direcção-Geral dos Impostos, em 05.11.2002

CIRCULAR N.º 3, de 7/02/2003

Interpretação da Portaria n.º 555/2002, de 4 Julho

Razão das Instruções

A Portaria n.º 555/2002, de 4 de Junho, veio fixar regras quanto à imputação do lucro tributável, para efeitos do n.º 20 do artigo 33.º do Estatuto dos Benefícios Fiscais, relativamente às instituições de crédito e sociedades financeiras instaladas nas zonas francas que não exerçam em exclusivo aí a sua actividade.

ENTENDIMENTO SANCIONADO POR DESPACHO DO SEAF de 24.02.2003

Tendo-se suscitado dúvidas quanto ao seu real alcance e sentido, importa divulgar o seguinte entendimento ministerial:

1. Nos termos do n.º 1 da Portaria n.º 555/2002, de 4 de Junho, para efeitos do artigo 33.º do Estatuto dos Benefícios Fiscais deverá considerar-se que 80% do lucro tri-

butável da actividade global das instituições de crédito e sociedades financeiras que não exerçam em exclusivo a sua actividade nas Zonas Francas da Madeira e da Ilha de Santa Maria é resultante de actividades exercidas fora do âmbito institucional daquelas zonas, pelo que não beneficiará da isenção de Imposto sobre o Rendimento das Pessoas Colectivas (IRC) prevista naquela norma.

2. Resulta de uma adequada interpretação da Portaria em causa que o objectivo que se lhe encontra subjacente consiste na limitação da imputação de lucro tributável à actividade desenvolvida no âmbito das zonas francas, na impossibilidade prática de determinar com rigor as operações que, de facto, foram praticadas através da estrutura afecta às zonas francas. No mesmo sentido, concorre a circunstância de a desmaterialização das operações poder em alguns casos, tornar difícil a criação de uma estrutura física instalada compatível com o requisito da direcção efectiva das operações a partir das zonas francas.

3. Para estes efeitos, e por força das regras gerais e do n.º 3 da Portaria em análise, haverá que determinar o lucro tributável global, o lucro tributável da sucursal na zona franca e o lucro tributável da instituição de crédito ou sociedade financeira excluindo a sucursal na zona franca.

O lucro tributável apurado na sucursal da zona franca, isento de IRC nos termos e nas condições do artigo 33.º do Estatuto dos Benefícios Fiscais, não poderá ser superior:

– ao lucro tributável apurado por referência à actividade efectivamente realizada no âmbito daquela sucursal e determinado com base na contabilidade; e

– a 20% do lucro tributável apurado no âmbito da actividade global da instituição de crédito ou sociedade financeira.

4. Concretizando, e por forma a melhor ilustrar o exposto, apresentam-se em anexo quatro exemplos.

Direcção-Geral dos Impostos, 24.02.2003

ANEXO À CIRCULAR N.º 3/2003

EXEMPLOS

Exemplo 1

	Instituição de crédito excluindo sucursal	Sucursal	Actividade global
Lucro (prejuízo) tributável	100	30	130

No exemplo 1, o limite de 20% corresponde a 26. Embora o lucro tributável da sucursal corresponda a 30, apenas 26 beneficiarão de isenção de IRC.

Exemplo 2

	Instituição de crédito excluindo sucursal	Sucursal	Actividade global
Lucro (prejuízo) tributável	350	45	395

No exemplo 2, o limite de 20% corresponde a 79. No entanto, apenas 45 beneficiarão de isenção de IRC, porque apenas 45 resultam da actividade afecta à sucursal.

Exemplo 3

	Instituição de crédito excluindo sucursal	Sucursal	Actividade global
Lucro (prejuízo) tributável	310	(10)	300

No exemplo 3, o limite de 20% corresponde a 60. Porque a sucursal não apura lucro tributável, não é apurado lucro tributável isento de IRC.

Exemplo 4

	Instituição de crédito excluindo sucursal	Sucursal	Actividade global
Lucro (prejuízo) tributável	(25)	10	(15)

No exemplo 4, o limite de 20% corresponde a 0. Embora a sucursal apure lucro tributável de 10, como esse montante é excessivo por referência ao limite, não aproveita da isenção de IRC.

Direcção-Geral dos Impostos

CIRCULAR N.º 5/2003, de 25/03/2003

**Retenção sobre rendimentos de valores mobiliários
emitidos por entidades não residentes
em território português**
(CIRS – art. 101.º)

Razão das Instruções

A Lei n.º 32-B/2002, de 30 de Dezembro (Lei do Orçamento para 2003) procedeu à alteração da redacção do n.º 3 do artigo 101.º.

Esta alteração veio transferir a responsabilidade da retenção na fonte do imposto devido pelos rendimentos de valores mobiliários das entidades emitentes para as entidades registadoras.
Em face desta alteração, surgiram dúvidas quanto à compatibilidade entre o disposto na alínea b) do n.º 2 do artigo 101.º e o n.º 3 do mesmo preceito, nomeadamente sobre a identificação da entidade responsável pela retenção do imposto quando esteja em causa o pagamento de rendimentos de valores mobiliários emitidos por entidades não residentes em território português.
Assim, mostrando-se necessário esclarecer os sujeitos passivos sobre a matéria, foi, por despacho de 27.01.03 de Sua Ex.ª o Secretário de Estado dos Assuntos Fiscais, sancionado o seguinte entendimento:

Tratamento fiscal

1. A alteração introduzida ao n.º 3 do artigo 101.º do CIRS pela Lei n.º 32-B/2002, de 30 de Dezembro, apenas transfere a responsabilidade de retenção na fonte do imposto das entidades emitentes para as entidades registadoras ou depositárias quando se trate de valores mobiliários emitidos por entidades residentes em território português, sujeitos a registo ou depósito.

2. Tratando-se de rendimentos de valores mobiliários emitidos por entidades não residentes em território português, nos termos do disposto na alínea b) do n.º 2 do artigo 101.º do CIRS, na redacção actualmente em vigor, o responsável pela retenção do imposto a que haja lugar é o intermediário financeiro que efectivamente coloca à disposição dos titulares dos valores mobiliários os respectivos rendimentos, independentemente de ser ou não o agente pagador da entidade emitente.

Direcção-Geral dos Impostos, 25-03-03

CIRCULAR N.º 6/2003

Alterações ao CIRS introduzidas pela Lei do Orçamento para 2003

Razão das Instruções

A Lei n.º 32-B/2002, de 30 de Dezembro (Lei do Orçamento para 2003) procedeu à alteração da redacção do n.º 3 do artigo 101.º, bem como dos artigos 119.º e 120.º, todos do CIRS.
Estas alterações vieram transferir certas responsabilidades declarativas das entidades emitentes de valores mobiliários para as entidades registadoras ou depositárias dos mesmos valores, nomeadamente as previstas na alínea b) do n.º 2 do artigo 119.º do CIRS, cujo cumprimento importa precisar.
Surgiram dúvidas quanto à compatibilidade entre estas novas disposições e o disposto no Decreto-Lei n.º 88/94, de 2 de Abril, sempre que estejam em causa rendimentos de valores mobiliários representativos de dívida pública.

Assim, mostrando-se necessário esclarecer os sujeitos passivos sobre a matéria, foi, por despacho de 23.01.03 de Sua Ex.ª o Secretário de Estado dos Assuntos Fiscais, sancionado o seguinte entendimento:

Tratamento fiscal

1. As obrigações acessórias actualmente previstas no artigo 119.º do CIRS, encontravam-se antes da redacção dada pela Lei n.º 32-B/2002, de 30 de Dezembro, previstas nos artigos 119.º e 120.º do CIRS e eram da responsabilidade das entidades devedoras, designadamente do IGCP. Consequentemente, as alterações introduzidas apenas transferem para as entidades registadoras ou depositárias, as responsabilidades que se encontravam cometidas às entidades devedoras.

2. Estas obrigações são aplicáveis aos rendimentos dos valores mobiliários representativos de dívida pública, conforme remissão efectuada pelo n.º 2 do artigo 15.º do Decreto-Lei n.º 88/94, de 2 de Abril.

3. O documento previsto na alínea *b*) do n.º 2 do artigo 119.º do CIRS, que justifica a isenção, a redução de taxa ou a dispensa de retenção na fonte, aplicável aos sujeitos passivos beneficiários residentes em território português, também é aplicável aos não residentes, conforme remissão efectuada pela alínea *b*) do n.º 7 do mesmo artigo.

4. Sempre que não existam outros documentos que comprovem a titularidade dos valores mobiliários, será preenchida uma declaração de titularidade, nos termos do modelo anexo, que pode ser livremente reproduzido.

Direcção-Geral dos Impostos, 25-03-03

ANEXO À CIRCULAR N.º 6/2003, de 25-03-03

DECLARAÇÃO DE TITULARIDADE

O beneficiário abaixo assinado:
Nome:
....

Morada:
....

Número de identificação fiscal:
....

Detentor através do seguinte intermediário financeiro:
Nome do intermediário financeiro:
....
....
....

Número de conta:

....

Dos seguintes valores mobiliários:
Código ISIN:

....

Designação do valor mobiliário:

....

Data do pagamento do rendimento:

....

Posição:

....

    1. Declara, por este meio, que é o beneficiário efectivo dos valores mobiliários e detentor da posição acima mencionada na data de pagamento do rendimento, em _____/_____/_____; e

    2. Declara que não se encontra sujeito a retenção na fonte nos termos da legislação a seguir indicada (assinalar a aplicável):

Decreto-Lei n.º 88/94, de 2 de Abril	
Art. 90.º do CIRC (Código do Imposto sobre o Rendimento de Pessoas Colectivas) – Dispensa de retenção na fonte	
Art. 10.º do CIRC – Pessoas colectivas de utilidade pública e de solidariedade social; isenção reconhecida por Despacho Ministerial n.º ...., publicado em *Diário da República*	
Art. 14.º do EBF (Estatuto dos Benefícios Fiscais) – Fundos de pensões e equiparáveis	
Art. 21.º do EBF – FPR, FPE, FPR/E	
Art. 22.º-A do EBF – Fundos de capital de risco	
Art. 24.º do EBF – Fundos de poupança em acções (FPA)	
Outra legislação (indicar qual)	

    O presente documento destina-se a ser apresentado às autoridades fiscais portuguesas, quando solicitado, de acordo com o previsto na alínea *b*) do n.º 2 e alínea *b*) do n.º 7, ambas do art. 119.º do Código de IRS.

    Assinatura autorizada:
    Nome: ....
    Função: ....
    Assinatura: ....

VERSÃO INGLESA

STATEMENT OF BENEFICIAL OWNERSHIP

The undersigned beneficiary:
Name: ....
Address: ....
Tax identification number: ....

holding via the following financial intermediary:
Name of the financial intermediary: ....
....
Account number: ....

the following securities:
Common/ISIN code: ....
Security name: ....
Payment date: ....
Nominal position: ....

    1. Hereby declares that he/she/it is the beneficial owner of the above-mentioned securities and nominal position at the payment date _____/_____/_____; and

    2. Hereby declares that he/she/it is not liable to withholding tax, in accordance with the applicable legislation, indicated herein after (tick where applicable):

Decreto-Lei n.° 88/94, de 2 de Abril..
Art. 90.° do CIRC (Código do Imposto sobre o Rendimento de Pessoas Colectivas) – Dispensa de retenção na fonte ....
Art. 10.° do CIRC – Pessoas colectivas de utilidade pública e de solidariedade social; isenção reconhecida por Despacho Ministerial n.° ...., publicado em *Diário da República* .....
Art. 14.° do EBF (Estatuto dos Benefícios Fiscais) – Fundos de pensões e equiparáveis ....
Art. 21.° do EBF – FPR, FPE, FPR/E...
Art. 22.° A do EBF – Fundos de capital de risco ....
Art. 24.° do EBF – Fundos de poupança em acções (FPA)...
Another legislation (indicate which) ....

    This document is to be provided to the Portuguese tax authorities, if requested by the latter, as foreseen in section b), n.° 2 and section b), n.° 7, both of article 119 of CIRS.
Authorized signatory:
Name: ....
Function: ....
Signature: ....

CIRCULAR N.° 7/2003

Consequências fiscais da aplicação
da Directriz Contabilística n.° 25 – Locações
(Art. 17.° e art. 42.°, n.° 2, al. *h*) do CIRC)

    Pelos despachos n.os 1677/2002 – XV, de 28 de Novembro de 2002 e 691/2003-XV, de 21 de Março de 2003, de S. Ex.ª o Secretário de Estado dos Assuntos Fiscais, foi determinado que a Directriz Contabilística (DC) n.º 25 – Locações é de aplicação obrigatória, para efeitos fiscais, a partir de 1 de Janeiro de 2004, pelo que importa esclarecer e definir qual o regime fiscal aplicável aos contratos celebrados anteriormente a essa data que, à luz dos conceitos expostos naquela Directriz, devem agora ser classificados como contratos de locação financeira.

Assim:

1 – A DC n.º 25 faz parte integrante da normalização contabilística, pelo que, em princípio, teria aplicação directa para efeitos de determinação do lucro tributável em IRC, por força do disposto no artigo 17.º do respectivo Código.

Aplicação da DC n.º 25 em termos fiscais

2 – Logo, a consequência de um contrato ser qualificado, à luz dos conceitos expressos na DC n.º 25, como locação financeira será a aplicação a esse contrato do regime fiscal das operações de locação financeira, ou seja:

– Nos locatários: os bens locados integram o activo imobilizado corpóreo, sendo por estes reintegrados; relativamente às rendas pagas no âmbito do contrato de locação, apenas se reconhece como custo fiscalmente dedutível a parte das mesmas que não se refira à amortização financeira (amortização de capital);

– Nas locadoras: os bens locados não se consideram como fazendo parte do respectivo imobilizado corpóreo e, portanto, não são por estas reintegrados; das rendas cobradas no âmbito dos contratos de locação financeira apenas é considerada proveito fiscal do exercício a parte das mesmas que não se refira à amortização financeira (amortização de capital).

3 – Todavia, por força dos despachos supra mencionados, a DC n.º 25 apenas produzirá efeitos fiscais, com carácter obrigatório, a partir de 1 de Janeiro de 2004, aplicando-se aos contratos celebrados antes ou depois desta data.

Aplicação temporal do regime fiscal decorrente da DC n.º 25

4 – Assim, para os contratos celebrados anteriormente a 1 de Janeiro de 2004, estabelece-se o seguinte:

a) Nos casos em que os sujeitos passivos tenham procedido, anteriormente a esta data, à reclassificação contabilística dos contratos em conformidade com a DC n.º 25 e sua consequente tributação, serão mantidas as respectivas projecções fiscais.

b) Nos casos em que os sujeitos passivos não tenham, até essa data, procedido à reclassificação contabilística dos contratos em conformidade com aquela Directriz ou, tendo-o feito, não procedam até 31 de Dezembro de 2003 à projecção fiscal dos respectivos efeitos, será aplicável, até esta data, o regime fiscal adoptado antes da entrada em vigor da DC n.º 25.

Direcção-Geral dos Impostos, 28 de Março de 2003

CIRCULAR N.º 12/2003

Convenções para evitar a Dupla Tributação
(CIRC – Art. 90.º
DL n.º 42/91, de 22/1 – Art. 18.º)

O artigo 90.º do Código do Imposto sobre o Rendimento das Pessoas Colectivas (CIRC) e o artigo 18.º do Decreto-Lei n.º 42/91 de 22 de Janeiro determinam que a prova do preenchimento das condições para aplicação de uma convenção destinada a evitar a dupla tributação internacional seja efectuada através de formulário a aprovar por despacho do Ministro das Finanças.

O despacho n.º 11701/2003, de 28 de Maio de 2003, de Sua Ex.ª a Ministra de Estado e das Finanças, publicado no *Diário da República,* II Série, n.º 138, de 17 de Junho de 2003, procedeu à aprovação dos formulários destinados a efectuar a prova referida nos citados preceitos.

Torna-se, assim, necessário proceder à divulgação de alguns esclarecimentos tendo em vista permitir a correcta ut1 lização de vários formulários aprovados, pelo que se determina o seguinte:

1. Os formulários aprovados pelo Despacho n.º 11 701/2003, de Sua Ex.ª a Ministra de Estado e das Finanças, publicado no *Diário da República,* II Série, n.º 138, de 17 de Junho de 2003, integram a declaração de titularidade prevista na Circular n.º 6/2003, de 25 de Março de 2003.

2. A titularidade dos títulos de dívida, a que se referem os formulários modelo 7 RFI e 13 RFI, deve ser certificada no Quadro III, pelo intermediário financeiro residente em território português que será, no caso de se tratar de valores mobiliários, a entidade registadora ou depositária dos títulos e, nos restantes casos, o intermediário financeiro onde os títulos se encontram depositados (custodiante).

3. Nos casos em que o cliente directo do intermediário financeiro residente em território português não seja o beneficiário dos rendimentos mas um intermediário financeiro não residente, deve este ser identificado no Quadro VI dos referidos formulários.

4. Tratando-se de dividendos de acções, a titularidade das mesmas, a que se referem os formulários modelo 8 RFI e 14 RFI, deve ser certificada no Quadro III, pelo intermediário financeiro residente em território português que será a entidade registadora ou depositária das acções.

5. Nos casos em que o cliente directo do intermediário financeiro residente em território português não seja o beneficiário dos rendimentos mas um intermediário financeiro não residente, deve este ser identificado no Quadro VI dos referidos formulários.

6. Os formulários aprovados pelo referido despacho, serão obrigatoriamente utilizados a partir de 01/08/2003, deixando de ser aceites como documentos de prova para efeitos do disposto nos artigos 90.º do CIRC e 18.º do Decreto-Lei n.º 42/91, de 22 de Janeiro, qualquer outro documento que seja objecto de certificação pelas autoridades fiscais do Estado de residência do beneficiário dos rendimentos em data posterior aquela.

7. Fica revogada a Circular n.º 18/99, de 7 de Outubro.

Direcção-Geral dos Impostos, 19/07/2003

CIRCULAR N.º 13/2003, de 25 de Setembro

**Aquisição do direito aos benefícios fiscais
no âmbito do estatuto do Mecenato**
(Dec.-Lei n.º 74/99, de 16 de Março – art. 1.º;
Estatuto do Mecenato – arts. 1.º a 4.º)

Tendo sido colocadas dúvidas a estes Serviços quanto à data de aquisição do direito aos benefícios fiscais previstos no Estatuto do Mecenato quando os mesmos dependem de reconhecimento ministerial, por despacho conjunto dos Ministros de Estado e das Finanças e da respectiva tutela, por despacho de Sua Excelência o Secretário de Estado dos Assuntos Fiscais, de 03.07.2003, foi sancionado o seguinte entendimento:

1. No âmbito do Estatuto do Mecenato, relativamente aos benefícios fiscais que sejam dependentes de reconhecimento a solicitar pela entidade interessada (vd. n.º 2 do artigo 1.º do Dec.Lei n.º 74/99, de 16 de Março), a lei nada refere quanto à aquisição do direito ao benefício nem quanto à natureza do acto de reconhecimento, pelo que se lhe aplicam as regras da Parte I do Estatuto dos Benefícios Fiscais, ou seja, aquele acto tem efeito meramente declarativo pois que a lei não dispõe de outro modo (cfr. artigo 11.º e n.º 2 do artigo 4.º do E.B.F.).

2. Assim, o nascimento do direito ao benefício fiscal deve reportar-se sempre ao momento da verificação histórica dos respectivos pressupostos legais, a saber, genericamente, por um lado, a atribuição do donativo pelo sujeito passivo, conforme definição dada pelo n.º 1 do artigo 2.º do Dec.-Lei n.º 74/99, e, por outro lado, a integração da entidade beneficiária e medidas a desenvolver num dos tipos de entidades e medidas elencadas nos artigos 1.º a 4.º do Estatuto do Mecenato.

Estando historicamente reunidos os pressupostos do benefício fiscal, o sujeito passivo, autor da liberalidade, adquire o direito ao mesmo, precisamente, na data da verificação desses pressupostos.

3. Contudo, este sujeito passivo não poderá exercer o seu direito sem a verificação da condição necessária que é o acto de reconhecimento declarativo por parte da Administração.

Com efeito, o acto de reconhecimento exigido (despacho ministerial conjunto, cfr. n.º 3 do artigo 1.º do Dec.-Lei n.º 74/99), é condição de exercício do direito ao benefício fiscal, mas não condição de atribuição do mesmo. O benefício fiscal tem a sua fonte, não no acto de reconhecimento mas, na própria lei.

Uma vez praticado este acto de reconhecimento, os seus efeitos retroagem à data da verificação histórica dos respectivos pressupostos do benefício fiscal, mas o seu exercício só é possível a partir do momento em que o mecenas possa efectuar prova de que o donativo se enquadra no âmbito do Estatuto de Mecenato, e para isso necessita, obviamente, do despacho ministerial conjunto, pelo que só a partir deste facto poderá o sujeito passivo usufruir na sua plenitude do benefício fiscal.

4. Em consequência, se o sujeito passivo considerou o benefício fiscal na sua declaração de rendimentos do exercício do donativo, sem para isso existir o despacho de reconhecimento, deverá a respectiva liquidação de imposto ser corrigida, acrescida dos competentes juros compensatórios.

Se o sujeito passivo não considerou tal benefício e, se posteriormente à entrega da declaração de rendimentos do exercício do donativo for emitido o despacho conjunto de reconhecimento, poderá o sujeito passivo em procedimento administrativo, com vista à usufruição plena do benefício:
  i) Proceder à entrega de declaração de substituição, caso ainda esteja no prazo legal para o fazer;
  ii) Reclamar graciosamente do acto de liquidação.

5. Este regime implica, na prática, que a entidade beneficiária não se "desligue" dos seus mecenas, pois deverá facultar-lhes a prova documental que os mesmos necessitam para disfrutarem na íntegra do seu estatuto de mecenas.

CIRCULAR N.º 1/2004, de 19 de Janeiro

Tributação do pessoal das Missões Diplomáticas e Postos Consulares acreditadas em Portugal

Razão das instruções

Na sequência das dúvidas suscitadas sobre o enquadramento no art. 35.º do EBF das remunerações auferidas pelo pessoal das missões diplomáticas e consulares acreditados em Portugal, nomeadamente no que respeita ao princípio da reciprocidade ali previsto, foi, por despacho de Sua Ex.ª o Secretário de Estado dos Assuntos Fiscais de 6 de Junho do corrente ano, sancionado o seguinte entendimento:

Reciprocidade

1. A isenção prevista no artigo 35.º do EBF é aplicável sempre que se verifique uma situação de reciprocidade de facto, sem dependência da existência de qualquer acordo bilateral entre Estados que consagre ou reconheça tal reciprocidade.

Isenções resultantes de uma convenção

2. A reciprocidade terá de ser aferida relativamente ao mesmo tipo de relações jurídico-laborais, não sendo, por isso, de considerar como tal a isenção de tributação imposta por uma convenção para evitar a dupla tributação.

Ónus da prova

3. Não compete à administração tributária a realização das diligências tendentes à confirmação da situação de reciprocidade de facto junto de outras administrações tributárias, pois é ao interessado que compete fazer a prova da verificação dos pressupostos da isenção.

Forma de prova da reciprocidade

4. A prova da reciprocidade poderá ser feita através de uma declaração das autoridades fiscais do outro Estado, emitida a pedido das respectivas representações diplomáticas ou consulares acreditadas em Portugal ou do Ministério dos Negócios Estrangeiros, a qual deverá comprovar qual o tratamento fiscal conferido, de facto, ao pessoal que está ao serviço das representações diplomáticas ou consulares de Portugal nesse Estado.

Circular 22/2002
5. Mantém-se em vigor a Circular n.º 22/2002, de 30 de Setembro, relativamente à tributação das remunerações do pessoal das missões diplomáticas e postos consulares não abrangidos pela reciprocidade.

CIRCULAR N.º 2/2004, de 20 de Janeiro

Tratamento Fiscal de Donativos
Estatuto do Mecenato
(Dec.-Lei n.º 74/99, de 16/03 – art. 2.º;
Código do IRC – art. 23.º; Código do IRS – art. 78.º;
Código do IVA – arts. 3.º, 4.º, 16.º e 36.º)

Razão das instruções

A Circular n.º 12/2002, de 19 de Abril, veio esclarecer dúvidas relativas ao enquadramento jurídico-tributário de donativos, em sede de IRS, IRC e IVA, nomeadamente nos casos em que aos mesmos esteja associada a atribuição aos doadores, por parte dos beneficiários dos donativos, de determinadas regalias em espécie, como sejam, por exemplo, a atribuição de bilhetes de ingresso ou convites para eventos, a disponibilização de salas e de outras instalações ou a associação do nome do doador a certa obra ou iniciativa promovida pelo donatário.

Subsistindo, ainda, algumas dúvidas e alguma margem de indefinição no que concerne ao enquadramento de certas realidades no âmbito do Estatuto do Mecenato, que importa aclarar, considerou-se oportuno, na sequência do Despacho n.º 1287/2003-XV, de 26 de Maio, de S. Ex.ª O Secretário de Estado dos Assuntos Fiscais, rever o conteúdo da Circular n.º 12/2002, em ordem a concretizar, através da definição de critérios mais objectivos e, em alguns casos, da fixação de limites para o valor das contrapartidas concedidas, as linhas de orientação aí consagradas.

I – IMPOSTOS SOBRE O RENDIMENTO

Enquadramento em sede de IRC e de IRS

1. O regime tributário aplicável aos donativos atribuídos no âmbito do Estatuto do Mecenato, aprovado pelo Dec-Lei n.º 74/99, de 16 de Março, consiste, em sede de IRC, na sua consideração como custo ou perda do respectivo exercício para efeitos da determinação do lucro tributável, acrescido da majoração respectiva, e, em sede de IRS, numa dedução à colecta do imposto.

Não sendo a situação subsumível no âmbito deste regime, aplicar-se-ão as regras gerais previstas no Código do IRC, sendo aceites como custo, embora sem qualquer majoração, apenas os que comprovadamente forem indispensáveis para a realização de proveitos ou ganhos sujeitos a imposto ou para a manutenção da fonte produtora. Assim, as importâncias que revistam a natureza de donativos, fora do âmbito do Estatuto do Mecenato, não logram passar o teste da respectiva indispensabilidade, pelo que não são aceites como custo para efeitos fiscais.

Ao invés, nas situações em que as importâncias atribuídas não revistam a natureza de donativo, constituindo a contrapartida da aquisição de um bem ou serviço, as mesmas são, em princípio, aceites como custo para efeitos fiscais à luz do disposto no art. 23.º do Código do IRC.

Conceito de donativo para efeitos do Estatuto do Mecenato

2. Nos termos do n.º 2 do artigo 1.º do Dec.-Lei n.º 74/99, de 16 de Março, apenas têm relevância fiscal *"os donativos em dinheiro ou em espécie concedidos sem contrapartidas que configurem obrigações de carácter pecuniário ou comercial às entidades públicas ou privadas nele previstas, cuja actividade consista, predominantemente, na realização de iniciativas nas áreas cultural, ambiental, científica ou tecnológica, desportiva e educacional"*.

De acordo com esta regra, estão abrangidos pelo Estatuto do Mecenato os donativos, ou seja, as prestações de carácter gratuito em que impera o espírito de liberalidade do doador.

À realização de donativos aparece, todavia, frequentemente associada a atribuição ao doador de determinadas regalias em espécie, como sejam a atribuição de convites ou bilhetes de ingresso para eventos, a disponibilização das instalações do beneficiário ao doador ou a associação do nome do doador a certa obra ou iniciativa promovida pelo donatário.

A questão que se coloca é a de saber em que medida as mesmas constituem contrapartidas de carácter comercial, inviabilizadoras do enquadramento do custo no âmbito do Estatuto do Mecenato. Ora, nestas situações, poderemos ainda estar no domínio dos negócios gratuitos à luz das regras do direito privado comum. De facto, para o efeito de recusar à prestação a natureza de gratuitidade não basta que a regalia que lhe esteja associada seja desejada pelo doador, é necessário averiguar se aquela regalia foi desejada como correspectivo patrimonial do donativo de tal modo que se possa dizer ferido o espírito de liberalidade do doador.

É neste quadro que importa interpretar o disposto no n.º 2 do art. 1.º do Dec.-Lei n.º 74/99, buscando a *ratio* do preceito. Assim, não deverão ser excluídas do âmbito do Estatuto do Mecenato situações que nele devam manifestamente ser incluídas, por serem insignificantes as contrapartidas recebidas pelo doador e, quando esteja em causa a associação do respectivo nome a um evento promovido pelo beneficiário, por subsistir o espírito de liberalidade do doador.

Regalias em espécie atribuídas ao doador

2.1. Atente-se, por exemplo, que regalias como a disponibilização ao doador de instalações do beneficiário, a atribuição de convites ou bilhetes de ingresso para iniciativas promovidas pelo beneficiário podem não desvirtuar, necessariamente, o espírito de liberalidade do doador se revestirem um valor manifestamente insignificante face ao donativo efectuado.

Assim, considera-se que as mencionadas regalias não constituem, para efeitos do disposto no n.º 2 do art. 1.º do Dec.-Lei n.º 74/99, de 16 de Março, contrapartidas de carácter pecuniário ou comercial quando o valor de mercado das mesmas não ultrapassar, anualmente, o limite de 5% dos donativos atribuídos.

Associação do nome do doador a iniciativas promovidas pelo donatário

2.2. Nos casos em que a regalia se traduza numa associação pública do nome do doador a determinada iniciativa, deve atender-se também ao modo como essa associação se produz, admitindo-se que aos donativos concedidos no âmbito da legislação do mecenato esteja associada a regalia da divulgação do nome do mecenas, desde que a mesma não apresente "natureza comercial" mas meramente institucional.

Critérios de distinção
Assim, poder-se-ão estabelecer as seguintes linhas de orientação:
   a) Se a regalia consistir na associação do nome do doador a certa iniciativa, tendo como fito a busca de uma imagem pessoal ou institucional de responsabilidade cívica, que o identifique junto do público em geral, porque o espírito de liberalidade do doador é preponderante, estar-se-á perante donativos enquadráveis no Estatuto do Mecenato;
Para efeitos da concretização da orientação estabelecida nesta alínea deverão ter-se em atenção os Seguintes critérios:
   i) Na associação do nome do doador a determinadas iniciativas ou eventos promovidos pelo beneficiário não deverá ser feita qualquer referência a marcas, produtos ou serviços do mecenas, permitindo-se, apenas, a referência ao respectivo nome ou designação social e logotipo;
   ii) A divulgação do nome ou designação social do mecenas deve fazer-se de modo idêntico e uniforme em relação a todos os mecenas, não podendo a mesma variar em função do valor do donativo concedido;
   iii) A identificação pública do mecenas não deve revestir a natureza de mensagem publicitária, devendo, pois, efectuar-se de forma discreta, num plano secundário relativamente ao evento ou obra aos quais aparece associada, em suportes destinados a divulgar ou enquadrar a própria iniciativa – se existentes – de acordo com os usos aceites neste domínio e sempre com alusão à qualidade de mecenas.
   b) Se, em vez disso, a regalia consistir na associação a certa iniciativa dos produtos comercializados pelo doador, ou mesmo do seu nome mas tendo como fito a sua promoção junto dos respectivos consumidores, o que se considera verificado quando não seja observado algum dos critérios estabelecidos para efeitos da alínea a), porque o espírito de liberalidade do doador é secundarizado, estar-se-á perante um patrocínio, não contemplado no Estatuto do Mecenato.

II – IMPOSTO SOBRE O VALOR ACRESCENTADO

Enquadramento em sede de IVA
1. Contrariamente ao que sucede no IRS e no IRC, a problemática da qualificação dos donativos para efeitos do n.º 2 do artigo 1.º do Dec.-Lei n.º 74/99, de 16 de Março, não assume a mesma relevância no domínio do IVA.

Devido à natureza do próprio imposto e ao tipo de realidades económicas que o mesmo tributa, no IVA não ocorre, em princípio, qualquer desconsideração do donativo, designadamente quando existam contrapartidas de carácter pecuniário ou comercial por parte dos beneficiários.

Com efeito, a eventual ocorrência de contrapartidas realizadas pelo beneficiário não retira à prestação do mecenas o seu carácter de doação, tal como esta é definida pelo direito privado comum, pelo que o respectivo tratamento em sede de IVA será sempre o decorrente de um contrato gratuito, salvo nos casos – já não de todo mecenáticos por ausência de *animus donandi* – em que as prestações de ambas as partes se equivalem.

Operações onerosas

Nesta última situação, em que as contrapartidas associadas a um donativo reflectem, pelo seu valor, uma ausência de espírito de liberalidade e, portanto, uma intenção de enriquecimento de parte a parte, estar-se-á perante um contrato oneroso, sendo as correspondentes transmissões de bens ou prestações de serviços, efectuadas por qualquer dos intervenientes ou por ambos, submetidas às regras gerais de tributação em IVA das operações realizadas a título oneroso.

Operações a título gratuito

2. Nas relações de índole mecenática, nas quais, ainda que ocorra a realização de contrapartidas pelo beneficiário, estas são de valor inferior ao do donativo, a sujeição ao imposto depende da eventual subsunção das operações decorrentes dessas relações nas regras do Código do IVA (CIVA) que assimilam, para efeitos de tributação, determinadas operações gratuitas a operações onerosas.

Operações realizadas pelos beneficiários dos donativos

Nesse domínio, quando no âmbito de uma relação mecenática o beneficiário do donativo oferece determinados bens corpóreos ao mecenas, a respectiva transmissão gratuita será, em princípio, sujeita a imposto nos termos da alínea *f)* do n.º 3 do artigo 3.º do CIVA se, relativamente a esses bens, a entidade que os oferece tiver beneficiado do direito à dedução, total ou parcial, do IVA que os onerou aquando da respectiva aquisição ou produção.

A verificarem-se os pressupostos de tributação dessas transmissões gratuitas, o respectivo valor tributável, determinado nos termos da alínea *b)* do n.º 2 do artigo 16.º do CIVA, corresponde ao preço de aquisição dos bens ou, na sua falta, ao respectivo preço de custo, reportados ao momento de realização das operações.

Não se verificará no entanto a sujeição a imposto, ainda que tenha havido lugar à dedução total ou parcial do IVA contido nos bens objecto de transmissão gratuita, nos casos em que – em conformidade com o disposto no segundo parágrafo da alínea *f)* do n.º 3 do artigo 3.º do CIVA – se esteja perante uma oferta de reduzido valor.

Exclusivamente para efeitos do enquadramento decorrente das relações mecenáticas abrangidas pelo Decreto-Lei n.º 74/99, e tendo em consideração o disposto no artigo 6.º do Estatuto do Mecenato, aditado pela Lei n.º 107-B/2003, de 31 de Dezembro, consideram-se de pequeno valor, sendo excluídas portanto do âmbito de incidência do IVA, as ofertas de bens efectuadas pelos beneficiários do mecenato aos mecenas cujo valor não exceda 5% do montante do donativo atribuído.

Exemplo:

A título exemplificativo, considere-se uma situação em que, no âmbito mecenático, o sujeito passivo A concede a B um donativo no montante de € 10 000. Em troca, B oferece a A livros no valor de € 600. O procedimento a adoptar por B, em matéria de IVA, deve ser o seguinte:

  a) Se B não tiver deduzido, total ou parcialmente, o IVA suportado na aquisição ou produção dos livros, a respectiva transmissão gratuita para A não se encontra sujeita a imposto;
  b) Se B tiver deduzido, total ou parcialmente, o IVA suportado na aquisição ou produção dos livros, dado que o valor destes é superior a 5% do montante do donativo recebido, há lugar a liquidação do imposto pela respectiva transmissão gratuita, o qual incidirá sobre o valor de € 600.

Por sua vez, quando as contrapartidas disponibilizadas pelos beneficiários do mecenato consistirem em prestações de serviços, a correspondente sujeição a IVA decorre do disposto nas alíneas *a)* e *b)* do n.º 2 do artigo 4.º do CIVA, sendo o respectivo valor tributável, de harmonia com o estabelecido na alínea *c)* do n.º 2 do artigo 16.º do Código, o valor normal dos serviços.

À semelhança do que se referiu para o caso das ofertas de bens de pequeno valor, tais prestações de serviços – exclusivamente para efeitos do enquadramento das relações mecenáticas abrangidas pelo Dec.-Lei n.º 74/99 – consideram-se não sujeitas a IVA desde que o seu valor, acrescido do valor daquelas ofertas de bens, quando existentes, não seja superior a 5% do montante do donativo atribuído.

Exemplo:
Como exemplo, admita-se uma situação em que o sujeito passivo A concede a B um donativo no valor de € 10 000. Em contrapartida, B oferece a A um conjunto de bilhetes de ingresso num espectáculo que realiza, no valor global de € 300. Neste caso, não há lugar à tributação em IVA das prestações de serviços gratuitas efectuadas por B, uma vez que o respectivo valor não ultrapassa 5% do donativo que auferiu.

Todavia, na hipótese de B, além dos bilhetes, ter oferecido também a A livros no valor de € 400, então, dado que no seu conjunto as transmissões de bens e as prestações de serviços gratuitas, efectuadas por B a A, ultrapassam 5% do donativo recebido, B deverá proceder à liquidação do correspondente imposto, o qual incidirá sobre € 700.

Divulgação do nome do mecenas
3. No que respeita às consequências, em sede de IVA, da divulgação pública do nome do mecenas, devem ser utilizados os critérios anteriormente definidos para efeitos do IRS e do IRC. Assim, se face àqueles critérios se estiver perante a mera referência à identidade do mecenas, tal divulgação não assume a natureza de uma prestação de serviços para efeitos do IVA. Se, pelo contrário, o modo de divulgação da identidade do mecenas denotar uma intenção comercial ou promocional, estar-se-á perante uma prestação de serviços sujeita a imposto, devendo este ser liquidado tendo por base o valor normal de tais serviços.

Donativos em dinheiro ou em espécie atribuídos pelos mecenas
4. Do ponto de vista da situação tributária dos sujeitos passivos que concedam donativos no âmbito do mecenato, haverá que distinguir consoante se tratem de donativos em dinheiro ou em espécie.

Tratando-se de donativos em dinheiro, a respectiva atribuição encontra-se fora do âmbito de incidência do IVA.

No caso de os donativos serem concedidos em espécie, haverá lugar a sujeição a imposto das transmissões de bens ou prestações de serviços efectuadas a título gratuito pelos mecenas, nos termos, respectivamente, da alínea *f)* do n.º 3 do artigo 3.º e das alíneas *a)* e *b)* do n.º 2 do artigo 4.º, ambos do CIVA.

Repercussão não obrigatória do imposto
5. Sempre que haja lugar a liquidação do IVA pelas operações realizadas a título gratuito, o n.º 3 do artigo 36.º do CIVA estabelece que a repercussão do imposto não é obrigatória, podendo os sujeitos passivos que realizem essas operações suportar, eles próprios, o montante do imposto devido e proceder à sua entrega nos cofres do Estado, sem obrigatoriedade de efectuar o respectivo débito aos adquirentes dos bens ou destinatários dos serviços.

V. Circular n.º 12/2002, pág. 720.

CIRCULAR N.º 7/2004, de 30 de Março

Regime Fiscal das Sociedades Gestoras de Participações Sociais e Sociedades de Capital de Risco
(Estatuto dos Benefícios Fiscais – art. 31.º)

Razão das Instruções

1. Tendo-se levantado dúvidas sobre o regime fiscal aplicável às sociedades gestoras de participações sociais (SGPS) e às sociedades de capital de risco (SCR), previsto no art. 31.º do Estatuto dos Benefícios Fiscais (EBF), na redacção que lhe foi dada pela Lei n.º 32-B/2002, de 30 de Dezembro (Lei do OE para 2003), sanciona-se o seguinte entendimento:

Regime previsto no n.º 2 do art. 31.º do EBF

2. A Lei n.º 32-B/2002, de 30 de Dezembro, veio alterar o regime fiscal aplicável às mais-valias e às menos-valias realizadas pelas SGPS e pelas SCR consagrado no art. 31.º do EBF, dispondo o n.º 2 deste preceito que *"as mais-valias e as menos-valias realizadas pelas SGPS e pelas SCR mediante a transmissão onerosa, qualquer que seja o título por que se opere, de partes de capital de que sejam titulares, desde que detidas por período não inferior a um ano, e, bem assim, os encargos financeiros suportados com a sua aquisição, não concorrem para a formação do lucro tributável destas sociedades"*.

Regime previsto no n.º 3 do art. 31.º do EBF

3. O n.º 3 do mesmo artigo, tendo a natureza de uma norma antiabuso, afasta a aplicação do regime previsto no n.º 2 relativamente *"às mais-valias realizadas e aos encargos financeiros suportados quando as partes de capital tenham sido adquiridas a entidades com as quais existam relações especiais, nos termos do n.º 4 do art. 58.º do Código do IRC, ou entidades com domicílio, sede ou direcção efectiva em território sujeito a um regime fiscal mais favorável, constante de lista aprovada por portaria do Ministro das Finanças, ou residentes em território português sujeitas a um regime especial de tributação e tenham sido detidas, pela alienante, por período inferior a três anos e, bem assim, quando a alienante tenha resultado de transformação de sociedade à qual não fosse aplicável o regime previsto naquele número relativamente às mais-valias das partes de capital objecto de transmissão, desde que, neste último caso, tenham decorrido menos de três anos entre a data da transformação e a data da transmissão."*

Aplicação temporal do novo regime

4. O n.º 5 do art. 38.º da Lei n.º 32-B/2002, por sua vez, prescreve que "a alteração introduzida no art. 31.º do EBF aplica-se às mais-valias e às menos-valias realizadas nos períodos de tributação que se iniciem após 1 de Janeiro de 2003, sem prejuízo de se continuar a aplicar, relativamente à diferença positiva entre as mais-valias e as menos-valias realizadas antes de 1 de Janeiro de 2001, o disposto nas alíneas *a*) e *b*) do n.º 7 do artigo 7.º da Lei n.º 30-G/2000, de 29 de Dezembro, ou, em alternativa, no n.º 8 do artigo 32.º da Lei n.º 109-B/2001, de 27 de Dezembro."

5. Assim, no que concerne ao âmbito de aplicação temporal do novo regime e no que respeita, concretamente, aos encargos financeiros, o mesmo é aplicável aos encargos financeiros suportados nos períodos de tributação iniciados após 1 de Janeiro de 2003, ainda que sejam relativos a financiamentos contraídos antes daquela data.

Exercício em que deverão ser feitas as correcções fiscais dos encargos financeiros

6. Relativamente ao exercício em que deverão ser desconsiderados como custos, para efeitos fiscais, os encargos financeiros, dever-se-á proceder, no exercício a que os mesmos disserem respeito, à correcção fiscal dos que tiverem sido suportados com a aquisição de participações que sejam susceptíveis de virem a beneficiar do regime especial estabelecido no n.º 2 do art. 31.º do EBF, independentemente de se encontrarem já reunidas todas as condições para a aplicação do regime especial de tributação das mais-valias. Caso se conclua, no momento da alienação das participações, que não se verificam todos os requisitos para aplicação daquele regime, proceder-se-á, nesse exercício, à consideração como custo fiscal dos encargos financeiros que não foram considerados como custo em exercícios anteriores.

Método a utilizar para efeitos de afectação dos encargos financeiros às participações sociais

7. Quanto ao método a utilizar para efeitos de afectação dos encargos financeiros suportados à aquisição de participações sociais, dada a extrema dificuldade de utilização, nesta matéria, de um método de afectação directa ou específica e à possibilidade de manipulação que o mesmo permitiria, deverá essa imputação ser efectuada com base numa fórmula que atenda ao seguinte: os passivos remunerados das SGPS e SCR deverão ser imputados, em primeiro lugar, aos empréstimos remunerados por estas concedidos às empresas participadas e aos outros investimentos geradores de juros, afectando-se o remanescente aos restantes activos, nomeadamente participações sociais, proporcionalmente ao respectivo custo de aquisição.

Exemplo

8. Exemplo

Consideremos os seguintes valores activos e passivos (em euros) que constituem o balanço de uma SGPS:

Valores activos
Empréstimos concedidos remunerados – 50 000
Partes de capital (custo de aquisição) – 20 000
Outros activos – 10 000

Valores passivos
Empréstimos obtidos remunerados – 90 000

De acordo com o ponto 7, temos:
– Passivos remunerados imputáveis aos empréstimos concedidos remunerados: 50 000
– Passivos remunerados imputáveis aos restantes activos:
90 000 – 50 000 = 40 000
– Passivos remunerados imputáveis às partes de capital:
40 000 ——— 30 000
× ——— 20 000   x = 26 666,70
– Supondo que os encargos financeiros suportados no exercício ascenderam a € 1 800, a parcela dos encargos imputável às partes de capital será:
90 000 ——— 1 800
26 666,70 ——— ×   x = 553,30

Determinação do regime fiscal aplicável às mais-valias e menos-valias

9. Para efeitos da determinação do regime fiscal concretamente aplicável às mais-valias e às menos-valias realizadas com a alienação de participações sociais (art. 31.º do EBF ou arts. 23.º, 42.º e 43.º a 45.º todos do Código do IRC), deverá efectuar-se uma análise casuística de cada operação e subsequente agrupamento das mais-valias e menos-valias de acordo com o respectivo enquadramento legal.

Aquisição das partes de capital a uma entidade sujeita a um regime especial de tributação

10. Face ao disposto no n.º 3 do art. 31.º do EBF, é afastada a aplicação do regime especial relativo às mais-valias e aos encargos financeiros sempre que as partes de capital alienadas tenham sido adquiridas, entre outras situações, a uma entidade sujeita a um regime especial de tributação e tenham sido detidas por um período inferior a três anos, o que se deverá considerar verificado, nomeadamente, sempre que a aquisição das partes de capital tenha sido efectuada a outra SGPS ou SCR.

CIRCULAR N.º 8/2004, de 30 de Março

Contagem dos prazos de detenção das participações – Regime de Neutralidade
(Código do IRC – arts. 46.º e 75.º)

Razão das Instruções

Tendo-se suscitado dúvidas quanto à forma de contagem dos prazos de detenção das participações sociais, para efeitos de aplicação do disposto nos arts. 46.º e 75.º do Código do IRC, quando essas participações tenham sido adquiridas em virtude da realização de uma operação de fusão, cisão, entrada de activos ou permuta de acções, sanciono o seguinte entendimento adoptado por despacho do Senhor Subdirector-Geral, de 18.11.2003:

Regime de Neutralidade Fiscal dos Artigos 67.º e seguintes do CIRC

1. O regime de neutralidade fiscal previsto nos art.s 67.º e seguintes do Código do IRC propugna que, verificados os respectivos requisitos, a operação de fusão, cisão, entrada de activos ou permuta de acções seja fiscalmente neutra, ou seja, no momento da realização da operação tudo se passa como se não tivesse havido transmissão, sendo os resultados apurados, no futuro, na esfera da sociedade beneficiária, como se fora a sociedade fundida, cindida ou a sociedade contribuidora a realizar tais resultados. A tributação é assim postergada para um momento ulterior, não sendo a operação onerada com qualquer carga fiscal no momento da respectiva realização, em obediência a um princípio de continuidade da actividade empresarial.

2. Do mesmo modo, na esfera dos sócios das sociedades fundidas ou cindidas ou das sociedades adquiridas, não há lugar a qualquer tributação destes últimos no momento da realização da operação se estes continuarem a valorizar as novas participações pelo valor pelo qual as antigas se encontravam registadas.

3. O mencionado princípio encontra-se expressamente consagrado em diversos artigos do Código do IRC, no que concerne à data em que se consideram adquiridas as participações sociais (vg. arts. 44.º n.º 3 e 63.º n.º 5), bem como no art. 18.º-A do Decreto-Lei n.º 442-B/88, de 30 de Novembro, que aprovou o Código do IRC.

Regime de Eliminação da Dupla Tributação e Regime da Partilha

4. Para efeitos, especificamente, da aplicação dos regimes de eliminação da dupla tributação económica dos lucros distribuídos (art. 46.º) e da partilha (art. 75.º), não se encontra expressamente prevista a aplicação deste princípio, no que respeita à contagem do período de tempo de detenção das participações recebidas em consequência da realização de uma operação de fusão, cisão, entrada de activos ou permuta de acções.

Relevância da data de Aquisição Originária

5. Porém, decorre do regime de neutralidade adoptado pelo legislador do IRC relativamente a estas operações que, para efeitos da aplicação das normas que atribuam relevância ao período de tempo de detenção dos activos, a data de aquisição dos mesmos deve ser a data da sua aquisição originária.

6. Assim, sempre que as participações sociais sejam adquiridas pelo sujeito passivo em virtude da realização de uma operação de fusão, cisão ou entrada de activos à qual seja aplicável o regime especial de neutralidade, considera-se, para efeitos da contagem do tempo de detenção das mesmas, o período durante o qual a participação tiver permanecido na titularidade das sociedades fundidas, cindidas ou da sociedade contribuidora, respectivamente.

Do mesmo modo, quando, nos termos dos artigos 70.º e 71.º do Código do IRC, haja lugar à valorização das participações sociais recebidas pelo mesmo valor pelo qual as antigas se encontravam registadas, considera-se data de aquisição das primeiras a que correspondia às originárias.

CIRCULAR N.º 11/2004, de 18 de Maio

Reserva Fiscal Para Investimento

Razão das instruções

Tendo sido suscitadas dúvidas quanto à aplicação do Dec.-Lei n.º 23/2004, de 23 de Janeiro, que aprovou o Regime da Reserva Fiscal para Investimento, foi, por despacho de 14 de Maio de 2004, de S. Ex.ª o Secretário de Estado dos Assuntos Fiscais, sancionado o seguinte entendimento:

Alínea c) do número 1 do artigo 4.º

Nos termos desta disposição, uma das condições para se poder beneficiar do regime prende-se com a manutenção dos bens objecto do investimento "*no estabelecimento durante um período de cinco anos*".

Conceito de Estabelecimento

Dado que, de acordo com o número 1 do artigo 6.º e nos termos do Anexo I ao diploma, o montante máximo que a dedução à colecta pode assumir é diferenciado em razão da região em que se situa o estabelecimento, considera-se "*estabelecimento*" as instalações físicas da empresa nas quais o investimento foi efectuado, não podendo os bens objecto desse investimento ser cedidos, locados ou alienados nem transferidos para outro estabelecimento da mesma empresa durante um período mínimo de cinco anos, sob pena de aplicação do disposto no n.º 2 do artigo 10.º.

Alínea *d*) do número 1 do artigo 4.º

De acordo com este preceito, o investimento tem de ser financiado *"em, pelo menos, 25% através de recurso a fundos próprios isentos de qualquer auxílio"*.

Financiamento do Investimento

Assim, a empresa beneficiária deve assegurar o financiamento de, pelo menos, 25% do investimento através de fundos próprios, seja através do recurso ao auto-financiamento (meios próprios libertos) seja através do aumento dos seus capitais próprios. Estes fundos próprios devem ser isentos de qualquer auxílio, o que significa que, por exemplo, não podem resultar de um empréstimo bonificado nem estar associados a garantias que contenham elementos de auxílio.

Atente-se, igualmente, que nos termos do n.º 2 do artigo 6.º, a taxa de intensidade do auxílio aplica-se apenas a 75% do investimento elegível.

Número 2 do artigo 5.º

O "*investimento inicial*" é definido neste normativo como sendo "*a diferença entre o investimento efectuado e as cessões, amortizações e reintegrações relativas aos activos da empresa enquadráveis no número anterior*".

Conceito de Investimento inicial

Quanto ao âmbito desta definição, cabe esclarecer que:
- A expressão "*investimento efectuado*" refere-se ao investimento considerado elegível nos termos do n.º 1 daquele artigo;
- "*as cessões, amortizações e reintegrações relativas aos activos da empresa enquadráveis no número anterior*" compreendem todas as cessões, amortizações e reintegrações relativas a bens do activo imobilizado corpóreo elegível da empresa.

Nestes termos, o investimento inicial corresponderá à diferença entre os custos do investimento em bens elegíveis e as cessões, amortizações e reintegrações de todos os activos fixos corpóreos incluídos no balanço da empresa que não sejam imóveis classificados como prédios urbanos ou parte destes nem outros activos relativamente aos quais o artigo 21.º do Código do IVA exclua o direito à dedução.

Número 1 do artigo 6.º

A dedução à colecta "*não pode exceder o montante correspondente à aplicação das taxas máximas de auxílios estabelecidas pela Comissão Europeia para Portugal, para auxílios regionais e para auxílios em investigação industrial e pré-concorrencial, constantes do anexo I ao presente decreto-lei, do qual faz parte integrante*".

Intensidade de auxílio: método de cálculo

Quanto ao método do cálculo da intensidade do auxílio, cabe referir que as taxas são, tal como consta do anexo I ao decreto-lei, expressas em termos de equivalente de subvenção líquida, obedecendo o respectivo cálculo aos princípios estabelecidos no anexo I das

Orientações Relativas aos Auxílios Estatais com Finalidade Regional (98/C 74/06), publicadas no Jornal Oficial das Comunidades Europeias, de 10 de Março de 1998.

Assim, a intensidade do auxílio dos projectos será calculada de acordo com a seguinte fórmula:

$$\text{Intensidade do Auxílio} = \frac{\text{Reserva fiscal em t}}{\frac{\text{Investimento elegível em t + 1}}{(1 + i)} + \frac{\text{Investimento elegível em t + 2}}{(1 + i)^2}}$$

i = taxa de desconto de referência comunitária em vigor no ano em que é constituída a reserva fiscal (para Portugal, é de 4,43% a taxa de desconto em vigor desde 1.1.2004).

Atente-se, no entanto, que, nos termos do n.º 2 do artigo 6.º, a taxa de intensidade do auxílio aplica-se apenas a 75% do investimento elegível.

A taxa máxima de auxílios aplicável ao investimento corresponde à que estiver estabelecida no anexo I ao decreto-lei para a região onde se localiza o estabelecimento em que for efectuado esse investimento.

Aplicação do regime aos grupos de sociedades

No caso de sociedades abrangidas pelo *regime especial de tributação dos grupos de sociedades* previsto no artigo 63.º do Código do IRC, há que ter em atenção o seguinte:

Grupos de sociedades: aplicação do regime

  i) A dedução a que se refere o n.º 1 do artigo 2.º do decreto-lei em referência é efectuada ao montante da colecta que está na origem do IRC liquidado, ou seja, à colecta do grupo, porquanto nas declarações individuais das sociedades que o constituem não há lugar a liquidação de imposto.

  ii) Dado que o decreto-lei em referência faz depender a aplicação do benefício da satisfação de requisitos específicos e subordina o montante da dedução à verificação de certas condições e limites, haverá que ter em atenção, relativamente ao seu aproveitamento no âmbito da colecta do grupo, a satisfação desses elementos.

  iii) Assim, quando se verifique que das sociedades que fazem parte do grupo algumas desenvolvem actividades não enquadráveis no n.º 1 do artigo 3.º do diploma em apreço, o grupo apenas poderá beneficiar do regime da reserva fiscal para investimento relativamente à parte proporcional da colecta do grupo que corresponder à soma das "colectas" individuais apuradas com base nos valores constantes da declaração de cada sociedade que tenha enquadramento no regime.

  iv) Por outro lado, dada a necessidade, por força do regime instituído, de ter em conta a "colecta" individual de cada sociedade em que se realiza o investimento, dever-se-á, em ordem à determinação do montante da dedução possibilitada pelo regime, proceder nos seguintes termos:

    a) uma vez apurada a colecta do grupo, realizar-se-á a sua imputação proporcional a cada uma das sociedades abrangidas em razão da respectiva "colecta" individual;

    b) seguidamente, para cada sociedade do grupo que pretenda e possa beneficiar do regime, caberá apurar o montante correspondente à "dedução à colecta individual" até 20% do resultado da imputação referida;

c) por fim, a soma das deduções assim apuradas em cada sociedade é objecto da dedução à colecta global do grupo de sociedades. Isto sem prejuízo do necessário cumprimento dos demais requisitos estabelecidos no decreto-lei em questão.

Processo de documentação fiscal

Dossier Fiscal

Sem prejuízo das demais obrigações acessórias também previstas no artigo 8.º do decreto-lei em epígrafe, alerta-se para o cumprimento do disposto no n.º 1, apresentando-se, em anexo, o modelo da declaração e do respectivo formulário que, à semelhança da declaração e formulário relativos às despesas de investigação e desenvolvimento que constituem o anexo II àquele decreto-lei, devem integrar o processo de documentação fiscal a que refere o artigo 121.º do Código do IRC.

ANEXO À CIRCULAR N.º 11/2004

Declaração a que se refere o n.º 1 do artigo 8.º do Decreto-Lei n.º 23/2004. de 23 de Janeiro, e que deverá integrar o processo de documentação fiscal a que se refere o artigo 121.º do Código do IRC:

"Para efeitos do disposto no n.º 1 do artigo 8.º do Decreto-Lei n.º «IDENTIFICAÇÃO DO DECRETO-LEI QUE INSTITUIRÁ A RESERVA FISCAL PARA INVESTIMENTO», a «DENOMINAÇÃO SOCIAL DA EMPRESA» declara:

1. não beneficiar relativamente às despesas em imobilizado corpóreo e em investigação e desenvolvimento de qualquer outro incentivo ao investimento, contratual ou legal, de natureza fiscal;
2. não ser empresa em dificuldade na acepção constante das Orientações comunitárias aos auxílios estatais de emergência e à reestruturação concedidos a empresas em dificuldade;
3. não ser devedora ao Estado ou à Segurança Social de quaisquer impostos ou contribuições, ou ter o seu pagamento devidamente assegurado;
4. que o equipamento constante na listagem anexa relativa ao imobilizado corpóreo foi adquirido em estado novo;
5. que a reserva, bem como todos os investimentos referidos e as respectivas despesas, se encontram correctamente registados na contabilidade;
6. que, no caso de ter já beneficiado ou de vir a beneficiar de incentivos contratuais ou legais de natureza não fiscal relativos às mesmas despesas elegíveis, respeitará as taxas máximas de auxílio previstas no anexo ao Decreto-Lei n.º «IDENTIFICAÇÃO DO DECRETO-LEI QUE INSTITUIRÁ A RESERVA FISCAL PARA INVESTIMENTO».

A empresa assume a responsabilidade pêlos elementos fornecidos no formulário anexo à presente declaração garantindo a sua autenticidade.

Pela «NOME DA EMPRESA»
«NOME(S) DE RESPONSÁVEL(EIS) QUE OBRIGUE(M) A EMPRESA»
«ASSINATURA(S)»
«LOCAL E DATA»

RESERVA FISCAL PARA INVESTIMENTO

Formulário anexo à Declaração a que se refere o n.º 1 do artigo 8.º do Decreto-Lei n.º 23/2004, de 23 de Janeiro

1. Caracterização Geral da Empresa

Denominação social da empresa:

Morada:

| Código Postal: | Localidade: | Concelho: |
| Telefone: | Fax: | E-mail: |

Endereço da página da internet:

Forma jurídica:

NIPC:

Registada sob o n.º: na Conservatória do Registo Comercial de

CAE: Data de início de actividade:

Actividade principal:

Capital Social:

Dimensão (PME ou Grande)[1]:

2. Nomes ou Entidades que participam no Capital Social da Empresa

Contribuinte	Nome ou Entidade	Nacionalidade	% do Capital

3. Análise Económica e Financeira

	Em milhares de EUROS					N.º de Trabalhadores
	Volume de negócios	Activo	Cash-Flow	FBCF	Capitais Próprios	
2001						
2002						
2003						
2004						

---

[1] Conforme definição comunitária constante da Recomendação 96/280/CE da Comissão de 30 de Abril de 1996.

4. Despesas de investimento inicial a que se refere o n.º 2 do artigo 5.º do Decreto-Lei n.º 23/2004, de 23 de Janeiro

4.1. Lista das despesas de investimento realizadas no exercício de ....

(com excepção de bens adquiridos em estado de uso, imóveis classificados como prédios urbanos ou parte destes e de quaisquer outros activos relativamente aos quais o artigo 21º do Código do Imposto sobre o Valor Acrescentado exclui o direito à dedução)

Descrição	Despesas de investimento [1]	Data de entrada em funcionamento	Subsídio
Total			

(1) A custos de aquisição.

4.2. Investimento inicial realizado no exercício de ....

Valores em euros

POC		Despesas de investimento [1] (a)	Subsídios	Cessões [2] (b)	Amortizações e Reintegrações do Exercício [3] (c)	(d)=(a)-(b)-(c)
421	Terrenos e recursos naturais					
422	Edifícios e outras construções					
423	Equipamento básico					
424	Equipamento de transporte					
425	Ferramentas e utensílios					
426	Equipamento administrativo					
427	Taras e vasilhame					
429	Outras imobilizações corpóreas					
441/6	Imobilizações em curso					
448	Adiantamentos por conta de imobilizações corpóreas					
	Total					
421+ 423+ 424+ 426	Despesas de investimento base-tipo					

(1) A custos de aquisição, com excepção de bens adquiridos em estado de uso, imóveis classificados como prédios urbanos ou parte destes e de quaisquer outros activos relativamente aos quais o artigo 21º do Código do Imposto sobre o Valor Acrescentado exclui o direito à dedução.
(2) A custos históricos líquidos de amortizações.
(3) Com excepção das relativas a imóveis classificados como prédios urbanos ou parte destes e de quaisquer outros activos relativamente aos quais o artigo 21º do Código do Imposto sobre o Valor Acrescentado exclui o direito à dedução.

4.3. Lista das despesas de investimento realizadas no exercício de ....

(com excepção de bens adquiridos em estado de uso, imóveis classificados como prédios urbanos ou parte destes e de quaisquer outros activos relativamente aos quais o artigo 21° do Código do Imposto sobre o Valor Acrescentado excluí o direito à dedução)

Descrição	Despesas de investimento [1]	Data de entrada em funcionamento	Subsídio
Total			

(1) A custos de aquisição.

4.4. Investimento inicial realizado no exercício de ....

Valores em euros

POC		Despesas de investimento [1] (a)	Subsídios	Cessões [2] (b)	Amortizações e Reintegrações do Exercício [3] (c)	(d)=(a)-(b)-(c)
421	Terrenos e recursos naturais					
422	Edifícios e outras construções					
423	Equipamento básico					
424	Equipamento de transporte					
425	Ferramentas e utensílios					
426	Equipamento administrativo					
427	Taras e vasilhame					
429	Outras imobilizações corpóreas					
441/6	Imobilizações em curso					
448	Adiantamentos por conta de imobilizações corpóreas					
	Total					
421+ 423+ 424+ 426	Despesas de investimento base-tipo					

(1) A custos de aquisição, com excepção de bens adquiridos em estado de uso, imóveis classificados como prédios urbanos ou parte destes e de quaisquer outros activos relativamente aos quais o artigo 21° do Código do Imposto sobre o Valor Acrescentado excluí o direito à dedução.
(2) A custos históricos líquidos de amortizações.
(3) Com excepção das relativas a imóveis classificados como prédios urbanos ou parte destes e de quaisquer outros activos relativamente aos quais o artigo 21° do Código do Imposto sobre o Valor Acrescentado exclui o direito à dedução.

CIRCULAR N.º 12/2004, de 11 de Junho

Prazo de Caducidade – Retenções na fonte a título definitivo

Razão das Instruções

Tendo sido colocadas dúvidas quanto à forma de contagem do prazo de caducidade da liquidação nos casos de retenção na fonte a título definitivo, foi, por despacho de 16.04.2004, sancionado o seguinte entendimento:

Momento relevante para o início da contagem do prazo de caducidade

O Código do IRC remete a matéria da caducidade para os artigos 45.º e 46.º da Lei Geral Tributária, cujo artigo 45.º, n.º 4 determina que o prazo de caducidade se conta, nos impostos periódicos, a partir do termo do ano em que se verificou o facto tributário e, nos impostos de obrigação única, a partir da data em que o facto tributário ocorreu, excepto no imposto sobre o valor acrescentado, caso em que aquele prazo se conta a partir do início do ano civil seguinte àquele em que se verificou a exigibilidade do imposto.

Facto gerador do imposto

O mesmo Código estipula, conforme disposto no artigo 8.º, números 7 e 8, que o facto gerador do imposto se considera verificado no último dia do período de tributação, com excepções, uma das quais relativa aos rendimentos objecto de retenção na fonte a título definitivo, auferidos por entidades não residentes, não imputáveis a estabelecimento estável situado em território português, em que o facto gerador do imposto se considera verificado na data em que ocorre a obrigação de efectuar a retenção.

Retenção na fonte de IRC – a título definitivo – natureza – início da contagem do prazo de caducidade

Assim, nos casos de retenção na fonte a título definitivo, o IRC assume a natureza de imposto de obrigação única, contando-se o prazo de caducidade a partir da data em que ocorre o facto tributário, isto é, da data em que ocorre a obrigação de efectuar a retenção a título definitivo, podendo ser liquidado imposto no prazo de quatro anos, devendo, no mesmo prazo, a liquidação ser notificada ao contribuinte, de acordo com o disposto nos artigos 93.º do Código do IRC e 45.º da Lei Geral Tributária.

CIRCULAR N.º 13/2004, de 24 de Junho

Pensões pagas a funcionários das Comunidades Europeias
(CIRS – arts. 11.º e 22.º n.º 4)

Razão das Instruções

Por despacho de 12.02.2004 do Exm.º Sr. Director-Geral, e tendo em vista o esclarecimento de dúvidas que têm surgido quanto ao regime fiscal das pensões pagas pelas Comunidades Europeias, foi determinada a divulgação do seguinte entendimento:

As pensões de invalidez, aposentação ou sobrevivência pagas em razão de funções exercidas nos órgãos das Comunidades Europeias, estão isentas de IRS ao abrigo do art. 13.º do Protocolo sobre Privilégios e Imunidades das Comunidades Europeias, assinado em 08.04.1965, e do Regulamento n.º 549/69, do Conselho, de 25 de Março de 1969, não se encontrando igualmente sujeitas a englobamento para determinação da taxa a aplicar aos restantes rendimentos.

O regime fiscal destas importâncias é, assim, igual ao que é aplicável às remunerações provenientes do exercício de funções nos organismos comunitários, divulgado pelo Ofício-Circular n.º X-2/90, de 25 de Outubro.

CIRCULAR N.º 16/2004, de 28 de Dezembro

Lei n.º 16/2001, de 22 de Junho (Lei da Liberdade Religiosa)
Art. 32.º – Consignação da quota de 0,5% do IRS liquidado
Donativos com fins religiosos

Com a publicação das Portarias n.ºs 80/2003, de 22 de Janeiro, e 362/2004, de 8 de Abril, ficou estabelecido o quadro regulamentar com os procedimentos a observar pelas entidades identificadas na Lei n.º 16/2001, de 22 de Junho (Lei da Liberdade Religiosa – LLR), que queiram beneficiar da consignação da quota de 0,5% do IRS liquidado aos sujeitos passivos deste imposto, nos termos dos n.ºs 4 e 6 do artigo 32.º, ou que queiram receber donativos fiscalmente relevantes ao abrigo do n.º 3 do mesmo artigo daquela lei.

Tendo em consideração as dúvidas mais frequentemente suscitadas quer por aquelas entidades quer pelos sujeitos passivos, nomeadamente relacionadas com os prazos fixados nas citadas portarias e com a articulação do regime de donativos fiscalmente relevantes previsto na LLR com o regime previsto no n.º 2 do artigo 5.º do Estatuto do Mecenato, aprovado pelo Decreto-Lei n.º 74/99, de 16 de Março, torna-se necessária a divulgação dos seguintes esclarecimentos:

1. O prazo fixado quer no n.º 2 da Portaria n.º 80/2003, de 22 de Janeiro, quer no n.º 2 da Portaria n.º 362/2004, de 8 de Abril, para requerer a adesão ao regime fiscal da LLR e fazer prova do cumprimento dos requisitos legais para o efeito exigíveis, deve entender-se como respeitante a 31 de Dezembro do ano fiscal anterior àquele a que respeita a colecta a consignar, i.e. do ano anterior ao da percepção dos rendimentos cuja tributação proporcionará a quota de 0,5% do imposto liquidado, ou do ano anterior ao da atribuição do donativo, consoante o caso.

Estas obrigações devem ser renovadas anualmente caso a entidade em causa pretenda continuar a usufruir do benefício.

2. Atendendo porém a que o processo de regulamentação da Lei da Liberdade Religiosa, no que concerne à atribuição da personalidade jurídica às pessoas colectivas religiosas só ficou concluído em 1 de Dezembro de 2003, com a entrada em vigor do Decreto-Lei n.º 134/2003, de 28 de Junho, que criou o Registo das Pessoas Colectivas Religiosas (RPCR), e perante a impossibilidade do cumprimento do prazo a que se refere o número anterior, com referência aos donativos concedidos em 2004, entende-se que os mesmos

poderão ser deduzidos à colecta, nos termos do n.º 3 do artigo 32.º da LLR, desde que até 31 de Dezembro deste ano, as entidades donatárias façam prova de que, à data da doação, já estavam inscritas no RPCR, haviam requerido o benefício e se comprove não terem pedido, no mesmo ano, a restituição do IVA ao abrigo do artigo 1.º do Decreto-Lei n.º 20/90, de 13 de Janeiro.

3. Igual procedimento deverá aplicar-se aos pedidos de consignação da quota do IRS liquidado previsto no n.º 4 do artigo 32.º da LLR, para o exercício de 2004, quando requerido por igrejas ou comunidades religiosas radicadas no nosso país.

4. De harmonia com o disposto no artigo 63.º da LLR, as confissões religiosas e as associações religiosas não católicas podem requerer a sua conversão em pessoa colectiva religiosa, no prazo de três anos contados a partir de 1 de Dezembro de 2003, data da entrada em vigor do Decreto-Lei n.º 134/2003, de 28 de Junho. Findo este período transitório cessa, quanto às mesmas entidades, a aplicação do disposto no n.º 2 do artigo 5.º do Estatuto do Mecenato, sem prejuízo de a adesão anterior ao regime fiscal da LLR implicar, relativamente às entidades aderentes, a inaplicabilidade desta última norma.

CIRCULAR N.º 6/2005, de 28 de Abril

Concordata 2004

Para conhecimento dos serviços e actuação em conformidade, divulgam-se as seguintes instruções, de harmonia com o entendimento sancionado pelo despacho n.º 26/2005-XVII de Sua Excelência o Senhor Secretário de Estado dos Assuntos Fiscais, proferido em 31 de Março de 2005, tendo em vista a clarificação administrativa de algumas especificidades tributárias em sede de Imposto sobre o Rendimento das Pessoas Singulares, decorrentes da aplicação da nova Concordata celebrada entre o Estado Português e a Igreja Católica em 2004.

Entrada em vigor

1. Conforme resulta do artigo 31.º da Concordata, conjugado com os fundamentos do princípio da não retroactividade dos impostos e considerando ainda os contornos da realidade concreta da sucessão dos regimes concordatários, as disposições da nova Concordata relevantes em sede de IRS aplicam-se a partir de 1 de Janeiro de 2005.

Sacerdotes católicos – "múnus espiritual"

2. De acordo com a nova Concordata, os rendimentos dos sacerdotes católicos resultantes do exercício do seu "múnus espiritual" deixaram de beneficiar de qualquer isenção.

Consequentemente, as importâncias pagas aos sacerdotes Católicos tanto pela Diocese como por entidade diversa (Fundo Paroquial ou outra entidade canonicamente equiparada) que, nos termos da legislação canónica, constituam *"condigna remuneração"* dos párocos, estão sujeitas a IRS como rendimentos da categoria A, ao abrigo do disposto do artigo 2.º, n.º 1, alínea *b*) do Código do IRS.

Obrigações acessórias

3. O Fundo Paroquial, entidade equiparada, ou até mesmo a Diocese, enquanto entidades pagadoras ou devedoras dos rendimentos supra mencionados, deverão cumprir, consoante os casos, todas as obrigações fiscais inerentes a esta sua situação, designadamente a retenção do imposto no momento do seu pagamento ou colocação à disposição dos respectivos titulares, nos termos dos artigos 99.° e 100.° do Código do IRS e, bem assim, as decorrentes do disposto no artigo 119.° do mesmo Código.

O "estipêndio da missa"

4. Quanto ao "estipêndio", entende-se que o mesmo constitui a realização de um fim religioso, pelo que ainda que seja guardado e utilizado pelo sacerdote em conformidade com as regras do Direito Canónico, não é subsumível a qualquer disposição do artigo 2.° do Código do IRS, nem integra qualquer outra norma de incidência tributária.

A atribuição do uso de residência ao clero regular e secular

5. A atribuição do uso de residência ao clero regular, secular e aos demais religiosos, na decorrência das normas de Direito Canónico que impõem a obrigação de residência em comunidade religiosa e do sacerdote na respectiva Paróquia, junto dos fiéis, constituindo uma obrigação e geralmente assumindo uma utilização mista (habitação/função religiosa), não é uma vantagem susceptível de tributação, pelo que não integra o disposto no n.° 4 da alínea b), do n.° 3, do artigo 2.° do Código do IRS.

CIRCULAR N.° 7/2005, de 16 de Maio

Transmissibilidade de prejuízos fiscais em casos de fusão, cisão e entrada de activos

1. Atendendo à preocupação de compatibilizar os interesses financeiros do Estado com o regime especial de neutralidade fiscal em que se integra o benefício da transmissibilidade dos prejuízos fiscais, por forma a que o exercício da faculdade prevista no n.° 4 do artigo 69.° do Código do IRC assente em critérios objectivos que permitam a uniformização das referidas decisões foi, por despacho n.° 79/2005-XVII, de 2005/04/15, de S. Ex.ª o Secretário de Estado dos Assuntos Fiscais, determinado que **a dedução dos prejuízos fiscais transmitidos por uma sociedade fundida seja limitada, em cada exercício**, de acordo com as orientações seguintes:

   a) Quando se trate de uma operação de fusão por incorporação, ao acréscimo do lucro tributável da sociedade incorporante relativamente ao lucro tributável apurado por esta sociedade no exercício anterior ao da fusão adicionado, quando for o caso, dos lucros tributáveis das demais sociedades fundidas, com excepção da sociedade transmitente dos prejuízos, apurados nesse mesmo exercício;

   b) Quando se trate de uma fusão por constituição de uma nova sociedade, ao acréscimo de lucro tributável da nova sociedade relativamente ao resultado da soma dos lucros tributáveis apurados pelas demais sociedades fundidas, com excepção da sociedade transmitente dos prejuízos, no exercício anterior ao da fusão;

c) Nos casos referidos nas alíneas anteriores, o limite da dedução dos prejuízos fiscais resultantes da aplicação das regras aí estabelecidas não poderá exceder, em cada exercício, o montante do lucro tributável da sociedade incorporante, ou da nova sociedade, correspondente à proporção entre o valor do património líquido da sociedade fundida e o valor do património líquido de todas as sociedades envolvidas na operação, determinados com base no último balanço anterior à fusão.

2. No que respeita aos elementos necessários ao perfeito conhecimento jurídico-económico das operações em causa, e sem prejuízo de os Serviços solicitarem, quando necessário, informações adicionais, determinou, igualmente, o supra citado despacho que, para efeitos do disposto do n.º 2 do artigo 69.º do Código do IRC, os pedidos de transmissibilidade de prejuízos deverão ser acompanhados, designadamente, dos seguintes elementos:

a) Cópia do projecto de fusão;
b) Estudo demonstrativo das vantagens económicas da operação de fusão;
c) Cópia do parecer do ROC independente;
d) Cópia do pedido de registo da operação na Conservatória do Registo Comercial competente;
e) Informação sobre os lucros tributáveis previsíveis da nova sociedade ou da sociedade incorporante para os seis exercícios seguintes ao da operação;
f) Cópia dos balanços e das demonstrações de resultados de todas as sociedades envolvidas na operação referentes aos três exercícios anteriores ao da operação;
g) Cópias dos balanços e das demonstrações de resultados previsionais para os três exercícios seguintes ao da operação da nova sociedade ou da sociedade incorporante;
h) Documento comprovativo da inexistência de dívidas à Segurança Social das sociedades fundidas e da incorporante.

3. As orientações constantes nos pontos 1 e 2 devem igualmente ser observadas quanto aos pedidos apresentados na sequência das operações a que alude o n.º 3 do artigo 69.º do Código do IRC.

4. A presente Circular substitui a Circular n.º 6/2002, de 2 de Abril, da Direcção de Serviços de IRC.

CIRCULAR N.º 9/2005, de 11 de Agosto

Dec.-Lei n.º 74/99, de 16 de Março – Procedimento Administrativo (Estatuto do Mecenato/Obrigações do mecenas)

Razão das instruções

Considerando que a usufruição dos benefícios fiscais previstos no Estatuto do Mecenato depende, na grande maioria das situações, de um procedimento administrativo com vista à produção de um acto de reconhecimento a efectuar por despacho ministerial conjunto, cujas regras de tramitação nem sempre são do conhecimento dos interessados,

Considerando ainda que se têm suscitado dúvidas quanto aos elementos que as entidades mecenas devem dispor para usufruição dos benefícios fiscais previstos no Estatuto do Mecenato,

Foi, pelo despacho n.° 96/2005.XVII, de 20 de Abril, de Sua Ex.ª o Secretário de Estado dos Assuntos Fiscais, determinada a divulgação das seguintes instruções:

Procedimento Administrativo: Requerimento e Instrução

1. A usufruição dos benefícios fiscais previstos no Estatuto do Mecenato depende, antes de mais, do reconhecimento administrativo a solicitar pela entidade beneficiária dos donativos, em requerimento dirigido ao Ministro da tutela funcional e ao Ministro de Estado e das Finanças, a apresentar junto do Ministério da respectiva Tutela, a quem incumbirá a instrução e apreciação dos projectos ou entidades em causa, e cujo procedimento deverá ser concluído por um despacho conjunto de Suas Excelências os Senhores Ministros de Estado e das Finanças e da Tutela, conforme artigo 1.°, n.° 3 do Decreto-Lei n.° 74/99, de 16 de Março.

Mecenas: Obrigações acessórias

2. Para efeitos de usufruição dos benefícios fiscais previstos no Estatuto do Mecenato, as entidades mecenas deverão dispor de:
   a) Cópia do despacho conjunto que reconhece a qualidade de entidade beneficiária;
   b) Recibo daquela entidade beneficiária ou documento que justifique a atribuição efectiva do donativo àquela entidade e, caso aplicável, com a menção a que fim, acção ou programa se destina o donativo;
   c) Documento constante do *"Dossier Fiscal"* (artigo 121.° do Código do IRC), onde se evidencie o cálculo do benefício fiscal (montante do donativo e respectiva majoração), de modo a justificar os valores inscritos no anexo F da declaração anual;
   d) Declaração da entidade beneficiária de que o donativo foi concedido sem contrapartidas, nos termos do artigo 1.°, n.° 2 do Decreto-Lei n.° 74799, de 16 de Março, conforme a interpretação que lhe é dada pela Circular n.° 2/2004, de 20 de Janeiro, da DGCI.

CIRCULAR N.° 10/2005, de 21 de Novembro

Concordata celebrada entre o Estado Português e a Igreja Católica
Artigo 26.°
Isenções em sede de IRC, IMT e IMI

Para conhecimento dos serviços e actuação em conformidade, divulgam-se as seguintes instruções, de harmonia com o entendimento sancionado pelo Despacho n.° 1308//2005-XVII de Sua Excelência o Senhor Secretário de Estado dos Assuntos Fiscais, proferido em 20 de Outubro de 2005, tendo em vista a clarificação administrativa de algumas especificidades tributárias em sede de Imposto sobre o Rendimento das Pessoas Colectivas (IRC), Imposto Municipal sobre Imóveis (IMI) e Imposto Municipal sobre as Transmissões Onerosas de Imóveis (IMT), decorrentes da aplicação da Nova Concordata celebrada entre o Estado Português e a Igreja Católica em 2004:

Prestações monetárias e em espécie e estipêndios

1. As prestações monetárias e em espécie e os estipêndios relativos aos exercício do múnus espiritual que constituam receita do Fundo Paroquial não estão sujeitos a IRC, sem prejuízo das regras de direito interno comum aplicáveis à tributação, em sede de IRS, desses mesmos rendimentos se, e quando, auferidos pelos sacerdotes, já clarificadas pelo Despacho n.º 26/2005-XVII de Sua Excelência o Senhor Secretário de Estado dos Assuntos Fiscais, proferido em 31 de Março de 2005, e divulgadas através da Circular da DGCI n.º 6/2005, de 28 de Abril.

Donativos monetários e em espécie

2. Os donativos monetários e em espécie efectuados para a realização de fins religiosos não estão sujeitos a IRC, sem prejuízo de os rendimentos que esses bens possam vir a gerar, como os juros ou rendas, estarem sujeitos a tributação em sede deste imposto, mesmo que o seu destino seja a realização dos interesses religiosos.

Isenções em sede de IMT

3. Consideram-se integradas na isenção de Imposto Municipal sobre as Transmissões Onerosas de Imóveis (IMT):

   a) A aquisição a título oneroso (1) de imóveis efectuada pela Conferência Episcopal Portuguesa, Dioceses, Paróquias e outras jurisdições eclesiásticas ou outras pessoas canónicas, constituídas pelas competentes autoridades eclesiásticas para a prossecução de fins religiosos, às quais tenha sido reconhecida personalidade civil, nos termos dos artigos 9.º e 10.º da Nova Concordata, desde que os imóveis a adquirir tenham como destino o culto ou a realização de fins religiosos; (2) de instalações de apoio directo e exclusivo às actividades com fins religiosos; (3) de imóveis destinados à formação eclesiástica ou ao ensino da religião católica; e (4) dos imóveis referidos nos números anteriores a uso de instituições particulares de solidariedade social;

   b) A aquisição a título oneroso de imóveis feita por aquelas pessoas canónicas, se respeitar (1) a dependências ou anexos de imóveis que se destinem ao culto ou à realização de fins religiosos; (2) a instalações de apoio directo e exclusivo às actividades com fins religiosos ou à formação eclesiástica ou ao ensino da religião católica; (3) a jardins e logradouros dos prédios destinados a culto ou realização de fins religiosos; e (4) a instalações de apoio directo e exclusivo às actividades com fins religiosos, à formação eclesiástica ou ao ensino da religião católica ou ao uso por instituições particulares de solidariedade social, desde que não estejam destinados a fins lucrativos.

Isenções em sede de IMI

4. Consideram-se integrados na isenção de Imposto Municipal sobre Imóveis (IMI):

a) As residências dos eclesiásticos (quer sejam residências paroquiais, episcopais ou de congregações religiosas, Institutos de Vida Consagrada e Sociedades de Vida Apostólica), nos termos das alíneas a) e b) do n.º 2 do artigo 26.º da Nova Concordata;

b) Os imóveis afectos a lares de estudantes, a casas de exercícios espirituais e a formação de religiosos, desde que, em qualquer dos casos, estejam integrados em estabelecimentos destinados à formação eclesiástica ou ao ensino da religião católica, nos termos da alínea c) do n.º 2 do artigo 26.º da Nova Concordata;

c) Os imóveis pertencentes a pessoas jurídicas canónicas e cedidos gratuitamente a instituições particulares de solidariedade social ou a estabelecimentos de ensino.

Prédios adquiridos para rendimento

5. Estão sujeitos a IMI e a IMT todos os prédios adquiridos para rendimento pelas pessoas jurídicas canónicas, estando ainda os respectivos rendimentos auferidos sujeitos a IRC, independentemente da sua afectação.

CIRCULAR N.º 4/2006, de 20 de Fevereiro

**Período especial de tributação. Período de tributação diferente do ano civil.
Declarações de Inscrição no Registo e de Alterações
Código do IRC
Decreto-Lei n.º 211/2005, de 7 de Dezembro**

Considerando que, após as alterações introduzidas ao artigo 8.º do Código do IRC pelo Decreto-Lei n.º 211/2005, de 7 de Dezembro, a opção por um período especial de tributação ou pelo regresso ao período de tributação coincidente com o ano civil deve ser efectuada, na maioria das situações, através de comunicação à DGCI, e que têm sido suscitadas dúvidas quanto à forma dessa comunicação, foi, por despacho de 13/02/2006 de Sua Excelência o Secretário de Estado dos assuntos Fiscais, determinada a divulgação das seguintes instruções:

1. O n.º 2 do artigo 8.º do Código do IRC prevê a possibilidade de as pessoas colectivas com sede ou direcção efectiva em território português e que, nos termos da legislação aplicável, estejam obrigadas à consolidação de contas, bem como as pessoas colectivas ou outras entidades sujeitas a IRC que não tenham sede nem direcção efectiva neste território e nele disponham de estabelecimento estável, optarem por um período de tributação diferente do ano civil.

2. Esta opção não carece de autorização prévia, sendo apenas necessária a sua comunicação atempada à DGCI, através da entrega:

– Da Declaração de Inscrição no Registo/Início de Actividade (n.º 4 do artigo 110.º do Código do IRC) quando se pretender a adopção do período especial de tributação desde o início de actividade; ou,
– Da Declaração de Alterações (n.º 5 do artigo 110.º do Código do IRC), quando, posteriormente ao início de actividade, se pretender adoptar um período especial de tributação ou passar de um período especial de tributação para outro período da mesma natureza.

3. Nos casos em que, após ter decorrido o período mínimo de cinco exercícios completos com um período especial de tributação, se pretender regressar ao período de tributação coincidente com o ano civil, os sujeitos passivos devem sempre comunicar tal facto, através da entrega da Declaração de Alterações (n.º 5 do artigo 110.º do Código do IRC), não sendo relevante, para este efeito, o facto de a adopção do período especial de tributação ter dependido ou não de autorização ministerial.

4. Para efeitos da contagem do prazo para a entrega da Declaração de Alterações a que se refere o n.º 5 do art. 110.º do Código do IRC, deve considerar-se como *data da alteração* a data do primeiro dia do novo período de tributação.

5. A nova redacção do n.º 2 do artigo 8.º do Código do IRC é de aplicação imediata (conforme o disposto na alínea *a*) do n.º 1 do artigo 11.º do Decreto-Lei n.º 211/2005, de 7 de Dezembro). Assim, a Declaração de Alterações deverá ser apresentada relativamente às situações em que o primeiro dia do período especial de tributação adoptado ocorra após a entrada em vigor daquele diploma, ou seja, depois de 12.12.2005, para o Continente, e de 22.12.2005, para as Regiões Autónomas dos Açores e da Madeira.

6. Nas situações previstas no n.º 3 do artigo 8.º do Código do IRC – aquelas em que a adopção de um período especial de tributação carece de autorização ministerial – o prazo para a apresentação do requerimento, previsto na mesma norma, apenas é aplicável aos pedidos apresentados após 01.01.2006, conforme determina a alínea *b*) do n.º 1 do artigo 11.º do Decreto-Lei n.º 211/2005, de 7 de Dezembro.

7. Porém, tendo em conta a proximidade da data de publicação deste diploma e a data a partir da qual se aplica o prazo mínimo para a apresentação do requerimento em causa, devem considerar-se tempestivos os pedidos apresentados em Janeiro e Fevereiro do corrente ano relativos a períodos especiais de tributação cujo início se reporte a 1 de Fevereiro ou a 1 de Março de 2006.

8. Enquanto não forem disponibilizados novos modelos declarativos devidamente adaptados à possibilidade de opção por um período especial de tributação ou regresso ao período de tributação coincidente com o ano civil, os sujeitos passivos devem exercer essa opção e inscrever o respectivo período de tributação no Quadro 40 – "Observações", da Declaração de Inscrição no Registo/Início de Actividade ou de Alterações, a qual deve ser remetida pelos Serviços Locais de Finanças à Direcção de Serviços de Registo de Contribuintes para recolha posterior.

CIRCULAR N.º 6/2006, de 9 de Março

IRC – Dividendos, Juros e *Royalties*
Acordo entre a Comunidade Europeia e a Confederação Suíça que prevê medidas equivalentes às estabelecidas na Directiva 2003/48/CE

Razão das Instruções

Em conformidade com o estabelecido na Directiva n.º 2003/48/CE, a Comunidade Europeia celebrou com a Confederação Suíça e outros Estados terceiros acordos com vista à aplicação por esses Estados de medidas equivalentes às constantes da referida directiva.

O Acordo com a Confederação Suíça foi aprovado por Decisão do Conselho de 2.6.2004 e publicado no Jornal Oficial da União Europeia, série L, n.º 385, página 30, de 29.12.2004.

Atento o disposto no referido Acordo, importa divulgar junto dos operadores económicos o seguinte:

Aplicabilidade directa na Ordem Jurídica Interna

1. Por força do disposto no n.º 7 do artigo 300.º do Tratado que institui a Comunidade Europeia, o Acordo entre a Comunidade Europeia e a Confederação Suíça que prevê medidas equivalentes às previstas na Directiva 2003/48/CE do Conselho de 3 de Junho, relativa à tributação dos rendimentos da poupança sob a forma de juros, é de aplicação obrigatória em todos os Estados-Membros, sem necessidade de qualquer formalidade adicional.

Regulamentação das normas relativas à Directiva da Poupança

2. As normas relativas à tributação da poupança foram objecto de regulamentação pelo Decreto-Lei n.º 62/2005, de 11 de Março, que procedeu à transposição para a ordem jurídica interna da Directiva n.º 2003/48/CE, de 3 de Junho e pela Portaria n.º 563-A/2005, de 28 de Junho.

3. O Acordo entre a Comunidade Europeia e a Confederação Suíça não respeita, porém, unicamente a medidas relativas à tributação da poupança, compreendendo medidas em matéria de tributação dos dividendos pagos pelas afiliadas a sociedades-mães e dos juros e *royalties* pagos entre empresas associadas.

Tributação dos dividendos pagos pelas afiliadas a sociedades-mães

4. Assim, o artigo 15.º do Acordo, no seu n.º 1, prevê que os dividendos pagos pelas afiliadas a sociedades-mães não estão sujeitas a tributação no Estado da fonte sempre que:
   - A sociedade-mãe tenha uma participação mínima directa de 25% no capital dessa afiliada desde há pelo menos dois anos; e
   - Uma sociedade seja residente num Estado-Membro e a outra sociedade seja residente na Confederação Suíça; e
   - Nos termos de Acordos para evitar a dupla tributação com quaisquer Estados terceiros, nenhuma das empresas seja residente nesse Estado terceiro; e

- Ambas as sociedades estejam sujeitas a imposto sobre o rendimento das sociedades sem beneficiarem de uma isenção e ambas revistam a forma de sociedade limitada o que, em relação à Confederação Suíça, abrange as sociedades denominadas «société anonyme/Aktiengesellschaft/società anónima», «société à responsabilité limitée/Gesellschaft mit beschränkter Haftung/società a responsabilità limitata» e «société en commandite par actions/Kommanditaktiengesellschaft//società in accomandita per azioni».

5. Deste modo, por força deste Acordo, para que não haja lugar a tributação na fonte dos dividendos pagos a sociedades-mães com residência fiscal na Confederação Suíça é indispensável que o valor mínimo da participação no capital da sociedade que distribui os lucros detida pela sociedade-mãe seja de, pelo menos, 25% e que já tenha decorrido o período de dois anos de detenção da participação.

6. O período de dois anos de detenção da participação do capital é condição indispensável para a não retenção do imposto, não tendo aplicabilidade ao presente Acordo a possibilidade de requerer o reembolso do imposto sobre os dividendos quando, no momento da distribuição, ainda não tenham decorridos os dois anos de detenção do capital social na empresa afiliada, prevista no artigo 89.° do Código do IRC.

Tributação dos juros e *royalties* pagos entre empresas associadas

7. Por sua vez, o n.° 2 do artigo 15.° do Acordo entre a Comunidade Europeia e a Confederação Suíça determina a não sujeição a tributação no Estado da fonte dos pagamentos de juros e *royalties* entre empresas associadas ou entre os seus estabelecimentos estáveis sempre que:
- Essas empresas estejam ligadas por uma participação directa mínima de 25% pelo menos há dois anos ou ambas sejam detidas por uma terceira empresa que detenha directamente uma participação mínima de 25% no capital da primeira empresa e no capital da segunda empresa, desde há pelo menos dois anos, e
- A empresa tenha a sua residência fiscal ou um estabelecimento estável localizado num Estado-Membro e a outra empresa tenha a sua residência fiscal ou outro estabelecimento estável localizado na Confederação Suíça, e
- Ao abrigo de quaisquer acordos de prevenção da dupla tributação celebrados com quaisquer Estados terceiros, nenhuma das empresa que tenha a sua residência fiscal e nenhum dos estabelecimentos estáveis esteja localizado nesse Estado terceiro, e
- Todas as empresas estejam sujeitas a imposto sobre rendimento das sociedades sem beneficiarem de uma isenção em especial em relação ao pagamento de juros ou *royalties* e cada uma delas revista a forma de sociedade limitada.

Aplicação temporal das normas do Acordo referentes a juros e *royalties*

8. No entanto, por força do disposto no último parágrafo do n.° 2 do citado artigo 15.°, sempre que a Directiva 2003/49/CE do Conselho, de 3 de Junho de 2003, relativa a um sistema comum de tributação aplicável aos pagamentos de juros e *royalties* entre empresas associadas de diferentes Estados Membros, prever um período transitório no que diz respeito a um determinado Estado-Membro, esse Estado só assegurará a aplicação daquelas disposições em matéria de pagamentos de juros e *royalties* após o decurso desse período.

9. Assim, conforme ao disposto no artigo 6.º da Directiva n.º 2003/49/CE, em que se prevê para Portugal um período transitório de 8 anos para a aplicação do regime fiscal comum aplicável aos pagamentos de juros e *royalties* entre empresas associadas de diferentes Estados Membros, as normas constantes do Acordo com a Suíça relativas à não tributação dos juros e *royalties* entre empresas associadas apenas terão aplicação após 1 de Julho de 2013.

10. Nestes termos, enquanto estiver em curso o período transitório previsto na Directiva n.º 2003/49/CE, serão unicamente aplicáveis as normas da Convenção para Evitar a Dupla Tributação entre Portugal e a Confederação Suíça quanto à tributação dos juros e *royalties* pagos entre empresas associadas.

CIRCULAR N.º 05/2007, de 13 de Março

**Categoria B – Regime Simplificado
Alterações introduzidas pela Lei n.º 53-A/2006, de 29 de Dezembro
(Orçamento de Estado de 2007)
Código do IRS – Art. 28.º**

Razão das Instruções

Tendo surgido dúvidas relativamente ao enquadramento dos sujeitos passivos, quanto à forma de determinação dos rendimentos da categoria B, face às alterações introduzidas pela Lei n.º 53-A/2006, de 29 de Dezembro, no artigo 28.º do Código do IRS, foi sancionado, por despacho, do meu substituto legal, de 8 de Fevereiro de 2007, o seguinte entendimento:

Regime da contabilidade por obrigação legal

1. Aos sujeitos passivos que estejam obrigatoriamente abrangidos pelo regime de apuramento dos rendimentos empresariais e profissionais com base na contabilidade por não preencherem os requisitos previstos no n.º 2 artigo 28.º do Código do IRS não se aplica o período mínimo de permanência previsto no n.º 5 do mesmo artigo, uma vez que o seu enquadramento não resulta de uma opção.

Regime da contabilidade por opção

2. Os sujeitos passivos que, embora preenchendo os requisitos para tributação pelo regime simplificado, optaram, em 2006, pelo regime da contabilidade, devem exercer novamente a opção a que se refere o n.º 3 do artigo 28.º do Código do IRS, até ao fim do mês de Março de 2007, para se manterem neste regime durante o triénio 2007-2009.

Se estes sujeitos passivos não optarem pelo regime da contabilidade, ficarão abrangidos, no triénio referido pelo regime simplificado.

Opção pelo regime da contabilidade

3. Face à alteração das regras de determinação do rendimento líquido no âmbito do regime simplificado, os sujeitos passivos abrangidos por este regime, podem optar pelo regime da contabilidade até ao fim do mês de Março de 2007, ainda que não tenham completado 3 anos de permanência neste regime. Esta opção será válida para o triénio 2007-2009.

No caso de não ser exercida a opção pela contabilidade em 2007, estes sujeitos passivos mantêm-se no regime simplificado até terem concluído três anos de permanência, podendo depois exercer a sua opção para o triénio seguinte, nos termos previstos na actual redacção do n.º 5 do artigo 28.º do Código do IRS.

CIRCULAR N.º 06/2007, de 13 de Março

Regime Especial de Tributação dos Grupos de Sociedades (RETGS)
Obrigações Declarativas
Arts. 63.º e 110.º do Código do IRC

Razão das Instruções

A Lei n.º 53-A/2006, de 29 de Dezembro (Lei do OE/07), introduziu alterações no artigo 63.º do Código do Imposto sobre o Rendimento das Pessoas Colectivas (CIRC), relativo ao Regime Especial de Tributação dos Grupos de Sociedades (RETGS), as quais entraram em vigor em 2007.01.01.

Assim, foi, desde logo, eliminado o período de validade da opção pelo RETGS e, consequentemente, a obrigação de renovação dessa opção.

Por outro lado, foi imposta a obrigatoriedade de envio por transmissão electrónica de dados da comunicação da opção e das alterações, bem como da renúncia ou da cessação para efeitos do regime, através da declaração prevista no artigo 110.º do CIRC.

Tendo sido suscitadas dúvidas relativamente ao cumprimento das obrigações declarativas no âmbito do RETGS, em face deste novo quadro legal, esclarece-se o seguinte:

Aplicação temporal – Grupos cujo período de validade da opção terminou até 2006.12.31

1. Os grupos abrangidos pelo RETGS cujo período de validade da opção tenha terminado até 2006.12.31 e que pretendam permanecer no regime em causa, devem comunicar esta opção dentro do prazo, ou seja, até ao fim do 3.º mês do período de tributação em que se pretende aplicar o regime. Esta obrigação decorre do facto de a anterior opção pelo regime já ter caducado à data da entrada em vigor da nova lei (2007.01.01).

2. Assim, nas situações em que o período de validade da opção tenha terminado em 2006.12.31, a opção deverá ser comunicada até 2007.03.31

Aplicação temporal – Grupos cujo período de validade da opção estava em curso em 2007.01.01

3. Os grupos cujo período de validade da opção estava em curso em 2007.01.01, não estão adstritos ao cumprimento da obrigação declarativa de renovação da opção, já que no final do prazo de vigência da respectiva opção se encontra em vigor o novo quadro legal.

Comunicação da opção/Alteração

4. A nova lei prevê a obrigatoriedade de envio por transmissão electrónica de dados da comunicação de opção e das alterações, bem como de renúncia ou de cessação para efeitos do RETGS. No entanto, tendo em conta que as declarações de início e de alterações de actividade ainda não contemplam os campos para aquelas comunicações, mantêm-se em vigor as Circulares da DGCI n.ºs 4/2001, de 14 de Fevereiro, e 19/2002, de 28 de Junho, bem como os modelos ali divulgados, relativamente às declarações cujo prazo de entrega ocorra durante o ano de 2007.

Comunicação da renúncia/Cessação

5. As comunicações de renúncia ou de cessação previstas no n.º 7 do artigo 63.º do CIRC devem ser efectuadas, em 2007, através de carta onde conste a renúncia ou a cessação, a identificação do grupo e o exercício a que a mesma respeita.

6. As referidas declarações em suporte de papel e as comunicações devem ser enviadas, no prazo legal, para a seguinte morada:
Direcção de Serviços do IRC
Avenida Engenheiro Duarte Pacheco, n.º 28, 7.º Piso
1099-013 LISBOA

CIRCULAR N.º 3/2008, de 6 de Fevereiro

Reposição de remunerações indevidamente pagas a funcionários ou agentes da Administração Pública
Código do IRS
Artigos 60.º e 119.º

Razão das Instruções

Considerando que o mecanismo da reposição de remunerações indevidamente pagas a funcionários ou agentes da Administração Pública se encontra previsto em duas instruções administrativas (circulares n.ºs 19/94, de 29 de Junho e 3/98, de 12 de Fevereiro), estando alguns dos procedimentos e referências legislativas nelas descritos já desactualizados face a alterações legais entretanto ocorridas, justifica-se a síntese numa única circular da tramitação a adoptar pelos serviços processadores dessas remunerações, pelo que determino o seguinte:

1 – Nas reposições efectuadas no ano económico em que foram pagos ou colocados à disposição os rendimentos (reposições abatidas nos pagamentos) procede-se à anulação do IRS retido e não entregue nos cofres do Estado, como se de estorno se tratasse.

Reposições abatidas nos pagamentos

Se o imposto retido já tiver dado entrada nos cofres do Estado, o imposto anulado será compensado em futuras entregas, que, todavia, não poderão ultrapassar o último período anual de retenção.

Reposições não Abatidas nos Pagamentos

2 – As reposições efectuadas em ano económico diferente daquele a que os rendimentos respeitam (reposições não abatidas nos pagamentos) serão processadas pelo valor líquido do imposto.

Reclamação da retenção na fonte não compensada

3 – Para efeitos *de* restituição do imposto entregue nos cofres do Estado e que não tenha sido compensado de acordo com o procedimento referido no ponto 1, as entidades processadoras de vencimentos devem utilizar os meios processuais estabelecidos no artigo 132.º do Código de Procedimento e de Processo Tributário.

Declaração de substituição

4 – As entidades processadoras de vencimentos que, à data da reposição já tenham apresentado a declaração modelo 10, devem apresentar, nos trinta dias imediatos, uma dedaração de substituição respeitante ao ano ou anos a que as reposições respeitam, com as alterações dos rendimentos e retenções já declarados (alínea d) do n.º 1 do artigo 119.º do Código do IRS).

Documento comprovativo a entregar ao titular dos rendimentos

5 – As entidades processadoras referidas no número anterior devem, nos quinze dias seguintes à data da reposição integral, entregar ao sujeito passivo novo documento comprovativo das importâncias devidas, do imposto retido na fonte e das deduções a que eventualmente haja lugar com referência ao ano ou anos a que as reposições respeitam (alínea b) do n.º 1 do artigo 119.º do Código do IRS).

Titular dos rendimentos. Declaração de substituição

6 – O titular dos rendimentos deve, nos trinta dias imediatos à data da reposição integral da quantia paga indevidamente, apresentar uma declaração de substituição (modelo 3),

relativa ao ano ou anos em que ocorreu o(s) pagamento(s) indevido(s) (n.º 2 do artigo 60.º do Código do IRS).

Revogação das circulares 19/94 e 3/98

7 — São revogadas as circulares n.ᵒˢ 19/94, de 29 de Junho, e 3/98, de 12 de Fevereiro.

CIRCULAR N.º 5/2008, de 7 de Março

**Código do IRC – Artigo 90.º-A, n.º 2, a) e n.º 7
Decreto-Lei n.º 42/91, de 22 de Janeiro – Artigo 18.º, n.ᵒˢ 2 e 7**

Razão das Instruções

Pelo Despacho n.º 30.359/2007, de 29 de Novembro, de Sua Exa. o Ministro de Estado e das Finanças, e em execução do disposto nos números 2 e 7 do artigo 90.º-A do Código do IRC e nos números 2 e 7 do artigo 18.º do Decreto-Lei n.º 42/91, de 22 de Janeiro, foram aprovados os novos modelos de formulários destinados à aplicação das Convenções para Evitar a Dupla Tributação (CDTs) celebradas por Portugal. Consequentemente, a partir de 1 de Janeiro de 2008, os anteriores doze modelos de formulários foram revogados e substituídos por apenas quatro formulários.

Entretanto, e na sequência da entrada em vigor da Lei do Orçamento do Estado para 2008 (Lei n.º 67-A/2007, de 31 de Dezembro), foram alterados alguns dos pressupostos associados à apresentação de prova para efeitos da aplicação das CDTs, o que conduziu à necessidade de introduzir ajustamentos nos novos modelos de formulários, adaptando-os ao enquadramento legal resultante daquela lei, o que veio a concretizar-se pelo Despacho n.º 4743-A/2008, de 08.02.2008, de Sua Exa. o Ministro de Estado e das Finanças.

A entrada em vigor dos novos formulários, bem como a sua posterior alteração, conformando-os com o enquadramento legal decorrente da Lei do Orçamento do Estado para 2008, conduziu também à necessidade de se definirem regras transitórias relativas à validade dos anteriores formulários, designadamente dos que se encontravam em fase de certificação à data de 1 de Janeiro de 2008, e, ainda, ao caso particular da aplicação da CDT celebrada entre Portugal e Espanha.

Assim, em consonância com o meu despacho de 6 de Março de 2008, divulgam-se as seguintes instruções:

Modelos 21-RFI a 24-RFI

1. Os novos modelos de formulários substituíram e revogaram os anteriores modelos 7-RFI a 18-RFI e têm por objectivos:

   a) Solicitar a dispensa total ou parcial de retenção na fonte (modelo 21-RFI), *b*) Solicitar o reembolso total ou parcial de imposto que tenha sido retido na fonte (mods. 22-RFI a 24-RFI);

estando disponíveis no *site* da Direcção-Geral dos Impostos, em www.dgci.min-financas.pt, nas opções: *"S. F. Virtual / Modelos e Formulários/Dupla Tributação Internacional"*.

Entrada em vigor

2. Sem prejuízo do disposto nos números seguintes, os modelos 21-RFI a 24-RFI entraram em vigor no dia 1 de Janeiro de 2008.

Modelos 7-RFI a 18-RFI – prazo extraordinário

3. Atendendo a que os formulários destinados ao accionamento das CDTs são utilizados por um elevado número de entidades, nacionais e estrangeiras e que, muito provavelmente, à data de 1 de Janeiro de 2008, existiriam formulários já em fase de certificação por parte das autoridades fiscais dos Estados de residência dos beneficiários dos rendimentos, foi estabelecido um prazo excepcional de aceitação dos anteriores modelos de formulários (modelos 7-RFI a 18-RFI), o qual decorrerá até ao final do mês de Abril de 2008.

4. O mesmo prazo é aplicável para efeitos da aceitação das versões iniciais dos modelos 21-RFI a 24-RFI, aprovadas pelo Despacho n.º 30.359/2007, de 29 de Novembro, de Sua Exa. o Ministro de Estado e das Finanças e posteriormente alteradas pelo Despacho n.º 4743-A/2008, de 08.02.2008.

CDT celebrada entre Portugal e Espanha

5. No caso particular da aplicação da CDT com Espanha, e dado que a legislação interna deste Estado obriga a que a respectiva administração fiscal apenas proceda à certificação de documentos que contenham sempre a língua espanhola, mantêm-se em vigor os anteriores modelos 7-RFI a 18-RFI, exclusivamente em português/espanhol, até à conclusão do processo que aprove os novos formulários (21-RFI a 24-RFI) nestes dois idiomas.

Modelos 22RFI a 24-RFI identificação das guias de pagamento

6. No caso de pedidos de reembolso de imposto retido em Portugal, quando, nos quadros VII do modelo 22-RFI e V dos modelos 23-RFI e 24-RFI, o espaço destinado à identificação das guias de pagamento do imposto retido for insuficiente, deverá a entidade que procedeu à retenção na fonte em Portugal anexar ao formulário uma relação identificativa das restantes guias e respectivas datas, devidamente autenticada nos mesmos termos que os previstos nos referidos quadros.

CIRCULAR N.º 13/2008, de 26 de Maio

Indemnizações: Prestações devidas em consequência de lesão corporal, doença ou morte
CIRS – artigos 12.º e 99.º

1. Com a nova redacção dada ao n.º 1 do artigo 12.º do Código do IRS, pela Lei n.º 67-A/2007, de 31 de Dezembro, passaram a ser excluídas da incidência de IRS todas as prestações qualificadas como indemnizações devidas em consequência de lesão corporal, doença ou morte, pagas ou atribuídas nos termos mencionados nas alíneas *a)* e *b)* da mesma disposição.
2. No sentido de dar resposta a dúvidas que possam eventualmente surgir, e em cumprimento do Despacho n.º 243/2008-XVII, de 18 de Abril, do Secretário de Estado dos Assuntos Fiscais, esclarece-se o seguinte:
Consideram-se abrangidos pelo n.º 1 do artigo 12.º do Código do IRS, designadamente:

a) Os abonos suplementares de invalidez, como forma de compensação da diminuição da capacidade de ganho, previstos no artigo 10.º do Decreto-Lei n.º 43/76, de 20 de Janeiro, no artigo 2.º do Decreto-Lei n.º 314/90, de 13 de Outubro, e no artigo 2.º do Decreto-Lei n.º 250/99, de 7 de Julho;

b) As prestações suplementares de invalidez que se destinam a custear os encargos de utilização dos serviços de acompanhamento, previstas no artigo 11.º do Decreto-Lei n.º 43/76, de 20 de Janeiro, no artigo 3.º do Decreto-Lei n.º 314/90, de 13 de Outubro, e no artigo 3.º do Decreto-Lei n.º 250/99, de 7 de Julho.

3. Assim, os rendimentos mencionados no número anterior não estão sujeitos à retenção na fonte exigida pelo artigo 99.º do Código do IRS, desde 1 de Janeiro de 2008.

CIRCULAR N.º 14/2008, de 11 de Julho

Restituição do IVA – 8.ª Directiva. Custos ou perdas
CIRC – artigo 23.º

Tendo sido suscitadas dúvidas sobre o enquadramento fiscal, em sede de IRC, do IVA suportado em resultado de não ser exercido o direito à sua restituição, conferido pela 8ª Directiva do Conselho (79/1072/CEE), de 6 de Dezembro, esclarece-se o seguinte:

1. Ao abrigo da 8ª Directiva do Conselho os sujeitos passivos de IVA estabelecidos em território português têm direito ao reembolso do IVA suportado em operações efectuadas noutros Estados Membros da União Europeia;
2. Sempre que não seja exercido esse direito, o montante do IVA contabilizado como custo não é dedutível para efeitos de determinação do lucro tributável em IRC, porque não se verifica o requisito de indispensabilidade exigido pelo n.º 1 do artigo 23.º do respectivo Código;

3. Idêntico tratamento deve ser adoptado na determinação dos rendimentos empresariais e profissionais dos sujeitos passivos do IRS, por força da remissão prevista no artigo 32.º do CIRS.

CIRCULAR N.º 15/2008, de 7 de Outubro

**Rendimentos das partes comuns da propriedade horizontal
CIRS – artigo 119.º n.º 1 alínea c)**

Tendo-se suscitado dúvidas sobre o cumprimento das obrigações acessórias decorrentes do pagamento de rendas pela cedência do uso de partes comuns de prédios em regime de propriedade horizontal, enquadráveis na alínea e) do n.º 2 do artigo 8.º do Código do IRS, foi, por despacho de 07-08-2008, do Substituto Legal do Senhor Director-Geral dos Impostos, entendido que:

1 – Quando as rendas tenham sido objecto de retenção na fonte nos termos da alínea a) do n.º 1 do artigo 101.º do Código do IRS, incumbe à entidade que paga os rendimentos, a entrega da declaração Modelo 10, a que se refere a alínea c) do n.º 1 do artigo 119.º do Código do IRS, identificando os condóminos como os titulares dos rendimentos e não o condomínio.

2 – Incumbe à administração do condomínio:
2.1 – entrega a cada condómino de documento em que indique a quota-parte da renda e o imposto retido na fonte que lhe são imputáveis, bem como o NIF/NIPC da entidade que efectuou a retenção:
2.2 – entrega à entidade que paga os rendimentos de uma relação com a identificação de todos os condóminos e das percentagens ou permilagens que cada um tem no imóvel.

CIRCULAR N.º 5/2009, de 1 de Abril

**Directiva n.º 2003/49/CE, do Conselho, de 03 de Jumho
(Directiva Juros e Royalties)**

Razão das Instruções

Pelo Despacho n.º 4727/2009, de 27/01/2009, de Sua Exa. O Ministro de Estado e das Finanças, publicado no Diário da República, n.º 27, 2.ª Série, de 09.02.2009, e ao abrigo do disposto no n.º 4 do artigo 89.º A e na alínea b) do n.º 2 do artigo 90.º-A, ambos do Código do Imposto sobre o Rendimento das Pessoas Colectivas (IRC), foram aprovados os novos modelos de formulários destinados à redução da taxa de retenção na fonte de imposto e ao reembolso parcial de imposto retido na fonte, relativamente a pagamentos de juros e *royalties* efectuados entre sociedades associadas de diferentes Estados membros da União Europeia (regime previsto na Directiva n.º 2003/49/CE, do Conselho, de 03 de Junho, transposta para o direito interno pelo Decreto-Lei n.º 34/2005, de 17 de Fevereiro).

Assim, tendo por objectivo proceder à divulgação dos formulários ora aprovados e, bem assim, ao esclarecimento de dúvidas suscitadas pela respectiva entrada em vigor e ainda ao estabelecimento de regras transitórias na sua aplicação, foi, por meu despacho de 27 de Março de 2009, determinada a divulgação da seguinte informação:

Modelo 01-DJR

1. Relativamente aos dois modelos aprovados (modelo 01-DJR e modelo 02DJR), esclarece-se que:

1.1. O modelo 01-DJR destina-se, exclusivamente, a solicitar a redução da taxa de retenção na fonte de IRC, no que respeita a pagamentos de juros e/ou *royalties* efectuados entre sociedades associadas de diferentes Estados membros da União Europeia (UE), em conformidade com o disposto na alínea g) do n.º 4 (anterior n.º 2) do art. 80.º e nos artigos 89.ºA e 90.ºA, todos do Código do IRC.

Prazo de validade do modelo 01-DJR

1.2. Este modelo é válido por um período máximo de dois anos, a contar da data da respectiva autenticação por parte da autoridade fiscal do Estado membro da União Europeia (UE) da residência do beneficiário dos rendimentos, no que respeita a cada contrato relativo a pagamento de juros ou royalties (devendo identificar-se todos os contratos que estão na origem dos pagamentos).

1.3. O mesmo formulário, devidamente preenchido e autenticado, deve ser entregue à entidade residente que está obrigada a proceder à retenção na fonte de IRC, até ao termo do prazo legal estabelecido para a entrega do imposto (ou seja, até ao dia 20 do mês seguinte àquele em que ocorreu o facto gerador do imposto).

Modelo 02-DJR

1.4. O modelo 02-DJR destina-se, exclusivamente, a solicitar o reembolso parcial do IRC retido na fonte, relativamente a pagamentos de juros e/ou *royalties* efectuados entre sociedades associadas de diferentes Estados membros da UE, na situação prevista no n.º 4 do artigo 89.ºA do Código do IRC.

Aplicabilidade do mod 02-DJR e prazo

1.5. Assim, o modelo 02DJR, apenas se aplica às restituições de imposto retido em excesso nos casos em que o período mínimo, de dois anos, de detenção ininterrupta da participação (a qual deverá reunir os requisitos estabelecidos na alínea b) do n.º 1 do artigo 89.ºA do Código do IRC), se complete após a data em que se verificou a obrigação de retenção na fonte. Para este efeito, o formulário deverá ser apresentado no prazo de dois anos, contados da data da verificação dos pressupostos, conforme previsto no n.º 4 do mesmo artigo.

Restituições em situações não contempladas no n.º 4 do art. 89.º-A do Código do IRC

2. Decorre do disposto nos dois subpontos anteriores, que o mod. 02DJR não é utilizável para pedidos de restituição de imposto retido em excesso nos casos em que à data do facto gerador do imposto se encontravam reunidos todos os requisitos para que ao beneficiário dos rendimentos fosse aplicável o regime em causa, tendo, no entanto, aquele sofrido uma retenção de imposto excessiva, designadamente por não ter apresentado os meios de prova necessários (v.g. o formulário mod. 01DJR), no prazo estabelecido para esse efeito. Nestas situações e dado que as mesmas não estão previstas no n.º 7 do artigo 90.º A do Código do IRC, o meio adequado para o beneficiário solicitar a restituição do imposto retido em excesso é a reclamação graciosa, nos termos do artigo 132.º do Código de Procedimento e de Processo Tributário (CPPT).

Entrada em vigor – Regras transitórias

3. No que se refere à entrada em vigor dos formulários modelos 01DJR e 02DJR, não obstante a mesma ter ocorrido no dia 10 de Fevereiro último, atendendo à elevada probabilidade de, nessa data, se verificarem situações de diligências em curso, efectuadas pelos sujeitos passivos, no sentido de obter outros tipos de documentos comprovativos, incluindo declarações das autoridades fiscais atestando a verificação dos requisitos previstos no artigo 3.º da Directiva n.º 2003/49/CE, tais documentos serão considerados como prova bastante e, como tal, aceites, até ao final do mês de Maio do corrente ano, data a partir da qual a apresentação dos formulários modelos 01DJR e 02DJR passará a ser obrigatória.

Alteração de taxa no período transitório da Directiva

4. Relativamente à alteração, a partir de 01 de Julho de 2009, da taxa de retenção na fonte prevista na alínea g) do n.º 4 do artigo 80.º do Código do IRC, de 10% para 5%, a mesma não prejudicará a validade, de dois anos, do formulário modelo 01DJR. Exemplificando, um formulário autenticado em Abril do corrente ano será válido para todos os pagamentos a efectuar até Abril de 2011, independentemente de se aplicar a taxa de 10% nos pagamentos a efectuar até 30 de Junho deste ano e a de 5% nos pagamentos que venham a ser efectuados posteriormente a essa data (a partir de 01 de Julho de 2009).

5. Por último e no que respeita ao mod. 02DJR, no valor de imposto a inscrever nos respectivos campos (6) e (7), ou (5) e (6) do Quadro II, consoante se trate, respectivamente, de juros ou *royalties*, dever-se-á atender às diferentes taxas aplicáveis em cada momento.

CIRCULAR N.º 6/2009, de 6 de Abril

**Possibilidade de os "Fundos" e *Trusts*
beneficiarem do regime previsto nas convenções
destinadas a evitar a dupla tributação**

Razão das Instruções

Tendo sido suscitadas dúvidas sobre a aplicação do regime previsto nas convenções destinadas a evitar a dupla tributação(CDT) aos rendimentos obtidos em território português por "Fundos" e *Trusts* nele não residentes e, em caso afirmativo, sobre os procedimentos a adoptar para comprovação dos requisitos de que depende a aplicação desse regime, foi, por meu despacho de 26.12.2008, sancionado o seguinte entendimento:

Trusts

1. Os *trusts*, enquanto tais não beneficiam da aplicação do regime previsto nas CDT salvo se tal se encontrar expressamente previsto nas CDT (como sucede, designadamente, nas convenções celebradas com os Estados Unidos da América e com o Canadá) e for feita a prova dos requisitos e condições nelas estabelecidos, incluindo a prova de que o *trust* é o beneficiário efectivo desses rendimentos, bem como, no caso da CDT celebrada entre a República Portuguesa os Estados Unidos da América, que se verificam as condições estabelecidas no seu artigo 17.º e no n.º 3 do respectivo Protocolo.

"Fundos" (fundos de investimento e fundos de pensões)

2. Quanto aos "fundos" (fundos de investimento e fundos de pensões), a aplicação do regime fiscal previsto nas CDT depende da verificação cumulativa dos seguintes requisitos:
   i) Que o fundo seja considerado como "pessoa" para efeitos da convenção;
   ii) Que o fundo se encontre sujeito a imposto por obrigação pessoal e ilimitada e não seja tratado como fiscalmente transparente (ou seja, esteja sujeito a imposto num Estado com o qual Portugal tenha celebrado CDT, independentemente da tributação que possa ocorrer na esfera dos respectivos participantes)
   iii) Que o fundo seja o beneficiário efectivo dos rendimentos;
3. A prova dos requisitos referidos no ponto anterior deve ser feita através:
   i) Dos formulários em vigor para efeitos de aplicação das CDT, nomeadamente, do formulário Modelo 21RFI (destinado à dispensa, total ou parcial, de retenção na fonte) com os Quadros III e VII, devidamente preenchidos e autenticados, ou dos formulários Modelos 22RFI, 23RFI e 24RFI (destinados ao reembolso do imposto retido em excesso) com os Quadros IV e IX, do primeiro e III e VII dos segundo e terceiro, devidamente preenchidos e autenticados; e,
   ii) Da declaração emitida pelas autoridades fiscais do Estado com o qual Portugal tenha celebrado CDT que confirme especificamente que o "fundo" cumpre o requisito referido na alínea *ii)* do ponto anterior.

4. Atendendo ao disposto no n.º II.2. do Protocolo da CDT celebrada entre a República Portuguesa e o Reino dos Países Baixos, o regime fiscal previsto na mesma é, ainda, aplicável aos fundos de pensões que, embora estando isentos de imposto, façam prova de que são reconhecidos e controlados em conformidade com as disposições regulamentares em vigor no Reino dos Países Baixos e comprovem o referido na alínea *i)* do ponto anterior.

CIRCULAR N.º 17/2009, de 17 de Junho

Despesas de saúde
Produtos sem glúten

Razão das Instruções

A fim de esclarecer dúvidas suscitadas acerca da admissibilidade da dedução à colecta, a título de despesas de saúde, dos encargos com a aquisição de produtos sem glúten, destinados à alimentação de doentes celíacos, ao abrigo do artigo 82.º do Código do IRS e à luz da doutrina veiculada pela circular n.º 26/91, de 31 de Dezembro, divulga-se o entendimento superiormente sancionado sobre a matéria – Despacho do SEAF n.º 377/2008-XVII, de 13-05-2008, com despacho concordante do Ministro de Estado e das Finanças, n.º 239/08/MEF, de 14-05-2008.

Condição de Admissibilidade

Assim, os encargos com a aquisição de produtos alimentares especialmente concebidos para doentes celíacos, desde que justificados por relatório médico, são qualificados como despesas de saúde para efeitos do artigo 82.º do Código do IRS.

CIRCULAR N.º 20/2009, de 28 de Julho 2009

Imposto sobre o Rendimento das Pessoas Colectivas
Imposto sobre Valor Acrescentado

Razão das Instruções: Aquisição de direitos de utilização de camarotes nos estádios de futebol

Tendo surgido dúvidas sobre o enquadramento para efeitos de IRC e de IVA dos encargos ou gastos suportados pelos sujeitos passivos com a «aquisição de direitos de utilização de camarotes nos estádios de futebol» [designados de «Pacotes *Corporate*»], por despacho do Senhor Director-Geral dos Impostos de 28.07.2009, foi sancionado o seguinte entendimento:

Publicidade e promoção da imagem

1 – A aquisição dos «Pacotes *Corporate*» confere aos seus titulares a possibilidade de publicitar e promover a sua imagem e os seus logótipos em vários suportes de comunicação. A diferenciação do estatuto concedido ao adquirente para a promoção da sua imagem decorre do conjunto de bens e serviços que estão associados a cada «Pacote» [*Silver, Gold, Sponsor, Season VIP Company, Corporate Member, Platinium Member, Gold Member», ou qualquer outra designação que lhe for dada*], nomeadamente, publicidade nos camarotes, nas revistas do Clube, nos painéis instalados no espaço multifuncional, na sala de imprensa, bem como na publicidade na imprensa efectuada pelos clubes.

Espaço empresarial e outros serviços

2 – Para além disso, associado às diferentes tipologias de Pacotes» encontra-se um vasto conjunto de direitos. Por um lado, o acesso a um camarote que pode ser utilizado como escritório ou sala de reuniões e a *«apoio logístico e de secretariado necessário à prossecução das operações correntes da actividade dos clientes»* (envio de faxes, serviço de fotocópias etc.) que é designado de *«espaço empresarial»*. Por outro lado, a dispor, nos dias dos jogos, de lugares sentados no camarote ou na bancada adjacente, serviços de *catering*, de recepção por hospedeiras qualificadas e de acesso ao parque de estacionamento do estádio. Finalmente, se for caso disso, a receber convites para assistir aos jogos das competições europeias no estrangeiro, incluindo viagem, estadia e bilhetes.

Não discriminação das prestações de serviços incluídas nos «Pacotes»

3 – A comercialização pelas Sociedades Anónimas Desportivas (SAD), Clubes, ou empresas detidas por estas entidades, dos «Pacotes *Corporate*» sem discriminação das prestações de serviços incluídas em cada «Pacote», apresentando-os como *«unidades indivisíveis»*, determina que os encargos ou gastos incorridos pelas empresas com a sua aquisição não possam ser aceites para efeitos de IRC, na sua totalidade, como *«despesas de publicidade e de utilização dos camarotes como escritório»*, não podendo igualmente ser aceite a *«dedução integral do IVA suportado nessas despesas»*.

Obrigação de discriminação dos encargos suportados com os serviços incluídos nos «Pacotes» por parte dos seus titulares

4 – Assim, relativamente aos «Pacotes *Corporate*» que forem comercializados sem discriminação dos serviços neles incluídos, de acordo com a sua natureza, compete ao titular adquirente autonomizar as despesas em função da utilização que lhes tiver sido dada e comprovar a sua indispensabilidade para efeitos do artigo 23.º do Código do IRC, dando-lhes o enquadramento tributário que corresponda à sua especificidade para efeitos da determinação do lucro tributável do IRC, bem como, para o exercício do direito à dedução do IVA.

Possibilidade de agrupar os serviços incluídos nos «Pacotes» em dois conjuntos

5 – Reconhecendo-se a dificuldade quer para os titulares dos «Pacotes» quer para as

entidades que os comercializam, em proceder à discriminação de todos os serviços neles incluídos, aceita-se que se proceda ao agrupamento dos serviços em dois conjuntos: um, para os serviços «principais», e outro, para os serviços ditos «acessórios», devendo essa repartição ser consistente com a natureza dos serviços incluídos em cada «Pacote».

Serviços «principais» e serviços «acessórios»

6 – Consideram-se serviços *«principais»* os serviços de *«publicidade e de promoção da imagem»* do titular do «Pacote». Os serviços *«acessórios»* incluem, nomeadamente, os lugares sentados no camarote ou na bancada adjacente, o *catering,* os serviços de hospedeiras, os lugares de estacionamento e, os convites para assistir aos jogos das competições europeias no estrangeiro, incluindo viagem, estadia e bilhetes, e ainda, os serviços conexos com a utilização dos camarotes (*«espaço empresarial»*).

Espaço empresarial

7 – Como se referiu anteriormente, as prestações de serviços designadas de *«espaço empresarial»* compreendem a utilização do camarote como escritório, mas também como local de recepção de clientes, de fornecedores ou de terceiros, permitindo ainda a assistência a eventos desportivos. Por conseguinte, o direito de utilização dos camarotes não pode ser dissociado da sua utilização como espaço lúdico para assistir aos eventos desportivos, pelo que os serviços de *«espaço empresarial»* devem ser incluídos no conjunto de serviços designado de *«acessórios»*.

Repartição dos serviços em dois conjuntos

8 – Relativamente a cada tipo de «Pacote» a repartição dos serviços neles incluídos em dois conjuntos (*«principais»* e *«acessórios»*) pode ser efectuada pelas entidades que comercializam os «Pacotes *Corporate*», que disso informarão os respectivos titulares ou, caso isso não suceda, pelos titulares dos «Pacotes», em função da utilização que tiver sido dada aos serviços.

Cálculo, em valor, ou percentagem, dos serviços incluídos em cada conjunto

9 – A repartição dos serviços pelos dois conjuntos pode ser feita em valor ou em percentagem, podendo o cálculo relativo aos serviços *«acessórios»* ser efectuado por dedução ao valor total de cada «Pacote».

Percentagens de repartição devem ser consistentes com a natureza dos serviços

10 – A repartição entre 80% respeitante aos serviços *«principais»* e de 20% para os serviços *«acessórios»* pode ser aceite para efeitos de enquadramento nas disposições aplicáveis em sede de IRC e de IVA para os «Pacotes» em que essa repartição percentual, tendo presente o que se refere relativamente ao *«espaço empresarial»*, seja consistente com a natureza dos serviços efectivamente neles incluídos.

11 – Para os «Pacotes *Corporate*», cuja repartição percentual dos serviços neles incluídos não seja a referida no ponto anterior, os valores ou as percentagens de repartição que vierem a ser calculadas relativamente a cada «Pacote» podem ser igualmente aceites para efeitos de enquadramento nas disposições aplicáveis em sede de IRC e de IVA, desde que sejam consistentes com a natureza das prestações de serviços efectivamente incluídas em cada «Pacote».

Despesas aceites como custo

12 – Uma vez efectuada a repartição em dois conjuntos dos serviços incluídos em cada «Pacote» e desde que os encargos ou gastos incorridos pelos titulares sejam comprovadamente indispensáveis para a realização dos proveitos ou ganhos sujeitos a imposto, o seu tratamento fiscal deve ser o seguinte:

Despesas de publicidade

a) As despesas com os serviços *«principais»* [*«de* publicidade *e de promoção da imagem»*] são aceites como custo nos termos do n.º 1 do artigo 23.º do Código do IRC;

Despesas de representação

b) As despesas com os serviços ditos *«acessórios»*, incluindo nestas as referentes à utilização do *«espaço empresarial»,* são igualmente aceites como custo mas, como configuram «despesas de representação» ficam sujeitos à tributação autónoma prevista na alínea *a)* do n.º 3 do artigo 81.º do Código do IRC.

Exercício do direito à dedução do IVA

c) O IVA incluído nas despesas de *«publicidade e de promoção da imagem»* é dedutível nos termos do artigo 20.º n.º 1 do Código do IVA.

Exclusões do direito à dedução do IVA

d) O IVA incluído nas despesas relativas aos serviços *«acessórios»*, compreendendo as referentes à utilização do «espaço empresarial», encontra-se excluído do direito à dedução do IVA nos termos das alíneas *c)* a *e)* do n.º 1 do artigo 21.º do Código do IVA.

CIRCULAR N.º 24/2009, de 18 de Novembro

Despesas de saúde
Apoio psico-pedagógico

Razão das Instruções

A fim de esclarecer dúvidas suscitadas acerca da admissibilidade da dedução à colecta, a título de despesas de saúde, dos encargos com apoio psico-pedagógico prestado a portadores de *Transtorno/Distúrbio do Défice de Atenção e Hiperactividade e Dislexia*, ao abrigo do artigo 82.º do Código do IRS e à luz da doutrina veiculada pela circular n.º 26/91, de 31 de Dezembro, divulga-se o entendimento superiormente sancionado sobre a matéria – Despacho do SEAF n.º 1418/2009-XVII, de 14-10-2009.

Condição de Admissibilidade

Assim, as despesas relativas ao apoio prestado por psicopedagogos, independentemente de profissional ou formalmente estes se inserirem na área da saúde ou na da educação, a portadores de Transtorno/Distúrbio do Défice de Atenção e Hiperactividade e Dislexia, desde que a necessidade desse apoio seja justificada por relatório médico, são qualificados como despesas de saúde para efeitos do artigo 82.º do Código do IRS.

CIRCULAR N.º 1/2010, de 2 de Fevereiro 2010

Obrigações Fiscais em Caso de Insolvência

Acto administrativo de sancionamento das instruções

Tendo merecido concordância, por despacho de 25 de Setembro de 2009, do Secretário de Estado dos Assuntos Fiscais (Despacho n.º 1280/2009.XVII) as instruções administrativas enunciadas no relatório do grupo de trabalho encarregue do estudo relativo às obrigações fiscais em caso de insolvência, procede-se à sua divulgação:

Declaração de insolvência Dissolução

I – DA DECLARAÇÃO DE INSOLVÊNCIA

1 – Nos termos da alínea *e*) do n.º 1 do artigo 141.º do Código das Sociedades Comerciais (CSC), a declaração de insolvência é causa imediata de dissolução da sociedade, entrando esta, por força do n.º 1 do artigo 146.º do mesmo diploma, em fase de liquidação.

Liquidação da sociedade Registo do encerramento da liquidação Extinção da sociedade Direitos e obrigações

2 – A dissolução da sociedade não implica a sua concomitante extinção (a qual só se verificará quando do registo do encerramento da liquidação, de acordo com o disposto no artigo 160.º do CSC), pelo que a necessidade de exercer os direitos e de cumprir as obrigações que, nos vários domínios, subsistem durante a fase de liquidação, justifica que o n.º 2 do artigo 146.º do CSC estabeleça que "a *sociedade em liquidação mantém a personalidade jurídica e, salvo quando outra coisa resulte das disposições subsequentes ou da modalidade da liquidação, continuam a ser-lhe aplicáveis, com as necessárias adaptações, as disposições que regem as sociedades não dissolvidas*".

Personalidade jurídica

3 – O perdurar da personalidade jurídica da insolvente após a dissolução, nos casos em que esta tenha como motivo a declaração de insolvência, não é posto em causa pela particular situação jurídica da insolvente delineada no Código da Insolvência e da Recuperação de Empresas (CIRE), já que as inibições ou limitações que tal declaração impõe não têm consequências nesse plano.

Personalidade tributária Sujeição a IRC

4 – A personalidade tributária da insolvente, ta como definida no artigo 15.º da Lei Geral Tributária (LGT), não é afectada pela declaração de insolvência, porquanto, inerente ao respectivo processo de liquidação, está a realização de operações abrangidas pelo campo de incidência do Imposto sobre o Rendimento das Pessoas Colectivas (IRC) e do Imposto sobre o Valor Acrescentado (IVA).

IRC – Obrigações Sujeição a IRC

II – DAS OBRIGAÇÕES EM SEDE DE IRC

Da conjugação dos artigos 65.º e 268.º do CIRE, este último introduzido no Título "Benefícios Emolumentares e Fiscais" – que vem, aliás, confirmar a sujeição das entidades insolventes aos impostos sobre o rendimento, pois só se pode afastar do âmbito da tributação por isenção aquilo que, a *priori*, está sujeito – com os artigos 117.º a 125.º do Código do Imposto sobre o Rendimento das Pessoas Colectivas (CIRC) resulta, para as pessoas colectivas em situação de insolvência, o cumprimento de obrigações em sede de IRC, designadamente:

IRC – liquidação e pagamento

5 – Proceder à liquidação e ao pagamento do imposto, nos termos previstos na alínea *a*) do artigo 89.º e no n.º 1 do artigo 104. c, ambos do CIRC;

Declaração de alterações Identificação do TOC

6 – Sem prejuízo do disposto no n.º 7 do artigo 118.º do CIRC, apresentar, nos ter-

mos do n.º 5 do mesmo artigo, declaração com as alterações verificadas, aditando-se, nomeadamente, à designação social "sociedade em liquidação" ou, simplesmente, "em liquidação", conforme decorre do n.º 3 do artigo 146.º do CSC. Esta declaração deve conter obrigatoriamente a identificação/assinatura do respectivo técnico oficial de contas (TOC);

Declaração periódica de rendimentos Identificação do TOC

7 – Submeter, por transmissão electrónica de dados, nos termos previstos no artigo 120.º do CIRC, a declaração periódica de rendimentos a que se refere a alínea *b*) do n.º 1 do artigo 117.º, a qual deve conter a identificação do TOC;

Declaração anual de Informação contabilística e fiscal Identificação do TOC

8 – Submeter, por transmissão electrónica de dados, nos termos previstos no artigo 121.º do CIRC, a declaração anual de informação contabilística e fiscal a que se refere a alínea *c*) do n.º 1 dó artigo 117.º, com a identificação do TOC;

Responsabilidade do Administrador da Insolvência

9 – Estas e as demais obrigações declarativas previstas no Código do IRC são da responsabilidade do administrador da insolvência, conforme decorre expressamente do n.º 10 do artigo 117.º do referido Código;

Acesso às declarações electrónicas – senha

10 – Caso o sujeito passivo não disponha de senha de acesso às declarações electrónicas, ou sendo necessário proceder à sua recuperação, deve o Administrador da Insolvência proceder ao respectivo pedido, no sítio das declarações electrónicas, conforme previsto no n.º 3 da Portaria n.º 1339/2005, de 30 de Dezembro;

Contabilidade organizada

11 – Nos termos e condições referidas no artigo 123.º do CIRC é obrigatório dispor de contabilidade organizada nos termos da lei comercial e fiscal.

IVA – Obrigações Declaração de alterações

III – DAS OBRIGAÇÕES EM SEDE DE IVA

Para efeitos do Imposto sobre o valor Acrescentado (CIVA), as pessoas colectivas em situação de insolvência ficam sujeitas ao cumprimento das seguintes obrigações:

12 – Apresentar, nos termos do artigo 32.º do CIVA, uma declaração de alterações, indicando no quadro 17 a respectiva identificação e no quadro 04 aditando à designação social a expressão "sociedade em liquidação" ou, simplesmente, "em liquidação", conforme decorre do n.º 3 do artigo 146.º do CSC. Esta declaração deve conter obrigatoriamente a identificação/assinatura do respectivo técnico oficial de contas (TOC);

Emissão de factura ou documento equivalente

13 – Emitir, em conformidade com o disposto na alínea b) do n.º 1 do artigo 29.º do CIVA, em forma legal, uma factura ou documento equivalente por cada transmissão de bens ou prestação de serviços, tal como vêm definidas nos artigos 3.º e 4.º do referido diploma;

Apuramento do imposto

14 – Proceder ao correcto apuramento do imposto em cada um dos períodos de tributação previstos no CIVA, recorrendo nomeadamente às regras constantes dos seus artigos 19.º a 26.º e do artigo 78.º, as quais se integram no conceito de "liquidação do imposto" que o mesmo normalmente assume no Direito Fiscal;

Deduções

15 – Encontra-se ressalvada a possibilidade de exercício por parte dos sujeitos passivos em situação de insolvência declarada, do direito a dedução do imposto, nos termos dos artigos 19.º a 26.º do CIVA;

Pagamento do imposto

16 – Proceder, nos períodos de tributação em que tenha sido apurado imposto a favor do Estado, ao pagamento do imposto que se mostrar devido, nos prazos legais definidos em função da periodicidade em que se encontram enquadrados;

Obrigações declarativas

17 – Cumprir, na forma e prazos definidos na lei, as demais obrigações declarativas previstas no CIVA;

Requisitos da contabilidade

18 – Dispor de contabilidade adequada ao apuramento e fiscalização do imposto, que deverá mostrar-se organizada nos termos previstos no artigo 44.º do CIVA e obedecer aos requisitos constantes dos subsequentes artigos;

Pedido de reembolso

19 – Em caso de pedido de reembolso, este será solicitado em declaração periódica, contendo a identificação do técnico oficial de contas responsável, submetida por transmissão electrónica de dados, no prazo legal, após o que, será deferido ou indeferido, consoante se encontrem ou não reunidas as condições legais previstas no artigo 22.º do CIVA e no Despacho Normativo n.º 53/2005, de 15 de Dezembro (republicado em Anexo ao Despacho Normativo n.º 23/2009, de 17 de Junho);

Manutenção em actividade da empresa – declaração de alterações

20 – Na circunstância de no decurso do procedimento de insolvência, se prever, em sede de plano de insolvência, a manutenção em actividade da empresa, na titularidade do devedor ou de terceiro, deve o sujeito passivo submeter, nos termos do artigo 32.º do CIVA, uma declaração de alterações, contendo:

20.1 – A retirada à designação social do devedor da menção "sociedade em liquidação" ou simplesmente "em liquidação", como decorre conjugadamente dos artigos 141.º, n.º 1, alínea *e*); 146.º, n.º 1 e 161.º, todos do CSC com o artigo 206.º, n.º 1 do CIRE;

20.2 – A adopção de qualquer eventual providência a que alude o artigo 198.º do CIRE;

20.3 – A identificação/assinatura do técnico oficial de contas (TOC).

OFÍCIOS-CIRCULARES DA D.G.C.I.
[51]

OFÍCIO-CIRCULAR N.º X-2/90

**Regime fiscal aplicável a remunerações auferidas
por pessoal ao serviço da CEE**
(Arts. 21.º e 57.º do CIRS)

Foi submetida a esta Direcção-Geral a questão de saber qual o regime fiscal aplicável a cidadãos portugueses que aufiram remunerações provenientes do exercício de funções em órgãos da Comunidade Económica Europeia – CEE.

Estudado o assunto, foi, por despacho de 90-05-27, de Sua Excelência o Secretário de Estado dos Assuntos Fiscais, sancionado o entendimento de que não estão sujeitos a tributação em sede do IRS nem sequer a englobamento para efeitos de determinação da taxa aplicável ao restante rendimento porventura existente, os rendimentos auferidos por cidadãos portugueses no desempenho de funções em órgãos da CEE ao abrigo do artigo 13.º do Protocolo Relativo aos Privilégios e Imunidades Europeias, dado tratar-se de norma de carácter supra nacional.

Assim, não deverão tais remunerações ser incluídas nas declarações m/1 ou m/2 a que se refere o artigo 57.º do CIRS, nem nos anexos sobre benefícios fiscais.

Ver Ofício-circulado n.º 12/97, de 12/12/97 **[52]** – pág. 812.

OFÍCIO-CIRCULAR N.º X-4/90, de 90/11/22

Expropriação de terrenos para construção por utilidade pública
(Art. 5.º, n.º 1 do DL n.º 442-A/88, de 30/11; art. 10.º, n.º 1, al. *a*))

Tendo-se suscitado dúvidas sobre se após a entrada em vigor do Código do IRS, mantém actualidade a doutrina transmitida pelo Ofício-circular n.º D-2/87, de 4 de Agosto, foi, por despacho de 90/10/25, sancionado o seguinte:

1 – A partir da data da entrada em vigor do Código do IRS, ficou prejudicado o entendimento sancionado relativamente ao Código do Imposto de Mais-Valias e trans-

mitido através do Ofício-circular n.º D-2/87, de 4 de Agosto, no sentido de que não eram consideradas resultantes de transmissão onerosa os ganhos obtidos na expropriação, por utilidade pública, de terrenos para construção.

2 – Assim, no âmbito da categoria G de IRS, as expropriações de terrenos para construção efectuadas a partir de 89/01/01 ficam sujeitas a tributação independentemente da data da aquisição, salvo se esta tiver ocorrido antes de 65/06/09 data da publicação do Código do imposto de Mais-Valias, caso em que será aplicável o disposto no n.º 1 do art. 5.º do Decreto-Lei n.º 442-A/88, de 30 de Novembro.

OFÍCIO-CIRCULAR N.º X-5/91

Abatimento dos donativos de interesse público
(CIRS, art. 56.º, n.º 1, al. *a*))

1 – De acordo com o estipulado no art. 56.º, n.º 1 alínea *a*) do Código do IRS, ao rendimento líquido do sujeito passivo e até 15% do valor deste, abater-se-á o valor dos donativos em dinheiro e em espécie, concedidos a igrejas, instituições religiosas ou ainda pessoas colectivas de fins não lucrativos, pertencentes ou instituídas por confissões religiosas.

2 – A este regime legal está subjacente o reconhecimento por parte do Estado, do papel preponderante que estas instituições desenvolvem no campo assistencial às populações mais desfavorecidas.

Sendo esta a "ratio" do preceito legal, necessário se torna, numa perspectiva da administração do imposto, delimitar o seu âmbito de aplicação. Esta necessidade advém do facto de se estar perante conceitos de significado muito impreciso, o que, numa interpretação demasiado literal, conduziria à sua aplicação a situa-ções inseridas fora do contexto previsto pelo legislador.

3 – Deste modo, foi, por despacho de 91-06-24, do Senhor Subdirector-Geral, por delegação, sancionado o entendimento de que só são susceptíveis de abatimento, nos termos, do art. 56.º, n.º 1 alínea *a*) do Código do IRS, os donativos efectuados a:

   a) Igrejas, entendidas estas como as confissões cristãs ou organizações, além da igreja Católica, que estiverem agrupadas no Conselho Ecuménico das Igrejas;
   b) Instituições incorporadas, de acordo com a lei, numa religião ou numa associação religiosa, integradas na finalidade e no objectivo das confissões religiosas, que devam ser prosseguidas imediatamente, tendo nelas a sua origem e estando nelas inseridas.

4 – Não são considerados, para efeitos de abatimento, os donativos concedidos a seitas religiosas.

OFÍCIO-CIRCULAR N.º X-6/91

Rendimentos emergentes de contratos de hospedagem
(Art. 4.º, n.º 1 al. *f*) e 9.º, n.ºˢ 1 e 2 al. *a*) do CIRS)

Tendo em vista o esclarecimento de dúvidas surgidas sobre o enquadramento fiscal dos rendimentos resultantes de contratos de hospedagem, foi por despacho de 91-10-03, sancionado o seguinte entendimento:

1 – São rendimentos da categoria C, nos termos do disposto na alínea *f*) do n.º 1 do art. 4.º do Código do IRS, os emergentes:

a) Da exploração de hospedagem, enquanto objecto de actividade hoteleira ou similar, ainda que limitada ao alojamento mediante remuneração e outros serviços acessórios, seja qual for o número de hóspedes;
b) Da prestação de serviços a mais que três hóspedes.

2 – Consideram-se rendimentos da categoria F, ao abrigo do disposto no n.º 1 e n.º 2 al. *a*) do art. 9 do Código do IRS, os resultantes de contratos de hospedagem não abrangidos pelo número anterior.

3 – Faz-se o enquadramento jurídico-fiscal exposto independentemente de o hospedeiro ser proprietário ou arrendatário do prédio urbano.

OFÍCIOS-CIRCULADOS DA D.G.C.I.
[52]

OFÍCIO-CIRCULADO N.º 11/89, de 89/08/01

Indemnizações pagas pela cessação do contrato individual de trabalho

Tendo surgido dúvidas quanto ao modo de proceder no cálculo das indemnizações pagas pela cessação do contrato individual de trabalho ou de funções públicas, de gestor, administrador ou gerente de qualquer pessoa colectiva, designadamente, sobre se é necessário solicitar a fixação do limite para além do qual as respectivas importâncias estão sujeitas a IRS, nos termos do n.º 4 do art. 2.º do Código do Imposto sobre o Rendimento das Pessoas Singulares, informa-se:

1 – O cálculo da importância não sujeita a IRS é determinado pela fórmula:

$$L = 1,5\, n\, \frac{(Rm \times 14)}{12}$$

Sendo:

L = Limite estabelecido;
n = Número de anos de trabalho ou fracção ao serviço da empresa
Rm = Remunerações mensais incluindo as diuturnidades

2 – As entidades pagadoras não precisam de solicitar a fixação de tal limite como acontecia com o Imposto Profissional, devendo proceder à retenção do imposto a calcular sobre o somatório da parte que exceder esse limite com as restantes remunerações pagas no mesmo período de retenção;

3 – As importâncias que não excedam o referido limite não devem constar da relação a que se refere a alínea *c*) do n.º 1 do art. 114.º do Código do IRS e não serão englobadas nos termos do n.º 1 do art. 21.º, do referido Código.

OFÍCIO-CIRCULADO N.º 16/89, de 89/09/25

Tratamento em imposto sobre o rendimento das heranças indivisas

Mostrando-se conveniente uniformizar o entendimento sobre a tributação dos rendimentos gerados por heranças indivisas, comunica-se que, por meu despacho de 89/08/21, foi sancionado o seguinte:

1 – A herança indivisa é considerada, para efeitos de tributação, como uma situação de contitularidade. Assim, cada herdeiro é tributado relativamente à sua quota-parte nos rendimentos por ela gerados, atento o disposto no art. 18.º do Código do IRS.

2 – **Tratando-se das categorias C ou D:**
2.1 – Cumpre ao cabeça-de-casal ou administrador contitular da herança indivisa apresentar, na sua declaração anual de rendimentos, ainda que em anexo autónomo, a demonstração dos lucros ou prejuízos apurados no património comum, identificando os restantes contitulares e a respectiva quota-parte nesses mesmos lucros ou prejuízos.

2.2 – Cumpre a cada contitular declarar, no anexo próprio, apenas a sua quota-parte nos rendimentos gerados pela herança indivisa, identificando, por sua vez, o cabeça-de-casal ou administrador contitular a quem incumbir a apresentação da totalidade dos elementos contabilísticos.

2.3 – Cada contitular declarará também a sua quota-parte nas retenções de imposto eventualmente feitas à herança indivisa.

3 – Tratando-se de rendimentos gerados por herança indivisa integráveis noutras categorias, designadamente rendimentos prediais, de capitais, ou mais-valias, cada contitular declarará a sua quota-parte nos rendimentos ilíquidos e deduções, incluindo as que respeitem a retenções de imposto, a que haja lugar, sem necessidade de o cabeça-de-casal ou administrador contitular declarar a respectiva totalidade.

4 – Quanto ao regime transitório previsto no art. 4.º do Decreto-Lei n.º 442-A/88, de 30 de Novembro, que aprovou o Código do IRS, observar-se-á o seguinte:
4.1 – O regime de exclusão tributária a que se refere o n.º 3 de art. 4.º só aproveita aos contitulares se os requisitos aí exigidos se verificarem no património comum, ou seja, se os proveitos totais (e não os imputáveis a cada contitular) forem inferiores a 3 000 contos ou se a actividade for exercida em prédios rústicos cujo valor patrimonial total seja inferior a 1 500 contos.

4.2 – Caso não se verifiquem estes requisitos, cada contitular será tributado pela sua quota-parte nos rendimentos gerados, aproveitando-lhe, porém, o disposto no n.º 2 do aludido art. 4.º, ou seja, os rendimentos tributáveis na Categoria D serão considerados em apenas 40%.

OFÍCIO-CIRCULADO N.º 18/89, de 89/11/20

Enquadramento fiscal das remunerações auferidas para realização de acções de formação na Administração Pública

Realizando muitos departamentos da Administração Pública cursos e outras acções de formação e tornando-se premente definir o enquadramento fiscal das remunerações auferidas pelos respectivos monitores, quer sejam funcionários dos Serviços que os promovem quer sejam estranhos aos mesmos Serviços, foi, por despacho de 89-09-13, sancionado o seguinte entendimento:

1 – Como princípio fundamental deverá determinar-se, em primeiro lugar, qual o Serviço que suporta os encargos dos cursos ou acções de formação. Nesta perspectiva importa considerar duas hipóteses:

a) O funcionário é abonado pelo Serviço a que pertence, quer seja o que promove o curso ou acção, quer não;

b) O funcionário não é abonado pelo Serviço a que pertence, mas pelo que promove o curso ou acção.

No primeiro caso, as remunerações auferidas pela realização da acção de formação enquadram-se na Categoria A – trabalho dependente, visto corresponderem ao cumprimento, pelo monitor, de uma obrigação integrada na extensão das suas funções. A retenção a efectuar incidirá sobre o somatório da remuneração base com a remuneração da acção e com outros eventuais abonos e será feita nos termos gerais, de harmonia com o disposto no art. 92.º do Código do IRS.

Se, ao contrário, o funcionário não for abonado pelo Serviço a que pertence, devem considerar-se, ainda, duas sub-hipóteses:

b.1 – Se o funcionário em causa foi indigitado para realizar a acção pelo Serviço a que se encontra vinculado, considera-se que o trabalho é realizado no âmbito da dependência hierárquica e funcional e correspondente ao cumprimento de uma obrigação integrada na extensão das suas funções, pelo que a remuneração auferida deve ser tributada nos termos anteriormente referidos (art. 92.º do Código do IRS);

b.2 – Se o funcionário foi meramente autorizado pelo Serviço a que se encontra vinculado a dar o curso ou a realizar a acção de formação, considera-se que o trabalho é realizado com independência, pelo que a remuneração acordada deverá ser paga contra a apresentação de recibo de modelo oficial (actualmente ainda o recibo mod. 2 de imposto profissional), devendo o Serviço processador efectuar a retenção de 16%, de harmonia com o disposto no art. 94.º conjugado com o art. 71.º, ambos do Código do IRS, por enquadramento desses rendimentos na Categoria B – Trabalho independente.

2 – Quando os departamentos da Administração Pública recorram a serviços de terceiros, não funcionários, para assegurarem a realização de cursos ou acções de formação, deve distinguir-se:

a) Se o serviço é prestado, por uma empresa, o respectivo pagamento deve ser efectuado contra a emissão de factura nos termos legais, não havendo lugar a qualquer retenção a título de imposto sobre o rendimento;

b) Se o serviço é prestado por pessoa singular que exerce sozinha, sem recurso a colaboradores ou empregados, a actividade de monitoragem de acções de formação, a remuneração acordada deve ser paga contra recibo modelo oficial e sobre a mesma incide retenção de IRS a taxa de 16%, de harmonia com o disposto no art. 94.º conjugado com o art. 71.º, ambos do Código do IRS.

OFÍCIO-CIRCULADO N.º 12/90

Rendas resultantes das cedências do uso de partes comuns de prédios em regime de propriedade horizontal

Nos termos do art. 9.º, n.º 1 e n.º 2 alínea *f*) do Código do IRS, consideram-se rendimentos prediais, enquadrados na categoria F, as importâncias pagas ou postas à disposição, decorrentes da cedência do uso de partes comuns de prédios em regime de propriedade horizontal, como sejam telhados ou terraços de cobertura para fins publicitários ou outros, pátios e jardins anexos ao edifício, garagens comuns, a casa do porteiro, etc.

Porque aos Serviços têm vindo a ser colocadas dúvidas sobre o modo como se opera a tributação daqueles rendimentos, foi, por despacho de 90/03/27, sancionado o seguinte entendimento:

1– Contitulatidade dos rendimentos

Sendo os diversos condóminos do edifício comproprietários das partes comuns do mesmo, como resulta do estatuído no n.º 1 do art. 1420.º do Código Civil, deverão tais rendimentos ser-lhes imputados na proporção do valor relativo das respectivas fracções autónomas (percentagem ou permilagem), em consonância com o regime estabelecido no art. 18.º do Código do IRS,

Nestes termos, ainda que destinando-se estes rendimentos à realização de despesas da responsabilidade do condomínio, deverão os mesmos ser imputados a cada um dos condóminos.

Igual tratamento deverá ser conferido às despesas de manutenção e conservação, deduções específicas contempladas no art. 40.º do CIRS, efectuadas com as respectivas partes comuns, sendo imputadas a cada condómino na proporção dos rendimentos.

2 – Retenções na fonte

Quando as rendas tenham sido objecto de retenção na fonte, nos termos do art. 94.º do CIRS, deverá considerar-se imputável a cada condómino, e assim mencionada nas respectivas declarações de rendimentos, a quota parte nas retenções efectuadas, determinada de acordo com o critério acima indicado.

Competirá ao administrador do prédio entregar a cada condómino documento em que indique a quota parte da renda e imposto retido na fonte que lhes são imputáveis, bem como as despesas de manutenção e conservação efectuadas com a parte cedida susceptíveis de dedução nos termos do art. 40.º do CIRS.

3 – Arquivo de documentos

Competirá ainda ao administrador manter na sua posse, nos termos do art. 119.º do Código do IRS, os documentos comprovativos dos rendimentos auferidos pela cedência do uso das partes comuns do prédio, do imposto retido, das despesas efectuadas com as mesmas e das deliberações tomadas pela assembleia de condóminos relativas às partes comuns e à aprovação de contas.

OFÍCIO-CIRCULADO N.º 24/90, de 18 de Junho

**Despesas de saúde efectuadas com filhos maiores toxicómanos
– sua dedutibilidade nos termos da alínea c)
do n.º 4 do artigo 14.º e alínea a) do n.º 1 do artigo 55.º
ambos do código do imposto sobre o rendimento das pessoas singulares**

Tendo-se suscitado dúvidas sobre se as despesas efectuadas com filhos maiores com tratamento da toxicodependência são ou não dedutíveis nos termos da alínea a) do n.º 1 do artigo 55.º do Código do IRS, foi, por despacho de 90/03/27, sancionado o seguinte entendimento:

É a toxicodependência a apetência normal e prolongada manifestada por determinados indivíduos por substâncias tóxicas ou drogas cujo efeito analgésico, euforístico ou dinâmico se torna um hábito, originando o aumento progressivo das doses, degradações orgânicas e em alguns casos a decadência física e mental do indivíduo.

Nestes termos, não oferece dúvidas a qualificação como despesas de saúde os gastos efectuados pelo sujeito passivo e seus dependentes para combater, nos termos da alínea a) do n.º 1 do artigo 55.º do Código do IRS.

No âmbito daquele dispositivo legal incluir-se-ão, portanto, as despesas com o tratamento de todos os tipos de dependência (física e psíquica), sejam quais forem as substâncias que a originam (álcool e estupefacientes), nomeadamente, despesas com medicamentos e hospitalização na parte efectivamente suportada.

Tratando-se, porém, de despesas da mesma natureza efectuadas com filhos maiores toxicodependentes, o seu abatimento fica condicionado á verificação cumulativa dos seguintes requisitos:

– não auferirem (os filhos maiores) rendimentos superiores ao salário mínimo nacional mais elevado;
– não fazerem parte de outro agregado familiar e
– serem considerados inaptos para o trabalho e para angariarem meios de subsistência.

Competirá aos Centros de Estudos da Profilaxia da Droga do País (Norte, Centro e Sul) bem como a outros estabelecimentos especializados no combate á droga (Centro das Taipas, Hospitais de S. João do Porto e S. Maria de Lisboa, Serviço de Prevenção e Apoio a toxicodependentes do Algarve e Centro de Dia e Apoio à Juventude da Região Autónoma da Madeira) e, ainda, aos centros de saúde comprovar a incapacidade para o trabalho do toxicodependente maior.

Residindo este no estrangeiro, a entidade competente, para comprovar tal facto, será a autoridade de saúde competente do respectivo país, em documento devidamente autenticado.

Dada a natureza da incapacidade será a mesma comprovada anualmente por qualquer das referidas instituições, devendo essa comprovação acompanhar a declaração de rendimentos do sujeito passivo.

OFÍCIO-CIRCULADO N.º 2/91, de 9 de Janeiro

Centralização da contabilidade ou da escrituração

1 – Por despacho do Secretário de Estado dos Assuntos Fiscais de 30 de Julho de 1990, foi sancionado o entendimento de que é permitido que os livros e demais elementos de escrita, possam estar na posse dos técnicos de contas ou das empresas encarregadas da sua escrituração, mas apenas durante o exercício económico a que respeitam os serviços prestados por eles.

2 – Notificado o contribuinte para apresentar a escrita num determinado prazo, se o não fizer, será tal atitude equiparada a recusa de exibição de escrita, ficando sujeito a procedimento contra-ordenacional, conforme dispõe o art. 28.º do Regime Jurídico das Infracções Fiscais não Aduaneira, quando a recusa de exibição não constitua fraude fiscal, caso em que será qualificada como crime nos termos do art. 23.º do mesmo diploma.

OFÍCIO-CIRCULADO N.º 22/91, de 11 de Outubro

Afectação de bens de equipamento a actividades independentes (categorias B ou C) exercidas sem recurso a instalação própria

1 – Foi colocada aos Serviços a questão de saber se o exercício de uma actividade independente (categorias B ou C), sem recurso a instalação própria, determinava a impossibilidade de afectação de bens de equipamento a essa mesma actividade.

2 – Estudado o assunto, foi sancionado, por despacho de 90/10/02, do Exm.º Subdirector-Geral, o seguinte entendimento que, para uniformidade de procedimentos se divulga:
A inexistência de instalação própria não significa, necessariamente, a impossibilidade de afectação de bens de equipamento ao exercício da actividade, enquadre-se ela nas categorias B ou C;

   a) A afectação de bens de equipamento à actividade independente exercida sem recurso a instalação própria é fiscalmente relevante, nos termos legais, desde que se verifique a necessária conexão entre a actividade exercida e o bem a ela afecto.

OFÍCIO-CIRCULADO N.º 10/92, de 14 de Maio

Donativos a clubes desportivos e federações

Tendo-se conhecimento de que não tem sido uniforme o entendimento dos serviços sobre o enquadramento fiscal dos donativos concedidos aos clubes desportivos e federações e considerando que a Lei de Bases do Sistema Desportivo (Lei n.º 1/90, de 13/1) prevê no seu artigo 18.º a possibilidade de os autores de liberalidades efectuadas em benefício daquelas entidades que gozem de estatuto de instituição de utilidade pública, aproveitarem do regime fiscal idêntico ao previsto para as instituições de solidariedade social – n.ºs 2, 3 e 4 do art. 18.º da Lei n.º 1/90 – comunica-se que, por despacho de 91/07/17 e de 92.03.13 dos Exm.ºs Subdirectores-Gerais, foi sancionado o seguinte:

1 – Em sede de IRC, o artigo 40.º do CIRC prevê os limites que, a título de donativos, os sujeitos passivos podem considerar como custos para efeitos fiscais.

Assim, os **clubes desportivos** que gozem de estatuto de instituição de utilidade pública e as **federações** que gozem do regime de utilidade pública desportiva gozam de regime fiscal idêntico ao previsto para as instituições privadas de solidariedade social pelo que os donativos concedidos pelo contribuinte a estas entidades serão considerados custos ou perdas do exercício até ao limite de 2‰ do volume das vendas e ou dos serviços prestados no exercício.

2 – Em sede de IRS, o regime aplicável aos donativos será o seguinte:

2.1 – Se forem efectuados por sujeitos passivos cujos rendimentos sejam enquadráveis nas categorias C e D, haverá que distinguir consoante sejam atribuídos:

– A título particular:

Ao rendimento líquido total e até 15% do valor deste, abatem-se os donativos em dinheiro ou em espécie (art. 56.º n.º 2 alínea *b*) do CIRS);

– No exercício de actividade:

São considerados custos ou perdas do exercício, os donativos concedidos até ao limite de 2‰ do volume das vendas e ou dos serviços prestados no exercício (art. 18.º da Lei 1/90, de 13/1, art. 31.º do CIRS e art. 40.º n.º 3 do CIRC).

2.2 – Se efectuadas por sujeitos passivos cujos rendimentos se enquadrem em qualquer das outras categorias são abatidos ao rendimento líquido total e até 15% do valor deste (art. 56.º n.º 2 alínea *b*) do CIRS).

2.3 – Os donativos podem ser em dinheiro ou em espécie. Relativamente a estes, o seu valor é determinado da seguinte forma:

– Se forem bens mobiliários – segundo as regras constantes do art. 23.º do CIRS.

– Se forem bens imobiliários – pelo montante que seria considerado para efeito de liquidação do imposto sobre as sucessões e doações, se fosse devido.

OFÍCIO-CIRCULADO N.º 11/92, de 19 de Maio

Descontos obrigatórios para os regimes de protecção social

Suscitando-se dúvidas sobre se "os descontos obrigatórios para os regimes de protecção social" a que se refere o artigo 25.º do CIRS abrangem os descontos obrigatoriamente efectuados pelos empregados bancários para os SAMS, e os descontos obrigatórios dos funcionários públicos para a ADSE e para o Montepio, comunica-se que, por despacho de 92/04/15 do Exm.º Subdirector-Geral foi sancionado o seguinte entendimento:

Os descontos obrigatoriamente efectuados pelos empregados bancários para os SAMS, bem como os efectuados pelos funcionários públicos para a ADSE e para o Montepio dos Servidores do Estado, estão abrangidos pela previsão do n.º 2 do artigo 25.º do Código do IRS, tendo a natureza de "contribuições obrigatórias para regimes de protecção social" e relevando como dedução específica dos rendimentos do trabalho dependente.

OFÍCIO-CIRCULADO N.º 19/92, de 26/11/1992

Vinculação de todos os funcionários da administração fiscal às regras de liquidação de IRS superiormente sancionadas

1. As regras de liquidação do IRS, expressas nos programas informáticos de liquidação do imposto, interpretam e aplicam o direito, pelo que, estando superiormente sancionadas, vinculam directamente todos os funcionários da Administração Fiscal que não podem agir ou decidir contra elas, seja qual for o processo que o caso concreto seja analisado ou apreciado.

2. Não se mostram naturalmente, abrangidas por este princípio as situações de erro na liquidação de erros imputáveis aos Serviços ocorridos na fase de recepção, visualização, recolha e validação das declarações dos contribuintes, bem como de erros de facto evidenciados pelos programas de liquidação. Uns e outros devem ser oficiosamente corrigidos nos termos das instruções oportunamente transmitidas pelos Serviços, devendo realçar-se que se o erro decorrer dos programas de liquidação, estes serão corrigidos e, concomitantemente, serão corrigidas todas as liquidações afectadas.

3. As situações que suscitem dúvidas de enquadramento devem ser previamente colocadas, através dos circuitos estabelecidos, aos Serviços Centrais que, caso a caso, firmarão doutrina.

OFÍCIO-CIRCULADO N.º 9/93, de 12 de Julho

MAIS-VALIAS
Reinvestimento de valores de realização de imóveis destinados a habitação do sujeito passivo

Tendo surgido dúvidas quanto à forma como os sujeitos passivos devem cumprir as obrigações declarativas de IRS quando pretendem reinvestir o produto da alienação de imóveis destinados a sua habitação, com vista à exclusão de tributação dos ganhos de mais--valias prevista no n.º 5 do artigo 10.º do Código do IRS, sancionei, por meu despacho de 93.06.11, o seguinte entendimento:

1 – Relativamente ao ano de alienação do imóvel destinado a habitação do sujeito passivo, deve por este ser apresentado o anexo G da declaração modelo 2 de IRS, em cujo quadro 4 se indicarão os elementos respeitantes à transmissão onerosa operada e no quadro 5 se manifestará a intenção de reinvestimento através do preenchimento dos campos 10 a 13. Se nesse ano tiver havido já valores reinvestidos será também preenchido o campo 14.

2 – Nas declarações modelo 2 dos dois anos seguintes, a apresentar por força do disposto no n.º 4 do artigo 57.º do Código do IRS, mencionar-se-á no quadro 5 do anexo G (campos 14, 19 ou 24) o valor reinvestido em cada um desses anos, preenchendo-se de novo os elementos respeitantes à alienação (campos 10 a 13, 15 a 18 ou 20 a 23) que devem condizer com os declarados no anexo G do ano da transmissão.

3 – Ainda que em algum desses dois anos não se efectue qualquer reinvestimento, é obrigatória a apresentação da declaração modelo 2 e do respectivo anexo G, indicando-se neste apenas os elementos relativos à alienação referidos na parte final do número anterior, se não houver outras operações a declarar no mesmo anexo.

4 – *No caso de reinvestimento parcial do valor de realização previsto no n.º 7 do artigo 10.º do Código do IRS, a mais-valia correspondente ao valor não reinvestido será determinada com base na declaração de rendimentos do segundo ano posterior ao da alienação, procedendo-se então à liquidação adicional do imposto a que haja lugar com referência ao ano da transmissão do imóvel, acrescido dos respectivos juros compensatórios.*([1])

5 – Se, decorrido o prazo de 24 meses contado da data da realização se verificar qualquer dos factos que, nos termos do n.º 6 do artigo 10.º do Código do IRS, implique a perda do benefício de exclusão da tributação, deverão os sujeitos passivos apresentar no prazo estabelecido no n.º 2 do artigo 60.º uma declaração de substituição relativa ao ano da transmissão onerosa do imóvel destinado a habitação, retirando do quadro 5 do anexo G os elementos respeitantes à intenção de reinvestimento que legalmente não se veio a concretizar.

([1]) Prejudicado conf. Of.-circulado n.º 20 054, de 11/10/2001 [52] – pág. 845.

OFÍCIO-CIRCULADO N.º 14/93, de 23/11/1993

Custos e Proveitos de exercícios anteriores

Tem a Direcção de Serviços do IRC vindo a ser questionada sobre o tratamento dos custos e proveitos de exercícios anteriores, nomeadamente quando à não imputação dos custos ao exercício a que digam respeito, quando não tenham sido aceites como componente negativa do lucro tributável do exercício em que foram contabilizados, procedimento contrário ao que, em regra, é adoptado quanto aos proveitos.

Considerando-se que, de tal facto resulta uma incorrecta quantificação do rendimentos real que deve constituir a base de tributação, foi submetido o assunto à consideração superior, tendo sido por despacho de 93.03.29, de S. Ex.ª o Subsecretário de Estado Adjunto da Secretária de Estado Adjunta e do Orçamento, sancionado o seguinte entendimento:

1 – Nos termos do art. 18.º do CIRC os proveitos e custos, assim como as outras componentes positivas ou negativas, do lucro tributável são imputáveis ao exercício a que digam respeito, de acordo com o princípio da especialização dos exercícios.

2 – Assim, e competindo aos Serviços de Fiscalização no âmbito de análise interna ou externa o controlo da matéria colectável, determinada com base em declaração do contribuinte, devem os mesmos, sem prejuízo da penalidade ao caso aplicável, fazer as correcções adequadas ao resultado líquido do exercício a que os custos ou proveitos digam respeito, quando, nos termos do art. 18.º do CIRC, não sejam consideradas componentes negativas ou positivas do lucro tributável do exercício da sua contabilização.

3 – Exceptuam-se deste procedimento as provisões, reintegrações e amortizações quando não contabilizadas como custos ou perdas do exercício a que respeitam.

OFÍCIO-CIRCULADO N.º 6/94, de 18 de Fevereiro
(alterado pelo Ofício-circulado n.º 20015, de 1/9/99)

IRS – Duplicação de colecta – revogação oficiosa de liquidação por duplicação de colecta

Nova redacção do artigo 85.º do Código do IRS, dada pelo artigo 22.º da Lei n.º 75/93, de 20 de Dezembro.

1 – Por despacho de 4 de Fevereiro de 1994, de Sua Excelência o Secretário de Estado dos Assuntos Fiscais, foi sancionado o entendimento de que as situações em que, por não ter sido deduzido ao imposto liquidado o imposto total ou parcialmente pago por antecipação, o que inclui as retenções que tenham incidido sobre os rendimentos declarados e tenham efectivamente dado entrada nos Cofres do Estado, bem como os pagamentos por conta efectuados nos termos do artigo 95.º do Codigo do IRS no ano a que o imposto diga respeito, integram o conceito de duplicação de colecta e, nessa medida, determinam a revogação Oficiosa da liquidação face ao disposto no artigo 85.º do Codigo do IRS, com a redacção que lhe foi dada pelo artigo 22.º da Lei n.º 75/93, de 20 de Dezembro.

2 – Pelo mesmo despacho foi entendido que:

 a) O disposto no artigo 85.º do Codigo do IRS é de aplicação imediata em todos os processos pendentes;
 b) A falta de indicação, total ou parcial, na declaração anual de rendimentos, das importâncias retidas na fonte ou dos pagamentos por conta efectuados, não constitui motivo imputável aos Serviços, pelo que, apesar da Oficiosidade do procedimento revogatório, não é aplicável o disposto no artigo 86.º do Codigo do IRS, nem no artigo 24.º do CPT, na parte em que nestes se determina a contagem de juros compensatórios a favor do sujeito passivo;
 c) Excepcionam-se do referido na alínea anterior as situações relativas ao ano de 1989, face ao decidido por despacho ministerial de 8 de Outubro de 1991, referido no Ofício-circulado n.º 25/91, de 9 de Dezembro de 1991, desta Direcção de Serviços.

3 – A revogação Oficiosa da liquidação será, nestes casos, praticada mediante o preenchimento de uma Declaração Oficiosa tipo 3, em cujos campos relativos a juros deve observar-se o disposto na alínea b) do número anterior, e o seu consequente tratamento informático. Em se tratando de situações relativas a 1989 deverá ser utilizada a declaração

de substituição, preenchida Oficiosamente, cuja data de recepção deverá obedecer às regras já conhecidas tendo em vista a possibilidade da sua liquidação informática. As declarações, Oficiosas ou de substituição, reproduzirão integralmente as declarações cuja liquidação irão revogar, sendo-lhes incluido ou acrescido, nos campos adequados, o montante relativamente ao qual tiver sido reconhecida a duplicação de colecta.

3.1 – Não é, todavia, aplicável, quanto aos anos de 1990 e seguintes, a regra antes definida sempre que, na liquidação a revogar, tenham sido liquidados juros compensatórios a favor do contribuinte, o que, aliás, já sucede no âmbito das instruções transmitidas pelo Ofício-circulado n.º 12/93, de 3 de Novembro, n.º 3.5, alínea *d*), relativas à utilização de Declarações Oficiosas para resolução dos processos graciosos ou judiciais. Nestas situações, a Direcção de Serviços do IRS determinara, caso a caso, o procedimento a adoptar.

4 – O reconhecimento Oficioso da duplicação de colecta, muito embora integre a competência prevista no artigo 77.º do Código do IRS, pode ser feito pelo Director Distrital de Finanças territorialmente competente, no âmbito dos poderes de decisão que lhe são conferidos pelo artigo 99.º do Codigo de Processo Tributário. Assim, os processos instaurados local ou distritalmente com base em petições, exposições ou reclamações formais em que a duplicação de colecta seja alegada só subirão à Direcção do IRS:

a) Se subsistirem dúvidas sobre a integração da situação exposta no conceito de duplicação de colecta, caso em que serão centralmente decididos:
b) Se se verificar a situação referida no n.º 3.1 do presente Ofício-circulado, mas, neste caso, subirão já decididos pelo Director Distrital de Finanças.

OFCD 20 015, de 01.09.99
CIRS – Anulações Oficiosas – Duplicação de Colecta

Revisão oficiosa da liquidação com fundamento em duplicação de colecta Alteração do Ofício-circulado n.º 6/94, de 18.2.

Em consequência da alteração introduzida pelo artigo 22.º da Lei n.º 75/93, de 20 de Dezembro, no artigo 85.º do Código do IRS, no sentido do alargamento dos fundamentos de revisão oficiosa da liquidação às situações de duplicação de colecta, foram divulgadas, através do Ofício-circulado n.º 6/94, de 18 de Fevereiro, as instruções relativas à tramitação dos processos administrativos de reconhecimento oficioso daquelas situações.

O ponto 1.º do Ofício-circulado, ao definir a abrangência do conceito de duplicação de colecta, para os efeitos da aplicação do artigo 85.º, refere os casos das liquidações efectuadas sem que tenha sido deduzido o imposto pago por antecipação, neles incluindo expressamente as retenções que tenham incidido sobre os rendimentos declarados e tenham efectivamente dado entrada nos cofres do Estado. Em face das dificuldades de ordem prática da comprovação, em certos casos, da efectiva entrega das quantias retídas e das dúvidas surgidas quanto à compatibilização deste entendimento com o regime da responsabilidade em caso de substituição tributária, designadamente quanto à desoneração do substituído relativamente às importâncias retidas e não entregues, estabelecida pelos artigos 96.º, n.º 1, do Código do IRS e 28.º, n.º 1, da Lei Geral Tributária, procedeu-se à reanálise daquelas instruções administrativas.

2. Em consequência, e de harmonia com o despacho de 27.7.99, do Secretário de Estado dos Assuntos Fiscais, comunico que o ponto 1 do Ofício-circulado n° 6/94, de 18 de Fevereiro, se deve considerar revogado quanto à exigência, para a comprovação dos

pressupostos da duplicação de colecta, da efectiva entrega das quantias retidas nos cofres do Estado, sempre que, não sendo possível a confirmação daquela entrega, a impossibilidade não seja imputável ao substituído.

OFÍCIO-CIRCULADO N.º 6/95, de 2 de Fevereiro

Termos de abertura e encerramento dos livros de escrituração

Atentas as recentes alterações ao Código do Registo Comercial (Dec.-Lei n.º 216/ /94, de 20 de Agosto), que introduziram o artigo 112.º-A relativo à legalização dos livros de escrituração referidos no artigo 32.º do Código Comercial por despacho do Exm.º Senhor Subdirector-Geral, de 94-11-30, foi sancionado o seguinte entendimento:

1 – O artigo 112.º-A do Código do Registo Comercial veio colmatar a lacuna existente a nível da legislação comercial ao atribuir competência às Conservatórias Comerciais para a legislação dos livros dos comerciantes, quando determinada na lei, e dos livros das actas da assembleia das sociedades

2 – Nas situações não previstas na lei do registo comercial, designadamente, as relativas a sujeitos passivos de IRC que não sejam comerciantes e não tenham registo comercial, deverá operar o n.º 2 do artigo 98.º, do Código do IRC.

3 – Nestas situações, os termos de abertura e encerramento devem ser previamente elaborados pelo utente dos livros, limitando-se a Repartição de Finanças à sua assinatura. Porém, nos casos em que o interessado não tenha aposto os referidos termos bem como a numeração das folhas, deverá tal ser efectuado pelas Repartições de Finanças nomeadamente, por meio de carimbo.

OFÍCIO-CIRCULADO N.º 11/95

Contratos de arrendamento habitacionais – apresentação nas Repartições de Finanças revogação do Ofício-circulado n.º 2/95

Posteriormente à divulgação do Ofício-circulado n.º 2/95, de 95/01/19, foram emitidas instruções, veiculadas pela Circular n.º 9/95, baseadas no entendimento, sancionado por despacho de Sua Excelência o Secretario de Estado dos Assuntos Fiscais, de que, não obstante a abolição do Código da Contribuição Predial e do Imposto sobre a Indústria Agrícola, se mantém a obrigação, que de resto é anterior à publicação deste Código, de comunicação dos contratos de arrendamento às repartições de finanças.

Nesta conformidade, e embora o Código do IRS não contenha norma que determine aquela obrigação, mostra-se prejudicado o entendimento transmitido pelo Ofício-circulado n.º 2/95, pelo que se impõe a sua revogação.

OFÍCIO N.º 34 931/95, de 30 de Agosto

Ajudas de custo.
Isenção e incidência do imposto

1 – O Decreto-Lei n.º 519-M/79, de 28 de Dezembro, com as alterações introduzidas pelo Decreto-Lei n.º 248/94, de 7 de Outubro, estabelece as normas relativas ao abono das ajudas de custo para os funcionários e agentes do Estado.([1])
As empresas privadas são livres de estabelecer os montantes que lhes aprouver, bem como as condições em que os mesmos são abonados.

2 – A alínea e) do n.º 3 do art. 2.º do CIRS prevê que, qualquer que seja o valor atribuído e qualquer que seja a categoria do empregado, a importância que ultrapassar o limite anualmente fixado para os servidores do Estado será considerada rendimento do trabalho. Para 1995 essa importância é de 8 805$00/dia, para as deslocações no país, e de 20 898$00 para as deslocações ao estrangeiro.
Esse limite somente poderá ser ultrapassado, passando a tomar-se como referência, no cálculo do excesso das ajudas de custo abonadas, os valores atribuídos a membros do Governo, se as funções exercidas e/ou o nível das respectivas remunerações não forem comparáveis ou reportáveis à das categorias ou remunerações dos funcionários públicos.

3 – As ajudas de custo abonadas pelas empresas aos seus trabalhadores serão aceites como custo do exercício nos termos da alínea d) do art. 23.º do CIRC, desde que se destinem a fazer face a despesas de deslocação ao serviço da empresa e que comprovadamente sejam indispensáveis para a realização dos proveitos.
As despesas em causa considerar-se-ão devidamente documentadas, quando o boletim itinerário emitido pelo trabalhador indique o dia ou dias em que esteve deslocado, o local da deslocação, a natureza do serviço efectuado que originou a deslocação e o respectivo abono diário e total.

4 – O abono de ajudas de custo destina-se a fazer face a despesas com alimentação e alojamento.
Os transportes ou quilómetros percorridos em carro próprio nas deslocações efectuadas ao serviço da empresa não estão incluídos nos citados abonos de ajudas de custo, mas sim nos subsídios de viagem, sendo que estes estarão isentos de IRS até ao limite fixado por Portaria para os funcionários públicos. Se excederem o citado limite, o excesso será considerado rendimento do trabalho dependente de acordo com a alínea e) do n.º 3 do art. 2.º do CIRS e será considerado custo na totalidade, ao abrigo do art. 23.º do CIRC desde que se verifique a regra da indispensabilidade.

5 – Se as despesas com alimentação e alojamento são pagas pela entidade patronal, ou seja, dá-se o reembolso dos montantes efectivamente despendidos, o abono simultâneo de ajudas de custo, por já não ter essa natureza e não se enquadrar em nenhuma outra norma de exclusão de tributação, deverá ser tributado como rendimento da categoria A, sendo aceite como custo de IRC nos termos do art. 23.º do CIRC.

([1]) Actualmente – D.L. n.º 106/98, de 24 de Abril.

OFÍCIO-CIRCULADO N.º 5/97, de 1997-04-02

**Confirmação das isenções invocadas
ao abrigo dos artigos 42.º e 46.º do E.B.F.
(missões diplomáticas e consulares, organizações estrangeiras
internacionais e acordos e relações de cooperação)**

1 – Na sequência da análise efectuada ás declarações periódicas de sujeitos passivos de IRS que, através do preenchimento do Anexo H, invocaram as isenções estabelecidas pelos artigos 42.º e 46.º do Estatuto dos Benefícios Fiscais, constatou-se que, decerto por deficiente interpretação da lei e desconhecimento dos entendimentos administrativos firmados sobre a matéria, oriundos da Direcção de Serviços dos Benefícios Fiscais, alguns deles têm vindo a usufruir indevidamente aqueles benefícios.

2 – Tornando-se, assim, necessário dedicar especial atenção a estas situações, recomendo a V. Ex.ª proceda ao reforço do seu controlo, mediante as adequadas acções de inspecção, e, em caso de dúvida, ordene, ao abrigo da alínea c) do n.º 1 do artigo 124.º do Código do IRS, a notificação dos respectivos sujeitos passivos, para que justifiquem, com a necessária documentação, a legitimidade da utilização do benefício fiscal invocado.

3– Lembra-se que, sem prejuízo de uma análise casuística, à luz das disposições legais aplicáveis, a atribuição dos referidos benefícios fiscais depende, designadamente, do preenchimento, cumulativo, das seguintes condições:

3.1 – Quanto à isenção estabelecida pelo artigo 42.º do E.B.F.:

a) Que o beneficiário seja membro do quadro de pessoal (não bastando a mera nomeação em comissão de serviço) das missões diplomáticas ou consulares ou membro do quadro de pessoal ao serviço de organizações estrangeiras ou internacionais;

b) Que a isenção resulte da aplicação de uma norma ou tratado de direito internacional ou de um princípio de reciprocidade entre Estados;

c) Que as remunerações tenham sido auferidas exclusivamente no âmbito do disposto nas alíneas anteriores;

3.2 – *(Revogado pelo Ofício-circulado n.º 6614/98, de 1998/02/05)*

OFÍCIO-CIRCULADO N.º 07/97, de 06/06/97

**Certificação da qualidade de residente em Portugal,
no âmbito do formulário UE/EEE das Finanças Alemãs**

Tendo por fim a uniformidade de procedimentos por parte dos serviços desta Direcção-Geral, quando solicitados a atestar/confirmar que o(s) contribuinte(s) tinha(m) no ano em causa o domicílio em Portugal, para efeitos do formulário UE/EEE da R.F.A., informa-se o seguinte:

1 – O formulário UE/EEE das Finanças Alemãs, destina-se a tomar em consideração no imposto alemão, os dados pessoais e familiares dos sujeitos passivos nacionais portu-

gueses que, auferindo rendimentos e sendo tributados na R.F.A. – sejam ou não residentes naquele Estado –, mantenham o agregado familiar a residir ou obtenham qualquer tipo de rendimento tributável em Portugal.

2 – Considerando as regras gerais relativas à incidência pessoal constantes dos artigos 14.°, 15.°, 16.° e 17.° do C.I.R.S., são os residentes em Portugal obrigados por força do art. 57.° à apresentação da declaração anual de rendimentos Mod. 1 ou 2 de IRS, salvaguardando-se as hipóteses previstas no art. 58.° do mesmo Codigo.

3 – Nesses termos, havendo rendimentos tributáveis ou agregado familiar em Portugal, os rendimentos auferidos na Alemanha devem também ser declarados no I.R.S. Português conjuntamente com os rendimentos auferidos em Portugal, operando por força da Convenção sobre Dupla tributação celebrada entre estes Estados, o crédito de imposto.

4 – Do mesmo modo os rendimentos auferidos e sujeitos a tributação em Portugal devem ser declarados no formulário UE/EEE, para que as deduções pessoais e o imposto Português, sejam tomados em conta no imposto Alemão.

5 – *(Revogado pelo n.° 4 do Ofício-circulado n.° 39574 de 10/07/98 – transcrito nesta secção)*

6 – *(Revogado pelo n.° 4 do Ofício-circulado n.° 39574 de 10/07/98 – transcrito nesta secção)*

7 – *(Revogado pelo n.° 4 do Ofício-circulado n.° 39574 de 10/07/98 – transcrito nesta secção)*

8 – *(Revogado pelo n.° 4 do Ofício-circulado n.° 39574 de 10/07/98 – transcrito nesta secção)*

OFÍCIO-CIRCULADO N.° 7 808/97, de 28/09

**Uniformização de Procedimentos
em sede de processo de Contra-ordenação fiscal**

II

Repartição de Finanças competente para a instauração do processo de contra-ordenação fiscal (art. 196.°. do CPT) e deveres fiscais que possam ser cumpridos em qualquer serviço da administração fiscal (n.° 3 do art. 5.° do RJIFNA).

Nos casos em que a lei determina que o cumprimento de deveres fiscais possa ser concretizado em qualquer serviço da Administração Fiscal, a competência para o conhecimento das respectivas infracções é estabelecida em função do domicílio ou sede do agente.

No entanto, a concretização do Princípio da desburocratização e eficiência da Administração, evidenciado nos artigos 61.° do CIRS e 114.° do CIRC, não pode conflituar com as regras de competência territorial para instauração do processo de contra-ordenação ou do reconhecimento do direito de redução das coimas.

Assim, nas situações em que o cumprimento dos deveres fiscais possa ser concretizado em qualquer serviço da Administração Fiscal e do mesmo resulte qualquer infracção, a RF receptora, se não for a da sede ou do domicílio do contribuinte, para além da obrigatoriedade da recepção das declarações e demais documentos, deve ainda, proceder à liquidação e cobrança da respectiva coima, nos termos dos artigos 25.° do CPT, a qual não sendo paga ao mesmo tempo que a entrega do documento ou declaração em falta, determinará a extracção de fotocópia destas e a sua remessa ao Serviço competente (artigo 196.º do CPT) para efeitos de notificação, nos termos do n.º 5 do artigo 26.º do Código do Processo Tributário, sob pena de instauração de processo de contra-ordenacão, como resulta. da conjugação dos referidos preceitos legais com a alínea *d)* do artigo 184.º do Código de Processo Tributário.

OFÍCIO-CIRCULADO N.º 9/97, de 12/11/97

Hierarquia de dedução de prejuízos e benefícios fiscais

A fim de esclarecer dúvidas suscitadas acerca da ordem de prioridade de dedução ao lucro tributável dos prejuízos fiscais relativamente aos benefícios fiscais, informo V. Ex.ª que, por despacho de 5/11/97, do Exm.º Senhor Director-Geral, foi sancionado o seguinte entendimento:

1 – O artigo 46.º do Código do IRC, relativo à dedução de prejuízos fiscais, estabelece um reporte para a frente limitado a certo prazo, podendo este fazer-se em um ou mais dos cinco ou seis exercícios seguintes, conforme o caso.

2 – Da conjugação do disposto no artigo 46.º com o artigo 15.º do mesmo diploma, referente ao cálculo da matéria colectável, resulta que primeiramente devem ser expurgados do lucro tributável os prejuízos fiscais até à sua concorrência, deduzindo-se, caso ainda exista um valor ramanescente, os benefícios fiscais porventura existentes.

3 – Neste contexto, os contribuintes não podem escolher o exercício de dedução dos prejuízos, por forma a não inviabilizarem a dedução dos benefícios, devendo essa dedução operar-se, dentro do período respectivo, o mais rápido possível.

OFÍCIO-CIRCULADO N.º 10/97, de 28/11/97

Procedimentos a adoptar na informação dos Processos de Reembolso formulados nos termos das Convenções Internacionais celebradas para evitar a Dupla Tributação

Considerando que a Direcção de Serviços dos Benefícios Fiscais tem vindo a constatar, através da análise das informações elaboradas pelos serviços de prevenção e inspecção tributária, que, nem sempre têm sido cumpridas as obrigações declarativas por parte das entidades pagadoras de rendimentos a não residentes, sem que, todavia, tais faltas tenham dado origem aos respectivos processos contra-ordenacionais;
Considerando ainda, que a entrega das relações modelo 130 é imprescindível para confirmar a entidade beneficiária efectiva dos rendimentos, tendo em vista a análise dos pedidos de reembolso por elas formulados;
Considerando finalmente, a necessidade de introduzir uma acrescida eficiência no controlo daqueles reembolsos;

Determina-se a adopção dos seguintes procedimentos:

O imposto relativo a rendimentos pagos a não residentes deve ser entregue nos cofres do Estado através da guia de pagamento, aprovada por portaria, devendo assinalar-se no campo adequado, que se trata de imposto retido a entidades não residentes.

Apenas nos casos em que se verifique existir a referida guia de pagamento, se poderá confirmar que o imposto a restituir foi entregue nos cofres do Estado, devendo nesse caso juntar-se à informação uma fotocópia daquele documento.

- A relação modelo 130, cuja entrega é obrigatória, nos termos conjugados dos Decretos-Leis n.ºs 442-A/88 e 442-B/88, ambos de 23 de Novembro, e da portaria que aprova os impressos das guias de pagamento e daquela relação, deverá evidenciar, entre outros, os seguintes elementos: Período a que respeita o rendimento, n.º da guia utilizada no pagamento do imposto retido, nome da entidade beneficiária, respectiva sede ou domicílio, montante do rendimento pago, imposto retido, taxa aplicada, natureza dos rendimentos, etc. Apenas através destas relações, se poderá certificar que a entidade requerente é a entidade beneficiária efectiva do rendimento, devendo juntar-se à informação uma fotocópia da respectiva relação modelo 130.
- Sempre que esteja em causa a aplicação de taxas previstas nas Convenções, ou se trate de uma situação subsumível na alínea c) do n.º 2 do artigo 69.º do Código do Imposto sobre o Rendimento das Pessoas Colectivas (transposição da Directiva Comunitária n.º 90/435/CEE), deverão as entidades pagadoras dos rendimentos estar na posse da documentação comprovativa do cumprimento dos requisitos exigidos em cada um dos normativos que, em concreto, ao caso se aplique. Nos casos em que foi efectuada a limitação na fonte não haverá lugar a reembolso.
- No caso de se tratar de imposto a restituir, retido na fonte pelo pagamento de juros, deverá juntar-se à informação fotocópia do contrato de empréstimo ou documento juridicamente válido relativo àquele rendimento, que evidencie as condições estabelecidas, designadamente taxa de remuneração, vencimento dos juros e duração do empréstimo.

No caso de se tratar de imposto a restituir, retido na fonte pelo pagamento de dividendos ou lucros distribuídos, deverá juntar-se à informação fotocópia da acta da assembleia geral que evidencie a decisão da distribuição de resultados, bem como o seu montante, sendo suficiente fotocópia da publicação no boletim da Bolsa de Valores, para empresas cotadas.

- No caso de se tratar de imposto a restituir retido na fonte pelo pagamento de royalties, deverá juntar-se à informação fotocópia do contrato ou documento juridicamente válido, que evidencie as condições estabelecidas, bem como a origem dos royalties.

Cumpridas que estejam as formalidades descritas, se da análise a que se proceder resultar inequivocamente que a entidade reclamante do reembolso é a efectiva beneficiária do rendimento, e que o imposto foi retido e entregue nos cofres do Estado, os serviços estarão em condições de emitir parecer favorável ao deferimento do reembolso.

Não se verificando o cumprimento das obrigações acessórias legalmente exigidas e antes referidas, deverão os serviços proceder em conformidade, designadamente levantando os respectivos autos de notícia para procedimento contra ordenacional previsto e punido pelo RJIFNA.

OFÍCIO-CIRCULADO N.º 12/97, de 12/12/97

Art. 42.º do EBF: Regime tributário do pessoal das missões diplomáticas e dos postos consulares acreditados em Portugal, bem como do pessoal das organizações estrangeiras ou internacionais

Circular n.º 5/89, Ofício-circular n.º X-2/90,
Circular n.º 24/93, Ofício-circulado n.º 5/97

Continuando a suscitar dúvidas o tratamento fiscal dos rendimentos do trabalho auferidos pelo pessoal referido no art. 42.º do EBF, e para efeitos de uniformidade de procedimentos por parte dos serviços da administração fiscal, esclarece-se o seguinte:

1 – O benefício fiscal constante do art. 42.º do Estatuto dos Benefícios Fiscais só é exequível se existir efectivamente direito internacional que preveja essa isenção ou por aplicação do princípio da reciprocidade acordado entre Estados, e reporta-se apenas aos rendimentos do trabalho.

2 – Nessa medida (e porque a reciprocidade se coloca apenas ao nível de Estados) o *pessoal das organizações estrangeiras ou internacionais* apenas beneficiará de isenção se isso decorrer expressamente de direito internacional regularmente aprovado e publicado, conforme já resultava do Ofício-circulado n.º 5/97, de 02/04/97, que mantém plena actualidade.

3 – Ainda nesta sede, importa realçar que se mantém as instruções difundidas pelo **Ofício-circular n.º X-2/90**, de 25/10/90 (pessoal ao serviço da UE) e pela **Circular n.º 24/93**, de 20/12/93 (militares junto da NATO e das embaixadas).

A **Circular n.º 5/89,** de 13 03 89, encontra-se revogada por força do direito internacional aplicável

4 – Por seu turno, no que diz respeito ao *pessoal das missões diplomáticas e consulares*, e porque o Estado português não vem privilegiando o tratamento recíproco, convém precisar o regime jurídico que decorre dos instrumentos de direito internacional a que Portugal se encontra vinculado, e que em qualquer caso se sobrepõem à legislação ordinária interna (v.g. CIRS, CIVA, etc) nos termos do art. 8.º, n.º 2 da Constituição da República Portuguesa.

5 – Assim, também em complemento do Ofício-circulado n.º 5/97, e agora no que diz respeito concretamente ao **enquadramento jurídico-tributário do pessoal das missões diplomáticas (nomeadamente embaixadas) acreditadas em território português, relativamente as remunerações auferidas nessa qualidade, esclarece-se que esse regime – nos termos dos arts. 1.º, 34.º e 37.º da Convenção de Viena sobre Relações Diplomáticas, aprovada pelo DL n.º 48295, de 27 de Março de 1968 – é o seguinte:**

5.1 – Quando esse pessoal detiver a qualidade de agente diplomático e apenas neste caso, goza de isenção de todos os impostos e taxas pessoais ou reais, nacionais, regionais ou municipais, com as excepções seguintes:

a) impostos indirectos que estejam normalmente incluídos no preço das mercadorias ou dos serviços;

b) impostos e taxas sobre bens imóveis privados situados no território do Estado

acreditador, a não ser que o agente diplomático os possua em nome do Estado acreditado e para os fins da missão;
c) os direitos de sucessões percebidos peio Estado acreditador, salvo o disposto no art. 39.º, n.º 4 da Convenção;
d) os impostos e taxas sobre rendimentos privados que tenham a sua origem no Estado acreditador e os impostos sobre o capital referentes a investimentos em empresas comerciais situadas no Estado acreditador;
e) os impostos e taxas que incidam sobre a remuneração relativa a serviços específicos;
f) os direitos de registo, de hipoteca, custas judiciais e imposto de selo relativos a bens imóveis, salvo o disposto no art. 23.º da Convenção.

5.2 – Idêntico regime de isenção (cfr. 5.1) é aplicável aos membros da **família do agente diplomático** que com ele vivam, mas, **desde** que não sejam nacionais do Estado acreditador (Portugal, nesta perspectiva).

5.3 – Por seu turno, se se tratar de membros do **pessoal administrativo e técnico** da missão, bem como os membros das **suas famílias** que com eles vivam, só gozarão dos benefícios fiscais convencionados para os agentes diplomáticos (vd. 5.1) se não forem nacionais do Estado acreditador (Portugal, no caso) nem nele tiverem residência permanente.

5.4 – Por último, os membros do **pessoal de serviço** da missão (ou seja, os empregados do serviço doméstico), bem como os **criados** particulares de quaisquer membros da missão, apenas gozarão de isenção de impostos sobre os salários que auferirem e ainda **desde** que não sejam nacionais do Estado acreditador (Portugal), nem nele tenham residência permanente.

6 – No que diz respeito aos *postos consulares* (**consulado-geral, consulado, vice-consulado ou agência consular), cujo Estado receptor seja Portugal) o regime jurídico-tributário dos seus trabalhadores, relativamente aos rendimentos auferidos nessa qualidade, é – por força do conjugado nos arts. 1.º, 49.º, 66.º e 71.º da Convenção de Viena sobre Relações Consulares, aprovada pelo DL n.º 183/72, de 30 de Maio – o seguinte:**

6.1 – Os funcionários consulares (ou seja, os encarregados nessa qualidade do exercício de funções consulares, incluindo os chefes de postos consulares), quando sejam funcionários consulares **de carreira, e mesmo** que possuem nacionalidade portuguesa ou tenham residência permanente em Portugal, estão isentos de quaisquer impostos ou taxas, pessoais ou reais, nacionais, regionais ou municipais, com excepção:
a) dos impostos indirectos normalmente incluídos no preço das mercadorias ou serviços;
b) dos impostos e taxas sobre bens imóveis privados situados no território do Estado receptor, sem prejuízo do disposto no art. 32.º da Convenção;
c) impostos de sucessão e de transmissão exigíveis pelo Estado receptor, sem prejuízo da alínea b) do art. 51.º da Convenção;
d) impostos e taxas sobre rendimentos privados, inclusive rendimentos de capital, que tenham origem no Estado receptor e impostos sobre capitais investidos em empresas comerciais ou financeiras situadas no Estado receptor;
e) impostos e taxas sobre remunerações por serviços particulares prestados;
f) direitos de registo, de hipoteca, custas judiciais e imposto de selo, sem prejuízo do disposto no art. 32.º da Convenção.

6.2 – Por seu turno, os **funcionários consulares honorários,** mesmo que de nacionalidade portuguesa ou com residência permanente em Portugal, estão isentos de quaisquer impostos ou taxas sobre as remunerações e emolumentos que recebam em razão do exercício de funções consulares.

6.3 – Ao invés, os **empregados consulares** (ou seja, os trabalhadores dos serviços administrativos e técnicos) e os membros das **suas famílias** que com eles vivam; bem como os membros do **pessoal de serviço** (ou seja, os encarregados do serviço doméstico) e os membros das **suas famílias** que com eles vivam; assim como, ainda, os membros das **famílias dos próprios funcionários consulares** (sejam de carreira ou honorários) se estes funcionários forem residentes em Portugal; quando, em qualquer destes casos, se tratar de nacionais ou residentes permanentes do Estado receptor (Portugal, para o caso), apenas gozarão de facilidades, privilégios ou imunidades na medida em que o Estado português lhos reconheça, o que manifestamente não se verifica, em sede de imposto sobre o rendimento, conforme decorre das normas de direito interno (CIRS).

OFÍCIO N.º 2 275, de 98/01/19 (DSIRS/D.C.)

Retroactivos de Contribuições pagas à Segurança Social

Tendo em vista o esclarecimento de dúvidas e a uniformidade de procedimentos, por parte dos Serviços, acerca do adequado enquadramento, em sede de IRS, das contribuições facultativas para regimes de segurança social, pagas em ano diferente daquele a que o rendimento englobado respeita, foi, por despacho do Exm.º Director-Geral, de 97.08.08, sancionado o seguinte entendimento:

1 – Em coerência com o conceito de dedução específica da categoria A, as contribuições retroactivas pagas a regimes de segurança social, designadamente ao abrigo do Decreto-Lei n.º 380/89, de 27 de Outubro, com o objectivo de completar os prazos de garantia exigidos para a atribuição de prestações diferidas do regime geral de segurança social, ou de completar a carreira contributiva, tendo em vista a melhoria quantitativa daquelas prestações, não poderão ser deduzidas ao rendimento bruto daquela categoria, nos termos do artigo 25.º do Código do IRS.

2 – Contudo, nada obsta a que as respectivas importâncias possam ser invocadas a título de abatimento ao conjunto dos rendimentos líquidos do ano em que forem pagas, ao abrigo do disposto no artigo 55.º, n.º 1, alínea *f*) do mesmo Código.

OFÍCIO N.º 2 785, de 98/01/20 (DSIRS/D.C.)

Exercício das opções previstas no Código do IRS

Mostrando-se conveniente proceder à reapreciação da orientação administrativa que tem vindo a ser seguida quanto à admissibilidade da alteração posterior das opções, em termos de tributação, permitidas em sede de IRS, exercidas pelos sujeitos passivos, no momento do cumprimento da respectiva obrigação declarativa, estudado o assunto, foi, por despacho do Exm.° Director-Geral, de 97/11/26, sancionado o seguinte entendimento:

Com excepção das opções inerentes à situação familiar decorrentes do disposto nos artigos 14.°, n.° 5 e 59.°, n.° 2 do Código do IRS, as quais, uma vez exercidas, são irreversíveis, todas as demais são susceptíveis de alteração subsequente, que poderá ser invocada e atendida como fundamento de reclamação graciosa ou impugnação judicial do acto de liquidação do imposto, ao abrigo do disposto no artigo 131.°

OFÍCIO-CIRCULADO N.° 8 039, de 11/02/98 (DSIRS/D.C.)

Despesas com a Educação
– frequência de Cursos de Mestrado e Doutoramento

Para conhecimento dos Serviços e actuação em conformidade, informo V. Ex.ª, em esclarecimento adicional às instruções veiculadas pela Circular n.° 22/94, de 19 de Outubro, que por despacho de Sua Excelência o Secretário de Estado dos Assuntos Fiscais foi entendido que as despesas decorrentes da frequência de cursos de mestrado ou doutoramento integram o conceito de despesas com a educação, sendo consequentemente susceptíveis de *abatimento ao* conjunto dos rendimentos líquidos, nos termos da alínea *c*) do n.° 1 do artigo 55.° do Código do IRS.

OFÍCIO-CIRCULADO N.° 15152, de 10/03/98

Aquisições por dependentes, de acções em Ofertas Públicas de Venda realizadas pelo Estado
(Art. 14.° do CIRS e art. 32.°-B do E.B.F.)

Visando o esclarecimento de dúvidas e a uniformidade de procedimentos por parte dos Serviços, relativamente à dedução pelo agregado familiar, dos montantes despendidos por ou em nome de dependentes na aquisição de acções de empresas no âmbito de operações de privatização, informa-se que:

1 – Não sendo o dependente considerado um sujeito passivo autónomo e sendo o imposto devido pelo conjunto de pessoas que constituem o agregado familiar, nos termos do art. 14.° do CIRS, a dedução fiscal prevista no art. 32.°-B do EBF, aproveita à determinação do rendimento colectável do conjunto dos rendimentos anuais do agregado familiar.

2 – Nos termos do art. 32.°-B do E.B.F., é pois, irrelevante, qual o membro do agregado familiar em nome de quem, ou em cuja titularidade foram subscritas as acções.

3 – Assim, nas situações em que se verifique que foram adquiridas acções de empresas no âmbito de operações de privatização, nos termos do disposto no art. 32.°-B do EBF, e que essas acções foram adquiridas por ou em nome de dependentes, devem

os montantes aplicados ser inscritos na declaração anual de rendimentos de IRS do agregado familiar.

4 – Nestes termos, os montantes investidos na aquisição de acções por ou em nome de dependentes, devem ser inscritos no Anexo H da declaração anual de IRS do agregado familiar, respeitando os limites fixados no art. 32.º-B do EBF, e considerando-se aplicados pelos sujeitos passivos A e/ou B, a quem incumbe a direcção do agregado familiar em que se integra o dependente.

OFÍCIO-CIRCULADO N.º 82, de 98/03/18

IRC – Pagamento especial por conta
(DL n.º 44/98, de 3 de Março)

ANEXO: INSTRUÇÕES

IRC – pagamento especial por conta
O D.L n.º 44/98, de 3 de Março criou, ao abrigo do disposto na alínea c) do n.º 1 do artigo 32.º da Lei n.º 52-C/96, de 27 de Dezembro, um novo tipo de pagamento especial por conta para os sujeitos passivos de IRC.

Este documento tem em vista *explicar o que é o pagamento especial por conta,* o seu mecanismo de funcionamento bem como os direitos e deveres decorrentes da sua entrada *em vigor.*

1 – O que é o pagamento especial por conta?
É um novo tipo de pagamento por conta que complementa os pagamentos por conta já existentes.

2 – Quem tem que efectuar o pagamento especial, por conta?
Os sujeitos passivos de IRC que exerçam a título principal actividade de natureza comercial, industrial ou agrícola (nomeadamente sociedades comerciais ou civis sobre forma comercial, cooperativas e empresas públicas) e as, entidades não residentes que tenham estabelecimento estável em território *português.*

3 – Há casos em que não há lugar ao pagamento especial por conta?
Sim. Existe dispensa do pagamento especial por conta no *exercício em que se* inicia a actividade, isto é, no exercício em que for entregue a declaração a que se refere o artigo 95.º do CIRC.

4 – As sociedades de transparência fiscal ficam sujeitas a pagamento especial por conta?
Não, já que não são tributadas em IRC.

5 – E as sujeitas ao recime de tributação pelo lucro consolidado?
Sim. É devido um pagamento especial por conta por cada uma das sociedades dominadas, embora o pagamento seja efectuado pela sociedade dominante.

6 – **E quem não aufere rendimentos?**
Quem fez a declaração de início do actividade e não a *cessou está* obrigado a realizar o pagamento especial por conta.

No entanto, se cessar a actividade, nos termos do n.º 5 do artigo 7.º do Código do IRC, até ao termo do prazo para pagamento da 2.ª prestação não terá que efectuar esse pagamento.

Não tendo concretizado a cessação o, o valor global será pago cm Outubro, acrescido dos juros compensatórios correspondentes ao valor da 1.ª prestação.

No caso de não ter tido actividade ou de não ter obtido quaisquer rendimentos no período de tributação, deverá apresentar reclamação do acto de liquidação efectuado pelos Serviços, de forma a obter a anulação ou *a restituição da* importância exigida ou paga.

7 – **Como é que se determina o pagamento especial por conta?**
Através da aplicação da taxa de 1% ao volume de negócios do exercício anterior, com o limite mínimo de 100 000$00 e máximo de 300 000$00. Ao valor assim determinado serão deduzidos os pagamentos por conta efectuados no exercício anterior.

Quando for conhecido o volume de negócios do exercício a que se refere o pagamento especial por conta, poderá fazer-se a correcção para mais ou para menos.

Assim, o pagamento especial por conta de 1998 será calculado da seguinte forma:
– 1% do volume de negócios de 1997.
– Ao valor daí resultante, considerando como limite mínimo l00 contos e máximo 300 contos, deverá ser deduzido o montante dos pagamentos por conta efectuados em 1997.
– Se da diferença resultar **valor positivo,** o montante correspondente deverá ser pago de uma só vez, em Março* de 1998, ou, facultativamente, em duas prestações iguais, em Março* e Outubro do mesmo ano.
– Se da diferença resultar um **valor nulo ou negativo,** não haverá lagar a qualquer pagamento especial por conta.

* **Prorrogado, no ano de 1998 para Abril**

8 – **Não há o perigo de os contribuintes que actualmente pagam um valor superior, passarem a pagar só o pagamento especial por conta?**
Não, já que a colecta do IRC continua a ser determinada com base na matéria colectável declarada, pelo que se da liquidação do imposto resultar um valor superior ao do pagamento especial por conta haverá lugar ao pagamento da diferença.

9 – **O pagamento especial por conta substitui os pagamentos por conta previstos no artigo 83.º do código do IRC?**
Não, uma vez que os pagamentos por conta previstos no artigo 83.º do Código do IRC são levados em consideração no cálculo do pagamento especial por conta não se justifica que os sujeitos passivos deixem de efectuar o seu pagamento.

10 – **Quando é que deve ser efectuado o pagamento especial por conta?**
Durante o mês de Março*, se o sujeito passivo optar por realizar o pagamento de uma só vez ou durante os meses de Março* e Outubro, no caso de haver opção *pelo pagamento em duas* prestações, as quais deverão ser de igual valor.

O pagamento deve ser efectuado, através de Guia Mod/42 (ou Mod/44, tratando-se de sujeitos passivos residentes nas Regiões Autónomas), inscre-vendo-se o respectivo valor na linha 9 e indicando com data limite o termo do prazo para o respectivo pagamento.

No caso de os sujeitos passivos adoptarem um período de tributação não coincidente com o ano civil, as regras acima descritas serão aplicáveis no 3.º mês ou no 3.º e no 10.º mês do período *de tributação*.

* Prorrogado, no ano de 1998 para Abril

11 – A falta de entrega do pagamento espectal por conta constitui infracção fiscal?

Sim, a falta de entrega constitui, nos termos da alínea *f*) do n.º 6 do artigo 29.º do Regime Jurídico das Infracções Fiscais não Aduaneiras, aprovado pelo DL n.º 20-A/90, de 15 de Janeiro, contra-ordenação punível com coima.

12 – E a entrega fora do prazo?
Sim, nos termos do artigo supra referido.

13 – Efectuando o pagamento especial por conta há que pagar mais alguma coisa?
Sim, no caso do imposto definitivamente liquidado exceder os *montantes* pagos quer a titulo dos pagamentos por conta, quer a título de retenções na fonte.

14 – O pagamento especial por conta é dedutivel à colecta?
Sim, e redutível até à concorrência da colecta liquida apurada na declaração periódica do exercício a que se refere. Por colecta liquida deve entender-se o valor que resulta da diferença entre a colecta do IRC e os créditos de imposto e benefícios fiscais constantes do quadro 19 da declaração Modelo 22.

15 – E no caso de não ser possível, total ou parcialmente, a dedução no próprio exercício?
Poderá *o sujeito passivo deduzir* o pagamento especial por conta à colecta do IRC do exercício seguinte e se, ainda assim, não for possível poderá solicitar o reembolso da *importância não* deduzida.

16 – Como é que se solicita o reembolso?
Através de um requerimento dirigido ao Chefe da *repartição* do finanças da área da sede, direcção efectiva ou estabelecimento estável, apresentada nos 30 dias seguintes ao termo do prazo de apresentação da declaração *periódica* de rendimentos relativa ao último exercício em que seria possível a dedução a colecta.

Se houver cessação de actividade, o requerimento deverá ser apresentado nos 30 dias seguintes ao termo do prazo da apresentação da declaração do período em que a referida cessação ocorrer.

17 – O reembolso é pago com juros?
Só há lugar ao pagamento de Juros quando, em reclamação graciosa ou em processo judicial, se *determine que houve* erro imputável aos *Serviços*.

18 – Se o pagamento especial por conta for indevidamente pago tem que aguardar-se igualmente 2 anos pela restituição?
Não, já que o sujeito passivo tem a faculdade de *reclamar no prazo de 90 dias* a contar da data em que efectuou o pagamento, não podendo, no entanto, deduzir à colecta o montante reclamado.

19 – **Porque é que o montante reclamado não pode ser deduzido?**
Porque se a reclamação for deferida o pagamento indevidamente pago é restituído.

20 – **Que outros meios de defesa têm os contribuintes para reagir contra o pagamento especial por conta?**
A impugnação judicial, a qual deve ser precedida de reclamação graciosa para o Director Distrital de Finanças, invocando a não verificação dos pressupostos da aplicação do pagamento especial por conta ou do seu quantitativo

21 – **No caso de procedência da reclamação ou da impugnação há lugar ao pagamento de juros?**
Sim, quando houver erro imputável *aos* Serviços.

22 – **Qual a taxa aplicável?**
A mesma que é aplicada pulo Estado para a cobrança *dos* juros compensatórios.

OFÍCIO-CIRCULADO N.º 31051, de 98/05/28

Crédito de imposto por dupla tributação internacional
Supremacia das Convenções de Dupla Tributação

Tendo-se suscitado dúvidas quanto aos métodos de eliminação da *dupla tributação jurídica internacional* e considerando que:

a) Os arts. 73.º do Código do IRC e 80.º n.º 4 do Código do IRS prevêem o crédito de imposto por dupla tributação internacional, nos casos e com os limites neles referidos, independentemente da existência de Convenções sobre dupla tributação.

b) Portugal celebrou Convenções para Evitar a Dupla Tributação (CDT's) com vários Estados, contendo os respectivos textos regras próprias de eliminação/atenuação da dupla tributação.

c) Estes diplomas de direito internacional, porque devidamente ratificados e publicados, sobrepõem-se à legislação ordinária interna (vg. CIRS e CIRC), em obediência ao disposto no n.º 2 do art. 8.º da Constituição da República Portuguesa.

Determina-se, para conhecimento de todos os serviços e actuação em conformidade, o seguinte:

1 – O crédito de imposto permitido pela legislação ordinária interna – arts. 73.º do CIRC e 80.º, n.º 4 do CIRS – não poderá ser efectivado em desconformidade aos textos das CDT's celebradas por Portugal.

2 – Assim, a administração fiscal não poderá conceder crédito de imposto, sempre que o texto da CDT a aplicar ao caso concreto, confira ao nosso Estado o *direito **exclusivo** de tributação.*

3 – Sem prejuízo da consulta e aplicação *casuística* de cada CDT, esclarece-se que o poder exclusivo de tributar é em várias situações atribuído ao Estado da residência do

beneficiário efectivo dos rendimentos, sendo reconhecido em todos os casos em que o texto convencional adopta a expressão "só podem ser tributados...".

4 – Nos casos em que Portugal, de acordo com o estabelecido na CDT, tenha *competência cumulativa de tributar*, a eliminação da dupla tributação internacional far-se-á exclusivamente pelas regras da Convenção aplicável.

5 – Deverão os serviços de inspecção tributária proceder em conformidade com as instruções agora divulgadas, nomeadamente por análise aos valores deduzidos à colecta a título de crédito de imposto por dupla tributação internacional e evidenciados nas respectivas declarações de rendimentos, efectuando-se, se for caso disso, as correcções que se justifiquem.

6 – Ofício-circulado n.º 9/91, de 91/04/15, mantendo actualidade, não poderá ser, em caso algum, aplicado contrariamente às instruções agora divulgadas.(¹)

(¹) O Ofício-circulado n.º 9/91, foi revogado pelo Ofício-circulado n.º 20022, de 19/5/2000 [52] – pág. 834.

OFÍCIO-CIRCULADO N.º 31 010, de 98/05/28

Certificação de imposto pago em Portugal para efeitos dos arts. 4.º do CIRC e 17.º do CIRS

Tendo em conta o aumento dos pedidos de certificação de residência e obrigatoriedade de retenção na fonte sobre os rendimentos pagos a entidades não residentes, nomeadamente por efeito do aditamento do n.º 6) à alínea c) do n.º 3 do art. 4.º do CIRC pelo DL n.º 25/98, de 10 de Fevereiro (preceito correspondente ao já existente em sede de IRS no art. 17.º, n.º 1, al. *e*) que passou a tributar os rendimentos pagos a não residentes sob a forma de *comissões*, e tendo por objectivo a uniformização de procedimentos por parte dos serviços da administração fiscal, determina-se o seguinte:

1 – Os pedidos de certificação de residência, obrigatoriedade de retenção na fonte e descrição do montante de imposto retido, nomeadamente por decorrência do disposto nos arts. 4.º, n.º 3, al. c), n.º 6) do CIRC e art. 17.º, n.º 1 al. *e*) do CIRS, quando se trate de imposto suportado por entidades residentes em países com os quais Portugal *não* celebrou convenção para eliminar a dupla tributação, deverão ser formulados pela entidade residente que procedeu à respectiva retenção na fonte, devendo para esse efeito mencionar e fazer a respectiva prova dos elementos que pretende ver certificados.

2 – Os pedidos atrás mencionados que forem recepcionados nos serviços da administração fiscal, deverão ser remetidos à *Direcção de Serviços dos Benefícios Fiscais* (Av. Eng. Duarte Pacheco, 28, 4.º andar, 1000 LISBOA), para efeito dessa certificação.

3 – A centralização da passagem deste documento da DSBF obrigará ao controlo do efectivo pagamento a entidade não residente, bem como à confirmação da retenção na fonte e respectivo montante entrado nos cofres do Estado, nomeadamente através da verificação da respectiva Relação Modelo 130 (descrição dos rendimentos pagos a não residentes), modelo este cuja recepção, verificação e tratamento compete precisamente à DSBF.

4 – A certificação deverá, em regra, ser em língua portuguesa e conterá os seguintes elementos:
   a) Identificação da entidade residente em Portugal;
   b) Descrição do montante e tipo de rendimento pago ou colocado à disposição;
   c) Identificação da entidade não residente (nome e domicílio fiscal);
   d) Indicação da taxa de imposto aplicável e respectiva base legal;
   e) Descrição do montante de imposto retido, suportado pelo não residente.

OFÍCIO-CIRCULADO N.º 39 574, de 98/07/10

Certificação da qualidade de residente em Portugal, para efeitos fiscais

Reanalisada pelos serviços centrais a matéria relativa à **certificação da qualidade de residente em Portugal,** e para efeitos de uniformidade de procedimentos por parte dos serviços da administração fiscal, determino o seguinte:

1 – Sempre que se solicite a certificação da qualidade de residente em Portugal, para efeitos fiscais, junto de qualquer serviço da administração fiscal, deverá o pedido ser remetido à Direcção de Serviços dos Benefícios Fiscais (Av. Eng. Duarte Pacheco, n.º 28, 4.º andar, 1070 Lisboa).

2 – Na certificação da residência, e como formalidades essenciais (mas não exclusivas), terão que ser observadas as seguintes regras:
   a) A certificação deverá ser efectuada sem quaisquer outras formalidades quando, após consulta ao sistema informático e relativamente aos anos imediatamente anteriores, se verificar que o sujeito passivo (pessoa singular ou colectiva) cumpriu as obrigações declarativas previstas no art. 57.º do CIRS ou no art. 94.º do CIRC;
   b) Se não se visualizar através do sistema informático o cumprimento das referidas obrigações declarativas, providenciará a DSBF no sentido de a Repartição de Finanças competente apurar se effectivamente o requerente é residente em Portugal, e desde que data;
   c) Em caso afirmativo, e desde que ainda não tenha decorrido qualquer obrigação declarativa, poderá a DSBF proceder de imediato à certificação, mas se, pelo contrário, não tiver sido observado o cumprimento daquelas, a certificação só será efectivada após o s. p. proceder à respectiva regularização.

3 – As regras gerais acima descritas não precludem no entanto outros procedimentos ou formalidades especiais a cumprir na certificação de residência, dependendo da natureza e contexto da certificação que se pretende, e desde que instruídos os serviços, nomeadamente através de ordens de serviço em tempo divulgadas.

4 – São expressamente revogados o Ofício-circulado n.º 13/95 de 17/05/95, e os pontos 5. a 8. do Ofício-circulado n.º 7/97, de 06/06/97.

Ver Ofício-circulado n.º 20 036, de 5/3//2001 – Formulários de residência fiscal **[52]** – pág. 838.

OFÍCIO N.º 10 197, de 24/11/98, da DGCI

Pedido de certidão de situação contributiva
Comprovativo da qualidade de representante da sociedade

Tendo esta direcção de serviços sido questionada sobre qual o meio idóneo para comprovar a qualidade de representante de uma sociedade, no âmbito do processo administrativo, informo, para conhecimento e divulgação aos serviços, de que, por despacho do SEAF, de 28/10/1998, foi sancionado o entendimento de que a certidão do registo comercial é um meio idóneo para comprovar a qualidade de titular dos órgãos sociais de uma sociedade, sendo que o carimbo da sociedade deve ser aceite como um meio subsidiário e apenas quando não existam dúvidas fundadas sobre a sua indevida utilização.

OFÍCIO-CIRCULADO N.º 20 001, de 29/1/99, da DGCI

Conceito de dependente no IRS
Interpretação do art. 14.º, n.º 1, al. b),
conjugado com o disposto no n.º 7 do mesmo artigo

Para conhecimento dos serviços e uniformidade de procedimento, informo que por despacho do Director-Geral, foi sancionado o seguinte entendimento:
Consideram-se dependentes, para efeitos da alínea b) do n.º 4 do artigo 14.º do CIRS, os filhos, adoptados e enteados que, em 31 de Dezembro do ano a que o imposto respeita, tenham idade igual ou inferior a 25 anos, não tenham auferido rendimentos superiores ao salário mínimo nacional, e tenham frequentado ou concluído, nesse ano, o 11.º ou 12.º ano de escolaridade, ou curso de estabelecimento de ensino médio ou superior ou cumprido serviço militar obrigatório ou serviço cívico.
São igualmente considerados dependentes, até ao fim do ano seguinte àquele em que terminaram o 12.º ano, os filhos, adoptados e enteados que, reunindo as restantes condições expressas naquele preceito legal, se tenham candidatado ao ensino superior, mas não tenham podido matricular-se, por força dos limites *de acesso (numerus clausus)*.

OFÍCIO-CIRCULADO N.º 60 005, de 25/02/99

Taxas aplicáveis na liquidação dos juros compensatórios
e dos juros de mora

Em consequência da publicação da Portaria n.º 158/99 (2.ª Série), DR n.º 41, de 18/02/99, e no propósito de afastar eventuais equívocos na determinação da taxa a utilizar na liquidação dos juros compensatórios e dos juros de mora, visando, assim, a execução de procedimentos uniformes em todos os Serviços, importa enunciar os esclarecimentos seguintes:

1 – Através da Portaria n.º 158/99 (2.ª Série), a taxa anual dos juros legais previstos no n.º 1 do artigo 559.º do Código Civil foi fixada em **7%**;

2 – Face ao disposto na norma do n.º 10 do artigo 35.º da LGT – Lei Geral Tributária – aquela taxa de 7% será aplicada na liquidação dos **juros compensatórios**;

3 – Atento o disposto no n.º 4 do artigo 43.º da LGT, aquela taxa de 7% será, de igual modo, aplicada no cômputo dos **juros indemnizatórios** devidos, por pagamento indevido da prestação tributária, nas situações previstas nos n.ºs 1 e 3 daquele artigo da Lei Geral Tributária;

4 – A taxa de 7% aplicável no cômputo dos juros compensatórios e dos juros indemnizatórios **vigora** a partir de **23-02-99**.

5 – No que concerne aos **juros de mora**, e na esteira da doutrina explanada no ponto 2.3 do Ofício-circulado n.º 108, de 05 de Janeiro de 1999, da Direcção de Serviços de Justiça Tributária, a taxa anual dos juros de mora passa a ser de 12% – (7% + 5% = 12%);

6 – Nesta conformidade, e visto que os juros de mora são liquidados com referência a cada mês de calendário ou fracção em que se registe mora no pagamento, a **taxa mensal** aplicável na liquidação dos juros de mora será de 1% (12% : 12 = 1%), e tem eficácia a partir de 01/03/99;

7 – Sublinhe-se que esta taxa de 1% coincidirá, em princípio, com a taxa que será fixada pelo futuro diploma, a publicar em breve, que estabelecerá o novo regime geral para os juros de mora aplicáveis ás dívidas ao Estado e a outras entidades públicas, previsão que decorre do texto aprovado em Conselho de Ministros, cujo teor foi divulgado aos Serviços através do Ofício-circulado n.º 60 003, de 11/02/99, da Direcção de Serviços de Justiça Tributária.

OFÍCIO N.º 10 717, de 18/02/2000

Donativos concedidos à União Portuguesa dos Adventistas do Sétimo Dia

Para os devidos efeitos, cumpre-me informar V. Ex.ª que sobre o assunto em epígrafe foi sancionado por despacho de Sua Excelência o Secretário de Estado dos Assuntos Fiscais, datado de 03.02.2000, o entendimento segundo o qual, os donativos concedidos à União dos Adventistas do Sétimo Dia se encontram abrangidos pelo revogado artigo 56.º do Código do IRS.

Consequentemente, têm os mesmos donativos, atribuídos a partir do ano de 1999, acolhimento ao abrigo do disposto do n.º 2 do artigo 5.º do Estatuto do Mecenato, aprovado pelo Decreto-Lei n.º 74/99, de 16 de Março.

OFÍCIO-CIRCULADO N.° 10008/00, de 27/03

O novo sistema de obrigações declarativas de IR e de IVA

Em 24 de Fevereiro de 2000, o Conselho de Ministros aprovou um diploma que altera profundamente as obrigações declarativas dos sujeitos passivos de IRS (empresários em nome individual, com contabilidade regularmente organizada), de IRC e de IVA. Aguarda-se a respectiva publicação.

Foram, entretanto, publicados nos Diários da República de 10.01.00, 25.01.00 e 18.03.00 os novos modelos, respectivamente, da declaração mod 22, do respectivo anexo A e da declaração anual.

A declaração mod/22 encontra-se já disponível nos habituais postos de venda que, entretanto começaram, igualmente, a ser abastecidos relativamente aos vários modelos que integram a declaração anual.

As alterações tiveram como principal orientação a simplificação do acto declarativo, com consequências que se pretendem favoreçam, quer os obrigados, quer a Administração. As referidas alterações visam, igualmente possibilitar o cumprimento do acto através da transferência electrónica de dados ou em suporte magnético.

1 – Âmbito de aplicação

Sujeitos passivos de IRC (todos) e de IRS com contabilidade organizada (empresários em nome individual e profissionais livres).

2 – Comparação com obrigações declarativas anteriores IRC

Os sujeitos passivos entregavam anualmente (em Maio) uma declaração que tinha como finalidade permitir, por um lado, a liquidação do imposto e, por outro, prestar um conjunto de informação de carácter contabilístico e fiscal, que era utilizada, à posteriori, para efeitos estatísticos e de controlo fiscal.

Separa-se, agora, a referida informação de forma a que sejam entregues:
- Até ao último dia útil do mês de Maio

Declaração mod 22,contendo apenas informação relevante para liquidação.
- Até ao último dia útil do mês de Junho

Declaração anual, que agrega a informação que antes se encontrava dispersa por outras declarações (v. g mod 10 – retenções na fonte de IR, declaração anual do IVA, mapas recapitulativos de fornecedores e de clientes, etc.), bem como informação contabilística anteriormente constante da Mod 22.

IRS

Os empresários em nome individual e os profissionais livres com contabilidade organizada, para além da declaração mod/3 de IRS e de outros anexos, de acordo com o tipo de rendimentos, entregavam o Anexo C que também tinha as finalidades descritas anteriormente (16 de Março a 30 de Abril).

Mantém-se a situação, embora parte significativa da informação relativa ao anexo C do modelo 3 passe a poder ser entregue até ao último dia útil do mês de Junho, conjuntamente com outra informação anteriormente desfasada (mod 10 que era entregue em Maio e mapas recapitulativos e declaração anual do IVA que era entregue em Maio e Junho).

IVA

Os sujeitos passivos entregavam uma declaração periódica (mensal ou trimestral) para liquidação do imposto e, anualmente (Maio e Junho), entregavam a declaração anual e os mapas recapitulativos de clientes e fornecedores.

Mantém-se a situação, mas centralizando num único acto as declarações de natureza anual que antes eram entregues separadamente, dispensando-se inclusive os sujeitos passivos abrangidos pelo regime dos pequenos retalhistas de entregar, em Março, os mapas recapitulativos de clientes e de fornecedores.

Em conclusão:
- não se criam obrigações novas;
- não se pede informação adicional relevante;
- elimina-se informação que antes não era objecto de recolha;
- não se criam novos prazos para o cumprimento das obrigações declarativas, antes se concentra num único acto, a entrega de um conjunto de declarações relevantes para efeitos estatístico e de controlo inspectivo.

3 – O que se altera em termos de apresentação das declarações

O suporte utilizado era exclusivamente o papel, excepto no que respeita à declaração modelo 10 do IRS (retenções na fonte) e aos mapas recapitulativos de clientes e fornecedores, em que já se permitia a sua entrega em suporte magnético.

Passa a ser possível a entrega da declaração mod 22 e de todos os componentes da declaração anual também por diskette, banda ou cartridge, bem como pela Internet.

Sempre que os elementos a declarar impliquem o preenchimento de mais de uma folha dum anexo (nomeadamente os anexos O e P – mapas recapitulativos – e anexo J – retenções de IR) deve toda a declaração ser entregue em suporte magnético ou por transferência electrónica.

4 – O que se altera em termos de apresentação de documentos

Quer com a entrega da declaração modelo 22 do IRC, quer com a entrega da modelo 3 – IRS – Anexo C, era necessário entregar um conjunto de documentação para efeitos de controlo inspectivo (ver quadro 42 da anterior declaração mod/22 e quadro 7 do anterior anexo C da mod 3).

Abandona-se tal exigência que se substitui pela criação do «dossier fiscal», a guardar na própria empresa para efeitos de controlo a posteriori. Não se trata de trabalho acrescido para os sujeitos passivos que já guardariam duplicados da documentação entregue à Administração (v.g, mapas de provisões, amortizações, anexos ao Balanço, actas, etc.); pelo contrário poupa-se-lhe uma via de tais documentos, salvo quanto a cerca de 1000 empresas, objecto de acompanhamento pela DSPIT – Direcção de Serviços de Prevenção e Inspecção Tributária, cujo dossier fiscal lhe deverá ser remetido, aquando da apresentação da declaração anual.

5 – As alterações introduzidas significam

- Simplificação (menos informação e eliminação da informação duplicada);
- Informação direccionada (liquidação dos impostos, por um lado, e controlo inspectivo e estatístico, por outro);
- Melhor informação (só é solicitada a informação que seja objecto de tratamento informático;

- Criação das condições que viabilizam a transferência electrónica de dados, nomeadamente através da Internet e a entrega através de diskette;
- Tratamento mais rápido da informação visando a liquidação, por um lado, e o tratamento estatístico e de apoio à inspecção, por outro.

6 – A nova declaração modelo 22 é mais simplificada

Enquanto o corpo da declaração modelo 22 antiga continha 8 páginas, a actual passa apenas a ter 3 páginas.

7 – A declaração anual

Para além da declaração periódica:

a) para efeitos de IVA, existia já uma designada declaração anual e outras que eram igualmente apresentadas anualmente (mapas recapitulativos, declarações dos regimes especiais, declarações sobre operações efectuadas em local diferente da sede);

b) para efeitos de IR, existiam, igualmente, declarações que deveriam ser entregues anualmente (mod 10-retenções na fonte de IR);

Segundo as novas regras, a «declaração anual» será entregue «até ao último dia útil do mês de Junho», o que significa que nada obsta que possa ser entregue conjuntamente com a declaração mod/22.

No entanto, a fixação dum prazo mais dilatado para a apresentação da declaração anual (mais um mês), justifica-se:

– para a Administração Fiscal porque separa no tempo a gestão da informação mais urgente, que visa a liquidação daquela que interessa para outros fins;

– para as empresas, porque, igualmente, lhes permite gerir melhor o fornecimento da informação necessária.

8 – transferência electrónica de dados ou em suporte magnético

O circuito da entrega da declaração modelo 22 consistia na passagem da informação que, em muitos casos, se encontra «dentro» de um computador para um suporte de papel. Em seguida, essa informação era entregue numa repartição ou direcção de finanças onde voltava a ser introduzida no sistema informático da DGCI.

Este tipo de procedimentos originava um elevado número de erros e, para além disso, havia um conjunto de operações que não acrescentava qualquer valor, pelo que, por supérfluas, deverão ser eliminadas.

Sendo assim parece que o circuito mais eficiente e com grandes ganhos de produtividade, por representar uma melhor utilização dos recursos humanos das empresas e, naturalmente, da DGCI será o da entrega das declarações por transferência electrónica de dados, nomeadamente via Internet, por diskette (a ler nos serviços que disponham de rede RITTA), banda ou cartridge.

Com os modelos até agora em vigor isso não era possível, nem traria quaisquer vantagens para os contribuintes que sempre teriam de se deslocar a um Serviço para a entrega de documentos em suporte papel que deveriam acompanhar a declaração (actas, relatórios, etc.).

9 – Vantagens da entrega das declarações pela Internet

Embora se tenha de admitir que o índice de utilização possa ser reduzido neste primeiro ano, face à impossibilidade de, em tempo útil, se fazerem campanhas de sensibilização e ainda de algumas dificuldades na atribuição aos TOC's de uma senha que lhes permita entregar em conjunto as declarações dos respectivos clientes, são evidentes as vantagens de utilização deste meio:

- Dispensa de deslocação a um serviço da DGCI;
- Maior rapidez e comodidade, por possível 24/24 horas;
- A submissão de uma declaração pela Internet permite assegurar que a declaração não tem «erros locais»(n.º de identificação, erros de somas, não preenchimento de campos obrigatórios, etc.) e valida inequivocamente a entrega;
- Dispensa de recursos humanos afectos à digitação pela DGCI o que na esmagadora maioria dos casos, não representa qualquer acréscimo correspondente nas empresas, dado que os valores declarados já constam de suportes magnéticos.
- A possibilidade de digitação e validação da declaração sem se estar ligado à Internet (o que apenas é necessário no momento da submissão) minimiza os custos;
- Possibilidade de consulta da situação da declaração 48 horas após a submissão, contra a incerteza que o processo actual acarreta;
- Certeza da entrega.

....

OFÍCIO-CIRCULADO N.º 10 009, de 31/03/00

Procedimentos relativos às novas obrigações declarativas de IR e IVA

As alterações aos Códigos do IRC, IRS e IVA, em consequência da reformulação do processo declarativo, aprovadas em Conselho de Ministros do dia 24 de Fevereiro do corrente ano, vão implicar alterações nos procedimentos de recepção e recolha, pelo que, na sequência do Ofício-circulado n.º 10 008, de 27.03.00 e mesmo antes da publicação do respectivo diploma se procede à divulgação dos seguintes esclarecimentos.

A partir de 1 de Janeiro de 2000, as obrigações declarativas das entidades que possuam ou sejam obrigadas a possuir contabilidade organizada, das entidades devedoras de rendimentos sujeitos a retenção na fonte e das pessoas singulares que, de um modo independente e com carácter de habitualidade exerçam uma actividade empresarial, foram substancialmente alteradas.

Estas alterações são aplicáveis aos períodos de tributação encerrados após 31.12.1999, inclusive.

As alterações implementadas tiveram fundamentalmente como objectivo a simplificação e a possibilidade do cumprimento da obrigação declarativa através da transferência electrónica de dados ou em suporte magnético.

1 – MODELO 22 – IRC

A nova declaração modelo 22 integra elementos exclusivamente destinados à liquidação do IRC. Com esta opção, a nova declaração modelo 22 fica reduzida a apenas três páginas, atingindo-se, assim, o pretendido objectivo de simplificação.

O novo modelo de impresso, publicado no *Diário da República*, II.ª Série, n.º 7, de 10 de Janeiro de 2000 (rectificado no DR n.º 20 de 25/01/00), deve ser utilizado em todas as declarações apresentadas após 1 de Janeiro de 2000, independentemente do exercício a que se reportem.

As declarações recepcionadas durante o mês de Janeiro e antes da distribuição do novo modelo, devem ser remetidas com brevidade aos Centros de Recolha, a fim de serem recolhidas antes da instalação do novo programa.

Sendo possível a sua entrega por transferência electrónica de dados (Internet) e suporte magnético (disquete, banda ou *cartridge*) e estando prevista para o mês de Abril o início da possibilidade de entrega pela Internet, torna-se necessário definir os seguintes procedimentos:

1.1 – Entrega da declaração modelo 22 em suporte papel

Uma das importantes alterações introduzidas diz respeito à possibilidade de entrega da declaração em qualquer Repartição de Finanças. Este facto implica que as declarações entregues numa Repartição de Finanças, diferente da correspondente à da área da sede, da direcção efectiva ou do estabelecimento estável do sujeito passivo, devam ser registadas (registo prévio) no serviço onde for recepcionada e, posteriormente, enviadas para a Direcção de Finanças da área da respectiva sede, que procederá à respectiva recolha.

1.2 – Entrega da declaração modelo 22 em disquete

A leitura das disquetes, quando a declaração for entregue neste suporte, deverá ser efectuada na Repartição de Finanças de recepção. Este procedimento envolverá a leitura, o loteamento automático e submissão da declaração, num ambiente Internet, para o sistema central da DGITA, caso não apresentem erros que determinem a sua rejeição.

A curto prazo, todas as Repartições de Finanças terão o equipamento adequado para o efeito.

Como comprovativo da entrega do modelo 22 em disquete, deverá o sujeito passivo apresentar (em duplicado) a primeira página da mesma (em impresso da INCM, fotocópia ou modelo processado informaticamente), contendo, no exemplar destinado aos Serviços, a vinheta do Técnico Oficial de Contas. No Quadro 06 deve ser aposto o carimbo de recepção, após a indicação pelos Serviços do suporte utilizado (Quadro 06 – Campo 04).

1.3 – Entrega da declaração modelo 22 em banda ou *cartridge*

Quando houver entrega da declaração por banda ou *cartridge*, deverá o sujeito passivo proceder nos termos do último parágrafo do ponto anterior. Depois de efectuado o registo de recepção e loteamento, far-se-á o envio para a DGITA – Direcção de Serviços de Produção e Suportes Técnicos – Av. Eng.º Duarte Pacheco, n.º 28, 1099-013 Lisboa, onde será feita a sua leitura.

Após a leitura, os suportes magnéticos serão remetidos, pela DGITA, aos serviços que os enviaram, para posterior devolução ao sujeito passivo. Por questões de simplicidade, serão envidados esforços no sentido de assegurar que a DGITA devolva directamente ao sujeito passivo, com conhecimento ao serviço receptor, os referidos suportes magnéticos.

1.4 – Entrega da declaração modelo 22 por transmissão electrónica de dados
A entrega da declaração modelo 22 pela Internet carece da obtenção prévia da respectiva senha de acesso (comum à necessária para a entrega de quaisquer outras declarações), a qual pode ser solicitada em qualquer Caixa Multibanco ou através da página da DGCI, no módulo declarações electrónicas, «**www.dgci.min-financas.pt**». Após a validação da declaração sem erros, é remetido por via postal, para a morada do sujeito passivo, um comprovativo de entrega.

2 – DECLARAÇÃO ANUAL DE INFORMAÇÃO CONTABILÍSTICA E FISCAL: IRS-IRC-IVA
A declaração anual tem finalidades estatísticas e de controlo inspectivo. A declaração anual e respectivos anexos foi publicada no *Diário da República*, II Série, n.º 66, de 18 de Março de 2000. Esta declaração é comum a três impostos, IRC, IRS e IVA.

Com esta nova declaração, são substituídos os anexos da antiga declaração modelo 22 (Anexos 21, 22-A, 22-B, 22-C e 23), a declaração modelo 10 do IRS, a declaração anual do IVA e respectivos anexos e os mapas recapitulativos de clientes e fornecedores, passando a informação constante nesses impressos a ser incluída nos anexos da declaração anual, com prazo comum de entrega.

Quando o preenchimento de algum dos anexos da declaração anual implicar a entrega de mais do que uma folha, não é permitida a apresentação em suporte papel, devendo o sujeito passivo entregar toda a declaração anual por transferência electrónica ou por suporte magnético.

Tendo a declaração mod. 10, prevista no art. 114.º do CIRS, sido substituída pelo anexo J da declaração anual, nas situações em que o antigo modelo 10 referente a 1999, já tenha sido entregue por algum sujeito passivo, deverão os serviços receptores «integrá-la» na declaração anual e proceder à sua recolha de acordo com o novo impresso.

Sendo os suportes de entrega da declaração anual idênticos aos da nova declaração modelo 22, deverão ser seguidos os mesmos procedimentos indicados no ponto 1 deste ofício.

O prazo de entrega da declaração anual decorre até ao último dia útil do mês de Junho ou, em caso de adopção de um período de tributação em IRC diferente do ano civil, até ao último dia útil do sexto mês posterior à data do termo desse período.

Tendo em conta que a publicação da declaração ocorreu em Março de 2000, nos casos em que o termo da obrigação de entrega tenha ocorrido entre 1 de Janeiro de 2000 e a data de disponibilização dos novos impressos, deverão os Serviços abster-se da aplicação da coima por atraso na entrega, relativamente aos sujeitos passivos que não a tenham podido cumprir por falta dos mesmos.

De acordo com a nova redacção que será dada ao art. 28.º do CIVA, a obrigação de entrega dos mapas recapitulativos de clientes e de fornecedores, passa a ser aplicável apenas quando o total das operações internas realizadas, com cada um deles no ano anterior, seja superior a 10000 contos.

Os sujeitos passivos isentos nos termos do art. 53.º do Código do IVA, face à nova redacção do art. 59.º do mesmo Código, ficam dispensados da obrigação de entrega dos mapas recapitulativos de clientes e fornecedores.

Deixam igualmente, de estar obrigados a apresentar os mapas recapitulativos de clientes e fornecedores, os retalhistas sujeitos ao regime especial de tributação previsto no art. 60.º do Código do IVA, de acordo com a nova redacção que será dada ao art. 67.º do mesmo diploma.

Ainda que não tenha sido publicado o diploma que altera os artigos do Código do IVA antes referidos, deverão, desde já, ser consideradas tais alterações. A gestão da declaração é da responsabilidade da DSEPCPIT (Direcção de Serviços de Estudos, Planeamento e Coordenação da Prevenção e Inspecção Tributária) que será o interlocutor para as questões relacionadas com a referida declaração.

3 – DOSSIER FISCAL

As alterações legislativas prevêem, ainda, a criação do Dossier Fiscal que, em regra, deve ser mantido no domicílio do sujeito passivo e conter os documentos elencados em Portaria a publicar em breve, o que permitirá a dispensa de entrega dos referidos documentos para a generalidade dos sujeitos passivos.

A única excepção prevista diz respeito aos sujeitos passivos objecto de acompanhamento pela DSPIT (sujeitos passivos pertencentes ao Cadastro Especial de Contribuintes) que devem proceder à entrega do referido Dossier. Nos casos em que conjuntamente com a declaração anual seja entregue o Dossier Fiscal, deve este ser remetido pelo serviço receptor para a Direcção de Serviços de Prevenção e Inspecção Tributária (DSPIT) – Rua da Prata, n.º 108-4.º, 1149-027 Lisboa.

Se a declaração tiver sido entregue por via electrónica (Internet), poderá o sujeito passivo entregar o Dossier numa Repartição de Finanças, caso em que os Serviços devem proceder como antes referido, ou remetê-lo directamente para a mencionada Direcção de Serviços.

Este Dossier deverá estar constituído até à data limite de entrega da declaração anual de informação contabilística e fiscal.

OFÍCIO-CIRCULADO N.º 20 020, de 00/05/16

Estatuto do Mecenato – donativos para apoio à transição de Timor-Leste

Tendo em vista o esclarecimento de dúvidas e a uniformidade de procedimentos, por parte dos serviços, acerca da dedução, em sede IRS, dos donativos atribuídos por pessoas singulares em apoio à transição de Timor-Leste, no âmbito do Estatuto do Mecenato, aprovado pelo Decreto-Lei n.º 74/99, de 16 de Março, foi por despacho do Director-Geral dos Impostos, de 99.07.28, sancionado o seguinte entendimento:

1 – Os donativos efectuados em nome do Comissário para Apoio à Transição de Timor-Leste (CATTL) enquadram-se no artigo 1.º, n.º 1, alínea *a*) e n.º 3, e artigo 5.º do Estatuto do Mecenato, reconhecida a prossecução de fins exclusivamente de carácter social para o qual o mesmo foi criado.

2 – Deverá ainda considerar-se o referenciado Comissário, na qualidade de órgão sob tutela do Ministério dos Negócios Estrangeiros, abrangido pelo artigo 1.º, alínea *a*) do Estatuto do Mecenato, motivo pelo qual os benefícios fiscais outorgados a donativos desta natureza não carecem de despacho de reconhecimento prévio.

3 – Por sua vez, as importâncias atribuídas por pessoas singulares, a título de donativos, deverão ser consideradas em valor correspondente à majoração prevista no artigo 1.º, n.º 3 do citado Estatuto do Mecenato, sem prejuízo da observância do limite definido para a dedução à colecta constante do art. 5.º, n.º 1, alínea *a*) do mesmo diploma.

4 – Sobre a questão da competência para a emissão de quitação e os requisitos formais que esta deve cumprir para titular o direito ao benefício fiscal, esclarece-se, em primeiro lugar, que a mesma apenas poderá ser emitida pelo Gabinete do Comissário para apoio à Transição de Timor-Leste.

5 – No entanto, e sendo o donativo depositado, por qualquer meio, numa das contas bancárias abertas em nome do Comissário para Apoio à Transição em Timor-Leste (CATTL), deverá ser aceite como quitação, para efeitos de dedução em IRS, o talão de depósito, o recibo do Multibanco ou de transferência electrónica, desde que emitido em nome de uma das instituições e contas abaixo identificadas:
 – Caixa Geral de Depósitos – conta n.º 003500270007750053050
 – Banco Bilbao Viscaya – conta n.º 001200133540
 – Banco Português do Atlântico – conta n.º 513/12113226
 – Caixa de Crédito Agrícola – conta n.º 004590604013335572444

OFÍCIO-CIRCULADO N.º 20 021, de 00/05/17

Donativos concedidos a igrejas e outras instituições religiosas

Tendo em vista o esclarecimento de dúvidas e a uniformidade de procedimentos por parte dos serviços, acerca da abrangência, no âmbito do artigo 56.º, alínea *a*) do Código do IRS e do artigo 5.º do Estatuto do Mecenato, dos donativos atribuídos, por pessoas singulares, a igrejas e outras instituições religiosas foi, por despacho de Sua Excelência o Senhor Secretário de Estado dos Assuntos Fiscais de 3.02.2000, sancionado entendimento no sentido de que, muito embora, algumas dessas entidades possam não se encontrar integradas no conceito de "Igreja" administrativamente fixado pelo Ofício-circular n.º X-5/91, de 23 de Setembro, poderão relevar fiscalmente os donativos que lhes sejam concedidos desde que as mesmas revistam qualquer das qualidades referidas nos preceitos sob análise, isto é, consistam numa instituição religiosa ou pessoa colectiva de fins não lucrativos pertencente a uma confissão religiosa ou por ela instituída.

OFÍCIO-CIRCULADO N.º 10 012, de 18/05/2000

Declaração Periódica de Rendimentos mod. 22
Declaração Anual de informação contabilística e fiscal

O Dec.-Lei n.º 55/2000, de 14 de Abril, introduziu profundas alterações no processo declarativo dos sujeitos passivos de IRS, IRC e IVA, tendo em vista a sua simplificação e a utilização de novos meios para o cumprimento das obrigações declarativas. Em consequência, foram modificadas regras e procedimentos importando esclarecer as dúvidas que têm vindo a ser colocadas relativamente ao novo processo declarativo.

Nestes termos divulgam-se as seguintes instruções:

1. DECLARAÇÃO PERIÓDICA DE RENDIMENTOS MODELO 22

1.1. Correcções e esclarecimentos relativos ao preenchimento e instruções do modelo:

a) Quadro 07, campo 210: para além dos donativos a que se refere o Decreto-Lei n.º 74/99, de 16 de Março (Estatuto do Mecenato), nesta linha, deverão igualmente ser acrescidos os donativos além dos limites legais ou não aceites, previstos em outros diplomas legais;

b) Quadro 07, campo 236: onde se lê: «art. 38.º, n.º 7», deve ler-se «art. 38.º, n.º 9»;

c) Instruções da declaração, página 2, Quadro 04, no terceiro parágrafo onde se lê: «... correspondente ao resultado da liquidação...», deve ler-se: «.. correspondente ao resultado da declaração...»;

d) Instruções da declaração, página 4, Quadro 10, no antepenúltimo parágrafo onde se lê: «... e no n.º 3 do artigo 24.º...», deve ler-se: «... e no n.º 4 do artigo 24.º...»;

e) Instruções relativas ao Anexo A, página 1, ponto 4 das indicações gerais, onde se lê: «...o campo 1 do Quadro 05.5...», deve ler-se «... o campo 1 do Quadro 04.5...»;

1.2. Outros esclarecimentos

a) As entidades referidas no artigo 10.º do CIRC, quando beneficiem da isenção prevista no artigo 48.º do EU e só tenham obtido no período, rendimentos desta natureza, estão dispensadas da apresentação da declaração modelo 22, nos termos do n.º 5 do artigo 94.º do CIRC;

b) Os sujeitos passivos residentes na Região Autónoma dos Açores, ainda que só obtenham rendimentos nesta circunscrição, deverão juntar o Anexo A à declaração modelo 22, pois só assim será possível efectuar o cálculo da colecta relativa às actividades desenvolvidas na Região Autónoma dos Açores, nos termos previstos no Decreto Legislativo Regional n.º 2/99/A, de 20 de Janeiro, o qual se concretiza através do preenchimento do Quadro 07 do Anexo A da declaração modelo 22;

c) Por força da nova redacção do artigo 82.º do CIRC, dada pela Lei n.º 3-B/2000, de 4 de Abril, com a introdução do n.º 7, não haverá lugar a pagamento da autoliquidação, quando o seu montante for inferior a 5 000$00. Ainda assim, nestes casos, o campo a assinalar no Quadro 04.2 da declaração modelo 22 – resultado da declaração, será o 1 – com pagamento.

2. DECLARAÇÃO ANUAL DE INFORMAÇÃO CONTABILÍSTICA E FISCAL (IRS, IRC E IVA)

Fazem parte integrante da Declaração Anual, prevista nos artigos 105.º-A do CIRS, 96.º-A do CIRC e 28.º do CIVA, todos os anexos (devendo ser entregues apenas os que correspondam à situação tributária de cada sujeito passivo) mencionados na Folha de Rosto, a qual capeará sempre a referida declaração, sendo a sua entrega obrigatória a partir do exercício de 1999, inclusive. Havendo necessidade, relativamente a exercícios anteriores, de entrega de qualquer declaração ou mapa que actualmente faz parte integrante da declaração anual, deve ser utilizado o actual modelo (Folha de Rosto) incluindo apenas o anexo respectivo.

A obrigatoriedade de entrega da declaração anual abrange:
- Os sujeitos passivos de IRS que possuam ou devam possuir contabilidade organizada;
- Os sujeitos passivos de IRS que apesar de não possuírem contabilidade organizada, devam entregar qualquer um dos anexos atrás referidos (por ex: anexo J – antiga declaração mod. 10, anexo L – antiga declaração anual do IVA, etc.);
- Os sujeitos passivos de IRC, incluindo as entidades ou organismos públicos, que devam entregar qualquer um dos anexos que integram a declaração.

2.1. Declaração relativa ao exercício da cessação

Sempre que se verifique a cessação de actividade, nos termos do n.º 5 do art. 7.º do CIRC, para além da declaração do período de cessação para efeitos de liquidação do imposto (mod. 22 do IRC ou anexo C do IRS), a declaração anual relativa ao exercício em que se verificou a cessação, pode ser entregue nos termos e prazos previstos no n.º 3 do art. 96.º do CIRC e no n.º 1 do art. 106.º do CIRS, para os sujeitos passivos de IRC e IRS, respectivamente.

2.2. Declarações de Substituição

a) Exercício de 1999

Quando houver necessidade de alterar o conteúdo da informação constante numa declaração anteriormente entregue, dever-se-á entregar uma declaração anual de substituição que será composta pela folha de rosto e pelo(s) anexo(s) que se pretende alterar ou substituir.

O(s) anexo(s) que se pretende(m) alterar ou substituir deve(m) ser preenchido(s) na totalidade e não só o campo ou campos que se encontram errados, com excepção do anexo J (antiga mod. 10) que apenas exige o preenchimento dos campos a rectificar (vide instruções de preenchimento ao campo 6 do quadro 04 do anexo J).

b) Exercícios anteriores a 1999

Para estes exercícios apenas deverão ser entregues declarações de substituição quando deva ser alterado o conteúdo da informação constante de qualquer um dos anexos que antes eram entregues autonomamente, nomeadamente o anexo J (antigo mod. 10).

2.3. Sujeitos passivos com período de tributação diferente do ano civil

Os sujeitos passivos de IRC com período de tributação diferente do ano civil, por força do disposto no n.º 3 do art. 96.º A do CIRC e no art. 4.º do Dec.-Lei n.º 55/2000, de 14/04, com referência ao ano civil de 1999, devem entregar a informação correspondente ao IVA e a retenções de IR, nos respectivos anexos da declaração anual de informação contabilística e fiscal que integre o termo daquele ano civil, não devendo, em consequência, entregar autonomamente quaisquer dos anteriores modelos no prazo que antes vigorava para o cumprimento daquelas obrigações.

2.4. Esclarecimentos ao preenchimento da declaração anual

a) A obrigação de preenchimento do **NIF e a assinatura do TOC** (quadro 08 da folha de rosto), só abrange as entidades sujeitas a imposto sobre o rendimento que possuam ou devam possuir contabilidade organizada.

b) **O NIF e a assinatura do Representante Legal** (quadro 08 da folha de rosto): no caso de sujeitos passivos que apresentem o anexo E (Elementos Contabilísticos e Fiscais – entidades não residentes sem estabelecimento estável), deve ser preenchido com os elementos relativos ao representante legal designado nos termos do art. 101.º do CIRC.

c) Tal como é referido nas instruções, para preenchimento da declaração anual, relativamente ao **anexo G, o rendimento a imputar** será o valor resultante da aplicação da percentagem sobre a matéria colectável apurada no campo 346 do Quadro 09 da declaração de rendimentos mod. 22, ou tratando-se de prejuízo para efeitos fiscais de AEIE ou ACE, o valor inscrito no campo 239 do Quadro 07 da referida declaração, não sendo por isso necessário indicar o rendimento a imputar no anexo G.

d) Instruções do **anexo J, Quadro 04, campo 06:** devem substituir-se por:
Caso se trate de uma declaração de rectificação, preencha este campo, linha a linha, de acordo com a operação que pretende realizar:
Caso pretenda inserir uma nova linha para um sujeito passivo, deverá indicar o código de alteração «1» e preencher os campos 0 1 a 05;
Caso pretenda eliminar toda a informação de uma linha de um dado sujeito passivo, deverá indicar o código de alteração «3» e preencher os campos 01 a 05 com os elementos a eliminar;
Caso pretenda alterar informação relativa a uma linha de um dado sujeito passivo, deverá eliminar alinha que pretende alterar, indicando o código de alteração «3», e inserir os elementos correctos indicando o código de alteração «1».

OFÍCIO-CIRCULADO N.º 20 022, de 19/05/2000

Dupla Tributação internacional – Dedução do Imposto e dos encargos suportados no Estrangeiro

As convenções para evitar a dupla tributação internacional celebradas entre Portugal e outros Estados, estabelecem que determinados rendimentos podem ser tributados nos dois Estados, competindo ao Estado de residência a eliminação da dupla tributação internacional. O mecanismo da eliminação faz-se, através da dedução ao imposto nele liquidado dum quantitativo igual ao do imposto pago no outro Estado, até ao limite da fracção do imposto liquidado no Estado da residência correspondente aos rendimentos auferidos no estrangeiro, calculado antes da dedução.

Outros rendimentos, nos termos das mesmas convenções, são exclusivamente tributados no Estado da fonte, pelo que deve o Estado de residência considerar esses rendimentos apenas para efeitos de englobamento e determinação da taxa a aplicar, sendo os mesmos isentos de tributação nesse Estado.

Outros rendimentos, porém, são exclusivamente tributados no Estado de residência, pelo que, nestes casos, Portugal não é obrigado a deduzir qualquer imposto pago indevidamente no Estado da fonte.

O artigo 80.º-D do CIRS prevê, quando um residente de Portugal obtém rendimentos que podem ser tributados no outro Estado Contratante, um crédito de imposto tendente à eliminação da dupla tributação, que em regra consiste na dedução do imposto pago nesse Estado, até ao limite da fracção do imposto português calculado antes da dedução, correspondente ao rendimento tributado no estrangeiro, ficando, no entanto, o recurso a estes mecanismos sujeito às regras das convenções sobre dupla tributação sempre que as mesmas existam.

Com a introdução, em 1997, do anexo J destinado à indicação dos rendimentos auferidos no estrangeiro, a Administração Tributária passou a dispor de informação que lhe possibilita proceder à eliminação da dupla tributação internacional.

Por se tratar de situações especiais, justifica-se que sejam tomadas medidas específicas tendentes a uniformizar os procedimentos. Assim:

1 – Sempre que, no acto da apresentação das declarações de rendimentos, os sujeitos passivos juntem o referido anexo J, declarando rendimentos obtidos no estrangeiro, susceptíveis de beneficiarem das normas internas ou convencionais sobre dupla tributação internacional, deverá exigir-se documento comprovativo do montante do rendimento, da sua natureza e do pagamento do imposto, o qual deverá ser emitido ou autenticado pelas Autoridades Fiscais do respectivo Estado de onde são originários os rendimentos;

2 – Tratando-se de rendimentos da categoria A obtidos no estrangeiro, chama-se à atenção que os sujeitos passivos podem deduzir, nos termos do artigo 25.º do Código do IRS, as contribuições obrigatórias para regimes de protecção social, bem como as restantes deduções previstas quer no Código do IRS, quer no EBF;

3 – Os documentos referidos no n.º 1, têm de ser originais, ou fotocópias autenticadas, e, no caso de serem elaborados em inglês, francês ou alemão, não carecem de ser traduzidos, nem convertidos para escudos, devendo, em qualquer caso, acompanhar a declaração de IRS. Caso existam dúvidas sobre tais documentos devem ser enviados à DSBF para tradução.

4 – Os rendimentos tributados no estrangeiro serão declarados ilíquidos do imposto aí pago.

5 – As declarações nestas condições serão remetidas à Direcção de Serviços do IRS pelas Direcções de Finanças da área onde forem recebidas, a fim de ser efectuada a liquidação com a ponderação do direito à eliminação da dupla tributação internacional.

6 – O disposto no presente ofício circulado aplica-se de igual forma à eliminação da dupla tributação internacional relativamente aos rendimentos obtidos no estrangeiro por sociedades ou agrupamentos sujeitos ao regime de transparência fiscal previsto no artigo 5.º do CIRC, imputável a sócios ou membros pessoas singulares, devendo estes, nos documentos comprovativos, declarar a sua quota-parte do rendimento e imposto pago no outro Estado.

7 – Fica revogado o Ofício-circulado n.º 9/91, de 15.04.1991.

Ver os Ofícios-circulados n.os 20 030/2000 e 20 045/2001 [52] – págs. 837 e 840.

OFÍCIO-CIRCULADO N.º 20 025, de 29/06/2000

IRS – Mais-Valias nas categorias C e D – não reinvestimento dos valores de realização

As alterações introduzidas no artigo 44.º do Código do IRC pelo Decreto-Lei n.º 52--C/96, de 27 de Dezembro e ainda o facto de se ter reunido numa só listagem a informação que permite accionar os mecanismos conducentes às liquidações adicionais pelo não reinvestimento total ou parcial dos valores de realização, determinaram a desactualização das instruções transmitidas através do Ofício-circulado n.º 12/94, de 1994.10.12, da Direcção de Serviços do IRS, pelo que importa reformulá-las.

Assim, de futuro, face às listagens dos sujeitos passivos que declararam valores de realização no quadro «REINVESTIMENTO DOS VALORES DE REALIZAÇÃO» dos anexos B1 ou C das declarações de rendimentos de IRS, as Direcções de Finanças deverão providenciar os seguintes procedimentos:

1 – Independentemente do valor constante na coluna «Saldo não reinvestido» das listagens, verificar se no anexo B1 ou C da declaração de rendimentos do terceiro ano posterior ao da realização foram correctamente preenchidos os elementos relativos ao exercício N-3, recorrendo-se, sempre que necessário, aos elementos declarados nos anexos das declarações dos anos anteriores.

2 – Se em face dessa verificação se concluir que não houve qualquer reinvestimento, o montante da mais-valia fiscal a tributar será o que tiver sido declarado no quadro «REINVESTIMENTO DOS VALORES DE REALIZAÇÃO» do anexo B1 ou C da declaração de rendimentos do ano da realização, a título de Mais-valia fiscal correspondente».

3 – Se o reinvestimento do valor de realização tiver sido apenas parcial, deverá apurar-se a mais-valia fiscal a tributar, cujo valor será o da parte proporcional da «Mais--valia fiscal correspondente», declarada relativamente ao ano de realização, que corresponda ao valor não reinvestido.

4 – Não tendo sido entregue, com referência ao terceiro ano seguinte ao da realização, declaração de rendimentos que integre o anexo B1 ou C com o quadro «REINVESTIMENTO DOS VALORES DE REALIZAÇÃO» preenchido, deverão promover-se as acções tendentes ao esclarecimento da respectiva situação, apurando-se, sendo caso disso, a mais-valia fiscal a tributar. Na coluna «Observações» da listagem é fornecida informação sobre a não existência de declaração validada centralmente ou do correspondente anexo.

5 – Sempre que haja lugar ao apuramento da mais-valia fiscal a tributar, as direcções de finanças procederão ao preenchimento e recolha de declarações oficiosas «tipo 6 – Outros» relativas ao ano da realização, em que o valor da mais-valia resultante da não concretização total do reinvestimento será acrescido aos valores inscritos nos campos 13, 14 e 21 do anexo B1 ou 116, 130, 219 ou 220 e 221/223 ou 222/224 do anexo C. No quadro 15 destas declarações oficiosas deverá ser assinalado o campo 7, bem como as datas do campo 8 que irão determinar o cálculo dos juros compensatórios devidos em conformidade com o disposto no n.º 5 do artigo 44.º do Código do IRC, por remissão do artigo 31.º do Código do IRS.

OFÍCIO-CIRCULADO N.º 20 030, de 18/12/2000

Dupla Tributação Internacional
– Crédito de Imposto – Documento comprovativo
do montante suportado no estrangeiro

Tendo surgido dúvidas quanto ao conteúdo do n.º 3 do Ofício-circulado n.º 20 022, de 19.05.2000, nomeadamente quanto à sua conformidade com o n.º 1 da mesma instrução administrativa, informo, para uniformidade de procedimentos e esclarecimento dos serviços, o seguinte:

1 – Os documentos referidos no n.º 1 do Ofício-circulado n.º 20 022, de 19 de Maio do corrente ano, para efeitos de crédito de imposto por dupla tributação internacional, têm de ser documentos originariamente emitidos pelas autoridades fiscais do Estado onde o imposto foi pago, ou então fotocópias autenticadas por essas mesmas autoridades fiscais, as quais valerão como se de originais se tratasse.

2 – A prova a efectuar pelos sujeitos passivos para efeitos de crédito de imposto, pode ser efectuada pelos documentos referidos no n.º 1, ou então por fotocópias autenticadas dos mesmos, desde que a autenticação tenha sido efectuada na presença do original, conforme o disposto no n.º 2 do artigo 387.º do Código Civil.

OFÍCIO-CIRCULADO N.º 20 032, de 31/01/2001

«Dupla Tributação Internacional – Artigo 15.º
da CDT Alemanha»

Tendo em conta o facto de terem sido proferidas algumas sentenças de tribunais tributários, assumindo interpretações do artigo 15.º da Convenção entre a República Portuguesa e a Alemanha para evitar a Dupla Tributação, consideradas não coincidentes com as defendidas pela Administração Fiscal, torna-se indispensável clarificar a questão, reiterando a interpretação da norma em causa, efectuada pela DGCI de acordo com a Convenção Modelo da OCDE.

Assim:

1 – Sempre que ocorram situações em que sujeitos passivos com residência fiscal em Portugal aufiram rendimentos obtidos por empregos exercidos na Alemanha, deverão todos os serviços da Administração Fiscal interpretar o artigo 15.º da CDT Portugal-
-Alemanha nos seguintes termos:

   a) Verificando-se, cumulativamente, as condições enumeradas nas três alíneas do n.º 2 do artigo 15.º da Convenção – permanência do beneficiário no território do Estado do emprego durante um período ou períodos que não excedam, no total, 183 dias durante o ano civil em causa; pagamento das remunerações por um empregador ou por conta de um empregador que não seja residente no Estado do emprego; pagamento das remunerações que não seja suportado por

um estabelecimento estável ou por uma instalação fixa que a entidade patronal possua no território do emprego – a competência tributária será exclusiva de Portugal, Estado da residência, apesar de aqui não se situar a fonte dos rendimentos;
b) Não se verificando alguma das condições previstas no n.º 2 do artigo 15.º da CDT, e elencadas na alínea anterior, está-se, de acordo com o n.º 1 do mesmo artigo, perante uma situação de competência tributária cumulativa por parte do Estado da residência, Portugal, e do Estado do exercício do emprego, Alemanha;
c) Neste último caso, caberá ao Estado da residência – Portugal – eliminar a dupla tributação, nos termos do artigo 24.º da CDT.

2 – Esta interpretação deve ser adoptada relativamente a normas idênticas de todas as outras convenções celebradas por Portugal.

3 – Em caso de decisões judiciais que perfilhem teses opostas a esta interpretação deverão os serviços interpor o recurso considerado adequado nas circunstâncias concretas.

OFÍCIO-CIRCULADO N.º 20 036, de 05/03/2001

Preenchimento dos Formulários UE/EEE

Tendo surgido várias situações de pedidos de certificação de residência fiscal em Portugal através dos formulários UE/EEE em que os referidos formulários não se encontram correctamente preenchidos, acarretando acréscimo de trabalho aos serviços da DSBF;

Existindo, igualmente, situações em que os próprios serviços locais de finanças certificam a residência fiscal, sem observância dos procedimentos necessários àquela certificação;

Torna-se necessário proceder à adopção de critérios tendo em vista a uniformização dos procedimentos nesta matéria.

Assim, informo, para uniformidade de procedimentos e esclarecimento dos serviços, o seguinte:

1 – Todos os pedidos de certificação de residência fiscal formulados através dos formulários UE/EEE devem ser sempre acompanhados do impresso modelo 2-RFI devidamente preenchido e assinado pelos requerentes, conforme Circular n.º 11/99, de 28.04.1999, sendo que os quadros I, II, IV, VI e VII, são de preenchimento obrigatório.

2 – Os formulários UE/EEE, devem ser apresentados correctamente preenchidos, sendo imprescindível a indicação do ano a que se reportam os rendimentos, dos dados pessoais quer do marido quer da esposa e dos dados sobre os montantes de rendimento auferidos, e respectiva moeda em que se encontram expressos, neles se devendo incluir, obrigatoriamente, para além dos rendimentos auferidos em Portugal, os rendimentos auferidos na Alemanha e, ainda, a assinatura de ambos os requerentes.

3 – Se faltar o preenchimento de algum dos campos supra referidos, deverá ser recusada a recepção do pedido e do formulário, convidando-se o apresentante a suprir as lacunas.

4 – Os referidos formulários, juntamente com o Modelo 2-RFI, deverão ser de imediato enviados à Direcção de Serviços dos Benefícios Fiscais para efeitos de certificação.

5 – A competência para qualquer certificação de residência fiscal é exclusiva da Direcção de Serviços de Benefícios Fiscais, conforme estabelece o ponto 1. do Ofício--circulado n.º 39 574, de 10.07.98.

OFÍCIO-CIRCULADO N.º 20 037, de 07/03/2001

IRS – Importâncias não atribuídas pela entidade patronal

Para conhecimento e uniformidade de procedimentos, comunica-se que, tendo-se suscitado dúvidas sobre o enquadramento, em IRS, das importâncias pagas por determinadas entidades a trabalhadores de outra entidade, a título de compensação por recomendação dos seus serviços a terceiros, ainda que não suportadas por qualquer contrato escrito, foi superiormente determinado que:

1 – Tais importâncias constituem comissões, sujeitas a tributação em IRS, no âmbito da categoria B – rendimentos empresariais e profissionais.

2 – No momento do respectivo pagamento ou colocação à disposição, devem as entidades pagadoras efectuar a competente retenção na fonte, por aplicação da taxa de 20%, nos termos do art. 94.º, n.º 1, do Código do IRS.

OFÍCIO-CIRCULADO N.º 20 039, de 13/03/2001

IRS – Estatuto do Mecenato – Reconhecimento prévio de donativos

Para conhecimento dos Serviços e uniformidade de procedimentos, comunica--se que por despacho, de 2001.02.13, de Sua Excelência o Senhor Ministro das Finanças, foi autorizada a dispensa de reconhecimento prévio dos donativos, concedidos por pessoas singulares, a igrejas, instituições religiosas, pessoas colectivas de fins não lucrativos pertencentes a confissões religiosas ou por elas instituídas, referidas no n.º 2 do artigo 5.º do Estatuto do Mecenato, aprovado pelo Decreto-Lei n.º 74/99, de 16 de Março.

OFÍCIO-CIRCULADO N.º 20 040, de 14/03/2001

**IRC – Prazo para a apresentação da declaração de inscrição
no registo a que se refere a alínea *a*)
do n.º 1 do artigo 94.º do CIRC**

À Direcção de Serviços do IRC têm sido colocadas dúvidas sobre a forma de contagem do prazo de entrega da declaração de início de actividade a que se refere o n.º 1 do artigo 95.º do Código do IRC.

Procurando esclarecer as mesmas e uniformizar procedimentos, divulga-se o seguinte entendimento, sancionado por despacho do Exmo. Director-Geral, de 2001/03/06:

1 – A emissão do cartão provisório de Pessoa Colectiva implica uma inscrição no Ficheiro Central de Pessoas Colectivas, tal como está definido no regime jurídico do Registo Nacional de Pessoas Colectivas, aprovado pelo Decreto-Lei 129/98, de 13 de Maio;

2 – O referido cartão provisório permite à entidade sua detentora o exercício da actividade para a qual foi constituída, pelo que o prazo estabelecido no n.º 1 do art. 95.º do CIRC deve ser contado a partir da data de emissão do cartão, por esta corresponder a um registo efectivo no Ficheiro Central de Pessoas Colectivas, ainda que com carácter provisório;

3 – Uma vez obtido o NIPC provisório, a entidade deverá apresentar a declaração de inscrição no registo no prazo de 90 dias após a emissão do mesmo, não sendo relevante para estes efeitos, a outorga da escritura de constituição;

4 – Caso o início de actividade ocorra antes o fim deste prazo, considera-se que a declaração de início para efeitos de IVA, a que se refere o artigo 30.º do respectivo Código, é, nos termos do n.º 2 do artigo 95.º do Código do IRC, também a declaração de inscrição no registo de sujeitos passivos deste imposto;

5 – Os prazos a que se referem os números anteriores deverão igualmente ser observados quando a declaração de inscrição deva ser feita pela via verbal prevista no artigo 95.º-A do Código do IRC.

OFÍCIO-CIRCULADO N.º 20 045, de 04/04/2001

**Recepção das Declarações Modelo 3 de IRS
quando haja lugar a pedido de crédito de imposto
por dupla tributação internacional**

Mantendo-se dúvidas quanto à possibilidade de recepção das declarações de IRS que apresentem um pedido de crédito de imposto por dupla tributação internacional.

Considerando que têm sido recebidas algumas queixas de recusa de recepção de declarações pelos serviços locais, informo, para uniformidade de procedimentos e esclarecimento dos serviços o seguinte:

1 – As declarações de IRS que apresentem pedido de crédito de imposto por dupla tributação internacional, desde que contenham o Anexo «J» devidamente preenchido, não poderão ser recusadas pelo facto de não estarem acompanhadas dos documentos comprovativos dos rendimentos auferidos no estrangeiro e do imposto ali suportado.

2 – Após a recolha das declarações com anexo «J» de acordo com as instruções previstas no Ofício-circulado n.º 20 044 de 04/04/2001 da DSIRS, e consequente liquidação do IRS, procederá a DSBF à análise do crédito de imposto concedido para eliminação da dupla tributação internacional na respectiva liquidação, notificando, para tal, os sujeitos passivos nos termos do disposto no artigo 119.º do CIRS para procederem à entrega dos documentos previstos no Ofício-circulado n.º 20 022, de 19 de Maio.

3 – Para melhor esclarecimento dos serviços e dos sujeitos passivos que preencham anexo «J», caso os rendimentos declarados sejam obtidos em país com o qual Portugal tenha celebrado convenção para evitar a dupla tributação (CDT), informa-se o seguinte:

   a) No caso dos rendimentos declarados no anexo «J» constarem no mapa anexo com um «I», a eliminação da dupla tributação, nos termos da respectiva CDT, segue o método da isenção, pelo que os rendimentos são apenas considerados para efeitos de determinação da taxa incidente sobre os restantes rendimentos, não havendo lugar a tributação em Portugal de tais rendimentos, também não haverá lugar a qualquer crédito de imposto;

   b) No caso dos rendimentos declarados no anexo «J» constarem no mapa anexo com um «S», a eliminação da dupla tributação, nos termos da respectiva CDT, segue o método da imputação, pelo que, tratando-se duma situação em que a competência tributária é cumulativa de ambos os países, cabe a Portugal eliminar a dupla tributação concedendo um crédito de imposto igual ao montante do imposto pago no país da fonte dos rendimentos ou igual à parcela do imposto liquidado em Portugal relativamente aos rendimentos oriundos do estrangeiro, se este for inferior;

   c) No caso dos rendimentos declarados no anexo «J» constarem no mapa anexo com um «N», a respectiva CDT confere a Portugal a exclusividade da tributação de tais rendimentos, pelo que não haverá lugar a qualquer crédito de imposto por dupla tributação internacional relativamente a tais rendimentos;

   d) No caso dos rendimentos declarados no anexo «J» constarem no mapa anexo com um «E», a respectiva CDT confere competência tributária cumulativa apenas em relação aos rendimentos que, tendo sido obtidos no estrangeiro, sejam imputados ao estabelecimento estável ali localizado, pelo que o crédito de imposto apenas poderá ser concedido relativamente a esses rendimentos;

   e) No caso dos rendimentos declarados no anexo «J» constarem no mapa anexo com um «A», de acordo com o disposto no artigo 16.º do Modelo de Convenção da OCDE, a competência tributária é cumulativa, pelo que deve ser concedido crédito de imposto nos termos da alínea *b)* do presente ofício, devendo-se, no entanto, ter em atenção as especificidades constantes de cada convenção;

f) No caso dos rendimentos declarados no anexo «J» constarem no mapa anexo com um «D», de acordo com o disposto no artigo 17.º do Modelo de Convenção da OCDE, a competência tributária é cumulativa, pelo que deve ser concedido crédito de imposto nos termos da alínea *b)* do presente ofício, devendo-se, no entanto, ter em atenção as especificidades constantes de cada convenção;

g) No caso dos rendimentos declarados no anexo «J» constarem no mapa anexo com um «R», de acordo com o disposto no artigo 18.º do Modelo de Convenção da OCDE, se se tratar duma pensão obtida em virtude de um emprego privado anterior, a competência tributária é exclusiva de Portugal, pelo que não haverá lugar ao crédito de imposto, devendo-se, no entanto, ter em atenção as especificidades constantes de cada convenção;

h) No caso dos rendimentos declarados no anexo «J» constarem no mapa anexo com um «V», de acordo com o disposto no artigo 19.º do Modelo de Convenção da OCDE, a regra neste caso será a da competência tributária exclusiva do Estado estrangeiro, pelo que será de se considerar isentas as remunerações nos termos da alínea *a)* do presente ofício, com excepção, no entanto, no caso em que os rendimentos sejam obtidos em Portugal e o beneficiário dos rendimentos tenha também a nacionalidade portuguesa, e já fosse residente em Portugal antes de obter o emprego, situação em que a competência tributária é exclusiva de Portugal, pelo que não haverá lugar a crédito de imposto, devendo-se, no entanto, ter em atenção as especificidades constantes de cada convenção;

i) No caso dos rendimentos declarados no anexo «J» constarem no mapa anexo com um «P», tais remunerações terão de ser analisadas segundo os critérios determinados para o trabalho dependente, valendo, aí o período de permanência no país onde são obtidos, ou os fixados para as remunerações públicas, conforme a sua natureza, devendo-se, no entanto, ter em atenção as especificidades constantes de cada convenção;

j) No caso dos rendimentos declarados no anexo «J» constarem no mapa anexo com um «O», desde que se trate de rendimentos que receba para fazer face às despesas com a sua manutenção, estudos ou formação e provenham de fontes situadas no estrangeiro, de acordo com o artigo 20.º do Modelo de Convenção da OCDE, não serão tributadas em Portugal, pelo que também não haverá lugar a crédito de imposto, devendo-se, no entanto, ter em atenção as especificidades constantes de cada convenção.

ANEXO AO OFÍCIO CIRCULADO N.º 20045, de 04/04/2001

RELAÇÃO DOS ESTADOS COM OS QUAIS PORTUGAL TEM C.D.T. EM VIGOR EM 2000

ESTADOS	Imobiliários	Dividendos, juros e royalties	Comerciais, industriais e agrícolas com estabelecimento estável no outro Estado	Comerciais, industriais e agrícolas sem estabelecimento estável no outro Estado	Mais-valias (imobiliárias)	Mais-valias (mobiliárias)	Trabalho dependente com permanência superior a 183 dias	Trabalho dependente com permanência inferior a 183 dias	Trabalho Independente com estabelecimento estável no outro Estado	Trabalho Independente sem estabelecimento estável no outro Estado	Percentagens do Membros dos Concelhos das empresas	Professores e Investigadores	Artistas e Desportistas	Pensões Privadas	Remunerações e Pensões Públicas	Estudantes e Estagiários
ALEMANHA	S	S	E	N	S	N	S	N	E	N	A	P	D	R	V	O
ÁUSTRIA	I	S	I	N	I	N	I	N	I	N	A	P	D	R	V	O
BÉLGICA	S	S	E	N	S	N	S	N	E	N	A	P	D	R	V	O
BULGÁRIA	S	S	E	N	S	N	S	N	E	N	A	P	D	R	V	O
COREIA	S	S	E	N	S	N	S	N	E	N	A	P	D	R	V	O
ESPANHA	S	S	E	N	S	N	S	N	E	N	A	P	D	R	V	O
E.U.A.	S	S	E	N	S	N	S	N	E	N	A	P	D	R	V	O
FINLÂNDIA	S	S	E	N	S	N	S	N	E	N	A	P	D	R	V	O
FRANÇA	S	S	E	N	S	N	S	N	E	N	A	P	D	R	V	O
IRLANDA	S	S	E	N	S	N	S	N	E	N	A	P	D	R	V	O
ITÁLIA	S	S	E	N	S	N	S	N	E	N	A	P	D	R	V	O
MOÇAMBIQUE	S	S	E	N	S	N	S	N	E	N	A	P	D	R	V	O
NORUEGA	S	S	E	N	S	N	S	N	E	N	A	P	D	R	V	O
POLÓNIA	S	S	E	N	S	N	S	N	E	N	A	P	D	R	V	O
REINO UNIDO	S	S	E	N	S	N	S	N	E	N	A	P	D	R	V	O
RÉP.CHECA	S	S	E	N	S	N	S	N	E	N	A	P	D	R	V	O
ROMÉNIA	S	S	E	N	S	N	S	N	E	N	A	P	D	R	V	O
SUÍÇA	S	S	E	N	S	N	S	N	E	N	A	P	D	R	V	O
VENEZUELA	S	S	E	N	S	N	S	N	E	N	A	P	D	R	V	O

OFÍCIO-CIRCULADO N.º 20 052, de 17/09/2001

Categoria B – Regras a aplicar aos «rendimentos acessórios»

Tendo sido suscitadas dúvidas acerca das regras de determinação do rendimento líquido aplicáveis aos rendimentos da categoria B previstos no n.º 6 do artigo 31.º do Código do IRS, designados por rendimentos acessórios, pela Circular n.º 7/2001, esclarece-se o seguinte:

1 – Conforme se alcança da respectiva inserção sistemática deste artigo, sob a epígrafe Regime Simplificado, os rendimentos acessórios encontram-se abrangidos por este regime de determinação dos rendimentos empresariais e profissionais.

2 – Todavia, atendendo à sua natureza acessória, no cômputo dos restantes rendimentos englobados auferidos pelo agregado familiar, o legislador entendeu subtraí-los a algumas das regras próprias daquele regime, designadamente, no que concerne à aplicação dos coeficientes e do montante mínimo de rendimento apurado a que se refere o n.º 2 do artigo 31.º, embora sem prejuízo da observância do período mínimo de permanência no regime simplificado, nos termos do n.º 5 do artigo 28.º.

3 – Neste contexto, através da Circular n.º 7/2001, de 14 de Março, já fora divulgado o entendimento de que os designados «rendimentos acessórios» eram aplicáveis as regras de tributação dos actos isolados previstos no artigo 30.º, podendo, portanto, ao seu valor ilíquido ser deduzidas as despesas necessárias à sua obtenção devidamente comprovadas, com as limitações decorrentes do artigo 33.º.

4 – Tal entendimento veio a ter consagração expressa no n.º 6 do Art. 31.º com a revisão dos Códigos efectuada através do Decreto-Lei n.º 198/2001, de 3 de Junho de 2001, abrangendo quaisquer rendimentos da categoria B, incluindo os derivados da propriedade intelectual, que não ultrapassando 50% do valor dos restantes rendimentos brutos englobados do próprio ou do agregado, não excedam ainda qualquer dos seguintes limites:

a) Metade do valor anual do salário mínimo nacional mais elevado tratando-se dos rendimentos previstos nas alíneas b) e c) do n.º 1 do artigo 3.º e outros rendimentos referidos nas alíneas a) a g) do mesmo artigo;
b) O valor anual do salário mínimo nacional mais elevado, tratando-se de vendas, isoladamente ou em conjunto com os rendimentos referidos na alínea anterior.

5 – O entendimento explicitado nos pontos anteriores é aplicável a quaisquer rendimentos da categoria B que, para o efeito, são considerados pelo seu valor ilíquido de eventuais benefícios fiscais.

OFÍCIO-CIRCULADO N.º 20 054, de 11/10/2001

**Reinvestimento de Mais-Valias, nos termos do n.º 5
do Artigo 10.º do Código do IRS**

Existindo dúvidas quanto ao momento em que é devida a liquidação do imposto pelas mais-valias que resultem da alienação onerosa de direitos reais sobre bens imóveis, quando ocorra o reinvestimento parcial do produto da alienação nas condições previstas no n.º 5 do artigo 10.º do Código do IRS, sancionei, por despacho de 07.02.2001, o seguinte entendimento:

Nos termos do disposto na alínea c) do n.º 5 do artigo 10.º, os sujeitos passivos que pretendam beneficiar da exclusão de tributação das mais-valias obtidas com a alienação onerosa de direitos reais sobre bens imóveis, deverão manifestar a intenção de efectuar o reinvestimento, total ou parcial, do produto da alienação, na declaração de rendimentos correspondente ao ano em que ocorreu a alienação.

Quando a intenção de reinvestir respeite, apenas, a parte do produto da alienação, será de imediato liquidado o imposto relativo à parte do produto da alienação que exceda o valor manifestado para reinvestimento. Não se verificando suspensão da liquidação, não são devidos juros compensatórios.

Findo o prazo estabelecido na alínea a) do n.º 5 do artigo 10.º, para a suspensão da liquidação do imposto sobre o produto da alienação ou a parte dele, de acordo com o manifesto da intenção de reinvestimento, proceder-se-á à liquidação do imposto, com juros compensatórios, sobre a parte não reinvestida do que foi declarado nos termos da alínea c).

Verificando-se, pelo contrário, que no fim do mesmo prazo, o sujeito passivo reinvestiu mais do que aquilo que havia declarado como intenção, deverá requerer a revisão da liquidação através dos procedimentos próprios.

Fica, deste modo, prejudicado o entendimento expresso no ponto 4 do Ofício-circulado n.º 9/93, de 1993.07.12.

OFÍCIO-CIRCULADO N.º 20 055, de 08/11/2001

**IRS – Dedução das despesas de saúde
não comparticipadas pela ADSE,
cujos documentos de suporte foram objecto de devolução**

Para conhecimento dos Serviços e uniformidade de procedimentos, comunica-se que por despacho de 2001/10/29, proferido pelo Exm.º Director-Geral, foi autorizada a inclusão, na declaração do ano de 2001, cuja entrega decorrerá em 2002, de despesas efectuadas com a saúde nos anos de 1999 e 2000 e que não foram objecto de qualquer comparticipação por parte da ADSE, podendo, em alternativa e por opção do contribuinte, ser apresentada declaração de substituição relativa ao ano em que as despesas foram efectuadas, a qual valerá como reclamação.

Qualquer das hipóteses ficará sempre dependente de prova da devolução pela ADSE, por ofício, dos documentos comprovativos das despesas não comparticipadas.

OFÍCIO-CIRCULADO N.º 20 056, de 26/11/2001

IRS – Declaração de cessação

Face à redacção do n.º 3, do art. 112.º do CIRS, os sujeitos passivos que aufiram rendimentos da categoria B, estão obrigados, caso cessem a actividade, a entregar, no prazo de 30 dias, a declaração de cessação da actividade.

As declarações de início, alteração e cessação de actividade, a que se referem os arts. 30.º, 31.º e 32.º do CIVA, art. 112.º do CIRS e art. 109.º do CIRC, estão ainda a ser adaptados às novas disposições legais.

Nestes termos, não estando disponível o modelo oficial para cumprir a referida obrigação devem ser informados os contribuintes que tenham cessado a actividade, que poderão mencionar tal facto no respectivo anexo à declaração modelo 3 de IRS, considerando-se regularizada a obrigação fiscal.

OFÍCIO-CIRCULADO N.º 20 058, de 05/02/02

IRS – Pensões de alimentos pagas por sujeitos passivos a dependentes que integram o seu agregado familiar, por mútuo acordo e com homologação judicial – Despesas de educação

Para conhecimento dos serviços e uniformidade de procedimentos, comunica-se que, por meu despacho de 2001-11-05, foi determinado que:

– as pensões pagas pelos pais a dependentes, que por regra estudam em localidades diferentes da do domicílio fiscal dos sujeitos passivos, por mútuo acordo e com homologação judicial, *não são dedutíveis, a esse título de pensão de alimentos, ao abrigo do art. 56.º do CIRS;*
– uma vez que os dependentes continuam a integrar o agregado familiar dos sujeitos passivos, nos termos do art. 13.º/4-*b*) do CIRS, e, consequentemente, não existe litígio que justifique e legitime a atribuição de pensões para encargos básicos que, assim, decorrem antes do dever de assistência inerente aos efeitos da filiação (art. 1874.º do C. Civil);

- por outro lado, e como resulta do art. 36.º/4 da LGT, a administração fiscal não está vinculada à qualificação que as partes atribuam aos seus negócios jurídicos;
- nesta conformidade, as verbas atribuídas a título de pensão de alimentos, nas situações *sub judice*, podem ser dedutíveis a título de despesas de educação (art. 83.º do CIRS), nos termos gerais, designadamente no que se refere ao limite legal das mesmas e respectiva comprovação.

OFÍCIO-CIRCULADO N.º 20 061, de 18/02/2002

Ilisão de presunção legal
(Art. 64.º do Código do Procedimento
e do Processo Tributário)

O artigo 64.º do Código do Procedimento e do Processo Tributário, aprovado pelo DL n.º 433/99, de 26 de Outubro, refere-se expressamente ao procedimento de ilisão de presunção prevista nas normas de incidência tributária.

Para conhecimento dos Serviços e uniformidade de procedimentos, divulga-se o seguinte entendimento:

1 – O interessado que pretenda ilidir qualquer presunção prevista nas normas de incidência tributária deverá, para o efeito, solicitar a abertura de procedimento contraditório próprio.

O procedimento será instaurado no Serviço de Finanças da área do domicílio ou sede do contribuinte, ou da liquidação, mediante petição escrita do contribuinte dirigida aquele orgão, acompanhada dos demais documentos que permitam verificar e completar os dados naquela alegados, no prazo que medeia entre a verificação dos pressupostos de facto de que a lei faz decorrer a presunção da existência de rendimentos tributáveis e o termo do prazo para a reclamação graciosa ou impugnação judicial do acto de liquidação do imposto.

2 – A competência para a decisão é do Chefe do Serviço de Finanças, considerando-se a petição tacitamente deferida se, no prazo de seis meses, não lhe for dada qualquer resposta, salvo quando a falta desta for imputável ao contribuinte.

3 – O interessado deve ser notificado do teor do despacho. Caso este seja no sentido da improcedência do pedido, deve a sua notificação conter a decisão e seus fundamentos de facto e de direito, os meios de defesa e prazo para reagir contra o acto notificado.

4 – São revogadas as instruções contidas no Ofício-circulado n.º 27/91, de 12 de Dezembro e do Ofício-circular n.º 4/96, de 13 de Outubro.

OFÍCIO-CIRCULADO N.º 20 063, de 05/03/2002

IRC – Cessação de actividade

Têm sido colocadas diversas dúvidas sobre a data em que ocorre a cessação de actividade, para efeitos de IRC, bem como sobre os procedimentos a adoptar pelos serviços para a sua verificação. Assim, para conhecimento dos serviços e uniformidade de procedimentos, divulga-se o seguinte entendimento, sancionado por despacho de 2002/02/27, do Senhor Director-Geral, proferido na informação n.º 381/2002, da Direcção de Serviços de IRC:

1. Nos termos do n.º 5 do artigo 8.º do CIRC, a cessação de actividade, relativamente às entidades com sede ou direcção efectiva em território português, ocorre na data do encerramento da liquidação;

2. Está subjacente a este conceito a cessação efectiva da obtenção de rendimentos ou da possibilidade da sua obtenção, em virtude da extinção do sujeito passivo;

3. Nestes termos, a cessação de actividade deverá reportar-se à data do registo do encerramento da liquidação, por ser esse o momento em que se considera extinta a sociedade, conforme disposto no n.º 2 do artigo 160.º do CSC;

4. Assim, para verificação desta data, deverão os serviços solicitar aos contribuintes, documento comprovativo do pedido de registo do encerramento da liquidação na Conservatória do Registo Comercial competente.

OFÍCIO-CIRCULADO N.º 20 064, de 12/03/2002

Energias renováveis – Deduções à colecta

Para conhecimento dos serviços e uniformidade de procedimentos, comunica-se que, por meu despacho de 2002-02-04, foi determinado o seguinte:

Segundo o entendimento do legislador, o instrumento mais apropriado para o estímulo da utilização das energias renováveis pelos utilizadores domésticos consiste na atribuição dos respectivos incentivos fiscais.

Deste modo, através da Portaria n.º 725/91, de 29 de Julho, procedeu-se à delimitação daquele conceito, referindo-se o mesmo a formas de energia renováveis como a radiação solar, directa ou difusa, bem como a energia contida nos resíduos florestais ou agrícolas e a energia eólica.

O mesmo se aplica aos equipamentos novos a gás natural, até 100 kw de potência, para co-geração, por microturbinas, de energia eléctrica e/ou térmica, incluindo os equipamentos complementares indispensáveis ao seu funcionamento.

Assim, ficam excluidos da dedução à colecta prevista no artigo 85.º do Código do IRS, os equipamentos cujo funcionamento dependa de outros combustíveis, tais como as caldeiras para aquecimento central, abastecidas por gasóleo.

OFÍCIO-CIRCULADO N.º 20 065, de 12/03/2002

Dedução de contribuições obrigatórias para a segurança social relativas a anos anteriores

Face às alterações introduzidas ao Código do IRS com implicações sobre o regime de dedução de contribuições obrigatórias para a segurança social relativas a anos anteriores, mostra-se necessário actualizar as instruções que constam do Ofício-circular n.º X-4/92. Assim:

1. As contribuições obrigatórias para regimes de protecção social integram a dedução aos rendimentos da categoria A, prevista no artigo 25.º do Código do IRS.

2. As contribuições para a segurança social respeitantes a anos anteriores e que tenham incidido sobre remunerações efectivamente pagas ou colocadas à disposição, desde que obrigatórias de acordo com o sistema legal de segurança social, são integralmente dedutíveis ao rendimento da categoria A do ano em que ocorre o seu pagamento.

3. As contribuições para a segurança social que não respeitem a remunerações efectivamente pagas ou colocadas à disposição, são dedutíveis à colecta, nos termos do artigo 86.º do Código do IRS.

4. São revogadas as instruções constantes do Ofício-circular n.º X-4/92.

OFÍCIO N.º 20 067, de 09/04/2002

IRS – Tributação de prémios atribuídos em sorteios ou concursos

Mostrando-se desactualizado o conteúdo do Ofício-circulado n.º 8/92, de 16 de Abril, em conformidade com o despacho do Secretário de Estado dos Assuntos Fiscais n.º 332/2002, foi sancionado o seguinte entendimento:

1. Os prémios a atribuir em sorteios ou concursos, seja qual for a sua natureza ou a intenção subjacente, estão sujeitos a imposto, nos termos do art. 9.º, n.º 2, do Código do IRS.

2. A tributação dos prémios atribuídos em sorteios ou concursos é efectuada, mediante retenção na fonte, à taxa liberatória prevista no art. 71.º, n.º 2, alínea b), do Código do IRS, em vigor à data da obrigação de efectuar a correspondente retenção na fonte.

3. A obrigação de retenção e entrega do imposto retido incumbe sempre à entidade promotora do sorteio ou do concurso, sendo o valor do imposto determinado, em todos os casos, pela aplicação da taxa referida no número anterior ao valor ilíquido do prémio.

4. Se o prémio for atribuído em espécie, o respectivo valor ilíquido nunca poderá ser inferior ao que resultaria da aplicação das regras de equivalência estabelecidas no artigo 24.º do Código do IRS.

5. Quer o prémio seja atribuído em dinheiro ou em espécie, decorre das regras gerais de direito que os prémios atribuir em sorteios ou concursos devem ser publicamente anunciados pelo seu valor líquido. Assim, o valor ilíquido do prémio será igual ao quociente do valor líquido por (1 – taxa de retenção aplicável), excepto se o valor resultante da aplicação das regras de equivalência lhe for superior.

6. É revogado o Ofício-circulado n.º 8/92, de 16 de Abril.

OFÍCIO-CIRCULADO N.º 20 072, de 08/07/2002

Declarações de Substituição
(Art. 11.º, n.º 2, do Código do IRC)

Através de declaração publicada no DR, 2.ª, n.º 9, de 11 de Janeiro de 2002, foram publicados os novos modelos de impressos e respectivas instruções de preenchimento, aprovados por despacho de S. Ex.ª o Ministro das Finanças, de 7 de Novembro de 2001, relativos à declaração periódica de rendimentos modelo 22 e respectivos anexos. Estes novos impressos destinam-se ao cumprimento das correspondentes obrigações acessórias relativas ao exercício de 2001 e anteriores, podendo ser utilizados para substituição de declaração anteriormente apresentada, nos termos e condições previstas no artigo 114.º do Código do IRC. Para este efeito, existe, no quadro 06 daquela declaração um campo 7, relativo à «confirmação da declaração de substituição» pelo serviço receptor.

Com vista a assegurar a necessária celeridade e uniformidade de procedimentos relativos a esta matéria foi, por despacho de S. Ex.ª o Secretário de Estado dos Assuntos Fiscais, de 3 de Junho de 2002, proferido na Informação n.º 216/02, da Direcção de Serviços do IRC, sancionado o seguinte entendimento:

1. As declarações de substituição a que se refere o n.º 2 do artigo 114.º do Código do IRC podem ser apresentadas em qualquer serviço de finanças ou enviadas por transferência electrónica de dados, assumindo-se, em todos os casos, que essas declarações, quando apresentadas nos seis meses posteriores ao termo do prazo legal, visam a correcção de erros materiais;

2. Esta solução, que se suporta nos princípios da desburocratização e da boa fé é a que mais se amolda às especificidades do IRC, designadamente a autoliquidação e o seu controlo automático, e permite conferir imediata eficácia às declarações de substituição apresentadas dentro do referido prazo. Sem prejuízo, porém, do seu posterior controle por parte dos Serviços que, a todo o tempo, com respeito pelo prazo de caducidade, poderão, nos termos legais, promover as necessárias correcções às liquidações efectuadas pelo sujeito passivo;

3. Nestes termos, é dispensada a confirmação da declaração de substituição pelo Serviço receptor, pelo que qualquer declaração apresentada naquele prazo produzirá os efeitos pretendidos pelo declarante, sem prejuízo do seu posterior controlo por parte dos Serviços da Inspecção Tributária.

Salienta-se, ainda, que um certo número de erros e omissões praticados nas declarações periódicas de rendimentos, designadamente nos seus quadros 09 e 10, são automaticamente corrigidas no procedimento de liquidação. Nestes casos não há necessidade de intervenção dos sujeitos passivos para obter a respectiva correcção e deste facto deverão os mesmos ser devidamente informados sempre que tal situação se suscite.

Estão nestas condições as seguintes incorrecções ou omissões:

– Erro no cálculo da colecta, designadamente por errada aplicação da taxa [campos 347 a 351 e 370];
– Erro no valor declarado a reembolsar ou a pagar [campos 361, 362, 367 e 368];
– Erro no cálculo da derrama [campo 364];
– Erro no montante declarado de pagamentos por conta (excepto quanto ao pagamento especial por conta) [campo 360].

OFÍCIO-CIRCULADO N.º 20 075, de 03/10/2002

Regime tributário do pessoal local das missões diplomáticas e consulares

Tendo surgido dúvidas quanto aos procedimentos a adoptar relativamente ao enquadramento juridicotributário das remunerações auferidas pelo pessoal local das missões diplomáticas e consulares, bem como relativamente aos processos de reclamação graciosa de liquidações oficiosas efectuadas pela Administração Tributária, foi, por despacho de 2 de Abril último de Sua Ex.ª o Ministro das Finanças, determinado o seguinte:

1. Devem os serviços proceder à revisão oficiosa, nos termos e para os efeitos do disposto no n.º 3 do artigo 78.º da Lei Geral Tributária, dos actos de liquidação de IRS que tenha incidido sobre os rendimentos auferidos pelos contribuintes que façam parte do pessoal local das missões diplomáticas e consulares acreditados em Portugal, nessa qualidade, relativos aos anos de 1998 a 2000, corrigindo-os, mediante subtracção daqueles rendimentos à matéria colectável determinada em cada um dos referidos anos, ainda que, sem descurar a aplicação do consignado no actual n.º 3 (anterior n.º 2) do artigo 35.º do EBF.

2. Devem os serviços retirar as consequências decorrentes do procedimento determinado no número anterior, em relação aos referidos anos, quer ao nível dos processos de execução fiscal entretanto instaurados, quer da restituição das importâncias já arrecadadas a título de IRS.

3. Os princípios determinados nos números anteriores, abrangem, «todas *as liquidações* efectuadas *pelos serviços da Administração Tributária em desconformidade com as declarações dos referidos contribuintes*, encontrando-se, portanto, **excluídas** todas as situações em que os contribuintes (i) não tenham apresentado declarações, (ii) não tenham declarado aqueles rendimentos, ou (iii) tenham declarado aqueles rendimentos, mencionando-os no modelo oficial da declaração ou em documento diverso do Anexo H que acompanha este modelo».

4. A revisão referida nos números anteriores, inclui os actos de liquidação objecto de decisão judicial transitada em julgado sempre que os fundamentos da decisão não tenham sido coincidentes com os que justificaram a presente determinação da revisão, que não estão abrangidos pela eficácia do caso julgado.

5. As custas do processo são devidas por quem lhe der causa, pelo que, uma vez que os fundamentos da presente revisão são distintos dos que foram invocados pelos sujeitos passivos abrangidos pela presente determinação, no processo judicial, são aquelas custas devidas e, por isso, não devem ser restituídas.

6. Quanto aos rendimentos auferidos em 2001 pelos referidos contribuintes, na indicada qualidade, deverão os mesmos ser também relevados apenas para efeito da aplicação da taxa a aplicar aos restantes rendimentos, nos termos do disposto no actual n.º 3 (anterior n.º 2) do artigo 35.º do EBF.

7. Mais foi determinado que, relativamente às situações em que os serviços não disponham dos elementos indispensáveis ao procedimento de revisão referido no número 1, a revisão oficiosa deverá ser efectuada a pedido dos próprios interessados, verificados que sejam os requisitos a que se refere o número 3.

OFÍCIO-CIRCULADO N.º 20 076, de 31/10/2002

**Procedimentos relativos à aplicação da limitação
de imposto por força de uma convenção
para evitar a dupla tributação**

Tendo surgido dúvidas quanto aos procedimentos a adoptar relativamente à aplicação dos benefícios consagrados em convenções para evitar a dupla tributação internacional, nomeadamente quanto à forma e ao momento de efectivação da prova de que estão reunidos os requisitos de aplicação da convenção, foi, por despacho de 14 de Agosto último de Sua Ex.ª o Secretário de Estado, fixado o seguinte entendimento:

1. As convenções de dupla tributação não bastam por si só para desobrigar os substitutos tributários à retenção na fonte.

2. O dever de reter na fonte é um dever acessório autónomo que tem consagração na norma interna.

3. A obrigação de retenção resulta do direito interno e não da aplicação de convenção internacional que em caso algum desobrigaria os substitutos tributários de efectivar a retenção sem verificar a condição de residente do outro Estado contratante do beneficiário do pagamento, tal como resulta do disposto no n.º 2 do artigo 90.º do CIRC, conjugado com o artigo 65.º do CPPT.

4. Ao não fazer a retenção na fonte os substitutos tributários incumprem a norma fiscal interna que o impunha e em consequência ficam responsáveis originários pelo

imposto não arrecadado, nos termos do disposto no artigo 28.º da LGT e deverão suportar os juros compensatórios pelo atraso no encaixe da receita devida ao Estado conforme dispõe o artigo 106.º n.º 2 do IRC.

5. A inexistência de contra ordenação só é possível desde que estejam preenchidas as seguintes condições:
 – que o contribuinte tenha solicitado uma informação por meio idóneo;
 – que a Administração Fiscal tenha o dever legal de fornecer essa informação;
 – que a informação seja essencial para a correcta aplicação da norma fiscal;
 – que a ausência da informação seja a causa do incumprimento da norma fiscal.

6. Com o entendimento agora consagrado, fica revogado o entendimento expresso nos Despachos 596/2001 e 597/2001, ambos de 28 de Dezembro, de Sua Ex.ª o Secretário de Estado dos Assuntos Fiscais.

OFÍCIO-CIRCULADO N.º 20 077, de 05/11/2002

Procedimento de correcção de liquidações de IRC – Mod. 22

A Direcção de Serviços do IRC é constantemente confrontada com pedidos de correcção das liquidações de IRC com base nos mais diversos fundamentos, entre os quais erros de recolha e/ou preenchimento da declaração de rendimentos Mod. 22 ou relacionados com Guias de Pagamento.

1. Liquidações erradas – Guias de Pagamento por conta

Quanto às liquidações erradas em consequência de incorrecto preenchimento das Guias de Pagamento por conta, ou incorrecta introdução no sistema informático das mesmas, foram já emitidas instruções aos Serviços respectivos através do Ofício-circulado 20 053, de 25.09.2001.

2. Liquidações erradas – Guias de pagamento de autoliquidação

A correcção das liquidações erradas em consequência de incorrecto preenchimento das guias de pagamento de autoliquidação ou por incorrecta introdução no sistema informático das mesmas, deve ser efectuada, oficiosamente, pelos Serviços Regionais, no prazo de 4 anos, nos termos do n.º 5, do art. 78.º da Lei Geral Tributária, a solicitação dos sujeitos passivos.

Para o efeito, devem seguir-se os seguintes procedimentos:
 1.º – Solicitar-se à Direcção de Serviços de Cobrança a recolha e/ou correcção das Guias;
 2.º – Proceder-se à correcção de liquidação de IRC, de acordo com o disposto no Ofício-circulado 20 046, de 19.04.2001, através de Declaração oficiosa ou DC-22.

3.º – Caso a correcção seja efectuada através de DC-22, posteriormente, solicitar à DS do IRC a marcação das Guias em causa.

3. Liquidações erradas por outros motivos

3.1. Erros de recolha da declaração de rendimentos Mod.22
Estas liquidações devem igualmente ser corrigidas, oficiosamente, pelos Serviços Regionais, a solicitação dos sujeitos passivos.

3.2. Outros motivos
O meio próprio de defesa é o processo de reclamação graciosa nos termos do art. 128.º do CIRC.

4. Assim, devem todos os serviços informar em conformidade os sujeitos passivos quando os mesmos solicitem informação sobre o procedimento de actuação quando pretendam a correcção da liquidação de IRC

OFÍCIO-CIRCULADO N.º 20081, de 26/02/2003

**Opção de regime de tributação.
Opcão dos sujeitos passivos de IRS e de IRC
pelo regime de contabilidade organizada
ou regime geral de determinação do lucro tributável,
bem como opção dos sujeitos passivos de IRC
pelo regime simplificado**

1. De acordo com a redacção dada pelo OE/2003 (Lei 32-B/2002, de 27/12) ao n.º 9 do artigo 28.º do Código do IRS e ao n.º 14 do artigo 53.º do Código do IRC e por terem sido alterados os montantes mínimos de rendimento e de lucro tributável do regime simplificado, podem os sujeitos passivos de IRS optar pelo regime de contabilidade organizada, ainda que não tenha decorrido o período mínimo de 3 anos no regime simplificado, e, de igual modo, podem os sujeitos passivos de IRC optar pelo regime geral de determinação do lucro tributável também sem observância do respectivo período mínimo de permanência no regime simplificado.

2. Por outro lado, nos termos do n.º 4 do artigo 27.º do OE/2003 (Lei 32-B/2002, de 27/12), em virtude da alteração efectuada ao n.º 2 do artigo 98.º do Código do IRC ao montante do pagamento especial por conta, podem os sujeitos passivos do IRC optar pelo regime simplificado ainda que não tenha decorrido o período mínimo de permanência no regime geral de determinação do lucro tributável.

3. Assim, nas situações supra referidas a respectiva opção deve ser exercida através da declaração de alterações a que se referem os artigos 112.º do Código do IRS e 110.º e 111.º do Código do IRC, a apresentar, quanto ao IRS, até ao fim do mês de Março de 2003, e quanto ao IRC, até ao fim do 3.º mês do período de tributação com início em 2003.

4. Para a formalização da respectiva opção na declaração de alterações deve ser observado o seguinte:

   a) Os sujeitos passivos que pretendam exercer a opção referida em 1. devem assinalar no Quadro 19:
      i) Relativamente aos sujeitos passivos de IRS, os campos 1 e 3;
      ii) Relativamente aos sujeitos passivos de IRC, os campos 2 e 4.
   b) Os Sujeitos passivos que pretendam exercer a opção referida em 2. devem manifestá-la no **Quadro** respeitante às *«Observações»*, uma vez que não é possível, nestes casos, a recolha em *«front office»*, conforme instruções transmitidas pela Direcção de Serviços de Cadastro.

5. Para os sujeitos passivos que não exercerem atempadamente a opção referida em 1. ou em 2., continua a decorrer o período mínimo de permanência consagrado no n.º 5 do artigo 28.º do Código do IRS ou nos n.ºs 8 ou 9 do artigo 53.º do Código do IRC.

OFÍCIO-CIRCULADO N.º 20 087, de 15 de Setembro de 2003

**Procedimentos a adoptar em caso de pagamentos
a não residentes que não sejam aceites
como custo da entidade pagadora**

Tendo surgido dúvidas quanto aos procedimentos a adoptar relativamente às situações em que os serviços de inspecção tributária detectam pagamentos a não residentes que não podem ser considerados como custo fiscal da entidade pagadora, nos termos do Código do IRC, foi, por despacho de 30 de Maio último, do Senhor Director-Geral dos Impostos, determinado o seguinte:

1. Quando ocorram pagamentos efectuados a não residentes por entidades residentes em território português ou estabelecimentos estáveis aqui localizados, deverão os serviços de inspecção tributária aferir da sua natureza, bem como da correcta identificação do seu beneficiário.

2. Sempre que tais pagamentos não sejam aceites como custo para efeitos de determinação do lucro tributável da entidade pagadora, e desde que a natureza dos mesmos esteja devidamente documentada e os beneficiários identificados, deverá ser confirmada a correcta aplicação das normas legais relativas à tributação de tais rendimentos, independentemente da correcção ao lucro tributável.

3. Caso não tenha sido efectuada retenção na fonte pela entidade pagadora, deverão os serviços proceder à sua liquidação.

4. Sempre que não esteja devidamente identificada a natureza dos rendimentos ou os beneficiários dos mesmos, deverão tais pagamentos ser considerados como despesas confidenciais e, consequentemente, ser efectuada a correcção ao lucro tributável da entidade pagadora e a respectiva tributação autónoma.

OFÍCIO-CIRCULADO N.º 20 089, de 10 de Dezembro de 2003

**Fiscalização de IRS,
entrega de declarações modelo 3 de substituição**

Têm vindo a surgir algumas queixas de contribuintes pelo facto de, aquando da fiscalização pelos Serviços dos elementos constantes das declarações mod. 3 de IRS, serem convidados a apresentar declarações de substituição nos casos em que se verifica a existência de omissões ou incorrecções, vindo só mais tarde a ter conhecimento do respectivo procedimento contra-ordenacional.

Tendo em atenção o dever de colaboração recíproco existente entre os órgãos da Administração Tributária e os contribuintes, consignado no art. 59.º da L.G.T., chama-se a especial atenção dos Serviços para o seguinte:

1. O n.º 4 do art. 65.º do Código do IRS permite que a Direcção-Geral dos Impostos proceda à correcção dos elementos declarados pelo contribuinte sempre que, não havendo lugar à fixação dos rendimentos, existam erros evidenciados nas próprias declarações ou quando ocorram divergências na qualificação dos actos, factos ou documentos com relevância para a liquidação do imposto.

Tal facto não retira, no entanto, ao contribuinte a possibilidade de, aquando da realização pelos serviços da análise da declaração e dos respectivos documentos de suporte, nos casos em que seja alertado para a existência de incorrecções, poder voluntariamente proceder a uma rectificação dos elementos anteriormente declarados, mediante a apresentação de uma declaração de substituição nos termos do n.º 3 do art. 59.º do C.P.P.T..

2. O convite formulado ao contribuinte para que proceda a esta rectificação, mediante a apresentação de uma declaração de substituição, insere-se no âmbito do dever de colaboração da Administração Tributária, no sentido de lhe permitir o correcto cumprimento das suas obrigações fiscais.

3. No entanto, a apresentação de declarações de rendimentos, ainda que de substituição, fora dos prazos estipulados para o efeito no art. 60.º do Código do IRS, constitui uma infracção tributária, tal como a mesma é definida no art. 2.º do Regime Geral das Infracções Tributárias (RGIT), aprovado pela Lei n.º 15/2001, de 5 de Junho, pelo que há lugar ao pagamento de uma coima.

4. O referido convite à apresentação de uma declaração de substituição, tem assim, como objectivo permitir ao contribuinte regularizar voluntariamente a sua situação tributária, de uma forma menos onerosa, através de:

   a) uma redução do montante da coima, nos termos dos arts. 29.º e 30.º do R.G.I.T.;
   b) uma redução do montante dos juros compensatórios que forem devidos, nos casos em que da correcção resulte imposto a pagar ou a reposição de reembolso recebido, uma vez que estes são contados até à data em que for apresentada a declaração de substituição ou, caso contrário, até à data em que for levantado o auto de notícia, nos termos do art. 35.º da LGT.

5. No entanto, o contribuinte não está obrigado a entregar esta declaração de substituição, até porque pode não concordar com a qualificação feita pela Direcção-Geral dos Impostos dos actos, factos ou documentos, que estejam na origem das correcções.

6. Assim, nesta situação, deverão os serviços competentes proceder à alteração dos elementos declarados pelo contribuinte, notificando-o previamente do projecto de decisão de alteração, com a respectiva fundamentação, para efeitos do exercício do direito de audição, previsto no art. 60.° da LGT, sem prejuízo do levantamento do auto de notícia que servirá de base ao procedimento contra-ordenacional.

7. A fim de evitar que tais queixas se repitam, deverão os serviços a quem estão atribuídas as funções de análise das declarações, agir no sentido de:

   a) serem claramente apresentados aos contribuintes os fundamentos das incorrecções verificadas nas declarações;
   b) convidar os contribuintes a proceder às correcções que se mostrarem necessárias através da apresentação de uma declaração de substituição, explicando-lhes as vantagens desse acto, nomeadamente a nível contra-ordenacional (redução no pagamento da coima) bem como no apuramento dos juros compensatórios.

8. É desejável que a actuação dos serviços seja célere, por forma a diminuir o período de tempo que decorre entre a realização da análise e o tratamento da informação subsequente, no sentido de não ser retardado o apuramento do imposto em falta ou dos reembolsos que se mostrarem devidos, consoante os casos, evitando assim tanto o atraso na arrecadação da receita devida, como o aumento dos encargos, nomeadamente com o pagamento de juros indemnizatórios, nos termos em que dispõe o art. 16.° do Dec.-Lei n.° 42/91, de 22 de Janeiro, com nova redacção conferida pelo Dec.-Lei n.° 160/2003, de 19 de Julho.

OFÍCIO-CIRCULADO N.° 20090, de 18 de Dezembro de 2003

**Formulários para limitação do imposto
por aplicação de uma convenção
para evitar a dupla tributação internacional
quando o beneficiário dos rendimentos seja residente em Espanha**

Em cumprimento da alteração introduzida no artigo 90.° do CIRC pela Lei do OE de 2003, e do artigo 18.° do Dec.-Lei n.° 42/91, de 22 de Janeiro, foram aprovados por Despacho de Sua Ex.ª a Ministra de Estado e das Finanças, de 28 de Maio de 2003, e publicado no *Diário da República* II Série, n.° 138, de 17 de Junho de 2003, os formulários previstos naquelas disposições legais, destinados a permitir a limitação de imposto sempre que esteja em causa a aplicação de uma convenção para evitar a dupla tributação internacional.

Na sequência da publicação dos mesmos, foram contactadas as autoridades fiscais dos vários Estados com os quais Portugal subscreveu convenção para evitar a dupla tributação internacional, tendo apenas sido levantadas reservas por parte das Autoridades Fiscais Espanholas, face ao facto de os formulários não estarem redigidos em língua espanhola.

Assim, na sequência do acordo oportunamente celebrado entre as Administrações Tributárias Portuguesa e Espanhola, foi, por despacho de 10.11.2003 de Sua Ex.ª o Secretário de Estado dos Assuntos Fiscais, determinado o seguinte:

1. Sempre que o beneficiário dos rendimentos gerados em Portugal seja residente na Espanha, deverão ser utilizados formulários redigidos em língua espanhola.

2. Enquanto não estiverem disponibilizados os formulários em língua espanhola, poderão os sujeitos passivos residentes na Espanha e beneficiários de rendimentos gerados em Portugal manter os procedimentos anteriores, apresentando designadamente:

- O formulário 4-RFI para a limitação do imposto por redução da taxa na fonte relativamente a dividendos, juros e royalties;
- O formulário 5-RFI para a limitação do imposto por reembolso relativamente a dividendos, juros e royalties;
- Um certificado de residência emitido pelas Autoridades Fiscais Espanholas segundo o modelo em vigor, para a limitação do imposto na fonte relativamente a quaisquer outros rendimentos que não sejam dividendos, juros ou royalties.

3. A aplicação dos procedimentos referidos no número anterior fica, no entanto, condicionada a que até ao dia 20 de Janeiro de 2004, relativamente a todos os rendimentos auferidos até 31.12.2003, sejam apresentados às entidades residentes em território português que se encontrem obrigadas a proceder à retenção na fonte do imposto português, os novos formulários em língua portuguesa e espanhola, devidamente preenchidos e certificados pelas Autoridades Fiscais do Reino de Espanha.

OFÍCIO-CIRCULADO N.º 20 093, de 8 de Abril de 2004

Donativos à Cruz Vermelha Portuguesa – Mecenato – Documento comprovativo do donativo
Estatuto do Mecenato – Donativos à Cruz Vermelha Portuguesa para apoio às vítimas dos incêndios ocorridos em Portugal

Tendo em vista o esclarecimento de dúvidas e a uniformidade de procedimentos por parte dos Serviços, acerca da dedução em sede de IRS e da consideração como custo em sede de IRC dos donativos atribuídos, quer por pessoas singulares quer por pessoas colectivas, em apoio às vítimas dos incêndios ocorridos em Portugal no Verão de 2003, efectuados através de depósitos ou transferência bancária para a conta "Vida Nova" do Banco BPI, SA, na titularidade exclusiva da Cruz Vermelha Portuguesa, no âmbito do Estatuto do Mecenato, aprovado pelo Decreto-Lei n.º 74/99, de 16 de Março, foi por despacho do Senhor Director-Geral dos Impostos, de 29 de Novembro de 2003, sancionado o seguinte entendimento:

1. A Cruz Vermelha Portuguesa é uma entidade isenta de IRC, nos termos do artigo 10.º do respectivo Código, por se tratar de uma Pessoa Colectiva de Utilidade Pública

Administrativa. Acresce que lhe foi reconhecida, por despacho conjunto, o interesse social da sua actividade para efeitos do Estatuto do Mecenato, sendo enquadrados os respectivos benefícios na alínea b) do n.º 1 do artigo 2.º daquele Estatuto, pelo que os donativos em IRC, são levados a custos em valor correspondente em 130% do respectivo total, com o limite de 8/1000 do volume de vendas ou dos serviços prestados.

2. Por sua vez, as importâncias atribuídas por pessoas singulares a título de donativos são dedutíveis à colecta do IRS dos respectivos doadores, nos termos da alínea b) do n.º 1 do artigo 5.º do Estatuto do Mecenato, em valor correspondente a 25% das importâncias atribuídas até ao limite de 15% da colecta, beneficiando de uma majoração de 30% do respectivo total, nos termos do n.º 3 do artigo 2.º do mesmo diploma.

3. Relativamente à questão da competência para a emissão do respectivo documento de quitação e os requisitos formais que este documento deve cumprir para titular o direito ao benefício fiscal, esclarece-se que o mesmo apenas poderá ser emitido pela Cruz Vermelha Portuguesa.

4. No entanto, e sendo o donativo depositado, por qualquer meio, na conta bancária "Vida Nova" aberta no Banco BPI, SÁ em nome exclusivo da Cruz Vermelha Portuguesa, poderá ser considerado como documento válido para efeitos de dedução em IRS ou de consideração como custo em sede de IRC, o talão de depósito, o recibo Multibanco ou o de transferência electrónica, desde que emitido em nome da instituição e conta assim identificadas:

Banco BPI, SA – Conta n.º 7 777 777
NIB 0010 0000 7777777 0001 80
Transferência electrónica 8-7 777 777 -000 -001

OFÍCIO-CIRCULADO N.º 20 095, de 04/08/2004

"Procedimentos relativos aos pedidos de reembolso de imposto ao abrigo da Directiva n.º 90/435/CEE"

Tendo surgido dúvidas quanto aos procedimentos a adoptar relativamente à apreciação e autorização dos pedidos de reembolso de IRC formulados ao abrigo da Directiva n.º 90/435/CEE, nomeadamente os previstos no n.º 2 do artigo 89.º do CIRC, e tendo em conta que o IRC pode ser objecto de reembolso, ainda que parcial, através da aplicação de uma convenção para evitar a dupla tributação, foi, por despacho de 28 de Julho último do Senhor Director-Geral dos Impostos, determinado o seguinte:

1. Todos os processos de pedido de reembolso de IRC formulados ao abrigo da Directiva n.º 90/435/CEE, independentemente da forma por que forem apresentados, serão enviados, logo que recebidos, à DSBF para instrução e preparação da decisão.

2. A DSBF deverá efectuar o controlo desses pedidos de reembolso com os pedidos formulados ao abrigo das convenções para eliminar a dupla tributação e posteriormente informar os mesmos.

3. A DSBF poderá, se a situação o justificar, solicitar aos serviços de inspecção tributária competentes informação sobre a verificação dos pressupostos previstos para a aplicação da Directiva n.º 90/435/CEE.

4. Depois de devidamente analisados e informados, os processos serão submetidos a despacho do Sr. Director-Geral.

5. Deverão os serviços intervenientes diligenciar para que seja cumprido o prazo estipulado no n.º 3 do artigo 89.º do CIRC, dando prioridade a estes processos.

6. Fica revogado o Ofício-Circulado n.º 20.088, de 15 de Setembro de 2003.

OFICIO-CIRCULADO N.º 20 102, DE 14/03/2005

Recepção da Declaração mod. 3 de IRS

Em referência ao assunto acima identificado, informo V.Ex.ª que, por meu despacho de 2005-03-07, proferido sobre a informação IRS n.º 332/05, foi sancionado o seguinte entendimento:

1 – Nos termos do disposto no n.º 1 do artigo 57.º do CIRS, devem os sujeitos passivos apresentar anualmente uma declaração de modelo oficial, relativa aos rendimentos do ano anterior e a outros elementos informativos relevantes para a sua concreta situação tributária, estes últimos nomeadamente para efeitos do disposto no artigo 89.º-A da LGT.

2 – A entrega de uma declaração modelo 3 sem rendimentos e que não se destine à comunicação dos elementos referidos no número anterior apenas é passível de tratamento informático caso se trate de sujeito passivo enquadrado na categoria B, atento o facto de este se encontrar obrigado à sua apresentação enquanto a actividade não for cessada.

3 – Ainda que noutra legislação – concessão de crédito para aquisição de habitação própria, isenção de propinas, bolsas de estudos, etc. – seja exigida a apresentação da declaração de rendimentos Modelo 3 para controlo de eventuais benefícios, não pode aquela exigência sobrepor-se às normas do Código do IRS, impondo à administração tributária a obrigação de uma recepção declarativa não consentânea com os objectivos do citado Código.

4 – Assim, não se verificando as situações referidas no ponto 2., devem os respectivos serviços receptores recusar a entrega das declarações sem rendimentos ou acréscimos por incumprimento, previstos no quadro 10 do anexo H.

5 – Todavia, caso os contribuintes, em detrimento da passagem de certidão, persistam na intenção de entregar estas declarações, deverão os serviços proceder à sua recepção e posteriormente, com vista a possibilitar a sua recolha, deverá ser digitado o valor de 1 Euro no campo 414 do anexo A". – Rectificado – Proc. n.º 1 057-2005, do qual consta ainda:

Mais se informa que, por despacho de 21.03.05, de SESEAF, foi sancionado o entendimento de que será de dispensar a aplicação de coima, ao abrigo do art. 32.º do RGIT, relativamente às declarações sem rendimentos que venham a ser entregues em suporte papel até ao dia 05 de Abril de 2005.

OFICIO-CIRCULADO N.º 20 103, DE 14/03/2005

Assunto: **"Reembolso de IRS no caso de retenção na fonte a taxa superior à prevista no artigo 71.º do CIRS"**

Tendo surgido dúvidas quanto aos procedimentos a adoptar relativamente aos pedidos de reembolso de IRS retido na fonte a trabalhadores dependentes não residentes, por aplicação de taxa superior à prevista no artigo 71.º do CIRS, visando a uniformização de procedimentos, determina-se o seguinte:

1. Sempre que as entidades que se encontrem obrigadas a proceder a retenção na fonte, relativamente a rendimentos pagos a não residentes sujeitos às taxas previstas no artigo 71.º do CIRS, apliquem indevidamente uma taxa superior à devida, podem os sujeitos passivos não residentes solicitar o reembolso do imposto retido em excesso através de procedimento da reclamação graciosa, conforme o disposto no n.º 4 do artigo 132.º do CPPT.

2. O prazo para a apresentação do requerimento inicial da reclamação graciosa é o previsto no n.º 3 do artigo 132.º do CPPT, sendo para o efeito obrigatória a nomeação de representante com domicílio fiscal em território português, por força do disposto nos n.ºˢ 4 e 5 do artigo 19.º da LGT.

3. A estas retenções excessivas não é aplicável o procedimento previsto no artigo 18.º do Decreto-Lei n.º 42/91, de 22 de Janeiro na redacção que lhe foi dada pelo Decreto-Lei n.º 80/2003, de 23 de Abril.

OFÍCIO-CIRCULADO N.º 19091, de 8 de Julho de 2005

Árbitros de futebol – cumprimento das obrigações inerentes à obtenção de rendimentos da categoria B de IRS

No seguimento de consulta formalizada pela Federação Portuguesa de Futebol, tendo em vista o enquadramento dos rendimentos auferidos no exercício da função de árbitro de futebol, foi sancionado entendimento – despacho de 2005-03-22, proferido pelo Sr. Director-Geral – no sentido de que os rendimentos auferidos pelo exercício da arbitragem, no âmbito da relação contratual entre aquela Federação e os árbitros admitidos nos seus quadros, integravam a categoria B, como rendimentos profissionais previstos na alínea *b)* do n.º 1 do art. 3.º do Código do IRS.

Considerando que a referida Federação, numa antecipação ao que presumiu ser o entendimento da Administração Tributária, qualificou os referidos rendimentos no âmbito da categoria A, cumprindo, nessa medida, as previstas no art. 119.º do Código do IRS, e que a aplicação imediata do entendimento sancionado pelo referido despacho, não era isenta de dificuldades, colocou em hipótese a possibilidade do seu deferimento no tempo.

Ponderado o assunto, foi sancionado por despacho de 2005-07-01, proferido pelo Sr. Subdirector-Geral, em substituição do Sr. Director-Geral, considerada como regularizada a actuação da Federação Portuguesa de Futebol, bem como a dos árbitros que tenham vindo a cumprir as obrigações fiscais, quer enquadrando os rendimentos como da categoria A, quer como da categoria B, até ao ano de 2004, considerando o atraso na resposta àquela Federação.

Este despacho não abrange os árbitros que não tenham cumprido a obrigação declarativa ou, tendo-a cumprido, tenham omitido os rendimentos pagos por aquele Federação.

Relativamente aos anos 2005 e seguintes, o cumprimento das declarações por parte da Federação e respectivos árbitros, deve reflectir o enquadramento dos rendimentos devidos a estes últimos, pelo exercício de funções de arbitragem, na categoria B.

OFÍCIO-CIRCULADO N.º 90 001, de 12 de Julho de 2005

Declaração de inscrição, de alterações ou de cessação

O Decreto-Lei n.º 111/2005, de 8 do corrente mês aprovou o Regime Especial de Constituição Imediata de Sociedades, designado por "empresa na hora".

Conjuntamente com a aprovação deste diploma, foram aprovadas diversas alterações legislativas.

Destas, as mais importantes em matéria fiscal, respeitam aos artigos 30.º, 31.º e 34.º-A do Código do Imposto Sobre o Valor Acrescentado e 110.º e 111.º do Código do Imposto Sobre o Rendimento das Pessoas Colectivas.

A nova redacção dada a estas normas impõe que as declarações em papel sejam substituídas por declarações verbais dos contribuintes, sendo os elementos declarados introduzidos de imediato no sistema informático e impressos em documentos tipificados. Estes documentos tipificados serão autenticados com a assinatura do funcionário receptor, após confirmação pelo declarante dos elementos deles constantes, e substituirão para todos efeitos legais as declarações em papel.

Após a impressão do Documento de Confirmação de Dados, deverá o mesmo ser fornecido ao contribuinte para validação dos dados recolhidos, devendo alertar-se o sujeito passivo para os enquadramentos a que ficou sujeito em sede de IVA e de IRC. Apenas se deverá proceder à confirmação das declarações na base de dados após o Documento de Confirmação de Dados ter sido devidamente assinado pelo sujeito passivo.

Só é permitido o uso das declarações em papel quando o sistema informático estiver indisponível, ou quando este não aceitar as declarações que se pretendem introduzir o que deverá ser justificado pelo senhor chefe do serviço de finanças.

Mais se informa que com a publicação deste diploma, o n.º 1 do artigo 51.º do Código do Registo Comercial foi revogado e dada nova redacção ao n.º 4 do mesmo diploma. Com a desmaterialização das declarações e com vista à celeridade de procedimentos, é revogado o Ofício-Circulado nº 30 031 de 15 de Dezembro de 2000 da então Direcção de Serviços de Cadastro, devendo os Serviços de Finanças receptores proceder à recolha das declarações, efectuar a ligação ao arquivo e proceder ao seu arquivo físico.

OFÍCIO-CIRCULADO N.º 90 003, de 26 de Julho de 2005

Heranças Indivisas – cônjuge sobrevivo com rendimentos comerciais. Atribuição de NIF / declarações de actividade

1. Através do Ofício-circulado n.º 98 443 de 2004.07.09 procedeu esta Direcção de Serviços à divulgação dos procedimentos a observar pelos Serviços de Finanças, no sentido de serem atribuídos Números de Identificação Fiscal às Heranças Indivisas em que é o cônjuge sobrevivo o titular dos rendimentos comerciais, tendo sido remetida à Direcção de Serviços de Cadastro a responsabilidade para atribuição desses Nif's.

Todavia, e a partir do momento em que foi disponibilizado aos Serviços de Finanças a possibilidade de recolha das declarações de actividade para estas heranças indivisas, não parece fazer sentido que as mesmas fiquem a aguardar a atribuição de Nif para poderem ser recolhidas. Assim, a partir desta data devem ser observados os seguintes procedimentos:

I – Identificação
1) A atribuição de Nif às Heranças Indivisas em que o cônjuge sobrevivo é o titular de rendimentos comerciais passa a ser efectuado pelos Serviços de Finanças.

II – Actividade
1) Para continuação do desenvolvimento da actividade pelo cônjuge sobrevivo deve proceder-se da seguinte forma:
   I – Cessação de actividade do cônjuge sobrevivo;
   II – Início de Actividade da Herança Indivisa;
   III – Cessação da Herança Indivisa assim que ocorra a partilha;
   IV – Eventual reinício de actividade pelo cônjuge sobrevivo.

2. De notar que nos casos em que o regime de casamento seja o de separação de bens e uma vez que o património não passa para a herança indivisa, não haverá lugar à cessação de actividade do empresário.

OFÍCIO-CIRCULADO N.º 90 004, de 28 de Julho de 2005

Gestão de TOC'S VIA INTERNET

1. Seguindo a linha da disponibilização na Internet de todos os serviços que são prestados nos Serviços de Finanças, simplificando e desburocratizando o cumprimento das obrigações fiscais dos sujeitos passivos, foi implementada na Internet uma nova aplicação designada "**Gestão de TOC's**".

2. Esta nova aplicação permite:
2.1 Aos Técnicos Oficiais de Contas:
I) Iniciar a Nomeação como TOC

Esta funcionalidade foi criada para permitir a alteração dos técnicos oficiais de contas responsáveis pela contabilidade dos sujeitos passivos. Para o efeito deverá o TOC aceder à opção das declarações electrónicas no site da DGCI, e seleccionar **"TOC"**, **"Gerir / Iniciar Intenção de Nomeação"**, após o que deverá indicar o NIF do sujeito passivo para o qual pretende efectuar a alteração. Em consequência é emitida, automaticamente, uma carta ao sujeito passivo para o qual o TOC iniciou a nomeação, contendo um código de confirmação.

Após a recepção da carta, o sujeito passivo deverá seleccionar a opção **"Contribuintes"**, **"Confirmar / Confirmar Nomeação"** e caso pretenda concluir o processo de nomeação do TOC deverá introduzir o código de confirmação, indicando também se pretende conferir ou não plenos poderes ao TOC para que este cumpra com as suas obrigações fiscais pela via electrónica, ou seja, passará a ser suficiente a inserção da senha do TOC para cumprimento das referidas obrigações.

A partir desse momento o novo TOC passa a constar na base de dados de Cadastro Único como responsável pela contabilidade do sujeito passivo.

Caso o sujeito passivo detecte alguma incorrecção, ou pretenda desistir da nomeação deverá seleccionar a tecla **"Anular"**, impedindo assim que o processo de nomeação se concretize.

II) Proceder à Renúncia de Nomeação

Esta opção abrange os casos em que o TOC pretende deixar de ser responsável pela contabilidade de determinado sujeito passivo. Esta funcionalidade, embora só produza efeitos a partir da nomeação de novo TOC por parte do sujeito passivo, vai desencadear a emissão de uma carta ao mesmo, solicitando-lhe a regularização da situação. Para o efeito deverá o TOC seleccionar na opção **"TOC"**, **"Gerir / Renunciar Nomeação"**, aparecendo automaticamente listados todos os sujeitos passivos que o nomearam como TOC, devendo ser seleccionado aquele a que pretende renunciar.

III) Consultar Nomeações

Através da opção **"TOC"**, **"Consultar / Consultar Nomeações"**, os técnicos oficiais de contas podem visualizar os sujeitos passivos para os quais iniciaram o processo de nomeação ou renúncia, apresentando também os sujeitos passivos para os quais esteja registado como TOC na base de dados da Administração Fiscal. Para cada sujeito passivo é indicado o estado em que se encontra a relação TOC / Sujeito passivo (pendente, activo, renunciado).

2.2 Aos sujeitos passivos:

I) Confirmação da nomeação de TOC

Na sequência do processo de nomeação iniciado pelo TOC, o sujeito passivo deverá confirmar ou anular o referido processo através da opção **"Contribuintes"** **"Confirmar / Confirmar Nomeação"**.

II) Alterar / Confirmar Plenos Poderes ao TOC

A atribuição de "Plenos Poderes" consiste na autorização dada pelo sujeito passivo ao seu TOC, para que este cumpra com as suas obrigações declarativas pela via electrónica, utilizando apenas a senha do TOC.

Para o efeito deverá o sujeito passivo seleccionar a opção **"Contribuintes"**, **"Confirmar / Confirmar Poderes"**, aparecendo automaticamente identificado o TOC constante na base de dados da Administração Fiscal (devendo ser verificado se trata do TOC actual, ou se será necessário proceder à sua alteração). Após ser efectuada a atribuição de poderes, e por questões de segurança, é-lhe emitida uma carta, a qual conterá o código de confirmação que o mesmo, caso pretenda concluir o processo, deverá inserir na opção **"Contribuintes"**, **"Confirmar / Confirmar Poderes"**.

3. No momento em que o sujeito passivo confirme ou anule a nomeação solicitada é, enviada ao TOC, uma mensagem, via e-mail, dando conta da situação.

4. As alterações efectuadas através da Internet ficaram registadas em Cadastro Único na opção "Lista de Documentos" com numeração iniciada por 9998.

5. Para além da possibilidade agora disponibilizada através da Internet é também possível atribuir plenos poderes através da aplicação de Cadastro Único. No entanto, e embora a aplicação já esteja preparada para o efeito, ainda não estão disponíveis os novos modelos de declarações que contemplam esta nova situação. Assim, deverão estes elementos ser indicados pelo sujeitos passivos no quadro 40, no espaço reservado às "Observações".

OFÍCIO-CIRCULADO N.º 90 005, de 28 de Julho de 2005

Fundos de Investimento e Fundos de Pensões – Registo e enquadramento, contas correntes de IVA e retenções na fonte de impostos sobre o rendimento

I) Introdução

1. Os Fundos de Investimento Imobiliário, Fundos de Investimento Mobiliário e Fundos de Pensões, face ao regime jurídico aplicável e ao respectivo objecto social, assumem a qualidade de sujeitos passivos de IVA, na acepção da alínea *a*) do n.º 1 do artigo 2.º do Código do IVA (CIVA), em conformidade com o disposto nos n.ºs 1 e 2 do artigo 4.º da Sexta Directiva do Conselho (77/388/CE de 17 de Maio de 1977).

2. Atendendo a que estes Fundos são entidades destituídas de personalidade jurídica, aplica-se às respectivas Sociedades Gestoras as regras de representação previstas no Código Civil, por força do art. 16.º da Lei Geral Tributária, o que significa que os efeitos jurídicos dos actos praticados por estas se reflectem de imediato na esfera jurídica dos Fundos que gerem. É este o caso da renúncia à isenção, cujos efeitos se reflectem na esfera jurídica dos Fundos, com as consequências daí inerentes.

3. Competindo às Sociedades Gestoras exercer os direitos e as obrigações em nome e por conta dos Fundos que gerem, devem as mesmas observar o cumprimento das obrigações tributárias, nomeadamente as obrigações declarativas e de liquidação dos impostos, se for o caso.

4. No cumprimento das obrigações fiscais dos Fundos, através das Sociedades Gestoras, deve ser sempre indicado o respectivo NIF, designadamente no envio:
 – das declarações periódicas de IVA e respectivo pagamento;
 – da declaração anual e respectivos anexos (L, M, O, P_);
 – das declarações de retenção de Imposto de Selo e respectivo pagamento;

– das obrigações respeitantes ao Imposto Municipal sobre Imóveis (IMI) e ao Imposto Municipal sobre Transmissões (IMT);
– da entrega da declaração relativa Mod. 10 ao pagamento de rendimentos de IRC sujeitos a retenção na fonte, ainda que dispensados.

II) Registo e Enquadramento em IVA

1. Para o registo da actividade destes Fundos no cadastro, deverão as Sociedades Gestoras proceder à entrega da declaração de início de actividade, a que se referem os artigos 30.º e 34.º-A do Código do IVA (CIVA) e 110.º do Código do IRC (CIRC).

2. Aos fundos cuja constituição tenha ocorrido em data anterior à do presente ofício-circulado e que ainda não tenham apresentado a declaração de início de actividade, importa permitir a sua regularização, devendo, para o efeito, ser remetidas as respectivas declarações, até 31 de Outubro do corrente ano, para a Direcção de Serviços de Registo de Contribuintes (DSRC), Avenida João XXI, n.º 76, 6.º andar, 1049-065 Lisboa, a quem competirá proceder ao respectivo registo informático.

3. Nas situações previstas no número anterior, deverá ser indicado no quadro 09, da respectiva declaração, a data em que o Fundo foi constituído, sendo o enquadramento, para efeitos de IVA, reportado à data da sua constituição.

4. No caso dos Fundos que exercem actividades isentas ao abrigo dos n.ºs 30 e 31 do art. 9.º do CIVA que tenham renunciado à isenção nos termos do art. 12.º do mesmo código e do Decreto-Lei n.º 241/86, de 20 de Agosto, relativamente a imóveis ou partes autónomas destes, os efeitos da renúncia são transferidos para os Fundos, devidamente identificados, que sejam proprietários desses imóveis ou partes autónomas. Assim, será de aceitar, nomeadamente, como dedutível o IVA que conste em facturas ou documentos equivalentes emitidos em nome da Sociedade Gestora, desde que, de forma inequívoca, respeitem a operações tributáveis imputáveis aos Fundos em causa, isto é, se refiram a imóveis ou partes autónomas que tenham sido objecto de renúncia à isenção.

5. Os Fundos que venham a ser constituídos em data posterior à do presente ofício-circulado deverão entregar a declaração de início de actividade em qualquer Serviço de Finanças ou noutro local legalmente autorizado, de acordo com o estipulado nos artigos 30.º e 34.º-A do CIVA.

6. Sempre que o Fundo a constituir efectue operações isentas ao abrigo dos n.ºs 30 e 31 do art. 9.º do CIVA e pretenda renunciar a essa isenção, nos termos do art. 12.º do CIVA e do Decreto-Lei n.º 241/86, de 20 de Agosto, deverá a respectiva Sociedade Gestora exercer esse direito em nome e por conta do Fundo, devidamente identificado.

III) Regularização das contas – correntes de IVA

1. Nas situações previstas no anterior ponto II) 2, as Sociedades Gestoras, relativamente aos Fundos em actividade, deverão remeter à Direcção de Serviços de Cobrança (DSC), Divisão de Controle de Cobrança e Apoio ao Contencioso, Av. João XXI, n.º 76, 7.º andar, 1049-065 Lisboa, as seguintes informações adicionais:

i) a identificação dos Fundos de que a Sociedade é gestora (designação completa e NIF);

ii) a repartição dos valores pelos diversos Fundos que em conta-corrente de IVA estão imputados à Sociedade Gestora.

2. Com base nestas informações e após confirmação dos valores, a DSC efectuará, nas respectivas contas-correntes, os movimentos rectificativos correspondentes, por forma a imputar a cada Fundo as importâncias que se encontram afectas à Sociedade Gestora, bem como eventuais correcções aos valores declarados nos termos do ponto III) 1.*ii*). Dos movimentos efectuados na conta corrente de cada Fundo será dado conhecimento à respectiva Sociedade Gestora.

3. Pelo facto de cada Fundo ser um sujeito passivo distinto, com a correspondente conta-corrente, nada permite que os créditos existentes em cada Fundo possam ser utilizados por outros Fundos, ainda que geridos pela mesma Sociedade Gestora.

IV) Retenções na fonte de Impostos sobre o Rendimento e Imposto do Selo

Relativamente às retenções na fonte a efectuar deverão ser tidos em conta os seguintes procedimentos:

1. Deverá ser apresentada pela Sociedade Gestora a declaração relativa às retenções na fonte de cada Fundo, previstas nos arts. 14.° e 22.° do Estatuto dos Benefícios Fiscais (EBF).

2. A entrega nos Cofres do Estado, das quantias devidas, deve ser concretizada após a apresentação da declaração de retenções na fonte, a submeter por forma electrónica:
– Para os Fundos de Investimento – preenchimento do respectivo campo 209 (IRC – art. 22.° do EBF);
– Para os Fundos de Pensões – preenchimento dos campos correspondentes à natureza do imposto retido (IRS, IRC e Imposto do Selo – arts. 14.° e 22.° do EBF).

3. O Imposto relativo às retenções deixa de ser pago a título de auto-liquidação, como indevidamente tem vindo a ser feito, por falta de conformação com os pressupostos subjacentes à exigibilidade daquela, relativamente aos Fundos de Investimento.

O presente procedimento será reportado a Julho de 2005, devendo as Sociedades Gestoras, que tenham já efectuado a entrega das declarações relativas às retenções na fonte, tendo utilizado para esse efeito a sua identificação fiscal, proceder ao reenvio das declarações, em separado, para cada um dos Fundos devidamente identificados com o respectivo NIF, por *"e-mail"* para a DSC (dscobranca@dgci.min-financas.pt), acompanhadas pela relação dos pagamentos efectuados, devidamente distribuídos pelos Fundos a que respeitam.

V) Cumprimento das obrigações fiscais e contabilísticas

O cumprimento das obrigações fiscais e contabilísticas continua a ser da responsabilidade dos técnicos oficiais de contas das respectivas sociedades gestoras.

OFÍCIO-CIRCULADO N.º 20 107, de 30 de Agosto de 2005

Acordos e relações de Cooperação
(Art. 37.º do Estatuto dos Benefícios Fiscais)

O artigo 31.º da Lei n.º 13/2004, de 14 de Abril, revogou expressamente o Decreto--Lei n.º 363/85, de 10 de Setembro, que regulava o Estatuto do Cooperante. Com a entrada em vigor da referida Lei a definição de agente de cooperação passou a constar do seu artigo 2.º, abandonando-se, assim, os requisitos formais que constavam do artigo 7.º do Decreto--Lei n.º 363/85. Tendo presente esta nova realidade jurídica importa divulgar o entendimento sancionado por despacho de 12 de Maio de 2005, proferido pelo substituto legal do Sr. Director-Geral dos Impostos.

1. Artigo 37.º, n.º 1 do Estatuto dos Benefícios Fiscais

Enquadram-se neste benefício automático os rendimentos auferidos por cidadãos portugueses ou com residência fiscal em território português que, ao abrigo de um contrato escrito, participem na execução de uma acção de cooperação que obedeça a um dos seguintes requisitos:

– Seja financiada pelo Estado Português, promovida ou executada por uma entidade portuguesa de direito público ou por uma entidade de direito privado de fins não lucrativos em países beneficiários;
– Seja financiada por um Estado da União Europeia, por uma organização internacional ou por uma agência especializada ou ainda por outra entidade promotora ou executora que suporte a acção com fundos próprios, desde que haja um reconhecimento expresso do estatuto de agente de cooperação por despacho do Ministro dos Negócios Estrangeiros, precedido de parecer do Instituto Português de Apoio ao Desenvolvimento (IPAD);
– Nas demais situações em que a um cidadão português seja concedida a equiparação a agente de cooperação, por despacho do Ministro dos Negócios Estrangeiros, precedido de parecer do IPAD.

2. Artigo 37.º, n.º 3 do Estatuto dos Benefícios Fiscais

Todas as situações não expressamente previstas no ponto anterior serão objecto de análise casuística e de reconhecimento por despacho ministerial, através de processo a instruir na Direcção de Serviços do Imposto Sobre o Rendimento das Pessoas Singulares, devendo o respectivo requerimento ser apresentado pelas entidades ao serviço das quais os sujeitos passivos se encontrem deslocados no estrangeiro, com a observância dos seguintes procedimentos:

– O pedido deve ser efectuado anualmente relativamente às deslocações ocorridas no ano anterior, identificando os cooperantes envolvidos, respectivos períodos de deslocação e a totalidade das remunerações obtidas;
– A acompanhar o pedido, deverão ser anexados os seguintes elementos:
  – Cópia do acordo/contrato firmado entre a entidade requerente e a entidade estrangeira interessada;
  – Cópia dos contratos firmados entre os cooperantes e a entidade ao serviço da qual se deslocaram ao estrangeiro;

– Certidão de inexistência de dívidas à Segurança Social da entidade requerente ou dos cooperantes, consoante estes últimos se encontrem na situação de trabalhadores dependentes ou independentes, de acordo o estatuído no artigo 11.º-A do EBF.

3. Fica expressamente revogado o entendimento preconizado no ponto 2 do Ofício-circulado n.º 6614/98, de 5 de Fevereiro de 1998.

OFÍCIO-CIRCULADO N.º 20 112, de 30 de Dezembro de 2005

**IRS – Regime simplificado de determinação do rendimento tributável
Exercício da opção pelo regime de contabilidade
– Artigo 28.º do Código do IRS**

Tendo em vista a simplificação e o aperfeiçoamento de obrigações acessórias declarativas foi, através do Decreto-Lei n.º 211/2005, de 7 de Dezembro, alterada a redacção do artigo 28.º do Código do IRS, no sentido de que, para efeitos de tributação em sede de IRS, a obrigatoriedade de determinação dos rendimentos empresariais e profissionais com base na contabilidade, passe a depender, exclusivamente, do facto de terem sido ultrapassados os limites quantitativos estabelecidos nos n.ºs 2 e 6 desta disposição legal.

Assim, o facto dos sujeitos passivos se encontrarem legalmente obrigados a possuir contabilidade organizada por qualquer outro diploma legal, não releva para este efeito.

Deste modo, a nova redacção aplica-se para o período a iniciar em 01/01/2006, a todos os sujeitos passivos enquadrados na categoria B do IRS, incluindo os que, no âmbito da sua actividade profissional ou empresarial, se encontram legalmente obrigados a dispor de contabilidade organizada, como é o caso, nomeadamente, dos titulares de Estabelecimentos Individuais de Responsabilidade Limitada (EIRL) e os que a tal se encontram sujeitos nos termos do Plano Oficial de Contabilidade.

Nestes termos, os sujeitos passivos que se encontrem abrangidos pelo regime simplificado de tributação e, em conformidade com o disposto nos n.ºs 3 e 4 do artigo 28.º do Código do IRS, pretendam utilizar a contabilidade como forma de determinação do rendimento líquido, devem formalizar essa opção anualmente, até ao fim do mês de Março de cada ano.

OFÍCIO-CIRCULADO N.º 20 114, de 30 de Janeiro de 2006

**IRS – Procedimentos de certificação da recepção
das Mod. 3 entregues em suporte papel**

Através do ofício circulado n.º 20111, de 28 de Dezembro, foram já transmitidas instruções genéricas a serem observadas pelos serviços receptores das declarações Mod. 3 entregues em suporte papel, tendo em vista a certificação da recepção de tais declarações, que se passou a realizar mediante o recurso à sua leitura óptica e imediata atribuição de uma numeração automática, nacional e sequencial.

Atendendo a que é intenção da DGCI continuar a apostar na aproximação aos contribuintes e numa cada vez maior facilidade nas condições de cumprimento das suas obrigações fiscais, no presente ano voltarão a ser activados alguns postos especiais de recepção dessas declarações, a funcionarem em horário alargado e fora das instalações dos Serviços, nomeadamente centros comerciais e outros locais de grande afluência populacional.

Considerando que a referida certificação da entrega das Modelo 3 pressupõe o recurso a meios informáticos logo no momento da sua recepção e ainda que nos referidos postos, externos às instalações da DGCI, não se mostra viável o recurso ao sistema informático central, por despacho de 25 de Janeiro de 2006, do Senhor Director-Geral dos Impostos, foi sancionado o entendimento de que para as declarações em suporte papel recepcionadas nestes locais se aceita como comprovativo da sua entrega o preenchimento da data de recepção no campo 5 do quadro 10 da folha de rosto e simultânea aposição de carimbo do receptor com a identificação e rúbrica do funcionário.

Pelo referido despacho do Senhor Director-Geral dos Impostos foi igualmente determinado que este procedimento de certificação seja ainda admissível sempre que não se mostre possível a imediata emissão do documento comprovativo da entrega da Mod. 3, impresso pela aplicação informática especificamente desenvolvida para o efeito, nomeadamente por dificuldades de ordem técnica.

Deste modo, sempre que não se verifique a emissão do referido comprovativo em *front-office*, não se verificará a necessidade de posterior emissão do mesmo, dado que se considera comprovada a entrega das declarações em que se tenha verificado o procedimento de certificação manual referido nos parágrafos anteriores.

No entanto, e não obstante a inexistência de necessidade de impressão do referido comprovativo, **mantém-se a obrigatoriedade de pré-registo na aplicação informática especificamente desenvolvida para o efeito de todas as declarações recepcionadas**, dado que apenas com esse procedimento se carrega em sistema a existência da declaração – que é condição essencial ao seu posterior registo e recolha informática – e se assegura igualmente a uniformidade de procedimentos e a sua compatibilidade com o sistema de controlo interno instituído para a recepção destas declarações de rendimentos.

De igual modo, e considerando os actuais procedimentos de controlo da recepção da Mod. 3, o pré-registo deverá ocorrer no mais curto espaço de tempo possível, **preferencialmente até ao final do próprio dia da recepção**.

À semelhança do que vem ocorrendo em anos anteriores, os postos extraordinários de recepção manter-se-ão na dependência das várias Direcções de Finanças, pelo que se manterá o circuito de encaminhamento das declarações aí recepcionadas aos respectivos Centro Distritais de Recolha de Dados (CRD), nos quais se efectuará o seu pré-registo.

Salienta-se, ainda, que atendendo à importância que este procedimento assume, deverá ser dada prioridade a tal tarefa sempre que a esses CRD cheguem declarações recepcionadas pelos postos especiais de recepção do distrito.

Por fim, importa esclarecer que, exceptuando a situação específica dos postos de recepção exteriores aos Serviços, a inexistência de pré-registo em *front-office* não poderá deixar de assumir características verdadeiramente excepcionais e somente será admissível em casos de manifesta impossibilidade de o efectuar ainda na presença do contribuinte, como sejam os casos de eventual indisponibilidade da aplicação informática ou dos equipamentos necessários a esse procedimento e que, em tais circunstâncias, o mesmo deverá ser assegurado preferencialmente no próprio dia da efectiva recepção da declaração.

OFÍCIO-CIRCULADO N.º 20 115, de 14 de Fevereiro de 2006

IRS – Anexo G1 da declaração de rendimentos Modelo 3

Tendo chegado ao conhecimento dos serviços a existência de dúvidas quanto à definição do prazo de entrega das declarações de rendimentos que contenham o Anexo G1, tomando por base o disposto nos artigos 57.º e 60.º do Código do IRS, esclarece-se o seguinte:

1. Nos termos do artigo 57.º do Código do IRS, os sujeitos passivos desse imposto devem apresentar anualmente uma declaração em que constem não só os rendimentos do ano anterior como também outros elementos relevantes para a sua concreta situação tributária, nomeadamente para os efeitos do artigo 89.º-A da Lei Geral Tributária (LGT);

2. O actual Anexo G1 congrega apenas informação relevante para o conhecimento e posterior controlo da situação contributiva dos sujeitos passivos de IRS, não constando do mesmo factos ou valores susceptíveis de serem utilizados em sede do procedimento automático de liquidação da declaração de rendimentos;

3. Deste modo, alterou-se o modelo do referido Anexo no sentido de passar a constar do mesmo a indicação das manifestações de fortuna que anteriormente vinham sendo incluídas na folha de rosto da Modelo 3;

4. Apesar da autonomização dessa informação em anexo próprio, o prazo legal de entrega das declarações de rendimentos que incluam o referido Anexo G1 não poderá deixar de atender ao disposto no artigo 60.º do Código do IRS, pelo que se informa que:

4.1. Sempre que no Anexo G1 se encontrem preenchidos os quadros 4 e/ou 5, que se referem a rendimentos da Categoria G do IRS (ainda que excluídos de tributação), a declaração deverá ser entregue durante a segunda fase da campanha de recepção, que legalmente decorre de 16 de Março a 30 de Abril;

4.2. Sempre que no Anexo G1 **apenas seja preenchido o quadro 6**, relativo à evidenciação de manifestações de fortuna, atender-se-á à restante informação constante da declaração de rendimentos, pelo que:

- *a)* Se apenas tiverem sido declarados rendimentos do trabalho dependente e/ou pensões, constantes do Anexo A, a Modelo 3 deverá ser entregue durante a primeira fase da campanha de recepção, a decorrer de 01 de Fevereiro a 15 de Março do ano seguinte aquele a que respeitam os rendimentos;
- *b)* Sendo declarados rendimentos de outras categorias, a declaração será obrigatoriamente entregue na segunda fase, ou seja, de 16 de Março a 30 de Abril do ano seguinte aquele a que respeitam os rendimentos;

c) Nos casos em que não existam rendimentos sujeitos à obrigatoriedade de declaração e os sujeitos passivos entreguem a Modelo 3 apenas com o Anexo G1 preenchido no tocante às manifestações de fortuna (quadro 6), considera-se que o prazo para a sua recepção decorre durante toda a campanha, ou seja, de 01 de Fevereiro a 30 de Abril;

5. Por último, lembramos que, tal como foi oportunamente divulgado na Intranet, por despacho de Sua Exa. o Secretário de Estado dos Assuntos Fiscais, de 08.02.2006, foi determinado que no Quadro 6 do Anexo G1 apenas seja exigida a declaração da aquisição dos bens nele indicados quando o respectivo valor se enquadre na tabela do n.º 4 do artigo 89.º-A da LGT.

OFÍCIO-CIRCULADO N.º 20 117, de 8 de Agosto de 2006

IRS – Prémios de seguros de vida – N.º 1 do Art. 86.º do CIRS e n.º 2 do Art. 16.º do EBF

Para conhecimento dos serviços e uniformidade de procedimentos, divulga-se o entendimento sancionado por despacho do Substituto Legal do Senhor Director-Geral, de 30/6/06, sobre a dedução à colecta do IRS de prémios de seguros de vida nos termos do art. 86.º do CIRS e 16.º do EBF.

PRÉMIOS DE SEGUROS DE VIDA – NÃO DEFICIENTES

1. Para que os prémios de seguro de vida suportados pelos sujeitos passivos sejam dedutíveis à colecta nos termos do n.º 1 do art. 86.º do CIRS, impõe-se a verificação cumulativa dos seguintes requisitos:
   – Que se trate de seguros de vida que garantam exclusivamente os riscos de morte, invalidez ou reforma por velhice;
   – Na situação de reforma por velhice, que o benefício seja garantido após os 55 anos de idade e cinco anos de duração do contrato, ou seja, que o seguro garanta e preveja o reembolso somente quando o sujeito passivo tenha pelo menos 55 anos de idade, tenham decorrido cinco anos após a subscrição e o tomador do seguro se encontre na situação de reforma por velhice (situações igualmente cumulativas).

2. Acresce que por força do preceituado no n.º 4 do mesmo artigo só relevam os prémios de seguros que não garantam o pagamento de qualquer capital em vida ao tomador, exceptuada a situação de invalidez, antes da verificação das situações acima mencionadas.

3. Os contratos dos seguros em causa não devem permitir o reembolso fora das condições referidas nos pontos anteriores, não sendo dedutíveis as importâncias aplicadas naqueles que permitam o reembolso ou o pagamento de qualquer capital anteriormente à verificação dessas situações.

PRÉMIOS DE SEGUROS DE VIDA – DEFICIENTES

4. Para a usufruição do benefício fiscal estatuído no n.º 2 do art. 16.º do EBF, para além da verificação de todos as condições referidas nos pontos anteriores, é ainda necessário que exista um sujeito passivo ou dependente com grau de invalidez permanente, igual ou superior a 60% que figure como primeiro beneficiário do seguro em causa.

OFÍCIO-CIRCULADO N.º 20 118, de 9 de Agosto de 2006

Prazo de apresentação da Declaração modelo 3, nos termos do n.º 2 do artigo 82.º do Código do IRS

Tendo em vista o esclarecimento de dúvidas e a uniformização de procedimentos dos serviços quanto à articulação entre o início do prazo estabelecido no n.º 2 do artigo 60.º do Código do IRS e a fixação do valor patrimonial tributável de um prédio, resultante da avaliação prevista no artigo 118.º do Código do Imposto Municipal sobre Imóveis, por despacho do substituto legal do Senhor Director-Geral dos Impostos, datado de 06.06.2006, foi sancionado o seguinte entendimento:

1. O prazo de trinta dias para cumprimento da obrigação declarativa a que se refere o n.º 2 do artigo 60.º do Código do IRS deve ter início, nas situações em que não seja solicitada uma segunda avaliação, após o decurso do prazo concedido ao contribuinte para, querendo, poder reclamar das conclusões do processo de avaliação do imóvel.

2. Nas situações em que tenha lugar uma segunda avaliação, porque solicitada, então o prazo a que alude o n.º 2 do artigo 60.º do Código do IRS terá início na data da notificação do valor resultante desta.

OFÍCIO-CIRCULADO N.º 20 119, de 22 de Setembro de 2006

Declaração de limitação de pagamentos por conta IRC

O n.º 1 do art. 99.º do Código do IRC, na redacção introduzida pelo Decreto-Lei n.º 211/2005, de 7 de Dezembro, prevê a possibilidade de limitação dos 2.º e 3.º pagamentos por conta, sempre que o contribuinte verifique, pelos elementos de que disponha, que o montante do pagamento por conta já efectuado é igual ou superior ao imposto que será devido com base na matéria colectável do exercício.

Esta possibilidade é, no entanto, condicionada ao envio, por transmissão electrónica de dados, de uma declaração de limitação de pagamento por conta, de modelo oficial, até ao termo do prazo para o respectivo pagamento.

Ora, tendo em conta que, face ao disposto no n.º 2 da mesma disposição, a suspensão ou limitação indevida dos pagamentos por conta só é passível de ser aferida e, consequentemente, sancionada, *a posteriori*, aquando do controlo da autoliquidação, verificação essa que tem vindo sistematicamente a ser efectuada, foi, por razões de simplificação, considerada dispensável a mencionada obrigação de envio de uma declaração de limitação dos pagamentos por conta.

Paralelamente, foi proposta uma alteração legislativa ao n.º 1 do art. 99.º do Código do IRC no sentido de eliminar esta obrigação declarativa com efeitos retroactivos a 1 de Janeiro de 2006, a qual será, brevemente, publicada.

Assim, tendo em atenção que termina no final do corrente mês de Setembro o prazo para a entrega do 2.º pagamento por conta e, igualmente, para o envio da respectiva declaração de limitação ou suspensão, foi, por despacho de 22 de Setembro de 2006, de S. Exa. O SEAF, determinada a divulgação de instruções no sentido de dispensar os contribuintes da entrega da referida declaração de limitação ou suspensão dos pagamentos por conta.

OFÍCIO-CIRCULADO N.º 90 007, de 4 de Janeiro de 2007

Desmaterialização das declarações de alterações de actividade e de cessação de actividade para contribuintes colectivos

A crescente necessidade de facultar aos contribuintes meios que permitam uma eficaz desburocratização das suas obrigações perante o Estado, levam a Administração Fiscal a optar por uma cada vez maior disponibilização do cumprimento das obrigações declarativas pela via electrónica.

Neste sentido, a desmaterialização que possibilita o preenchimento *online* das declarações de actividade através do portal das Declarações Electrónicas, surge como um objectivo estratégico do Estado/DGCI para facilitar a vida dos cidadãos, permitindo reduzir o tempo que os contribuintes gastam no seu contacto com a Administração Fiscal.

Um primeiro passo neste sentido foi o de possibilitar a entrega, por esta via, da Declaração de Início de Actividade para empresas criadas no âmbito da iniciativa "Empresa na Hora", uma vez que a informação prestada pelo Ministério da Justiça é mais extensa para estas empresas.

Concretizado este primeiro passo, o segundo passo é o de permitir a entrega de Declarações de Alteração e Cessação de Actividade via Internet, para contribuintes colectivos, tendo para o efeito sido disponibilizado no passado dia 22 de Dezembro a submissão, por via electrónica, das referidas declarações.

Nesta 1.ª fase, as Declarações de Alteração de Actividade e as Declarações de Cessação de Actividade apenas podem ser entregues por sujeitos passivos que pretendam comunicar à Administração Fiscal alterações/cessações não sujeitas a registo na Conservatória do Registo Comercial. A submissão destas declarações deve ser feita pelo Técnico Oficial de Contas do sujeito passivo ou no caso de entidades que não possuem contabilidade organizada nem que por ela tenham optado, pelo próprio sujeito passivo. A Alteração de Actividade também poderá ser entregue pelo sujeito passivo nos casos em que, tendo optado por possuir contabilidade organizada, pretenda comunicar à Administração Fiscal que deixou de possuir contabilidade organizada.

Para submeter as declarações e após autenticação do TOC/sujeito passivo, no acesso às declarações electrónicas, deverão ser observados os seguintes passos: Visualização da declaração pré-preenchida, introdução dos elementos pretendidos, validação da informação inserida, utilizando o botão "VALIDAR" (em caso de erro, corrigir e repetir a operação de validação até que a declaração não contenha erros locais) e finalmente a submissão da declaração utilizando o botão "SUBMETER".

De notar que as declarações disponibilizadas na Internet não contém ainda o campo destinado ao representante após cessação, previsto no art. 19.º da LGT. Deste modo, é indispensável que aquando da entrega das declarações de cessação, via Internet seja indicado no campo destinado ao cessionário do estabelecimento o NIF deste REPRESENTANTE.

Informa-se ainda que estão disponíveis mais instruções na opção "Ajuda" das Declarações Electrónicas.

OFÍCIO-CIRCULADO N.º 20 125, de 8 de Janeiro de 2008

Mecenato Científico – Artigo 11.º-A da Lei n.º 26/2004, de 8 de Julho
Obrigações Acessórias das Entidades Beneficiárias

As alterações legislativas recentemente introduzidas no Estatuto dos Benefícios Fiscais e no Estatuto do Mecenato Científico vieram impor um conjunto de obrigações acessórias às entidades beneficiárias dos donativos. De entre estas obrigações destaca-se a entrega à Direcção-Geral dos Impostos, até ao final do mês de Fevereiro de cada ano, de uma declaração de modelo oficial referente aos donativos recebidos no ano anterior.

Esta obrigação declarativa deve ser cumprida já em 2008 relativamente aos donativos recebidos durante o ano de 2007.

Porém, pode acontecer que algumas entidades beneficiárias de donativos concedidos ao abrigo do Estatuto do Mecenato Científico não disponham dos elementos necessários ao cumprimento desta obrigação declarativa, uma vez que só a partir da entrada em vigor da Lei do Orçamento do Estado para 2008 estas entidades passaram a estar obrigadas a possuir um registo actualizado dos mecenas.

Por esta razão, por Despacho de Sua Excelência o Secretário de Estado dos Assuntos Fiscais, de 2007.12.26, foi sancionado o entendimento de que as entidades beneficiárias de donativos concedidos ao abrigo do Estatuto do Mecenato Científico estão dispensadas do cumprimento desta obrigação declarativa em 2008.

OFÍCIO-CIRCULADO N.º 20 126, de 31 de Janeiro de 2008

Subsídios à exploração
Regimes Simplificados de Tributação

Com a recente publicação da Lei do Orçamento do Estado para 2008 – Lei n.º 67--A/2007, de 31 de Dezembro — foi alterado o enquadramento fiscal dos subsídios à exploração, para efeitos dos regimes simplificados de tributação em sede de IRS e de IRC.

Com efeito, e contrariamente ao que vinha acontecendo, a nova redacção dos artigos 31.º (n.º 5) do Código do IRS e 53.º (n.º 6) do Código do IRC determina que aos subsídios à exploração seja aplicada, em sede desses regimes, o coeficiente de 0,2.

Acresce que se estabeleceu nessa mesma Lei que esta medida tem efeitos retroactivos ao exercício/ano de 2006 e sobre esta mesma matéria, tendo por base o Parecer n.º 59/07 do Centro de Estudos Fiscais, foi proferido o Despacho n.º 1223/2007-XVII, de 2007-10-30, do Secretário de Estado dos Assuntos Fiscais, que determina:

"*Caso seja aprovada a proposta de alteração aos artigos 31.º do CIRS e 53.º n.º 6 do CIRC, constante da PPL do OE 2008, ficarão resolvidas todas as situações verificadas após o exercício de 2006. Para as situações anteriores, caso tenham sido apresentadas reclamações sobre esta matéria, deverão as mesmas ser apreciadas à luz da redacção actualmente vigente para os referidos artigos e do entendimento que resulta do levantamento/análise detalhada na informação n.º 1282/2007 da DSIRC.*"

Deste modo, e tendo em vista o uniforme procedimento dos serviços, esclarece-se o seguinte:

1. **Rendimentos do ano de 2007 — sujeitos passivos de IRS e de IRC**

Atendendo a que as obrigações declarativas relativas a este ano/exercício apenas terão de ser cumpridas após 2008-01-01, o novo enquadramento tributário dos subsídios à exploração em sede dos regimes simplificados de tributação já se encontra devidamente acautelado em sede dos Modelos declarativos desses impostos (declarações Modelo 3 e Modelo 22).

2. **Rendimentos do ano de 2006**

   2.1. Sujeitos passivos de IRS

Atendendo ao carácter retroactivo da norma em apreço, não pode a alteração legislativa deixar de ser considerada como um facto superveniente nos termos da segunda parte do n.º 4 do artigo 70.º do Código do Procedimento e de Processo Tributário (CPPT) e, como tal, após a sua entrada em vigor — 2008-01-01 — começou a contar-se o prazo para a interposição de reclamação graciosa com fundamento no novo enquadramento legal, mais favorável aos contribuintes.

Assim, os sujeitos passivos de IRS que se sintam lesados relativamente à forma como os subsídios à exploração auferidos em 2006 foram tributados, podem, alternativamente, proceder à entrega de declaração de substituição ou de reclamação graciosa, *impreterivelmente* até ao dia 29 de Abril do corrente ano (120 dias após a entrada em vigor da Lei do OE/2008), conforme n.ºs 1 e 4 do artigo 70.º do CPPT.

Por outro lado, e tendo em vista a minimização de eventuais situações de contencioso administrativo, devem os chefes dos Serviços de Finanças dar a maior prioridade e celeridade no tratamento das declarações que venham a ser apresentadas com esta finalidade, de forma a possibilitar a sua rápida liquidação.

2.2. Sujeitos passivos de IRC

No tocante aos sujeitos passivos deste imposto que, porventura, se sintam lesados relativamente à forma como os subsídios à exploração auferidos em 2006 foram tributados, o procedimento a adoptar deve ser ajustado em função de ter existido ou não liquidação adicional por parte dos serviços.

Assim, os sujeitos passivos cujo lucro tributável do exercício de 2006 não tenha sido objecto de correcção oficiosa, podem adoptar um dos seguintes procedimentos:

a) Entrega de declaração de substituição até ao último dia útil do mês de Maio do corrente ano, conforme n.º 2 do artigo 114.º do Código do IRC;

b) Dedução de reclamação graciosa da autoliquidação, no prazo de dois anos após a apresentação da declaração Modelo 22 relativa ao exercício de 2006, conforme n.º 1 do artigos 131.º do CPPT.

Nos casos em que tenha havido liquidação adicional por parte dos serviços, os sujeitos passivos que eventualmente se sintam lesados relativamente à forma como os subsídios à exploração auferidos em 2006 foram tributados, podem, à semelhança do já referido para o IRS, proceder à entrega de reclamação graciosa até ao dia 29 de Abril do corrente ano.

3. Rendimentos dos anos de 2005 e anteriores — sujeitos passivos de IRS e de IRC

De acordo com o teor do já referido Despacho n.º 1223/2007-XVII, de 2007-10-30, do Secretário de Estado dos Assuntos Fiscais, o entendimento aí plasmado aplica-se exclusivamente às situações em que os contribuintes atempadamente apresentaram reclamação graciosa contra a liquidação de imposto (IRS ou IRC), por discordarem do enquadramento que à data foi dado, em sede do regime simplificado de tributação, aos subsídios à exploração que haviam recebido.

Consequentemente, não constitui o referido Despacho fundamento para a apreciação de questões que em devido tempo não tenham sido suscitadas através do meio próprio para o fazer — a interposição de reclamação graciosa.

Por outro lado, e tendo em vista o esclarecimento dos serviços em sede da apreciação destas reclamações graciosas, em anexo ao presente ofício-circulado divulga-se um Memorando, síntese da informação n.º 1282/2007 da Direcção de Serviços do IRC (para a qual remete o Despacho do Secretário de Estado dos Assuntos Fiscais), e relativamente ao qual não se poderá deixar de fazer as necessárias ressalvas face ao IRS, nomeadamente no que se refere ao coeficiente de tributação de 45% que, em sede deste imposto, é de 65%.

4. Procedimento contra-ordenacional associado à entrega das declarações de rendimentos, de substituição

Não obstante o disposto no artigo 116.º do Regime Geral das Infracções Tributárias, não se pode descurar que, para as situações visadas no presente ofício-circulado, a entrega de uma declaração de substituição para o ano de 2006, seja por parte de um sujeito passivo de IRS ou de um sujeito passivo de IRC, apenas se destina a dar cumprimento ao novo enquadramento tributário dos subsídios à exploração, introduzido pela Lei do Orçamento do Estado para 2008, embora com efeitos reportados a 2006-01-01.

Assim, e no tocante às declarações de IRS Modelo 3, de substituição, há que atender ao disposto no Ofício-Circulado n.º 60037/2004, de 18 de Outubro, da Área da Justiça Tributária, que as isenta da aplicação de coima.

Quanto às declarações Modelo 22 que nos mesmos moldes venham a ser entregues pelos sujeitos passivos de IRC, foi sancionado pelo meu despacho de _____, proferido na informação n.º 16-GAB/2007, o entendimento segundo o qual, por uma questão de igualdade de tratamento, não lhes será aplicada qualquer coima, desde que se destinem exclusivamente a dar cumprimento ao novo enquadramento tributário dos subsídios à exploração.

MEMORANDO

Tendo por base os objectivos da política agrícola comum vertidos no artigo 33.º do Tratado que instituiu a União Europeia, que visam, designadamente, incrementar a produtividade da agricultura, estabilizar os mercados, garantir a segurança dos abastecimentos e assegurar preços razoáveis no fornecimento aos consumidores, foi sancionado, por Despacho do Secretário de Estado dos Assuntos Fiscais, de 30 de Outubro de 2007, que, para efeitos da determinação do lucro tributável dos sujeitos passivos abrangidos pelo regime simplificado, seja aplicável o coeficiente 0,2 aos subsídios de exploração que, directa ou indirectamente, isto é, pela via da redução de custos ou de aumento de proveitos, contribuam para compensar uma redução dos preços de venda das mercadorias ou produtos.

Para além destes, existem outros subsídios que não se destinam a reduzir custos ou a contribuir para a redução de preços de venda, como sejam, por exemplo, as compensações pela retirada obrigatória ou voluntária de terras da produção, as compensações para perdas por encerramento de fábricas, os apoios por compromissos ambientais, entre outros.

Embora conscientes de que não ficou esgotado o elenco das várias ajudas concedidas aos agricultores que, dependendo da sua natureza e dos fins a que se destinam, devem ficar sujeitas ao coeficiente de 20% ou de 45%*, para efeitos de determinação do lucro tributável no âmbito do regime simplificado, apresentamos, de seguida, um quadro resumo de algumas dessas ajudas, por forma a facilitar o trabalho de análise das reclamações deduzidas pelos sujeitos passivos que se encontrem, ainda, pendentes de decisão.

* 65% para os contribuintes tributados em sede de IRS.

Culturas	Ajuda	Objectivo	Base de cálculo	Coef. Aplic
Culturas arvenses	Pagamento de superfície	Aproximar os preços da Comunidade aos preços de mercado mundiais	Superfície elegível efectivamente ocupada e região do cultivo	20%
Culturas arvenses	Pagamento de superfície	Compensar pela retirada obrigatória de terras da produção	Hectares retirados da produção	45%*
Culturas arvenses	Pagamento de superfície	Compensar pela retirada voluntária de terras da produção	Hectares retirados da produção	45%*

Culturas	Ajuda	Objectivo	Base de cálculo	Coef. Aplic
Culturas arvenses	Ajuda nacional	Compensar custos com produção de biomassa em terras retiradas da produção	50% dos custos relacionados com o início de plantação de culturas plurianuais para biomassa	20%
Arroz	Pagamento compensatório	Compensar a diferença entre o preço de venda normal e o preço de intervenção	Hectare de superfície semeada e região do cultivo	20%
Arroz	Restituição à exportação	Compensar a diferença entre o preço na Comunidade e o preço no mercado mundial	Produtos exportados para fora da Comunidade	20%
Forragens secas	Ajuda à produção e à transformação	Compensar a diferença entre o preço de objectivo e o preço do mercado mundial	Toneladas de forragens secas entregues à empresa de transformação	20%
Tabaco em rama	Ajuda à produção	Compensar a redução dos preços institucionais e o aumento dos custos de produção	Quilograma de tabaco em folha	20%
Beterraba sacarina	Ajuda à reestruturação	Compensar perdas por encerramento de fábricas	Tonelada de quota objecto da renúncia	45%*
Beterraba sacarina	Ajuda à produção	Assegurar aos produtores uma remuneração justa	Quantidade de açúcar de quota obtida	20%
Algodão	Ajuda ao descaroçamento	Compensar a diferença entre o preço de objectivo e o preço do mercado mundial	Quantidade (peso) de algodão descaroçado	20%
Algodão	Pagamento específico	Apoio ao pagamento para o algodão não descaroçado	Hectare de superfície elegível semeada	20%
Sementes certificadas	Ajuda à produção	Compensar os preços de venda mundiais concorrenciais	Quintal de sementes produzidas	20%
Leguminosas para grão	Ajuda para manutenção da produção	Regularizar os mercados agrícolas	Hectare de superfície semeada e efectivamente colhida	20%
Produtos transformados à base de frutos e produtos agrícolas	Ajuda à produção ou à transformação	Compensar a diferença entre os preços pagos aos produtores da Comunidade e os preços mundiais	Quantidade de matéria-prima entregue para transformação	20%

Culturas	Ajuda	Objectivo	Base de cálculo	Coef. Aplic
Frutos de casca rija	Pagamento por superfície e ajuda nacional complementar	Evitar o potencial desaparecimento da produção	Hectares cultivados	20%
Azeite	Ajuda à produção e ajuda ao consumo	Compensar os produtores e os armazenistas quando o preço indicativo na produção é superior ao preço indicativo de mercado	Quantidades efectivamente produzidas	20%
Olivais	Ajuda para a manutenção	Permitir a prática de preços de venda competitivos	Hectare «SIG oleícola»	20%
Vinha e vinho	Ajuda à armazenagem	Compensar o produtor pela retirada temporária de mercado	Hectolitro de produto armazenado e número de dias de armazenamento	45%*
Vinha e vinho	Ajuda à produção	Compensar a diferença entre os custos de enriquecimento obtido pelos mostos de uvas e pela sacarose	Teor alcoólico em potência (% vol) e hectolitro de mostos de uvas	20%
Vinha e vinho	Restituição à exportação	Compensar a diferença entre o preço da Comunidade e o do mercado mundial	Quantidades exportadas e destino	20%
Sector pecuário (ovinos e caprinos)	Prémio pela manutenção de animais	Compensar a diferença de rendimentos entre os criadores	Número de animais elegíveis	20%
Sector pecuário (ovinos e caprinos)	Prémio complementar	Incentivar o desenvolvimento rural em algumas zonas	Número de ovelhas e/ou cabras mantidas na exploração	20%
Sector pecuário (carne de bovino)	Prémio especial para manutenção e engorda de bovinos machos	Compensar a descida gradual do preço de intervenção	Número de animais elegíveis	20%
Sector pecuário (carne de bovino)	Prémio de dessazonalização	Compensar os custos incorridos entre as datas normal e efectiva do abate	Número de animais abatidos	20%
Sector pecuário (vacas em aleitamento)	Prémio de manutenção	Incentivar a manutenção do efectivo de vacas em aleitamento e compensar a redução de proveitos face às restrições na venda do leite	Número de animais elegíveis	20%

Culturas	Ajuda	Objectivo	Base de cálculo	Coef. aplic
Sector pecuário (produtos lácteos)	Prémio e pagamento complementar	Compensar a descida gradual dos preços de intervenção	Tonelada da quantidade de referência individual elegível	20%
Medidas agro--ambientais	Apoio por compromissos ambientais	Incentivar a adopção de práticas agro-ambientais	Perda de rendimentos e despesas adicionais	45%*

OFÍCIO-CIRCULADO N.º 20 137, de 13 de Março de 2009

Convenções para evitar a Dupla Tributação Internacional

Encontram-se actualmente em vigor 52 (cinquenta e duas) Convenções para Evitar a Dupla Tributação e Prevenir a Evasão Fiscal em Matéria de Impostos sobre o Rendimento (CDT), celebradas pelo Estado português, de acordo com o Modelo da OCDE.

Tratando-se de um importante instrumento de direito fiscal internacional, deve ser disponibilizada informação actualizada sobre os textos existentes, bem como os diplomas que procedem à sua publicação, data da entrada em vigor e resumo das taxas de imposto que correspondem a situações de dispensa parcial de retenção na fonte de imposto, ao abrigo das referidas convenções.

Assim, com vista a facultar a todos os serviços da administração fiscal, bem como a outros agentes e interessados, uma tabela actualizada das CDT's em vigor, procede-se à divulgação da tabela anexa, que tem 6 (páginas) e faz parte integrante deste ofício.

TABELA PRÁTICA DAS CONVENÇÕES PARA EVITAR A DUPLA TRIBUTAÇÃO CELEBRADAS POR PORTUGAL

PAÍSES (ordem alfabética)	DIPLOMA LEGAL	TROCA DOS INSTRUMENTOS DE RATIFICAÇÃO / ENTRADA EM VIGOR	DIVIDENDOS Art.º	DIVIDENDOS Taxa	JUROS Art.º	JUROS Taxa	ROYALTIES Art.º	ROYALTIES Taxa
ÁFRICA DO SUL	Resolução Assembleia da República n.º 53/08 de 22 de Setembro	Aviso n.º 222/2008 publicado em 20-11-2008 EM VIGOR DESDE 22-10-2008	10º	10% m) 15% b)	11º	10%	12º	10%
ALEMANHA	Lei 12/82 de 03 de Junho	Aviso publicado em 14-10-1982 EM VIGOR DESDE 08-10-1982	10º	15%	11º	10% a) 15% b)	12º	10%
ARGÉLIA	Resolução Assembleia da República n.º 22/06 de 23 de Março	Aviso n.º 579/2006 publicado em 05-05-2006 EM VIGOR DESDE 01-05-2006	10º	10% m) 15% b)	11º	15%	12º	10%
ÁUSTRIA	DL n.º 70/71 de 08 de Março	Aviso publicado em 08-02-1972 EM VIGOR DESDE 28-02-1972	10º	15%	11º	10%	12º	5% b) 10% c)
BÉLGICA	DL n.º 619/70, 15 de Dezembro Convenção Adicional (Res. Ass. Rep. n.º 82/00 de 14 de Dezembro)	Aviso publicado em 17-02-1971 EM VIGOR DESDE 19-02-1971 Convenção Adicional em vigor desde 05-04-2001	10º	15%	11º	15%	12º	10%
BRASIL d)	Resolução Assembleia da República n.º 33/01 de 27 de Abril	Aviso publicado em 14-12-2001 EM VIGOR DESDE 05-10-2001 com efeitos a 01-01-2000	10º	10% m) 15% b)	11º	15%	12º	15%
BULGÁRIA	Resolução Assembleia da República n.º 14/96 de 11 de Abril	Aviso n.º 258/96 publicado em 26-08-1996 EM VIGOR DESDE 18-07-1996	10º	10% e) 15% b)	11º	10%	12º	10%
CABO VERDE	Resolução Assembleia da República n.º 63/00 de 12 de Julho	Aviso n.º 4/2001 publicado em 18-01-2001 EM VIGOR DESDE 15-12-2000	10.º	10%	11.º	10%	12.º	10%
CANADÁ	Resolução Assembleia da República n.º 81/00 de 6 de Dezembro	Aviso publicado em 17-10-2001 EM VIGOR DESDE 24-10-2001	10º	10% m) 15% b)	11º	10%	12º	10%
CHILE	Resolução Assembleia da República n.º 28/06 de 6 de Abril	Aviso n.º 243/2008 publicado em 29-12-2008 EM VIGOR DESDE 25-08-2008	10º	10% f) 15% b)	11º	5% r) 10% r) 15% b)	12º	5% r) 10% r)
CHINA	Resolução Assembleia da República n.º 28/2000 de 30 de Março	Aviso n.º 109/2000 publicado em 02-06-2000 EM VIGOR DESDE 08-06-2000	10º	10%	11º	10%	12º	10%
COREIA	Resolução Assembleia da República n.º 25/97 de 08 de Maio	Aviso n.º 315/97 publicado em 27-12-1997 EM VIGOR DESDE 21-12-1997	10º	10% e) 15% b)	11º	15%	12º	10%
CUBA	Resolução Assembleia da República n.º 49/01 de 13 de Julho	Aviso n.º 187/06 publicado em 23-01-2006 (e Aviso n.º 279/05 de 29-07-2005) EM VIGOR DESDE 28-12-05	10º	5% f) 10% b)	11º	10%	12º	5%
DINAMARCA	Resolução Assembleia da República n.º 6/02 de 23 de Fevereiro	Aviso n.º 53/2002 publicado em 15-06-2002 EM VIGOR DESDE 24-05-2002 a produzir efeitos após 01-01-03	10º	10%	11º	10%	12º	10%
ESLOVÁQUIA	Resolução Assembleia da República n.º 49/04 de 13 de Julho	Aviso n.º 191/04 publicado em 04-12-2004 EM VIGOR DESDE 02-11-2004 a produzir efeitos após 01-01-05	10º	15% b) 10% m)	11º	10%	12º	10%

TABELA PRÁTICA DAS CONVENÇÕES PARA EVITAR A DUPLA TRIBUTAÇÃO CELEBRADAS POR PORTUGAL

PAÍSES (ordem alfabética)	DIPLOMA LEGAL	TROCA DOS INSTRUMENTOS DE RATIFICAÇÃO / ENTRADA EM VIGOR	REDUÇÃO DE TAXAS					
			DIVIDENDOS		JUROS		ROYALTIES	
			Art.º	Taxa	Art.º	Taxa	Art.º	Taxa
ESLOVÉNIA	Resolução Assembleia da República n.º 48/04 de 10 de Julho	Aviso n.º 155/04 publicado em 31-08-2004 EM VIGOR DESDE 13-08-2004 a produzir efeitos após 01-01-05	10º	5% f) 15% b)	11º	10%	12º	5%
ESPANHA	Resolução Assembleia da República n.º 6/95, de 28 de Janeiro	Aviso n.º 164/95 publicado em 18-07-1995 EM VIGOR DESDE 28-06-1995	10º	10% f) 15% b)	11º	15%	12º	5%
ESTADOS UNIDOS DA AMÉRICA	Resolução Assembleia da República n.º 39/95 de 12 de Outubro	Aviso n.º 35/96 publicado em 09-01-1996 EM VIGOR DESDE 01-01-1996	10º	5% g) 10% g) 15% b)	11º	10%	13º	10%
ESTÓNIA	Resolução Assembleia da República n.º 47/04 de 08 de Julho	Aviso n.º 175/04 publicado em 27-11-2004 EM VIGOR DESDE 23-07-2004 a produzir efeitos após 01-01-05	10º	10%	11º	10%	12º	10%
FINLÂNDIA	DL n.º 494/70 de 23 de Outubro	Aviso publicado em 22-08-1980 EM VIGOR DESDE 14-07-1971	10º	10% f) 15% b)	11º	15%	12º	10%
FRANÇA	DL n.º 105/71 de 26 de Março	Aviso publicado em 13-11-1972 EM VIGOR DESDE 18-11-1972	11º	15%	12º	10% h) 12% b)	13º	5%
GRÉCIA	Resolução Assembleia da República n.º 25/02 de 4 de Abril	Aviso n.º 85/2002 publicado em 24-09-2002 EM VIGOR DESDE 13-08-2002 a produzir efeitos após 01-01-03	10º	15%	11º	15%	12º	10%
HOLANDA	Resolução Assembleia da República nº 62/00 de 12 de Julho	Aviso n.º 177/2000 publicado em 24-08-2000 EM VIGOR DESDE 11-08-2000	10.º	10%	11.º	10%	12.º	10%
HUNGRIA	Resolução Assembleia da República nº 4/99 de 28 de Janeiro	Aviso n.º 126/2000 publicado em 30-06-2000 EM VIGOR DESDE 08-05-2000	10º	10% e) 15% b)	11º	10%	12º	10%
ÍNDIA	Resolução Assembleia da República n.º 20/2000 de 6 de Março	Aviso n.º 123/2000 publicado em 15-06-2000 EM VIGOR DESDE 05-04-2000	10º	10% m) 15% b)	11º	10%	12º	10%
INDONÉSIA	Resolução Assembleia da República n.º 64/2006 de 6 de Dezembro	Aviso n.º 42/2008 publicado em 04/04/2008 EM VIGOR DESDE 11-05-2007	10º	10%	11º	10%	12º	10%
IRLANDA	Resolução Assembleia da República n.º 29/94 de 24 de Junho Protocolo que Revê CDT - Res. Ass. Rep. N.º 62/2006, de 06-12-2006	Aviso n.º 218/94 publicado em 24-08-1994 EM VIGOR DESDE 11-07-1994 Aviso n.º 45/2008 publicado em 17.04.2008 - Protocolo que Revê CDT EM VIGOR DESDE 18-12-2006	10º	15%	11º	15%	12º	10%
ISLÂNDIA	Resolução Assembleia da República n.º 16/02 de 8 de Março	Aviso n.º 48/2002 publicado em 08-06-2002 EM VIGOR DESDE 11-04-2002 a produzir efeitos após 01-01-03	10º	10% m) 15% b)	11º	10%	12º	10%
ISRAEL	Resolução Assembleia da República n.º 02/08 de 15 de Janeiro	Aviso n.º 94/2008 publicado em 13-06-2008 e rectificado pelo Aviso n.º 129/2008 publicado em 22.07.2008 EM VIGOR DESDE 18-02-2008	10º	5% r) 10% r) 15% r)	11º	10%	12º	10%

TABELA PRÁTICA DAS CONVENÇÕES PARA EVITAR A DUPLA TRIBUTAÇÃO CELEBRADAS POR PORTUGAL

PAÍSES (ordem alfabética)	DIPLOMA LEGAL	TROCA DOS INSTRUMENTOS DE RATIFICAÇÃO / ENTRADA EM VIGOR	REDUÇÃO DE TAXAS					
			DIVIDENDOS		JUROS		ROYALTIES	
			Art.º	Taxa	Art.º	Taxa	Art.º	Taxa
ITÁLIA	Lei n.º 10/82 de 01 de Junho	Aviso publicado em 07-01-1983 EM VIGOR DESDE 15-01-1983	10º	15%	11º	15%	12º	12%
LETÓNIA	Resolução Assembleia da República n.º 12/03 de 28 de Fevereiro	Aviso n.º 138/2003 publicado em 26-04-2003 EM VIGOR DESDE 07-03-2003	10º	10%	11º	10%	12º	10%
LITUÂNIA	Resolução Assembleia da República n.º 10/03 de 25 de Fevereiro	Aviso n.º 123/2003 publicado em 22-03-2003 EM VIGOR DESDE 26-02-2003	10º	10%	11º	10%	12º	10%
LUXEMBURGO	Resolução Assembleia da República n.º 56/00 de 30 de Junho	Aviso n.º 256/2000 publicado em 30-12-2000 EM VIGOR DESDE 30-12-2000	10.º	15%	11.º	10% n) 15% b)	12.º	10%
MACAU	Resolução Assembleia da República n.º 80-A/99 de 16 de Dezembro	Aviso n.º 72/2001 publicado em 16-07-2001 EM VIGOR DESDE 01-01-1999	10º	10%	11º	10%	12º	10%
MALTA	Resolução Assembleia da República n.º 11/02 de 25 de Fevereiro	Aviso n.º 33/2002 publicado em 06-04-2002 e rectificado em 30-04-2002 EM VIGOR DESDE 05-04-2002 a produzir efeitos após 01-01-03	10º	10% m) 15% b)	11º	10%	12º	10%
MARROCOS	Resolução Assembleia da República n.º 69 -A/98 de 23 de Dezembro	Aviso n.º 201/2000 publicado em 16-10-2000 EM VIGOR DESDE 27-06-2000	10º	10% e) 15% b)	11º	12%	12º	10%
MÉXICO	Resolução Assembleia da República n.º 84/00 de 15 de Dezembro	Aviso n.º 49/01 publicado em 21-05-2001 EM VIGOR DESDE 09-01-2001	10º	10%	11º	10%	12º	10%
MOÇAMBIQUE	Resolução Assembleia da República n.º 36/92 de 30 de Dezembro	Aviso n.º 55/95 publicado em 03-03-1995 EM VIGOR DESDE 01-01-1994	10º	15%	11º	10%	12º	10%
NORUEGA	DL n.º 504/70 de 27 de Outubro	Aviso publicado em 15-10-1971 EM VIGOR DESDE 01-10-1971	10º	10% f) 15% b)	11º	15%	12º	10%
PAQUISTÃO	Resolução Assembleia da República n.º 66/03 de 2 de Agosto	Aviso n.º 6/08 publicado em 21/01/2008 EM VIGOR DESDE 04-06-2007	10º	10% m) 15% b)	11º	10% o)	12º	10% p)
POLÓNIA	Resolução Assembleia da República n.º 57/97 de 09 de Setembro	Aviso n.º 52/98 publicado em 25-03-1998 EM VIGOR DESDE 04-02-1998	10º	10% e) 15% b)	11º	10%	12º	10%
REINO UNIDO	DL n.º 48497 de 24 de Julho de 1968	Aviso publicado em 03-03-1969 EM VIGOR DESDE 20-01-1969	10º	10% f) 15% b)	11º	10%	12º	5%
REP. CHECA	Resolução Assembleia da República n.º 26/97 de 09 de Maio	Aviso n.º 288/97 publicado em 08-11-1997 EM VIGOR DESDE 01-10-1997	10º	10% e) 15% b)	11º	10%	12º	10%
ROMÉNIA	Resolução Assembleia da República n.º 56/99 de 10 de Julho	Aviso nº 96/99 publicado em 18-08-1999 EM VIGOR DESDE 14-07-1999	10º	10% m) 15% b)	11º	10%	12º	10%

TABELA PRÁTICA DAS CONVENÇÕES PARA EVITAR A DUPLA TRIBUTAÇÃO CELEBRADAS POR PORTUGAL

PAÍSES (ordem alfabética)	DIPLOMA LEGAL	TROCA DOS INSTRUMENTOS DE RATIFICAÇÃO / ENTRADA EM VIGOR	REDUÇÃO DE TAXAS					
			DIVIDENDOS		JUROS		ROYALTIES	
			Art.º	Taxa	Art.º	Taxa	Art.º	Taxa
RÚSSIA	Resolução Assembleia da República n.º 10/02 de 25 de Fevereiro	Aviso n.º 32/2003 publicado em 30-01-2003 EM VIGOR DESDE 11-12-2002 a produzir efeitos após 01-01-03	10º	10% m) 15% b)	11º	10%	12º	10%
SINGAPURA	Resolução Assembleia da República n.º 85/00 de 15 de Dezembro	Aviso nº 45/01 publicado em 11-05-2001 EM VIGOR DESDE 16-03-01	10º	10%	11º	10%	12º	10%
SUÉCIA	Resolução Assembleia da República n.º 20/03 de 11 de Março	Aviso n.º 3/2004 publicado em 02-01-2004 e Aviso n.º 32/04, de 10-04-2004 EM VIGOR DESDE 19-12-2003 com efeitos após 01-01-2000	10º	10%	11º	10% q)	12º	10%
SUIÇA	DL n.º 716/74 de 12 de Dezembro	Aviso publicado em 26-02-1976 EM VIGOR DESDE 18-12-1975	10º	10% f) 15% b)	11º	10%	12º	5%
TUNÍSIA	Resolução Assembleia da República n.º 33/2000 de 31 de Março	Aviso n.º 203/2000 publicado em 16-10-2000 EM VIGOR DESDE 21-08-2000	10º	15%	11º	15%	12º	10%
TURQUIA	Resolução Assembleia da República n.º 13/06 de 21 de Fevereiro	Aviso n.º 2/2007 publicado em 10-01-2007 EM VIGOR DESDE 18-12-2006	10º	5% m) 15% b)	11º	10% p) 15% b)	12º	10%
UCRÂNIA	Resolução Assembleia da República n.º 15/02 de 8 de Março	Aviso n.º 34/2002 publicado em 11-04-2002 e rectificado em 30-04-2002 EM VIGOR DESDE 11-03-2002 a produzir efeitos após 01-01-03	10º	10% m) 15% b)	11º	10%	12º	10%
VENEZUELA	Resolução Assembleia da República n.º 68/97 de 05 de Dezembro	Aviso n.º 15/98 publicado em 16-01-1998 EM VIGOR DESDE 08-01-1998	10º	10% i) 15% j)	11º	10%	12º	10% k) 12% l)

NOTAS:

a) Quando pagos por entidades bancárias.

b) Em todos os outros casos.

c) Quando a sociedade controla 50% ou mais do capital social.

d) Entre 01-01-1972 e 31-12-1999 vigorou uma CDT entre Portugal e o Brasil aprovada pelo DL n.º 244/71 de 2 Junho e que veio a ser denunciada unilateralmente pelo Brasil. A taxa reduzida para dividendos, juros e royalties era de 15%, podendo ainda ter sido aplicada, no caso de royalties, uma taxa de 10%, sempre que se tratasse de obras literárias, científicas ou artísticas, cuja aplicação era regulada pela Circular n.º 17/73, de 19/10.

e) Quando o beneficiário efectivo for uma sociedade que durante um período consecutivo de 2 anos anteriormente ao pagamento dos dividendos, detiver 25% do capital social da sociedade pagadora, a taxa não poderá exceder 10% do montante bruto dos dividendos pagos depois de 31-12-1996.

No entanto, nos termos do art. 28.º ou 29.º das respectivas convenções, esta taxa reduzida de 10% só será aplicável, porque se trata de imposto devido na fonte, às situações cujo facto gerador do imposto surja em ou depois de 1 de Janeiro do ano imediato àquele em que a Convenção entrou em vigor.

f) Quando o beneficiário efectivo for uma sociedade que controla 25% ou mais do capital social.

g) Quando o sócio for uma sociedade que durante dois anos consecutivos antes do pagamento dos dividendos, detiver directamente 25% ou mais do capital social, a taxa é de 10% entre 01-01-1997 e 31-12-1999 e 5% para depois de 31-12-1999.

h) Para as obrigações emitidas em França depois de 01-01-1965.

i) A partir de 01-01-1997. No entanto, nos termos do art. 29.°, n.° 2, alínea *a*) da Convenção celebrada com a Venezuela, esta taxa reduzida de 10% apenas será aplicável, porque se trata de imposto devido na fonte, às situações cujo facto gerador do imposto surja em ou depois de 01-01-1999.

j) Até 31-12-1996, conforme previsto no art. 10.°, n.° 2 da Convenção com a Venezuela. No entanto, dado que esta Convenção apenas entrou em vigor em 08-01-1998, esta taxa reduzida de 15% nunca foi, nem será, aplicada.

k) Taxa para assistência técnica.

l) Taxa para royalties em geral.

m) Quando o beneficiário efectivo dos dividendos for uma sociedade que, durante um período ininterrupto de dois anos anteriormente ao pagamento dos dividendos, detenha directamente pelo menos 25% do capital social da sociedade que paga os dividendos.

n) Se os juros forem pagos por uma empresa de um Estado Contratante, em cuja titularidade os juros são considerados despesas dedutíveis, a um estabelecimento financeiro residente do outro Estado Contratante.

o) Contudo, os juros provenientes de um Estado Contratante serão isentos nesse Estado, ao abrigo e se cumpridas as condições previstas as alíneas *a*), *b*) ou *c*) do n.° 3 do art. 11.° da CDT com o Paquistão.

p) Esta taxa reduzida de 10% é ainda aplicável a "remunerações por serviços técnicos", nos termos e com a abrangência prevista nos n.ºs 4 e 5 do art. 12.° da CDT com o Paquistão.

q) Contudo, os juros só poderão ser tributados no Estado Contratante de que o respectivo beneficiário efectivo é residente se cumprida uma das condições previstas nas alíneas *a*) a *d*) do n.° 3 do art. 11.° da CDT com a Suécia.

r) Consultar o artigo respectivo.

s) Por não estar ainda publicado o aviso do Ministério dos Negócios Estrangeiros que publicita a troca dos instrumentos de ratificação entre os dois Estados Contratantes, esta convenção ainda não entrou em vigor.

OBSERVAÇÃO IMPORTANTE:

As Convenções para Evitar a Dupla Tributação (CDT'S) celebradas por Portugal, de acordo com o modelo da OCDE, apenas deverão ser aplicadas quando as entidades pagadoras dos rendimentos estiverem na posse dos formulários próprios para execução das mesmas, devidamente preenchidos e autenticados pela respectiva autoridade fiscal, em conformidade com o disposto no art. 90.°-A do Código do IRC e art. 18.° do DL n.° 42/91, de 22 de Janeiro, aprovados pelo Despacho n.° 4743-A/2008, do Ministro de Estado e das Finanças, publicado no D.R. n.° 37, II.ª Série, de 21 de Fevereiro de 2008, tendo em conta a Rectificação n.° 427-A/2008, publicada no D.R. n.° 43, de 29.02.2008.

OFÍCIO-CIRCULADO N.º 20 132, de 14 de Abril de 2008

IRC – Liquidação de derrama – regimes especiais de tributação

A nova lei das finanças locais (Lei n.º 2/2007, de 15 de Janeiro), alterou a forma de cálculo da derrama para o exercício de 2007 e seguintes.

Tendo sido suscitadas dúvidas sobre o cálculo e a aplicação de derrama aos regimes especiais de tributação do IRC, informa-se o seguinte:

1. Regime de transparência fiscal

Nos termos da legislação actual, mais concretamente do artigo 14.º da Lei n.º 2/2007, de 15 de Janeiro, a taxa da derrama recai sobre o lucro tributável, sujeito e não isento de IRC, das entidades residentes em território português que exerçam, a título principal, uma actividade de natureza comercial, industrial ou agrícola e ainda sobre o lucro tributável das entidades não residentes com estabelecimento estável em Portugal.

Ora, nos termos do artigo 12.º do Código do IRC, as entidades sujeitas ao regime de transparência fiscal, não obstante serem sujeitos passivos deste imposto, "...não são tributadas em IRC, salvo quanto às tributações autónomas", pelo que esta norma de não tributação leva a concluir que o lucro tributável por elas apurado não é passível de tributação em IRC.

Logo, a derrama prevista no referido artigo 14.º não abrange, na sua incidência objectiva, o lucro tributável das sociedades ou entidades transparentes.

2. Regime especial de tributação de grupos de sociedades

No âmbito do regime especial de tributação de grupos de sociedades, a determinação do lucro tributável do grupo é feita pela forma referida no artigo 64.º do Código do IRC, correspondendo à soma algébrica dos lucros tributáveis e dos prejuízos fiscais apurados nas declarações periódicas individuais.

Se é verdade que nas declarações periódicas individuais não há um verdadeiro apuramento de colecta, o mesmo já não se pode dizer relativamente ao lucro tributável.

Com efeito, cada sociedade apura um lucro tributável na sua declaração individual. Assim, para as sociedades que integram o perímetro do grupo abrangido pelo regime especial de tributação de grupos de sociedades, a derrama deverá ser calculada e indicada individualmente por cada uma sociedades na sua declaração, sendo preenchido, também individualmente, o Anexo A, se for caso disso.

O somatório das derramas assim calculadas será indicado no campo 364 do Quadro 10 da correspondente declaração do grupo, competindo o respectivo pagamento à sociedade dominante, em consonância com o entendimento sancionado por despacho de 2008-03-13, do substituto legal do Director-Geral.

OFÍCIO-CIRCULADO N.º 20 136, de 11 de Março de 2009

**Transmissão Onerosa de Bens Imóveis
– Artigos 58.º-A e 129.º do Código do IRC**

Tendo sido suscitadas dúvidas sobre algumas questões respeitantes à correcção ao valor da transmissão onerosa de direitos reais sobre bens imóveis, prevista no artigo 58.º--A do Código do Imposto Sobre o Rendimento das Pessoas Colectivas (IRC), bem como à prova do preço efectivo dessas transmissões, efectuada através do procedimento regulado nos artigos 91.º e 92.º da Lei Geral Tributária (LGT), aplicável, com as necessárias adaptações, por força da remissão legal prevista no n.º 5 do artigo 129.º do Código do IRC, foi, por despacho de 6 de Março de 2009, do substituto legal do Director-Geral, sancionado o seguinte entendimento:
   1. Nas transmissões onerosas de direitos reais sobre bens imóveis, sempre que o valor constante do contrato seja inferior ao valor patrimonial tributário definitivo do imóvel que serviu de base à liquidação do imposto municipal sobre as transmissões onerosas de imóveis (IMT), é este o valor a considerar tanto pelo alienante, como pelo adquirente.
   2. Neste sentido, o sujeito passivo alienante:
      i. Sempre que o valor patrimonial tributário definitivo seja determinado até ao final do prazo estabelecido para a entrega da Declaração Modelo 22 relativa ao exercício em que se considera realizado o proveito obtido com a operação de transmissão, deve efectuar uma correcção no Quadro 07 dessa mesma declaração [cf. alínea a) do n.º 3 do artigo 58.º-A do Código do IRC];
      ii. Quando o valor patrimonial tributário definitivo não esteja determinado até ao final do prazo estabelecido para entrega da Declaração Modelo 22 relativa ao exercício em que se considera realizado o proveito resultante da operação, deve apresentar a declaração de substituição durante o mês de Janeiro do ano seguinte àquele em que os valores patrimoniais tributários se tornaram definitivos (cf. n.º 4 do mesmo artigo).
   3. Se, porém, nos termos do artigo 129.º do Código do IRC, o sujeito passivo alienante pretender fazer prova de que o preço efectivamente praticado nas transmissões de direitos reais sobre bens imóveis foi inferior ao valor patrimonial tributário que serviu de base à liquidação do IMT, não deve efectuar as correcções acima indicadas, pois o pedido de abertura de procedimento de produção de prova do preço efectivo tem efeito suspensivo da liquidação, na parte correspondente ao valor do ajustamento referido no n.º 2 do artigo 58.º-A.
   4. O efeito suspensivo da liquidação decorrente do procedimento a que alude o n.º 3 do artigo 129.º do Código do IRC dispensa, pois, o sujeito passivo da inscrição do montante do ajustamento no Quadro 07 da Declaração Modelo 22 bem como de apresentar, sendo caso disso, a declaração de substituição destinada a corrigir o valor — fiscalmente considerado — da transmissão.
   5. Concomitantemente, o adquirente deve abster-se, também, de alterar o valor pelo qual registou o imóvel e bem assim de influenciar os resultados que tenham origem nesse activo.
   6. Perante a relevância que o valor patrimonial tributário definitivo do imóvel, que serviu de base à liquidação do IMT, pode assumir para a definição da situação tributária tanto do alienante como do adquirente e cabendo ao primeiro a iniciativa de desencadear o

procedimento previsto no artigo 129.º do Código do IRC, a Direcção de Finanças, após a recepção do requerimento por este apresentado, deve dar conhecimento do facto ao adquirente, através de uma comunicação, efectuada num prazo não superior a 30 dias.

7. Refira-se que, para efeitos de controlo da liquidação, nomeadamente a sua suspensão na parte correspondente ao ajustamento referido no n.º 2 do artigo 58.º-A do Código do IRC, foi incluído na Declaração Modelo 22 um campo (Campo 416 do Quadro 11), onde o sujeito passivo alienante deve inscrever o montante do ajustamento nos casos em que tenha havido recurso ao procedimento a que refere o artigo 129.º do mesmo Código.

8. Todavia, a apresentação do requerimento a que se refere o artigo 129.º, do Código do IRC deve ser comunicada, também, às unidades orgânicas legalmente incumbidas da inspecção das entidades requerentes, para obstar a que seja efectuada qualquer liquidação que contenda com o efeito suspensivo do meio procedimental referido, designadamente nos casos em que o valor patrimonial tributário definitivo não esteja determinado até ao final do prazo estabelecido para entrega da Declaração Modelo 22 referente ao exercício em que se considera realizado o proveito relativo à operação e em que o sujeito passivo alienante, por recorrer ao mecanismo previsto no artigo 129.º do Código do IRC, fica desobrigado de proceder à entrega da declaração de substituição.

9. O procedimento de produção de prova do preço efectivamente praticado na transmissão de imóveis inicia-se, pois, com o pedido do sujeito passivo dirigido ao Director de Finanças competente, o qual deve ser apresentado no mês de Janeiro do ano seguinte àquele em que ocorreram as transmissões, caso o valor patrimonial tributário já se encontre definitivamente fixado. Prevê-se, assim, a entrega de um único requerimento relativamente a todas as transmissões que tiveram lugar no ano anterior, desde que os imóveis já se encontrem avaliados,

No entanto, se nesse período o valor patrimonial tributário ainda não estiver definitivamente fixado, o pedido deve ser efectuado nos 30 dias posteriores à data em que a avaliação se tornar definitiva.

10. O procedimento de produção de prova obedece, com as necessárias adaptações, ao estipulado para o procedimento relativo ao pedido de revisão da matéria colectável consagrado nos artigos 91.º e 92.º da LGT, sendo igualmente aplicável o disposto no n.º 4 do artigo 86.º da mesma lei.

11. A remissão efectuada no n.º 5 do artigo 129.º do Código do IRC para o meio procedimental dos artigos 91.º e 92.º da LGT abrange a necessidade de promoção de uma reunião de peritos com o propósito de obter um acordo sobre o preço efectivamente pago pelo adquirente dos bens imóveis, baseado, não só, nos elementos resultantes do acesso ao segredo bancário, mas também do exame das condições especiais ou normais de mercado que rodearam a transmissão.

12. A faculdade que a administração fiscal tem de aceder à informação bancária do requerente e dos respectivos administradores ou gerentes do período em que ocorreu a transmissão e do exercício anterior é uma condição do procedimento. Por isso, com vista à abertura do procedimento, devem os interessados anexar ao requerimento os documentos de autorização para a administração fiscal aceder não apenas às suas próprias contas bancárias, como às contas dos seus administradores e gerentes.

13. A renúncia expressa ao segredo bancário não é, pois, uma faculdade a exercer discricionariamente pela Administração Fiscal apenas quando se suscitem dúvidas sobre a existência de condições anormais do mercado que determinaram a fixação de um preço inferior ao valor patrimonial tributário do bem imóvel transmitido.

14. Do acesso às contas bancárias do requerente e seus administradores e gerentes não resulta, no entanto, uma prova absoluta de que o preço efectivamente praticado corresponde ao valor constante do contrato.

15. Nesse sentido, a prova de que o preço efectivo corresponde ao valor constante do contrato depende, pois, da justificação das condições anormais de mercado em que se realizou a transmissão, de que resultou a fixação de um preço inferior ao valor patrimonial tributário definitivo do bem imóvel transmitido e da renúncia expressa do requerente e dos respectivos administradores ou gerentes à tutela conferida pelo segredo bancário. Estes requisitos devem ser preenchidos cumulativamente.

16. No procedimento em causa são admissíveis os meios de prova geralmente admitidos no procedimento de revisão da matéria colectável fixada por métodos indirectos a que se referem as normas da LGT.

17. A norma do n.º 2 do artigo 129.º do Código do IRC tem carácter meramente exemplificativo, não prejudicando a eventualidade de o sujeito passivo provar, por outros meios, que o preço efectivamente praticado foi inferior ao valor patrimonial tributário.

18. Entre os meios probatórios a utilizar, figuram: o requerimento do reclamante, os elementos resultantes do exercício do direito de acesso à sua informação bancária e à dos seus administradores e gerentes, os cálculos efectuados pelos peritos avaliadores na determinação do valor patrimonial definitivo do bem imóvel transmitido, as propostas de zonamento e os relatórios dos peritos avaliadores que lhe serviram de base (se necessário) e quaisquer outros meios probatórios que se mostrem de interesse.

19. Cabe aos peritos, em debate contraditório, pronunciarem-se sobre os elementos obtidos, para concluírem se o preço efectivamente praticado corresponde ou não ao valor constante do contrato.

20. Não é incompatível com a natureza do procedimento a que se refere o artigo 129.º a aplicação do disposto no n.º 6 do artigo 92.º da Lei Geral Tributária. Ou seja, na falta de acordo entre os peritos, o Director *de* Finanças ou funcionário a quem tiver delegado essa competência resolve, segundo o seu prudente juízo, tendo em conta as posições dos peritos.

21. A autuação única prevista no n.º 15 do artigo 91.º da LGT corresponde à instauração de um único procedimento por cada requerimento apresentado nos termos do n.º 3 do artigo 129.º do Código do IRC, ainda que respeitante a mais de um imóvel ou transmissão.

22. Após a decisão do procedimento no sentido de deferimento total ou parcial ou de indeferimento do pedido, a Direcção de Finanças deve notificá-la quer ao alienante quer ao adquirente.

23. O sujeito passivo adquirente, na posse da decisão referida no número anterior, pode, então, optar pelo procedimento previsto na alínea b) do n.º 3 e no n.º 5, ambos do artigo 58.º-A do Código do IRC.

24. No que toca ao alienante, se a prova não for aceite ou se o for, apenas, parcialmente, é promovida a correspondente correcção da liquidação, que é, neste caso, da competência da Direcção-Geral dos Impostos, para o que deve a competente Direcção de Finanças proceder à emissão de um documento de correcção.

25. O documento de correcção que pode resultar do procedimento do artigo 129.º do Código do IRC reporta-se à aplicação de métodos directos e não de métodos indirectos.

26. A remissão efectuada no n.º 5 do artigo 129.º do Código do IRC para o disposto nos artigos 91.º e 92.º da LGT, com as necessárias adaptações, diz respeito apenas

às normas procedimentais – e não materiais – que regulam a aplicação de métodos indirectos.

27. O procedimento referido, bem como o valor que dele resultar provado, só tem consequências no âmbito do IRC, como resulta claramente das especificidades contidas nos artigos 58.º-A e 129.º do Código respectivo, não produzindo quaisquer efeitos em sede de Imposto Municipal sobre Imóveis (IMI) ou IMT.

28. Por outro lado, também a impugnação do acto de fixação do valor patrimonial tributário prevista no Código do IMI não tem efeito suspensivo quanto à liquidação do IRC nem suspende o prazo do pedido de produção de prova.

29. Por sua vez, o pedido de abertura do procedimento é condição prévia de impugnação judicial contra a liquidação do IRC relativo à transmissão de imóveis cujo lucro tributável tenha sido objecto de correcção nos termos do artigo 58.º-A do Código do IRC ou, se não houver lugar a liquidação, do lucro tributável previsto no mesmo preceito legal, não havendo lugar a reclamação graciosa.

OFÍCIO-CIRCULADO N.º 20 140, de 4 de Agosto de 2009

Instrução dos Pedidos de Isenção do IRC requeridos nos termos da alínea c) do n.º 1 do Artigo 10.º do CIRC

Com a alteração ao artigo 10.º do Código do Imposto sobre o Rendimento das Pessoas Colectivas (CIRC) operada pela Lei n.º 60-A/2005, de 30 de Dezembro (Lei do Orçamento de Estado para 2006), apenas o reconhecimento da isenção das pessoas colectivas de utilidade pública, a que se refere a alínea c) do n.º 1 daquele artigo, depende da iniciativa dos interessados mediante requerimento dirigido especificamente a esse fim. Face à desactualização do Ofício-Circulado n.º 9/89, de 3 de Junho, e verificando-se o seu não cumprimento regular, o que potencia atrasos na instrução dos respectivos pedidos de isenção, foi, por despacho do Director-Geral, de 09-07-20, determinado o seguinte:

1. Considerando que a isenção das Pessoas Colectivas de Utilidade Pública Administrativa e das Instituições Particulares de Solidariedade Social (IPSS) e entidades anexas, bem como das pessoas colectivas legalmente equiparadas às IPSS (alíneas a) e b) do n.º 1 do artigo 10.º do CIRC), opera actualmente de forma automática e com efeitos retroactivos à data da verificação dos respectivos pressupostos, devem os Serviços de Finanças esclarecer os sujeitos passivos requerentes que se encontrem abrangidos por tal regime, da desnecessidade do seu pedido a fim de evitar a instauração de processos inconsequentes, devendo ainda informar:

   a) Da exigência da verificação continuada dos requisitos previstos no n.º 3 do artigo 10.º do CIRC;

   b) Que a amplitude da isenção não abrange os rendimentos empresariais derivados do exercício das actividades comerciais ou industriais desenvolvidas fora do âmbito dos fins estatutários, bem como os rendimentos de títulos ao portador, não registados nem depositados, nos termos da legislação em vigor.

c) De acordo com o disposto no artigo 14.º do Estatuto dos Benefícios Fiscais (EBF), se a entidade isenta tiver deixado de efectuar o pagamento de qualquer imposto sobre o rendimento, a despesa ou o património e das contribuições relativas ao sistema da segurança social e se mantiver a situação de incumprimento, e se a dívida não tiver sido objecto de reclamação, impugnação ou oposição com prestação de garantia idónea, quando exigível, a isenção não produz os seus efeitos no ano ou período de tributação em que ocorra esse incumprimento.

2. Os pedidos de reconhecimento de isenção que, nos termos do n.º 2 do artigo 10.º do CIRC, devem ser efectuados mediante requerimento dirigido ao Ministro das Finanças, ou seja, apenas para as pessoas colectivas de utilidade pública que prossigam exclusiva ou predominantemente fins científicos ou culturais, de caridade, assistência, beneficência, solidariedade social ou defesa do meio ambiente, devem ser acompanhados, nos termos do n.º 1 do artigo 65.º do Código do Processo e Procedimento Tributário (CPPT), da adequada prova da verificação dos respectivos pressupostos do reconhecimento e que a seguir, em regra, se indicam:

a) Documento comprovativo da natureza jurídica de pessoa colectiva;
b) Cópia actualizada dos Estatutos (fotocópia simples);
c) Relatório de actividades e as contas dos dois últimos exercícios económicos;
d) Mapa para instrução do processo, cujo modelo se anexa;
e) Declaração da inexistência de qualquer interesse directo ou indirecto dos membros dos órgãos estatutários, por si ou por interposta pessoa, nos resultados da exploração das actividades económicas dessa entidade, conforme o disposto na alínea c) do n.º 3 do art. 10.º do CIRC;

3. No que se refere ao documento comprovativo da natureza jurídica de pessoa colectiva de utilidade pública a que se refere a alínea a) do ponto anterior, deverá observar-se o seguinte em função do que em cada caso for aplicável:

i) FUNDAÇÕES E ASSOCIAÇÕES
Cópia do Diário da República onde foi publicada a Declaração de utilidade pública, nos termos do Decreto-Lei n.º 460/77, de 7 de Outubro e do Decreto-Lei n.º 57/78, de 1 de Abril, ou documento equivalente, onde conste o despacho de reconhecimento do Primeiro Ministro e respectiva data de publicação.

ii) ORGANIZAÇÃO NÃO GOVERNAMENTAL PARA O DESENVOLVIMENTO (O.N.G.D.)
Comprovativo actualizado do registo, onde conste a data do primeiro e último registo, a que se referem os artigos 7.º, 8.º e 12.º da Lei n.º 66/98, de 14 de Outubro, emitido pelo Ministério dos Negócios Estrangeiros – Instituto Português de Apoio ao Desenvolvimento – IPAD;

iii) ORGANIZAÇÃO NÃO GOVERNAMENTAL DE AMBIENTE (O.N.G.A.)
– Registo da qualidade de Organização não Governamental de Ambiente a que se refere os artigos 3.º e 17.º da Lei n.º 35/98, de 18 de Julho.

iv) COOPERATIVA (reconhecida de Utilidade Pública)
– Cópia do Diário da República onde foi publicada a Declaração de Utilidade Pública, nos termos do Decreto-Lei n.º 460/77, de 7 de Outubro e do Decreto-Lei n.º 57/78, de 1 de Abril, ou documento equivalente, onde conste despacho de

reconhecimento do Primeiro-Ministro e respectiva data de publicação, remissão do n.º 7 do Artigo 7.º da Lei n.º 85/98, de 16 de Dezembro.
– Credencial (actualizada) do Instituto António Sérgio do Sector Cooperativo a que se referem os artigos 87.º e 88.º da Lei n.º 51/96, de 7 Setembro.

4. Os Serviços de Finanças devem remeter os pedidos de reconhecimento da isenção directamente à Direcção de Serviços do IRC para efeitos da respectiva instrução e decisão. Relativamente aos pedidos que não sejam acompanhados dos elementos de prova acima referidos, aquela remessa só deve ser efectuada após notificação do requerente para suprir as deficiências existentes, com a menção de que os elementos em falta devem ser remetidos directamente àquela Direcção de Serviços, para a Av.ª Eng.º Duarte Pacheco, 28-7.º – 1099-013 Lisboa.

5. Importa, ainda, observar o prazo de apresentação do pedido de reconhecimento da isenção previsto na alínea b) do n.º 3 do artigo 65.º do CPPT, sem o que o direito à isenção só pode retroagir ao exercício cujo prazo de entrega da declaração de rendimentos termine em data posterior à da apresentação do pedido.

6. Este Ofício-Circulado substitui o Ofício-Circulado 9/89, de 3 de Junho, que expressamente se revoga.

OFÍCIO-CIRCULADO N.º 60 071, de 02 de Setembro de 2009

Inexistência de Responsabilidade Contra-ordenacional dos Sujeitos Passivos abrangidos pelo Artigo 58.º do Código do I.R.S.

Tendo sido suscitada a questão da aplicação do regime contra-ordenacional tributário constante do RGIT, aos sujeitos passivos que embora dispensados da entrega da declaração de rendimentos do IRS, nos termos do artigo 58.º do referido Código do IRS, procedem àquela entrega fora do prazo estabelecido no artigo 60.º do mesmo Código, por razões ou motivos de natureza extra-fiscais, foi, por despacho do Senhor Director-Geral dos Impostos de 31/07/2009, sancionado o seguinte entendimento:

1. Para as situações abrangidas pelo artigo 58.º do Código do IRS, a apresentação da declaração anual de rendimentos, fora dos prazos previstos no artigo 60.º do mesmo Código, não é passível de penalização porque a sua apresentação nesses termos não configura a prática de facto ilícito tal como se encontra enunciado no artigo 2.º do Regime Geral das Infracções Tributárias (RGIT).

2. Com efeito, uma declaração só pode ser considerada como apresentada fora do prazo e, consequentemente, dar origem a uma situação de incumprimento sancionado, se existe a obrigação da sua apresentação dentro do prazo legalmente previsto para o efeito, o que, nas situações de dispensa, não se verifica.

OFÍCIO-CIRCULADO N.º 20 142, de 3 de Dezembro de 2009

IRS – Liquidações aos Contribuintes Faltosos.
Reclamações Graciosas. Procedimentos.

Mostrando-se necessário proceder à divulgação dos procedimentos a adoptar pelos Serviços em caso de apresentação de reclamação graciosa pelos sujeitos passivos a quem foram efectuadas liquidações de IRS, realizadas nos termos previstos no artigo 76.º, n.º 3 do Código do IRS, foi por despacho do Senhor Director-Geral dos Impostos, datado de 2009-11-30, sancionado o seguinte:

1 – Os sujeitos passivos devem apresentar, anualmente, uma declaração modelo 3, acompanhada dos anexos respectivos, relativa aos rendimentos do ano anterior e a outros elementos informativos relevantes para a sua concreta situação tributária.

Após a apresentação da declaração dentro dos prazos legalmente estabelecidos, a liquidação é efectuada tendo por base os elementos declarados pelos sujeitos passivos.

2 – Caso a declaração não tenha sido apresentada, o titular dos rendimentos é notificado por carta registada para cumprir a obrigação em falta no prazo de 30 dias, findo o qual é efectuada a liquidação.

Nos termos do disposto na alínea b) do n.º 1 e n.º 3 do artigo 76.º do Código do IRS, esta liquidação terá por base os elementos de que a Direcção-Geral dos Impostos disponha, sem se atender ao mínimo de existência (artigo 70.º) e sendo apenas efectuadas as deduções previstas na alínea a) do n.º 1 do artigo 79.º (dedução pessoal do sujeito passivo) e no n.º 3 do artigo 97.º (retenções na fonte e pagamentos por conta).

3 – Tratando-se de uma liquidação realizada com base em pressupostos e condicionalismos especiais (parte final do n.º 3 do artigo 76.º do CIRS), também uma eventual reclamação terá necessariamente de se cingir às especificidades dessa mesma liquidação. Assim, estando em causa uma liquidação efectuada a um sujeito passivo individualmente considerado, a revisão da liquidação só pode ser fundamentada em erro na sua situação pessoal, bem como nos elementos tidos em consideração na própria liquidação (rendimento do contribuinte, a dedução pessoal que lhe seja imputável e as retenções na fonte e pagamentos por conta, não se tendo em consideração o mínimo de existência).

4 – Conclui-se assim que, num eventual pedido de revisão da liquidação através do mecanismo da reclamação graciosa, somente poderão ser objecto de revisão os seguintes aspectos:
- Estado civil do sujeito passivo (invocando que é casado, não relevando assim a indicação de unido de facto, por esta se tratar de uma opção e não de regime regra);
- Rendimento bruto e correspondente dedução específica (com excepção dos rendimentos da categoria B, aos quais se aplica sempre o coeficiente mais elevado previsto no n.º 2 do artigo 31.º, conforme disposto no artigo 76.º, n.º 2);
- Retenções na fonte e pagamentos por conta.

ÍNDICE ALFABÉTICO

Abatimentos – ao rendimento líquido total – art. 56.º (CIRS) *(Revogado)* **[1]**
Abertura de crédito – arts. 5.º, n.º 2-*a*), 6.º, n.º 2, 7.º, n.ºs 2 e 4, 40.º (CIRS) **[1]**
Abono de família – art. 2.º, n.º 3-*b*) 1) (CIRS) **[1]**
Abonos para falhas – art. 2.º, n.º 3-*c*) (CIRS) **[1]**
Acções – aquisição e alienação – arts. 10.º, n.ºs 1-*b*), 2-*a*), 8 a 12, 22.º, n.º 3, 43.º, n.ºs 1, 3 e 4, 44.º, 45.º, 48.º, 51.º-*b*), 52.º, n.º 2, 55.º, n.º 6, 57.º, n.º 2, 72.º, n.ºs 4 e 6 124.º, 125.º e 138.º (CIRS) **[1]**
Acções – divergência sobre o valor de alienação – art. 52.º, n.º 2 (CIRS) **[1]**
Acções – data de aquisição – art. 43.º, n.º 4-*b* e *c*) (CIRS) **[1]**
Acções – detidas pelo seu titular durante mais de 12 meses – art. 10.º, n.ºs 2-*a*), 11 e 12 (CIRS) **[1]**
Acções – permuta – art. 10.º, n.ºs 8 e 9 (CIRS) **[1]**
Acções – permuta – arts. 73.º a 78.º (CIRC) **[11]**
Acções – Planos de poupança – art. 26.º (EBF) **[21]**
Acções – adquiridas no âmbito das privatizações – art. 67.º (EBF) **[21]**;
Acordos de cooperação, reorganização de empresas em resultado de actos de concentração ou de – art. 60.º (EBF) **[21]**
Acordos e relações de cooperação, art. 39.º (EBF) **[21]**

Acordos prévios sobre preços de transferência – art. 138.º (CIRC) **[11]**; Procedimentos de celebração de – Portaria n.º 620-A/2008, de 16 de Julho **[20]**
Acréscimos patrimoniais não justificados, art. 9.º, n.º 1-*d*) (CIRS) **[1]**
Actividade agrícola, arts. 3.º, n.º 1-*a*) e 4.º (CIRS) **[1]**
Actividade comercial, arts. 3.º, n.º 1-*a*) e 4.º (CIRS) **[1]**
Actividade industrial, arts. 3.º, n.º 1-*a*) e 4.º (CIRS) **[1]**
Actividade silvícola ou pecuária, arts. 3.º, n.º 1-*a*) e 4.º (CIRS) **[1]**
Actividades culturais, art. 11.º (CIRC) **[11]**
Actividades de carácter plurianual, arts. 18.º, n.º 5 e 19.º (CIRC) **[11]**
Actividades de natureza comercial, industrial ou agrícola, art. 3.º, n.º 4 (CIRC) **[11]**
Actividades desportivas, art. 11.º (CIRC) **[11]**
Actividades hoteleiras, arts. 4.º, n.º 1-*h*) e 31.º, n.º 5 (CIRS) **[1]**
Actividades recreativas, art. 11.º (CIRC) **[11]**
Actividades urbanísticas, art. 4.º, n.º 1-*g*) (CIRS) **[1]**
Actos de concentração ou de acordos de cooperação, reorganização de empresas em resultado de – art. 60.º (EBF) **[21]**
Actos ilícitos (tributação) – art. 1.º (CIRS) **[1]**; art. 1.º (CIRC) **[11]**

Actos isolados, arts. 3.º, n.ᵒˢ 2-*h*) e *i*) e 3, 18.º, n.º 1-*m*) e 30.º (CIRC) **[1]**

Administração Pública, reposição de remunerações indevidamente pagas a funcionários ou agentes da (ver Circular n.º 3/2008) **[50]**

Afectação de bens ao património particular – art. 3.º, n.º 2-*c*) (CIRS) **[1]**

Afectação de bens do património particular, arts. 10.º, n.ᵒˢ 1-*a*), 3-*b*), 29.º, n.º 2 e 44.º, n.º 1-*c*) (CIRS) **[1]**

Agências de viagens e de turismo, art. 4.º, n.º 1-*i*) (CIRS) **[1]**

Agentes desportivos – regime transitório, art. 3.º-A (DL n.º 442-A/88, de 30/11) **[1]**

Agregado familiar, art. 13.º, n.ᵒˢ 2, 3 e 6 (CIRS) **[1]**

Agrupamentos complementares de empresas, arts. 7.º (DL n.º 442-B/88, de 30/11), 6.º, n.º 2 (CIRC) **[11]**; art. 60.º, n.º 4-*a*) (EBF) **[21]**

Ajudas de custo, art. 2.º, n.º 3-*d*) (CIRS) **[1]**; arts. 23.º, n.º 1-*d*), 42.º, n.º 1-*f*), 81.º, n.ᵒˢ 9 e 10 (CIRC) **[11]**

Alienação de acções e outros valores mobiliários, art. 138.º (CIRS) **[1]**

Alienação onerosa – ganhos obtidos constituem mais-valias, art. 10.º, n.º 1-*a*), *b*) e *c*) (CIRS) **[1]**

Alteração dos rendimentos, arts. 60.º, n.º 2 e 65.º (CIRS) **[1]**

Alterações da actividade (declaração), pessoas singulares – arts. 112.º, n.º 2 e 118.º, n.º 1 (CIRS) **[1]**

Alterações (declaração de), pessoas colectivas – arts. 117.º, n.º 1-*a*), 118.º, n.º 5, 119.º (verbal), 117.º, n.º 2 e 135.º, n.º 2 (CIRC) **[11]**

Amortizações – aceites como custo, art. 29.º (CIRC) **[11]**; não aceites como custo, art. 34.º (CIRC) **[11]**

Amortizações e depreciações, Dec. Reg. 25/2009, de 14/09 **[13]**

Ano civil, período de tributação – art. 8.º (CIRC) **[11]**; (ver Circular n.º 12/97) **[50]**

Ano fiscal, art. 143.º (CIRS) **[1]**

Anos anteriores, rendimentos produzidos em – art. 74.º (CIRS) **[1]**

Anulações de imposto – art. 103.º (CIRC) **[11]**

Apostas mútuas, arts. 9.º, n.º 2, 18.º, n.º 1-*l*) e 71.º, n.º 2-*f*) (CIRS) **[1]**; arts. 4.º, n.º 3-*c*)-5 e 94.º, n.º 1-*e*) (CIRC) **[11]**

Apuramento do rendimento colectável, pessoas singulares – arts. 22.º, 55.º, 57.º e 65.º (CIRS) **[1]**

Aquisição a título gratuito, art. 45.º (CIRS) **[1]**

Aquisição a título oneroso – de bens imóveis, art. 46.º (CIRS) **[1]**; de partes sociais e outros valores mobiliários, art. 48.º (CIRS) **[1]**

Árbitros de futebol – Categoria B do IRS (Ofício n.º 19 091, de 2005/07/08) **[52]**

Artesanato, art. 4.º, n.º 1-*j*) (CIRS) **[1]**

Assinatura das declarações, art. 146.º (CIRS) **[1]**

Assistência técnica, rendimentos derivados de – arts. 5.º, n.º 2-*m*) e 18.º, n.º 1-*d*) (CIRS) **[1]**; art. 87.º, n.º 4-*a*) (CIRC) **[11]** e 33.º, n.º 5-*a*) (EBF) **[21]**

Associação à quota, arts. 5.º, n.º 2-*l*) e 40.º-A, n.º 3(CIRS) **[1]**; arts. 20.º, n.º 3 e 21.º, n.º 1-*c*) (CIRC) **[11]**

Associação em participação, arts. 5.º, n.º 2-*l*) e 40.º-A, n.º 3 (CIRS) **[1]**; art. 21.º, n.º 1-*c*) (CIRC) **[11]**

Associações científicas internacionais, art. 57.º (EBF) **[21]**

Associações e confederações, isenção de IRC – art. 55.º (EBF) **[21]**

Associações sindicais e patronais, isenção de IRC – art. 55.º (EBF) **[21]**

Autoliquidação – falta de pagamento, art. 109.º (CIRC) **[11]**

Avaliação de incapacidades resultantes de hipovisão (ver Circular n.º 1/96, de 1996/01/31) **[50]**

Benefício fiscal – conceito, art. 2.º (EBF) **[21]**
Benefícios fiscais – automáticos, art. 5.º (EBF) **[21]**; carácter genérico, art. 6.º (EBF) **[21]**; dependentes de reconhecimento, art. 5.º (EBF) **[21]**; respeito pela livre concorrência, art. 6.º (EBF) **[21]**; fiscalização, art. 7.º (EBF) **[21]**; sanções impeditivas, suspensivas ou extintivas, art. 8.º (EBF) **[21]**; interpretação e integração das lacunas da lei, art. 10.º (EBF) **[21]**; declaração pelos interessados da cessação dos pressupostos, art. 9.º (EBF) **[21]**; aplicação no tempo das normas, art. 11.º (EBF) **[21]**; constituição do direito, art. 12.º (EBF) **[21]**; extinção dos benefícios fiscais, art. 14.º (EBF) **[21]**; impedimento de reconhecimento do direito a benefícios fiscais, art. 13.º (EBF) **[21]**; transmissão dos benefícios fiscais, art. 15.º (EBF) **[21]**; deduções à colecta, art. 88.º (CIRS) **[1]**
Benefícios fiscais – caducidade, art. 3.º (EBF) **[21]**;
Benefícios relativos à interioridade – art. 43.º (EBF) **[21]**
Bens adquiridos em acto de divisão ou partilha (ver Circular n.º 21/92) **[50]**
Bingo – art. 9.º, n.º 2 (CIRS) **[1]**
Bolsas no âmbito desportivo, não sujeição a IRS – art. 12.º, n.º 5 (CIRS) **[1]**

Caça – art. 4.º, n.º 4 b) (CIRS) **[1]**
Caducidade do direito à liquidação – art. 92.º (CIRS) **[1]**; art. 101.º (CIRC) **[11]**
Caducidade dos benefícios fiscais – art. 3.º (EBF) **[21]**
Categoria B – art. 4.º (DL n.º 442-A/88, de 30/11) e art. 3.º CIRS **[1]**

Categoria G – art. 5.º (DL n.º 442-A/88, de 30/11) e art. 9.º CIRS **[1]**
CEE – Regime Fiscal aplicável às remunerações auferidas por pessoal ao serviço da (ver Ofício-circular n.º X--2/90) **[51]**
Centralização da contabilidade – art. 125.º (CIRC) **[11]**; art. 118.º (CIRS) **[1]**; ou da escrituração (ver Ofício--circulado n.º 2/91) **[52]**
Certificação de imposto pago em Portugal (ver Ofício-circulado n.º 31 010, de 28.05.98) **[52]**
Certificados de consignação – art. 5.º, n.º 2-c) (CIRS) **[1]**
Cessação de actividade para efeitos do CIRC – art. 8.º, n.ºs 5, 6 e 7 (CIRC) **[11]**; declaração – art. 118.º e 119.º (verbal) (CIRC) **[11]**; (ver Ofício-circulado n.º 20 063, de 05/03/2002) **[52]**.
Cessação de actividade para efeitos do CIRS, art. 114.º (CIRS) **[1]**; declaração – art. 112.º (CIRS) **[1]**
Cessação pressupostos benefícios fiscais, declaração pelos interessados – art. 9.º (EBF) **[21]**
Cessão onerosa de posições contratuais – art. 10.º, n.º 1-d) (CIRS) **[1]**
Cessão temporária de exploração de estabelecimento – art. 3.º, n.º 2-e) (CIRS) **[1]**
Ciclo de produção – art. 19.º (CIRC) **[11]**
Cisões – regime especial, arts. 73.º e 74.º (CIRC) **[11]**
Classificação das actividades – art. 142.º (CIRC) **[11]**; art. 151.º (CIRS) **[1]**
Cobrança, limite mínimo de – art. 95.º (CIRS) **[1]**; art. 111.º (CIRC) **[11]**
Cobrança coerciva – art. 113.º, n.º 2 (CIRC) **[11]**; art. 108.º (CIRS) **[1]**
Cobrança e reembolso – art. 15.º (DL n.º 442-A/88, de 30/11) **[1]**; DL n.º 492/88, de 30/12 **[31]**
Coeficientes de desvalorização da moeda – art. 47.º, n.º 1 (CIRC) **[11]**; art. 50.º (CIRS) **[1]**

Colaboração, dever de – art. 127.º (CIRS) [1]; art. 127.º (CIRC) [11]
Colecta do IRS, dedução dos donativos à – art. 63.º (EBF) [21]
Colectividades, desportivas, de cultura e recreio – art. 11.º (CIRC) [11]; art. 54.º (EBF) [21]
Comissões – art. 2.º, n.º 2 (CIRS) [1]; Importâncias não atribuídas pela entidade patronal, pagamento a trabalhadores de outra entidade (Ofício--circulado n.º 20037, de 7/3/2001) [52]
Comissões vitivinícolas regionais – art. 52.º (EBF) [21]
Competência territorial – art. 142.º (CIRS) [1]
Compra e venda – art. 4.º, n.º 1-a) (CIRS) [1]
Computadores – aquisição, art. 68.º (EBF) [21]
Comunicação de encargos – art. 127.º (CIRS) [1]
Comunicação de rendimentos e retenções, art. 119.º (CIRS) [1]
Concentração ou de acordos de cooperação, reorganização de empresas em resultado de actos de – art. 60.º (EBF) [21]
Concursos – art. 9.º, n.º 2 (CIRS) [1]
Confederações, isenção de IRC – art. 55.º (EBF) [21]
Cônjuge sobrevivo – art. 63.º (CIRS) [1]
Conservadores – art. 123.º (CIRS) [1]
Construção, conceito de – art. 8.º, n.º 4 (CIRS) [1]
Construção civil – art. 4.º, n.º 1-f) (CIRS) [1]
Conta poupança-reformados – art. 20.º (EBF) [21]
Contabilidade, centralização – art. 125.º (CIRC) [11]; organizada – art. 17.º, n.º 3 a) (CIRC) [11]; art. 7.º (DL n.º 442-A/88, de 30/11) [1]; ou escrituração – Centralização (ver Ofício--circulado n.º 2/91) [52]

Contabilidade, organizada com recurso a meios informáticos, capacidade de exportação de ficheiros – art. 123.º, n.º 7 (CIRC) [11]
Contitularidade – englobamento, art. 22.º, n.º 2 (CIRS) [1]
Contitularidade de rendimentos, art. 19.º (CIRS) [1]
Contratos de arrendamento habitacionais – apresentação nas Repartições de Finanças (ver Ofício-circulado n.º 11/95) [52]
Contratos de hospedagem, rendimentos emergentes – (Ver Ofício-circulado n.º X-6/91, de 91/10/30) [51]
Contratos de mútuo – art. 5.º, n.º 2-a) (CIRS) [1]
Contribuições – obrigatórias para a segurança social relativas a anos anteriores (Ofício-circulado n.º 20065, de 12//03/2002) [52]; para regimes complementares de segurança social – art. 26.º (CIRS) [1]
Contribuintes casados – art. 59.º (CIRS) [1]
Convenções de Dupla Tributação – Crédito de imposto por dupla tributação internacional (ver Ofício-circulado n.º 31051, de 28/05/98) [52]
Convenções para evitar a dupla tributação celebradas por Portugal (ver Ofício-Circulado n.º 20137, de 13/03//2009) [52]; Procedimentos a adoptar na informação dos processos de reembolso formulados nos termos das – (ver Ofício-circulado n.º 10/97) [52]; Procedimentos relativos à aplicação da limitação de imposto por força de (ver Ofício n.º 20076, de 31 de Outubro de 2002) [52]
Cooperação, deveres – art. 119.º (CIRC) [11]
Cooperação, reorganização de empresas em resultado de actos de concentração ou de acordos de – art. 60.º (EBF) [21]

Correcção das liquidações de IRC – (Ofício-circulado n.º 20 077, de 5 de Novembro de 2002) **[52]**
Correcção monetária – art. 47.º (CIRC) **[11]**; art. 50.º (CIRS) **[1]**
Correio, envio de documentos pelo – art. 141.º (CIRC) **[11]**; prazo para – art. 148.º (CIRS) **[1]**
Crédito de imposto, correcções nos casos de – art. 68.º (CIRC) **[11]**; por dupla tributação internacional – art. 91.º (CIRC) **[11]** e art. 81.º (CIRS) **[1]**; por dupla tributação internacional. Supremacia das Convenções de Dupla Tributação (ver Ofício-circulado n.º 31 051, de 28/05/98) **[52]**
Créditos de cobrança duvidosa, provisões para – arts. 35.º, n.º 1-a), 36.º (CIRC) **[11]**
Créditos Fiscais – Obrigações acessórias (Circular n.º 7/2000) **[50]**
Créditos incobráveis, art. 39.º (CIRC) **[11]**; (Circular n.º 12/96) **[50]**
Critério da percentagem de acabamento, art. 19.º (CIRC) **[11]**
Critério de encerramento da obra, art. 19.º (CIRC) **[11]**
Critério valorimétrico, mudança de – art. 27.º (CIRC) **[11]**; art. 35.º (CIRS) **[1]**
Custos, imputação, art. 29.º (CIRS) **[1]**
Custos comuns e outros, art. 54.º (CIRC) **[11]**
Custos das explorações plurianuais, art. 34.º (CIRS) **[1]**
Custos e proveitos de exercícios anteriores (ver Ofício-circulado n.º 14/93, de 23/11/93 **[52]**
Custos ou perdas – art. 23.º (CIRC) **[11]**; restituição do IVA – 8.ª Directiva (circular n.º 14/2008, de 11 de Julho **[50]**

Declaração, de início de actividade – art. 112.º (CIRS) **[1]**; de alterações – art. 112.º (CIRS) **[1]**; de cessação – art. 112.º (CIRS) **[1]**; anual de informação contabilística e fiscal – art. 113.º (CIRS) **[1]**
Declaração, de inscrição, de alterações ou de cessação – arts. 118.º e 119.º (CIRC) **[11]**; anual de informação contabilística e fiscal – art. 121.º (CIRC) **[11]**
Declaração de inscrição no registo, arts. 112.º e 150.º (CIRS) **[1]**
Declaração de inscrição, prazo para apresentação (Ofício-circulado n.º 20 040, de 14 de Março de 2001) **[52]**
Declaração de rendimentos, apresentação – art. 57.º (CIRS) **[1]**; dispensa – art. 58.º (CIRS) **[1]**; contribuintes casados – art. 59.º (CIRS) **[1]**; prazo de entrega – art. 60.º (CIRS) **[1]**; local de entrega – art. 61.º (CIRS) **[1]**
Declaração de substituição, art. 122.º (CIRC) **[11]**; (ver Ofício n.º 20 072, de 8 de Julho de 2002) **[52]**
Declaração periódica – art. 120.º (CIRC) **[11]**; entrega fora do prazo (Ofício-circulado n.º 7808, de 29/01/97, da DGCI) **[52]**
Declarações e outros documentos – art. 145.º (CIRS) **[1]**
Declarações, envio por transmissão electrónica de dados, arts. 112.º, n.º 7 e 113.º, n.º 2 (CIRS); arts. 120.º, n.º 1 e 121.º, n.º 2 (CIRC) **[11]**
Dedução de prejuízos e benefícios fiscais, hierarquia da – art. 15.º, n.º 1 (CIRC) **[11]**; (ver Ofício-circulado n.º 9/97 de 12/11/97) **[52]**
Dedução dos donativos à colecta do IRS, art. 63.º (EBF) **[21]**
Dedução de perdas, no IRS – art. 55.º (CIRS) **[1]**
Dedução de prejuízos fiscais – art. 37.º (CIRS) **[1]**; arts. 15.º, n.º 1 e 52.º (CIRC) **[11]**
Dedução relativa às pessoas com deficiência, art. 87.º (CIRS) **[1]**
Deduções, ao conjunto dos rendimentos – art. 55.º (CIRS) **[1]**; aos rendimen-

tos do trabalho dependente – art. 25.º (CIRS) **[1]**; profissões de desgaste rápido – art. 27.º (CIRS) **[1]**; aos incrementos patrimoniais – art. 42.º (CIRS) **[1]**

Deduções à colecta – art. 78.º (CIRS) **[1]**

Deficientes, dedução relativa às pessoas com deficiência – art. 87.º (CIRS) **[1]**; dedução à colecta – art. 78.º (CIRS) **[1]**

Deficientes, prova da deficiência – (ver circular n.º 15/92) **[50]**

Dependentes – arts. 13.º, n.º 4 e 79.º (CIRS) **[1]**; Conceito de (ver Ofício-circulado n.º 20 001 de 1999/01/29) **[52]**

Depósitos, de instituições de crédito não residentes – art. 31.º (EBF) **[21]**

Depósitos à ordem ou a prazo – art. 5.º, n.º 2-*b*) (CIRS) **[1]**

Depreciação de existências (provisões) – art. 39.º (CIRC) **[11]**

Derrama, não é custo fiscal – (ver Circular n.º 14/95) **[50]**

Derrama, lançamento de – (Lei n.º 2/2007, de 15/01) **[12]**

Derrama, liquidação – regimes especiais de tributação – (Ofício-circulado n.º 20 132, de 14 de Abril de 2008) **[52]**

Desagravamentos fiscais que não são benefícios fiscais – art. 4.º (EBF) **[21]**

Descendentes, deduções à colecta – art. 79.º (CIRS) **[1]**

Descontos obrigatórios para os regimes de protecção social (ver Ofício-circulado n.º 11/92, de 19 de Maio) **[52]**

Despesa fiscal, conceito – art. 2.º (EBF) **[21]**

Despesas não documentadas – art. 73.º (CIRS) **[1]**; arts. 45.º, n.º 1-*g*) e 88.º (CIRC) **[11]**

Despesas de educação e formação, deduções – art. 83.º (CIRS) **[1]**; (ver Circulares n.º 22/94, de 19 de Outubro e n.º 2/99, de 19 de Fevereiro) **[50]**; – frequência de cursos de mestrado e doutoramento (ver Ofício-circulado n.º 8039/98) **[52]**

Despesas de investigação e desenvolvimento I&D – art. 32.º (CIRC) **[11]**

Despesas de representação, tributação autónoma – art. 73.º (CIRS) **[1]**; conceito, art. 73.º, n.º 4 (CIRS) **[1]**; art. 88.º, n.º 3 (CIRC) **[11]**

Despesas de saúde, deduções – arts. 78.º, n.º 1-*b*) e 82.º (CIRS) **[1]**; (ver Circulares n.ºs 26/91, de 91/12/30, 7/92, de 92/05/20 e 3/99, de 23 de Fevereiro) **[50]**; não comparticipadas pela ADSE, cujos documentos de suporte foram objecto de devolução (Ofício-circulado n.º 20 055, de 08/11/2001) **[52]**; filhos maiores toxicómanos (Ofício-circulado n.º 24/90) **[52]**

Despesas e encargos, para determinação das mais-valias – art. 51.º (CIRS) **[1]**

Despesas realizadas no estrangeiro, autenticação dos documentos (Circular n.º 14/2001, de 28/09/2001) **[50]**

Desportistas, não sujeição a IRS dos rendimentos – art. 12.º, n.º 3 (CIRS) **[1]**

Determinação do rendimento colectável – arts. 22.º e ss. (CIRS) **[1]**

Determinação do rendimento global – arts. 3.º, n.º 1-*b*) e 53.º (CIRC) **[11]**

Dever de colaboração – art. 133.º (CIRS) **[1]**; 127.º (CIRC) **[11]**

Direito real de habitação periódica – art. 4.º, n.º 1-*h*) (CIRS) **[1]**

Divergência de valores, nas mais-valias – art. 52.º (CIRS) **[1]**

Dividendos, tributação de (Circular n.º 4//2002, de 08/02/2002) **[50]**

Divisão ou partilha, mais-valias – bens adquiridos em acto de (ver Circular n.º 21/92) **[50]**

Documentação fiscal, processo de – art. 129.º (CIRS) **[1]**; art. 130.º (CIRC) **[11]**

Doença, lesão corporal ou morte, indemnizações, prestações devidas em consequência de, não sujeição a IRS

– Circular n.º 13/2008, de 26 de Maio [50]
Donativo, noção de – art. 61.º (EBF) [21]
Donativos – arts. 61.º a 66.º (EBF) [21]
Donativos, dedução para efeitos da determinação do lucro tributável das empresas – art. 62.º (EBF) [21]
Donativos, dedução à colecta do IRS – art. 63.º (EBF) [21]
Dupla tributação económica, lucros distribuídos por sociedades residentes nos países africanos de língua oficial portuguesa, eliminação da – art. 42.º (EBF) [21]
Dupla tributação económica, nos rendimentos de capitais – art. 40.º-A (CIRS) [1]
Dupla tributação internacional, crédito de imposto – art. 91.º (CIRC) [11]; englobamento – art. 22.º, n.º 6 (CIRS) [1]; crédito de imposto – art. 81.º (CIRS) [1]; dedução do imposto e dos encargos suportados no estrangeiro (ver Ofício-circulado n.º 20 022, de 19/05/2000) [52]
Duplicação de colecta, revogação oficiosa de liquidação (Ofício-circulado n.º 6/ /94, de 18 de Fevereiro) [52]

Educação e formação, dedução das despesas de – art. 83.º (CIRS) [1]; (ver Circulares n.º 22/94, de 19 de Outubro e n.º 2/99, de 19 de Fevereiro) [50]; – frequência de cursos de mestrado e doutoramento (ver Ofício-circulado n.º 8039/98) [52]
Elementos de reduzido valor – art. 33.º (CIRC) [11]
Embalagens, empresas gestoras – art. 53.º (EBF) [21]
Emolumentos – art. 2.º, n.º 2 (CIRS) [1]
Empreendimentos de utilidade turística, isenção de contribuição autárquica – art. 47.º (EBF) [21]
Emprego para jovens, criação de – art. 19.º (EBF) [21]
Emprego para desempregados de longa duração, criação de – art. 19.º (EBF) [21]
Empresas, dedução dos donativos para efeitos da determinação do lucro tributável das – art. 62.º (EBF) [21]
Empresas armadoras – art. 51.º (EBF) [21]
Empréstimos, de instituições financeiras não residentes, art. 30.º (EBF) [21]
Empréstimos externos, art. 28.º (EBF) [21]
Encargos com imóveis, deduções – art. 85.º (CIRS) [1]
Encargos com lares, deduções – art. 84.º (CIRS) [1]
Encargos de conservação de imóveis, dedução aos rendimentos prediais – art. 41.º, n.º 2 (CIRS) [1]
Encargos não dedutíveis – art. 33.º (CIRS) [1]; art. 45.º (CIRC) [11]
Encargos no caso de fracção autónoma de prédio em propriedade horizontal, dedução de – art. 41.º, n.º 2 (CIRS) [1]
Energias renováveis, deduções à colecta (Ofício-circulado n.º 20 064, de 12/03/ /2002) [52]; deduções, art. 85.º (CIRS) [1]; Portaria n.º 725/91, de 29/7 [22]
Englobamento – art. 22.º (CIRS) [1]
Entidade patronal, conceito – art. 2.º, n.º 10 (CIRS) [1]
Entidades não residentes, representação – art. 126.º (CIRC) [11]
Entrada de património para a realização do capital de sociedade – art. 38.º (CIRS) [1]
Entrada em vigor do CIRS – art. 2.º (DL n.º 442-A/88, de 30/11) [1]
Entradas de activos, regime especial – arts. 73.º e 74.º (CIRC) [11]
Envio de documentos pelo correio – art. 141.º (CIRC) [11]; prazo para – art. 148.º (CIRS) [1]
Equipamentos informáticos, aquisição – art. 68.º (EBF) [21]

Equiparação ao valor da aquisição, na transferência para o património particular – art. 47.º (CIRS) **[1]**
Escrituração, regime simplificado de – art. 124.º (CIRC) **[11]**
Estabelecimento estável – art. 5.º (CIRC) **[11]**
Estabelecimentos de ensino particular – art. 56.º (EBF) **[21]**
Estatuto do Mecenato Científico, Lei n.º 26/2004, de 8/7 **[24]**
Exercícios anteriores, custos e proveitos de – art. 18.º, n.º 2 (CIRC) **[11]**; (ver Ofício-circulado n.º 14/93, de 23/11/ /93 **[52]**
Exploração da terra – art. 4.º, n.º 2 (CIRS) **[1]**
Exploração de loteamentos, considera-se actividade comercial e industrial – art. 4.º, n.º 1-g) (CIRS) **[1]**
Explorações apícolas, consideram-se actividades comerciais e industriais – art. 4.º, n.º 4-d) (CIRS) **[1]**
Explorações mineiras, consideram-se actividades comerciais e industriais – art. 4.º, n.º 1-d) (CIRS) **[1]**
Expropriação, valor de realização na – art. 44.º, n.º 1-b) (CIRS) **[1]**; de terrenos para construção por utilidade pública (ver Ofício-circulado n.º X-4/90, de 90/11/22) **[51]**

Fabricação, considera-se actividade comercial e industrial – art. 4.º, n.º 1-b) (CIRS) **[1]**
Falecimento, de um dos cônjuges – art. 63.º, n.º 1 (CIRS) **[1]**; do titular dos rendimentos – art. 64.º (CIRS) **[1]**
Fiscalização – arts. 132.º a 134.º (CIRS) **[1]**; arts. 133.º e 134.º (CIRC) **[11]**
Fixação de rendimentos pela Direcção- -Geral dos Impostos – art. 65.º (CIRS) **[1]**
Formação e educação, dedução das despesas de – art. 83.º (CIRS) **[1]**; (ver Circulares n.º 22/94, de 19 de Outubro e n.º 2/99, de 19 de Fevereiro) **[50]**; – frequência de cursos de mestrado e doutoramento (ver Ofício-circulado n.º 8039/98) **[52]**
Fracção autónoma, dedução de encargos no caso de propriedade horizontal – art. 41.º, n.º 2 (CIRS) **[1]**
Funcionários ou agentes da Administração Pública, reposição de remunerações indevidamente pagas a (ver Circular n.º 3/2008) **[50]**
Fundos, poupança-reforma e planos de poupança-reforma, art. 21.º (EBF) **[21]**
Fundos de investimento – art. 22.º (EBF) **[21]**
Fundos de investimento imobiliário em recursos florestais – art. 24.º (EBF) **[21]**
Fundos de pensões, isenção de IRC dos rendimentos dos – art. 16.º (EBF) **[21]**; dedução à colecta de IRS das contribuições para, art. 16.º, n.º 6 (EBF) **[21]**
Fusão, cisão e entrada de activos, Transmissibilidade de prejuízos em casos de – art. 75.º (CIRC) **[11]**; (Circular n.º 7/2005, de 16/5) **[50]**
Fusões, regime especial – arts. 73.º e 74.º (CIRC) **[11]**

Gratificações, sujeição a IRS – art. 2.º, n.ºˢ 2 e 3-g) (CIRS) **[1]**; taxa especial – art. 72.º, n.º 3 (CIRS) **[1]**
Grupo familiar, na transparência fiscal – art. 6.º, n.º 4-c) (CIRC) **[11]**
Grupos de sociedades, regime especial de tributação – arts. 69.º a 71.º (CIRC) **[11]**; responsabilidade pelo pagamento no regime especial de tributação – art. 115.º (CIRC) **[11]**; Opção pelo regime especial de tributação dos (Circular n.º 4/2001) **[50]**; Regime transitório relativo aos (Circular n.º 5/ /2002, de 2/4/2002) **[50]**; Regime

especial de tributação dos (Circular n.º 19/2002, de 28/6/2002) **[50]**

Heranças indivisas – (ver Ofício-circulado n.º 16/89, de 89/09/25) **[52]**; contitularidade de rendimentos – art. 19.º (CIRS) **[1]**

Hierarquia de dedução de prejuízos e Benefícios Fiscais (ver Ofício-circulado n.º 9/97 de 12/11/97) **[52]**

Hipovisão, avaliação de incapacidades (ver Circular n.º 1/96, de 1996/01/31) **[50]**

Identificação do técnico oficial de contas (ver Circular n.º 7/99, de 9/4/99) **[50]**

Imposto pago em Portugal, certificação de (ver Ofício-circulado n.º 31 010 de 28/05/98) **[52]**

Imposto sobre o rendimento do petróleo – art. 4.º (DL n.º 442-B/88, de 30/11) **[11]**

Impostos abolidos – art. 3.º (DL n.º 442-B/88, de 30/11) **[11]**; art. 3.º (DL n.º 442-A/88, de 30/11) **[1]**

Impressos – art. 8.º (DL n.º 442-A/88, de 30/11) **[1]**

Impugnações – art. 137.º (CIRC) **[11]**; art. 140.º (CIRS) **[1]**

Imputação, na determinação dos rendimentos empresariais e profissionais – art. 29.º (CIRS) **[1]**

Incapacidades resultantes de hipovisão (ver Circular n.º 1/96, de 1996/01/31) **[50]**

Incidência pessoal no IRS – art. 13.º (CIRS) **[1]**

Incrementos patrimoniais – arts. 1.º, 9.º, 12.º, n.º 6 e 42.º (CIRS) **[1]**; art. 21.º, n.º 2 (CIRC) **[11]**

Incrementos patrimoniais, obtidos a título gratuíto consideram-se rendimentos isentos – art. 54.º, n.º 4 (CIRC) **[11]**

Incrementos patrimoniais, delimitação negativa de incidência – art. 12.º, n.º 6 (CIRS) **[1]**

Indemnizações – arts. 2.º, n.º 3-*e*), 3.º, n.º 2-*d*), 9.º, n.º 1-*b*), 12.º, 44.º, n.º 1-*b*) (CIRS) **[1]**; art. 20.º, n.º 1-*g*) (CIRC) **[11]**; juros de mora, sujeição a tributação (Circular n.º 11/92) **[50]**

Indemnizações, prestações devidas em consequência de lesão corporal, doença ou morte, não sujeição a IRS – Circular n.º 13/2008, de 26 de Maio **[50]**

Indemnizações, não sujeição a IRS – art. 12.º, n.º 1 (CIRS) **[1]**

Indemnizações por danos não patrimoniais, sujeição a IRS – art. 9.º, n.º 1-*b*) (CIRS) **[1]**

Indústrias extractivas, consideram-se actividades comerciais e industriais – art. 4.º, n.º 1-*d*) (CIRS) **[1]**

Informática, aquisição de equipamentos – art. 68.º (EBF) **[21]**

Início de actividade, declaração – art. 112.º (CIRS) **[1]**

Inscrição no registo, declaração – arts. 118.º e 119.º (verbal) (CIRC) **[11]**

Instituições particulares de solidariedade social – art. 10.º (CIRC) **[11]**

Instrumentos financeiros derivados – art. 10.º, n.º 1-*e*) (CIRS) **[1]**

Interioridade, benefícios fiscais relativos à, art. 43.º (EBF) **[21]**

Investigação e desenvolvimento, SIFIDE, Sistema de incentivos fiscais (Lei n.º 40/2005, de 3/08) **[25]**

Investimento, de natureza contratual – art. 41.º (EBF) **[21]**

Investimento imobiliário em recursos florestais, fundos de – art. 24.º (EBF) **[21]**

Isenção em IRC, do Estado – art. 9.º (CIRC) **[11]**; das instituições de segurança social – art. 9.º (CIRC) **[11]**; das pessoas colectivas de utilidade pública e de solariedade social – art. 10.º (CIRC) **[11] e** (Circular n.º 13/2001, de 13/9) **[50]**; de rendimentos directamente derivados de actividades cul-

turais, recreativas e desportivas – art. 11.º (CIRC) [11]
IVA – 8.ª Directiva, restituição do – Custos ou perdas – art. 23.º (CIRC) [11]; (circular n.º 14/2008, de 11 de Julho [50]

Jogos do loto, são incrementos patrimoniais os prémios de – art. 9.º, n.º 2 (CIRS) [1]
Juros, rendimentos de capitais – art. 5.º, n.º 2 (CIRS) [1]
Juros compensatórios – art. 91.º (CIRS) [1]; arts. 102.º e 114.º (CIRC) [11]
Juros compensatórios e de mora, taxas aplicáveis na sua liquidação – (Ofício--circulado n.º 60005 de 25/2/99) [52]
Juros contáveis – art. 5.º, n.º 5 (CIRS) [1]
Juros de mora – art. 110.º (CIRS) [1]; art. 109.º (CIRC) [11]
Juros e amortizações de dívidas com imóveis para habitação – dedução, art. 85.º (CIRS) [1]
Juros indemnizatórios – art. 94.º (CIRS) [1]; art. 16.º, n.º 2 (DL 42/91, de 22/1) [2]; arts. 96.º, n.º 5, 98.º, n.º 8, 137.º, n.º 6 (CIRC) [11]

Lares e instituições de apoio à terceira idade, dedução de encargos para efeitos de IRS – art. 84.º (CIRS) [1]
Lesão corporal, doença ou morte, indemnizações, prestações devidas em consequência de, não sujeição a IRS – Circular n.º 13/2008, de 26 de Maio [50]
Limite mínimo de cobrança – art. 95.º (CIRS) [1]; art. 111.º (CIRC) [11]
Liquidação, competência para a – art. 75.º (CIRS) [1]; art. 89.º (CIRC) [11]
Liquidação, procedimentos e formas de – art. 76.º (CIRS) [1]; art. 90.º (CIRC) [11]
Liquidação, prazo para – art. 77.º (CIRS) [1]
Liquidação, reforma da – art. 90.º (CIRS) [1]
Liquidação, revisão oficiosa da – art. 93.º (CIRS) [1]
Liquidação adicional – art. 89.º (CIRS) [1]; art. 99.º (CIRC) [11]
Liquidação da derrama, regimes especiais de tributação – (Ofício-circulado n.º 20132, de 14 de Abril de 2008) [52]
Liquidação de IRC, correcção da – (Ofício-circulado n.º 20077, de 5 de Novembro de 2002) [52]
Liquidação de pessoas colectivas que não sejam sociedades – art. 82.º (CIRC) [11]
Liquidação de sociedades e outras entidades – arts. 79.º a 81.º (CIRC) [11]
Lista de países, territórios e regiões sujeitos a um regime fiscal claramente mais favorável – Portaria n.º 150/2004, de 13/2 [41]
Livros de registo – arts. 116.º e 118.º (CIRS) [1]
Locação, consequências fiscais da aplicação da Directriz Contabilística n.º 25 (Circular n.º 7/2003, de 28 de Março) [50]
Locação de retoma, venda com – art. 25.º (CIRC) [11]
Local de entrega das declarações – art. 61.º (CIRS) [1]
Lotarias, são considerados incrementos patrimoniais os prémios de – art. 9.º, n.º 2 (CIRS) [1]
Loteamentos, consideram-se actividades comerciais ou industriais as de – art. 4.º, n.º 1-g) (CIRS) [1]
Lucro, conceito de – art. 3.º, n.º 2 (CIRC) [11]
Lucro, componentes do – art. 3.º, n.º 3 (CIRC) [11]
Lucro tributável, de estabelecimento estável – art. 55.º (CIRC) [11]
Lucro tributável, determinação – art. 17.º (CIRC) [11]
Lucro tributável, periodização – art. 18.º (CIRC) [11]

Lucro tributável, regime simplificado de determinação do – art. 58.º (CIRC) **[11]**
Lucro tributável, revisão do – arts. 61.º e 62.º (CIRC) **[11]**
Lucro tributável das empresas, dedução dos donativos para efeitos da determinação do – art. 62.º (EBF) **[21]**
Lucros, colocados à disposição, são rendimentos de capitais – art. 5.º, n.º 2-*h*) (CIRS) **[1]**
Lucros distribuídos por sociedades residentes nos países africanos de língua oficial portuguesa, eliminação da dupla tributação económica – art. 42.º (EBF) **[21]**

Magistrados Judiciais, Subsídio de compensação – (Circular n.º 18/2002, de 19 de Junho) **[50]**
Mais-valias – arts. 3.º, n.º 2-*c*), 9.º, n.º 1--*a*), 10.º e 43.º (CIRS) **[1]**; art. 46.º (CIRC) **[11]**
Mais-valias, realizadas por não residentes – art. 27.º (EBF) **[21]**
Mais-valias e menos-valias realizadas, regime transitório das – (Circular n.º 7/2002, de 2 de Abril) **[50]**
Marinhas de sal, consideram-se actividades agrícolas, silvícolas ou pecuárias – art. 4.º, n.º 4-*c*) (CIRS) **[1]**
Matéria colectável, conceito de – art. 15.º (CIRC) **[11]**
Matéria colectável, Métodos e competência para a sua determinação – art. 16.º (CIRC) **[11]**
Mecenato para a sociedade da informação – art. 65.º (EBF) **[21]**
Mecenato Científico, Estatuto do – Lei n.º 26/2004, de 8/7 **[24]**
Menos-valias, conceito – art. 46.º (CIRC) **[11]**
Métodos indirectos – art. 39.º (CIRS) **[1]**; arts. 57.º e 59.º a 62.º (CIRC) **[11]**
Mínimo de existência – art. 70.º (CIRS) **[1]**

Missões de salvaguarda de paz, isenção de IRS ao pessoal – art. 38.º (EBF) **[21]**
Missões diplomáticas – art. 37.º (EBF) **[21]**; Regime tributário do pessoal local (ver Ofício-circulado n.º 20 075, de 3 de Outubro de 2002) **[52]**; Tributação do pessoal das (ver Circular n.º 22/2002, de 30 de Setembro) **[50]**
Moeda sem curso legal em Portugal, equivalência – art. 23.º (CIRS) **[1]**
Morte, doença ou lesão corporal, indemnizações, prestações devidas em consequência de, não sujeição a IRS – Circular n.º 13/2008, de 26 de Maio **[50]**
Mútuo, contratos de – arts. 5.º, n.º 2-*a*), 6.º, n.º 1, 7.º, n.º 2 e 40.º (CIRS) **[1]**

Não residentes, cancelamento de registo – art. 150.º, n.º 2 (CIRS) **[1]**
Não residentes, competência territorial – art. 142.º, n.º 2 (CIRS) **[1]**
Não residentes, dispensa de retenção na fonte – art. 18.º (D.L. n.º 42/91) **[2]**
Não residentes, não englobamento dos rendimentos – art. 22.º, n.º 3-*a*) (CIRS) **[1]**;
Não residentes, pagamento de rendimentos a – arts. 119.º, n.º 7 e 139.º (CIRS) **[1]**;
Não residentes, rendimentos de – arts. 15.º, n.º 2 e 18.º (CIRS) **[1]**
Não residentes, representantes dos – art. 130.º (CIRS) **[1]**
Não residentes, taxas liberatórias – art. 71.º (CIRS) **[1]**
Não residentes, taxas especiais – art. 72.º, n.º 2 (CIRS) **[1]**
Não residentes, sujeição a IRC – arts. 2.º, n.º 1-*c*) e n.º 3; 3.º, n.º 1-*c*) e *d*); 4.º, n.ºs 2 e 3, 8.º, n.ºs 2 e 5-*b*) (CIRC) **[11]**
Não residentes, matéria colectável – arts. 15.º, n.º 1-*c*) e *d*), 55.º e 56.º (CIRC) **[11]**
Não residentes, preços de transferência – art. 63.º, n.ºs 8 e 9 (CIRC) **[11]**

Não residentes, pagamentos a, quando estejam sujeitos a um regime fiscal privilegiado – art. 65.º (CIRC) **[11]**
Não residentes, imputação de lucros de sociedades, sujeitas a um regime fiscal privilegiado – art. 66.º (CIRC) **[11]**
Não residentes, resultados transferidos para entidades – art. 74.º, n.º 1 (CIRC) **[11]**
Não residentes, taxas – art. 87.º, n.º 4 (CIRC) **[11]**
Não residentes, retenção na fonte – art. 94.º (CIRC) **[11]**
Não residentes, declarações – art. 118.º, n.º 3 (CIRC) **[11]**
Não residentes, representação – art. 126.º (CIRC) **[11]**
Não residentes, pagamento de rendimentos a entidades – art. 132.º (CIRC) **[11]**
Não residentes, mais valias realizadas por – art. 27.º (EBF) **[21]**
Não residentes, s*waps* e empréstimos de instituições financeiras – art. 30.º (EBF) **[21]**
Não residentes, depósito de instituições de crédito – art. 31.º (EBF) **[21]**
Não residentes, zonas Francas – art. 33.º (EBF) **[21]**
NATO, empreiteiros e arrematantes de obras e trabalhos de infraestruturas – art. 40.º (EBF) **[21]**
Neutralidade fiscal, regime especial – art. 86.º (CIRC) **[11]**
Notários, obrigações dos – art. 123.º (CIRS) **[1]**
Notificação, do lucro tributável fixado por métodos indirectos – art. 60.º (CIRC) **[11]**
Notificação, e fundamentação dos actos – art. 66.º (CIRS) **[1]**; art. 149.º (CIRS) **[1]**

Obras de carácter plurianual – art. 19.º (CIRC) **[11]**; art. 9.º (DL n.º 442-B/ /88, de 30/11) **[11]**; (ver Circular n.º 5/ /90) **[50]**
Obrigação de contabilidade organizada, art. 7.º (DL n.º 442-A/88, de 30/11) **[1]**
Obrigações, consideram-se rendimentos de capitais as – art. 5.º, n.º 2-*c*) (CIRS) **[1]**
Obrigações contabilísticas, art. 123.º (CIRC) **[11]**; art. 117.º (CIRS) **[1]**
Obrigações de caixa, consideram-se rendimentos de capitais as – art. 5.º, n.º 2--*c*) (CIRS) **[1]**
Obrigações declarativas – art. 117.º (CIRC) **[11]**
Obrigações fiscais, garantia de observância de – art. 131.º (CIRC) **[11]**
Obrigados, pluralidade de, art. 131.º (CIRS) **[1]**
Oficiais de justiça, envio de relação de actos praticados – art. 123.º (CIRS) **[1]**
Opção de regime de tributação – (Ofício n.º 20081, de 26/02/2003) **[52]**
Opção pelo regime especial de tributação dos grupos de sociedades – (Circular n.º 4/2001) **[50]**
Opções previstas no código do IRS, sua admissibilidade – (Ofício-circulado n.º 2785/98) **[52]**
Operações sobre valores monetários para aplicação de divisas (Circular n.º 11/95, de 1995/04/03) **[50]**
Ordenados, rendimentos do trabalho dependente – art. 2.º, n.º 2 (CIRS) **[1]**
Organizações estrangeiras ou internacionais, isenção do pessoal das – art. 37.º (EBF) **[21]**

Pagamento de impostos, prazos – arts. 97.º e 104.º (CIRS) **[1]**; arts. 104.º, 108.º e 109.º (CIRC) **[11]**
Pagamento de impostos, local de pagamento – art. 105.º (CIRS) **[1]**; art. 113.º (CIRC) **[11]**
Pagamento de impostos, como deve ser feito – art. 106.º (CIRS) **[1]**; art. 112.º (CIRC) **[11]**

Pagamento de impostos, regulamentação da cobrança e dos reembolsos – DL 492/88, de 30/12 **[31]**

Pagamento de juros de obrigações emitidas, Zonas Francas (ver Circular n.º 24/2002, de 5 de Novembro) **[50]**

Pagamento especial por conta – arts. 90.º, n.º 2-*e*), 93.º e 106.º (CIRC) **[11]**

Pagamento por conta, art. 102.º (CIRS) **[1]**; arts. 104.º, 105.º e 107.º (CIRC) **[11]**

Partes comuns da propriedade horizontal, rendimentos das – (circular n.º 15//2008, de 7 de Outubro) **[50]**

Partes sociais, valor de aquisição a título oneroso, art. 48.º (CIRS) **[1]**

Partes sociais, amortização, arts. 5.º, n.º 2--*i*), 40.º-A, n.º 3 (CIRS) **[1]**

Partes sociais, alienação onerosa, arts. 10.º, n.º 1-*b*), 43.º, n.º 3 (CIRS) **[1]**

Partes sociais, permuta, art. 10.º, n.º 8 (CIRS) **[1]**; 77.º (CIRC) **[11]**

Partes sociais, aquisição nos casos de fusão ou cisão, art. 43.º, n.º 4-*f*) (CIRS) **[1]**

Partes sociais, Regime especial aplicável às fusões, cisões, entradas de activos e permutas de, arts. 73.º a 78.º (CIRC) **[11]**

Participações em coimas ou multas, são compreendidas nas remunerações – art. 2.º, n.º 2 (CIRS) **[1]**

Participações, são compreendidas nas remunerações – art. 2.º, n.º 2 (CIRS) **[1]**

Partilha, valor atribuído em resultado de, arts. 5.º, n.º 2-*i*), 10.º, n.º 1-*b*), 18.º, n.º 1-*i*) (CIRS) **[1]**; art. 81.º (CIRC) **[11]**;

Partilha, bens adquiridos em acto de (ver Circular n.º 21/92) **[50]**

Património particular, equiparação ao valor da aquisição na transferência para o – art. 47.º (CIRS) **[1]**

Pensões – arts. 1.º, 11.º e 53.º (CIRS) **[1]**

Pensões de alimentos – art. 11.º, n.º 1-*a*) (CIRS) **[1]**

Pensões de alimentos, deduções – arts. 78.º, n.º 1-*d*) e 83.º-A (CIRS) **[1]**; (Ofício-circulado n.º 20 058, de 05/02/2002) **[52]**

Pensões de aposentação, art. 11.º, n.º 1 *a*) (CIRS) **[1]**

Pensões de invalidez, art. 11.º, n.º 1 *a*) (CIRS) **[1]**

Pensões de preço de sangue (Circular n.º 13/2002, de 9 de Maio) **[50]**

Pensões de reforma – art. 11.º, n.º 1-*a*) (CIRS) **[1]**

Pensões de velhice – art. 11.º, n.º 1-*a*) (CIRS) **[1]**

Percentagens, são compreendidas nas remunerações – art. 2.º, n.º 2 (CIRS) **[1]**

Periodização do lucro tributável – art. 18.º (CIRC) **[11]**

Período de tributação – arts. 1.º e 143.º (CIRS) **[1]**; art. 8.º (CIRC) **[11]**; diferente do ano civil (ver Circular n.º 12/97) **[50]**

Permutas de partes sociais, regime especial – arts. 73.º e 77.º (CIRC) **[11]**

Pesca, considera-se actividade comercial e industrial – art. 4.º, n.º 1-*c*) (CIRS) **[1]**

Pessoal ao serviço da CEE, Regime Fiscal aplicável às remunerações auferidas – (ver Ofício-circular n.º X-2/90) **[51]**

Pessoal de missões diplomáticas e consulares, isenção de IRS – art. 37.º (EBF) **[21]**

Pessoas colectivas de utilidade pública – art. 10.º (CIRC) **[11]**; Dispensa do registo comercial (ver Circular n.º 14/2000, de 24 de Maio) **[50]**; Isenção das (Circular n.º 13/2001, de 13/9) **[50]**

Pessoas com deficiência, dedução relativa às – arts. 78.º, n.º 1-*h*) e 87.º (CIRS) **[1]**

Planos de poupança em acções – art. 24.º (EBF) **[21]**

Pluralidade de obrigados – art. 131.º (CIRS) **[1]**

Poupança em acções – art. 26.º (EBF) **[21]**
Poupança-reforma, fundos e planos – art. 21.º (EBF) **[21]**
Poupança-reformados, isenção de IRS – art. 20.º (EBF) **[21]**
Praticantes de alto rendimento desportivo, não sujeição a IRS – art. 12.º, n.º 5 (CIRS) **[1]**
Prazo de entrega da declaração de rendimentos para efeitos de IRS – art. 60.º (CIRS) **[1]**
Prazo para a liquidação do IRS – art. 77.º (CIRS) **[1]**
Prazo para apresentação da declaração de inscrição – (Ofício-circulado n.º 20040, de 14 de Março de 2001) **[52]**
Prazo para envio pelo correio – aart. 148.º (CIRS) **[1]**
Pré-aposentação, categoria A do IRS – art. 2.º, n.º 1-d) (CIRS) **[1]**
Preços de transferência, art. 63.º (CIRC) **[11]**; nas operações entre um sujeito passivo do IRS ou do IRC e qualquer outra entidade – Portaria n.º 1446-C/2001, de 21 de Dezembro **[15]**
Preços de transferência, acordos prévios sobre – art. 138.º (CIRC) **[11]**; procedimentos de celebração de acordos prévios sobre – Portaria n.º 620-A/2008, de 16 de Julho **[16]**
Prédio rústico, conceito, art. 8.º, n.º 3 (CIRS) **[1]**
Prejuízos fiscais, dedução, art. 55.º (CIRS) **[1]**; arts. 15.º, n.º 1-a)-1) e 52.º (CIRC) **[11]**
Prejuízos fiscais, regime específico na tributação dos grupos de sociedades, arts. 70.º e 71.º (CIRC) **[11]**
Prejuízos e Benefícios Fiscais, Hierarquia de dedução de (ver Ofício-circulado n.º 9/97 de 12/11/97) **[52]**
Prejuízos em casos de fusão, cisão e entrada de activos, transmissibilidade de, art. 75.º (CIRC) **[11]**; (Circular n.º 7/2005, de 16/05/2005 **[50]**

Prémios, rendimentos do trabalho dependente – art. 2.º, n.º 2 (CIRS) **[1]**; incrementos patrimoniais – art. 9.º, n.º 2 (CIRS) **[1]**; delimitação negativa de incidência – art. 12.º, n.º 2 e n.º 5--c) (CIRS) **[1]**
Prémios artísticos – art. 12.º, n.º 2 (CIRS) **[1]**
Prémios atribuídos em sorteios ou concursos, tributação em IRS – (Ofício--circulado n.º 20067, de 02/04/09) **[52]**
Prémios científicos – art. 12.º, n.º 2 (CIRS) **[1]**
Prémios literários – art. 12.º, n.º 2 (CIRS) **[1]**
Pré-reforma, rendimentos do trabalho dependente – art. 2.º, n.º 1-d) (CIRS) **[1]**; (Circular n.º 8/2001, de 9 de Abril) **[50]**
Prestação de serviços, categoria B do IRS – (Circular n.º 5/2001, de 12 de Março) **[50]**
Presunção legal, ilisão – (Ofício-circulado n.º 20061, de 18/02/2002) **[52]**
Presunções e juros contáveis, nos rendimentos de capitais – art. 40.º (CIRS) **[1]**
Princípio da especialização dos exercícios – art. 18.º (CIRC) **[11]**
Privilégios creditórios, art. 108.º (CIRC) **[11]**; art. 111.º (CIRS) **[1]**
Procedimentos de celebração de acordos prévios sobre preços de transferência – Portaria n.º 620-A/2008, de 16 de Julho **[16]**
Procedimentos relativos à aplicação da limitação de imposto por força de uma convenção para evitar a dupla tributação – (ver Ofício n.º 20076, de 31 de Outubro de 2002) **[52]**
Processo de documentação fiscal – art. 129.º (CIRS) **[1]**; art. 130.º (CIRC) **[11]**
Processo individual, art. 136.º (CIRC) **[11]**

Profissionais de espectáculos, delimitação negativa de incidência em IRS – art. 12.º, n.º 3 (CIRS) [1]
Profissões de desgaste rápido, deduções, art. 27.º (CIRS) [1]
Propriedade horizontal, deduções de encargos no caso de fracção autónoma – art. 41.º, n.º 2 (CIRS) [1]
Propriedade horizontal, rendimentos das partes comuns da – (circular n.º 15/2008, de 7 de Outubro) [50]
Propriedade intelectual – arts. 3.º, n.º 1-c), 5.º, n.º 2-m), 10.º, n.º 1-c), 18.º, n.º 1-d) (CIRS) [1]; art. 58.º (EBF) [21]
Proveitos, imputação – art. 29.º (CIRS) [1]
Provisões – art. 35.º (CIRC) [11]

Quociente conjugal – art. 69.º (CIRS) [1]
Quotas de depreciação e amortização – art. 31.º (CIRC) [11]
Quotas pagas pelos associados, consideram-se rendimentos não sujeitos – art. 54.º, n.º 3 (CIRC) [11]
Quotizações sindicais, abatimento aos rendimentos brutos da categoria A do IRS – art. 25.º, n.º 1-c) (CIRS) [1]; abatimento aos rendimentos brutos da categoria H do IRS – art. 53.º, n.º 4 (CIRS) [1]

Realizações de utilidade social – art. 43.º (CIRC) [11]
Recibo de documento, art. 147.º (CIRS) [1]; art. 140.º (CIRC) [11]
Recibos e facturas, emissão – art. 115.º (CIRS) [1]; exigência – art. 115.º, n.º 4 (CIRS) [1]
Reclamações e impugnações – art. 140.º (CIRS) [1]; art. 137.º (CIRC) [11]
Recuperação paisagística de terrenos, provisão para – art. 40.º (CIRC) [11]
Recursos florestais, fundos de investimento imobiliário em – art. 24.º (EBF) [21]

Reembolsos formulados nos termos das Convenções para evitar a dupla tributação, Procedimentos a adoptar na informação dos processos de – (ver Ofício-circulado n.º 10/97) [52]
Reforma de liquidação, no caso de correcções efectuadas em empresas abrangidas pela transparência fiscal – art. 90.º (CIRS) [1]
Região Autónoma, residência em – art. 17.º (CIRS) [1]
Regime de Transparência Fiscal, aplicável às sociedades de profissionais; arts. 6.º, n.ºˢ 1-b) e 4-a), 12.º, 52.º, n.º 7, 58.º, n.º 13, 100.º e 117.º, n.º 8 (CIRC) [11]; arts. 20.º, 31.º, n.º 2 e 90.º (CIRS) [1] (ver Circular n.º 8/90, de 16/02/1990) [50]
Regime de tributação, opção por – (Ofício n.º 20 081, de 26/02/2003) [52]
Regime especial de tributação, de grupos de sociedades, art. 65.º a 71.º (CIRC) [11]; dos grupos de sociedades, opção pelo – (Circular n.º 4/2001) [50]; dos grupos de sociedades, declaração de alterações – (Circular n.º 19/2002, de 28/6/2002) [50]
Regime fiscal aplicável a remunerações auferidas por pessoal ao serviço da CEE (ver Ofício-circular n.º X-2/90) [51]
Regime fiscal claramente mais favorável, lista de países, territórios e regiões sujeitos a um – Portaria n.º 150/2004, de 13/2 [41]
Regime fiscal privilegiado, não residentes sujeitos a um – arts. 60.º e 65.º (CIRC) [11]
Regime público de capitalização – art. 17.º (EBF) [21]
Regime simplificado, de determinação do rendimento tributável em IRS – arts. 28.º e 31.º (CIRS) [1]; de determinação do lucro tributável em IRC – art. 58.º (CIRC) [11]; (Circular n.º 3/2001, de 14 de Fevereiro) [50]

Regimes simplificados de tributação, subsídios à exploração – (Ofício-circulado n.º 20126, de 31 de Janeiro de 2008) **[52]**
Regime simplificado do IRS, subsídios à exploração no – art. 31.º, n.º 5 (CIRS) **[1]**; no regime simplificado do IRC – art. 58.º, n.º 6 (CIRC) **[11]**
Regime simplificado de escrituração – art. 124.º (CIRC) **[11]**
Regime transitório da categoria B – art. 4.º (DL n.º 442-A/88, de 30/11) **[1]**
Regime transitório da categoria G – art. 5.º (DL n.º 442-A/88, de 30/11) **[1]**
Regime transitório de enquadramento dos agentes desportivos – art. 3.º-A (DL n.º 442-A/88, de 30/11) **[1]**
Regime transitório relativo aos grupos de sociedades (Circular n.º 5/2002, de 2/4/2002) **[50]**
Regime tributário do pessoal local das missões diplomáticas e consulares (ver Ofício-circulado n.º 20075, de 3 de Outubro de 2002) **[52]**
Regimes especiais de tributação, liquidação da derrama – (Ofício-circulado n.º 20132, de 14 de Abril de 2008) **[52]**
Registo de sujeitos passivos – art. 135.º (CIRC) **[11]**; art. 150.º (CIRS) **[1]**
Reinvestimento de mais-valias, no IRS – art. 10.º, n.ºs 5, 6 e 7 (CIRS) **[1]**; (Ofício-circulado n.º 20054, de 11/10/2001) **[52]**
Reinvestimento dos valores de realização, no IRC – art. 48.º (CIRC) **[11]**
Relocação financeira – art. 25.º (CIRC) **[11]**
Remição, art. 5.º, n.º 3 a) e b) (CIRS) **[1]**
Remunerações acessórias, consideram-se rendimentos do trabalho dependente – art. 2.º, n.ºs 2 e 3-b) (CIRS) **[1]**
Remunerações auferidas para realização de acções de formação na Administração Pública – (ver Ofício-circulado n.º 18/89, de 89/11/20) **[52]**

Remunerações auferidas por pessoal ao serviço da CEE – Regime Fiscal aplicável (ver Ofício-circular n.º X-2/90) **[51]**
Remunerações indevidamente pagas a funcionários ou agentes da Administração Pública – (ver Circular n.º 3/2008) **[50]**
Rendas – art. 8.º, n.ºs 1 e 2 (CIRS) **[1]**
Rendas, de locação de equipamentos importados – art. 28.º (EBF) **[21]**
Rendas devidas pelo aluguer sem condutor de viaturas ligeiras de passageiros ou mistas – (ver Circular n.º 24//91) **[50]**
Rendas resultantes das cedências do uso de partes comuns de prédios em regime de propriedade horizontal – art. 8.º, n.º 2-e) (CIRS) **[1]**; (ver Ofício-circulado n.º 12/90) **[52]**
Rendas temporárias ou vitalícias, consideram-se pensões – art. 11.º, n.º 1-d) (CIRS) **[1]**
Rendas temporárias, art. 54.º (CIRS) **[1]**
Rendas vitalícias, art. 54.º (CIRS) **[1]**
Rendimento global – determinação, art. 53.º (CIRC) **[11]**; incidência para efeitos de IRC – art. 3.º, n.º 1-b) (CIRC) **[11]**
Rendimento líquido da categoria B – arts. 28.º a 33.º e 76.º, n.º 2 (CIRS) **[1]**
Rendimentos acessórios – (Circular n.º 7//2001, de 14 de Março) **[50]** e (Ofício--circulado n.º 20052, de 17/9/2001) **[52]**
Rendimentos auferidos por não residentes, dispensa de retenção na fonte – art. 18.º do DL 42/91 **[2]**
Rendimentos da categoria A – art. 2.º (CIRS) **[1]**
Rendimentos da categoria B – art. 3.º (CIRS) **[1]**
Rendimentos da categoria E – arts. 5.º, 6.º e 7.º (CIRS) **[1]**
Rendimentos da categoria E, presunções – art. 6.º (CIRS) **[1]**

Rendimentos da categoria F – art. 8.º (CIRS) **[1]**
Rendimentos da categoria G – art. 9.º (CIRS) **[1]**
Rendimentos da categoria H – art. 11.º (CIRS) **[1]**
Rendimentos das partes comuns da propriedade horizontal – (circular n.º 15/2008, de 7 de Outubro) **[50]**
Rendimentos de anos anteriores – art. 74.º (CIRS) **[1]**
Rendimentos de capitais – arts. 1.º, 3.º, n.º 2-*b*), 5.º, n.º 1 (CIRS) **[1]**; arts. 40.º e 40.º-A (CIRS) **[1]**
Rendimentos do trabalho dependente – arts. 1.º, 2.º (CIRS) **[1]**; deduções, art. 25.º (CIRS) **[1]**
Rendimentos em espécie – art. 24.º (CIRS) **[1]**
Rendimentos empresariais e profissionais – arts. 1.º, 3.º, n.º 1, 18.º, n.º 1-*e*) (CIRS) **[1]**
Rendimentos empresariais e profissionais, formas de determinação dos rendimentos, art. 28.º (CIRS) **[1]**; imputação, art. 29.º (CIRS) **[1]**; actos isolados, art. 30.º (CIRS) **[1]**; regime simplificado, art. 31.º (CIRS) **[1]**; encargos não dedutíveis, art. 33.º (CIRS) **[1]**; custos das explorações plurianuais, art. 34.º (CIRS) **[1]** critérios valorimétricos, art. 35.º (CIRS) **[1]**; subsídios à agricultura e pesca, art. 36.º (CIRS) **[1]**; dedução de prejuízos fiscais, art. 55.º (CIRS) **[1]**; entrada de património para a realização do capital de sociedade, art. 38.º (CIRS) **[1]**; aplicação de métodos indirectos, art. 39.º (CIRS) **[1]**
Rendimentos litigiosos – art. 62.º (CIRS) **[1]**
Rendimentos obtidos em Portugal – art. 18.º (CIRS) **[1]**
Rendimentos prediais – arts. 1.º, 3.º, n.º 2-*a*), 8.º, n.º 1 (CIRS) **[1]**; deduções – art. 41.º (CIRS) **[1]**

Reorganização de empresas em resultado de actos de concentração ou de acordos de cooperação, art. 60.º (EBF) **[21]**
Reporte, contratos de, art. 5.º, n.º 2-*a*) (CIRS) **[1]**
Reposição de remunerações indevidamente pagas a funcionários ou agentes da Administração Pública (ver Circular n.º 3/2008) **[50]**
Representação de entidades não residentes – art. 126.º (CIRC) **[11]**; art. 130.º (CIRS) **[1]**
Representação fiscal dos sujeitos passivos não residentes, sem estabelecimento estável em território português (ver Circular n.º 14/93) **[50]**
Representantes – art. 130.º (CIRS) **[1]**
Reserva, consideram-se rendimentos do trabalho dependente os das situações de – art. 2.º, n.º 1-*d*) (CIRS) **[1]**
Resgate – art. 5.º, n.º 3-*a*) (CIRS) **[1]**
Residência, dos sujeitos passivos – art. 16.º (CIRS) **[1]**
Residência em Região Autónoma – art. 17.º (CIRS) **[1]**
Residência fiscal em Portugal – certificação de residência fiscal – (ver Ofícios-circulados n.º 7/97, 39 574 de 10/07/98 e 20 036, de 5/3/2001) **[52]**
Residentes em território português – art. 15.º, n.º 1 e 16.º (CIRS) **[1]**
Residentes noutro Estado membro da União Europeia, regime opcional – art. 17.º-A (CIRS) **[1]**
Resíduos de embalagens – empresas gestoras de sistemas de, art. 53.º (EBF) **[21]**
Responsabilidade em caso de substituição tributária, art. 103.º (CIRS) **[1]**
Responsabilidade pelo pagamento do imposto (ver Circular n.º 6/93) **[50]**
Responsabilidade subsidiária pelo pagamento do imposto – (ver Ofício-circulado n.º 60 058, de 17/04/2008 **[52]**

Restituição oficiosa do imposto, art. 96.º (CIRS) [1]; art. 103.º (CIRC) [11]
Retenção na fonte, correcções – art. 68.º (CIRC) [11]; regras gerais – art. 98.º (CIRS) [1]; sobre rendimentos das categorias A e H – art. 99.º (CIRS) [1]; remunerações não fixas – art. 100.º (CIRS) [1]; sobre rendimentos de outras categorias – art. 101.º (CIRS) [1]; regulamentação – DL n.º 42/91 [2]; sujeitos passivos deficientes – art. 4.º do DL n.º 42/91 [2]; sobre rendimentos das categorias B, E e F – art. 8.º do DL n.º 42/91 [2]; dispensa de retenção – art. 9.º do DL n.º 42/91 [2]; sujeição parcial a retenção sobre rendimentos da categoria B – art. 10.º do DL n.º 42/91 [2]; entrega do imposto retido – art. 13.º do DL n.º 42/91 [2]; restituição oficiosa do imposto – art. 16.º do DL n.º 42/91 [2]; arts. 95.º a 98.º (CIRC) [11]; dispensa de – art. 96.º (CIRC) [11]; responsabilidade pelo pagamento – art. 114.º (CIRC) [11] e art. 103.º(CIRS) [1]
Retenção na fonte, direito comunitário, art. 95.º (CIRC) [11]
Retenção na fonte, opção pela taxa correspondente à situação de "casado único titular" – (Circular n.º 11/94) [50]
Revisão do lucro tributável – arts. 61.º e 62.º (CIRC) [11]
Revisão dos actos de fixação – art. 67.º (CIRS) [1]
Revisão oficiosa da liquidação – art. 93.º (CIRS) [1]
Rifas, são incrementos patrimoniais os prémios de – art. 9.º, n.º 2 (CIRS) [1]

Salários, são rendimentos do trabalho dependente – art. 2.º, n.º 2 (CIRS) [1]
Segurança Social – Contribuições para regimes complementares, art. 26.º (CIRS) [1]; – Retroactivos de contribuições (ver Ofício-circulado n.º 2275 de 98/01/19) [52]
Seguros (prémios de), dedução à colecta do IRS – arts. 78.º, n.º 1-g) e 86.º (CIRS) [1]
Senhas de presença, são rendimentos do trabalho dependente art. 2.º, n.º 2 (CIRS) [1]
Serviços financeiros, de entidades públicas – art. 29.º (EBF) [21]
SIFIDE – Incentivos Fiscais à investigação e desenvolvimento empresarial – (Lei n.º 40/2005, de 3/08) [25]
Sociedade conjugal, alterações – art. 63.º (CIRS) [1]
Sociedades científicas internacionais – art. 57.º (EBF) [21]
Sociedade da informação, mecenato para a – art. 65.º (EBF) [21]
Sociedades de capital de risco (SCR) – art. 32.º (EBF) [21]
Sociedades de profissionais, art. 11.º (DL n.º 442-A/88, de 30/11) [1]; art. 6.º (CIRC) [11]; Regime de Transparência Fiscal (ver Circular n.º 8/90, de 16/02/1990) [50]
Sociedades de simples administração de bens, art. 11.º (DL n.º 442-A/88, de 30/11) [1]; art. 6.º (CIRC) [11]; art. 6.º (DL n.º 442-B/88, de 30/11) [11]
Sociedades gestoras de participações sociais (SGPS) – art. 32.º (EBF) [21]
Sociedades residentes nos países africanos de língua oficial portuguesa, eliminação da dupla tributação económica dos lucros distribuídos por, art. 42.º (EBF) [21]
Sorteios, são incrementos patrimoniais os prémios atribuídos em quaisquer – art. 9.º, n.º 2 (CIRS) [1]
Subcapitalização – art. 67.º (CIRC) [11]
Sublocação, deduções – art. 41.º, n.º 3 (CIRS) [1]
Subsídio de compensação, Magistrados Judiciais – (Circular n.º 18/2002, de 19 de Junho) [50]

Subsídio de refeição – art. 2.°, n.° 3-*b*) 2) (CIRS) **[1]**
Subsídios – arts. 20.°, n.° 1-*h*) e 22.° (CIRC) **[11]**; art. 2.°, n.° 2 (CIRS) **[1]**
Subsídios à agricultura e pesca – art. 36.° (CIRS) **[1]**
Subsídios à exploração – regimes simplificados de tributação – (Ofício-circulado n.° 20 126, de 31 de Janeiro de 2008) **[52]**
Subsídios à exploração, no regime simplificado do IRS – art. 31.°, n.° 5 (CIRS) **[1]**; no regime simplificado do IRC – art. 58.°, n.° 6 (CIRC) **[11]**
Subsídios destinados a financiar a realização dos fins estatutários, consideram-se rendimentos não sujeitos – art. 54.°, n.° 3 (CIRC) **[11]**
Subsídios de residência – art. 2.°, n.° 3-*b*) 4) (CIRS) **[1]**
Subsídios do F.S.E. (ver Circular n.° 6/91) **[50]**
Subsídios não destinados à exploração, art. 22.° (CIRC) **[11]**
Subsídios ou subvenções – art. 3.°, n.° 2-*g*) (CIRS) **[1]**
Substituição tributária – art. 21.° (CIRS) **[1]**; responsabilidade em caso de, art. 103.° (CIRS) **[1]**
Subvenções, consideram-se pensões – art. 11.°, n.° 1-*c*) (CIRS) **[1]**
Subvenções de exploração – art. 20.°, n.° 1-*h*) (CIRC) **[11]**
Subvenções não destinadas à exploração – art. 22.° (CIRC) **[11]**
Sujeito passivo, art. 13.° (CIRS) **[1]**; art. 2.° (CIRC) **[11]**
Sujeitos passivos, descendentes e ascendentes – deduções à colecta, art. 79.° (CIRS) **[1]**
Sujeitos passivos, registo de – art. 135.° (CIRC) **[11]**; art. 150.° (CIRS) **[1]**
Swaps – art. 5.°, n.ºs 2-*q*), 6 e 7 (CIRS) **[1]**; art. 30.° (EBF) **[21]**
Taxas, gerais – art. 68.° (CIRS) **[1]**; liberatórias – art. 71.° (CIRS) **[1]**; especiais – art. 72.° (CIRS) **[1]**; de tributação autónoma no IRS – art. 73.° (CIRS) **[1]**; art. 87.° (CIRC) **[11]** e de tributação autónoma no IRC – art. 88.° (CIRC) **[11]**
Taxas regionais (ver Circular n.° 14/2002, de 9 de Maio) **[50]**
Técnico oficial de contas – Identificação (ver Circular n.° 7/99, de 9/4/99) **[50]**
Terrenos, sua venda, precedida de uma operação de loteamento – (ver Circular n.° 16/92) **[50]**
Títulos de dívida pública – art. 5.°, n.° 2-*c*) (CIRS) **[1]**
Títulos de participação – art. 5.°, n.° 2-*c*) (CIRS) **[1]**
Totoloto, os prémios constituem incrementos patrimoniais – art. 9.°, n.° 2 (CIRS) **[1]**; tributação a taxa liberatória – art. 71.°, n.° 2-*b*) (CIRS) **[1]**
Trabalho dependente – art. 2.° (CIRS) **[1]**
Transferência de rendimentos para o estrangeiro – art. 132.° (CIRC) **[11]**
Transferência para o património particular, equiparação ao valor da aquisição – art. 47.° (CIRS) **[1]**
Transformação de sociedades – art. 73.° (CIRC) **[11]**
Transmissão electrónica de dados, envio de declarações por – arts. 112.°, n.° 7 e 113.°, n.° 2 (CIRS) **[1]**; arts. 120.°, n.° 1 e 121.°, n.° 2 (CIRC) **[11]**
Transmissibilidade de prejuízos em casos de fusão, cisão e entrada de activos (Circular n.° 7/2005, de 16/05/2005) **[50]**
Transparência fiscal – arts. 6.°, 12.° (CIRC) **[11]**; liquidações correctivas, art. 100.° (CIRC) **[11]**; Reforma de liquidação, no caso de correcções efectuadas em empresas abrangidas pela transparência fiscal – art. 90.° (CIRS) **[1]**
Transparência Fiscal, aplicável às sociedades de profissionais; arts. 6.°, n.ºs 1-*b*) e 4-*a*), 12.°, 52.°, n.° 7, 58.°,

n.º 13, 100.º e 117.º, n.º 8 (CIRC) [11]; arts. 20.º, 31.º, n.º 2 e 90.º (CIRS) [1] (ver Circular n.º 8/90, de 16/02/1990) [50]

Transportes – art. 4.º, n.º 1-*e*) (CIRS) [1]

Tributação autónoma, taxas – art. 73.º (CIRS) [1]; art. 88.º (CIRC) [11]

Tributação do pessoal das missões diplomáticas e postos consulares acreditados em Portugal – (Circular n.º 22//2002, de 30 de Setembro) [50]

Tributação dos dividendos – (Circular n.º 4/2002, de 08/02/2002) [50]

Troca, valor de realização na – art. 44.º (CIRS) [1]

Uniões de facto – art. 14.º (CIRS) [1]

Valor da aquisição a título gratuito – art. 45.º (CIRS) [1]

Valor da aquisição a título oneroso, de bens imóveis – art. 46.º (CIRS) [1]

Valor da aquisição a título oneroso, de partes sociais – art. 48.º (CIRS) [1]

Valor da aquisição a título oneroso, de outros bens e direitos – art. 49.º (CIRS) [1]

Valor de realização – art. 44.º (CIRS) [1]

Valores mobiliários – arts. 2.º, n.º 3-*b*)-7), 10.º, n.º 1-*b*) e 43.º, n.º 4-*a*) (CIRS) [1]; valor de aquisição a título oneroso de – art. 48.º (CIRS) [1]

Valorimetria das existências – art. 26.º (CIRC) [11]

Variações patrimoniais negativas – art. 24.º (CIRC) [11]

Variações patrimoniais positivas – art. 21.º (CIRC) [11]

Vencimentos – art. 2.º, n.º 2 (CIRS) [1]

Viagens e estadas – art. 2.º, n.º 3-*b*)-6) (CIRS) [1]

Viaturas ligeiras de passageiros, motos e motociclos – encargos, tributação autónoma, art. 73.º (CIRS) [1]; conceito de encargos, art. 73.º, n.º 5 (CIRS) [1]

Viaturas ligeiras de passageiros ou mistas – Rendas devidas pelo aluguer sem condutor de (Circular n.º 24/91) [50]; Encargos com – Portaria n.º 1041//2001, de 28 de Agosto [14]

Zonas francas, arts. 33.º a 36.º (EBF) [21]; Pagamento de juros de obrigações (ver Circular n.º 24/2002, de 5 de Novembro) [50]; Circular n.º 3/2003, de 24 de Fevereiro) [50]